D1635509

CODE CIVIL
DU QUÉBEC

CIVIL CODE
OF QUÉBEC

1998-1999
6e édition

**Règlements relatifs
au Code civil du Québec
et lois connexes**

Note de l'éditeur

La présente édition n'a aucune sanction officielle. Pour appliquer et interpréter les lois et les règlements qui y sont contenus, il faut se reporter aux textes officiels.

Le Code civil du Québec, les règlements et les lois connexes sont à jour au 20 juin 1998. Certaines modifications, qui entrent en vigueur ou prennent effet après cette date, ont toutefois été intégrées sans autre mention. Il s'agit de modifications entrant en vigueur ou prenant effet le 1er juillet 1998 (L.Q. 1997, c. 73; L.Q. 1997, c. 85; L.Q. 1997, c. 96; L.Q. 1998, c. 5) ou le 1er août 1998 (L.Q. 1998, c. 6).

Le Code civil du Québec a été modifié à quelques reprises pendant la dernière année. Il a été modifié par la *Loi sur la protection des personnes dont l'état mental présente un danger pour elles-mêmes ou pour autrui*, L.Q. 1997, c. 75, qui a remplacé la *Loi sur la protection du malade mental* et modifié notamment les dispositions du Code civil relatives à l'évaluation psychiatrique. Le Code civil du Québec a été modifié en outre par la *Loi modifiant le Code civil et d'autres dispositions législatives relativement à la publicité des droits personnels et réels mobiliers et à la constitution d'hypothèques mobilières sans dépossession*, L.Q. 1998, c. 5 et, en matière d'expérimentation médicale, par la *Loi modifiant l'article 21 du Code civil et d'autres dispositions législatives*, L.Q. 1998, c. 32. D'autres modifications au Code civil, qui entreront en vigueur à la date ou aux dates fixées par le gouvernement, sont signalées dans la section «Modifications non en vigueur» de ce recueil (p. LXXII).

Parmi les règlements relatifs au Code civil, signalons entre autres les modifications apportées au *Règlement sur le registre des droits personnels et réels mobiliers* et celles apportées au *Tarif des droits relatifs au registre des droits personnels et réels mobiliers*. Signalons par ailleurs, quant aux lois connexes, les modifications apportées par la *Loi sur l'application de la Loi sur la justice administrative*, L.Q. 1997, c. 43, modifiant notamment la *Loi sur la Régie du logement*, celles apportées par la *Loi modifiant la Loi sur la publicité légale des entreprises individuelles, des sociétés et des personnes morales*, L.Q. 1997, c. 89, et les nombreuses modifications apportées à la *Loi sur l'assurance automobile*, à la *Loi facilitant le paiement des pensions alimentaires* et à la *Loi sur la protection du consommateur*.

CODE CIVIL DU QUÉBEC

CIVIL CODE OF QUÉBEC

1998-1999
6e édition

Règlements relatifs au Code civil du Québec et lois connexes

LES ÉDITIONS
YVON BLAIS INC.

C.P. 180 Cowansville (Québec) Canada
Tél.: (450) 266-1086   FAX: (450) 263-9256

Données de catalogage avant publication (Canada)

Québec (Province)

    Code civil du Québec = Civil Code of Québec
    6ᵉ éd.
    «Règlements relatifs au Code civil du Québec et lois connexes».
    Comprend un index.
    Texte en français et en anglais.
    ISBN 2-89451-254-6

    1. Droit civil – Québec (Province) – Législation – Codes. I. Québec (Province).
Code civil du Québec. Règlements. II. Titre. III. Titre: Civil Code of Québec.

KEQ214.5.A2 1998   346.714'002632   C98-940862-0F

Canadian Cataloguing in Publication Data

Quebec (Province)

    Code civil du Québec = Civil Code of Québec
    6th ed.
    «Règlements relatifs au Code civil du Québec et lois connexes».
    Includes index.
    Text in French and English.
    ISBN 2-89451-254-6

    1. Civil law – Quebec (Province). I. Quebec (Province). Civil Code of Québec.
Regulations. II. Title: Civil Code of Québec.

KEQ214.5.A2 1998   346.714'002632   C98-940862-0E

«Nous reconnaissons l'aide financière du gouvernement du Canada accordée par l'entremise du Programme d'aide au développement de l'industrie de l'édition pour nos activités d'édition».

Dépôt légal: 3ᵉ trimestre 1998
Bibliothèque nationale du Québec
Bibliothèque nationale du Canada

ISBN: 2-89451-254-6

TABLE GÉNÉRALE
DES MATIÈRES

TABLE OF CONTENTS

TABLE GÉNÉRALE DES MATIÈRES
TABLE OF CONTENTS

TABLE OF CONTENTS

RÈGLEMENTS RELATIFS AU CODE CIVIL DU QUÉBEC

LOIS CONNEXES

CODE CIVIL DU QUÉBEC

CIVIL CODE OF QUÉBEC

Extrait du Décret 712-93

«QUE le 1er janvier 1994 soit la date d'entrée en vigueur du Code civil du Québec (1991, c. 64) et de la *Loi sur l'application de la réforme du Code civil* (1992, c. 57), à l'exception des articles 717 et 718 de cette loi qui sont entrés en vigueur le 18 décembre 1992.»

TABLE DES MATIÈRES
DU CODE CIVIL

TABLE OF CONTENTS
OF THE CIVIL CODE

TABLE OF CONTENTS OF THE CIVIL CODE

PRELIMINARY PROVISION

BOOK ONE
PERSONS

TABLE DES MATIÈRES DU CODE CIVIL

DISPOSITION PRÉLIMINAIRE

LIVRE PREMIER
DES PERSONNES

BOOK TWO
THE FAMILY

LIVRE DEUXIÈME
DE LA FAMILLE

BOOK THREE
SUCCESSIONS

LIVRE TROISIÈME
DES SUCCESSIONS

BOOK FOUR
PROPERTY

LIVRE QUATRIÈME
DES BIENS

TABLE OF CONTENTS OF THE CIVIL CODE

BOOK FIVE
OBLIGATIONS

LIVRE CINQUIÈME
DES OBLIGATIONS

TABLE OF CONTENTS OF THE CIVIL CODE

TABLE DES MATIÈRES DU CODE CIVIL

TABLE OF CONTENTS OF THE CIVIL CODE

TABLE OF CONTENTS OF THE CIVIL CODE

TABLE OF CONTENTS OF THE CIVIL CODE

BOOK SIX
PRIOR CLAIMS AND HYPOTHECS

LIVRE SIXIÈME
DES PRIORITÉS ET DES HYPOTHÈQUES

BOOK SEVEN
EVIDENCE

LIVRE SEPTIÈME
DE LA PREUVE

BOOK EIGHT
PRESCRIPTION

BOOK NINE
PUBLICATION OF RIGHTS

LIVRE HUITIÈME
DE LA PRESCRIPTION

LIVRE NEUVIÈME
DE LA PUBLICITÉ DES DROITS

TABLE OF CONTENTS OF THE CIVIL CODE

BOOK TEN
PRIVATE INTERNATIONAL LAW

LIVRE DIXIÈME
DU DROIT INTERNATIONAL PRIVÉ

TABLE OF CONTENTS OF THE CIVIL CODE

FINAL PROVISIONS

MODIFICATIONS

AMENDMENTS

MODIFICATIONS / AMENDMENTS

- Loi sur l'application de la réforme du Code civil, L.Q. 1992, c. 57, art. 716 / An Act respecting the implementation of the reform of the Civil Code, S.Q. 1992, ch. 57, s. 716

- Loi modifiant, en matière de sûretés et de publicité des droits, la Loi sur l'application de la réforme du Code civil et d'autres dispositions législatives, L.Q. 1995, c. 33, art. 30, 31-32 / An Act to amend the Act respecting the implementation of the reform of the Civil Code and other legislative provisions as regards security and the publication of rights, S.Q. 1995, ch. 33, s. 30, 31-32

- Loi modifiant la Loi sur la Régie du logement et le Code civil du Québec, L.Q. 1995, c. 61, art. 2 / An Act to amend the Act respecting the Régie du logement and the Civil Code of Québec, S.Q. 1995, ch. 61, s. 2

- Loi sur le ministère des Relations avec les citoyens et de l'Immigration et modifiant d'autres dispositions législatives, L.Q. 1996, c. 21, art. 27-29 / An Act respecting the Ministère des Relations avec les citoyens et de l'Immigration and amending other legislative provisions, S.Q. 1996, ch. 21, s. 27-29

- Loi modifiant le Code civil en matière d'obligation alimentaire, L.Q. 1996, c. 28, art. 1 / An Act to amend the Civil Code as regards the obligation of support, S.Q. 1996, ch. 28, s. 1

> **Note:** Le chapitre 28 des lois de 1996 est entré en vigueur le 20 juin 1996. Son article 2 prévoit toutefois ceci:
>
> «**2.** L'abolition de l'obligation alimentaire entre parents autres que du premier degré est applicable aux instances en cours.
>
> Toute obligation de payer de tels aliments résultant d'un jugement antérieur à l'entrée en vigueur de la présente loi s'éteint le 30 septembre 1996.»

- Loi modifiant le Code civil du Québec et le Code de procédure civile relativement à la fixation des pensions alimentaires pour enfants, L.Q. 1996, c. 68, art. 1 / An Act to amend the Civil Code of Québec and the Code of Civil Procedure as regards the determination of child support payments, S.Q. 1996, ch. 68, s. 1

– Loi sur la protection des personnes dont l'état mental présente un danger pour elles-mêmes ou pour autrui, L.Q. 1997, c. 75, art. 28-33 / An Act respecting the protection of persons whose mental state presents a danger to themselves or to others, S.Q. 1997, ch. 75, s. 28-33

– Loi modifiant le Code civil et d'autres dispositions législatives relativement à la publicité des droits personnels et réels mobiliers et à la constitution d'hypothèques mobilières sans dépossession, L.Q. 1998, c. 5, art. 10-11, 14-18 / An Act to amend the Civil Code and other legislative provisions as regards the publication of personal and movable real rights and the constitution of movable hypothecs without delivery, S.Q. 1998, ch. 5, s. 10-11, 14-18

> **Note:** L'article 10 du chapitre 5 des lois de 1998, modifiant l'article 2700 du Code civil du Québec, entre en vigueur le 1er juillet 1998. L'article 26 prévoit toutefois qu'il a effet depuis le 1er janvier 1994.

– Loi modifiant l'article 21 du Code civil et d'autres dispositions législatives, L.Q. 1998, c. 32, art. 1-2 / An Act to amend article 21 of the Civil Code and other legislative provisions, S.Q. 1998, ch. 32, s. 1-2

MODIFICATIONS NON EN VIGUEUR / AMENDMENTS NOT IN FORCE

– Loi modifiant la Loi sur le curateur public et d'autres dispositions législatives relativement aux biens soumis à l'administration provisoire du curateur public, L.Q. 1997, c. 80, art. 46-48 / An Act to amend the Public Curator Act and other legislative provisions relating to property under the provisional administration of the Public Curator, S.Q. 1997, ch. 80, s. 46-48

– Loi modifiant le Code civil et d'autres dispositions législatives relativement à la publicité des droits personnels et réels mobiliers et à la constitution d'hypothèques mobilières sans dépossession, L.Q. 1998, c. 5, art. 1-9, 12-13 / An Act to amend the Civil Code and other legislative provisions as regards the publication of personal and movable real rights and the constitution of movable hypothecs without delivery, S.Q. 1998, ch. 5, s. 1-9, 12-13

CODE CIVIL DU QUÉBEC

CIVIL CODE OF QUÉBEC

DISPOSITION PRÉLIMINAIRE

Le Code civil du Québec régit, en harmonie avec la Charte des droits et libertés de la personne et les principes généraux du droit, les personnes, les rapports entre les personnes, ainsi que les biens.

Le Code est constitué d'un ensemble de règles qui, en toutes matières auxquelles se rapportent la lettre, l'esprit ou l'objet de ses dispositions, établit, en termes exprès ou de façon implicite, le droit commun. En ces matières, il constitue le fondement des autres lois qui peuvent elles-mêmes ajouter au code ou y déroger.

LIVRE PREMIER
DES PERSONNES

TITRE PREMIER
DE LA JOUISSANCE ET DE L'EXERCICE DES DROITS CIVILS

1. Tout être humain possède la personnalité juridique; il a la pleine jouissance des droits civils.

2. Toute personne est titulaire d'un patrimoine.

Celui-ci peut faire l'objet d'une division ou d'une affectation, mais dans la seule mesure prévue par la loi.

3. Toute personne est titulaire de droits de la personnalité, tels le droit à la vie, à l'inviolabilité et à l'intégrité de sa personne, au respect de son nom, de sa réputation et de sa vie privée.

Ces droits sont incessibles.

4. Toute personne est apte à exercer pleinement ses droits civils.

PRELIMINARY PROVISION

The Civil Code of Québec, in harmony with the Charter of human rights and freedoms and the general principles of law, governs persons, relations between persons, and property.

The Civil Code comprises a body of rules which, in all matters within the letter, spirit or object of its provisions, lays down the *jus commune*, expressly or by implication. In these matters, the Code is the foundation of all other laws, although other laws may complement the Code or make exceptions to it.

BOOK ONE
PERSONS

TITLE ONE
ENJOYMENT AND EXERCISE OF CIVIL RIGHTS

1. Every human being possesses juridical personality and has the full enjoyment of civil rights.

2. Every person has a patrimony.

The patrimony may be divided or appropriated to a purpose, but only to the extent provided by law.

3. Every person is the holder of personality rights, such as the right to life, the right to the inviolability and integrity of his person, and the right to the respect of his name, reputation and privacy.

These rights are inalienable.

4. Every person is fully able to exercise his civil rights.

Dans certains cas, la loi prévoit un régime de représentation ou d'assistance.

In certain cases, the law provides for representation or assistance.

5. Toute personne exerce ses droits civils sous le nom qui lui est attribué et qui est énoncé dans son acte de naissance.

5. Every person exercises his civil rights under the name assigned to him and stated in his act of birth.

6. Toute personne est tenue d'exercer ses droits civils selon les exigences de la bonne foi.

6. Every person is bound to exercise his civil rights in good faith.

7. Aucun droit ne peut être exercé en vue de nuire à autrui ou d'une manière excessive et déraisonnable, allant ainsi à l'encontre des exigences de la bonne foi.

7. No right may be exercised with the intent of injuring another or in an excessive and unreasonable manner which is contrary to the requirements of good faith.

8. On ne peut renoncer à l'exercice des droits civils que dans la mesure où le permet l'ordre public.

8. No person may renounce the exercise of his civil rights, except to the extent consistent with public order.

9. Dans l'exercice des droits civils, il peut être dérogé aux règles du présent code qui sont supplétives de volonté; il ne peut, cependant, être dérogé à celles qui intéressent l'ordre public.

9. In the exercise of civil rights, derogations may be made from those rules of this Code which supplement intention, but not from those of public order.

TITRE DEUXIÈME
DE CERTAINS DROITS DE LA PERSONNALITÉ

TITLE TWO
CERTAIN PERSONALITY RIGHTS

CHAPITRE PREMIER
DE L'INTÉGRITÉ DE LA PERSONNE

CHAPTER I
INTEGRITY OF THE PERSON

10. Toute personne est inviolable et a droit à son intégrité.

10. Every person is inviolable and is entitled to the integrity of his person.

Sauf dans les cas prévus par la loi, nul ne peut lui porter atteinte sans son consentement libre et éclairé.

Except in cases provided for by law, no one may interfere with his person without his free and enlightened consent.

SECTION I
DES SOINS

SECTION I
CARE

11. Nul ne peut être soumis sans son consentement à des soins, quelle qu'en soit la nature, qu'il s'agisse d'examens,

11. No person may be made to undergo care of any nature, whether for examination, specimen taking, removal of tissue,

de prélèvements, de traitements ou de toute autre intervention.

Si l'intéressé est inapte à donner ou à refuser son consentement à des soins, une personne autorisée par la loi ou par un mandat donné en prévision de son inaptitude peut le remplacer.

12. Celui qui consent à des soins pour autrui ou qui les refuse est tenu d'agir dans le seul intérêt de cette personne en tenant compte, dans la mesure du possible, des volontés que cette dernière a pu manifester.

S'il exprime un consentement, il doit s'assurer que les soins seront bénéfiques, malgré la gravité et la permanence de certains de leurs effets, qu'ils sont opportuns dans les circonstances et que les risques présentés ne sont pas hors de proportion avec le bienfait qu'on en espère.

13. En cas d'urgence, le consentement aux soins médicaux n'est pas nécessaire lorsque la vie de la personne est en danger ou son intégrité menacée et que son consentement ne peut être obtenu en temps utile.

Il est toutefois nécessaire lorsque les soins sont inusités ou devenus inutiles ou que leurs conséquences pourraient être intolérables pour la personne.

14. Le consentement aux soins requis par l'état de santé du mineur est donné par le titulaire de l'autorité parentale ou par le tuteur.

Le mineur de quatorze ans et plus peut, néanmoins, consentir seul à ces soins. Si son état exige qu'il demeure dans un établissement de santé ou de services sociaux pendant plus de douze

treatment or any other act, except with his consent.

If the person concerned is incapable of giving or refusing his consent to care, a person authorized by law or by mandate given in anticipation of his incapacity may do so in his place.

12. A person who gives his consent to or refuses care for another person is bound to act in the sole interest of that person, taking into account, as far as possible, any wishes the latter may have expressed.

If he gives his consent, he shall ensure that the care is beneficial notwithstanding the gravity and permanence of certain of its effects, that it is advisable in the circumstances and that the risks incurred are not disproportionate to the anticipated benefit.

13. Consent to medical care is not required in case of emergency if the life of the person is in danger or his integrity is threatened and his consent cannot be obtained in due time.

It is required, however, where the care is unusual or has become useless or where its consequences could be intolerable for the person.

14. Consent to care required by the state of health of a minor is given by the person having parental authority or by his tutor.

A minor fourteen years of age or over, however, may give his consent alone to such care. If his state requires that he remain in a health or social services establishment for over twelve

heures, le titulaire de l'autorité parentale ou le tuteur doit être informé de ce fait.

15. Lorsque l'inaptitude d'un majeur à consentir aux soins requis par son état de santé est constatée, le consentement est donné par le mandataire, le tuteur ou le curateur. Si le majeur n'est pas ainsi représenté, le consentement est donné par le conjoint ou, à défaut de conjoint ou en cas d'empêchement de celui-ci, par un proche parent ou par une personne qui démontre pour le majeur un intérêt particulier.

16. L'autorisation du tribunal est nécessaire en cas d'empêchement ou de refus injustifié de celui qui peut consentir à des soins requis par l'état de santé d'un mineur ou d'un majeur inapte à donner son consentement; elle l'est également si le majeur inapte à consentir refuse catégoriquement de recevoir les soins, à moins qu'il ne s'agisse de soins d'hygiène ou d'un cas d'urgence.

Elle est, enfin, nécessaire pour soumettre un mineur âgé de quatorze ans et plus à des soins qu'il refuse, à moins qu'il n'y ait urgence et que sa vie ne soit en danger ou son intégrité menacée, auquel cas le consentement du titulaire de l'autorité parentale ou du tuteur suffit.

17. Le mineur de quatorze ans et plus peut consentir seul aux soins non requis par l'état de santé; le consentement du titulaire de l'autorité parentale ou du tuteur est cependant nécessaire si les soins présentent un risque sérieux pour la santé du mineur et peuvent lui causer des effets graves et permanents.

hours, the person having parental authority or tutor shall be informed of that fact.

15. Where it is ascertained that a person of full age is incapable of giving his consent to care required by his state of health, consent is given by his mandatary, tutor or curator. If the person of full age is not so represented, consent is given by his spouse or, if he has no spouse or his spouse is prevented from giving consent, it is given by a close relative or a person who shows a special interest in the person of full age.

16. The authorization of the court is necessary where the person who may give consent to care required by the state of health of a minor or a person of full age who is incapable of giving his consent is prevented from doing so or, without justification, refuses to do so; it is also required where a person of full age who is incapable of giving his consent categorically refuses to receive care, except in the case of hygienic care or emergency.

The authorization of the court is necessary, furthermore, to cause a minor fourteen years of age or over to undergo care he refuses, except in the case of emergency if his life is in danger or his integrity threatened, in which case the consent of the person having parental authority or the tutor is sufficient.

17. A minor fourteen years of age or over may give his consent alone to care not required by the state of his health; however, the consent of the person having parental authority or of the tutor is required if the care entails a serious risk for the health of the minor and may cause him grave and permanent effects.

18. Lorsque la personne est âgée de moins de quatorze ans ou qu'elle est inapte à consentir, le consentement aux soins qui ne sont pas requis par son état de santé est donné par le titulaire de l'autorité parentale, le mandataire, le tuteur ou le curateur; l'autorisation du tribunal est en outre nécessaire si les soins présentent un risque sérieux pour la santé ou s'ils peuvent causer des effets graves et permanents.

18. Where the person is under fourteen years of age or is incapable of giving his consent, consent to care not required by his state of health is given by the person having parental authority or the mandatary, tutor or curator; the authorization of the court is also necessary if the care entails a serious risk for health or if it might cause grave and permanent effects.

19. Une personne majeure, apte à consentir, peut aliéner entre vifs une partie de son corps pourvu que le risque couru ne soit pas hors de proportion avec le bienfait qu'on peut raisonnablement en espérer.

19. A person of full age who is capable of giving his consent may alienate a part of his body *inter vivos*, provided the risk incurred is not disproportionate to the benefit that may reasonably be anticipated.

Un mineur ou un majeur inapte ne peut aliéner une partie de son corps que si celle-ci est susceptible de régénération et qu'il n'en résulte pas un risque sérieux pour sa santé, avec le consentement du titulaire de l'autorité parentale, du mandataire, tuteur ou curateur, et l'autorisation du tribunal.

A minor or a person of full age who is incapable of giving his consent may, with the consent of the person having parental authority, mandatary, tutor or curator and with the authorization of the court, alienate a part of his body only if that part is capable of regeneration and provided that no serious risk to his health results.

20. Une personne majeure, apte à consentir, peut se soumettre à une expérimentation pourvu que le risque couru ne soit pas hors de proportion avec le bienfait qu'on peut raisonnablement en espérer.

20. A person of full age who is capable of giving his consent may submit to an experiment provided that the risk incurred is not disproportionate to the benefit that can reasonably be anticipated.

21. Un mineur ou un majeur inapte ne peut être soumis à une expérimentation qui comporte un risque sérieux pour sa santé ou à laquelle il s'oppose alors qu'il en comprend la nature et les conséquences.

21. A minor or a person of full age who is incapable of giving consent may not be submitted to an experiment if the experiment involves serious risk to his health or, where he understands the nature and consequences of the experiment, if he objects.

Il ne peut, en outre, être soumis à une expérimentation qu'à la condition que celle-ci laisse espérer, si elle ne vise

Moreover, a minor or a person of full age who is incapable of giving consent may be submitted to an experiment only

que lui, un bienfait pour sa santé ou, si elle vise un groupe, des résultats qui seraient bénéfiques aux personnes possédant les mêmes caractéristiques d'âge, de maladie ou de handicap que les membres du groupe. Une telle expérimentation doit s'inscrire dans un projet de recherche approuvé et suivi par un comité d'éthique. Les comités d'éthique compétents sont institués par le ministre de la Santé et des Services sociaux ou désignés par lui parmi les comités d'éthique de la recherche existants; le ministre en définit la composition et les conditions de fonctionnement qui sont publiées à la *Gazette officielle du Québec*.

Le consentement à l'expérimentation est donné, pour le mineur, par le titulaire de l'autorité parentale ou le tuteur, et, pour le majeur inapte, par le mandataire, le tuteur ou le curateur. Lorsque l'inaptitude du majeur est subite et que l'expérimentation, dans la mesure où elle doit être effectuée rapidement après l'apparition de l'état qui y donne lieu, ne permet pas d'attribuer au majeur un représentant légal en temps utile, le consentement est donné par la personne habilitée à consentir aux soins requis par le majeur; il appartient au comité d'éthique compétent de déterminer, lors de l'examen d'un projet de recherche, si l'expérimentation remplit une telle condition.

Ne constituent pas des expérimentations les soins qui, selon le comité d'éthique, sont des soins innovateurs requis par l'état de santé de la personne qui y est soumise. [1998, c. 32, art.1].

if, where the person is the only subject of the experiment, it has the potential to produce benefit to the person's health or only if, in the case of an experiment on a group, it has the potential to produce results capable of conferring benefit to other persons in the same age category or having the same disease or handicap. Such an experiment must be part of a research project approved and monitored by an ethics committee. The competent ethics committees are formed by the Minister of Health and Social Services or designated by that Minister among existing research ethics committees; the composition and operating conditions of the committees are determined by the Minister and published in the *Gazette officielle du Québec*.

Consent to experimentation may be given, in the case of a minor, by the person having parental authority or the tutor and, in the case of a person of full age incapable of giving consent, by the mandatary, tutor or curator. Where a person of full age suddenly becomes incapable of consent and the experiment, insofar as it must be undertaken promptly after the appearance of the condition giving rise to it, does not permit, for lack of time, the designation of a legal representative, consent may be given by the person authorized to consent to any care the person requires; it is incumbent upon the competent ethics committee to determine, when examining the research project, whether the experiment meets that condition.

Care considered by the ethics committee to be innovative care required by the state of health of the person concerned does not constitute an experiment. [1992, ch. 57, s. 716; 1998, ch. 32, s. 1].

22. Une partie du corps, qu'il s'agisse d'organes, de tissus ou d'autres substances, prélevée sur une personne dans le cadre de soins qui lui sont prodigués, peut être utilisée aux fins de recherche, avec le consentement de la personne concernée ou de celle habilitée à consentir pour elle.

23. Le tribunal appelé à statuer sur une demande d'autorisation relative à des soins ou à l'aliénation d'une partie du corps, prend l'avis d'experts, du titulaire de l'autorité parentale, du mandataire, du tuteur ou du curateur et du conseil de tutelle; il peut aussi prendre l'avis de toute personne qui manifeste un intérêt particulier pour la personne concernée par la demande.

Il est aussi tenu, sauf impossibilité, de recueillir l'avis de cette personne et, à moins qu'il ne s'agisse de soins requis par son état de santé, de respecter son refus. [1998, c. 32, art. 2].

24. Le consentement aux soins qui ne sont pas requis par l'état de santé, à l'aliénation d'une partie du corps ou à une expérimentation doit être donné par écrit.

Il peut toujours être révoqué, même verbalement.

25. L'aliénation que fait une personne d'une partie ou de produits de son corps doit être gratuite; elle ne peut être répétée si elle présente un risque pour la santé.

L'expérimentation ne peut donner lieu à aucune contrepartie financière hormis le versement d'une indemnité en compensation des pertes et des contraintes subies.

22. A part of the body, whether an organ, tissue or other substance, removed from a person as part of the care he receives may, with his consent or that of the person qualified to give consent for him, be used for purposes of research.

23. When the court is called upon to rule on an application for authorization with respect to care or the alienation of a body part, it obtains the opinions of experts, of the person having parental authority, of the mandatary, of the tutor or the curator and of the tutorship council; it may also obtain the opinion of any person who shows a special interest in the person concerned by the application.

The court is also bound to obtain the opinion of the person concerned unless that is impossible, and to respect his refusal unless the care is required by his state of health. [1998, ch. 32, s. 2].

24. Consent to care not required by a person's state of health, to the alienation of a part of a person's body, or to an experiment shall be given in writing.

It may be withdrawn at any time, even verbally.

25. The alienation by a person of a part or product of his body shall be gratuitous; it may not be repeated if it involves a risk to his health.

An experiment may not give rise to any financial reward other than the payment of an indemnity as compensation for the loss and inconvenience suffered.

SECTION II
DE LA GARDE EN ÉTABLISSEMENT ET DE L'ÉVALUATION PSYCHIATRIQUE

26. Nul ne peut être gardé dans un établissement de santé ou de services sociaux, en vue d'une évaluation psychiatrique ou à la suite d'une évaluation psychiatrique concluant à la nécessité d'une garde, sans son consentement ou sans que la loi ou le tribunal l'autorise.

Le consentement peut être donné par le titulaire de l'autorité parentale ou, lorsque la personne est majeure et qu'elle ne peut manifester sa volonté, par son mandataire, son tuteur ou son curateur. Ce consentement ne peut être donné par le représentant qu'en l'absence d'opposition de la personne. [1997, c. 75, art. 29].

27. S'il a des motifs sérieux de croire qu'une personne représente un danger pour elle-même ou pour autrui en raison de son état mental, le tribunal peut, à la demande d'un médecin ou d'un intéressé, ordonner qu'elle soit, malgré l'absence de consentement, gardée provisoirement dans un établissement de santé ou de services sociaux pour y subir une évaluation psychiatrique. Le tribunal peut aussi, s'il y a lieu, autoriser tout autre examen médical rendu nécessaire par les circonstances. Si la demande est refusée, elle ne peut être présentée à nouveau que si d'autres faits sont allégués.

Si le danger est grave et immédiat, la personne peut être mise sous garde préventive, sans l'autorisation du tribunal, comme il est prévu par la Loi sur la protection des personnes dont l'état mental présente un danger pour elles-mêmes ou pour autrui. [1997, c. 75, art. 30].

SECTION II
CONFINEMENT IN AN INSTITUTION AND PSYCHIATRIC ASSESSMENT

26. No person may be confined in a health or social services institution for a psychiatric assessment or following a psychiatric assessment concluding that confinement is necessary without his consent or without authorization by law or the court.

Consent may be given by the person having parental authority or, in the case of a person of full age unable to express his wishes, by his mandatary, tutor or curator. Such consent may be given by the representative only if the person concerned does not object. [1997, ch. 75, s. 29].

27. Where the court has serious reasons to believe that a person is a danger to himself or to others owing to his mental state, it may, on the application of a physician or an interested person and notwithstanding the absence of consent, order that he be confined temporarily in a health or social services institution for a psychiatric assessment. The court may also, where appropriate, authorize any other medical examination that is necessary in the circumstances. The application, if refused, may not be submitted again except where different facts are alleged.

If the danger is grave and immediate, the person may be placed under preventive confinement, without the authorization of the court, as provided for in the Act respecting the protection of persons whose mental state presents a danger to themselves or to others. [1997, ch. 75, s. 30].

28. Lorsque le tribunal ordonne une mise sous garde en vue d'une évaluation psychiatrique, un examen doit avoir lieu dans les vingt-quatre heures de la prise en charge par l'établissement de la personne concernée ou, si celle-ci était déjà sous garde préventive, de l'ordonnance du tribunal.

Si le médecin qui procède à l'examen conclut à la nécessité de garder la personne en établissement, un second examen psychiatrique doit être effectué par un autre médecin, au plus tard dans les quatre-vingt-seize heures de la prise en charge ou, si la personne était initialement sous garde préventive, dans les quarante-huit heures de l'ordonnance.

Dès lors qu'un médecin conclut que la garde n'est pas nécessaire, la personne doit être libérée. Si les deux médecins concluent à la nécessité de la garde, la personne peut être maintenue sous garde, pour un maximum de quarante-huit heures, sans son consentement ou l'autorisation du tribunal. [1997, c. 75, art. 31].

29. Tout rapport d'examen psychiatrique doit porter, notamment, sur la nécessité d'une garde en établissement si la personne représente un danger pour elle-même ou pour autrui en raison de son état mental, sur l'aptitude de la personne qui a subi l'examen à prendre soin d'elle-même ou à administrer ses biens et, le cas échéant, sur l'opportunité d'ouvrir à son égard un régime de protection du majeur.

Il doit être remis au tribunal dans les sept jours de l'ordonnance. Il ne peut être divulgué, sauf aux parties, sans l'autorisation du tribunal. [1997, c. 75, art. 32].

28. Where the court orders that a person be placed under confinement for a psychiatric assessment, an examination must be carried out within twenty-four hours after the person is taken in charge by the institution or, if the person was already under preventive confinement, within twenty-four hours of the court order.

If the physician who carries out the examination concludes that confinement in an institution is necessary, a second psychiatric examination must be carried out by another physician within ninety-six hours after the person is taken in charge by the institution or, if the person was already under preventive confinement, within forty-eight hours of the court order.

If a physician reaches the conclusion that confinement is not necessary, the person must be released. If both physicians reach the conclusion that confinement is necessary, the person may be kept under confinement without his consent or the authorization of the court for no longer than forty-eight hours. [1997, ch. 75, s. 31].

29. A psychiatric examination report must deal in particular with the necessity of confining the person in an institution if he is a danger to himself or to others owing to his mental state, with the ability of the person who has undergone the examination to care for himself or to administer his property and, where applicable, with the advisability of instituting protective supervision of the person of full age.

The report must be filed with the court within seven days of the court order. It may not be disclosed, except to the parties, without the authorization of the court. [1997, ch. 75, s. 32].

30. La garde en établissement à la suite d'une évaluation psychiatrique ne peut être autorisée par le tribunal que si les deux rapports d'examen psychiatrique concluent à la nécessité de cette garde.

Le jugement qui autorise la garde en fixe aussi la durée.

La personne sous garde doit, cependant, être libérée dès que la garde n'est plus justifiée, même si la période fixée n'est pas expirée. [1997, c. 75, art. 33].

31. Toute personne qui est gardée dans un établissement de santé ou de services sociaux et y reçoit des soins doit être informée par l'établissement du plan de soins établi à son égard, ainsi que de tout changement important dans ce plan ou dans ses conditions de vie.

Si la personne est âgée de moins de quatorze ans ou si elle est inapte à consentir, l'information est donnée à la personne qui peut consentir aux soins pour elle.

CHAPITRE DEUXIÈME
DU RESPECT DES DROITS DE
L'ENFANT

32. Tout enfant a droit à la protection, à la sécurité et à l'attention que ses parents ou les personnes qui en tiennent lieu peuvent lui donner.

33. Les décisions concernant l'enfant doivent être prises dans son intérêt et dans le respect de ses droits.

Sont pris en considération, outre les besoins moraux, intellectuels, affectifs et physiques de l'enfant, son âge, sa santé, son caractère, son milieu familial et les autres aspects de sa situation.

30. A court may not authorize confinement in an institution following a psychiatric assessment unless both psychiatric examination reports conclude that confinement is necessary.

A judgment authorizing confinement must also set the duration of confinement.

However, the person under confinement must be released as soon as confinement is no longer justified, even if the set period of confinement has not elapsed. [1997, ch. 75, s. 33].

31. Every person confined in and receiving care in a health or social services establishment shall be informed by the establishment of the program of care established for him and of any important change in the program or in his living conditions.

If the person is under fourteen years of age or is incapable of giving his consent, the information is given to the person who is authorized to give consent to care on his behalf.

CHAPTER II
RESPECT OF CHILDREN'S RIGHTS

32. Every child has a right to the protection, security and attention that his parents or the persons acting in their stead are able to give to him.

33. Every decision concerning a child shall be taken in light of the child's interests and the respect of his rights.

Consideration is given, in addition to the moral, intellectual, emotional and material needs of the child, to the child's age, health, personality and family environment, and to the other aspects of his situation.

34. Le tribunal doit, chaque fois qu'il est saisi d'une demande mettant en jeu l'intérêt d'un enfant, lui donner la possibilité d'être entendu si son âge et son discernement le permettent.

CHAPITRE TROISIÈME
DU RESPECT DE LA RÉPUTATION ET DE LA VIE PRIVÉE

35. Toute personne a droit au respect de sa réputation et de sa vie privée.

Nulle atteinte ne peut être portée à la vie privée d'une personne sans que celle-ci ou ses héritiers y consentent ou sans que la loi l'autorise.

36. Peuvent être notamment considérés comme des atteintes à la vie privée d'une personne les actes suivants:

1° Pénétrer chez elle ou y prendre quoi que ce soit;

2° Intercepter ou utiliser volontairement une communication privée;

3° Capter ou utiliser son image ou sa voix lorsqu'elle se trouve dans des lieux privés;

4° Surveiller sa vie privée par quelque moyen que ce soit;

5° Utiliser son nom, son image, sa ressemblance ou sa voix à toute autre fin que l'information légitime du public;

6° Utiliser sa correspondance, ses manuscrits ou ses autres documents personnels.

37. Toute personne qui constitue un dossier sur une autre personne doit avoir un intérêt sérieux et légitime à le faire. Elle ne peut recueillir que les renseignements pertinents à l'objet déclaré du dossier et elle ne peut, sans le consentement de l'intéressé ou l'autorisation de la loi, les communiquer à des tiers ou les utiliser à des fins incompatibles avec celles de sa constitution; elle

34. The court shall, in every application brought before it affecting the interest of a child, give the child an opportunity to be heard if his age and power of discernment permit it.

CHAPTER III
RESPECT OF REPUTATION AND PRIVACY

35. Every person has a right to the respect of his reputation and privacy.

No one may invade the privacy of a person without the consent of the person or his heirs unless authorized by law.

36. The following acts, in particular, may be considered as invasions of the privacy of a person:

(1) entering or taking anything in his dwelling;

(2) intentionally intercepting or using his private communications;

(3) appropriating or using his image or voice while he is in private premises;

(4) keeping his private life under observation by any means;

(5) using his name, image, likeness or voice for a purpose other than the legitimate information of the public;

(6) using his correspondence, manuscripts or other personal documents.

37. Every person who establishes a file on another person shall have a serious and legitimate reason for doing so. He may gather only information which is relevant to the stated objective of the file, and may not, without the consent of the person concerned or authorization by law, communicate such information to third persons or use it for purposes that are inconsistent with the purposes for

ne peut non plus, dans la constitution ou l'utilisation du dossier, porter autrement atteinte à la vie privée de l'intéressé ni à sa réputation.

38. Sous réserve des autres dispositions de la loi, toute personne peut, gratuitement, consulter et faire rectifier un dossier qu'une autre personne détient sur elle soit pour prendre une décision à son égard, soit pour informer un tiers; elle peut aussi le faire reproduire, moyennant des frais raisonnables. Les renseignements contenus dans le dossier doivent être accessibles dans une transcription intelligible.

39. Celui qui détient un dossier sur une personne ne peut lui refuser l'accès aux renseignements qui y sont contenus à moins qu'il ne justifie d'un intérêt sérieux et légitime à le faire ou que ces renseignements ne soient susceptibles de nuire sérieusement à un tiers.

40. Toute personne peut faire corriger, dans un dossier qui la concerne, des renseignements inexacts, incomplets ou équivoques; elle peut aussi faire supprimer un renseignement périmé ou non justifié par l'objet du dossier, ou formuler par écrit des commentaires et les verser au dossier.

La rectification est notifiée, sans délai, à toute personne qui a reçu les renseignements dans les six mois précédents et, le cas échéant, à la personne de qui elle les tient. Il en est de même de la demande de rectification, si elle est contestée.

41. Lorsque la loi ne prévoit pas les conditions et les modalités d'exercice du droit de consultation ou de rectification d'un dossier, le tribunal les détermine sur demande.

which the file was established. In addition, he may not, when establishing or using the file, otherwise invade the privacy or damage the reputation of the person concerned.

38. Except as otherwise provided by law, any person may, free of charge, examine and cause the rectification of a file kept on him by another person with a view to making a decision in his regard or to informing a third person; he may also cause a copy of it to be made at reasonable cost. The information contained in the file shall be made accessible in an intelligible transcript.

39. A person keeping a file on a person may not deny him access to the information contained therein unless he has a serious and legitimate reason for doing so or unless the information is of a nature that may seriously prejudice a third person.

40. Every person may cause information which is contained in a file concerning him and which is inaccurate, incomplete or equivocal to be rectified; he may also cause obsolete information or information not justified by the purpose of the file to be deleted, or deposit his written comments in the file.

Notice of the rectification is given without delay to every person having received the information in the preceding six months and, where applicable, to the person who provided that information. The same rule applies to an application for rectification, if it is contested.

41. Where the law does not provide the conditions and modalities of exercise of the right of examination or rectification of a file, the court, upon application, determines them.

De même, s'il survient une difficulté dans l'exercice de ces droits, le tribunal la tranche sur demande.

Similarly, if it becomes difficult to exercise those rights, the court, upon application, settles the difficulty.

CHAPITRE QUATRIÈME
DU RESPECT DU CORPS APRÈS LE DÉCÈS

CHAPTER IV
RESPECT OF THE BODY AFTER DEATH

42. Le majeur peut régler ses funérailles et le mode de disposition de son corps; le mineur le peut également avec le consentement écrit du titulaire de l'autorité parentale ou de son tuteur. À défaut de volontés exprimées par le défunt, on s'en remet à la volonté des héritiers ou des successibles. Dans l'un et l'autre cas, les héritiers ou les successibles sont tenus d'agir; les frais sont à la charge de la succession.

42. A person of full age may determine the nature of his funeral and the disposal of his body; a minor may also do so with the written consent of the person having parental authority or his tutor. Failing the expressed wishes of the deceased, the wishes of the heirs or successors prevail; in both cases, the heirs and successors are bound to act; the expenses are charged to the succession.

43. Le majeur ou le mineur âgé de quatorze ans et plus peut, dans un but médical ou scientifique, donner son corps ou autoriser sur celui-ci le prélèvement d'organes ou de tissus. Le mineur de moins de quatorze ans le peut également, avec le consentement du titulaire de l'autorité parentale ou de son tuteur.

43. A person of full age or a minor fourteen years of age or over may, for medical or scientific purposes, give his body or authorize the removal of organs or tissues therefrom. A minor under fourteen years of age may also do so with the consent of the person having parental authority or of his tutor.

Cette volonté est exprimée soit verbalement devant deux témoins, soit par écrit, et elle peut être révoquée de la même manière. Il doit être donné effet à la volonté exprimée, sauf motif impérieux.

These wishes are expressed verbally before two witnesses, or in writing, and may be revoked in the same manner. The expressed wishes shall be followed, except for a compelling reason.

44. À défaut de volontés connues ou présumées du défunt, le prélèvement peut être effectué avec le consentement de la personne qui pouvait ou aurait pu consentir aux soins.

44. A part of the body of a deceased person may be removed in the absence of knowledge or presumed knowledge of the wishes of the deceased, with the consent of the person who could give consent to care or could have given it.

Ce consentement n'est pas nécessaire lorsque deux médecins attestent par écrit l'impossibilité de l'obtenir en temps utile, l'urgence de l'intervention et

Consent is not required where two physicians attest in writing to the impossibility of obtaining it in due time, the urgency of the operation and the serious

l'espoir sérieux de sauver une vie humaine ou d'en améliorer sensiblement la qualité.

hope of saving a human life or of improving its quality to an appreciable degree.

45. Le prélèvement ne peut être effectué avant que le décès du donneur n'ait été constaté par deux médecins qui ne participent ni au prélèvement ni à la transplantation.

45. No part of the body may be removed before the death of the donor is attested by two physicians who do not participate either in the removal or in the transplantation.

46. L'autopsie peut être effectuée dans les cas prévus par la loi ou si le défunt y avait déjà consenti; elle peut aussi l'être avec le consentement de la personne qui pouvait ou aurait pu consentir aux soins. Celui qui demande l'autopsie ou qui y a consenti a le droit de recevoir une copie du rapport.

46. An autopsy may be performed in the cases provided for by law or if the deceased had already given his consent thereto; it may also be performed with the consent of the person who was or would have been authorized to give his consent to care. The person requesting the autopsy or having given his consent thereto has a right to receive a copy of the report.

47. Le tribunal peut, si les circonstances le justifient, ordonner l'autopsie du défunt sur demande d'un médecin ou d'un intéressé; en ce dernier cas, il peut restreindre partiellement la divulgation du rapport d'autopsie.

47. The court may, if circumstances justify it, order the performance of an autopsy on the deceased at the request of a physician or any interested person; in the latter case, it may restrict the release of parts of the autopsy report.

Le coroner peut également, dans les cas prévus par la loi, ordonner l'autopsie du défunt.

The coroner may also order the performance of an autopsy on the deceased in the cases provided for by law.

48. Nul ne peut embaumer, inhumer ou incinérer un corps avant que le constat de décès n'ait été dressé et qu'il ne se soit écoulé six heures depuis le constat.

48. No person may embalm, bury or cremate a body before an attestation of death has been drawn up and six hours have elapsed since that was done.

49. Il est permis, en suivant les prescriptions de la loi, d'exhumer un corps si un tribunal l'ordonne, si la destination du lieu où il est inhumé change ou s'il s'agit de l'inhumer ailleurs ou de réparer la sépulture.

49. Subject to compliance with the prescriptions of law, it is permissible to disinter a body on the order of a court, on the change of destination of its burial place or in order to bury it elsewhere or to repair the sepulture.

L'exhumation est également permise si, conformément à la loi, un coroner l'ordonne.

Disinterment is also permissible on the order of a coroner in accordance with the law.

TITRE TROISIÈME
DE CERTAINS ÉLÉMENTS
RELATIFS À L'ÉTAT DES
PERSONNES

TITLE THREE
CERTAIN PARTICULARS RELATING
TO THE STATUS OF PERSONS

CHAPITRE PREMIER
DU NOM

CHAPTER I
NAME

SECTION I
DE L'ATTRIBUTION DU NOM

SECTION I
ASSIGNMENT OF NAME

50. Toute personne a un nom qui lui est attribué à la naissance et qui est énoncé dans l'acte de naissance.

Le nom comprend le nom de famille et les prénoms.

51. L'enfant reçoit, au choix de ses père et mère, un ou plusieurs prénoms, ainsi que le nom de famille de l'un d'eux ou un nom composé d'au plus deux parties provenant du nom de famille de ses père et mère.

52. En cas de désaccord sur le choix du nom de famille, le directeur de l'état civil attribue à l'enfant un nom composé de deux parties provenant l'une du nom de famille du père, l'autre de celui de la mère, selon leur choix respectif.

Si le désaccord porte sur le choix du prénom, il attribue à l'enfant deux prénoms au choix respectif des père et mère.

53. L'enfant dont seule la filiation paternelle ou maternelle est établie porte le nom de famille de son père ou de sa mère, selon le cas, et un ou plusieurs prénoms choisis par son père ou sa mère.

L'enfant dont la filiation n'est pas établie porte le nom qui lui est attribué par le directeur de l'état civil.

54. Lorsque le nom choisi par les père et mère comporte un nom de famille

50. Every person has a name which is assigned to him at birth and is stated in his act of birth.

The name includes the surname and given names.

51. A child is given, at the choice of his father and mother, one or more given names and the surname of one of them or a surname consisting of not more than two parts taken from the surnames of his father and mother.

52. In case of disagreement over the choice of a surname, the registrar of civil status assigns to the child a surname consisting of two parts, one part being taken from the surname of his father and the other from that of his mother, according to their choice, respectively.

If the disagreement is over the choice of a given name, he assigns to the child two given names chosen by his father and his mother, respectively.

53. If only the paternal or the maternal filiation of a child is established, he bears the surname of his father or of his mother, as the case may be, and one or more given names chosen by his father or mother.

A child whose filiation is not established bears the name assigned to him by the registrar of civil status.

54. Where the name chosen by the father and mother contains an odd com-

composé ou des prénoms inusités qui prêtent au ridicule ou sont susceptibles de déconsidérer l'enfant, le directeur de l'état civil peut inviter les parents à modifier leur choix.

Si ceux-ci refusent de le faire, il a autorité pour saisir le tribunal du différend qui l'oppose aux parents et demander l'attribution à l'enfant du nom de famille d'un des deux parents ou de deux prénoms usuels, selon le cas.

pound surname or odd given names which invite ridicule or which may discredit the child, the registrar of civil status may suggest to the parents that they change the child's name.

If they refuse to do so, the registrar has authority to bring his dispute with the parents before the court and demand the assignment to the child of the surname of one of his parents or of two given names in common use, as the case may be.

SECTION II
DE L'UTILISATION DU NOM

55. Toute personne a droit au respect de son nom.

Elle peut utiliser un ou plusieurs des prénoms énoncés dans son acte de naissance.

56. Celui qui utilise un autre nom que le sien est responsable de la confusion ou du préjudice qui peut en résulter.

Tant le titulaire du nom que son conjoint ou ses proches parents, peuvent s'opposer à cette utilisation et demander la réparation du préjudice causé.

SECTION III
DU CHANGEMENT DE NOM

§ 1.–*Disposition générale*

57. Qu'il porte sur le nom de famille ou le prénom, le changement de nom d'une personne ne peut avoir lieu sans l'autorisation du directeur de l'état civil ou du tribunal, suivant ce qui est prévu à la présente section.

§ 2.–*Du changement de nom par voie administrative*

58. Le directeur de l'état civil a compétence pour autoriser le changement de nom pour un motif sérieux dans tous

SECTION II
USE OF NAME

55. Every person has a right to the respect of his name.

He may use one or more of the given names stated in his act of birth.

56. A person who uses a name other than his own is liable for any resulting confusion or damage.

The holder of a name as well as his spouse or close relatives may object to such use and demand redress for the damage caused.

SECTION III
CHANGE OF NAME

§ 1.–*General provision*

57. No change may be made to a person's name, whether of his surname or given name, without the authorization of the registrar of civil status or the court, in accordance with the provisions of this section.

§ 2.–*Change of name by way of administrative process*

58. The registrar of civil status has competence to authorize a change of name for a serious reason in every case that

les cas qui ne ressortissent pas à la compétence du tribunal; il en est ainsi, notamment, lorsque le nom généralement utilisé ne correspond pas à celui qui est inscrit dans l'acte de naissance, que le nom est d'origine étrangère ou trop difficile à prononcer ou à écrire dans sa forme originale ou que le nom prête au ridicule ou est frappé d'infamie.

Il a également compétence lorsque l'on demande l'ajout au nom de famille d'une partie provenant du nom de famille du père ou de la mère, déclaré dans l'acte de naissance.

59. Le majeur qui a la citoyenneté canadienne et est domicilié au Québec depuis au moins un an peut demander le changement de son nom. Cette demande vaut aussi, si elle porte sur le nom de famille, pour ses enfants mineurs qui portent le même nom ou une partie de ce nom.

Il peut aussi demander que les prénoms de ses enfants mineurs soient modifiés ou qu'il soit ajouté à leur nom de famille une partie provenant de son propre nom.

60. Le tuteur d'un mineur peut demander le changement de nom de son pupille, si ce dernier a la citoyenneté canadienne et est domicilié au Québec depuis au moins un an.

61. Celui qui demande un changement de nom expose ses motifs et indique le nom de ses père et mère, celui de son conjoint, de ses enfants et, s'il y a lieu, le nom de l'autre parent de ces derniers.

Il atteste sous serment que les motifs exposés et les renseignements donnés sont exacts, et il joint à sa demande tous les documents utiles.

does not come under the jurisdiction of the court, and in particular where the name generally used does not correspond to that appearing in the act of birth, where the name is of foreign origin or too difficult to pronounce or write in its original form or where the name invites ridicule or has become infamous.

The registrar also has competence where a person applies for the addition to the surname of a part taken from the surname of the father or mother, as declared in the act of birth.

59. A person of full age who is a Canadian citizen and who has been domiciled in Québec for at least one year may apply for a change of name. If the application concerns the surname, it is also valid as an application in respect of the person's minor children who bear the same surname or part of that surname.

A person may also apply for the change of the given names of the minor children or the addition of a part to their surname taken from the person's own surname.

60. The tutor to a minor may apply for the change of the name of his pupil, if the latter is a Canadian citizen and has been domiciled in Québec for at least one year.

61. A person applying for a change of name states his reasons and gives the name of his father and mother, the name of his spouse and of his children and, where applicable, the name of his children's other parent.

The person attests under oath that the reasons stated and the information given are true, and appends all the necessary documents to his application.

62. À moins d'un motif impérieux, le changement de nom à l'égard d'un enfant mineur n'est pas accordé si le tuteur ou le mineur de quatorze ans et plus n'a pas été avisé de la demande ou s'il s'y oppose.

Cependant, lorsque l'on demande l'ajout au nom de famille du mineur d'une partie provenant du nom de famille de son père ou de sa mère, le droit d'opposition est réservé au mineur.

63. Avant d'autoriser un changement de nom, le directeur de l'état civil doit, à moins qu'une dispense spéciale de publication n'ait été accordée par le ministre responsable de l'état civil pour des motifs d'intérêt général, s'assurer que les avis de la demande ont été publiés; il doit donner aux tiers qui le demandent la possibilité de faire connaître leurs observations.

Il peut aussi exiger du demandeur les explications et les renseignements supplémentaires dont il a besoin. [1996, c. 21, art. 27].

64. Les autres règles relatives à la procédure de changement de nom, à la publicité de la demande et de la décision et les droits exigibles de la personne qui fait la demande sont déterminés par règlement du gouvernement.

§ 3.–*Du changement de nom par voie judiciaire*

65. Le tribunal est seul compétent pour autoriser le changement de nom d'un enfant en cas de changement dans la filiation, d'abandon par le père ou la mère ou de déchéance de l'autorité parentale.

66. Le mineur de quatorze ans et plus peut présenter lui-même une demande

62. Except for a compelling reason, no change of name of a minor child may be granted if the tutor or the minor, if fourteen years of age or over, has not been notified of the application or objects to it.

However, in the case of an application for the addition to the surname of the minor of a part taken from the surname of the father or mother, only the minor has the right to object.

63. Before authorizing a change of name, the registrar of civil status shall ascertain that the notices of the application have been published, unless a special exemption from publication has been granted by the minister responsible for civil status for reasons of general interest; he shall give to third persons who so request the opportunity to state their views.

The registrar may also require the applicant to furnish any additional explanation and information he may need. [1996, ch. 21, s. 27].

64. All other rules respecting the procedure for a change of name, the publication of the application and decision, and the duties payable by the person making the application are determined by regulation of the Government.

§ 3.–*Change of name by way of judicial process*

65. The court has exclusive jurisdiction to authorize the change of the name of a child in the case of a change of filiation, of abandonment by the father or mother, or of deprivation of parental authority.

66. A minor fourteen years of age or over acting alone may present an application

de changement de nom, mais il doit alors aviser le titulaire de l'autorité parentale et le tuteur.

for a change of name, but he shall in such a case give notice of the application to the person having parental authority and to the tutor.

Il peut aussi s'opposer seul à une demande.

The minor acting alone may also object to an application.

§ 4.–*Des effets du changement de nom*

§ 4.–*Effects of a change of name*

67. Le changement de nom produit ses effets dès que le jugement qui l'autorise est passé en force de chose jugée ou que la décision du directeur de l'état civil n'est plus susceptible d'être révisée.

67. A change of name produces its effects from the time the judgment authorizing it acquires the authority of a final judgment (*res judicata*) or from the time that the decision of the registrar of civil status is no longer open to review.

Un avis en est publié à la *Gazette officielle du Québec*, à moins qu'une dispense spéciale de publication ne soit accordée par le ministre responsable de l'état civil pour des motifs d'intérêt général. [1996, c. 21, art. 27].

Notice of the change is published in the *Gazette officielle du Québec* unless a special exemption from publication is granted by the minister responsible for civil status for reasons of general interest. [1996, ch. 21, s. 27].

68. Le changement de nom ne modifie en rien les droits et les obligations d'une personne.

68. A change of name nowise alters the rights and obligations of a person.

69. Les documents faits sous l'ancien nom sont réputés faits sous son nouveau nom.

69. All documents made under the former name of a person are deemed to be made under his new name.

Cette personne ou un tiers intéressé peut, à ses frais et en fournissant la preuve du changement de nom, exiger que ces documents soient rectifiés par l'indication du nouveau nom.

The person or any interested third person may, at his expense and upon furnishing proof of the change of name, demand that the documents be rectified by indicating the new name.

70. Les actions auxquelles est partie une personne qui a changé de nom se poursuivent sous son nouveau nom, sans reprise d'instance.

70. Any proceedings to which a person who has changed his name is a party are continued under his new name, without continuance of suit.

SECTION IV
DU CHANGEMENT DE LA MENTION DU SEXE

SECTION IV
CHANGE OF DESIGNATION OF SEX

71. La personne qui a subi avec succès des traitements médicaux et des inter-

71. Every person who has successfully undergone medical treatments and sur-

ventions chirurgicales impliquant une modification structurale des organes sexuels, et destinés à changer ses caractères sexuels apparents, peut obtenir la modification de la mention du sexe figurant sur son acte de naissance et, s'il y a lieu, de ses prénoms.

Seul un majeur, non marié, domicilié au Québec depuis au moins un an et ayant la citoyenneté canadienne, peut faire cette demande.

72. La demande est faite au directeur de l'état civil; outre les autres documents pertinents, elle est accompagnée d'un certificat du médecin traitant et d'une attestation du succès des soins établie par un autre médecin qui exerce au Québec.

73. La demande obéit à la même procédure que la demande de changement de nom. Elle est sujette à la même publicité et aux mêmes droits et les règles relatives aux effets du changement de nom s'y appliquent, compte tenu des adaptations nécessaires.

Cependant, au registre de l'état civil, la nouvelle mention du sexe n'est portée qu'à l'acte de naissance de la personne.

SECTION V
DE LA RÉVISION DES DÉCISIONS

74. Les décisions du directeur de l'état civil relatives à l'attribution du nom ou à un changement de nom ou de mention du sexe, peuvent être révisées par le tribunal, sur demande d'une personne intéressée.

gical operations involving a structural modification of the sexual organs intended to change his secondary sexual characteristics may have the designation of sex which appears on his act of birth and, if necessary, his given names changed.

Only an unmarried person of full age who has been domiciled in Québec for at least one year and is a Canadian citizen may make an application under this article.

72. The application is made to the registrar of civil status; it is accompanied with, in addition to the other relevant documents, a certificate of the attending physician and an attestation by another physician practising in Québec to the effect that the treatments and operations were successful.

73. The application is subject to the same procedure as an application for a change of name and to the same publication requirements and the same duties. The rules relating to the effects of a change of name, adapted as required, apply to a change of designation of sex.

In the register of civil status, however, the new designation of sex is entered only in the act of birth of the person concerned.

SECTION V
REVIEW OF DECISIONS

74. Any decision of the registrar of civil status relating to the assignment of a name or to a change of name or designation of sex may be reviewed by the court, on the application of an interested person.

CHAPITRE DEUXIÈME
DU DOMICILE ET DE LA RÉSIDENCE

75. Le domicile d'une personne, quant à l'exercice de ses droits civils, est au lieu de son principal établissement.

76. Le changement de domicile s'opère par le fait d'établir sa résidence dans un autre lieu, avec l'intention d'en faire son principal établissement.

La preuve de l'intention résulte des déclarations de la personne et des circonstances.

77. La résidence d'une personne est le lieu où elle demeure de façon habituelle; en cas de pluralité de résidences, on considère, pour l'établissement du domicile, celle qui a le caractère principal.

78. La personne dont on ne peut établir le domicile avec certitude est réputée domiciliée au lieu de sa résidence.

À défaut de résidence, elle est réputée domiciliée au lieu où elle se trouve ou, s'il est inconnu, au lieu de son dernier domicile connu.

79. La personne appelée à une fonction publique, temporaire ou révocable, conserve son domicile, à moins qu'elle ne manifeste l'intention contraire.

80. Le mineur non émancipé a son domicile chez son tuteur.

Lorsque les père et mère exercent la tutelle, mais n'ont pas de domicile commun, le mineur est présumé domicilié chez celui de ses parents avec lequel il réside habituellement, à moins que le tribunal n'ait autrement fixé le domicile de l'enfant.

CHAPTER II
DOMICILE AND RESIDENCE

75. The domicile of a person, for the exercise of his civil rights, is at the place of his principal establishment.

76. Change of domicile is effected by actual residence in another place coupled with the intention of the person to make it the seat of his principal establishment.

The proof of such intention results from the declarations of the person and from the circumstances of the case.

77. The residence of a person is the place where he ordinarily resides; if a person has more than one residence, his principal residence is considered in establishing his domicile.

78. A person whose domicile cannot be determined with certainty is deemed to be domiciled at the place of his residence.

A person who has no residence is deemed to be domiciled at the place where he lives or, if that is unknown, at the place of his last known domicile.

79. A person called to a temporary or revocable public office retains his domicile, unless he manifests a contrary intention.

80. An unemancipated minor is domiciled with his tutor.

Where the father and mother exercise the tutorship but have no common domicile, the minor is presumed to be domiciled with the parent with whom he usually resides unless the court has fixed the domicile of the child elsewhere.

81. Le majeur en tutelle est domicilié chez son tuteur; celui en curatelle, chez son curateur.

82. Les époux peuvent avoir un domicile distinct, sans qu'il soit pour autant porté atteinte aux règles relatives à la vie commune.

83. Les parties à un acte juridique peuvent, par écrit, faire une élection de domicile en vue de l'exécution de cet acte ou de l'exercice des droits qui en découlent.

L'élection de domicile ne se présume pas.

CHAPITRE TROISIÈME
DE L'ABSENCE ET DU DÉCÈS

SECTION I
DE L'ABSENCE

84. L'absent est celui qui, alors qu'il avait son domicile au Québec, a cessé d'y paraître sans donner de nouvelles, et sans que l'on sache s'il vit encore.

85. L'absent est présumé vivant durant les sept années qui suivent sa disparition, à moins que son décès ne soit prouvé avant l'expiration de ce délai.

86. Un tuteur peut être nommé à l'absent qui a des droits à exercer ou des biens à administrer si l'absent n'a pas désigné un administrateur de ses biens ou si ce dernier n'est pas connu, refuse ou néglige d'agir, ou en est empêché.

87. Tout intéressé, y compris le curateur public ou un créancier de l'absent, peut demander l'ouverture d'une tutelle à l'absent.

81. A person of full age under tutorship is domiciled with his tutor; a person under curatorship is domiciled with his curator.

82. Spouses may have separate domiciles without prejudice to the rules respecting their living together.

83. The parties to a juridical act may, in writing, elect domicile with a view to the execution of the act or the exercise of the rights arising from it.

Election of domicile is not presumed.

CHAPTER III
ABSENCE AND DEATH

SECTION I
ABSENCE

84. An absentee is a person who, while he had his domicile in Québec, ceased to appear there without advising anyone, and of whom it is unknown whether he is still alive.

85. An absentee is presumed to be alive for seven years following his disappearance, unless proof of his death is made before then.

86. A tutor may be appointed to an absentee who has rights to be exercised or property to be administered if the absentee did not designate an administrator to his property or if the administrator is unknown, refuses or neglects to act or is prevented from acting.

87. Any interested person, including the Public Curator or a creditor of the absentee, may apply for the institution of tutorship to the absentee.

La tutelle est déférée par le tribunal sur avis du conseil de tutelle et les règles relatives à la tutelle au mineur s'y appliquent, compte tenu des adaptations nécessaires.

88. Le tribunal fixe, à la demande du tuteur ou d'un intéressé et suivant l'importance des biens, les sommes qu'il convient d'affecter aux charges du mariage, à l'entretien de la famille ou au paiement des obligations alimentaires de l'absent.

89. Le conjoint ou le tuteur de l'absent peut, après un an d'absence, demander au tribunal de déclarer que les droits patrimoniaux des époux sont susceptibles de liquidation.

Le tuteur doit obtenir l'autorisation du tribunal pour accepter le partage des acquêts du conjoint de l'absent ou y renoncer, ou autrement se prononcer sur les autres droits de l'absent.

90. La tutelle à l'absent se termine par son retour, par la désignation qu'il fait d'un administrateur de ses biens, par le jugement déclaratif de décès ou par le décès prouvé de l'absent.

91. En cas de force majeure, on peut aussi nommer, comme à l'absent, un tuteur à la personne empêchée de paraître à son domicile et qui ne peut désigner un administrateur de ses biens.

SECTION II
DU JUGEMENT DÉCLARATIF DE DÉCÈS

92. Lorsqu'il s'est écoulé sept ans depuis la disparition, le jugement déclaratif de décès peut être prononcé, à la demande de tout intéressé, y compris le curateur public.

Tutorship is awarded by the court on the advice of the tutorship council and the rules respecting tutorship to minors, adapted as required, apply to tutorship to absentees.

88. The court, on the application of the tutor or of an interested person and according to the extent of the property, fixes the amounts that it is expedient to allocate to the expenses of the marriage, to the maintenance of the family or to the payment of the obligation of support of the absentee.

89. The spouse of or the tutor to the absentee may, after one year of absence, apply to the court for a declaration that the patrimonial rights of the spouses may be liquidated.

The tutor shall obtain the authorization of the court to accept or renounce the partition of the acquests of the spouse of the absentee or otherwise decide on the other rights of the absentee.

90. Tutorship to an absentee is terminated by his return, by the appointment by him of an administrator to his property, by declaratory judgment of death or by proof of his death.

91. In case of superior force, a tutor may also be appointed, as in the case of an absentee, to a person prevented from appearing at his domicile and who is unable to appoint an administrator to his property.

SECTION II
DECLARATORY JUDGMENT OF DEATH

92. A declaratory judgment of death may be pronounced on the application of any interested person, including the Public Curator, seven years after disappearance.

Le jugement peut également être prononcé avant ce temps lorsque la mort d'une personne domiciliée au Québec ou qui est présumée y être décédée peut être tenue pour certaine, sans qu'il soit possible de dresser un constat de décès.

93. Le jugement déclaratif de décès mentionne le nom et le sexe du défunt présumé et, s'ils sont connus, les lieu et date de sa naissance et son mariage, le lieu de son dernier domicile, le nom de ses père et mère et de son conjoint, ainsi que les lieu, date et heure du décès.

Une copie du jugement est transmise, sans délai, au coroner en chef par le greffier du tribunal qui a rendu la décision.

94. La date du décès est fixée à l'expiration de sept ans à compter de la disparition, soit plus tôt si les présomptions tirées des circonstances permettent de tenir la mort d'une personne pour certaine.

Le lieu du décès est fixé, en l'absence d'autres preuves, là où la personne a été vue pour la dernière fois.

95. Le jugement déclaratif de décès produit les mêmes effets que le décès.

96. S'il est prouvé que la date du décès est antérieure à celle que fixe le jugement déclaratif de décès, la dissolution du régime matrimonial rétroagit à la date réelle du décès et la succession est ouverte à compter de cette date.

S'il est prouvé que la date du décès est postérieure à celle fixée par le jugement, la dissolution du régime matrimonial rétroagit à la date fixée par ce

It may also be pronounced before that time where the death of a person domiciled in Québec or presumed to have died there may be held to be certain although it is impossible to draw up an attestation of death.

93. A declaratory judgment of death states the name and sex of the person presumed dead and, if known, the place and date of his birth and marriage, the place of his last domicile, the names of his father, mother and spouse, and the date, time and place of his death.

A copy of the judgment is transmitted without delay to the chief coroner by the clerk of the court that rendered the decision.

94. The date fixed as the date of death is either the date occurring on the expiry of seven years from disappearance, or an earlier date if the presumptions drawn from the circumstances allow the death of a person to be held to be certain at that date.

In the absence of other proof, the place fixed as the place of death is that where the person was last seen.

95. A declaratory judgment of death produces the same effects as death.

96. If the date of death is proved to precede that fixed by the declaratory judgment of death, the dissolution of the matrimonial regime is retroactive to the true date of death and the succession is open from that date.

If the date of death is proved to follow that fixed by the declaratory judgment of death, the dissolution of the matrimonial regime is retroactive to the date fixed by

jugement, mais la succession n'est ouverte qu'à compter de la date réelle du décès.

Les rapports entre les héritiers apparents et véritables obéissent aux règles du livre Des obligations relatives à la restitution des prestations.

SECTION III
DU RETOUR

97. Les effets du jugement déclaratif de décès cessent au retour de la personne déclarée décédée, mais le mariage demeure dissous.

Cependant, s'il surgit des difficultés concernant la garde des enfants ou les aliments, elles sont réglées comme s'il y avait eu séparation de corps.

98. Celui qui revient doit demander au tribunal l'annulation du jugement déclaratif de décès et la rectification du registre de l'état civil. Il peut aussi, sous réserve des droits des tiers, demander au tribunal la radiation ou la rectification des mentions ou inscriptions faites à la suite du jugement déclaratif de décès, et que le retour rend sans effet, comme si elles avaient été faites sans droit.

Tout intéressé peut présenter la demande au tribunal aux frais de celui qui revient, à défaut pour ce dernier d'agir.

99. Celui qui revient reprend ses biens suivant les modalités prévues par les règles du livre Des obligations relatives à la restitution des prestations. Il rembourse les personnes qui étaient, de bonne foi, en possession de ses biens et qui ont acquitté ses obligations autrement qu'avec ses biens.

the judgment but the succession is open only from the true date of death.

Relations between the apparent heirs and the true heirs are governed by those rules contained in the Book on Obligations which concern the restitution of prestations.

SECTION III
RETURN

97. Where a person declared dead by a declaratory judgment of death returns, the effects of the judgment cease but the marriage remains dissolved.

However, if difficulties arise over custody of the children or support, they are settled as in the case of separation from bed and board.

98. A person who has returned shall apply to the court for annulment of the declaratory judgment of death and rectification of the register of civil status. He may also, subject to the rights of third persons, apply to the court for the cancellation or rectification of the particulars or entries made following the declaratory judgment of death and nullified by his return, as if they had been made without right.

Any interested person may make the application to the court at the expense of the person who has returned if the latter fails to act.

99. A person who has returned recovers his property according to the rules contained in the Book on Obligations which concern the restitution of prestations. He reimburses the persons who, in good faith, were in possession of his property and who discharged his obligations otherwise than with his property.

100. Tout paiement qui a été fait aux héritiers ou aux légataires particuliers de celui qui revient postérieurement à un jugement déclaratif de décès, mais avant la radiation ou la rectification des mentions ou inscriptions, est valable et libératoire.

100. Any payment made to the heirs or legatees by particular title of a person who has returned after a declaratory judgment of death but before the particulars or entries are cancelled or rectified is valid and constitutes a valid discharge.

101. L'héritier apparent qui apprend l'existence de la personne déclarée décédée conserve la possession des biens et en acquiert les fruits et les revenus, tant que celui qui revient ne demande pas de reprendre les biens.

101. An apparent heir who learns that the person declared dead is alive retains possession of the property and acquires the fruits and revenues thereof until the person who has returned applies to resume possession of his property.

SECTION IV
DE LA PREUVE DU DÉCÈS

SECTION IV
PROOF OF DEATH

102. La preuve du décès s'établit par l'acte de décès, hormis les cas où la loi autorise un autre mode de preuve.

102. Proof of death is established by an act of death, except in cases where the law authorizes another mode of proof.

CHAPITRE QUATRIÈME
DU REGISTRE ET DES ACTES DE L'ÉTAT CIVIL

CHAPTER IV
REGISTER AND ACTS OF CIVIL STATUS

SECTION I
DE L'OFFICIER DE L'ÉTAT CIVIL

SECTION I
OFFICER OF CIVIL STATUS

103. Le directeur de l'état civil est le seul officier de l'état civil.

103. The registrar of civil status is the sole officer of civil status.

Il est chargé de dresser les actes de l'état civil et de les modifier, de tenir le registre de l'état civil, de le garder et d'en assurer la publicité.

The registrar is responsible for drawing up and altering acts of civil status, for the keeping and custody of the register of civil status and for providing access to it.

SECTION II
DU REGISTRE DE L'ÉTAT CIVIL

SECTION II
REGISTER OF CIVIL STATUS

104. Le registre de l'état civil est constitué de l'ensemble des actes de l'état civil et des actes juridiques qui les modifient.

104. The register of civil status consists of all the acts of civil status and the juridical acts by which they are altered.

105. Le registre de l'état civil est tenu en double exemplaire; l'un est constitué de

105. The register of civil status is kept in duplicate; one duplicate consists of all

tous les documents écrits, l'autre contient l'information sur support informatique.

S'il y a divergence entre les deux exemplaires du registre, l'écrit prévaut, mais dans tous les cas, l'un des exemplaires peut servir à reconstituer l'autre.

106. Une version du registre de l'état civil est aussi conservée dans un lieu différent de celui où sont gardés les exemplaires du registre.

SECTION III
DES ACTES DE L'ÉTAT CIVIL

§ 1.–Dispositions générales

107. Les seuls actes de l'état civil sont les actes de naissance, de mariage et de décès.

Ils ne contiennent que ce qui est exigé par la loi; ils sont authentiques.

108. Les actes de l'état civil sont dressés, sans délai, à partir des constats, des déclarations et des actes juridiques reçus par le directeur de l'état civil, relatifs aux naissances, mariages et décès qui surviennent au Québec ou qui concernent une personne qui y est domiciliée.

109. Le directeur de l'état civil dresse l'acte de l'état civil en signant la déclaration qu'il reçoit, ou en l'établissant lui-même conformément au jugement ou à un autre acte qu'il reçoit.

Il date la déclaration, y appose un numéro d'inscription et l'insère dans le registre de l'état civil; elle constitue, dès lors, l'acte de l'état civil.

110. Les constats et les déclarations énoncent la date où ils sont faits, les

the written documents and the other is kept on a data retrieval system.

If there is any variance between the duplicates of the register, that in writing prevails but in all cases, one of the duplicates may be used to reconstitute the other.

106. One version of the register of civil status is also kept in a different place from that where the duplicates of the register are kept.

SECTION III
ACTS OF CIVIL STATUS

§ 1.–General provisions

107. The only acts of civil status are acts of birth, acts of marriage and acts of death.

They contain only what is required by law, and are authentic.

108. The acts of civil status are drawn up without delay from the attestations, declarations and juridical acts received by the registrar of civil status, regarding births, marriages and deaths occurring in Québec or concerning persons domiciled in Québec.

109. The registrar of civil status prepares an act of civil status by signing the declaration he receives, or by drawing it up himself in accordance with the judgment or other act he receives.

He dates the declaration, affixes a registration number to it and places it in the register of civil status. The declaration thereupon constitutes an act of civil status.

110. Every attestation and declaration indicates the date on which it was made

nom, qualité et domicile de leur auteur et ils portent sa signature.

§ 2.–Des actes de naissance

111. L'accoucheur dresse le constat de la naissance.

Le constat énonce les lieu, date et heure de la naissance, le sexe de l'enfant, de même que le nom et le domicile de la mère.

112. L'accoucheur remet un exemplaire du constat à ceux qui doivent déclarer la naissance; il transmet, sans délai, un autre exemplaire du constat au directeur de l'état civil, avec la déclaration de naissance de l'enfant, à moins que celle-ci ne puisse être transmise immédiatement.

113. La déclaration de naissance de l'enfant est faite au directeur de l'état civil, dans les trente jours, par les père et mère ou par l'un d'eux. Elle est faite devant un témoin qui la signe.

114. Seuls le père ou la mère peuvent déclarer la filiation de l'enfant à leur égard. Cependant, lorsque la conception ou la naissance survient pendant le mariage, l'un d'eux peut déclarer la filiation de l'enfant à l'égard de l'autre.

Aucune autre personne ne peut déclarer la filiation à l'égard d'un parent sans l'autorisation de ce dernier.

115. La déclaration de naissance énonce le nom attribué à l'enfant, son sexe, les lieu, date et heure de la naissance, le nom et le domicile des père et mère et du témoin, de même que le lien de parenté du déclarant avec l'enfant.

and the name, quality and domicile of the person making it and bears his signature.

§ 2.–Acts of birth

111. The accoucheur draws up an attestation of birth.

An attestation states the place, date and time of birth, the sex of the child, and the name and domicile of the mother.

112. The accoucheur transmits a copy of the attestation to those who are required to declare the birth; he transmits without delay another copy of the attestation to the registrar of civil status, together with the declaration of birth of the child, unless it cannot be transmitted immediately.

113. The declaration of birth of a child is made by the father and mother, or by either of them, to the registrar of civil status within thirty days, before a witness, who signs it.

114. Only the father or mother may declare the filiation of a child with regard to themselves. However, where the child is conceived or born during the marriage, one of the parents may declare the filiation of the child with regard to the other.

No other person may declare the filiation with regard to one of the parents, except with the authorization of that parent.

115. A declaration of birth states the name assigned to the child, the sex and the place, date and time of birth of the child, the name and domicile of the father, of the mother, and of the witness, and the degree of consanguinity between the declarant and the child.

L'auteur de la déclaration joint à celle-ci un exemplaire du constat de naissance.

The person who makes the declaration attaches to it a copy of the attestation of birth.

116. La personne qui recueille ou garde un nouveau-né, dont les père et mère sont inconnus ou empêchés d'agir, est tenue, dans les trente jours, d'en déclarer la naissance au directeur de l'état civil.

116. Every person who gives shelter to or takes custody of a newborn child whose father and mother are unknown or prevented from acting is bound to declare the birth to the registrar of civil status within thirty days.

La déclaration mentionne le sexe de l'enfant et, s'ils sont connus, son nom et les lieu, date et heure de la naissance. L'auteur de la déclaration doit joindre à celle-ci une note faisant état des faits et des circonstances et y indiquer, s'ils lui sont connus, les noms des père et mère.

A declaration states the sex and, if known, the name and the place, date and time of birth of the child. The person making a declaration shall attach a note to it relating the facts and circumstances and indicating, if known to him, the names of the father and mother.

117. Lorsqu'ils sont inconnus, le directeur de l'état civil fixe les lieu, date et heure de la naissance sur la foi d'un rapport médical et suivant les présomptions tirées des circonstances.

117. Where the place, date and time of birth are unknown, the registrar of civil status fixes them on the basis of a medical report and the presumptions that may be drawn from the circumstances.

§ 3.–*Des actes de mariage*

§ 3.–*Acts of marriage*

118. Celui qui célèbre un mariage le déclare au directeur de l'état civil dans les trente jours de la célébration.

118. A person who solemnizes a marriage declares it to the registrar of civil status within thirty days of the solemnization.

119. La déclaration de mariage énonce les nom et domicile des époux, le lieu et la date de leur naissance et de leur mariage, ainsi que le nom de leur père et mère et des témoins.

119. A declaration of marriage states the name and domicile of each spouse, their places and dates of birth, the date of their marriage, and the name of the father and mother of each of them and of the witnesses.

Elle énonce aussi les nom, domicile et qualité du célébrant, et indique, s'il y a lieu, la société religieuse à laquelle il appartient.

The declaration also states the name, domicile and quality of the officiant and indicates, where applicable, his religious affiliation.

120. La déclaration de mariage indique, s'il y a lieu, le fait d'une dispense de publication et, si l'un des époux est mineur, les autorisations ou consentements obtenus.

120. A declaration of marriage indicates, where such is the case, the fact of a dispensation from publication and, if one of the spouses is a minor, the authorizations or consents obtained.

121. La déclaration est signée par le célébrant, les époux et les témoins.

§ 4.–*Des actes de décès*

122. Le médecin qui constate un décès en dresse le constat.

Il remet un exemplaire à celui qui est tenu de déclarer le décès et en transmet un autre, sans délai, au directeur de l'état civil, avec la déclaration de décès, à moins que celle-ci ne puisse être transmise immédiatement.

123. S'il est impossible de faire constater le décès par un médecin dans un délai raisonnable, mais que la mort est évidente, le constat de décès peut être dressé par deux agents de la paix, qui sont tenus aux mêmes obligations que le médecin.

124. Le constat énonce le nom et le sexe du défunt, ainsi que les lieu, date et heure du décès.

125. La déclaration de décès est faite, sans délai, au directeur de l'état civil, soit par le conjoint du défunt, soit par un proche parent ou un allié, soit, à défaut, par toute autre personne capable d'identifier le défunt. Elle est faite devant un témoin qui la signe.

126. La déclaration de décès énonce le nom et le sexe du défunt, le lieu et la date de sa naissance et de son mariage, le lieu de son dernier domicile, les lieu, date et heure du décès, le moment, le lieu et le mode de disposition du corps, ainsi que le nom de ses père et mère et, le cas échéant, de son conjoint.

L'auteur de la déclaration joint à celle-ci un exemplaire du constat de décès.

121. The declaration is signed by the officiant, the spouses and the witnesses.

§ 4.–*Acts of death*

122. The physician who establishes that a death has occurred draws up an attestation of death.

He transmits a copy of the attestation to the person who is required to declare the death; he transmits without delay another copy of the attestation to the registrar of civil status, together with the declaration of death, unless it cannot be transmitted immediately.

123. If it is impossible to have a death attested by a physician within a reasonable time, and if death is obvious, the attestation of death may be drawn up by two peace officers, who are then bound by the same obligations as the physician.

124. An attestation states the name and sex of the deceased and the place, date and time of death.

125. A declaration of death is made without delay to the registrar of civil status by the spouse of the deceased, a close relative or a person connected by marriage or, failing them, by any other person able to identify the deceased. The declaration is made before a witness, who signs it.

126. A declaration of death states the name and sex, place and date of birth and marriage, place of last domicile, place, date and time of death and mode of disposal of the body of the deceased, and the names of the father and mother and, where applicable, of the spouse of the deceased.

The person who makes the declaration attaches to it a copy of the attestation of death.

127. Lorsqu'elles sont inconnues, le directeur de l'état civil fixe la date et l'heure du décès sur la foi du rapport d'un coroner et suivant les présomptions tirées des circonstances.

Si le lieu du décès n'est pas connu, le lieu présumé est celui où le corps a été découvert.

128. Si l'identité du défunt est inconnue, le constat contient son signalement et décrit les circonstances de la découverte du corps.

SECTION IV
DE LA MODIFICATION DU REGISTRE
DE L'ÉTAT CIVIL

§ 1.–*Disposition générale*

129. Le greffier du tribunal qui a rendu un jugement qui change le nom d'une personne ou modifie autrement l'état d'une personne ou une mention à l'un des actes de l'état civil, notifie ce jugement au directeur de l'état civil, dès qu'il est passé en force de chose jugée.

Le directeur de l'état civil fait alors les inscriptions nécessaires pour assurer la publicité du registre.

§ 2.–*De la confection des actes et des mentions*

130. Lorsqu'une naissance, un mariage ou un décès survenu au Québec n'est pas constaté ou déclaré, ou l'est incorrectement ou tardivement, le directeur de l'état civil procède à une enquête sommaire, dresse l'acte de l'état civil sur la foi de l'information qu'il obtient et l'insère dans le registre de l'état civil.

131. Lorsque la déclaration et le constat contiennent des mentions contradic-

127. Where the date and time of death are unknown, the registrar of civil status fixes them on the basis of the report of a coroner and the presumptions that may be drawn from the circumstances.

If the place of death is unknown, it is presumed to be the place where the body was discovered.

128. If the deceased cannot be identified, the attestation includes a description of the body and an account of the circumstances surrounding its discovery.

SECTION IV
ALTERATION OF THE REGISTER
OF CIVIL STATUS

§ 1.–*General provision*

129. The clerk of the court that has rendered a judgment changing the name of a person or otherwise altering the status of a person or any particular in an act of civil status gives notice of the judgment to the registrar of civil status as soon as it acquires the authority of a final judgment (res judicata).

The registrar of civil status then makes the required entries to ensure the publication of the register.

§ 2.–*Preparation of acts and notations*

130. Where a birth, marriage or death having occurred in Québec is not attested or declared or is attested or declared inaccurately or late, the registrar of civil status makes a summary investigation, draws up the act of civil status on the basis of the information he obtains and inserts the act in the register of civil status.

131. Where the declaration and the attestation contain particulars that are con-

toires, par ailleurs essentielles pour permettre d'établir l'état de la personne, l'acte de l'état civil ne peut être dressé qu'avec l'autorisation du tribunal, sur demande du directeur ou d'une personne intéressée.

132. Un nouvel acte de l'état civil est dressé, à la demande d'une personne intéressée, lorsqu'un jugement qui modifie une mention essentielle d'un acte de l'état civil, tel le nom ou la filiation, a été notifié au directeur de l'état civil ou que la décision d'autoriser un changement de nom ou de la mention du sexe a acquis un caractère définitif.

Pour compléter l'acte, le directeur peut requérir que la nouvelle déclaration qu'il établit soit signée par ceux qui auraient pu la signer eût-elle été la déclaration primitive.

Le nouvel acte se substitue à l'acte primitif; il en reprend toutes les énonciations et les mentions qui n'ont pas fait l'objet de modifications. De plus, une mention de la substitution est portée à l'acte primitif.

133. Lorsqu'un jugement déclaratif de décès lui est notifié, le directeur de l'état civil dresse l'acte de décès en y indiquant les mentions conformes au jugement.

134. Le directeur de l'état civil fait mention, sur l'acte de naissance, de l'acte de mariage; il fait aussi mention, sur les actes de naissance et de mariage, de l'acte de décès.

135. Le directeur de l'état civil doit, sur notification d'un jugement prononçant un divorce, porter une mention sur les actes de naissance et de mariage de chacune des personnes concernées.

tradictory yet essential to the establishment of the status of a person, no act of civil status may be drawn up except with the authorization of the court, on the application of the registrar of civil status or of an interested person.

132. A new act of civil status is drawn up, on the application of an interested person, where a judgment changing an essential particular in an act of civil status, such as the name or filiation of a person, has been notified to the registrar of civil status or where the decision to authorize a change of name or of designation of sex has become final.

To complete the act, the registrar may require the new declaration he draws up to be signed by those who could have signed it if it had been the original declaration.

The new act is substituted for the original act; it repeats all the statements and particulars that are not affected by the alterations. In addition, the substitution is noted in the original act.

133. Where a declaratory judgment of death is notified to him, the registrar of civil status draws up the act of death, indicating the particulars in accordance with the judgment.

134. The registrar of civil status makes a notation of the act of marriage in the act of birth; he also makes a notation of the act of death in the act of birth and the act of marriage.

135. The registrar of civil status, upon notification of a judgment granting a divorce, shall make a notation in the acts of birth and marriage of each of the persons concerned.

Il doit également, sur notification d'un jugement prononçant la nullité de mariage ou annulant un jugement déclaratif de décès, annuler, selon le cas, l'acte de mariage ou de décès et faire les inscriptions nécessaires pour assurer la cohérence du registre.

136. Lorsque la mention qu'il porte à un acte résulte d'un jugement, le directeur de l'état civil inscrit sur l'acte, l'objet et la date du jugement, le tribunal qui l'a rendu et le numéro du dossier.

Dans les autres cas, il porte sur l'acte les mentions qui permettent de retrouver l'acte modificatif.

137. Le directeur de l'état civil, sur réception d'un acte de l'état civil fait hors du Québec, mais concernant une personne domiciliée au Québec, insère cet acte dans le registre comme s'il s'agissait d'un acte dressé au Québec.

Il insère également les actes juridiques faits hors du Québec modifiant ou remplaçant un acte qu'il détient; il fait alors les inscriptions nécessaires pour assurer la publicité du registre.

Malgré leur insertion au registre, les actes juridiques, y compris les actes de l'état civil, faits hors du Québec conservent leur caractère d'actes semi-authentiques, à moins que leur validité n'ait été reconnue par un tribunal du Québec. Le directeur doit mentionner ce fait lorsqu'il délivre des copies, certificats ou attestations qui concernent ces actes.

138. Lorsqu'il y a un doute sur la validité de l'acte de l'état civil ou de l'acte juridique fait hors du Québec, le directeur de l'état civil peut refuser d'agir, à moins

Upon notification of a judgment in nullity of marriage or annulling a declaratory judgment of death, the registrar shall cancel the act of marriage or of death, as the case may be, and make the required entries to ensure the coherence of the register.

136. Where the registrar of civil status makes a notation in an act as a result of a judgment, he enters, in the act, the object and date of the judgment, the court that rendered it and the number of the court record.

In any other case, he makes the necessary notations in the act to allow retrieval of the altering act.

137. The registrar of civil status, upon receiving an act of civil status made outside Québec but relating to a person domiciled in Québec, inserts the act in the register as though it were an act drawn up in Québec.

He inserts the juridical acts made outside Québec which alter or replace acts of civil status in his possession; he then makes the required entries to ensure the publication of the register.

Notwithstanding their insertion in the register, juridical acts, including acts of civil status, made outside Québec retain their status as semi-authentic acts until their validity is recognized by a court in Québec. The registrar shall mention this fact when issuing copies, certificates or attestations in respect of such acts.

138. Where there is any doubt as to the validity of an act of civil status or a juridical act made outside Québec, the registrar of civil status may refuse to act until

que la validité du document ne soit reconnue par un tribunal du Québec.

the validity of the document is recognized by a court in Québec.

139. Si l'acte de l'état civil dressé hors du Québec a été perdu, détruit ou s'il est impossible d'en obtenir une copie, le directeur de l'état civil ne peut dresser un acte de l'état civil ou porter une mention sur un acte qu'il détient déjà que s'il y est autorisé par le tribunal.

139. If an act of civil status drawn up outside Québec has been lost or destroyed or if no copy of it can be obtained, the registrar of civil status shall not draw up an act of civil status or make a notation in an act already in his possession except with the authorization of the court.

140. Les actes de l'état civil et les actes juridiques faits hors du Québec et rédigés dans une autre langue que le français ou l'anglais doivent être accompagnés d'une traduction vidimée au Québec.

140. Every act of civil status or juridical act made outside Québec and drawn up in a language other than French or English shall be accompanied by a translation authenticated in Québec.

§ 3.–*De la rectification et de la reconstitution des actes et du registre*

§ 3.–Rectification and reconstitution of an act and of the register

141. Hormis les cas prévus au présent chapitre, le tribunal peut seul ordonner la rectification d'un acte de l'état civil ou son insertion dans le registre.

141. Except in the cases provided for in this chapter, only the court may order the rectification of an act of civil status or its insertion in the register.

Il peut aussi, sur demande d'un intéressé, réviser toute décision du directeur de l'état civil relative à un acte de l'état civil.

The court may also, on the application of an interested person, review any decision of the registrar of civil status relating to an act of civil status.

142. Le directeur de l'état civil corrige dans tous les actes les erreurs purement matérielles.

142. The registrar of civil status corrects the clerical errors in all acts.

143. Sur la foi des renseignements qu'il obtient, le directeur de l'état civil reconstitue, conformément au Code de procédure civile, l'acte perdu ou détruit.

143. On the basis of the information he obtains, the registrar of civil status reconstitutes, in accordance with the Code of Civil Procedure, any act which has been lost or destroyed.

SECTION V
DE LA PUBLICITÉ DU REGISTRE
DE L'ÉTAT CIVIL

SECTION V
PUBLICATION OF THE REGISTER
OF CIVIL STATUS

144. La publicité du registre de l'état civil se fait par la délivrance de copies d'actes, de certificats ou d'attestations portant le vidimus du directeur de l'état civil et la date de la délivrance.

144. The register of civil status is published by the issuing of copies of acts, certificates or attestations bearing the vidimus of the registrar of civil status and the date of issue.

Les copies d'actes de l'état civil, les certificats et les attestations ainsi délivrés sont authentiques, sous réserve de l'article 137.

145. Est une copie d'un acte de l'état civil le document qui reproduit intégralement les énonciations de l'acte, telles qu'elles ont pu être modifiées.

146. Le certificat d'état civil énonce le nom de la personne, son sexe, ses lieu et date de naissance et, le cas échéant, le nom de son conjoint et les lieu et date du mariage ou du décès.

Le directeur de l'état civil peut également délivrer des certificats de naissance, de mariage ou de décès portant les seules mentions relatives à un fait certifié.

147. L'attestation porte sur la présence ou l'absence, dans le registre, d'un acte ou d'une mention dont la loi exige qu'elle soit portée sur l'acte.

148. Le directeur de l'état civil ne délivre la copie d'un acte qu'aux personnes qui y sont mentionnées ou à celles qui justifient de leur intérêt; il délivre les certificats à toute personne qui en fait la demande.

Il délivre les attestations à toute personne qui en fait la demande si la mention ou le fait qu'il atteste est de la nature de ceux qui apparaissent sur un certificat; autrement, il ne les délivre qu'aux seules personnes qui justifient de leur intérêt.

149. Lorsqu'un nouvel acte a été dressé, seules les personnes mentionnées à l'acte nouveau peuvent obtenir copie de l'acte primitif. En cas d'adoption cependant, il n'est jamais délivré copie de l'acte primitif, à moins que, les

Subject to article 137, copies of acts of civil status, certificates and attestations issued under this section are authentic.

145. Any document which reproduces in their entirety the statements of an act of civil status, as they have been altered where that is the case, is a copy of that act.

146. A certificate of civil status sets forth the name of the person, his sex, his place and date of birth, and, where applicable, the name of his spouse and the place and date of his marriage or death.

The registrar of civil status may also issue certificates of birth, marriage or death bearing only the particulars relating to one certified fact.

147. An attestation deals with the presence or absence in the register of an act or of a notation required by law to be made in the act.

148. The registrar of civil status issues a copy of an act only to the persons mentioned in the act or to persons who establish their interest; he issues certificates to all persons who apply for them.

The registrar issues an attestation to all persons who apply therefor if the particular or fact it attests to is of the kind which appears on certificates; otherwise, he issues it only to persons who establish their interest.

149. Where a new act has been drawn up, only the persons mentioned in the new act may obtain a copy of the original act. However, in cases of adoption, no copy of the original act is ever issued unless, the other conditions of law hav-

autres conditions de la loi étant remplies, le tribunal ne l'autorise.

Dès lors qu'un acte est annulé, seules les personnes qui démontrent leur intérêt peuvent obtenir une copie de celui-ci.

150. Le registre de l'état civil ne peut être consulté sans l'autorisation du directeur de l'état civil.

Celui-ci, s'il permet la consultation, détermine alors les conditions nécessaires à la sauvegarde des renseignements inscrits.

SECTION VI
DES POUVOIRS RÉGLEMENTAIRES RELATIFS À LA TENUE ET À LA PUBLICITÉ DU REGISTRE DE L'ÉTAT CIVIL

151. Le ministre responsable de l'état civil peut désigner des personnes pour signer et assurer la publicité du registre sous l'autorité du directeur de l'état civil; le ministre donne avis de ces désignations à la *Gazette officielle du Québec.*

Les mentions additionnelles qui peuvent apparaître sur les constats et les déclarations, les droits de délivrance de copies d'actes, de certificats ou d'attestations et les droits exigibles pour la confection d'un acte ou la consultation du registre sont déterminés par le règlement d'application pris par le gouvernement. [1996, c. 21, art. 27].

152. Dans les communautés cries, inuit ou naskapies, l'agent local d'inscription ou un autre fonctionnaire nommé en vertu des lois relatives aux autochtones cris, inuit et naskapis peut, dans la mesure prévue au règlement d'application, être autorisé à exercer certaines fonctions du directeur de l'état civil.

ing been fulfilled, it is authorized by the court.

Once an act has been annulled, only persons who establish their interest may obtain a copy of the annulled act.

150. The register of civil status may be consulted only with the authorization of the registrar of civil status.

Where the registrar allows the register to be consulted, he determines the conditions required for the safeguard of the information it contains.

SECTION VI
REGULATORY POWERS RELATING TO THE KEEPING AND PUBLICATION OF THE REGISTER OF CIVIL STATUS

151. The minister responsible for civil status may designate persons to sign documents and to ensure public access to the register under the authority of the registrar of civil status. The Minister gives notice of such designations in the *Gazette officielle du Québec.*

The additional particulars that may appear on attestations and declarations, the duties payable for the issuing of copies of acts, certificates or attestations and the charge for preparing an act or consulting the register are fixed by regulation of the Government. [1996, ch. 21, s. 27].

152. In Cree, Inuit or Naskapi communities, the local registry officer or another public servant appointed under any Act respecting Cree, Inuit and Naskapi native persons may be authorized, to the extent provided by regulation, to perform certain duties of the registrar of civil status.

TITRE QUATRIÈME
DE LA CAPACITÉ DES PERSONNES

TITLE FOUR
CAPACITY OF PERSONS

CHAPITRE PREMIER
DE LA MAJORITÉ ET DE LA MINORITÉ

CHAPTER I
MAJORITY AND MINORITY

SECTION I
DE LA MAJORITÉ

SECTION I
MAJORITY

153. L'âge de la majorité est fixé à dix-huit ans.

La personne, jusqu'alors mineure, devient capable d'exercer pleinement tous ses droits civils.

153. Full age or the age of majority is eighteen years.

On attaining full age, a person ceases to be a minor and has the full exercise of all his civil rights.

154. La capacité du majeur ne peut être limitée que par une disposition expresse de la loi ou par un jugement prononçant l'ouverture d'un régime de protection.

154. In no case may the capacity of a person of full age be limited except by express provision of law or by a judgment ordering the institution of protective supervision.

SECTION II
DE LA MINORITÉ

SECTION II
MINORITY

155. Le mineur exerce ses droits civils dans la seule mesure prévue par la loi.

155. A minor exercises his civil rights only to the extent provided by law.

156. Le mineur de quatorze ans et plus est réputé majeur pour tous les actes relatifs à son emploi, ou à l'exercice de son art ou de sa profession.

156. A minor fourteen years of age or over is deemed to be of full age for all acts pertaining to his employment or to the practice of his craft or profession.

157. Le mineur peut, compte tenu de son âge et de son discernement, contracter seul pour satisfaire ses besoins ordinaires et usuels.

157. A minor may, within the limits imposed by his age and power of discernment, enter into contracts alone to meet his ordinary and usual needs.

158. Hors les cas où il peut agir seul, le mineur est représenté par son tuteur pour l'exercice de ses droits civils.

À moins que la loi ou la nature de l'acte ne le permette pas, l'acte que le mineur peut faire seul peut aussi être fait valablement par son représentant.

158. Except where he may act alone, a minor is represented by his tutor for the exercise of his civil rights.

Unless the law or the nature of the act does not allow it, an act that may be performed by a minor alone may also be validly performed by his representative.

159. Le mineur doit être représenté en justice par son tuteur; ses actions sont portées au nom de ce dernier.

159. In judicial matters, a minor shall be represented by his tutor; his actions are brought in the name of his tutor.

Toutefois, le mineur peut, avec l'autorisation du tribunal, intenter seul une action relative à son état, à l'exercice de l'autorité parentale ou à un acte à l'égard duquel il peut agir seul; en ces cas, il peut agir seul en défense.

A minor may, however, with the authorization of the court, institute alone an action relating to his status, to the exercise of parental authority or to an act that he may perform alone; he may in such cases act alone as defendant.

160. Le mineur peut invoquer seul, en défense, l'irrégularité provenant du défaut de représentation ou l'incapacité lui résultant de sa minorité.

160. A minor may invoke, alone, in his defence, any irregularity arising from lack of representation or incapacity resulting from his minority.

161. L'acte fait seul par le mineur, lorsque la loi ne lui permet pas d'agir seul ou représenté, est nul de nullité absolue.

161. An act performed alone by a minor where the law does not allow him to act alone or through a representative is absolutely null.

162. L'acte accompli par le tuteur sans l'autorisation du tribunal, alors que celle-ci est requise par la nature de l'acte, peut être annulé à la demande du mineur, sans qu'il soit nécessaire d'établir qu'il a subi un préjudice.

162. An act performed by the tutor without the authorization of the court although the nature of the act requires it may be annulled on the application of the minor, without any requirement to prove that he has suffered damage.

163. L'acte fait seul par le mineur ou fait par le tuteur sans l'autorisation du conseil de tutelle, alors que celle-ci est requise par la nature de l'acte, ne peut être annulé ou les obligations qui en découlent réduites, à la demande du mineur, que s'il en subit un préjudice.

163. An act performed alone by a minor or his tutor without the authorization of the tutorship council although the nature of the act requires it may not be annulled or the obligations arising from it reduced, on the application of the minor, unless he suffers damage therefrom.

164. Le mineur ne peut exercer l'action en nullité ou en réduction de ses obligations lorsque le préjudice qu'il subit résulte d'un événement casuel et imprévu.

164. A minor may not bring an action in nullity or reduction of his obligations if the damage he suffers is caused by a fortuitous and unforeseen event.

Il ne peut non plus se soustraire à l'obligation extracontractuelle de réparer le préjudice causé à autrui par sa faute.

A minor may not avoid an extracontractual obligation to redress damage caused to another person by his fault.

165. La simple déclaration faite par un mineur qu'il est majeur ne le prive pas de son action en nullité ou en réduction de ses obligations.

165. The mere declaration by a minor that he is of full age does not deprive him of his action in nullity or reduction of his obligations.

166. Le mineur devenu majeur peut confirmer l'acte fait seul en minorité, alors qu'il devait être représenté. Après la reddition du compte de tutelle, il peut également confirmer l'acte fait par son tuteur sans que toutes les formalités aient été observées.

166. On attaining full age, a person may confirm an act he performed alone during minority for which he required to be represented. After accounts of tutorship are rendered, he may also confirm an act performed by his tutor without observance of all the formalities.

SECTION III
DE L'ÉMANCIPATION

§ 1.–*De la simple émancipation*

SECTION III
EMANCIPATION

§ 1.–*Simple emancipation*

167. Le tuteur peut, avec l'accord du conseil de tutelle, émanciper le mineur de seize ans et plus qui le lui demande, par le dépôt d'une déclaration en ce sens auprès du curateur public.

167. The tutor may, after obtaining the agreement of the tutorship council, emancipate a minor if he is sixteen years of age or over and requests it, by filing a declaration to that effect with the Public Curator.

L'émancipation prend effet au moment du dépôt de cette déclaration.

Emancipation is effective from the filing of the declaration.

168. Le tribunal peut aussi, après avoir pris l'avis du tuteur et, le cas échéant, du conseil de tutelle, émanciper le mineur.

168. The court may likewise, after obtaining the advice of the tutor and, where applicable, of the tutorship council, emancipate a minor.

Le mineur peut demander seul son émancipation.

A minor may apply alone for his emancipation.

169. Le tuteur doit rendre compte de son administration au mineur émancipé; il continue, néanmoins, de l'assister gratuitement.

169. The tutor is accountable for his administration to the emancipated minor; he continues, however, to assist him gratuitously.

170. L'émancipation ne met pas fin à la minorité et ne confère pas tous les droits résultant de la majorité, mais elle libère le mineur de l'obligation d'être représenté pour l'exercice de ses droits civils.

170. Emancipation does not put an end to minority nor does it confer all the rights resulting from majority, but it releases the minor from the obligation to be represented for the exercise of his civil rights.

171. Le mineur émancipé peut établir son propre domicile; il cesse d'être sous l'autorité de ses père et mère.

171. An emancipated minor may establish his own domicile, and he ceases to be under the authority of his father and mother.

172. Outre les actes que le mineur peut faire seul, le mineur émancipé peut faire tous les actes de simple administration; il peut ainsi, à titre de locataire, passer des baux d'une durée d'au plus trois ans ou donner des biens suivant ses facultés s'il n'entame pas notablement son capital.

173. Le mineur émancipé doit être assisté de son tuteur pour tous les actes excédant la simple administration, notamment pour accepter une donation avec charge ou pour renoncer à une succession.

L'acte accompli sans assistance ne peut être annulé ou les obligations qui en découlent réduites que si le mineur en subit un préjudice.

174. Les prêts ou les emprunts considérables, eu égard au patrimoine du mineur émancipé, et les actes d'aliénation d'un immeuble ou d'une entreprise doivent être autorisés par le tribunal, sur avis du tuteur. Autrement, l'acte ne peut être annulé ou les obligations qui en découlent réduites, à la demande du mineur, que s'il en subit un préjudice.

§ 2.–*De la pleine émancipation*

175. La pleine émancipation a lieu par le mariage.

Elle peut aussi, à la demande du mineur, être déclarée par le tribunal pour un motif sérieux; en ce cas, le titulaire de l'autorité parentale, le tuteur et toute personne qui a la garde du mineur doivent être appelés à donner leur avis ainsi que, s'il y a lieu, le conseil de tutelle.

176. La pleine émancipation rend le mineur capable, comme s'il était majeur, d'exercer ses droits civils.

172. In addition to the acts that a minor may perform alone, an emancipated minor may perform all acts of simple administration; thus, he may, as a lessee, sign leases for terms not exceeding three years and make gifts of his property according to his means, provided he does not notably reduce his capital.

173. An emancipated minor shall be assisted by his tutor for every act beyond simple administration, and in particular for accepting a gift encumbered with a charge or for renouncing a succession.

An act performed without assistance may not be annulled or the obligations arising from it reduced unless the minor suffers damage therefrom.

174. Loans or borrowings of large amounts, considering the patrimony of an emancipated minor, and acts of alienation of an immovable or enterprise require the authorization of the court, on the advice of the tutor. Otherwise, the act may not be annulled or the obligations arising from it reduced, on the application of the minor, unless he suffers damage therefrom.

§ 2.–*Full emancipation*

175. Full emancipation is obtained by marriage.

It may also, on the application of the minor, be granted by the court for a serious reason; in that case, the person having parental authority, the tutor and any person having custody of the minor and, where applicable, the tutorship council shall be summoned to give their opinion.

176. Full emancipation enables a minor to exercise his civil rights as if he were of full age.

CHAPITRE DEUXIÈME
DE LA TUTELLE AU MINEUR

SECTION I
DE LA CHARGE TUTÉLAIRE

177. La tutelle est établie dans l'intérêt du mineur; elle est destinée à assurer la protection de sa personne, l'administration de son patrimoine et, en général, l'exercice de ses droits civils.

178. La tutelle au mineur est légale ou dative.

La tutelle légale résulte de la loi; la tutelle dative est celle qui est déférée par les père et mère ou par le tribunal.

179. La tutelle est une charge personnelle, accessible à toute personne physique capable du plein exercice de ses droits civils et apte à exercer la charge.

180. Nul ne peut être contraint d'accepter une tutelle dative, sauf, à défaut d'une autre personne, le directeur de la protection de la jeunesse ou, pour une tutelle aux biens, le curateur public.

181. La tutelle ne passe pas aux héritiers du tuteur; ceux-ci sont seulement responsables de la gestion de leur auteur. S'ils sont majeurs, ils sont tenus de continuer l'administration de leur auteur jusqu'à la nomination d'un nouveau tuteur.

182. La tutelle exercée par le directeur de la protection de la jeunesse ou le curateur public est liée à sa fonction.

183. Les père et mère, le directeur de la protection de la jeunesse ou la personne qu'il recommande comme tuteur exercent la tutelle gratuitement.

Toutefois, les père et mère peuvent, pour l'administration des biens de leur

CHAPTER II
TUTORSHIP TO MINORS

SECTION I
TUTORSHIP

177. Tutorship is established in the interest of the minor; it is intended to ensure the protection of his person, the administration of his patrimony and, generally, to secure the exercise of his civil rights.

178. Tutorship to minors is legal or dative.

Tutorship resulting from the law is legal; tutorship conferred by the father and mother or by the court is dative.

179. Tutorship is a personal office open to every natural person capable of fully exercising his civil rights who is able to assume the office.

180. No person may be compelled to accept a dative tutorship except, failing any other person, the director of youth protection or, for tutorship to property, the Public Curator.

181. Tutorship does not pass to the heirs of the tutor; they are simply responsible for his administration. If they are of full age, they are bound to continue his administration until a new tutor is appointed.

182. Tutorship exercised by the director of youth protection or the Public Curator is attached to the office.

183. Fathers and mothers, the director of youth protection or the person recommended by him as tutor exercise tutorship gratuitously.

However, a father and mother may receive such remuneration as may be

enfant, recevoir une rémunération que fixe le tribunal, sur l'avis du conseil de tutelle, dès lors qu'il s'agit pour eux d'une occupation principale.

184. Le tuteur datif peut recevoir une rémunération que fixe le tribunal sur l'avis du conseil de tutelle, ou, encore, le père ou la mère qui le nomme ou, s'il y est autorisé, le liquidateur de leur succession. Il est tenu compte des charges de la tutelle et des revenus des biens à gérer.

185. Sauf division, la tutelle s'étend à la personne et aux biens du mineur.

186. Lorsque la tutelle s'étend à la personne du mineur et qu'elle est exercée par une personne autre que les père et mère, le tuteur agit comme titulaire de l'autorité parentale, à moins que le tribunal n'en décide autrement.

187. On ne peut nommer qu'un tuteur à la personne, mais on peut en nommer plusieurs aux biens.

188. Le tuteur aux biens est responsable de l'administration des biens du mineur; cependant, le tuteur à la personne représente le mineur en justice quant à ces biens.

Lorsque plusieurs tuteurs aux biens sont nommés, chacun d'eux est responsable de la gestion des biens qui lui ont été confiés.

189. Une personne morale peut agir comme tuteur aux biens si elle y est autorisée par la loi.

190. Chaque fois qu'un mineur a des intérêts à discuter en justice avec son tuteur, on lui nomme un tuteur *ad hoc*.

fixed by the court, on the advice of the tutorship council, for the administration of the property of their child where that is one of their principal occupations.

184. A dative tutor may receive such remuneration as is fixed by the court on the advice of the tutorship council or by the father or mother by whom he is appointed, or by the liquidator of their succession if so authorized. The expenses of the tutorship and the revenue from the property to be administered are taken into account.

185. Except where divided, tutorship extends to the person and property of the minor.

186. Where tutorship extends to the person of the minor and is exercised by a person other than the father or mother, the tutor acts as the person having parental authority, unless the court decides otherwise.

187. In no case may more than one tutor to the person be appointed, but several tutors to property may be appointed.

188. The tutor to property is responsible for the administration of the property of the minor, but the tutor to the person represents the minor in judicial proceedings regarding that property.

Where several tutors to property are appointed, each of them is accountable for the management of the property entrusted to him.

189. A legal person may act as tutor to property, if so authorized by law.

190. Whenever a minor has any interest to discuss judicially with his tutor, a tutor *ad hoc* is appointed to him.

191. Le siège de la tutelle est au domicile du mineur.

Dans le cas où la tutelle est exercée par le directeur de la protection de la jeunesse ou par le curateur public, le siège de la tutelle est au lieu où il exerce ses fonctions.

191. Tutorship is based at the domicile of the minor.

If a tutorship is exercised by the director of youth protection or by the Public Curator, the tutorship is based at the place where that person holds office.

SECTION II
DE LA TUTELLE LÉGALE

SECTION II
LEGAL TUTORSHIP

192. Outre les droits et devoirs liés à l'autorité parentale, les père et mère, s'ils sont majeurs ou émancipés, sont de plein droit tuteurs de leur enfant mineur, afin d'assurer sa représentation dans l'exercice de ses droits civils et d'administrer son patrimoine.

Ils le sont également de leur enfant conçu qui n'est pas encore né, et ils sont chargés d'agir pour lui dans tous les cas où son intérêt patrimonial l'exige.

192. In addition to having the rights and duties connected with parental authority, the father and mother, if of full age or emancipated, are, of right, tutors to their minor child for the purposes of representing him in the exercise of his civil rights and administering his patrimony.

The father and mother are also tutors to their child conceived but yet unborn and are responsible for acting on his behalf in all cases where his patrimonial interests require it.

193. Les père et mère exercent ensemble la tutelle, à moins que l'un d'eux ne soit décédé ou ne se trouve empêché de manifester sa volonté ou de le faire en temps utile.

193. The father and mother exercise tutorship together unless one parent is deceased or prevented from expressing his wishes or from doing so in due time.

194. L'un des parents peut donner à l'autre mandat de le représenter dans des actes relatifs à l'exercice de la tutelle.

Ce mandat est présumé à l'égard des tiers de bonne foi.

194. Either parent may give the other the mandate to represent him in the performance of acts pertaining to the exercise of tutorship.

The mandate is presumed with regard to third persons in good faith.

195. Lorsque la garde de l'enfant fait l'objet d'un jugement, la tutelle continue d'être exercée par les père et mère, à moins que le tribunal, pour des motifs graves, n'en décide autrement.

195. Where the custody of a child is decided by judgment, the tutorship continues to be exercised by the father and mother, unless the court, for grave reasons, decides otherwise.

196. En cas de désaccord relativement à l'exercice de la tutelle entre les père et mère, l'un ou l'autre peut saisir le tribunal du différend.

196. In case of disagreement relating to the exercise of the tutorship between the father and mother, either of them may refer the dispute to the court.

Le tribunal statue dans l'intérêt du mineur, après avoir favorisé la conciliation des parties et avoir obtenu, au besoin, l'avis du conseil de tutelle.

197. La déchéance de l'autorité parentale entraîne la perte de la tutelle; le retrait de certains attributs de l'autorité ou de leur exercice n'entraîne la perte de la tutelle que si le tribunal en décide ainsi.

198. Le père ou la mère qui s'est vu retirer la tutelle, par suite de la déchéance de l'autorité parentale ou du retrait de l'exercice de certains attributs de cette autorité, peut, même après l'ouverture d'une tutelle dative, être rétabli dans sa charge lorsqu'il jouit de nouveau du plein exercice de l'autorité parentale.

199. Lorsque le tribunal prononce la déchéance de l'autorité parentale à l'égard des père et mère du mineur, sans procéder à la nomination d'un tuteur, le directeur de la protection de la jeunesse du lieu où réside l'enfant devient d'office tuteur légal, à moins que l'enfant n'ait déjà un tuteur autre que ses père et mère.

Le directeur de la protection de la jeunesse est aussi, jusqu'à l'ordonnance de placement, tuteur légal de l'enfant qu'il a fait déclarer admissible à l'adoption ou au sujet duquel un consentement général à l'adoption lui a été remis, excepté dans le cas où le tribunal a nommé un autre tuteur.

SECTION III
DE LA TUTELLE DATIVE

200. Le père ou la mère peut nommer un tuteur à son enfant mineur, par testament ou par une déclaration en ce sens transmise au curateur public.

The court decides in the interest of the minor after fostering the conciliation of the parties and, if need be, obtaining the opinion of the tutorship council.

197. Deprivation of parental authority entails loss of tutorship; withdrawal of certain attributes of parental authority or of the exercise of such attributes entails loss of tutorship only if so decided by the court.

198. A father or mother deprived of tutorship as a result of having been deprived of parental authority or having had the exercise of certain attributes of parental authority withdrawn may, even after dative tutorship is instituted, be reinstated as tutor once he or she once again has full exercise of parental authority.

199. Where the court declares the father and mother of a minor deprived of parental authority without appointing another tutor, the director of youth protection having jurisdiction in the child's place of residence becomes by virtue of his office legal tutor to the child unless the child is already provided with a tutor other than his father and mother.

The director of youth protection is also, until the order of placement, legal tutor to a child he has caused to be declared eligible for adoption or in whose respect he has received a general consent to adoption, except where the court has appointed another tutor.

SECTION III
DATIVE TUTORSHIP

200. A father or mother may appoint a tutor to his or her minor child by will or by filing a declaration to that effect with the Public Curator.

201. Le droit de nommer le tuteur n'appartient qu'au dernier mourant des père et mère, s'il a conservé au jour de son décès la tutelle légale.

Lorsque les père et mère décèdent en même temps, en ayant chacun désigné comme tuteur une personne différente qui accepte la charge, le tribunal décide laquelle l'exercera.

202. À moins que la désignation ne soit contestée, le tuteur nommé par le père ou la mère entre en fonction au moment de son acceptation de la charge, après le décès du dernier mourant.

La personne est présumée avoir accepté la tutelle si elle n'a pas refusé la charge dans les trente jours, à compter du moment où elle a eu connaissance de sa nomination.

203. Le tuteur nommé par le père ou la mère doit, qu'il accepte ou refuse la charge, en aviser le liquidateur de la succession et le curateur public.

204. Lorsque la personne désignée par le parent refuse la tutelle, elle doit en aviser, sans délai, son remplaçant si le parent en a désigné un.

Elle peut, néanmoins, revenir sur son refus avant qu'un remplaçant n'accepte la charge ou que l'ouverture d'une tutelle ne soit demandée au tribunal.

205. La tutelle est déférée par le tribunal lorsqu'il y a lieu de nommer un tuteur ou de le remplacer, de nommer un tuteur *ad hoc* ou un tuteur aux biens, ou encore en cas de contestation du choix d'un tuteur nommé par les père et mère.

Elle est déférée sur avis du conseil de tutelle, à moins qu'elle ne soit demandée par le directeur de la protection de la jeunesse.

201. The right to appoint a tutor belongs exclusively to the last surviving parent if he has retained legal tutorship to the day of his death.

Where both parents die simultaneously, each having designated a different person as tutor, and both persons accept the office, the court decides which person will hold it.

202. Unless the designation is contested, the tutor appointed by the father or mother assumes office upon accepting it, after the death of the last surviving parent.

If the person does not refuse the office within thirty days after being informed of his appointment, he is presumed to have accepted.

203. Whether the tutor appointed by the father or mother accepts or refuses the office, he shall notify the liquidator of the succession and the Public Curator.

204. Where the person appointed by either parent refuses tutorship, he shall without delay notify his refusal to the replacement, if any, designated by the parent.

The person may, however, retract his refusal before the replacement accepts the office or an application to institute tutorship is made to the court.

205. Tutorship is conferred by the court where it is expedient to appoint a tutor or a replacement, to appoint a tutor *ad hoc* or a tutor to property or where the designation of a tutor appointed by the father and mother is contested.

Tutorship is conferred on the advice of the tutorship council, unless it is applied for by the director of youth protection.

206. Le mineur, le père ou la mère et les proches parents et alliés du mineur, ou toute autre personne intéressée, y compris le curateur public, peuvent s'adresser au tribunal et proposer, le cas échéant, une personne qui soit apte à exercer la tutelle et prête à accepter la charge.

207. Le directeur de la protection de la jeunesse ou la personne qu'il recommande pour l'exercer peut aussi demander l'ouverture d'une tutelle à un enfant mineur orphelin qui n'est pas déjà pourvu d'un tuteur, à un enfant dont ni le père ni la mère n'assument, de fait, le soin, l'entretien ou l'éducation, ou à un enfant qui serait vraisemblablement en danger s'il retournait auprès de ses père et mère.

206. The minor, the father or mother and close relatives of the minor and persons connected by marriage to the minor or any other interested person, including the Public Curator, may apply to the court and, if necessary, propose a suitable person who is willing to accept the tutorship.

207. The director of youth protection or the person recommended as tutor by him may also apply for the institution of tutorship to an orphan who is a minor and who has no tutor, or to a child whose father and mother both fail, in fact, to assume his care, maintenance or education, or to a child who in all likelihood would be in danger if he returned to his father and mother.

SECTION IV
DE L'ADMINISTRATION TUTÉLAIRE

208. Le tuteur agit à l'égard des biens du mineur à titre d'administrateur chargé de la simple administration.

209. Les père et mère ne sont pas tenus, dans l'administration des biens de leur enfant mineur, de faire l'inventaire des biens, de fournir une sûreté garantissant leur administration, de rendre un compte de gestion annuel, ou d'obtenir du conseil de tutelle ou du tribunal des avis ou autorisations, à moins que la valeur des biens ne soit supérieure à 25 000$ ou que le tribunal ne l'ordonne, à la demande d'un intéressé.

210. Les biens donnés ou légués à un mineur, à la condition qu'ils soient administrés par un tiers, sont soustraits à l'administration du tuteur.

Si l'acte n'indique pas le régime d'administration de ces biens, la per-

SECTION IV
ADMINISTRATION OF TUTORS

208. In respect of the property of the minor, the tutor acts as an administrator entrusted with simple administration.

209. Fathers and mothers are not required in the administration of the property of their minor child to make an inventory of the property, to furnish a security as a guarantee of their administration, to render an annual account of management or to obtain any advice or authorization from the tutorship council or the court unless the property is worth more than $25 000 or it is ordered by the court on the application of an interested person.

210. All property given or bequeathed to a minor on condition that it be administered by a third person is withdrawn from the administration of the tutor.

If the act does not indicate the particular mode of administration of the

sonne qui les administre a les droits et obligations d'un tuteur aux biens.

property, the person administering it has the rights and obligations of a tutor to property.

211. Le tuteur peut accepter seul une donation en faveur de son pupille. Toutefois, il ne peut accepter une donation avec charge sans obtenir l'autorisation du conseil de tutelle.

211. A tutor may accept alone any gift in favour of his pupil. He may not accept any gift with a charge, however, without obtaining the authorization of the tutorship council.

212. Le tuteur ne peut transiger ni poursuivre un appel sans l'autorisation du conseil de tutelle.

212. A tutor may not transact or prosecute an appeal without the authorization of the tutorship council.

213. S'il s'agit de contracter un emprunt important eu égard au patrimoine du mineur, de grever un bien d'une sûreté, d'aliéner un bien important à caractère familial, un immeuble ou une entreprise, ou de provoquer le partage définitif des immeubles d'un mineur indivisaire, le tuteur doit être autorisé par le conseil de tutelle ou, si la valeur du bien ou de la sûreté excède 25 000$, par le tribunal, qui sollicite l'avis du conseil de tutelle.

213. The tutor, before contracting a substantial loan in relation to the patrimony of the minor, offering property as security, alienating an important piece of family property, an immovable or an enterprise, or demanding the definitive partition of immovables held by the minor in undivided co-ownership, shall obtain the authorization of the tutorship council or, if the property or security is worth more than $25 000, of the court, which seeks the advice of the tutorship council.

Le conseil de tutelle ou le tribunal ne permet de contracter l'emprunt, d'aliéner un bien à titre onéreux ou de le grever d'une sûreté, que dans les cas où cela est nécessaire pour l'éducation et l'entretien du mineur, pour payer ses dettes, pour maintenir le bien en bon état ou pour conserver sa valeur. L'autorisation indique alors le montant et les conditions de l'emprunt, les biens qui peuvent être aliénés ou grevés d'une sûreté, ainsi que les conditions dans lesquelles ils peuvent l'être.

The tutorship council or the court does not allow the loan to be contracted, or property to be alienated by onerous title or offered as security, except where that is necessary to ensure the education and maintenance of the minor, to pay his debts or to maintain the property in good working order or safeguard its value. The authorization then indicates the amount and terms and conditions of the loan, the property that may be alienated or offered as security, and sets forth the conditions under which it may be done.

214. Le tuteur ne peut, sans avoir obtenu l'évaluation d'un expert, aliéner un bien dont la valeur excède 25 000$, sauf s'il s'agit de valeurs cotées et négociées à une bourse reconnue suivant les dis-

214. No tutor may, before obtaining an expert's appraisal, alienate property worth more than $25 000, except in the case of securities quoted and traded on a recognized stock exchange according

positions relatives aux placements présumés sûrs. Une copie de l'évaluation est jointe au compte de gestion annuel.

to the provisions respecting presumed sound investments. A copy of the appraisal is attached to the annual management account.

Constituent un seul et même acte les opérations juridiques connexes par leur nature, leur objet ou le moment de leur passation.

Juridical acts which are related according to their nature, their object or the time they are performed constitute one and the same act.

215. Le tuteur peut conclure seul une convention tendant au maintien de l'indivision, mais, en ce cas, le mineur devenu majeur peut y mettre fin dans l'année qui suit sa majorité, quelle que soit la durée de la convention.

215. A tutor acting alone may enter into an agreement to continue in indivision, but in that case the minor, once of full age, may terminate the agreement within one year, regardless of its term.

La convention autorisée par le conseil de tutelle et par le tribunal lie le mineur devenu majeur.

Any agreement authorized by the tutorship council and by the court is binding on the minor once of full age.

216. Le greffier du tribunal donne, sans délai, avis au conseil de tutelle et au curateur public de tout jugement relatif aux intérêts patrimoniaux du mineur, ainsi que de toute transaction effectuée dans le cadre d'une action à laquelle le tuteur est partie en cette qualité.

216. The clerk of the court gives notice without delay to the tutorship council and to the Public Curator of any judgment relating to the interests of the patrimony of a minor and of any transaction effected pursuant to an action to which the tutor is a party in that quality.

217. Lorsque la valeur des biens excède 25 000$, le liquidateur d'une succession dévolue ou léguée à un mineur et le donateur d'un bien si le donataire est mineur ou, dans tous les cas, toute personne qui paie une indemnité au bénéfice d'un mineur, doit déclarer le fait au curateur public et indiquer la valeur des biens.

217. Where the property is worth more than $25 000, the liquidator of a succession which devolves or is bequeathed to a minor and the donor of property if the donee is a minor, and, in any case, any person who pays an indemnity for the benefit of a minor, shall declare that fact to the Public Curator and state the value of the property.

218. Le tuteur prélève sur les biens qu'il administre les sommes nécessaires pour acquitter les charges de la tutelle, notamment pour l'exercice des droits civils du mineur et l'administration de son patrimoine; il effectue aussi un tel prélèvement si, pour assurer l'entretien ou l'éducation du mineur, il y a lieu de

218. A tutor sets aside from the property under his administration all sums necessary to pay the expenses of the tutorship, in particular, to provide for the exercise of the civil rights of the minor and the administration of his patrimony. He also does so where, to ensure the minor's maintenance and education, it is neces-

suppléer l'obligation alimentaire des père et mère.

219. Le tuteur à la personne convient avec le tuteur aux biens des sommes qui lui sont nécessaires, annuellement, pour acquitter les charges de la tutelle.

S'ils ne s'entendent pas sur les sommes ou leur paiement, le conseil de tutelle ou, à défaut, le tribunal tranche.

220. Le mineur gère le produit de son travail et les allocations qui lui sont versées pour combler ses besoins ordinaires et usuels.

Lorsque les revenus du mineur sont considérables ou que les circonstances le justifient, le tribunal peut, après avoir obtenu l'avis du tuteur et, le cas échéant, du conseil de tutelle, fixer les sommes dont le mineur conserve la gestion. Il tient compte de l'âge et du discernement du mineur, des conditions générales de son entretien et de son éducation, ainsi que de ses obligations alimentaires et de celles de ses parents.

221. Le directeur de la protection de la jeunesse qui exerce la tutelle ou la personne qu'il recommande pour l'exercer, doivent, lorsque la loi prévoit que le tuteur doit, pour agir, obtenir l'avis ou l'autorisation du conseil de tutelle, être autorisés par le tribunal.

Cependant, lorsque la valeur des biens est supérieure à 25 000$ ou, dans tous les cas lorsque le tribunal l'ordonne, la tutelle aux biens est déférée au curateur public. Celui-ci a, dès lors, les droits et les obligations du tuteur datif, sous réserve des dispositions de la loi.

sary to make up for the support owed by the father and mother.

219. The tutor to the person agrees with the tutor to property as to the amounts he requires each year to pay the expenses of the tutorship.

If the tutors do not agree on the amounts or their payment, the tutorship council or, failing that, the court decides.

220. The minor manages the proceeds of his work and any allowances paid to him to meet his ordinary and usual needs.

Where the revenues of the minor are considerable or where justified by the circumstances, the court, after obtaining the advice of the tutor and, where applicable, the tutorship council, may fix the amounts that remain under the management of the minor. It takes into account the age and power of discernment the minor, the general conditions of his maintenance and education and his obligations of support and those of his parents.

221. A director of youth protection exercising a tutorship or the person he recommends to exercise it shall obtain the authorization of the court where the law requires the tutor to obtain the advice or authorization of the tutorship council before acting.

Where the property is worth more than $25 000, however, or, at all events, where the court so orders, tutorship to property is conferred on the Public Curator, who has from that time the rights and obligations of a dative tutor, subject to the provisions of law.

SECTION V
DU CONSEIL DE TUTELLE

§ 1.–*Du rôle et de la constitution du conseil*

222. Le conseil de tutelle a pour rôle de surveiller la tutelle. Il est formé de trois personnes désignées par une assemblée de parents, d'alliés ou d'amis ou, si le tribunal le décide, d'une seule personne.

223. Le conseil de tutelle est constitué soit qu'il y ait tutelle dative, soit qu'il y ait tutelle légale, mais, en ce dernier cas, seulement si les père et mère sont tenus, dans l'administration des biens du mineur, de faire inventaire, de fournir une sûreté ou de rendre un compte annuel de gestion.

Il n'est pas constitué lorsque la tutelle est exercée par le directeur de la protection de la jeunesse ou une personne qu'il recommande comme tuteur, ou par le curateur public.

224. Toute personne intéressée peut provoquer la constitution du conseil de tutelle en demandant soit à un notaire, soit au tribunal du lieu où le mineur a son domicile ou sa résidence, de convoquer une assemblée de parents, d'alliés ou d'amis.

Le tribunal saisi d'une demande pour nommer ou remplacer un tuteur ou un conseil de tutelle le peut également, même d'office.

225. Le tuteur nommé par le père ou la mère du mineur ou les père et mère, le cas échéant, doivent provoquer la constitution du conseil de tutelle.

SECTION V
TUTORSHIP COUNCIL

§ 1.–*Role and establishment of the council*

222. The role of the tutorship council is to supervise the tutorship. The tutorship council is composed of three persons designated by a meeting of relatives, persons connected by marriage or friends or, if the court so decides, of only one person.

223. A tutorship council is established both in the case of dative tutorship and in that of legal tutorship, although, in the latter case, only where the father and mother are required, in respect of the administration of the property of the minor, to make an inventory, to furnish security or to render an annual account of management.

No council is established where the tutorship is exercised by the director of youth protection, a person he has recommended as tutor, or the Public Curator.

224. Any interested person may initiate the establishment of a tutorship council by applying either to a notary or to the court of the place where the minor has his domicile or residence for the calling of a meeting of relatives, persons connected by marriage and friends.

The court examining an application for the appointment or replacement of a tutor or tutorship council may do likewise, even of its own motion.

225. The tutor appointed by the father or mother of a minor or the father and mother, as the case may be, shall initiate the establishment of the tutorship council.

Les père et mère peuvent, à leur choix, convoquer une assemblée de parents, d'alliés ou d'amis, ou demander au tribunal de constituer un conseil de tutelle d'une seule personne et de la désigner.

226. Doivent être convoqués à l'assemblée de parents, d'alliés ou d'amis appelée à constituer un conseil de tutelle, les père et mère du mineur et, s'ils ont une résidence connue au Québec, ses autres ascendants ainsi que ses frères et soeurs majeurs.

Peuvent être convoqués à l'assemblée, pourvu qu'ils soient majeurs, les autres parents et alliés du mineur et ses amis.

Au moins cinq personnes doivent assister à cette assemblée et, autant que possible, les lignes maternelle et paternelle doivent être représentées.

227. Les personnes qui doivent être convoquées ont toujours le droit de se présenter à l'assemblée de constitution et d'y donner leur avis, même si on a omis de les convoquer.

228. L'assemblée désigne les trois membres du conseil et deux suppléants, en respectant, dans la mesure du possible, la représentation des lignes maternelle et paternelle.

Elle désigne également un secrétaire, membre ou non du conseil, chargé de rédiger et de conserver les procès-verbaux des délibérations; le cas échéant, elle fixe la rémunération du secrétaire.

Le tuteur ne peut être membre du conseil de tutelle.

The father and mother may, at their option, convene a meeting of relatives, persons connected by marriage or friends or make an application to the court for the establishment of a tutorship council composed of only one person designated by the court.

226. The father and mother of the minor and, if they have a known residence in Québec, his other ascendants and his brothers and sisters of full age shall be called to the meeting of relatives, persons connected by marriage or friends called to establish a tutorship council.

The other relatives, persons connected by marriage and friends of the minor may be called to the meeting provided they are of full age.

Not fewer than five persons shall attend the meeting and, as far as possible, the maternal and paternal lines shall be represented.

227. Persons who shall be called are always entitled to present themselves at the first meeting and give their opinion even if they were not called.

228. The meeting appoints the three members of the council and designates two alternates, giving consideration so far as possible to representation of the maternal and paternal lines.

It also appoints a secretary, who may or may not be a member of the council, responsible for taking and keeping the minutes of the deliberations; it fixes the remuneration of the secretary, where applicable.

The tutor may not be a member of the tutorship council.

229. Le conseil comble les vacances en choisissant un des suppléants déjà désignés appartenant à la ligne où s'est produite la vacance. À défaut de suppléant, il choisit un parent ou un allié de la même ligne ou, à défaut, un parent ou un allié de l'autre ligne ou un ami.

229. Vacancies are filled by the council by selecting a designated alternate in the line where the vacancy occurred. If there is no alternate, the council selects a relative or a person connected by marriage in the same line or, if none, a relative or a person connected by marriage in the other line or a friend.

230. Le conseil de tutelle est tenu d'inviter le tuteur à toutes ses séances pour y prendre son avis; le mineur peut y être invité.

230. The tutorship council is bound to invite the tutor to each of its meetings to hear his opinion; the minor may be invited.

231. Le tribunal peut, sur demande ou d'office, décider que le conseil de tutelle sera formé d'une seule personne qu'il désigne, lorsque la constitution d'un conseil formé de trois personnes est inopportune, en raison de l'éloignement, de l'indifférence ou d'un empêchement majeur des membres de la famille, ou en raison de la situation personnelle ou familiale du mineur.

231. The court may, on application or of its own motion, rule that the tutorship council will be composed of only one person designated by it where, owing to the dispersal or indifference of the family members or their inability, for serious reasons, to attend, or to the personal or family situation of the minor, it would be inadvisable to establish a council composed of three persons.

Il peut alors désigner une personne qui démontre un intérêt particulier pour le mineur ou, à défaut et s'il n'est pas déjà tuteur, le directeur de la protection de la jeunesse ou le curateur public.

The court may in such a case designate a person who shows a special interest in the minor or, failing that, the director of youth protection or the Public Curator, if he is not already the tutor.

Le tribunal peut dispenser celui qui présente la demande de procéder au préalable à la convocation d'une assemblée de parents, d'alliés ou d'amis, s'il lui est démontré que des efforts suffisants ont été faits pour réunir cette assemblée et qu'ils ont été vains.

The court may exempt the person making the application from first calling a meeting of relatives, persons connected by marriage or friends if it is shown that sufficient effort has been made to call the meeting, but that such effort has been in vain.

232. À l'exception du directeur de la protection de la jeunesse et du curateur public, nul ne peut être contraint d'accepter une charge au conseil; celui qui a accepté une charge peut toujours en être relevé, pourvu que cela ne soit pas fait à contretemps.

232. Excepting the director of youth protection and the Public Curator, no person may be compelled to accept membership in the council; a person who has agreed to become a member may be released at any time provided it is not done at an inopportune moment.

La charge est personnelle et gratuite.

Membership of a tutorship council is a personal charge that entails no remuneration.

§ 2.–Des droits et obligations du conseil

§ 2.–*Rights and obligations of the council*

233. Le conseil de tutelle donne les avis et prend les décisions dans tous les cas prévus par la loi.

233. The tutorship council gives advice and makes decisions in every case provided for by law.

En outre, lorsque les règles de l'administration du bien d'autrui prévoient que le bénéficiaire doit ou peut consentir à un acte, recevoir un avis ou être consulté, le conseil agit au nom du mineur bénéficiaire.

Moreover, where the rules of administration of the property of others provide that the beneficiary shall or may give his consent to an act, obtain advice or be consulted, the council acts on behalf of the minor who is the beneficiary.

234. Le conseil, lorsqu'il est formé de trois personnes, se réunit au moins une fois l'an; il ne délibère valablement que si la majorité de ses membres est réunie ou si tous les membres peuvent s'exprimer à l'aide de moyens permettant à tous de communiquer immédiatement entre eux.

234. The council, where composed of three persons, meets at least once a year; deliberations are not valid unless a majority of its members attend the meeting or unless all the members can express themselves by a means which allows all of them to communicate directly with each other.

Les décisions sont prises, et les avis donnés, à la majorité des voix; les motifs de chacun doivent être exprimés.

The decisions and advice of the council are taken or given by majority vote; each member shall give reasons.

235. Le conseil doit faire nommer un tuteur ad hoc chaque fois que le mineur a des intérêts à discuter en justice avec son tuteur.

235. Whenever a minor has any interest to discuss judicially with his tutor, the council causes a tutor *ad hoc* to be appointed to him.

236. Le conseil s'assure que le tuteur fait l'inventaire des biens du mineur et qu'il fournit et maintient une sûreté.

236. The council ascertains that the tutor makes an inventory of the property of the minor and that he furnishes and maintains a security.

Il reçoit le compte annuel de gestion du tuteur et a le droit de consulter tous les documents et pièces à l'appui du compte, et de s'en faire remettre une copie.

The council receives the annual management account from the tutor and is entitled to examine all documents and vouchers attached to the account and obtain a copy of them.

237. Toute personne intéressée peut, pour un motif grave, demander au tribu-

237. Any interested person may, for a grave reason, apply to the court within

nal la révision, dans un délai de dix jours, d'une décision du conseil ou l'autorisation de provoquer la constitution d'un nouveau conseil.

238. Le tuteur peut provoquer la convocation du conseil ou, à défaut de pouvoir le faire, demander au tribunal l'autorisation d'agir seul.

239. Il est de la responsabilité du conseil d'assurer la conservation des archives et, à la fin de la tutelle, de les remettre au mineur ou à ses héritiers.

SECTION VI
DES MESURES DE SURVEILLANCE
DE LA TUTELLE

§ 1.–*De l'inventaire*

240. Dans les soixante jours de l'ouverture de la tutelle, le tuteur doit faire l'inventaire des biens à administrer. Il doit faire de même à l'égard des biens échus au mineur après l'ouverture de la tutelle.

Une copie de l'inventaire est transmise au curateur public et au conseil de tutelle.

241. Le tuteur qui continue l'administration d'un autre tuteur, après la reddition de compte, est dispensé de faire l'inventaire des biens.

§ 2.–*De la sûreté*

242. Le tuteur est tenu, lorsque la valeur des biens à administrer excède 25 000$, de souscrire une assurance ou de fournir une autre sûreté pour garantir l'exécution de ses obligations. La nature et l'objet de la sûreté, ainsi que le délai pour la fournir, sont déterminés par le conseil de tutelle.

Les frais de la sûreté sont à la charge de la tutelle.

ten days to have a decision of the council reviewed or for authorization to initiate the establishment of a new council.

238. The tutor may demand the convening of the council or, if it cannot be convened, apply to the court for authorization to act alone.

239. The council is responsible for seeing that the records of the tutorship are preserved and for transmitting them to the minor or his heirs at the end of the tutorship.

SECTION VI
SUPERVISION OF TUTORSHIPS

§ 1.–*Inventory*

240. Within sixty days of the institution of the tutorship, the tutor shall make an inventory of the property to be administered. He shall do the same in respect of property devolved to the minor after the tutorship is instituted.

A copy of the inventory is transmitted to the Public Curator and to the tutorship council.

241. A tutor who continues the administration of another tutor after the rendering of account is exempt from making an inventory.

§ 2.–*Security*

242. The tutor is bound, if the value of the property to be administered exceeds $25 000, to take out liability insurance or furnish other security to guarantee the performance of his obligations. The kind and object of the security and the time granted to furnish it are determined by the tutorship council.

The tutorship is liable for the costs of the security.

243. Le tuteur doit, sans délai, justifier de la sûreté au conseil de tutelle et au curateur public.

Il doit, pendant la durée de sa charge, maintenir cette sûreté ou en offrir une autre de valeur suffisante, et la justifier annuellement.

244. La personne morale qui exerce la tutelle aux biens est dispensée de fournir une sûreté.

245. Lorsqu'il y a lieu de donner mainlevée d'une sûreté, le conseil de tutelle ou le mineur devenu majeur peut le faire et requérir, s'il y a lieu, au frais de la tutelle, la radiation de l'inscription. Un avis de la radiation est donné au curateur public.

§ 3.—*Des rapports et comptes*

246. Le tuteur transmet au mineur de quatorze ans et plus, au conseil de tutelle et au curateur public, le compte annuel de sa gestion.

Le tuteur aux biens rend compte annuellement au tuteur à la personne.

247. À la fin de son administration, le tuteur rend un compte définitif au mineur devenu majeur; il doit aussi rendre compte au tuteur qui le remplace et au mineur de quatorze ans et plus ou, le cas échéant, au liquidateur de la succession du mineur. Il doit transmettre une copie du compte définitif au conseil de tutelle et au curateur public.

248. Tout accord entre le tuteur et le mineur devenu majeur portant sur l'administration ou sur le compte est nul, s'il n'est précédé de la reddition d'un compte détaillé et de la remise des pièces justificatives.

243. The tutor shall without delay furnish proof of the security to the tutorship council and to the Public Curator.

The tutor shall maintain the security or another of sufficient value for the duration of his office and furnish proof of it every year.

244. A legal person exercising tutorship to property is exempt from furnishing security.

245. Where it is advisable to release the security, the tutorship council or the minor, once he attains full age, may do so and, at the cost of the tutorship, apply for cancellation of the registration, if any. Notice of the cancellation is given to the Public Curator.

§ 3.—*Reports and accounts*

246. The tutor sends the annual account of his management to the minor fourteen years of age or over, to the tutorship council and to the Public Curator.

The tutor to property renders an annual account to the tutor to the person.

247. At the end of his administration, the tutor shall give a final account to the minor who has come of age; he shall also give an account to the tutor who replaces him and to the minor fourteen years of age or over or, where applicable, to the liquidator of the succession of the minor. He shall send a copy of his final account to the tutorship council and to the Public Curator.

248. Every agreement between the tutor and the minor who has come of age relating to the administration or the account is null unless it is preceded by a detailed rendering of account and the delivery of the related vouchers.

249. Le curateur public examine les comptes annuels de gestion du tuteur et le compte définitif. Il s'assure aussi du maintien de la sûreté.

Il a le droit d'exiger tout document et toute explication concernant ces comptes et il peut, lorsque la loi le prévoit, en requérir la vérification.

SECTION VII
DU REMPLACEMENT DU TUTEUR ET DE
LA FIN DE LA TUTELLE

250. Le tuteur datif peut, pour un motif sérieux, demander au tribunal d'être relevé de sa charge, pourvu que sa demande ne soit pas faite à contre-temps et qu'un avis en ait été donné au conseil de tutelle.

251. Le conseil de tutelle ou, en cas d'urgence, l'un de ses membres doit demander le remplacement du tuteur qui ne peut exercer sa charge ou ne respecte pas ses obligations. Le tuteur à la personne doit agir de même à l'égard d'un tuteur aux biens.

Tout intéressé, y compris le curateur public, peut aussi demander le remplacement du tuteur pour ces motifs.

252. Lorsque la tutelle est exercée par le directeur de la protection de la jeunesse, par une personne qu'il recommande comme tuteur ou par le curateur public, tout intéressé peut demander leur remplacement sans avoir à justifier d'un autre motif que l'intérêt du mineur.

253. Pendant l'instance, le tuteur continue à exercer sa charge, à moins que le tribunal n'en décide autrement et ne désigne un administrateur provisoire chargé de la simple administration des biens du mineur.

249. The Public Curator examines the annual accounts of management and the final account of the tutor. He also ascertains that the security is maintained.

He may require any document and any explanation concerning the accounts and, where provided for by law, require that they be audited.

SECTION VII
REPLACEMENT OF TUTOR AND END
OF TUTORSHIP

250. A dative tutor may, for a serious reason, apply to the court to be relieved of his duties, provided his application is not made at an inopportune moment and notice of it has been given to the tutorship council.

251. The tutorship council or, in case of emergency, one of its members shall apply for the replacement of a tutor who is unable to perform his duties or neglects his obligations. A tutor to the person shall act in the same manner with regard to a tutor to property.

Any interested person, including the Public Curator, may also, for the reasons set forth in the first paragraph, apply for the replacement of the tutor.

252. Where tutorship is exercised by the director of youth protection, by a person he recommends as tutor or by the Public Curator, any interested person may apply for his replacement without having to justify it for any reason other than the interest of the minor.

253. During the proceedings, the tutor continues to exercise his duties unless the court decides otherwise and appoints a provisional administrator responsible for the simple administration of the property of the minor.

254. Le jugement qui met fin à la charge du tuteur doit énoncer les motifs du remplacement et désigner le nouveau tuteur.

255. La tutelle prend fin à la majorité, lors de la pleine émancipation ou au décès du mineur.

La charge du tuteur cesse à la fin de la tutelle, au remplacement du tuteur ou à son décès.

CHAPITRE TROISIÈME
DES RÉGIMES DE PROTECTION DU MAJEUR

SECTION I
DISPOSITIONS GÉNÉRALES

256. Les régimes de protection du majeur sont établis dans son intérêt; ils sont destinés à assurer la protection de sa personne, l'administration de son patrimoine et, en général, l'exercice de ses droits civils.

L'incapacité qui en résulte est établie en sa faveur seulement.

257. Toute décision relative à l'ouverture d'un régime de protection ou qui concerne le majeur protégé doit être prise dans son intérêt, le respect de ses droits et la sauvegarde de son autonomie.

Le majeur doit, dans la mesure du possible et sans délai, en être informé.

258. Il est nommé au majeur un curateur ou un tuteur pour le représenter, ou un conseiller pour l'assister, dans la mesure où il est inapte à prendre soin de lui-même ou à administrer ses biens, par suite, notamment, d'une maladie,

254. Every judgment terminating the duties of a tutor contains the reasons for replacing him and designates the new tutor.

255. Tutorship ends when the minor attains full age, obtains full emancipation or dies.

The office of a tutor ceases at the end of the tutorship, when the tutor is replaced or on his death.

CHAPTER III
PROTECTIVE SUPERVISION OF PERSONS OF FULL AGE

SECTION I
GENERAL PROVISIONS

256. Protective supervision of a person of full age is established in his interest and is intended to ensure the protection of his person, the administration of his patrimony and, generally, the exercise of his civil rights.

Any incapacity resulting from protective supervision is established solely in favour of the person under protection.

257. Every decision relating to the institution of protective supervision or concerning a protected person of full age shall be in his interest, respect his rights and safeguard his autonomy.

The person of full age shall, so far as possible and without delay, be informed of the decision.

258. A tutor or curator is appointed to represent, or an adviser to assist, a person of full age who is incapable of caring for himself or of administering his property by reason, in particular, of illness, deficiency or debility due to age which

d'une déficience ou d'un affaiblissement dû à l'âge qui altère ses facultés mentales ou son aptitude physique à exprimer sa volonté.

Il peut aussi être nommé un tuteur ou un conseiller au prodigue qui met en danger le bien-être de son conjoint ou de ses enfants mineurs.

259. Dans le choix d'un régime de protection, il est tenu compte du degré d'inaptitude de la personne à prendre soin d'elle-même ou à administrer ses biens.

260. Le curateur ou le tuteur au majeur protégé a la responsabilité de sa garde et de son entretien; il a également celle d'assurer le bien-être moral et matériel du majeur, en tenant compte de la condition de celui-ci, de ses besoins et de ses facultés, et des autres circonstances dans lesquelles il se trouve.

Il peut déléguer l'exercice de la garde et de l'entretien du majeur protégé, mais, dans la mesure du possible, il doit, de même que le délégué, maintenir une relation personnelle avec le majeur, obtenir son avis, le cas échéant, et le tenir informé des décisions prises à son sujet.

261. Le curateur public n'exerce la curatelle ou la tutelle au majeur protégé, que s'il est nommé par le tribunal pour exercer la charge; il peut aussi agir d'office si le majeur n'est plus pourvu d'un curateur ou d'un tuteur.

262. Le curateur public a la simple administration des biens du majeur protégé, même lorsqu'il agit comme curateur.

impairs his mental faculties or his physical ability to express his will.

A tutor or an adviser may also be appointed to a prodigal who endangers the well-being of his spouse or minor children.

259. In selecting the form of protective supervision, consideration is given to the degree of the person's incapacity to care for himself or administer his property.

260. The curator or the tutor to a protected person of full age is responsible for his custody and maintenance; he is also responsible for ensuring the moral and physical well-being of the protected person, taking into account his condition, needs and faculties and the other aspects of his situation.

He may delegate the exercise of the custody and maintenance of the protected person of full age but, so far as possible, he and the delegated person shall maintain a personal relationship with the protected person, obtain his advice where necessary, and keep him informed of the decisions made in his regard.

261. The Public Curator does not exercise curatorship or tutorship to a protected person of full age unless he is appointed by the court to do so; he may also act by virtue of his office if the person of full age is no longer provided with a curator or tutor.

262. The Public Curator has the simple administration of the property of a protected person of full age even when acting as curator.

263. Le curateur public n'a pas la garde du majeur protégé auquel il est nommé tuteur ou curateur, à moins que le tribunal, si aucune autre personne ne peut l'exercer, ne la lui confie. Il est cependant chargé, dans tous les cas, d'assurer la protection du majeur.

La personne à qui la garde est confiée exerce, cependant, les pouvoirs du tuteur ou du curateur pour consentir aux soins requis par l'état de santé du majeur, à l'exception de ceux que le curateur public choisit de se réserver.

264. Le curateur public qui agit comme tuteur ou curateur d'un majeur protégé peut déléguer l'exercice de certaines fonctions de la tutelle ou de la curatelle à une personne qu'il désigne, après s'être assuré, si le majeur est soigné dans un établissement de santé ou de services sociaux, que la personne choisie n'est pas un salarié de cet établissement et n'y occupe aucune fonction. Il peut néanmoins, lorsque les circonstances le justifient, passer outre à cette restriction si le salarié de l'établissement est le conjoint ou un proche parent du majeur.

Il peut autoriser le délégué à consentir aux soins requis par l'état de santé du majeur, à l'exception de ceux qu'il choisit de se réserver.

265. Le délégué rend compte de l'exercice de la garde au curateur public, au moins une fois l'an. Ce dernier peut, en cas de conflit d'intérêts entre le délégué et le majeur protégé ou pour un autre motif sérieux, retirer la délégation.

266. Les règles relatives à la tutelle au mineur s'appliquent à la tutelle et à la

263. The Public Curator does not have custody of the protected person of full age to whom he is appointed tutor or curator unless, where no other person can assume it, the court entrusts it to him. He is nevertheless, in all cases, responsible for protection of the person of full age.

The person to whom custody is entrusted, however, has the power of a tutor or curator to give consent to the care required by the state of health of the person of full age, except the care which the Public Curator elects to provide.

264. The Public Curator acting as tutor or curator to a protected person of full age may delegate the exercise of certain functions related to tutorship or curatorship to a person he designates after ascertaining, where the person of full age is being treated in a health or social services establishment, that the designated person is not an employee of the establishment and has no duties therewith. He may, however, where circumstances warrant, disregard this restriction if the employee of the establishment is the spouse or a close relative of the person of full age.

He may authorize the delegate to consent to the care required by the state of health of the person of full age, except care which the Public Curator elects to provide.

265. At least once a year, the delegate renders account of the exercise of the custody to the Public Curator. The Public Curator may revoke the delegation if there is a conflict of interest between the delegate and the protected person of full age or for any other serious reason.

266. The rules pertaining to tutorship to minors apply, adapted as required, to

curatelle au majeur, compte tenu des adaptations nécessaires.

Ainsi, s'ajoutent aux personnes qui doivent être convoquées au conseil de tutelle en application de l'article 226, le conjoint et les descendants du majeur au premier degré.

267. Lorsque le curateur public demande l'ouverture ou la révision d'un régime de protection et qu'il démontre que des efforts suffisants ont été faits pour réunir l'assemblée de parents, d'alliés ou d'amis et qu'ils ont été vains, le tribunal peut procéder sans que cette assemblée soit tenue.

SECTION II
DE L'OUVERTURE D'UN RÉGIME
DE PROTECTION

268. L'ouverture d'un régime de protection est prononcée par le tribunal.

Celui-ci n'est pas lié par la demande et il peut fixer un régime différent de celui dont on demande l'ouverture.

269. Peuvent demander l'ouverture d'un régime de protection le majeur lui-même, son conjoint, ses proches parents et alliés, toute personne qui démontre pour le majeur un intérêt particulier ou tout autre intéressé, y compris le mandataire désigné par le majeur ou le curateur public.

270. Lorsqu'un majeur, qui reçoit des soins ou des services d'un établissement de santé ou de services sociaux, a besoin d'être assisté ou représenté dans l'exercice de ses droits civils en raison de son isolement, de la durée prévisible de son inaptitude, de la nature

tutorship and curatorship to persons of full age.

Thus, the spouse and descendants in the first degree of the person of full age shall be called to the tutorship council along with the persons to be called to it pursuant to article 226.

267. Where the Public Curator requires the institution or review of protective supervision and shows that sufficient effort has been made to call the meeting of relatives, persons connected by marriage or friends but that such effort has been in vain, the court may proceed without the meeting being held.

SECTION II
INSTITUTION OF PROTECTIVE
SUPERVISION

268. The institution of protective supervision is awarded by the court.

The court is not bound by the application and may decide on a form of protective supervision other than the form contemplated in the application.

269. The person of full age himself, his spouse, his close relatives and the persons connected to him by marriage, any person showing a special interest in the person or any other interested person, including the mandatary designated by the person of full age or the Public Curator, may apply for the institution of protective supervision.

270. Where a person of full age receiving care or services from a health or social services establishment requires to be assisted or represented in the exercise of his civil rights by reason of his isolation, the foreseeable duration of his incapacity, the nature or state of his af-

ou de l'état de ses affaires ou en raison du fait qu'aucun mandataire désigné par lui n'assure déjà une assistance ou une représentation adéquate, le directeur général de l'établissement en fait rapport au curateur public, transmet une copie de ce rapport au majeur et en informe un des proches de ce majeur.

Le rapport est constitué, entre autres, de l'évaluation médicale et psychosociale de celui qui a examiné le majeur; il porte sur la nature et le degré d'inaptitude du majeur, l'étendue de ses besoins et les autres circonstances de sa condition, ainsi que sur l'opportunité d'ouvrir à son égard un régime de protection. Il mentionne également, s'ils sont connus, les noms des personnes qui ont qualité pour demander l'ouverture du régime de protection.

271. L'ouverture d'un régime de protection du majeur peut être demandée dans l'année précédant la majorité.

Le jugement ne prend effet qu'à la majorité.

272. En cours d'instance, le tribunal peut, même d'office, statuer sur la garde du majeur s'il est manifeste qu'il ne peut prendre soin de lui-même et que sa garde est nécessaire pour lui éviter un préjudice sérieux.

273. L'acte par lequel le majeur a déjà chargé une autre personne de l'administration de ses biens continue de produire ses effets malgré l'instance, à moins que, pour un motif sérieux, cet acte ne soit révoqué par le tribunal.

En l'absence d'un mandat donné par le majeur ou par le tribunal en vertu de l'article 444, on suit les règles de la gestion d'affaires, et le curateur public,

fairs or because no mandatary already designated by him gives him adequate assistance or representation, the executive director of the health or social services institution reports that fact to the Public Curator, transmits a copy of his report to the person of full age and informs a close relative of that person.

Such a report contains, in particular, the medical and psychosocial assessment prepared by the person who examined the person of full age; it deals with the nature and degree of the incapacity of the person of full age, the extent of his needs and the other circumstances of his situation and with the advisability of instituting protective supervision for him. It also sets out the names, if known, of the persons qualified to apply for the institution of protective supervision.

271. The institution of protective supervision of a person of full age may be applied for in the year preceding his attaining full age.

The judgment takes effect on the day the person attains full age.

272. During proceedings, the court may, even of its own motion, decide on the custody of the person of full age if it is clear that he is unable to care for himself and that custody is required to save him from serious harm.

273. An act under which the person of full age has entrusted another person with the administration of his property continues to produce its effects notwithstanding the proceedings unless it is revoked by the court for a serious reason.

If no mandate has been given by the person of full age or by the court under article 444, the rules provided in respect of the management of the business of

ainsi que toute autre personne qui a qualité pour demander l'ouverture du régime, peut faire, en cas d'urgence et même avant l'instance si une demande d'ouverture est imminente, les actes nécessaires à la conservation du patrimoine.

274. Hors les cas du mandat ou de la gestion d'affaires, ou même avant l'instance si une demande d'ouverture d'un régime de protection est imminente, le tribunal peut, s'il y a lieu d'agir pour éviter un préjudice sérieux, désigner provisoirement le curateur public ou une autre personne, soit pour accomplir un acte déterminé, soit pour administrer les biens du majeur dans les limites de la simple administration du bien d'autrui.

275. Pendant l'instance et par la suite, si le régime de protection applicable est la tutelle, le logement du majeur protégé et les meubles dont il est garni doivent être conservés à sa disposition. Le pouvoir d'administrer ces biens ne permet que des conventions de jouissance précaire, lesquelles cessent d'avoir effet de plein droit dès le retour du majeur protégé.

S'il devient nécessaire ou s'il est de l'intérêt du majeur protégé qu'il soit disposé des meubles ou des droits relatifs au logement, l'acte doit être autorisé par le conseil de tutelle. Même en ce cas, il ne peut être disposé des souvenirs et autres objets à caractère personnel, à moins d'un motif impérieux; ils doivent, dans la mesure du possible, être gardés à la disposition du majeur par l'établissement de santé ou de services sociaux.

another are observed and the Public Curator and any other person who is qualified to apply for the institution of protective supervision may, in an emergency or even before proceedings if an application for the institution of protective supervision is about to be made, perform the acts required to preserve the patrimony.

274. In cases where there is no mandate or management of the business of another or even before proceedings if an application for the institution of protective supervision is about to be made, the court may, if it is necessary to act in order to prevent serious harm, provisionally designate the Public Curator or another person either to perform a specific act or to administer the property of the person of full age within the limits of simple administration of the property of others.

275. During proceedings and thereafter, if the form of protective supervision is a tutorship, the dwelling of the protected person of full age and the furniture in it are kept at his disposal. The power to administer that property extends only to agreements granting precarious enjoyment, which cease to have effect by operation of law upon the return of the protected person of full age.

Should it be necessary or in the best interest of the protected person of full age that his furniture or his rights in respect of a dwelling be disposed of, the act may be done only with the authorization of the tutorship council. Even in such a case, except for a compelling reason, souvenirs and other personal effects may not be disposed of and shall, so far as possible, be kept at the disposal of the person of full age by the health or social services establishment.

276. Le tribunal saisi de la demande d'ouverture d'un régime de protection prend en considération, outre l'avis des personnes susceptibles d'être appelées à former le conseil de tutelle, les preuves médicales et psychosociales, les volontés exprimées par le majeur dans un mandat qu'il a donné en prévision de son inaptitude mais qui n'a pas été homologué, ainsi que le degré d'autonomie de la personne pour laquelle on demande l'ouverture d'un régime.

Il doit donner au majeur l'occasion d'être entendu, personnellement ou par représentant si son état de santé le requiert, sur le bien-fondé de la demande et, le cas échéant, sur la nature du régime et sur la personne qui sera chargée de le représenter ou de l'assister.

277. Le jugement qui concerne un régime de protection est toujours susceptible de révision.

278. Le régime de protection est réévalué, à moins que le tribunal ne fixe un délai plus court, tous les trois ans s'il s'agit d'un cas de tutelle ou s'il y a eu nomination d'un conseiller, ou tous les cinq ans en cas de curatelle.

Le curateur, le tuteur ou le conseiller du majeur est tenu de veiller à ce que le majeur soit soumis à une évaluation médicale et psychosociale en temps voulu. Lorsque celui qui procède à l'évaluation constate que la situation du majeur a suffisamment changé pour justifier la fin du régime ou sa modification, il en fait rapport au majeur et à la personne qui a demandé l'évaluation et il en dépose une copie au greffe du tribunal.

276. Where the court examines an application to institute protective supervision, it takes into consideration, in addition to the advice of the persons who may be called to form the tutorship council, the medical and psychosocial evidence, the wishes expressed by the person of full age in a mandate given in anticipation of his incapacity but which has not been homologated, and the degree of autonomy of the person in whose respect the institution of protective supervision is applied for.

The court shall give to the person of full age an opportunity to be heard, personally or through a representative where required by his state of health, on the merits of the application and, where applicable, on the form of protective supervision and as to the person who will represent or assist him.

277. A judgment concerning protective supervision may be reviewed at any time.

278. Unless the court fixes an earlier date, the protective supervision is reviewed every three years in the case of a tutorship or where an adviser has been appointed or every five years in the case of a curatorship.

The curator, tutor or adviser to the person of full age is bound to see to it that the person of full age is submitted to a medical and psychosocial assessment in due time. Where the person making the assessment becomes aware that the situation of the person of full age has so changed as to justify the termination or modification of protective supervision, he makes a report to the person of full age and to the person having applied for the assessment and files a copy of the report in the office of the court.

279. Le directeur général de l'établissement de santé ou de services sociaux qui prodigue au majeur des soins ou des services doit, en cas de cessation de l'inaptitude justifiant le régime de protection, l'attester dans un rapport qu'il dépose au greffe du tribunal. Ce rapport est constitué, entre autres, de l'évaluation médicale et psychosociale.

280. Sur dépôt d'un rapport de révision d'un régime de protection, le greffier avise les personnes habilitées à intervenir dans la demande d'ouverture du régime. À défaut d'opposition dans les trente jours du dépôt, la mainlevée ou la modification du régime a lieu de plein droit. Un constat est dressé par le greffier et transmis, sans délai, au majeur lui-même et au curateur public.

SECTION III
DE LA CURATELLE AU MAJEUR

281. Le tribunal ouvre une curatelle s'il est établi que l'inaptitude du majeur à prendre soin de lui-même et à administrer ses biens est totale et permanente, et qu'il a besoin d'être représenté dans l'exercice de ses droits civils.

Il nomme alors un curateur.

282. Le curateur a la pleine administration des biens du majeur protégé, à cette exception qu'il est tenu, comme l'administrateur du bien d'autrui chargé de la simple administration, de ne faire que des placements présumés sûrs. Seules les règles de l'administration du bien d'autrui s'appliquent à son administration.

279. The executive director of the health or social services institution providing care or services to the person of full age shall, if the incapacity that justified protective supervision ceases, attest that fact in a report which he files in the office of the court. Such a report includes the medical and psychosocial assessment.

280. When a report on the review of protective supervision has been filed, the clerk notifies the persons qualified to intervene in the application for protective supervision. If no objection is made within thirty days after the report is filed, protective supervision is terminated without other formality. An attestation of the termination is drawn up by the clerk and transmitted without delay to the person of full age himself and to the Public Curator.

SECTION III
CURATORSHIP TO PERSONS OF FULL AGE

281. The court institutes curatorship to a person of full age if it is established that the incapacity of that person to care for himself or to administer his property is total and permanent and that he requires to be represented in the exercise of his civil rights.

The court then appoints a curator.

282. The curator has the full administration of the property of the protected person of full age, except that he is bound, as the administrator entrusted with simple administration of the property of others, to make only investments that are presumed sound. The only rules which apply to his administration are the rules of administration of the property of others.

283. L'acte fait seul par le majeur en curatelle peut être annulé ou les obligations qui en découlent réduites, sans qu'il soit nécessaire d'établir un préjudice.

284. Les actes faits antérieurement à la curatelle peuvent être annulés ou les obligations qui en découlent réduites, sur la seule preuve que l'inaptitude était notoire ou connue du cocontractant à l'époque où les actes ont été passés.

SECTION IV
DE LA TUTELLE AU MAJEUR

285. Le tribunal ouvre une tutelle s'il est établi que l'inaptitude du majeur à prendre soin de lui-même ou à administrer ses biens est partielle ou temporaire, et qu'il a besoin d'être représenté dans l'exercice de ses droits civils.

Il nomme alors un tuteur à la personne et aux biens ou un tuteur soit à la personne, soit aux biens.

286. Le tuteur a la simple administration des biens du majeur incapable d'administrer ses biens. Il l'exerce de la même manière que le tuteur au mineur, sauf décision contraire du tribunal.

287. Les règles relatives à l'exercice des droits civils du mineur s'appliquent au majeur en tutelle, compte tenu des adaptations nécessaires.

288. À l'ouverture de la tutelle ou postérieurement, le tribunal peut déterminer le degré de capacité du majeur en tutelle, en prenant en considération l'évaluation médicale et psychosociale et, selon le cas, l'avis du conseil de tutelle ou des personnes susceptibles d'être appelées à en faire partie.

283. An act performed alone by a person of full age under curatorship may be declared null or the obligations resulting from it reduced, without any requirement to prove damage.

284. Acts performed before the curatorship may be annulled or the obligations resulting from them reduced on the mere proof that the incapacity was notorious or known to the other party at the time the acts were performed.

SECTION IV
TUTORSHIP TO PERSONS OF FULL AGE

285. The court institutes tutorship to a person of full age if it is established that the incapacity of that person to care for himself or to administer his property is partial or temporary and that he requires to be represented in the exercise of his civil rights.

The court then appoints a tutor to the person and to property, or a tutor either to the person or to property.

286. The tutor has the simple administration of the property of the person of full age incapable of administering his property. He exercises his administration in the same manner as the tutor to a minor, unless the court decides otherwise.

287. The rules pertaining to the exercise of the civil rights of a minor apply, adapted as required, to a person of full age under tutorship.

288. The court may, on the institution of the tutorship or subsequently, determine the degree of capacity of the person of full age under tutorship, taking into consideration the medical and psychosocial assessment and, as the case may be, the advice of the tutorship council or of the persons who may be called upon to form the tutorship council.

Il indique alors les actes que la personne en tutelle peut faire elle-même, seule ou avec l'assistance du tuteur, ou ceux qu'elle ne peut faire sans être représentée.

289. Le majeur en tutelle conserve la gestion du produit de son travail, à moins que le tribunal n'en décide autrement.

290. Les actes faits antérieurement à la tutelle peuvent être annulés ou les obligations qui en découlent réduites, sur la seule preuve que l'inaptitude était notoire ou connue du cocontractant à l'époque où les actes ont été passés.

SECTION V
DU CONSEILLER AU MAJEUR

291. Le tribunal nomme un conseiller au majeur si celui-ci, bien que généralement ou habituellement apte à prendre soin de lui-même et à administrer ses biens, a besoin, pour certains actes ou temporairement, d'être assisté ou conseillé dans l'administration de ses biens.

292. Le conseiller n'a pas l'administration des biens du majeur protégé. Il doit, cependant, intervenir aux actes pour lesquels il est tenu de lui prêter assistance.

293. À l'ouverture du régime ou postérieurement, le tribunal indique les actes pour lesquels l'assistance du conseiller est requise ou, à l'inverse, ceux pour lesquels elle ne l'est pas.

Si le tribunal ne donne aucune indication, le majeur protégé doit être assisté de son conseiller dans tous les actes qui excèdent la capacité du mineur simplement émancipé.

294. L'acte fait seul par le majeur, alors que l'intervention de son conseiller était

The court then indicates the acts which the person under tutorship may perform alone or with the assistance of the tutor, or which he may not perform unless he is represented.

289. The person of full age under tutorship retains the administration of the proceeds of his work, unless the court decides otherwise.

290. Acts performed before the tutorship may be annulled or the obligations resulting from them reduced on the mere proof that the incapacity was notorious or known to the other party at the time the acts were performed.

SECTION V
ADVISERS TO PERSONS OF FULL AGE

291. The court appoints an adviser to a person of full age who, although generally and habitually capable of caring for himself and of administering his property, requires, for certain acts or for a certain time, to be assisted or advised in the administration of his property.

292. The adviser does not have the administration of the property of the protected person of full age. He shall, however, intervene in the acts for which he is bound to give him assistance.

293. The court, on the institution of the advisership or subsequently, indicates the acts for which the adviser's assistance is required, and those for which it is not required.

If the court gives no indication, the protected person of full age shall be assisted by his adviser for every act beyond the capacity of a minor who has been granted simple emancipation.

294. Acts performed alone by a person of full age for which the intervention of

requise, ne peut être annulé ou les obligations qui en découlent réduites que si le majeur en subit un préjudice.

his adviser was required may be annulled or the obligations resulting from them reduced only if the person of full age suffers prejudice therefrom.

SECTION VI
DE LA FIN DU RÉGIME DE PROTECTION

295. Le régime de protection cesse par l'effet d'un jugement de mainlevée ou par le décès du majeur protégé.

Il cesse aussi à l'expiration du délai prévu pour contester le rapport qui atteste la cessation de l'inaptitude.

296. Le majeur protégé peut toujours, après la mainlevée du régime et, le cas échéant, la reddition de compte du curateur ou du tuteur, confirmer un acte autrement nul.

297. La vacance de la charge de curateur, de tuteur ou de conseiller ne met pas fin au régime de protection.

Le conseil de tutelle doit, le cas échéant, provoquer la nomination d'un nouveau curateur ou tuteur; tout intéressé peut aussi provoquer cette nomination, de même que celle d'un nouveau conseiller.

SECTION VI
END OF PROTECTIVE SUPERVISION

295. Protective supervision ceases by a judgment of release or by the death of the protected person of full age.

Protective supervision also ceases upon the expiry of the prescribed period for contesting the report attesting the cessation of the incapacity.

296. A protected person of full age may at any time after the release of protective supervision and, where applicable, after the rendering of account by the tutor or curator, confirm any act otherwise null.

297. A vacancy in the office of curator, tutor or adviser does not terminate protective supervision.

The tutorship council shall, on the occurrence of a vacancy, initiate the appointment of a new curator or tutor; any interested person may also initiate such an appointment, as well as that of a new adviser.

TITRE CINQUIÈME
DES PERSONNES MORALES

CHAPITRE PREMIER
DE LA PERSONNALITÉ JURIDIQUE

SECTION I
DE LA CONSTITUTION ET DES ESPÈCES DE PERSONNES MORALES

298. Les personnes morales ont la personnalité juridique.

Elles sont de droit public ou de droit privé.

299. Les personnes morales sont constituées suivant les formes juridiques

TITLE FIVE
LEGAL PERSONS

CHAPTER I
JURIDICAL PERSONALITY

SECTION I
CONSTITUTION AND KINDS OF LEGAL PERSONS

298. Legal persons are endowed with juridical personality.

Legal persons are established in the public interest or for a private interest.

299. Legal persons are constituted in accordance with the juridical forms pro-

prévues par la loi, et parfois directement par la loi.

Elles existent à compter de l'entrée en vigueur de la loi ou au temps que celle-ci prévoit, si elles sont de droit public, ou si elles sont constituées directement par la loi ou par l'effet de celle-ci; autrement, elles existent au temps prévu par les lois qui leur sont applicables.

300. Les personnes morales de droit public sont d'abord régies par les lois particulières qui les constituent et par celles qui leur sont applicables; les personnes morales de droit privé sont d'abord régies par les lois applicables à leur espèce.

Les unes et les autres sont aussi régies par le présent code lorsqu'il y a lieu de compléter les dispositions de ces lois, notamment quant à leur statut de personne morale, leurs biens ou leurs rapports avec les autres personnes.

SECTION II
DES EFFETS DE LA PERSONNALITÉ JURIDIQUE

301. Les personnes morales ont la pleine jouissance des droits civils.

302. Les personnes morales sont titulaires d'un patrimoine qui peut, dans la seule mesure prévue par la loi, faire l'objet d'une division ou d'une affectation. Elles ont aussi des droits et obligations extrapatrimoniaux liés à leur nature.

303. Les personnes morales ont la capacité requise pour exercer leurs droits, et les dispositions du présent code relatives à l'exercice des droits civils par les personnes physiques leur sont applicables, compte tenu des adaptations nécessaires.

vided by law, and sometimes directly by law.

Legal persons exist from the coming into force of the Act or from the time prescribed therein if they are established in the public interest or if they are constituted directly by law or through the effect of law; otherwise, they exist from the time provided for in the Acts that are applicable to them.

300. Legal persons established in the public interest are primarily governed by the special Acts by which they are constituted and by those which are applicable to them; legal persons established for a private interest are primarily governed by the Acts applicable to their particular type.

Both kinds of legal persons are also governed by this Code where the provisions of such Acts require to be complemented, particularly with regard to their status as legal persons, their property or their relations with other persons.

SECTION II
EFFECTS OF JURIDICAL PERSONALITY

301. Legal persons have full enjoyment of civil rights.

302. Every legal person has a patrimony which may, to the extent provided by law, be divided or appropriated to a purpose. It also has the extra-patrimonial rights and obligations flowing from its nature.

303. Legal persons have capacity to exercise all their rights, and the provisions of this Code respecting the exercise of civil rights by natural persons are applicable to them, adapted as required.

Elles n'ont d'autres incapacités que celles qui résultent de leur nature ou d'une disposition expresse de la loi.

They have no incapacities other than those which may result from their nature or from an express provision of law.

304. Les personnes morales ne peuvent exercer ni la tutelle ni la curatelle à la personne.

304. Legal persons may not exercise tutorship or curatorship to the person.

Elles peuvent cependant, dans la mesure où elles sont autorisées par la loi à agir à ce titre, exercer la charge de tuteur ou de curateur aux biens, de liquidateur d'une succession, de séquestre, de fiduciaire ou d'administrateur d'une autre personne morale.

They may, however, to the extent that they are authorized by law to act as such, hold office as tutor or curator to property, liquidator of a succession, sequestrator, trustee or administrator of another legal person.

305. Les personnes morales ont un nom qui leur est donné au moment de leur constitution; elles exercent leurs droits et exécutent leurs obligations sous ce nom.

305. Every legal person has a name which is assigned to it when it is constituted, and under which it exercises its rights and performs its obligations.

Ce nom doit être conforme à la loi et inclure, lorsque la loi le requiert, une mention indiquant clairement la forme juridique qu'elles empruntent.

It shall be assigned a name which conforms to law and which includes, where required by law, an expression that clearly indicates the juridical form assumed by the legal person.

306. La personne morale peut exercer une activité ou s'identifier sous un autre nom que le sien. Elle doit déposer un avis en ce sens auprès de l'inspecteur général des institutions financières ou, si elle est un syndicat de copropriétaires, au bureau de la publicité des droits dans le ressort duquel est situé l'immeuble qui fait l'objet de la copropriété.

306. A legal person may engage in an activity or identify itself under a name other than its own name. It shall file a notice to that effect with the Inspector General of Financial Institutions or, if the legal person is a syndicate of co-owners, in the registry office for the division where the immovable under co-ownership is situated.

307. La personne morale a son domicile aux lieu et adresse de son siège.

307. The domicile of a legal person is at the place and address of its head office.

308. La personne morale peut changer son nom ou son domicile en suivant la procédure établie par la loi.

308. A legal person may change its name or its domicile by following the procedure established by law.

309. Les personnes morales sont distinctes de leurs membres. Leurs actes n'engagent qu'elles-mêmes, sauf les exceptions prévues par la loi.

309. Legal persons are distinct from their members. Their acts bind none but themselves, except as provided by law.

310. Le fonctionnement, l'administration du patrimoine et l'activité des personnes morales sont réglés par la loi, l'acte constitutif et les règlements; dans la mesure où la loi le permet, ils peuvent aussi être réglés par une convention unanime des membres.

En cas de divergence entre l'acte constitutif et les règlements, l'acte constitutif prévaut.

311. Les personnes morales agissent par leurs organes, tels le conseil d'administration et l'assemblée des membres.

312. La personne morale est représentée par ses dirigeants, qui l'obligent dans la mesure des pouvoirs que la loi, l'acte constitutif ou les règlements leur confèrent.

313. Les règlements de la personne morale établissent des rapports de nature contractuelle entre elle et ses membres.

314. L'existence d'une personne morale est perpétuelle, à moins que la loi ou l'acte constitutif n'en disposent autrement.

315. Les membres d'une personne morale sont tenus envers elle de ce qu'ils promettent d'y apporter, à moins que la loi n'en dispose autrement.

316. En cas de fraude à l'égard de la personne morale, le tribunal peut, à la demande de tout intéressé, tenir les fondateurs, les administrateurs, les autres dirigeants ou les membres de la personne morale qui ont participé à l'acte reproché ou en ont tiré un profit personnel responsables, dans la mesure qu'il indique, du préjudice subi par la personne morale.

317. La personnalité juridique d'une personne morale ne peut être invoquée

310. The functioning, the administration of the patrimony and the activities of a legal person are regulated by law, the constituting act and the by-laws; to the extent permitted by law, they may also be regulated by a unanimous agreement of the members.

In case of inconsistency between the constituting act and the by-laws, the constituting act prevails.

311. Legal persons act through their organs, such as the board of directors and the general meeting of the members.

312. A legal person is represented by its senior officers, who bind it to the extent of the powers vested in them by law, the constituting act or the by-laws.

313. The by-laws of a legal person set out the contractual relations existing between the legal person and its members.

314. A legal person exists in perpetuity unless otherwise provided by law or its constituting act.

315. The members of a legal person are liable toward the legal person for anything they have promised to contribute to it, unless otherwise provided by law.

316. In case of fraud with regard to the legal person, the court may, on the application of an interested person, hold the founders, directors, other senior officers or members of the legal person who have participated in the alleged act or derived personal profit therefrom liable, to the extent it indicates, for any damage suffered by the legal person.

317. In no case may a legal person set up juridical personality against a person

à l'encontre d'une personne de bonne foi, dès lors qu'on invoque cette personnalité pour masquer la fraude, l'abus de droit ou une contravention à une règle intéressant l'ordre public.

in good faith if it is set up to dissemble fraud, abuse of right or contravention of a rule of public order.

318. Le tribunal peut, pour statuer sur l'action d'un tiers de bonne foi, décider qu'une personne ou un groupement qui n'a pas le statut de personne morale est tenu au même titre qu'une personne morale s'il a agi comme tel à l'égard de ce tiers.

318. The court, in deciding an action by a third person in good faith, may rule that a person or group not having status as a legal person has the same obligations as a legal person if the person or group acted as such in respect of the third person.

319. La personne morale peut ratifier l'acte accompli pour elle avant sa constitution; elle est alors substituée à la personne qui a agi pour elle.

319. A legal person may ratify an act performed for it before it was constituted; it is then substituted for the person who acted for it.

La ratification n'opère pas novation; la personne qui a agi a, dès lors, les mêmes droits et est soumise aux mêmes obligations qu'un mandataire à l'égard de la personne morale.

The ratification does not effect novation; the person who acted has thenceforth the same rights and is subject to the same obligations as a mandatary in respect of the legal person.

320. Celui qui agit pour une personne morale avant qu'elle ne soit constituée est tenu des obligations ainsi contractées, à moins que le contrat ne stipule autrement et ne mentionne la possibilité que la personne morale ne soit pas constituée ou n'assume pas les obligations ainsi souscrites.

320. A person who acts for a legal person before it is constituted is bound by the obligations so contracted, unless the contract stipulates otherwise and includes a statement to the effect that the legal person might not be constituted or might not assume the obligations subscribed in the contract.

SECTION III
DES OBLIGATIONS DES
ADMINISTRATEURS ET DE
LEURS INHABILITÉS

SECTION III
OBLIGATIONS AND DISQUALIFICATION
OF DIRECTORS

321. L'administrateur est considéré comme mandataire de la personne morale. Il doit, dans l'exercice de ses fonctions, respecter les obligations que la loi, l'acte constitutif et les règlements lui imposent et agir dans les limites des pouvoirs qui lui sont conférés.

321. A director is considered to be the mandatary of the legal person. He shall, in the performance of his duties, conform to the obligations imposed on him by law, the constituting act or the by-laws and he shall act within the limits of the powers conferred on him.

322. L'administrateur doit agir avec prudence et diligence.

322. A director shall act with prudence and diligence.

Il doit aussi agir avec honnêteté et loyauté dans l'intérêt de la personne morale.

323. L'administrateur ne peut confondre les biens de la personne morale avec les siens; il ne peut utiliser, à son profit ou au profit d'un tiers, les biens de la personne morale ou l'information qu'il obtient en raison de ses fonctions, à moins qu'il ne soit autorisé à le faire par les membres de la personne morale.

324. L'administrateur doit éviter de se placer dans une situation de conflit entre son intérêt personnel et ses obligations d'administrateur.

Il doit dénoncer à la personne morale tout intérêt qu'il a dans une entreprise ou une association susceptible de le placer en situation de conflit d'intérêts, ainsi que les droits qu'il peut faire valoir contre elle, en indiquant, le cas échéant, leur nature et leur valeur. Cette dénonciation d'intérêt est consignée au procès-verbal des délibérations du conseil d'administration ou à ce qui en tient lieu.

325. Tout administrateur peut, même dans l'exercice de ses fonctions, acquérir, directement ou indirectement, des droits dans les biens qu'il administre ou contracter avec la personne morale.

Il doit signaler aussitôt le fait à la personne morale, en indiquant la nature et la valeur des droits qu'il acquiert, et demander que le fait soit consigné au procès-verbal des délibérations du conseil d'administration ou à ce qui en tient lieu. Il doit, sauf nécessité, s'abstenir de délibérer et de voter sur la question. La présente règle ne s'applique pas, toutefois, aux questions qui concernent la

He shall also act with honesty and loyalty in the best interest of the legal person.

323. No director may mingle the property of the legal person with his own property nor may he use for his own profit or that of a third person any property of the legal person or any information he obtains by reason of his duties, unless he is authorized to do so by the members of the legal person.

324. A director shall avoid placing himself in any situation where his personal interest would be in conflict with his obligations as a director.

A director shall declare to the legal person any interest he has in an enterprise or association that may place him in a situation of conflict of interest and of any right he may set up against it, indicating their nature and value, where applicable. The declaration of interest is recorded in the minutes of the proceedings of the board of directors or the equivalent.

325. A director may, even in carrying on his duties, acquire, directly or indirectly, rights in the property under his administration or enter into contracts with the legal person.

The director shall immediately inform the legal person of any acquisition or contract described in the first paragraph, indicating the nature and value of the rights he is acquiring, and request that the fact be recorded in the minutes of proceedings of the board of directors or the equivalent. He shall abstain, except if required, from the discussion and voting on the question. This rule does

rémunération de l'administrateur ou ses conditions de travail.

326. Lorsque l'administrateur de la personne morale omet de dénoncer correctement et sans délai une acquisition ou un contrat, le tribunal, à la demande de la personne morale ou d'un membre, peut, entre autres mesures, annuler l'acte ou ordonner à l'administrateur de rendre compte et de remettre à la personne morale le profit réalisé ou l'avantage reçu.

L'action doit être intentée dans l'année qui suit la connaissance de l'acquisition ou du contrat.

327. Sont inhabiles à être administrateurs les mineurs, les majeurs en tutelle ou en curatelle, les faillis et les personnes à qui le tribunal interdit l'exercice de cette fonction.

Cependant, les mineurs et les majeurs en tutelle peuvent être administrateurs d'une association constituée en personne morale qui n'a pas pour but de réaliser des bénéfices pécuniaires et dont l'objet les concerne.

328. Les actes des administrateurs ou des autres dirigeants ne peuvent être annulés pour le seul motif que ces derniers étaient inhabiles ou que leur désignation était irrégulière.

329. Le tribunal peut, à la demande de tout intéressé, interdire l'exercice de la fonction d'administrateur d'une personne morale à toute personne trouvée coupable d'un acte criminel comportant fraude ou malhonnêteté, dans une matière reliée aux personnes morales, ainsi qu'à toute personne qui, de façon répétée, enfreint les lois relatives aux personnes morales ou manque à ses obligations d'administrateur.

not, however, apply to matters concerning the remuneration or conditions of employment of the director.

326. Where the director of a legal person fails to give information correctly and immediately of an acquisition or a contract, the court, on the application of the legal person or a member, may, among other measures, annul the act or order the director to render account and to remit the profit or benefit realized to the legal person.

The action may be brought only within one year after knowledge is gained of the acquisition or contract.

327. Minors, persons of full age under tutorship or curatorship, bankrupts and persons prohibited by the court from holding such office are disqualified for office as directors.

However, minors and persons of full age under tutorship may be directors of associations constituted as legal persons that do not aim to make pecuniary profits and whose objects concern them.

328. The acts of a director or senior officer may not be annulled on the sole ground that he was disqualified or that his designation was irregular.

329. The court, on the application of an interested person, may prohibit a person from holding office as a director of a legal person if the person has been found guilty of an indictable offence involving fraud or dishonesty in a matter related to legal persons, or who has repeatedly violated the Acts relating to legal persons or failed to fulfil his obligations as a director.

330. L'interdiction ne peut excéder cinq ans à compter du dernier acte reproché.

Le tribunal peut, à la demande de la personne concernée, lever l'interdiction aux conditions qu'il juge appropriées.

330. No prohibition may extend beyond five years from the latest act charged.

The court may lift the prohibition under the conditions it sees fit, on the application of the person concerned by the prohibition.

SECTION IV
DE L'ATTRIBUTION JUDICIAIRE DE LA PERSONNALITÉ

SECTION IV
JUDICIAL ATTRIBUTION OF PERSONALITY

331. La personnalité juridique peut, rétroactivement, être conférée par le tribunal à une personne morale qui, avant qu'elle ne soit constituée, a présenté de façon publique, continue et non équivoque, toutes les apparences d'une personne morale et a agi comme telle tant à l'égard de ses membres que des tiers.

L'autorité qui, à l'origine, aurait dû en contrôler la constitution doit, au préalable, consentir à la demande.

331. Juridical personality may be conferred retroactively by the court on a legal person which, before being constituted, had publicly, continuously and unequivocally all the appearances of a legal person and acted as such in respect of both its members and third persons.

Prior consent to the application shall be obtained from the authority which should originally have had control over the constitution of the person.

332. Tout intéressé peut intervenir dans l'instance, ou se pourvoir contre le jugement qui, en fraude de ses droits, a attribué la personnalité.

332. Any interested person may intervene in the proceedings or demand the revocation of a judgment which, in fraud of his rights, has attributed juridical personality.

333. Le jugement confère la personnalité juridique à compter de la date qu'il indique. Il ne modifie en rien les droits et obligations existant à cette date.

Une copie en est transmise sans délai, par le greffier du tribunal, à l'autorité qui a reçu ou délivré l'acte constitutif de la personne morale. Avis du jugement doit être publié par cette autorité à la *Gazette officielle du Québec*.

333. The judgment confers juridical personality from the date it indicates. It nowise alters the rights and obligations existing on that date.

A copy of the judgment is transmitted without delay by the clerk of the court to the authority which accepted or issued the constituting act of the legal person. Notice of the judgment shall be published by the authority in the *Gazette officielle du Québec*.

CHAPITRE DEUXIÈME
DES DISPOSITIONS APPLICABLES À CERTAINES PERSONNES MORALES

CHAPTER II
PROVISIONS APPLICABLE TO CERTAIN LEGAL PERSONS

334. Les personnes morales qui empruntent une forme juridique régie par

334. Legal persons assuming a juridical form governed by another title of this

un autre titre de ce code sont soumises aux règles du présent chapitre; il en est de même de toute autre personne morale, si la loi qui la constitue ou qui lui est applicable le prévoit ou si cette loi n'indique aucun autre régime de fonctionnement, de dissolution ou de liquidation.

Elles peuvent cependant, dans leurs règlements, déroger aux règles établies pour leur fonctionnement, à condition, toutefois, que les droits des membres soient préservés.

Code are subject to the rules of this chapter; the same applies to any other legal person if the Act by which it is constituted or which applies to it so provides or indicates no other rules of functioning, dissolution or liquidation.

They may, however, make derogations in their by-laws from the rules concerning their functioning, provided the rights of the members are safeguarded.

SECTION I
DU FONCTIONNEMENT DES PERSONNES MORALES

§ 1.–De l'administration

SECTION I
FUNCTIONAL STRUCTURE OF LEGAL PERSONS

§ 1.–Administration

335. Le conseil d'administration gère les affaires de la personne morale et exerce tous les pouvoirs nécessaires à cette fin; il peut créer des postes de direction et d'autres organes, et déléguer aux titulaires de ces postes et à ces organes l'exercice de certains de ces pouvoirs.

Il adopte et met en vigueur les règlements de gestion, sauf à les faire ratifier par les membres à l'assemblée qui suit.

335. The board of directors manages the affairs of the legal person and exercises all the powers necessary for that purpose; it may create management positions and other organs, and delegate the exercise of certain powers to the holders of those positions and to those organs.

The board of directors adopts and implements management by-laws, subject to approval by the members at the next general meeting.

336. Les décisions du conseil d'administration sont prises à la majorité des voix des administrateurs.

336. The decisions of the board of directors are taken by the vote of a majority of the directors.

337. Tout administrateur est responsable, avec ses coadministrateurs, des décisions du conseil d'administration, à moins qu'il n'ait fait consigner sa dissidence au procès-verbal des délibérations ou à ce qui en tient lieu.

Toutefois, un administrateur absent à une réunion du conseil est présumé ne pas avoir approuvé les décisions prises lors de cette réunion.

337. Every director is, with the other directors, liable for the decisions taken by the board of directors unless he requested that his dissent be recorded in the minutes of proceedings or the equivalent.

However, a director who was absent from a meeting of the board is presumed not to have approved the decisions taken at that meeting.

338. Les administrateurs de la personne morale sont désignés par les membres.

Nul ne peut être désigné comme administrateur s'il n'y consent expressément.

339. La durée du mandat des administrateurs est d'un an; à l'expiration de ce temps, leur mandat se continue s'il n'est pas dénoncé.

340. Les administrateurs comblent les vacances au sein du conseil. Ces vacances ne les empêchent pas d'agir; si leur nombre est devenu inférieur au quorum, ceux qui restent peuvent valablement convoquer les membres.

341. Si, en cas d'empêchement ou par suite de l'opposition systématique de certains administrateurs, le conseil ne peut plus agir selon la règle de la majorité ou selon une autre proportion prévue, les autres peuvent agir seuls pour les actes conservatoires; ils peuvent aussi agir seuls pour des actes qui demandent célérité, s'ils y sont autorisés par le tribunal.

Lorsque la situation perdure et que l'administration s'en trouve sérieusement entravée, le tribunal peut, à la demande d'un intéressé, dispenser les administrateurs d'agir suivant la proportion prévue, diviser leurs fonctions, accorder une voix prépondérante à l'un d'eux ou rendre toute ordonnance qu'il estime appropriée suivant les circonstances.

342. Le conseil d'administration tient la liste des membres, ainsi que les livres et registres nécessaires au bon fonctionnement de la personne morale.

338. The directors of a legal person are designated by the members.

No person may be designated as a director without his express consent.

339. The term of office of directors is one year; at the expiry of that period, their term continues unless it is revoked.

340. The directors fill the vacancies on the board. Vacancies on the board do not prevent the directors from acting; if their number has become less than a quorum, the remaining directors may validly convene the members.

341. Where the board is prevented from acting according to majority rule or in the specified proportion owing to the incapacity or systematic opposition of some directors, the others may act alone for conservatory acts; they may also, with the authorization of the court, act alone for acts requiring immediate action.

Where the situation persists and the administration is seriously impaired as a result, the court, on the application of an interested person, may exempt the directors from acting in the specified proportion, divide their duties, grant a casting vote to one of them or make any order it sees fit in the circumstances.

342. The board of directors keeps the list of members and the books and registers necessary for the proper functioning of the legal person.

Ces documents sont la propriété de la personne morale et les membres y ont accès.

343. Le conseil d'administration peut désigner une personne pour tenir les livres et registres de la personne morale.

Cette personne peut délivrer des copies des documents dont elle est dépositaire; jusqu'à preuve du contraire, ces copies font preuve de leur contenu, sans qu'il soit nécessaire de prouver la signature qui y est apposée ni l'autorité de son auteur.

344. Les administrateurs peuvent, si tous sont d'accord, participer à une réunion du conseil d'administration à l'aide de moyens permettant à tous les participants de communiquer immédiatement entre eux.

§ 2.–*De l'assemblée des membres*

345. L'assemblée des membres est convoquée chaque année par le conseil d'administration, ou suivant ses directives, dans les six mois de la clôture de l'exercice financier.

La première assemblée est réunie dans les six mois qui suivent la constitution de la personne morale.

346. L'avis de convocation de l'assemblée annuelle indique la date, l'heure et le lieu où elle est tenue, ainsi que l'ordre du jour; il est envoyé à chacun des membres habiles à y assister, au moins dix jours, mais pas plus de quarante-cinq jours, avant l'assemblée.

Il n'est pas nécessaire de mentionner à l'ordre du jour de l'assemblée annuelle les questions qui y sont ordinairement traitées.

The documents referred to in the first paragraph are the property of the legal person and the members have access to them.

343. The board of directors may designate a person to keep the books and registers of the legal person.

The designated person may issue copies of the documents deposited with him; until proof to the contrary, the copies are proof of their contents without any requirement to prove the signature affixed to them or the authority of the author.

344. If all the directors are in agreement, they may participate in a meeting of the board of directors by the use of a means which allows all those participating to communicate directly with each other.

§ 2.–*General meeting*

345. The general meeting is convened each year by the board of directors, or following its directives, within six months after the close of the financial period.

The first general meeting is held within six months from the constitution of the legal person.

346. The notice convening the annual general meeting indicates the date, time and place of the meeting and the agenda; it is sent to each member qualified to attend, not less than ten but not more than forty-five days before the meeting.

Ordinary business need not be mentioned in the agenda of the annual meeting.

347. L'avis de convocation de l'assemblée annuelle est accompagné du bilan, de l'état des résultats de l'exercice écoulé et d'un état des dettes et créances.

348. L'assemblée des membres ne peut délibérer sur d'autres questions que celles figurant à l'ordre du jour, à moins que tous les membres qui devaient être convoqués ne soient présents et n'y consentent. Cependant, lors de l'assemblée annuelle, chacun peut soulever toute question d'intérêt pour la personne morale ou ses membres.

349. L'assemblée ne délibère valablement que si la majorité des voix qui peuvent s'exprimer sont présentes ou représentées.

350. Un membre peut se faire représenter à une assemblée s'il donne un mandat écrit à cet effet.

351. Les décisions de l'assemblée se prennent à la majorité des voix exprimées.

Le vote des membres se fait à main levée ou, sur demande, au scrutin secret.

352. S'ils représentent 10 p. 100 des voix, des membres peuvent requérir des administrateurs ou du secrétaire la convocation d'une assemblée annuelle ou extraordinaire en précisant, dans un avis écrit, les questions qui devront y être traitées.

À défaut par les administrateurs ou le secrétaire d'agir dans un délai de vingt et un jours à compter de la réception de l'avis, tout membre signataire de l'avis peut convoquer l'assemblée.

La personne morale est tenue de rembourser aux membres les frais utiles

347. The notice convening the annual general meeting is accompanied with the balance sheet, the statement of income for the preceding financial period and a statement of debts and claims.

348. No business may be discussed at a general meeting except that appearing on the agenda, unless all the members entitled to be convened are present and consent. However, at an annual meeting, each member may raise any question of interest to the legal person or its members.

349. The proceedings of the general meeting are invalid unless a majority of the members qualified to vote are present or represented.

350. A member may be represented at a general meeting if he has given a written mandate to that effect.

351. Decisions of the meeting are taken by a majority of the votes given.

The vote of the members is taken by a show of hands or, upon request, by secret ballot.

352. If they represent ten per cent of the votes, members may requisition the directors or the secretary to convene an annual or special general meeting, stating in a written requisition the business to be transacted at the meeting.

If the directors or the secretary fail to act within twenty-one days after receiving the requisition, any of the members who signed it may convene the meeting.

The legal person is bound to reimburse to the members the expenses rea-

qu'ils ont pris en charge pour tenir l'assemblée, à moins que celle-ci n'en décide autrement.

sonably incurred by them to hold the meeting, unless the meeting decides otherwise.

§ 3.–*Des dispositions communes aux réunions d'administrateurs et aux assemblées de membres*

§ 3.–*Provisions common to meetings of directors and general meetings*

353. Les administrateurs ou les membres peuvent renoncer à l'avis de convocation à une réunion du conseil d'administration, à une assemblée des membres ou à une séance d'un autre organe.

353. The directors or the members may waive the notice convening a meeting of the board of directors, a general meeting or a meeting of any other organ.

Leur seule présence équivaut à une renonciation à l'avis de convocation, à moins qu'ils ne soient là pour contester la régularité de la convocation.

The mere presence of the directors or the members is equivalent to a waiver of the convening notice unless they are attending to object that the meeting was not regularly convened.

354. Les résolutions écrites, signées par toutes les personnes habiles à voter, ont la même valeur que si elles avaient été adoptées lors d'une réunion du conseil d'administration, d'une assemblée des membres ou d'une séance d'un autre organe.

354. Resolutions in writing signed by all the persons qualified to vote at a meeting are as valid as if passed at a meeting of the board of directors, at a general meeting or at a meeting of any other organ.

Un exemplaire de ces résolutions est conservé avec les procès-verbaux des délibérations ou ce qui en tient lieu.

A copy of the resolutions is kept with the minutes of proceedings or the equivalent.

SECTION II
DE LA DISSOLUTION ET DE LA
LIQUIDATION DES PERSONNES
MORALES

SECTION II
DISSOLUTION AND LIQUIDATION OF
LEGAL PERSONS

355. La personne morale est dissoute par l'annulation de son acte constitutif ou pour toute autre cause prévue par l'acte constitutif ou par la loi.

355. A legal person is dissolved by the annulment of its constituting act or for any other cause provided for by the constituting act or by law.

Elle est aussi dissoute lorsque le tribunal constate l'avènement de la condition apposée à l'acte constitutif, l'accomplissement de l'objet pour lequel la personne morale a été constituée ou l'impossibilité d'accomplir cet objet ou

It is also dissolved where the court confirms the fulfilment of the condition attached to the constituting act, the accomplishment of the object for which the legal person was constituted, or the impossibility of accomplishing that object,

encore l'existence d'une autre cause légitime.

or the existence of some other legitimate cause.

356. La personne morale peut aussi être dissoute du consentement d'au moins les deux tiers des voix exprimées à une assemblée des membres convoquée expressément à cette fin.

356. A legal person may also be dissolved by consent of not less than two-thirds of the votes given at a general meeting convened expressly for that purpose.

L'avis de convocation doit être envoyé au moins trente jours, mais pas plus de quarante-cinq jours, avant la date de l'assemblée et non à contre-temps.

The notice convening the meeting shall be sent not less than thirty days but not more than forty-five days before the meeting and not at an inopportune moment.

357. La personnalité juridique de la personne morale subsiste aux fins de la liquidation.

357. The juridical personality of the legal person continues to exist for the purposes of the liquidation.

358. Les administrateurs doivent déposer un avis de la dissolution auprès de l'inspecteur général des institutions financières ou, s'il s'agit d'un syndicat de copropriétaires, au bureau de la publicité des droits dans le ressort duquel est situé l'immeuble qui fait l'objet de la copropriété, et désigner, conformément aux règlements, un liquidateur qui doit procéder immédiatement à la liquidation.

358. The directors shall file a notice of the dissolution with the Inspector General of Financial Institutions or, if the legal person is a syndicate of co-owners, in the registry office for the division where the immovable under co-ownership is situated, and appoint a liquidator, according to the by-laws, who shall proceed immediately with the liquidation.

À défaut de respecter ces obligations, les administrateurs peuvent être tenus responsables des actes de la personne morale, et tout intéressé peut s'adresser au tribunal pour que celui-ci désigne un liquidateur.

If the directors fail to fulfil these obligations, they may be held liable for the acts of the legal person, and any interested person may apply to the court for the appointment of a liquidator.

359. Un avis de la nomination du liquidateur, comme de toute révocation, est déposé au même lieu que l'avis de dissolution. La nomination et la révocation sont opposables aux tiers à compter du dépôt de l'avis.

359. Notice of the appointment of a liquidator, as also of any revocation, is filed in the same place as the notice of dissolution. The appointment and revocation may be set up against third persons from the filing of the notice.

360. Le liquidateur a la saisine des biens de la personne morale; il agit à titre d'administrateur du bien d'autrui chargé de la pleine administration.

360. The liquidator is seised of the property of the legal person and acts as an administrator of the property of others entrusted with full administration.

Il a le droit d'exiger des administrateurs et des membres de la personne morale tout document et toute explication concernant les droits et obligations de la personne morale.

361. Le liquidateur procède au paiement des dettes, puis au remboursement des apports.

Il procède ensuite, sous réserve des dispositions de l'alinéa suivant, au partage de l'actif entre les membres, en proportion de leurs droits ou, autrement, en parts égales; il suit, au besoin, les règles relatives au partage d'un bien indivis. S'il subsiste un reliquat, il est dévolu à l'État.

Si l'actif comprend des biens provenant des contributions de tiers, le liquidateur doit remettre ces biens à une autre personne morale ou à une fiducie partageant des objectifs semblables à la personne morale liquidée; à défaut de pouvoir être ainsi employés, ces biens sont dévolus à l'État ou, s'ils sont de peu d'importance, partagés également entre les membres.

362. Le liquidateur conserve les livres et registres de la personne morale pendant les cinq années qui suivent la clôture de la liquidation; il les conserve pour une plus longue période si les livres et registres sont requis en preuve dans une instance.

Par la suite, il en dispose à son gré.

363. À moins que le liquidateur n'obtienne une prolongation du tribunal, le curateur public entreprend ou poursuit la liquidation qui n'est pas terminée dans les cinq ans qui suivent le dépôt de l'avis de dissolution.

The liquidator is entitled to require from the directors and the members of the legal person any document and any explanation concerning the rights and obligations of the legal person.

361. The liquidator first repays the debts, then effects the reimbursement of the capital contributions.

The liquidator, subject to the provisions of the following paragraph, then partitions the assets among the members in proportion to their rights or, otherwise, in equal portions, following if need be the rules relating to the partition of property in undivided co-ownership. Any residue devolves to the State.

If the assets include property coming from contributions of third persons, the liquidator shall remit such property to another legal person or a trust sharing objectives similar to those of the legal person being liquidated; if that is not possible, it devolves to the State or, if of little value, is shared equally among the members.

362. The liquidator keeps the books and records of the legal person for five years from the closing of the liquidation; he keeps them for a longer period if the books and records are required as evidence in proceedings.

He disposes of them thereafter as he sees fit.

363. Unless the liquidator obtains an extension from the court, the Public Curator undertakes or continues a liquidation that is not terminated within five years from the filing of the notice of dissolution.

Le curateur public a alors les mêmes droits et obligations qu'un liquidateur.

364. La liquidation de la personne morale est close par le dépôt de l'avis de clôture au même lieu que l'avis de dissolution. Le cas échéant, le dépôt de cet avis opère radiation de toute inscription concernant la personne morale.

LIVRE DEUXIÈME
DE LA FAMILLE

TITRE PREMIER
DU MARIAGE

CHAPITRE PREMIER
DU MARIAGE ET DE SA CÉLÉBRATION

365. Le mariage doit être contracté publiquement devant un célébrant compétent et en présence de deux témoins.

Il ne peut l'être qu'entre un homme et une femme qui expriment publiquement leur consentement libre et éclairé à cet égard.

366. Sont des célébrants compétents pour célébrer les mariages, les greffiers et greffiers-adjoints de la Cour supérieure désignés par le ministre de la Justice.

Le sont aussi les ministres du culte habilités à le faire par la société religieuse à laquelle ils appartiennent, pourvu qu'ils résident au Québec et que le ressort dans lequel ils exercent leur ministère soit situé en tout ou en partie au Québec, que l'existence, les rites et les cérémonies de leur confession aient un caractère permanent et qu'ils soient autorisés par le ministre responsable de l'état civil.

Les ministres du culte qui, sans résider au Québec, y demeurent tempo-

The Public Curator has, in that case, the same rights and obligations as a liquidator.

364. The liquidation of a legal person is closed by the filing of a notice of closure in the same place as the notice of dissolution. The filing of the notice, where such is the case, cancels any other registrations concerning the legal person.

BOOK TWO
THE FAMILY

TITLE ONE
MARRIAGE

CHAPTER I
MARRIAGE AND SOLEMNIZATION OF MARRIAGE

365. Marriage shall be contracted openly, in the presence of two witnesses, before a competent officiant.

Marriage may be contracted only between a man and a woman expressing openly their free and enlightened consent.

366. Every clerk or deputy clerk of the Superior Court designated by the Minister of Justice is competent to solemnize marriage.

In addition, every minister of religion authorized to solemnize marriage by the religious society to which he belongs is competent to do so, provided that he is resident in Québec, that he carries on the whole or part of his ministry in Québec, that the existence, rites and ceremonies of his confession are of a permanent nature and that he is authorized by the minister responsible for civil status.

Any minister of religion not resident but living temporarily in Québec may

rairement peuvent aussi être autorisés à y célébrer des mariages pour un temps qu'il appartient au ministre responsable de l'état civil de fixer. [1996, c. 21, art. 28].

also be authorized to solemnize marriage in Québec for such time as the minister responsible for civil status determines. [1996, ch. 21, s. 28].

367. Aucun ministre du culte ne peut être contraint à célébrer un mariage contre lequel il existe quelque empêchement selon sa religion et la discipline de la société religieuse à laquelle il appartient.

367. No minister of religion may be compelled to solemnize a marriage to which there is any impediment according to his religion and to the discipline of the religious society to which he belongs.

368. On doit, avant de procéder à la célébration d'un mariage, faire une publication par voie d'affiche apposée, pendant vingt jours avant la date prévue pour la célébration, au lieu où doit être célébré le mariage.

368. Before the solemnization of a marriage, publication shall be effected by means of a notice posted up, for twenty days before the date fixed for the marriage, at the place where the marriage is to be solemnized.

Au moment de la publication ou de la demande de dispense, les époux doivent être informés de l'opportunité d'un examen médical prénuptial.

At the time of the publication or of the application for a dispensation, the spouses shall be informed of the advisability of a premarital medical examination.

369. La publication de mariage énonce les nom et domicile de chacun des futurs époux, ainsi que la date et le lieu de leur naissance. L'exactitude de ces énonciations est attestée par un témoin majeur.

369. The publication sets forth the name and domicile of each of the intended spouses, and the date and place of birth of each. The correctness of these particulars is confirmed by a witness of full age.

370. Le célébrant peut, pour un motif sérieux, accorder une dispense de publication.

370. The officiant may, for a serious reason, grant a dispensation from publication.

371. Si le mariage n'est pas célébré dans les trois mois à compter de la vingtième journée de la publication, celle-ci doit être faite de nouveau.

371. If a marriage is not solemnized within three months from the twentieth day after publication, the publication shall be renewed.

372. Toute personne intéressée peut faire opposition à la célébration d'un mariage entre personnes inhabiles à le contracter.

372. Any interested person may oppose the solemnization of a marriage between persons incapable of contracting it.

Le mineur peut s'opposer seul à un mariage; il peut aussi agir seul en défense.

A minor may oppose a marriage alone. He may also act alone as defendant.

373. Avant de procéder au mariage, le célébrant s'assure de l'identité, de l'âge et de l'état matrimonial des futurs époux.

Il ne peut célébrer le mariage que si:

1° Les futurs époux sont âgés d'au moins seize ans, en s'assurant, si les époux sont mineurs, que le titulaire de l'autorité parentale ou, le cas échéant, le tuteur consent à la célébration du mariage;

2° Les formalités ont toutes été remplies et les dispenses accordées;

3° Les futurs époux sont libres de tout lien matrimonial antérieur;

4° L'un n'est pas, par rapport à l'autre, un ascendant, un descendant, un frère ou une soeur.

374. Le célébrant fait lecture aux futurs époux, en présence des témoins, des dispositions des articles 392 à 396.

Il demande à chacun des futurs époux et reçoit d'eux personnellement la déclaration qu'ils veulent se prendre pour époux. Il les déclare alors unis par le mariage.

375. Le célébrant établit la déclaration de mariage et la transmet, dans les trente jours de la célébration, au directeur de l'état civil.

376. Le greffier ou son adjoint procède à la célébration du mariage selon les règles prescrites par le ministre de la Justice et perçoit d'eux personnellement la déclaration qu'ils veulent se prendre pour époux, pour le compte du ministre des Finances, les droits fixés par règlement du gouvernement.

377. Les autorisations de célébrer les mariages données par le ministre res-

373. Before proceeding with a marriage, the officiant ascertains the identity, age and marital status of the intended spouses.

The officiant may not solemnize the marriage unless:

(1) the intended spouses are at least sixteen years of age and, in the case of minors, the officiant has ascertained that the person having parental authority or, as the case may be, the tutor consents to the solemnization of the marriage;

(2) all the formalities have been completed and the dispensations, if any, have been granted;

(3) the intended spouses are free from any previous marriage bond;

(4) neither spouse is, in relation to the other, an ascendant, a descendant, a brother or a sister.

374. In the presence of the witnesses, the officiant reads articles 392 to 396 to the intended spouses.

He requests and receives, from each of the intended spouses personally, a declaration of their wish to take each other as husband and wife. He then declares them united in marriage.

375. The officiant draws up the declaration of marriage and sends it, within thirty days of the solemnization, to the registrar of civil status.

376. The clerk or his deputy solemnizes the marriage according to the rules prescribed by the Minister of Justice and, on behalf of the Minister of Finance, collects the duties fixed by regulation of the Government from the intended spouses.

377. The registrar of civil status is informed of every grant or revocation of

ponsable de l'état civil ou celles révoquées par lui sont portées à l'attention du directeur de l'état civil qui inscrit les mentions appropriées sur un registre.

En cas d'inhabilité ou de décès d'un ministre du culte autorisé par le ministre responsable de l'état civil à célébrer les mariages, la société religieuse à laquelle il appartenait en avise le directeur de l'état civil afin qu'il en radie l'autorisation [1996, c. 21, art. 29].

authorization by the minister responsible for civil status to solemnize marriage so that he may make the proper entries in a register.

Where a minister of religion authorized by the minister responsible for civil status to solemnize marriage is unable to act or dies, the religious society to which he belonged informs the registrar of civil status so that he may strike off the authorization. [1996, ch. 21, s. 29].

CHAPITRE DEUXIÈME
DE LA PREUVE DU MARIAGE

CHAPTER II
PROOF OF MARRIAGE

378. Le mariage se prouve par l'acte de mariage, sauf les cas où la loi autorise un autre mode de preuve.

378. Marriage is proved by an act of marriage, except in cases where the law authorizes another mode of proof.

379. La possession d'état d'époux supplée aux défauts de forme de l'acte de mariage.

379. Possession of the status of spouses compensates for a defect of form in the act of marriage.

CHAPITRE TROISIÈME
DES NULLITÉS DE MARIAGE

CHAPTER III
NULLITY OF MARRIAGE

380. Le mariage qui n'est pas célébré suivant les prescriptions du présent titre et suivant les conditions nécessaires à sa formation peut être frappé de nullité à la demande de toute personne intéressée, sauf au tribunal à juger suivant les circonstances.

380. A marriage which is not solemnized according to the prescriptions of this Title and the necessary conditions for its formal validity may be declared null upon the application of any interested person, although the court may decide according to the circumstances.

L'action est irrecevable s'il s'est écoulé trois ans depuis la célébration, sauf si l'ordre public est en cause.

No action lies after the lapse of three years from the solemnization, except where public order is concerned.

381. La nullité du mariage, pour quelque cause que ce soit, ne prive pas les enfants des avantages qui leur sont assurés par la loi ou par le contrat de mariage.

381. The nullity of a marriage, for whatever reason, does not deprive the children of the advantages secured to them by law or by the marriage contract.

Elle laisse subsister les droits et les devoirs des pères et mères à l'égard de leurs enfants.

The rights and duties of fathers and mothers towards their children are unaffected by the nullity of their marriage.

382. Le mariage qui a été frappé de nullité produit ses effets en faveur des époux qui étaient de bonne foi.

Il est procédé notamment à la liquidation de leurs droits patrimoniaux qui sont alors présumés avoir existé, à moins que les époux ne conviennent de reprendre chacun leurs biens.

383. Si les époux étaient de mauvaise foi, ils reprennent chacun leurs biens.

384. Si un seul des époux était de bonne foi, il peut, à son choix, reprendre ses biens ou demander la liquidation des droits patrimoniaux qui lui résultent du mariage.

385. Sous réserve de l'article 386, l'époux de bonne foi a droit aux donations qui lui ont été consenties en considération du mariage.

Toutefois, le tribunal peut, au moment où il prononce la nullité du mariage, les déclarer caduques ou les réduire, ou ordonner que le paiement des donations entre vifs soit différé pour un temps qu'il détermine, en tenant compte des circonstances dans lesquelles se trouvent les parties.

386. La nullité du mariage rend nulles les donations entre vifs consenties à l'époux de mauvaise foi en considération du mariage.

Elle rend également nulles les donations à cause de mort qu'un des époux a consenties à l'autre en considération du mariage.

387. Un époux est présumé avoir contracté mariage de bonne foi, à moins que le tribunal, en prononçant la nullité, ne le déclare de mauvaise foi.

382. A marriage, although declared null, produces its effects with regard to the spouses if they were in good faith.

In particular, the liquidation of the patrimonial rights that are then presumed to have existed is proceeded with, unless the spouses each agree on taking back their property.

383. If the spouses were in bad faith, they each take back their property.

384. If only one spouse was in good faith, that spouse may either take back his or her property or apply for the liquidation of the patrimonial rights resulting to him or her from the marriage.

385. Subject to article 386, spouses in good faith are entitled to the gifts made to them in consideration of marriage.

However, the court may, when declaring a marriage null, declare the gifts to have lapsed or reduce them, or order the payment of the gifts *inter vivos* deferred for the period of time it fixes, taking the circumstances of the parties into account.

386. The nullity of the marriage renders null the gifts *inter vivos* made in consideration of the marriage to a spouse in bad faith.

It also renders null the gifts *mortis causa* made by one spouse to the other in consideration of the marriage.

387. A spouse is presumed to have contracted marriage in good faith unless, when declaring the marriage null, the court declares that spouse to be in bad faith.

388. Le tribunal statue, comme en matière de séparation de corps, sur les mesures provisoires durant l'instance, sur la garde, l'entretien et l'éducation des enfants; en prononçant la nullité, il statue sur le droit de l'époux de bonne foi à des aliments ou à une prestation compensatoire.

389. La nullité du mariage éteint le droit qu'avaient les époux de se réclamer des aliments, à moins que, sur demande, le tribunal, au moment où il prononce la nullité, n'ordonne à l'un des époux de verser des aliments à l'autre ou, s'il ne peut statuer équitablement sur la question en raison des circonstances, ne réserve le droit d'en réclamer.

Le droit de réclamer des aliments ne peut être réservé que pour une période d'au plus deux ans; il est éteint de plein droit à l'expiration de cette période.

390. Lorsque le tribunal a accordé des aliments ou réservé le droit d'en réclamer, il peut toujours, postérieurement à l'annulation du mariage, déclarer éteint le droit à des aliments.

CHAPITRE QUATRIÈME
DES EFFETS DU MARIAGE

391. Les époux ne peuvent déroger aux dispositions du présent chapitre, quel que soit leur régime matrimonial.

SECTION I
DES DROITS ET DES DEVOIRS DES ÉPOUX

392. Les époux ont, en mariage, les mêmes droits et les mêmes obligations.

Ils se doivent mutuellement respect, fidélité, secours et assistance.

Ils sont tenus de faire vie commune.

388. The court decides, as in proceedings for separation from bed and board, as to the provisional measures pending suit, the custody, maintenance and education of the children and, in declaring nullity, it decides as to the right of a spouse in good faith to support or to a compensatory allowance.

389. Nullity of marriage extinguishes the right which the spouses had to claim support unless, on a demand, the court, in declaring nullity, orders one of them to pay support to the other or, being unable, owing to the circumstances, to decide the question equitably, reserves the right to claim support.

The right to claim support may not be reserved for a period of over two years; it is extinguished by operation of law at the expiry of that period.

390. Where the court has awarded support or reserved the right to claim support, it may at any time after the marriage is annulled declare the right to support extinguished.

CHAPTER IV
EFFECTS OF MARRIAGE

391. In no case may spouses derogate from the provisions of this chapter, whatever their matrimonial regime.

SECTION I
RIGHTS AND DUTIES OF SPOUSES

392. The spouses have the same rights and obligations in marriage.

They owe each other respect, fidelity, succour and assistance.

They are bound to live together.

393. Chacun des époux conserve, en mariage, son nom; il exerce ses droits civils sous ce nom.

393. In marriage, both spouses retain their respective names, and exercise their respective civil rights under those names.

394. Ensemble, les époux assurent la direction morale et matérielle de la famille, exercent l'autorité parentale et assument les tâches qui en découlent.

394. The spouses together take in hand the moral and material direction of the family, exercise parental authority and assume the tasks resulting therefrom.

395. Les époux choisissent de concert la résidence familiale.

395. The spouses choose the family residence together.

En l'absence de choix exprès, la résidence familiale est présumée être celle où les membres de la famille habitent lorsqu'ils exercent leurs principales activités.

In the absence of an express choice, the family residence is presumed to be the residence where the members of the family live while carrying on their principal activities.

396. Les époux contribuent aux charges du mariage à proportion de leurs facultés respectives.

396. The spouses contribute towards the expenses of the marriage in proportion to their respective means.

Chaque époux peut s'acquitter de sa contribution par son activité au foyer.

The spouses may make their respective contributions by their activities within the home.

397. L'époux qui contracte pour les besoins courants de la famille engage aussi pour le tout son conjoint non séparé de corps.

397. A spouse who enters into a contract for the current needs of the family also binds the other spouse for the whole, if they are not separated from bed and board.

Toutefois, le conjoint n'est pas obligé à la dette s'il avait préalablement porté à la connaissance du cocontractant sa volonté de n'être pas engagé.

However, the non-contracting spouse is not liable for the debt if he or she had previously informed the other contracting party of his or her unwillingness to be bound.

398. Chacun des époux peut donner à l'autre mandat de le représenter dans des actes relatifs à la direction morale et matérielle de la famille.

398. Either spouse may give the other a mandate in order to be represented in acts relating to the moral and material direction of the family.

Ce mandat est présumé lorsque l'un des époux est dans l'impossibilité de manifester sa volonté pour quelque cause que ce soit ou ne peut le faire en temps utile.

This mandate is presumed if one spouse is unable to express his or her will for any reason or if he or she is unable to do so in due time.

399. Un époux peut être autorisé par le tribunal à passer seul un acte pour lequel le consentement de son conjoint serait nécessaire, s'il ne peut l'obtenir pour quelque cause que ce soit ou si le refus n'est pas justifié par l'intérêt de la famille.

L'autorisation est spéciale et pour un temps déterminé; elle peut être modifiée ou révoquée.

400. Si les époux ne parviennent pas à s'accorder sur l'exercice de leurs droits et l'accomplissement de leurs devoirs, les époux ou l'un d'eux peuvent saisir le tribunal qui statuera dans l'intérêt de la famille, après avoir favorisé la conciliation des parties.

SECTION II
DE LA RÉSIDENCE FAMILIALE

401. Un époux ne peut, sans le consentement de son conjoint, aliéner, hypothéquer ni transporter hors de la résidence familiale les meubles qui servent à l'usage du ménage.

Les meubles qui servent à l'usage du ménage ne comprennent que les meubles destinés à garnir la résidence familiale, ou encore à l'orner; sont compris dans les ornements, les tableaux et oeuvres d'art, mais non les collections.

402. Le conjoint qui n'a pas donné son consentement à un acte relatif à un meuble qui sert à l'usage du ménage peut, s'il n'a pas ratifié l'acte, en demander la nullité.

Toutefois, l'acte à titre onéreux ne peut être annulé si le cocontractant était de bonne foi.

403. L'époux locataire de la résidence familiale ne peut, sans le consentement écrit de son conjoint, sous-louer, céder son droit, ni mettre fin au bail lorsque le

399. Either spouse may be authorized by the court to enter alone into any act for which the consent of the other would be required, provided such consent is unobtainable for any reason, or its refusal is not justified by the interest of the family.

The authorization is special and for a specified time; it may be amended or revoked.

400. If the spouses disagree as to the exercise of their rights and the performance of their duties, they or either of them may apply to the court, which will decide in the interest of the family after fostering the conciliation of the parties.

SECTION II
FAMILY RESIDENCE

401. Neither spouse may, without the consent of the other, alienate, hypothecate or remove from the family residence the movable property serving for the use of the household.

The movable property serving for the use of the household includes only the movable property destined to furnish the family residence or decorate it; decorations include pictures and other works of art, but not collections.

402. A spouse having neither consented to nor ratified an act concerning any movable property serving for the use of the household may apply to have it annulled.

However, an act by onerous title may not be annulled if the other contracting party was in good faith.

403. Neither spouse, if the lessee of the family residence, may, without the written consent of the other, sublet it, transfer the right or terminate the lease where

locateur a été avisé, par l'un ou l'autre des époux, du fait que le logement servait de résidence familiale.

Le conjoint qui n'a pas donné son consentement à l'acte peut, s'il ne l'a pas ratifié, en demander la nullité.

404. L'époux propriétaire d'un immeuble de moins de cinq logements qui sert, en tout ou en partie, de résidence familiale ne peut, sans le consentement écrit de son conjoint, l'aliéner, le grever d'un droit réel ni en louer la partie réservée à l'usage de la famille.

À moins qu'il n'ait ratifié l'acte, le conjoint qui n'y a pas donné son consentement peut en demander la nullité si une déclaration de résidence familiale a été préalablement inscrite contre l'immeuble.

405. L'époux propriétaire d'un immeuble de cinq logements ou plus qui sert, en tout ou en partie, de résidence familiale ne peut, sans le consentement écrit de son conjoint, l'aliéner ni en louer la partie réservée à l'usage de la famille.

Si une déclaration de résidence familiale a été préalablement inscrite contre l'immeuble, le conjoint qui n'a pas donné son consentement à l'acte d'aliénation peut exiger de l'acquéreur qu'il lui consente un bail des lieux déjà occupés à des fins d'habitation, aux conditions régissant le bail d'un logement; sous la même condition, celui qui n'a pas donné son consentement à l'acte de location peut, s'il ne l'a pas ratifié, en demander la nullité.

406. L'usufruitier, l'emphytéote et l'usager sont soumis aux règles des articles 404 et 405.

the lessor has been notified, by either of them, that the dwelling is used as the family residence.

A spouse having neither consented to nor ratified the act may apply to have it annulled.

404. Neither spouse, if the owner of an immovable with fewer than five dwellings that is used in whole or in part as the family residence, may, without the written consent of the other, alienate the immovable, charge it with a real right or lease that part of it reserved for the use of the family.

A spouse having neither consented to nor ratified the act may apply to have it annulled if a declaration of family residence was previously entered against the immovable.

405. Neither spouse, if the owner of an immovable with five dwellings or more that is used in whole or in part as the family residence may, without the written consent of the other, alienate the immovable or lease that part of it reserved for the use of the family.

Where a declaration of family residence was previously registered against the immovable, a spouse not having consented to the deed of alienation may require to be granted a lease by the acquirer of the premises already occupied as a dwelling under the conditions governing the lease of a dwelling; on the same condition, a spouse having neither consented to nor ratified the act of lease may apply to have it annulled.

406. The usufructuary, the emphyteutic lessee and the user are subject to the rules of articles 404 and 405.

L'époux autrement titulaire de droits qui lui confèrent l'usage de la résidence familiale ne peut non plus en disposer sans le consentement de son conjoint.

407. La déclaration de résidence familiale est faite par les époux ou l'un d'eux.

Elle peut aussi résulter d'une déclaration à cet effet contenue dans un acte destiné à la publicité.

408. L'époux qui n'a pas consenti à l'acte pour lequel son consentement était requis peut, sans porter atteinte à ses autres droits, réclamer des dommages-intérêts de son conjoint ou de toute autre personne qui, par sa faute, lui a causé un préjudice.

409. En cas de séparation de corps, de divorce ou de nullité du mariage, le tribunal peut, à la demande de l'un des époux, attribuer au conjoint du locataire le bail de la résidence familiale.

L'attribution lie le locateur dès que le jugement lui est signifié et libère, pour l'avenir, le locataire originaire des droits et obligations résultant du bail.

410. En cas de séparation de corps, de dissolution ou de nullité du mariage, le tribunal peut attribuer, à l'un des époux ou au survivant, la propriété, ou l'usage de meubles de son conjoint qui servent à l'usage du ménage.

Il peut également attribuer à l'époux auquel il accorde la garde d'un enfant un droit d'usage de la résidence familiale.

L'usager est dispensé de fournir une sûreté et de dresser un inventaire des biens, à moins que le tribunal n'en décide autrement.

Neither spouse may, without the consent of the other, dispose of rights held by another title conferring use of the family residence.

407. The declaration of family residence is made by both spouses or by either of them.

It may also result from a declaration to that effect contained in an act intended for publication.

408. A spouse not having given consent to an act for which it was required may, without prejudice to any other right, claim damages from the other spouse or from any other person having, through his fault, caused damage.

409. In the event of separation from bed and board, divorce or nullity of a marriage, the court may, upon the application of either spouse, award to the spouse of the lessee the lease of the family residence.

The award binds the lessor upon being served on him and relieves the original lessee of the rights and obligations arising out of the lease from that time forward.

410. In the event of separation from bed and board, or the dissolution or nullity of a marriage, the court may award, to either spouse or to the surviving spouse, the ownership or use of the movable property of the other which serves for the use of the household.

It may also award the right of use of the family residence to the spouse to whom it awards custody of a child.

The user is exempted from furnishing security and from making an inventory of the property unless the court decides otherwise.

411. L'attribution du droit d'usage ou de propriété se fait, à défaut d'accord entre les parties, aux conditions que le tribunal détermine et notamment, s'il y a lieu, moyennant une soulte payable au comptant ou par versements.

Lorsque la soulte est payable par versements, le tribunal en fixe les modalités de garantie et de paiement.

412. L'attribution judiciaire d'un droit de propriété est assujettie aux dispositions relatives à la vente.

413. Le jugement qui attribue un droit d'usage ou de propriété équivaut à titre et en a tous les effets.

SECTION III
DU PATRIMOINE FAMILIAL

§ 1.–*De la constitution du patrimoine*

414. Le mariage emporte constitution d'un patrimoine familial formé de certains biens des époux sans égard à celui des deux qui détient un droit de propriété sur ces biens.

415. Le patrimoine familial est constitué des biens suivants dont l'un ou l'autre des époux est propriétaire: les résidences de la famille ou les droits qui en confèrent l'usage, les meubles qui les garnissent ou les ornent et qui servent à l'usage du ménage, les véhicules automobiles utilisés pour les déplacements de la famille et les droits accumulés durant le mariage au titre d'un régime de retraite.

Entrent également dans ce patrimoine, les gains inscrits, durant le mariage, au nom de chaque époux en application de la Loi sur le régime de rentes du Québec ou de programmes équivalents.

Sont toutefois exclus du patrimoine familial, si la dissolution du mariage

411. The award of the right of use or ownership is effected, failing agreement between the parties, on the conditions determined by the court and, in particular, on condition of payment of any balance, in cash or by instalments.

When the balance is payable by instalments, the court fixes the terms and conditions of guarantee and payment.

412. Judicial award of a right of ownership is subject to the provisions relating to sale.

413. A judgment awarding a right of use or ownership is equivalent to title and has the effects thereof.

SECTION III
FAMILY PATRIMONY

§ 1.–*Establishment of patrimony*

414. Marriage entails the establishment of a family patrimony consisting of certain property of the spouses regardless of which of them holds a right of ownership in that property.

415. The family patrimony is composed of the following property owned by one or the other of the spouses: the residences of the family or the rights which confer use of them, the movable property with which they are furnished or decorated and which serves for the use of the household, the motor vehicles used for family travel and the benefits accrued during the marriage under a retirement plan.

This patrimony also includes the registered earnings, during the marriage, of each spouse pursuant to the Act respecting the Québec Pension Plan or to similar plans.

The earnings contemplated in the second paragraph and accrued benefits

résulte du décès, les gains visés au deuxième alinéa ainsi que les droits accumulés au titre d'un régime de retraite régi ou établi par une loi qui accorde au conjoint survivant le droit à des prestations de décès.

Sont également exclus du patrimoine familial, les biens échus à l'un des époux par succession ou donation avant ou pendant le mariage.

Pour l'application des règles sur le patrimoine familial, est un régime de retraite:

– le régime régi par la Loi sur les régimes complémentaires de retraite ou celui qui serait régi par cette loi si celle-ci s'appliquait au lieu où l'époux travaille,

– le régime de retraite régi par une loi semblable émanant d'une autorité législative autre que le Parlement du Québec,

– le régime établi par une loi émanant du Parlement du Québec ou d'une autre autorité législative,

– un régime d'épargne-retraite,

– tout autre instrument d'épargne-retraite, dont un contrat constitutif de rente, dans lequel ont été transférées des sommes provenant de l'un ou l'autre de ces régimes.

§ 2.–Du partage du patrimoine

416. En cas de séparation de corps, de dissolution ou de nullité du mariage, la valeur du patrimoine familial des époux, déduction faite des dettes contractées pour l'acquisition, l'amélioration, l'entretien ou la conservation des biens qui le constituent, est divisée à parts égales, entre les époux ou entre l'époux survivant et les héritiers, selon le cas.

under a retirement plan governed or established by an Act which grants a right to death benefits to the surviving spouse where the marriage is dissolved as a result of death are, however, excluded from the family patrimony.

Property devolved to one of the spouses by succession or gift before or during the marriage is also excluded from the family patrimony.

For the purposes of the rules on family patrimony, a retirement plan is any of the following:

– a plan governed by the Act respecting Supplemental Pension Plans or that would be governed thereby if it applied where the spouse works;

– a retirement plan governed by a similar Act of a legislative jurisdiction other than the Parliament of Québec;

– a plan established by an Act of the Parliament of Québec or of another legislative jurisdiction;

– a retirement-savings plan;

– any other retirement-savings instrument, including an annuity contract, into which sums from any of such plans have been transferred.

§ 2.–Partition of patrimony

416. In the event of separation from bed and board, or the dissolution or nullity of a marriage, the value of the family patrimony of the spouses, after deducting the debts contracted for the acquisition, improvement, maintenance or preservation of the property composing it, is equally divided between the spouses or between the surviving spouse and the heirs, as the case may be.

Lorsque le partage a eu lieu à l'occasion de la séparation de corps, il n'y a pas de nouveau partage si, sans qu'il y ait eu reprise volontaire de la vie commune, il y a ultérieurement dissolution ou nullité du mariage; en cas de nouveau partage, la date de reprise de la vie commune remplace celle du mariage pour l'application des règles de la présente section.

417. La valeur nette du patrimoine familial est établie selon la valeur des biens qui constituent le patrimoine et des dettes contractées pour l'acquisition, l'amélioration, l'entretien ou la conservation des biens qui le constituent à la date du décès de l'époux ou à la date d'introduction de l'instance en vertu de laquelle il est statué sur la séparation de corps, le divorce ou la nullité du mariage, selon le cas; les biens sont évalués à leur valeur marchande.

Le tribunal peut, toutefois, à la demande de l'un ou l'autre des époux ou de leurs ayants cause, décider que la valeur nette du patrimoine sera établie selon la valeur de ces biens et de ces dettes à la date où les époux ont cessé de faire vie commune.

418. Une fois établie la valeur nette du patrimoine familial, on en déduit la valeur nette, au moment du mariage, du bien que l'un des époux possédait alors et qui fait partie de ce patrimoine; on en déduit de même celle de l'apport, fait par l'un des époux pendant le mariage, pour l'acquisition ou l'amélioration d'un bien de ce patrimoine, lorsque cet apport a été fait à même les biens échus par succession ou donation, ou leur remploi.

Where partition is effected upon separation from bed and board, no new partition is effected upon the subsequent dissolution or nullity of the marriage unless the spouses had voluntarily resumed living together; where a new partition is effected, the date when the spouses resumed living together is substituted for the date of the marriage for the purposes of this section.

417. The net value of the family patrimony is determined according to the value of the property composing the patrimony and the debts contracted for the acquisition, improvement, maintenance or preservation of the property composing it on the date of death of the spouse or on the date of the institution of the action in which separation from bed and board, divorce or nullity of the marriage, as the case may be, is decided; the property is valued at its market value.

The court may, however, upon the application of one or the other of the spouses or of their successors, decide that the net value of the family patrimony will be established according to the value of such property and such debts on the date when the spouses ceased living together.

418. Once the net value of the family patrimony has been established, a deduction is made from it of the net value, at the time of the marriage, of the property then owned by one of the spouses that is included in the family patrimony; similarly, a deduction is made from it of the net value of a contribution made by one of the spouses during the marriage for the acquisition or improvement of property included in the family patrimony, where the contribution was made out of property devolved by succession or gift, or its reinvestment.

On déduit également de cette valeur, dans le premier cas, la plus-value acquise, pendant le mariage, par le bien, dans la même proportion que celle qui existait, au moment du mariage, entre la valeur nette et la valeur brute du bien et, dans le second cas, la plus-value acquise, depuis l'apport, dans la même proportion que celle qui existait, au moment de l'apport, entre la valeur de l'apport et la valeur brute du bien.

Le remploi, pendant le mariage, d'un bien du patrimoine familial possédé lors du mariage donne lieu aux mêmes déductions, compte tenu des adaptations nécessaires.

419. L'exécution du partage du patrimoine familial a lieu en numéraire ou par dation en paiement.

Si l'exécution du partage a lieu par dation en paiement, les époux peuvent convenir de transférer la propriété d'autres biens que ceux du patrimoine familial.

420. Outre qu'il peut, lors du partage, attribuer certains biens à l'un des époux, le tribunal peut aussi, si cela est nécessaire pour éviter un préjudice, ordonner que l'époux débiteur exécute son obligation par versements échelonnés sur une période qui ne dépasse pas dix ans.

Il peut, également, ordonner toute autre mesure qu'il estime appropriée pour assurer la bonne exécution du jugement et, notamment, ordonner qu'une sûreté soit conférée à l'une des parties pour garantir l'exécution des obligations de l'époux débiteur.

421. Lorsqu'un bien qui faisait partie du patrimoine familial a été aliéné ou diverti

A further deduction from the net value is made, in the first case, of the increase in value acquired by the property during the marriage, proportionately to the ratio existing at the time of the marriage between the net value and the gross value of the property, and, in the second case, of the increase in value acquired since the contribution, proportionately to the ratio existing at the time of the contribution between the value of the contribution and the gross value of the property.

Reinvestment during the marriage of property included in the family patrimony that was owned at the time of the marriage gives rise to the same deductions, adapted as required.

419. Partition of the family patrimony is effected by giving in payment or by payment in money.

If partition is effected by giving in payment, the spouses may agree to transfer ownership of other property than that composing the family patrimony.

420. The court may, at the time of partition, award certain property to one of the spouses and also, where it is necessary to avoid damage, order the debtor spouse to perform his or her obligation by way of instalments spread over a period of not over ten years.

It may also order any other measure it considers appropriate to ensure that the judgment is properly executed, and, in particular, order that security be granted to one of the parties to guarantee performance of the obligations of the debtor spouse.

421. Where property included in the family patrimony was alienated or mis-

dans l'année précédant le décès de l'un des époux ou l'introduction de l'instance en séparation de corps, divorce ou annulation de mariage et que ce bien n'a pas été remplacé, le tribunal peut ordonner qu'un paiement compensatoire soit fait à l'époux à qui aurait profité l'inclusion de ce bien dans le patrimoine familial.

Il en est de même lorsque le bien a été aliéné plus d'un an avant le décès de l'un des époux ou l'introduction de l'instance et que cette aliénation a été faite dans le but de diminuer la part de l'époux à qui aurait profité l'inclusion de ce bien au patrimoine familial.

422. Le tribunal peut, sur demande, déroger au principe du partage égal et, quant aux gains inscrits en vertu de la Loi sur le régime de rentes du Québec ou de programmes équivalents, décider qu'il n'y aura aucun partage de ces gains, lorsqu'il en résulterait une injustice compte tenu, notamment, de la brève durée du mariage, de la dilapidation de certains biens par l'un des époux ou encore de la mauvaise foi de l'un d'eux.

423. Les époux ne peuvent renoncer, par leur contrat de mariage ou autrement, à leurs droits dans le patrimoine familial.

Toutefois, un époux peut, à compter du décès de son conjoint ou du jugement de divorce, de séparation de corps ou de nullité de mariage, y renoncer, en tout ou en partie, par acte notarié en minute; il peut aussi y renoncer, par une déclaration judiciaire dont il est donné acte, dans le cadre d'une instance en divorce, en séparation de corps ou en nullité de mariage.

appropriated in the year preceding the death of one of the spouses or the institution of proceedings for separation from bed and board, divorce or annulment of marriage and was not replaced, the court may order that a compensatory payment be made to the spouse who would have benefited from the inclusion of that property in the family patrimony.

The same rule applies where the property was alienated over one year before the death of one of the spouses or the institution of proceedings and the alienation was made for the purpose of decreasing the share of the spouse who would have benefited from the inclusion of that property in the family patrimony.

422. The court may, on an application, make an exception to the rule of partition into equal shares, and decide that there will be no partition of earnings registered pursuant to the Act respecting the Québec Pension Plan or to similar plans where it would result in an injustice considering, in particular, the brevity of the marriage, the waste of certain property by one of the spouses, or the bad faith of one of them.

423. The spouses may not, by way of their marriage contract or otherwise, renounce their rights in the family patrimony.

One spouse may, however, from the death of the other spouse or from the judgment of divorce, separation from bed and board or nullity of marriage, renounce such rights, in whole or in part, by notarial act *en minute*; that spouse may also renounce them by a judicial declaration which is recorded, in the course of proceedings for divorce, separation from bed and board or nullity of marriage.

La renonciation doit être inscrite au registre des droits personnels et réels mobiliers. À défaut d'inscription dans un délai d'un an à compter du jour de l'ouverture du droit au partage, l'époux renonçant est réputé avoir accepté.

Renunciation shall be entered in the register of personal and movable real rights. Failing entry within a period of one year from the time when the right to partition arose, the renouncing spouse is deemed to have accepted. [1992, ch. 57, s. 716].

424. La renonciation de l'un des époux, par acte notarié, au partage du patrimoine familial peut être annulée pour cause de lésion ou pour toute autre cause de nullité des contrats.

424. Renunciation by one of the spouses, by notarial act, of partition of the family patrimony may be annulled by reason of lesion or any other cause of nullity of contracts.

425. Le partage des gains inscrits au nom de chaque époux en application de la Loi sur le régime de rentes du Québec ou de programmes équivalents est exécuté par l'organisme chargé d'administrer le régime ou le programme, conformément à cette loi ou à la loi applicable à ce programme, sauf si cette dernière ne prévoit aucune règle de partage.

425. The partition of the earnings registered in the name of each spouse pursuant to the Act respecting the Québec Pension Plan or to a similar plan is effected by the body responsible for administering the plan, in accordance with that Act or the Act applicable to that plan, unless the latter Act provides no rules for partition.

426. Le partage des droits accumulés par l'un des époux au titre d'un régime de retraite régi ou établi par une loi est effectué conformément, s'il en existe, aux règles d'évaluation et de dévolution édictées par cette loi.

426. The partition of the accrued benefits of one of the spouses under a pension plan governed or established by an Act is effected according to the rules of valuation and devolution contained in that Act, where that is the case.

Toutefois, le partage de ces droits ne peut en aucun cas avoir pour effet de priver le titulaire original de ces droits de plus de la moitié de la valeur totale des droits qu'il a accumulés avant ou pendant le mariage, ni de conférer au bénéficiaire du droit au partage plus de droits qu'en possède, en vertu de son régime, le titulaire original de ces droits.

In no case, however, may the partition of such benefits deprive the original holder of such benefits of over one-half of the total value of the benefits accrued to him before or during the marriage, or confer more benefits on the beneficiary of the right to partition than the original holder of these benefits has under his plan.

Entre les époux ou pour leur bénéfice, et nonobstant toute disposition contraire, ces droits, ainsi que ceux accumulés au titre d'un autre régime de retraite, sont cessibles et saisissables pour le partage du patrimoine familial.

Between the spouses or for their benefit, and notwithstanding any provision to the contrary, such benefits and benefits accrued under any other pension plan are transferable and seizable for partition of the family patrimony.

SECTION IV
DE LA PRESTATION COMPENSATOIRE

427. Au moment où il prononce la séparation de corps, le divorce ou la nullité du mariage, le tribunal peut ordonner à l'un des époux de verser à l'autre, en compensation de l'apport de ce dernier, en biens ou en services, à l'enrichissement du patrimoine de son conjoint, une prestation payable au comptant ou par versements, en tenant compte, notamment, des avantages que procurent le régime matrimonial et le contrat de mariage. Il en est de même en cas de décès; il est alors, en outre, tenu compte des avantages que procure au conjoint survivant la succession.

Lorsque le droit à la prestation compensatoire est fondé sur la collaboration régulière de l'époux à une entreprise, que cette entreprise ait trait à un bien ou à un service et qu'elle soit ou non à caractère commercial, la demande peut en être faite dès la fin de la collaboration si celle-ci est causée par l'aliénation, la dissolution ou la liquidation volontaire ou forcée de l'entreprise.

428. L'époux collaborateur peut prouver son apport à l'enrichissement du patrimoine de son conjoint par tous les moyens.

429. Lorsqu'il y a lieu au paiement d'une prestation compensatoire, le tribunal en fixe la valeur, à défaut d'accord entre les parties. Celui-ci peut également déterminer, le cas échéant, les modalités du paiement et ordonner que la prestation soit payée au comptant ou par versements ou qu'elle soit payée par l'attribution de droits dans certains biens.

Si le tribunal attribue à l'un des époux ou au conjoint survivant un droit sur la résidence familiale, sur les meubles qui servent à l'usage du ménage ou

SECTION IV
COMPENSATORY ALLOWANCE

427. The court, in declaring separation from bed and board, divorce or nullity of marriage, may order either spouse to pay to the other, as compensation for the latter's contribution, in property or services, to the enrichment of the patrimony of the former, an allowance payable in cash or by instalments, taking into account, in particular, the advantages of the matrimonial regime and of the marriage contract. The same rule applies in case of death; in such a case, the advantages of the succession to the surviving spouse are also taken into account.

Where the right to the compensatory allowance is founded on the regular cooperation of the spouse in an enterprise, whether the enterprise deals in property or in services and whether or not it is a commercial enterprise, it may be applied for from the time the cooperation ends, if this results from the alienation, dissolution or voluntary or forced liquidation of the enterprise.

428. The cooperating spouse may adduce any evidence to prove his or her contribution to the enrichment of the patrimony of the other spouse.

429. Where a compensatory allowance becomes payable, the court, failing agreement between the parties, fixes the amount thereof. It may also, where applicable, fix the terms and conditions of payment and order that the allowance be paid in cash or by instalments or that it be paid by the awarding of rights in certain property.

If the court awards a right in the family residence, a right in the movable property serving for the use of the household or retirement benefits accrued un-

des droits accumulés au titre d'un régime de retraite, les dispositions des sections II et III sont applicables.

430. L'un des époux peut, pendant le mariage, convenir avec son conjoint d'acquitter en partie la prestation compensatoire. Le paiement reçu doit être déduit lorsqu'il y a lieu de fixer la valeur de la prestation compensatoire.

der a retirement plan to one of the spouses or to the surviving spouse, the provisions of Sections II and III are applicable.

430. One of the spouses may, during the marriage, agree with the other spouse to make partial payment of the compensatory allowance. The payment received shall be deducted when the time comes to fix the value of the compensatory allowance.

CHAPITRE CINQUIÈME
DES RÉGIMES MATRIMONIAUX

CHAPTER V
MATRIMONIAL REGIMES

SECTION I
DISPOSITIONS GÉNÉRALES

SECTION I
GENERAL PROVISIONS

§ 1.–*Du choix du régime matrimonial*

§ 1.–*Choice of matrimonial regime*

431. Il est permis de faire, par contrat de mariage, toutes sortes de stipulations, sous réserve des dispositions impératives de la loi et de l'ordre public.

431. Any kind of stipulation may be made in a marriage contract, subject to the imperative provisions of law and public order.

432. Les époux qui, avant la célébration du mariage, n'ont pas fixé leur régime matrimonial par contrat de mariage sont soumis au régime de la société d'acquêts.

432. Spouses who, before the solemnization of their marriage, have not fixed their matrimonial regime in a marriage contract, are subject to the regime of partnership of acquests.

433. Le régime matrimonial, qu'il soit légal ou conventionnel, prend effet du jour de la célébration du mariage.

La modification du régime effectuée pendant le mariage prend effet du jour de l'acte la constatant.

On ne peut stipuler que le régime matrimonial ou sa modification prendra effet à une autre date.

433. A matrimonial regime, whether legal or conventional, takes effect on the day when the marriage is solemnized.

A change made to the matrimonial regime during the marriage takes effect on the day of the act attesting the change.

In no case may the parties stipulate that their matrimonial regime or any change to it will take effect on another date.

434. Le mineur autorisé à se marier peut, avant la célébration du mariage, consentir toutes les conventions matrimoniales permises dans un contrat de mariage, pourvu qu'il soit autorisé à cet effet par le tribunal.

434. A minor authorized to marry may, before the marriage is solemnized, make all such matrimonial agreements as the marriage contract admits of, provided he is authorized to that effect by the court.

Le titulaire de l'autorité parentale ou, le cas échéant, le tuteur doivent être appelés à donner leur avis.

Le mineur peut demander seul l'autorisation.

435. Les conventions non autorisées par le tribunal ne peuvent être attaquées que par le mineur ou les personnes qui devaient être appelées à donner leur avis; elles ne peuvent plus l'être lorsqu'il s'est écoulé une année depuis la célébration du mariage.

436. Le majeur en tutelle ou pourvu d'un conseiller ne peut passer de conventions matrimoniales sans l'assistance de son tuteur ou de son conseiller; le tuteur doit être autorisé à cet effet par le tribunal sur l'avis du conseil de tutelle.

Les conventions passées en violation du présent article ne peuvent être attaquées que par le majeur lui-même, son tuteur ou son conseiller, selon le cas; elles ne peuvent plus l'être lorsqu'il s'est écoulé une année depuis la célébration du mariage ou depuis le jour de l'acte modifiant les conventions matrimoniales.

437. Les futurs époux peuvent modifier leurs conventions matrimoniales, avant la célébration du mariage, en présence et avec le consentement de tous ceux qui ont été parties au contrat de mariage, pourvu que ces modifications soient elles-mêmes faites par contrat de mariage.

438. Les époux peuvent, pendant le mariage, modifier leur régime matrimonial, ainsi que toute stipulation de leur contrat de mariage, pourvu que ces modifications soient elles-mêmes faites par contrat de mariage.

The person having parental authority or, as the case may be, the tutor shall be summoned to give his opinion.

The minor may apply for the authorization alone.

435. Agreements not authorized by the court may be impugned only by the minor or by the persons who had to be summoned to give their opinions; no such agreement may be impugned if one year has elapsed since the marriage was solemnized.

436. No person of full age under tutorship or provided with an adviser may make matrimonial agreements without the assistance of his tutor or adviser; the tutor shall be authorized for this purpose by the court upon the advice of the tutorship council.

No agreement made in violation of this article may be impugned except by the person of full age himself, his tutor or his adviser, as the case may be, nor except in the year immediately following the solemnization of the marriage or the day of the act changing the matrimonial agreements.

437. Intended spouses may change their matrimonial agreements before the solemnization of the marriage, in the presence and with the consent of all those who were parties to the marriage contract, provided the changes themselves are made by marriage contract.

438. During marriage, spouses may change their matrimonial regime and any stipulation in their marriage contract, provided the change itself is made by marriage contract.

Les donations portées au contrat de mariage, y compris celles qui sont faites à cause de mort, peuvent être modifiées, même si elles sont stipulées irrévocables, pourvu que soit obtenu le consentement de tous les intéressés.

Gifts made in marriage contracts, including gifts *mortis causa*, may be changed even if they are stipulated as irrevocable, provided that the consent of all interested persons is obtained.

Les créanciers, s'ils en subissent préjudice, peuvent, dans le délai d'un an à compter du jour où ils ont eu connaissance des modifications apportées au contrat de mariage, les faire déclarer inopposables à leur égard.

If a creditor sustains damage as the result of a change to a marriage contract, he may, within one year of becoming aware of the change, obtain a declaration that it may not be set up against him.

439. Les enfants à naître sont représentés par les époux pour la modification ou la suppression, avant ou pendant le mariage, des donations faites en leur faveur par contrat de mariage.

439. Children to be born are represented by the spouses for the modification or cancellation, before or during the marriage, of gifts made to them by the marriage contract.

440. Les contrats de mariage doivent être faits par acte notarié en minute, à peine de nullité absolue.

440. Marriage contracts shall be established by a notarial act *en minute*, on pain of absolute nullity.

441. Le notaire qui reçoit le contrat de mariage modifiant un contrat antérieur doit, sans délai, en donner avis au dépositaire de la minute du contrat de mariage original et au dépositaire de la minute de tout contrat modifiant le régime matrimonial. Le dépositaire est tenu de faire mention du changement sur la minute et sur toute copie qu'il en délivre, en indiquant la date du contrat, le nom du notaire et le numéro de sa minute.

441. The notary receiving a marriage contract changing a previous contract shall immediately notify the depositary of the original marriage contract and the depositary of any contract changing the matrimonial regime. The depositary is bound to enter the change on the original and on any copy he may make of it, indicating the date of the contract, the name of the notary and the number of his minute.

442. Un avis de tout contrat de mariage doit être inscrit au registre des droits personnels et réels mobiliers sur la réquisition du notaire instrumentant.

442. A notice of every marriage contract shall be entered in the register of personal and movable real rights at the requisition of the receiving notary.

§ 2.–*De l'exercice des droits et pouvoirs résultant du régime matrimonial*

§ 2.–*Exercise of rights and powers arising out of the matrimonial regime*

443. Chacun des époux peut donner à l'autre mandat de le représenter dans

443. Either spouse may give a mandate to the other in order to be represented in

l'exercice des droits et pouvoirs que le régime matrimonial lui attribue.

the exercise of rights and powers granted by the matrimonial regime.

444. Le tribunal peut confier à l'un des époux le mandat d'administrer les biens de son conjoint ou les biens dont celui-ci a l'administration en vertu du régime matrimonial, lorsque le conjoint ne peut manifester sa volonté ou ne peut le faire en temps utile.

444. Where an expression of will cannot be given or cannot be given in due time by one spouse, the court may confer a mandate upon the other spouse to administer the property of that spouse or property administered by that spouse under the matrimonial regime.

Il fixe les modalités et les conditions d'exercice des pouvoirs conférés.

The court fixes the terms and conditions of exercise of the powers conferred.

445. Le tribunal peut prononcer le retrait du mandat judiciaire dès qu'il est établi qu'il n'est plus nécessaire.

445. The court may declare the judicial mandate withdrawn once it is established that it is no longer necessary.

Ce mandat cesse de plein droit dès que le conjoint est pourvu d'un tuteur ou d'un curateur.

The mandate ceases by operation of law upon the other spouse's being provided with a tutor or curator.

446. L'époux qui a eu l'administration des biens de son conjoint est comptable même des fruits et revenus qui ont été consommés avant qu'il n'ait été en demeure de rendre compte.

446. Either spouse, having administered the property of the other, is accountable even for the fruits and revenues consumed before receiving a demand to render an account.

447. Si l'un des époux a outrepassé les pouvoirs que lui attribue le régime matrimonial, l'autre, à moins qu'il n'ait ratifié l'acte, peut en demander la nullité.

447. If one spouse exceeds the powers granted by the matrimonial regime and the other has not ratified the act, the latter may apply to have it declared null.

Toutefois, en matière de meubles, chaque époux est réputé, à l'égard des tiers de bonne foi, avoir le pouvoir de passer seul les actes à titre onéreux pour lesquels le consentement du conjoint serait nécessaire.

As regards movable property, however, each spouse is deemed, in respect of third parties in good faith, to have power to enter alone into acts by onerous title for which the consent of the other spouse would be necessary.

SECTION II
DE LA SOCIÉTÉ D'ACQUÊTS

SECTION II
PARTNERSHIP OF ACQUESTS

§ 1.–*De ce qui compose la société d'acquêts*

§ 1.–*Composition of the partnership of acquests*

448. Les biens que chacun des époux possède au début du régime ou qu'il acquiert par la suite constituent des ac-

448. The property that the spouses possess individually when the regime comes into effect or that they sub-

quêts ou des propres selon les règles prévues ci-après.

449. Les acquêts de chaque époux comprennent tous les biens non déclarés propres par la loi et notamment:

1° Le produit de son travail au cours du régime;

2° Les fruits et revenus échus ou perçus au cours du régime, provenant de tous ses biens, propres ou acquêts.

450. Sont propres à chacun des époux:

1° Les biens dont il a la propriété ou la possession au début du régime;

2° Les biens qui lui échoient au cours du régime, par succession ou donation et, si le testateur ou le donateur l'a stipulé, les fruits et revenus qui en proviennent;

3° Les biens qu'il acquiert en remplacement d'un propre de même que les indemnités d'assurance qui s'y rattachent;

4° Les droits ou avantages qui lui échoient à titre de titulaire subrogé ou à titre de bénéficiaire déterminé d'un contrat ou d'un régime de retraite, d'une autre rente ou d'une assurance de personnes;

5° Ses vêtements et ses papiers personnels, ses alliances, ses décorations et ses diplômes;

6° Les instruments de travail nécessaires à sa profession, sauf récompense s'il y a lieu.

451. Est également propre, à charge de récompense, le bien acquis avec des

sequently acquire constitutes acquests or private property according to the rules that follow.

449. The acquests of each spouse include all property not declared to be private property by law, and, in particular,

(1) the proceeds of that spouse's work during the regime;

(2) the fruits and income due or collected from all that spouse's private property or acquests during the regime.

450. The private property of each spouse consists of

(1) property owned or possessed by that spouse when the regime comes into effect;

(2) property which devolves to that spouse during the regime by succession or gift, and the fruits and income derived from it if the testator or donor has so provided;

(3) property acquired by that spouse to replace private property and any insurance indemnity relating thereto;

(4) the rights or benefits devolved to that spouse as a subrogated holder or as a specified beneficiary under a contract or plan of retirement, other annuity or insurance of persons;

(5) that spouse's clothing and personal papers, wedding ring, decorations and diplomas;

(6) the instruments required for that spouse's occupation, saving compensation where applicable.

451. Property acquired with private property and acquests is also private

propres et des acquêts, si la valeur des propres employés est supérieure à la moitié du coût total d'acquisition de ce bien. Autrement, il est acquêt à charge de récompense.

La même règle s'applique à l'assurance sur la vie, de même qu'aux pensions de retraite et autres rentes. Le coût total est déterminé par l'ensemble des primes ou sommes versées, sauf dans le cas de l'assurance temporaire où il est déterminé par la dernière prime.

452. Lorsque, au cours du régime, un époux, déjà propriétaire en propre d'une partie indivise d'un bien, en acquiert une autre partie, celle-ci lui est également propre, sauf récompense s'il y a lieu.

Toutefois, si la valeur des acquêts employés pour cette acquisition est égale ou supérieure à la moitié de la valeur totale du bien dont l'époux est devenu propriétaire, ce bien devient acquêt à charge de récompense.

453. Le droit d'un époux à une pension alimentaire, à une pension d'invalidité ou à quelque autre avantage de même nature, lui reste propre, mais sont acquêts tous les avantages pécuniaires qui en proviennent et qui sont échus ou perçus au cours du régime ou qui sont payables, à son décès, à ses héritiers et ayants cause.

Aucune récompense n'est due en raison des sommes ou primes payées avec les acquêts ou les propres pour acquérir ces pensions ou autres avantages.

454. Sont également propres à l'époux le droit de réclamer des dommages-intérêts et l'indemnité reçue en réparation d'un préjudice moral ou corporel.

property, subject to compensation, if the value of the private property used is greater than one-half of the total cost of acquisition of the property. Otherwise, it is an acquest subject to compensation.

The same rule applies to life insurance, retirement pensions and other annuities. The total cost is the aggregate of the premiums or sums paid, except in term insurance where it is the amount of the latest premium.

452. Where, during the regime, a spouse who is already privately an undivided co-owner of a property acquires another part of it, this acquired part is also that spouse's private property, saving compensation where applicable.

However, if the value of the acquests used to acquire that part is equal to or greater than one-half of the total value of the property of which the spouse has become the owner, this property becomes an acquest, subject to compensation.

453. The right of a spouse to support, to a disability allowance or to any other benefit of the same nature remains the private property of that spouse; however, all pecuniary benefits derived from these are acquests, if they fall due or are collected during the regime or are payable to that spouse's heirs and successors at death.

No compensation is due by reason of any amount or premium paid with the acquests or the private property to acquire the support, allowance or other benefits.

454. The right to claim damages and the compensation received for moral or corporal injury are also the private property of the spouse.

La même règle s'applique au droit et à l'indemnité découlant d'un contrat d'assurance ou de tout autre régime d'indemnisation, mais aucune récompense n'est due en raison des primes ou sommes payées avec les acquêts.

455. Le bien acquis à titre d'accessoire ou d'annexe d'un bien propre ainsi que les constructions, ouvrages ou plantations faits sur un immeuble propre restent propres, sauf récompense s'il y a lieu.

Cependant, si c'est avec les acquêts qu'a été acquis l'accessoire ou l'annexe, ou qu'ont été faits les constructions, ouvrages ou plantations et que leur valeur est égale ou supérieure à celle du bien propre, le tout devient acquêt à charge de récompense.

456. Les valeurs mobilières acquises par suite de la déclaration de dividendes sur des valeurs propres à l'un des époux lui restent propres, sauf récompense.

Les valeurs mobilières acquises par suite de l'exercice d'un droit de souscription ou de préemption ou autre droit semblable que confèrent des valeurs propres à l'un des époux lui restent également propres, sauf récompense s'il y a lieu.

Les primes de rachat ou de remboursement anticipé de valeurs mobilières propres à l'un des époux lui restent propres sans récompense.

457. Sont propres, à charge de récompense, les revenus provenant de l'exploitation d'une entreprise propre à l'un des époux, s'ils sont investis dans l'entreprise.

The same rule applies to the right and the compensation arising from an insurance contract or any other indemnification scheme, but no compensation is payable in respect of the premiums or amounts paid with the acquests.

455. Property acquired as an accessory of or an annex to private property, and any construction, work or plantation on or in an immovable which is private property, remain private, saving compensation, if need be.

However, if the accessory or annex was acquired, or the construction, work or plantation made, from acquests, and if its value is equal to or greater than that of the private property, the whole becomes an acquest subject to compensation.

456. Securities acquired by the effect of a declaration of dividends on securities that are the private property of either spouse remain that spouse's private property, saving compensation.

Securities acquired by the effect of the exercise of a subscription right, a pre-emptive right or any other similar right conferred on either spouse by securities that are that spouse's private property likewise remain so, saving compensation, if need be.

Redemption premiums and prepaid premiums on securities that are the private property of either spouse remain that spouse's private property without compensation.

457. Income derived from the operation of an enterprise that is the private property of either spouse remains that spouse's private property, subject to compensation, if it is reinvested in the enterprise.

Toutefois, aucune récompense n'est due si l'investissement était nécessaire pour maintenir les revenus de cette entreprise.

458. Les droits de propriété intellectuelle et industrielle sont propres, mais sont acquêts tous les fruits et revenus qui en proviennent et qui sont perçus ou échus au cours du régime.

459. Tout bien est présumé acquêt, tant entre les époux qu'à l'égard des tiers, à moins qu'il ne soit établi qu'il est un propre.

460. Le bien qu'un époux ne peut prouver lui être exclusivement propre ou acquêt est présumé appartenir aux deux indivisément, à chacun pour moitié.

§ 2.–*De l'administration des biens et de la responsabilité des dettes*

461. Chaque époux a l'administration, la jouissance et la libre disposition de ses biens propres et de ses acquêts.

462. Un époux ne peut cependant, sans le consentement de son conjoint, disposer de ses acquêts entre vifs à titre gratuit, si ce n'est de biens de peu de valeur ou de cadeaux d'usage.

Toutefois, il peut être autorisé par le tribunal à passer seul un tel acte, si le consentement ne peut être obtenu pour quelque cause que ce soit ou si le refus n'est pas justifié par l'intérêt de la famille.

463. La restriction au droit de disposer ne limite pas le droit d'un époux de désigner un tiers comme bénéficiaire ou titulaire subrogé d'une assurance de personnes, d'une pension de retraite ou autre rente, sous réserve de l'applica-

No compensation is due, however, if the investment was necessary in order to maintain the income of the enterprise.

458. Intellectual and industrial property rights are private property, but all fruits and income arising from them and collected or fallen due during the regime are acquests.

459. All property is presumed to constitute an acquest, both between the spouses and with respect to third persons, unless it is established that it is private property.

460. Any property that a spouse is unable to prove to be an exclusively private property or acquest is presumed to be held by both spouses in undivided co-ownership, one-half by each.

§ 2.–*Administration of property and liability for debts*

461. Each spouse has the administration, enjoyment and free disposal of his or her private property and acquests.

462. Neither spouse may, however, without the consent of the other, dispose of acquests *inter vivos* by gratuitous title, with the exception of property of small value or customary presents.

A spouse may be authorized by the court to enter into the act alone, however, if consent cannot be obtained for any reason or if refusal is not justified in the interest of the family.

463. The restriction to the right to dispose of acquests does not limit the right of either spouse to designate a third person as a beneficiary or subrogated holder of an insurance of persons, a retirement pension or any other annuity,

tion des règles relatives au patrimoine familial.

Aucune récompense n'est due en raison des sommes ou primes payées avec les acquêts si la désignation est en faveur du conjoint ou des enfants de l'époux ou du conjoint.

464. Chacun des époux est tenu, tant sur ses biens propres que sur ses acquêts, des dettes nées de son chef avant ou pendant le mariage.

Il n'est pas tenu, pendant la durée du régime, des dettes nées du chef de son conjoint, sous réserve des dispositions des articles 397 et 398.

§ 3.–*De la dissolution et de la liquidation du régime*

465. Le régime de société d'acquêts se dissout:

1° Par le décès de l'un des époux;

2° Par le changement conventionnel de régime pendant le mariage;

3° Par le jugement qui prononce le divorce, la séparation de corps ou la séparation de biens;

4° Par l'absence de l'un des époux dans les cas prévus par la loi;

5° Par la nullité du mariage si celui-ci produit néanmoins des effets.

Les effets de la dissolution se produisent immédiatement, sauf dans les cas des paragraphes 3° et 5°, où ils remontent, entre les époux, au jour de la demande.

466. Dans tous les cas de dissolution du régime, le tribunal peut, à la demande de l'un ou l'autre des époux ou de leurs ayants cause, décider que,

subject to the application of the rules respecting the family patrimony.

No compensation is due by reason of the sums or premiums paid with the acquests if the designation is in favour of the other spouse or of the children of either spouse.

464. The spouses, individually, are liable on both their private property and their acquests for all debts incurred by them before or during the marriage.

While the regime lasts, neither spouse is liable for the debts incurred by the other, subject to articles 397 and 398.

§ 3.–*Dissolution and liquidation of the regime*

465. The regime of partnership of acquests is dissolved by

(1) the death of one of the spouses;

(2) a conventional change of regime during the marriage;

(3) a judgment of divorce, separation from bed and board, or separation as to property;

(4) the absence of one of the spouses in the cases provided for by law;

(5) the nullity of the marriage if, nevertheless, the marriage produces effects.

The effects of the dissolution are produced immediately, except in the cases of subparagraphs 3 and 5, where they are retroactive, between the spouses, to the day of the application.

466. In any case of dissolution of a regime, the court may, upon the application of either spouse or of the latter's successors, decide that, in the mutual

dans les rapports mutuels des conjoints, les effets de la dissolution remonteront à la date où ils ont cessé de faire vie commune.

467. Après la dissolution du régime, chaque époux conserve ses biens propres.

Il a la faculté d'accepter le partage des acquêts de son conjoint ou d'y renoncer, nonobstant toute convention contraire.

468. L'acceptation peut être expresse ou tacite.

L'époux qui s'est immiscé dans la gestion des acquêts de son conjoint postérieurement à la dissolution du régime ne peut recevoir la part des acquêts de son conjoint qui lui revient que si ce dernier a lui-même accepté le partage des acquêts de celui qui s'est immiscé.

Les actes de simple administration n'emportent point immixtion.

469. La renonciation doit être faite par acte notarié en minute ou par déclaration judiciaire dont il est donné acte.

La renonciation doit être inscrite au registre des droits personnels et réels mobiliers; à défaut d'inscription dans un délai d'un an à compter du jour de la dissolution, l'époux est réputé avoir accepté.

470. Si l'époux renonce, la part à laquelle il aurait eu droit dans les acquêts de son conjoint reste acquise à ce dernier.

Toutefois, les créanciers de l'époux qui renonce au préjudice de leurs droits peuvent demander au tribunal de déclarer que la renonciation leur est inopposable et accepter la part des acquêts

relations of the spouses, the effects of the dissolution are retroactive to the date when they ceased to live together.

467. Each spouse retains his or her private property after the regime is dissolved.

One spouse may accept or renounce the partition of the other spouse's acquests, notwithstanding any agreement to the contrary.

468. Acceptance may be either express or tacit.

No spouse who has interfered in the management of the acquests of the other spouse after the regime is dissolved may receive the share of the acquests of the other spouse to which he or she is entitled unless the other spouse has accepted the partition of the acquests of the spouse who interfered.

Acts of simple administration do not constitute interference.

469. Renunciation shall be made by notarial act *en minute* or by a judicial declaration which is recorded.

Renunciation shall be entered in the register of personal and movable real rights; failing entry within one year from the date of the dissolution, the spouse is deemed to have accepted.

470. If either spouse renounces partition, the share of the other's acquests to which he or she would have been entitled remains vested in the other.

However, the creditors of the spouse who renounces partition to the prejudice of their rights may apply to the court for a declaration that the renunciation may not be set up against them, and accept

du conjoint de leur débiteur au lieu et place de ce dernier.

Dans ce cas, leur acceptation n'a d'effet qu'en leur faveur et à concurrence seulement de leurs créances; elle ne vaut pas au profit de l'époux renonçant.

471. Un époux est privé de sa part dans les acquêts de son conjoint s'il a diverti ou recelé des acquêts, s'il a dilapidé ses acquêts ou s'il les a administrés de mauvaise foi.

472. L'acceptation ou la renonciation est irrévocable. Toutefois, la renonciation peut être annulée pour cause de lésion ou pour toute autre cause de nullité des contrats.

473. Lorsque le régime est dissous par décès et que le conjoint survivant a accepté le partage des acquêts de l'époux décédé, les héritiers de l'époux décédé ont la faculté d'accepter le partage des acquêts du conjoint survivant ou d'y renoncer et, à l'exception des attributions préférentielles dont seul peut bénéficier le conjoint survivant, les dispositions sur la dissolution et la liquidation du régime leur sont applicables.

Si, parmi les héritiers, l'un accepte et les autres renoncent, celui qui accepte ne peut prendre que la portion d'acquêts qu'il aurait eue si tous avaient accepté.

La renonciation du conjoint survivant est opposable aux créanciers de l'époux décédé.

474. Lorsqu'un époux décède alors qu'il était encore en droit de renoncer, ses héritiers ont, à compter du décès, un nouveau délai d'un an pour faire inscrire leur renonciation.

the share of the acquests of their debtor's spouse in his or her place and stead.

In that case, their acceptance has effect only in their favour and only to the extent of the amount of their claims; it is not valid in favour of the renouncing spouse.

471. A spouse who has misappropriated or concealed acquests, wasted acquests or administered them in bad faith forfeits his or her share of the acquests of the other spouse.

472. Acceptance and renunciation are irrevocable. Renunciation may be annulled, however, by reason of lesion or any other cause of nullity of contracts.

473. When the regime is dissolved by death and the surviving spouse has accepted the partition of the acquests of the deceased spouse, the heirs of the deceased spouse may accept or renounce the partition of the surviving spouse's acquests, and, excepting preferential awards which only the surviving spouse is entitled to receive, the provisions on the dissolution and liquidation of the regime apply to them.

If one of the heirs accepts partition and the others renounce it, the heir who accepts may not take more than the portion of the acquests that he would have had if all had accepted.

Renunciation by the surviving spouse may be set up against the creditors of the deceased spouse.

474. When a spouse dies while still entitled to renounce partition, the heirs have a further period of one year from the date of death in which to have their renunciation entered.

475. Sur acceptation du partage des acquêts du conjoint, on forme d'abord deux masses des biens de ce dernier, l'une constituée des propres, l'autre des acquêts.

On dresse ensuite un compte des récompenses dues par la masse des propres à la masse des acquêts de ce conjoint et réciproquement.

La récompense est égale à l'enrichissement dont une masse a bénéficié au détriment de l'autre.

476. Les biens susceptibles de récompense s'estiment d'après leur état au jour de la dissolution du régime et d'après leur valeur au temps de la liquidation.

L'enrichissement est évalué au jour de la dissolution du régime; toutefois, lorsque le bien acquis ou amélioré a été aliéné au cours du régime, l'enrichissement est évalué au jour de l'aliénation.

477. Aucune récompense n'est due en raison des impenses nécessaires ou utiles à l'entretien ou à la conservation des biens.

478. Les dettes contractées au profit des propres et non acquittées donnent lieu à récompense comme si elles avaient déjà été payées avec les acquêts.

479. Le paiement, avec les acquêts, d'une amende imposée en vertu de la loi donne lieu à récompense.

480. Si le compte accuse un solde en faveur de la masse des acquêts, l'époux titulaire du patrimoine en fait rapport à cette masse partageable, soit en moins prenant, soit en valeur, soit avec des propres.

475. When the partition of a spouse's acquests is accepted, the property of the patrimony of that spouse is first divided into two masses, one comprising the private property and the other the acquests.

A statement is then prepared of the compensation owed by the mass of private property to the mass of the spouse's acquests, and *vice versa*.

The compensation is equal to the enrichment enjoyed by one mass to the detriment of the other.

476. Property susceptible of compensation is estimated according to its condition at the time of dissolution of the regime and to its value at the time of liquidation.

The enrichment is valued as on the day the regime is dissolved; however, when the property acquired or improved was alienated during the regime, the enrichment is valued as on the day of the alienation.

477. No compensation is due by reason of expenses necessary or useful for the maintenance or preservation of the property.

478. Unpaid debts incurred for the benefit of the private property give rise to compensation as if they had already been paid with the acquests.

479. Payment with the acquests of any fine imposed by law gives rise to compensation.

480. If the statement shows a balance in favour of the mass of acquests, the spouse who holds the patrimony makes a return to that mass for partition, either by taking less, or in value, or with his or her private property.

S'il accuse un solde en faveur de la masse des propres, l'époux prélève parmi ses acquêts des biens jusqu'à concurrence de la somme due.

481. Le règlement des récompenses effectué, on établit la valeur nette de la masse des acquêts et cette valeur est partagée, par moitié, entre les époux. L'époux titulaire du patrimoine peut payer à son conjoint la part qui lui revient en numéraire ou par dation en paiement.

482. Si la dissolution du régime résulte du décès ou de l'absence de l'époux titulaire du patrimoine, son conjoint peut exiger qu'on lui donne en paiement, moyennant, s'il y a lieu, une soulte payable au comptant ou par versements, la résidence familiale et les meubles qui servent à l'usage du ménage ou tout autre bien à caractère familial pour autant qu'ils fussent des acquêts ou des biens faisant partie du patrimoine familial.

À défaut d'accord sur le paiement de la soulte, le tribunal en fixe les modalités de garantie et de paiement.

483. Si les parties ne s'entendent pas sur l'estimation des biens, celle-ci est faite par des experts que désignent les parties ou, à défaut, le tribunal.

484. La dissolution du régime ne peut préjudicier, avant le partage, aux droits des créanciers antérieurs sur l'intégralité du patrimoine de leur débiteur.

Après le partage, les créanciers antérieurs peuvent uniquement poursuivre le paiement de leur créance contre l'époux débiteur, à moins qu'il n'ait pas été tenu compte de cette créance lors du partage. En ce cas, ils peuvent, après

If the statement shows a balance in favour of the mass of private property, the spouse removes assets from his or her acquests up to the amount owed.

481. Once the settlement of compensation has been effected, the net value of the mass of acquests is established and evenly divided between the spouses. The spouse who holds the patrimony may pay the portion due to the other spouse by paying him or her in money or by giving in payment.

482. If the dissolution of the regime results from the death or absence of the spouse who holds the patrimony, the other spouse may require to be given in payment, on condition of payment of any balance, in cash or by instalments, the family residence and the movable property serving for the use of the household or any other family property to the extent that they were acquests or property forming part or the family patrimony.

If there is no agreement on the payment of the balance, the court fixes the terms and conditions of guarantee and payment.

483. If the parties do not agree on the valuation of the property, it is valued by experts designated by the parties or, failing them, the court.

484. Dissolution of the regime does not prejudice the rights, before the partition, of former creditors against the whole of their debtor's patrimony.

After the partition, former creditors may only pursue payment of their claims against the debtor spouse. However, if the claims were not taken into account when the partition was made, they may, after discussion of the property of their

avoir discuté les biens de leur débiteur, poursuivre le conjoint. Chaque époux conserve alors un recours contre son conjoint pour les sommes auxquelles il aurait eu droit si la créance avait été payée avant le partage.

Le conjoint de l'époux débiteur ne peut, en aucun cas, être appelé à payer une somme supérieure à la part des acquêts qu'il a reçue de son conjoint.

debtor, pursue the other spouse. Each spouse then preserves a remedy against the other for the amounts he or she would have been entitled to if the claims had been paid before the partition.

In no case may the spouse of the debtor spouse be called upon to pay a greater amount than the portion of the acquests he or she received from the latter.

SECTION III
DE LA SÉPARATION DE BIENS

§ 1.–De la séparation conventionnelle de biens

485. Le régime de séparation conventionnelle de biens s'établit par la simple déclaration faite à cet effet dans le contrat de mariage.

486. En régime de séparation de biens, chaque époux a l'administration, la jouissance et la libre disposition de tous ses biens.

487. Le bien sur lequel aucun des époux ne peut justifier de son droit exclusif de propriété est présumé appartenir aux deux indivisément, à chacun pour moitié.

§ 2.–De la séparation judiciaire de biens

488. La séparation de biens peut être poursuivie par l'un ou l'autre des époux lorsque l'application des règles du régime matrimonial se révèle contraire à ses intérêts ou à ceux de la famille.

489. La séparation de biens prononcée en justice emporte dissolution du régime matrimonial et place les époux dans la situation de ceux qui sont conventionnellement séparés de biens.

SECTION III
SEPARATION AS TO PROPERTY

§ 1.–Conventional separation as to property

485. The regime of conventional separation as to property is established by a simple declaration to this effect in the marriage contract.

486. Under the regime of separation as to property, the spouses, individually, have the administration, enjoyment and free disposal of all their property.

487. Property over which the spouses are unable to establish their exclusive right of ownership is presumed to be held by both in undivided co-ownership, one-half by each.

§ 2.–Judicial separation as to property

488. Either spouse may obtain separation as to property when the application of the rules of the matrimonial regime appears to be contrary to the interests of that spouse or of the family.

489. Separation as to property judicially obtained entails dissolution of the matrimonial regime and puts the spouses in the situation of those who are conventionally separate as to property.

Entre les époux, les effets de la séparation remontent au jour de la demande, à moins que le tribunal ne les fasse remonter à la date où les époux ont cessé de faire vie commune.

490. Les créanciers des époux ne peuvent demander la séparation de biens, mais ils peuvent intervenir dans l'instance.

Ils peuvent aussi se pourvoir contre la séparation de biens prononcée ou exécutée en fraude de leurs droits.

491. La dissolution du régime matrimonial opérée par la séparation de biens ne donne pas ouverture aux droits de survie, sauf stipulation contraire dans le contrat de mariage.

SECTION IV
DES RÉGIMES COMMUNAUTAIRES

492. Lorsque les époux optent pour un régime matrimonial communautaire et qu'il est nécessaire de suppléer aux dispositions de la convention, on doit se référer aux règles de la société d'acquêts, compte tenu des adaptations nécessaires.

Les époux mariés sous l'ancien régime de communauté légale peuvent invoquer les règles de dissolution et de liquidation du régime de la société d'acquêts lorsqu'elles ne sont pas incompatibles avec les règles de leur régime matrimonial.

CHAPITRE SIXIÈME
DE LA SÉPARATION DE CORPS

SECTION I
DES CAUSES DE LA SÉPARATION DE CORPS

493. La séparation de corps est prononcée lorsque la volonté de vie commune est gravement atteinte.

Between spouses, the effects of the separation are retroactive to the day of the application unless the court makes them retroactive to the date on which the spouses ceased to live together.

490. Creditors of the spouses may not apply for separation as to property, but may intervene in the action.

They may also institute proceedings against separation as to property pronounced or executed in fraud of their rights.

491. Dissolution of the matrimonial regime effected by separation as to property does not give rise to the rights of survivorship, unless otherwise stipulated in the marriage contract.

SECTION IV
COMMUNITY REGIMES

492. Where the spouses elect for a community matrimonial regime and it is necessary to supplement the provisions of the agreement, reference shall be made to the rules respecting partnership of acquests, adapted as required.

Spouses married under the former regime of legal community may invoke the rules of dissolution and liquidation of the regime of partnership of acquests where these are not inconsistent with their matrimonial regime.

CHAPTER VI
SEPARATION FROM BED AND BOARD

SECTION I
GROUNDS FOR SEPARATION FROM BED AND BOARD

493. Separation from bed and board is granted when the will to live together is gravely undermined.

494. Il en est ainsi notamment:

1° Lorsque les époux ou l'un d'eux rapportent la preuve d'un ensemble de faits rendant difficilement tolérable le maintien de la vie commune;

2° Lorsqu'au moment de la demande, les époux vivent séparés l'un de l'autre;

3° Lorsque l'un des époux a manqué gravement à une obligation du mariage, sans toutefois que cet époux puisse invoquer son propre manquement.

495. Les époux qui soumettent à l'approbation du tribunal un projet d'accord qui règle les conséquences de leur séparation de corps peuvent la demander sans avoir à en faire connaître la cause.

Le tribunal prononce alors la séparation, s'il considère que le consentement des époux est réel et que l'accord préserve suffisamment les intérêts de chacun d'eux et des enfants.

SECTION II
DE L'INSTANCE EN SÉPARATION DE CORPS

§ 1.–*Disposition générale*

496. À tout moment de l'instance en séparation de corps, il entre dans la mission du tribunal de conseiller les époux, de favoriser leur conciliation et de veiller aux intérêts des enfants et au respect de leurs droits.

§ 2.–*De la demande et de la preuve*

497. La demande en séparation de corps peut être présentée par les époux ou l'un d'eux.

498. La preuve que le maintien de la vie commune est difficilement tolérable

494. The will to live together is gravely undermined particularly

(1) where proof of an accumulation of facts that make further living together hardly tolerable is adduced by the spouses or either of them;

(2) where, at the time of the application, the spouses are living apart;

(3) where either spouse has seriously failed to perform an obligation resulting from the marriage; however, the spouse may not invoke his or her own failure.

495. If the spouses submit to the approval of the court a draft agreement settling the consequences of their separation from bed and board, they may apply for separation without disclosing the ground.

The court then grants the separation if it is satisfied that the spouses truly consent and that the agreement sufficiently preserves the interests of each of them and of the children.

SECTION II
PROCEEDINGS FOR SEPARATION FROM BED AND BOARD

§ 1.–*General provision*

496. It comes within the role of the court to counsel and to foster the conciliation of the spouses, and to see to the interests of the children and the respect of their rights, at all stages of the proceedings for separation from bed and board.

§ 2.–*Application and proof*

497. An application for separation from bed and board may be presented by both spouses or either of them.

498. Proof that further living together is hardly tolerable for the spouses may re-

peut résulter du témoignage d'une partie, mais le tribunal peut exiger une preuve additionnelle.

§ 3.–*Des mesures provisoires*

499. La demande de séparation de corps délie les époux de l'obligation de faire vie commune.

500. Le tribunal peut ordonner à l'un des époux de quitter la résidence familiale pendant l'instance.

Il peut aussi autoriser l'un d'eux à conserver provisoirement des biens meubles qui jusque-là servaient à l'usage commun.

501. Le tribunal peut statuer sur la garde et l'éducation des enfants.

Il fixe la contribution de chacun des époux à leur entretien pendant l'instance.

502. Le tribunal peut ordonner à l'un des époux de verser à l'autre une pension alimentaire et une provision pour les frais de l'instance.

503. Les mesures provisoires sont sujettes à révision lorsqu'un fait nouveau le justifie.

§ 4.–*Des ajournements et de la réconciliation*

504. Le tribunal peut ajourner l'instruction de la demande en séparation de corps, s'il croit que l'ajournement peut favoriser la réconciliation des époux ou éviter un préjudice sérieux à l'un des conjoints ou à l'un de leurs enfants.

Il peut aussi le faire s'il estime que les époux peuvent régler à l'amiable les conséquences de leur séparation de corps et conclure, à ce sujet, des accords que le tribunal pourra prendre en considération.

sult from the admission of one party but the court may require additional evidence.

§ 3.–*Provisional measures*

499. An application for separation from bed and board releases the spouses from the obligation to live together.

500. The court may order either spouse to leave the family residence during the proceedings.

It may also authorize either spouse to retain temporarily certain movable property which until that time had served for common use.

501. The court may decide as to the custody and education of the children.

It fixes the contribution payable by each spouse to the maintenance of the children during the proceedings.

502. The court may order either spouse to pay support to the other, and a provisional sum to cover the costs of the proceedings.

503. Provisional measures may be reviewed whenever warranted by any new fact.

§ 4.–*Adjournments and reconciliation*

504. The court may adjourn the hearing of the application for separation from bed and board if it considers that adjournment can foster the reconciliation of the spouses or avoid serious prejudice to either spouse or to any of their children.

The court may also adjourn the hearing if it considers that the spouses are able to settle the consequences of their separation from bed and board and to make agreements in that respect which the court will be able to take into account.

505. La réconciliation des époux survenue depuis la demande met fin à l'instance.

Chacun des époux peut néanmoins présenter une nouvelle demande pour cause survenue depuis la réconciliation et alors faire usage des anciennes causes pour appuyer sa demande.

506. La seule reprise de la cohabitation pendant moins de quatre-vingt-dix jours ne fait pas présumer la réconciliation.

SECTION III
DES EFFETS DE LA SÉPARATION DE CORPS ENTRE LES ÉPOUX

507. La séparation de corps délie les époux de l'obligation de faire vie commune; elle ne rompt pas le lien du mariage.

508. La séparation de corps emporte séparation de biens, s'il y a lieu.

Entre les époux, les effets de la séparation de biens remontent au jour de la demande en séparation de corps, à moins que le tribunal ne les fasse remonter à la date où les époux ont cessé de faire vie commune.

509. La séparation de corps ne donne pas immédiatement ouverture aux droits de survie, sauf stipulation contraire dans le contrat de mariage.

510. La séparation de corps ne rend pas caduques les donations consenties aux époux en considération du mariage.

Toutefois, le tribunal peut, au moment où il prononce la séparation, les déclarer caduques ou les réduire, ou

505. Reconciliation between the spouses occurring after the application is presented terminates the proceedings.

Either spouse may nevertheless present a new application on any ground arising after the reconciliation and, in that case, may invoke the previous grounds in support of the application.

506. Resumption of cohabitation for less than ninety days does not by itself create a presumption of reconciliation.

SECTION III
EFFECTS BETWEEN SPOUSES OF SEPARATION FROM BED AND BOARD

507. Separation from bed and board releases the spouses from the obligation to live together; it does not break the bond of marriage.

508. Separation from bed and board carries with it separation as to property, where applicable.

Between spouses, the effects of separation as to property are produced from the day of the application for separation from bed and board, unless the court makes them retroactive to the date on which the spouses ceased to live together.

509. Separation from bed and board does not immediately give rise to rights of survivorship, unless otherwise stipulated in the marriage contract.

510. Separation from bed and board does not entail the lapse of gifts made to the spouses in consideration of marriage.

However, the court, when granting a separation, may declare the gifts lapsed or reduce them, or order the payment of

ordonner que le paiement des donations entre vifs soit différé pour un temps qu'il détermine, en tenant compte des circonstances dans lesquelles se trouvent les parties.

511. Au moment où il prononce la séparation de corps ou postérieurement, le tribunal peut ordonner à l'un des époux de verser des aliments à l'autre.

512. Dans les décisions relatives aux effets de la séparation de corps à l'égard des époux, le tribunal tient compte des circonstances dans lesquelles ils se trouvent; il prend en considération, entre autres, leurs besoins et leurs facultés, les accords qu'ils ont conclus entre eux, leur âge et leurs état de santé, leur obligations familiales, leurs possibilités d'emploi, leur situation patrimoniale existante et prévisible, en évaluant tant leur capital que leurs revenus et, s'il y a lieu, le temps nécessaire au créancier pour acquérir une autonomie suffisante.

SECTION IV
DES EFFETS DE LA SÉPARATION DE CORPS À L'ÉGARD DES ENFANTS

513. La séparation de corps ne prive pas les enfants des avantages qui leur sont assurés par la loi ou par le contrat de mariage.

Elle laisse subsister les droits et les devoirs des père et mère à l'égard de leurs enfants.

514. Au moment où il prononce la séparation de corps ou postérieurement, le tribunal statue sur la garde, l'entretien et l'éducation des enfants, dans l'intérêt de ceux-ci et le respect de leurs droits, en tenant compte, s'il y a lieu, des accords conclus entre les époux.

gifts *inter vivos* deferred for such time as it may fix, taking the circumstances of the parties into account.

511. The court, when granting a separation from bed and board or subsequently, may order either spouse to pay support to the other.

512. In any decision relating to the effects of separation from bed and board in respect of the spouses, the court takes their circumstances into account; it considers, among other things, their needs and means, the agreements made between them, their age and state of health, their family obligations, their chances of finding employment, their existing and foreseeable patrimonial situation, evaluating both their capital and their income, and, as the case may be, the time needed by the creditor of support to acquire sufficient autonomy.

SECTION IV
EFFECTS OF SEPARATION FROM BED AND BOARD ON CHILDREN

513. Separation from bed and board does not deprive the children of the advantages secured to them by law or by the marriage contract.

The rights and duties of fathers and mothers towards their children are unaffected by separation from bed and board.

514. The court, in granting separation from bed and board or subsequently, decides as to the custody, maintenance and education of the children, in their interest and in the respect of their rights, taking into account the agreements made between the spouses, where such is the case.

SECTION V
DE LA FIN DE LA SÉPARATION DE CORPS

515. La reprise volontaire de la vie commune met fin à la séparation de corps.

La séparation de biens subsiste, sauf si les époux choisissent, par contrat de mariage, un régime matrimonial différent.

CHAPITRE SEPTIÈME
DE LA DISSOLUTION DU MARIAGE

SECTION I
DISPOSITIONS GÉNÉRALES

516. Le mariage se dissout par le décès de l'un des conjoints ou par le divorce.

517. Le divorce est prononcé conformément à la loi canadienne sur le divorce. Les règles relatives à l'instance en séparation de corps édictées par le présent code et les règles du Code de procédure civile s'appliquent à ces demandes dans la mesure où elles sont compatibles avec la loi canadienne.

SECTION II
DES EFFETS DU DIVORCE

518. Le divorce emporte la dissolution du régime matrimonial.

Les effets de la dissolution du régime remontent, entre les époux, au jour de la demande, à moins que le tribunal ne les fasse remonter à la date où les époux ont cessé de faire vie commune.

519. Le divorce rend caduques les donations à cause de mort qu'un époux a consenties à l'autre en considération du mariage.

520. Le divorce ne rend pas caduques les autres donations à cause de mort ni

SECTION V
END OF SEPARATION FROM BED AND BOARD

515. Separation from bed and board is terminated upon the spouses' voluntarily resuming living together.

Separation as to property remains unless the spouses elect another matrimonial regime by marriage contract.

CHAPTER VII
DISSOLUTION OF MARRIAGE

SECTION I
GENERAL PROVISIONS

516. Marriage is dissolved by the death of either spouse or by divorce.

517. Divorce is granted in accordance with the Divorce Act of Canada. The rules governing proceedings for separation from bed and board enacted by this Code and the rules of the Code of Civil Procedure apply to such applications to the extent that they are consistent with the Divorce Act of Canada.

SECTION II
EFFECTS OF DIVORCE

518. Divorce carries with it the dissolution of the matrimonial regime.

The effects of the dissolution of the regime are produced between the spouses from the day the application is presented, unless the court makes them retroactive to the date on which the spouses ceased to live together.

519. Divorce entails the lapse of gifts *mortis causa* made by one spouse to the other in consideration of marriage.

520. Divorce does not entail the lapse of other gifts *mortis causa* or gifts *inter vi-*

les donations entre vifs consenties aux époux en considération du mariage.

Toutefois, le tribunal peut, au moment où il prononce le divorce, les déclarer caduques ou les réduire, ou ordonner que le paiement des donations entre vifs soit différé pour un temps qu'il détermine.

521. À l'égard des enfants, le divorce produit les mêmes effets que la séparation de corps.

TITRE DEUXIÈME
DE LA FILIATION

DISPOSITION GÉNÉRALE

522. Tous les enfants dont la filiation est établie ont les mêmes droits et les mêmes obligations, quelles que soient les circonstances de leur naissance.

CHAPITRE PREMIER
DE LA FILIATION PAR LE SANG

SECTION I
DES PREUVES DE LA FILIATION

§ 1.–*Du titre et de la possession d'état*

523. La filiation tant paternelle que maternelle se prouve par l'acte de naissance, quelles que soient les circonstances de la naissance de l'enfant.

À défaut de ce titre, la possession constante d'état suffit.

524. La possession constante d'état s'établit par une réunion suffisante de faits qui indiquent les rapports de filiation entre l'enfant et les personnes dont on le dit issu.

§ 2.–*De la présomption de paternité*

525. L'enfant né pendant le mariage ou dans les trois cents jours après sa dis-

vos made to the spouses in consideration of marriage.

The court may, however, when granting a divorce, declare such gifts lapsed or reduce them, or order the payment of gifts *inter vivos* deferred for such time as it may fix.

521. Divorce has the same effects in respect of children as separation from bed and board.

TITLE TWO
FILIATION

GENERAL PROVISION

522. All children whose filiation is established have the same rights and obligations, regardless of their circumstances of birth.

CHAPTER I
FILIATION BY BLOOD

SECTION I
PROOF OF FILIATION

§ 1.–*Title and possession of status*

523. Paternal filiation and maternal filiation are proved by the act of birth, regardless of the circumstances of the child's birth.

In the absence of an act of birth, uninterrupted possession of status is sufficient.

524. Uninterrupted possession of status is established by an adequate combination of facts which indicate the relationship of filiation between the child and the persons of whom he is said to be born.

§ 2.–*Presumption of paternity*

525. If a child is born during a marriage, or within three hundred days after the

solution ou son annulation est présumé avoir pour père le mari de sa mère.

Cette présomption de paternité du mari est écartée lorsque l'enfant naît plus de trois cents jours après le jugement prononçant la séparation de corps, sauf s'il y a eu reprise volontaire de la vie commune avant la naissance.

Lorsque l'enfant est né dans les trois cents jours de la dissolution ou de l'annulation du mariage, mais après le remariage de sa mère, le mari de celle-ci, lors de la naissance, est présumé être le père de l'enfant.

§ 3.–De la reconnaissance volontaire

526. Si la maternité ou la paternité ne peut être déterminée par application des articles qui précèdent, la filiation de l'enfant peut aussi être établie par reconnaissance volontaire.

527. La reconnaissance de maternité résulte de la déclaration faite par une femme qu'elle est la mère de l'enfant.

La reconnaissance de paternité résulte de la déclaration faite par un homme qu'il est le père de l'enfant.

528. La seule reconnaissance de maternité ou de paternité ne lie que son auteur.

529. On ne peut contredire par la seule reconnaissance de maternité ou de paternité une filiation déjà établie et non infirmée en justice.

SECTION II
DES ACTIONS RELATIVES À LA FILIATION

530. Nul ne peut réclamer une filiation contraire à celle que lui donnent son

dissolution or annulment of the marriage, the husband of the child's mother is presumed to be the father.

The presumption of the husband's paternity is rebutted if the child is born more than three hundred days after the judgment ordering separation from bed and board, unless the spouses have voluntarily resumed living together before the birth.

If a child is born within three hundred days after the dissolution or annulment of a marriage but after his mother has remarried, her husband at the time of the birth is presumed to be the father of the child.

§ 3.–Voluntary acknowledgement

526. If maternity or paternity cannot be determined by applying the preceding articles, the filiation of a child may also be established by voluntary acknowledgement.

527. Maternity is acknowledged by a declaration made by a woman that she is the mother of the child.

Paternity is acknowledged by a declaration made by a man that he is the father of the child.

528. Mere acknowledgement of maternity or of paternity binds only the person who made it.

529. An established filiation which has not been successfully contested in court is not impugnable by a mere acknowledgement of maternity or of paternity.

SECTION II
ACTIONS RELATING TO FILIATION

530. No person may claim a filiation contrary to that assigned to him by his act of

acte de naissance et la possession d'état conforme à ce titre.

Nul ne peut contester l'état de celui qui a une possession d'état conforme à son acte de naissance.

531. Toute personne intéressée, y compris le père ou la mère, peut contester par tous moyens la filiation de celui qui n'a pas une possession d'état conforme à son acte de naissance.

Toutefois, le père présumé ne peut contester la filiation et désavouer l'enfant que dans un délai d'un an à compter du jour où la présomption de paternité prend effet, à moins qu'il n'ait pas eu connaissance de la naissance, auquel cas le délai commence à courir du jour de cette connaissance. La mère peut contester la paternité du père présumé dans l'année qui suit la naissance de l'enfant.

532. L'enfant dont la filiation n'est pas établie par un titre et une possession d'état conforme peut réclamer sa filiation en justice. Pareillement, les père et mère peuvent réclamer la paternité ou la maternité d'un enfant dont la filiation n'est pas établie à leur égard par un titre et une possession d'état conforme.

Si l'enfant a déjà une autre filiation établie soit par un titre, soit par la possession d'état, soit par l'effet de la présomption de paternité, l'action en réclamation d'état ne peut être exercée qu'à la condition d'être jointe à une action de contestation de l'état ainsi établi.

Les recours en désaveu ou en contestation d'état sont dirigés contre l'enfant et, selon le cas, contre la mère ou le père présumé.

birth and the possession of status consistent with that act.

No person may contest the status of a person whose possession of status is consistent with his act of birth.

531. Any interested person, including the father or the mother, may, by any means, contest the filiation of a person whose possession of status is not consistent with his act of birth.

However, the presumed father may contest the filiation and disavow the child only within one year of the date on which the presumption of paternity takes effect, unless he is unaware of the birth, in which case the time limit begins to run on the day he becomes aware of it. The mother may contest the paternity of the presumed father within one year from the birth of the child.

532. A child whose filiation is not established by an act and by possession of status consistent therewith may claim his filiation before the court. Similarly, the father or the mother may claim paternity or maternity of a child whose filiation in their regard is not established by an act and by possession of status consistent therewith.

If the child already has another filiation established by an act of birth, by the possession of status, or by the effect of a presumption of paternity, an action to claim status may not be brought unless it is joined to an action contesting the status thus established.

The action for disavowal or for contestation of status is directed against the child and against the mother or the presumed father, as the case may be.

533. La preuve de la filiation pourra se faire par tous moyens. Toutefois, les témoignages ne sont admissibles que s'il y a commencement de preuve, ou lorsque les présomptions ou indices résultant de faits déjà clairement établis sont assez graves pour en déterminer l'admission.

534. Le commencement de preuve résulte des titres de famille, des registres et papiers domestiques, ainsi que de tous autres écrits publics ou privés émanés d'une partie engagée dans la contestation ou qui y aurait intérêt si elle était vivante.

535. Tous les moyens de preuve sont admissibles pour s'opposer à une action relative à la filiation.

De même, sont recevables tous les moyens de preuve propres à établir que le mari n'est pas le père de l'enfant.

536. Toutes les fois qu'elles ne sont pas enfermées par la loi dans des délais plus courts, les actions relatives à la filiation se prescrivent par trente ans, à compter du jour où l'enfant a été privé de l'état qui est réclamé ou a commencé à jouir de l'état qui lui est contesté.

Les héritiers de l'enfant décédé sans avoir réclamé son état, mais alors qu'il était encore dans les délais utiles pour le faire, peuvent agir dans les trois ans de son décès.

537. Le décès du père présumé ou de la mère avant l'expiration du délai prévu pour le désaveu ou la contestation d'état n'éteint pas le droit d'action.

Toutefois, ce droit doit être exercé par les héritiers dans l'année qui suit le décès.

533. Proof of filiation may be made by any mode of proof. However, testimony is not admissible unless there is a commencement of proof, or unless the presumptions or indications resulting from already clearly established facts are sufficiently strong to permit its admission.

534. Commencement of proof results from the family documents, domestic records and papers, and all other public or private writings proceeding from a party engaged in the contestation or who would have an interest therein if he were alive.

535. Every mode of proof is admissible to contest an action concerning filiation.

Any mode of proof tending to establish that the husband is not the father of the child is also admissible.

536. In all cases where the law does not impose a shorter period, actions concerning filiation are prescribed by thirty years from the day the child is deprived of the claimed status or begins to enjoy the contested status.

If a child has died without having claimed his status but while he was still within the time limit to do so, his heirs may take action within three years of his death.

537. The death of the presumed father or of the mother before the expiry of the period for disavowal or for contestation of status does not extinguish the right of action.

The heirs may exercise this right, however, only within one year after the death.

SECTION III
DE LA PROCRÉATION MÉDICALEMENT ASSISTÉE

538. La contribution au projet parental d'autrui par un apport de forces génétiques à la procréation médicalement assistée ne permet de fonder aucun lien de filiation entre l'auteur de la contribution et l'enfant issu de cette procréation.

539. Nul ne peut contester la filiation de l'enfant pour une raison tenant au caractère médicalement assisté de sa procréation et l'enfant n'est pas recevable à réclamer un autre état.

Cependant, le mari de la mère peut désavouer l'enfant ou contester la reconnaissance s'il n'a pas consenti à la procréation médicalement assistée ou s'il prouve que l'enfant n'est pas issu de celle-ci.

540. Celui qui, après avoir consenti à la procréation médicalement assistée, ne reconnaît pas l'enfant qui en est issu, engage sa responsabilité envers cet enfant et la mère de ce dernier.

541. Les conventions de procréation ou de gestation pour le compte d'autrui sont nulles de nullité absolue.

542. Les renseignements nominatifs relatifs à la procréation médicalement assistée d'un enfant sont confidentiels.

Toutefois, lorsqu'un préjudice grave risque d'être causé à la santé d'une personne ainsi procréée ou de ses descendants si elle est privée des renseignements qu'elle requiert, le tribunal peut permettre leur transmission, confidentiellement, aux autorités médicales concernées. L'un des descendants de cette personne peut également se prévaloir de ce droit si le fait d'être privé

SECTION III
MEDICALLY ASSISTED PROCREATION

538. Participation in the parental project of another person by way of a contribution of genetic material to medically assisted procreation does not allow the creation of any bond of filiation between the contributor and the child born of that procreation.

539. No person may contest the filiation of a child on grounds relating to his medically assisted procreation, and no claim to another status is admissible from the child.

However, the husband of the mother may disavow the child or contest acknowledgement if he did not give consent to medically assisted procreation or if he proves that the child was not born of such procreation.

540. A person who, after consenting to medically assisted procreation, does not acknowledge the child born of such procreation is responsible to the child and to the mother of the child.

541. Procreation or gestation agreements on behalf of another person are absolutely null.

542. Nominative information relating to the medically assisted procreation of a child is confidential.

However, where serious injury could be caused to the health of a person born of such procreation or of any of his descendants if he were deprived of the information he requires, the court may allow such information to be transmitted confidentially to the medical authorities concerned. A descendant of such a person may also avail himself of this right if the fact that he is deprived of the infor-

des renseignements qu'il requiert risque de causer un préjudice grave à sa santé ou à celle de l'un de ses proches.

mation he requires could be the cause of serious injury to his health or the health of any of his close relatives.

CHAPITRE DEUXIÈME
DE L'ADOPTION

SECTION I
DES CONDITIONS DE L'ADOPTION

§ 1.–*Dispositions générales*

CHAPTER II
ADOPTION

SECTION I
CONDITIONS FOR ADOPTION

§ 1.–General provisions

543. L'adoption ne peut avoir lieu que dans l'intérêt de l'enfant et aux conditions prévues par la loi.

Elle ne peut avoir lieu pour confirmer une filiation déjà établie par le sang.

543. No adoption may take place except in the interest of the child and on the conditions prescribed by law.

No adoption may take place for the purpose of confirming filiation already established by blood.

544. L'enfant mineur ne peut être adopté que si ses père et mère ou tuteur ont consenti à l'adoption ou s'il a été déclaré judiciairement admissible à l'adoption.

544. No minor child may be adopted unless his father and mother or his tutor have consented to the adoption or unless he has been judicially declared eligible for adoption.

545. Une personne majeure ne peut être adoptée que par ceux qui, alors qu'elle était mineure, remplissaient auprès d'elle le rôle de parent.

Toutefois, le tribunal peut, dans l'intérêt de l'adopté, passer outre à cette exigence.

545. No person of full age may be adopted except by the persons who stood in loco parentis towards him when he was a minor.

The court, however, may dispense with this requirement in the interest of the person to be adopted.

546. Toute personne majeure peut, seule ou conjointement avec une autre personne, adopter un enfant.

546. Any person of full age may, alone or jointly with another person, adopt a child.

547. L'adoptant doit avoir au moins dix-huit ans de plus que l'adopté, sauf si ce dernier est l'enfant de son conjoint.

Toutefois, le tribunal peut, dans l'intérêt de l'adopté, passer outre à cette exigence.

547. A person may not be an adopter unless he is at least eighteen years older than the person adopted, except where the person adopted is the child of the spouse of the adopter.

The court may, however, dispense with this requirement in the interest of the person to be adopted.

548. Les consentements prévus au présent chapitre doivent être donnés par écrit devant deux témoins.

548. Consent provided for in this chapter shall be given in writing and before two witnesses.

Il en est de même de leur rétractation.

The same rule applies to the withdrawal of consent.

§ 2.–Du consentement de l'adopté

§ 2.–Consent of the adopted person

549. L'adoption ne peut avoir lieu qu'avec le consentement de l'enfant, s'il est âgé de dix ans et plus, à moins que ce dernier ne soit dans l'impossibilité de manifester sa volonté.

549. No child ten years of age or over may be adopted without his consent, unless he is unable to express his will.

Toutefois, lorsque l'enfant de moins de quatorze ans refuse son consentement, le tribunal peut différer son jugement pour la période de temps qu'il indique ou, nonobstant le refus, prononcer l'adoption.

However, when a child under fourteen years of age refuses to give his consent, the court may defer its judgment for the period of time it indicates, or grant adoption notwithstanding his refusal.

550. Le refus de l'enfant âgé de quatorze ans et plus fait obstacle à l'adoption.

550. Refusal by a child fourteen years of age or over is a bar to adoption.

§ 3.–Du consentement des parents ou du tuteur

§ 3.–Consent of parents or tutor

551. Lorsque l'adoption a lieu du consentement des parents, les deux doivent y consentir si la filiation de l'enfant est établie à l'égard de l'un et de l'autre.

551. When adoption takes place with the consent of the parents, the consent of both parents to the adoption is necessary if the filiation of the child is established with regard to both of them.

Si la filiation de l'enfant n'est établie qu'à l'égard de l'un d'eux, le consentement de ce dernier suffit.

If the filiation of the child is established with regard to only one parent, the consent of that parent is sufficient.

552. Si l'un des deux parents est décédé ou dans l'impossibilité de manifester sa volonté, ou s'il est déchu de l'autorité parentale, le consentement de l'autre suffit.

552. If either parent is deceased, or if he is unable to express his will, or if he is deprived of parental authority, the consent of the other parent is sufficient.

553. Si les deux parents sont décédés, dans l'impossibilité de manifester leur volonté ou déchus de l'autorité parentale, l'adoption de l'enfant est subordonnée au consentement du tuteur, si l'enfant en est pourvu.

553. If both parents are deceased, if they are unable to express their will, or if they are deprived of parental authority, the adoption of the child is subject to the consent of the tutor, if the child has a tutor.

554. Le parent mineur peut consentir lui-même, sans autorisation, à l'adoption de son enfant.

554. A parent of minor age may himself, without authorization, give his consent to the adoption of his child.

555. Le consentement à l'adoption peut être général ou spécial. Le consentement spécial ne peut être donné qu'en faveur d'un ascendant de l'enfant, d'un parent en ligne collatérale jusqu'au troisième degré ou du conjoint de cet ascendant ou parent; il peut également être donné en faveur du conjoint ou du concubin du père ou de la mère, si, étant concubins, ces derniers cohabitent depuis au moins trois ans.

555. Consent to adoption may be general or special; special consent may be given only in favour of an ascendant of the child, a relative in the collateral line to the third degree or the spouse of that ascendant or relative; it may also be given in favour of the spouse or the concubinary of the father or mother, if they have been cohabiting as concubinaries for at least three years.

556. Le consentement à l'adoption entraîne de plein droit, jusqu'à l'ordonnance de placement, délégation de l'autorité parentale à la personne à qui l'enfant est remis.

556. Consent to adoption entails, until the order of placement, delegation by operation of law of parental authority to the person to whom the child is given.

557. Celui qui a donné son consentement à l'adoption peut le rétracter dans les trente jours suivant la date à laquelle il a été donné.

557. A person who has given his consent to adoption may withdraw it within thirty days from the date it was given.

L'enfant doit alors être rendu sans formalité ni délai à l'auteur de la rétractation.

The child shall then be returned without formality or delay to the person who has withdrawn his consent.

558. Celui qui n'a pas rétracté son consentement dans les trente jours peut, à tout moment avant l'ordonnance de placement, s'adresser au tribunal en vue d'obtenir la restitution de l'enfant.

558. If a person has not withdrawn his consent within thirty days, he may, at any time before the order of placement, apply to the court to have the child returned.

§ 4.–*De la déclaration d'admissibilité à l'adoption*

§ 4.–*Declaration of eligibility for adoption*

559. Peut être judiciairement déclaré admissible à l'adoption:

559. The following may be judicially declared eligible for adoption:

1° L'enfant de plus de trois mois dont ni la filiation paternelle ni la filiation maternelle ne sont établies;

(1) a child over three months old, if neither his paternal filiation nor his maternal filiation has been established;

2° L'enfant dont ni les père et mère ni le tuteur n'ont assumé de fait le soin, l'entretien ou l'éducation depuis au moins six mois;

(2) a child whose care, maintenance or education has not in fact been taken in hand by his mother, father or tutor for at least six months;

3° L'enfant dont les père et mère sont déchus de l'autorité parentale, s'il n'est pas pourvu d'un tuteur;

(3) a child whose father and mother have been deprived of parental authority, if he has no tutor;

4° L'enfant orphelin de père et de mère, s'il n'est pas pourvu d'un tuteur.

(4) a child who has neither father nor mother, if he has no tutor.

560. La demande en déclaration d'admissibilité à l'adoption ne peut être présentée que par un ascendant de l'enfant, un parent en ligne collatérale jusqu'au troisième degré, le conjoint de cet ascendant ou parent, par l'enfant lui-même s'il est âgé de quatorze ans et plus ou par un directeur de la protection de la jeunesse.

560. An application for a declaration of eligibility for adoption may be made by no one except an ascendant of the child, a relative in the collateral line to the third degree, the spouse of such an ascendant or relative, the child himself if fourteen years of age or over, or a director of youth protection.

561. L'enfant ne peut être déclaré admissible à l'adoption que s'il est improbable que son père, sa mère ou son tuteur en reprenne la garde et en assume le soin, l'entretien ou l'éducation. Cette improbabilité est présumée.

561. A child may not be declared eligible for adoption unless it is unlikely that his father, mother or tutor will resume custody of him and take in hand his care, maintenance or education. This unlikelihood is presumed.

562. Lorsqu'il déclare l'enfant admissible à l'adoption, le tribunal désigne la personne qui exercera l'autorité parentale à son égard.

562. The court, when declaring a child eligible for adoption, designates the person who is to exercise parental authority in his regard.

§ 5.–*Des conditions particulières à l'adoption d'un enfant domicilié hors du Québec*

§ 5.–*Special conditions respecting adoption of a child domiciled outside Québec*

563. Toute personne domiciliée au Québec qui veut adopter un enfant domicilié hors du Québec doit préalablement faire l'objet d'une évaluation psychosociale effectuée dans les conditions prévues par la Loi sur la protection de la jeunesse.

563. Every person domiciled in Québec wishing to adopt a child domiciled outside Québec shall previously undergo a psychosocial assessment made in accordance with the conditions provided in the Youth Protection Act.

564. Les démarches en vue de l'adoption sont effectuées soit par l'adoptant, dans les conditions prévues par la Loi sur la protection de la jeunesse, soit, à la demande de l'adoptant, par le ministre de la Santé et des Services sociaux ou par un organisme agréé en vertu de la même loi.

564. The steps with a view to adoption are taken by the adopter, in accordance with the conditions provided in the Youth Protection Act, or, at the request of the adopter, by the Minister of Health and Social Services or an organization certified under the said Act.

565. L'adoption d'un enfant domicilié hors du Québec doit être prononcée

565. The adoption of a child domiciled outside Québec may be granted only by

judiciairement soit à l'étranger, soit au Québec. Le jugement prononcé au Québec est précédé d'une ordonnance de placement. Le jugement prononcé à l'étranger doit faire l'objet d'une reconnaissance judiciaire au Québec.

judicial decision either outside Québec or in Québec. A judgment granted in Québec is preceded by an order of placement. For a judgment granted outside Québec, recognition by the court in Québec is necessary.

SECTION II
DE L'ORDONNANCE DE PLACEMENT ET
DU JUGEMENT D'ADOPTION

SECTION II
ORDER OF PLACEMENT AND
ADOPTION JUDGMENT

566. Le placement d'un mineur ne peut avoir lieu que sur ordonnance du tribunal et son adoption ne peut être prononcée que s'il a vécu au moins six mois avec l'adoptant depuis l'ordonnance.

566. The placement of a minor may not take place except on a court order nor may the adoption of a child be granted unless the child has lived with the adopter for at least six months since the court order.

Ce délai peut toutefois être réduit d'une période n'excédant pas trois mois, en prenant notamment en considération le temps pendant lequel le mineur aurait déjà vécu avec l'adoptant antérieurement à l'ordonnance.

The period may be reduced by up to three months, however, particularly in consideration of the time during which the minor has already lived with the adopter before the order.

567. Une ordonnance de placement ne peut être prononcée s'il ne s'est pas écoulé trente jours depuis qu'un consentement à l'adoption a été donné.

567. An order of placement may not be granted before the lapse of thirty days after the giving of consent to adoption.

568. Avant de prononcer l'ordonnance de placement, le tribunal s'assure que les conditions de l'adoption ont été remplies et, notamment, que les consentements requis ont été valablement donnés.

568. Before granting an order of placement, the court ascertains that the conditions for adoption have been complied with and, particularly, that the prescribed consents have been validly given.

Le tribunal vérifie en outre, lorsque le placement d'un enfant domicilié hors du Québec est fait en vertu d'un accord conclu en application de la Loi sur la protection de la jeunesse, si la procédure suivie est conforme à l'accord.

Where the placement of a child domiciled outside Québec is made under an agreement entered into by virtue of the Youth Protection Act, the court also verifies that the procedure followed is as provided in the agreement.

Le placement peut, pour des motifs sérieux et si l'intérêt de l'enfant le commande, être ordonné bien que l'adoptant ne se soit pas conformé aux dispo-

Even if the adopter has not complied with the provisions of articles 563 and 564, the placement may be ordered for serious reasons and if the interest of the

sitions des articles 563 et 564. Cependant, la requête doit être accompagnée d'une évaluation psychosociale effectuée par le directeur de la protection de la jeunesse.

child demands it. However, the application shall be accompanied with a psychosocial assessment made by the director of youth protection.

569. L'ordonnance de placement confère l'exercice de l'autorité parentale à l'adoptant; elle permet à l'enfant, pendant la durée du placement, d'exercer ses droits civils sous les nom et prénoms choisis par l'adoptant, lesquels sont constatés dans l'ordonnance.

569. The order of placement confers the exercise of parental authority on the adopter; it allows the child, for the term of the placement, to exercise his civil rights under the surname and given names chosen by the adopter, which are recorded in the order.

Elle fait obstacle à toute restitution de l'enfant à ses parents ou à son tuteur, ainsi qu'à l'établissement d'un lien de filiation entre l'enfant et ses parents par le sang.

The order is a bar to the return of the child to his parents or to his tutor and to the establishment of filial relationship between the child and his parents by blood.

570. Les effets de cette ordonnance cessent s'il est mis fin au placement ou si le tribunal refuse de prononcer l'adoption.

570. The effects of the order of placement cease if placement terminates or if the court refuses to grant the adoption.

571. Si l'adoptant ne présente pas sa demande d'adoption dans un délai raisonnable à compter de la fin de la période minimale de placement, l'ordonnance de placement peut être révoquée, à la demande de l'enfant lui-même s'il est âgé de quatorze ans et plus ou de tout intéressé.

571. If the adopter fails to present his application for adoption within a reasonable time after the expiry of the minimum period of placement, the order of placement may be revoked on the application of the child himself if he is fourteen years of age or over or by any interested person.

572. Lorsque les effets de l'ordonnance de placement cessent sans qu'il y ait eu adoption, le tribunal désigne, même d'office, la personne qui exercera l'autorité parentale à l'égard de l'enfant; le directeur de la protection de la jeunesse qui exerçait la tutelle antérieurement à l'ordonnance de placement, l'exerce à nouveau.

572. Where the effects of the order of placement cease and no adoption has taken place, the court, even of its own motion, designates the person who is to exercise parental authority over the child; the director of youth protection who was the legal tutor before the order of placement again becomes the legal tutor.

573. Le tribunal prononce l'adoption sur la demande que lui en font les adoptants, à moins qu'un rapport n'indique que l'enfant ne s'est pas adapté à sa

573. The court grants adoption on the application of the adopters unless a report indicates that the child has not adapted to his adopting family. In this

famille adoptive. En ce cas ou chaque fois que l'intérêt de l'enfant le commande, le tribunal peut requérir toute autre preuve qu'il estime nécessaire.

574. Le tribunal appelé à reconnaître un jugement d'adoption rendu hors du Québec s'assure que les règles concernant le consentement à l'adoption et à l'admissibilité à l'adoption de l'enfant ont été respectées.

Le tribunal vérifie en outre, lorsque le jugement d'adoption a été rendu hors du Québec en vertu d'un accord conclu en application de la Loi sur la protection de la jeunesse, si la procédure suivie est conforme à l'accord.

La reconnaissance peut, pour des motifs sérieux et si l'intérêt de l'enfant le commande, être accordée bien que l'adoptant ne se soit pas conformé aux dispositions des articles 563 et 564. Cependant, la requête doit être accompagnée d'une évaluation psychosociale.

575. Si l'un des adoptants décède après l'ordonnance de placement, le tribunal peut prononcer l'adoption même à l'égard de l'adoptant décédé.

Il peut aussi reconnaître un jugement d'adoption rendu hors du Québec malgré le décès de l'adoptant.

576. Le tribunal attribue à l'adopté les nom et prénoms choisis par l'adoptant, à moins qu'il ne décide, à la demande de l'adoptant ou de l'adopté, de lui laisser ses nom ou prénoms d'origine.

SECTION III
DES EFFETS DE L'ADOPTION

577. L'adoption confère à l'adopté une filiation qui se substitue à sa filiation d'origine.

case or whenever the interest of the child demands it, the court may require any additional proof it considers necessary.

574. The court, where called upon to recognize an adoption judgment rendered outside Québec, ascertains that the rules respecting consent to adoption and eligibility for adoption have been observed.

Where the adoption judgment has been rendered outside Québec under an agreement entered into by virtue of the Youth Protection Act, the court also verifies that the procedure followed is as provided in the agreement.

Even if the adopter has not complied with the provisions of articles 563 and 564, recognition may be granted for serious reasons and if the interest of the child demands it. However, the application shall be accompanied with a psychosocial assessment.

575. If either of the adopters dies after the order of placement, the court may grant adoption even with regard to the deceased adopter.

The court may also recognize an adoption judgment rendered outside Québec notwithstanding the death of the adopter.

576. The court assigns to the adopted person the surname and given names chosen by the adopter unless, at the request of the adopter or of the adopted person, it allows him to keep his original surname and given names.

SECTION III
EFFECTS OF ADOPTION

577. Adoption confers on the adopted person a filiation which replaces his original filiation.

L'adopté cesse d'appartenir à sa famille d'origine, sous réserve des empêchements de mariage.

The adopted person ceases to belong to his original family, subject to any impediments to marriage.

578. L'adoption fait naître les mêmes droits et obligations que la filiation par le sang.

578. Adoption creates the same rights and obligations as filiation by blood.

Toutefois, le tribunal peut, suivant les circonstances, permettre un mariage en ligne collatérale entre l'adopté et un membre de sa famille d'adoption.

The court may, however, according to circumstances, permit a marriage in the collateral line between the adopted person and a member of his adoptive family.

579. Lorsque l'adoption est prononcée, les effets de la filiation précédente prennent fin; le tuteur, s'il en existe, perd ses droits et est libéré de ses devoirs à l'endroit de l'adopté, sauf l'obligation de rendre compte.

579. When adoption is granted, the effects of the preceding filiation cease; the tutor, if any, loses his rights and is discharged from his duties regarding the adopted person, save the obligation to render account.

Cependant, l'adoption, par une personne, de l'enfant de son conjoint ou concubin ne rompt pas le lien de filiation établi entre ce conjoint ou concubin et son enfant.

Notwithstanding the foregoing, a person's adoption of a child of his or her spouse or concubinary does not dissolve the bond of filiation between the child and that parent.

580. L'adoption prononcée en faveur d'adoptants dont l'un est décédé après l'ordonnance de placement produit ses effets à compter de l'ordonnance.

580. Where one of the adopters dies after the order of placement is made, the adoption produces its effects from the date of the order.

581. La reconnaissance d'un jugement d'adoption produit les mêmes effets qu'un jugement d'adoption rendu au Québec à compter du prononcé du jugement d'adoption rendu hors du Québec.

581. Recognition of an adoption judgment rendered outside Québec produces the same effects as an adoption judgment rendered in Québec from the time the adoption judgment was rendered.

SECTION IV
DU CARACTÈRE CONFIDENTIEL DES
DOSSIERS D'ADOPTION

SECTION IV
CONFIDENTIALITY OF ADOPTION FILES

582. Les dossiers judiciaires et administratifs ayant trait à l'adoption d'un enfant sont confidentiels et aucun des renseignements qu'ils contiennent ne peut être révélé, si ce n'est pour se conformer à la loi.

582. The judicial and administrative files respecting the adoption of a child are confidential and no information contained in them may be revealed except as required by law.

Toutefois, le tribunal peut permettre la consultation d'un dossier d'adoption à

However, the court may allow an adoption file to be examined for the pur-

des fins d'étude, d'enseignement, de recherche ou d'enquête publique, pourvu que soit respecté l'anonymat de l'enfant, des parents et de l'adoptant.

583. L'adopté majeur ou l'adopté mineur de quatorze ans et plus a le droit d'obtenir les renseignements lui permettant de retrouver ses parents, si ces derniers y ont préalablement consenti. Il en va de même des parents d'un enfant adopté, si ce dernier, devenu majeur, y a préalablement consenti.

L'adopté mineur de moins de quatorze ans a également le droit d'obtenir les renseignements lui permettant de retrouver ses parents, si ces derniers, ainsi que ses parents adoptifs, y ont préalablement consenti.

Ces consentements ne doivent faire l'objet d'aucune sollicitation; un adopté mineur ne peut cependant être informé de la demande de renseignements de son parent.

584. Lorsqu'un préjudice grave risque d'être causé à la santé de l'adopté, majeur ou mineur, ou de l'un de ses proches parents s'il est privé des renseignements qu'il requiert, le tribunal peut permettre que l'adopté obtienne ces renseignements.

L'un des proches parents de l'adopté peut également se prévaloir de ce droit si le fait d'être privé des renseignements qu'il requiert risque de causer un préjudice grave à sa santé ou à celle de l'un de ses proches.

TITRE TROISIÈME
DE L'OBLIGATION ALIMENTAIRE

585. Les époux de même que les parents en ligne directe au premier degré se doivent des aliments. [1996, c. 28, art. 1].

poses of study, teaching, research or a public inquiry, provided that the anonymity of the child, of the parents and of the adopter is preserved.

583. An adopted person of full age or an adopted minor fourteen years of age or over is entitled to obtain the information enabling him to find his parents if they have previously consented thereto. The same holds true of the parents of an adopted child if the child, once of full age, has previously consented thereto.

An adopted minor under fourteen years of age is entitled to obtain information enabling him to find his parents if the parents and the adoptive parents have previously consented thereto.

Consent may not be solicited; however, an adopted minor may not be informed of the application for information made by his father or mother.

584. Where serious injury could be caused to the health of the adopted person, whether a minor or of full age, or of any of his close relatives if he is deprived of the information he requires, the court may allow the adopted person to obtain such information.

A close relative of the adopted person may also avail himself of such right if the fact of being deprived of the information he requires could be the cause of serious injury to his health or the health of any of his close relatives.

TITLE THREE
OBLIGATION OF SUPPORT

585. Spouses, and relatives in the direct line in the first degree, owe each other support. [1996, ch. 28, s. 1].

586. Le recours alimentaire de l'enfant mineur peut être exercé par le titulaire de l'autorité parentale, par son tuteur ou par toute autre personne qui en a la garde, selon les circonstances.

Le tribunal peut déclarer les aliments payables à la personne qui a la garde de l'enfant.

587. Les aliments sont accordés en tenant compte des besoins et des facultés des parties, des circonstances dans lesquelles elles se trouvent et, s'il y a lieu, du temps nécessaire au créancier pour acquérir une autonomie suffisante.

587.1. En ce qui concerne l'obligation alimentaire des parents à l'égard de leur enfant, la contribution alimentaire parentale de base, établie conformément aux règles de fixation des pensions alimentaires pour enfants édictées en application du Code de procédure civile, est présumée correspondre aux besoins de l'enfant et aux facultés des parents.

Cette contribution alimentaire peut être augmentée pour tenir compte de certains frais relatifs à l'enfant prévus par ces règles, dans la mesure où ceux-ci sont raisonnables eu égard aux besoins et facultés de chacun. [1996, c. 68, art. 1].

587.2. Les aliments exigibles d'un parent pour son enfant sont équivalents à sa part de la contribution alimentaire parentale de base, augmentée, le cas échéant, pour tenir compte des frais relatifs à l'enfant.

Le tribunal peut toutefois augmenter ou réduire la valeur de ces aliments s'il estime que son maintien entraînerait, pour l'un ou l'autre des parents, des difficultés excessives dans les circonstances; ces difficultés peuvent résulter,

586. Proceedings for the support of a minor child may be instituted by the holder of parental authority, his tutor, or any person who has custody of him, according to the circumstances.

The court may order the support payable to the person who has custody of the child.

587. In awarding support, account is taken of the needs and means of the parties, their circumstances and, as the case may be, the time needed by the creditor of support to acquire sufficient autonomy.

587.1. As regards the support owed to a child by his parents, the basic parental contribution, as determined pursuant to the rules for the determination of child support payments adopted under the Code of Civil Procedure, is presumed to meet the needs of the child and to be in proportion to the means of the parents.

The basic parental contribution may be increased having regard to certain expenses relating to the child which are specified in the rules, to the extent that such expenses are reasonable considering the needs and means of the parents and child. [1996, ch. 68, s. 1].

587.2. The support to be provided by a parent for his child is equal to that parent's share of the basic parental contribution, increased, where applicable, having regard to specified expenses relating to the child.

The court may, however, increase or reduce the level of support if it is of the opinion that, in the special circumstances of the case, not doing so would entail undue hardship for one of the parents. Such hardship may be caused by,

entre autres, de frais liés à l'exercice de droits de visite à l'égard de l'enfant, d'obligations alimentaires assumées à l'endroit d'autres personnes que l'enfant ou, encore, de dettes raisonnablement contractées pour des besoins familiaux. Le tribunal peut également augmenter ou réduire la valeur de ces aliments si la valeur des actifs d'un parent ou l'importance des ressources dont dispose l'enfant le justifie. [1996, c. 68, art. 1].

587.3. Les parents peuvent, à l'égard de leur enfant, convenir d'aliments d'une valeur différente de celle qui serait exigible en application des règles de fixation des pensions alimentaires pour enfants, sauf au tribunal à vérifier que ces aliments pourvoient suffisamment aux besoins de l'enfant. [1996, c. 68, art. 1].

588. Le tribunal peut accorder au créancier d'aliments une pension provisoire pour la durée de l'instance.

Il peut, également, accorder au créancier d'aliments une provision pour les frais de l'instance.

589. Les aliments sont payables sous forme de pension; le tribunal peut exceptionnellement remplacer ou compléter cette pension alimentaire par une somme forfaitaire payable au comptant ou par versements.

590. Afin de maintenir la valeur monétaire réelle de la créance qui résulte du jugement accordant des aliments, ceux-ci, s'ils sont payables sous forme de pension, sont indexés de plein droit, au 1er janvier de chaque année, suivant l'indice annuel des rentes établi conformément à l'article 119 de la Loi sur le régime de rentes du Québec.

Toutefois, lorsque l'application de cet indice entraîne une disproportion

among other things, the costs involved in exercising visiting rights in respect of the child, obligations of support toward persons other than the child or reasonable debts incurred to meet family needs. The court may also increase or reduce the level of support if it is warranted by the value of either parent's assets or the extent of the resources available to the child. [1996, ch. 68, s. 1].

587.3. Parents may make a private agreement stipulating a level of child support that departs from the level which would be required to be provided under the rules for the determination of child support payments, subject to the court being satisfied that the needs of the child are adequately provided for. [1996, ch. 68, s. 1].

588. The court may award provisional support to the creditor of support for the duration of the proceedings.

It may also award a provisional sum to the creditor of support to cover the costs of the proceedings.

589. Support is payable as a pension; the court may, by way of exception, replace or complete the alimentary pension by a lump sum payable in cash or by instalments.

590. If support is payable as a pension, it is indexed by operation of law on 1 January each year, in accordance with the annual Pension Index established pursuant to section 119 of the Act respecting the Québec Pension Plan, in order to maintain the real monetary value of the claim resulting from the judgment awarding support.

However, where the application of the index brings about a serious imbal-

sérieuse entre les besoins du créancier et les facultés du débiteur, le tribunal peut, dans l'exercice de sa compétence, soit fixer un autre indice d'indexation, soit ordonner que la créance ne soit pas indexée.

591. Le tribunal peut, s'il l'estime nécessaire, ordonner au débiteur de fournir, au-delà de l'hypothèque légale, une sûreté suffisante pour le paiement des aliments ou ordonner la constitution d'une fiducie destinée à garantir ce paiement.

592. Le débiteur qui offre de recevoir chez lui son créancier alimentaire peut, si les circonstances s'y prêtent, être dispensé du paiement des aliments ou d'une partie de ceux-ci.

593. Le créancier peut exercer son recours contre un de ses débiteurs alimentaires ou contre plusieurs simultanément.

Le tribunal fixe le montant de la pension que doit payer chacun des débiteurs poursuivis ou mis en cause.

594. Le jugement qui accorde des aliments, que ceux-ci soient indexés ou non, est sujet à révision chaque fois que les circonstances le justifient.

Toutefois, s'il ordonne le paiement d'une somme forfaitaire, il ne peut être révisé que s'il n'a pas été exécuté.

595. On peut réclamer des aliments pour des besoins existants avant la demande, sans pouvoir néanmoins les exiger au-delà de l'année écoulée.

Le créancier doit prouver qu'il s'est trouvé en fait dans l'impossibilité d'agir plus tôt, à moins qu'il n'ait mis le débiteur en demeure dans l'année écoulée, auquel cas les aliments sont accordés à compter de la demeure.

ance between the needs of the creditor and the means of the debtor, the court may, in exercising its jurisdiction, either fix another basis of indexation or order that the claim not be indexed.

591. The court, if it considers it necessary, may order the debtor to furnish sufficient security beyond the legal hypothec for payment of support, or order the constitution of a trust to secure such payment.

592. If the debtor offers to take the creditor of support into his home, he may, if circumstances permit, be dispensed from paying all or part of the support.

593. The creditor may pursue a remedy against one of the debtors of support or against several of them simultaneously.

The court fixes the amount of support that each of the debtors sued or impleaded shall pay.

594. The judgment awarding support, whether it is indexed or not, may be reviewed by the court whenever warranted by circumstances.

However, a judgment awarding payment of a lump sum may be reviewed only if it has not been executed.

595. Support may be claimed for needs existing up to one year before the application.

The creditor shall prove that he was in fact unable to act sooner, unless he made a demand to the debtor within one year before the application, in which case support is awarded from the date of the demand.

596. Le débiteur de qui on réclame des arrérages peut opposer un changement dans sa condition ou celle de son créancier survenu depuis le jugement et être libéré de tout ou partie de leur paiement.

Cependant, lorsque les arrérages sont dus depuis plus de six mois, le débiteur ne peut être libéré de leur paiement que s'il démontre qu'il lui a été impossible d'exercer ses recours pour obtenir une révision du jugement fixant la pension alimentaire.

596. A debtor from whom support payments are claimed may plead a change, after judgment, in his condition or in that of his creditor and be released from payment of the whole or a part of them.

However, in no case where the support payments claimed have been due for over six months may the debtor be released from payment of them unless he shows that it was impossible for him to exercise his right to obtain a review of the judgment fixing the alimentary pension.

TITRE QUATRIÈME
DE L'AUTORITÉ PARENTALE

TITLE FOUR
PARENTAL AUTHORITY

597. L'enfant, à tout âge, doit respect à ses père et mère.

597. Every child, regardless of age, owes respect to his father and mother.

598. L'enfant reste sous l'autorité de ses père et mère jusqu'à sa majorité ou son émancipation.

598. A child remains subject to the authority of his father and mother until his majority or emancipation.

599. Les père et mère ont, à l'égard de leur enfant, le droit et le devoir de garde, de surveillance et d'éducation.

Ils doivent nourrir et entretenir leur enfant.

599. The father and mother have the rights and duties of custody, supervision and education of their children.

They shall maintain their children.

600. Les père et mère exercent ensemble l'autorité parentale.

Si l'un d'eux décède, est déchu de l'autorité parentale ou n'est pas en mesure de manifester sa volonté, l'autorité est exercée par l'autre.

600. The father and mother exercise parental authority together.

If either parent dies, is deprived of parental authority or is unable to express his or her will, parental authority is exercised by the other parent.

601. Le titulaire de l'autorité parentale peut déléguer la garde, la surveillance ou l'éducation de l'enfant.

601. The person having parental authority may delegate the custody, supervision or education of the child.

602. Le mineur non émancipé ne peut, sans le consentement du titulaire de l'autorité parentale, quitter son domicile.

602. No unemancipated minor may leave his domicile without the consent of the person having parental authority.

603. À l'égard des tiers de bonne foi, le père ou la mère qui accomplit seul un

603. Where the father or the mother performs alone any act of authority concern-

acte d'autorité à l'égard de l'enfant est présumé agir avec l'accord de l'autre.

ing their child, he or she is, with regard to third persons in good faith, presumed to be acting with the consent of the other parent.

604. En cas de difficultés relatives à l'exercice de l'autorité parentale, le titulaire de l'autorité parentale peut saisir le tribunal qui statuera dans l'intérêt de l'enfant après avoir favorisé la conciliation des parties.

604. In the case of difficulties relating to the exercise of parental authority, the person having parental authority may refer the matter to the court, which will decide in the interest of the child after fostering the conciliation of the parties.

605. Que la garde de l'enfant ait été confiée à l'un des parents ou à une tierce personne, quelles qu'en soient les raisons, les père et mère conservent le droit de surveiller son entretien et son éducation et sont tenus d'y contribuer à proportion de leurs facultés.

605. Whether custody is entrusted to one of the parents or to a third person, and whatever the reasons may be, the father and mother retain the right to supervise the maintenance and education of the children, and are bound to contribute thereto in proportion to their means.

606. La déchéance de l'autorité parentale peut être prononcée par le tribunal, à la demande de tout intéressé, à l'égard des père et mère, de l'un d'eux ou du tiers à qui elle aurait été attribuée, si des motifs graves et l'intérêt de l'enfant justifient une telle mesure.

606. The court may, for a grave reason and in the interest of the child, on the application of any interested person, declare the father, the mother or either of them, or a third person on whom parental authority may have been conferred, to be deprived of such authority.

Si la situation ne requiert pas l'application d'une telle mesure, mais requiert néanmoins une intervention, le tribunal peut plutôt prononcer le retrait d'un attribut de l'autorité parentale ou de son exercice. Il peut aussi être saisi directement d'une demande de retrait.

Where such a measure is not required by the situation but action is nevertheless necessary, the court may declare, instead, the withdrawal of an attribute of parental authority or of the exercise of such authority. The court may also directly examine an application for withdrawal.

607. Le tribunal peut, au moment où il prononce la déchéance, le retrait d'un attribut de l'autorité parentale ou de son exercice, désigner la personne qui exercera l'autorité parentale ou l'un de ses attributs; il peut aussi prendre, le cas échéant, l'avis du conseil de tutelle avant de procéder à cette désignation ou, si l'intérêt de l'enfant l'exige, à la nomination d'un tuteur.

607. The court may, in declaring deprivation or withdrawal of an attribute of parental authority or of the exercise of such authority, designate the person who is to exercise parental authority or an attribute thereof; it may also, where applicable, obtain the advice of the tutorship council before designating the person or, if required in the interest of the child, appointing a tutor.

608. La déchéance s'étend à tous les enfants mineurs déjà nés au moment du jugement, à moins que le tribunal n'en décide autrement.

608. Deprivation extends to all minor children born at the time of the judgment, unless the court decides otherwise.

609. La déchéance emporte pour l'enfant dispense de l'obligation alimentaire, à moins que le tribunal n'en décide autrement. Cette dispense peut néanmoins, si les circonstances le justifient, être levée après la majorité.

609. Deprivation entails the exemption of the child from the obligation to provide support, unless the court decides otherwise. However, where circumstances warrant it, the exemption may be lifted after the child reaches full age.

610. Le père ou la mère qui a fait l'objet d'une déchéance ou du retrait de l'un des attributs de l'autorité parentale peut obtenir, en justifiant de circonstances nouvelles, que lui soit restituée l'autorité dont il avait été privé, sous réserve des dispositions relatives à l'adoption.

610. A father or mother who has been deprived of parental authority or from whom an attribute of parental authority has been withdrawn may have the withdrawn authority restored, provided he or she alleges new circumstances, subject to the provisions governing adoption.

611. Les père et mère ne peuvent sans motifs graves faire obstacle aux relations personnelles de l'enfant avec ses grands-parents.

611. In no case may the father or mother, without a grave reason, interfere with personal relations between the child and his grandparents.

À défaut d'accord entre les parties, les modalités de ces relations sont réglées par le tribunal.

Failing agreement between the parties, the terms and conditions of these relations are decided by the court.

612. Les décisions qui concernent les enfants peuvent être révisées à tout moment par le tribunal, si les circonstances le justifient.

612. Decisions concerning the children may be reviewed at any time by the court, if warranted by circumstances.

LIVRE TROISIÈME
DES SUCCESSIONS

BOOK THREE
SUCCESSIONS

TITRE PREMIER
DE L'OUVERTURE DES SUCCESSIONS ET DES QUALITÉS REQUISES POUR SUCCÉDER

TITLE ONE
OPENING OF SUCCESSIONS AND QUALITIES FOR SUCCESSION

CHAPITRE PREMIER
DE L'OUVERTURE DES SUCCESSIONS

CHAPTER I
OPENING OF SUCCESSIONS

613. La succession d'une personne s'ouvre par son décès, au lieu de son dernier domicile.

613. The succession of a person opens by his death, at the place of his last domicile.

Elle est dévolue suivant les prescriptions de la loi, à moins que le défunt n'ait, par des dispositions testamentaires, réglé autrement la dévolution de ses biens. La donation à cause de mort est, à cet égard, une disposition testamentaire.

614. La loi ne considère ni l'origine ni la nature des biens pour en régler la succession; tous ensemble, ils ne forment qu'un seul patrimoine.

615. Lorsqu'une personne décède en laissant des biens situés hors du Québec ou des créances contre des personnes qui n'y résident pas, on peut, en la manière prévue au Code de procédure civile, obtenir des lettres de vérification.

616. Les personnes qui décèdent sans qu'il soit possible d'établir laquelle a survécu à l'autre sont réputées décédées au même instant, si au moins l'une d'entre elles est appelée à la succession de l'autre.

La succession de chacune d'elles est alors dévolue aux personnes qui auraient été appelées à la recueillir à leur défaut.

CHAPITRE DEUXIÈME
DES QUALITÉS REQUISES
POUR SUCCÉDER

617. Peuvent succéder les personnes physiques qui existent au moment de l'ouverture de la succession, y compris l'absent présumé vivant à cette époque et l'enfant conçu, mais non encore né, s'il naît vivant et viable.

Peuvent également succéder, en cas de substitution ou de fiducie, les personnes qui ont les qualités requises lorsque la disposition produit effet à leur égard.

The succession devolves according to the prescriptions of law unless the deceased has, by testamentary dispositions, provided otherwise for the devolution of his property. Gifts *mortis causa* are, in that respect, testamentary dispositions.

614. In determining succession, the law considers neither the origin nor the nature of the property; all the property as a whole constitutes a single patrimony.

615. When a person dies leaving property situated outside Québec or claims against persons not residing in Québec, letters of verification may be obtained in the manner provided in the Code of Civil Procedure.

616. Where persons die and it is impossible to determine which survived the other, they are deemed to have died at the same time if at least one of them is called to the succession of the other.

The succession of each of the decedents then devolves to the persons who would have been called to take it in his place.

CHAPTER II
QUALITIES FOR SUCCESSION

617. Natural persons who exist at the time the succession opens, including absentees presumed to be alive at that time and children conceived but yet unborn, if they are born alive and viable, may inherit.

In the case of a substitution or trust, persons who have the required qualities when the disposition produces its effect in their regard may also inherit.

618. L'État peut recevoir par testament; les personnes morales le peuvent aussi, dans la limite des biens qu'elles peuvent posséder.

Le fiduciaire peut recevoir le legs destiné à la fiducie ou celui qui sert à la poursuite du but de la fiducie.

619. Est héritier depuis l'ouverture de la succession, pour autant qu'il l'accepte, le successible à qui est dévolue la succession *ab intestat* et celui qui reçoit, par testament, un legs universel ou à titre universel.

620. Est de plein droit indigne de succéder:

1° Celui qui est déclaré coupable d'avoir attenté à la vie du défunt;

2° Celui qui est déchu de l'autorité parentale sur son enfant, avec dispense pour celui-ci de l'obligation alimentaire, à l'égard de la succession de cet enfant.

621. Peut être déclaré indigne de succéder:

1° Celui qui a exercé des sévices sur le défunt ou a eu autrement envers lui un comportement hautement répréhensible;

2° Celui qui a recelé, altéré ou détruit de mauvaise foi le testament du défunt;

3° Celui qui a gêné le testateur dans la rédaction, la modification ou la révocation de son testament.

622. L'héritier n'est pas indigne de succéder et ne peut être déclaré tel si le défunt, connaissant la cause d'indignité, l'a néanmoins avantagé ou n'a pas modifié la libéralité, alors qu'il aurait pu le faire.

618. The State may receive by will. Legal persons may receive by will such property as they may legally hold.

A trustee may receive a legacy intended for the trust or a legacy to be used to accomplish the object of the trust.

619. A successor to whom an intestate succession devolves or who receives a universal legacy or a legacy by general title by will is an heir from the opening of the succession, provided he accepts it.

620. The following persons are unworthy of inheriting by operation of law:

(1) a person convicted of making an attempt on the life of the deceased;

(2) a person deprived of parental authority over his child while his child is exempted from the obligation of providing support, in respect of that child's succession.

621. The following persons may be declared unworthy of inheriting:

(1) a person guilty of cruelty towards the deceased or having otherwise behaved towards him in a seriously reprehensible manner;

(2) a person who has concealed, altered or destroyed in bad faith the will of the deceased;

(3) a person who had hindered the testator in the writing, amendment or revocation of his will.

622. An heir is not unworthy of inheriting nor subject to being declared so if the deceased knew the cause of unworthiness and yet conferred a benefit on him or did not modify the liberality when he could have done so.

623. Tout successible peut, dans l'année qui suit l'ouverture de la succession ou la connaissance d'une cause d'indignité, demander au tribunal de déclarer l'indignité d'un héritier lorsque celui-ci n'est pas indigne de plein droit.

624. L'époux de bonne foi succède à son conjoint si la nullité du mariage est prononcée après le décès.

TITRE DEUXIÈME
DE LA TRANSMISSION DE LA SUCCESSION

CHAPITRE PREMIER
DE LA SAISINE

625. Les héritiers sont, par le décès du défunt ou par l'événement qui donne effet à un legs, saisis du patrimoine du défunt, sous réserve des dispositions relatives à la liquidation successorale.

Ils ne sont pas, sauf les exceptions prévues au présent livre, tenus des obligations du défunt au-delà de la valeur des biens qu'ils recueillent et ils conservent le droit de réclamer de la succession le paiement de leurs créances.

Ils sont saisis des droits d'action du défunt contre l'auteur de toute violation d'un droit de la personnalité ou contre ses représentants.

CHAPITRE DEUXIÈME
DE LA PÉTITION D'HÉRÉDITÉ ET DE SES EFFETS SUR LA TRANSMISSION DE LA SUCCESSION

626. Le successible peut toujours faire reconnaître sa qualité d'héritier, dans les dix ans qui suivent soit l'ouverture de la succession à laquelle il prétend avoir droit, soit le jour où son droit s'est ouvert.

627. La reconnaissance de la qualité d'héritier au successible oblige l'héritier

623. Any successor may, within one year after the opening of the succession or becoming aware of a cause of unworthiness, apply to the court to declare an heir unworthy if that heir is not unworthy by operation of law.

624. The spouse in good faith of the deceased inherits if the marriage is declared null after the death.

TITLE TWO
TRANSMISSION OF SUCCESSIONS

CHAPTER I
SEISIN

625. The heirs are seised, by the death of the deceased or by the event which gives effect to the legacy, of the patrimony of the deceased, subject to the provisions on the liquidation of successions.

The heirs are not, unless by way of exception provided for in this Book, bound by the obligations of the deceased to a greater extent than the value of the property they receive, and they retain their right to demand payment of their claims from the succession.

The heirs are seised of the rights of action of the deceased against any person or that person's representatives, for breach of his personality rights.

CHAPTER II
PETITION OF INHERITANCE AND ITS EFFECTS ON THE TRANSMISSION OF THE SUCCESSION

626. A successor is entitled to have his heirship recognized at any time within ten years from the opening of the succession to which he claims to be entitled or from the day his right arises.

627. An apparent heir is obliged, by the recognition of the heirship of the succes-

apparent à la restitution de ce qu'il a reçu sans droit de la succession, suivant les règles du livre Des obligations relatives à la restitution des prestations.

628. L'indigne qui a reçu un bien de la succession est réputé héritier apparent de mauvaise foi.

629. Les obligations du défunt acquittées par les héritiers apparents, autrement qu'avec des biens provenant de la succession, sont remboursées par les héritiers véritables.

CHAPITRE TROISIÈME
DU DROIT D'OPTION

SECTION I
DE LA DÉLIBÉRATION ET DE L'OPTION

630. Tout successible a le droit d'accepter la succession ou d'y renoncer.

L'option est indivisible. Toutefois, le successible qui cumule plus d'une vocation successorale a, pour chacune d'elles, un droit d'option distinct.

631. Nul ne peut exercer d'option sur une succession non ouverte ni faire aucune stipulation sur une pareille succession, même avec le consentement de celui dont la succession est en cause.

632. Le successible a six mois, à compter du jour où son droit s'est ouvert, pour délibérer et exercer son option. Ce délai est prolongé de plein droit d'autant de jours qu'il est nécessaire pour qu'il dispose d'un délai de soixante jours à compter de la clôture de l'inventaire.

Pendant la période de délibération, il ne peut être condamné à titre d'héritier, à moins qu'il n'ait déjà accepté la succession.

---

sor, to restore everything he has received from the succession without being entitled to it, in accordance with the rules in the Book on Obligations relating to restitution of prestations.

628. Any person who is unworthy and who has received property from the succession is deemed to be an apparent heir in bad faith.

629. Obligations of the deceased discharged by the apparent heirs otherwise than out of property from the succession are reimbursed by the true heirs.

CHAPTER III
THE RIGHT OF OPTION

SECTION I
DELIBERATION AND OPTION

630. Every successor has the right to accept or to renounce the succession.

The option is indivisible. However, a successor called to the succession in several ways has a separate option for each.

631. No person may exercise his option with respect to a succession not yet opened or make any stipulation with respect to such a succession, even with the consent of the person whose succession it is.

632. A successor has six months from the day his right arises to deliberate and exercise his option. The period is extended of right by as many days as necessary to afford him sixty days from closure of the inventory.

During the period for deliberation, no judgment may be rendered against the successor as an heir unless he has already accepted the succession.

633. Le successible qui connaît sa qualité et ne renonce pas dans le délai de délibération est présumé avoir accepté, sauf prolongation du délai par le tribunal. Celui qui ignorait sa qualité peut être contraint d'opter dans le délai fixé par le tribunal.

Le successible qui n'opte pas dans le délai imparti par le tribunal est présumé avoir renoncé.

634. Si le successible renonce dans le délai de délibération fixé à l'article 632, les frais légitimement faits jusqu'à cette époque sont à la charge de la succession.

635. Si le successible décède avant d'avoir exercé son option, ses héritiers délibèrent et exercent cette option, dans le délai qui leur est imparti pour délibérer et opter à l'égard de la succession de leur auteur.

Chacun des héritiers du successible exerce séparément son option; la part de l'héritier qui renonce accroît aux cohéritiers.

636. Une personne peut faire annuler son option pour les causes et dans les délais prévus pour invoquer la nullité des contrats.

SECTION II
DE L'ACCEPTATION

637. L'acceptation est expresse ou tacite. Elle peut aussi résulter de la loi.

L'acceptation est expresse quand le successible prend formellement le titre ou la qualité d'héritier; elle est tacite quand le successible fait un acte qui suppose nécessairement son intention d'accepter.

633. If the successor aware of his heirship does not renounce within the period for deliberation is presumed to have accepted unless the period has been extended by the court. If a successor is unaware of his heirship, he may be constrained to exercise his option within the time determined by the court.

If a successor does not exercise his option within the time determined by the court, he is presumed to have renounced.

634. If a successor renounces within the period for deliberation fixed in article 632, the lawful expenses incurred to that time are borne by the succession.

635. If a successor dies before exercising his option, his heirs deliberate and exercise the option within the period allotted to them for deliberation and option in respect of the succession of their predecessor in title.

Each of the heirs of the successor exercises his option separately; the share of an heir who renounces accrues to the coheirs.

636. A person may cause an option he has exercised to be annulled on the grounds and within the time prescribed for invoking nullity of contracts.

SECTION II
ACCEPTANCE

637. Acceptance is express or tacit. It may also result from the law.

Acceptance is express where the successor formally assumes the title or quality of heir; it is tacit where the successor performs an act that necessarily implies his intention of accepting.

638. La succession dévolue au mineur, au majeur protégé ou à l'absent est réputée acceptée, sauf renonciation, dans les délais de délibération et d'option:

1° Par le représentant du successible avec l'autorisation du conseil de tutelle, s'il s'agit du mineur non émancipé, du majeur en tutelle ou en curatelle, ou de l'absent;

2° Par le successible lui-même, assisté de son tuteur ou de son conseiller, selon qu'il s'agit du mineur émancipé ou du majeur qui a besoin d'assistance.

Le mineur, le majeur protégé ou l'absent ne peut jamais être tenu au paiement des dettes de la succession au-delà de la valeur des biens qu'il recueille.

639. Le fait pour le successible de dispenser le liquidateur de faire inventaire ou celui de confondre, après le décès, les biens de la succession avec ses biens personnels emporte acceptation de la succession.

640. La succession est présumée acceptée lorsque le successible, sachant que le liquidateur refuse ou néglige de faire inventaire, néglige lui-même de procéder à l'inventaire ou de demander au tribunal soit de remplacer le liquidateur, soit de lui enjoindre de le faire dans les soixante jours qui suivent l'expiration du délai de délibération de six mois.

641. La cession, à titre gratuit ou onéreux, qu'une personne fait de ses droits dans la succession emporte acceptation.

638. A succession devolving to a minor, to a protected person of full age or to an absent person is deemed to be accepted, except where it is renounced within the time for deliberation and option,

(1) in the case of an unemancipated minor, a person of full age under tutorship or curatorship or an absent person, by the representative of the successor with the authorization of the tutorship council;

(2) in the case of an emancipated minor or person of full age who requires assistance, by the successor himself, assisted by his tutor or his adviser.

In no case is the minor, the protected person of full age or the absent person liable for the payment of debts of the succession amounting to more than the value of the property he receives.

639. The fact that the successor exempts the liquidator from making an inventory or mingles property of the succession with his personal property, unless the property was mingled before the death, entails acceptance of the succession.

640. The succession is presumed to be accepted where the successor, knowing that the liquidator refuses or is neglecting to make the inventory, himself neglects to make the inventory or to apply to the court either to replace the liquidator or to order him to make the inventory within sixty days after expiry of the six months for deliberation.

641. The transfer by a person of his rights in a succession by gratuitous or onerous title entails acceptance.

Il en est ainsi de la renonciation au profit d'un ou de plusieurs cohéritiers, même si elle est à titre gratuit, ou de la renonciation à titre onéreux, encore qu'elle soit au profit de tous les cohéritiers indistinctement.

642. Les actes purement conservatoires, de surveillance et d'administration provisoire n'emportent pas, à eux seuls, acceptation de la succession.

Il en est ainsi de l'acte rendu nécessaire par des circonstances exceptionnelles et accompli par le successible dans l'intérêt de la succession.

643. La répartition des vêtements, papiers personnels, décorations et diplômes du défunt, ainsi que des souvenirs de famille, n'emporte pas, à elle seule, acceptation de la succession si elle est faite avec l'accord de tous les successibles.

L'acceptation, par un successible, de la transmission en sa faveur d'un emplacement destiné à recevoir un corps ou des cendres n'emporte pas, non plus, acceptation de la succession.

644. S'il existe dans la succession des biens susceptibles de dépérissement, le successible peut, avant la désignation du liquidateur, les vendre de gré à gré ou, s'il ne peut trouver preneur en temps utile, les donner à des organismes de bienfaisance ou encore les distribuer entre les successibles, sans qu'on puisse en inférer une acceptation de sa part.

Il peut aussi aliéner les biens qui, sans être susceptibles de dépérissement, sont dispendieux à conserver ou susceptibles de se déprécier rapidement. Il agit alors comme administrateur du bien d'autrui.

The same rule applies to renunciation in favour of one or more coheirs, even by gratuitous title, and to renunciation by onerous title, even though it be in favour of all the coheirs without distinction.

642. Mere conservatory acts and acts of supervision and provisional administration do not, by themselves, entail acceptance of the succession.

The same rule applies to an act rendered necessary by exceptional circumstances which the successor performs in the interest of the succession.

643. The distribution of the clothing, private papers, medals and diplomas of the deceased and family souvenirs does not by itself entail acceptance of the succession if it is done with the agreement of all the successors.

Acceptance by a successor of the transmission in his favour of a site intended for a body or ashes does not entail acceptance of the succession.

644. If a succession includes perishable things, the successor may, before the designation of a liquidator, sell them by agreement or, if he cannot find a buyer in due time, give them to charitable institutions or distribute them among the successors, without implying acceptance on his part.

He may also alienate movable property which, although not perishable, is expensive to preserve or is likely to depreciate rapidly. In this case, he acts as an administrator of the property of others.

645. L'acceptation confirme la transmission qui s'est opérée de plein droit au moment du décès.

645. Acceptance confirms the transmission which took place by operation of law at the time of death.

SECTION III
DE LA RENONCIATION

SECTION III
RENUNCIATION

646. La renonciation est expresse. Elle peut aussi résulter de la loi.

646. Renunciation is express. It may also result from the law.

La renonciation expresse se fait par acte notarié en minute ou par une déclaration judiciaire dont il est donné acte.

Express renunciation is made by notarial act *en minute* or by a judicial declaration which is recorded.

647. Celui qui renonce est réputé n'avoir jamais été successible.

647. A person who renounces is deemed never to have been a successor.

648. Le successible peut renoncer à la succession, pourvu qu'il n'ait pas fait d'acte qui emporte acceptation ou qu'il n'existe pas contre lui de jugement passé en force de chose jugée qui le condamne à titre d'héritier.

648. A successor may renounce the succession provided that he has not performed any act entailing acceptance and that no judgment having the authority of a final judgment (*res judicata*) has been rendered against him as an heir.

649. Le successible qui a renoncé à la succession conserve, dans les dix ans depuis le jour où son droit s'est ouvert, la faculté d'accepter la succession qui n'a pas été acceptée par un autre.

649. A successor who has renounced the succession retains the faculty of accepting it for ten years from the day his right arose, if it has not been accepted by another person.

L'acceptation se fait par acte notarié en minute ou par une déclaration judiciaire dont il est donné acte.

Acceptance is made by notarial act *en minute* or by a judicial declaration which is recorded.

L'héritier prend la succession dans l'état où elle se trouve alors et sous réserve des droits acquis par des tiers sur les biens de la succession.

The heir takes the succession in its actual condition at that time and subject to the acquired rights of third persons in the property of the succession.

650. Le successible qui a ignoré sa qualité ou ne l'a pas fait connaître durant dix ans, à compter du jour où son droit s'est ouvert, est réputé avoir renoncé à la succession.

650. A successor who has been unaware of his heirship or has not made it known for ten years from the day his right arose is deemed to have renounced the succession.

651. Le successible qui, de mauvaise foi, a diverti ou recelé un bien de la succession ou omis de le comprendre

651. A successor who, in bad faith, has abstracted or concealed property of the succession or failed to include property

dans l'inventaire est réputé avoir renoncé à la succession, malgré toute acceptation antérieure.

652. Les créanciers de celui qui renonce au préjudice de leurs droits peuvent, dans l'année, demander au tribunal de déclarer que la renonciation leur est inopposable et accepter la succession au lieu et place de leur débiteur.

L'acceptation n'a d'effet qu'en leur faveur et à concurrence seulement du montant de leur créance. Elle ne vaut pas au profit de celui qui a renoncé.

in the inventory is deemed to have renounced the succession notwithstanding any prior acceptance.

652. The creditors of a person who renounces may, if the renunciation is damaging to them, apply within one year to the court to declare that the renunciation may not be set up against them, and accept the succession in lieu of their debtor.

The acceptance has effect only in favour of the creditors who applied for it, and only up to the amount of their claim. It has no effect in favour of the person who renounced.

TITRE TROISIÈME
DE LA DÉVOLUTION LÉGALE DES SUCCESSIONS

TITLE THREE
LEGAL DEVOLUTION OF SUCCESSIONS

CHAPITRE PREMIER
DE LA VOCATION SUCCESSORALE

CHAPTER I
HEIRSHIP

653. À moins de dispositions testamentaires autres, la succession est dévolue au conjoint survivant et aux parents du défunt, dans l'ordre et suivant les règles du présent titre. À défaut d'héritier, elle échoit à l'État.

653. Unless otherwise provided by testamentary dispositions, a succession devolves to the surviving spouse and relatives of the deceased, in the order and according to the rules laid down in this Title. Where there is no heir, it falls to the State.

654. La vocation successorale du conjoint survivant n'est pas subordonnée à la renonciation à ses droits et avantages matrimoniaux.

654. The surviving spouse's heirship is not dependent on the renunciation of his matrimonial rights and benefits.

CHAPITRE DEUXIÈME
DE LA PARENTÉ

CHAPTER II
RELATIONSHIP

655. La parenté est fondée sur les liens du sang ou de l'adoption.

655. Relationship is based on ties of blood or of adoption.

656. Le degré de parenté est déterminé par le nombre de générations, chacune formant un degré. La suite des degrés forme la ligne directe ou collatérale.

656. The degree of relationship is established by the number of generations, each forming one degree. The series of degrees forms the direct line or the collateral line.

657. La ligne directe est la suite des degrés entre personnes qui descendent l'une de l'autre. On compte alors autant de degrés qu'il y a de générations entre le successible et le défunt.

658. La ligne directe descendante est celle qui lie la personne avec ses descendants; la ligne directe ascendante est celle qui lie la personne avec ses auteurs.

659. La ligne collatérale est la suite des degrés entre personnes qui ne descendent pas l'une de l'autre, mais d'un auteur commun.

En ligne collatérale, on compte autant de degrés qu'il y a de générations entre le successible et l'auteur commun, puis entre ce dernier et le défunt.

CHAPITRE TROISIÈME
DE LA REPRÉSENTATION

660. La représentation est une faveur accordée par la loi, en vertu de laquelle un parent est appelé à recueillir une succession qu'aurait recueillie son ascendant, parent moins éloigné du défunt, qui, étant indigne, prédécédé ou décédé au même instant que lui, ne peut la recueillir lui-même.

661. La représentation a lieu à l'infini dans la ligne directe descendante.

Elle est admise soit que les enfants du défunt concourent avec les descendants d'un enfant représenté, soit que, tous les enfants du défunt étant décédés ou indignes, leurs descendants se trouvent, entre eux, en degrés égaux ou inégaux.

657. The direct line is the series of degrees between persons descended one from another. The number of degrees in the direct line is equal to the number of generations between the successor and the deceased.

658. The direct line of descent connects a person with his descendants; the direct line of ascent connects him with his ancestors.

659. The collateral line is the series of degrees between persons descended not one from another but from a common ancestor.

In the collateral line, the number of degrees is equal to the number of generations between the successor and the common ancestor and between the common ancestor and the deceased.

CHAPTER III
REPRESENTATION

660. Representation is a favour granted by law by which a relative is called to a succession which his ascendant, who is a closer relative of the deceased, would have taken but is unable to take himself, having died previously or at the same time or being unworthy.

661. There is no limit to representation in the direct line of descent.

Representation is allowed whether the children of the deceased compete with the descendants of a represented child, or whether, all the children of the deceased being themselves deceased or unworthy, their descendants are in equal or unequal degrees of relationship to each other.

662. La représentation n'a pas lieu en faveur des ascendants; le plus proche dans chaque ligne exclut les plus éloignés.

663. En ligne collatérale, la représentation a lieu, entre collatéraux privilégiés, en faveur des descendants au premier degré des frères et soeurs du défunt, qu'ils concourent ou non avec ces derniers; entre collatéraux ordinaires, elle a lieu en faveur des autres descendants des frères et soeurs du défunt à d'autres degrés, qu'ils se trouvent, entre eux, en degrés égaux ou inégaux.

664. On ne représente pas celui qui a renoncé à la succession, mais on peut représenter celui à la succession duquel on a renoncé.

665. Dans tous les cas où la représentation est admise, le partage s'opère par souche.

Si une même souche a plusieurs branches, la subdivision se fait aussi par souche dans chaque branche, et les membres de la même branche partagent entre eux par tête.

CHAPITRE QUATRIÈME
DE L'ORDRE DE DÉVOLUTION DE LA SUCCESSION

SECTION I
DE LA DÉVOLUTION AU CONJOINT SURVIVANT ET AUX DESCENDANTS

666. Si le défunt laisse un conjoint et des descendants, la succession leur est dévolue.

Le conjoint recueille un tiers de la succession et les descendants les deux autres tiers.

662. Representation does not take place in favour of ascendants, the nearer ascendant in each line excluding the more distant.

663. In the collateral line, representation takes place, between privileged collaterals, in favour of the descendants in the first degree of the brothers and sisters of the deceased, whether or not they compete with them and, between ordinary collaterals, in favour of the other descendants of the brothers and sisters of the deceased in other degrees, whether they are in equal or unequal degrees of relationship to each other.

664. No person who has renounced a succession may be represented, but a person whose succession has been renounced may be represented.

665. In all cases where representation is permitted, partition is effected by roots.

If one root has several branches, the subdivision is also made by roots in each branch, and the members of the same branch share among themselves by heads.

CHAPTER IV
ORDER OF DEVOLUTION OF SUCCESSIONS

SECTION I
DEVOLUTION TO THE SURVIVING SPOUSE AND TO DESCENDANTS

666. If the deceased leaves a spouse and descendants, the succession devolves to them.

The spouse takes one-third of the succession and the descendants, the other two-thirds.

667. À défaut de conjoint, la succession est dévolue pour le tout aux descendants.

668. Si les descendants qui succèdent sont tous au même degré et appelés de leur chef, ils partagent par égales portions et par tête.

S'il y a représentation, ils partagent par souche.

669. Sauf s'il y a représentation, le descendant qui se trouve au degré le plus proche recueille la part attribuée aux descendants, à l'exclusion de tous les autres.

DE LA DÉVOLUTION AU CONJOINT SURVIVANT ET AUX ASCENDANTS OU COLLATÉRAUX PRIVILÉGIÉS

670. Sont des ascendants privilégiés, les père et mère du défunt.

Sont des collatéraux privilégiés, les frères et sœurs du défunt, ainsi que leurs descendants au premier degré.

671. À défaut de descendants, d'ascendants et de collatéraux privilégiés, la succession est dévolue pour le tout au conjoint survivant.

672. À défaut de descendants, la succession est dévolue au conjoint survivant pour deux tiers et aux ascendants privilégiés pour l'autre tiers.

673. À défaut de descendants et d'ascendants privilégiés, la succession est dévolue au conjoint survivant pour deux tiers et aux collatéraux privilégiés pour l'autre tiers.

674. À défaut de descendants et de conjoint survivant, la succession est partagée également entre les ascen-

667. Where there is no spouse, the entire succession devolves to the descendants.

668. If the descendants who inherit are all in the same degree and called in their own right, they share in equal portions and by heads.

If there is representation, they share by roots.

669. Unless there is representation, the descendant in the closest degree takes the share of the descendants, to the exclusion of all the others.

SECTION II
DEVOLUTION TO THE SURVIVING SPOUSE AND TO PRIVILEGED ASCENDANTS OR COLLATERALS

670. The father and mother of the deceased are privileged ascendants.

The brothers and sisters of the deceased and their descendants in the first degree are privileged collaterals.

671. Where there are neither descendants, privileged ascendants nor privileged collaterals, the entire succession devolves to the surviving spouse.

672. Where there are no descendants, two-thirds of the succession devolves to the surviving spouse and one-third to the privileged ascendants.

673. Where there are no descendants and no privileged ascendants, two-thirds of the succession devolves to the surviving spouse and one-third to the privileged collaterals.

674. Where there are no descendants and no surviving spouse, the succession is partitioned equally between the privi-

dants privilégiés et les collatéraux privilégiés.

À défaut d'ascendants privilégiés, les collatéraux privilégiés succèdent pour la totalité, et inversement.

675. Lorsque les ascendants privilégiés succèdent, ils partagent par égales portions; si l'un d'eux seulement succède, il recueille la part qui aurait été dévolue à l'autre.

676. Lorsque les collatéraux privilégiés qui succèdent sont des parents germains du défunt, ils partagent par égales portions ou par souche, le cas échéant.

Au cas contraire, la part qui leur revient est divisée également entre les lignes paternelle et maternelle du défunt; les germains prennent part dans les deux lignes et les utérins ou consanguins dans leur ligne seulement.

S'il n'y a de collatéraux privilégiés que dans une ligne, ils succèdent pour le tout, à l'exclusion de tous les autres ascendants et collatéraux ordinaires de l'autre ligne.

SECTION III
DE LA DÉVOLUTION AUX ASCENDANTS ET COLLATÉRAUX ORDINAIRES

677. Les ascendants et collatéraux ordinaires ne sont appelés à la succession qu'à défaut de conjoint, de descendants et d'ascendants ou collatéraux privilégiés du défunt.

678. Si parmi les collatéraux ordinaires se trouvent des descendants des collatéraux privilégiés, ils recueillent la moitié de la succession; l'autre moitié

leged ascendants and the privileged collaterals.

Where there are no privileged ascendants, the privileged collaterals inherit the entire succession, and vice versa.

675. Where the privileged ascendants inherit, they share equally; where only one of the privileged ascendants inherits, he takes the share that would have devolved to the other.

676. Where the privileged collaterals who inherit are fully related by blood to the deceased, they share equally or by roots, as the case may be.

Where this is not the case, the share which devolves to them is divided equally between the paternal line and the maternal line of the deceased; persons fully related by blood partake in both lines and those half related by blood partake each in his own line.

If the privileged collaterals are in one line only, they inherit the entire succession to the exclusion of all other ascendants and ordinary collaterals in the other line.

SECTION III
DEVOLUTION TO ORDINARY ASCENDANTS AND COLLATERALS

677. The ordinary ascendants and collaterals are not called to the succession unless the deceased left no spouse, no descendants and no privileged ascendants or collaterals.

678. If the ordinary collaterals include descendants of the privileged collaterals, these descendants take one-half of the succession and the other half de-

est dévolue aux ascendants et aux autres collatéraux.

À défaut de descendants de collatéraux privilégiés, la totalité de la succession est dévolue aux ascendants et aux autres collatéraux, et inversement.

679. Le partage de la succession dévolue aux ascendants et aux autres collatéraux ordinaires du défunt s'opère également entre les lignes paternelle et maternelle.

Dans chaque ligne, les personnes qui succèdent partagent par tête.

680. Dans chaque ligne, l'ascendant qui se trouve au deuxième degré recueille la part attribuée à sa ligne, à l'exclusion de tous les autres ascendants ou collatéraux ordinaires.

À défaut d'ascendant au deuxième degré dans une ligne, la part attribuée à cette ligne est dévolue aux collatéraux ordinaires qui descendent de cet ascendant et qui se trouvent au degré le plus proche.

681. À défaut, dans une ligne, de collatéraux ordinaires qui descendent des ascendants au deuxième degré, la part attribuée à cette ligne est dévolue aux ascendants qui se trouvent au troisième degré ou, à leur défaut, aux plus proches collatéraux ordinaires qui descendent de cet ascendant, et ainsi de suite, jusqu'à épuisement des parents au degré successible.

682. À défaut de parents au degré successible dans une ligne, les parents de l'autre ligne succèdent pour le tout.

683. Les parents au-delà du huitième degré ne succèdent pas.

volves to the ascendants and the other collaterals.

Where there are no descendants of privileged collaterals, the entire succession devolves to the ascendants and the other collaterals, and vice versa.

679. The succession devolving to the ordinary ascendants and the other collaterals of the deceased is divided equally between the paternal and maternal lines.

In each line, the persons who inherit share by heads.

680. In each line, the ascendant in the second degree takes the share allotted to his line, to the exclusion of the other ordinary ascendants or collaterals.

Where in one line there is no ascendant in the second degree, the share allotted to that line devolves to the closest ordinary collaterals descended from that ascendant.

681. Where in one line there are no ordinary collaterals descended from the ascendants in the second degree, the share allotted to that line devolves to the ascendants in the third degree or, if there are none, to the closest ordinary collaterals descended from them, and so on until no relatives within the degrees of succession remain.

682. If there are no relatives within the degrees of succession in one line, the relatives in the other line inherit the entire succession.

683. Relatives beyond the eighth degree do not inherit.

CHAPITRE CINQUIÈME
DE LA SURVIE DE L'OBLIGATION ALIMENTAIRE

684. Tout créancier d'aliments peut, dans les six mois qui suivent le décès, réclamer de la succession une contribution financière à titre d'aliments.

Ce droit existe encore que le créancier soit héritier ou légataire particulier ou que le droit aux aliments n'ait pas été exercé avant la date du décès, mais il n'existe pas au profit de celui qui est indigne de succéder au défunt.

685. La contribution est attribuée sous forme d'une somme forfaitaire payable au comptant ou par versements.

À l'exception de celle qui est attribuée à l'ex-conjoint du défunt qui percevait effectivement une pension alimentaire au moment du décès, la contribution attribuée aux créanciers d'aliments est fixée en accord avec le liquidateur de la succession agissant avec le consentement des héritiers et des légataires particuliers ou, à défaut d'entente, par le tribunal.

686. Pour fixer la contribution, il est tenu compte des besoins et facultés du créancier, des circonstances dans lesquelles il se trouve et du temps qui lui est nécessaire pour acquérir une autonomie suffisante ou, si le créancier percevait effectivement des aliments du défunt à l'époque du décès, du montant des versements qui avait été fixé par le tribunal pour le paiement de la pension alimentaire ou de la somme forfaitaire accordée à titre d'aliments.

Il est tenu compte également de l'actif de la succession, des avantages que celle-ci procure au créancier, des besoins et facultés des héritiers et des

CHAPTER V
THE SURVIVAL OF THE OBLIGATION TO PROVIDE SUPPORT

684. Every creditor of support may within six months after the death claim a financial contribution from the succession as support.

The right exists even where the creditor is an heir or a legatee by particular title or where the right to support was not exercised before the date of the death, but does not exist in favour of a person unworthy of inheriting from the deceased.

685. The contribution is made in the form of a lump sum payable in cash or by instalments.

The contribution made to the creditors of support, with the exception of that made to the former spouse of the deceased who was in fact receiving support at the time of the death, is fixed with the concurrence of the liquidator of the succession acting with the consent of the heirs and legatees by particular title or, failing agreement, by the court.

686. In fixing the contribution, the needs and means of the creditor of support, his circumstances and the time he needs to acquire sufficient autonomy or, if he was in fact receiving support from the deceased at the time of the death, the amount of the instalments that had been fixed by the court for the payment of the alimentary support or of the lump sum awarded as support are taken into account.

Account is also taken of the assets of the succession, the benefits derived from the succession by the creditor of support, the needs and means of the

légataires particuliers, ainsi que, le cas échéant, du droit aux aliments que d'autres personnes peuvent faire valoir.

687. Lorsque la contribution est réclamée par le conjoint ou un descendant, la valeur des libéralités faites par le défunt par acte entre vifs dans les trois ans précédant le décès et celles ayant pour terme le décès sont considérées comme faisant partie de la succession pour fixer la contribution.

688. La contribution attribuée au conjoint ou à un descendant ne peut excéder la différence entre la moitié de la part à laquelle il aurait pu prétendre si toute la succession, y compris la valeur des libéralités, avait été dévolue suivant la loi et ce qu'il reçoit de la succession.

Celle qui est attribuée à l'ex-conjoint est égale à douze mois d'aliments, celle attribuée à un autre créancier d'aliments est égale à six mois d'aliments; toutefois, dans l'un et l'autre cas, elle ne peut, même si le créancier percevait effectivement des aliments du défunt à l'époque de la succession, excéder le moindre de la valeur de douze ou six mois d'aliments ou 10 p. 100 de la valeur de la succession, y compris, le cas échéant, la valeur des libéralités.

689. Lorsque l'actif de la succession est insuffisant pour payer entièrement les contributions dues au conjoint ou à un descendant, en raison des libéralités faites par acte entre vifs dans les trois ans précédant le décès ou de celles ayant pour terme le décès, le tribunal peut ordonner la réduction de ces libéralités.

heirs and legatees by particular title and, where that is the case, the right to support which may be claimed by other persons.

687. Where the contribution is claimed by the spouse or a descendant, the value of the liberalities made by the deceased by act *inter vivos* during the three years preceding the death and those taking effect at the death are considered to be part of the succession for the fixing of the contribution.

688. The contribution granted to the spouse or to a descendant may not exceed the difference between one-half of the share he could have claimed had the entire succession, including the value of the liberalities, devolved according to law, and what he receives from the succession.

The contribution granted to the former spouse is equal to the value of twelve months' support, and that granted to other creditors of support is equal to the value of six months' support; however, in neither case may such a contribution, even where the creditor was in fact receiving support from the deceased at the time of the succession, exceed the lesser of the value of twelve or six months' support and ten per cent of the value of the succession including, where that is the case, the value of the liberalities.

689. Where the assets of the succession are insufficient to make full payment of the contributions due to the spouse or to a descendant, as a result of liberalities made by acts *inter vivos* during the three years preceding the death or taking effect at the death, the court may order the liberalities reduced.

Toutefois, les libéralités auxquelles le conjoint ou le descendant a consenti ne peuvent être réduites et celles qu'il a reçues doivent être imputées sur sa créance.

690. Est présumée être une libéralité toute aliénation, sûreté ou charge consentie par le défunt pour une prestation dont la valeur est nettement inférieure à celle du bien au moment où elle a été faite.

691. Sont assimilés à des libéralités les avantages découlant d'un régime de retraite visé à l'article 415 ou d'un contrat d'assurance de personne, lorsque ces avantages auraient fait partie de la succession ou auraient été versés au créancier n'eût été la désignation d'un titulaire subrogé ou d'un bénéficiaire, par le défunt, dans les trois ans précédant le décès. Malgré toute disposition contraire, les droits que confèrent les avantages découlant de ces régimes ou contrats sont cessibles et saisissables pour le paiement d'une créance alimentaire payable en vertu du présent chapitre.

692. À moins qu'ils n'aient été manifestement exagérés eu égard aux facultés du défunt, les frais d'entretien ou d'éducation et les cadeaux d'usage ne sont pas considérés comme des libéralités.

693. La réduction des libéralités se fait contre un ou plusieurs des bénéficiaires simultanément.

Au besoin, le tribunal fixe la part que doit payer chacun des bénéficiaires poursuivis ou mis en cause.

694. Le paiement de la réduction se fait, à défaut d'accord entre les parties, aux

Liberalities to which the spouse or descendant consented may not be reduced, however, and those he has received shall be debited from his claim.

690. Any alienation, security or charge granted by the deceased for a prestation clearly of smaller value than that of the property at the time it was made is presumed to be a liberality.

691. Benefits under a retirement plan contemplated in article 415 or under a contract of insurance of persons, where these benefits would have been part of the succession or would have been paid to the creditor had it not been for the designation of a subrogated holder or a beneficiary, by the deceased, during the three years preceding the death, are classed as liberalities. Notwithstanding any provision to the contrary, rights conferred by benefits under any such plan or contract may be transferred or seized for the payment of support due under this chapter.

692. The cost of education or maintenance and customary presents are not considered to be liberalities unless, considering the means of the deceased, they are manifestly exaggerated.

693. Reduction of the liberalities may operate against only one of the beneficiaries or against several of them simultaneously.

If need be, the court fixes the share that shall be payable by each of the beneficiaries sued or impleaded.

694. Payment of the reduction is made, failing agreement between the parties,

conditions que le tribunal détermine et suivant les modalités de garantie et de paiement qu'il fixe.

Elle ne peut être ordonnée en nature, mais le débiteur peut toujours se libérer par le remise du bien.

695. Les biens s'évaluent suivant leur état à l'époque de la libéralité et leur valeur à l'ouverture de la succession; si un bien a été aliéné, on considère sa valeur à l'époque de l'aliénation ou, en cas de remploi, la valeur du bien substitué au jour de l'ouverture de la succession.

Les libéralités en usufruit, en droit d'usage, en rente ou en revenus d'une fiducie sont comptées pour leur valeur en capital au jour de l'ouverture de la succession.

CHAPITRE SIXIÈME
DES DROITS DE L'ÉTAT

696. Lorsque le défunt ne laisse ni conjoint ni parents au degré successible, ou que tous les successibles ont renoncé à la succession ou qu'aucun successible n'est connu ou ne la réclame, l'État recueille, de plein droit, les biens de la succession qui sont situés au Québec.

Est sans effet la disposition testamentaire qui, sans régler la dévolution des biens, vient faire échec à ce droit.

697. L'État n'est pas un héritier; il est néanmoins saisi, comme un héritier, des biens du défunt, dès que tous les successibles connus ont renoncé à la succession ou six mois après le décès, lorsque aucun successible n'est connu ou ne réclame la succession.

on the conditions determined by the court and on the terms and conditions of warranty and payment it fixes.

Payment in kind may not be ordered, but the debtor may relieve his debt at any time by handing over the property.

695. Property is valued according to its condition at the time of the liberality and its value at the opening of the succession; if property has been alienated, its value at the time of alienation or, in the case of reinvestment, the value of the replacement property on the opening day of the succession is the value considered.

Liberalities in the form of a usufruct, right of use, annuity or income from a trust are counted at their capital value on the opening day of the succession.

CHAPTER VI
RIGHTS OF THE STATE

696. Where the deceased leaves no spouse or relatives within the degrees of succession, or where all the successors have renounced the succession, or where no successor is known or claims the succession, the State takes of right the property of the succession situated in Québec.

Any testamentary disposition which would render this right nugatory without otherwise providing for the devolution of the property is without effect.

697. The State is not an heir, but, once all known successors have renounced the succession, or, where no successor is known or claims the succession, six months after the death, is seised of the property of the deceased in the same manner as an heir.

Il n'est pas tenu des obligations du défunt au-delà de la valeur des biens qu'il recueille.

698. La saisine de l'État à l'égard d'une succession qui lui est dévolue est exercée par le curateur public, jusqu'à ce qu'il se soit écoulé dix ans depuis l'ouverture.

Tant qu'ils demeurent confiés à l'administration du curateur public, les biens de la succession ne sont pas confondus avec les biens de l'État.

699. Sous réserve des lois relatives à la curatelle publique et sans autre formalité, le curateur public agit comme liquidateur de la succession. Il est tenu de faire inventaire et de donner avis de la saisine de l'État à la *Gazette officielle du Québec*; il doit également faire publier l'avis dans un journal distribué dans la localité où était établi le domicile du défunt.

700. À la fin de la liquidation, le curateur public rend compte au ministre des Finances.

Il donne et publie un avis de la fin de la liquidation, de la même manière que s'il s'agissait d'un avis de la saisine de l'État; il indique, à l'avis, le reliquat de la succession et le délai pendant lequel tout successible peut faire valoir ses droits d'héritier.

701. Après la reddition de compte, le curateur public est chargé de la pleine administration des biens de la succession; il le demeure jusqu'à ce qu'un héritier se présente pour réclamer la succession ou qu'il se soit écoulé dix ans depuis son ouverture, ou encore, si une action en pétition d'hérédité a été signifiée au curateur public pendant ce délai, jusqu'à ce que jugement soit rendu sur cette action.

It is not liable for obligations of the deceased amounting to more than the value of the property it receives.

698. Seisin of a succession which falls to the State is vested in the Public Curator for a period of ten years from its opening.

No property of a succession may be mingled with the property of the State so long as it remains under the administration of the Public Curator.

699. Subject to the Acts respecting public curatorship and without any other formality, the Public Curator acts as liquidator of the succession. He is bound to make an inventory and give notice of the seisin of the State in the *Gazette officielle du Québec*; he shall also cause the notice to be published in a newspaper circulated in the locality where the deceased was domiciled.

700. At the end of the liquidation, the Public Curator renders an account to the Minister of Finance.

The Public Curator gives and publishes a notice of the end of the liquidation in the same manner as for a notice of seisin of the State. He indicates in the notice the residue of the succession and the time granted to successors to assert their rights of heirship.

701. After rendering an account, the Public Curator is responsible for the full administration of the property of the succession. He retains the administration until an heir presents himself to claim the succession, or for a period of ten years from its opening, or again, if an action to bring a petition of inheritance has been served on the Public Curator during that time, until the action is decided.

Lorsque cette administration prend fin et qu'il reste des biens de la succession, le curateur public en assume alors la gestion pour le compte de l'État.

Management of any property remaining at the end of the administration is carried out by the Public Curator on behalf of the State.

702. L'héritier qui réclame la succession la reprend dans l'état où elle se trouve, sauf son droit de réclamer des dommages-intérêts si les formalités de la loi n'ont pas été suivies.

702. An heir who claims the succession takes it in its actual condition, subject to his right to claim damages if the legal formalities have not been followed.

TITRE QUATRIÈME
DES TESTAMENTS

TITLE FOUR
WILLS

CHAPITRE PREMIER
DE LA NATURE DU TESTAMENT

CHAPTER I
THE NATURE OF WILLS

703. Toute personne ayant la capacité requise peut, par testament, régler autrement que ne le fait la loi la dévolution, à sa mort, de tout ou partie de ses biens.

703. Every person having the required capacity may, by will, provide otherwise than as by law for the devolution upon his death of the whole or part of his property.

704. Le testament est un acte juridique unilatéral, révocable, établi dans l'une des formes prévues par la loi, par lequel le testateur dispose, par libéralité, de tout ou partie de ses biens, pour n'avoir effet qu'à son décès.

704. A will is a unilateral and revocable juridical act drawn up in one of the forms provided for by law, by which the testator disposes by liberality of all or part of his property, to take effect only after his death.

Il ne peut être fait conjointement par deux ou plusieurs personnes.

In no case may a will be made jointly by two or more persons.

705. Le testament peut ne contenir que des dispositions relatives à la liquidation successorale, à la révocation de dispositions testamentaires antérieures ou à l'exclusion d'un héritier.

705. The act is a will even if it contains only provisions regarding the liquidation of the succession, the revocation of previous testamentary dispositions or the exclusion of an heir.

706. Personne ne peut, même par contrat de mariage, si ce n'est dans les limites prévues par l'article 1841, abdiquer sa faculté de tester, de disposer à cause de mort ou de révoquer les dispositions testamentaires qu'il a faites.

706. No person may, even in a marriage contract, except within the limits provided in article 1841, renounce his right to make a will, to dispose of his property in contemplation of death or to revoke the testamentary dispositions he has made.

CHAPITRE DEUXIÈME
DE LA CAPACITÉ REQUISE POUR TESTER

707. La capacité du testateur se considère au temps de son testament.

708. Le mineur ne peut tester d'aucune partie de ses biens si ce n'est de biens de peu de valeur.

709. Le testament fait par un majeur après sa mise en tutelle peut être confirmé par le tribunal si la nature de ses dispositions et les circonstances qui entourent sa confection le permettent.

710. Le majeur en curatelle ne peut tester. Le majeur pourvu d'un conseiller peut tester sans être assisté.

711. Les tuteurs, curateurs ou conseillers ne peuvent tester pour ceux qu'ils représentent ou assistent, ni seuls ni conjointement avec ces derniers.

CHAPITRE TROISIÈME
DES FORMES DU TESTAMENT

SECTION I
DISPOSITIONS GÉNÉRALES

712. On ne peut tester que par testament notarié, olographe ou devant témoins.

713. Les formalités auxquelles les divers testaments sont assujettis doivent être observées, à peine de nullité.

Néanmoins, le testament fait sous une forme donnée et qui ne satisfait pas aux exigences de cette forme vaut comme testament fait sous une autre forme, s'il en respecte les conditions de validité.

CHAPTER II
THE CAPACITY REQUIRED TO MAKE A WILL

707. The capacity of the testator is considered relatively to the time he made his will.

708. A minor may not dispose of any part of his property by will, except articles of little value.

709. A will made by a person of full age after he has been placed under tutorship may be confirmed by the court if the nature of its dispositions and the circumstances in which it was drawn up allow it.

710. A person of full age under curatorship may not make a will. A person of full age provided with an adviser may make a will without assistance.

711. A tutor, curator or adviser may not make a will on behalf of the person whom he represents or assists, either alone or jointly with that person.

CHAPTER III
FORMS OF WILLS

SECTION I
GENERAL PROVISIONS

712. The only forms of will that may be made are the notarial will, the holograph will and the will made in the presence of witnesses.

713. The formalities governing the various kinds of wills shall be observed on pain of nullity.

However, if a will made in one form does not meet the requirements of that form of will, it is valid as a will made in another form if it meets the requirements for validity of that other form.

714. Le testament olographe ou devant témoins qui ne satisfait pas pleinement aux conditions requises par sa forme vaut néanmoins s'il y satisfait pour l'essentiel et s'il contient de façon certaine et non équivoque les dernières volontés du défunt.

715. Nul ne peut soumettre la validité de son testament à des formalités que la loi ne prévoit pas.

SECTION II
DU TESTAMENT NOTARIÉ

716. Le testament notarié est reçu en minute par un notaire, assisté d'un témoin ou, en certains cas, de deux témoins.

Il doit porter mention de la date et du lieu où il est reçu.

717. Le testament notarié est lu par le notaire au testateur seul ou, au choix du testateur, en présence d'un témoin. Une fois la lecture faite, le testateur doit déclarer en présence du témoin que l'acte lu contient l'expression de ses dernières volontés.

Le testament est ensuite signé par le testateur et le ou les témoins, ainsi que par le notaire; tous signent en présence les uns des autres.

718. Les formalités du testament notarié sont présumées avoir été accomplies, même s'il n'en est pas fait mention expresse, sous réserve des lois relatives au notariat.

Cependant, en cas de formalités spéciales à certains testaments, mention doit être faite dans l'acte de la cause de leur accomplissement.

719. Le testament notarié de celui qui ne peut signer contient la déclaration du

714. A holograph will or a will made in the presence of witnesses that does not meet all the requirements of that form is valid nevertheless if it meets the essential requirements thereof and if it unquestionably and unequivocally contains the last wishes of the deceased.

715. No person may cause the validity of his will to be subject to any formality not required by law.

SECTION II
NOTARIAL WILLS

716. A notarial will is made before a notary, *en minute*, in the presence of a witness or, in certain cases, two witnesses.

The date and place of the making of the will shall be noted on the will.

717. A notarial will is read by the notary to the testator alone or, if the testator chooses, in the presence of a witness. Once the reading is done, the testator shall declare in the presence of the witness that the act read contains the expression of his last wishes.

The will, after being read, is signed by the testator, the witness or witnesses and the notary, in each other's presence. [1992, ch. 57, s. 716].

718. The formalities governing notarial wills are presumed to have been observed even when this is not expressly stated, subject to the Acts respecting notaries.

However, where special formalities are attached to certain wills, the reason for their observance shall be mentioned in the act.

719. The notarial will of a testator who cannot sign contains a declaration by

testateur faisant état de ce fait. Cette déclaration est également lue par le notaire au testateur, en présence de deux témoins, et elle suppléе à l'absence de signature du testateur.

720. Le testament notarié de l'aveugle est lu par le notaire au testateur en présence de deux témoins.

Dans le testament, le notaire déclare qu'il en a fait la lecture en présence des témoins; cette déclaration est également lue.

721. Le testament notarié du sourd ou du sourd-muet est lu par le testateur lui-même en présence du notaire seul ou, à son choix, du notaire et d'un témoin. La lecture est faite à haute voix si le testateur est sourd seulement.

Dans le testament, le testateur déclare qu'il l'a lu en présence du notaire et, le cas échéant, du témoin.

Si le testateur est sourd-muet, cette déclaration lui est lue par le notaire en présence du témoin; s'il est sourd, elle est lue par lui-même à haute voix, en présence du notaire et du témoin.

722. La personne qui, ne pouvant s'exprimer de vive voix, désire faire un testament notarié, instruit le notaire de ses volontés par écrit.

723. Le testament notarié ne peut être reçu par un notaire conjoint, parent ou allié du testateur, ni en ligne directe, ni en ligne collatérale jusqu'au troisième degré inclusivement.

724. Le notaire qui reçoit un testament peut y être désigné comme liquidateur, à la condition de remplir gratuitement cette charge.

him to that effect. This declaration also is read by the notary to the testator in the presence of two witnesses, and it compensates for the absence of the signature of the testator.

720. The notarial will of a blind person is read by the notary to the testator in the presence of two witnesses.

In the will, the notary declares that he has read the will in the presence of the witnesses, and this declaration also is read.

721. The notarial will of a deaf person or a deaf-mute is read by the testator himself in the presence of the notary alone or, if he chooses, of the notary and a witness. If the testator is only deaf, he reads the will aloud.

In the will, the testator declares that he has read it in the presence of the notary and, where such is the case, the witness.

If the testator is deaf-mute, the declaration is read to him by the notary in the presence of the witness; if he is deaf, it is read aloud by the testator himself, in the presence of the notary and the witness.

722. A person unable to express himself aloud who wishes to make a notarial will conveys his wishes to the notary in writing.

723. In no case may a notarial will be made before a notary who is the spouse of the testator or is related to him in either the direct or the collateral line up to and including the third degree, or connected with him by marriage.

724. The notary before whom a will is made may be designated in the will as the liquidator, provided his discharge of that office is gratuitous.

725. Le témoin appelé à assister au testament notarié doit y être nommé et désigné.

Tout majeur peut assister comme témoin au testament notarié, à l'exception des employés du notaire instrumentant qui ne sont pas notaires.

SECTION III
DU TESTAMENT OLOGRAPHE

726. Le testament olographe doit être entièrement écrit par le testateur et signé par lui, autrement que par un moyen technique.

Il n'est assujetti à aucune autre forme.

SECTION IV
DU TESTAMENT DEVANT TÉMOINS

727. Le testament devant témoins est écrit par le testateur ou par un tiers.

En présence de deux témoins majeurs, le testateur déclare ensuite que l'écrit qu'il présente, et dont il n'a pas à divulguer le contenu, est son testament; il le signe à la fin ou, s'il l'a signé précédemment, reconnaît sa signature; il peut aussi le faire signer par un tiers pour lui, en sa présence et suivant ses instructions.

Les témoins signent aussitôt le testament en présence du testateur.

728. Lorsque le testament est écrit par un tiers ou par un moyen technique, le testateur et les témoins doivent parapher ou signer chaque page de l'acte qui ne porte pas leur signature.

L'absence de paraphe ou de signature à chaque page n'empêche pas le testament notarié, qui ne peut valoir

725. A witness called upon to be present at the making of a notarial will shall be named and designated in the will.

Any person of full age may witness a notarial will, except an employee of the attesting notary who is not himself a notary.

SECTION III
HOLOGRAPH WILLS

726. A holograph will shall be written entirely by the testator and signed by him without the use of any mechanical process.

It is subject to no other formal requirement. [1992, ch. 57, s. 716].

SECTION IV
WILLS MADE IN THE PRESENCE
OF WITNESSES

727. A will made in the presence of witnesses is written by the testator or by a third person.

After making the will, the testator declares in the presence of two witnesses of full age that the document he is presenting is his will. He need not divulge its contents. He signs it at the end or, if he has already signed it, acknowledges his signature; he may also cause a third person to sign it for him in his presence and according to his instructions.

The witnesses thereupon sign the will in the presence of the testator.

728. Where the will is written by a third person or by a mechanical process, the testator and the witnesses initial or sign each page of the act which does not bear their signature.

The absence of initials or a signature on each page does not prevent a will made before a notary that is not valid as

comme tel, de valoir comme testament devant témoins si les autres formalités sont accomplies.

729. La personne qui ne peut lire ne peut faire un testament devant témoins, à moins que la lecture n'en soit faite au testateur par l'un des témoins en présence de l'autre.

En présence des mêmes témoins, le testateur déclare que l'écrit lu est son testament et le signe à la fin ou le fait signer par un tiers pour lui, en sa présence et suivant ses instructions.

Les témoins signent aussitôt le testament en présence du testateur.

730. La personne qui ne peut parler, mais peut écrire, peut faire un testament devant témoins, à la condition d'écrire elle-même, autrement que par un moyen technique mais en présence des témoins, que l'écrit qu'elle présente est son testament.

a notarial will from being valid as a will made in the presence of witnesses, if the other formalities are observed.

729. A person who is unable to read may not make a will in the presence of witnesses, unless the will is read to the testator by one of the witnesses in the presence of the other.

The testator, in the presence of the same witnesses, declares that the document read is his will and signs it at the end or causes a third person to sign it for him in his presence and according to his instructions.

The witnesses thereupon sign the will in the presence of the testator.

730. A person who is unable to speak but able to write may make a will in the presence of witnesses, provided he indicates in writing, otherwise than by a mechanical process, in the presence of witnesses, that the writing he is presenting is his will.

CHAPITRE QUATRIÈME
DES DISPOSITIONS TESTAMENTAIRES
ET DES LÉGATAIRES

SECTION I
DES DIVERSES ESPÈCES DE LEGS

CHAPTER IV
TESTAMENTARY DISPOSITIONS
AND LEGATEES

SECTION I
VARIOUS KINDS OF LEGACIES

731. Les legs sont de trois espèces: universel, à titre universel ou à titre particulier.

731. Legacies are of three kinds: universal, by general title and by particular title.

732. Le legs universel est celui qui donne à une ou plusieurs personnes vocation à recueillir la totalité de la succession.

732. A universal legacy entitles one or several persons to take the entire succession.

733. Le legs à titre universel est celui qui donne à une ou plusieurs personnes vocation à recueillir:

1° La propriété d'une quote-part de la succession;

733. A legacy by general title entitles one or several persons to take

(1) the ownership of an aliquot share of the succession;

2° Un démembrement du droit de propriété sur la totalité ou sur une quote-part de la succession;

3° La propriété ou un démembrement de ce droit sur la totalité ou sur une quote-part de l'universalité des immeubles ou des meubles, des biens propres, communs ou acquêts, ou des biens corporels ou incorporels.

734. Tout legs qui n'est ni universel ni à titre universel est à titre particulier.

735. L'exception de biens particuliers, quels qu'en soient le nombre et la valeur, n'enlève pas son caractère au legs universel ou à titre universel.

736. Les biens que le testateur laisse sans en avoir disposé, ou à l'égard desquels les dispositions sont privées d'effet, demeurent dans sa succession *ab intestat* et sont dévolus suivant les règles relatives à la dévolution légale des successions.

737. Les dispositions testamentaires faites sous le nom d'institution d'héritier, de don ou de legs, ou sous toute autre dénomination propre à manifester la volonté du testateur, produisent leurs effets suivant les règles établies au présent livre pour les legs universels, à titre universel ou à titre particulier.

Ces règles, de même que le sens attribué à certains termes, cèdent devant l'expression suffisante, par le testateur, d'une volonté différente.

(2) a dismemberment of the right of ownership of the whole or of an aliquot share of the succession;

(3) the ownership or a dismemberment of the right of ownership of the whole or of an aliquot share of all the immovable or movable property, private property, property in a community or acquests, or corporeal or incorporeal property.

734. Any legacy which is neither a universal legacy nor a legacy by general title is a legacy by particular title.

735. The exception of particular items of property, whatever their number or value, does not destroy the character of a universal legacy or of a legacy by general title.

736. Property left by the testator for which he made no disposition or respecting which the dispositions of his will are without effect remains in his intestate succession and devolves according to the rules governing legal devolution of successions.

737. Testamentary dispositions made in the form of an appointment of heir, a gift or a legacy, or in other terms indicating the intentions of the testator, take effect according to the rules laid down in this Book with regard to universal legacies, legacies by general title or legacies by particular title.

Sufficient expression by the testator of a different intention takes precedence over the rules referred to in the first paragraph and the meaning ascribed to certain terms.

SECTION II
DES LÉGATAIRES

738. Le légataire universel ou à titre universel est héritier dès l'ouverture de

SECTION II
LEGATEES

738. A universal legatee or legatee by general title is the heir upon the opening

la succession, pour autant qu'il accepte le legs.

739. Le légataire particulier qui accepte le legs n'est pas un héritier, mais il est néanmoins saisi, comme un héritier, des biens légués, par le décès du défunt ou par l'événement qui donne effet à son legs.

Il n'est pas tenu des obligations du défunt sur ces biens, à moins que les autres biens de la succession ne suffisent pas à payer les dettes; en ce cas, il n'est tenu qu'à concurrence de la valeur des biens qu'il recueille.

740. Le légataire particulier doit, pour recevoir son legs, avoir les mêmes qualités que celles requises pour succéder.

Il peut être indigne de recevoir, comme on peut l'être pour succéder; il peut, comme un successible, demander au tribunal de déclarer l'indignité d'un héritier ou d'un colégataire particulier.

741. Le légataire particulier a le droit, comme un successible, de délibérer et d'exercer son option à l'égard du legs qui lui est fait, avec les mêmes effets et suivant les mêmes règles.

742. Les dispositions relatives à la pétition d'hérédité et à ses effets sur la transmission de la succession sont également applicables au légataire particulier, compte tenu des adaptations nécessaires.

Pour le reste, le légataire particulier est assujetti aux dispositions du présent livre qui concernent les légataires.

SECTION III
DE L'EFFET DES LEGS

743. Les fruits et revenus du bien légué profitent au légataire, à compter de l'ou-

of the succession, provided he accepts the legacy.

739. A legatee by particular title who accepts the legacy is not an heir, but is seised as an heir of the property of the legacy by the death of the deceased or by the event giving effect to his legacy.

He is not liable for the debts of the deceased on the property of the legacy unless the other property of the succession is insufficient to pay the debts, in which case he is liable only up to the value of the property he takes.

740. In order to receive his legacy, the legatee by particular title is required to have the same qualities as for succession.

He may be unworthy to receive on the same grounds as for succession; like a successor, he may apply to the court to declare an heir or a colegatee by particular title unworthy.

741. Like a successor, a legatee by particular title has the right to deliberate and exercise his option in respect of the legacy made to him, with the same effects and according to the same rules.

742. The provisions respecting the petition of inheritance and its effects on the transmission of the succession are also applicable, adapted as required, to a legatee by particular title.

In all other respects, the legatee by particular title is subject to the provisions of this Book respecting legatees.

SECTION III
THE EFFECT OF LEGACIES

743. Fruits and revenues from the property bequeathed accrue to the legatee

verture de la succession ou du moment où la disposition produit effet à son égard.

744. Le bien légué est délivré avec ses accessoires, dans l'état où il se trouve au décès du testateur.

Il en est de même, s'il s'agit d'un legs de valeurs mobilières, des droits qui leur sont attachés et n'ont pas encore été exercés.

745. En cas de legs d'un immeuble, l'immeuble accessoire ou annexe qui a été acquis par le testateur depuis la signature du testament est présumé compris dans le legs s'il compose un tout avec l'immeuble légué.

746. Le legs d'une entreprise est présumé inclure les exploitations acquises ou créées depuis la signature du testament et qui composent, au décès, une unité économique avec l'entreprise léguée.

747. Lorsque le paiement du legs est soumis à un terme, le légataire a, néanmoins, un droit acquis dès le décès du testateur et transmissible à ses propres héritiers ou légataires particuliers.

Son droit au legs fait sous condition est également transmissible, sauf si la condition a un caractère purement personnel.

748. Le legs au créancier n'est pas présumé fait en compensation de sa créance.

749. La représentation a lieu, dans les successions testamentaires, de la même manière et en faveur des mêmes personnes que dans les successions *ab*

from the opening of the succession or the time when the disposition takes effect in his favour.

744. Bequeathed property is delivered, with its dependencies, in the condition it was in when the testator died.

This rule also applies to the rights attached to bequeathed securities, if they have not yet been exercised.

745. Where immovable property is bequeathed, any dependent or annexed immovable property acquired by the testator after signing the will is presumed to be included in the legacy, provided the property forms a unit with the immovable bequeathed.

746. The bequest of an enterprise is presumed to include the operations acquired or created after the signing of the will which, at the time of death, make up an economic unit with the bequeathed enterprise.

747. Where the payment of a legacy is subject to a term, the legatee nevertheless has an acquired right from the death of the testator which is transmissible to his own heirs or legatees by particular title.

The right of the legatee to a legacy made under a condition is also transmissible unless the condition is of a purely personal nature.

748. A legacy to a creditor is not presumed to have been made as compensation for his claim.

749. Where, in testamentary successions, the legacy is made to all the descendants or collaterals of the testator who would have been called to his suc-

intestat, lorsque le legs est fait à tous les descendants ou collatéraux du testateur qui auraient été appelés à sa succession s'il était décédé *ab intestat*, à moins qu'elle ne soit exclue par le testateur, expressément ou par l'effet des dispositions du testament.

Cependant, il n'y a pas de représentation en matière de legs particulier, sauf disposition contraire du testateur.

cession had he died intestate, representation takes place in the same manner and in favour of the same persons as in intestate successions, unless it is excluded by the testator, expressly or by the effect of the dispositions of the will.

There is no representation in the matter of legacies by particular title, however, unless the testator has so provided.

SECTION IV
DE LA CADUCITÉ ET DE LA NULLITÉ DES LEGS

SECTION IV
LAPSE AND NULLITY OF LEGACIES

750. Le legs est caduc, sauf s'il y a lieu à représentation, lorsque le légataire n'a pas survécu au testateur.

Il est aussi caduc lorsque le légataire le refuse, est indigne de le recevoir, ou encore lorsqu'il décède avant l'accomplissement de la condition suspensive dont le legs est assorti si la condition a un caractère purement personnel.

750. A legacy lapses when the legatee does not survive the testator, except where there may be representation.

A legacy also lapses where the legatee refuses it, is unworthy to receive it or, again, where he dies before the fulfilment of the suspensive condition attached to it, if the condition is of a purely personal nature.

751. Le legs est également caduc si le bien légué a totalement péri du vivant du testateur ou avant l'ouverture du legs fait sous une condition suspensive.

Si la perte du bien survient au décès du testateur, à l'ouverture du legs ou postérieurement, l'indemnité d'assurance est substituée au bien qui a péri.

751. A legacy also lapses if the bequeathed property perished totally during the lifetime of the testator or before the opening of a legacy made under a suspensive condition.

If the loss of the property occurs at the death of the testator, at the opening of the bequest or subsequently, the insurance indemnity is substituted for the property that perished.

752. Lorsqu'un legs chargé d'un autre legs devient caduc pour une cause qui se rattache au légataire, le legs imposé comme charge devient lui-même caduc, à moins que l'héritier ou le légataire qui recueille ce qui faisait l'objet du legs atteint de caducité soit en mesure d'exécuter la charge.

752. Where a legacy charged with another legacy lapses from a cause depending on the legatee, the legacy imposed as a charge also lapses, unless the heir or legatee called to take what was the object of the lapsed legacy is able to execute the charge.

753. Le legs fait au liquidateur en guise de rémunération est caduc si le liquidateur n'accepte pas la charge.

Il en est de même du legs rémunératoire en faveur de la personne que le testateur nomme tuteur à un enfant mineur ou qu'il a désignée pour agir à titre d'administrateur du bien d'autrui.

754. Le legs rémunératoire est résolu lorsque le liquidateur, le tuteur ou autre administrateur du bien d'autrui désigné par le testateur cesse d'occuper sa charge; dans ce cas, il a droit à une rémunération proportionnelle à la valeur du legs et au temps pendant lequel il a occupé la charge.

755. Il y a accroissement au profit des légataires particuliers lorsque le bien leur est légué conjointement et qu'il y a caducité à l'égard de l'un d'eux.

756. Le legs particulier est présumé fait conjointement lorsqu'il est fait par une seule et même disposition, et que le testateur n'a pas assigné la part de chacun des colégataires dans le bien légué ou qu'il leur a assigné des quotes-parts égales.

Il est encore présumé fait conjointement lorsque tout le bien a été légué par le même acte à plusieurs personnes séparément.

757. La condition impossible ou contraire à l'ordre public est réputée non écrite.

Ainsi est réputée non écrite la disposition limitant, dans le cas de remariage, les droits du conjoint survivant.

758. La clause pénale ayant pour but d'empêcher l'héritier ou le légataire par-

753. A legacy made to the liquidator as remuneration lapses if he does not accept the office.

This is also the case where a legacy is made to remunerate the person appointed by the testator as tutor to a minor child or designated by him to act as the administrator of the property of others.

754. A remunerative legacy ceases to have effect where the liquidator, tutor or administrator of the property of others designated by the testator ceases to hold office as such; he has in this case a right to remuneration proportionate to the value of the legacy and the time for which he held office.

755. Accretion takes place in favour of the legatees by particular title where property is bequeathed to them jointly and a lapse occurs with regard to one of them.

756. A legacy by particular title is presumed to be made jointly if it is made by one and the same disposition and if the testator has not allotted the share of each colegatee in the bequeathed property or has allotted the colegatees equal aliquot shares.

It is also presumed to be made jointly when the entire property is bequeathed by the same act to several persons separately.

757. A condition that is impossible or that is contrary to public order is deemed unwritten.

Thus, a clause limiting the rights of the surviving spouse in the event of remarriage is deemed unwritten. [1992, ch. 57, s. 716].

758. A penal clause intended to prevent an heir or a legatee by particular title

ticulier de contester la validité de tout ou partie du testament est réputée non écrite.

Est aussi réputée non écrite l'exhérédation prenant la forme d'une clause pénale visant le même but.

759. Le legs fait au notaire qui reçoit le testament ou celui fait au conjoint du notaire ou à l'un de ses parents au premier degré est sans effet; les autres dispositions du testament subsistent.

760. Le legs fait au témoin, même en surnombre, est sans effet, mais laisse subsister les autres dispositions du testament.

Il en est de même, pour la partie qui excède sa rémunération, du legs fait en faveur du liquidateur ou d'un autre administrateur du bien d'autrui désigné au testament, s'il agit comme témoin.

761. Le legs fait au propriétaire, à l'administrateur ou au salarié d'un établissement de santé ou de services sociaux qui n'est ni le conjoint ni un proche parent du testateur, est sans effet s'il a été fait à l'époque où le testateur y était soigné ou y recevait des services.

Le legs fait au membre de la famille d'accueil à l'époque où le testateur y demeurait est également sans effet.

762. Le legs du bien d'autrui est sans effet, sauf s'il apparaît que l'intention du testateur était d'obliger l'héritier à procurer le bien légué au légataire particulier.

CHAPITRE CINQUIÈME
DE LA RÉVOCATION DU TESTAMENT OU D'UN LEGS

763. La révocation du testament ou d'un legs est expresse ou tacite.

from contesting the validity of the will or any part of it is deemed unwritten.

An exheredation taking the form of a penal clause intended for the same purpose is also deemed unwritten.

759. A legacy made to the notary who receives a will or to the spouse of the notary or to a relative in the first degree of the notary is null; this does not affect the other dispositions of the will.

760. A legacy made to a witness, even a supernumerary, is null, but this does not affect the other dispositions of the will.

The same is true of that part of the legacy made to the liquidator or to another administrator of property of others designated in the will which exceeds his remuneration, if he acts as a witness.

761. A legacy made to the owner, a director or an employee of a health or social services establishment who is neither the spouse nor a close relative of the testator is null if it was made while the testator was receiving care or services from the establishment.

A legacy made to a member of a foster family while the testator was residing with that family is also null.

762. A legacy of property of another is null, unless it appears that the intention of the testator was to oblige the heir to obtain the bequeathed property for the legatee by particular title.

CHAPTER V
REVOCATION OF WILLS AND LEGACIES

763. Revocation of a will or of a legacy is express or tacit.

764. Le legs fait au conjoint antérieurement au divorce est révoqué, à moins que le testateur n'ait, par des dispositions testamentaires, manifesté l'intention d'avantager le conjoint malgré cette éventualité.

La révocation du legs emporte celle de la désignation du conjoint comme liquidateur de la succession.

Les mêmes règles s'appliquent en cas de nullité du mariage prononcée du vivant des époux.

765. La révocation expresse est faite par un testament postérieur portant explicitement déclaration du changement de volonté.

La révocation qui ne vise pas spécialement l'acte révoqué ne cesse pas d'être expresse.

766. Le testament qui en révoque un autre peut être fait dans une forme différente de celle du testament révoqué.

767. La destruction, la lacération ou la rature du testament olographe ou fait devant témoins emporte révocation s'il est établi qu'elle a été faite délibérément par le testateur ou sur son ordre. De même, la rature d'une de leurs dispositions emporte révocation du legs qui y est fait.

La destruction ou la perte du testament connue du testateur, alors qu'il était en mesure de le remplacer, emporte aussi révocation.

768. La révocation tacite résulte pareillement de toute disposition testamentaire nouvelle, dans la mesure où elle est incompatible avec une disposition antérieure.

764. A legacy made to the spouse before divorce is revoked unless the testator manifested, by means of testamentary dispositions, the intention of benefitting the spouse despite that possibility.

Revocation of the legacy entails revocation of the designation of the spouse as liquidator of the succession.

The same rules apply if the marriage is declared null during the lifetime of the spouses.

765. Express revocation is made by a subsequent will explicitly declaring the change of intention.

A revocation that does not specifically refer to the revoked act is nonetheless express.

766. A will that revokes another will may be made in a different form from that of the revoked will.

767. The destruction, tearing or erasure of a holograph will or of a will made in the presence of witnesses entails revocation if it is established that this was done deliberately by the testator or on his instructions. Similarly, the erasure of any disposition of a will entails revocation of the legacy made by that disposition.

Revocation is entailed also where the testator was aware of the destruction or loss of the will and could have replaced it.

768. A subsequent testamentary disposition similarly entails tacit revocation of a previous disposition to the extent that they are inconsistent.

Cette révocation conserve tout son effet, quoique la disposition nouvelle devienne caduque.

769. L'aliénation du bien légué, même forcée ou faite sous une condition résolutoire ou par un échange, emporte aussi révocation pour tout ce qui a été aliéné, sauf disposition contraire.

La révocation subsiste, encore que le bien aliéné se retrouve dans le patrimoine du testateur, sauf preuve d'une intention contraire.

L'aliénation forcée du bien légué, si elle est annulée, n'emporte pas révocation.

770. La révocation d'une révocation antérieure, expresse ou tacite, n'a pas pour effet de faire revivre la disposition primitive, à moins que le testateur n'ait manifesté une intention contraire ou que cette intention ne résulte des circonstances.

771. Si, en raison de circonstances imprévisibles lors de l'acceptation du legs, l'exécution d'une charge devient impossible ou trop onéreuse pour l'héritier ou le légataire particulier, le tribunal peut, après avoir entendu les intéressés, la révoquer ou la modifier, compte tenu de la valeur du legs, de l'intention du testateur et des circonstances.

CHAPITRE SIXIÈME
DE LA PREUVE ET DE LA VÉRIFICATION
DES TESTAMENTS

772. Le testament olographe ou devant témoins est vérifié, à la demande de tout intéressé, en la manière prescrite au Code de procédure civile.

The revocation retains its full effect even if the subsequent disposition lapses.

769. Alienation of bequeathed property, even when forced or made under a resolutive condition or by exchange, also entails revocation with regard to everything that has been alienated, unless the testator provided otherwise.

Revocation subsists even if the alienated property has returned into the patrimony of the testator, unless a contrary intention is proved.

If the forced alienation of the bequeathed property is annulled, it does not entail revocation.

770. Revocation of a previous express or tacit revocation does not revive the original disposition, unless the testator manifested a contrary intention or unless such intention is apparent from the circumstances.

771. If, owing to circumstances unforeseeable at the time of the acceptance of the legacy, the execution of a charge becomes impossible or too burdensome for the heir or the legatee by particular title, the court, after hearing the interested persons, may revoke it or change it, taking account of the value of the legacy, the intention of the testator and the circumstances.

CHAPTER VI
PROOF AND PROBATE OF WILLS

772. A holograph will or a will made in the presence of witnesses is probated, on the demand of any interested person, in the manner prescribed in the Code of Civil Procedure.

Les héritiers et successibles connus doivent être appelés à la vérification du testament, sauf dispense du tribunal.

The known heirs and successors shall be summoned to the probate of the will unless an exemption is granted by the court.

773. Celui qui a reconnu un testament ne peut plus en contester la validité; il peut toutefois en demander la vérification.

773. No person having acknowledged a will may thereafter contest its validity, although he may bring a demand to probate it.

En cas de contestation d'un testament déjà vérifié, il appartient à celui qui se prévaut du testament d'en prouver l'origine et la régularité.

In the case of contestation of an already probated will, the burden is on the person who avails himself of the will to prove its origin and regularity.

774. Le testament qui n'est pas produit ne peut être vérifié; il doit être reconstitué à la suite d'une action à laquelle les héritiers, les autres successibles et les légataires particuliers ont été appelés, et la preuve de son contenu, de son origine et de sa régularité doit être concluante et non équivoque.

774. A will that is not produced may not be probated; it shall be reconstituted upon an action in which the heirs, the other successors and the legatees by particular title have been summoned and unless the proof of its contents, origin and regularity is conclusive and unequivocal.

775. La preuve testimoniale d'un testament qui ne peut être produit est admise, que le testament ait été perdu ou détruit ou qu'il se trouve en la possession d'un tiers, sans collusion de celui qui veut s'en prévaloir.

775. Proof by testimony of a will that cannot be produced is admissible if the will has been lost or destroyed, or is in the possession of a third person, without the collusion of the person who wishes to avail himself of the will.

TITRE CINQUIÈME
DE LA LIQUIDATION DE LA SUCCESSION

TITLE FIVE
LIQUIDATION OF SUCCESSIONS

CHAPITRE PREMIER
DE L'OBJET DE LA LIQUIDATION ET DE LA SÉPARATION DES PATRIMOINES

CHAPTER I
OBJECT OF LIQUIDATION AND SEPARATION OF PATRIMONIES

776. La liquidation de la succession *ab intestat* ou testamentaire consiste à identifier et à appeler les successibles, à déterminer le contenu de la succession, à recouvrer les créances, à payer les dettes de la succession, qu'il s'agisse des dettes du défunt, des charges de la succession ou des dettes alimen-

776. The liquidation of an intestate or testate succession consists in identifying and calling in the successors, determining the content of the succession, recovering the claims, paying the debts of the succession, charges on the succession or debts of support, paying

taires, à payer les legs particuliers, à rendre compte et à faire la délivrance des biens.

777. Le liquidateur exerce, à compter de l'ouverture de la succession et pendant le temps nécessaire à la liquidation, la saisine des héritiers et des légataires particuliers.

Il peut même revendiquer les biens contre ces héritiers et légataires.

778. Le testateur peut modifier la saisine du liquidateur, ses pouvoirs et obligations, et pourvoir de toute autre manière à la liquidation de sa succession ou à l'exécution de son testament. Toutefois, la clause qui a pour effet de restreindre les pouvoirs ou les obligations du liquidateur, de manière à empêcher un acte nécessaire à la liquidation ou à le dispenser de faire inventaire, est réputée non écrite.

779. Les héritiers peuvent, d'un commun accord, liquider la succession sans suivre les règles prescrites pour la liquidation, lorsque la succession est manifestement solvable. Ils sont, en conséquence de cette décision, tenus au paiement des dettes de la succession sur leur patrimoine propre, au-delà même de la valeur des biens qu'ils recueillent.

780. Le patrimoine du défunt et celui de l'héritier sont séparés de plein droit, tant que la succession n'a pas été liquidée.

Cette séparation a effet à l'égard tant des créanciers de la succession que des créanciers de l'héritier ou du légataire particulier.

781. Les biens de la succession sont employés au paiement des créanciers

the legacies by particular title, rendering an account and delivering the property.

777. The liquidator has, from the opening of the succession and for the time necessary for liquidation, the seisin of the heirs and the legatees by particular title.

The liquidator may even claim the property against the heirs and the legatees by particular title.

778. The testator may modify the seisin, powers and obligations of the liquidator and provide in any other manner for the liquidation of his succession or the execution of his will. However, a clause that would in effect restrict the powers or obligations of the liquidator in such a manner as to prevent an act necessary for liquidation or to exempt him from making an inventory is null.

779. Where the succession is manifestly solvent, the heirs may, by mutual agreement, liquidate it without following the prescribed rules for liquidation. As a result of this decision, they are liable for payment of the debts of the succession from their own patrimony, even where the debts are of greater value than the property they take.

780. The patrimony of the deceased is separate from that of the heir by operation of law until the succession has been liquidated.

This separation operates in respect of both the creditors of the succession and the creditors of the heir or the legatee by particular title.

781. The property of the succession is used to pay the creditors of the succes-

de la succession et au paiement des légataires particuliers, de préférence à tout créancier de l'héritier.

782. Les biens de l'héritier ne sont employés au paiement des dettes de la succession que dans le seul cas où l'héritier est tenu au paiement de ces dettes au-delà de la valeur des biens qu'il recueille et qu'il y a insuffisance des biens de la succession.

Le paiement des créanciers de la succession ne vient, alors, qu'après le paiement des créanciers de chaque héritier dont la créance est née avant l'ouverture de la succession. Toutefois, les créanciers de l'héritier dont la créance est née après l'ouverture de la succession sont payés concurremment avec les créanciers impayés de la succession.

sion and to pay the legatees by particular title, in preference to any creditor of the heir.

782. The property of the heir is used to pay the debts of the succession only in the case where the heir is liable for debts of greater value than the property he takes and the property of the succession is insufficient.

In that case, payment of the creditor of the succession comes only after payment of the creditor of each heir whose claim arose before the opening of the succession. However, a creditor of the heir whose claim has arisen since the opening of the succession is paid concurrently with the unpaid creditors of the succession.

CHAPITRE DEUXIÈME
DU LIQUIDATEUR DE LA SUCCESSION

SECTION I
DE LA DÉSIGNATION ET DE LA CHARGE DU LIQUIDATEUR

783. Toute personne pleinement capable de l'exercice de ses droits civils peut exercer la charge de liquidateur.

La personne morale autorisée par la loi à administrer le bien d'autrui peut exercer la charge de liquidateur.

784. Nul n'est tenu d'accepter la charge de liquidateur d'une succession, à moins qu'il ne soit le seul héritier.

785. La charge de liquidateur incombe de plein droit aux héritiers, à moins d'une disposition testamentaire contraire; les héritiers peuvent désigner, à la majorité, le liquidateur et pourvoir au mode de son remplacement.

CHAPTER II
LIQUIDATOR OF THE SUCCESSION

SECTION I
DESIGNATION AND RESPONSIBILITIES OF THE LIQUIDATOR

783. Any person fully capable of exercising his civil rights may hold the office of liquidator.

A legal person authorized by law to administer the property of others may hold the office of liquidator.

784. No person is bound to accept the office of liquidator of a succession unless he is the sole heir.

785. The office of liquidator devolves of right to the heirs unless otherwise provided by a testamentary disposition; the heirs, by majority vote, may designate the liquidator and provide the mode of his replacement.

786. Le testateur peut désigner un ou plusieurs liquidateurs; il peut aussi pourvoir au mode de leur remplacement.

La personne désignée par le testateur pour liquider la succession ou exécuter son testament a la qualité de liquidateur, qu'elle ait été désignée comme administrateur de succession, exécuteur testamentaire ou autrement.

787. Les personnes qui exercent ensemble la charge de liquidateur doivent agir de concert, à moins qu'elles n'en soient dispensées par le testament ou, à défaut de disposition testamentaire, par les héritiers.

En cas d'empêchement d'un des liquidateurs, les autres peuvent agir seuls pour les actes conservatoires et ceux qui demandent célérité.

788. Le tribunal peut, à la demande d'un intéressé, désigner ou remplacer un liquidateur, à défaut d'entente entre les héritiers ou en cas d'impossibilité de pourvoir à la nomination ou au remplacement du liquidateur.

789. Le liquidateur a droit au remboursement des dépenses faites dans l'accomplissement de sa charge.

Il a droit à une rémunération s'il n'est pas un héritier; s'il l'est, il peut être rémunéré, à la condition que le testament y pourvoie ou que les héritiers en conviennent.

Si la rémunération n'a pas été fixée par le testateur, elle l'est par les héritiers ou, en cas de désaccord entre les intéressés, par le tribunal.

790. Le liquidateur n'est pas tenu de souscrire une assurance ou de fournir une autre sûreté garantissant l'exécution de ses obligations, à moins que le

786. A testator may designate one or several liquidators; he may also provide the mode of their replacement.

A person designated by a testator to liquidate the succession or execute his will has the quality of liquidator whether he was designated as administrator of the succession, testamentary executor or otherwise.

787. Persons holding the office of liquidator together shall act in concert, unless exempted therefrom by the will or, in the absence of a testamentary disposition, by the heirs.

If one of the liquidators is prevented from acting, the others may perform alone acts of a conservatory nature and acts requiring dispatch.

788. The court may, on the application of an interested person, designate or replace a liquidator failing agreement among the heirs or if it is impossible to appoint or replace the liquidator.

789. The liquidator is entitled to the reimbursement of the expenses incurred in fulfilling his office.

He is entitled to remuneration if he is not an heir; if he is an heir, he may be remunerated if the will so provides or the heirs so agree.

If the remuneration was not fixed by the testator, it is fixed by the heirs or, in case of disagreement among the interested persons, by the court.

790. The liquidator is not bound to take out insurance or to furnish other security guaranteeing the performance of his obligations, unless the testator or the ma-

testateur ou la majorité des héritiers ne l'exige, ou que le tribunal ne l'ordonne à la demande d'un intéressé qui établit la nécessité d'une telle mesure.

Si, étant requis de fournir une sûreté, le liquidateur omet ou refuse de le faire, il est déchu de sa charge, à moins que le tribunal ne le relève de son défaut.

791. Tout intéressé peut demander au tribunal le remplacement du liquidateur qui est dans l'impossibilité d'exercer sa charge, néglige ses devoirs ou ne respecte pas ses obligations.

Le liquidateur continue à exercer sa charge pendant l'instance, à moins que le tribunal ne décide de désigner un liquidateur provisoire.

792. Tout intéressé peut, si le liquidateur n'est pas désigné, tarde à accepter ou à refuser la charge, ou doit être remplacé, s'adresser au tribunal pour faire apposer les scellés, faire inventaire, nommer provisoirement un liquidateur ou rendre toute autre ordonnance propre à assurer la conservation de ses droits. Ces mesures profitent à tous les intéressés, mais ne créent entre eux aucune préférence.

Les frais d'inventaire et de scellés sont à la charge de la succession.

793. Les actes faits par la personne qui, de bonne foi, se croyait liquidateur de la succession sont valables et opposables à tous.

SECTION II
DE L'INVENTAIRE DES BIENS

794. Le liquidateur est tenu de faire inventaire, en la manière prévue au titre De l'administration du bien d'autrui.

jority of the heirs demand it or the court orders it on the application of any interested person who establishes the need for such a measure.

If a liquidator required to furnish security fails or refuses to do so, he forfeits his office, unless exempted by the court.

791. Any interested person may apply to the court for the replacement of a liquidator who is unable to assume his responsibilities of office, who neglects his duties or who does not fulfil his obligations.

During the proceedings, the liquidator continues to hold office unless the court decides to designate an acting liquidator.

792. Where the liquidator is not designated, delays to accept or decline the office or is to be replaced, any interested person may apply to the court to have seals affixed, an inventory made, an acting liquidator appointed or any other order rendered which is necessary to preserve his rights. These measures benefit all the interested persons but create no preference among them.

The costs of inventory and seals are chargeable to the succession.

793. Acts performed by a person who, in good faith, believed he was liquidator of the succession are valid and may be set up against all persons.

SECTION II
INVENTORY OF THE PROPERTY

794. The liquidator is bound to make an inventory, in the manner prescribed in the Title on Administration of the Property of Others.

795. La clôture de l'inventaire est publiée au registre des droits personnels et réels mobiliers au moyen de l'inscription d'un avis qui identifie le défunt et qui indique le lieu où l'inventaire peut être consulté par les intéressés.

Cet avis est aussi publié dans un journal distribué dans la localité de la dernière adresse connue du défunt.

796. Le liquidateur informe les héritiers, les successibles qui n'ont pas encore opté et les légataires particuliers, de même que les créanciers connus, de l'inscription de l'avis de clôture et du lieu où l'inventaire peut être consulté. Si cela peut être fait aisément, il leur transmet une copie de l'inventaire.

797. Les créanciers de la succession, les héritiers, les successibles et les légataires particuliers peuvent contester l'inventaire ou l'une de ses inscriptions; ils peuvent aussi convenir de la révision de l'inventaire ou demander qu'il soit procédé à un nouvel inventaire.

798. Lorsqu'un inventaire a déjà été fait par un héritier ou un autre intéressé, le liquidateur doit le vérifier; il doit aussi s'assurer qu'un avis de clôture a été inscrit et que ceux qui devaient être informés l'ont été.

799. Le liquidateur ne peut être dispensé de faire inventaire que si tous les héritiers et les successibles y consentent.

Les héritiers, et les successibles devenus de ce fait héritiers, sont alors tenus au paiement des dettes de la succession au-delà de la valeur des biens qu'ils recueillent.

795. Closure of the inventory is published in the register of personal and movable real rights by registration of a notice identifying the deceased and indicating the place where the inventory may be consulted by interested persons.

The notice is also published in a newspaper circulated in the locality where the deceased had his last known address.

796. The liquidator informs the heirs, the successors who have not yet exercised their option, the legatees by particular title and the known creditors of the registration of the notice of closure and of the place where the inventory may be consulted, and transmits a copy of the inventory to them if that can easily be done.

797. The creditors of the succession, the heirs, the successors and the particular legatees may contest the inventory or any item in it; they may also concur on the revision of the inventory or apply for the making of a new inventory.

798. Where an inventory has already been made by an heir or another interested person, the liquidator shall verify it. He shall also ascertain that the notice of closure has been registered and that everyone who should be informed has been informed.

799. The liquidator may be exempted from making an inventory, but only with the consent of all the heirs and successors.

If they give their consent, the heirs, and the successors having by that fact become heirs, are liable for the debts of the succession beyond the value of the property they take.

800. Les héritiers qui, sachant que le liquidateur refuse ou néglige de faire inventaire, négligent eux-mêmes, dans les soixante jours qui suivent l'expiration du délai de délibération de six mois, soit de procéder à l'inventaire, soit de demander au tribunal de remplacer le liquidateur ou de lui enjoindre de procéder à l'inventaire, sont tenus au paiement des dettes de la succession au-delà de la valeur des biens qu'ils recueillent.

801. Les héritiers qui, avant l'inventaire, confondent les biens de la succession avec leurs biens personnels, sauf si ces biens étaient déjà confondus avant le décès, notamment en cas de cohabitation, sont, de même, tenus au paiement des dettes de la succession au-delà de la valeur des biens qu'ils recueillent.

Si cette confusion survient après l'inventaire, mais avant la fin de la liquidation, ils sont tenus personnellement des dettes jusqu'à concurrence de la valeur des biens confondus.

SECTION III
DES FONCTIONS DU LIQUIDATEUR

802. Le liquidateur agit à l'égard des biens de la succession à titre d'administrateur du bien d'autrui chargé de la simple administration.

803. Le liquidateur doit rechercher si le défunt avait fait un testament.

Le cas échéant, il fait vérifier le testament et prend toutes les mesures nécessaires à son exécution.

804. Le liquidateur administre la succession. Il poursuit la réalisation des biens de la succession, dans la mesure

800. Where the heirs, knowing that the liquidator refuses or is neglecting to make the inventory, themselves neglect, for sixty days following the expiration of the six month period for deliberation, either to proceed to the inventory or to apply to the court to replace the liquidator or to enjoin him to proceed to the inventory, they are liable for the debts of the succession beyond the value of the property they take.

801. Heirs who, before the inventory, mingle the property of the succession with their personal property, unless the property was already mingled before the death, such as in the case of cohabitation, are likewise liable for the debts of the succession beyond the value of the property they take.

If the mingling is done after the inventory but before the end of the liquidation, they are personally liable for the debts up to the value of the mingled property.

SECTION III
FUNCTIONS OF THE LIQUIDATOR

802. The liquidator acts in respect of the property of the succession as an administrator of the property of others charged with simple administration.

803. The liquidator shall make a search to ascertain whether the deceased made a will.

If the deceased made a will, the liquidator causes the will to be probated and takes all the necessary steps for its execution.

804. The liquidator administers the succession. He shall realize the property of the succession to the extent necessary

nécessaire au paiement des dettes et des legs particuliers.

Il peut, en conséquence, aliéner seul le bien meuble susceptible de dépérir, de se déprécier rapidement ou dispendieux à conserver. Il peut aussi, avec le consentement des héritiers ou, à défaut, avec l'autorisation du tribunal, aliéner les autres biens de la succession.

805. Le liquidateur qui a une action à exercer contre la succession en donne avis au curateur public. Ce dernier agit d'office comme liquidateur *ad hoc*, à moins que les héritiers ou le tribunal ne désignent une autre personne.

806. Si la liquidation se prolonge au-delà d'une année, le liquidateur doit, à la fin de la première année et, par la suite, au moins une fois l'an, rendre un compte annuel de gestion aux héritiers, créanciers et légataires particuliers restés impayés.

807. Lorsque la succession est manifestement solvable, le liquidateur peut, après s'être assuré que tous les créanciers et légataires particuliers peuvent être payés, verser des acomptes aux créanciers d'aliments et aux héritiers et légataires particuliers de sommes d'argent. Ces acomptes s'imputent sur la part de ceux qui en bénéficient.

CHAPITRE TROISIÈME
DU PAIEMENT DES DETTES ET DES LEGS PARTICULIERS

SECTION I
DES PAIEMENTS FAITS PAR LE LIQUIDATEUR

808. Si les biens de la succession sont suffisants pour payer tous les créanciers et légataires particuliers et pourvu qu'une provision soit faite pour payer les

to pay the debts and the legacies by particular title.

To do this, he may alienate, alone, movable property that is perishable, likely to depreciate rapidly or expensive to preserve. He may also alienate the other property of the succession with the consent of the heirs or, failing that, the authorization of the court.

805. A liquidator who has an action to bring against the succession gives notice thereof to the Public Curator. The latter acts by virtue of his office as liquidator *ad hoc*, unless the heirs or the court designate another person.

806. If the liquidation takes longer than one year, the liquidator shall, at the end of the first year, and at least once a year thereafter, render an annual account of management to the heirs, creditors and legatees by particular title who have not been paid.

807. Where the succession is manifestly solvent, the liquidator, after ascertaining that all the creditors and legatees by particular title can be paid, may pay advances to the creditors of support and to the heirs and legatees by particular title of sums of money. The advances are deducted from the shares of those who receive them.

CHAPTER III
PAYMENT OF DEBTS AND OF LEGACIES BY PARTICULAR TITLE

SECTION I
PAYMENTS BY THE LIQUIDATOR

808. If the property of the succession is sufficient to pay all the creditors and all the legatees by particular title and if provision is made to pay the claims that are

créances qui font l'objet d'une instance, le liquidateur paie les créanciers et les légataires particuliers connus, au fur et à mesure qu'ils se présentent.

Il paie les comptes usuels d'entreprises de services publics et il rembourse les dettes qui demeurent payables à terme, au fur et à mesure de leur exigibilité ou suivant les modalités convenues.

809. Le liquidateur paie, comme toute autre dette de la succession, la prestation compensatoire du conjoint survivant et toute autre créance résultant de la liquidation des droits patrimoniaux des époux, suivant ce que conviennent entre eux les héritiers, les légataires particuliers et le conjoint ou, s'ils ne s'entendent pas, suivant ce que détermine le tribunal.

810. Lorsque la solvabilité de la succession n'est pas manifeste, le liquidateur ne peut payer les dettes de cette dernière ni les legs particuliers, avant l'expiration d'un délai de soixante jours à compter de l'inscription de l'avis de clôture de l'inventaire ou depuis la dispense d'inventaire.

Il peut toutefois, si les circonstances l'exigent, payer avant l'expiration de ce délai les comptes usuels d'entreprises de services publics et les dettes dont le paiement revêt un caractère d'urgence.

811. Si les biens de la succession sont insuffisants, le liquidateur ne peut payer aucune dette ou legs particulier avant d'en avoir dressé un état complet, donné avis aux intéressés et fait homologuer par le tribunal une proposition de paiement dans laquelle, s'il y a lieu, une provision est prévue pour acquitter un jugement éventuel.

the subject of proceedings, the liquidator pays the known creditors and known legatees by particular title as and when they present themselves.

The liquidator pays the ordinary public utility bills and pays the outstanding debts as and when they become due or according to the agreed terms and conditions.

809. The liquidator pays, in the same manner as any other debt of the succession, the compensatory allowance to the surviving spouse and any other debt resulting from the liquidation of the patrimonial rights of the spouses, as agreed between the heirs, the legatees by particular title and the spouse or, failing such agreement, as determined by the court.

810. Where the succession is not manifestly solvent, the liquidator may not pay the debts of the succession or the legacies by particular title until the expiry of sixty days from registration of the notice of closure of inventory or from the exemption from making an inventory.

The liquidator may pay the ordinary public utility bills and the debts in urgent need of payment before the expiry of that time, however, if circumstances require it.

811. If the property of the succession is insufficient, the liquidator may not pay any debt or any legacy by particular title before drawing up a full statement thereof, giving notice thereof to the interested persons and obtaining homologation by the court of a payment proposal which contains a provision for a reserve for the payment of any future judgment.

812. En cas d'insuffisance des biens de la succession et conformément à sa proposition de paiement, le liquidateur paie d'abord les créanciers prioritaires ou hypothécaires, suivant leur rang; il paie ensuite les autres créanciers, sauf pour leur créance alimentaire et, s'il ne peut les rembourser entièrement, il les paie en proportion de leur créance.

Si, ces créanciers étant payés, il reste des biens, le liquidateur paie les créanciers d'aliments, en proportion de leur créance s'il ne peut les payer entièrement; il paie ensuite les légataires particuliers.

813. Le liquidateur peut aliéner un bien légué à titre particulier ou réduire les legs particuliers si les autres biens sont insuffisants pour payer toutes les dettes.

L'aliénation ou la réduction se fait dans l'ordre et suivant les proportions dont les légataires conviennent. À défaut d'accord, le liquidateur réduit d'abord les legs qui n'ont aucune préférence en vertu du testament et qui ne portent pas sur un bien individualisé, en proportion de leur valeur; en cas d'insuffisance, il aliène l'objet des legs de biens individualisés, puis l'objet des legs qui ont la préférence, ou réduit ces legs proportionnellement à leur valeur.

Les légataires peuvent toujours convenir d'un autre mode de règlement ou se libérer en faisant remise de leur legs ou de sa valeur.

814. Si les biens de la succession sont insuffisants pour payer tous les légataires particuliers, le liquidateur, suivant sa proposition de paiement, paie d'abord ceux qui ont la préférence

812. Where the property of the succession is insufficient, the liquidator, in accordance with his payment proposal, first pays the preferred or hypothecary creditors, according to their rank; next, he pays the other creditors, except with regard to their claims for support, and, if he is unable to repay them fully, he pays them *pro rata* to their claims.

If property remains after the creditors have been paid, the liquidator pays the creditors of support, *pro rata* to their claims if he is unable to pay them fully, and he then pays the legatees by particular title.

813. The liquidator may alienate property bequeathed as legacies by particular title or reduce the legacies by particular title if the other property of the succession is insufficient to pay all the debts.

The alienation or reduction is effected in the order and in the proportions agreed by the legatees. Failing agreement, the liquidator first reduces the legacies not having preference under the will nor involving determined things, *pro rata* to their value. Where the property is still insufficient, he alienates the objects of legacies of determined things, then the objects of legacies having preference, or reduces such legacies *pro rata* to their value.

The legatees may always agree to another mode of settlement or be relieved by giving back their legacies or equivalent value.

814. If the property of the succession is insufficient to pay all the legatees by particular title, the liquidator, in accordance with his payment proposal, first pays those having preference under the

aux termes du testament, puis les légataires d'un bien individualisé; les autres légataires subissent ensuite la réduction proportionnelle de leur legs et le partage du solde des biens se fait entre eux en proportion de la valeur de chaque legs.

will and then the legatees of an individual property. The other legatees then incur the reduction of their legacies *pro rata*, and the remainder is partitioned among them *pro rata* to the value of each legacy.

SECTION II
DES RECOURS DES CRÉANCIERS ET LÉGATAIRES PARTICULIERS

SECTION II
ACTION OF CREDITORS AND LEGATEES BY PARTICULAR TITLE

815. Les créanciers et légataires particuliers connus qui ont été omis dans les paiements faits par le liquidateur ont, outre leur recours en responsabilité contre ce dernier, un recours contre les héritiers qui ont reçu des acomptes et contre les légataires particuliers payés à leur détriment.

815. Known creditors and legatees by particular title who have been neglected in the payments made by the liquidator have, apart from their action in damages against the liquidator, an action against the heirs who have received advances and against the legatees by particular title paid to their detriment.

Subsidiairement, les créanciers ont aussi un recours contre les autres créanciers en proportion de leurs créances, compte tenu des causes de préférence.

The creditors also have a subsidiary action against the other creditors in proportion to their claims, taking account of causes of preference.

816. Les créanciers et légataires particuliers qui, demeurés inconnus, ne se présentent qu'après les paiements régulièrement effectués, n'ont de recours contre les héritiers qui ont reçu des acomptes et contre les légataires particuliers payés à leur détriment, que s'ils justifient d'un motif sérieux pour n'avoir pu se présenter en temps utile.

816. Creditors and legatees by particular title who, remaining unknown, do not present themselves until after the payments have been regularly made have no action against the heirs who have received advances and against the legatees by particular title paid to their detriment unless they prove that they had a serious reason for not presenting themselves in due time.

En tout état de cause, ils n'ont aucun recours s'ils se présentent après l'expiration d'un délai de trois ans depuis la décharge du liquidateur, ni aucune préférence par rapport aux créanciers personnels des héritiers ou légataires.

In no case do they have an action if they present themselves after the expiry of three years from the discharge of the liquidator, or any preference over the personal creditors of the heirs or legatees.

817. En cas d'insuffisance de la provision prévue dans une proposition de

817. Where the reserve provided for in a payment proposal is insufficient, the

paiement, le créancier a, pour le paiement de sa part de créance restée impayée, un recours contre les héritiers qui ont reçu des acomptes et les légataires particuliers jusqu'à concurrence de ce qu'ils ont reçu et, subsidiairement, contre les autres créanciers en proportion de leur créance, compte tenu des causes de préférence.

818. Le créancier hypothécaire dont la créance demeure impayée conserve, outre son recours personnel, ses droits hypothécaires contre celui qui a reçu le bien grevé d'hypothèque.

CHAPITRE QUATRIÈME
DE LA FIN DE LA LIQUIDATION

SECTION I
DU COMPTE DU LIQUIDATEUR

819. La liquidation est achevée lorsque les créanciers et légataires particuliers connus ont été payés ou que le paiement de leurs créances et legs est autrement réglé, ou pris en charge par des héritiers ou des légataires particuliers. Elle l'est aussi lorsque l'actif est épuisé.

Elle prend fin par la décharge du liquidateur.

820. Le compte définitif du liquidateur a pour objet de déterminer l'actif net ou le déficit de la succession.

Il indique les dettes et legs restés impayés, ceux garantis par une sûreté ou pris en charge par des héritiers ou légataires particuliers, et ceux dont le paiement est autrement réglé, et il précise pour chacun le mode de paiement. Il établit, le cas échéant, les provisions nécessaires pour exécuter les jugements éventuels.

Le liquidateur doit, si le testament ou la majorité des héritiers le requiert,

creditor has, for the payment of his share of the outstanding claim, an action against the heirs who have received advances and legatees by particular title up to the amount they received and a subsidiary action against the other creditors, in proportion to their claims, taking account of causes of preference.

818. A hypothecary creditor having an outstanding claim preserves, in addition to his personal action, his hypothecary rights against the person who received the hypothecated property.

CHAPTER IV
END OF LIQUIDATION

SECTION I
ACCOUNT OF THE LIQUIDATOR

819. Liquidation is complete when the known creditors and the known legatees by particular title have been paid or when payment of their claims and legacies is otherwise settled or assumed by heirs or legatees by particular title. It is also complete when the assets are exhausted.

It ends on the discharge of the liquidator.

820. The object of the final account of the liquidator is to determine the net assets or the deficit of the succession.

The final account indicates the debts and legacies left unpaid, those guaranteed by security or assumed by heirs or legatees by particular title and those whose payment is settled otherwise, specifying the mode of payment for each. Where applicable, it establishes the reserves needed for the satisfaction of future judgments.

The liquidator shall append a proposal for partition to his account if that is

joindre à son compte une proposition de partage.

821. Le liquidateur peut, en tout temps et de l'agrément de tous les héritiers, rendre compte à l'amiable. Les frais de la reddition de compte sont à la charge de la succession.

Si le compte ne peut être rendu à l'amiable, la reddition de compte a lieu en justice.

822. Après l'acceptation du compte définitif, le liquidateur est déchargé de son administration et fait délivrance des biens aux héritiers.

La clôture du compte est publiée au registre des droits personnels et réels mobiliers au moyen de l'inscription d'un avis qui identifie le défunt et indique le lieu où le compte peut être consulté.

SECTION II
DE L'OBLIGATION DES HÉRITIERS
ET LÉGATAIRES PARTICULIERS
APRÈS LA LIQUIDATION

823. L'héritier venant seul à la succession est tenu, jusqu'à concurrence de la valeur des biens qu'il recueille, de toutes les dettes restées impayées par le liquidateur. Les créanciers et légataires particuliers qui ne se présentent qu'après les paiements régulièrement effectués n'ont, toutefois, aucune préférence par rapport aux créanciers personnels de l'héritier.

Lorsque la succession est dévolue à plusieurs héritiers, chacun d'eux n'est tenu de ces dettes qu'en proportion de la part qu'il reçoit en qualité d'héritier, sous réserve des règles relatives aux dettes indivisibles.

824. Le légataire à titre universel de l'usufruit est, envers les créanciers, seul

required by the will or the majority of the heirs.

821. The liquidator, at any time and with the concurrence of all the heirs, may render an amicable account without judicial formalities. The cost of rendering the account is borne by the succession.

If an amicable account cannot be rendered, the account is rendered in court.

822. After acceptance of the final account, the liquidator is discharged of his administration and makes delivery of the property to the heirs.

Closure of the account is published in the register of personal and movable real rights by registration of a notice identifying the deceased and indicating the place where interested persons may consult the account.

SECTION II
OBLIGATIONS OF HEIRS AND
LEGATEES BY PARTICULAR TITLE
AFTER LIQUIDATION

823. The sole heir to a succession is liable, up to the value of the property he takes, for all the debts not paid by the liquidator. However, the creditors and legatees by particular title who do not present themselves until after the payments have been regularly made have no preference over the personal creditors of the heir.

Where a succession devolves to several heirs, each of them is liable for the debts only in proportion to the share he receives as an heir, subject to the rules governing indivisible debts.

824. The legatee by general title of a usufruct is solely liable to the creditors

tenu des dettes restées impayées par le liquidateur, même du capital, en proportion de ce qu'il reçoit, et aussi des hypothèques grevant tout bien qu'il a reçu.

Entre lui et le nu-propriétaire, la contribution aux dettes s'établit d'après les règles prescrites au livre Des biens.

825. Le légataire à titre universel de l'usufruit de la totalité de la succession est, sans recours contre le nu-propriétaire, tenu au paiement des rentes ou pensions établies par le testateur.

826. Les héritiers sont tenus, comme pour le paiement des dettes, au paiement des legs particuliers restés impayés par le liquidateur, mais ils ne sont jamais tenus au-delà de la valeur des biens qu'ils recueillent.

Toutefois, si un legs est imposé en particulier à un héritier, le recours du légataire particulier ne s'étend pas aux autres.

827. Les légataires particuliers ne sont tenus au paiement des dettes et des legs restés impayés par le liquidateur qu'en cas d'insuffisance des biens échus aux héritiers.

Lorsqu'un legs particulier est fait conjointement à plusieurs légataires, chacun d'eux n'est tenu des dettes et des legs qu'en proportion de sa part dans le bien légué, sous réserve des règles relatives aux dettes indivisibles.

828. Lorsqu'un legs particulier comprend une universalité d'actif et de passif, le légataire est seul tenu au paiement des dettes qui se rattachent à cette universalité, sous réserve du re-

for the debts left unpaid by the liquidator, even for the capital, proportionately to what he receives, and also for hypothecs charged on any property he has received.

The relative contributions of the legatee by general title of the usufruct and of the bare owner to the debts are established according to the rules prescribed in the Book on Property.

825. The legatee by general title of a usufruct of the entire succession is, without recourse against the bare owner, liable for payment of any annuities or support established by the testator.

826. The heirs are liable, as in the case of payment of the debts, for payment of the legacies by particular title left unpaid by the liquidator, but never for more than the value of the property they take.

If a legacy is imposed on a specific heir, however, the action of the legatee by particular title does not lie against the others.

827. The legatees by particular title are liable for payment of the debts and legacies left unpaid by the liquidator only where the property falling to the heirs is insufficient.

Where a legacy by particular title is made jointly to several legatees, each of them is liable for the debts and legacies only in proportion to his share in the bequeathed property, subject to the rules on indivisible debts.

828. When a legacy by particular title includes a universality of assets and liabilities, the legatee is solely liable for payment of the debts connected with the universality, subject to the subsidiary ac-

cours subsidiaire des créanciers contre les héritiers et les autres légataires particuliers en cas d'insuffisance des biens de l'universalité.

829. L'héritier ou le légataire particulier, qui a payé une portion des dettes et des legs supérieure à sa part, a un recours contre ses cohéritiers ou colégataires pour le remboursement de ce qui excédait sa part. Il ne peut, toutefois, l'exercer que pour la part que chacun d'eux aurait dû personnellement supporter, même s'il est subrogé dans les droits de celui qui a été payé.

830. En cas d'insolvabilité d'un cohéritier ou d'un colégataire, sa part dans le paiement des dettes ou dans la réduction des legs est répartie entre ses cohéritiers ou colégataires en proportion de leur part respective, à moins que l'un des cohéritiers ou colégataires n'accepte d'en supporter la totalité.

831. L'usufruit constitué sur un bien légué est supporté sans recours par le légataire de la nue-propriété.

De même, la servitude est supportée sans recours par le légataire du bien grevé.

832. Lorsque les recours des créanciers ou légataires particuliers impayés sont exercés avant le partage, il doit être tenu compte, dans la composition des lots, des recours des héritiers ou légataires contre leurs cohéritiers ou colégataires pour ce qu'ils ont payé en excédent de leur part.

Lorsque les recours des créanciers ou légataires impayés sont exercés après le partage, ceux des héritiers ou légataires qui ont payé plus que leur part ont lieu, le cas échéant, suivant les

tion of the creditors against the heirs and the other legatees by particular title where the property of the universality is insufficient.

829. An heir or a legatee by particular title who has paid part of the debts and legacies in excess of his share has an action against his coheirs or colegatees for the reimbursement of the excess over his share. His action lies, however, only for the share that each of them ought to have paid individually, even if he is subrogated to the rights of the person who was paid.

830. If one of the coheirs or colegatees is insolvent, his share in the payment of the debts or in the reduction of the legacies is divided among his coheirs or colegatees in proportion to their respective shares, unless one of the coheirs or colegatees agrees to bear the entire amount.

831. A usufruct established on bequeathed property is borne without recourse by the legatee of the bare ownership.

Similarly, a servitude is borne without recourse by the legatee of the property charged with it.

832. Where the rights of action of the unpaid creditors or legatees by particular title are exercised before partition, account shall be taken, in the composition of the shares, of the actions of the heirs or legatees against their coheirs or colegatees for the amounts they paid in excess of their shares.

Where the rights of action of the unpaid creditors or legatees are exercised after partition, those of the heirs or legatees who paid more than their share are exercised, where such is the case,

règles applicables à la garantie des co-partageants, sauf stipulation contraire dans l'acte de partage.

833. Le testateur peut changer, entre ses héritiers et légataires particuliers, le mode et les proportions d'après lesquels la loi les rend responsables du paiement des dettes et de la réduction des legs.

Ces modifications sont inopposables aux créanciers; elles n'ont d'effet qu'entre les héritiers et légataires particuliers.

834. L'héritier qui a assumé le paiement des dettes de la succession au-delà des biens qu'il recueille ou celui qui y est tenu peut être contraint sur ses biens personnels pour sa part des dettes restées impayées.

835. L'héritier qui a assumé le paiement des dettes de la succession ou celui qui y est tenu en vertu des règles du présent titre peut, s'il était de bonne foi, demander au tribunal de réduire son obligation ou de limiter sa responsabilité à la valeur des biens qu'il a recueillis; il le peut, entre autres, s'il découvre des faits nouveaux ou s'il se présente un créancier dont il ne pouvait connaître l'existence au moment où il s'est obligé, lorsque de tels événements ont pour effet de modifier substantiellement l'étendue de son obligation.

according to the rules applicable to the warranty of co-partitioners, unless the act of partition stipulates otherwise.

833. The testator may change the manner and proportion in which the law holds his heirs and legatees by particular title liable for payment of the debt and imposes reduction of the legacies on them.

The changes may not be set up against the creditors; they operate only between the heirs and the legatees by particular title.

834. An heir having assumed payment of the debts of the succession beyond the value of the property he takes or being liable for them may be held liable on his personal property for his share of the debts left unpaid.

835. An heir having assumed payment of the debts of the succession or being liable for them under the rules of this title may, if he was in good faith, move that the court reduce his liability or limit it to the value of the property he has taken if new circumstances substantially change the extent of his liability, including, but not limited to, his discovery of new facts, or the coming forward of a creditor of whose existence he could not have been aware when he assumed the liability.

TITRE SIXIÈME
DU PARTAGE DE LA SUCCESSION

TITLE SIX
PARTITION OF SUCCESSIONS

CHAPITRE PREMIER
DU DROIT AU PARTAGE

CHAPTER I
RIGHT TO PARTITION

836. Le partage ne peut avoir lieu ni être exigé avant la fin de la liquidation.

836. Partition may not take place or be applied for before the liquidation is terminated.

837. Le testateur peut, pour une cause sérieuse et légitime, ordonner que le partage soit totalement ou partiellement différé pendant un temps limité. Il peut aussi ordonner que le partage soit différé si, pour parfaire l'exécution de ses volontés, les pouvoirs et obligations du liquidateur doivent continuer à s'exercer à un autre titre.

838. Si tous les héritiers sont d'accord, le partage se fait suivant la proposition jointe au compte définitif du liquidateur ou de la manière qu'ils jugent la meilleure.

En cas de désaccord entre les héritiers, il ne peut avoir lieu que dans les conditions fixées au chapitre deuxième et dans les formes requises par le Code de procédure civile.

839. Malgré une demande de partage, l'indivision peut être maintenue à l'égard d'une entreprise à caractère familial dont l'exploitation était assurée par le défunt, ou à l'égard des parts sociales, actions ou autres valeurs mobilières liées à l'entreprise dans le cas où le défunt en était le principal associé ou actionnaire.

840. L'indivision peut aussi être maintenue à l'égard de la résidence familiale ou des meubles qui servent à l'usage du ménage, même dans le cas où un droit de propriété, d'usufruit ou d'usage est attribué au conjoint survivant.

841. Le maintien de l'indivision peut être demandé au tribunal par tout héritier qui, avant le décès, participait activement à l'exploitation de l'entreprise ou demeurait dans la résidence familiale.

842. Lorsqu'il statue sur une demande visant à maintenir l'indivision, le tribunal

837. The testator, for a serious and legitimate reason, may order partition wholly or partly deferred for a limited time. He may also order it deferred if, to carry out his intentions fully, it is necessary that the powers and obligations of the liquidator continue to be held under another title.

838. If all the heirs agree, partition is made in accordance with the proposal appended to the final account of the liquidator; otherwise, partition is made as they see best.

If the heirs disagree, partition may not take place except under the conditions laid down in Chapter II and in the forms required by the Code of Civil Procedure.

839. Notwithstanding an application for partition, undivided ownership may be continued of a family enterprise that had been operated by the deceased, or of the stocks, shares or other securities connected with the enterprise where the deceased was the principal partner or shareholder.

840. Undivided ownership may also be continued of the family residence or of movable property serving for the use of the household, even where a right of ownership, usufruct or use is awarded to the surviving spouse.

841. An heir who before the death actively participated in the operation of the enterprise or lived in the family residence may make an application to the court for the continuance of undivided ownership.

842. When adjudicating upon an application for the continuance of undivided

prend en considération les dispositions testamentaires et les intérêts en présence, ainsi que les moyens de subsistance que la famille et les héritiers retirent des biens indivis; en tout état de cause, les conventions entre associés ou actionnaires auxquelles le défunt était partie sont respectées.

843. À la demande d'un héritier, le tribunal peut, afin d'éviter une perte, surseoir au partage immédiat de tout ou partie des biens et maintenir l'indivision à leur égard.

844. Le maintien de l'indivision a lieu aux conditions fixées par le tribunal; il ne peut, cependant, être accordé pour une durée supérieure à cinq ans, sauf l'accord de tous les intéressés.

Il peut être renouvelé jusqu'au décès du conjoint ou jusqu'à la majorité du plus jeune enfant du défunt.

845. Le tribunal peut ordonner le partage lorsque les causes ayant justifié le maintien de l'indivision ont cessé, ou que l'indivision est devenue intolérable ou présente de grands risques pour les héritiers.

846. Si la demande de maintien de l'indivision ne vise qu'un bien en particulier ou un ensemble de biens, rien n'empêche de procéder au partage du résidu des biens de la succession. Par ailleurs, les héritiers peuvent toujours satisfaire celui qui s'oppose au maintien de l'indivision en lui payant eux-mêmes sa part ou en lui attribuant, après évaluation, certains autres biens de la succession.

847. Celui qui n'a droit qu'à la jouissance d'une part des biens indivis ne peut participer qu'à un partage provisionnel.

ownership, the court takes into account the testamentary dispositions, as well as the existing interests and means of livelihood which the family and the heirs draw from the undivided property; in all cases, the agreements among the partners or shareholders to which the deceased was a party are respected.

843. On the application of an heir, the court may, to avoid a loss, stay the immediate partition of the whole or part of the property and continue the undivided ownership of it.

844. Continuance of undivided ownership takes place upon the conditions fixed by the court but may not be granted for a duration of more than five years except with the agreement of all the interested persons.

It may be renewed until the death of the spouse or until the majority of the youngest child of the deceased.

845. The court may order partition where the causes that justified the continuance of undivided ownership have ceased or where undivided ownership has become intolerable or presents too great a risk for the heirs.

846. If an application for the continuance of undivided ownership contemplates a particular item of property or a group of properties, nothing prevents proceeding to partition of the residue of the property of the succession. Furthermore, the heirs may always satisfy an heir who objects to the continuance of undivided ownership by paying his share themselves or granting him, after evaluation, other property of the succession.

847. A person entitled to enjoyment of only a share of the undivided property has no right to participate in a partition, except a provisional partition.

848. Tout héritier peut écarter du partage une personne qui n'est pas un héritier et à laquelle un autre héritier aurait cédé son droit à la succession, moyennant le remboursement de la valeur de ce droit à l'époque du retrait et des frais acquittés lors de la cession.

848. Every heir may exclude from the partition a person who is not an heir but to whom another heir transferred his right in the succession, by paying him the value of the right at the time of the redemption and his disbursements for costs related to the transfer.

CHAPITRE DEUXIÈME
DES MODALITÉS DU PARTAGE

CHAPTER II
MODES OF PARTITION

SECTION I
DE LA COMPOSITION DES LOTS

SECTION I
COMPOSITION OF SHARES

849. Le partage peut comprendre tous les biens indivis ou une partie seulement de ces biens.

849. Partition may include all or only part of the undivided property.

Le partage d'un immeuble est réputé effectué, même s'il laisse subsister des parties communes impartageables ou destinées à rester dans l'indivision.

Partition of an immovable is deemed to have been carried out even if parts remain which are common and indivisible or which are intended to remain undivided.

850. Si les parts sont égales, on compose autant de lots qu'il y a d'héritiers ou de souches copartageantes.

850. If the undivided shares are equal, as many shares are composed as there are heirs or partitioning roots.

Si les parts sont inégales, on compose autant de lots qu'il est nécessaire pour permettre le tirage au sort.

If the undivided shares are unequal, as many shares are composed as necessary to allow a drawing of lots.

851. Dans la composition des lots, il doit être tenu compte des dispositions testamentaires, notamment de celles mettant à la charge de certains héritiers le paiement de dettes ou de legs, ainsi que des recours qu'ont entre eux les héritiers pour ce qu'ils ont payé en excédent de leur part; il doit être aussi tenu compte des droits du conjoint survivant, des demandes d'attribution par voie de préférence, des oppositions et, le cas échéant, des provisions de fonds pour exécuter les jugements éventuels.

851. In composing the shares, account shall be taken of the testamentary dispositions, particularly those charging certain heirs with payment of debts or legacies, as well as the rights of action the heirs have against each other for the amounts they paid in excess of their shares; account shall also be taken of the rights of the surviving spouse, the applications for allotment by preference, the contestations and, where such is the case, the reserve funds for satisfying future judgments.

Peuvent aussi être prises en considération, entre autres, les incidences fiscales de l'attribution, les intentions

Consideration may also be given to, among other things, the fiscal consequences of the allotments, the intention

manifestées par certains héritiers de prendre en charge certaines dettes ou la commodité du mode d'attribution.

852. Dans la composition des lots, on évite de morceler les immeubles et de diviser les entreprises.

Dans la mesure où le morcellement des immeubles et la division des entreprises peuvent être évités, chaque lot doit, autant que possible, être composé de meubles ou d'immeubles et de droits ou de créances de valeur équivalente.

L'inégalité de valeur des lots se compense par une soulte.

853. Les indivisaires qui procèdent à un partage amiable composent les lots à leur gré et décident, d'un commun accord, de leur attribution ou de leur tirage au sort.

S'ils estiment nécessaire de procéder à la vente des biens à partager ou de certains d'entre eux, ils fixent également, d'un commun accord, les modalités de la vente.

854. À défaut d'accord entre les indivisaires quant à la composition des lots, ceux-ci sont faits par un expert désigné par le tribunal; si le désaccord porte sur leur attribution, les lots sont tirés au sort.

Avant de procéder au tirage, chaque indivisaire est admis à proposer sa réclamation contre leur formation.

SECTION II
DES ATTRIBUTIONS PRÉFÉRENTIELLES
ET DES CONTESTATIONS

855. Chaque héritier reçoit en nature sa part des biens de la succession; il peut demander qu'on lui attribue, par voie de préférence, un bien ou un lot.

shown by certain heirs to take charge of certain debts or the convenience of the mode of allotment.

852. In composing the shares, immovables should not be broken up, nor should enterprises be divided.

So far as the breaking up of immovables and the division of enterprises can be avoided, each share shall, as far as possible, be composed of movable or immovable property and rights or claims of equivalent value.

Any inequality in the value of the shares is compensated by a payment in money.

853. Undivided owners making an amicable partition compose the shares as they see fit and reach a consensus on their allotment or on a drawing of lots for them.

If they consider it necessary to sell the property to be partitioned or some of it, they also reach a consensus on the terms and conditions of sale.

854. If the undivided owners fail to agree on the composition of the shares, these are composed by an expert designated by the court; if the disagreement has to do with the allotment of the shares, it is made by a drawing of lots.

Before the drawing, each undivided owner may contest the composition of the shares.

SECTION II
PREFERENTIAL ALLOTMENTS
AND CONTESTATION

855. Each heir receives his share of the property of the succession in kind, and may apply for the allotment of a particular thing or share by way of preference.

856. Le conjoint survivant peut, par préférence à tout autre héritier, exiger que l'on place dans son lot la résidence familiale ou les droits qui lui en confèrent l'usage et les meubles qui servent à l'usage du ménage.

Si la valeur des biens excède la part due au conjoint, celui-ci les conserve à charge de soulte.

857. Sous réserve des droits du conjoint survivant, lorsque plusieurs héritiers demandent qu'on leur attribue, par voie de préférence, l'immeuble qui servait de résidence au défunt, celui qui y résidait a la préférence.

858. Malgré l'opposition ou la demande d'attribution par voie de préférence formée par un autre copartageant, l'entreprise ou les parts sociales, actions ou autres valeurs mobilières liées à celle-ci sont attribuées, par préférence, à l'héritier qui participait activement à l'exploitation de l'entreprise au temps du décès.

859. Si plusieurs héritiers font valoir le même droit de préférence ou qu'il y ait un différend sur une demande d'attribution, la contestation est tranchée par le sort ou, s'il s'agit d'attribuer la résidence, l'entreprise ou les valeurs mobilières liées à celle-ci, par le tribunal. En ce cas, il est tenu compte, entre autres, des intérêts en présence, des motifs de préférence ou du degré de participation de chacun à l'exploitation de l'entreprise ou à l'entretien de la résidence.

860. Lorsque la contestation entre les copartageants porte sur la détermination ou le paiement d'une soulte, le tribunal la détermine et peut, au besoin,

856. The surviving spouse may, in preference to any other heir, require that the family residence or the rights conferring use of it, together with the movable property serving for the use of the household, be placed in his share.

If the value of the property exceeds the share due to the spouse, he keeps the property, subject to a payment in money as compensation.

857. Subject to the rights of the surviving spouse, if several heirs apply for the allotment, by preference, of the immovable that served as the residence of the deceased, the person who was living in it has preference over the others.

858. Notwithstanding any objection or application for an allotment by preference presented by another co-partitioner, the enterprise or the capital shares, stocks or other securities connected with the enterprise are allotted by preference to the heir who was actively participating in the operation of the enterprise at the time of the death.

859. If several heirs exercise the same right of preference or an application for an allotment is disputed, the contestation is settled by a drawing of lots or, if it concerns the allotment of the residence, the enterprise or the securities connected with the enterprise, by the court. In this case, account is taken of, among other things, the interests involved, the reasons for the preference of each party or the degree of his participation in the enterprise or in the upkeep of the residence.

860. Where the contestation among the co-partitioners is over the determination or payment of an amount of money as compensation, the court determines it

fixer les modalités de garantie et de paiement appropriées aux circonstances.

861. Les biens s'estiment d'après leur état et leur valeur au temps du partage.

862. Si certains biens ne peuvent être commodément partagés ou attribués, les intéressés peuvent décider de procéder à leur vente.

863. En cas de désaccord entre les intéressés, le tribunal peut, le cas échéant, désigner des experts pour évaluer les biens, ordonner la vente des biens qui ne peuvent être commodément partagés ou attribués et en fixer les modalités, ou encore ordonner de surseoir au partage pour le temps qu'il indique.

864. Les créanciers de la succession et d'un héritier peuvent, pour éviter que le partage ne soit fait en fraude de leurs droits, assister au partage et y intervenir à leurs frais.

SECTION III
DE LA REMISE DES TITRES

865. Après le partage, les titres communs à tout ou partie de l'héritage sont remis à la personne choisie par les héritiers pour en être dépositaire, à charge d'en aider les copartageants, sur demande. En cas de désaccord sur ce choix, il est tranché par le sort.

866. Tout héritier qui en fait la demande peut obtenir, au temps du partage et à frais communs, une copie des titres qui concernent les biens dans lesquels il conserve des droits.

and may, if necessary, fix the appropriate terms and conditions of guarantee and payment in the circumstances.

861. The property is appraised according to its condition and value at the time of partition.

862. If certain property cannot be conveniently partitioned or allotted, the interested persons may decide to sell it.

863. If the interested persons cannot agree, the court may, where applicable, designate experts to evaluate the property, order the sale of the property that cannot conveniently be partitioned or allotted and fix the terms and conditions of sale; or it may order a stay of partition for the time it indicates.

864. In order that the partition not be made in fraud of their rights, the creditors of the succession, and those of an heir, may be present at the partition and intervene at their own expense.

SECTION III
DELIVERY OF TITLES

865. After partition, the titles common to the entire inheritance or to a part of it are delivered to the person chosen by the heirs to act as depositary, on the condition that he assist the co-partitioners in this matter at their request. Failing agreement on the choice, it is made by a drawing of lots.

866. At partition, any heir may apply for and obtain a copy of the titles to property in which he has rights. The costs so incurred are shared.

CHAPITRE TROISIÈME
DES RAPPORTS

SECTION I
DU RAPPORT DES DONS ET DES LEGS

867. En vue du partage, chaque héritier n'est tenu de rapporter à la masse que ce qu'il a reçu du défunt, par donation ou testament, à charge expresse de rapport.

Le successible qui renonce à la succession ne doit pas le rapport.

868. Le représentant est tenu de rapporter, outre ce à quoi il est lui-même tenu, ce que le représenté aurait eu à rapporter.

Le rapport est dû même si le représentant a renoncé à la succession du représenté.

869. Le rapport ne se fait qu'à la succession du donateur ou du testateur.

Il n'est dû que par le cohéritier à son cohéritier; il n'est dû ni aux légataires particuliers ni aux créanciers de la succession.

870. Le rapport se fait en moins prenant.

Est sans effet la disposition imposant à l'héritier le rapport en nature. Toutefois, celui-ci a la faculté de faire le rapport en nature s'il est encore propriétaire du bien et s'il ne l'a pas grevé d'usufruit, de servitude, d'hypothèque ou d'un autre droit réel.

871. Chacun des cohéritiers à qui le rapport en moins prenant est dû prélève sur la masse de la succession des biens de valeur égale au montant du rapport.

CHAPTER III
RETURN

SECTION I
RETURN OF GIFTS AND LEGACIES

867. With a view to partition, each coheir is bound to return to the mass only what he has received from the deceased by gift or by will under an express obligation to return it.

A successor who renounces the succession is under no obligation to make any return.

868. A person who represents another in the succession is bound to return what the person represented would have had to return, in addition to what he is bound to return in his own right.

A return is due even if the person who represents the other has renounced the succession of the person represented.

869. A return is made only to the succession of the donor or of the testator.

It is due only from one coheir to another and is not due to the legatees by particular title or to the creditors of the succession.

870. A return is made by taking less.

Any provision requiring the heir to make a return in kind is null. However, the heir may elect to make the return in kind if he still owns the property, unless he has charged it with a usufruct, servitude, hypothec or other real right.

871. Each coheir to whom a return by taking less is due pre-takes from the mass of the succession property equal in value to the amount of the return.

Les prélèvements se font, autant que possible, en biens de même nature et qualité que ceux dont le rapport est dû.

Si les prélèvements ne peuvent se faire ainsi, l'héritier rapportant peut verser la valeur en numéraire du bien reçu ou laisser chacun des cohéritiers prélever d'autres biens de valeur équivalente dans la masse.

872. Le rapport en moins prenant peut aussi se faire en imputant au lot de l'héritier la valeur en numéraire du bien reçu.

873. Sauf disposition contraire de la donation ou du testament, l'évaluation du bien donné qui est rapporté en moins prenant se fait au moment du partage, si le bien se trouve encore entre les mains de l'héritier, ou à la date de l'aliénation, si le bien a été aliéné avant le partage.

Le bien légué et celui qui est resté dans la succession s'évaluent d'après leur état et leur valeur au moment du partage.

874. La valeur du bien rapporté, en moins prenant ou en nature, doit être diminuée de la plus-value acquise par le bien du fait des impenses ou de l'initiative personnelle du rapportant.

Elle est aussi diminuée du montant des impenses nécessaires.

Réciproquement, la valeur est augmentée de la moins-value résultant du fait du rapportant.

875. L'héritier a le droit de retenir le bien qui doit être rapporté en nature jusqu'au remboursement des sommes qui lui sont dues.

As far as possible, pre-takings are made in property of the same kind and quality as the property due to be returned.

If it is impossible to pre-take in the manner described, the heir returning may either pay the cash value of the property received or allow each coheir to pre-take other equivalent property from the mass.

872. A return by taking less may also be made by debiting the cash value of the property received to the share of the heir.

873. Unless otherwise provided in the gift or will, property returned by taking less is valued at the time of partition if it is still in the hands of the heir, or on the date of alienation if it was alienated before partition.

Bequeathed property, and that which remains in the succession, is valued according to its condition and value at the time of partition.

874. The value of property returned by taking less or in kind shall be reduced by the increase in value of the property resulting from the expenditures or personal initiative of the person returning it.

It is also reduced by the amount of the necessary disbursements.

Conversely, the value is increased by the decrease in value resulting from the actions of the person making the return.

875. The heir is entitled to retain the property due to be returned in kind until he has been reimbursed the amounts he is owed.

876. L'héritier est tenu au rapport si la perte du bien résulte de son fait; il n'y est pas tenu si la perte résulte d'une force majeure.

Dans l'un ou l'autre cas, si une indemnité lui est versée à raison de la perte du bien, il doit la rapporter.

877. Les copartageants peuvent convenir que soit rapporté en nature un bien grevé d'une hypothèque ou d'un autre droit réel; le rapport se fait alors sans nuire au titulaire de ce droit. L'obligation qui en résulte est mise à la charge du rapportant dans le partage de la succession.

878. Les fruits et revenus du bien donné ou légué, si ce bien est rapporté en nature, ou les intérêts de la somme sujette à rapport sont aussi rapportables, à compter de l'ouverture de la succession.

SECTION II
DU RAPPORT DES DETTES

879. L'héritier venant au partage doit faire rapport à la masse des dettes qu'il a envers le défunt; il doit aussi faire rapport des sommes dont il est débiteur envers ses copartageants du fait de l'indivision.

Ces dettes sont rapportables même si elles ne sont pas échues au moment du partage; elles ne le sont pas si le défunt a stipulé remise de la dette pour prendre effet à l'ouverture de la succession.

880. Si le montant en capital et intérêts de la dette à rapporter excède la valeur de la part héréditaire de l'héritier tenu au rapport, celui-ci reste débiteur de l'excédent et doit en faire le paiement selon les modalités afférentes à la dette.

876. An heir is bound to return property whose loss results from his acts or omissions; he is not bound to do so if the loss results from a superior force.

In either case, he shall return any indemnity paid to him for the loss of the property.

877. The co-partitioners may agree that property affected by a hypothec or other real right be returned in kind; the return is then made without prejudice to the holder of the right. The obligation resulting therefrom is, in the partition of the succession, charged against the person who makes the return.

878. The fruits and revenues of the property given or bequeathed, if the property is returned in kind, or the interest on the amount returnable, are also returnable from the opening of the succession.

SECTION II
RETURN OF DEBTS

879. An heir coming to a partition shall return to the mass the debts he owes to the deceased; he shall also return the amounts he owes to his co-partitioners by reason of the indivision.

These debts are subject to return even if they are not due when partition takes place; they are not subject to return if the testator provided for release therefrom to take effect at the opening of the succession.

880. If the amount in capital and interest of the debt to be returned exceeds the value of the hereditary share of the heir who is bound to make the return, the heir remains indebted for the excess and shall pay it according to the terms and conditions attached to the debt.

881. Si l'héritier tenu au rapport a lui-même une créance à faire valoir, encore qu'elle ne soit pas exigible au moment du partage, il y a compensation et il n'est tenu de rapporter que le solde dont il reste débiteur.

La compensation s'opère aussi si la créance excède la dette et l'héritier reste créancier de l'excédent.

882. Le rapport a lieu en moins prenant.

Le prélèvement effectué par les cohéritiers ou l'imputation de la somme au lot de l'héritier est opposable aux créanciers personnels de l'héritier tenu au rapport.

883. Doit être rapportée la valeur de la dette en capital et intérêts au moment du partage.

La dette rapportable porte intérêt à compter du décès si elle est antérieure au décès, et à compter du jour où elle est née si elle a pris naissance postérieurement au décès.

CHAPITRE QUATRIÈME
DES EFFETS DU PARTAGE

SECTION I
DE L'EFFET DÉCLARATIF DU PARTAGE

884. Le partage est déclaratif de propriété.

Chaque copartageant est réputé avoir succédé, seul et immédiatement, à tous les biens compris dans son lot ou qui lui sont échus par un acte de partage total ou partiel; il est censé avoir eu la propriété de ces biens à compter du décès et n'avoir jamais été propriétaire des autres biens de la succession.

885. Tout acte qui a pour objet de faire cesser l'indivision entre les coparta-

881. If an heir bound to make a return has a claim of his own to make, even though it is not exigible at the time of partition, compensation operates and he is bound to return only the balance of his debt.

Compensation also operates if the claim exceeds the debt and the heir remains creditor for the excess.

882. A return is made by taking less.

The pre-taking effected by the co-heirs or the debiting of the amount to the share of the heir may be set up against the personal creditors of the heir who is bound to make the return.

883. A return shall be made of the value of the debt in capital and interest at the time of partition.

A returnable debt bears interest from the death if it precedes the death and from the date when it arose if it arose after the death.

CHAPTER IV
EFFECTS OF PARTITION

SECTION I
THE DECLARATORY EFFECT OF PARTITION

884. Partition is declaratory of ownership.

Each co-partitioner is deemed to have inherited, alone and directly, all the property included in his share or which devolves to him through any partial or complete partition. He is deemed to have owned the property from the death, and never to have owned the other property of the succession.

885. Any act the object of which is to terminate indivision between co-parti-

geants vaut partage, lors même qu'il est qualifié de vente, d'échange, de transaction ou autrement.

886. Sous réserve des dispositions relatives à l'administration des biens indivis et des rapports juridiques entre un héritier et ses ayants cause, les actes accomplis par un indivisaire, de même que les droits réels qu'il a consentis sur les biens qui ne lui sont pas attribués, sont inopposables aux autres indivisaires qui n'y consentent pas.

887. Les actes valablement faits pendant l'indivision résultant du décès conservent leur effet, quel que soit, au partage, l'héritier qui reçoit les biens.

Chaque héritier est alors réputé avoir fait l'acte qui concerne les biens qui lui sont échus.

888. L'effet déclaratif s'applique pareillement aux créances contre des tiers, à la cession de ces créances faite pendant l'indivision par un cohéritier et à la saisie-arrêt de ces créances pratiquée par les créanciers d'un cohéritier.

L'attribution des créances est assujettie, quant à son opposabilité aux débiteurs, aux règles du livre Des obligations relatives à la cession de créance.

SECTION II
DE LA GARANTIE DES COPARTAGEANTS

889. Les copartageants sont respectivement garants, les uns envers les autres, des seuls troubles et évictions qui procèdent d'une cause antérieure au partage.

Néanmoins, chaque copartageant demeure toujours garant de l'éviction causée par son fait personnel.

890. L'insolvabilité du débiteur d'une créance échue à l'un des copartageants

tioners is equivalent to a partition, even though the act is described as a sale, an exchange, a transaction or otherwise.

886. Subject to the provisions respecting the administration of undivided property and the juridical relationships between an heir and his successors, acts performed by an undivided heir and real rights granted by him in property which has not been allotted to him may not be set up against any other undivided heirs who have not consented to them.

887. Acts validly made during indivision resulting from death retain their effect, regardless of which heir receives the property at partition.

Each heir is then deemed to have made the acts concerning the property which devolves to him.

888. The declaratory effect also applies to claims against third persons, to any assignment of these claims made during indivision by one of the coheirs and to any seizure by garnishment of the claims by the creditors of one of the coheirs.

The setting up of claims against debtors is subject to the rules of the Book on Obligations relating to assignment of debts.

SECTION II
WARRANTY OF CO-PARTITIONERS

889. Co-partitioners are warrantors towards each other only for the disturbances and evictions arising from a cause prior to the partition.

Each co-partitioner remains a warrantor nevertheless for any eviction caused by his personal act or omission.

890. The insolvency of the debtor for a claim devolving to one of the co-partition-

donne lieu à la garantie, de la même manière que l'éviction, si l'insolvabilité est antérieure au partage.

891. La garantie n'a pas lieu si l'éviction se trouve exceptée par une stipulation de l'acte de partage; elle cesse si c'est par sa faute que le copartageant est évincé.

892. Chacun des copartageants est personnellement obligé, en proportion de sa part, d'indemniser son copartageant de la perte que lui a causée l'éviction.

La perte est évaluée au jour du partage.

893. Si l'un des copartageants se trouve insolvable, l'indemnité à laquelle il est tenu doit être répartie proportionnellement entre le garanti et tous les copartageants solvables.

894. L'action en garantie se prescrit par trois ans depuis l'éviction ou la découverte du trouble, ou depuis le partage si elle a pour cause l'insolvabilité d'un débiteur de la succession.

CHAPITRE CINQUIÈME
DE LA NULLITÉ DU PARTAGE

895. Le partage, même partiel, peut être annulé pour les mêmes causes que les contrats.

Toutefois, plutôt que d'annuler, on peut procéder à un partage supplémentaire ou rectificatif, dans tous les cas où cela peut être fait avec avantage pour les copartageants.

896. La simple omission d'un bien indivis ne donne pas ouverture à l'action en nullité, mais seulement à un supplément à l'acte de partage.

ers gives rise to a warranty in the same manner as an eviction, if the insolvency occurred prior to partition.

891. The warranty does not arise if the eviction has been excepted by a stipulation in the act of partition; it terminates if the co-partitioner is evicted through his own fault.

892. Each co-partitioner is personally bound in proportion to his share to indemnify his co-partitioner for the loss which the eviction has caused him.

The loss is valued as on the day of the partition.

893. If one of the co-partitioners is insolvent, the indemnity for which he is liable shall be divided proportionately between the warrantee and all the solvent co-partitioners.

894. The action in warranty is prescribed by three years from eviction or discovery of the disturbance, or from partition if it is caused by the insolvency of a debtor to the succession.

CHAPTER V
NULLITY OF PARTITION

895. Partition, even partial, may be annulled for the same causes as contracts.

A supplementary or corrective partition may be effected, however, in any case where it is to the advantage of the co-partitioners to do so.

896. Mere omission of undivided property does not give rise to an action in nullity, but only to a supplementary partition.

897. Pour décider s'il y a eu lésion, c'est la valeur des biens au temps du partage qu'il faut considérer.

897. In deciding whether lesion has occurred, the value of the property is considered as at the time of partition.

898. Le défendeur à une demande en nullité de partage peut, dans tous les cas, en arrêter le cours et empêcher un nouveau partage, en offrant et en fournissant au demandeur le supplément de sa part dans la succession en numéraire ou en nature.

898. The defendant in an action in nullity of partition may, in all cases, terminate the action and prevent a new partition by offering and delivering to the plaintiff the supplement of his share of the succession in money or in kind.

LIVRE QUATRIÈME
DES BIENS

BOOK FOUR
PROPERTY

TITRE PREMIER
DE LA DISTINCTION DES BIENS ET DE LEUR APPROPRIATION

TITLE ONE
KINDS OF PROPERTY AND ITS APPROPRIATION

CHAPITRE PREMIER
DE LA DISTINCTION DES BIENS

CHAPTER I
KINDS OF PROPERTY

899. Les biens, tant corporels qu'incorporels, se divisent en immeubles et en meubles.

899. Property, whether corporeal or incorporeal, is divided into immovables and movables.

900. Sont immeubles les fonds de terre, les constructions et ouvrages à caractère permanent qui s'y trouvent et tout ce qui en fait partie intégrante.

900. Land, and any constructions and works of a permanent nature located thereon and forming an integral part thereof, are immovables.

Le sont aussi les végétaux et les minéraux, tant qu'ils ne sont pas séparés ou extraits du fonds. Toutefois, les fruits et les autres produits du sol peuvent être considérés comme des meubles dans les actes de disposition dont ils sont l'objet.

Plants and minerals, as long as they are not separated or extracted from the land, are also immovables. Fruits and other products of the soil may be considered to be movables, however, when they are the object of an act of alienation.

901. Font partie intégrante d'un immeuble les meubles qui sont incorporés à l'immeuble, perdent leur individualité et assurent l'utilité de l'immeuble.

901. Movables incorporated with an immovable that lose their individuality and ensure the utility of the immovable form an integral part of the immovable.

902. Les parties intégrantes d'un immeuble qui sont temporairement détachées de l'immeuble, conservent leur caractère immobilier, si ces parties sont destinées à y être replacées.

902. Integral parts of an immovable that are temporarily detached therefrom retain their immovable character if they are destined to be put back.

903. Les meubles qui sont, à demeure, matériellement attachés ou réunis à l'immeuble, sans perdre leur individualité et sans y être incorporés, sont immeubles tant qu'ils y restent.

903. Movables which are permanently physically attached or joined to an immovable without losing their individuality and without being incorporated with the immovable are immovables for as long as they remain there.

904. Les droits réels qui portent sur des immeubles, les actions qui tendent à les faire valoir et celles qui visent à obtenir la possession d'un immeuble sont immeubles.

904. Real rights in immovables, as well as actions to assert such rights or to obtain possession of immovables, are immovables.

905. Sont meubles les choses qui peuvent se transporter, soit qu'elles se meuvent elles-mêmes, soit qu'il faille une force étrangère pour les déplacer.

905. Things which can be moved either by themselves or by an extrinsic force are movables.

906. Sont réputés meubles corporels les ondes ou l'énergie maîtrisées par l'être humain et mises à son service, quel que soit le caractère mobilier ou immobilier de leur source.

906. Waves or energy harnessed and put to use by man, whether their source is movable or immovable, are deemed corporeal movables.

907. Tous les autres biens que la loi ne qualifie pas sont des meubles.

907. All other property, if not qualified by law, is movable.

CHAPITRE DEUXIÈME
DES BIENS DANS LEURS RAPPORTS
AVEC CE QU'ILS PRODUISENT

CHAPTER II
PROPERTY IN RELATION TO
ITS PROCEEDS

908. Les biens peuvent, suivant leurs rapports entre eux, se diviser en capitaux et en fruits et revenus.

908. Property, according to its relation to other property, is divided into capital, and fruits and revenues.

909. Sont du capital les biens dont on tire des fruits et revenus, les biens affectés au service ou à l'exploitation d'une entreprise, les actions ou les parts sociales d'une personne morale ou d'une société, le remploi des fruits et revenus, le prix de la disposition d'un capital ou son remploi, ainsi que les indemnités d'expropriation ou d'assurance qui tiennent lieu du capital.

909. Property that produces fruits and revenues, property appropriated for the service or operation of an enterprise, shares of the capital stock or common shares of a legal person or partnership, the reinvestment of the fruits and revenues, the price for any disposal of capital or its reinvestment, and expropriation or insurance indemnities in replacement of capital, are capital.

Le capital comprend aussi les droits de propriété intellectuelle et industrielle,

Capital also includes rights of intellectual or industrial property except

sauf les sommes qui en proviennent sans qu'il y ait eu aliénation de ces droits, les obligations et autres titres d'emprunt payables en argent, de même que les droits dont l'exercice tend à accroître le capital, tels les droits de souscription des valeurs mobilières d'une personne morale, d'une société en commandite ou d'une fiducie.

910. Les fruits et revenus sont ce que le bien produit spontanément sans que sa substance soit entamée ou ce qui provient de l'utilisation d'un capital. Ils comprennent aussi les droits dont l'exercice tend à accroître les fruits et revenus du bien.

Sont classés parmi les fruits ce qui est produit spontanément par le bien, ce qui est produit par la culture ou l'exploitation d'un fonds, de même que le produit ou le croît des animaux.

Sont classées parmi les revenus les sommes d'argent que le bien rapporte, tels les loyers, les intérêts, les dividendes, sauf s'ils représentent la distribution d'un capital d'une personne morale; le sont aussi les sommes reçues en raison de la résiliation ou du renouvellement d'un bail ou d'un paiement par anticipation, ou les sommes attribuées ou perçues dans des circonstances analogues.

sums derived therefrom without alienation of the rights, bonds and other loan certificates payable in cash and rights the exercise of which tends to increase the capital, such as the right to subscribe to securities of a legal person, limited partnership or trust.

910. Fruits and revenues are that which is produced by property without any alteration to its substance or that which is derived from the use of capital. They also include rights the exercise of which tends to increase the fruits and revenues of the property.

Fruits comprise things spontaneously produced by property or produced by the cultivation or working of land, and the produce or increase of animals.

Revenues comprise sums of money yielded by property, such as rents, interest and dividends, except those representing the distribution of capital of a legal person; they also comprise sums received by reason of the resiliation or renewal of a lease or of prepayment, or sums allotted or collected in similar circumstances.

CHAPITRE TROISIÈME
DES BIENS DANS LEURS RAPPORTS
AVEC CEUX QUI Y ONT DES DROITS
OU QUI LES POSSÈDENT

CHAPTER III
PROPERTY IN RELATION TO PERSONS
HAVING RIGHTS IN IT OR
POSSESSION OF IT

911. On peut, à l'égard d'un bien, être titulaire, seul ou avec d'autres, d'un droit de propriété ou d'un autre droit réel, ou encore être possesseur du bien.

On peut aussi être détenteur ou administrateur du bien d'autrui, ou être

911. A person, alone or with others, may hold a right of ownership or other real right in a property, or have possession of the property.

A person also may hold or administer the property of others or be trustee of

fiduciaire d'un bien affecté à une fin particulière.

912. Le titulaire d'un droit de propriété ou d'un autre droit réel a le droit d'agir en justice pour faire reconnaître ce droit.

913. Certaines choses ne sont pas susceptibles d'appropriation; leur usage, commun à tous, est régi par des lois d'intérêt général et, à certains égards, par le présent code.

L'air et l'eau qui ne sont pas destinés à l'utilité publique sont toutefois susceptibles d'appropriation s'ils sont recueillis et mis en récipient.

914. Certaines autres choses qui, parce que sans maître, ne sont pas l'objet d'un droit peuvent néanmoins être appropriées par occupation, si celui qui le prend le fait avec l'intention de s'en rendre propriétaire.

915. Les biens appartiennent aux personnes ou à l'État, ou font, en certains cas, l'objet d'une affectation.

916. Les biens s'acquièrent par contrat, par succession, par occupation, par prescription, par accession ou par tout autre mode prévu par la loi.

Cependant, nul ne peut s'approprier par occupation, prescription ou accession les biens de l'État, sauf ceux que ce dernier a acquis par succession, vacance ou confiscation, tant qu'ils n'ont pas été confondus avec ses autres biens. Nul ne peut non plus s'approprier les biens des personnes morales de droit public qui sont affectés à l'utilité publique.

917. Les biens confisqués en vertu de la loi sont, dès leur confiscation, la propriété de l'État ou, en certains cas, de la

property appropriated to a particular purpose.

912. The holder of a right of ownership or other real right may take legal action to have his right acknowledged.

913. Certain things may not be appropriated; their use, common to all, is governed by general laws and, in certain respects, by this Code.

However, water and air not intended for public utility may be appropriated if collected and placed in receptacles.

914. Certain other things, being without an owner, are not the object of any right, but may nevertheless be appropriated by occupation if the person taking them does so with the intention of becoming their owner.

915. Property belongs to persons or to the State or, in certain cases, is appropriated to a purpose.

916. Property is acquired by contract, succession, occupation, prescription, accession or any other mode provided by law.

No one may appropriate property of the State for himself by occupation, prescription or accession except property the State has acquired by succession, vacancy or confiscation, so long as it has not been mingled with its other property. Nor may anyone acquire for himself property of legal persons established in the public interest that is appropriated to public utility.

917. Property confiscated under the law is, upon being confiscated, property of the State or, in certain cases, of the legal

personne morale de droit public qui a légalement le pouvoir de les confisquer.

918. Les parties du territoire qui ne sont pas la propriété de personnes physiques ou morales, ou qui ne sont pas transférées à un patrimoine fiduciaire, appartiennent à l'État et font partie de son domaine. Les titres originaires de l'État sur ces biens sont présumés.

919. Le lit des lacs et des cours d'eau navigables et flottables est, jusqu'à la ligne des hautes eaux, la propriété de l'État.

Il en est de même du lit des lacs et cours d'eau non navigables ni flottables bordant les terrains aliénés par l'État après le 9 février 1918; avant cette date, la propriété du fonds riverain emportait, dès l'aliénation, la propriété du lit des cours d'eau non navigables ni flottables.

Dans tous les cas, la loi ou l'acte de concession peuvent disposer autrement.

920. Toute personne peut circuler sur les cours d'eau et les lacs, à la condition de pouvoir y accéder légalement, de ne pas porter atteinte aux droits des propriétaires riverains, de ne pas prendre pied sur les berges et de respecter les conditions d'utilisation de l'eau.

CHAPITRE QUATRIÈME
DE CERTAINS RAPPORTS DE FAIT
CONCERNANT LES BIENS

SECTION I
DE LA POSSESSION

§ 1.–*De la nature de la possession*

921. La possession est l'exercice de fait, par soi-même ou par l'intermédiaire

person established in the public interest authorized by law to confiscate it.

918. Parts of the territory not owned by natural persons or legal persons nor transferred to a trust patrimony belong to the State and form part of its domain. The State is presumed to have the original titles to such property.

919. The beds of navigable and floatable lakes and watercourses are property of the State up to the high-water line.

The beds of non-navigable and non-floatable lakes and watercourses bordering lands alienated by the State after 9 February 1918 also are property of the State up to the high-water line; before that date, ownership of the riparian land carried with it, upon alienation, ownership of the beds of non-navigable and non-floatable watercourses.

In all cases, the law or the act of concession may provide otherwise.

920. Any person may travel on watercourses and lakes provided he gains legal access to them, does not encroach on the rights of the riparian owners, does not set foot on the banks and observes the conditions of use of the water.

CHAPTER IV
CERTAIN *DE FACTO* RELATIONSHIPS
CONCERNING PROPERTY

SECTION I
POSSESSION

§ 1.–*The nature of possession*

921. Possession is the exercise in fact, by a person himself or by another person

d'une autre personne qui détient le bien, d'un droit réel dont on se veut titulaire.

having detention of the property, of a real right, with the intention of acting as the holder of that right.

Cette volonté est présumée. Si elle fait défaut, il y a détention.

The intention is presumed. Where it is lacking, there is merely detention.

922. Pour produire des effets, la possession doit être paisible, continue, publique et non équivoque.

922. Only peaceful, continuous, public and unequivocal possession produces effects in law.

923. Celui qui a commencé à détenir pour le compte d'autrui ou avec reconnaissance d'un domaine supérieur est toujours présumé détenir en la même qualité, sauf s'il y a preuve d'interversion de titre résultant de faits non équivoques.

923. A person having begun to detain property on behalf of another or with acknowledgement of a superior domain is presumed to continue to detain it in that quality unless inversion of title is proved on the basis of unequivocal facts.

924. Les actes de pure faculté ou de simple tolérance ne peuvent fonder la possession.

924. Merely facultative acts or acts of sufferance do not found possession.

925. Le possesseur actuel est présumé avoir une possession continue depuis le jour de son entrée en possession; il peut joindre sa possession et celle de ses auteurs.

925. The present possessor is presumed to have been in continuous possession from the time he came into possession; he may join his possession to that of his predecessors.

La possession demeure continue même si l'exercice en est empêché ou interrompu temporairement.

Possession is continuous even if its exercise is temporarily prevented or interrupted. (f. E. you lease on ho-Ejdays)

926. La possession entachée de quelque vice ne commence à produire des effets qu'à compter du moment où le vice a cessé.

926. Defective possession begins to produce effects only from the time the defect ceases.

Les ayants cause, à quelque titre que ce soit, ne souffrent pas des vices dans la possession de leur auteur.

Successors by whatever title do not suffer from defects in the possession of their predecessor.

927. Le voleur, le receleur et le fraudeur ne peuvent invoquer les effets de la possession, mais leurs ayants cause, à quelque titre que ce soit, le peuvent s'ils ignoraient le vice.

927. No thief, receiver of stolen goods or defrauder may invoke the effects of possession, but his successors by whatever title may do so if they were unaware of the defect.

§ 2.–*Des effets de la possession*

§ 2.–*Effects of possession*

928. Le possesseur est présumé titulaire du droit réel qu'il exerce. C'est à celui qui conteste cette qualité à prouver son droit et, le cas échéant, l'absence de titre, ou encore les vices de la possession ou du titre du possesseur.

928. A possessor is presumed to hold the real right he is exercising. A person contesting that presumption has the burden of proving his own right and, as the case may be, that the possessor has no title, a defective title, or defective possession.

929. Le possesseur dont la possession a été continue pendant plus d'une année a, contre celui qui trouble sa possession ou qui l'a dépossédé, un droit d'action pour faire cesser le trouble ou être remis en possession.

929. A possessor in continuous possession for more than a year has a right of action against any person who disturbs his possession or dispossesses him in order to put an end to the disturbance or be put back into possession.

930. La possession rend le possesseur titulaire du droit réel qu'il exerce s'il se conforme aux règles de la prescription.

930. Possession vests the possessor with the real right he is exercising if he complies with the rules on prescription.

931. Le possesseur de bonne foi est dispensé de rendre compte des fruits et revenus du bien; il supporte les frais qu'il a engagés pour les produire.

931. A possessor in good faith need not render account of the fruits and revenues of the property, and he bears the costs he incurred to produce them.

Le possesseur de mauvaise foi doit, après avoir compensé les frais, remettre les fruits et revenus, à compter du jour où sa mauvaise foi a commencé.

A possessor in bad faith shall, after compensating for the costs, return the fruits and revenues from the time he began to be in bad faith.

932. Le possesseur est de bonne foi si, au début de sa possession, il est justifié de se croire titulaire du droit réel qu'il exerce. Sa bonne foi cesse du jour où l'absence de titre ou les vices de sa possession ou de son titre lui sont dénoncés par une procédure civile.

932. A possessor is in good faith if, when his possession begins, he is justified in believing he holds the real right he is exercising. His good faith ceases from the time his lack of title or the defects of his possession or title are notified to him by a civil proceeding.

933. Le possesseur peut être remboursé ou indemnisé pour les constructions, ouvrages et plantations qu'il a faits, suivant les règles prévues au chapitre de l'accession.

933. A possessor may be reimbursed or indemnified according to the rules in the chapter on accession for the constructions, plantations and works he has made.

SECTION II
DE L'ACQUISITION DES BIENS VACANTS

§ 1.–Des biens sans maître

934. Sont sans maître les biens qui n'ont pas de propriétaire, tels les animaux sauvages en liberté, ceux qui, capturés, ont recouvré leur liberté, la faune aquatique, ainsi que les biens qui ont été abandonnés par leur propriétaire.

Sont réputés abandonnés les meubles de peu de valeur ou très détériorés qui sont laissés en des lieux publics, y compris sur la voie publique ou dans des véhicules qui servent au transport du public.

935. Les meubles sans maître appartiennent à la personne qui se les approprie par occupation.

Les meubles abandonnés que personne ne s'approprie appartiennent aux municipalités qui les recueillent sur leur territoire ou à l'État.

936. Les immeubles sans maître appartiennent à l'État. Toute personne peut néanmoins les acquérir, par accession naturelle ou prescription, à moins que l'État ne possède ces immeubles ou ne s'en soit déclaré propriétaire par un avis du curateur public inscrit au registre foncier.

937. Les biens sans maître que l'État s'approprie sont administrés par le curateur public; celui-ci en dispose conformément à la loi.

938. Le trésor appartient à celui qui le trouve dans son fonds; s'il est découvert dans le fonds d'autrui, il appartient pour moitié au propriétaire du fonds et pour l'autre moitié à celui qui l'a découvert, à moins que l'inventeur n'ait agi pour le compte du propriétaire.

SECTION II
ACQUISITION OF VACANT PROPERTY

§ 1.–Things without an owner

934. Animals in the wild, or formerly in captivity but returned to the wild, aquatic fauna and things abandoned by their owner, are things without an owner.

Movables of slight value or in a very deteriorated condition that are left in a public place, including a public road or a vehicle used for public transportation, are deemed abandoned things.

935. A movable without an owner belongs to the person who appropriates it for himself by occupation.

An abandoned movable, if no one appropriates it for himself, belongs to the municipality that collects it in its territory, or to the State.

936. An immovable without an owner belongs to the State. Any person may nevertheless acquire it by natural accession or prescription unless the State has possession of it or is declared the owner of it by a notice of the Public Curator entered in the land register.

937. Things without an owner which the State appropriates for itself are administered by the Public Curator, who disposes of them according to law.

938. Treasure belongs to the finder if he finds it on his own land; if it is found on the land of another, one-half belongs to the owner of the land and one-half to the finder, unless the finder was acting for the owner.

§ 2.–*Des meubles perdus ou oubliés*

§ 2.–*Lost or forgotten movables*

939. Les meubles qui sont perdus ou oubliés entre les mains d'un tiers ou en un lieu public continuent d'appartenir à leur propriétaire.

Ces biens ne peuvent s'acquérir par occupation, mais ils peuvent, de même que le prix qui leur est subrogé, être prescrits par celui qui les détient.

940. Celui qui trouve un bien doit tenter d'en retrouver le propriétaire; le cas échéant, il doit lui remettre le bien.

941. Pour prescrire soit le bien, soit le prix qui lui est subrogé, celui qui trouve un bien perdu doit déclarer le fait à un agent de la paix, à la municipalité sur le territoire de laquelle il a été trouvé ou à la personne qui a la garde du lieu où il a été trouvé.

Il peut alors, à son choix, garder le bien, en disposer comme un détenteur ou le remettre à la personne à laquelle il a fait la déclaration pour que celle-ci le détienne.

942. Le détenteur du bien trouvé, y compris l'État ou une municipalité, peut vendre le bien s'il n'est pas réclamé dans les soixante jours.

La vente du bien se fait aux enchères et elle a lieu à l'expiration d'un délai d'au moins dix jours après la publication, dans un journal distribué dans la localité où le bien est trouvé, d'un avis de vente mentionnant la nature du bien et indiquant le lieu, le jour et l'heure de la vente.

Cependant, le détenteur peut disposer sans délai du bien susceptible de dépérissement. Il peut aussi, à défaut

939. A movable that is lost or that is forgotten in the hands of a third person or in a public place continues to belong to its owner.

The movable may not be acquired by occupation, but may be prescribed by the person who detains it, as may the price subrogated thereto.

940. The finder of a thing shall attempt to find its owner; if he finds him, he shall return it to him.

941. The finder of a lost thing, in order to acquire, by prescription, ownership of it or of the price subrogated to it, shall declare the fact that he has found it to a peace officer, to the municipality in whose territory it was found or to the person in charge of the place where it was found.

He may then, at his option, keep the thing, dispose of it in the manner of a person having detention or hand it over for detention to the person to whom he made the declaration.

942. The holder of a found thing, including the State or a municipality, may sell it if it is not claimed within sixty days.

The sale of the thing is held by auction and on the expiry of not less than ten days after publication of a notice of sale in a newspaper circulated in the locality where the thing was found, stating the nature of the thing and indicating the place, day and hour of the sale.

The holder may dispose of the thing immediately, however, if it is perishable. Also, if there is no bidder at the auction,

d'enchérisseur, vendre le bien de gré à gré, le donner à un organisme de bienfaisance ou, s'il est impossible d'en disposer ainsi, le détruire.

943. L'État ou la municipalité peut vendre aux enchères, comme le détenteur du bien trouvé, les biens meubles qu'il détient, sans autres délais que ceux requis pour la publication, lorsque:

1° Le propriétaire du bien le réclame, mais néglige ou refuse de rembourser au détenteur les frais d'administration dans les soixante jours de sa réclamation;

2° Plusieurs personnes réclament le bien à titre de propriétaire, mais aucune d'entre elles ne prouve indubitablement son titre ou n'agit en justice pour le faire établir dans le délai d'au moins soixante jours qui lui est imparti;

3° Le bien déposé au greffe d'un tribunal n'est pas réclamé par son propriétaire, soit dans les soixante jours de l'avis qui lui est donné de venir le prendre, soit dans les six mois qui suivent le jugement final ou le désistement d'instance si aucun avis n'a pu lui être donné.

944. Lorsqu'un bien, confié pour être gardé, travaillé ou transformé, n'est pas réclamé dans les quatre-vingt-dix jours de la fin du travail ou de la période convenue, il est considéré comme oublié et son détenteur peut en disposer après avoir donné un avis de la même durée à celui qui lui a confié le bien.

945. Le détenteur du bien confié mais oublié dispose du bien en le vendant soit aux enchères comme s'il s'agissait d'un bien trouvé, soit de gré à gré. Il peut aussi donner à un organisme de bien-

he may sell the thing by agreement, give it to a charitable institution or, if it is impossible to dispose of it in this way, destroy it.

943. The State or a municipality may, in the manner of the holder of a found thing, sell movable property in its hands by auction, without further delay than that required for publication, in the following cases:

(1) the owner of the property claims it but neglects or refuses to reimburse the holder for the cost of administration of the property within sixty days of claiming it;

(2) several persons claim the property as owner, but none of them establishes a clear title or takes legal action to establish it within the sixty days or more allotted to him;

(3) a movable deposited in the office of a court is not claimed by its owner within sixty days from notice given him to fetch it or, if it has not been possible to give him any notice, within six months from the final judgment or from the discontinuance of the proceedings.

944. Where a thing that has been entrusted for safekeeping, work or processing is not claimed within ninety days from completion of the work or the agreed time, it is considered to be forgotten and the holder, after having given notice of the same length of time to the person who entrusted him with the thing, may dispose of it.

945. The holder of a thing entrusted but forgotten disposes of it by auction sale as in the case of a found thing, or by agreement. He may also give a thing that cannot be sold to a charitable institution

faisance le bien qui ne peut être vendu et, s'il ne peut être donné, il en dispose à son gré.

or, if that is not possible, dispose of it as he sees fit.

946. Le propriétaire d'un bien perdu ou oublié peut, tant que son droit de propriété n'est pas prescrit, le revendiquer en offrant de payer les frais d'administration du bien et, le cas échéant, la valeur du travail effectué. Le détenteur du bien a le droit de le retenir jusqu'au paiement.

946. The owner of a lost or forgotten thing may revendicate it, so long as his right of ownership has not been prescribed, by offering to pay the cost of its administration and, where applicable, the value of the work done. The holder of the thing may retain it until payment.

Si le bien a été aliéné, le droit du propriétaire ne s'exerce, malgré l'article 1714, que sur ce qui reste du prix de la vente, déduction faite des frais d'administration et d'aliénation du bien et de la valeur du travail effectué.

If the thing has been alienated, the owner's right is exercised, notwithstanding article 1714, only against what is left of the price of sale, after deducting the cost of its administration and alienation and the value of the work done.

TITRE DEUXIÈME
DE LA PROPRIÉTÉ

TITLE TWO
OWNERSHIP

CHAPITRE PREMIER
DE LA NATURE ET DE L'ÉTENDUE DU DROIT DE PROPRIÉTÉ

CHAPTER I
NATURE AND EXTENT OF THE RIGHT OF OWNERSHIP

947. La propriété est le droit d'user, de jouir et de disposer librement et complètement d'un bien, sous réserve des limites et des conditions d'exercice fixées par la loi.

947. Ownership is the right to use, enjoy and dispose of property fully and freely, subject to the limits and conditions for doing so determined by law.

Elle est susceptible de modalités et de démembrements.

Ownership may be in various modes and dismemberments.

948. La propriété d'un bien donne droit à ce qu'il produit et à ce qui s'y unit, de façon naturelle ou artificielle, dès l'union. Ce droit se nomme droit d'accession.

948. Ownership of property gives a right to what it produces and to what is united to it, naturally or artificially, from the time of union. This right is called a right of accession. [1992, ch. 57, s. 716].

949. Les fruits et revenus du bien appartiennent au propriétaire, qui supporte les frais qu'il a engagés pour les produire.

949. The fruits and revenues of property belong to the owner, who bears the costs he incurred to produce them.

950. Le propriétaire du bien assume les risques de perte.

951. La propriété du sol emporte celle du dessus et du dessous.

Le propriétaire peut faire, au-dessus et au-dessous, toutes les constructions, ouvrages et plantations qu'il juge à propos; il est tenu de respecter, entre autres, les droits publics sur les mines, sur les nappes d'eau et sur les rivières souterraines.

952. Le propriétaire ne peut être contraint de céder sa propriété, si ce n'est par voie d'expropriation faite suivant la loi pour une cause d'utilité publique et moyennant une juste et préalable indemnité.

953. Le propriétaire d'un bien a le droit de le revendiquer contre le possesseur ou celui qui le détient sans droit; il peut s'opposer à tout empiétement ou à tout usage que la loi ou lui-même n'a pas autorisé.

CHAPITRE DEUXIÈME
DE L'ACCESSION

SECTION I
DE L'ACCESSION IMMOBILIÈRE

954. L'accession à un immeuble d'un bien meuble ou immeuble peut être volontaire ou indépendante de toute volonté. Dans le premier cas, l'accession est artificielle; dans le second, elle est naturelle.

§ 1.–*De l'accession artificielle*

955. Les constructions, ouvrages ou plantations sur un immeuble sont présumés avoir été faits par le propriétaire, à ses frais, et lui appartenir.

950. The owner of the property assumes the risks of loss.

951. Ownership of the soil carries with it ownership of what is above and what is below the surface.

The owner may make such constructions, works or plantations above or below the surface as he sees fit; he is bound to respect, among other things, the rights of the State in mines, sheets of water and underground streams.

952. No owner may be compelled to transfer his ownership except by expropriation according to law for public utility and in consideration of a just and prior indemnity.

953. The owner of property has a right to revendicate it against the possessor or the person detaining it without right, and may object to any encroachment or to any use not authorized by him or by law.

CHAPTER II
ACCESSION

SECTION I
IMMOVABLE ACCESSION

954. Accession of movable or immovable property to an immovable may be voluntary or involuntary. Accession is artificial in the first case, natural in the second.

§ 1.–*Artificial accession*

955. Constructions, works or plantations on an immovable are presumed to have been made by the owner of the immovable at his own expense and to belong to him.

956. Le propriétaire de l'immeuble devient propriétaire par accession des constructions, ouvrages ou plantations qu'il a faits avec des matériaux qui ne lui appartiennent pas, mais il est tenu de payer la valeur, au moment de l'incorporation, des matériaux utilisés.

Celui qui était propriétaire des matériaux n'a pas le droit de les enlever ni ne peut être contraint de les reprendre.

957. Le propriétaire de l'immeuble acquiert par accession la propriété des constructions, ouvrages ou plantations faits sur son immeuble par un possesseur, que les impenses soient nécessaires, utiles ou d'agrément.

958. Le propriétaire doit rembourser au possesseur les impenses nécessaires, même si les constructions, ouvrages ou plantations n'existent plus.

Cependant, si le possesseur est de mauvaise foi, il y a lieu, déduction faite des frais engagés pour les produire, à la compensation des fruits et revenus perçus.

959. Le propriétaire doit rembourser les impenses utiles faites par le possesseur de bonne foi si les constructions, ouvrages ou plantations existent encore; il peut aussi, à son choix, lui verser une indemnité égale à la plus-value.

Il peut, aux mêmes conditions, rembourser les impenses utiles faites par le possesseur de mauvaise foi; il peut alors opérer la compensation pour les fruits et revenus que le possesseur lui doit.

Il peut aussi contraindre le possesseur de mauvaise foi à enlever ces constructions, ouvrages ou plantations

956. The owner of an immovable becomes the owner by accession of the constructions, works or plantations he has made with materials which do not belong to him, but he is bound to pay the value, at the time they were incorporated, of the materials used.

The previous owner of the materials has no right to remove them nor any obligation to take them back.

957. The owner of an immovable acquires by accession ownership of the constructions, works or plantations made on his immovable by a possessor, whether the disbursements were necessary, useful or for amenities.

958. The owner shall reimburse the possessor for the necessary disbursements, even if the constructions, works or plantations no longer exist.

If the possessor is in bad faith, however, compensation may be claimed for the fruits and revenues collected, after deducting the costs incurred to produce them.

959. The owner shall reimburse the useful disbursements made by a possessor in good faith, if the constructions, works or plantations still exist; he may also, if he chooses, pay him compensation equal to the increase in value.

The owner may, on the same conditions, reimburse the useful disbursements made by the possessor in bad faith; he may in that case effect compensation for the fruits and revenues owed to him by the possessor.

The owner may also compel the possessor in bad faith to remove the constructions, works or plantations and to

et à remettre les lieux dans leur état antérieur; si la remise en l'état est impossible, le propriétaire peut les conserver sans indemnité ou contraindre le possesseur à les enlever.

960. Le propriétaire peut contraindre le possesseur à acquérir l'immeuble et à lui en payer la valeur, si les impenses utiles sont coûteuses et représentent une proportion considérable de cette valeur.

961. Le possesseur de bonne foi qui a fait des impenses pour son propre agrément peut, au choix du propriétaire, enlever, en évitant d'endommager les lieux, les constructions, ouvrages ou plantations faits, s'ils peuvent l'être avantageusement, ou encore les abandonner.

Dans ce dernier cas, le propriétaire est tenu de rembourser au possesseur le moindre du coût ou de la plus-value accordée à l'immeuble.

962. Le propriétaire peut contraindre le possesseur de mauvaise foi à enlever les constructions, ouvrages ou plantations qu'il a faits pour son agrément et à remettre les lieux dans leur état antérieur; si la remise en l'état est impossible, il peut les conserver sans indemnité ou contraindre le possesseur à les enlever.

963. Le possesseur de bonne foi a le droit de retenir l'immeuble jusqu'à ce qu'il ait obtenu le remboursement des impenses nécessaires ou utiles.

Le possesseur de mauvaise foi n'a ce droit qu'à l'égard des impenses nécessaires qu'il a faites.

964. Les impenses faites par un détenteur sont traitées suivant les règles

restore the place to its former condition; if such restoration is impossible, the owner may keep them without compensation or compel the possessor to remove them.

960. The owner may compel the possessor to acquire the immovable and to pay him its value if the useful disbursements made are costly and represent a considerable proportion of that value.

961. A possessor in good faith who has made disbursements for amenities for himself may, as the owner chooses, either remove the constructions, works or plantations he has made, if that can be done advantageously without causing damage to the place, or abandon them.

If he abandons them, the owner is bound to reimburse him for either their cost or the increase in value of the immovable, whichever is less.

962. The owner may compel the possessor in bad faith to remove the constructions, works or plantations he has made as amenities for himself and to restore the place to its former condition; if such restoration is impossible, he may keep them without compensation or compel the possessor to remove them.

963. A possessor in good faith has a right to retain the immovable until he has been reimbursed for necessary or useful disbursements.

A possessor in bad faith has no right under this article except in respect of necessary disbursements he has made.

964. Disbursements made by a person detaining property are dealt with accord-

établies pour celles qui sont faites par un possesseur de mauvaise foi.

Le détenteur ne peut, toutefois, être contraint d'acquérir le bien.

§ 2.–De l'accession naturelle

965. L'alluvion profite au propriétaire riverain.

Les alluvions sont les atterrissements et les accroissements qui se forment successivement et imperceptiblement aux fonds riverains d'un cours d'eau.

966. Les relais que forme l'eau courante qui se retire insensiblement de l'une des rives en se portant sur l'autre profitent au propriétaire de la rive découverte, sans que le propriétaire riverain du côté opposé ne puisse rien réclamer pour le terrain perdu.

Ce droit n'a pas lieu à l'égard des relais de la mer qui font partie du domaine de l'État.

967. Si un cours d'eau enlève, par une force subite, une partie considérable et reconnaissable d'un fonds riverain et la porte vers un fonds inférieur ou sur la rive opposée, le propriétaire de la partie enlevée peut la réclamer.

Il est tenu, à peine de déchéance, de le faire dans l'année à compter de la prise de possession par le propriétaire du fonds auquel la partie a été réunie.

968. Les îles qui se forment dans le lit d'un cours d'eau appartiennent au propriétaire du lit.

969. Si un cours d'eau, en formant un bras nouveau, coupe un fonds riverain

ing to the rules prescribed for disbursements made by a possessor in bad faith.

The person detaining the property is under no obligation to acquire it, however.

§ 2.–Natural accession

965. Alluvion becomes the property of the riparian owner.

Alluvion is the deposits of earth and augmentations which are gradually and imperceptibly formed on riparian lands of a watercourse.

966. Accretions left by the imperceptible recession of running water from one bank while it encroaches upon the opposite bank are acquired by the riparian owner on the bank gradually added to, and the riparian owner on the opposite bank has no claim for the lost land.

No right exists under this article in respect of accretions from the sea, which form part of the domain of the State.

967. If, by sudden force, a watercourse carries away a large and recognizable part of a riparian land to a lower land or to the opposite bank, the owner of the part carried away may reclaim it.

The owner is bound, on pain of forfeiture, to reclaim the part carried away within one year after the owner of the land it has attached to takes possession of it.

968. An island formed in the bed of a watercourse belongs to the owner of the bed.

969. If, in forming a new branch, a watercourse cuts a riparian land and

et en fait une île, le propriétaire du fonds riverain conserve la propriété de l'île ainsi formée.

970. Si un cours d'eau abandonne son lit pour s'en former un nouveau, l'ancien est attribué aux propriétaires des fonds nouvellement occupés, dans la proportion du terrain qui leur a été enlevé.

SECTION II
DE L'ACCESSION MOBILIÈRE

971. Lorsque des meubles appartenant à plusieurs propriétaires ont été mélangés ou unis de telle sorte qu'il n'est plus possible de les séparer sans détérioration ou sans un travail et des frais excessifs, le nouveau bien appartient à celui des propriétaires qui a contribué davantage à sa constitution, par la valeur du bien initial ou par son travail.

972. La personne, qui a travaillé ou transformé une matière qui ne lui appartenait pas, acquiert la propriété du nouveau bien si la valeur du travail ou de la transformation est supérieure à celle de la matière employée.

973. Le propriétaire du nouveau bien doit payer la valeur de la matière ou de la main-d'oeuvre à celui qui l'a fournie.

S'il est impossible de déterminer qui a contribué davantage à la constitution du nouveau bien, les intéressés en sont copropriétaires indivis.

974. Celui qui est tenu de restituer le nouveau bien peut le retenir jusqu'au paiement de l'indemnité qui lui est due par le propriétaire du nouveau bien.

975. Dans les circonstances qui ne sont pas prévues, le droit d'accession en matière mobilière est entièrement subordonné aux principes de l'équité.

thereby forms an island, the owner of the riparian land retains the ownership of the island so formed.

970. If a watercourse abandons its bed and forms a new bed, the former bed belongs to the owners of the newly occupied land, each in proportion to the land he has lost.

SECTION II
MOVABLE ACCESSION

971. Where movables belonging to several owners have been intermingled or united in such a way as to be no longer separable without deterioration or without excessive labour and cost, the new thing belongs to the owner having contributed most to its creation by the value of the original thing or by his work.

972. A person having worked on or processed material which did not belong to him acquires ownership of the new thing if the work or processing is worth more than the material used.

973. The owner of the new thing shall pay the value of the material or labour to the person having supplied it.

If it is impossible to determine who contributed most to the creation of the new thing, the interested persons are its undivided co-owners.

974. The person bound to return the new thing may retain it until its owner pays him the compensation he owes him.

975. In unforeseen circumstances, the right of accession in respect of movable property is entirely subordinate to the principles of equity.

CHAPITRE TROISIÈME
DES RÈGLES PARTICULIÈRES À LA PROPRIÉTÉ IMMOBILIÈRE

SECTION I
DISPOSITION GÉNÉRALE

976. Les voisins doivent accepter les inconvénients normaux du voisinage qui n'excèdent pas les limites de la tolérance qu'ils se doivent, suivant la nature ou la situation de leurs fonds, ou suivant les usages locaux.

SECTION II
DES LIMITES DU FONDS ET DU BORNAGE

977. Les limites d'un fonds sont déterminées par les titres, les plans cadastraux et la démarcation du terrain et, au besoin, par tous autres indices ou documents utiles.

978. Tout propriétaire peut obliger son voisin au bornage de leurs propriétés contiguës pour établir les bornes, rétablir des bornes déplacées ou disparues, reconnaître d'anciennes bornes ou rectifier la ligne séparative de leurs fonds.

Il doit au préalable, en l'absence d'accord entre eux, mettre le voisin en demeure de consentir au bornage et de convenir avec lui du choix d'un arpenteur-géomètre pour procéder aux opérations requises, suivant les règles prévues au Code de procédure civile.

Le procès-verbal de bornage doit être inscrit au registre foncier.

CHAPTER III
SPECIAL RULES ON THE OWNERSHIP OF IMMOVABLES

SECTION I
GENERAL PROVISION

976. Neighbours shall suffer the normal neighbourhood annoyances that are not beyond the limit of tolerance they owe each other, according to the nature or location of their land or local custom.

SECTION II
LIMITS AND BOUNDARIES OF LAND

977. The limits of land are determined by the titles, the cadastral plan and the boundary lines of the land, and by any other useful indication or document, if need be.

978. Every owner may compel his neighbour to have the boundaries between their contiguous lands determined in order to fix the boundary markers, set displaced or missing boundary markers back in place, verify ancient boundary markers or rectify the dividing line between their properties.

Failing agreement between them, the owner shall first make a demand to his neighbour to consent to having the boundaries determined and to agree upon the choice of a land surveyor to carry out the necessary operations according to the rules in the Code of Civil Procedure.

The minutes of the determination of the boundaries shall be entered in the land register.

SECTION III
DES EAUX

979. Les fonds inférieurs sont assujettis, envers ceux qui sont plus élevés, à recevoir les eaux qui en découlent naturellement.

Le propriétaire du fonds inférieur ne peut élever aucun ouvrage qui empêche cet écoulement. Celui du fonds supérieur ne peut aggraver la situation du fonds inférieur; il n'est pas présumé le faire s'il effectue des travaux pour conduire plus commodément les eaux à leur pente naturelle ou si, son fonds étant voué à l'agriculture, il exécute des travaux de drainage.

980. Le propriétaire qui a une source dans son fonds peut en user et en disposer.

Il peut, pour ses besoins, user de l'eau des lacs et étangs qui sont entièrement sur son fonds, mais en ayant soin d'en conserver la qualité.

981. Le propriétaire riverain peut, pour ses besoins, se servir d'un lac, de la source tête d'un cours d'eau ou de tout autre cours d'eau qui borde ou traverse son fonds. À la sortie du fonds, il doit rendre ces eaux à leur cours ordinaire, sans modification importante de la qualité et de la quantité de l'eau.

Il ne peut, par son usage, empêcher l'exercice des mêmes droits par les autres personnes qui utilisent ces eaux.

982. À moins que cela ne soit contraire à l'intérêt général, celui qui a droit à l'usage d'une source, d'un lac, d'une nappe d'eau ou d'une rivière souterraine, ou d'une eau courante, peut, de façon à éviter la pollution ou l'épuisement de l'eau, exiger la destruction ou

SECTION III
WATERS

979. Lower land is subject to receiving water flowing onto it naturally from higher land.

The owner of lower land has no right to erect works to prevent the natural flow. The owner of higher land has no right to aggravate the condition of lower land, and is not presumed to do so if he carries out work to facilitate the natural run-off or, where his land is devoted to agriculture, he carries out drainage work.

980. An owner who has a spring on his land may use it and dispose of it.

He may, for his needs, use water from the lakes and ponds that are entirely on his land, taking care to preserve their quality.

981. A riparian owner may, for his needs, make use of a lake, the headwaters of a watercourse or any other watercourse bordering or crossing his land. As the water leaves his land, he shall direct it, not substantially changed in quality or quantity, into its regular course.

No riparian owner may by his use of the water prevent other riparian owners from exercising the same right.

982. Unless it is contrary to the general interest, a person having a right to use a spring, lake, sheet of water, underground stream or any running water may, to prevent the water from being polluted or used up, require the destruction or modification of any works by

la modification de tout ouvrage qui pollue ou épuise l'eau.

983. Les toits doivent être établis de manière que les eaux, les neiges et les glaces tombent sur le fonds du propriétaire.

which the water is being polluted or dried up.

983. Roofs are required to be built in such a manner that water, snow and ice fall on the owner's land.

SECTION IV
DES ARBRES

984. Les fruits qui tombent d'un arbre sur un fonds voisin appartiennent au propriétaire de l'arbre.

985. Le propriétaire peut, si des branches ou des racines venant du fonds voisin s'avancent sur son fonds et nuisent sérieusement à son usage, demander à son voisin de les couper; en cas de refus, il peut le contraindre à les couper.

Il peut aussi, si un arbre du fonds voisin menace de tomber sur son fonds, contraindre son voisin à abattre l'arbre ou à le redresser.

986. Le propriétaire d'un fonds exploité à des fins agricoles peut contraindre son voisin à faire abattre, le long de la ligne séparative, sur une largeur qui ne peut excéder cinq mètres, les arbres qui nuisent sérieusement à son exploitation, sauf ceux qui sont dans les vergers et les érablières ou qui sont conservés pour l'embellissement de la propriété.

SECTION IV
TREES

984. Fruit that falls from a tree onto neighbouring land belongs to the owner of the tree.

985. If branches or roots extend over or upon an owner's land from the neighbouring land and seriously obstruct its use, the owner may request his neighbour to cut them and, if he refuses, compel him to do so.

If a tree on the neighbouring land is in danger of falling on the owner's land, he may compel his neighbour to fell the tree, or to right it.

986. The owner of land used for agricultural purposes may compel his neighbour to fell the trees along and not over five metres from the dividing line, if they are seriously damaging to his operations, except trees in an orchard or sugar bush and trees preserved to embellish the property.

SECTION V
DE L'ACCÈS AU FONDS D'AUTRUI ET DE SA PROTECTION

987. Tout propriétaire doit, après avoir reçu un avis, verbal ou écrit, permettre à son voisin l'accès à son fonds si cela est nécessaire pour faire ou entretenir une construction, un ouvrage ou une plantation sur le fonds voisin.

SECTION V
ACCESS TO AND PROTECTION OF THE LAND OF ANOTHER

987. Every owner of land, after having been notified verbally or in writing, shall allow his neighbour access to it if that is necessary to make or maintain a construction, works or plantation on the neighbouring land.

988. Le propriétaire qui doit permettre l'accès à son fonds a droit à la réparation du préjudice qu'il subit de ce seul fait et à la remise de son fonds en l'état.

988. An owner bound to give access to his land is entitled to compensation for any damage he sustains as a result of that sole fact and to the restoration of his land to its former condition.

989. Lorsque, par l'effet d'une force naturelle ou majeure, des biens sont entraînés sur le fonds d'autrui ou s'y transportent, le propriétaire de ce fonds doit en permettre la recherche et l'enlèvement, à moins qu'il ne procède lui-même immédiatement à la recherche et ne remette les biens.

989. Where a thing is carried or strays onto the land of another by the effect of a natural or superior force, the owner of that land shall allow the thing to be searched for and removed, unless he immediately searches for it himself and returns it.

Ces biens, objets ou animaux, continuent d'appartenir à leur propriétaire, sauf s'il en abandonne la recherche; dans ce cas, le propriétaire du fonds les acquiert, à moins qu'il ne contraigne le propriétaire de ces biens à les enlever et à remettre son fonds dans son état antérieur.

The thing, whether object or animal, does not cease to belong to its owner unless he abandons the search, in which case it is acquired by the owner of the land unless he compels the owner of the thing to remove it and to restore his land to its former condition.

990. Le propriétaire du fonds doit exécuter les travaux de réparation ou de démolition qui s'imposent afin d'éviter la chute d'une construction ou d'un ouvrage qui est sur son fonds et qui menace de tomber sur le fonds voisin, y compris sur la voie publique.

990. The owner of land shall do any repair or demolition work needed to prevent the collapse of a construction or works situated on his land that is in danger of falling onto the neighbouring land, including a public road.

991. Le propriétaire du fonds ne doit pas, s'il fait des constructions, ouvrages ou plantations sur son fonds, ébranler le fonds voisin ni compromettre la solidité des constructions, ouvrages ou plantations qui s'y trouvent.

991. Where the owner of land erects a construction or works or makes a plantation on his land, he may not disturb the neighbouring land or undermine the constructions, works or plantations situated on it.

992. Le propriétaire de bonne foi qui a bâti au-delà des limites de son fonds sur une parcelle de terrain qui appartient à autrui doit, au choix du propriétaire du fonds sur lequel il a empiété, soit acquérir cette parcelle en lui en payant la valeur, soit lui verser une indemnité pour la perte temporaire de l'usage de cette parcelle.

992. Where an owner has, in good faith, built beyond the limits of his land on a parcel of land belonging to another, he shall, as the owner of the land he has encroached upon elects, acquire the parcel by paying him its value, or pay him compensation for the temporary loss of use of the parcel.

Si l'empiétement est considérable, cause un préjudice sérieux ou est fait de mauvaise foi, le propriétaire du fonds qui le subit peut contraindre le constructeur soit à acquérir son immeuble et à lui en payer la valeur, soit à enlever les constructions et à remettre les lieux en l'état.

If the encroachment is a considerable one, causes serious damage or is made in bad faith, the owner of the land encroached upon may compel the builder to acquire his immovable and to pay him its value, or to remove the constructions and to restore the place to its former condition.

SECTION VI
DES VUES

993. On ne peut avoir sur le fonds voisin de vues droites à moins d'un mètre cinquante de la ligne séparative.

Cette règle ne s'applique pas lorsqu'il s'agit de vues sur la voie publique ou sur un parc public, ou lorsqu'il s'agit de portes pleines ou à verre translucide.

994. La distance d'un mètre cinquante se mesure depuis le parement extérieur du mur où l'ouverture est faite et perpendiculairement à celui-ci jusqu'à la ligne séparative. S'il y a une fenêtre en saillie, cette distance se mesure depuis la ligne extérieure.

995. Des jours translucides et dormants peuvent être pratiqués dans un mur qui n'est pas mitoyen, même si celui-ci est à moins d'un mètre cinquante de la ligne séparative.

996. Le copropriétaire d'un mur mitoyen ne peut y pratiquer d'ouverture sans l'accord de l'autre.

SECTION VII
DU DROIT DE PASSAGE

997. Le propriétaire dont le fonds est enclavé soit qu'il n'ait aucune issue sur la voie publique, soit que l'issue soit insuffisante, difficile ou impraticable, peut, si on refuse de lui accorder une servitude ou un autre mode d'accès,

SECTION VI
VIEWS

993. No person may have upon the neighbouring land direct views less than one hundred and fifty centimetres from the dividing line.

This rule does not apply in the case of views on the public thoroughfare or on a public park or in the case of panelled doors or doors with translucid glass. [1992, ch. 57, s. 716].

994. The distance of one hundred and fifty centimetres is measured from the exterior facing of the wall where the opening is made and perpendicularly therefrom to the dividing line. In the case of a projecting window, the distance is measured from the exterior line.

995. A person may make fixed translucid lights in a wall that is not a common wall, even if it is less than one hundred and fifty centimetres from the dividing line.

996. A co-owner of a common wall has no right to make any opening in it without the agreement of the other co-owner.

SECTION VII
RIGHT OF WAY

997. The owner of land enclosed by that of others in such a way that there is no access or only an inadequate, difficult or impassable access to it from the public road may, if all his neighbours refuse to grant him a servitude or another mode of

exiger de l'un de ses voisins qu'il lui fournisse le passage nécessaire à l'utilisation et à l'exploitation de son fonds.

Il paie alors une indemnité proportionnelle au préjudice qu'il peut causer.

998. Le droit de passage s'exerce contre le voisin à qui le passage peut être le plus naturellement réclamé, compte tenu de l'état des lieux, de l'avantage du fonds enclavé et des inconvénients que le passage occasionne au fonds qui le subit.

999. Si l'enclave résulte de la division du fonds par suite d'un partage, d'un testament ou d'un contrat, le passage ne peut être demandé qu'au copartageant, à l'héritier ou au contractant, et non au propriétaire du fonds à qui le passage aurait été le plus naturellement réclamé. Le passage est alors fourni sans indemnité.

1000. Le bénéficiaire du droit de passage doit faire et entretenir tous les ouvrages nécessaires pour que son droit s'exerce dans les conditions les moins dommageables pour le fonds qui le subit.

1001. Le droit de passage prend fin lorsqu'il cesse d'être nécessaire à l'utilisation et à l'exploitation du fonds. Il n'y a pas lieu à remboursement de l'indemnité; si elle était payable par annuités ou par versements, ceux-ci cessent d'être dus pour l'avenir.

SECTION VIII
DES CLÔTURES ET DES
OUVRAGES MITOYENS

1002. Tout propriétaire peut clore son terrain à ses frais, l'entourer de murs, de fossés, de haies ou de toute autre clôture.

access, require one of them to provide him with the necessary right of way to use and exploit his land.

Where an owner claims his right under this article, he pays compensation proportionate to any damage he might cause.

998. Right of way is claimed from the owner whose land affords the most natural way out, taking into consideration the condition of the place, the benefit to the enclosed land and the inconvenience caused by the right of way to the land on which it is exercised.

999. If land is enclosed as a result of the division of land pursuant to a partition, will or contract, right of way may be claimed only from a co-partitioner, heir or contracting party, not from the owner whose land affords the most natural way out, and in this case the way is provided without compensation.

1000. The beneficiary of a right of way shall build and maintain all the works necessary to ensure that his right is exercised under conditions that cause the least possible damage to the land on which it is exercised.

1001. Right of way is extinguished when it ceases to be necessary for the use and exploitation of the land. The compensation is not reimbursed, but if it was payable as an annual rent or by instalments, future payments of these are no longer due.

SECTION VIII
COMMON FENCES AND WORKS

1002. Any owner of land may fence it, at his own expense, with walls, ditches, hedges or any other kind of fence.

Il peut également obliger son voisin à faire sur la ligne séparative, pour moitié ou à frais communs, un ouvrage de clôture servant à séparer leurs fonds et qui tienne compte de la situation et de l'usage des lieux.

1003. Toute clôture qui se trouve sur la ligne séparative est présumée mitoyenne. De même, le mur auquel sont appuyés, de chaque côté, des bâtiments est présumé mitoyen jusqu'à l'héberge.

1004. Tout propriétaire peut acquérir la mitoyenneté d'un mur privatif joignant directement la ligne séparative en remboursant au propriétaire du mur la moitié du coût de la portion rendue mitoyenne et, le cas échéant, la moitié de la valeur du sol utilisé. Le coût du mur est estimé à la date de l'acquisition de sa mitoyenneté compte tenu de l'état dans lequel il se trouve.

1005. Chaque propriétaire peut bâtir contre un mur mitoyen et y placer des poutres et des solives. Il doit obtenir l'accord de l'autre propriétaire sur la façon de le faire.

En cas de désaccord, il peut demander au tribunal de déterminer les moyens nécessaires pour que le nouvel ouvrage nuise le moins possible aux droits de l'autre propriétaire.

1006. L'entretien, la réparation et la reconstruction du mur mitoyen sont à la charge des propriétaires, proportionnellement aux droits de chacun.

Le propriétaire qui n'utilise pas le mur mitoyen peut abandonner son droit et ainsi se libérer de son obligation de contribuer aux charges, en produisant un avis en ce sens au bureau de la publicité des droits et en transmettant

He may also require his neighbour to make one-half of or share the cost of making a fence which is suited to the situation and use made of the premises, on the dividing line to divide his land from his neighbour's land.

1003. A fence on the dividing line is presumed to be common. Similarly, a wall supporting buildings on either side is presumed to be common up to the point of disjunction.

1004. Any owner may cause a private wall directly adjacent to the dividing line to be rendered common by reimbursing the owner of the wall for one-half of the cost of the section rendered common and, where applicable, one-half of the value of the ground used. The cost of the wall is estimated on the date on which it was rendered common, and account is taken of its state.

1005. Each owner may build against a common wall and set beams and joists against it. He shall obtain the concurrence of the other owner on how to proceed.

In case of disagreement, the owner may apply to the court to determine the means necessary to ensure that the new works infringe the rights of the other owner as little as possible.

1006. The maintenance, repair and rebuilding of a common wall are at the expense of each owner in proportion to his right.

An owner who does not use the common wall may renounce his right and thereby be relieved of his obligation to share the expenses by producing a notice to that effect at the registry office and transmitting a copy of the notice to the

sans délai une copie de cet avis aux autres propriétaires. Cet avis emporte renonciation à faire usage du mur.

1007. Le copropriétaire d'un mur mitoyen a le droit de le faire exhausser à ses frais, après s'être assuré, au moyen d'une expertise, que le mur est en état de supporter l'exhaussement; il doit payer à l'autre, à titre d'indemnité, un sixième du coût de l'exhaussement.

Si le mur n'est pas en état de supporter l'exhaussement, il doit le reconstruire en entier, à ses frais, et l'excédent d'épaisseur doit se prendre de son côté.

1008. La partie du mur exhaussé appartient à celui qui l'a faite et il en supporte les frais d'entretien, de réparation et de reconstruction.

Le voisin qui n'a pas contribué à l'exhaussement peut cependant en acquérir la mitoyenneté en payant la moitié du coût d'exhaussement ou de reconstruction et, le cas échéant, la moitié de la valeur du sol fourni pour l'excédent d'épaisseur. Il doit, en outre, rembourser l'indemnité reçue.

TITRE TROISIÈME
DES MODALITÉS DE LA PROPRIÉTÉ

CHAPITRE PREMIER
DISPOSITIONS GÉNÉRALES

1009. Les principales modalités de la propriété sont la copropriété et la propriété superficiaire.

1010. La copropriété est la propriété que plusieurs personnes ont ensemble et concurremment sur un même bien, chacune d'elles étant investie, privativement, d'une quote-part du droit.

other owners without delay. The notice entails renunciation of the right to make use of the wall.

1007. A co-owner of a common wall has a right to heighten it at his own expense after ascertaining by means of an expert appraisal that it can withstand it, and shall pay one-sixth of the cost of the heightening to the other as compensation.

If the wall cannot withstand heightening, the owner shall rebuild the entire wall at his own expense, any excess thickness going on his own side.

1008. The heightened part of the wall belongs to the person who made it, and the cost of its maintenance, repair and rebuilding is his responsibility.

The neighbour who did not contribute to the heightening may nevertheless acquire common ownership of it by paying one-half of the cost of the heightening or rebuilding and, where applicable, one-half of the value of the ground provided for excess thickness. He shall also repay any compensation he has received.

TITLE THREE
SPECIAL MODES OF OWNERSHIP

CHAPTER I
GENERAL PROVISIONS

1009. Ownership has two principal special modes, co-ownership and superficies.

1010. Co-ownership is ownership of the same property, jointly and at the same time, by several persons each of whom is privately vested with a share of the right of ownership.

Elle est dite par indivision lorsque le droit de propriété ne s'accompagne pas d'une division matérielle du bien.

Elle est dite divise lorsque le droit de propriété se répartit entre les copropriétaires par fractions comprenant chacune une partie privative, matériellement divisée, et une quote-part des parties communes.

1011. La propriété superficiaire est celle des constructions, ouvrages ou plantations situés sur l'immeuble appartenant à une autre personne, le tréfoncier.

CHAPITRE DEUXIÈME
DE LA COPROPRIÉTÉ PAR INDIVISION

SECTION I
DE L'ÉTABLISSEMENT DE L'INDIVISION

1012. L'indivision peut résulter d'un contrat, d'une succession, d'un jugement ou de la loi.

1013. Les indivisaires peuvent, par écrit, convenir de reporter le partage du bien à l'expiration de la durée prévue de l'indivision.

Cette convention ne doit pas excéder trente ans, mais elle peut être renouvelée. La convention qui excède trente ans est réduite à cette durée.

1014. L'indivision conventionnelle portant sur un immeuble doit être publiée pour être opposable aux tiers. La publication porte notamment sur la durée prévue de l'indivision, sur l'identification des parts des indivisaires et, le cas échéant, sur les droits de préemption accordés ou sur l'attribution d'un droit d'usage ou de jouissance exclusive d'une partie du bien indivis.

Co-ownership is called undivided where the right of ownership is not accompanied with a physical division of the property.

It is called divided where the right of ownership is apportioned among the co-owners in fractions, each comprising a physically divided private portion and a share of the common portions.

1011. Superficies is ownership of the constructions, works or plantations situated on an immovable belonging to another person, the owner of the subsoil.

CHAPTER II
UNDIVIDED CO-OWNERSHIP

SECTION I
ESTABLISHMENT OF INDIVISION

1012. Indivision arises from a contract, succession or judgment or by operation of law.

1013. The undivided co-owners may agree, in writing, to postpone partition of a property on expiry of the provided period of indivision.

Such an agreement may not exceed thirty years, but is renewable. An agreement exceeding thirty years is reduced to that term.

1014. Indivision by agreement in respect of an immovable shall be published if it is to be set up against third persons. In particular, publication mentions the expected length of indivision, the identification of the shares of the co-owners and, where applicable, the pre-emptive rights granted or the awarding of a right of exclusive use or enjoyment of a portion of the undivided property.

SECTION II
DES DROITS ET OBLIGATIONS DES INDIVISAIRES

1015. Les parts des indivisaires sont présumées égales.

Chacun des indivisaires a, relativement à sa part, les droits et les obligations d'un propriétaire exclusif. Il peut ainsi l'aliéner ou l'hypothéquer, et ses créanciers peuvent la saisir.

1016. Chaque indivisaire peut se servir du bien indivis, à la condition de ne porter atteinte ni à sa destination ni aux droits des autres indivisaires.

Celui qui a l'usage et la jouissance exclusive du bien est redevable d'une indemnité.

1017. Le droit d'accession profite à tous les indivisaires en proportion de leur part dans l'indivision; néanmoins, lorsqu'un indivisaire bénéficie d'un droit d'usage ou de jouissance exclusive sur une partie du bien indivis, le titulaire de ce droit a aussi l'usage ou la jouissance exclusive de ce qui s'unit ou s'incorpore à cette partie.

1018. Les fruits et revenus du bien indivis accroissent à l'indivision, à défaut de partage provisionnel ou de tout autre accord visant leur distribution périodique; ils accroissent encore à l'indivision s'ils ne sont pas réclamés dans les trois ans de leur date d'échéance.

1019. Les indivisaires sont tenus, à proportion de leur part, des frais d'administration et des autres charges communes qui se rapportent au bien indivis.

1020. Chaque indivisaire a droit au remboursement des impenses néces-

SECTION II
RIGHTS AND OBLIGATIONS OF UNDIVIDED CO-OWNERS

1015. The shares of undivided co-owners are presumed equal.

Each undivided co-owner has the rights and obligations of an exclusive owner as regards his share. Thus, each may alienate or hypothecate his share and his creditors may seize it.

1016. Each undivided co-owner may make use of the undivided property provided he does not affect its destination or the rights of the other co-owners.

If one of the co-owners has exclusive use and enjoyment of the property, he is liable for compensation.

1017. The right of accession operates to the benefit of all the undivided co-owners proportionately to their shares in the indivision. Nevertheless, where a co-owner holds a right of exclusive use or enjoyment of a portion of the undivided property, he also has exclusive use or enjoyment of property joined or incorporated with that portion.

1018. The fruits and revenues of the undivided property accrue to the indivision, where there is no provisional partition and where no other agreement exists with respect to their periodic distribution. They also accrue to the indivision if they are not claimed within three years from their due date.

1019. The undivided co-owners are liable proportionately to their shares for the costs of administration and the other common charges related to the undivided property.

1020. Each undivided co-owner is entitled to be reimbursed for necessary dis-

saires qu'il a faites pour conserver le bien indivis. Pour les autres impenses autorisées, il a droit, au moment du partage, à une indemnité égale à la plus-value donnée au bien.

Inversement, l'indivisaire répond des pertes qui diminuent, par son fait, la valeur du bien indivis.

bursements he has made to preserve the undivided property. For other authorized disbursements, he is entitled, at partition, to compensation equal to the increase in value given to the property.

Conversely, each undivided co-owner is accountable for any loss which by his doing decreases the value of the undivided property.

1021. Le partage qui a lieu avant le moment fixé par la convention d'indivision n'est pas opposable au créancier qui détient une hypothèque sur une part indivise du bien, à moins qu'il n'ait consenti au partage ou que son débiteur ne conserve un droit de propriété sur quelque partie du bien.

1021. Partition which takes place before the time fixed by the indivision agreement may not be set up against a creditor holding a hypothec on an undivided portion of the property unless he has consented to the partition or unless his debtor preserves a right of ownership over some part of the property.

1022. Tout indivisaire peut, dans les soixante jours où il apprend qu'une personne étrangère à l'indivision a acquis, à titre onéreux, la part d'un indivisaire, l'écarter de l'indivision en lui remboursant le prix de la cession et les frais qu'elle a acquittés. Ce droit doit être exercé dans l'année qui suit l'acquisition de la part.

1022. Any undivided co-owner, within sixty days of learning that a third person has, by onerous title, acquired the share of an undivided co-owner, may exclude him from the indivision by reimbursing him for the transfer price and the expenses he has paid. This right may be exercised only within one year from the acquisition of the share.

Le droit de retrait ne peut être exercé lorsque les indivisaires ont, dans la convention d'indivision, stipulé des droits de préemption et que, portant sur un immeuble, ces droits ont été publiés.

The right of redemption may not be exercised where the co-owners have stipulated pre-emptive rights in the indivision agreement and where such rights, if they are rights in an immovable, have been published.

1023. L'indivisaire qui a fait inscrire son adresse au bureau de la publicité des droits peut, dans les soixante jours de la notification qui lui est faite de l'intention d'un créancier de faire vendre la part d'un indivisaire ou de la prendre en paiement d'une obligation, être subrogé dans les droits du créancier en lui payant la dette de l'indivisaire et les frais.

1023. An undivided co-owner having caused his address to be registered at the registry office may, within sixty days of being notified of the intention of a creditor to sell the share of an undivided co-owner or to take it in payment of an obligation, be subrogated to the rights of the creditor by paying him the debt of the undivided co-owner, with costs.

Il ne peut opposer, s'il n'a pas fait inscrire son adresse, son droit de retrait à un créancier ou aux ayants cause de celui-ci.

An undivided co-owner not having caused his address to be registered has no right of redemption against a creditor or the successors of the creditor.

1024. Si plusieurs indivisaires exercent leur droit de retrait ou de subrogation sur la part d'un indivisaire, ils la partagent proportionnellement à leur droit dans l'indivision.

1024. If several undivided co-owners exercise their rights of redemption or subrogation against the share of an undivided co-owner, it is partitioned among them proportionately to their rights in the undivided property.

SECTION III
DE L'ADMINISTRATION DU BIEN INDIVIS

SECTION III
ADMINISTRATION OF UNDIVIDED PROPERTY

1025. Les indivisaires administrent le bien en commun.

1025. Undivided co-owners of property administer it jointly.

1026. Les décisions relatives à l'administration du bien sont prises à la majorité des indivisaires, en nombre et en parts.

1026. Administrative decisions are taken by a majority in number and shares of the undivided co-owners.

Les décisions visant à aliéner le bien indivis, à le partager, à le grever d'un droit réel, à en changer la destination ou à y apporter des modifications substantielles sont prises à l'unanimité.

Decisions in view of alienating or partitioning the undivided property, charging it with a real right, changing its destination or making substantial alterations to it require unanimous approval.

1027. L'administration d'un bien indivis peut être confiée à un gérant choisi, ou non, parmi les indivisaires et nommé par eux.

1027. The undivided co-owners may appoint one of their number or another person as manager and entrust him with the administration of the undivided property.

Le tribunal peut, à la demande d'un indivisaire, désigner le gérant et fixer les conditions de sa charge lorsque le choix de la personne à nommer ne reçoit pas l'assentiment de la majorité, en nombre et en parts, des indivisaires, ou en cas d'impossibilité de pourvoir à la nomination ou au remplacement du gérant.

The court may designate the manager on the motion of one of the undivided co-owners and determine his responsibilities where a majority in number and shares of the undivided co-owners cannot agree on whom to appoint, or where it is impossible to appoint or replace the manager.

1028. L'indivisaire qui administre le bien indivis à la connaissance des autres indivisaires et sans opposition de

1028. Where one of the undivided co-owners administers the undivided property with the knowledge of the others and

leur part est présumé avoir été nommé gérant.

1029. Le gérant agit seul à l'égard du bien indivis, à titre d'administrateur du bien d'autrui chargé de la simple administration.

without objection on their part, he is presumed to have been appointed manager.

1029. The manager acts alone with respect to the undivided property as administrator of the property of others charged with simple administration.

SECTION IV
DE LA FIN DE L'INDIVISION
ET DU PARTAGE

SECTION IV
END OF INDIVISION AND PARTITION

1030. Nul n'est tenu de demeurer dans l'indivision. Le partage peut toujours être provoqué, à moins qu'il n'ait été reporté par une convention, par une disposition testamentaire, par un jugement ou par l'effet de la loi, ou qu'il n'ait été rendu impossible du fait de l'affectation du bien à un but durable.

1030. No one is bound to remain in indivision; partition may be demanded at any time unless it has been postponed by agreement, a testamentary disposition, a judgment, or operation of law, or unless it has become impossible because the property has been appropriated to a durable purpose.

1031. Malgré toute convention contraire, les trois quarts des indivisaires, représentant 90 p. 100 des parts, peuvent mettre fin à la copropriété indivise d'un immeuble principalement à usage d'habitation pour en établir la copropriété divise.

1031. Notwithstanding any agreement to the contrary, three-quarters of the undivided co-owners representing ninety per cent of the shares may terminate the undivided co-ownership of a mainly residential immovable in order to establish divided co-ownership of it.

Les indivisaires peuvent satisfaire ceux qui s'opposent à l'établissement d'une copropriété divise et qui refusent de signer la déclaration de copropriété en leur attribuant leur part en numéraire; la part de chaque indivisaire est alors augmentée en proportion de son paiement.

The undivided co-owners may satisfy those who object to the establishment of divided co-ownership and who refuse to sign the declaration of co-ownership by apportioning their share to them in money; the share of each undivided co-owner is then increased in proportion to his payment.

1032. À la demande d'un indivisaire, le tribunal peut, afin d'éviter une perte, surseoir au partage immédiat de tout ou partie du bien et maintenir l'indivision pour une durée d'au plus deux ans.

1032. On a motion by an undivided co-owner, the court, to avoid a loss, may postpone the partition of the whole or part of the property and continue the indivision for not over two years.

Cette décision peut être révisée si les causes qui ont justifié le maintien de l'indivision ont cessé ou si l'indivision est

A decision under the first paragraph may be revised if the causes shown for continuing the indivision have ceased to

devenue intolérable ou présente de grands risques pour les indivisaires.

1033. Les indivisaires peuvent toujours satisfaire celui qui s'oppose au maintien de l'indivision en lui attribuant sa part, selon sa préférence, soit en nature, pourvu qu'elle soit aisément détachable du reste du bien indivis, soit en numéraire.

Si la part est attribuée en nature, les indivisaires peuvent accorder celle qui est la moins nuisible à l'exercice de leurs droits.

Si la part est attribuée en numéraire, la part de chaque indivisaire est alors augmentée en proportion de son paiement.

1034. Si les indivisaires ne s'entendent pas sur la part à attribuer à l'un d'eux, en nature ou en numéraire, une expertise ou une évaluation est faite par une personne désignée par tous les indivisaires ou, s'ils ne s'accordent pas entre eux, par le tribunal.

1035. Les créanciers dont la créance résulte de l'administration sont payés par prélèvement sur l'actif, avant le partage.

Les créanciers, même hypothécaires, d'un indivisaire ne peuvent demander le partage si ce n'est par action oblique, dans le cas où l'indivisaire pourrait lui-même le demander.

1036. Il peut être mis fin à l'indivision en cas de perte ou d'expropriation d'une partie importante du bien indivis si la majorité des indivisaires en nombre et en parts en décide ainsi.

1037. L'indivision cesse par le partage du bien ou par son aliénation.

exist or if the indivision has become intolerable or too high a risk for the undivided co-owners.

1033. If one of the undivided co-owners objects to continuing in indivision, the others may satisfy him at any time by apportioning his share to him in kind, provided it is easily detachable from the rest of the undivided property, or in money, as he chooses.

If the share is apportioned in kind, the undivided co-owners may make the allotment least prejudicial to the exercise of their rights.

If the share is apportioned in money, the share of each undivided co-owner is increased in proportion to his payment.

1034. If the undivided co-owners fail to agree on the share in kind or in money to be apportioned to one of them, an expert appraisal or a valuation is made by a person designated by all the undivided co-owners or, if they cannot agree among themselves, by the court.

1035. Creditors whose claims arise from the administration are paid out of the assets before partition.

No creditor, not even a hypothecary creditor, of an undivided co-owner may demand partition, except by an indirect action where the undivided co-owner could demand it himself.

1036. Indivision may be terminated by the decision of a majority in number and shares of the undivided co-owners where a substantial part of the undivided property is lost or expropriated.

1037. Indivision ends by the partition or alienation of the property.

Si on procède au partage, les dispositions relatives au partage des successions s'appliquent, compte tenu des adaptations nécessaires.

Néanmoins, l'acte de partage qui met fin à une indivision autre que successorale est attributif du droit de propriété.

In the case of partition, the provisions relating to the partition of successions apply, adapted as required.

However, the act of partition which terminates indivision, other than indivision by succession, is an act of attribution of the right of ownership.

CHAPITRE TROISIÈME
DE LA COPROPRIÉTÉ DIVISE
D'UN IMMEUBLE

CHAPTER III
DIVIDED CO-OWNERSHIP
OF IMMOVABLES

SECTION I
DE L'ÉTABLISSEMENT DE LA
COPROPRIÉTÉ DIVISE

SECTION I
ESTABLISHMENT OF DIVIDED
CO-OWNERSHIP

1038. La copropriété divise d'un immeuble est établie par la publication d'une déclaration en vertu de laquelle la propriété de l'immeuble est divisée en fractions, appartenant à une ou plusieurs personnes.

1038. Divided co-ownership of an immovable is established by publication of a declaration under which ownership of the immovable is divided into fractions belonging to one or several persons.

1039. La collectivité des copropriétaires constitue, dès la publication de la déclaration de copropriété, une personne morale qui a pour objet la conservation de l'immeuble, l'entretien et l'administration des parties communes, la sauvegarde des droits afférents à l'immeuble ou à la copropriété, ainsi que toutes les opérations d'intérêt commun.

1039. Upon the publication of the declaration of co-ownership, the co-owners as a body constitute a legal person, the objects of which are to preserve the immovable, to maintain and manage the common portions, to protect the rights appurtenant to the immovable or the co-ownership and to take all measures of common interest.

Elle prend le nom de syndicat.

The legal person is called a syndicate.

1040. La copropriété divise peut être établie sur un immeuble bâti par l'emphytéote ou sur un immeuble qui fait l'objet d'une propriété superficiaire si la durée non écoulée des droits, au moment de la publication de la déclaration, est supérieure à cinquante ans.

1040. Divided co-ownership of an immovable that is built by an emphyteutic lessee or that is subject to superficies may be established if the unexpired term of the lease or right, at the time of publication of the declaration, is over fifty years.

En ce cas, chaque copropriétaire est tenu à l'égard du propriétaire de l'immeuble faisant l'objet de l'em-

In cases arising under the first paragraph, each co-owner, dividedly and proportionately to the relative value of

phytéose ou de la propriété superficiaire, d'une manière divise et en proportion de la valeur relative de sa fraction, des obligations divisibles de l'emphytéote ou du superficiaire, selon le cas; le syndicat est tenu des obligations indivisibles.

his fraction, is liable for the divisible obligations of the emphyteutic lessee or superficiary, as the case may be, towards the owner of the immovable subject to emphyteusis or superficies. The syndicate assumes the indivisible obligations.

SECTION II
DES FRACTIONS DE COPROPRIÉTÉ

SECTION II
FRACTIONS OF CO-OWNERSHIP

1041. La valeur relative de chaque fraction de la copropriété divise est établie par rapport à la valeur de l'ensemble des fractions, en fonction de la nature, de la destination, des dimensions et de la situation de la partie privative de chaque fraction, mais sans tenir compte de son utilisation.

1041. The relative value of each of the fractions of a divided co-ownership with reference to the value of all the fractions together is determined in consideration of the nature, destination, dimensions and location of the private portion of each fraction, but not of its use.

Elle est déterminée dans la déclaration.

The relative value is specified in the declaration.

1042. Sont dites privatives les parties des bâtiments et des terrains qui sont la propriété d'un copropriétaire déterminé et dont il a l'usage exclusif.

1042. Those portions of the buildings and land that are the property of a specific co-owner and that are for his use alone are called the private portions.

1043. Sont dites communes les parties des bâtiments et des terrains qui sont la propriété de tous les copropriétaires et qui servent à leur usage commun.

1043. Those portions of the buildings and land that are owned by all the co-owners and serve for their common use are called the common portions.

Cependant, certaines de ces parties peuvent ne servir qu'à l'usage de certains copropriétaires ou d'un seul. Les règles relatives aux parties communes s'appliquent à ces parties communes à usage restreint.

Some of these portions may nevertheless serve for the use of only one or several of the co-owners. The rules regarding the common portions apply to these common portions for restricted use.

1044. Sont présumées parties communes le sol, les cours, balcons, parcs et jardins, les voies d'accès, les escaliers et ascenseurs, les passages et corridors, les locaux des services communs, de stationnement et d'entreposage, les caves, le gros oeuvre des bâtiments, les équipements et les appa-

1044. The following are presumed to be common portions: the ground, yards, verandas or balconies, parks and gardens, access ways, stairways and elevators, passageways and halls, common service areas, parking and storage areas, basements, foundations and main walls of buildings, and common equipment

reils communs, tels les systèmes centraux de chauffage et de climatisation et les canalisations, y compris celles qui traversent les parties privatives.

and apparatus, such as the central heating and air-conditioning systems and the piping and wiring, including what crosses private portions.

1045. Les cloisons ou les murs non compris dans le gros oeuvre du bâtiment et qui séparent une partie privative d'une partie commune ou d'une autre partie privative sont présumés mitoyens.

1045. Partitions or walls that are not part of the foundations and main walls of a building but which separate a private portion from a common portion or from another private portion are presumed common.

1046. Chaque copropriétaire a sur les parties communes un droit de propriété indivis. Sa quote-part dans les parties communes est égale à la valeur relative de sa fraction.

1046. Each co-owner has an undivided right of ownership in the common portions. His share of the common portions is proportionate to the relative value of his fraction.

1047. Chaque fraction constitue une entité distincte et peut faire l'objet d'une aliénation totale ou partielle; elle comprend, dans chaque cas, la quote-part des parties communes afférente à la fraction, ainsi que le droit d'usage des parties communes à usage restreint, le cas échéant.

1047. Each fraction constitutes a distinct entity and may be alienated in whole or in part; the alienation includes, in each case, the share of the common portions appurtenant to the fraction, as well as the right to use the common portions for restricted use, where applicable.

1048. La quote-part des parties communes d'une fraction ne peut faire l'objet, séparément de la partie privative de cette fraction, ni d'une aliénation ni d'une action en partage.

1048. The share of a fraction in the common portions may not, separately from the private portion of the fraction, be the object of alienation or an action in partition.

1049. L'aliénation d'une partie divise d'une partie privative est sans effet et ne peut être publiée si la déclaration de copropriété et le plan cadastral n'ont pas été préalablement modifiés pour créer une nouvelle fraction, la décrire, lui attribuer un numéro cadastral distinct et déterminer sa valeur relative, ou pour faire état des modifications apportées aux limites des parties privatives contiguës.

1049. Alienation of a divided part of a private portion is null and may not be published unless the declaration of co-ownership and the cadastral plan have been altered prior to the alienation so as to create a new fraction, describe it, give it a separate cadastral number and determine its relative value, or to record the alterations made to the boundaries between contiguous private portions.

1050. Chaque fraction forme une entité distincte aux fins d'évaluation et d'imposition foncière.

1050. Each fraction forms a distinct entity for the purposes of real property assessment and taxation.

Le syndicat doit être mis en cause en cas de contestation en justice de l'évaluation d'une fraction par un copropriétaire.

1051. Malgré les articles 2650 et 2662, l'hypothèque, les sûretés additionnelles qui s'y greffent ou les priorités existantes sur l'ensemble de l'immeuble détenu en copropriété, lors de l'inscription de la déclaration de copropriété, se divisent entre les fractions suivant la valeur relative de chacune d'elles ou suivant toute autre proportion prévue.

SECTION III
DE LA DÉCLARATION DE COPROPRIÉTÉ

§ 1.–Du contenu de la déclaration

1052. La déclaration de copropriété comprend l'acte constitutif de copropriété, le règlement de l'immeuble et l'état descriptif des fractions.

1053. L'acte constitutif de copropriété définit la destination de l'immeuble, des parties privatives et des parties communes.

Il détermine également la valeur relative de chaque fraction et indique la méthode suivie pour l'établir, la quote-part des charges et le nombre de voix attachées à chaque fraction et prévoit toute autre convention relative à l'immeuble ou à ses parties privatives ou communes. Il précise aussi les pouvoirs et devoirs respectifs du conseil d'administration du syndicat et de l'assemblée des copropriétaires.

1054. Le règlement de l'immeuble contient les règles relatives à la jouissance, à l'usage et à l'entretien des parties privatives et communes, ainsi que celles relatives au fonctionnement et à l'administration de la copropriété.

The syndicate shall be impleaded in the case of any judicial contestation of the assessment of a fraction by a co-owner.

1051. Notwithstanding articles 2650 and 2662, a hypothec, any additional security accessory thereto or any preferences existing at the time of registration of the declaration of co-ownership on the whole of an immovable held in co-ownership are divided among the fractions according to the relative value of each or according to any other established proportion.

SECTION III
DECLARATION OF CO-OWNERSHIP

§ 1.–Content of the declaration

1052. A declaration of co-ownership comprises the act constituting the co-ownership, the by-laws of the immovable and a description of the fractions.

1053. A constituting act of co-ownership defines the destination of the immovable, of the exclusive parts and of the common parts.

The act also specifies the relative value of each fraction, indicating how that value was determined, the share of the expenses and the number of votes attached to each fraction and provides any other agreement regarding the immovable or its private or common portions. In addition, it specifies the powers and duties of the board of directors of the syndicate and of the general meeting of the co-owners.

1054. The by-laws of an immovable contain the rules on the enjoyment, use and upkeep of the private and common portions, and those on the operation and administration of the co-ownership.

Le règlement porte également sur la procédure de cotisation et de recouvrement des contributions aux charges communes.

The by-laws also deal with the procedure of assessment and collection of contributions to the common expenses.

1055. L'état descriptif contient la désignation cadastrale des parties privatives et des parties communes de l'immeuble.

1055. A description of the fractions contains the cadastral description of the private portions and common portions of the immovable.

Il contient aussi une description des droits réels grevant l'immeuble ou existant en sa faveur, sauf les hypothèques et les sûretés additionnelles qui s'y greffent.

Such a description also contains a description of the real rights affecting or existing in favour of the immovable other than hypothecs, and additional security accessory thereto.

1056. La déclaration de copropriété ne peut imposer aucune restriction aux droits des copropriétaires, sauf celles qui sont justifiées par la destination de l'immeuble, ses caractères ou sa situation.

1056. No declaration of co-ownership may impose any restriction on the rights of the co-owners except restrictions justified by the destination, characteristics or location of the immovable.

1057. Le règlement de l'immeuble est opposable au locataire ou à l'occupant d'une partie privative, dès qu'un exemplaire du règlement ou des modifications qui lui sont apportées lui est remis par le copropriétaire ou, à défaut, par le syndicat.

1057. The by-laws of the immovable may be set up against the lessee or occupant of a private portion upon his being given a copy of the by-laws or the amendments to them by the co-owner or, if not by him, by the syndicate.

1058. À moins que l'acte constitutif de copropriété ne le prévoie expressément, une fraction ne peut être détenue par plusieurs personnes ayant chacune un droit de jouissance, périodique et successif, de la fraction et elle ne peut non plus être aliénée dans ce but.

1058. Unless express provision is made therefor in the act constituting the co-ownership, no fraction may be held by several persons each having a right of enjoyment periodically and successively in the fraction, nor may a fraction be alienated for that purpose.

Le cas échéant, l'acte doit indiquer le nombre de fractions qui peuvent être ainsi détenues, les périodes d'occupation, le nombre maximum de personnes qui peuvent détenir ces fractions, ainsi que les droits et les obligations de ces occupants.

Where the act makes provision for a periodical and successive right of enjoyment by holders, it indicates the number of fractions that may be held in this way, the occupancy periods, the maximum number of persons who may hold these fractions, and the rights and obligations of these occupants.

§ 2.–*De l'inscription de la déclaration*

1059. La déclaration de copropriété doit être notariée et en minute; il en est de même des modifications qui sont apportées à l'acte constitutif de copropriété et à l'état descriptif des fractions.

La déclaration doit être signée par tous les propriétaires de l'immeuble, par l'emphytéote ou le superficiaire, le cas échéant, ainsi que par les créanciers qui détiennent une hypothèque sur l'immeuble; les modifications sont signées par le syndicat.

1060. La déclaration, ainsi que les modifications apportées à l'acte constitutif de copropriété et à l'état descriptif des fractions, sont présentées au bureau de la publicité des droits. La déclaration est inscrite au registre foncier, sous les numéros d'immatriculation des parties communes et des parties privatives; les modifications ne sont inscrites que sous le numéro d'immatriculation des parties communes, à moins qu'elles ne touchent directement une partie privative. Quant aux modifications apportées au règlement de l'immeuble, il suffit qu'elles soient déposées auprès du syndicat.

Le cas échéant, l'emphytéote ou le superficiaire doit donner avis de l'inscription au propriétaire de l'immeuble faisant l'objet d'une emphytéose ou sur lequel a été créée une propriété superficiaire.

1061. L'inscription d'un acte qui concerne une partie privative vaut pour la quote-part des parties communes qui y est afférente, sans qu'il y ait lieu de faire une inscription sous le numéro d'immatriculation des parties communes.

§ 2.–*Registration of the declaration*

1059. A declaration of co-ownership, and any amendments made to the constituting act of co-ownership or the description of the fractions, shall be in the form of a notarial act *en minute*.

The declaration shall be signed by all the owners of the immovable, by the emphyteutic lessee or the superficiary, if any, and by all the creditors holding hypothecs on the immovable; amendments are signed by the syndicate.

1060. The declaration and any amendments made to the constituting act of co-ownership or the description of the fractions are deposited in the registry office. The declaration is entered in the land register under the registration numbers of the common portions and the private portions. The amendments are entered under the registration number of the common portions only, unless they directly affect a private portion. However, it is sufficient for amendments made to the by-laws of the immovable to be filed with the syndicate.

Where applicable, the emphyteutic lessee or superficiary shall give notice of the registration to the owner of an immovable under emphyteusis or on which superficies has been established.

1061. The registration of an act against a private portion is valid against the share of the common portions attached to it, without any requirement to make an entry under the registration number of the common portions.

1062. La déclaration de copropriété lie les copropriétaires, leurs ayants cause et les personnes qui l'ont signée et produit ses effets envers eux, à compter de son inscription.

1062. The declaration of co-ownership binds the co-owners, their successors and the persons who signed it, and produces its effects towards them from the time of its registration.

SECTION IV
DES DROITS ET OBLIGATIONS
DES COPROPRIÉTAIRES

SECTION IV
RIGHTS AND OBLIGATIONS OF
CO-OWNERS

1063. Chaque copropriétaire dispose de sa fraction; il use et jouit librement de sa partie privative et des parties communes, à la condition de respecter le règlement de l'immeuble et de ne porter atteinte ni aux droits des autres copropriétaires ni à la destination de l'immeuble.

1063. Each co-owner has the disposal of his fraction; he has free use and enjoyment of his private portion and of the common portions, provided he observes the by-laws of the immovable and does not impair the rights of the other co-owners or the destination of the immovable.

1064. Chacun des copropriétaires contribue, en proportion de la valeur relative de sa fraction, aux charges résultant de la copropriété et de l'exploitation de l'immeuble, ainsi qu'au fonds de prévoyance constitué en application de l'article 1071. Toutefois, les copropriétaires qui utilisent les parties communes à usage restreint contribuent seuls aux charges qui en résultent.

1064. Each co-owner contributes in proportion to the relative value of his fraction to the expenses arising from the co-ownership and from the operation of the immovable and the contingency fund established under article 1071, although only the co-owners who use common portions for restricted use contribute to the costs resulting from those portions.

1065. Le copropriétaire qui loue sa partie privative doit le notifier au syndicat et indiquer le nom du locataire.

1065. A co-owner who gives a lease on his private portion shall notify the syndicate and give the name of the lessee.

1066. Aucun copropriétaire ne peut faire obstacle à l'exécution, même à l'intérieur de sa partie privative, des travaux nécessaires à la conservation de l'immeuble décidés par le syndicat ou des travaux urgents.

1066. No co-owner may interfere with the carrying out, even inside his private portion, of work required for the conservation of the immovable decided upon by the syndicate or of urgent work.

Lorsque la partie privative est louée, le syndicat donne au locataire, le cas échéant, les avis prévus par les articles 1922 et 1931 relatifs aux améliorations et aux travaux.

Where a private portion is leased, the syndicate gives the lessee, where applicable, the notices prescribed in articles 1922 and 1931 regarding improvements and work.

1067. Le copropriétaire qui subit un préjudice par suite de l'exécution des

1067. A co-owner who suffers prejudice by the carrying out of work, through a

travaux, en raison d'une diminution définitive de la valeur de sa fraction, d'un trouble de jouissance grave, même temporaire, ou de dégradations, a le droit d'obtenir une indemnité qui est à la charge du syndicat si les travaux ont été faits à la demande de celui-ci; autrement l'indemnité est à la charge des copropriétaires qui ont fait les travaux.

1068. Tout copropriétaire peut, dans les cinq ans du jour de l'inscription de la déclaration de copropriété, demander au tribunal la révision, pour l'avenir, de la valeur relative des fractions et de la répartition des charges communes.

Le droit à la révision ne peut être exercé que s'il existe, entre la valeur relative accordée à une fraction ou la part des charges communes qui y est afférente et la valeur relative ou la part qui aurait dû être établie, suivant les critères prévus à la déclaration de copropriété, un écart de plus d'un dixième soit en faveur d'un autre copropriétaire, soit au préjudice du copropriétaire qui fait la demande.

1069. Celui qui achète une fraction de copropriété divise peut demander au syndicat des copropriétaires un état des charges communes dues par le copropriétaire vendeur; il ne peut être tenu au paiement de ces charges s'il n'a pas obtenu l'état dans les dix jours de la demande.

L'état fourni est ajusté selon le dernier budget annuel des copropriétaires.

SECTION V
DES DROITS ET OBLIGATIONS
DU SYNDICAT

1070. Le syndicat tient à la disposition des copropriétaires un registre conte-

permanent diminution in the value of his fraction, a grave disturbance of enjoyment, even if temporary, or through deterioration, is entitled to obtain compensation from the syndicate if the syndicate ordered the work or, if it did not, from the co-owners who did the work.

1068. Every co-owner may, within five years from the day of registration of the declaration of co-ownership, apply to the court for a revision, for the future, of the relative value of the fractions and of the apportionment of the common expenses.

The right to apply for a revision may be exercised only if there exists, between the relative value attributed to a fraction or the share of common expenses attached thereto and the value or share that should have been determined, according to the criteria provided in the declaration of co-ownership, a difference in excess of one-tenth either in favour of another co-owner or to the prejudice of the applicant co-owner.

1069. The buyer of a fraction of an immovable under divided co-ownership may request from the syndicate of co-owners a statement of the common expenses due by the selling co-owner. He is under no obligation to pay the expenses if he does not receive the statement within ten days from his request.

The statement given to the buyer is adjusted to the last annual budget of the co-owners.

SECTION V
RIGHTS AND OBLIGATIONS OF
THE SYNDICATE

1070. The syndicate keeps a register at the disposal of the co-owners containing

nant le nom et l'adresse de chaque copropriétaire et de chaque locataire, les procès-verbaux des assemblées des copropriétaires et du conseil d'administration, ainsi que les états financiers.

Il tient aussi à leur disposition la déclaration de copropriété, les copies de contrats auxquels il est partie, une copie du plan cadastral, les plans et devis de l'immeuble bâti, le cas échéant, et tous autres documents relatifs à l'immeuble et au syndicat.

1071. Le syndicat constitue, en fonction du coût estimatif des réparations majeures et du coût de remplacement des parties communes, un fonds de prévoyance, liquide et disponible à court terme, affecté uniquement à ces réparations et remplacements. Ce fonds est la propriété du syndicat.

1072. Annuellement, le conseil d'administration fixe, après consultation de l'assemblée des copropriétaires, la contribution de ceux-ci aux charges communes, après avoir déterminé les sommes nécessaires pour faire face aux charges découlant de la copropriété et de l'exploitation de l'immeuble et les sommes à verser au fonds de prévoyance.

La contribution des copropriétaires au fonds de prévoyance est d'au moins 5 p. 100 de leur contribution aux charges communes. Il peut être tenu compte, pour l'établir, des droits respectifs des copropriétaires sur les parties communes à usage restreint.

Le syndicat avise, sans délai, chaque copropriétaire du montant de ses contributions et de la date où elles sont exigibles.

the name and address of each co-owner and each lessee, the minutes of the meetings of the co-owners and of the board of directors and the financial statements.

It also keeps at their disposal the declaration of co-ownership, the copies of the contracts to which it is a party, a copy of the cadastral plan, the plans and specifications of the immovable built and all other documents relating to the immovable and the syndicate.

1071. The syndicate establishes, according to the estimated cost of major repairs and the cost of replacement of common portions, a contingency fund to provide cash funds on a short-term basis allocated exclusively to such repairs and replacement. The syndicate is the owner of the fund.

1072. Each year, the board of directors, after consultation with the general meeting of the co-owners, fixes their contribution for common expenses, after determining the sums required to meet the expenses arising from the co-ownership and the operation of the immovable, and the amounts to be paid into the contingency fund.

The contribution of the co-owners to the contingency fund is at least 5 per cent of their contribution for common expenses. In fixing the contribution, the rights of any co-owner in the common portions for restricted use may be taken into account.

The syndicate, without delay, notifies each co-owner of the amount of his contribution and the date when it is payable.

1073. Le syndicat a un intérêt assurable dans tout l'immeuble, y compris les parties privatives. Il doit souscrire des assurances contre les risques usuels, tels le vol et l'incendie, couvrant la totalité de l'immeuble, à l'exclusion des améliorations apportées par un copropriétaire à sa partie. Le montant de l'assurance souscrite correspond à la valeur à neuf de l'immeuble.

Il doit aussi souscrire une assurance couvrant sa responsabilité envers les tiers.

1074. La violation d'une des conditions du contrat d'assurance par un copropriétaire n'est pas opposable au syndicat.

1075. L'indemnité due au syndicat à la suite d'une perte importante est, malgré l'article 2494, versée au fiduciaire nommé dans l'acte constitutif de copropriété ou, à défaut, désigné par le syndicat.

Elle doit être utilisée pour la réparation ou la reconstruction de l'immeuble, sauf si le syndicat décide de mettre fin à la copropriété; en ce cas, le fiduciaire, après avoir déterminé la part de l'indemnité de chacun des copropriétaires en fonction de la valeur relative de sa fraction, paie, sur cette part, les créanciers prioritaires et hypothécaires suivant les règles de l'article 2497. Il remet, pour chacun des copropriétaires, le solde de l'indemnité au liquidateur du syndicat avec son rapport.

1076. Le syndicat peut, s'il y est autorisé, acquérir ou aliéner des fractions, des parties communes ou d'autres droits réels.

1073. The syndicate has an insurable interest in the whole immovable, including the private portions. It shall take out insurance against ordinary risks, such as fire and theft, on the whole of the immovable, except improvements made by a co-owner to his part. The amount insured is equal to the replacement cost of the immovable.

The syndicate shall also take out third person liability insurance.

1074. Non-observance of a condition of the insurance contract by a co-owner may not be set up against the syndicate.

1075. The indemnity owing to the syndicate following a substantial loss is, notwithstanding article 2494, paid to the trustee appointed in the constituting act of co-ownership or, where none has been appointed, designated by the syndicate.

The indemnity shall be used to repair or rebuild the immovable, unless the syndicate decides to terminate the co-ownership, in which case the trustee, after determining the share of the indemnity of each of the co-owners according to the relative value of his fraction, pays the preferred and hypothecary creditors out of that share according to the rules in article 2497. For each of the co-owners, he remits the balance of the indemnity to the liquidator of the syndicate with his report.

1076. The syndicate may, if authorized to do so, acquire or alienate fractions, common portions or other real rights.

L'acquisition qu'il fait d'une fraction n'enlève pas son caractère à la partie privative. Cependant, en assemblée générale, il ne dispose d'aucune voix pour ces parties et le total des voix qui peuvent être exprimées est réduit d'autant.

1077. Le syndicat est responsable des dommages causés aux copropriétaires ou aux tiers par le vice de conception ou de construction ou le défaut d'entretien des parties communes, sans préjudice de toute action récursoire.

1078. Le jugement qui condamne le syndicat à payer une somme d'argent est exécutoire contre lui et contre chacune des personnes qui étaient copropriétaires au moment où la cause d'action a pris naissance, proportionnellement à la valeur relative de sa fraction.

Ce jugement ne peut être exécuté sur le fonds de prévoyance, sauf pour une dette née de la réparation de l'immeuble ou du remplacement des parties communes.

1079. Le syndicat peut, après avoir avisé le locateur et le locataire, demander la résiliation du bail d'une partie privative lorsque l'inexécution d'une obligation par le locataire cause un préjudice sérieux à un copropriétaire ou à un autre occupant de l'immeuble.

1080. Lorsque le refus du copropriétaire de se conformer à la déclaration de copropriété cause un préjudice sérieux et irréparable au syndicat ou à l'un des copropriétaires, l'un ou l'autre peut demander au tribunal de lui enjoindre de s'y conformer.

Si le copropriétaire transgresse l'injonction ou refuse d'y obéir, le tribunal

A private portion does not cease to be private by the fact that the fraction is acquired by the syndicate, but the syndicate has no vote for that portion at the general meeting and the total number of votes that may be given is reduced accordingly.

1077. The syndicate is liable for damage caused to the co-owners or third persons by faulty design, structural defects or lack of maintenance of the common portions, without prejudice to any counterclaim.

1078. A judgment condemning the syndicate to pay a sum of money is executory against the syndicate and against each of the persons who were co-owners at the time the cause of action arose, proportionately to the relative value of his fraction.

The judgment may not be executed against the contingency fund, except for a debt arising from the repair of the immovable or the replacement of common portions.

1079. The syndicate may demand the resiliation of the lease of a private portion, after notifying the lessor and the lessee, where the non-performance of an obligation by the lessee causes serious prejudice to a co-owner or to another occupant of the immovable.

1080. Where the refusal of a co-owner to comply with the declaration of co-ownership causes serious and irreparable prejudice to the syndicate or to one of the co-owners, either of them may apply to the court for an injunction ordering the co-owner to comply with the declaration.

If the co-owner violates the injunction or refuses to obey it, the court may,

peut, outre les autres peines qu'il peut imposer, ordonner la vente de la fraction conformément aux dispositions du Code de procédure civile relatives à la vente du bien d'autrui.

1081. Le syndicat peut intenter toute action fondée sur un vice caché, un vice de conception ou de construction de l'immeuble ou un vice du sol. Dans le cas où les vices concernent les parties privatives, le syndicat ne peut agir sans avoir obtenu l'autorisation des copropriétaires de ces parties.

Le défaut de diligence que peut opposer le défendeur à l'action fondée sur un vice caché s'apprécie, à l'égard du syndicat ou d'un copropriétaire, à compter du jour de l'élection d'un nouveau conseil d'administration, après la perte de contrôle du promoteur sur le syndicat.

1082. Le syndicat a le droit, dans les six mois à compter de la notification qui lui est faite par le propriétaire de l'immeuble faisant l'objet d'une emphytéose ou d'une propriété superficiaire de son intention de céder à titre onéreux ses droits dans l'immeuble, de les acquérir, dans ce seul délai, par préférence à tout autre acquéreur éventuel. Si la cession projetée ne lui est pas notifiée, le syndicat peut, dans les six mois à compter du moment où il apprend qu'un tiers a acquis les droits du propriétaire, acquérir les droits de ce tiers en lui remboursant le prix de la cession et les frais qu'il a acquittés.

1083. Le syndicat peut adhérer à une association de syndicats de copropriétés constituée pour la création, l'administration et l'entretien de services

in addition to the other penalties it may impose, order the sale of the co-owner's fraction, in accordance with the provisions of the Code of Civil Procedure regarding the sale of the property of others.

1081. The syndicate may institute any action on the grounds of latent defects, faulty design or structural defects of the immovable or defects in the ground. In a case where the faults or defects affect the private portions, the syndicate may not proceed until it has obtained the authorization of the co-owners of those portions.

Where the defendant sets up the failure to act with diligence against an action based on a latent defect, such diligence is appraised in respect of the syndicate or of a co-owner from the day of the election of a new board of directors, after the promoter loses control of the syndicate.

1082. The syndicate, within six months of being notified by the owner of an immovable under emphyteusis or superficies that he intends to transfer by onerous title his rights in the immovable, may acquire such rights in preference to any other potential acquirer during that period. If it is not notified of the planned transfer, it may, within six months from the time it learns that a third person has acquired the owner's rights, acquire such rights from that person by reimbursing him for the price of transfer and the costs he has paid.

1083. The syndicate may join an association of co-ownership syndicates formed for the creation, administration and upkeep of common services for sev-

communs à plusieurs immeubles détenus en copropriété ou pour la poursuite d'intérêts communs.

eral immovables held in co-ownership, or for the pursuit of common interests.

SECTION VI
DU CONSEIL D'ADMINISTRATION DU SYNDICAT

SECTION VI
BOARD OF DIRECTORS OF THE SYNDICATE

1084. La composition du conseil d'administration du syndicat, le mode de nomination, de remplacement ou de rémunération des administrateurs, ainsi que les autres conditions de leur charge, sont fixés par le règlement de l'immeuble.

1084. The composition of the board of directors of the syndicate, the mode of appointment, replacement and remuneration of the directors and their other terms of appointment are fixed by by-law of the immovable.

En cas de silence du règlement ou d'impossibilité de procéder en la manière prévue, le tribunal peut, à la demande d'un copropriétaire, nommer ou remplacer un administrateur et fixer les conditions de sa charge.

The court, on the motion of a co-owner, may appoint or replace a director and fix his terms of appointment if there is no provision therefor in the by-laws or if it is impossible to proceed in the prescribed manner.

1085. L'administration courante du syndicat peut être confiée à un gérant choisi, ou non, parmi les copropriétaires.

1085. The day-to-day administration of the syndicate may be entrusted to a manager chosen from among the co-owners or otherwise.

Le gérant agit à titre d'administrateur du bien d'autrui chargé de la simple administration.

The manager acts as the administrator of the property of others charged with simple administration.

1086. Le syndicat peut remplacer l'administrateur ou le gérant qui, étant copropriétaire, néglige de payer sa contribution aux charges communes ou au fonds de prévoyance.

1086. A director or the manager may be replaced by the syndicate if, being a co-owner, he neglects to pay his contribution to the common expenses or to the contingency fund.

SECTION VII
DE L'ASSEMBLÉE DES COPROPRIÉTAIRES

SECTION VII
GENERAL MEETING OF THE CO-OWNERS

1087. L'avis de convocation de l'assemblée annuelle des copropriétaires doit être accompagné, en plus du bilan, de l'état des résultats de l'exercice écoulé, de l'état des dettes et créances, du budget prévisionnel, de tout projet de modification à la déclaration de copro-

1087. The notice calling the annual general meeting of the co-owners shall be accompanied with, in addition to the balance sheet, the income statement for the preceding financial period, the statement of debts and claims, the budget forecast, any draft amendment to the

priété et d'une note sur les modalités essentielles de tout contrat proposé et de tous travaux projetés.

1088. Tout copropriétaire peut, dans les cinq jours de la réception de l'avis de convocation, faire inscrire toute question à l'ordre du jour.

Avant la tenue de l'assemblée, le conseil d'administration avise par écrit les copropriétaires des questions nouvellement inscrites.

1089. Le quorum, à l'assemblée, est constitué par les copropriétaires détenant la majorité des voix.

Si le quorum n'est pas atteint, l'assemblée est alors ajournée à une autre date, dont avis est donné à tous les copropriétaires; les trois quarts des membres présents ou représentés à la nouvelle assemblée y constituent le quorum.

L'assemblée où il n'y a plus quorum doit être ajournée si un copropriétaire le réclame.

1090. Chaque copropriétaire dispose, à l'assemblée, d'un nombre de voix proportionnel à la valeur relative de sa fraction. Les indivisaires d'une fraction exercent leurs droits dans la proportion de leur quote-part indivise.

1091. Lorsqu'un copropriétaire dispose, dans une copropriété comptant moins de cinq fractions, d'un nombre de voix supérieur à la moitié de l'ensemble des voix des copropriétaires, le nombre de voix dont il dispose, à une assemblée, est réduit à la somme des voix des autres copropriétaires présents ou représentés à cette assemblée.

1092. Le promoteur d'une copropriété comptant cinq fractions ou plus ne peut

declaration of co-ownership and a note on the general terms and conditions of any proposed contract or planned work.

1088. Within five days of receiving notice of a general meeting of the co-owners, any co-owner may cause a question to be placed on the agenda.

The board of directors gives written notice of the questions newly placed on the agenda to the co-owners before the meeting.

1089. Co-owners holding a majority of the votes constitute a quorum at general meetings.

If a quorum is not reached, the meeting is declared adjourned to a later date, notice of which is given to all the co-owners; three-quarters of the members present or represented at the second meeting constitute a quorum.

A meeting at which there is no longer a quorum shall be adjourned if a co-owner requests it.

1090. Each co-owner is entitled to a number of votes at a general meeting proportionate to the relative value of his fraction. The undivided co-owners of a fraction vote in proportion to their undivided shares.

1091. Where, in a co-ownership comprising fewer than five fractions, a co-owner is entitled to more than one-half of all the votes available to the co-owners, the number of votes to which he is entitled at a meeting is reduced to the total number of votes to which the other co-owners present or represented at the meeting are entitled.

1092. No promoter of a co-ownership comprising five or more fractions is enti-

disposer, outre les voix attachées à la fraction qui lui sert de résidence, de plus de 60 p. 100 de l'ensemble des voix des copropriétaires à l'expiration de la deuxième et de la troisième année de la date d'inscription de la déclaration de copropriété.

Ce nombre est réduit à 25 p. 100 par la suite.

1093. Est considéré comme promoteur celui qui, au moment de l'inscription de la déclaration de copropriété, est propriétaire d'au moins la moitié de l'ensemble des fractions ou ses ayants cause, sauf celui qui acquiert de bonne foi et dans l'intention de l'habiter une fraction pour un prix égal à sa valeur marchande.

1094. Le copropriétaire qui, depuis plus de trois mois, n'a pas acquitté sa quote-part des charges communes ou sa contribution au fonds de prévoyance, est privé de son droit de vote.

1095. La cession des droits de vote d'un copropriétaire doit être dénoncée au syndicat pour lui être opposable.

1096. Les décisions du syndicat sont prises à la majorité des voix des copropriétaires présents ou représentés à l'assemblée, y compris celles visant à corriger une erreur matérielle dans la déclaration de copropriété.

1097. Sont prises à la majorité des copropriétaires, représentant les trois quarts des voix de tous les copropriétaires, les décisions qui concernent:

1° Les actes d'acquisition ou d'aliénation immobilière par le syndicat;

2° Les travaux de transformation, d'agrandissement ou d'amélioration

tled, in addition to the voting rights attached to the fraction serving as his residence, to over sixty per cent of all the votes of the co-owners at the end of the second and third years after the date of registration of the declaration of co-ownership.

The limit is subsequently reduced to twenty-five per cent.

1093. Any person who, at the time of registration of a declaration of co-ownership, owns at least one-half of all the fractions, or his successors, other than a person who in good faith acquires a fraction for a price equal to its market value with the intention of inhabiting it, is considered to be a promoter.

1094. Any co-owner who has not paid his share of the common expenses or his contribution to the contingency fund for more than three months is deprived of his voting rights.

1095. No assignment of the voting rights of a co-owner which has not been declared to the syndicate may be set up against it.

1096. Decisions of the syndicate, including a decision to correct a clerical error in the declaration of co-ownership, are taken by a majority of the co-owners present or represented at the meeting.

1097. Decisions respecting the following matters require a majority vote of the co-owners representing three-quarters of the voting rights of all the co-owners:

(1) acts of acquisition or alienation of immovables by the syndicate;

(2) work for the alteration, enlargement or improvement of the common

des parties communes, ainsi que la répartition du coût de ces travaux;

3° La construction de bâtiments pour créer de nouvelles fractions;

4° La modification de l'acte constitutif de copropriété ou de l'état descriptif des fractions.

1098. Sont prises à la majorité des trois quarts des copropriétaires, représentant 90 p. 100 des voix de tous les copropriétaires, les décisions:

1° Qui changent la destination de l'immeuble;

2° Qui autorisent l'aliénation des parties communes dont la conservation est nécessaire au maintien de la destination de l'immeuble;

3° Qui modifient la déclaration de copropriété pour permettre la détention d'une fraction par plusieurs personnes ayant un droit de jouissance périodique et successif.

1099. Lorsque le nombre de voix dont dispose un copropriétaire ou un promoteur est réduit, en application de la présente section, le total des voix des copropriétaires est réduit d'autant pour le vote des décisions exigeant la majorité en nombre et en voix.

1100. Les copropriétaires de parties privatives contiguës peuvent modifier les limites de leur partie privative sans l'accord de l'assemblée, à la condition d'obtenir le consentement de leur créancier hypothécaire et du syndicat. La modification ne peut augmenter ou diminuer la valeur relative de l'ensemble des parties privatives modifiées ou l'ensemble des droits de vote qui y sont attachés.

portions, and the apportionment of its cost;

(3) the construction of buildings for the creation of new fractions;

(4) the amendment of the constituting act of co-ownership or of the description of the fractions.

1098. Decisions on the following matters require a majority vote of three-quarters of the co-owners representing ninety per cent of the voting rights of all the co-owners:

(1) to change the destination of the immovable;

(2) to authorize the alienation of common portions the retention of which is necessary to the destination of the immovable;

(3) to amend the declaration of co-ownership in order to permit the holding of a fraction by several persons having a right of periodical and successive enjoyment.

1099. Where the number of votes available to a co-owner or a promoter is reduced by the effect of this section, the total number of votes that may be cast by all the co-owners to decide a question requiring a majority in number and votes is reduced by the same number.

1100. The co-owners of contiguous private portions may alter the boundaries between their private portions without obtaining the approval of the general meeting provided they obtain the consent of their hypothecary creditors and of the syndicate. No alteration may increase or decrease the relative value of the group of private portions altered or the total of the voting rights attached to them.

Le syndicat modifie la déclaration de copropriété et le plan cadastral aux frais de ces copropriétaires; l'acte de modification doit être accompasgné des consentements des créanciers, des copropriétaires et du syndicat.

1101. Est réputée non écrite toute stipulation de la déclaration de copropriété qui modifie le nombre de voix requis pour prendre une décision prévue par le présent chapitre.

1102. Est sans effet toute décision du syndicat qui, à l'encontre de la déclaration de copropriété, impose au copropriétaire une modification à la valeur relative de sa fraction, à la destination de sa partie privative ou à l'usage qu'il peut en faire.

1103. Tout copropriétaire peut demander au tribunal d'annuler une décision de l'assemblée si elle est partiale, si elle a été prise dans l'intention de nuire aux copropriétaires ou au mépris de leurs droits, ou encore si une erreur s'est produite dans le calcul des voix.

L'action doit, sous peine de déchéance, être intentée dans les soixante jours de l'assemblée.

Le tribunal peut, si l'action est futile ou vexatoire, condamner le demandeur à des dommages-intérêts.

SECTION VIII
DE LA PERTE DE CONTRÔLE DU PROMOTEUR SUR LE SYNDICAT

1104. Dans les quatre-vingt-dix jours à compter de celui où le promoteur d'une copropriété ne détient plus la majorité des voix à l'assemblée des copropriétaires, le conseil d'administration

---

The syndicate amends the declaration of co-ownership and the cadastral plan at the expense of the co-owners contemplated in the first paragraph; the act of amendment shall be accompanied with the consent of the creditors, the co-owners and the syndicate.

1101. Any stipulation of the declaration of co-ownership which changes the number of votes required in this chapter for taking any decision is deemed unwritten. [1992, ch. 57, s. 716].

1102. Any decision of the syndicate which, contrary to the declaration of co-ownership, imposes on a co-owner a change in the relative value of his fraction, a change of destination of his private portion or a change in the use he may make of it is null.

1103. Any co-owner may apply to the court to annul a decision of the general meeting if the decision is biased, if it was taken with intent to injure the co-owners or in contempt of their rights, or if an error was made in counting the votes.

The action is forfeited unless instituted within sixty days after the meeting.

If the action is futile or vexatious, the court may condemn the plaintiff to pay damages.

SECTION VIII
LOSS OF CONTROL OF THE SYNDICATE BY THE PROMOTER

1104. Within ninety days from the day on which the promoter of a co-ownership ceases to hold a majority of voting rights in the general meeting of the co-owners, the board of directors shall call a special

doit convoquer une assemblée extraordinaire des copropriétaires pour l'élection d'un nouveau conseil d'administration.

Si l'assemblée n'est pas convoquée dans les quatre-vingt-dix jours, tout copropriétaire peut le faire.

1105. Le conseil d'administration, lors de cette assemblée, rend compte de son administration.

Il produit des états financiers, lesquels doivent être accompagnés de commentaires d'un comptable sur la situation financière du syndicat. Le comptable doit, dans son rapport aux copropriétaires, indiquer toute irrégularité qu'il constate.

Les états financiers doivent être vérifiés sur demande des copropriétaires représentant 40 p. 100 des voix de tous les copropriétaires. Cette demande peut être faite en tout temps, même avant l'assemblée.

1106. Le comptable a accès, à tout moment, aux livres, comptes et pièces justificatives qui concernent la copropriété.

Il peut exiger du promoteur ou d'un administrateur les informations et explications qu'il estime nécessaires à l'accomplissement de ses fonctions.

1107. Le nouveau conseil d'administration peut, dans les soixante jours de l'élection, mettre fin sans pénalité au contrat conclu par le syndicat pour l'entretien de l'immeuble ou pour d'autres services, antérieurement à cette élection, lorsque la durée du contrat excède un an.

meeting of the co-owners to elect a new board of directors.

If the meeting is not called within ninety days, any co-owner may call it.

1105. The board of directors renders account of its administration at the special meeting.

It produces the financial statements, which shall be accompanied with the comments of an accountant on the financial situation of the syndicate. The accountant shall, in his report to the co-owners, indicate any irregularity that has come to his attention.

The financial statements shall be audited on the application of co-owners representing forty per cent of the voting rights of all the co-owners. The application may be made at any time, even before the meeting.

1106. The accountant has a right of access at all times to the books, accounts and vouchers concerning the co-ownership.

He may require the promoter or an administrator to give him any information or explanation necessary for the performance of his duties.

1107. The new board of directors may, within sixty days of the election, terminate, without penalty, a contract for the maintenance of the immovable or for other services entered into before the election by the syndicate, where the term of the contract exceeds one year.

SECTION IX
DE LA FIN DE LA COPROPRIÉTÉ

1108. Il peut être mis fin à la copropriété par décision des trois quarts des copropriétaires représentant 90 p. 100 des voix de tous les copropriétaires.

La décision de mettre fin à la copropriété doit être consignée dans un écrit que signent le syndicat et les personnes détenant des hypothèques sur tout ou partie de l'immeuble. Cette décision est inscrite au registre foncier, sous les numéros d'immatriculation des parties communes et des parties privatives.

1109. Le syndicat est liquidé suivant les règles du livre premier applicables aux personnes morales.

À cette fin, le liquidateur est saisi, en plus des biens du syndicat, de l'immeuble et de tous les droits et obligations des copropriétaires dans l'immeuble.

CHAPITRE QUATRIÈME
DE LA PROPRIÉTÉ SUPERFICIAIRE

SECTION I
DE L'ÉTABLISSEMENT DE LA PROPRIÉTÉ SUPERFICIAIRE

1110. La propriété superficiaire résulte de la division de l'objet du droit de propriété portant sur un immeuble, de la cession du droit d'accession ou de la renonciation au bénéfice de l'accession.

1111. Le droit du propriétaire superficiaire à l'usage du tréfonds est réglé par la convention. À défaut, le tréfonds est grevé des servitudes nécessaires à l'exercice de ce droit; elles s'éteignent lorsqu'il prend fin.

SECTION IX
TERMINATION OF CO-OWNERSHIP

1108. Co-ownership of an immovable may be terminated by a decision of a majority of three-quarters of the co-owners representing ninety per cent of the voting rights of all the co-owners.

The decision to terminate the co-ownership shall be recorded in writing and signed by the syndicate and the persons holding hypothecs on the immovable or part thereof. This decision is entered in the land register under the registration numbers of the common portions and private portions.

1109. The syndicate is liquidated according to the rules of Book One on the liquidation of legal persons.

For that purpose, the liquidator is seised of the immovable and of all the rights and obligations of the co-owners in the immovable, in addition to the property of the syndicate.

CHAPTER IV
SUPERFICIES

SECTION I
ESTABLISHMENT OF SUPERFICIES

1110. Superficies results from division of the object of the right of ownership of an immovable, transfer of the right of accession or renunciation of the benefit of accession.

1111. The right of the superficiary to use the subsoil is governed by an agreement. Failing agreement, the subsoil is charged with the servitudes necessary for the exercise of the right. These servitudes are extinguished upon termination of the right.

1112. Le superficiaire et le tréfoncier supportent les charges grevant ce qui fait l'objet de leurs droits de propriété respectifs.

1113. La propriété superficiaire peut être perpétuelle, mais un terme peut être fixé par la convention qui établit la modalité superficiaire.

SECTION II
DE LA FIN DE LA PROPRIÉTÉ
SUPERFICIAIRE

1114. La propriété superficiaire prend fin:

1° Par la réunion des qualités de tréfoncier et de superficiaire dans une même personne, sous réserve toutefois des droits des tiers;

2° Par l'avènement d'une condition résolutoire;

3° Par l'arrivée du terme.

1115. La perte totale des constructions, ouvrages ou plantations ne met fin à la propriété superficiaire que si celle-ci résulte de la division de l'objet du droit de propriété.

L'expropriation des constructions, ouvrages ou plantations ou celle du tréfonds ne met pas fin à la propriété superficiaire.

1116. À l'expiration de la propriété superficiaire, le tréfoncier acquiert par accession la propriété des constructions, ouvrages ou plantations en en payant la valeur au superficiaire.

Cependant, si la valeur est égale ou supérieure à celle du tréfonds, le superficiaire a le droit d'acquérir la propriété du tréfonds en en payant la valeur au tréfoncier, à moins qu'il ne préfère, à ses

1112. The superficiary and the owner of the subsoil each bear the charges encumbering what constitutes the object of their respective rights of ownership.

1113. Superficies may be perpetual, but a term may be fixed by the agreement establishing its conditions.

SECTION II
TERMINATION OF SUPERFICIES

1114. Superficies is terminated

(1) by the union of the qualities of subsoil owner and superficiary in the same person, subject to the rights of third persons;

(2) by the fulfilment of a resolutive condition;

(3) by the expiry of the term.

1115. The total loss of the constructions, works or plantations terminates superficies only if superficies is a result of the division of the object of the right of ownership.

Expropriation of the constructions, works or plantations or expropriation of the subsoil does not terminate superficies.

1116. At the termination of superficies, the subsoil owner acquires by accession ownership of the constructions, works or plantations by paying their value to the superficiary.

If, however, the constructions, works or plantations are equal in value to the subsoil or of greater value, the superficiary has a right to acquire ownership of the subsoil by paying its value to the

frais, enlever les constructions, ouvrages et plantations qu'il a faits et remettre le tréfonds dans son état antérieur.

1117. À défaut par le superficiaire d'exercer son droit d'acquérir la propriété du tréfonds, dans les quatre-vingt-dix jours suivant la fin de la propriété superficiaire, le tréfoncier conserve la propriété des constructions, ouvrages et plantations.

1118. Le tréfoncier et le superficiaire qui ne s'entendent pas sur le prix et les autres conditions d'acquisition du tréfonds ou des constructions, ouvrages ou plantations, peuvent demander au tribunal de fixer le prix et les conditions d'acquisition. Le jugement vaut titre et en a tous les effets.

Ils peuvent aussi, en cas de désaccord sur les conditions d'enlèvement de ces constructions, ouvrages ou plantations, demander au tribunal de les déterminer.

TITRE QUATRIÈME
DES DÉMEMBREMENTS DU DROIT DE PROPRIÉTÉ

DISPOSITION GÉNÉRALE

1119. L'usufruit, l'usage, la servitude et l'emphytéose sont des démembrements du droit de propriété et constituent des droits réels.

CHAPITRE PREMIER
DE L'USUFRUIT

SECTION I
DE LA NATURE DE L'USUFRUIT

1120. L'usufruit est le droit d'user et de jouir, pendant un certain temps, d'un bien dont un autre a la propriété, comme

subsoil owner, unless he prefers to remove, at his own expense, the constructions, works and plantations he has made and return the subsoil to its former condition.

1117. Where the superficiary fails to exercise his right to acquire ownership of the subsoil within ninety days from the end of the superficies, the owner of the subsoil retains ownership of the constructions, works and plantations.

1118. A subsoil owner and a superficiary who do not agree on the price and other terms and conditions of acquisition of the subsoil or of the constructions, works or plantations may apply to the court to fix the price and the terms and conditions of acquisition. The judgment is equivalent to a valid title and has all the effects thereof.

They may also, if they fail to agree on the terms and conditions of removal of the constructions, works or plantations, apply to the court to fix them.

TITLE FOUR
DISMEMBERMENTS OF THE RIGHT OF OWNERSHIP

GENERAL PROVISION

1119. Usufruct, use, servitude and emphyteusis are dismemberments of the right of ownership and are real rights.

CHAPTER I
USUFRUCT

SECTION I
NATURE OF USUFRUCT

1120. Usufruct is the right of use and enjoyment, for a certain time, of property owned by another as one's own, subject

le propriétaire lui-même, mais à charge d'en conserver la substance.

1121. L'usufruit s'établit par contrat, par testament ou par la loi; il peut aussi être établi par jugement dans les cas prévus par la loi.

1122. L'usufruit peut être établi pour un seul ou plusieurs usufruitiers, conjointement ou successivement.

Les usufruitiers doivent exister lors de l'ouverture de l'usufruit en leur faveur.

1123. La durée de l'usufruit ne peut excéder cent ans, même si l'acte qui l'accorde prévoit une durée plus longue ou constitue un usufruit successif.

L'usufruit accordé sans terme est viager ou, si l'usufruitier est une personne morale, trentenaire.

SECTION II
DES DROITS DE L'USUFRUITIER

§ 1.–*De l'étendue de l'usufruit*

1124. L'usufruitier a l'usage et la jouissance du bien sur lequel porte l'usufruit; il prend le bien dans l'état où il le trouve.

L'usufruit porte sur tous les accessoires, de même que sur tout ce qui s'unit ou s'incorpore naturellement à l'immeuble par voie d'accession.

1125. L'usufruitier peut exiger du nu-propriétaire la cessation de tout acte qui l'empêche d'exercer pleinement son droit.

L'aliénation que le nu-propriétaire fait de son droit ne porte pas atteinte au droit de l'usufruitier.

to the obligation of preserving its substance.

1121. Usufruct is established by contract, by will or by law; it may also be established by judgment in the cases prescribed by law.

1122. Usufruct may be established for the benefit of one or several usufructuaries jointly or successively.

Only a person who exists when the usufruct in his favour opens may be a usufructuary.

1123. No usufruct may last longer than one hundred years even if the act granting it provides a longer term or creates a successive usufruct.

Usufruct granted without a term is granted for life or, if the usufructuary is a legal person, for thirty years.

SECTION II
RIGHTS OF THE USUFRUCTUARY

§ 1.–*Scope of the usufruct*

1124. The usufructuary has the use and enjoyment of the property subject to usufruct; he takes the property in the condition in which he finds it.

Usufruct also bears on all accessories and on everything that is naturally united to or incorporated with the immovable by accession.

1125. The usufructuary may require the bare owner to cease any act which prevents him from fully exercising his right.

The bare owner's alienation of his right does not affect the right of the usufructuary.

1126. L'usufruitier fait siens les fruits et revenus que produit le bien.

1127. L'usufruitier peut disposer, comme s'il était propriétaire, des biens compris dans l'usufruit dont on ne peut faire usage sans les consommer, à charge d'en rendre de semblables en pareille quantité et qualité à la fin de l'usufruit.

S'il ne peut en rendre de semblables, il doit en payer la valeur en numéraire.

1128. L'usufruitier peut disposer, comme un administrateur prudent et diligent, du bien qui, sans être consomptible, se détériore rapidement par l'usage.

Il doit, en ce cas, rendre à la fin de l'usufruit la valeur de ce bien au moment où il en a disposé.

1129. L'usufruitier perçoit les fruits attachés au bien au début de l'usufruit. Il n'a aucun droit sur ceux qui, lors de la cessation de l'usufruit, sont encore attachés au bien.

Une indemnité est due par le nu-propriétaire ou par l'usufruitier, selon le cas, à celui qui a fait les travaux ou les dépenses nécessaires à la production de ces fruits.

1130. Les revenus se comptent, entre l'usufruitier et le nu-propriétaire, jour par jour. Ils appartiennent à l'usufruitier du jour où son droit commence jusqu'à celui où il prend fin, quel que soit le moment où ils sont exigibles ou versés, sauf les dividendes qui n'appartiennent à l'usufruitier que s'ils sont déclarés pendant l'usufruit.

1126. The usufructuary appropriates the fruits and revenues produced by the property.

1127. The usufructuary may dispose, as though he were its owner, of all the property under his usufruct which cannot be used without being consumed, subject to the obligation of returning similar property in the same quantity and of the same quality at the end of the usufruct.

Where the usufructuary is unable to return similar property he shall pay the value thereof in cash.

1128. The usufructuary may dispose, as a prudent and diligent administrator, of property which, though not consumable, rapidly deteriorates with use.

In the case described in the first paragraph, the usufructuary shall, at the end of the usufruct, return the value of the property at the time he disposed of it.

1129. The usufructuary is entitled to the fruits attached to the property at the beginning of the usufruct. He has no right to the fruits still attached to it at the time his usufruct ceases.

Compensation is due by the bare owner or by the usufructuary, as the case may be, to the person who has done or incurred the necessary work or expenses for the production of the fruits.

1130. Revenues are counted, between the usufructuary and the bare owner, day by day. They belong to the usufructuary from the day his right begins to the day it terminates, regardless of when they are exigible or paid, except dividends, which belong to the usufructuary only if they are declared during the usufruct.

1131. Les gains exceptionnels qui découlent de la propriété du bien sur lequel porte l'usufruit, telles les primes attribuées à l'occasion du rachat d'une valeur mobilière, sont versés à l'usufruitier, qui en doit compte au nu-propriétaire à la fin de l'usufruit.

1131. Extraordinary income derived from ownership of the property subject to usufruct, such as premiums granted upon the redemption of securities, are paid to the usufructuary, who is accountable for them to the bare owner at the end of the usufruct.

1132. Si la créance sur laquelle porte l'usufruit vient à échéance au cours de l'usufruit, le prix en est payé à l'usufruitier, qui en donne quittance.

1132. If a debt subject to a usufruct becomes payable during the usufruct, the price is paid to the usufructuary, who gives an acquittance for it.

L'usufruitier en doit compte au nu-propriétaire à la fin de l'usufruit.

The usufructuary is accountable for the debt to the bare owner at the end of the usufruct.

1133. Le droit d'augmenter le capital sujet à l'usufruit, comme celui de souscription à des valeurs mobilières, appartient au nu-propriétaire, mais le droit de l'usufruitier s'étend à cette augmentation.

1133. The right to increase the capital subject to the usufruct, such as the right to subscribe for securities, belongs to the bare owner, but the right of the usufructuary extends to the increase.

Si le nu-propriétaire choisit d'aliéner son droit, le produit de l'aliénation est remis à l'usufruitier qui en est comptable à la fin de l'usufruit.

Where the bare owner elects to alienate his right, the proceeds of the alienation are remitted to the usufructuary, who is accountable for it at the end of the usufruct.

1134. Le droit de vote attaché à une action ou à une autre valeur mobilière, à une part indivise, à une fraction de copropriété ou à tout autre bien appartient à l'usufruitier.

1134. Voting rights attached to shares or to other securities, to an undivided share, to a fraction of a property held in co-ownership or to any other property belong to the usufructuary.

Toutefois, appartient au nu-propriétaire le vote qui a pour effet de modifier la substance du bien principal, comme le capital social ou le bien détenu en copropriété, ou de changer la destination de ce bien ou de mettre fin à la personne morale, à l'entreprise ou au groupement concerné.

However, any vote having the effect of altering the substance of the principal property, such as the capital stock or property held in co-ownership, or of changing the destination of the property or terminating the legal person, enterprise or group concerned belongs to the bare owner.

La répartition de l'exercice des droits de vote n'est pas opposable aux

The distribution of the exercise of the voting rights may not be set up against

tiers; elle ne se discute qu'entre l'usufruitier et le nu-propriétaire.

third persons; it is discussed only between the usufructuary and the bare owner.

1135. L'usufruitier peut céder son droit ou louer un bien compris dans l'usufruit.

1135. The usufructuary may transfer his right or lease a property included in the usufruct.

1136. Le créancier de l'usufruitier peut faire saisir et vendre les droits de celui-ci, sous réserve des droits du nu-propriétaire.

1136. A creditor of the usufructuary may cause the rights of the usufructuary to be seized and sold, subject to the rights of the bare owner.

Le créancier du nu-propriétaire peut également faire saisir et vendre les droits de celui-ci, sous réserve des droits de l'usufruitier.

A creditor of the bare owner may also cause the rights of the bare owner to be seized and sold, subject to the rights of the usufructuary.

§ 2.–Des impenses

§ 2.–Disbursements

1137. Les impenses nécessaires faites par l'usufruitier sont traitées, par rapport au nu-propriétaire, comme celles faites par un possesseur de bonne foi.

1137. Necessary disbursements made by the usufructuary are treated, in relation to the bare owner, as those made by a possessor in good faith.

1138. Les impenses utiles faites par l'usufruitier sont, à la fin de l'usufruit, conservées par le nu-propriétaire sans indemnité, à moins que l'usufruitier ne choisisse de les enlever et de remettre le bien en l'état. Le nu-propriétaire ne peut cependant contraindre l'usufruitier à les enlever.

1138. The useful disbursements made by the usufructuary are preserved by the bare owner without indemnity at the end of the usufruct, unless the usufructuary elects to remove them and restore the property to its original state. However, the bare owner may not compel the usufructuary to remove them.

§ 3.–Des arbres et des minéraux

§ 3.–Trees and minerals

1139. L'usufruitier ne peut abattre les arbres qui croissent sur le fonds soumis à l'usufruit, sauf pour les réparations, l'entretien et l'exploitation du fonds. Il peut, cependant, disposer de ceux qui sont renversés ou qui meurent naturellement.

1139. In no case may the usufructuary fell trees growing on the land subject to the usufruct except for repairs, maintenance or exploitation of the land. He may, however, dispose of those which have fallen or died naturally.

Il remplace ceux qui sont détruits en suivant l'usage des lieux ou la coutume des propriétaires. Il remplace aussi les arbres des vergers et érablières, à

The usufructuary replaces the trees that have been destroyed, in conformity with the usage of the place or the custom of the owners. He also replaces orchard

moins qu'en grande partie ils n'aient été détruits.

1140. L'usufruitier peut commencer une exploitation agricole ou sylvicole si le fonds soumis à l'usufruit s'y prête.

L'usufruitier qui commence une exploitation ou la continue doit veiller à ne pas épuiser le sol ni enrayer la reproduction de la forêt. S'il s'agit d'une exploitation sylvicole, il doit en outre, avant le début de son exploitation, faire approuver le plan d'exploitation par le nu-propriétaire. À défaut d'obtenir cette approbation, l'usufruitier peut faire approuver le plan par le tribunal.

1141. L'usufruitier ne peut extraire les minéraux compris dans le fonds soumis à l'usufruit, sauf pour les réparations et l'entretien de ce fonds.

Si, toutefois, l'extraction de ces minéraux constituait, avant l'ouverture de l'usufruit, une source de revenus pour le propriétaire, l'usufruitier peut en continuer l'extraction de la même manière qu'elle a été commencée.

SECTION III
DES OBLIGATIONS DE L'USUFRUITIER

§ 1.–*De l'inventaire et des sûretés*

1142. L'usufruitier fait l'inventaire des biens soumis à son droit, comme s'il était administrateur du bien d'autrui, à moins que celui qui a constitué l'usufruit n'ait lui-même fait l'inventaire ou n'ait dispensé l'usufruitier de le faire. La dispense ne peut être accordée si l'usufruit est successif.

L'usufruitier fait l'inventaire à ses frais et en fournit une copie au nu-propriétaire.

---

and sugar bush trees, unless most of them have been destroyed.

1140. The usufructuary may begin agricultural or sylvicultural operations if the land subject to the usufruct is suitable therefor.

Where the usufructuary begins or continues operations, he shall do so in such a manner as not to exhaust the soil or prevent the regrowth of the forest. He shall also, in the case of sylvicultural operations, have his operating plan approved by the bare owner before his operations begin. If he fails to obtain such approval, he may have the plan approved by the court.

1141. No usufructuary may extract minerals from the land subject to the usufruct except for the repair and maintenance of the land.

However, where the extraction of minerals constituted a source of income for the owner before the opening of the usufruct, the usufructuary may continue the extraction in the same way as it was begun.

SECTION III
OBLIGATIONS OF THE USUFRUCTUARY

§ 1.–*Inventory and security*

1142. The usufructuary, in the manner of an administrator of the property of others, makes an inventory of the property subject to his right unless the person constituting the usufruct has done so himself or has exempted him from doing so. No exemption may be granted if the usufruct is successive.

The usufructuary makes the inventory at his own expense and furnishes a copy to the bare owner.

1143. L'usufruitier ne peut contraindre celui qui constitue l'usufruit ou le nu-propriétaire à lui délivrer le bien, tant qu'il n'a pas fait un inventaire.

1144. Sauf le cas du vendeur ou du donateur sous réserve d'usufruit, l'usufruitier doit, dans les soixante jours de l'ouverture de l'usufruit, souscrire une assurance ou fournir au nu-propriétaire une autre sûreté garantissant l'exécution de ses obligations. Il doit fournir une sûreté additionnelle si ses obligations viennent à augmenter pendant la durée de l'usufruit.

Il est dispensé de ces obligations s'il ne peut les exécuter ou si celui qui constitue l'usufruit le prévoit.

1145. À défaut par l'usufruitier de fournir une sûreté dans le délai prévu, le nu-propriétaire peut obtenir la mise sous séquestre des biens.

Le séquestre place, comme un administrateur du bien d'autrui chargé de la simple administration, les sommes comprises dans l'usufruit et celles qui proviennent de la vente des biens susceptibles de dépérissement. Il place, de même, les sommes provenant du paiement des créances soumises à l'usufruit.

1146. Le retard injustifié de l'usufruitier à faire un inventaire des biens ou à fournir une sûreté le prive de son droit aux fruits et revenus, à compter de l'ouverture de l'usufruit jusqu'à l'exécution de son obligation.

1147. L'usufruitier peut demander au tribunal que des meubles sous séquestre, nécessaires à son usage, lui soient

1143. In no case may the usufructuary compel the person constituting the usufruct or the bare owner to deliver the property to him until he has made an inventory.

1144. Except in the case of a vendor or donor who has reserved the usufruct, the usufructuary shall, within sixty days from the opening of the usufruct, take out insurance or furnish other security to the bare owner to guarantee performance of his obligations. The usufructuary shall furnish additional security if his obligations increase while the usufruct lasts.

The usufructuary is exempted from these obligations if he is unable to perform them or if the person constituting the usufruct so provides.

1145. If the usufructuary fails to furnish security within the allotted time, the bare owner may have the property sequestrated.

The sequestrator, in the manner of an administrator of the property of others charged with simple administration, invests the amounts included in the usufruct and the proceeds of the sale of perishable property. He similarly invests the amounts deriving from payment of the claims subject to the usufruct.

1146. Any unjustified delay by the usufructuary in making an inventory of the property or furnishing security deprives him of his right to the fruits and revenues from the opening of the usufruct until the performance of his obligations.

1147. The usufructuary may apply to the court for leave to retain sequestrated movables necessary for his use under

laissés, à la seule charge de les rendre à la fin de l'usufruit.

no other condition than that he undertake to produce them at the end of the usufruct.

§ 2.–Des assurances et des réparations

§ 2.–Insurance and repairs

1148. L'usufruitier est tenu d'assurer le bien contre les risques usuels, tels le vol et l'incendie, et de payer pendant la durée de l'usufruit les primes de cette assurance. Il est néanmoins dispensé de cette obligation si la prime d'assurance est trop élevée par rapport aux risques.

1148. The usufructuary is bound to insure the property against ordinary risks such as fire and theft and to pay the insurance premiums while the usufruct lasts. He is, however, exempt from that obligation where the insurance premium is too high in relation to the risks.

1149. En cas de perte, l'indemnité est versée à l'usufruitier qui en donne quittance à l'assureur.

1149. In the case of a loss, the indemnity is paid to the usufructuary, who gives an acquittance therefor to the insurer.

L'usufruitier est tenu d'employer l'indemnité à la réparation du bien, sauf en cas de perte totale, où il peut jouir de l'indemnité.

The usufructuary is bound to use the indemnity for the repair of the property, except in the case of total loss, where he may have enjoyment of the indemnity.

1150. L'usufruitier ou le nu-propriétaire peuvent contracter, pour leur compte, une assurance garantissant leur droit.

1150. The usufructuary or the bare owner may take out insurance on his own account to secure his rights.

L'indemnité leur appartient respectivement.

The indemnity belongs to the usufructuary or the bare owner, as the case may be.

1151. L'entretien du bien est à la charge de l'usufruitier. Il n'est pas tenu de faire les réparations majeures, à moins qu'elles ne résultent de son fait, notamment du défaut d'effectuer les réparations d'entretien depuis l'ouverture de l'usufruit.

1151. Maintenance of the property is the responsibility of the usufructuary. He is not bound to make major repairs except where they are necessary as the result of his act or omission, in particular his failure to carry out maintenance repairs since the opening of the usufruct.

1152. Les réparations majeures sont celles qui portent sur une partie importante du bien et nécessitent une dépense exceptionnelle, comme celles relatives aux poutres et aux murs portants, au remplacement des couvertures, aux murs de soutènement, aux systèmes de

1152. Major repairs are those which affect a substantial part of the property and require extraordinary outlays, such as repairs relating to beams and support walls, to the replacement of roofs, to prop-walls or to heating, electrical, plumbing or electronic systems, and, in

chauffage, d'électricité ou de plomberie ou aux systèmes électroniques et, à l'égard d'un meuble, aux pièces motrices ou à l'enveloppe du bien.

1153. L'usufruitier doit aviser le nu-propriétaire de la nécessité de réparations majeures.

Le nu-propriétaire n'est pas tenu de les faire. S'il y procède, l'usufruitier supporte les inconvénients qui en résultent. Dans le cas contraire, l'usufruitier peut y procéder et s'en faire rembourser le coût à la fin de l'usufruit.

§ 3.–*Des autres charges*

1154. L'usufruitier est tenu, en proportion de la durée de l'usufruit, des charges ordinaires grevant le bien soumis à son droit et des autres charges normalement payées avec les revenus.

Il est pareillement tenu des charges extraordinaires lorsqu'elles sont payables par versements périodiques échelonnés sur plusieurs années.

1155. L'usufruitier à titre particulier peut, s'il est forcé de payer une dette de la succession pour conserver l'objet de son droit, en exiger le remboursement du débiteur immédiatement ou l'exiger du nu-propriétaire à la fin de l'usufruit.

1156. L'usufruitier à titre universel et le nu-propriétaire sont tenus au paiement des dettes de la succession en proportion de leur part dans la succession.

Le nu-propriétaire est tenu du capital et l'usufruitier des intérêts.

1157. L'usufruitier à titre universel peut payer les dettes de la succession; le

respect of movables, to motive parts or the casing of the property.

1153. The usufructuary shall notify the bare owner that major repairs are necessary.

The bare owner is under no obligation to make the major repairs. If he makes them, the usufructuary suffers the resulting inconvenience. If he does not make them, the usufructuary may make them and be reimbursed for the cost at the end of the usufruct.

§ 3.–*Other charges*

1154. The usufructuary is liable, in proportion to the duration of the usufruct, for ordinary charges affecting the property subject to his right and for the other charges that are ordinarily paid with the revenues.

The usufructuary is similarly liable for extraordinary charges that are payable in periodic instalments over several years.

1155. If a usufructuary by particular title is forced to pay a debt of the succession in order to preserve the property subject to his right, he may require immediate reimbursement from the debtor or reimbursement from the bare owner at the end of the usufruct.

1156. The usufructuary by general title and the bare owner are liable for the payment of the debts of the succession in proportion to their shares in the succession.

The bare owner is liable for the capital and the usufructuary for the interest.

1157. The usufructuary under a legacy by general title may pay the debts of the

nu-propriétaire lui en doit compte à la fin de l'usufruit.

Si l'usufruitier choisit de ne pas les payer, le nu-propriétaire peut faire vendre, jusqu'à concurrence du montant des dettes, les biens soumis à l'usufruit ou les payer lui-même; en ce cas, l'usufruitier lui verse, pendant la durée de l'usufruit, des intérêts sur la somme payée.

1158. L'usufruitier est tenu aux dépens de toute demande en justice se rapportant à son droit d'usufruit.

Si l'action concerne à la fois les droits du nu-propriétaire et ceux de l'usufruitier, les règles relatives au paiement des dettes de la succession entre l'usufruitier à titre universel et le nu-propriétaire s'appliquent, à moins que le jugement ne mette fin à l'usufruit. En ce cas, les frais sont partagés également entre l'usufruitier et le nu-propriétaire.

1159. L'usufruitier doit prévenir le nu-propriétaire de toute usurpation commise par un tiers sur le bien ou de toute autre atteinte aux droits du nu-propriétaire, faute de quoi il est responsable de tous les dommages qui peuvent en résulter, comme il le serait de dégradations commises par lui-même.

1160. Ni le nu-propriétaire ni l'usufruitier ne sont tenus de remplacer ce qui est tombé de vétusté.

L'usufruitier dispensé d'assurer le bien n'est pas tenu de remplacer ou de payer la valeur du bien qui périt par force majeure.

succession; the bare owner is accountable therefor to him at the end of the usufruct.

Where the usufructuary elects not to pay the debts of the succession, the bare owner may cause property subject to the right of the usufructuary up to the amount of the debts to be sold or pay the debts himself; in this case, for the duration of the usufruct, the usufructuary pays interest to the bare owner on the amount paid.

1158. The usufructuary is liable for the costs of any legal proceedings related to his right of usufruct.

Where proceedings relate to both the rights of the bare owner and those of the usufructuary, the rules governing payment of the debts of the succession between the usufructuary under a legacy by general title and the bare owner apply unless the usufruct is terminated by the judgment, in which case the costs are divided equally between the usufructuary and the bare owner.

1159. If, during the usufruct, a third person encroaches on the property of the bare owner or otherwise infringes his rights, the usufructuary shall notify the bare owner, failing which he is liable for all resulting damage, as if he himself had committed waste.

1160. Neither the bare owner nor the usufructuary is under any obligation to replace anything that has fallen into decay.

A usufructuary exempted from insuring the property is under no obligation to replace or pay the value of any property that perishes by superior force.

1161. Si l'usufruit porte sur un troupeau qui périt entièrement par force majeure, l'usufruitier dispensé d'assurer le bien est tenu de rendre compte au nu-propriétaire des cuirs ou de leur valeur.

Si le troupeau ne périt pas entièrement, l'usufruitier est tenu de remplacer, à concurrence du croît, les animaux qui ont péri.

1161. If a usufruct is established upon a herd or a flock and the entire herd or flock perishes by superior force, the usufructuary exempted from insuring the property is bound to account to the owner for the skins or their value.

If the herd or flock does not perish entirely, the usufructuary is bound to replace those animals which have perished, up to the number of the increase.

SECTION IV
DE L'EXTINCTION DE L'USUFRUIT

1162. L'usufruit s'éteint:

1° Par l'arrivée du terme;

2° Par le décès de l'usufruitier ou par la dissolution de la personne morale;

3° Par la réunion des qualités d'usufruitier et de nu-propriétaire dans la même personne, sous réserve des droits des tiers;

4° Par la déchéance du droit, son abandon ou sa conversion en rente;

5° Par le non-usage pendant dix ans.

SECTION IV
EXTINCTION OF USUFRUCT

1162. Usufruct is extinguished

(1) by the expiry of the term;

(2) by the death of the usufructuary or the dissolution of the legal person;

(3) by the union of the qualities of usufructuary and bare owner in the same person, subject to the rights of third persons;

(4) by the forfeiture or renunciation of the right or its conversion into an annuity;

(5) by non-user for ten years.

1163. L'usufruit prend fin également par la perte totale du bien sur lequel il est établi, sauf si le bien est assuré par l'usufruitier.

En cas de perte partielle du bien, l'usufruit subsiste sur le reste.

1163. Usufruct is also extinguished by the total loss of the property over which it is established, unless the property is insured by the usufructuary.

In case of partial loss of the property, the usufruct subsists upon the remainder.

1164. L'usufruit ne prend pas fin par l'expropriation du bien sur lequel il est établi. L'indemnité est remise à l'usufruitier, à charge d'en rendre compte à la fin de l'usufruit.

1164. Usufruct is not extinguished by expropriation of the property on which it is established. The indemnity is remitted to the usufructuary under the condition of his rendering account of it at the end of the usufruct.

1165. L'usufruit accordé jusqu'à ce qu'un tiers ait atteint un âge déterminé dure jusqu'à cette date, encore que le tiers soit décédé avant l'âge fixé.

1166. L'usufruit créé au bénéfice de plusieurs usufruitiers successifs prend fin avec le décès du dernier usufruitier ou avec la dissolution de la dernière personne morale.

S'il est conjoint, l'extinction de l'usufruit à l'égard de l'un des usufruitiers profite au nu-propriétaire.

1167. À la fin de l'usufruit, l'usufruitier rend au nu-propriétaire, dans l'état où il se trouve, le bien sur lequel porte son usufruit.

Il répond de la perte survenue par sa faute ou ne résultant pas de l'usage normal du bien.

1168. L'usufruitier qui abuse de sa jouissance, qui commet des dégradations sur le bien ou le laisse dépérir ou qui, de toute autre façon, met en danger les droits du nu-propriétaire, peut être déchu de son droit.

Le tribunal peut, suivant la gravité des circonstances, prononcer l'extinction absolue de l'usufruit, avec indemnité payable immédiatement ou par versements au nu-propriétaire, ou sans indemnité. Il peut aussi prononcer la déchéance des droits de l'usufruitier en faveur d'un usufruitier conjoint ou successif, ou encore imposer des conditions pour la continuation de l'usufruit.

Les créanciers de l'usufruitier peuvent intervenir à la demande pour la conservation de leurs droits; ils peuvent offrir la réparation des dégradations commises et des garanties pour l'avenir.

1165. If a usufruct is granted until a third person reaches a certain age, it continues until the date he would have reached that age, even if he has died.

1166. A usufruct created for the benefit of several usufructuaries successively terminates with the death of the last usufructuary or the dissolution of the last legal person.

The extinguishment of the right of one of the usufructuaries in a joint usufruct benefits the bare owner.

1167. At the end of the usufruct, the usufructuary returns the property subject to the usufruct to the bare owner in the condition in which it is at that time.

The usufructuary is accountable for any loss caused by his fault or not resulting from normal use of the property.

1168. A usufructuary who makes misuse of enjoyment, who commits waste on the property, who allows it to depreciate or who in any manner endangers the rights of the bare owner may be declared to have forfeited his right.

The court may, according to the gravity of the circumstances, pronounce the absolute extinction of the usufruct, with compensation payable immediately or by instalments to the bare owner, or without compensation. It may also declare the usufructuary's right forfeited in favour of a joint or successive usufructuary, or it may impose conditions for the continuance of the usufruct.

The creditors of the usufructuary may intervene in the proceedings to ensure the preservation of their rights; they may offer to repair the waste and provide security for the future.

1169. Un usufruitier peut abandonner tout ou partie de son droit.

En cas d'abandon partiel et à défaut d'entente, le tribunal fixe les nouvelles obligations de l'usufruitier en tenant compte, notamment, de l'étendue du droit, de sa durée, ainsi que des fruits et revenus qui en sont tirés.

1170. L'abandon total est opposable au nu-propriétaire à compter du jour de sa signification; l'abandon partiel est opposable à compter de la demande en justice ou de l'entente entre les parties.

1171. L'usufruitier qui éprouve des difficultés sérieuses à remplir ses obligations a le droit d'exiger du nu-propriétaire ou de l'usufruitier conjoint ou successif la conversion de son droit en rente.

À défaut d'entente, le tribunal, s'il constate le droit de l'usufruitier, fixe la rente en tenant compte, notamment, de l'étendue du droit, de sa durée, ainsi que des fruits et revenus qui en sont tirés.

CHAPITRE DEUXIÈME
DE L'USAGE

1172. L'usage est le droit de se servir temporairement du bien d'autrui et d'en percevoir les fruits et revenus, jusqu'à concurrence des besoins de l'usager et des personnes qui habitent avec lui ou sont à sa charge.

1173. Le droit d'usage est incessible et insaisissable, à moins que la convention ou l'acte qui constitue le droit d'usage ne prévoie le contraire.

Si la convention ou l'acte est muet sur la cessibilité ou la saisissabilité du

1169. A usufructuary may renounce his right, in whole or in part.

Where part only of the right is renounced and failing an agreement, the court fixes the new obligations of the usufructuary, taking into account, in particular, the scope and duration of the right, and the fruits and revenues derived therefrom.

1170. Total renunciation may be set up against the bare owner from the day he is served notice of it; partial renunciation may be set up from the date of judicial proceedings or of an agreement between the parties.

1171. A usufructuary having serious difficulty in performing his obligations is entitled to require the bare owner or joint or successive usufructuary to convert his right to an annuity.

Failing agreement, the court, if it confirms the right of the usufructuary, fixes the annuity, taking into account, in particular, the scope and duration of the right and the fruits and revenues derived from it.

CHAPTER II
USE

1172. A right of use is the right to enjoy the property of another for a time and to take the fruits and revenues thereof, to the extent of the needs of the user and the persons living with him or his dependants.

1173. The right of use may not be assigned or seized unless the agreement or the act establishing the right of use provides otherwise.

If the agreement or act is silent as to whether the right may be assigned or

droit, le tribunal peut, dans l'intérêt de l'usager et après avoir constaté que le propriétaire ne subit aucun préjudice, autoriser la cession ou la saisie du droit.

1174. L'usager dont le droit porte sur une partie seulement d'un bien peut utiliser les installations destinées à l'usage commun.

1175. L'usager qui retire tous les fruits et revenus du bien ou qui l'utilise en totalité est tenu pour le tout aux frais qu'il a engagés pour les produire, aux réparations d'entretien et au paiement des charges, de la même manière que l'usufruitier.

S'il ne prend qu'une partie des fruits et revenus ou s'il n'utilise qu'une partie du bien, il contribue en proportion de ce dont il fait usage.

1176. Les dispositions relatives à l'usufruit sont, pour le reste, applicables au droit d'usage, compte tenu des adaptations nécessaires.

Toutefois, les règles relatives à la conversion de l'usufruit en rente ne s'appliquent pas au droit d'usage, sauf si ce droit est cessible et saisissable.

seized, the court may, in the interest of the user and after ascertaining that the owner suffers no damage, authorize the assignment or seizure of the right.

1174. A user whose right bears on only part of a property may use any facility intended for common use.

1175. A user who takes all the fruits and revenues of the property or who uses the entire property is fully liable for the costs incurred to produce them, for maintenance repairs and for payment of the charges in the same manner as a usufructuary.

Where the user takes only part of the fruits and revenues or uses only part of the property, he contributes in proportion to his use.

1176. The provisions governing usufruct, adapted as required, are, in all other respects, applicable to the right of use.

However, the rules relating to conversion of the usufruct into an annuity do not apply to the right of use unless that right may be assigned and seized.

CHAPITRE TROISIÈME
DES SERVITUDES

SECTION I
DE LA NATURE DES SERVITUDES

CHAPTER III
SERVITUDES

SECTION I
NATURE OF SERVITUDES

1177. La servitude est une charge imposée sur un immeuble, le fonds servant, en faveur d'un autre immeuble, le fonds dominant, et qui appartient à un propriétaire différent.

Cette charge oblige le propriétaire du fonds servant à supporter, de la part du propriétaire du fonds dominant, certains actes d'usage ou à s'abstenir lui-

1177. A servitude is a charge imposed on an immovable, the servient land, in favour of another immovable, the dominant land, belonging to a different owner.

Under the charge the owner of the servient land is required to tolerate certain acts of use by the owner of the dominant land or himself abstain from

même d'exercer certains droits inhérents à la propriété.

La servitude s'étend à tout ce qui est nécessaire à son exercice.

1178. Une obligation de faire peut être rattachée à une servitude et imposée au propriétaire du fonds servant. Cette obligation est un accessoire de la servitude et ne peut être stipulée que pour le service ou l'exploitation de l'immeuble.

1179. Les servitudes sont continues ou discontinues.

La servitude continue est celle dont l'exercice ne requiert pas le fait actuel de son titulaire, comme la servitude de vue ou de non-construction.

La servitude discontinue est celle dont l'exercice requiert le fait actuel de son titulaire, comme la servitude de passage à pied ou en voiture.

1180. Les servitudes sont apparentes ou non apparentes.

La servitude est apparente lorsqu'elle se manifeste par un signe extérieur; autrement elle est non apparente.

1181. La servitude s'établit par contrat, par testament, par destination du propriétaire ou par l'effet de la loi.

Elle ne peut s'établir sans titre et la possession, même immémoriale, ne suffit pas à cet effet.

1182. Les mutations de propriété du fonds servant ou dominant ne portent pas atteinte à la servitude. Celle-ci suit les immeubles en quelques mains qu'ils passent, sous réserve des dispositions relatives à la publicité des droits.

exercising certain rights inherent in ownership.

A servitude extends to all that is necessary for its exercise.

1178. An obligation to perform an act may be attached to a servitude and imposed on the owner of the servient land. The obligation is an accessory to the servitude and can only be stipulated for the service or exploitation of the immovable.

1179. Servitudes are either continuous or discontinuous.

Continuous servitudes, such as servitudes of view or of no building, do not require the actual intervention of the holder.

Discontinuous servitudes, such as pedestrian or vehicular rights of way, require the actual intervention of the holder.

1180. Servitudes are either apparent or unapparent.

A servitude is apparent if it is manifested by an external sign; otherwise it is unapparent.

1181. A servitude is established by contract, by will, by destination of proprietor or by the effect of law.

It may not be established without title, and possession, even immemorial, is insufficient for this purpose.

1182. Servitudes are not affected by the transfer of ownership of the servient or dominant land. They remain attached to the immovables through changes of ownership, subject to the provisions relating to the publication of rights.

1183. La servitude par destination du propriétaire est constatée par un écrit du propriétaire du fonds qui, prévoyant le morcellement éventuel de son fonds, établit immédiatement la nature, l'étendue et la situation de la servitude sur une partie du fonds en faveur d'autres parties.

1183. Servitude by destination of proprietor is evidenced in writing by the owner of the land who, in contemplation of its future parcelling, immediately establishes the nature, scope and situation of the servitude on one part of the land in favour of other parts.

SECTION II
DE L'EXERCICE DE LA SERVITUDE

SECTION II
EXERCISE OF SERVITUDES

1184. Le propriétaire du fonds dominant peut, à ses frais, prendre les mesures ou faire tous les ouvrages nécessaires pour user de la servitude et pour la conserver, à moins d'une stipulation contraire de l'acte constitutif de la servitude.

1184. The owner of the dominant land may, at his own expense, take the measures or make all the works necessary for the exercise and preservation of the servitude unless otherwise stipulated in the act establishing the servitude.

À la fin de la servitude, il doit, à la demande du propriétaire du fonds servant, remettre les lieux dans leur état antérieur.

At the end of the servitude he shall, at the request of the owner of the servient land, restore the place to its former condition.

1185. Le propriétaire du fonds servant, chargé par le titre de faire les ouvrages nécessaires pour l'usage et la conservation de la servitude, peut s'affranchir de cette charge en abandonnant au propriétaire du fonds dominant soit la totalité du fonds servant, soit une portion du fonds suffisante pour l'exercice de la servitude.

1185. The owner of the servient land, charged by the title with making the necessary works for the exercise and preservation of the servitude, may free himself of the charge by abandoning the entire servient land or any part of it sufficient for the exercise of the servitude to the owner of the dominant land.

1186. Le propriétaire du fonds dominant ne peut faire de changements qui aggravent la situation du fonds servant.

1186. In no case may the owner of the dominant land make any change that would aggravate the situation of the servient land.

Le propriétaire du fonds servant ne peut rien faire qui tende à diminuer l'exercice de la servitude ou à le rendre moins commode; toutefois, s'il a un intérêt pour le faire, il peut déplacer, à ses frais, l'assiette de la servitude dans un autre endroit où son exercice est aussi

In no case may the owner of the servient land do anything that would tend to diminish the exercise of the servitude or to render it less convenient. However, he may, at his own expense, provided he has an interest in doing so, transfer the site of the servitude to another place

commode pour le propriétaire du fonds dominant.

1187. Si le fonds dominant vient à être divisé, la servitude reste due pour chaque portion, mais la condition du fonds servant ne doit pas en être aggravée.

Ainsi, dans le cas d'un droit de passage, tous les propriétaires des lots provenant de la division du fonds dominant doivent l'exercer par le même endroit.

1188. Si le fonds servant vient à être divisé, cette division ne porte pas atteinte aux droits du propriétaire du fonds dominant.

1189. Sauf en cas d'enclave, la servitude de passage peut être rachetée lorsque son utilité pour le fonds dominant est hors de proportion avec l'inconvénient ou la dépréciation qu'elle entraîne pour le fonds servant.

À défaut d'entente, le tribunal, s'il accorde le droit au rachat, fixe le prix en tenant compte, notamment, de l'ancienneté de la servitude et du changement de valeur que la servitude entraîne, tant au profit du fonds servant qu'au détriment du fonds dominant.

1190. Les parties peuvent, par écrit, exclure la faculté de racheter une servitude pour une période n'excédant pas trente ans.

SECTION III
DE L'EXTINCTION DES SERVITUDES

1191. La servitude s'éteint:

1° Par la réunion dans une même personne de la qualité de propriétaire des fonds servant et dominant;

where its exercise will be no less convenient to the owner of the dominant land.

1187. If the dominant land is divided, the servitude remains due for each portion, but the situation of the servient land may not thereby be aggravated.

Thus, in the case of a right of way, all owners of lots resulting from the division of the dominant land shall exercise it over the same place.

1188. Division of the servient land does not affect the rights of the owner of the dominant land.

1189. Except in the case of land enclosed by that of others, a servitude of right of way may be redeemed where its usefulness to the dominant land is out of proportion to the inconvenience or depreciation it entails for the servient land.

Failing agreement, the court, if it grants the right of redemption, fixes the price, taking into account, in particular, the length of time for which the servitude has existed and the change of value entailed by the servitude both in favour of the servient land and to the detriment of the dominant land.

1190. The parties may, in writing, exclude the possibility of redeeming a servitude for a period of not over thirty years.

SECTION III
EXTINCTION OF SERVITUDES

1191. A servitude is extinguished

(1) by the union of the qualities of owner of the servient land and owner of the dominant land in the same person;

2° Par la renonciation expresse du propriétaire du fonds dominant;

3° Par l'arrivée du terme pour lequel elle a été constituée;

4° Par le rachat;

5° Par le non-usage pendant dix ans.

1192. La prescription commence à courir, pour les servitudes discontinues, du jour où le propriétaire du fonds dominant cesse d'exercer la servitude et, pour les servitudes continues, du jour où il est fait un acte contraire à leur exercice.

1193. Le mode d'exercice de la servitude se prescrit comme la servitude elle-même et de la même manière.

1194. La prescription court même lorsque le fonds dominant ou le fonds servant subit un changement de nature à rendre impossible l'exercice de la servitude.

CHAPITRE QUATRIÈME
DE L'EMPHYTÉOSE

SECTION I
DE LA NATURE DE L'EMPHYTÉOSE

1195. L'emphytéose est le droit qui permet à une personne, pendant un certain temps, d'utiliser pleinement un immeuble appartenant à autrui et d'en tirer tous les avantages, à la condition de ne pas en compromettre l'existence et à charge d'y faire des constructions, ouvrages ou plantations qui augmentent sa valeur d'une façon durable.

L'emphytéose s'établit par contrat ou par testament.

1196. L'emphytéose qui porte à la fois sur un terrain et un immeuble déjà bâti

(2) by the express renunciation of the owner of the dominant land;

(3) by the expiry of the term for which it was established;

(4) by redemption;

(5) by non-user for ten years.

1192. In the case of discontinuous servitudes, prescription begins to run from the day the owner of the dominant land ceases to exercise the servitude and in the case of continuous servitudes, from the day any act contrary to their exercise is done.

1193. The mode of exercising a servitude may be prescribed just as the servitude itself, and in the same manner.

1194. Prescription runs even where the dominant land or the servient land undergoes a change of such a kind as to render exercise of the servitude impossible.

CHAPTER IV
EMPHYTEUSIS

SECTION I
NATURE OF EMPHYTEUSIS

1195. Emphyteusis is the right which, for a certain time, grants a person the full benefit and enjoyment of an immovable owned by another provided he does not endanger its existence and undertakes to make constructions, works or plantations thereon that durably increase its value.

Emphyteusis is established by contract or by will.

1196. Emphyteusis affecting both the land and an existing immovable may be

peut faire l'objet d'une déclaration de coemphytéose, dont les règles sont les mêmes que celles prévues pour la déclaration de copropriété. Elle est en outre assujettie, compte tenu des adaptations nécessaires, aux règles de la copropriété établie sur un immeuble bâti par un emphytéote.

1197. L'emphytéose doit avoir une durée, stipulée dans l'acte constitutif, d'au moins dix ans et d'au plus cent ans. Si elle excède cent ans, elle est réduite à cette durée.

1198. L'emphytéose portant sur un terrain sur lequel est bâti l'immeuble détenu en copropriété, ainsi que celle qui porte à la fois sur un terrain et un immeuble déjà bâti, peuvent être renouvelées, sans que l'emphytéote soit obligé d'y faire de nouvelles constructions ou plantations ou de nouveaux ouvrages, autres que des impenses utiles.

1199. Le créancier de l'emphytéote peut faire saisir et vendre les droits de celui-ci, sous réserve des droits du propriétaire de l'immeuble.

Le créancier du propriétaire peut également faire saisir et vendre les droits de celui-ci, sous réserve des droits de l'emphytéote.

SECTION II
DES DROITS ET OBLIGATIONS DE L'EMPHYTÉOTE ET DU PROPRIÉTAIRE

1200. L'emphytéote a, à l'égard de l'immeuble, tous les droits attachés à la qualité de propriétaire, sous réserve des limitations du présent chapitre et de l'acte constitutif d'emphytéose.

L'acte constitutif peut limiter l'exercice des droits des parties, notamment

the subject of a declaration of co-emphyteusis which is governed by the same rules as those provided for a declaration of co-ownership. It is also subject to the rules, adapted as required, applicable to co-ownership established in respect of an existing immovable by an emphyteutic lessee.

1197. The term of the emphyteusis shall be stipulated in the constituting act and be not less than ten nor more than one hundred years. If it is longer, it is reduced to one hundred years.

1198. Emphyteusis affecting the land on which an existing immovable is held in co-ownership, or affecting both the land and an existing immovable may be renewed without the emphyteutic lessee's being required to make new constructions or plantations or new works, other than useful disbursements.

1199. The creditor of the emphyteutic lessee may cause the latter's rights to be seized and sold, subject to the rights of the owner of the immovable.

The creditor of the owner may also cause the latter's rights to be seized and sold, subject to the rights of the emphyteutic lessee.

SECTION II
RIGHTS AND OBLIGATIONS OF THE EMPHYTEUTIC LESSEE AND OF THE OWNER

1200. The emphyteutic lessee has all the rights in the immovable that are attached to the quality of owner, subject to the restrictions contained in this chapter and in the act constituting emphyteusis.

The constituting act may limit the exercise of the rights of the parties, par-

pour accorder au propriétaire des droits ou des garanties qui protègent la valeur de l'immeuble, assurent sa conservation, son rendement ou son utilité ou pour autrement préserver les droits du propriétaire ou de l'emphytéote, ou régler l'exécution des obligations prévues dans l'acte constitutif.

1201. L'emphytéote fait dresser à ses frais, en y appelant le propriétaire, un état des immeubles soumis à son droit, à moins que le propriétaire ne l'en ait dispensé.

1202. La perte partielle de l'immeuble est à la charge de l'emphytéote; il demeure alors tenu au paiement intégral du prix stipulé dans l'acte constitutif.

1203. L'emphytéote est tenu aux réparations, même majeures, qui se rapportent à l'immeuble ou aux constructions, ouvrages ou plantations qu'il a faits en exécution de son obligation.

1204. Si l'emphytéote commet des dégradations sur l'immeuble ou le laisse dépérir ou, de toute autre façon, met en danger les droits du propriétaire, il peut être déchu de son droit.

Le tribunal peut, suivant la gravité des circonstances, résilier l'emphytéose, avec indemnité payable immédiatement ou par versements au propriétaire, ou sans indemnité, ou encore obliger l'emphytéote à fournir d'autres sûretés ou lui imposer toutes autres obligations ou conditions.

Les créanciers de l'emphytéote peuvent intervenir à la demande pour la conservation de leurs droits; ils peuvent offrir la réparation des dégradations et des garanties pour l'avenir.

ticularly by granting rights or guarantees to the owner for protecting the value of the immovable, ensuring its conservation, yield or use or by otherwise preserving the rights of the owner or of the emphyteutic lessee or regulating the performance of the obligations established in the constituting act.

1201. The emphyteutic lessee, at his own expense, and after convening the owner, causes a statement of the immovables subject to his right to be drawn up, unless the owner has exempted him therefrom.

1202. The emphyteutic lessee is liable for a partial loss of the immovable; he remains liable in such a case for full payment of the price stipulated in the constituting act.

1203. The emphyteutic lessee is bound to make repairs, even major repairs, concerning the immovable or the constructions, works or plantations made in the performance of his obligation.

1204. An emphyteutic lessee who commits waste or fails to prevent the deterioration of the immovable or in any manner endangers the rights of the owner may be declared forfeited of his right.

The court, according to the gravity of the circumstances, may resiliate the emphyteusis with compensation payable immediately or by instalments to the owner, or without compensation, or it may require the emphyteutic lessee to furnish other security or impose any other obligations or conditions on him.

The creditors of the emphyteutic lessee may intervene in the proceedings to preserve their rights; they may offer to repair the waste and give security for the future.

1205. L'emphytéote acquitte les charges foncières dont l'immeuble est grevé.

1205. The emphyteutic lessee is liable for all real property charges affecting the immovable.

1206. Le propriétaire est tenu, à l'égard de l'emphytéote, aux mêmes obligations que le vendeur.

1206. The owner has the same obligations towards the emphyteutic lessee as a vendor.

1207. Si un prix, payable globalement ou par versements, est fixé dans l'acte constitutif et que l'emphytéote laisse s'écouler trois années sans le payer, le propriétaire a le droit, après un avis d'au moins quatre-vingt-dix jours, de demander la résiliation de l'acte.

1207. Where a price payable in a lump sum or by instalments is fixed in the constituting act and the emphyteutic lessee fails to pay it for three years, the owner is entitled, after at least ninety days' notice, to apply for resiliation of the constituting act.

Ce droit ne peut être exercé lorsqu'une copropriété divise est établie sur un immeuble bâti par l'emphytéote. Il en est de même lorsque l'immeuble fait l'objet d'une déclaration de coemphytéose.

Resiliation may not be applied for where divided co-ownership is established in respect of an immovable built by the emphyteutic lessee. The same applies where the immovable is the subject of a declaration of co-emphyteusis.

SECTION III
DE LA FIN DE L'EMPHYTÉOSE

SECTION III
TERMINATION OF EMPHYTEUSIS

1208. L'emphytéose prend fin:

1208. Emphyteusis is terminated

1° Par l'arrivée du terme fixé dans l'acte constitutif;

(1) by the expiry of the term stipulated in the constituting act;

2° Par la perte ou l'expropriation totales de l'immeuble;

(2) by the total loss or expropriation of the immovable;

3° Par la résiliation de l'acte constitutif;

(3) by the resiliation of the constituting act;

4° Par la réunion des qualités de propriétaire et d'emphytéote dans une même personne;

(4) by the union of the qualities of owner and emphyteutic lessee in the same person;

5° Par le non-usage pendant dix ans;

(5) by non-user for ten years;

6° Par l'abandon.

(6) by abandonment.

1209. À la fin de l'emphytéose, le propriétaire reprend l'immeuble libre de tous droits et charges consentis par l'emphytéote, sauf si la fin de l'em-

1209. Upon termination of the emphyteusis, the owner resumes the immovable free of all the rights and charges granted by the emphyteutic les-

phytéose résulte d'une résiliation amiable ou de la réunion des qualités de propriétaire et d'emphytéote dans une même personne.

see, unless the termination of the emphyteusis results from resiliation by agreement or from the union of the qualities of owner and emphyteutic lessee in the same person.

1210. À la fin de l'emphytéose, l'emphytéote doit remettre l'immeuble en bon état avec les constructions, ouvrages ou plantations prévus à l'acte constitutif, à moins qu'ils n'aient péri par force majeure.

1210. Upon termination of the emphyteusis, the emphyteutic lessee shall return the immovable in a good state of repair with the constructions, works or plantations stipulated in the constituting act, unless they have perished by superior force.

Ce qu'il a ajouté à l'immeuble sans y être tenu est traité comme les impenses faites par un possesseur de bonne foi.

Any additions made to the immovable by the emphyteutic lessee which he is under no obligation to make are treated as disbursements made by a possessor in good faith.

1211. À moins que l'emphytéote n'ait renoncé à son droit, l'emphytéose peut aussi prendre fin par l'abandon, qui ne peut avoir lieu que si l'emphytéote a satisfait pour le passé à toutes ses obligations et laisse l'immeuble libre de toutes charges.

1211. Unless the emphyteutic lessee has renounced his right, emphyteusis may also be terminated by abandonment, which may take place only if the emphyteutic lessee has fulfilled all his past obligations and leaves the immovable free of all charges.

TITRE CINQUIÈME
DES RESTRICTIONS À LA LIBRE DISPOSITION DE CERTAINS BIENS

TITLE FIVE
RESTRICTIONS ON THE FREE DISPOSITION OF CERTAIN PROPERTY

CHAPITRE PREMIER
DES STIPULATIONS D'INALIÉNABILITÉ

CHAPTER I
STIPULATIONS OF INALIENABILITY

1212. La restriction à l'exercice du droit de disposer d'un bien ne peut être stipulée que par donation ou testament.

1212. No restriction on the exercise of the right to dispose of property may be stipulated, except by gift or will.

La stipulation d'inaliénabilité est faite par écrit à l'occasion du transfert, à une personne ou à une fiducie, de la propriété d'un bien ou d'un démembrement du droit de propriété sur un bien.

A stipulation of inalienability is made in writing at the time of transfer of ownership of the property or a dismembered right of ownership in it to a person or to a trust.

Cette stipulation n'est valide que si elle est temporaire et justifiée par un

The stipulation of inalienability is valid only if it is temporary and justified

intérêt sérieux et légitime. Néanmoins, dans le cas d'une substitution ou d'une fiducie, elle peut valoir pour leur durée.

1213. Celui dont le bien est inaliénable peut être autorisé par le tribunal à disposer du bien si l'intérêt qui avait justifié la stipulation d'inaliénabilité a disparu ou s'il advient qu'un intérêt plus important l'exige.

Le tribunal peut, lorsqu'il autorise l'aliénation du bien, fixer toutes les conditions qu'il juge nécessaires pour sauvegarder les intérêts de celui qui a stipulé l'inaliénabilité, ceux de ses ayants cause ou ceux de la personne au bénéfice de laquelle elle a été stipulée.

1214. La stipulation d'inaliénabilité n'est opposable aux tiers que si elle est publiée au registre approprié.

1215. La stipulation d'inaliénabilité d'un bien entraîne l'insaisissabilité de celui-ci pour toute dette contractée, avant ou pendant la période d'inaliénabilité, par la personne qui reçoit le bien, sous réserve notamment des dispositions du Code de procédure civile.

1216. La clause tendant à empêcher celui dont le bien est inaliénable de contester la validité de la stipulation d'inaliénabilité ou de demander l'autorisation de l'aliéner est réputée non écrite.

L'est également la clause pénale au même effet.

1217. La nullité de l'aliénation faite malgré une stipulation d'inaliénabilité et sans autorisation du tribunal, ne peut être invoquée que par celui qui a stipulé l'inaliénabilité et ses ayants cause ou par celui au bénéfice duquel elle a été stipulée.

by a serious and legitimate interest. Nevertheless, it may be valid for the duration of a substitution or trust.

1213. A person whose property is inalienable may be authorized by the court to dispose of the property if the interest that had justified the stipulation of inalienability has disappeared or where a greater interest comes to require it.

The court may, where it authorizes alienation of the property, fix any conditions it considers necessary to safeguard the interests of the person who stipulated inalienability, his successors or the person for whose benefit inalienability was stipulated.

1214. A stipulation of inalienability may not be set up against third persons unless it is published in the proper register.

1215. A stipulation of inalienability of a property renders the property unseizable for any debt contracted before or during the period of inalienability by the person who receives the property, subject, however, to the provisions of the Code of Civil Procedure.

1216. Any clause tending to prevent a person whose property is inalienable from contesting the validity of the stipulation of inalienability or from applying for authorization to transfer the property is null.

Any penal clause to the same effect is also null.

1217. The nullity of an alienation made notwithstanding a stipulation of inalienability and without the authorization of the court may not be invoked by anyone except the person who made the stipulation and his successors or the person for whose benefit the stipulation was made.

CHAPITRE DEUXIÈME
DE LA SUBSTITUTION

SECTION I
DE LA NATURE ET DE L'ÉTENDUE DE LA SUBSTITUTION

1218. Il y a substitution lorsqu'une personne reçoit des biens par libéralité, avec l'obligation de les rendre après un certain temps à un tiers.

La substitution s'établit par donation ou par testament; elle doit être constatée par écrit et publiée au bureau de la publicité des droits.

1219. La personne qui a l'obligation de rendre se nomme le grevé; celle qui a droit de recueillir postérieurement se nomme l'appelé.

L'appelé qui recueille, avec l'obligation de rendre, devient à son tour grevé par rapport à l'appelé subséquent.

1220. La défense de tester des biens, faite au donataire ou légataire sans autre indication, emporte substitution en faveur de ses héritiers *ab intestat* quant aux biens donnés ou légués qui restent à son décès.

1221. Aucune substitution ne peut s'étendre à plus de deux ordres successifs de personnes, outre celui du grevé initial; autrement, elle est sans effet pour les ordres subséquents.

Les accroissements qui ont lieu entre cogrevés au décès de l'un d'eux, lorsqu'il est stipulé que sa part passe aux grevés survivants, ne sont pas considérés comme étant faits à un ordre subséquent.

1222. Compte tenu des adaptations nécessaires, les règles des succes-

CHAPTER II
SUBSTITUTION

SECTION I
NATURE AND SCOPE OF SUBSTITUTION

1218. Substitution exists where a person receives property by a liberality with the obligation of delivering it over to a third person after a certain period.

Substitution is established by gift or by will; it shall be evidenced in writing and published in the registry office.

1219. The person who has the obligation to deliver over is called the institute and the person who is entitled to take after him is called the substitute.

A substitute who takes with the obligation to deliver over becomes in turn the institute in respect of the subsequent substitute.

1220. A prohibition against disposing of the property by will that is subject to no other indication entails substitution in favour of the intestate heirs of the donee or legatee with respect to property given or bequeathed and remaining at his death.

1221. A substitution may not extend to more than two successive ranks of persons exclusive of the initial institute, and is without effect for subsequent ranks.

Accretion between co-institutes upon the death of one of them, where it is stipulated that his share passes to the surviving institutes, is not considered to be made to a subsequent rank.

1222. The rules on successions, particularly those relating to the right of op-

sions, notamment celles relatives au droit d'opter ou aux dispositions testamentaires, s'appliquent à la substitution à compter de l'ouverture, qu'elle soit établie par donation ou par testament.

tion or to testamentary dispositions, adapted as required, apply to a substitution from the time it opens, whether it was created by gift or by will.

SECTION II
DE LA SUBSTITUTION AVANT L'OUVERTURE

§ 1.–*Des droits et obligations du grevé*

SECTION II
SUBSTITUTIONS BEFORE OPENING

§ 1.–*Rights and obligations of the institute*

1223. Avant l'ouverture, le grevé est propriétaire des biens substitués; ces biens forment, au sein de son patrimoine personnel, un patrimoine distinct destiné à l'appelé.

1223. Before the opening of a substitution, the institute is the owner of the substituted property, which forms, within his personal patrimony, a separate patrimony intended for the substitute.

1224. Le grevé doit, de la même manière qu'un administrateur du bien d'autrui, faire, à ses frais, l'inventaire des biens dans les deux mois de la donation ou de l'acceptation du legs, en y convoquant l'appelé.

1224. Within two months after the gift or after acceptance of the legacy, the institute, in the manner of an administrator of the property of others, shall make an inventory of the property at his own expense, after convening the substitute.

1225. Dans l'exercice de ses droits et dans l'exécution de ses obligations, le grevé doit agir avec prudence et diligence eu égard aux droits de l'appelé.

1225. The institute, in exercising his rights and performing his obligations, shall act with prudence and diligence, in view of the rights of the substitute.

1226. Le grevé doit faire les actes nécessaires à l'entretien et à la conservation des biens.

1226. The institute shall perform all acts necessary to maintain and preserve the property.

Il paie les charges et les dettes qui deviennent exigibles avant l'ouverture, quelle que soit leur nature; il perçoit les créances, en donne quittance et exerce en justice les actions qui se rapportent aux biens substitués.

He pays the charges and debts of all kinds that became due before the opening; he collects the claims, gives acquittance therefor and exercises all judicial recourses relating to the substituted property.

1227. Le grevé doit assurer les biens contre les risques usuels, tels le vol et l'incendie. Il est, néanmoins, dispensé de cette obligation si la prime d'assurance est trop élevée par rapport aux risques.

1227. The institute shall insure the property against ordinary risks such as fire and theft. He is, however, dispensed from that obligation if the insurance premium is too high in relation to the risks.

L'indemnité d'assurance devient un bien substitué.

1228. Le grevé est soumis aux règles de l'usufruit quant à son droit de commencer ou de continuer sur un fonds substitué une exploitation agricole, sylvicole ou minière.

1229. Le grevé peut aliéner à titre onéreux les biens substitués ou les louer. Il peut aussi les grever d'une hypothèque si cela s'impose pour l'entretien et la conservation du bien ou pour faire un placement au nom de la substitution.

Les droits de l'acquéreur, du créancier ou du locataire ne sont pas affectés par les droits de l'appelé à l'ouverture de la substitution.

1230. Le grevé est tenu de faire remploi, au nom de la substitution, du prix de toute aliénation de biens substitués et des capitaux qui lui sont versés avant l'ouverture ou qu'il a reçus du disposant, conformément aux dispositions relatives aux placements présumés sûrs.

1231. Le grevé doit, à chaque anniversaire de la date de l'inventaire des biens, informer l'appelé de toute modification à la masse des biens; il doit l'informer aussi du remploi qu'il a fait du prix des biens aliénés.

1232. Le grevé peut, si l'acte constitutif de la substitution le prévoit, disposer gratuitement des biens substitués ou ne pas faire remploi du prix de leur aliénation; il ne peut en tester sans que l'acte le permette expressément.

La substitution n'a alors d'effet qu'à l'égard des biens dont le grevé n'a pas disposé.

The insurance indemnity becomes substituted property.

1228. The right of an institute to begin or continue agricultural, sylvicultural or mining operations on substituted land is governed by the rules on usufruct.

1229. An institute may alienate the substituted property by onerous title or lease it. He may also charge it with a hypothec if that is required for its upkeep and conservation or to make an investment in the name of the substitution.

The rights of the acquirer, creditor or lessee are unaffected by the rights of the substitute at the opening of the substitution.

1230. The institute is bound to reinvest, in the name of the substitution, the proceeds of any alienation of substituted property and the capital paid to him before the opening or received by him from the grantor, in accordance with the provisions relating to presumed sound investments.

1231. On each anniversary of the date of inventory of the property, the institute shall inform the substitute of any change in the general mass of the property; he shall also inform him of the reinvestment he has made of the proceeds of alienation of property.

1232. If the constituting act of the substitution provides therefor, the institute may dispose of the substituted property gratuitously or not reinvest the proceeds of its alienation; he has no right to bequeath it unless that is expressly permitted by the act.

In such cases, the substitution has effect only in respect of the property that was not disposed of by the institute.

1233. Les créanciers qui détiennent une priorité ou une hypothèque sur les biens substitués peuvent exercer, sur ces biens, les droits et recours que la loi leur confère.

Les autres créanciers peuvent faire saisir et vendre ces biens en justice après discussion du patrimoine personnel du grevé. L'appelé peut faire opposition à la saisie et demander que la saisie et la vente soient limitées aux droits conférés au grevé par la substitution. À défaut d'opposition, la vente est valide; l'adjudicataire a un titre définitif et le recours de l'appelé ne peut être exercé que contre le grevé.

1234. Le grevé peut, avant l'ouverture, renoncer à ses droits au profit de l'appelé et lui rendre par anticipation les biens substitués.

Cette renonciation ne peut nuire aux droits de ses créanciers non plus qu'aux droits de l'appelé éventuel.

§ 2.–*Des droits de l'appelé*

1235. Avant l'ouverture, l'appelé a un droit éventuel aux biens substitués; il peut en disposer ou y renoncer et faire tous les actes conservatoires utiles à la protection de son droit.

1236. L'appelé peut, si le grevé refuse ou néglige de faire l'inventaire des biens dans le délai requis, y procéder aux frais du grevé. Il convoque alors le grevé et les autres intéressés.

1237. Le grevé doit, si l'acte constitutif de la substitution le lui enjoint ou si le

1233. Creditors holding a preference or hypothec on substituted property have, in respect of that property, the rights and remedies conferred on them by law.

The other creditors may cause substituted property to be seized and sold by judicial sale, after discussion of the personal patrimony of the institute. The substitute may oppose the seizure and demand that the seizure and sale be limited to the rights conferred on the institute by the substitution. Failing opposition, the sale is valid; the purchaser has a good title and the right of action of the substitute is exercisable only against the institute.

1234. The institute may, before the substitution opens, renounce his rights in favour of the substitute and deliver over the substituted property to him in anticipation.

In no case does renunciation by the institute prejudice the rights of his creditors or the rights of the eventual substitute.

§ 2.–*Rights of the substitute*

1235. Before the substitution opens, the substitute has an eventual right in the property substituted; he may dispose of or renounce his right and perform any conservatory act to ensure the protection of his right.

1236. Where the institute refuses or fails to make an inventory of the property within the required time, the substitute may do so at the expense of the institute. He first convenes the institute and the other interested persons.

1237. The institute shall, if the act creating the substitution so requires or if

tribunal l'ordonne à la demande de l'appelé ou d'un intéressé qui établit la nécessité d'une telle mesure, souscrire une assurance ou fournir une autre sûreté garantissant l'exécution de ses obligations.

Il doit, de même, fournir une sûreté additionnelle si ses obligations viennent à augmenter avant l'ouverture.

1238. Si le grevé n'exécute pas ses obligations ou agit de façon à mettre en péril les droits de l'appelé, le tribunal peut, suivant la gravité des circonstances, priver le grevé des fruits et revenus, l'obliger à rétablir le capital, prononcer la déchéance de ses droits en faveur de l'appelé ou nommer un séquestre choisi de préférence parmi les appelés.

1239. Les droits de l'appelé qui n'est pas conçu sont exercés par la personne désignée par le disposant pour agir comme curateur à la substitution et qui accepte cette charge ou, en l'absence de désignation ou d'acceptation, par celle que nomme le tribunal, à la demande du grevé ou de tout intéressé.

Le curateur public peut être désigné pour agir.

SECTION III
DE L'OUVERTURE DE LA SUBSTITUTION

1240. À moins qu'une époque antérieure n'ait été fixée par le disposant, l'ouverture de la substitution a lieu au décès du grevé.

Si le grevé est une personne morale, l'ouverture de la substitution ne peut avoir lieu plus de trente ans après la donation ou l'ouverture de la succession, ou du jour de l'ouverture de son droit.

ordered by the court on the motion of the substitute or any interested person who establishes that such a measure is required, take out insurance or furnish other security to guarantee the performance of his obligations.

He shall also furnish additional security where his obligations are increased before the opening of the substitution.

1238. If the institute fails to perform his obligations or acts in a manner that endangers the rights of the substitute, the court may, depending on the gravity of the circumstances, deprive him of fruits and revenues, require him to restore the capital, declare his rights forfeited in favour of the substitute or appoint a sequestrator chosen preferably from the substitutes.

1239. The rights of a substitute who is not yet conceived are exercised by the person designated by the grantor to act as curator to the substitution and who accepts the office or, where such a person is not designated or does not accept, by the person appointed by the court on the application of the institute or any interested person.

The Public Curator may be designated to act.

SECTION III
OPENING OF THE SUBSTITUTION

1240. Unless an earlier time has been fixed by the grantor, the opening of the substitution takes place on the death of the institute.

Where the institute is a legal person, the substitution may not open more than thirty years after the gift or the opening of the succession, or after the day its right arises.

1241. Lorsqu'il est stipulé que la part d'un grevé passe, à son décès, aux grevés du même ordre qui lui survivent, l'ouverture de la substitution n'a lieu qu'au décès du dernier grevé.

Toutefois, l'ouverture ainsi différée ne peut nuire aux droits de l'appelé qui aurait reçu au décès d'un grevé, en l'absence d'une telle stipulation; le droit de recevoir lui est acquis, mais il ne peut être exercé avant l'ouverture.

1242. L'appelé doit avoir les qualités requises pour recevoir par donation ou par testament à l'ouverture de la substitution.

S'il y a plusieurs appelés du même ordre, il suffit que l'un d'eux ait les qualités requises pour recevoir à l'ouverture de son droit afin que soit préservé le droit de tous les autres appelés à recevoir, s'ils acceptent la substitution par la suite.

SECTION IV
DE LA SUBSTITUTION
APRÈS L'OUVERTURE

1243. L'appelé, s'il accepte la substitution, reçoit les biens directement du disposant. Il est, par l'ouverture, saisi de la propriété des biens.

1244. Le grevé doit, à l'ouverture, rendre compte à l'appelé et lui remettre les biens substitués.

Si le bien substitué ne se trouve plus en nature, il rend ce qui a été acquis en remploi ou, à défaut, la valeur du bien au moment de l'aliénation.

1241. Where it is stipulated that the share of an institute passes, on his death, to the surviving institutes of the same rank, the opening of the substitution takes place only on the death of the last institute.

However, an opening so delayed may not prejudice the rights of the substitute who would have received on the death of an institute but for the stipulation; the right to receive is vested in the substitute but its exercise is suspended until the substitution opens.

1242. Only a person having the required qualities to receive by gift or by will at the time the substitution opens may be a substitute.

Where there are several substitutes of the same rank, only one need have the required qualities to receive at the time his right arises to protect the right of all the other substitutes to receive, if they subsequently accept the substitution.

SECTION IV
SUBSTITUTION AFTER OPENING

1243. The substitute who accepts the substitution receives the property directly from the grantor and is, by the opening, seised of ownership of the property.

1244. The institute shall, at the opening, render account to the substitute and deliver over the substituted property to him.

Where the substituted property is no longer in kind, the institute delivers over whatever has been acquired through reinvestment or, failing that, the value of the property at the time of the alienation.

1245. Le grevé rend les biens substitués dans l'état où ils se trouvent lors de l'ouverture.

Il répond de leur perte survenue par sa faute ou ne résultant pas d'un usage normal.

1246. Lorsque la substitution ne porte que sur le résidu des biens donnés ou légués, le grevé ne rend que les biens qui restent, ainsi que le solde du prix de ceux qui ont été aliénés.

1247. Le grevé a le droit d'être remboursé, avec les intérêts courus depuis l'ouverture, des dettes en capital qu'il a payées sans en avoir été chargé et des dépenses généralement débitées au capital qu'il a faites en raison de la substitution.

Il a aussi le droit d'être remboursé, en proportion de la durée de son droit, des dépenses généralement débitées au revenu et dont l'objet excède cette durée.

1248. Le grevé a le droit d'être remboursé des impenses utiles qu'il a faites, suivant les règles applicables au possesseur de bonne foi.

1249. L'ouverture de la substitution fait revivre les créances et les dettes qui existaient entre le grevé et le disposant; elle met fin à la confusion, dans la personne du grevé, des qualités de créancier et de débiteur, sauf pour les intérêts courus jusqu'à l'ouverture.

1250. Le grevé peut retenir les biens substitués jusqu'au paiement de ce qui lui est dû.

1251. Les héritiers du grevé sont tenus d'exécuter les obligations que les dispositions de la présente section imposent

1245. The institute delivers the property in the condition it is in at the opening of the substitution.

The institute is liable for any loss caused by his fault or not resulting from normal use.

1246. Where the substitution affects only the residue of the property given or bequeathed, the institute delivers over only the property remaining and the price still due on the alienated property.

1247. The institute is entitled to reimbursement, with interest accrued from the opening, of capital debts that he has paid without having been charged to do so and the expenses generally debited from the capital that he has incurred by reason of the substitution.

The institute is also entitled to reimbursement, in proportion to the duration of his right, of expenses generally debited from the revenues for any object that exceeds that duration.

1248. The institute is entitled to be reimbursed for the useful disbursements he has made, subject to the rules applicable to possessors in good faith.

1249. The opening of a substitution revives the claims and debts that existed between the institute and the grantor and terminates the confusion, in the person of the institute, of the qualities of creditor and debtor, except in respect of interest accrued until the opening.

1250. The institute may retain the substituted property until payment of what is due to him.

1251. The heirs of the institute are bound to perform the obligations that this section imposes on the institute, and

au grevé et ils exercent les droits qu'elles lui confèrent.

Ils sont tenus de continuer ce qui est la suite nécessaire des actes du grevé ou ce qui ne peut être différé sans risque de perte.

they have the same rights as it confers on him.

The heirs of the institute are bound to continue anything that necessarily follows from the acts performed by him or that cannot be deferred without risk of loss.

SECTION V
DE LA CADUCITÉ ET DE LA RÉVOCATION DE LA SUBSTITUTION

SECTION V
LAPSE AND REVOCATION OF SUBSTITUTION

1252. La caducité d'une substitution testamentaire à l'égard d'un grevé se produit sans qu'il y ait lieu à représentation; elle profite à ses cogrevés ou, à défaut, à l'appelé.

La caducité à l'égard d'un appelé profite à ses coappelés, s'il en existe; sinon, elle profite au grevé.

1252. Lapse of a testamentary substitution with regard to an institute does not give rise to representation and benefits his co-institutes or, in the absence of co-institutes, the substitute.

Lapse of a testamentary substitution with regard to a substitute benefits his co-substitutes, if any; otherwise, it benefits the institute.

1253. Le donateur peut révoquer la substitution quant à l'appelé jusqu'à l'ouverture, tant qu'il n'y a pas eu acceptation par l'appelé ou pour lui. Cependant, à l'égard du donateur, l'appelé est réputé avoir accepté lorsqu'il est l'enfant du grevé ou lorsque l'un des coappelés a accepté la substitution.

1253. The donor may revoke the substitution with regard to the substitute, until the opening, as long as it has not been accepted by or for the substitute. However, in respect of the donor, the substitute is deemed to have accepted where he is the child of the institute or where one of the co-substitutes has accepted the substitution.

1254. La révocation de la substitution quant au grevé profite au cogrevé s'il en existe, sinon à l'appelé. La révocation quant à l'appelé profite au coappelé s'il en existe, sinon au grevé.

1254. Revocation of a substitution with regard to the institute benefits the co-institute, if any; otherwise it benefits the substitute; revocation with regard to the substitute benefits the co-substitute, if any; otherwise it benefits the institute.

1255. Le disposant peut se réserver la faculté de déterminer la part des appelés ou conférer cette faculté au grevé.

L'exercice de cette faculté par le donateur ne constitue pas une révocation de la substitution, même si cela a

1255. The grantor may reserve for himself the prerogative of determining the share of the substitutes or confer that prerogative on the institute.

The exercise of the prerogative by the donor does not constitute a revocation of the substitution even if in effect it

pour effet d'exclure complètement un appelé du bénéfice de la substitution.

completely excludes a substitute from the benefit of the substitution.

TITRE SIXIÈME
DE CERTAINS PATRIMOINES D'AFFECTATION

TITLE SIX
CERTAIN PATRIMONIES BY APPROPRIATION

CHAPITRE PREMIER
DE LA FONDATION

CHAPTER I
THE FOUNDATION

1256. La fondation résulte d'un acte par lequel une personne affecte, d'une façon irrévocable, tout ou partie de ses biens à une fin d'utilité sociale ayant un caractère durable.

La fondation ne peut avoir pour objet essentiel la réalisation d'un bénéfice ni l'exploitation d'une entreprise.

1256. A foundation results from an act whereby a person irrevocably appropriates the whole or part of his property to the durable fulfilment of a socially beneficial purpose.

It may not have the making of profit or the operation of an enterprise as its main object.

1257. Les biens de la fondation constituent soit un patrimoine autonome et distinct de celui du disposant et de toute autre personne, soit le patrimoine d'une personne morale.

Dans le premier cas, la fondation est régie par les dispositions du présent titre relatives à la fiducie d'utilité sociale, sous réserve des dispositions de la loi; dans le second cas, elle est régie par les lois applicables aux personnes morales de son espèce.

1257. The property of the foundation constitutes either an autonomous patrimony distinct from that of the settlor or any other person, or the patrimony of a legal person.

In the first case, the foundation is governed by the provisions of this Title relating to a social trust, subject to the provisions of law; in the second case, the foundation is governed by the laws applicable to legal persons of the same kind.

1258. La fondation créée par fiducie est établie par donation ou par testament, suivant les règles gouvernant ces actes.

1258. A foundation created by trust is established by gift or by will in accordance with the rules governing those acts.

1259. À moins d'une stipulation contraire dans l'acte constitutif de la fondation, les biens qui forment le patrimoine initial de la fondation créée par fiducie, ou les biens qui leur sont subrogés ou adjoints, doivent être conservés et permettre d'atteindre la fin poursuivie soit par la distribution des seuls revenus qui en proviennent, soit par un usage qui ne modifie pas sensiblement la consistance du patrimoine.

1259. Unless otherwise provided in the constituting act of the foundation, the initial property of the trust foundation or any property substituted therefor or added thereto shall be preserved and allow for the fulfilment of the purpose, either by the distribution only of those revenues that derive therefrom or by a use that does not appreciably alter the substance of the initial property.

CHAPITRE DEUXIÈME
DE LA FIDUCIE

SECTION I
DE LA NATURE DE LA FIDUCIE

1260. La fiducie résulte d'un acte par lequel une personne, le constituant, transfère de son patrimoine à un autre patrimoine qu'il constitue, des biens qu'il affecte à une fin particulière et qu'un fiduciaire s'oblige, par le fait de son acceptation, à détenir et à administrer.

1261. Le patrimoine fiduciaire, formé des biens transférés en fiducie, constitue un patrimoine d'affectation autonome et distinct de celui du constituant, du fiduciaire ou du bénéficiaire, sur lequel aucun d'entre eux n'a de droit réel.

1262. La fiducie est établie par contrat, à titre onéreux ou gratuit, par testament ou, dans certains cas, par la loi. Elle peut aussi, lorsque la loi l'autorise, être établie par jugement.

1263. Si la fiducie à titre onéreux établie par contrat a pour objet de garantir l'exécution d'une obligation, le fiduciaire doit, en cas de défaut du constituant, suivre les règles prévues au livre Des priorités et des hypothèques pour l'exercice des droits hypothécaires.

1264. La fiducie est constituée dès l'acceptation du fiduciaire ou, s'ils sont plusieurs, de l'un d'eux.

Lorsque la fiducie est établie par testament, les effets de l'acceptation rétroagissent au jour du décès.

1265. L'acceptation de la fiducie dessaisit le constituant des biens, charge le fiduciaire de veiller à leur affectation et à l'administration du patrimoine

CHAPTER II
THE TRUST

SECTION I
NATURE OF THE TRUST

1260. A trust results from an act whereby a person, the settlor, transfers property from his patrimony to another patrimony constituted by him which he appropriates to a particular purpose and which a trustee undertakes, by his acceptance, to hold and administer.

1261. The trust patrimony, consisting of the property transferred in trust, constitutes a patrimony by appropriation, autonomous and distinct from that of the settlor, trustee or beneficiary and in which none of them has any real right.

1262. A trust is established by contract, whether by onerous title or gratuitously, by will, or, in certain cases, by operation of law. Where authorized by law, it may also be established by judgment.

1263. If the object of a trust by onerous title established by contract is to secure the performance of an obligation, the trustee shall, in case of default by the settlor, follow the rules in the Book on Priorities and Hypothecs for the exercise of hypothecary rights.

1264. A trust is constituted upon the acceptance of the trustee or of one of the trustees if there are several.

In the case of a testamentary trust, the effects of the trustee's acceptance are retroactive to the day of death.

1265. Acceptance of the trust divests the settlor of the property, charges the trustee with seeing to the appropriation of the property and the administration of

fiduciaire et suffit pour rendre certain le droit du bénéficiaire.

the trust patrimony and is sufficient to establish the right of the beneficiary with certainty.

SECTION II
DES DIVERSES ESPÈCES DE FIDUCIE ET DE LEUR DURÉE

SECTION II
VARIOUS KINDS OF TRUSTS AND THEIR DURATION

1266. Les fiducies sont constituées à des fins personnelles, ou à des fins d'utilité privée ou sociale.

Elles peuvent, dans la mesure où une mention indique qu'il s'agit d'une fiducie, être identifiées sous le nom du disposant, du fiduciaire ou du bénéficiaire ou, si elles sont constituées à des fins d'utilité privée ou sociale, sous un nom qui désigne leur objet.

1266. Trusts are constituted for personal purposes or for purposes of private or social utility.

Provided it is designated as a trust, a trust may be identified by the name of the grantor, the trustee or the beneficiary or, in the case of a trust constituted for purposes of private or social utility, by a name which reflects its object.

1267. La fiducie personnelle est constituée à titre gratuit, dans le but de procurer un avantage à une personne déterminée ou qui peut l'être.

1267. A personal trust is constituted gratuitously for the purpose of securing a benefit for a determinate or determinable person.

1268. La fiducie d'utilité privée est celle qui a pour objet l'érection, l'entretien ou la conservation d'un bien corporel, ou l'utilisation d'un bien affecté à un usage déterminé, soit à l'avantage indirect d'une personne ou à sa mémoire, soit dans un autre but de nature privée.

1268. A private trust is a trust created for the object of erecting, maintaining or preserving a thing or of using a property appropriated to a specific use, whether for the indirect benefit of a person or in his memory, or for some other private purpose.

1269. Est aussi d'utilité privée la fiducie constituée à titre onéreux dans le but, notamment, de permettre la réalisation d'un profit au moyen de placements ou d'investissements, de pourvoir à une retraite ou de procurer un autre avantage au constituant ou aux personnes qu'il désigne, aux membres d'une société ou d'une association, à des salariés ou à des porteurs de titre.

1269. A trust constituted by onerous title, particularly one created for the purpose of allowing the making of profit by means of investments, providing for retirement or procuring another benefit for the settlor or for the persons he designates or for the members of a partnership, company or association, or for employees or shareholders, is also a private trust.

1270. La fiducie d'utilité sociale est celle qui est constituée dans un but d'intérêt général, notamment à caractère culturel, éducatif, philanthropique, religieux ou scientifique.

1270. A social trust is a trust constituted for a purpose of general interest, such as a cultural, educational, philanthropic, religious or scientific purpose.

Elle n'a pas pour objet essentiel de réaliser un bénéfice ni d'exploiter une entreprise.

It does not have the making of profit or the operation of an enterprise as its main object.

1271. La fiducie personnelle constituée au bénéfice de plusieurs personnes successivement ne peut comprendre plus de deux ordres de bénéficiaires des fruits et revenus, outre celui du bénéficiaire du capital; elle est sans effet à l'égard des ordres subséquents qui y seraient visés.

1271. A personal trust constituted for the benefit of several persons successively may not include more than two ranks of beneficiaries of the fruits and revenues exclusive of the beneficiary of the capital; it is without effect in respect of any subsequent ranks it might contemplate.

Les accroissements, entre les cobénéficiaires des fruits et revenus d'un même ordre, ont lieu de la même façon qu'entre cogrevés du même ordre en matière de substitution.

Accretions of fruits and revenues between co-beneficiaries of the same rank are subject to the rules of substitution relating to accretions between co-institutes of the same rank.

1272. Le droit du bénéficiaire du premier ordre s'ouvre au plus tard à l'expiration des cent ans qui suivent la constitution de la fiducie, même si un terme plus long a été stipulé. Celui des bénéficiaires des ordres subséquents peut s'ouvrir postérieurement, mais au profit des seuls bénéficiaires qui ont la qualité requise pour recevoir à l'expiration des cent ans qui suivent la constitution de la fiducie.

1272. The right of beneficiaries of the first rank opens not later than one hundred years after the trust is constituted, even if a longer term is stipulated. The right of beneficiaries of subsequent ranks may open later but solely for the benefit of those beneficiaries who have the required quality to receive at the expiry of one hundred years after creation of the trust.

Les personnes morales ne peuvent jamais être bénéficiaires pour une période excédant cent ans, même si un terme plus long a été stipulé.

In no case may a legal person be a beneficiary for a period exceeding one hundred years, even if a longer term is stipulated.

1273. La fiducie d'utilité privée ou sociale peut être perpétuelle.

1273. A private or social trust may be perpetual.

SECTION III
DE L'ADMINISTRATION DE LA FIDUCIE

SECTION III
ADMINISTRATION OF THE TRUST

§ 1.–*De la désignation et de la charge du fiduciaire*

§ 1.–*Appointment and office of the trustee*

1274. La personne physique pleinement capable de l'exercice de ses droits civils peut être fiduciaire, de même que la personne morale autorisée par la loi.

1274. Any natural person having the full exercise of his civil rights, and any legal person authorized by law, may act as a trustee.

1275. Le constituant ou le bénéficiaire peut être fiduciaire, mais il doit agir conjointement avec un fiduciaire qui n'est ni constituant, ni bénéficiaire.

1276. Le constituant peut désigner un ou plusieurs fiduciaires ou pourvoir au mode de leur désignation ou de leur remplacement.

1277. Le tribunal peut, à la demande d'un intéressé et après un avis donné aux personnes qu'il indique, désigner un fiduciaire lorsque le constituant a omis de le désigner ou qu'il est impossible de pourvoir à la désignation ou au remplacement d'un fiduciaire.

Il peut, lorsque les conditions de l'administration l'exigent, désigner un ou plusieurs autres fiduciaires.

1278. Le fiduciaire a la maîtrise et l'administration exclusive du patrimoine fiduciaire et les titres relatifs aux biens qui le composent sont établis à son nom; il exerce tous les droits afférents au patrimoine et peut prendre toute mesure propre à en assurer l'affectation.

Il agit à titre d'administrateur du bien d'autrui chargé de la pleine administration.

§ 2.–*Du bénéficiaire et de ses droits*

1279. Le bénéficiaire d'une fiducie constituée à titre gratuit doit avoir les qualités requises pour recevoir par donation ou par testament à l'ouverture de son droit.

S'il y a plusieurs bénéficiaires du même ordre, il suffit que l'un d'eux ait ces qualités pour préserver le droit des autres bénéficiaires, s'ils s'en prévalent.

1275. The settlor or the beneficiary may be a trustee but he shall act jointly with a trustee who is neither the settlor nor a beneficiary.

1276. The settlor may appoint one or several trustees or provide the mode of their appointment or replacement.

1277. The court may, at the request of an interested person and after notice has been given to the persons it indicates, appoint a trustee where the settlor has failed to do so or where it is impossible to appoint or replace a trustee.

The court may appoint one or several other trustees where required by the conditions of the administration.

1278. A trustee has the control and the exclusive administration of the trust patrimony, and the titles relating to the property of which it is composed are drawn up in his name; he has the exercise of all the rights pertaining to the patrimony and may take any proper measure to secure its appropriation.

A trustee acts as the administrator of the property of others charged with full administration.

§ 2.–*The beneficiary and his rights*

1279. Only a person having the qualities to receive by gift or by will at the time his right opens may be the beneficiary of a trust constituted gratuitously.

Where there are several beneficiaries of the same rank, it is sufficient that one of them have such qualities to preserve the right of the others if they avail themselves of it.

1280. Le bénéficiaire d'une fiducie doit, pour recevoir, remplir les conditions requises par l'acte constitutif.

1281. Le constituant peut se réserver le droit de recevoir les fruits et revenus ou, éventuellement, le capital d'une fiducie, même constituée à titre gratuit, ou de participer aux avantages qu'elle procure.

1282. Le constituant peut se réserver ou conférer au fiduciaire ou à un tiers la faculté d'élire les bénéficiaires ou de déterminer leur part.

En cas de fiducie d'utilité sociale, la faculté du fiduciaire d'élire les bénéficiaires et de déterminer leur part se présume. En cas de fiducie personnelle ou d'utilité privée, la faculté d'élire ne peut être exercée par le fiduciaire ou le tiers que si la catégorie de personnes parmi lesquelles ils doivent choisir le bénéficiaire est clairement déterminée dans l'acte constitutif.

1283. Celui qui a la faculté d'élire les bénéficiaires ou de déterminer leur part l'exerce comme il l'entend; il peut modifier ou révoquer sa décision pour les besoins de la fiducie.

Celui qui exerce la faculté ne peut le faire à son propre avantage.

1284. Pendant la durée de la fiducie, le bénéficiaire a le droit d'exiger, suivant l'acte constitutif, soit la prestation d'un avantage qui lui est accordé, soit le paiement des fruits et revenus et du capital ou de l'un d'eux seulement.

1285. Le bénéficiaire d'une fiducie constituée à titre gratuit est présumé avoir accepté le droit qui lui est accordé et il peut en disposer.

1280. To receive, the beneficiary of a trust shall meet the conditions required by the constituting act.

1281. The settlor may reserve the right to receive the fruits and revenues or even, where such is the case, the capital of the trust, even a trust constituted by gratuitous title, or share in the benefits it procures.

1282. The settlor may reserve for himself the power to appoint the beneficiaries or determine their shares, or confer it on the trustees or a third person.

In the case of a social trust, the trustee's power to appoint the beneficiaries and determine their shares is presumed. In the case of a personal or private trust, the power to appoint may be exercised by the trustee or the third person only if the class of persons from which he may appoint the beneficiary is clearly determined in the constituting act.

1283. The person holding the power to appoint the beneficiaries or determine their shares exercises it as he sees fit. He may change or revoke his decision for the requirements of the trust.

He may not appoint beneficiaries for his own benefit.

1284. While the trust is in effect, the beneficiary has the right to require, according to the constituting act, either the provision of a benefit granted to him or the payment of both the fruits and revenues and the capital or of only one of these.

1285. The beneficiary of a trust constituted by gratuitous title is presumed to have accepted the right granted to him and he is entitled to dispose of it.

Il peut aussi y renoncer à tout moment; il doit alors le faire par acte notarié en minute s'il est bénéficiaire d'une fiducie personnelle ou d'utilité privée.

1286. Si le bénéficiaire renonce à son droit ou que ce dernier devient sans effet, son droit passe, en proportion des parts de chacun, aux cobénéficiaires des fruits et revenus ou du capital, selon que lui-même est bénéficiaire des fruits et revenus ou du capital.

S'il est seul bénéficiaire des fruits et revenus dans son ordre, son droit passe, en proportion des parts de chacun, aux bénéficiaires des fruits et revenus du second ordre ou, à défaut, aux bénéficiaires du capital.

§ 3.–*Des mesures de surveillance et de contrôle*

1287. L'administration de la fiducie est soumise à la surveillance du constituant ou de ses héritiers, s'il est décédé, et du bénéficiaire, même éventuel.

En outre, dans les cas prévus par la loi, l'administration des fiducies d'utilité privée ou sociale est soumise, suivant leur objet et leur fin, à la surveillance des personnes et organismes désignés par la loi.

1288. Dès la constitution de la fiducie d'utilité privée ou sociale soumise à la surveillance d'une personne ou d'un organisme désigné par la loi, le fiduciaire doit déposer auprès de la personne ou de l'organisme une déclaration indiquant, notamment, la nature et l'objet de la fiducie, sa durée, ainsi que les nom et adresse du fiduciaire.

Il doit, à la demande de la personne ou de l'organisme, permettre l'examen

He may renounce it at any time; he shall then do so by notarial act *en minute* if he is the beneficiary of a personal or private trust.

1286. If the beneficiary renounces his right, or if his right lapses, it passes, according to whether he is the beneficiary of the fruits and revenues or of the capital, to the co-beneficiaries of the fruits and revenues or of the capital, in proportion to the share of each.

If he is the sole beneficiary of the fruits and revenues of his rank, his right passes, in proportion to the share of each, to the beneficiaries of the fruits and revenues of the second rank, or where there are no such beneficiaries, to the beneficiaries of the capital.

§ 3.–*Measures of supervision and control*

1287. The administration of a trust is subject to the supervision of the settlor or of his heirs, if he has died, and of the beneficiary, even a future beneficiary.

In addition, in cases provided for by law, the administration of a private or social trust is subject, according to its object and purpose, to the supervision of the persons or bodies designated by law.

1288. Upon the constitution of a private or social trust subject to the supervision of a person or body designated by law, the trustee shall file with the person or body a statement indicating, in particular, the nature, object and term of the trust and the name and address of the trustee.

The trustee shall, at the request of the person or body, allow the trust re-

des dossiers de la fiducie et fournir tout compte, rapport ou information qui lui est demandé.

cords to be examined and furnish any account, report or information requested of him.

1289. Les droits du bénéficiaire d'une fiducie personnelle sont exercés, s'il n'est pas encore conçu, par la personne qui, ayant été désignée par le constituant pour agir comme curateur, accepte cette charge ou, à défaut, par celle que nomme le tribunal à la demande du fiduciaire ou de tout intéressé. Le curateur public peut être désigné pour agir.

1289. The rights of the beneficiary of a personal trust, if he is not yet conceived, are exercised by the person who, having been designated by the settlor to act as curator, accepts the office or, failing him, by the person appointed by the court on the application of the trustee or any interested person. The Public Curator may be designated to act.

En cas de fiducie d'utilité privée dont aucune personne, même déterminable ou éventuelle, ne peut être bénéficiaire, les droits que le présent paragraphe accorde au bénéficiaire peuvent être exercés par le curateur public.

In a private trust of which no person, even determinable or future, may be a beneficiary, the rights granted to the beneficiary under this subsection may be exercised by the Public Curator.

1290. Le constituant, le bénéficiaire ou un autre intéressé peut, malgré toute stipulation contraire, agir contre le fiduciaire pour le contraindre à exécuter ses obligations ou à faire un acte nécessaire à la fiducie, pour lui enjoindre de s'abstenir de tout acte dommageable à la fiducie ou pour obtenir sa destitution.

1290. The settlor, the beneficiary or any other interested person may, notwithstanding any stipulation to the contrary, take action against the trustee to compel him to perform his obligations or to perform any act which is necessary in the interest of the trust, to enjoin him to abstain from any action harmful to the trust or to have him removed.

Il peut aussi attaquer les actes faits par le fiduciaire en fraude du patrimoine fiduciaire ou des droits du bénéficiaire.

He may also impugn any acts performed by the trustee in fraud of the trust patrimony or the rights of the beneficiary.

1291. Le tribunal peut autoriser le constituant, le bénéficiaire ou un autre intéressé à agir en justice à la place du fiduciaire, lorsque celui-ci, sans motif suffisant, refuse d'agir, néglige de le faire ou en est empêché.

1291. The court may authorize the settlor, the beneficiary or any other interested person to take legal action in the place and stead of the trustee when, without sufficient reason, he refuses or neglects to act or is prevented from acting.

1292. Le fiduciaire, le constituant et le bénéficiaire sont, s'ils y participent, solidairement responsables des actes exécutés en fraude des droits des créanciers du constituant ou du patrimoine fiduciaire.

1292. The trustee, the settlor and the beneficiary are solidarily liable for acts in which they participate that are performed in fraud of the rights of the creditors of the settlor or of the trust patrimony.

SECTION IV
DES MODIFICATIONS À LA FIDUCIE ET AU PATRIMOINE

SECTION IV
CHANGES TO THE TRUST AND TO THE PATRIMONY

1293. Toute personne peut augmenter le patrimoine fiduciaire en lui transférant des biens par contrat ou par testament et en suivant, pour ces augmentations, les règles propres à la constitution d'une fiducie. Elle n'acquiert pas, de ce fait, les droits d'un constituant.

Les biens transférés se confondent dans le patrimoine fiduciaire et sont administrés conformément aux dispositions de l'acte constitutif.

1294. Lorsqu'une fiducie a cessé de répondre à la volonté première du constituant, notamment par suite de circonstances inconnues de lui ou imprévisibles qui rendent impossible ou trop onéreuse la poursuite du but de la fiducie, le tribunal peut, à la demande d'un intéressé, mettre fin à la fiducie; il peut aussi, dans le cas d'une fiducie d'utilité sociale, lui substituer un but qui se rapproche le plus possible du but original.

Si la fiducie répond toujours à la volonté du constituant, mais que de nouvelles mesures permettraient de mieux respecter sa volonté ou favoriseraient l'accomplissement de la fiducie, le tribunal peut modifier les dispositions de l'acte constitutif.

1295. Il doit être donné avis de la demande au constituant et au fiduciaire et, le cas échéant, au bénéficiaire, au liquidateur de la succession du constituant ou aux héritiers et à toute autre personne ou organisme désigné par la loi, si la fiducie est soumise à leur surveillance.

1293. Any person may increase the trust patrimony by transferring property to it by contract or by will in conformity with the rules applicable to the constitution of a trust. The person does not acquire the rights of a settlor by that fact.

The transferred property is mingled with the other property of the trust patrimony and is administered in accordance with the provisions of the constituting act.

1294. Where a trust has ceased to meet the first intent of the settlor, particularly as a result of circumstances unknown to him or unforeseeable and which make the pursuit of the purpose of the trust impossible or too onerous, the court may, on the application of an interested person, terminate the trust; the court may also, in the case of a social trust, substitute another closely related purpose for the original purpose of the trust.

Where the trust continues to meet the intent of the settlor but new measures would allow a more faithful compliance with his intent or favour the fulfilment of the trust, the court may amend the provisions of the constituting act.

1295. Notice of the application shall be given to the settlor and to the trustee and, where such is the case, to the beneficiary, to the liquidator of the succession of the settlor, or his heirs, and to any other person or body designated by law, where the trust is subject to their supervision.

SECTION V
DE LA FIN DE LA FIDUCIE

1296. La fiducie prend fin par la renonciation ou la caducité du droit de tous les bénéficiaires, tant du capital que des fruits et revenus.

Elle prend fin aussi par l'arrivée du terme ou l'avènement de la condition, par le fait que le but de la fiducie a été atteint ou par l'impossibilité, constatée par le tribunal, de l'atteindre.

1297. Le fiduciaire doit, au terme de la fiducie, remettre les biens à ceux qui y ont droit.

À défaut de bénéficiaire, les biens qui restent au terme de la fiducie sont dévolus au constituant ou à ses héritiers.

1298. Les biens de la fiducie d'utilité sociale qui prend fin par suite de l'impossibilité de l'accomplir sont dévolus à une fiducie, à une personne morale ou à tout autre groupement de personnes ayant une vocation se rapprochant le plus possible de celle de la fiducie. La désignation en est faite par le tribunal, sur la recommandation du fiduciaire. Le tribunal prend aussi l'avis de la personne ou de l'organisme désigné par la loi, si la fiducie était soumise à leur surveillance.

SECTION V
TERMINATION OF THE TRUST

1296. A trust is terminated by the renunciation or lapse of the right of all the beneficiaries, both of the capital and of the fruits and revenues.

A trust is also terminated by the expiry of the term or the fulfilment of the condition, by the attainment of the purpose of the trust or by the impossibility, confirmed by the court, of attaining it.

1297. At the termination of a trust, the trustee shall deliver the property to those who are entitled to it.

Where there is no beneficiary, any property remaining when the trust is terminated devolves to the settlor or his heirs.

1298. The property of a social trust that terminates by the impossibility of its fulfilment devolves to a trust, to a legal person or to any other group of persons devoted to a purpose as nearly like that of the trust as possible, designated by the court on the recommendation of the trustee. The court also obtains the advice of any person or body designated by law to supervise the trust.

TITRE SEPTIÈME
DE L'ADMINISTRATION DU BIEN D'AUTRUI

CHAPITRE PREMIER
DISPOSITIONS GÉNÉRALES

1299. Toute personne qui est chargée d'administrer un bien ou un patrimoine qui n'est pas le sien assume la charge d'administrateur du bien d'autrui. Les

TITLE SEVEN
ADMINISTRATION OF THE PROPERTY OF OTHERS

CHAPTER I
GENERAL PROVISIONS

1299. Any person who is charged with the administration of property or a patrimony that is not his own assumes the office of administrator of the property of

règles du présent titre s'appliquent à une administration, à moins qu'il ne résulte de la loi, de l'acte constitutif ou des circonstances qu'un autre régime d'administration ne soit applicable.

1300. À moins que l'administration ne soit gratuite en vertu de la loi, de l'acte ou des circonstances, l'administrateur a droit à la rémunération fixée par l'acte, les usages ou la loi, ou encore à celle établie d'après la valeur des services.

Celui qui agit sans droit ou sans y être autorisé n'a droit à aucune rémunération.

others. The rules of this Title apply to every administration unless another form of administration applies under the law or the constituting act, or due to circumstances.

1300. Unless the administration is gratuitous according to law, the act or the circumstances, the administrator is entitled to the remuneration fixed in the act, by usage or by law, or to the remuneration established according to the value of the services rendered.

A person acting without right or authorization is not entitled to any remuneration.

CHAPITRE DEUXIÈME
DES FORMES DE L'ADMINISTRATION

CHAPTER II
KINDS OF ADMINISTRATION

SECTION I
DE LA SIMPLE ADMINISTRATION
DU BIEN D'AUTRUI

SECTION I
SIMPLE ADMINISTRATION OF THE
PROPERTY OF OTHERS

1301. Celui qui est chargé de la simple administration doit faire tous les actes nécessaires à la conservation du bien ou ceux qui sont utiles pour maintenir l'usage auquel le bien est normalement destiné.

1302. L'administrateur chargé de la simple administration est tenu de percevoir les fruits et revenus du bien qu'il administre et d'exercer les droits qui lui sont attachés.

Il perçoit les créances qui sont soumises à son administration et en donne valablement quittance; il exerce les droits attachés aux valeurs mobilières qu'il administre, tels les droits de vote, de conversion ou de rachat.

1303. L'administrateur doit continuer l'utilisation ou l'exploitation du bien qui produit des fruits et revenus, sans en changer la destination, à moins d'y être

1301. A person charged with simple administration shall perform all the acts necessary for the preservation of the property or useful for the maintenance of the use for which the property is ordinarily destined.

1302. An administrator charged with simple administration is bound to collect the fruits and revenues of the property under his administration and to exercise the rights pertaining to the property.

He collects the debts under his administration and gives valid acquittance for them; he exercises the rights pertaining to the securities administered by him, such as voting, conversion or redemption rights.

1303. An administrator shall continue the use or operation of the property which produces fruits and revenues, without changing its destination, unless

autorisé par le bénéficiaire ou, en cas d'empêchement, par le tribunal.

1304. L'administrateur est tenu de placer les sommes d'argent qu'il administre, conformément aux règles du présent titre relatives aux placements présumés sûrs.

Il peut modifier les placements faits avant son entrée en fonctions ou ceux qu'il a faits.

1305. L'administrateur peut, avec l'autorisation du bénéficiaire ou, si celui-ci est empêché, avec celle du tribunal, aliéner le bien à titre onéreux ou le grever d'une hypothèque, lorsque cela est nécessaire pour payer les dettes, maintenir l'usage auquel le bien est normalement destiné ou en conserver la valeur.

Il peut, toutefois, aliéner seul un bien susceptible de se déprécier rapidement ou de dépérir.

SECTION II
DE LA PLEINE ADMINISTRATION
DU BIEN D'AUTRUI

1306. Celui qui est chargé de la pleine administration doit conserver et faire fructifier le bien, accroître le patrimoine ou en réaliser l'affectation, lorsque l'intérêt du bénéficiaire ou la poursuite du but de la fiducie l'exigent.

1307. L'administrateur peut, pour exécuter ses obligations, aliéner le bien à titre onéreux, le grever d'un droit réel ou en changer la destination et faire tout autre acte nécessaire ou utile, y compris toutes espèces de placements.

he is authorized to make such a change by the beneficiary or, if that is prevented, by the court.

1304. An administrator is bound to invest the sums of money under his administration in accordance with the rules of this Title relating to presumed sound investments.

He may likewise change any investment made before he took office or that he has made himself.

1305. An administrator, with the authorization of the beneficiary or, if the beneficiary is prevented from acting, of the court, may alienate the property by onerous title or charge it with a hypothec where that is necessary for the payment of the debts, maintenance of the use for which the property is ordinarily destined, or the preservation of its value.

He may, however, alienate alone any property that is perishable or likely to depreciate rapidly.

SECTION II
FULL ADMINISTRATION OF THE
PROPERTY OF OTHERS

1306. A person charged with full administration shall preserve the property and make it productive, increase the patrimony or appropriate it to a purpose, where the interest of the beneficiary or the pursuit of the purpose of the trust requires it.

1307. An administrator may, to perform his obligations, alienate the property by onerous title, charge it with a real right or change its destination and perform any other necessary or useful act, including any form of investment.

CHAPITRE TROISIÈME
DES RÈGLES DE L'ADMINISTRATION

SECTION I
DES OBLIGATIONS DE
L'ADMINISTRATEUR ENVERS LE
BÉNÉFICIAIRE

1308. L'administrateur du bien d'autrui doit, dans l'exercice de ses fonctions, respecter les obligations que la loi et l'acte constitutif lui imposent; il doit agir dans les limites des pouvoirs qui lui sont conférés.

Il ne répond pas de la perte du bien qui résulte d'une force majeure, de la vétusté du bien, de son dépérissement ou de l'usage normal et autorisé du bien.

1309. L'administrateur doit agir avec prudence et diligence.

Il doit aussi agir avec honnêteté et loyauté, dans le meilleur intérêt du bénéficiaire ou de la fin poursuivie.

1310. L'administrateur ne peut exercer ses pouvoirs dans son propre intérêt ni dans celui d'un tiers; il ne peut non plus se placer dans une situation de conflit entre son intérêt personnel et ses obligations d'administrateur.

S'il est lui-même bénéficiaire, il doit exercer ses pouvoirs dans l'intérêt commun, en considérant son intérêt au même titre que celui des autres bénéficiaires.

1311. L'administrateur doit, sans délai, dénoncer au bénéficiaire tout intérêt qu'il a dans une entreprise et qui est susceptible de le placer en situation de conflit d'intérêts, ainsi que les droits qu'il peut faire valoir contre lui ou dans les biens administrés, en indiquant, le cas échéant, la nature et la valeur de ces droits. Il n'est pas tenu de dénoncer

CHAPTER III
RULES OF ADMINISTRATION

SECTION I
OBLIGATIONS OF THE ADMINISTRATOR
TOWARDS THE BENEFICIARY

1308. The administrator of the property of others shall, in carrying out his duties, comply with the obligations imposed on him by law or by the constituting act. He shall act within the powers conferred on him.

He is not liable for loss of the property resulting from a superior force or from its age, its perishable nature or its normal and authorized use.

1309. An administrator shall act with prudence and diligence.

He shall also act honestly and faithfully in the best interest of the beneficiary or of the object pursued.

1310. No administrator may exercise his powers in his own interest or that of a third person or place himself in a position where his personal interest is in conflict with his obligations as administrator.

If the administrator himself is a beneficiary, he shall exercise his powers in the common interest, giving the same consideration to his own interest as to that of the other beneficiaries.

1311. An administrator shall, without delay, declare to the beneficiary any interest he has in an enterprise that could place him in a position of conflict of interest and of the rights he may invoke against the beneficiary or in the property administered indicating, where that is the case, the nature and value of the rights. He is not bound to declare to him

l'intérêt ou les droits qui résultent de l'acte ayant donné lieu à l'administration.

Sont dénoncés à la personne ou à l'organisme désigné par la loi, l'intérêt ou les droits portant sur les biens d'une fiducie soumise à leur surveillance.

1312. L'administrateur ne peut, pendant son administration, se porter partie à un contrat qui touche les biens administrés, ni acquérir autrement que par succession des droits sur ces biens ou contre le bénéficiaire.

Il peut, néanmoins, y être expressément autorisé par le bénéficiaire ou, en cas d'empêchement ou à défaut d'un bénéficiaire déterminé, par le tribunal.

1313. L'administrateur ne doit pas confondre les biens administrés avec ses propres biens.

1314. L'administrateur ne peut utiliser à son profit le bien qu'il administre ou l'information qu'il obtient en raison même de son administration, à moins que le bénéficiaire n'ait consenti à un tel usage ou qu'il ne résulte de la loi ou de l'acte constitutif de l'administration.

1315. À moins qu'il ne soit de la nature de son administration de pouvoir le faire, l'administrateur ne peut disposer à titre gratuit des biens qui lui sont confiés; il le peut, néanmoins, s'il s'agit de biens de peu de valeur et que la disposition est faite dans l'intérêt du bénéficiaire ou de la fin poursuivie.

Il ne peut, sans contrepartie valable, renoncer à un droit qui appartient au bénéficiaire ou qui fait partie du patrimoine administré.

1316. L'administrateur peut ester en justice pour tout ce qui touche son ad-

the interest or rights deriving from the act having given rise to the administration.

Any interest or right pertaining to the property of a trust under the supervision of a person or body designated by law is disclosed to that person or body.

1312. No administrator may, in the course of his administration, become a party to a contract affecting the administered property or acquire otherwise than by succession any right in the property or against the beneficiary.

He may, nevertheless, be expressly authorized to do so by the beneficiary or, in case of impediment or if there is no determinate beneficiary, by the court.

1313. No administrator may mingle the administered property with his own property.

1314. No administrator may use for his benefit the property he administers or information he obtains by reason of his administration except with the consent of the beneficiary or unless it results from the law or the act constituting the administration.

1315. Unless it is of the very nature of his administration to do so, no administrator may dispose gratuitously of the property entrusted to him, except property of little value disposed of in the interest of the beneficiary or of the object pursued.

No administrator may, except for value, renounce any right belonging to the beneficiary or forming part of the patrimony administered.

1316. An administrator may sue and be sued in respect of anything connected

ministration; il peut aussi intervenir dans toute action concernant les biens administrés.

1317. S'il y a plusieurs bénéficiaires de l'administration, simultanément ou successivement, l'administrateur est tenu d'agir avec impartialité à leur égard, compte tenu de leurs droits respectifs.

1318. Lorsqu'il apprécie l'étendue de la responsabilité d'un administrateur et fixe les dommages-intérêts en résultant, le tribunal peut les réduire, en tenant compte des circonstances dans lesquelles l'administration est assumée ou du fait que l'administrateur agit gratuitement, ou qu'il est mineur ou majeur protégé.

SECTION II
DES OBLIGATIONS DE
L'ADMINISTRATEUR ET DU
BÉNÉFICIAIRE ENVERS LES TIERS

1319. L'administrateur qui, dans les limites de ses pouvoirs, s'oblige au nom du bénéficiaire ou pour le patrimoine fiduciaire n'est pas personnellement responsable envers les tiers avec qui il contracte.

Il est responsable envers eux s'il s'oblige en son propre nom, sous réserve des droits des tiers contre le bénéficiaire ou le patrimoine fiduciaire, le cas échéant.

1320. L'administrateur qui excède ses pouvoirs est responsable envers les tiers avec qui il contracte, à moins que les tiers n'en aient eu une connaissance suffisante ou que le bénéficiaire n'ait ratifié, expressément ou tacitement, les obligations contractées.

with his administration; he may also intervene in any action respecting the administered property.

1317. If there are several beneficiaries of the administration, concurrently or successively, the administrator is bound to act impartially in their regard, taking account of their respective rights.

1318. The court, in appreciating the extent of the liability of an administrator and fixing the resulting damages, may reduce them in view of the circumstances in which the administration is assumed or of the fact that the administrator acts gratuitously or that he is a minor or a protected person of full age.

SECTION II
OBLIGATIONS OF THE ADMINISTRATOR
AND THE BENEFICIARY TOWARDS
THIRD PERSONS

1319. Where an administrator binds himself, within the limits of his powers, in the name of the beneficiary or the trust patrimony, he is not personally liable towards third persons with whom he contracts.

He is liable towards them if he binds himself in his own name, subject to any rights they have against the beneficiary or the trust patrimony.

1320. Where an administrator exceeds his powers, he is liable towards third persons with whom he contracts unless the third persons were sufficiently aware of that fact or unless the obligations contracted were expressly or tacitly ratified by the beneficiary.

1321. L'administrateur qui exerce seul des pouvoirs qu'il est chargé d'exercer avec un autre excède ses pouvoirs.

N'excède pas ses pouvoirs celui qui les exerce d'une manière plus avantageuse que celle qui lui était imposée.

1322. Le bénéficiaire ne répond envers les tiers du préjudice causé par la faute de l'administrateur dans l'exercice de ses fonctions qu'à concurrence des avantages qu'il a retirés de l'acte. En cas de fiducie, ces obligations retombent sur le patrimoine fiduciaire.

1323. Celui qui, pleinement capable d'exercer ses droits civils, a donné à croire qu'une personne était administrateur de ses biens, est responsable, comme s'il y avait eu administration, envers les tiers qui ont contracté de bonne foi avec cette personne.

SECTION III
DE L'INVENTAIRE, DES SÛRETÉS ET
DES ASSURANCES

1324. L'administrateur n'est pas tenu de faire inventaire, de souscrire une assurance ou de fournir une autre sûreté pour garantir l'exécution de ses obligations, à moins d'y être obligé par la loi ou l'acte, ou encore par le tribunal, à la demande du bénéficiaire ou de tout intéressé.

Quand l'acte lui crée ces obligations, il peut, si les circonstances le justifient, demander d'en être dispensé.

1325. Le tribunal saisi d'une demande tient compte, dans sa décision, de la valeur des biens administrés, de la situation des parties et des autres circonstances.

1321. An administrator who exercises alone powers that he is required to exercise jointly with another person exceeds his powers.

He does not exceed his powers if he exercises them more advantageously than he is required to do.

1322. The beneficiary is liable towards third persons for the damage caused by the fault of the administrator in carrying out his duties only up to the amount of the benefit he has derived from the act. In the case of a trust, these obligations fall back upon the trust patrimony.

1323. Where a person fully capable of exercising his civil rights has given reason to believe that another person was the administrator of his property, he is liable towards third persons who in good faith have contracted with that other person, as though the property had been under administration.

SECTION III
INVENTORY, SECURITY AND INSURANCE

1324. An administrator is not bound to make an inventory, to take out insurance or to furnish other security to guarantee the performance of his obligations unless required to do so by law or by the act, or, again, by the court on the application of the beneficiary or any interested person.

Where the act creates these obligations, the administrator may apply for an exemption if circumstances warrant it.

1325. In making its decision upon an application, the court takes account of the value of the property administered, the situation of the parties and the other circumstances.

Il ne peut faire droit à la demande si cela a pour effet de remettre en cause les termes d'une convention à laquelle l'administrateur et le bénéficiaire étaient initialement parties.

1326. L'inventaire auquel peut être tenu l'administrateur doit comprendre l'énumération fidèle et exacte de tous les biens qu'il est chargé d'administrer ou qui forment le patrimoine administré.

Il comprend notamment:

1° La désignation des immeubles et la description des meubles, avec indication de leur valeur et, s'il s'agit d'une universalité de biens meubles, une identification suffisante de cette universalité;

2° La désignation des espèces en numéraire et des autres valeurs;

3° L'énumération des documents de valeur.

L'inventaire fait aussi état des dettes et se termine par une récapitulation de l'actif et du passif.

1327. L'inventaire est fait par acte notarié en minute. Il peut aussi être fait sous seing privé en présence de deux témoins. Dans ce cas, son auteur et les témoins le signent et y indiquent la date et le lieu où il est fait.

1328. Lorsqu'il se trouve, dans le patrimoine administré, des effets personnels du titulaire du patrimoine ou, le cas échéant, du défunt, il suffit de les mentionner généralement dans l'inventaire et de n'énumérer ou ne décrire que les vêtements, papiers personnels, bijoux ou objets d'usage courant dont la valeur excède pour chacun 100 $.

It may not grant the application if that would, in effect, call into question the terms of the initial agreement between the administrator and the beneficiary.

1326. An administrator bound to make an inventory shall include in it a faithful and exact enumeration of all the property entrusted to his administration or constituting the administered patrimony.

Such an inventory contains the following in particular:

(1) the description of the immovables, and a description of the movables, with indication of their value and, in the case of a universality of movable property, sufficient identification of the universality;

(2) a description of the currency in cash and other securities;

(3) a listing of valuable documents.

It also contains a statement of liabilities and concludes with a recapitulation of assets and liabilities.

1327. The inventory is made by notarial act *en minute*. It may also be made by a private writing before two witnesses. In the latter case, the author and the witnesses sign it, indicating the date and place of execution.

1328. Where the administered patrimony contains personal effects of the holder of the patrimony or, as the case may be, of the deceased, a general reference to them in the inventory is sufficient, describing only clothing, personal papers, jewelry or ordinary personal things worth over $100 each.

1329. Les biens désignés dans l'inventaire sont présumés en bon état à la date de la confection de l'inventaire, à moins que l'administrateur n'y joigne un document attestant le contraire.

1330. L'administrateur doit fournir une copie de l'inventaire à celui qui l'a chargé de l'administration et au bénéficiaire de celle-ci, ainsi qu'à toute personne dont l'intérêt lui est connu. Il doit aussi, lorsque la loi le prévoit, déposer au lieu indiqué l'inventaire ou un avis de clôture précisant alors le lieu où l'inventaire peut être consulté.

Tout intéressé peut contester l'inventaire ou l'une de ses inscriptions; il peut aussi demander qu'il soit procédé à un nouvel inventaire.

1331. L'administrateur peut, aux frais du bénéficiaire ou de la fiducie, assurer les biens qui lui sont confiés contre les risques usuels, tels le vol et l'incendie.

Il peut aussi souscrire une assurance garantissant l'exécution de ses obligations; il le fait aux frais du bénéficiaire ou de la fiducie si l'administration est gratuite.

SECTION IV
DE L'ADMINISTRATION COLLECTIVE ET DE LA DÉLÉGATION

1332. Lorsque plusieurs administrateurs sont chargés de l'administration, ils peuvent agir à la majorité d'entre eux, à moins que l'acte ou la loi ne prévoie qu'ils agissent de concert ou suivant une proportion déterminée.

1333. Si, en cas d'empêchement ou par suite de l'opposition systématique de certains d'entre eux, les adminis-

1329. The property described in the inventory is presumed to be in good condition on the date of preparation of the inventory, unless the administrator appends a document attesting the contrary.

1330. The administrator shall furnish a copy of the inventory to the person who entrusted him with the administration and to the beneficiary of the administration, and also to every other person he knows to have an interest. He shall also, where required by law, file the inventory or notice of the closure of the inventory in the indicated place, specifying in the latter case where the inventory may be consulted.

Any interested person may contest the inventory or any item therein; he may also demand that a new inventory be prepared.

1331. An administrator may insure the property entrusted to him against ordinary risks such as fire and theft at the expense of the beneficiary or trust.

He may also take out insurance guaranteeing the performance of his obligations; he does so at the expense of the beneficiary or trust if his administration is gratuitous.

SECTION IV
JOINT ADMINISTRATION AND DELEGATION

1332. Where several administrators are charged with the administration, a majority of them may act unless the act or the law requires them to act jointly or in a determinate proportion.

1333. Where the administrators are prevented from acting by a majority or in the specified proportion, owing to an impedi-

trateurs ne peuvent agir à la majorité ou selon la proportion prévue, les autres peuvent agir seuls pour les actes conservatoires; ils peuvent aussi agir seuls pour des actes qui demandent célérité, s'ils y sont autorisés par le tribunal.

Lorsque la situation persiste et que l'administration s'en trouve sérieusement entravée, le tribunal peut, à la demande d'un intéressé, dispenser les administrateurs d'agir suivant la proportion prévue, diviser leurs fonctions, donner voix prépondérante à l'un d'eux ou rendre toute ordonnance qu'il estime appropriée dans les circonstances.

1334. Les administrateurs sont solidairement responsables de leur administration.

Toutefois, lorsque leurs fonctions ont été divisées par la loi, l'acte ou le tribunal et que cette division a été respectée, chacun n'est responsable que de sa propre administration.

1335. L'administrateur est présumé avoir approuvé toute décision prise par ses coadministrateurs. Il en est responsable avec eux, à moins qu'il ne manifeste immédiatement sa dissidence à ses coadministrateurs et en avise le bénéficiaire dans un délai raisonnable.

L'administrateur qui justifie de motifs sérieux pour n'avoir pu faire connaître au bénéficiaire sa dissidence en temps utile peut, néanmoins, se dégager de sa responsabilité.

1336. L'administrateur est présumé avoir approuvé une décision prise en son absence, à moins qu'il ne manifeste sa dissidence aux autres administrateurs et au bénéficiaire dans un délai raisonnable après en avoir pris connaissance.

ment or the systematic opposition of some of them, the others may act alone for conservatory acts; they may also, with the authorization of the court, act alone for acts requiring immediate action.

Where the situation persists and the administration is seriously impaired by it, the court, on the application of an interested person, may exempt the administrators from acting in the specified proportion, divide their duties, give a casting vote to one of them or make any order it sees fit in the circumstances.

1334. Joint administrators are solidarily liable for their administration.

However, where the duties of joint administrators have been divided by law, the act or the court, and the division has been respected, each administrator is liable for his own administration only.

1335. An administrator is presumed to have approved any decision made by his co-administrators. He is liable with them for the decision unless he immediately indicates his dissent to them and notifies it to the beneficiary within a reasonable time.

The administrator may be relieved of liability, however, if he proves that he was unable for serious reasons to make his dissent known to the beneficiary in due time.

1336. An administrator is presumed to have approved a decision made in his absence unless he makes his dissent known to the other administrators and to the beneficiary within a reasonable time after becoming aware of the decision.

1337. L'administrateur peut déléguer ses fonctions ou se faire représenter par un tiers pour un acte déterminé; toutefois, il ne peut déléguer généralement la conduite de l'administration ou l'exercice d'un pouvoir discrétionnaire, sauf à ses coadministrateurs.

Il répond de la personne qu'il a choisie, entre autres, lorsqu'il n'était pas autorisé à le faire; s'il l'était, il ne répond alors que du soin avec lequel il a choisi cette personne et lui a donné ses instructions.

1338. Le bénéficiaire qui subit un préjudice peut répudier les actes de la personne mandatée par l'administrateur, s'ils sont faits en violation de l'acte constitutif de l'administration ou des usages.

Il peut aussi, même si l'administrateur pouvait valablement confier le mandat, exercer ses recours contre la personne mandatée.

SECTION V
DES PLACEMENTS PRÉSUMÉS SÛRS

1339. Sont présumés sûrs les placements faits dans les biens suivants:

1° Les titres de propriété sur un immeuble;

2° Les obligations ou autres titres d'emprunt émis ou garantis par le Québec, le Canada ou une province canadienne, les États-Unis d'Amérique ou l'un des États membres, la Banque internationale pour la reconstruction et le développement, une municipalité ou une commission scolaire au Canada ou une fabrique au Québec;

3° Les obligations ou autres titres d'emprunt émis par une personne mo-

1337. An administrator may delegate his duties or be represented by a third person for specific acts; however, he may not delegate generally the conduct of the administration or the exercise of a discretionary power, except to his co-administrators.

He is accountable for the person selected by him if, among other things, he was not authorized to make the selection. If he was so authorized, he is accountable only for the care with which he selected the person and gave him instructions.

1338. A beneficiary who suffers prejudice may repudiate the acts of the person mandated by the administrator if they are done contrary to the constituting act or to usage.

The beneficiary may also exercise his judicial recourses against the mandated person even where the administrator was duly empowered to give the mandate.

SECTION V
PRESUMED SOUND INVESTMENTS

1339. Investments in the following are presumed sound:

(1) titles of ownership in an immovable;

(2) bonds or other evidences of indebtedness issued or guaranteed by Québec, Canada or a province of Canada, the United States of America or any of its member states, the International Bank for Reconstruction and Development, a municipality or a school board in Canada, or a fabrique in Québec;

(3) bonds or other evidences of indebtedness issued by a legal person

rale exploitant un service public au Canada et investie du droit de fixer un tarif pour ce service;

4° Les obligations ou autres titres d'emprunt garantis par l'engagement, pris envers un fiduciaire, du Québec, du Canada ou d'une province canadienne, de verser des subventions suffisantes pour acquitter les intérêts et le capital à leurs échéances respectives;

5° Les obligations ou autres titres d'emprunt d'une société dans les cas suivants:

a) Ils sont garantis par une hypothèque de premier rang sur un immeuble ou sur des titres présumés sûrs;

b) Ils sont garantis par une hypothèque de premier rang sur des équipements et la société a régulièrement assuré le service des intérêts sur ses emprunts au cours des dix derniers exercices;

c) Ils sont émis par une société dont les actions ordinaires ou privilégiées constituent des placements présumés sûrs;

6° Les obligations ou autres titres d'emprunt émis par une société de prêts constituée par une loi du Québec ou autorisée à exercer son activité au Québec en vertu de la Loi sur les sociétés de prêts et de placements, à la condition que cette société ait été spécialement agréée par le gouvernement et que son activité habituelle au Québec consiste à faire soit des prêts aux municipalités ou aux commissions scolaires et aux fabriques, soit des prêts garantis par une hypothèque de premier rang sur des immeubles situés au Québec;

which operates a public service in Canada and which is entitled to impose a tariff for such service;

(4) bonds or other evidences of indebtedness secured by an undertaking, towards a trustee, of Québec, Canada or a province of Canada, to pay sufficient subsidies to meet the interest and the capital on the maturity of each;

(5) bonds or other evidences of indebtedness of a company in the following cases:

(*a*) they are secured by a hypothec ranking first on an immovable, or by securities presumed to be sound investments;

(*b*) they are secured by a hypothec ranking first on equipment and the company has regularly serviced the interest on its borrowings during the last ten financial years;

(*c*) they are issued by a company whose common or preferred shares are presumed sound investments;

(6) bonds or other evidences of indebtedness issued by a loan society incorporated by a statute of Québec or authorized to do business in Québec under the Loan and Investment Societies Act, provided it has been specially approved by the Government and its ordinary operations in Québec consist in making loans to municipalities or school boards and to fabriques or loans secured by hypothec ranking first on immovables situated in Québec;

7° Les créances garanties par hypothèque sur des immeubles situés au Québec:

a) Si le paiement du capital et des intérêts est garanti ou assuré par le Québec, le Canada ou une province canadienne;

b) Si le montant de la créance n'est pas supérieur à 75 p. 100 de la valeur de l'immeuble qui en garantit le paiement, déduction faite des autres créances garanties par le même immeuble et ayant le même rang que la créance ou un rang antérieur;

c) Si le montant de la créance qui excède 75 p. 100 de la valeur de l'immeuble qui en garantit le paiement, déduction faite des autres créances garanties par le même immeuble et ayant le même rang que la créance ou un rang antérieur, est garanti ou assuré par le Québec, le Canada, une province canadienne, la Société canadienne d'hypothèques et de logements, la Société d'habitation du Québec ou par une police d'assurance hypothécaire délivrée par une société titulaire d'un permis en vertu de la Loi sur les assurances;

8° Les actions privilégiées libérées, émises par une société dont les actions ordinaires constituent des placements présumés sûrs ou qui, au cours des cinq derniers exercices, a distribué le dividende stipulé sur toutes ses actions privilégiées;

9° Les actions ordinaires, émises par une société qui satisfait depuis trois ans aux obligations d'information continue définies par la Loi sur les valeurs mobilières, dans la mesure où elles sont inscrites à la cote d'une bourse reconnue à cette fin par le gouvernement, sur recommandation de la Commission des

(7) debts secured by hypothec on immovables in Québec:

(*a*) if payment of the capital and interest is guaranteed or secured by Québec, Canada or a province of Canada;

(*b*) if the amount of the debt is not more than seventy-five per cent of the value of the immovable property securing payment of the debt after deduction of the other debts secured by the same immovable and ranking equally with or before the debt;

(*c*) if the amount of the debt that exceeds seventy-five per cent of the value of the immovable by which it is secured, after deduction of the other debts secured by the same immovable and ranking equally with or before the debt, is guaranteed or secured by Québec, Canada or a province of Canada, the Central Mortgage and Housing Corporation, the Société d'habitation du Québec or a hypothec insurance policy issued by a company holding a permit under the Act respecting insurance;

(8) fully paid preferred shares issued by a company whose common shares are presumed sound investments or which, during the last five financial years, has distributed the stipulated dividend on all its preferred shares;

(9) common shares issued by a company that for three years has been meeting the timely disclosure requirements defined in the Securities Act to such extent as they are listed by a stock exchange recognized for that purpose by the Government on the recommendation of the Commission des valeurs mo-

valeurs mobilières, et où la capitalisation boursière de la société, compte non tenu des actions privilégiées et des blocs d'actions de 10 p. 100 et plus, excède la somme alors fixée par le gouvernement;

10° Les actions d'une société d'investissement à capital variable et les parts d'un fonds commun de placement ou d'une fiducie d'utilité privée, à la condition que 60 p. 100 de leur portefeuille soit composé de placements présumés sûrs, dans les cas suivants:

a) Les actions ou les parts remplissent les exigences prévues au sous-paragraphe *a* du paragraphe 11 de l'article 3 de la Loi sur les valeurs mobilières;

b) La société, le fonds ou la fiducie satisfait depuis trois ans aux obligations d'information continue définies par cette loi.

1340. L'administrateur décide des placements à faire en fonction du rendement et de la plus-value espérée; dans la mesure du possible, il tend à composer un portefeuille diversifié, assurant, dans une proportion établie en fonction de la conjoncture, des revenus fixes et des revenus variables.

Il ne peut, cependant, acquérir plus de 5 p. 100 des actions d'une même société, ni acquérir des actions, obligations ou autres titres d'emprunt d'une personne morale ou d'une société en commandite qui a omis de payer les dividendes prescrits sur ses actions ou les intérêts sur ses obligations ou autres titres, ni consentir un prêt à ladite personne morale ou société.

1341. L'administrateur peut déposer les sommes d'argent dont il est saisi

bilières, and when the market capitalization of the company, not considering preferred shares or blocks of shares of ten per cent or more, is higher than the amount so fixed by the Government;

(10) shares of a mutual fund and units of an unincorporated mutual fund or of a private trust, provided that sixty per cent of its portfolio consists of presumed sound investments, in the following cases:

(*a*) the shares or units meet the requirements of subparagraph *a* of paragraph 11 of section 3 of the Securities Act;

(*b*) the company, the fund or the trust has been fulfilling the timely disclosure requirements defined by that Act for three years.

1340. The administrator decides on the investments to make according to the yield and the anticipated capital gain; so far as possible, he works toward a diversified portfolio producing fixed income and variable revenues in the proportion suggested by the prevailing economic conditions.

He may not, however, acquire more than five per cent of the shares of the same company nor acquire shares, bonds or other evidences of indebtedness of a legal person or limited partnership which has failed to pay the prescribed dividends on its shares or interest on its bonds or other securities, nor grant a loan to that legal person or partnership.

1341. An administrator may deposit the sums of money entrusted to him in or

dans une banque, une caisse d'épargne et de crédit ou un autre établissement financier, si le dépôt est remboursable à vue ou sur un avis d'au plus trente jours.

Il peut aussi les déposer pour un terme plus long si le remboursement du dépôt est pleinement garanti par la Régie de l'assurance-dépôts du Québec; autrement, il ne le peut qu'avec l'autorisation du tribunal, aux conditions que celui-ci détermine.

1342. L'administrateur peut maintenir les placements existants lors de son entrée en fonctions, même s'ils ne sont pas présumés sûrs.

Il peut aussi détenir les titres qui, par suite de la réorganisation, de la liquidation ou de la fusion d'une personne morale, remplacent ceux qu'il détenait.

1343. L'administrateur qui agit conformément aux dispositions de la présente section est présumé agir prudemment.

L'administrateur qui effectue un placement qu'il n'est pas autorisé à faire est, par ce seul fait et sans autre preuve de faute, responsable des pertes qui en résultent.

1344. Les placements effectués au cours de l'administration doivent l'être au nom de l'administrateur agissant ès qualités.

Ils peuvent aussi être faits au nom du bénéficiaire, pourvu que soit également indiqué qu'ils sont faits par l'administrateur agissant ès qualités.

SECTION VI
DE LA RÉPARTITION DES BÉNÉFICES ET DES DÉPENSES

1345. La répartition des bénéfices et des dépenses, entre le bénéficiaire des

with a bank, a savings and credit union or any other financial institution, if the deposit is repayable on demand or on thirty days' notice.

He may also deposit the sums of money for a longer term if repayment of the deposit is fully guaranteed by the Régie de l'assurance-dépôts du Québec; otherwise, he may not do so except with the authorization of the court and on the conditions it determines.

1342. An administrator may maintain the existing investments upon his taking office even if they are not presumed sound investments.

The administrator may also hold securities which, following the reorganization, winding-up or amalgamation of a legal person, replace securities he held.

1343. An administrator who acts in accordance with this section is presumed to act prudently.

An administrator who makes an investment he is not authorized to make is, by that very fact and without further proof of fault, liable for any loss resulting from it.

1344. Investments made in the course of administration shall be made in the name of the administrator acting in that quality.

Such investments may also be made in the name of the beneficiary, if it is also indicated that they are made by the administrator acting in that quality.

SECTION VI
APPORTIONMENT OF PROFIT AND EXPENDITURE

1345. Apportionment of profit and expenditure between the beneficiary of the

fruits et revenus et celui du capital, se fait conformément aux dispositions de l'acte constitutif et suivant l'intention qui y est manifestée.

À défaut d'indication suffisante dans l'acte, cette répartition se fait le plus équitablement possible, en tenant compte de l'objet de l'administration, des circonstances qui y ont donné lieu et des usages comptables généralement reconnus.

1346. Le compte du revenu est généralement débité des dépenses suivantes et autres de même nature:

1° Les primes d'assurance, le coût des réparations mineures et les autres dépenses ordinaires de l'administration;

2° La moitié de la rémunération de l'administrateur et des dépenses raisonnables qu'il a faites dans l'administration conjointe du capital et des fruits et revenus;

3° Les impôts payables sur les biens administrés;

4° À moins que le tribunal n'en ordonne autrement, les frais acquittés pour protéger les droits du bénéficiaire des fruits et revenus et la moitié des frais de la reddition de compte en justice;

5° L'amortissement des biens, sauf ceux utilisés à des fins personnelles par le bénéficiaire.

L'administrateur peut, pour régulariser le revenu, répartir les dépenses considérables sur une période de temps raisonnable.

1347. Le compte du capital est généralement débité des dépenses qui ne sont pas débitées au revenu, y compris celles qui sont afférentes au place-

fruits and revenues and the beneficiary of the capital is made in accordance with the stipulations and clear intention of the constituting act.

Failing sufficient indication in the act, apportionment is made as equitably as possible, taking into account the object of the administration, the circumstances that gave rise to it and generally recognized accounting practices.

1346. The revenue account is generally debited for the following expenditures and other expenditures of the same kind:

(1) insurance premiums, the cost of minor repairs and other ordinary expenses of administration;

(2) one-half of the remuneration of the administrator and his reasonable expenses for joint administration of the capital and fruits and revenues;

(3) taxes payable on the administered property;

(4) unless the court orders otherwise, costs paid to safeguard the rights of the beneficiary of the fruits and revenues and one-half of the cost of the judicial rendering of account;

(5) amortization of the property, except property used by the beneficiary for personal purposes.

The administrator may, to maintain revenue at a regular level, spread substantial expenses over a reasonable period.

1347. The capital account is generally debited for expenditures that are not debited from the revenues, including expenses pertaining to capital investment,

ment du capital, à l'aliénation des biens, à la protection des droits du bénéficiaire du capital ou du droit de propriété des biens administrés.

Sont aussi généralement débités au compte du capital les impôts sur les gains ou les autres montants attribuables au capital, lors même que la loi qui régit ces impôts les considère comme impôts sur le revenu.

1348. Le bénéficiaire des fruits et revenus a droit au revenu net des biens administrés, à compter de la date déterminée dans l'acte donnant lieu à l'administration ou, à défaut, de la date du début de l'administration ou de celle du décès qui y a donné ouverture.

1349. Les fruits et revenus payables périodiquement sont comptés jour par jour.

Les dividendes et distributions d'une personne morale sont dus depuis la date indiquée à la déclaration de distribution ou, à défaut, depuis la date de cette déclaration.

1350. Lorsque son droit prend fin, le bénéficiaire des fruits et revenus a droit aux fruits et revenus qui ne lui ont pas été versés et à la portion gagnée mais non encore perçue par l'administrateur.

Cependant, il n'a pas droit aux dividendes d'une personne morale qui n'ont pas été déclarés durant la période d'existence de son droit.

SECTION VII
DU COMPTE ANNUEL

1351. L'administrateur rend un compte sommaire de sa gestion au bénéficiaire au moins une fois l'an.

alienation of property, and safeguard of the rights of the capital beneficiary or the right of ownership of the administered property.

Taxes on gains and other amounts attributable to capital, even where the law governing such taxes considers them to be income taxes, are also generally debited from the capital account.

1348. The beneficiary of the fruits and revenues is entitled to the net income of the administered property from the date determined in the act giving rise to the administration or, if no date is determined, from the date of the beginning of the administration or that of the death which gave rise to it.

1349. Fruits and revenues payable periodically are counted day by day.

Dividends and distributions of a legal person are due from the date indicated in the declaration of distribution or, failing that, from the date of the declaration.

1350. At the extinction of his right, the beneficiary of the fruits and revenues is entitled to the fruits and revenues that have not been paid to him and to the portion earned but not yet collected by the administrator.

He is not entitled, however, to the dividends of a legal person that were not declared during the period his right existed.

SECTION VII
ANNUAL ACCOUNT

1351. An administrator renders a summary account of his administration to the beneficiary at least once a year.

1352. Le compte doit être suffisamment détaillé pour qu'on puisse en vérifier l'exactitude.

Tout intéressé peut, à l'occasion de la reddition de compte, demander au tribunal d'en ordonner la vérification par un expert.

1353. S'il y a plusieurs administrateurs, ils doivent rendre un seul et même compte, sauf si leurs fonctions ont été divisées par la loi, l'acte ou le tribunal et que cette division a été respectée.

1354. L'administrateur doit, à tout moment, permettre au bénéficiaire d'examiner les livres et pièces justificatives se rapportant à l'administration.

CHAPITRE QUATRIÈME
DE LA FIN DE L'ADMINISTRATION

SECTION I
DES CAUSES METTANT FIN
À L'ADMINISTRATION

1355. Les fonctions de l'administrateur prennent fin par son décès, sa démission ou son remplacement, par sa faillite ou par l'ouverture à son égard d'un régime de protection.

Elles prennent fin aussi par la faillite du bénéficiaire ou par l'ouverture à son égard d'un régime de protection, si cela a un effet sur les biens administrés.

1356. L'administration prend fin:

1° Par la cessation du droit du bénéficiaire sur les biens administrés;

2° Par l'arrivée du terme ou l'avènement de la condition stipulée dans l'acte donnant lieu à l'administration;

1352. The account shall be made sufficiently detailed to allow verification of its accuracy.

Any interested person may, on a rendering of account, apply to the court for an order that the account be audited by an expert.

1353. Where there are several administrators, they shall render one and the same account unless their duties have been divided by law, the act or the court, and these have been divided accordingly.

1354. An administrator shall at all times allow the beneficiary to examine the books and vouchers relating to the administration.

CHAPTER IV
TERMINATION OF ADMINISTRATION

SECTION I
CAUSES TERMINATING ADMINISTRATION

1355. The duties of an administrator terminate upon his death, resignation or replacement or his becoming bankrupt or being placed under protective supervision.

The duties of an administrator are also terminated where the beneficiary becomes bankrupt or is placed under protective supervision, if that affects the administered property.

1356. Administration is terminated

(1) by extinction of the right of the beneficiary in the administered property;

(2) by expiry of the term or fulfilment of the condition stipulated in the act giving rise to the administration;

3° Par l'accomplissement de l'objet de l'administration ou la disparition de la cause qui y a donné lieu.

1357. L'administrateur peut renoncer à ses fonctions en avisant par écrit le bénéficiaire et, le cas échéant, ses co-administrateurs ou la personne qui peut lui nommer un remplaçant. S'il ne se trouve aucune de ces personnes ou s'il est impossible de leur donner l'avis, celui-ci est donné au curateur public qui, au besoin, assume provisoirement l'administration des biens et fait procéder au remplacement de l'administrateur.

L'administrateur d'une fiducie d'utilité privée ou sociale doit aussi aviser de sa démission la personne ou l'organisme désigné par la loi pour surveiller son administration.

1358. La démission de l'administrateur prend effet à la date de la réception de l'avis ou à une date postérieure qui y est indiquée.

1359. L'administrateur est tenu de réparer le préjudice causé par sa démission si elle est donnée sans motif sérieux et à contretemps, ou si elle équivaut à un manquement à ses devoirs.

1360. Le bénéficiaire qui a confié à autrui l'administration d'un bien peut remplacer l'administrateur ou mettre fin à l'administration, notamment en exerçant son droit d'exiger sur demande la remise du bien.

Tout intéressé peut demander le remplacement de l'administrateur qui ne peut exercer sa charge ou qui ne respecte pas ses obligations.

(3) by achievement of the object of the administration or disappearance of the cause that gave rise to it.

1357. An administrator may resign by giving written notice to the beneficiary and, where such is the case, his co-administrators or the person empowered to appoint an administrator in his place. Where there are no such persons or where it is impossible to give notice to them, the notice is given to the Public Curator who, if necessary, assumes the provisional administration of the property and causes a new administrator to be appointed in place of the administrator who has resigned.

The administrator of a private trust or social trust shall also notify his resignation to the person or body designated by law to supervise his administration.

1358. The resignation of the administrator takes effect on the date the notice is received or on any later date indicated in the notice.

1359. An administrator is bound to repair any prejudice caused by his resignation where it is submitted without a serious reason and at an inopportune moment or where it amounts to failure of duty.

1360. A beneficiary who has entrusted the administration of property to another person may replace the administrator or terminate the administration, particularly by exercising his right to require that the property be returned to him on demand.

Any interested person may apply for the replacement of an administrator who is unable to discharge his duties or does not fulfil his obligations.

1361. Lors du décès de l'administrateur ou de l'ouverture à son égard d'un régime de protection, le liquidateur de sa succession, son tuteur ou curateur qui est au courant de l'administration est tenu d'en aviser le bénéficiaire et, le cas échéant, les coadministrateurs ou, s'il s'agit d'une fiducie d'utilité privée ou sociale, la personne ou l'organisme désigné par la loi pour surveiller l'administration.

Le liquidateur, tuteur ou curateur est également tenu de faire, dans les affaires commencées, tout ce qui est immédiatement nécessaire pour prévenir une perte; il doit aussi rendre compte et remettre les biens à ceux qui y ont droit.

1362. Les obligations contractées envers les tiers de bonne foi par l'administrateur, dans l'ignorance du terme de son administration, sont valides et obligent le bénéficiaire ou le patrimoine fiduciaire; il en est de même des obligations contractées après la fin de l'administration qui en sont la suite nécessaire ou sont requises pour prévenir une perte.

Le bénéficiaire ou le patrimoine fiduciaire est aussi tenu des obligations contractées envers les tiers qui ignoraient la fin de l'administration.

SECTION II
DE LA REDDITION DE COMPTE ET DE LA REMISE DU BIEN

1363. L'administrateur doit, à la fin de son administration, rendre un compte définitif au bénéficiaire et, le cas échéant, à l'administrateur qui le remplace ou à ses coadministrateurs. S'il y a plusieurs administrateurs et que leur charge prend fin simultanément, ils

1361. Upon the death of the administrator or his being placed under protective supervision, the liquidator of his succession, or his tutor or curator, if aware of the administration, is bound to give notice of the death or of the institution of protective supervision to the beneficiary and to the co-administrators, if any, or, in the case of a private trust or social trust, to the person or body designated by law to supervise the administration.

The liquidator, tutor or curator is also bound, in respect of any matter already begun, to do all that is immediately necessary to prevent a loss; he shall also render account and deliver over the property to those entitled to it.

1362. Obligations contracted towards third persons in good faith by an administrator who is unaware that his administration has terminated are valid and bind the beneficiary or the trust patrimony; the same rule applies to obligations contracted by the administrator after the end of the administration that are its necessary consequence or are required to prevent a loss.

The beneficiary or the trust patrimony is also bound by the obligations contracted towards third persons who were unaware that the administration had terminated.

SECTION II
RENDERING OF ACCOUNT AND DELIVERY OF PROPERTY

1363. On the termination of his administration, an administrator shall render a final account of his administration to the beneficiary and, where that is the case, to the administrator replacing him or to his co-administrators. Where there are several administrators and their duties

doivent rendre un seul et même compte, à moins d'une division de leurs fonctions.

Le compte doit être suffisamment détaillé pour permettre d'en vérifier l'exactitude; les livres et les autres pièces justificatives se rapportant à l'administration peuvent être consultés par les intéressés.

L'acceptation du compte par le bénéficiaire en opère la clôture.

1364. L'administrateur peut, à tout moment et avec l'agrément de tous les bénéficiaires, rendre compte à l'amiable.

Si le compte ne peut être rendu à l'amiable, la reddition de compte a lieu en justice.

1365. L'administrateur doit remettre le bien administré au lieu convenu ou, à défaut, au lieu où il se trouve.

1366. L'administrateur doit remettre tout ce qu'il a reçu dans l'exécution de ses fonctions, même si ce qu'il a reçu n'était pas dû au bénéficiaire ou au patrimoine fiduciaire; il est aussi comptable de tout profit ou avantage personnel qu'il a réalisé en utilisant, sans y être autorisé, l'information qu'il détenait en raison de son administration.

L'administrateur qui a utilisé un bien sans y être autorisé est tenu d'indemniser le bénéficiaire ou le patrimoine fiduciaire pour son usage, en payant soit un loyer approprié, soit l'intérêt sur le numéraire.

1367. Les dépenses de l'administration, y compris les frais de la reddition

are terminated simultaneously, they shall render one and the same account, except where their duties are divided.

The account shall be made sufficiently detailed to allow verification of its accuracy; the books and other vouchers pertaining to the administration may be consulted by interested persons.

The acceptance of the account by the beneficiary closes the account.

1364. An administrator may at any time and with the consent of all the beneficiaries render account by agreement.

If there is no agreement, the rendering of account is made judicially.

1365. An administrator shall deliver over the administered property at the place agreed upon or, failing that, where it is.

1366. An administrator shall deliver over all that he has received in the performance of his duties, even if what he has received was not due to the beneficiary or to the trust patrimony; he is also accountable for any personal profit or benefit he has realized by using, without authorization, information he had obtained by reason of his administration.

Where an administrator has used property without authorization, he is bound to compensate the beneficiary or the trust patrimony for his use by paying an appropriate rent or the interest on the money.

1367. Administration expenses, including the cost of rendering account and

de compte et de remise, sont à la charge du bénéficiaire ou du patrimoine fiduciaire.

La démission ou le remplacement de l'administrateur oblige le bénéficiaire ou le patrimoine fiduciaire à lui payer, outre les dépenses de l'administration, la part acquise de sa rémunération.

1368. L'administrateur doit des intérêts sur le reliquat, à compter de la clôture du compte définitif ou de la mise en demeure de le produire; le bénéficiaire ou le patrimoine fiduciaire n'en doit qu'à compter de la mise en demeure.

1369. L'administrateur a le droit de déduire des sommes qu'il doit remettre ce que le bénéficiaire ou le patrimoine fiduciaire lui doit en raison de l'administration.

Il peut retenir le bien administré jusqu'au paiement de ce qui lui est dû.

1370. S'il y a plusieurs bénéficiaires, leur obligation envers l'administrateur est solidaire.

LIVRE CINQUIÈME
DES OBLIGATIONS

TITRE PREMIER
DES OBLIGATIONS EN GÉNÉRAL

CHAPITRE PREMIER
DISPOSITIONS GÉNÉRALES

1371. Il est de l'essence de l'obligation qu'il y ait des personnes entre qui elle existe, une prestation qui en soit l'objet et, s'agissant d'une obligation découlant d'un acte juridique, une cause qui en justifie l'existence.

delivering the property, are borne by the beneficiary or the trust patrimony.

The resignation or replacement of the administrator binds the beneficiary or the trust patrimony to pay him, apart from the administration expenses, any remuneration he has earned.

1368. An administrator owes interest on the balance from the close of the final account or the formal notice to produce it; the beneficiary or the trust patrimony owes interest only from the formal notice.

1369. An administrator is entitled to deduct from the sums he is required to remit anything the beneficiary or the trust patrimony owes him by reason of the administration.

An administrator may retain the administered property until payment of what is owed to him.

1370. Where there are several beneficiaries, their obligation towards the administrator is solidary.

BOOK FIVE
OBLIGATIONS

TITLE ONE
OBLIGATIONS IN GENERAL

CHAPTER I
GENERAL PROVISIONS

1371. It is of the essence of an obligation that there be persons between whom it exists, a prestation which forms its object, and, in the case of an obligation arising out of a juridical act, a cause which justifies its existence.

1372. L'obligation naît du contrat et de tout acte ou fait auquel la loi attache d'autorité les effets d'une obligation.

Elle peut être pure et simple ou assortie de modalités.

1373. L'objet de l'obligation est la prestation à laquelle le débiteur est tenu envers le créancier et qui consiste à faire ou à ne pas faire quelque chose.

La prestation doit être possible et déterminée ou déterminable; elle ne doit être ni prohibée par la loi ni contraire à l'ordre public.

1374. La prestation peut porter sur tout bien, même à venir, pourvu que le bien soit déterminé quant à son espèce et déterminable quant à sa quotité.

1375. La bonne foi doit gouverner la conduite des parties, tant au moment de la naissance de l'obligation qu'à celui de son exécution ou de son extinction.

1376. Les règles du présent livre s'appliquent à l'État, ainsi qu'à ses organismes et à toute autre personne morale de droit public, sous réserve des autres règles de droit qui leur sont applicables.

CHAPITRE DEUXIÈME
DU CONTRAT

SECTION I
DISPOSITION GÉNÉRALE

1377. Les règles générales du présent chapitre s'appliquent à tout contrat, quelle qu'en soit la nature.

Des règles particulières à certains contrats, qui complètent ces règles générales ou y dérogent, sont établies au titre deuxième du présent livre.

1372. An obligation arises from a contract or from any act or fact to which the effects of an obligation are attached by law.

An obligation may be pure and simple or subject to modalities.

1373. The object of an obligation is the prestation that the debtor is bound to render to the creditor and which consists in doing or not doing something.

The debtor is bound to render a prestation that is possible and determinate or determinable and that is neither forbidden by law nor contrary to public order.

1374. The prestation may relate to any property, even future property, provided that the property is determinate as to kind and determinable as to quantity.

1375. The parties shall conduct themselves in good faith both at the time the obligation is created and at the time it is performed or extinguished.

1376. The rules set forth in this Book apply to the State and its bodies, and to all other legal persons established in the public interest, subject to any other rules of law which may be applicable to them.

CHAPTER II
CONTRACTS

SECTION I
GENERAL PROVISION

1377. The general rules set out in this chapter apply to all contracts, regardless of their nature.

Special rules for certain contracts which complement or depart from these general rules are established under Title Two of this Book.

1378. Le contrat est un accord de volonté, par lequel une ou plusieurs personnes s'obligent envers une ou plusieurs autres à exécuter une prestation.

Il peut être d'adhésion ou de gré à gré, synallagmatique ou unilatéral, à titre onéreux ou gratuit, commutatif ou aléatoire et à exécution instantanée ou successive; il peut aussi être de consommation.

1379. Le contrat est d'adhésion lorsque les stipulations essentielles qu'il comporte ont été imposées par l'une des parties ou rédigées par elle, pour son compte ou suivant ses instructions, et qu'elles ne pouvaient être librement discutées.

Tout contrat qui n'est pas d'adhésion est de gré à gré.

1380. Le contrat est synallagmatique ou bilatéral lorsque les parties s'obligent réciproquement, de manière que l'obligation de chacune d'elles soit corrélative à l'obligation de l'autre.

Il est unilatéral lorsque l'une des parties s'oblige envers l'autre sans que, de la part de cette dernière, il y ait d'obligation.

1381. Le contrat à titre onéreux est celui par lequel chaque partie retire un avantage en échange de son obligation.

Le contrat à titre gratuit est celui par lequel l'une des parties s'oblige envers l'autre pour le bénéfice de celle-ci, sans retirer d'avantage en retour.

1378. A contract is an agreement of wills by which one or several persons obligate themselves to one or several other persons to perform a prestation.

Contracts may be divided into contracts of adhesion and contracts by mutual agreement, synallagmatic and unilateral contracts, onerous and gratuitous contracts, commutative and aleatory contracts, and contracts of instantaneous performance or of successive performance; they may also be consumer contracts.

1379. A contract of adhesion is a contract in which the essential stipulations were imposed or drawn up by one of the parties, on his behalf or upon his instructions, and were not negotiable.

Any contract that is not a contract of adhesion is a contract by mutual agreement.

1380. A contract is synallagmatic, or bilateral, when the parties obligate themselves reciprocally, each to the other, so that the obligation of one party is correlative to the obligation of the other.

When one party obligates himself to the other without any obligation on the part of the latter, the contract is unilateral.

1381. A contract is onerous when each party obtains an advantage in return for his obligation.

When one party obligates himself to the other for the benefit of the latter without obtaining any advantage in return, the contract is gratuitous.

1382. Le contrat est commutatif lorsque, au moment où il est conclu, l'étendue des obligations des parties et des avantages qu'elles retirent en échange est certaine et déterminée.

Il est aléatoire lorsque l'étendue de l'obligation ou des avantages est incertaine.

1383. Le contrat à exécution instantanée est celui où la nature des choses ne s'oppose pas à ce que les obligations des parties s'exécutent en une seule et même fois.

Le contrat à exécution successive est celui où la nature des choses exige que les obligations s'exécutent en plusieurs fois ou d'une façon continue.

1384. Le contrat de consommation est le contrat dont le champ d'application est délimité par les lois relatives à la protection du consommateur, par lequel l'une des parties, étant une personne physique, le consommateur, acquiert, loue, emprunte ou se procure de toute autre manière, à des fins personnelles, familiales ou domestiques, des biens ou des services auprès de l'autre partie, laquelle offre de tels biens ou services dans le cadre d'une entreprise qu'elle exploite.

SECTION III
DE LA FORMATION DU CONTRAT

§ 1.–*Des conditions de formation du contrat*

I – Disposition générale

1385. Le contrat se forme par le seul échange de consentement entre des personnes capables de contracter, à moins que la loi n'exige, en outre, le respect d'une forme particulière comme

1382. A contract is commutative when, at the time it is formed, the extent of the obligations of the parties and of the advantages obtained by them in return is certain and determinate.

When the extent of the obligations or of the advantages is uncertain, the contract is aleatory.

1383. Where the circumstances do not preclude the performance of the obligations of the parties at one single time, the contract is a contract of instantaneous performance.

Where the circumstances absolutely require that the obligations be performed at several different times or without interruption, the contract is a contract of successive performance.

1384. A consumer contract is a contract whose field of application is delimited by legislation respecting consumer protection whereby one of the parties, being a natural person, the consumer, acquires, leases, borrows or obtains in any other manner, for personal, family or domestic purposes, property or services from the other party, who offers such property and services as part of an enterprise which he carries on.

SECTION III
FORMATION OF CONTRACTS

§ 1.–*Conditions of formation of contracts*

I – General provision

1385. A contract is formed by the sole exchange of consents between persons having capacity to contract, unless, in addition, the law requires a particular form to be respected as a necessary

condition nécessaire à sa formation, ou que les parties n'assujettissent la formation du contrat à une forme solennelle.

Il est aussi de son essence qu'il ait une cause et un objet.

II – Du consentement

1. De l'échange de consentement

1386. L'échange de consentement se réalise par la manifestation, expresse ou tacite, de la volonté d'une personne d'accepter l'offre de contracter que lui fait une autre personne.

1387. Le contrat est formé au moment où l'offrant reçoit l'acceptation et au lieu où cette acceptation est reçue, quel qu'ait été le moyen utilisé pour la communiquer et lors même que les parties ont convenu de réserver leur accord sur certains éléments secondaires.

2. De l'offre et de l'acceptation

1388. Est une offre de contracter, la proposition qui comporte tous les éléments essentiels du contrat envisagé et qui indique la volonté de son auteur d'être lié en cas d'acceptation.

1389. L'offre de contracter émane de la personne qui prend l'initiative du contrat ou qui en détermine le contenu, ou même, en certains cas, qui présente le dernier élément essentiel du contrat projeté.

1390. L'offre de contracter peut être faite à une personne déterminée ou indéterminée; elle peut être assortie ou non d'un délai pour son acceptation.

Celle qui est assortie d'un délai est irrévocable avant l'expiration du délai; celle qui n'en est pas assortie demeure révocable tant que l'offrant n'a pas reçu l'acceptation.

condition of its formation, or unless the parties require the contract to take the form of a solemn agreement.

It is also of the essence of a contract that it have a cause and an object.

II – Consent

1. Exchange of consents

1386. The exchange of consents is accomplished by the express or tacit manifestation of the will of a person to accept an offer to contract made to him by another person.

1387. A contract is formed when and where acceptance is received by the offeror, regardless of the method of communication used, and even though the parties have agreed to reserve agreement as to secondary terms.

2. Offer and acceptance

1388. An offer to contract is a proposal which contains all the essential elements of the proposed contract and in which the offeror signifies his willingness to be bound if it is accepted.

1389. An offer to contract derives from the person who initiates the contract or the person who determines its content or even, in certain cases, the person who presents the last essential element of the proposed contract.

1390. An offer to contract may be made to a determinate or an indeterminate person, and a term for acceptance may or may not be attached to it.

Where a term is attached, the offer may not be revoked before the term expires; if none is attached, the offer may be revoked at any time before acceptance is received by the offeror.

1391. La révocation qui parvient au destinataire avant l'offre rend celle-ci caduque, lors même que l'offre est assortie d'un délai.

1392. L'offre devient caduque si aucune acceptation n'est reçue par l'offrant avant l'expiration du délai imparti ou, en l'absence d'un tel délai, à l'expiration d'un délai raisonnable; elle devient également caduque à l'égard du destinataire qui l'a refusée.

Le décès ou la faillite de l'offrant ou du destinataire de l'offre, assortie ou non d'un délai, de même que l'ouverture à l'égard de l'un ou de l'autre d'un régime de protection, emportent aussi la caducité de l'offre, si ces causes de caducité surviennent avant que l'acceptation ne soit reçue par l'offrant.

1393. L'acceptation qui n'est pas substantiellement conforme à l'offre, de même que celle qui est reçue par l'offrant alors que l'offre était devenue caduque, ne vaut pas acceptation.

Elle peut, cependant, constituer elle-même une nouvelle offre.

1394. Le silence ne vaut pas acceptation, à moins qu'il n'en résulte autrement de la volonté des parties, de la loi ou de circonstances particulières, tels les usages ou les relations d'affaires antérieures.

1395. L'offre de récompense à quiconque accomplira un acte donné est réputée acceptée et lie l'offrant dès qu'une personne, même sans connaître l'offre, accomplit cet acte, à moins que, dans les cas qui le permettent, l'offrant n'ait révoqué son offre antérieurement d'une manière expresse et suffisante.

1391. Where the offeree receives a revocation before the offer, the offer lapses, even though a term is attached to it.

1392. An offer lapses if no acceptance is received by the offeror before the expiry of the specified term or, where no term is specified, before the expiry of a reasonable time; it also lapses in respect of the offeree if he has rejected it.

The death or bankruptcy of the offeror or the offeree, whether or not a term is attached to the offer, or the institution of protective supervision in respect of either of them also causes the offer to lapse, if that event occurs before acceptance is received by the offeror.

1393. Acceptance which does not correspond substantially to the offer or which is received by the offeror after the offer has lapsed does not constitute acceptance.

It may, however, constitute a new offer.

1394. Silence does not imply acceptance of an offer, subject only to the will of the parties, the law or special circumstances, such as usage or a prior business relationship.

1395. The offer of a reward made to anyone who performs a particular act is deemed to be accepted and is binding on the offeror when the act is performed, even if the person who performs the act does not know of the offer, unless, in cases which admit of it, the offer was previously revoked expressly and adequately by the offeror.

1396. L'offre de contracter, faite à une personne déterminée, constitue une promesse de conclure le contrat envisagé, dès lors que le destinataire manifeste clairement à l'offrant son intention de prendre l'offre en considération et d'y répondre dans un délai raisonnable ou dans celui dont elle est assortie.

La promesse, à elle seule, n'équivaut pas au contrat envisagé; cependant, lorsque le bénéficiaire de la promesse l'accepte ou lève l'option à lui consentie, il s'oblige alors, de même que le promettant, à conclure le contrat, à moins qu'il ne décide de le conclure immédiatement.

1397. Le contrat conclu en violation d'une promesse de contracter est opposable au bénéficiaire de celle-ci, sans préjudice, toutefois, de ses recours en dommages-intérêts contre le promettant et la personne qui, de mauvaise foi, a conclu le contrat avec ce dernier.

Il en est de même du contrat conclu en violation d'un pacte de préférence.

3. Des qualités et des vices du consentement

1398. Le consentement doit être donné par une personne qui, au temps où elle le manifeste, de façon expresse ou tacite, est apte à s'obliger.

1399. Le consentement doit être libre et éclairé.

Il peut être vicié par l'erreur, la crainte ou la lésion.

1400. L'erreur vicie le consentement des parties ou de l'une d'elles lorsqu'elle porte sur la nature du contrat, sur l'objet

1396. An offer to contract made to a determinate person constitutes a promise to enter into the proposed contract from the moment that the offeree clearly indicates to the offeror that he intends to consider the offer and reply to it within a reasonable time or within the time stated therein.

A mere promise is not equivalent to the proposed contract; however, where the beneficiary of the promise accepts the promise or takes up his option, both he and the promisor are bound to enter into the contract, unless the beneficiary decides to enter into the contract immediately.

1397. A contract made in violation of a promise to contract may be set up against the beneficiary of the promise, but without affecting his remedy for damages against the promisor and the person having contracted in bad faith with the promisor.

The same rule applies to a contract made in violation of a first refusal agreement.

3. Qualities and defects of consent

1398. Consent may be given only by a person who, at the time of manifesting such consent, either expressly or tacitly, is capable of binding himself.

1399. Consent may be given only in a free and enlightened manner.

It may be vitiated by error, fear or lesion.

1400. Error vitiates consent of the parties or of one of them where it relates to the nature of the contract, the object of

de la prestation ou, encore, sur tout élément essentiel qui a déterminé le consentement.

the prestation or anything that was essential in determining that consent.

L'erreur inexcusable ne constitue pas un vice de consentement.

An inexcusable error does not constitute a defect of consent.

1401. L'erreur d'une partie, provoquée par le dol de l'autre partie ou à la connaissance de celle-ci, vicie le consentement dans tous les cas où, sans cela, la partie n'aurait pas contracté ou aurait contracté à des conditions différentes.

1401. Error on the part of one party induced by fraud committed by the other party or with his knowledge vitiates consent whenever, but for that error, the party would not have contracted, or would have contracted on different terms.

Le dol peut résulter du silence ou d'une réticence.

Fraud may result from silence or concealment.

1402. La crainte d'un préjudice sérieux pouvant porter atteinte à la personne ou aux biens de l'une des parties vicie le consentement donné par elle, lorsque cette crainte est provoquée par la violence ou la menace de l'autre partie ou à sa connaissance.

1402. Fear of serious injury to the person or property of one of the parties vitiates consent given by that party where the fear is induced by violence or threats exerted or made by or known to the other party.

Le préjudice appréhendé peut aussi se rapporter à une autre personne ou à ses biens et il s'apprécie suivant les circonstances.

Apprehended injury may also relate to another person or his property and is appraised according to the circumstances.

1403. La crainte inspirée par l'exercice abusif d'un droit ou d'une autorité ou par la menace d'un tel exercice vicie le consentement.

1403. Fear induced by the abusive exercise of a right or power or by the threat of such exercise vitiates consent.

1404. N'est pas vicié le consentement à un contrat qui a pour objet de soustraire celui qui le conclut à la crainte d'un préjudice sérieux, lorsque le cocontractant, bien qu'ayant connaissance de l'état de nécessité, est néanmoins de bonne foi.

1404. Consent to a contract the object of which is to deliver the person making it from fear of serious injury is not vitiated where the other contracting party, although aware of the state of necessity, is acting in good faith.

1405. Outre les cas expressément prévus par la loi, la lésion ne vicie le consentement qu'à l'égard des mineurs et des majeurs protégés.

1405. Except in the cases expressly provided by law, lesion vitiates consent only in respect of minors and persons of full age under protective supervision.

1406. La lésion résulte de l'exploitation de l'une des parties par l'autre, qui entraîne une disproportion importante entre les prestations des parties; le fait même qu'il y ait disproportion importante fait présumer l'exploitation.

Elle peut aussi résulter, lorsqu'un mineur ou un majeur protégé est en cause, d'une obligation estimée excessive eu égard à la situation patrimoniale de la personne, aux avantages qu'elle retire du contrat et à l'ensemble des circonstances.

1407. Celui dont le consentement est vicié a le droit de demander la nullité du contrat; en cas d'erreur provoquée par le dol, de crainte ou de lésion, il peut demander, outre la nullité, des dommages-intérêts ou encore, s'il préfère que le contrat soit maintenu, demander une réduction de son obligation équivalente aux dommages-intérêts qu'il eût été justifié de réclamer.

1408. Le tribunal peut, en cas de lésion, maintenir le contrat dont la nullité est demandée, lorsque le défendeur offre une réduction de sa créance ou un supplément pécuniaire équitable.

III – De la capacité de contracter

1409. Les règles relatives à la capacité de contracter sont principalement établies au livre Des personnes.

IV – De la cause du contrat

1410. La cause du contrat est la raison qui détermine chacune des parties à le conclure.

Il n'est pas nécessaire qu'elle soit exprimée.

1406. Lesion results from the exploitation of one of the parties by the other, which creates a serious disproportion between the prestations of the parties; the fact that there is a serious disproportion creates a presumption of exploitation.

In cases involving a minor or a protected person of full age, lesion may also result from an obligation that is considered to be excessive in view of the patrimonial situation of the person, the advantages he gains from the contract and the general circumstances.

1407. A person whose consent is vitiated has the right to apply for annulment of the contract; in the case of error occasioned by fraud, of fear or of lesion, he may, in addition to annulment, also claim damages or, where he prefers that the contract be maintained, apply for a reduction of his obligation equivalent to the damages he would be justified in claiming.

1408. In the case of a demand for the annulment of a contract on the ground of lesion, the court may maintain the contract where the defendant offers a reduction of his claim or an equitable pecuniary supplement.

III – Capacity to contract

1409. The rules relating to the capacity to contract are laid down principally in the Book on Persons.

IV – Cause of contracts

1410. The cause of a contract is the reason that determines each of the parties to enter into the contract.

The cause need not be expressed.

1411. Est nul le contrat dont la cause est prohibée par la loi ou contraire à l'ordre public.

V – De l'objet du contrat

1412. L'objet du contrat est l'opération juridique envisagée par les parties au moment de sa conclusion, telle qu'elle ressort de l'ensemble des droits et obligations que le contrat fait naître.

1413. Est nul le contrat dont l'objet est prohibé par la loi ou contraire à l'ordre public.

VI – De la forme du contrat

1414. Lorsqu'une forme particulière ou solennelle est exigée comme condition nécessaire à la formation du contrat, elle doit être observée; cette forme doit aussi être observée pour toute modification apportée à un tel contrat, à moins que la modification ne consiste qu'en stipulations accessoires.

1415. La promesse de conclure un contrat n'est pas soumise à la forme exigée pour ce contrat.

§ 2.–De la sanction des conditions de formation du contrat

I – De la nature de la nullité

1416. Tout contrat qui n'est pas conforme aux conditions nécessaires à sa formation peut être frappé de nullité.

1417. La nullité d'un contrat est absolue lorsque la condition de formation qu'elle sanctionne s'impose pour la protection de l'intérêt général.

1418. La nullité absolue d'un contrat peut être invoquée par toute personne qui y a un intérêt né et actuel; le tribunal la soulève d'office.

1411. A contract whose cause is prohibited by law or contrary to public order is null.

V – Object of contracts

1412. The object of a contract is the juridical operation envisaged by the parties at the time of its formation, as it emerges from all the rights and obligations created by the contract.

1413. A contract whose object is prohibited by law or contrary to public order is null.

VI – Form of contracts

1414. Where a particular or solemn form is required as a necessary condition of formation of a contract, it shall be observed; it shall also be observed for modifications to the contract, unless they are only accessory stipulations.

1415. A promise to enter into a contract is not subject to the form required for the contract.

§ 2.–Sanction of conditions of formation of contracts

I – Nature of nullity

1416. Any contract which does not meet the necessary conditions of its formation may be annulled.

1417. A contract is absolutely null where the condition of formation sanctioned by its nullity is necessary for the protection of the general interest.

1418. The absolute nullity of a contract may be invoked by any person having a present and actual interest in doing so; it is invoked by the court of its own motion.

Le contrat frappé de nullité absolue n'est pas susceptible de confirmation.

1419. La nullité d'un contrat est relative lorsque la condition de formation qu'elle sanctionne s'impose pour la protection d'intérêts particuliers; il en est ainsi lorsque le consentement des parties ou de l'une d'elles est vicié.

1420. La nullité relative d'un contrat ne peut être invoquée que par la personne en faveur de qui elle est établie ou par son cocontractant, s'il est de bonne foi et en subit un préjudice sérieux; le tribunal ne peut la soulever d'office.

Le contrat frappé de nullité relative est susceptible de confirmation.

1421. À moins que la loi n'indique clairement le caractère de la nullité, le contrat qui n'est pas conforme aux conditions nécessaires à sa formation est présumé n'être frappé que de nullité relative.

II – Des effets de la nullité

1422. Le contrat frappé de nullité est réputé n'avoir jamais existé.

Chacune des parties est, dans ce cas, tenue de restituer à l'autre les prestations qu'elle a reçues.

III – De la confirmation du contrat

1423. La confirmation d'un contrat résulte de la volonté, expresse ou tacite, de renoncer à en invoquer la nullité.

La volonté de confirmer doit être certaine et évidente.

1424. Lorsque chacune des parties peut invoquer la nullité du contrat, ou que plusieurs d'entre elles le peuvent à

A contract that is absolutely null may not be confirmed.

1419. A contract is relatively null where the condition of formation sanctioned by its nullity is necessary for the protection of an individual interest, such as where the consent of the parties or of one of them is vitiated.

1420. The relative nullity of a contract may be invoked only by the person in whose interest it is established or by the other contracting party, provided he is acting in good faith and sustains serious injury therefrom; it may not be invoked by the court of its own motion.

A contract that is relatively null may be confirmed.

1421. Unless the nature of the nullity is clearly indicated in the law, a contract which does not meet the necessary conditions of its formation is presumed to be relatively null.

II – Effect of nullity

1422. A contract that is null is deemed never to have existed.

In such a case, each party is bound to restore to the other the prestations he has received.

III – Confirmation of the contract

1423. The confirmation of a contract results from the express or tacit will to renounce the invocation of its nullity.

It results only if the will to confirm is certain and evident.

1424. Where the nullity of a contract may be invoked by each of the parties or by several of them against a common

l'encontre d'un cocontractant commun, la confirmation par l'une d'elles n'empêche pas les autres d'invoquer la nullité.

opposite party to the contract, confirmation by one of them does not prevent the others from invoking nullity.

SECTION IV
DE L'INTERPRÉTATION DU CONTRAT

SECTION IV
INTERPRETATION OF CONTRACTS

1425. Dans l'interprétation du contrat, on doit rechercher quelle a été la commune intention des parties plutôt que de s'arrêter au sens littéral des termes utilisés.

1425. The common intention of the parties rather than adherence to the literal meaning of the words shall be sought in interpreting a contract.

1426. On tient compte, dans l'interprétation du contrat, de sa nature, des circonstances dans lesquelles il a été conclu, de l'interprétation que les parties lui ont déjà donnée ou qu'il peut avoir reçue, ainsi que des usages.

1426. In interpreting a contract, the nature of the contract, the circumstances in which it was formed, the interpretation which has already been given to it by the parties or which it may have received, and usage, are all taken into account.

1427. Les clauses s'interprètent les unes par les autres, en donnant à chacune le sens qui résulte de l'ensemble du contrat.

1427. Each clause of a contract is interpreted in light of the others so that each is given the meaning derived from the contract as a whole.

1428. Une clause s'entend dans le sens qui lui confère quelque effet plutôt que dans celui qui n'en produit aucun.

1428. A clause is given a meaning that gives it some effect rather than one that gives it no effect.

1429. Les termes susceptibles de deux sens doivent être pris dans le sens qui convient le plus à la matière du contrat.

1429. Words susceptible of two meanings shall be given the meaning that best conforms to the subject matter of the contract.

1430. La clause destinée à écarter tout doute sur l'application du contrat à un cas particulier ne restreint pas la portée du contrat par ailleurs conçu en termes généraux.

1430. A clause intended to eliminate doubt as to the application of the contract to a specific situation does not restrict the scope of a contract otherwise expressed in general terms.

1431. Les clauses d'un contrat, même si elles sont énoncées en termes généraux, comprennent seulement ce sur quoi il paraît que les parties se sont proposé de contracter.

1431. The clauses of a contract cover only what it appears that the parties intended to include, however general the terms used.

1432. Dans le doute, le contrat s'interprète en faveur de celui qui a contracté

1432. In case of doubt, a contract is interpreted in favour of the person who

l'obligation et contre celui qui l'a stipulée. Dans tous les cas, il s'interprète en faveur de l'adhérent ou du consommateur.

SECTION V
DES EFFETS DU CONTRAT

§ 1.—*Des effets du contrat entre les parties*

I – Disposition générale

1433. Le contrat crée des obligations et quelquefois les modifie ou les éteint.

En certains cas, il a aussi pour effet de constituer, transférer, modifier ou éteindre des droits réels.

II – De la force obligatoire et du contenu du contrat

1434. Le contrat valablement formé oblige ceux qui l'ont conclu non seulement pour ce qu'ils y ont exprimé, mais aussi pour tout ce qui en découle d'après sa nature et suivant les usages, l'équité ou la loi.

1435. La clause externe à laquelle renvoie le contrat lie les parties.

Toutefois, dans un contrat de consommation ou d'adhésion, cette clause est nulle si, au moment de la formation du contrat, elle n'a pas été expressément portée à la connaissance du consommateur ou de la partie qui y adhère, à moins que l'autre partie ne prouve que le consommateur ou l'adhérent en avait par ailleurs connaissance.

1436. Dans un contrat de consommation ou d'adhésion, la clause illisible ou incompréhensible pour une personne raisonnable est nulle si le consommateur ou la partie qui y adhère en souffre

contracted the obligation and against the person who stipulated it. In all cases, it is interpreted in favour of the adhering party or the consumer.

SECTION V
EFFECTS OF CONTRACTS

§ 1.—*Effects of contracts between the parties*

I – General provision

1433. A contract creates obligations and, in certain cases, modifies or extinguishes them.

In some cases, it also has the effect of constituting, transferring, modifying or extinguishing real rights.

II – Binding force and content of contracts

1434. A contract validly formed binds the parties who have entered into it not only as to what they have expressed in it but also as to what is incident to it according to its nature and in conformity with usage, equity or law.

1435. An external clause referred to in a contract is binding on the parties.

In a consumer contract or a contract of adhesion, however, an external clause is null if, at the time of formation of the contract, it was not expressly brought to the attention of the consumer or adhering party, unless the other party proves that the consumer or adhering party otherwise knew of it.

1436. In a consumer contract or a contract of adhesion, a clause which is illegible or incomprehensible to a reasonable person is null if the consumer or the adhering party suffers injury therefrom,

préjudice, à moins que l'autre partie ne prouve que des explications adéquates sur la nature et l'étendue de la clause ont été données au consommateur ou à l'adhérent.

1437. La clause abusive d'un contrat de consommation ou d'adhésion est nulle ou l'obligation qui en découle, réductible.

Est abusive toute clause qui désavantage le consommateur ou l'adhérent d'une manière excessive et déraisonnable, allant ainsi à l'encontre de ce qu'exige la bonne foi; est abusive, notamment, la clause si éloignée des obligations essentielles qui découlent des règles gouvernant habituellement le contrat qu'elle dénature celui-ci.

1438. La clause qui est nulle ne rend pas le contrat invalide quant au reste, à moins qu'il n'apparaisse que le contrat doive être considéré comme un tout indivisible.

Il en est de même de la clause qui est sans effet ou réputée non écrite.

1439. Le contrat ne peut être résolu, résilié, modifié ou révoqué que pour les causes reconnues par la loi ou de l'accord des parties.

§ 2.–*Des effets du contrat à l'égard des tiers*

I – Dispositions générales

1440. Le contrat n'a d'effet qu'entre les parties contractantes; il n'en a point quant aux tiers, excepté dans les cas prévus par la loi.

1441. Les droits et obligations résultant du contrat sont, lors du décès de l'une des parties, transmis à ses héritiers si la nature du contrat ne s'y oppose pas.

unless the other party proves that an adequate explanation of the nature and scope of the clause was given to the consumer or adhering party.

1437. An abusive clause in a consumer contract or contract of adhesion is null, or the obligation arising from it may be reduced.

An abusive clause is a clause which is excessively and unreasonably detrimental to the consumer or the adhering party and is therefore not in good faith; in particular, a clause which so departs from the fundamental obligations arising from the rules normally governing the contract that it changes the nature of the contract is an abusive clause.

1438. A clause which is null does not render the contract invalid in other respects, unless it is apparent that the contract may be considered only as an indivisible whole.

The same applies to a clause without effect or deemed unwritten.

1439. A contract may not be resolved, resiliated, modified or revoked except on grounds recognized by law or by agreement of the parties.

§ 2.–*Effects of contracts with respect to third persons*

I – General provisions

1440. A contract has effect only between the contracting parties; it does not affect third persons, except where provided by law.

1441. Upon the death of one of the parties, the rights and obligations arising from a contract pass to his heirs, if the nature of the contract permits it.

1442. Les droits des parties à un contrat sont transmis à leurs ayants cause à titre particulier s'ils constituent l'accessoire d'un bien qui leur est transmis ou s'ils lui sont intimement liés.

II – De la promesse du fait d'autrui

1443. On ne peut, par un contrat fait en son propre nom, engager d'autres que soi-même et ses héritiers; mais on peut, en son propre nom, promettre qu'un tiers s'engagera à exécuter une obligation; en ce cas, on est tenu envers son cocontractant du préjudice qu'il subit si le tiers ne s'engage pas conformément à la promesse.

III – De la stipulation pour autrui

1444. On peut, dans un contrat, stipuler en faveur d'un tiers.

Cette stipulation confère au tiers bénéficiaire le droit d'exiger directement du promettant l'exécution de l'obligation promise.

1445. Il n'est pas nécessaire que le tiers bénéficiaire soit déterminé ou existe au moment de la stipulation; il suffit qu'il soit déterminable à cette époque et qu'il existe au moment où le promettant doit exécuter l'obligation en sa faveur.

1446. La stipulation est révocable aussi longtemps que le tiers bénéficiaire n'a pas porté à la connaissance du stipulant ou du promettant sa volonté de l'accepter.

1447. Seul le stipulant peut révoquer la stipulation; ni ses héritiers ni ses créanciers ne le peuvent.

Il ne peut, toutefois, le faire sans le consentement du promettant, lorsque celui-ci a un intérêt à ce que la stipulation soit maintenue.

1442. The rights of the parties to a contract pass to their successors by particular title if they are accessory to property which passes to them or are directly related to it.

II – Promise for another

1443. No person may bind anyone but himself and his heirs by a contract made in his own name, but he may promise in his own name that a third person will undertake to perform an obligation, and in that case he is liable to reparation for injury to the other contracting party if the third person does not undertake to perform the obligation as promised.

III – Stipulation for another

1444. A person may make a stipulation in a contract for the benefit of a third person.

The stipulation gives the third person beneficiary the right to exact performance of the promised obligation directly from the promisor.

1445. A third person beneficiary need not exist nor be determinate when the stipulation is made; he need only be determinable at that time and exist when the promisor is to perform the obligation for his benefit.

1446. The stipulation may be revoked as long as the third person beneficiary has not advised the stipulator or the promisor of his will to accept it.

1447. Only the stipulator may revoke a stipulation; neither his heirs nor his creditors may do so.

If the promisor has an interest in maintaining the stipulation, however, the stipulator may not revoke it without his consent.

1448. La révocation de la stipulation prend effet dès qu'elle est portée à la connaissance du promettant, à moins qu'elle ne soit faite par testament, auquel cas elle prend effet dès l'ouverture de la succession.

La révocation profite au stipulant ou à ses héritiers, à défaut d'une nouvelle désignation de bénéficiaire.

1449. Le tiers bénéficiaire et ses héritiers peuvent valablement accepter la stipulation, même après le décès du stipulant ou du promettant.

1450. Le promettant peut opposer au tiers bénéficiaire les moyens qu'il aurait pu faire valoir contre le stipulant.

IV – De la simulation

1451. Il y a simulation lorsque les parties conviennent d'exprimer leur volonté réelle non point dans un contrat apparent, mais dans un contrat secret, aussi appelé contre-lettre.

Entre les parties, la contre-lettre l'emporte sur le contrat apparent.

1452. Les tiers de bonne foi peuvent, selon leur intérêt, se prévaloir du contrat apparent ou de la contre-lettre, mais s'il survient entre eux un conflit d'intérêts, celui qui se prévaut du contrat apparent est préféré.

§ 3.–*Des effets particuliers à certains contrats*

I – Du transfert de droits réels

1453. Le transfert d'un droit réel portant sur un bien individualisé ou sur plusieurs biens considérés comme une universalité, en rend l'acquéreur titulaire dès la formation du contrat, quoique la

1448. Revocation of the stipulation has effect as soon as it is made known to the promisor; if it is made by will, however, it has effect upon the opening of the succession.

Where a new beneficiary is not designated, revocation benefits the stipulator or his heirs.

1449. A third person beneficiary or his heirs may validly accept the stipulation, even after the death of the stipulator or promisor.

1450. A promisor may set up against the third person beneficiary such defenses as he could have set up against the stipulator.

IV – Simulation

1451. Simulation exists where the parties agree to express their true intent, not in an apparent contract, but in a secret contract, also called a counter letter.

Between the parties, a counter letter prevails over an apparent contract.

1452. Third persons in good faith may, according to their interest, avail themselves of the apparent contract or the counter letter; however, where conflicts of interest arise between them, preference is given to the person who avails himself of the apparent contract.

§ 3.–*Special effects of certain contracts*

I – Transfer of real rights

1453. The transfer of a real right in a certain and determinate property, or in several properties considered as a universality, vests the acquirer with the right upon the formation of the contract, even

délivrance n'ait pas lieu immédiatement et qu'une opération puisse rester nécessaire à la détermination du prix.

Le transfert portant sur un bien déterminé quant à son espèce seulement en rend l'acquéreur titulaire, dès qu'il a été informé de l'individualisation du bien.

1454. Si une partie transfère successivement, à des acquéreurs différents, un même droit réel portant sur un même bien meuble, l'acquéreur de bonne foi qui est mis en possession du bien en premier est titulaire du droit réel sur ce bien, quoique son titre soit postérieur.

1455. Le transfert d'un droit réel portant sur un bien immeuble n'est opposable aux tiers que suivant les règles relatives à la publicité des droits.

II – Des fruits et revenus et des risques du bien

1456. L'attribution des fruits et revenus et la charge des risques du bien qui est l'objet d'un droit réel transféré par contrat sont principalement réglées au livre Des biens.

Toutefois, tant que la délivrance du bien n'a pas été faite, le débiteur de l'obligation de délivrance continue d'assumer les risques y afférents.

CHAPITRE TROISIÈME
DE LA RESPONSABILITÉ CIVILE

SECTION I
DES CONDITIONS DE LA RESPONSABILITÉ

§ 1.–*Dispositions générales*

1457. Toute personne a le devoir de respecter les règles de conduite qui,

though the property is not delivered immediately and the price remains to be determined.

The transfer of a real right in a property determined only as to kind vests the acquirer with that right as soon as he is notified that the property is certain and determinate.

1454. If a party transfers the same real right in the same movable property to different acquirers successively, the acquirer in good faith who is first given possession of the property is vested with the real right in that property, even though his title may be later in time.

1455. The transfer of a real right in an immovable property may not be set up against third persons except in accordance with the rules concerning the publication of rights.

II – Fruits and revenues and risks incident to property

1456. The allocation of fruits and revenues and the assumption of risks incident to property forming the object of a real right transferred by contract are principally governed by the Book on Property.

The debtor of the obligation to deliver the property continues, however, to bear the risks attached to the property until it is delivered.

CHAPTER III
CIVIL LIABILITY

SECTION I
CONDITIONS OF LIABILITY

§ 1.–*General provisions*

1457. Every person has a duty to abide by the rules of conduct which lie upon

suivant les circonstances, les usages ou la loi, s'imposent à elle, de manière à ne pas causer de préjudice à autrui.

Elle est, lorsqu'elle est douée de raison et qu'elle manque à ce devoir, responsable du préjudice qu'elle cause par cette faute à autrui et tenue de réparer ce préjudice, qu'il soit corporel, moral ou matériel.

Elle est aussi tenue, en certains cas, de réparer le préjudice causé à autrui par le fait ou la faute d'une autre personne ou par le fait des biens qu'elle a sous sa garde.

1458. Toute personne a le devoir d'honorer les engagements qu'elle a contractés.

Elle est, lorsqu'elle manque à ce devoir, responsable du préjudice, corporel, moral ou matériel, qu'elle cause à son cocontractant et tenue de réparer ce préjudice; ni elle ni le cocontractant ne peuvent alors se soustraire à l'application des règles du régime contractuel de responsabilité pour opter en faveur de règles qui leur seraient plus profitables.

§ 2.–*Du fait ou de la faute d'autrui*

1459. Le titulaire de l'autorité parentale est tenu de réparer le préjudice causé à autrui par le fait ou la faute du mineur à l'égard de qui il exerce cette autorité, à moins de prouver qu'il n'a lui-même commis aucune faute dans la garde, la surveillance ou l'éducation du mineur.

Celui qui a été déchu de l'autorité parentale est tenu de la même façon, si le fait ou la faute du mineur est lié à l'éducation qu'il lui a donnée.

1460. La personne qui, sans être titulaire de l'autorité parentale, se voit con-

him, according to the circumstances, usage or law, so as not to cause injury to another.

Where he is endowed with reason and fails in this duty, he is responsible for any injury he causes to another person and is liable to reparation for the injury, whether it be bodily, moral or material in nature.

He is also liable, in certain cases, to reparation for injury caused to another by the act or fault of another person or by the act of things in his custody.

1458. Every person has a duty to honour his contractual undertakings.

Where he fails in this duty, he is liable for any bodily, moral or material injury he causes to the other contracting party and is liable to reparation for the injury; neither he nor the other party may in such a case avoid the rules governing contractual liability by opting for rules that would be more favourable to them.

§ 2.–*Act or fault of another*

1459. A person having parental authority is liable to reparation for injury caused to another by the act or fault of the minor under his authority, unless he proves that he himself did not commit any fault with regard to the custody, supervision or education of the minor.

A person deprived of parental authority is liable in the same manner, if the act or fault of the minor is related to the education he has given to him.

1460. A person who, without having parental authority, is entrusted, by delega-

fier, par délégation ou autrement, la garde, la surveillance ou l'éducation d'un mineur est tenue, de la même manière que le titulaire de l'autorité parentale, de réparer le préjudice causé par le fait ou la faute du mineur.

Toutefois, elle n'y est tenue, lorsqu'elle agit gratuitement ou moyennant une récompense, que s'il est prouvé qu'elle a commis une faute.

1461. La personne qui, agissant comme tuteur, curateur ou autrement, assume la garde d'un majeur non doué de raison n'est pas tenue de réparer le préjudice causé par le fait de ce majeur, à moins qu'elle n'ait elle-même commis une faute intentionnelle ou lourde dans l'exercice de la garde.

1462. On ne peut être responsable du préjudice causé à autrui par le fait d'une personne non douée de raison que dans le cas où le comportement de celle-ci aurait été autrement considéré comme fautif.

1463. Le commettant est tenu de réparer le préjudice causé par la faute de ses préposés dans l'exécution de leurs fonctions; il conserve, néanmoins, ses recours contre eux.

1464. Le préposé de l'État ou d'une personne morale de droit public ne cesse pas d'agir dans l'exécution de ses fonctions du seul fait qu'il commet un acte illégal, hors de sa compétence ou non autorisé, ou du fait qu'il agit comme agent de la paix.

§ 3.–*Du fait des biens*

1465. Le gardien d'un bien est tenu de réparer le préjudice causé par le fait

tion or otherwise, with the custody, supervision or education of a minor is liable, in the same manner as the person having parental authority, to reparation for injury caused by the act or fault of the minor.

Where he is acting gratuitously or for reward, however, he is not liable unless it is proved that he has committed a fault.

1461. Any person who, as tutor or curator or in any other quality, has custody of a person of full age who is not endowed with reason, is not liable to reparation for injury caused by any act of the person of full age, except where he is himself guilty of a deliberate or gross fault in exercising custody.

1462. No person is liable for injury caused to another by an act or omission of a person not endowed with reason except in the cases where the conduct of the person not endowed with reason would otherwise have been considered wrongful.

1463. The principal is liable to reparation for injury caused by the fault of his agents and servants in the performance of their duties; nevertheless, he retains his recourses against them.

1464. An agent or servant of the State or of a legal person established in the public interest does not cease to act in the performance of his duties by the mere fact that he performs an act that is illegal, unauthorized or outside his competence, or by the fact that he is acting as a peace officer.

§ 3.–*Act of a thing*

1465. A person entrusted with the custody of a thing is liable to reparation for

autonome de celui-ci, à moins qu'il prouve n'avoir commis aucune faute.

injury resulting from the autonomous act of the thing, unless he proves that he is not at fault.

1466. Le propriétaire d'un animal est tenu de réparer le préjudice que l'animal a causé, soit qu'il fût sous sa garde ou sous celle d'un tiers, soit qu'il fût égaré ou échappé.

La personne qui se sert de l'animal en est aussi, pendant ce temps, responsable avec le propriétaire.

1466. The owner of an animal is liable to reparation for injury it has caused, whether the animal was under his custody or that of a third person, or had strayed or escaped.

A person making use of the animal is, together with the owner, also liable during that time.

1467. Le propriétaire, sans préjudice de sa responsabilité à titre de gardien, est tenu de réparer le préjudice causé par la ruine, même partielle, de son immeuble, qu'elle résulte d'un défaut d'entretien ou d'un vice de construction.

1467. The owner of an immovable, without prejudice to his liability as custodian, is liable to reparation for injury caused by its ruin, even partial, where this has resulted from lack of repair or from a defect of construction.

1468. Le fabricant d'un bien meuble, même si ce bien est incorporé à un immeuble ou y est placé pour le service ou l'exploitation de celui-ci, est tenu de réparer le préjudice causé à un tiers par le défaut de sécurité du bien.

Il en est de même pour la personne qui fait la distribution du bien sous son nom ou comme étant son bien et pour tout fournisseur du bien, qu'il soit grossiste ou détaillant, ou qu'il soit ou non l'importateur du bien.

1468. The manufacturer of a movable property is liable to reparation for injury caused to a third person by reason of a safety defect in the thing, even if it is incorporated with or placed in an immovable for the service or operation of the immovable.

The same rule applies to a person who distributes the thing under his name or as his own and to any supplier of the thing, whether a wholesaler or a retailer and whether or not he imported the thing.

1469. Il y a défaut de sécurité du bien lorsque, compte tenu de toutes les circonstances, le bien n'offre pas la sécurité à laquelle on est normalement en droit de s'attendre, notamment en raison d'un vice de conception ou de fabrication du bien, d'une mauvaise conservation ou présentation du bien ou, encore, de l'absence d'indications suffisantes quant aux risques et dangers qu'il comporte ou quant aux moyens de s'en prémunir.

1469. A thing has a safety defect where, having regard to all the circumstances, it does not afford the safety which a person is normally entitled to expect, particularly by reason of a defect in the design or manufacture of the thing, poor preservation or presentation of the thing, or the lack of sufficient indications as to the risks and dangers it involves or as to safety precautions.

SECTION II
DE CERTAINS CAS D'EXONÉRATION DE RESPONSABILITÉ

1470. Toute personne peut se dégager de sa responsabilité pour le préjudice causé à autrui si elle prouve que le préjudice résulte d'une force majeure, à moins qu'elle ne se soit engagée à le réparer.

La force majeure est un événement imprévisible et irrésistible; y est assimilée la cause étrangère qui présente ces mêmes caractères.

1471. La personne qui porte secours à autrui ou qui, dans un but désintéressé, dispose gratuitement de biens au profit d'autrui est exonérée de toute responsabilité pour le préjudice qui peut en résulter, à moins que ce préjudice ne soit dû à sa faute intentionnelle ou à sa faute lourde.

1472. Toute personne peut se dégager de sa responsabilité pour le préjudice causé à autrui par suite de la divulgation d'un secret commercial si elle prouve que l'intérêt général l'emportait sur le maintien du secret et, notamment, que la divulgation de celui-ci était justifiée par des motifs liés à la santé ou à la sécurité du public.

1473. Le fabricant, distributeur ou fournisseur d'un bien meuble n'est pas tenu de réparer le préjudice causé par le défaut de sécurité de ce bien s'il prouve que la victime connaissait ou était en mesure de connaître le défaut du bien, ou qu'elle pouvait prévoir le préjudice.

Il n'est pas tenu, non plus, de réparer le préjudice s'il prouve que le défaut ne pouvait être connu, compte tenu de l'état des connaissances, au moment où il a fabriqué, distribué ou

SECTION II
CERTAIN CASES OF EXEMPTION FROM LIABILITY

1470. A person may free himself from his liability for injury caused to another by proving that the injury results from superior force, unless he has undertaken to make reparation for it.

A superior force is an unforeseeable and irresistible event, including external causes with the same characteristics.

1471. Where a person comes to the assistance of another person or, for an unselfish motive, disposes, free of charge, of property for the benefit of another person, he is exempt from all liability for injury that may result from it, unless the injury is due to his intentional or gross fault.

1472. A person may free himself from his liability for injury caused to another as a result of the disclosure of a trade secret by proving that considerations of general interest prevailed over keeping the secret and, particularly, that its disclosure was justified for reasons of public health or safety.

1473. The manufacturer, distributor or supplier of a movable property is not liable to reparation for injury caused by a safety defect in the property if he proves that the victim knew or could have known of the defect, or could have foreseen the injury.

Nor is he liable to reparation if he proves that, according to the state of knowledge at the time that he manufactured, distributed or supplied the property, the existence of the defect could not

fourni le bien et qu'il n'a pas été négligent dans son devoir d'information lorsqu'il a eu connaissance de l'existence de ce défaut.

have been known, or that he was not neglectful of his duty to provide information when he became aware of the defect.

1474. Une personne ne peut exclure ou limiter sa responsabilité pour le préjudice matériel causé à autrui par une faute intentionnelle ou une faute lourde; la faute lourde est celle qui dénote une insouciance, une imprudence ou une négligence grossières.

1474. A person may not exclude or limit his liability for material injury caused to another through an intentional or gross fault; a gross fault is a fault which shows gross recklessness, gross carelessness or gross negligence.

Elle ne peut aucunement exclure ou limiter sa responsabilité pour le préjudice corporel ou moral causé à autrui.

He may not in any way exclude or limit his liability for bodily or moral injury caused to another.

1475. Un avis, qu'il soit ou non affiché, stipulant l'exclusion ou la limitation de l'obligation de réparer le préjudice résultant de l'inexécution d'une obligation contractuelle n'a d'effet, à l'égard du créancier, que si la partie qui invoque l'avis prouve que l'autre partie en avait connaissance au moment de la formation du contrat.

1475. A notice, whether posted or not, stipulating the exclusion or limitation of the obligation to make reparation for injury resulting from the nonperformance of a contractual obligation has effect, in respect of the creditor, only if the party who invokes the notice proves that the other party was aware of its existence at the time the contract was formed.

1476. On ne peut, par un avis, exclure ou limiter, à l'égard des tiers, son obligation de réparer; mais, pareil avis peut valoir dénonciation d'un danger.

1476. A person may not by way of a notice exclude or limit his obligation to make reparation in respect of third persons; such a notice may, however, constitute a warning of a danger.

1477. L'acceptation de risques par la victime, même si elle peut, eu égard aux circonstances, être considérée comme une imprudence, n'emporte pas renonciation à son recours contre l'auteur du préjudice.

1477. The assumption of risk by the victim, although it may be considered imprudent having regard to the circumstances, does not entail renunciation of his remedy against the person who caused the injury.

SECTION III
DU PARTAGE DE RESPONSABILITÉ

SECTION III
APPORTIONMENT OF LIABILITY

1478. Lorsque le préjudice est causé par plusieurs personnes, la responsabilité se partage entre elles en proportion de la gravité de leur faute respective.

1478. Where an injury has been caused by several persons, liability is shared by them in proportion to the seriousness of the fault of each.

La faute de la victime, commune dans ses effets avec celle de l'auteur, entraîne également un tel partage.

The victim is included in the apportionment when the injury is partly the effect of his own fault.

1479. La personne qui est tenue de réparer un préjudice ne répond pas de l'aggravation de ce préjudice que la victime pouvait éviter.

1479. A person who is liable to reparation for an injury is not liable in respect of any aggravation of the injury that the victim could have avoided.

1480. Lorsque plusieurs personnes ont participé à un fait collectif fautif qui entraîne un préjudice ou qu'elles ont commis des fautes distinctes dont chacune est susceptible d'avoir causé le préjudice, sans qu'il soit possible, dans l'un ou l'autre cas, de déterminer laquelle l'a effectivement causé, elles sont tenues solidairement à la réparation du préjudice.

1480. Where several persons have jointly taken part in a wrongful act which has resulted in injury or have committed separate faults each of which may have caused the injury, and where it is impossible to determine, in either case, which of them actually caused it, they are solidarily liable for reparation thereof.

1481. Lorsque le préjudice est causé par plusieurs personnes et qu'une disposition expresse d'une loi particulière exonère l'une d'elles de toute responsabilité, la part de responsabilité qui lui aurait été attribuée est assumée de façon égale par les autres responsables du préjudice.

1481. Where an injury has been caused by several persons and one of them is exempted from all liability by an express provision of a special Act, the share of the liability which would have been his is assumed equally by the other persons liable for the injury.

CHAPITRE QUATRIÈME
DE CERTAINES AUTRES SOURCES
DE L'OBLIGATION

CHAPTER IV
CERTAIN OTHER SOURCES
OF OBLIGATIONS

SECTION I
DE LA GESTION D'AFFAIRES

SECTION I
MANAGEMENT OF THE BUSINESS
OF ANOTHER

1482. Il y a gestion d'affaires lorsqu'une personne, le gérant, de façon spontanée et sans y être obligée, entreprend volontairement et opportunément de gérer l'affaire d'une autre personne, le géré, hors la connaissance de celle-ci ou à sa connaissance si elle n'était pas elle-même en mesure de désigner un mandataire ou d'y pourvoir de toute autre manière.

1482. Management of the business of another exists where a person, the manager, spontaneously and under no obligation to act, voluntarily and opportunely undertakes to manage the business of another, the principal, without his knowledge, or with his knowledge if he was unable to appoint a mandatary or otherwise provide for it.

1483. Le gérant doit, dès qu'il lui est possible de le faire, informer le géré de la gestion qu'il a entreprise.

1483. The manager shall as soon as possible inform the principal of the management he has undertaken.

1484. La gestion d'affaires oblige le gérant à continuer la gestion qu'il a entreprise jusqu'à ce qu'il puisse l'abandonner sans risque de perte ou jusqu'à ce que le géré, ses tuteur ou curateur, ou le liquidateur de sa succession, le cas échéant, soient en mesure d'y pourvoir.

1484. The manager is bound to continue the management undertaken until he can withdraw without risk of loss or until the principal, or his tutor or curator, or the liquidator of the succession, as the case may be, is able to provide for it.

Le gérant est, pour le reste, soumis dans sa gestion aux obligations générales de l'administrateur du bien d'autrui chargé de la simple administration, dans la mesure où ces obligations ne sont pas incompatibles, compte tenu des circonstances.

The manager is in all other respects of the administration subject to the general obligations of an administrator of the property of another entrusted with simple administration, so far as they are not incompatible, having regard to the circumstances.

1485. Le liquidateur de la succession du gérant qui connaît la gestion, n'est tenu de faire, dans les affaires commencées, que ce qui est nécessaire pour prévenir une perte; il doit aussitôt rendre compte au géré.

1485. The liquidator of the succession of the manager who is aware of the management is bound to do only what is necessary, in business already begun, to avoid loss; he shall immediately account to the principal.

1486. Le géré doit, lorsque les conditions de la gestion d'affaires sont réunies et même si le résultat recherché n'a pas été atteint, rembourser au gérant les dépenses nécessaires ou utiles faites par celui-ci et l'indemniser pour le préjudice qu'il a subi en raison de sa gestion et qui n'est pas dû à sa faute.

1486. When the conditions of management of the business of another are fulfilled, even if the desired result has not been attained, the principal shall reimburse the manager for all the necessary or useful expenses he has incurred and indemnify him for any injury he has suffered by reason of his management and not through his own fault.

Il doit aussi remplir les engagements nécessaires ou utiles qui ont été contractés, en son nom ou à son bénéfice, par le gérant envers des tiers.

The principal shall also fulfil any necessary or useful obligations that the manager has contracted with third persons in his name or for his benefit.

1487. L'utilité ou la nécessité des dépenses faites par le gérant et des obligations qu'il a contractées s'apprécie au moment où elles ont été faites ou contractées.

1487. Expenses or obligations are assessed as to their necessity or usefulness at the time they were incurred or contracted by the manager.

1488. Les impenses faites par le gérant sur un immeuble appartenant au géré sont traitées suivant les règles établies pour celles faites par un possesseur de bonne foi.

1488. Disbursements made by the manager in respect of an immovable belonging to the principal are treated according to the rules established for those made by a possessor in good faith.

1489. Le gérant qui agit en son propre nom est tenu envers les tiers avec qui il contracte, sans préjudice des recours de l'un et des autres contre le géré.

Le gérant qui agit au nom du géré n'est tenu envers les tiers avec qui il contracte que si le géré n'est pas tenu envers eux.

1489. A manager acting in his own name is bound towards third persons with whom he contracts, without prejudice to his or their remedies against the principal.

A manager acting in the name of the principal is bound towards third persons with whom he contracts only so far as the principal is not bound towards them.

1490. La gestion inopportunément entreprise par le gérant n'oblige le géré que dans la seule mesure de son enrichissement.

1490. Management inopportunely undertaken by a manager is binding on the principal only to the extent of his enrichment.

SECTION II
DE LA RÉCEPTION DE L'INDU

SECTION II
RECEPTION OF A THING NOT DUE

1491. Le paiement fait par erreur, ou simplement pour éviter un préjudice à celui qui le fait en protestant qu'il ne doit rien, oblige celui qui l'a reçu à le restituer.

Toutefois, il n'y a pas lieu à la restitution lorsque, par suite du paiement, celui qui a reçu de bonne foi a désormais une créance prescrite, a détruit son titre ou s'est privé d'une sûreté, sauf le recours de celui qui a payé contre le véritable débiteur.

1491. A person who receives a payment made in error, or merely to avoid injury to the person making it while protesting that he owes nothing, is obliged to restore it.

He is not obliged to restore it, however, where, in consequence of the payment, the claim of the person who received the undue payment in good faith is prescribed or the person has destroyed his title or relinquished a security, saving the remedy of the person having made the payment against the true debtor.

1492. La restitution de ce qui a été payé indûment se fait suivant les règles de la restitution des prestations.

1492. Restitution of payments not due is made according to the rules of restitution of prestations.

SECTION III
DE L'ENRICHISSEMENT INJUSTIFIÉ

SECTION III
UNJUST ENRICHMENT

1493. Celui qui s'enrichit aux dépens d'autrui doit, jusqu'à concurrence de

1493. A person who is enriched at the expense of another shall, to the extent of

son enrichissement, indemniser ce dernier de son appauvrissement corrélatif s'il n'existe aucune justification à l'enrichissement ou à l'appauvrissement.

his enrichment, indemnify the other for his correlative impoverishment, if there is no justification for the enrichment or the impoverishment.

1494. Il y a justification à l'enrichissement ou à l'appauvrissement lorsqu'il résulte de l'exécution d'une obligation, du défaut, par l'appauvri, d'exercer un droit qu'il peut ou aurait pu faire valoir contre l'enrichi ou d'un acte accompli par l'appauvri dans son intérêt personnel et exclusif ou à ses risques et périls ou, encore, dans une intention libérale constante.

1494. Enrichment or impoverishment is justified where it results from the performance of an obligation, from the failure of the person impoverished to exercise a right of which he may avail himself or could have availed himself against the person enriched, or from an act performed by the person impoverished for his personal and exclusive interest or at his own risk and peril, or with a constant liberal intention.

1495. L'indemnité n'est due que si l'enrichissement subsiste au jour de la demande.

1495. An indemnity is due only if the enrichment continues to exist on the day of the demand.

Tant l'enrichissement que l'appauvrissement s'apprécient au jour de la demande; toutefois, si les circonstances indiquent la mauvaise foi de l'enrichi, l'enrichissement peut s'apprécier au temps où il en a bénéficié.

Both the value of the enrichment and that of the impoverishment are assessed on the day of the demand; however, where the circumstances indicate the bad faith of the person enriched, the enrichment may be assessed at the time the person was enriched.

1496. Lorsque l'enrichi a disposé gratuitement de ce dont il s'est enrichi sans intention de frauder l'appauvri, l'action de ce dernier peut s'exercer contre le tiers bénéficiaire, si celui-ci était en mesure de connaître l'appauvrissement.

1496. Where the person enriched disposes of his enrichment gratuitously, with no intention of defrauding the person impoverished, the action of the person impoverished may be taken against the third person beneficiary if the latter could have known of the impoverishment.

CHAPITRE CINQUIÈME
DES MODALITÉS DE L'OBLIGATION

CHAPTER V
MODALITIES OF OBLIGATIONS

SECTION I
DE L'OBLIGATION À MODALITÉ SIMPLE

SECTION I
SIMPLE MODALITIES

§ 1.–*De l'obligation conditionnelle*

§ 1.–*Conditional obligations*

1497. L'obligation est conditionnelle lorsqu'on la fait dépendre d'un événement futur et incertain, soit en suspen-

1497. An obligation is conditional where it is made to depend upon a future and uncertain event, either by suspending it

dant sa naissance jusqu'à ce que l'événement arrive ou qu'il devienne certain qu'il n'arrivera pas, soit en subordonnant son extinction au fait que l'événement arrive ou n'arrive pas.

until the event occurs or is certain not to occur, or by making its extinction dependent on whether or not the event occurs.

1498. N'est pas conditionnelle l'obligation dont la naissance ou l'extinction dépend d'un événement qui, à l'insu des parties, est déjà arrivé au moment où le débiteur s'est obligé sous condition.

1498. An obligation is not conditional if it or its extinction depends on an event that, unknown to the parties, had already occurred at the time that the debtor obligated himself conditionally.

1499. La condition dont dépend l'obligation doit être possible et ne doit être ni prohibée par la loi ni contraire à l'ordre public; autrement, elle est nulle et rend nulle l'obligation qui en dépend.

1499. A condition upon which an obligation depends is one that is possible and neither unlawful nor contrary to public order; otherwise, it is null and renders null the obligation that depends upon it.

1500. L'obligation dont la naissance dépend d'une condition qui relève de la seule discrétion du débiteur est nulle; mais, si la condition consiste à faire ou à ne pas faire quelque chose, quoique cela relève de sa discrétion, l'obligation est valable.

1500. An obligation that depends upon a condition that is at the sole discretion of the debtor is null; however, if the condition consists in doing or not doing something, the obligation is valid, even where the act is at the discretion of the debtor.

1501. La condition qui n'est assortie d'aucun délai pour son accomplissement peut toujours être accomplie; elle est toutefois défaillie s'il devient certain qu'elle ne s'accomplira pas.

1501. If no time has been fixed for fulfillment of a condition, the condition may be fulfilled at any time; the condition fails, however, if it becomes certain that it will not be fulfilled.

1502. Lorsque l'obligation est subordonnée à la condition qu'un événement n'arrivera pas dans un temps déterminé, cette condition est accomplie lorsque le temps s'est écoulé sans que l'événement soit arrivé; elle l'est également lorsqu'il devient certain, avant l'écoulement du temps prévu, que l'événement n'arrivera pas.

1502. Where an obligation is dependent on the condition that an event will not occur within a given time, the condition is considered fulfilled once the time has elapsed without the event having occurred, and also when, before the time has elapsed, it becomes certain that the event will not occur.

S'il n'y a pas de temps déterminé, la condition n'est censée accomplie que lorsqu'il devient certain que l'événement n'arrivera pas.

Where no time has been fixed, the condition is not considered fulfilled until it becomes certain that the event will not occur.

1503. L'obligation conditionnelle a tout son effet lorsque le débiteur obligé sous telle condition en empêche l'accomplissement.

1504. Le créancier peut, avant l'accomplissement de la condition, prendre toutes les mesures utiles à la conservation de ses droits.

1505. Le simple fait que l'obligation soit conditionnelle ne l'empêche pas d'être cessible ou transmissible.

1506. La condition accomplie a, entre les parties et à l'égard des tiers, un effet rétroactif au jour où le débiteur s'est obligé sous condition.

1507. La condition suspensive accomplie oblige le débiteur à exécuter l'obligation, comme si celle-ci avait existé depuis le jour où il s'est obligé sous telle condition.

La condition résolutoire accomplie oblige chacune des parties à restituer à l'autre les prestations qu'elle a reçues en vertu de l'obligation, comme si celle-ci n'avait jamais existé.

§ 2.–De l'obligation à terme

1508. L'obligation est à terme suspensif lorsque son exigibilité seule est suspendue jusqu'à l'arrivée d'un événement futur et certain.

1509. Lorsque l'exigibilité de l'obligation est suspendue jusqu'à l'expiration d'un délai, sans mention d'une date déterminée, on ne compte pas le jour qui marque le point de départ, mais on compte celui de l'échéance.

1510. Si l'événement qui était tenu pour certain n'arrive pas, l'obligation devient

1503. A conditional obligation becomes absolute when the debtor whose obligation is subject to the condition prevents it from being fulfilled.

1504. The creditor, pending fulfillment of the condition, may take any useful measures to preserve his rights.

1505. The conditional nature of an obligation does not prevent it from being transferable or transmissible.

1506. The fulfillment of a condition has a retroactive effect, between the parties and with respect to third persons, to the day on which the debtor obligated himself conditionally.

1507. The fulfillment of a suspensive condition obliges the debtor to perform the obligation, as though it had existed from the day on which he obligated himself under that condition.

The fulfillment of a resolutory condition obliges each party to return to the other the prestations he has received pursuant to the obligation, as though the obligation had never existed.

§ 2.–Obligations with a term

1508. An obligation with a suspensive term is an existing obligation that does not become exigible until the occurrence of a future and certain event.

1509. Where the obligation does not become exigible until the expiry of a period of time but no specific date is mentioned, the first day of the period is not counted, but the day of its expiry is counted.

1510. If an event that was considered certain does not occur, the obligation is

exigible au jour où l'événement aurait dû normalement arriver.

1511. Le terme profite au débiteur, sauf s'il résulte de la loi, de la volonté des parties ou des circonstances qu'il a été stipulé en faveur du créancier ou des deux parties.

La partie au bénéfice exclusif de qui le terme est stipulé peut y renoncer, sans le consentement de l'autre partie.

1512. Lorsque les parties ont convenu de retarder la détermination du terme ou de laisser à l'une d'elles le soin de le déterminer et qu'à l'expiration d'un délai raisonnable, elles n'y ont point encore procédé, le tribunal peut, à la demande de l'une d'elles, fixer ce terme en tenant compte de la nature de l'obligation, de la situation des parties et de toute circonstance appropriée.

Le tribunal peut aussi fixer ce terme lorsqu'il est de la nature de l'obligation qu'elle soit à terme et qu'il n'y a pas de convention par laquelle on puisse le déterminer.

1513. Ce qui n'est dû qu'à terme ne peut être exigé avant l'échéance; mais ce qui a été exécuté d'avance, librement et sans erreur, ne peut être répété.

1514. Le débiteur perd le bénéfice du terme s'il devient insolvable, est déclaré failli, ou diminue, par son fait et sans le consentement du créancier, les sûretés qu'il a consenties à ce dernier.

Il perd aussi le bénéfice du terme s'il fait défaut de respecter les conditions en considération desquelles ce bénéfice lui avait été accordé.

exigible from the day on which the event normally should have occurred.

1511. A term is for the benefit of the debtor, unless it is apparent from the law, the intent of the parties or the circumstances that it has been stipulated for the benefit of the creditor or both parties.

The party for whose exclusive benefit a term has been stipulated may renounce it, without the consent of the other party.

1512. Where the parties have agreed to delay the determination of the term or to leave it to one of them to make such determination and where, after a reasonable time, no term has been determined, the court may, upon the application of one of the parties, fix the term according to the nature of the obligation, the situation of the parties and the circumstances.

The court may also fix the term where a term is required by the nature of the obligation and there is no agreement as to how it may be determined.

1513. What is due with a term may not be exacted before the term expires, but anything performed freely and without error before the expiry of the term may not be recovered.

1514. A debtor loses the benefit of the term if he becomes insolvent, is declared bankrupt, or, by his own act and without the consent of the creditor, reduces the security he has given to him.

He also loses the benefit of the term if he fails to meet the conditions in consideration of which it was granted to him.

1515. La renonciation au bénéfice du terme ou la déchéance du terme rend l'obligation immédiatement exigible.

1516. La déchéance du terme encourue par l'un des débiteurs, même solidaire, est inopposable aux autres codébiteurs.

1517. L'obligation est à terme extinctif lorsque sa durée est fixée par la loi ou par les parties et qu'elle s'éteint par l'arrivée du terme.

SECTION II
DE L'OBLIGATION À MODALITÉ COMPLEXE

§ 1.–*De l'obligation à plusieurs sujets*

I – De l'obligation conjointe, divisible et indivisible

1518. L'obligation est conjointe entre plusieurs débiteurs lorsqu'ils sont obligés à une même chose envers le créancier, mais de manière que chacun d'eux ne puisse être contraint à l'exécution de l'obligation que séparément et jusqu'à concurrence de sa part dans la dette.

Elle est conjointe entre plusieurs créanciers lorsque chacun d'eux ne peut exiger, du débiteur commun, que l'exécution de sa part dans la créance.

1519. L'obligation est divisible de plein droit, à moins que l'indivisibilité n'ait été expressément stipulée ou que l'objet de l'obligation ne soit pas, de par sa nature, susceptible de division matérielle ou intellectuelle.

1520. L'obligation qui est indivisible ne se divise ni entre les débiteurs ou les créanciers, ni entre leurs héritiers.

Chacun des débiteurs ou de ses héritiers peut être séparément contraint

1515. Renunciation of the benefit of the term or forfeiture of the term renders the obligation exigible immediately.

1516. Forfeiture of the term incurred by one of the debtors, even a solidary debtor, may not be set up against the other co-debtors.

1517. An obligation with an extinctive term is an obligation which has a duration fixed by law or by the parties and which is extinguished by expiry of the term.

SECTION II
COMPLEX MODALITIES

§ 1.–*Obligations with multiple persons*

I – Joint, divisible and indivisible obligations

1518. An obligation is joint between two or more debtors where they are obligated to the creditor for the same thing but in such a way that each debtor may only be compelled to perform the obligation separately and only up to his share of the debt.

An obligation is joint between two or more creditors where each creditor may only exact the performance of his share of the claim from the common debtor.

1519. An obligation is divisible by operation of law, unless it is expressly stipulated that it is indivisible or unless the object of the obligation, owing to its nature, is not susceptible of division either materially or intellectually.

1520. An indivisible obligation is not susceptible of division, either between the creditors or the debtors or between their heirs.

Each of the debtors or of his heirs may separately be compelled to perform

à l'exécution de l'obligation entière et chacun des créanciers ou de ses héritiers peut, inversement, exiger son exécution intégrale, encore que l'obligation ne soit pas solidaire.

1521. La stipulation de solidarité, à elle seule, ne confère pas à l'obligation le caractère d'indivisibilité.

1522. L'obligation divisible qui n'a qu'un seul débiteur et qu'un seul créancier doit être exécutée entre eux comme si elle était indivisible; mais elle demeure divisible entre leurs héritiers.

II – De l'obligation solidaire

1. De la solidarité entre les débiteurs

1523. L'obligation est solidaire entre les débiteurs lorsqu'ils sont obligés à une même chose envers le créancier, de manière que chacun puisse être séparément contraint pour la totalité de l'obligation, et que l'exécution par un seul libère les autres envers le créancier.

1524. L'obligation peut être solidaire quoique l'un des codébiteurs soit obligé différemment des autres à l'accomplissement de la même chose, par exemple si l'un est obligé conditionnellement tandis que l'engagement de l'autre n'est pas conditionnel, ou s'il est donné à l'un un terme qui n'est pas accordé à l'autre.

1525. La solidarité entre les débiteurs ne se présume pas; elle n'existe que lorsqu'elle est expressément stipulée par les parties ou prévue par la loi.

Elle est, au contraire, présumée entre les débiteurs d'une obligation contractée pour le service ou l'exploitation d'une entreprise.

the whole obligation and, conversely, each of the creditors or of his heirs may exact the performance of the whole obligation, even though the obligation is not solidary.

1521. A stipulation of solidarity does not make an obligation indivisible.

1522. A divisible obligation binding only one debtor and one creditor may be performed between them only as if it were indivisible, but it remains divisible between the heirs.

II – Solidary obligations

1. Solidarity between debtors

1523. An obligation is solidary between the debtors where they are obligated to the creditor for the same thing in such a way that each of them may be compelled separately to perform the whole obligation and where performance by a single debtor releases the others towards the creditor.

1524. An obligation may be solidary even though one of the co-debtors is obliged differently from the others to perform the same thing, such as where one is conditionally bound while the obligation of the other is not conditional, or where one is allowed a term which is not granted to the other.

1525. Solidarity between debtors is not presumed; it exists only where it is expressly stipulated by the parties or imposed by law.

Solidarity between debtors is presumed, however, where an obligation is contracted for the service or carrying on of an enterprise.

Constitue l'exploitation d'une entreprise l'exercice, par une ou plusieurs personnes, d'une activité économique organisée, qu'elle soit ou non à caractère commercial, consistant dans la production ou la réalisation de biens, leur administration ou leur aliénation, ou dans la prestation de services.

The carrying on by one or more persons of an organized economic activity, whether or not it is commercial in nature, consisting of producing, administering or alienating property, or providing a service, constitutes the carrying on of an enterprise.

1526. L'obligation de réparer le préjudice causé à autrui par la faute de deux personnes ou plus est solidaire, lorsque cette obligation est extracontractuelle.

1526. The obligation to make reparation for injury caused to another through the fault of two or more persons is solidary where the obligation is extra-contractual.

1527. Lorsque l'exécution en nature d'une obligation devient impossible par la faute ou pendant la demeure de l'un ou de plusieurs des débiteurs solidaires, les autres codébiteurs ne sont pas déchargés de l'obligation d'en payer l'équivalent au créancier, mais ils ne sont pas tenus des dommages-intérêts additionnels qui pourraient lui être dus.

1527. Where specific performance of an obligation has become impossible through the fault of one or more of the solidary debtors, or after he or they have been put in default, the other co-debtors are not released from their obligation to make an equivalent payment to the creditor, but they are not liable for additional damages which may be owed to him.

Le créancier ne peut réclamer des dommages-intérêts additionnels qu'aux codébiteurs par la faute desquels l'obligation est devenue impossible à exécuter et qu'à ceux qui étaient alors en demeure de l'exécuter.

The creditor may not claim additional damages except from those co-debtors through whose fault the obligation became impossible to perform, and from those who were then in default.

1528. Le créancier d'une obligation solidaire peut s'adresser, pour en obtenir le paiement, à celui des codébiteurs qu'il choisit, sans que celui-ci puisse lui opposer le bénéfice de division.

1528. The creditor of a solidary obligation may apply for payment to any one of the co-debtors at his option, without such debtor having a right to plead the benefit of division.

1529. La poursuite intentée contre l'un des débiteurs solidaires ne prive pas le créancier de son recours contre les autres, mais le débiteur poursuivi peut appeler, au procès, les autres débiteurs solidaires.

1529. Proceedings instituted against one of the solidary debtors do not deprive the creditor of his remedy against the others, but the debtor sued may implead the other solidary debtors.

1530. Le débiteur solidaire poursuivi par le créancier peut opposer tous les moyens qui lui sont personnels, ainsi

1530. A solidary debtor who is sued by his creditor may set up all the defenses against him that are personal to him or

que ceux qui sont communs à tous les codébiteurs; mais il ne peut opposer les moyens qui sont purement personnels à l'un ou à plusieurs des autres codébiteurs.

1531. Le débiteur solidaire qui, par le fait du créancier, est privé d'une sûreté ou d'un droit qu'il aurait pu faire valoir par subrogation, est libéré jusqu'à concurrence de la valeur de la sûreté ou du droit dont il est privé.

1532. Le créancier qui renonce à la solidarité à l'égard de l'un des débiteurs conserve son recours solidaire contre les autres pour le tout.

1533. Le créancier qui reçoit divisément et sans réserve la part de l'un des débiteurs solidaires, en spécifiant dans sa quittance que c'est pour sa part, ne renonce à la solidarité qu'à l'égard de ce débiteur.

1534. Le créancier qui reçoit divisément et sans réserve la part de l'un des débiteurs dans les arrérages ou les intérêts de la dette, en spécifiant dans la quittance que c'est pour sa part, perd son recours solidaire contre ce dernier pour les arrérages ou intérêts échus, mais non pour ceux à échoir, ni pour le capital, à moins que le paiement divisé ne se soit continué pendant trois ans consécutifs.

1535. Le créancier qui poursuit un débiteur solidaire pour sa part perd son recours solidaire contre ce débiteur, lorsque celui-ci acquiesce à la demande ou est condamné par jugement.

1536. Le débiteur solidaire qui a exécuté l'obligation ne peut répéter de ses codébiteurs que leur part respective dans celle-ci, encore qu'il soit subrogé aux droits du créancier.

that are common to all the co-debtors, but he may not set up defenses that are purely personal to one or several of the other co-debtors.

1531. Where, through the act of the creditor, a solidary debtor is deprived of a security or of a right which he could have set up by subrogation, he is released to the extent of the value of the security or right of which he is deprived.

1532. A creditor who renounces solidarity in favour of one of the debtors retains his solidary remedy against the other debtors for the whole debt.

1533. A creditor who receives separately and without reserve the share of one of the solidary debtors and specifies in the acquittance that it applies to that share renounces solidarity in favour of that debtor alone.

1534. Where a creditor receives separately and without reserve the share of one of the debtors in the periodic payments or interest on the debt and specifies in the acquittance that it applies to his share, he loses his solidary remedy against that debtor for the periodic payments or interest due, but not for any that may become due in the future, nor for the capital, unless separate payment is continued for three consecutive years.

1535. A creditor who sues a solidary debtor for his share loses his solidary remedy against him if the debtor acquiesces in the demand or is condemned by judgment.

1536. A solidary debtor who has performed the obligation may not recover from his co-debtors more than their respective shares, although he is subrogated to the rights of the creditor.

1537. La contribution dans le paiement d'une obligation solidaire se fait en parts égales entre les débiteurs solidaires, à moins que leur intérêt dans la dette, y compris leur part dans l'obligation de réparer le préjudice causé à autrui, ne soit inégal, auquel cas la contribution se fait proportionnellement à l'intérêt de chacun dans la dette.

Cependant, si l'obligation a été contractée dans l'intérêt exclusif de l'un des débiteurs ou résulte de la faute d'un seul des codébiteurs, celui-ci est tenu seul de toute la dette envers ses codébiteurs, lesquels sont alors considérés, par rapport à lui, comme ses cautions.

1538. La perte occasionnée par l'insolvabilité de l'un des débiteurs solidaires se répartit en parts égales entre les autres codébiteurs, sauf si leur intérêt dans la dette est inégal.

Toutefois, le créancier qui a renoncé à la solidarité à l'égard de l'un des débiteurs supporte la part contributive de ce dernier.

1539. Le débiteur solidaire poursuivi en remboursement par celui des codébiteurs qui a exécuté l'obligation peut soulever les moyens communs que ce dernier n'a pas opposés au créancier; il peut aussi opposer les moyens qui lui sont personnels, mais non ceux qui sont purement personnels à l'un ou à plusieurs des autres codébiteurs.

1540. L'obligation d'un débiteur solidaire se divise de plein droit entre ses héritiers, à moins qu'elle ne soit indivisible.

2. De la solidarité entre les créanciers

1541. La solidarité n'existe entre les créanciers que lorsqu'elle a été expressément stipulée.

1537. Contribution to the payment of a solidary obligation is made by equal shares among the solidary debtors, unless their interests in the debt, including their shares of the obligation to make reparation for injury caused to another, are unequal, in which case their contributions are proportional to the interest of each in the debt.

However, if the obligation was contracted in the exclusive interest of one of the debtors or if it is due to the fault of one co-debtor alone, he is liable for the whole debt to the other co-debtors, who are then considered, in his regard, as his sureties.

1538. A loss arising from the insolvency of a solidary debtor is equally divided between the other co-debtors, unless their interests in the debt are unequal.

A creditor who has renounced solidarity in favour of one debtor, however, bears the share of that debtor in the contribution.

1539. A solidary debtor sued for reimbursement by the co-debtor who has performed the obligation may raise any common defenses that have not been set up by the co-debtor against the creditor. He may also set up defenses which are personal to himself, but not those which are purely personal to one or several of the other co-debtors.

1540. The obligation of a solidary debtor is divided by operation of law between his heirs, except where it is indivisible.

2. Solidarity between creditors

1541. Solidarity between creditors exists only where it has been expressly stipulated.

Elle donne alors à chacun d'eux le droit d'exiger du débiteur qu'il exécute entièrement l'obligation, ainsi que le droit d'en donner quittance pour le tout.

1542. L'exécution de l'obligation au profit de l'un des créanciers solidaires libère le débiteur à l'égard des autres créanciers.

1543. Le débiteur a le choix d'exécuter l'obligation au profit de l'un ou l'autre des créanciers solidaires, tant qu'il n'a pas été poursuivi par l'un d'eux.

Néanmoins, si l'un des créanciers lui fait remise de l'obligation, le débiteur n'en est libéré que pour la part de ce créancier. Il en est de même dans tous les cas où l'obligation est éteinte autrement que par le paiement de celle-ci.

1544. L'obligation au profit d'un créancier solidaire se divise de plein droit entre ses héritiers.

§ 2.–*De l'obligation à plusieurs objets*

I – De l'obligation alternative

1545. L'obligation est alternative lorsqu'elle a pour objet deux prestations principales et que l'exécution d'une seule libère le débiteur pour le tout.

L'obligation n'est pas considérée comme alternative si au moment où elle est née, l'une des prestations ne pouvait être l'objet de l'obligation.

1546. Le choix de la prestation appartient au débiteur, à moins qu'il n'ait été expressément accordé au créancier.

Toutefois, si la partie à qui appartient le choix de la prestation fait défaut, après mise en demeure, d'exercer son

It entitles each of them to exact the whole performance of the obligation from the debtor and to give a full acquittance for it.

1542. Performance of an obligation in favour of one of the solidary creditors releases the debtor towards the other creditors.

1543. A debtor has the option of performing the obligation in favour of any of the solidary creditors, provided he has not been sued by any of them.

A release from the obligation granted by one of the solidary creditors releases the debtor, but only for the portion of that creditor. The same rule applies to all cases in which the obligation is extinguished otherwise than by payment thereof.

1544. An obligation for the benefit of a solidary creditor is divided by operation of law between his heirs.

§ 2.–*Obligations with multiple objects*

I – Alternative obligations

1545. An alternative obligation is one which has two principal prestations as its object, the performance of either of which releases the debtor for the whole.

An obligation is not considered to be alternative if, when it arose, one of the prestations could not be the object of the obligation.

1546. The choice of the prestation belongs to the debtor, unless it has been expressly granted to the creditor.

Where, after being put in default, the party who has the choice of the prestation fails to exercise it within the time

choix dans le délai qui lui est imparti pour le faire, le choix de la prestation revient à l'autre partie.

allotted to him to do so, the choice of the prestation passes to the other party.

1547. Le débiteur ne peut exécuter ni être contraint d'exécuter partie d'une prestation et partie de l'autre.

1547. A debtor may neither perform nor be compelled to perform part of one prestation and part of the other.

1548. Le débiteur qui a le choix de la prestation doit, si l'une ou l'autre des prestations devient impossible à exécuter même par sa faute, exécuter la prestation qui reste.

1548. Where the debtor has the option and one of the prestations becomes impossible to perform, even through his own fault, he shall perform the one that remains.

Si, dans le même cas, les deux prestations deviennent impossibles à exécuter et que l'impossibilité quant à l'une ou l'autre est due à la faute du débiteur, celui-ci est tenu envers le créancier jusqu'à concurrence de la valeur de la prestation qui est restée la dernière.

If, in the same case, both prestations become impossible to perform and the impossibility of performing either of them is due to the fault of the debtor, he is liable to the creditor to the extent of the value of the last prestation remaining.

1549. Le créancier qui a le choix de la prestation doit, si l'une ou l'autre des prestations devient impossible à exécuter, accepter la prestation qui reste, à moins que cette impossibilité ne résulte de la faute du débiteur, auquel cas il peut exiger soit l'exécution en nature de la prestation qui reste, soit la réparation, par équivalent, du préjudice résultant de l'inexécution de la prestation devenue impossible.

1549. Where the creditor has the option, he shall, if one of the prestations becomes impossible to perform, accept the remaining prestation unless the impossibility of performing it is due to the fault of the debtor, in which case the creditor has the right to exact specific performance of the remaining prestation or reparation, by equivalence, for the injury resulting from the nonperformance of the prestation that has become impossible.

Si, dans le même cas, les prestations deviennent impossibles à exécuter et que l'impossibilité est due à la faute du débiteur, il peut exiger la réparation, par équivalent, du préjudice résultant de l'inexécution de l'une ou l'autre des prestations.

If, in the same case, the prestations become impossible to perform and the impossibility of performing them is due to the fault of the debtor, the creditor may exact reparation, by equivalence, for the injury resulting from the nonperformance of one or another of the prestations.

1550. Lorsque toutes les prestations deviennent impossibles à exécuter sans la faute du débiteur, l'obligation est éteinte.

1550. Where all the prestations become impossible to perform through no fault of the debtor, the obligation is extinguished.

1551. L'obligation est alternative même dans les cas où elle a pour objet plus de deux prestations principales; les règles du présent sous-paragraphe s'appliquent à ces cas, compte tenu des adaptations nécessaires.

1551. The obligation is an alternative obligation even where it has more than two principal prestations as its object, and the rules of this subdivision apply, adapted as required, to all such obligations.

II – De l'obligation facultative

II – Facultative obligations

1552. L'obligation est facultative lorsqu'elle a pour objet une seule prestation principale dont le débiteur peut néanmoins se libérer en exécutant une autre prestation.

1552. A facultative obligation is an obligation which has only one principal prestation as its object but from which the debtor may release himself by performing another prestation.

Le débiteur est libéré si la prestation principale devient impossible à exécuter sans que cela soit dû à sa faute.

The debtor is released if the principal prestation, through no fault on his part, becomes impossible to perform.

CHAPITRE SIXIÈME
DE L'EXÉCUTION DE L'OBLIGATION

CHAPTER VI
PERFORMANCE OF OBLIGATIONS

SECTION I
DU PAIEMENT

SECTION I
PAYMENT

§ 1.–Du paiement en général

§ 1.–Payment in general

1553. Par paiement on entend non seulement le versement d'une somme d'argent pour acquitter une obligation, mais aussi l'exécution même de ce qui est l'objet de l'obligation.

1553. Payment means not only the turning over of a sum of money in satisfaction of an obligation, but also the actual performance of whatever forms the object of the obligation.

1554. Tout paiement suppose une obligation: ce qui a été payé sans qu'il existe une obligation est sujet à répétition.

1554. Every payment presupposes an obligation; what has been paid where there is no obligation may be recovered.

La répétition n'est cependant pas admise à l'égard des obligations naturelles qui ont été volontairement acquittées.

Recovery is not admitted, however, in the case of natural obligations that have been voluntarily paid.

1555. Le paiement peut être fait par toute personne, lors même qu'elle serait un tiers par rapport à l'obligation; le créancier peut être mis en demeure par l'offre d'un tiers d'exécuter l'obligation pour le débiteur, mais il faut que cette

1555. Payment may be made by any person, even if he is a third person with respect to the obligation; the creditor may be put in default by the offer of a third person to perform the obligation in the name of the debtor, provided the

offre soit faite pour l'avantage du débi-teur et non dans le seul but de changer de créancier.

Toutefois, le créancier ne peut être contraint de recevoir le paiement d'un tiers lorsqu'il a intérêt à ce que le paie-ment soit fait personnellement par le débiteur.

1556. Pour payer valablement, il faut avoir dans ce qui est dû un droit qui autorise à le donner en paiement.

Néanmoins, si ce qui est dû est une somme d'argent ou autre chose qui se consomme par l'usage, le paiement ne peut être recouvré contre le créancier qui l'a consommé de bonne foi, quoique ce paiement ait été fait par une per-sonne qui n'était pas autorisée à le faire.

1557. Le paiement doit être fait au créancier ou à une personne autorisée à le recevoir pour lui.

S'il est fait à un tiers, il est valable si le créancier le ratifie; à défaut de ratifi-cation, il ne vaut que dans la mesure où le créancier en a profité.

1558. Le paiement fait à un créancier qui est incapable de le recevoir ne vaut que dans la mesure où il en a profité.

1559. Le paiement fait de bonne foi au créancier apparent est valable, encore que subséquemment il soit établi qu'il n'est pas le véritable créancier.

1560. Le paiement fait par un débiteur à son créancier au détriment d'un créan-cier saisissant n'est pas valable à l'égard de celui-ci, lequel peut, selon ses droits, contraindre le débiteur à

offer is made for the benefit of the debtor and not merely to change creditors.

A creditor may not be compelled to take payment from a third person, how-ever, if he has an interest in having the obligation performed by the debtor per-sonally.

1556. A valid payment may only be made by a person having a right in the thing due which entitles him to give it in payment.

However, payment of a sum of money or of any other thing due that is consumed by use may not be recovered against a creditor who has used it in good faith, even though it was made by a person who was not authorized to make it.

1557. Payment shall be made to the creditor or to the person authorized to receive it for him.

Payment made to a third person is valid if the creditor ratifies it; if it is not ratified, the payment is valid only to the extent that it benefits the creditor.

1558. Payment made to a creditor with-out capacity to receive it is valid only to the extent of the benefit he derives from it.

1559. Payment made in good faith to the apparent creditor is valid, even though it is subsequently established that he is not the rightful creditor.

1560. Payment made by a debtor to his creditor to the detriment of a seizing creditor is not valid against the seizing creditor who, according to his rights, may compel the debtor to pay again; in that

payer de nouveau; dans ce cas, le débiteur a un recours contre celui de ses créanciers qu'il a ainsi payé.

1561. Le créancier ne peut être contraint de recevoir autre chose que ce qui lui est dû, quoique ce qui est offert soit d'une plus grande valeur.

Il ne peut, non plus, être contraint de recevoir le paiement partiel de l'obligation, à moins qu'il n'y ait un litige sur une partie de celle-ci, auquel cas il ne peut, si le débiteur offre de payer la partie non litigieuse, refuser d'en recevoir le paiement; mais il conserve son droit de réclamer l'autre partie de l'obligation.

1562. Le débiteur d'un bien individualisé est libéré par la remise de celui-ci dans l'état où il se trouve lors du paiement, pourvu que les détériorations qu'il a subies ne résultent pas de son fait ou de sa faute et ne soient pas survenues après qu'il fût en demeure de payer.

1563. Le débiteur d'un bien qui n'est déterminé que par son espèce n'est pas tenu de le donner de la meilleure qualité, mais il ne peut l'offrir de la plus mauvaise.

1564. Le débiteur d'une somme d'argent est libéré par la remise au créancier de la somme nominale prévue, en monnaie ayant cours légal lors du paiement.

Il est aussi libéré par la remise de la somme prévue au moyen d'un mandat postal, d'un chèque fait à l'ordre du créancier et certifié par un établissement financier exerçant son activité au Québec ou d'un autre effet de paiement offrant les mêmes garanties au créancier, ou, encore, si le créancier est en mesure de l'accepter, au moyen d'une

case, the debtor has a remedy against the creditor so paid.

1561. A creditor may not be compelled to accept anything other than what is due to him, even though the thing offered is of greater value.

Nor may he be compelled to accept partial payment of an obligation unless the obligation is disputed in part. In that case, if the debtor offers to pay the undisputed part, the creditor may not refuse to accept payment of it, but he preserves his right to claim the other part of the obligation.

1562. A debtor of a certain and determinate thing is released by the handing over of the thing in its actual condition at the time of payment, provided that the deterioration it has suffered is not due to his act or fault and did not occur after he was in default.

1563. Where the thing is determinate as to its kind only, the debtor need not give one of the best quality, but he may not offer one of the worst quality.

1564. Where the debt consists of a sum of money, the debtor is released by paying the nominal amount due in money which is legal tender at the time of payment.

He is also released by remitting the amount due by money order, by cheque made to the order of the creditor and certified by a financial institution carrying on business in Québec, or by any other instrument of payment offering the same guarantees to the creditor, or, if the creditor is in a position to accept it, by means of a credit card or a transfer of funds to

carte de crédit ou d'un virement de fonds à un compte que détient le créancier dans un établissement financier.

an account of the creditor in a financial institution.

1565. Les intérêts se paient au taux convenu ou, à défaut, au taux légal.

1565. Interest is paid at the agreed rate or, if none, at the legal rate.

1566. Le paiement se fait au lieu désigné expressément ou implicitement par les parties.

1566. Payment is made at the place expressly or impliedly indicated by the parties.

Si le lieu n'est pas ainsi désigné, le paiement se fait au domicile du débiteur, à moins que ce qui est dû ne soit un bien individualisé, auquel cas le paiement se fait au lieu où le bien se trouvait lorsque l'obligation est née.

If no place is indicated by the parties, payment is made at the domicile of the debtor, unless what is due is a certain and determinate thing, in which case payment is made at the place where the property was when the obligation arose.

1567. Les frais du paiement sont à la charge du débiteur.

1567. The expenses attending payment are borne by the debtor.

1568. Le débiteur qui paie a droit à une quittance et à la remise du titre original de l'obligation.

1568. A debtor who pays his debt is entitled to an acquittance and to the turning over of the original title of the obligation.

§ 2.–*De l'imputation des paiements*

§ 2.–*Imputation of payment*

1569. Le débiteur de plusieurs dettes a le droit d'indiquer, lorsqu'il paie, quelle dette il entend acquitter.

1569. When making payment, a debtor who owes several debts has the right to impute payment to the debt he intends to pay.

Il ne peut toutefois, sans le consentement du créancier, imputer le paiement sur une dette qui n'est pas encore échue de préférence à une dette qui est échue, à moins qu'il ne soit prévu qu'il puisse payer par anticipation.

He may not, however, without the consent of the creditor, impute payment to a debt not yet due in preference to a debt which has become due, unless it was agreed that payment may be made by anticipation.

1570. Le débiteur d'une dette qui porte intérêt ou produit des arrérages ne peut, sans le consentement du créancier, imputer le paiement qu'il fait sur le capital de préférence aux intérêts ou arrérages.

1570. A debtor who owes a debt that bears interest or yields periodic payments may not, without the consent of the creditor, impute a payment to the capital in preference to the interest or periodic payments.

Le paiement fait sur capital et intérêts, mais qui n'est point intégral, s'impute d'abord sur les intérêts.

Any partial payment made on the principal and interest is imputed first to the interest.

1571. Le débiteur de plusieurs dettes qui a accepté une quittance par laquelle le créancier a, lors du paiement, imputé ce qu'il a reçu sur l'une d'elles spécialement, ne peut plus demander l'imputation sur une dette différente, à moins que ne se présente une des causes de nullité des contrats.

1572. À défaut d'imputation par les parties, le paiement est d'abord imputé sur la dette échue.

Entre plusieurs dettes échues, l'imputation se fait sur celle que le débiteur a, pour lors, le plus d'intérêt à acquitter.

À intérêt égal, l'imputation se fait sur la dette qui est échue la première, mais si toutes les dettes sont échues en même temps, elle se fait proportionnellement.

§ 3.—Des offres réelles et de la consignation

1573. Lorsque le créancier refuse ou néglige de recevoir le paiement, le débiteur peut lui faire des offres réelles.

Ces offres consistent à mettre à la disposition du créancier le bien qui est dû, aux temps et lieu où le paiement doit être fait. Elles doivent comprendre, outre le bien dû et les intérêts ou arrérages qu'il a produits, une somme raisonnable destinée à couvrir les frais non liquidés dus par le débiteur, sauf à les parfaire.

1574. Les offres réelles portant sur une somme d'argent peuvent être faites en monnaie ayant cours légal lors du paiement ou au moyen d'un chèque établi à l'ordre du créancier et certifié par un

1571. Where a debtor who owes several debts has accepted an acquittance by which the creditor, at the time of payment, imputed payment to one specific debt, he may not subsequently require that it be imputed to a different debt, except upon grounds for which contracts may be annulled.

1572. In the absence of imputation by the parties, payment is imputed first to the debt that is due.

Where several debts are due, payment is imputed to the debt which the debtor has the greatest interest in paying.

Where the debtor has the same interest in paying several debts, payment is imputed to the debt that became due first; if all of the debts became due at the same time, however, payment is imputed proportionately.

§ 3.—Tender and deposit

1573. Where a creditor refuses or neglects to accept payment, the debtor may make a tender.

A tender consists in placing the thing which is due at the disposal of the creditor at the place and time that payment is due. In addition to the thing due, with the interest and periodic payments it has yielded, a reasonable amount to cover unliquidated expenses owed by the debtor shall be included, saving the right to make up any deficiency in that amount.

1574. Where the object tendered is a sum of money, it may be tendered in currency which is legal tender at the time of payment or by cheque made to the order of the creditor and certified by a

établissement financier exerçant son activité au Québec.

Elles peuvent aussi être faites par la présentation d'un engagement irrévocable, inconditionnel et à durée indéterminée, pris par un établissement financier exerçant son activité au Québec, de verser au créancier la somme qui fait l'objet des offres si ce dernier les accepte ou si le tribunal les déclare valables.

1575. Les offres réelles peuvent être constatées par acte notarié en minute ou par une déclaration judiciaire dont il est donné acte; elles peuvent aussi être constatées par un autre écrit ou faites de toute autre manière, sauf, en ces cas, à en rapporter la preuve.

Lorsque les offres réelles sont constatées par acte notarié, le notaire y mentionne la réponse du créancier, de même que, en cas de refus, les motifs que celui-ci lui a donnés.

1576. Les offres réelles faites par déclaration judiciaire qui ont pour objet une somme d'argent ou une valeur mobilière, doivent être complétées par la consignation de cette somme ou de cette valeur, suivant les règles du Code de procédure civile.

1577. Lorsque le bien doit être payé ou livré au domicile du débiteur ou au lieu où le bien se trouve, l'avis écrit donné par le débiteur au créancier qu'il est prêt à y exécuter l'obligation tient lieu d'offres réelles.

Lorsque le bien n'a pas à être ainsi payé ou livré et qu'il est difficile de le transporter au lieu où il doit l'être, le débiteur peut, s'il est justifié de croire que le créancier en refusera le paiement, requérir ce dernier, par écrit, de

financial institution carrying on business in Québec.

Tender may also be made by way of an irrevocable and unconditional undertaking, for an indefinite term, by a financial institution carrying on business in Québec, to pay to the creditor the amount tendered if the creditor accepts the tender or if the court declares it valid.

1575. Tender may be made by notarial act *en minute* or by a judicial declaration which is recorded; it may also be made by any other writing or in any other manner, provided it is legally proved.

Where tender is made by notarial act, the notary records the answer of the creditor in the act and, in case of refusal, the reasons given by him. [1992, ch. 57, s. 716].

1576. The tender of a sum of money or securities made by a judicial declaration which is recorded shall be completed by deposit of the sum or the securities, according to the rules of the Code of Civil Procedure.

1577. Where payment or delivery of the thing is to be made at the domicile of the debtor or at the place where the thing is located, a written notice given to the creditor by the debtor that he is ready to perform the obligation has the same effect as a tender.

Where payment or delivery of the thing need not be so made and it is difficult to transport the thing to the place where it is to be made, the debtor may, in writing, require the creditor to advise him of his willingness to accept the thing,

lui faire connaître sa volonté de recevoir le bien; à défaut par le créancier de faire connaître sa volonté en temps utile, le débiteur est dispensé de transporter le bien au lieu où il doit être payé ou livré et son avis tient lieu d'offres réelles.

1578. Lorsque le bien qui est dû est une somme d'argent ou une valeur mobilière, l'avis écrit, donné par le débiteur au créancier, de la consignation de la somme ou de la valeur, tient lieu d'offres réelles.

1579. Les offres réelles ou les avis qui en tiennent lieu doivent indiquer la nature de la dette, le titre qui la crée et le nom du créancier ou des personnes à qui le paiement doit être fait; de plus, elles doivent décrire le bien offert et, s'il s'agit d'espèces, en contenir l'énumération et la qualité.

1580. Le créancier est en demeure de plein droit de recevoir le paiement lorsqu'il refuse sans justification les offres réelles valablement faites, lorsqu'il refuse de donner suite à l'avis qui en tient lieu ou, encore, lorsqu'il exprime clairement son intention de refuser les offres que le débiteur pourrait vouloir lui faire; en ce dernier cas, le débiteur est dispensé de lui faire des offres ou de lui donner l'avis qui en tient lieu.

Il est encore en demeure de plein droit lorsque le débiteur, malgré sa diligence, ne peut le trouver.

1581. Le débiteur peut, lorsque le créancier est en demeure de recevoir le paiement, prendre toutes les mesures nécessaires ou utiles à la conservation du bien qu'il doit et, notamment, le faire entreposer auprès d'un tiers ou lui en confier la garde.

if he has reason to believe that the creditor will refuse it; if the creditor fails to advise the debtor of his willingness in due time, the debtor need not transport the thing to the place where it is to be paid or delivered and his notice to the creditor has the same effect as a tender.

1578. Where the thing which is due is a sum of money or securities, a written notice given by the debtor to the creditor that the sum of money or the securities are deposited has the same effect as a tender.

1579. In every tender, or notice having the same effect, the nature of the debt, the title under which it was created and the name of the creditor or the persons to whom payment is to be made shall be indicated; in addition, a description of the thing tendered shall be included with, in the case of a sum of money in cash, an enumeration of each denomination.

1580. A creditor is in default by operation of law where, without justification, he refuses a valid tender or refuses to act on the notice having the same effect, or where he clearly expresses his intention to refuse any tender that the debtor might wish to make; in this last case, the debtor need not make any tender or give any notice having the same effect.

A creditor is also in default by operation of law where the debtor, despite his diligence, cannot find him.

1581. Where the creditor is in default, the debtor may take any measures necessary or useful for the preservation of the thing which he owes and, in particular, entrust it to a third person for storage or custody.

Il peut aussi, dans le même cas, faire vendre le bien pour en consigner le prix, lorsque celui-ci est susceptible de dépérir ou de se déprécier rapidement ou qu'il est dispendieux à conserver.

1582. Le créancier qui est en demeure de recevoir le paiement assume les frais raisonnables de conservation du bien, de même que les frais de la vente du bien et de la consignation du prix, le cas échéant.

Il assume aussi les risques de perte du bien par force majeure.

1583. La consignation consiste dans le dépôt, par le débiteur, de la somme d'argent ou de la valeur mobilière qu'il doit, au Bureau général de dépôts pour le Québec ou auprès d'une société de fiducie ou, encore, si le dépôt est fait en cours d'instance, suivant les règles du Code de procédure civile.

Outre le cas où le créancier refuse de recevoir la somme ou la valeur due par le débiteur, la consignation peut, entre autres, être faite lorsque la créance est l'objet d'un litige entre plusieurs personnes ou que le débiteur est empêché de payer parce que le créancier ne peut être trouvé au lieu où le paiement doit être fait.

1584. Le débiteur peut retirer la somme d'argent ou la valeur mobilière consignée tant qu'elle n'a pas été acceptée par le créancier et, en ce cas, ni ses codébiteurs, ni ses cautions ne sont libérés.

Le retrait ne peut, toutefois, être fait en cours d'instance qu'avec l'autorisation du tribunal.

1585. Lorsque le tribunal déclare valable la consignation de la somme d'ar-

In the same case, if the thing is highly perishable, subject to rapid depreciation or expensive to preserve, the debtor may sell it and deposit the proceeds.

1582. A creditor who is in default bears the reasonable costs of preservation of the thing, as well as any costs that may be incurred for the sale of the thing and the deposit of the proceeds.

He also bears the risks of loss of the thing by superior force.

1583. Deposit by the debtor of the sum of money or the securities which he owes is made in the general deposit office or any trust company or, during judicial proceedings, according to the rules of the Code of Civil Procedure.

Deposit may be made not only where the creditor refuses to accept the money or securities owed by the debtor, but also, among other cases, where the claim is in dispute between several persons or where the debtor is prevented from making payment by reason of the fact that the creditor cannot be found at the place where the payment is to be made.

1584. A debtor may withdraw a sum of money or securities which he has deposited, so long as they have not been accepted by the creditor; if he withdraws them, neither his co-debtors nor his sureties are released.

No withdrawal may be made during judicial proceedings, however, except by authorization of the court.

1585. Where the deposit of a sum of money or of securities is declared valid

gent ou de la valeur mobilière, le débiteur ne peut la retirer qu'avec le consentement du créancier.

Ce retrait ne peut, toutefois, porter atteinte aux droits des tiers ni empêcher la libération des codébiteurs ou des cautions du débiteur.

1586. La consignation faite dans les conditions prévues aux articles précédents libère le débiteur du paiement des intérêts ou des revenus produits pour l'avenir.

1587. Les intérêts ou revenus produits pendant la consignation appartiennent au créancier. Néanmoins, ils appartiennent au débiteur jusqu'à ce que la consignation soit acceptée par le créancier, lorsque la consignation est faite afin d'obtenir l'exécution d'une obligation de ce dernier, elle-même corrélative à celle qu'entend exécuter le débiteur par la consignation.

1588. Les offres réelles acceptées par le créancier ou déclarées valables par le tribunal équivalent, quant au débiteur, à un paiement fait au jour des offres ou de l'avis qui en tient lieu, à la condition qu'il ait toujours été disposé à payer depuis ce jour.

1589. Les frais des offres réelles et de la consignation sont à la charge du créancier lorsqu'elles sont acceptées ou déclarées valables.

SECTION II
DE LA MISE EN OEUVRE DU DROIT À
L'EXÉCUTION DE L'OBLIGATION

§ 1.–*Disposition générale*

1590. L'obligation confère au créancier le droit d'exiger qu'elle soit exécutée entièrement, correctement et sans retard.

by the court, the debtor may not withdraw them except with the consent of the creditor.

The withdrawal may not be made, however, if it would impair the rights of third persons or prevent the release of the co-debtors or the sureties of the debtor.

1586. A deposit made according to the conditions set forth in the preceding articles releases the debtor, for the future, from the payment of interest or income yielded.

1587. Interest or income yielded from the date of deposit belongs to the creditor. Nevertheless, where the deposit is made to obtain the performance of an obligation of the creditor that is correlative to the obligation the debtor intends to perform by the deposit, the interest or income belongs to the debtor until the deposit is accepted by the creditor.

1588. A tender accepted by the creditor or declared valid by the court is equivalent, in respect of the debtor, to payment made on the day of the tender or of the notice having the same effect, provided the debtor has always been willing to pay from that time.

1589. Where tender and deposit are accepted or declared valid by the court, the expenses related to them are borne by the creditor.

SECTION II
RIGHT TO ENFORCE PERFORMANCE

§ 1.–*General provision*

1590. An obligation confers on the creditor the right to demand that the obligation be performed in full, properly and without delay.

Lorsque le débiteur, sans justification, n'exécute pas son obligation et qu'il est en demeure, le créancier peut, sans préjudice de son droit à l'exécution par équivalent de tout ou partie de l'obligation:

1° Forcer l'exécution en nature de l'obligation;

2° Obtenir, si l'obligation est contractuelle, la résolution ou la résiliation du contrat ou la réduction de sa propre obligation corrélative;

3° Prendre tout autre moyen que la loi prévoit pour la mise en oeuvre de son droit à l'exécution de l'obligation.

§ 2.–*De l'exception d'inexécution et du droit de rétention*

1591. Lorsque les obligations résultant d'un contrat synallagmatique sont exigibles et que l'une des parties n'exécute pas substantiellement la sienne ou n'offre pas de l'exécuter, l'autre partie peut, dans une mesure correspondante, refuser d'exécuter son obligation corrélative, à moins qu'il ne résulte de la loi, de la volonté des parties ou des usages qu'elle soit tenue d'exécuter la première.

1592. Toute partie qui, du consentement de son cocontractant, détient un bien appartenant à celui-ci a le droit de le retenir jusqu'au paiement total de la créance qu'elle a contre lui, lorsque sa créance est exigible et est intimement liée au bien qu'elle détient.

1593. Le droit de rétention qu'exerce une partie est opposable à tous.

La dépossession involontaire du bien n'éteint pas le droit de rétention; la partie qui exerce ce droit peut

Where the debtor fails to perform his obligation without justification on his part and he is in default, the creditor may, without prejudice to his right to the performance of the obligation in whole or in part by equivalence,

(1) force specific performance of the obligation;

(2) obtain, in the case of a contractual obligation, the resolution or resiliation of the contract or the reduction of his own correlative obligation;

(3) take any other measure provided by law to enforce his right to the performance of the obligation.

§ 2.–*Exception for nonperformance and right of retention*

1591. Where the obligations arising from a synallagmatic contract are exigible and one of the parties fails to perform his obligation to a substantial degree or does not offer to perform it, the other party may refuse to perform his correlative obligation to a corresponding degree, unless he is bound by law, the will of the parties or usage to perform first.

1592. A party who, with the consent of the other party, has detention of property belonging to the latter has a right to retain it pending full payment of his claim against him, if the claim is exigible and is directly related to the property of which he has detention.

1593. The right of retention may be set up against anyone.

Involuntary dispossession does not extinguish a right of retention; the party exercising the right may revendicate the

revendiquer le bien, sous réserve des règles de la prescription.

property, subject to the rules on prescription.

§ 3.–De la demeure

§ 3.–Default

1594. Le débiteur peut être constitué en demeure d'exécuter l'obligation par les termes mêmes du contrat, lorsqu'il est stipulé que le seul écoulement du temps pour l'exécuter aura cet effet.

Il peut être aussi constitué en demeure par la demande extrajudiciaire que lui adresse son créancier d'exécuter l'obligation, par la demande en justice formée contre lui ou, encore, par le seul effet de la loi.

1594. A debtor may be in default by the terms of the contract itself, when it contains a stipulation that the mere lapse of time for performing it will have that effect.

A debtor may also be put in default by an extrajudicial demand addressed to him by his creditor to perform the obligation, a judicial demand filed against him or the sole operation of law.

1595. La demande extrajudiciaire par laquelle le créancier met son débiteur en demeure doit être faite par écrit.

Elle doit accorder au débiteur un délai d'exécution suffisant, eu égard à la nature de l'obligation et aux circonstances; autrement, le débiteur peut toujours l'exécuter dans un délai raisonnable à compter de la demande.

1595. The extrajudicial demand by which a creditor puts his debtor in default shall be made in writing.

If the demand does not allow the debtor sufficient time for performance, having regard to the nature of the obligation and the circumstances, the debtor may perform the obligation within a reasonable time after the demand.

1596. La demande en justice formée par le créancier contre le débiteur, sans que celui-ci n'ait été autrement constitué en demeure au préalable, lui confère le droit d'exécuter l'obligation dans un délai raisonnable à compter de la demande. S'il y a exécution de l'obligation dans ce délai, les frais de la demande sont à la charge du créancier.

1596. Where a creditor files a judicial demand against the debtor without his otherwise being in default, the debtor is entitled to perform the obligation within a reasonable time after the demand. If the obligation is performed within a reasonable time, the costs of the demand are borne by the creditor.

1597. Le débiteur est en demeure de plein droit, par le seul effet de la loi, lorsque l'obligation ne pouvait être exécutée utilement que dans un certain temps qu'il a laissé s'écouler ou qu'il ne l'a pas exécutée immédiatement alors qu'il y avait urgence.

Il est également en demeure de plein droit lorsqu'il a manqué à une obli-

1597. A debtor is in default by the sole operation of law where the performance of the obligation would have been useful only within a certain time which he allowed to expire or where he failed to perform the obligation immediately despite the urgency that he do so.

A debtor is also in default by operation of law where he has violated an

gation de ne pas faire, ou qu'il a, par sa faute, rendu impossible l'exécution en nature de l'obligation; il l'est encore lorsqu'il a clairement manifesté au créancier son intention de ne pas exécuter l'obligation ou, s'il s'agit d'une obligation à exécution successive, qu'il refuse ou néglige de l'exécuter de manière répétée.

1598. Le créancier doit prouver la survenance de l'un des cas où il y a demeure de plein droit, malgré toute déclaration ou stipulation contraire.

1599. La demande extrajudiciaire par laquelle le créancier met l'un des débiteurs solidaires en demeure vaut à l'égard des autres débiteurs.

Celle qui est faite par l'un des créanciers solidaires vaut, de même, à l'égard des autres créanciers.

1600. Le débiteur, même s'il bénéficie d'un délai de grâce, répond, à compter de la demeure, du préjudice qui résulte du retard à exécuter l'obligation, lorsque celle-ci a pour objet une somme d'argent.

Il répond aussi, à compter de la demeure, de toute perte qui résulte d'une force majeure, à moins qu'il ne soit alors libéré.

§ 4.–*De l'exécution en nature*

1601. Le créancier, dans les cas qui le permettent, peut demander que le débiteur soit forcé d'exécuter en nature l'obligation.

1602. Le créancier peut, en cas de défaut, exécuter ou faire exécuter l'obligation aux frais du débiteur.

obligation not to do, or where specific performance of the obligation has become impossible through his fault, and also where he has made clear to the creditor his intention not to perform the obligation or where, in the case of an obligation of successive performance, he has repeatedly refused or neglected to perform it.

1598. The creditor shall prove the occurrence of one of the cases of default by operation of law notwithstanding any statement or stipulation to the contrary.

1599. An extrajudicial demand by which the creditor puts one of the solidary debtors in default has effect with respect to the other debtors.

Similarly, an extrajudicial demand made by one of the solidary creditors has effect with respect to the other creditors.

1600. Where the object of the performance is a sum of money, the debtor, although he may be granted a period of grace, is liable for injury resulting from delay in the performance of the obligation from the moment he begins to be in default.

The debtor in such a case is also liable from the same moment for any loss resulting from superior force, unless he is released thereby from his obligation.

§ 4.–*Specific performance*

1601. A creditor may, in cases which admit of it, demand that the debtor be forced to make specific performance of the obligation.

1602. In case of default, the creditor may perform the obligation or cause it to be performed at the expense of the debtor.

Le créancier qui veut se prévaloir de ce droit doit en aviser le débiteur dans sa demande, extrajudiciaire ou judiciaire, le constituant en demeure, sauf dans les cas où ce dernier est en demeure de plein droit ou par les termes mêmes du contrat.

1603. Le créancier peut être autorisé à détruire ou enlever, aux frais du débiteur, ce que celui-ci a fait en violation d'une obligation de ne pas faire.

§ 5.–*De la résolution ou de la résiliation du contrat et de la réduction de l'obligation*

1604. Le créancier, s'il ne se prévaut pas du droit de forcer, dans les cas qui le permettent, l'exécution en nature de l'obligation contractuelle de son débiteur, a droit à la résolution du contrat, ou à sa résiliation s'il s'agit d'un contrat à exécution successive.

Cependant, il n'y a pas droit, malgré toute stipulation contraire, lorsque le défaut du débiteur est de peu d'importance, à moins que, s'agissant d'une obligation à exécution successive, ce défaut n'ait un caractère répétitif; mais il a droit, alors, à la réduction proportionnelle de son obligation corrélative.

La réduction proportionnelle de l'obligation corrélative s'apprécie en tenant compte de toutes les circonstances appropriées; si elle ne peut avoir lieu, le créancier n'a droit qu'à des dommages-intérêts.

1605. La résolution ou la résiliation du contrat peut avoir lieu sans poursuite judiciaire lorsque le débiteur est en demeure de plein droit d'exécuter son obli-

A creditor wishing to avail himself of this right shall so notify the debtor in the judicial or extrajudicial demand by which he puts him in default, except in cases where the debtor is in default by operation of law or by the terms of the contract itself.

1603. The creditor may be authorized to destroy or remove, at the expense of the debtor, what has been made by the debtor in violation of an obligation not to do.

§ 5.–*Resolution or resiliation of contracts and reduction of obligations*

1604. Where the creditor does not avail himself of the right to force the specific performance of the contractual obligation of the debtor in cases which admit of it, he is entitled either to the resolution of the contract, or to its resiliation in the case of a contract of successive performance.

However and notwithstanding any stipulation to the contrary, he is not entitled to resolution or resiliation of the contract if the default of the debtor is of minor importance, unless, in the case of an obligation of successive performance, the default occurs repeatedly, but he is then entitled to a proportional reduction of his correlative obligation.

All the relevant circumstances are taken into consideration in assessing the proportional reduction of the correlative obligation. If the obligation cannot be reduced, the creditor is entitled to damages only.

1605. A contract may be resolved or resiliated without judicial proceedings where the debtor is in default by operation of law or where he has failed to

gation ou qu'il ne l'a pas exécutée dans le délai fixé par la mise en demeure.

perform his obligation within the time allowed in the writing putting him in default.

1606. Le contrat résolu est réputé n'avoir jamais existé; chacune des parties est, dans ce cas, tenue de restituer à l'autre les prestations qu'elle a reçues.

1606. A contract which is resolved is deemed never to have existed; each party is, in such a case, bound to restore to the other the prestations he has already received.

Le contrat résilié cesse d'exister pour l'avenir seulement.

A contract which is resiliated ceases to exist, but only for the future.

§ 6.–*De l'exécution par équivalent*

§ 6.–*Performance by equivalence*

I – Dispositions générales

I – General provisions

1607. Le créancier a droit à des dommages-intérêts en réparation du préjudice, qu'il soit corporel, moral ou matériel, que lui cause le défaut du débiteur et qui en est une suite immédiate et directe.

1607. The creditor is entitled to damages for bodily, moral or material injury which is an immediate and direct consequence of the debtor's default.

1608. L'obligation du débiteur de payer des dommages-intérêts au créancier n'est ni atténuée ni modifiée par le fait que le créancier reçoive une prestation d'un tiers, par suite du préjudice qu'il a subi, sauf dans la mesure où le tiers est subrogé aux droits du créancier.

1608. The obligation of the debtor to pay damages to the creditor is neither reduced nor altered by the fact that the creditor receives a prestation from a third person, as a result of the injury he has sustained, except so far as the third person is subrogated to the rights of the creditor.

1609. Les quittances, transactions ou déclarations obtenues du créancier par le débiteur, un assureur ou leurs représentants, lorsqu'elles sont liées au préjudice corporel ou moral subi par le créancier, sont sans effet si elles ont été obtenues dans les trente jours du fait dommageable et sont préjudiciables au créancier.

1609. An acquittance, transaction or statement obtained from the creditor in connection with bodily or moral injury he has sustained, obtained by the debtor, an insurer or their representatives within thirty days of the act which caused the injury, is without effect if it is damaging to the creditor.

1610. Le droit du créancier à des dommages-intérêts, même punitifs, est cessible et transmissible.

1610. The right of a creditor to damages, including punitive damages, may be assigned or transmitted.

Il est fait exception à cette règle lorsque le droit du créancier résulte de

This rule does not apply where the right of the creditor results from a breach

la violation d'un droit de la personnalité; en ce cas, son droit à des dommages-intérêts est incessible, et il n'est transmissible qu'à ses héritiers.

of a personality right; in such a case, the right of the creditor to damages may not be assigned, and may be transmitted only to his heirs.

II – De l'évaluation des dommages-intérêts

II – Assessment of damages

1. De l'évaluation en général

1. Assessment in general

1611. Les dommages-intérêts dus au créancier compensent la perte qu'il subit et le gain dont il est privé.

1611. The damages due to the creditor compensate for the amount of the loss he has sustained and the profit of which he has been deprived.

On tient compte, pour les déterminer, du préjudice futur lorsqu'il est certain et qu'il est susceptible d'être évalué.

Future injury which is certain and able to be assessed is taken into account in awarding damages.

1612. En matière de secret commercial, la perte que subit le propriétaire du secret comprend le coût des investissements faits pour son acquisition, sa mise au point et son exploitation; le gain dont il est privé peut être indemnisé sous forme de redevances.

1612. The loss sustained by the holder of a trade secret includes the investment expenses incurred for its acquisition, perfection and use; the profit of which he is deprived may be compensated for through payment of royalties.

1613. En matière contractuelle, le débiteur n'est tenu que des dommages-intérêts qui ont été prévus ou qu'on a pu prévoir au moment où l'obligation a été contractée, lorsque ce n'est point par sa faute intentionnelle ou par sa faute lourde qu'elle n'est point exécutée; même alors, les dommages-intérêts ne comprennent que ce qui est une suite immédiate et directe de l'inexécution.

1613. In contractual matters, the debtor is liable only for damages that were foreseen or foreseeable at the time the obligation was contracted, where the failure to perform the obligation does not proceed from intentional or gross fault on his part; even then, the damages include only what is an immediate and direct consequence of the nonperformance.

1614. Les dommages-intérêts dus au créancier en réparation du préjudice corporel qu'il subit sont établis, quant aux aspects prospectifs du préjudice, en fonction des taux d'actualisation prescrits par règlement du gouvernement, dès lors que de tels taux sont ainsi fixés.

1614. Damages owed to the creditor for bodily injury he sustains are measured as to the future aspects of the injury according to the discount rates set by regulation of the Government, from the time such rates are set.

1615. Le tribunal, quand il accorde des dommages-intérêts en réparation d'un

1615. The court, in awarding damages for bodily injury, may, for a period of not

préjudice corporel peut, pour une période d'au plus trois ans, réserver au créancier le droit de demander des dommages-intérêts additionnels, lorsqu'il n'est pas possible de déterminer avec une précision suffisante l'évolution de sa condition physique au moment du jugement.

1616. Les dommages-intérêts accordés pour la réparation d'un préjudice sont, à moins que les parties n'en conviennent autrement, exigibles sous la forme d'un capital payable au comptant.

Toutefois, lorsque le préjudice est corporel et que le créancier est mineur, le tribunal peut imposer, en tout ou en partie, le paiement sous forme de rente ou de versements périodiques, dont il fixe les modalités et peut prévoir l'indexation suivant un taux fixe. Dans les trois mois qui suivent sa majorité, le créancier peut exiger le paiement immédiat, actualisé, de tout ce qui lui reste à recevoir.

1617. Les dommages-intérêts résultant du retard dans l'exécution d'une obligation de payer une somme d'argent consistent dans l'intérêt au taux convenu ou, à défaut de toute convention, au taux légal.

Le créancier y a droit à compter de la demeure sans être tenu de prouver qu'il a subi un préjudice.

Le créancier peut, cependant, stipuler qu'il aura droit à des dommages-intérêts additionnels, à condition de les justifier.

1618. Les dommages-intérêts autres que ceux résultant du retard dans l'exécution d'une obligation de payer une somme d'argent portent intérêt au

over three years, reserve the right of the creditor to apply for additional damages, if the course of his physical condition cannot be determined with sufficient precision at the time of the judgment.

1616. Damages awarded for injury are exigible in the form of capital payable in cash, unless otherwise agreed by the parties.

Where the injury sustained is bodily injury and where the creditor is a minor, however, the court may order payment, in whole or in part, in the form of an annuity or by periodic instalments, on the terms and conditions it fixes and indexed according to a fixed rate. Within three months of the date on which the minor becomes of full age, the creditor may demand immediate and discounted payment of any amount still receivable.

1617. Damages which result from delay in the performance of an obligation to pay a sum of money consist of interest at the agreed rate or, in the absence of any agreement, at the legal rate.

The creditor is entitled to the damages from the date of default without having to prove that he has sustained any injury.

A creditor may stipulate, however, that he will be entitled to additional damages, provided he justifies them.

1618. Damages other than those resulting from delay in the performance of an obligation to pay a sum of money bear interest at the rate agreed by the parties,

taux convenu entre les parties ou, à défaut, au taux légal, depuis la demeure ou depuis toute autre date postérieure que le tribunal estime appropriée, eu égard à la nature du préjudice et aux circonstances.

1619. Il peut être ajouté aux dommages-intérêts accordés à quelque titre que ce soit, une indemnité fixée en appliquant à leur montant, à compter de l'une ou l'autre des dates servant à calculer les intérêts qu'ils portent, un pourcentage égal à l'excédent du taux d'intérêt fixé pour les créances de l'État en application de l'article 28 de la Loi sur le ministère du Revenu sur le taux d'intérêt convenu entre les parties ou, à défaut, sur le taux légal.

1620. Les intérêts échus des capitaux ne produisent eux-mêmes des intérêts que s'il existe une convention ou une loi à cet effet ou si, dans une action, de nouveaux intérêts sont expressément demandés.

1621. Lorsque la loi prévoit l'attribution de dommages-intérêts punitifs, ceux-ci ne peuvent excéder, en valeur, ce qui est suffisant pour assurer leur fonction préventive.

Ils s'apprécient en tenant compte de toutes les circonstances appropriées, notamment de la gravité de la faute du débiteur, de sa situation patrimoniale ou de l'étendue de la réparation à laquelle il est déjà tenu envers le créancier, ainsi que, le cas échéant, du fait que la prise en charge du paiement réparateur est, en tout ou en partie, assumée par un tiers.

2. De l'évaluation anticipée

1622. La clause pénale est celle par laquelle les parties évaluent par antici-

or, in the absence of agreement, at the legal rate, from the date of default or from any other later date which the court considers appropriate, having regard to the nature of the injury and the circumstances.

1619. An indemnity may be added to the amount of damages awarded for any reason, which is fixed by applying to the amount of the damages, from either of the dates used in computing the interest on them, a percentage equal to the excess of the rate of interest fixed for claims of the State under section 28 of the Act respecting the Ministère du Revenu over the rate of interest agreed by the parties or, in the absence of agreement, over the legal rate.

1620. Interest accrued on principal does not itself bear interest except where that is provided by agreement or by law or where additional interest is expressly demanded in a suit.

1621. Where the awarding of punitive damages is provided for by law, the amount of such damages may not exceed what is sufficient to fulfil their preventive purpose.

Punitive damages are assessed in the light of all the appropriate circumstances, in particular the gravity of the debtor's fault, his patrimonial situation, the extent of the reparation for which he is already liable to the creditor and, where such is the case, the fact that the payment of the damages is wholly or partly assumed by a third person.

2. Anticipated assessment of damages

1622. A penal clause is one by which the parties assess the anticipated dam-

pation les dommages-intérêts en stipulant que le débiteur se soumettra à une peine au cas où il n'exécuterait pas son obligation.

Elle donne au créancier le droit de se prévaloir de cette clause au lieu de poursuivre, dans les cas qui le permettent, l'exécution en nature de l'obligation; mais il ne peut en aucun cas demander en même temps l'exécution et la peine, à moins que celle-ci n'ait été stipulée que pour le seul retard dans l'exécution de l'obligation.

1623. Le créancier qui se prévaut de la clause pénale a droit au montant de la peine stipulée sans avoir à prouver le préjudice qu'il a subi.

Cependant, le montant de la peine stipulée peut être réduit si l'exécution partielle de l'obligation a profité au créancier ou si la clause est abusive.

1624. Lorsque l'obligation assortie d'une clause pénale est indivisible sans être solidaire et que son inexécution est le fait d'un seul des codébiteurs, la peine peut être demandée soit en totalité contre celui qui n'a pas exécuté, soit contre chacun des codébiteurs pour sa part; sauf, dans ce dernier cas, leur recours contre celui qui a fait encourir la peine.

1625. Lorsque l'obligation assortie d'une clause pénale est divisible, la peine est également divisible et elle n'est encourue que par celui des codébiteurs qui n'exécute pas l'obligation, et pour la part dont il est tenu dans l'obligation, sans qu'il y ait d'action contre ceux qui l'ont exécutée.

Cette règle ne s'applique pas lorsque l'obligation est solidaire. Elle ne

ages by stipulating that the debtor will suffer a penalty if he fails to perform his obligation.

A creditor has the right to avail himself of a penal clause instead of enforcing, in cases which admit of it, the specific performance of the obligation; but in no case may he exact both the performance and the penalty, unless the penalty has been stipulated for mere delay in the performance of the obligation.

1623. A creditor who avails himself of a penal clause is entitled to the amount of the stipulated penalty without having to prove the injury he has suffered.

However, the amount of the stipulated penalty may be reduced if the creditor has benefited from partial performance of the obligation or if the clause is abusive.

1624. Where an obligation with a penal clause is indivisible without being solidary and its nonperformance is due to the fault of only one of the co-debtors, the penalty may be exacted in full against him or against each of the co-debtors for his share, but, in the latter case, without prejudice to their remedy against the co-debtor who caused the penalty to be incurred.

1625. Where an obligation with a penal clause is divisible, the penalty also is divisible and is incurred only by that debtor who fails to perform the obligation, and only for that part for which he is liable, without there being any action against those who have performed it.

This rule does not apply where the obligation is solidary, nor where the pe-

s'applique pas, non plus, lorsque la clause pénale avait été stipulée afin que le paiement ne pût se faire partiellement et que l'un des codébiteurs a empêché l'exécution de l'obligation pour la totalité; en ce cas, la peine entière peut être exigée de lui, et des autres pour leur part seulement, sauf leur recours contre lui.

nal clause was stipulated to prevent partial payment and one of the co-debtors has prevented the performance of the obligation for the whole; in this case, that co-debtor is liable for the whole penalty and the others are liable for their respective shares only, without prejudice to their remedy against him.

SECTION III
DE LA PROTECTION DU DROIT À L'EXÉCUTION DE L'OBLIGATION

SECTION III
PROTECTION OF THE RIGHT TO PERFORMANCE OF OBLIGATIONS

§ 1.–*Des mesures conservatoires*

§ 1.–*Conservatory measures*

1626. Le créancier peut prendre toutes les mesures nécessaires ou utiles à la conservation de ses droits.

1626. A creditor may take all necessary or useful measures to preserve his rights.

§ 2.–*De l'action oblique*

§ 2.–*Oblique action*

1627. Le créancier dont la créance est certaine, liquide et exigible peut, au nom de son débiteur, exercer les droits et actions de celui-ci, lorsque le débiteur, au préjudice du créancier, refuse ou néglige de les exercer.

1627. A creditor whose claim is certain, liquid and exigible may exercise the rights and actions belonging to the debtor, in the debtor's name, where the debtor refuses or neglects to exercise them to the prejudice of the creditor.

Il ne peut, toutefois, exercer les droits et actions qui sont exclusivement attachés à la personne du débiteur.

However, he may not exercise rights and actions which are strictly personal to the debtor.

1628. Il n'est pas nécessaire que la créance soit liquide et exigible au moment où l'action est intentée; mais elle doit l'être au moment du jugement sur l'action.

1628. It is not necessary for the claim to be liquid and exigible at the time the action is instituted, but it is necessary that it be so at the time judgment is rendered.

1629. Celui contre qui est exercée l'action oblique peut opposer au créancier tous les moyens qu'il aurait pu opposer à son propre créancier.

1629. The person against whom an oblique action is brought may set up against the creditor all the defenses he could have set up against his own creditor.

1630. Les biens recueillis par le créancier au nom de son débiteur tombent dans le patrimoine de celui-ci et profitent à tous ses créanciers.

1630. Property recovered by a creditor in the name of the debtor falls into the patrimony of the debtor and benefits all his creditors.

§ 3.–De l'action en inopposabilité

1631. Le créancier, s'il en subit un préjudice, peut faire déclarer inopposable à son égard l'acte juridique que fait son débiteur en fraude de ses droits, notamment l'acte par lequel il se rend ou cherche à se rendre insolvable ou accorde, alors qu'il est insolvable, une préférence à un autre créancier.

1632. Un contrat à titre onéreux ou un paiement fait en exécution d'un tel contrat est réputé fait avec l'intention de frauder si le cocontractant ou le créancier connaissait l'insolvabilité du débiteur ou le fait que celui-ci, par cet acte, se rendait ou cherchait à se rendre insolvable.

1633. Un contrat à titre gratuit ou un paiement fait en exécution d'un tel contrat est réputé fait avec l'intention de frauder, même si le cocontractant ou le créancier ignorait ces faits, dès lors que le débiteur est insolvable ou le devient au moment où le contrat est conclu ou le paiement effectué.

1634. La créance doit être certaine au moment où l'action est intentée; elle doit aussi être liquide et exigible au moment du jugement sur l'action.

La créance doit être antérieure à l'acte juridique attaqué, sauf si cet acte avait pour but de frauder un créancier postérieur.

1635. L'action doit, à peine de déchéance, être intentée avant l'expiration d'un délai d'un an à compter du jour où le créancier a eu connaissance du préjudice résultant de l'acte attaqué ou, si l'action est intentée par un syndic de

§ 3.–Paulian action

1631. A creditor who suffers prejudice through a juridical act made by his debtor in fraud of his rights, in particular an act by which he renders or seeks to render himself insolvent, or by which, being insolvent, he grants preference to another creditor may obtain a declaration that the act may not be set up against him.

1632. An onerous contract or a payment made for the performance of such a contract is deemed to be made with fraudulent intent if the contracting party or the creditor knew the debtor to be insolvent or knew that the debtor, by the juridical act, was rendering himself or was seeking to render himself insolvent.

1633. A gratuitous contract or a payment made for the performance of such a contract is deemed to be made with fraudulent intent, even if the contracting party or the creditor was unaware of the facts, where the debtor is or becomes insolvent at the time the contract is formed or the payment is made.

1634. The creditor may bring a claim only if it is certain at the time the action is instituted, and if it is liquid and exigible at the time the judgment is rendered.

He may bring the claim only if it existed prior to the juridical act which is attacked, unless that act was made for the purpose of defrauding a later ranking creditor.

1635. The action is forfeited unless it is brought within one year from the day on which the creditor learned of the injury resulting from the act which is attacked, or, where the action is brought by a trustee in bankruptcy on behalf of all the

faillite pour le compte des créanciers collectivement, à compter du jour de la nomination du syndic.

1636. Lorsque l'acte juridique est déclaré inopposable à l'égard du créancier, il l'est aussi à l'égard des autres créanciers qui pouvaient intenter l'action et qui y sont intervenus pour protéger leurs droits; tous peuvent faire saisir et vendre le bien qui en est l'objet et être payés en proportion de leur créance, sous réserve des droits des créanciers prioritaires ou hypothécaires.

CHAPITRE SEPTIÈME
DE LA TRANSMISSION ET DES MUTATIONS DE L'OBLIGATION

SECTION I
DE LA CESSION DE CRÉANCE

§ 1.–*De la cession de créance en général*

1637. Le créancier peut céder à un tiers, tout ou partie d'une créance ou d'un droit d'action qu'il a contre son débiteur.

Cette cession ne peut, cependant, porter atteinte aux droits du débiteur, ni rendre son obligation plus onéreuse.

1638. La cession d'une créance en comprend les accessoires.

1639. Le cédant à titre onéreux garantit que la créance existe et qu'elle lui est due même si la cession est faite sans garantie, à moins que le cessionnaire ne l'ait acquise à ses risques et périls ou qu'il n'ait connu, lors de la cession, le caractère incertain de la créance.

creditors, from the date of appointment of the trustee.

1636. Where it is declared that a juridical act may not be set up against the creditor, it may not be set up against any other creditors who were entitled to institute the action and who intervened in it to protect their rights; all may have the property forming the object of the contract or payment seized and sold and be paid according to their claims, subject to the rights of prior or hypothecary creditors.

CHAPTER VII
TRANSFER AND ALTERATION OF OBLIGATIONS

SECTION I
ASSIGNMENT OF CLAIMS

§ 1.–*Assignment of claims in general*

1637. A creditor may assign to a third person all or part of a claim or a right of action which he has against his debtor.

He may not, however, make an assignment that is injurious to the rights of the debtor or that renders his obligation more onerous.

1638. The assignment of a claim includes its accessories.

1639. Where the assignment is by onerous title, the assignor guarantees that the claim exists and is owed to him, even if the assignment is made without warranty, unless the assignee has acquired it at his own risk or knew of the uncertain nature of the claim at the time of the assignment.

1640. Le cédant à titre onéreux qui répond, par une simple clause de garantie, de la solvabilité du débiteur ne répond de cette solvabilité qu'au moment de la cession et qu'à concurrence du prix qu'il a reçu.

1641. La cession est opposable au débiteur et aux tiers, dès que le débiteur y a acquiescé ou qu'il a reçu une copie ou un extrait pertinent de l'acte de cession ou, encore, une autre preuve de la cession qui soit opposable au cédant.

Lorsque le débiteur ne peut être trouvé au Québec, la cession est opposable dès la publication d'un avis de la cession, dans un journal distribué dans la localité de la dernière adresse connue du débiteur ou, s'il exploite une entreprise, dans la localité où elle a son principal établissement.

1642. La cession d'une universalité de créances, actuelles ou futures, est opposable aux débiteurs et aux tiers, par l'inscription de la cession au registre des droits personnels et réels mobiliers, pourvu cependant, quant aux débiteurs qui n'ont pas acquiescé à la cession, que les autres formalités prévues pour leur rendre la cession opposable aient été accomplies.

1643. Le débiteur peut opposer au cessionnaire tout paiement fait au cédant avant que la cession ne lui ait été rendue opposable, ainsi que toute autre cause d'extinction de l'obligation survenue avant ce moment.

Il peut aussi opposer le paiement que lui-même ou sa caution a fait de bonne foi au créancier apparent, même si les formalités exigées pour rendre la

1640. Where the assignor by onerous title guarantees the solvency of the debtor or by a simple clause of warranty, he is liable for the solvency only at the time of the assignment and to the extent of the price he received.

1641. An assignment may be set up against the debtor and the third person as soon as the debtor has acquiesced in it or received a copy or a pertinent extract of the deed of assignment or any other evidence of the assignment which may be set up against the assignor.

Where the debtor cannot be found in Québec, the assignment may be set up upon publication of a notice of assignment in a newspaper distributed in the locality of the last known address of the debtor or, if he carries on an enterprise, in the locality where its principal establishment is situated. [1992, ch. 57, s. 716].

1642. The assignment of a universality of claims, present or future, may be set up against debtors and third persons by the registration of the assignment in the register of personal and movable real rights, provided, however, that the other formalities whereby the assignment may be set up against the debtors who have not acquiesced in it have been accomplished.

1643. A debtor may set up against the assignee any payment made to the assignor before the assignment could be set up against him, as well as any other cause of extinction of the obligation that occurred before that time.

A debtor may also set up any payment made in good faith by himself or his surety to an apparent creditor, even if the required formalities whereby the assign-

cession opposable au débiteur et aux tiers ont été accomplies.

1644. Lorsque la remise au débiteur de la copie ou d'un extrait de l'acte de cession ou d'une autre preuve de la cession qui soit opposable au cédant a lieu au moment de la signification d'une action exercée contre le débiteur, aucuns frais judiciaires ne peuvent être exigés de ce dernier s'il paie dans le délai fixé pour la comparution, à moins qu'il n'ait déjà été en demeure d'exécuter l'obligation.

1645. La cession n'est opposable à la caution que si les formalités prévues pour rendre la cession opposable au débiteur ont été accomplies à l'égard de la caution elle-même.

1646. Les cessionnaires d'une même créance, de même que le cédant pour ce qui lui reste dû, sont payés en proportion de leur créance.

Néanmoins, ceux qui ont obtenu une cession avec la garantie de fournir et faire valoir sont payés par préférence à tous les autres cessionnaires, ainsi qu'au cédant, en tenant compte, entre eux, des dates auxquelles leurs cessions respectives sont devenues opposables au débiteur.

§ 2.–*De la cession d'une créance constatée dans un titre au porteur*

1647. Il est de l'essence de toute créance constatée dans un titre au porteur émis par un débiteur, qu'elle puisse être cédée par la simple tradition, d'un porteur à un autre, du titre qui la constate.

1648. Le débiteur qui a émis le titre au porteur est tenu de payer la créance qui

ment may be set up against the debtor and third persons have been accomplished.

1644. Where a copy or an extract of the deed of assignment or any other evidence of the assignment which may be set up against an assignor is handed over to the debtor at the time of service of an action brought against the debtor, no legal costs may be exacted from the debtor if he pays within the time fixed for appearance, unless he is already in default. [1992, ch. 57, s. 716].

1645. The assignment may not be set up against the surety unless the prescribed formalities for the setting up of assignment against the debtor have been accomplished in respect of the surety himself.

1646. The assignees of the same claim, and the assignor in respect of any remainder due to him, are paid in proportion to the value of their claims.

However, persons having obtained an assignment with a guarantee of payment are paid in preference to all other assignees and to the assignor, and, among themselves, in the order of the dates on which their respective assignments could be set up against the debtor.

§ 2.–*Assignment of claims attested by bearer instrument*

1647. It is of the essence of a claim attested by a bearer instrument issued by a debtor that it may be assigned by mere delivery, to another bearer, of the instrument attesting it.

1648. A debtor who has issued a bearer instrument is bound to pay the debt at-

y est constatée à tout porteur qui lui remet le titre, sauf s'il a reçu notification d'un jugement lui ordonnant d'en retenir le paiement.

Il ne peut opposer au porteur d'autres moyens que ceux qui concernent la nullité ou un vice du titre, qui dérivent d'une stipulation expresse du titre ou qu'il peut faire valoir contre le porteur personnellement.

1649. Le débiteur qui a émis le titre au porteur demeure tenu envers tout porteur de bonne foi, même s'il démontre que le titre a été mis en circulation contre sa volonté.

1650. Celui qui a été injustement dépossédé d'un titre au porteur ne peut empêcher le débiteur de payer la créance à celui qui le lui présente, que sur notification d'une ordonnance du tribunal.

SECTION II
DE LA SUBROGATION

1651. La personne qui paie à la place du débiteur peut être subrogée dans les droits du créancier.

Elle n'a pas plus de droits que le subrogeant.

1652. La subrogation est conventionnelle ou légale.

1653. La subrogation conventionnelle peut être consentie par le créancier ou par le débiteur, mais elle doit être expresse et constatée par écrit.

1654. La subrogation consentie par le créancier doit l'être en même temps qu'il reçoit le paiement. Elle s'opère sans le consentement du débiteur, malgré toute stipulation contraire.

tested thereby to any bearer who hands over the instrument to him, except where he has received notice of a judgment ordering him to withhold payment thereof.

He may not set up any defenses against the bearer other than defenses respecting the nullity or a defect of title, those founded on an express stipulation in the instrument or such defenses as he may raise against the bearer personally.

1649. A debtor who has issued a bearer instrument remains bound towards every bearer in good faith, even if the debtor shows that the instrument was negotiated against his will.

1650. A person who has been unlawfully dispossessed of a bearer instrument may not prevent the debtor from paying the claim to the person who presents the instrument except on notification of an order of the court.

SECTION II
SUBROGATION

1651. A person who pays in the place of a debtor may be subrogated to the rights of the creditor.

He does not have more rights than the subrogating creditor.

1652. Subrogation may be conventional or legal.

1653. Conventional subrogation may be made by the creditor or the debtor, but it shall be made expressly and in writing.

1654. Subrogation may be made by the creditor only at the same time as he receives payment. It takes effect without the consent of the debtor, notwithstanding any stipulation to the contrary.

1655. La subrogation consentie par le débiteur ne peut l'être qu'au profit de son prêteur et elle s'opère sans le consentement du créancier.

Il faut, pour que cette subrogation soit valable, que l'acte de prêt et la quittance soient faits par acte notarié en minute ou par acte sous seing privé établi en présence de deux témoins qui le signent. En outre, il doit être déclaré, dans l'acte de prêt, que l'emprunt est fait pour acquitter la dette, et, dans la quittance, que le paiement est fait à même l'emprunt.

1656. La subrogation s'opère par le seul effet de la loi:

1° Au profit d'un créancier qui paie un autre créancier qui lui est préférable en raison d'une créance prioritaire ou d'une hypothèque;

2° Au profit de l'acquéreur d'un bien qui paie un créancier dont la créance est garantie par une hypothèque sur ce bien;

3° Au profit de celui qui paie une dette à laquelle il est tenu avec d'autres ou pour d'autres et qu'il a intérêt à acquitter;

4° Au profit de l'héritier qui paie de ses propres deniers une dette de la succession à laquelle il n'était pas tenu;

5° Dans les autres cas établis par la loi.

1657. La subrogation a effet contre le débiteur principal et ses garants, qui peuvent opposer au subrogé les moyens qu'ils avaient contre le créancier originaire.

1658. Le créancier qui n'a été payé qu'en partie peut exercer ses droits pour

1655. Subrogation may not be made by a debtor in favour of anyone except his lender and it takes effect without the consent of the creditor.

In order for subrogation to be valid in this case, the loan instrument and the acquittance shall each be made in the form of a notarial act *en minute* or by a private writing drawn up before two witnesses who sign it. In addition, a statement shall be made in the loan instrument that the loan is granted for the purpose of paying the debt, and, in the acquittance, that the debt is paid out of the loan.

1656. Subrogation takes place by operation of law

(1) in favour of a creditor who pays another creditor whose claim is preferred to his because of a prior claim or a hypothec;

(2) in favour of the acquirer of a property who pays a creditor whose claim is secured by a hypothec on the property;

(3) in favour of a person who pays a debt to which he is bound with others or for others and which he has an interest in paying;

(4) in favour of an heir who pays with his own funds a debt of the succession for which he was not bound;

(5) in any other case provided by law.

1657. Subrogation has effect against the principal debtor and his warrantors, who may set up against the person subrogated the defenses they had against the original creditor.

1658. A creditor who has been only partly paid may exercise his rights in

le solde de sa créance, par préférence au subrogé dont il n'a reçu qu'une partie de celle-ci.

respect of the balance of his claim in preference to the person subrogated from whom he has received only part of his claim.

Toutefois, si le créancier s'est obligé envers le subrogé à fournir et faire valoir le montant pour lequel sa subrogation est acquise, le subrogé lui est préféré.

However, if the creditor has obligated himself to the person subrogated to guarantee payment of the amount for which the subrogation is acquired, the person subrogated has the preference.

1659. Ceux qui sont subrogés dans les droits d'un même créancier sont payés à proportion de leur part dans le paiement subrogatoire, sauf convention contraire.

1659. Except where there is agreement to the contrary, persons who are subrogated to the rights of the same creditor are paid in proportion to the value of their share in the payment in subrogation.

SECTION III
DE LA NOVATION

SECTION III
NOVATION

1660. La novation s'opère lorsque le débiteur contracte envers son créancier une nouvelle dette qui est substituée à l'ancienne, laquelle est éteinte, ou lorsqu'un nouveau débiteur est substitué à l'ancien, lequel est déchargé par le créancier; la novation peut alors s'opérer sans le consentement de l'ancien débiteur.

1660. Novation is effected where the debtor contracts towards his creditor a new debt which is substituted for the existing debt, which is extinguished, or where a new debtor is substituted for the former debtor, who is discharged by the creditor; in such a case, novation may be effected without the consent of the former debtor.

Elle s'opère aussi lorsque, par l'effet d'un nouveau contrat, un nouveau créancier est substitué à l'ancien envers lequel le débiteur est déchargé.

Novation is also effected where, by the effect of a new contract, a new creditor is substituted for the former creditor, towards whom the debtor is discharged.

1661. La novation ne se présume pas; l'intention de l'opérer doit être évidente.

1661. Novation is not presumed; it is effected only where the intention to effect it is evident.

1662. Les hypothèques liées à l'ancienne créance ne passent point à celle qui lui est substituée, à moins que le créancier ne les ait expressément réservées.

1662. Hypothecs attached to the existing claim are not transferred to the claim substituted for it, unless they are expressly reserved by the creditor.

1663. Lorsque la novation s'opère par la substitution d'un nouveau débiteur, le nouveau débiteur ne peut opposer au créancier les moyens qu'il pouvait faire

1663. Where novation is effected by substitution of a new debtor, the new debtor may not set up against the creditor the defenses which he could have

valoir contre l'ancien débiteur, ni ceux que l'ancien débiteur avait contre le créancier, à moins, dans ce dernier cas, qu'il ne puisse invoquer la nullité de l'acte qui les liait.

De plus, les hypothèques liées à l'ancienne créance ne peuvent point passer sur les biens du nouveau débiteur; et elles ne peuvent point, non plus, être réservées sur les biens de l'ancien débiteur sans son consentement. Mais elles peuvent passer sur les biens acquis de l'ancien débiteur par le nouveau débiteur, si celui-ci y consent.

1664. Lorsque la novation s'opère entre le créancier et l'un des débiteurs solidaires, les hypothèques liées à l'ancienne créance ne peuvent être réservées que sur les biens du codébiteur qui contracte la nouvelle dette.

1665. La novation qui s'opère entre le créancier et l'un des débiteurs solidaires libère les autres codébiteurs à l'égard du créancier; celle qui s'opère à l'égard du débiteur principal libère les cautions.

Toutefois, lorsque le créancier a exigé, dans le premier cas, l'accession des codébiteurs, ou, dans le second cas, celle des cautions, l'ancienne créance subsiste, si les codébiteurs ou les cautions refusent d'accéder au nouveau contrat.

1666. La novation consentie par un créancier solidaire est inopposable à ses cocréanciers, excepté pour sa part dans la créance solidaire.

SECTION IV
DE LA DÉLÉGATION

1667. La désignation par le débiteur d'une personne qui paiera à sa place ne

raised against the former debtor, nor the defenses which the former debtor had against the creditor, unless, in the latter case, he may invoke the nullity of the act that bound them.

Furthermore, hypothecs attached to the existing claim may not be transferred to the property of the new debtor; nor may they be reserved upon the property of the former debtor without his consent. However, they may be transferred to property acquired from the former debtor by the new debtor, if the new debtor consents thereto.

1664. Where novation is effected between the creditor and one of the solidary debtors, hypothecs attached to the existing claim may only be reserved upon the property of the co-debtor who contracts the new debt.

1665. Novation effected between the creditor and one of the solidary debtors releases the other co-debtors in respect of the creditor; novation effected in respect of the principal debtor releases his sureties.

However, where the creditor has required the accession of the co-debtors, in the first case, or of the sureties, in the second case, the existing claim subsists if the co-debtors or the sureties refuse to accede to the new contract.

1666. Novation which has been agreed to by one of the solidary creditors may not be set up against the other co-creditors, except for his part in the solidary claim.

SECTION IV
DELEGATION

1667. Designation by a debtor of a person who is to pay in his place constitutes

constitue une délégation de paiement que si le délégué s'oblige personnellement au paiement envers le créancier délégataire; autrement, elle ne constitue qu'une simple indication de paiement.

1668. Le créancier délégataire, s'il accepte la délégation, conserve ses droits contre le débiteur délégant, à moins qu'il ne soit évident que le créancier entend décharger ce débiteur.

1669. Le délégué ne peut opposer au délégataire les moyens qu'il aurait pu faire valoir contre le délégant, même s'il en ignorait l'existence au moment de la délégation.

Cette règle ne s'applique pas, si, au moment de la délégation, rien n'est dû au délégataire, et elle ne préjudicie pas au recours du délégué contre le délégant.

1670. Le délégué peut opposer au délégataire tous les moyens que le délégant aurait pu faire valoir contre le délégataire.

Le délégué ne peut, toutefois, opposer la compensation de ce que le délégant doit au délégataire, ni de ce que le délégataire doit au délégant.

CHAPITRE HUITIÈME
DE L'EXTINCTION DE L'OBLIGATION

SECTION I
DISPOSITION GÉNÉRALE

1671. Outre les autres causes d'extinction prévues ailleurs dans ce code, tels le paiement, l'arrivée d'un terme extinctif, la novation ou la prescription, l'obligation est éteinte par la compensation, par la confusion, par la remise, par l'impossibilité de l'exécuter ou, encore, par la libération du débiteur.

a delegation of payment only when the delegate obligates himself personally to the delegatee to make the payment; otherwise, it merely constitutes an indication of payment.

1668. Where the delegatee accepts the delegation, he preserves his rights against the delegator, unless the delegatee evidently intends to discharge him.

1669. The delegate may not set up against the delegatee the defenses he could have raised against the delegator, even though he did not know of their existence at the time of the delegation.

This rule does not apply if, at the time of the delegation, nothing is due to the delegatee, nor does it prejudice the remedy of the delegate against the delegator.

1670. The delegate may set up against the delegatee all such defenses as the delegator could have set up against the delegatee.

The delegate may not set up compensation, however, for what the delegator owes to the delegatee or for what the delegatee owes to the delegator.

CHAPTER VIII
EXTINCTION OF OBLIGATIONS

SECTION I
GENERAL PROVISION

1671. Obligations are extinguished not only by the causes of extinction contemplated in other provisions of this Code, such as payment, the expiry of an extinctive term, novation or prescription, but also by compensation, confusion, release, impossibility of performance or discharge of the debtor.

SECTION II
DE LA COMPENSATION

1672. Lorsque deux personnes se trouvent réciproquement débitrices et créancières l'une de l'autre, les dettes auxquelles elles sont tenues s'éteignent par compensation jusqu'à concurrence de la moindre.

La compensation ne peut être invoquée contre l'État, mais celui-ci peut s'en prévaloir.

1673. La compensation s'opère de plein droit dès que coexistent des dettes qui sont l'une et l'autre certaines, liquides et exigibles et qui ont pour objet une somme d'argent ou une certaine quantité de biens fongibles de même espèce.

Une partie peut demander la liquidation judiciaire d'une dette afin de l'opposer en compensation.

1674. La compensation s'opère même si les dettes ne sont pas payables au même lieu, sauf à tenir compte des frais de délivrance, le cas échéant.

1675. Le délai de grâce accordé pour le paiement de l'une des dettes ne fait pas obstacle à la compensation.

1676. La compensation s'opère quelle que soit la cause de l'obligation d'où résulte la dette.

Elle n'a pas lieu, cependant, si la créance résulte d'un acte fait dans l'intention de nuire ou si la dette a pour objet un bien insaisissable.

1677. Lorsque plusieurs dettes susceptibles de compensation sont dues par le même débiteur, il est fait application des règles établies pour l'imputation des paiements.

SECTION II
COMPENSATION

1672. Where two persons are reciprocally debtor and creditor of each other, the debts for which they are liable are extinguished by compensation, up to the amount of the lesser debt.

Compensation may not be claimed from the State, but the State may claim it.

1673. Compensation is effected by operation of law upon the coexistence of debts that are certain, liquid and exigible and the object of both of which is a sum of money or a certain quantity of fungible property identical in kind.

A person may apply for judicial liquidation of a debt in order to set it up for compensation.

1674. Compensation is effected even though the debts are not payable at the same place, provided allowance is made for the expenses of delivery, if any.

1675. A period of grace granted for payment of one of the debts does not prevent compensation.

1676. Compensation is effected regardless of the cause of the obligation that has given rise to the debt.

Compensation does not take place, however, if the claim results from an act performed with intention to harm or if the object of the debt is property which is exempt from seizure.

1677. Where several debts subject to compensation are owed by one debtor, the rules of imputation of payment apply.

1678. Le débiteur solidaire ne peut opposer la compensation de ce que le créancier doit à son codébiteur, excepté pour la part de ce dernier dans la dette solidaire.

Le débiteur, qu'il soit ou non solidaire, ne peut opposer à un créancier solidaire la compensation de ce qu'un cocréancier lui doit, excepté pour la part de ce dernier dans la créance solidaire.

1679. La caution peut opposer la compensation de ce que le créancier doit au débiteur principal; mais le débiteur principal ne peut opposer la compensation de ce que le créancier doit à la caution.

1680. Le débiteur qui acquiesce purement et simplement à la cession ou à l'hypothèque de créance consentie par son créancier à un tiers, ne peut plus opposer à ce tiers la compensation qu'il eût pu opposer au créancier originaire avant son acquiescement.

La cession ou l'hypothèque à laquelle le débiteur n'a pas acquiescé, mais qui lui est devenue opposable, n'empêche que la compensation des dettes du créancier originaire qui sont postérieures au moment où la cession ou l'hypothèque lui est ainsi devenue opposable.

1681. La compensation n'a pas lieu, et on ne peut non plus y renoncer, au préjudice des droits acquis à un tiers.

1682. Le débiteur qui pouvait opposer la compensation et qui a néanmoins payé sa dette ne peut plus se prévaloir, au préjudice des tiers, des priorités ou des hypothèques attachées à sa créance.

1678. One of the solidary debtors may not set up compensation for what the creditor owes to his co-debtor, except for the share of that co-debtor in the solidary debt.

A debtor, whether solidary or not, may not set up compensation against one of the solidary creditors for what a co-creditor owes him, except for the share of that co-creditor in the solidary debt.

1679. A surety may set up compensation for what the creditor owes to the principal debtor, but the principal debtor may not set up compensation for what the creditor owes to the surety.

1680. A debtor who has acquiesced unconditionally in the assignment or hypothecating of claims by his creditor to a third person may not afterwards set up against the third person any compensation that he could have set up against the original creditor before he acquiesced.

An assignment or hypothec in which a debtor has not acquiesced, but which from a certain time may be set up against him, prevents compensation only for debts of the original creditor which come after that time.

1681. Compensation may neither be effected nor be renounced to the prejudice of the acquired rights of a third person.

1682. A debtor who could have set up compensation and has nevertheless paid his debt may not afterwards avail himself, to the prejudice of third persons, of any priority or hypothec attached to the debt.

SECTION III
DE LA CONFUSION

1683. La réunion des qualités de créancier et de débiteur dans la même personne opère une confusion qui éteint l'obligation. Néanmoins, dans certains cas, lorsque la confusion cesse d'exister, ses effets cessent aussi.

1684. La confusion qui s'opère par le concours des qualités de créancier et de débiteur en la même personne profite aux cautions. Celle qui s'opère par le concours des qualités de caution et de créancier, ou de caution et de débiteur principal, n'éteint pas l'obligation principale.

1685. La confusion qui s'opère par le concours des qualités de créancier et de codébiteur solidaire ou de débiteur et de cocréancier solidaire, n'éteint l'obligation qu'à concurrence de la part de ce codébiteur ou cocréancier.

1686. L'hypothèque s'éteint par la confusion des qualités de créancier hypothécaire et de propriétaire du bien hypothéqué.

Elle renaît, cependant, si le créancier est évincé pour quelque cause indépendante de lui.

SECTION IV
DE LA REMISE

1687. Il y a remise lorsque le créancier libère son débiteur de son obligation.

La remise est totale, à moins qu'elle ne soit stipulée partielle.

1688. La remise est expresse ou tacite.

Elle est à titre onéreux ou à titre gratuit, suivant la nature de l'acte dans lequel elle s'inscrit.

SECTION III
CONFUSION

1683. Where the qualities of creditor and debtor are united in the same person, confusion is effected, extinguishing the obligation. Nevertheless, in certain cases where confusion ceases to exist, the effects cease also.

1684. Confusion of the qualities of creditor and debtor in the same person avails the sureties. Confusion of the qualities of surety and creditor or of surety and principal debtor does not extinguish the primary obligation.

1685. Confusion of the qualities of creditor and solidary co-debtor or of debtor and solidary co-creditor extinguishes the obligation only to the extent of the share of that co-debtor or co-creditor.

1686. A hypothec is extinguished by confusion of the qualities of hypothecary creditor and owner of the hypothecated property.

However, if the creditor is evicted for a cause which is not attributable to him, the hypothec revives.

SECTION IV
RELEASE

1687. Release takes place where the creditor releases his debtor from his obligation.

Release is complete, unless it is stipulated to be partial.

1688. Release is either express or tacit.

Release is either onerous or gratuitous, according to the nature of the act from which it derives.

1689. Le créancier qui, volontairement, met son débiteur en possession du titre original de l'obligation est présumé lui faire remise de la dette, s'il n'y a d'autres circonstances permettant d'en déduire plutôt un paiement du débiteur.

Le créancier qui, pareillement, met l'un des débiteurs solidaires en possession du titre original de l'obligation est, de même, présumé faire remise de la dette à l'égard de tous.

1690. La remise expresse accordée à l'un des débiteurs solidaires ne libère les autres codébiteurs que pour la part de celui qu'il a déchargé; et si l'un ou plusieurs des autres codébiteurs deviennent insolvables, les portions des insolvables sont réparties par contribution entre tous les autres codébiteurs, excepté celui à qui il a été fait remise, dont la part contributive est supportée par le créancier.

La remise expresse accordée par l'un des créanciers solidaires ne libère le débiteur que pour la part de ce créancier.

1691. La renonciation expresse à une priorité ou à une hypothèque par le créancier ne fait pas présumer la remise de la dette garantie.

1692. La remise expresse accordée à l'une des cautions libère les autres, dans la mesure du recours que ces dernières auraient eu contre la caution libérée.

Toutefois, ce que le créancier a reçu de la caution pour sa libération n'est pas imputé à la décharge du débiteur principal ou des autres cautions, excepté, quant à ces derniers, dans les cas où ils ont un recours contre la caution libérée et jusqu'à concurrence de tel recours.

1689. A creditor who voluntarily surrenders the original title of an obligation to his debtor is presumed to grant him a release of the debt, unless the circumstances indicate that the debtor has paid the debt.

Similarly, a creditor who voluntarily surrenders the original title of an obligation to one of the solidary debtors is presumed to grant a release of the debt in favour of all the debtors.

1690. Express release granted to one of the solidary debtors releases the other co-debtors for only the share of the person discharged; if one or several of the other co-debtors become insolvent, the shares of the insolvents are apportioned rateably between all the other co-debtors, except the co-debtor to whom the release was granted, whose share is borne by the creditor.

Express release granted by one of the solidary creditors releases the debtor only to the extent of the share of that creditor.

1691. Express renunciation of a priority or a hypothec by a creditor does not give rise to a presumption of release of the secured debt.

1692. Express release granted to one of the sureties releases the other sureties to the extent of the remedy they would have had against the released surety.

Nevertheless, no payment received by the creditor from the surety for his release may be imputed to the discharge of the principal debtor or of the other sureties, except, as regards the sureties, where they have a remedy against the released surety and to the extent of that remedy.

SECTION V
DE L'IMPOSSIBILITÉ D'EXÉCUTER
L'OBLIGATION

1693. Lorsqu'une obligation ne peut plus être exécutée par le débiteur, en raison d'une force majeure et avant qu'il soit en demeure, il est libéré de cette obligation; il en est également libéré, lors même qu'il était en demeure, lorsque le créancier n'aurait pu, de toute façon, bénéficier de l'exécution de l'obligation en raison de cette force majeure; à moins que, dans l'un et l'autre cas, le débiteur ne se soit expressément chargé des cas de force majeure.

La preuve d'une force majeure incombe au débiteur.

1694. Le débiteur ainsi libéré ne peut exiger l'exécution de l'obligation corrélative du créancier; si elle a été exécutée, il y a lieu à restitution.

Lorsque le débiteur a exécuté son obligation en partie, le créancier demeure tenu d'exécuter la sienne jusqu'à concurrence de son enrichissement.

SECTION VI
DE LA LIBÉRATION DU DÉBITEUR

1695. Lorsqu'un créancier prioritaire ou hypothécaire acquiert le bien sur lequel porte sa créance, à la suite d'une vente en justice, d'une vente faite par le créancier ou d'une vente sous contrôle de justice, le débiteur est libéré de sa dette envers ce créancier, jusqu'à concurrence de la valeur marchande du bien au moment de l'acquisition, déduction faite de toute autre créance ayant priorité de rang sur celle de l'acquéreur.

Le débiteur est également libéré lorsque, dans les trois années qui suivent la vente, ce créancier reçoit, en

SECTION V
IMPOSSIBILITY OF PERFORMANCE

1693. A debtor is released where he cannot perform an obligation by reason of a superior force and before he is in default, or where, although he was in default, the creditor could not, in any case, benefit by the performance of the obligation by reason of that superior force, unless, in either case, the debtor has expressly assumed the risk of superior force.

The burden of proof of superior force is on the debtor.

1694. A debtor released by impossibility of performance may not exact performance of the correlative obligation of the creditor; if the performance has already been rendered, restitution is owed.

Where the debtor has performed part of his obligation, the creditor remains bound to perform his own obligation to the extent of his enrichment.

SECTION VI
DISCHARGE OF THE DEBTOR

1695. Where a prior or hypothecary creditor acquires the property on which he has a claim, as a result of a judicial sale, a sale by the creditor or a sale by judicial authority, the debtor is released from his debt to the creditor up to the market value of the property at the time of acquisition, less any claims ranking ahead of the acquirer's claim.

The debtor is also released where, within three years from the sale, the creditor who acquired the property re-

revendant le bien ou une partie de celui-ci, ou en faisant sur le bien d'autres opérations, une valeur au moins égale au montant de sa créance, en capital, intérêts et frais, au montant des impenses qu'il a faites sur le bien, portant intérêt, et au montant des autres créances prioritaires ou hypothécaires qui prennent rang avant la sienne.

1696. Le créancier est présumé avoir acquis le bien s'il est vendu à une personne avec qui il est de connivence ou qui lui est liée, notamment, un parent ou allié jusqu'au deuxième degré, une personne vivant sous son toit, ou encore un associé ou une personne morale dont il est un administrateur ou qu'il contrôle.

1697. Le débiteur libéré a le droit d'obtenir quittance du créancier.

Si ce dernier refuse, le débiteur peut s'adresser au tribunal pour faire constater sa libération. Le jugement qui la constate vaut quittance à l'égard du créancier.

1698. La libération du débiteur principal entraîne la libération de ses cautions et de ses autres garants, qui peuvent exercer les mêmes droits que le débiteur principal, même indépendamment de lui.

CHAPITRE NEUVIÈME
DE LA RESTITUTION DES PRESTATIONS

SECTION I
DES CIRCONSTANCES DANS LESQUELLES A LIEU LA RESTITUTION

1699. La restitution des prestations a lieu chaque fois qu'une personne est, en vertu de la loi, tenue de rendre à une autre des biens qu'elle a reçus sans

ceives, by resale of all or part of the property or by any other transaction in respect of it, value equal to or greater than the amount of his claim, including capital, interest and costs, the amount of the disbursements he has made on the property, with interest, and the amount of the other prior or hypothecary claims ranking ahead of his own.

1696. The creditor is presumed to have acquired the property if it is sold to a person in collusion with him or a person related to him, especially a relative by blood or a person connected by marriage up to the second degree, a person living with him, a partner, or a legal person of which he is a director or which he controls. [1992, ch. 57, s. 716].

1697. A debtor, on being released, is entitled to an acquittance from his creditor.

If the creditor refuses to grant the acquittance, the debtor may move that the court declare his release. The judgment attesting the release is equivalent to an acquittance with respect to the creditor.

1698. Release of the principal debtor entails release of his sureties and other warrantors, who may exercise the same rights as the principal debtor, even independently of him.

CHAPTER IX
RESTITUTION OF PRESTATIONS

SECTION I
CIRCUMSTANCES IN WHICH RESTITUTION TAKES PLACE

1699. Restitution of prestations takes place where a person is bound by law to return to another person the property he has received, either unlawfully or by er-

droit ou par erreur, ou encore en vertu d'un acte juridique qui est subséquemment anéanti de façon rétroactive ou dont les obligations deviennent impossibles à exécuter en raison d'une force majeure.

Le tribunal peut, exceptionnellement, refuser la restitution lorsqu'elle aurait pour effet d'accorder à l'une des parties, débiteur ou créancier, un avantage indu, à moins qu'il ne juge suffisant, dans ce cas, de modifier plutôt l'étendue ou les modalités de la restitution.

SECTION II
DES MODALITÉS DE LA RESTITUTION

1700. La restitution des prestations se fait en nature, mais si elle ne peut se faire ainsi en raison d'une impossibilité ou d'un inconvénient sérieux, elle se fait par équivalent.

L'équivalence s'apprécie au moment où le débiteur a reçu ce qu'il doit restituer.

1701. En cas de perte totale ou d'aliénation du bien sujet à restitution, celui qui a l'obligation de restituer est tenu de rendre la valeur du bien, considérée au moment de sa réception, de sa perte ou aliénation, ou encore au moment de la restitution, suivant la moindre de ces valeurs; mais s'il est de mauvaise foi ou si la cause de restitution est due à sa faute, la restitution se fait suivant la valeur la plus élevée.

Le débiteur est cependant dispensé de toute restitution si le bien a péri par force majeure, mais il doit alors céder au créancier, le cas échéant, l'indemnité qu'il a reçue pour cette perte, ou le droit à cette indemnité s'il ne l'a pas déjà reçue; lorsque le débiteur est de mauvaise foi ou que la cause de restitution

ror, or under a juridical act which is subsequently annulled retroactively or under which the obligations become impossible to perform by reason of superior force.

The court may, exceptionally, refuse restitution where it would have the effect of according an undue advantage to one party, whether the debtor or the creditor, unless it deems it sufficient, in that case, to modify the scope or mode of the restitution instead.

SECTION II
MODE OF RESTITUTION

1700. Restitution of prestations is made in kind, but, if this is impossible or cannot be done without serious inconvenience, it may be made by equivalence.

Equivalence is estimated at the time when the debtor received what he is liable to restore.

1701. In the case of total loss or alienation of property subject to restitution, the person liable to make the restitution is bound to return the value of the property, considered when it was received, or at the time of its loss or alienation, or at the time of its restitution, whichever value is the lowest, or, if the person is in bad faith or if the restitution is due to his fault, whichever value is the highest.

If the property has perished by superior force, however, the debtor is exempt from making restitution, but he shall then assign to the creditor, as the case may be, the indemnity he has received for the loss of the property or, if he has not already received it, the right to the indemnity. If the debtor is in bad faith or if

est due à sa faute, il n'est dispensé de la restitution que si le bien eût également péri entre les mains du créancier.

the restitution is due to his fault, he is not exempt from making restitution unless the property would also have perished if it had been in the hands of the creditor.

1702. Lorsque le bien qu'il rend a subi une perte partielle, telle une détérioration ou une autre dépréciation de valeur, celui qui a l'obligation de restituer est tenu d'indemniser le créancier pour cette perte, à moins que celle-ci ne résulte de l'usage normal du bien.

1702. Where the property he returns has suffered partial loss, for example a deterioration or any other depreciation in value, the person who is liable to make restitution is bound to indemnify the creditor for such loss, unless it results from normal use of the property.

1703. Le droit d'être remboursé des impenses faites au bien sujet à la restitution est réglé conformément aux dispositions du livre Des biens applicables au possesseur de bonne foi ou, s'il y a mauvaise foi ou si la cause de la restitution est due à la faute de celui qui a l'obligation de restituer, à celles qui sont applicables au possesseur de mauvaise foi.

1703. The right to reimbursement for expenses incurred in respect of property subject to restitution is governed by the provisions of the Book on Property, applicable to a possessor in good faith or, in case of bad faith or if the restitution is due to the fault of the person who is bound to make restitution, by those applicable to possessors in bad faith.

1704. Celui qui a l'obligation de restituer fait siens les fruits et revenus produits par le bien qu'il rend et il supporte les frais qu'il a engagés pour les produire. Il ne doit aucune indemnité pour la jouissance du bien, à moins que cette jouissance n'ait été l'objet principal de la prestation ou que le bien était susceptible de se déprécier rapidement.

1704. The fruits and revenues of the property being restored belong to the person who is bound to make restitution, and he bears the costs he has incurred to produce them. He owes no indemnity for enjoyment of the property unless that was the primary object of the prestation or unless the property was subject to rapid depreciation.

Cependant, s'il est de mauvaise foi, ou si la cause de la restitution est due à sa faute, il est tenu, après avoir compensé les frais, de rendre ces fruits et revenus et d'indemniser le créancier pour la jouissance qu'a pu lui procurer le bien.

If the person who is bound to make restitution is in bad faith or if the restitution is due to his fault, he is bound, after compensating for the costs, to return the fruits and revenues and indemnify the creditor for any enjoyment he has derived from the property.

1705. Les frais de la restitution sont supportés par les parties, en proportion, le cas échéant, de la valeur des prestations qu'elles se restituent mutuellement.

1705. Costs of restitution are borne by the parties, in proportion, where applicable, to the value of the prestations mutually restored.

Toutefois, lorsque l'une d'elles est de mauvaise foi ou que la cause de la restitution est due à sa faute, elle seule supporte les frais de la restitution.

1706. Les personnes protégées ne sont tenues à la restitution des prestations que jusqu'à concurrence de l'enrichissement qu'elles en conservent; la preuve de cet enrichissement incombe à celui qui exige la restitution.

Elles peuvent, toutefois, être tenues à la restitution intégrale lorsqu'elles ont rendu impossible la restitution par leur faute intentionnelle ou lourde.

SECTION III
DE LA SITUATION DES TIERS À L'ÉGARD DE LA RESTITUTION

1707. Les actes d'aliénation à titre onéreux faits par celui qui a l'obligation de restituer, s'ils ont été accomplis au profit d'un tiers de bonne foi, sont opposables à celui à qui est due la restitution. Ceux à titre gratuit sont inopposables, sous réserve des règles relatives à la prescription.

Les autres actes accomplis au profit d'un tiers de bonne foi sont opposables à celui à qui est due la restitution.

TITRE DEUXIÈME
DES CONTRATS NOMMÉS

CHAPITRE PREMIER
DE LA VENTE

SECTION I
DE LA VENTE EN GÉNÉRAL

§ 1.–*Dispositions générales*

1708. La vente est le contrat par lequel une personne, le vendeur, transfère la propriété d'un bien à une autre per-

---

Where one party is in bad faith, however, or where the restitution is due to his fault, the costs are borne by that party alone.

1706. Protected persons are bound to make restitution of prestations to the extent of the enrichment they derive from them; proof of such enrichment is borne by the person claiming restitution.

A protected person may, however, be bound to make full restitution where restitution has become impossible through his intentional or gross fault.

SECTION III
EFFECTS OF RESTITUTION ON THIRD PERSONS

1707. Acts of alienation by onerous title performed by a person who is bound to make restitution, if made in favour of a third person in good faith, may be set up against the person to whom restitution is owed. Acts of alienation by gratuitous title may not be set up, subject to the rules on prescription.

Any other acts performed in favour of a third person in good faith may be set up against the person to whom restitution is owed.

TITLE TWO
NOMINATE CONTRACTS

CHAPTER I
SALE

SECTION I
SALE IN GENERAL

§ 1.–*General provisions*

1708. Sale is a contract by which a person, the seller, transfers ownership of property to another person, the buyer, for

sonne, l'acheteur, moyennant un prix en argent que cette dernière s'oblige à payer.

Le transfert peut aussi porter sur un démembrement du droit de propriété ou sur tout autre droit dont on est titulaire.

1709. Celui qui est chargé de vendre le bien d'autrui ne peut, même par partie interposée, se rendre acquéreur d'un tel bien; il en est de même de celui qui est chargé d'administrer le bien d'autrui ou de surveiller l'administration qui en est en faite, sous réserve cependant, quant à l'administrateur, de l'article 1312.

Celui qui ne peut acquérir ne peut, non plus, vendre ses propres biens, moyennant un prix provenant du bien ou du patrimoine qu'il administre ou dont il surveille l'administration.

Ces personnes ne peuvent en aucun cas demander la nullité de la vente.

§ 2.–De la promesse

1710. La promesse de vente accompagnée de délivrance et possession actuelle équivaut à vente.

1711. Toute somme versée à l'occasion d'une promesse de vente est présumée être un acompte sur le prix, à moins que le contrat n'en dispose autrement.

1712. Le défaut par le promettant vendeur ou le promettant acheteur de passer titre confère au bénéficiaire de la promesse le droit d'obtenir un jugement qui en tienne lieu.

§ 3.–De la vente du bien d'autrui

1713. La vente d'un bien par une personne qui n'en est pas propriétaire ou qui n'est pas chargée ni autorisée à le vendre, peut être frappée de nullité.

a price in money which the latter obligates himself to pay.

A dismemberment of the right of ownership, or any other right held by the person, may also be transferred by sale.

1709. A person charged with the sale of property of another may not acquire such property, even through an intermediary; the same applies to a person charged with administration of property of another or with supervision of its administration, subject, for the administrator, to article 1312.

Furthermore, such a person may not sell his own property for a price paid out of the property or patrimony which he administers or of which he supervises the administration.

In no case may such a person apply for annulment of the sale.

§ 2.–Promise

1710. The promise of sale with delivery and actual possession is equivalent to sale.

1711. Any amount paid on the occasion of a promise of sale is presumed to be a deposit on the price unless otherwise stipulated in the contract.

1712. Failure by the promisor, whether he be the seller or the buyer, to execute the deed entitles the beneficiary of the promise to obtain a judgment in lieu thereof.

§ 3.–Sale of property of another

1713. The sale of property by a person other than the owner or than a person charged with its sale or authorized to sell it may be declared null.

Elle ne peut plus l'être si le vendeur devient propriétaire du bien.

The sale may not be declared null, however, if the seller becomes the owner of the property.

1714. Le véritable propriétaire peut demander la nullité de la vente et revendiquer contre l'acheteur le bien vendu, à moins que la vente n'ait eu lieu sous l'autorité de la justice ou que l'acheteur ne puisse opposer une prescription acquisitive.

1714. The true owner may apply for the annulment of the sale and revendicate the sold property from the buyer unless the sale was made under judicial authority or unless the buyer can set up positive prescription.

Il est tenu, si le bien est un meuble qui a été vendu dans le cours des activités d'une entreprise, de rembourser à l'acheteur de bonne foi le prix qu'il a payé.

If the property is a movable sold in the ordinary course of business of an enterprise, the owner is bound to reimburse the buyer in good faith for the price he has paid.

1715. L'acheteur peut aussi demander la nullité de la vente.

1715. The buyer as well may apply for the annulment of the sale.

Il n'est pas, toutefois, admis à le faire lorsque le propriétaire n'est pas lui-même admis à revendiquer le bien.

He may not do so, however, where the owner himself is not entitled to revendicate the property.

§ 4.–*Des obligations du vendeur*

§ 4.–*Obligations of the seller*

1716. Le vendeur est tenu de délivrer le bien, et d'en garantir le droit de propriété et la qualité.

1716. The seller is bound to deliver the property and to warrant the ownership and quality of the property.

Ces garanties existent de plein droit, sans qu'il soit nécessaire de les stipuler dans le contrat de vente.

These warranties exist of right whether or not they are stipulated in the contract of sale.

I – De la délivrance

I – Delivery

1717. L'obligation de délivrer le bien est remplie lorsque le vendeur met l'acheteur en possession du bien ou consent à ce qu'il en prenne possession, tous obstacles étant écartés.

1717. The obligation to deliver the property is fulfilled when the seller puts the buyer in possession of the property or consents to his taking possession of it and all hindrances are removed.

1718. Le vendeur est tenu de délivrer le bien dans l'état où il se trouve lors de la vente, avec tous ses accessoires.

1718. The seller is bound to deliver the property in the state it is in at the time of the sale, with all its accessories.

1719. Le vendeur est tenu de remettre à l'acheteur les titres de propriété qu'il

1719. The seller is bound to surrender to the buyer the titles of ownership in his

possède, ainsi que, s'il s'agit d'une vente immobilière, une copie de l'acte d'acquisition de l'immeuble, de même qu'une copie des titres antérieurs et du certificat de localisation qu'il possède.

1720. Le vendeur est tenu de délivrer la contenance ou la quantité indiquée au contrat, que la vente ait été faite à raison de tant la mesure ou pour un prix global, à moins qu'il ne soit évident que le bien individualisé a été vendu sans égard à cette contenance ou à cette quantité.

1721. Le vendeur qui a accordé un délai pour le paiement n'est pas tenu de délivrer le bien si, depuis la vente, l'acheteur est devenu insolvable.

1722. Les frais de délivrance sont à la charge du vendeur; ceux d'enlèvement sont à la charge de l'acheteur.

II – De la garantie du droit de propriété

1723. Le vendeur est tenu de garantir à l'acheteur que le bien est libre de tous droits, à l'exception de ceux qu'il a déclarés lors de la vente.

Il est tenu de purger le bien des hypothèques qui le grèvent, même déclarées ou inscrites, à moins que l'acheteur n'ait assumé la dette ainsi garantie.

1724. Le vendeur se porte garant envers l'acheteur de tout empiétement exercé par lui-même, à moins qu'il ne l'ait déclaré lors de la vente.

Il se porte garant, de même, de tout empiétement qu'un tiers aurait, à sa connaissance, commencé d'exercer avant la vente.

1725. Le vendeur d'un immeuble se porte garant envers l'acheteur de toute

possession and, in the case of the sale of an immovable, a copy of the deed of acquisition of the immovable, of any previous titles and of any location certificate in his possession.

1720. The seller is bound to deliver the area, contents or quantity specified in the contract, whether the sale was made for a price based on measurements or for a flat price, unless it is obvious that the certain and determinate property was sold without regard to such area, contents or quantity.

1721. A seller having granted a term for payment is not bound to deliver the property if the buyer has become insolvent since the sale.

1722. Delivery expenses are assumed by the seller and removal expenses, by the buyer.

II – Warranty of ownership

1723. The seller is bound to warrant the buyer that the property is free of all rights except those he has declared at the time of the sale.

The seller is bound to discharge the property of all hypothecs, even declared or registered, unless the buyer has assumed the debt so secured.

1724. The seller is warrantor towards the buyer for any encroachment on his part unless he has declared it at the time of the sale.

The seller is also warrantor for any encroachment commenced with his knowledge by a third person before the sale.

1725. The seller of an immovable is warrantor towards the buyer for any vio-

violation aux limitations de droit public qui grèvent le bien et qui échappent au droit commun de la propriété.

Le vendeur n'est pas tenu à cette garantie lorsqu'il a dénoncé ces limitations à l'acheteur lors de la vente, lorsqu'un acheteur prudent et diligent aurait pu les découvrir par la nature, la situation et l'utilisation des lieux ou lorsqu'elles ont fait l'objet d'une inscription au bureau de la publicité des droits.

III – De la garantie de qualité

1726. Le vendeur est tenu de garantir à l'acheteur que le bien et ses accessoires sont, lors de la vente, exempts de vices cachés qui le rendent impropre à l'usage auquel on le destine ou qui diminuent tellement son utilité que l'acheteur ne l'aurait pas acheté, ou n'aurait pas donné si haut prix, s'il les avait connus.

Il n'est, cependant, pas tenu de garantir le vice caché connu de l'acheteur ni le vice apparent; est apparent le vice qui peut être constaté par un acheteur prudent et diligent sans avoir besoin de recourir à un expert.

1727. Lorsque le bien périt en raison d'un vice caché qui existait lors de la vente, la perte échoit au vendeur, lequel est tenu à la restitution du prix; si la perte résulte d'une force majeure ou est due à la faute de l'acheteur, ce dernier doit déduire, du montant de sa réclamation, la valeur du bien, dans l'état où il se trouvait lors de la perte.

1728. Si le vendeur connaissait le vice caché ou ne pouvait l'ignorer, il est tenu, outre la restitution du prix, de tous les

lation of restrictions of public law affecting the property which are exceptions to the ordinary law of ownership.

The seller is not warrantor towards the buyer where he has given notice of these restrictions to the buyer at the time of the sale, where a prudent and diligent buyer could have discovered them by reason of the nature, location and use of the premises or where such restrictions have been registered in the registry office.

III – Warranty of quality

1726. The seller is bound to warrant the buyer that the property and its accessories are, at the time of the sale, free of latent defects which render it unfit for the use for which it was intended or which so diminish its usefulness that the buyer would not have bought it or paid so high a price if he had been aware of them.

The seller is not bound, however, to warrant against any latent defect known to the buyer or any apparent defect; an apparent defect is a defect that can be perceived by a prudent and diligent buyer without any need of expert assistance.

1727. If the property perishes by reason of a latent defect that existed at the time of the sale, the loss is borne by the seller, who is bound to restore the price; if the loss results from superior force or is due to the fault of the buyer, the buyer shall deduct from his claim the value of the property in the state it was in at the time of the loss.

1728. If the seller was aware or could not have been unaware of the latent defect, he is bound not only to restore

dommages-intérêts soufferts par l'acheteur.

1729. En cas de vente par un vendeur professionnel, l'existence d'un vice au moment de la vente est présumée, lorsque le mauvais fonctionnement du bien ou sa détérioration survient prématurément par rapport à des biens identiques ou de même espèce; cette présomption est repoussée si le défaut est dû à une mauvaise utilisation du bien par l'acheteur.

1730. Sont également tenus à la garantie du vendeur, le fabricant, toute personne qui fait la distribution du bien sous son nom ou comme étant son bien et tout fournisseur du bien, notamment le grossiste et l'importateur.

1731. La vente faite sous l'autorité de la justice ne donne lieu à aucune obligation de garantie de qualité du bien vendu.

IV – De la garantie conventionnelle

1732. Les parties peuvent, dans leur contrat, ajouter aux obligations de la garantie légale, en diminuer les effets, ou l'exclure entièrement, mais le vendeur ne peut, en aucun cas, se dégager de ses faits personnels.

1733. Le vendeur ne peut exclure ni limiter sa responsabilité, s'il n'a pas révélé les vices qu'il connaissait ou ne pouvait ignorer et qui affectent le droit de propriété ou la qualité du bien.

Cette règle reçoit exception lorsque l'acheteur achète à ses risques et périls d'un vendeur non professionnel.

the price, but to pay all damages suffered by the buyer.

1729. A defect is presumed to have existed at the time of a sale by a professional seller if the property malfunctions or deteriorates prematurely in comparison with identical items of property or items of the same type; such a presumption is not made, however, where the defect is due to improper use of the property by the buyer.

1730. The manufacturer, any person who distributes the property under his name or as his own, and any supplier of the property, in particular the wholesaler and the importer, are also bound to warrant the buyer in the same manner as the seller.

1731. Sale under judicial authority does not give rise to any obligation of warranty of the quality of the sold property.

IV – Conventional warranty

1732. The parties may, in their contract, add to the obligations of legal warranty, diminish its effects or exclude it altogether but in no case may the seller exempt himself from his personal fault.

1733. A seller may not exclude or limit his liability unless he has disclosed the defects of which he was aware or could not have been unaware and which affect the right of ownership or the quality of the property.

An exception may be made to this rule where a buyer buys property at his own risk from a seller who is not a professional seller.

§ 5.–*Des obligations de l'acheteur*

1734. L'acheteur est tenu de prendre livraison du bien vendu et d'en payer le prix au moment et au lieu de la délivrance. Il est aussi tenu, le cas échéant, de payer les frais de l'acte de vente.

1735. L'acheteur doit l'intérêt du prix de la vente, à compter de la délivrance du bien ou de l'expiration du délai convenu entre les parties.

§ 6.–*Des règles particulières à l'exercice des droits des parties*

I – Des droits de l'acheteur

1736. L'acheteur d'un bien meuble peut, lorsque le vendeur ne délivre pas le bien, considérer la vente comme résolue si le vendeur est en demeure de plein droit d'exécuter son obligation ou s'il ne l'exécute pas dans le délai fixé par la mise en demeure.

1737. Lorsque le vendeur est tenu de délivrer la contenance ou la quantité indiquée au contrat et qu'il est dans l'impossibilité de le faire, l'acheteur peut obtenir une diminution du prix ou, si la différence lui cause un préjudice sérieux, la résolution de la vente.

Toutefois, l'acheteur est tenu, lorsque la contenance ou la quantité excède celle qui est indiquée au contrat, de payer l'excédent ou de remettre celui-ci au vendeur.

1738. L'acheteur qui découvre un risque d'atteinte à son droit de propriété doit, par écrit et dans un délai raisonnable depuis sa découverte, dénoncer au vendeur le droit ou la prétention du tiers, en précisant la nature de ce droit ou de cette prétention.

§ 5.–*Obligations of the buyer*

1734. The buyer is bound to take delivery of the property sold, and to pay the price thereof at the time and place of delivery. <u>He is also bound to pay any expenses related to the deed of sale.</u>

1735. The buyer owes interest on the sale price from the time of delivery of the property or the expiry of the period agreed by the parties.

§ 6.–*Special rules regarding the exercise of the rights of the parties*

I – Rights of the buyer

1736. The buyer of movable property may, if the seller fails to deliver it, consider the sale resolved if the seller is in default by operation of law or if he fails to perform his obligation within the time allowed in the notice of default.

1737. Where the seller is bound to deliver the area, contents or quantity specified in the contract and is unable to do so, the buyer may obtain a reduction of the price or, if the difference causes him serious prejudice, resolution of the sale.

Where the area, contents or quantity exceeds that specified in the contract, the buyer is bound to pay for the excess or to restore it to the seller.

1738. A buyer who discovers a risk of infringement of his right of ownership shall, within a <u>reasonable time</u> after discovering it, give notice to the seller, in writing, of the right or claim of the third person, specifying its nature.

≈ 1 week

Le vendeur qui connaissait ou ne pouvait ignorer ce droit ou cette prétention ne peut, toutefois, se prévaloir d'une dénonciation tardive de l'acheteur.

1739. L'acheteur qui constate que le bien est atteint d'un vice doit, par écrit, le dénoncer au vendeur dans un délai raisonnable depuis sa découverte. Ce délai commence à courir, lorsque le vice apparaît graduellement, du jour où l'acheteur a pu en soupçonner la gravité et l'étendue.

Le vendeur ne peut se prévaloir d'une dénonciation tardive de l'acheteur s'il connaissait ou ne pouvait ignorer le vice.

II – Des droits du vendeur

1740. Le vendeur d'un bien meuble peut, lorsque l'acheteur n'en paie pas le prix et n'en prend pas délivrance, considérer la vente comme résolue si l'acheteur est en demeure de plein droit d'exécuter ses obligations ou s'il ne les a pas exécutées dans le délai fixé par la mise en demeure.

Il peut aussi, lorsqu'il apparaît que l'acheteur n'exécutera pas une partie substantielle de ses obligations, arrêter la livraison du bien en cours de transport.

1741. Lorsque la vente d'un bien meuble a été faite sans terme, le vendeur peut, dans les trente jours de la délivrance, considérer la vente comme résolue et revendiquer le bien, si l'acheteur, alors qu'il est en demeure, fait défaut de payer le prix et si le meuble est encore entier et dans le même état, sans être passé entre les mains d'un tiers qui en a payé le prix ou d'un créancier hypothécaire qui a obtenu le délaissement du bien.

The seller may not invoke tardy notice from the buyer if he was aware of the right or claim or could not have been unaware of it.

1739. A buyer who ascertains that the property is defective may give notice in writing of the defect to the seller only within a reasonable time after discovering it. The time begins to run, where the defect appears gradually, on the day that the buyer could have suspected the seriousness and extent of the defect.

The seller may not invoke tardy notice from the buyer if he was aware of the defect or could not have been unaware of it.

II – Rights of the seller

1740. The seller of movable property may, if the buyer fails to pay the sale price and to accept delivery of it, consider the sale resolved if the buyer is in default by operation of law or if he fails to perform his obligations within the time allowed in the notice of default.

The seller may also, where it appears that the buyer will not perform a substantial part of his obligations, stop delivery of the property in transit.

1741. Except in the case of a sale with a term, the seller of movable property may, within thirty days of delivery, consider the sale resolved and revendicate the property if the buyer, being in default, has failed to pay the price and if the property is still entire and in the same condition and has not passed into the hands of a third person who has paid the price thereof, or of a hypothecary creditor who has obtained surrender thereof.

La saisie par un tiers, alors que l'acheteur est en demeure de payer le prix et que le bien est dans les conditions prescrites pour la résolution, ne fait pas obstacle au droit du vendeur.

1742. Le vendeur d'un bien immeuble ne peut demander la résolution de la vente, faute par l'acheteur d'exécuter l'une de ses obligations, que si le contrat contient une stipulation particulière à cet effet.

S'il est dans les conditions pour demander la résolution, il est tenu d'exercer son droit dans un délai de cinq ans à compter de la vente.

1743. Le vendeur d'un bien immeuble qui veut se prévaloir d'une clause résolutoire doit mettre en demeure l'acheteur et, le cas échéant, tout acquéreur subséquent, de remédier au défaut dans les soixante jours qui suivent l'inscription de la mise en demeure au registre foncier; les règles relatives à la prise en paiement énoncées au livre Des priorités et des hypothèques, ainsi que les mesures préalables à l'exercice de ce droit s'appliquent à la résolution de la vente, compte tenu des adaptations nécessaires.

Le vendeur qui reprend le bien par suite de l'exercice d'une telle clause le reprend libre de toutes les charges dont l'acheteur a pu le grever après que le vendeur ait inscrit ses droits.

§ 7.–*De diverses modalités de la vente*

I – De la vente à l'essai

1744. La vente à l'essai d'un bien est présumée faite sous condition suspensive.

Where the buyer is in default to pay the price and the property meets the conditions prescribed for resolution of the sale, the seizure of the property by a third person is no hindrance to the rights of the seller.

1742. The seller of immovable property may not apply for resolution of the sale for failure by the buyer to perform one of his obligations unless the contract specially stipulates that right.

If the seller meets the conditions for applying for resolution, he is bound to exercise his right within five years after the sale.

1743. A seller of immovable property wishing to avail himself of a resolutory clause shall make a demand to the buyer and, where applicable, any subsequent acquirer, to remedy his default within sixty days after the demand is entered in the land register; the rules pertaining to taking in payment set out in the Book on Preference and Hypothec and the measures to be taken prior to the exercise of that right apply, adapted as required, to the resolution of the sale.

A seller who takes back property by exercising a resolutory clause takes it back free of any charges which the buyer may have placed on it after the seller registered his rights.

§ 7.–*Various modes of sale*

I – Trial sales

1744. The sale of property on trial is presumed to be made under a suspensive condition.

Lorsque la durée de l'essai n'est pas stipulée, la condition est réalisée par le défaut de l'acheteur de faire connaître son refus au vendeur dans les trente jours de la délivrance du bien.

Where the trial period is not stipulated, the condition is fulfilled upon the buyer's failure to inform the seller of his refusal within thirty days after delivery of the property.

II – De la vente à tempérament

II – Instalment sales

1745. La vente à tempérament est une vente à terme par laquelle le vendeur se réserve la propriété du bien jusqu'au paiement total du prix de vente.

1745. An instalment sale is a term sale by which the seller reserves ownership of the property until full payment of the sale price.

La réserve de propriété d'un bien acquis pour le service ou l'exploitation d'une entreprise n'est opposable aux tiers que si elle est publiée.

Reservation of ownership of property acquired for the service or carrying on of an enterprise may not be set up against third persons unless it is published.

1746. La vente à tempérament transfère à l'acheteur les risques de perte du bien à moins qu'il ne s'agisse d'un contrat de consommation ou que les parties n'aient stipulé autrement.

1746. An instalment sale transfers to the buyer the risks of loss of the property, except in the case of a consumer contract or where the parties have stipulated otherwise.

1747. Le solde dû par l'acheteur devient exigible lorsque le bien est vendu sous l'autorité de la justice ou que l'acheteur, sans le consentement du vendeur, cède à un tiers le droit qu'il a sur le bien.

1747. The balance owing by the buyer becomes exigible where the property is sold under judicial authority or where the buyer assigns his right in the property to a third person without the consent of the seller.

1748. Lorsque l'acheteur fait défaut de payer le prix de vente selon les modalités du contrat, le vendeur peut exiger le paiement immédiat des versements échus ou reprendre le bien vendu; si le contrat contient une clause de déchéance du terme, il peut plutôt exiger le paiement du solde du prix de vente.

1748. Where the buyer fails to pay the sale price in accordance with the terms and conditions of the contract, the seller may exact immediate payment of the instalments due or take back the sold property; if the contract contains a clause of forfeiture of benefit of the term, the seller may instead exact payment of the balance of the sale price.

1749. Si la réserve de propriété a été publiée, le vendeur qui choisit de reprendre le bien vendu doit mettre en demeure l'acheteur et, le cas échéant, tout acquéreur subséquent, de remédier au défaut dans les vingt jours, s'il s'agit

1749. If the reservation of ownership was published, a seller who elects to take back the sold property shall make a demand to the buyer and, where applicable, any subsequent acquirer, to remedy the default within twenty days in the

d'un bien meuble, ou dans les soixante jours, s'il s'agit d'un bien immeuble, qui suivent l'inscription de la mise en demeure au registre approprié.

Les règles relatives à la prise en paiement énoncées au livre Des priorités et des hypothèques, ainsi que les mesures préalables à l'exercice de ce droit s'appliquent à la reprise du bien, compte tenu des adaptations nécessaires.

III – De la vente avec faculté de rachat

1750. La vente faite avec faculté de rachat, aussi appelée vente à réméré, est une vente sous condition résolutoire par laquelle le vendeur transfère la propriété d'un bien à l'acheteur en se réservant la faculté de le racheter.

La faculté de rachat d'un bien acquis pour le service et l'exploitation d'une entreprise n'est opposable aux tiers que si elle est publiée.

1751. Le vendeur qui désire exercer la faculté de rachat et reprendre le bien doit donner un avis de son intention à l'acheteur et, si la faculté de rachat a été publiée, à tout acquéreur subséquent contre lequel il entend exercer son droit. Cet avis doit être publié; il s'agit d'un avis de vingt jours si le bien est un meuble et d'un avis de soixante jours s'il est un immeuble.

1752. Lorsque le vendeur exerce la faculté de rachat, il reprend le bien libre de toutes les charges dont l'acheteur a pu le grever, si le droit du vendeur a été publié conformément aux règles relatives à la publicité des droits.

1753. La faculté de rachat ne peut être stipulée pour un terme excédant cinq

case of movable property, or within sixty days in the case of immovable property, from registration of the demand in the appropriate register.

The rules pertaining to taking in payment set forth in the Book on Prior Claims and Hypothecs and the measures to be taken prior to the exercise of that right apply, adapted as required, to the taking back of the property.

III – Sales with right of redemption

1750. A sale with a right of redemption is a sale under a resolutory condition by which the seller transfers ownership of property to the buyer while reserving the right to redeem it.

A right of redemption of property acquired for the service or carrying on of an enterprise may not be set up against third persons unless it is published.

1751. A seller wishing to exercise his right of redemption and take back property shall give notice of his intention to the buyer and, if the right of redemption has been published, to any subsequent acquirer against whom he intends to exercise his right. The notice shall be published; it is of twenty days in the case of movable property and sixty days in the case of an immovable.

1752. Where the seller exercises his right of redemption, he takes back the property free of any charges which the buyer may have laid upon it, provided his right was published in accordance with the rules respecting the publication of rights.

1753. The right of redemption may not be stipulated for a term exceeding five

ans; s'il excède cinq ans, le terme est réduit à cette durée.

1754. Si l'acheteur d'une partie indivise d'un bien sujet à la faculté de rachat devient, par l'effet d'un partage, acquéreur de la totalité, il peut obliger le vendeur qui veut exercer la faculté à reprendre la totalité du bien.

1755. Lorsque la vente a été faite par plusieurs personnes conjointement et par un seul contrat ou lorsque le vendeur a laissé plusieurs héritiers, l'acheteur peut s'opposer à la reprise partielle du bien et exiger que le covendeur ou le cohéritier reprenne la totalité du bien.

Pour le reste, les règles relatives à l'obligation conjointe ou divisible s'appliquent, compte tenu des adaptations nécessaires, à l'exercice de la faculté de rachat qui existe au profit de plusieurs vendeurs, à l'encontre de plusieurs acheteurs, ou entre leurs héritiers.

1756. Si la faculté de rachat a pour objet de garantir un prêt, le vendeur est réputé emprunteur et l'acquéreur est réputé créancier hypothécaire. Le vendeur ne pourra toutefois perdre le droit d'exercer la faculté de rachat, à moins que l'acquéreur ne suive les règles prévues au livre Des priorités et des hypothèques pour l'exercice des droits hypothécaires.

IV – De la vente aux enchères

1757. La vente aux enchères est celle par laquelle un bien est offert en vente à plusieurs personnes par l'entremise d'un tiers, l'encanteur, et est déclaré adjugé au plus offrant et dernier enchérisseur.

1758. La vente aux enchères est volontaire ou forcée; en ce dernier cas, la

years. If the term exceeds five years, it is reduced to five years.

1754. If the buyer of an undivided part of a property subject to a right of redemption acquires the whole property through the effect of a partition, he may oblige the seller, if the seller wishes to exercise his right, to take back the whole property.

1755. Where a sale is made by several persons jointly by way of a single contract or where the seller has left several heirs, the buyer may object to the taking back of part of the property and require the joint seller or coheir to take back the whole property.

In other respects, the rules pertaining to joint or divisible obligations, adapted as required, apply to the exercise of the right of redemption existing for the benefit of several sellers, against several buyers, or between their heirs.

1756. Where the object of the right of redemption is to secure a loan, the seller is deemed to be a borrower and the acquirer is deemed to be a hypothecary creditor. The seller does not, however, lose the right to exercise his right of redemption unless the acquirer follows the rules respecting the exercise of hypothecary rights laid down in the Book on Prior Claims and Hypothecs.

IV – Auction sales

1757. An auction sale is a sale by which property is offered for sale to several persons through the intermediary of a third person, the auctioneer, and declared sold to the last and highest bidder.

1758. An auction sale is either voluntary or forced; forced sales are subject to the

vente est alors soumise aux règles prévues au Code de procédure civile, ainsi qu'aux règles du présent sous-paragraphe, s'il n'y a pas incompatibilité.

1759. Le vendeur peut fixer une mise à prix ou d'autres conditions à la vente. Celles-ci ne sont, néanmoins, opposables à l'adjudicataire que si l'encanteur les a communiquées aux personnes présentes avant de recevoir les enchères.

1760. Le vendeur peut refuser de divulguer son identité lors des enchères, mais si celle-ci n'est pas divulguée à l'adjudicataire, l'encanteur est tenu personnellement de toutes les obligations du vendeur.

1761. L'enchérisseur ne peut, en aucun temps, retirer son enchère.

1762. La vente aux enchères est parfaite par l'adjudication du bien, par l'encanteur, au dernier enchérisseur. L'inscription, au registre de l'encanteur, du nom de l'adjudicataire et de son enchère fait preuve de la vente, mais, à défaut d'inscription, la preuve testimoniale est admise.

1763. Le vendeur et l'adjudicataire d'un immeuble doivent passer l'acte de vente dans les dix jours de la demande de l'une des parties.

1764. Lorsqu'une entreprise est vendue aux enchères, l'encanteur doit, avant de remettre le prix au vendeur, suivre les formalités imposées pour la vente d'entreprise.

1765. Le défaut de l'acheteur de payer le prix, selon les conditions de la vente, permet à l'encanteur, outre les recours ordinaires du vendeur, de revendre le

rules contained in the Code of Civil Procedure and to the rules contained under this subheading, so far as they are consistent.

1759. The seller may fix a reserve price or any other conditions of sale. The conditions of sale may not be set up against the successful bidder unless the auctioneer communicates them to the persons present before receiving bids.

1760. The seller may refuse to disclose his identity at the auction but, if his identity is not disclosed to the successful bidder, the auctioneer becomes personally bound by all the obligations of the seller.

1761. At no time may a bidder withdraw his bid.

1762. An auction sale is completed when the auctioneer declares the property sold to the last bidder. Entry of the name and bid of the successful bidder in the auctioneer's register makes proof of the sale; failing such entry, proof by testimony is admissible.

1763. The seller of an immovable and the successful bidder shall sign the deed of sale within ten days after either party so requests.

1764. Where an enterprise is sold at auction, the auctioneer, before remitting the sale price to the seller, shall observe the formalities imposed for the sale of an enterprise.

1765. If the buyer fails to pay the price in compliance with the conditions of the sale, the auctioneer may, in addition to the ordinary remedies of a seller, resell

bien à la folle enchère, selon l'usage et après un avis suffisant.

Le fol enchérisseur ne peut, alors, enchérir de nouveau et il est tenu, le cas échéant, de payer la différence entre le prix de son adjudication et le prix moindre de la revente, sans qu'il puisse réclamer l'excédent. Il est aussi, en cas de vente forcée, responsable envers le vendeur, le saisi et les créanciers qui ont obtenu un jugement, des intérêts, des frais et des dommages-intérêts résultant de son défaut.

1766. L'adjudicataire dont le droit de propriété sur un bien acquis lors d'une vente aux enchères est atteint à la suite d'une saisie exercée par un créancier du vendeur, peut recouvrer du vendeur le prix qu'il a payé, avec les intérêts et les frais; il peut aussi recouvrer des créanciers du vendeur le prix qui leur a été remis, avec intérêts, sous réserve de se faire opposer le bénéfice de discussion.

Il peut réclamer du créancier saisissant les dommages-intérêts qui résultent des irrégularités de la saisie ou de la vente.

§ 8.–*De la vente d'entreprise*

1767. La vente d'entreprise est celle qui porte sur l'ensemble ou sur une partie substantielle d'une entreprise et qui a lieu en dehors du cours des activités du vendeur.

1768. L'acheteur est tenu, avant de se départir du prix, d'obtenir du vendeur une déclaration sous serment qui énonce le nom et l'adresse de tous les créanciers du vendeur, et indique le montant et la nature de chacune de leurs créances en précisant ce qui reste

the property for false bidding, according to usage and after sufficient notice.

A false bidder may not bid again at a resale on default. He is bound to pay the difference between the price at which the property was sold to him and the resale price, if lesser, but is not entitled to claim any excess amount. He is also, in the case of a forced sale, liable towards the seller, the person from whom the property was seized and the creditors having obtained the judgment, for all interest, costs and damages arising from his default.

1766. A successful bidder whose right of ownership of property acquired at an auction sale is infringed as a result of seizure of the property by a creditor of the seller may recover the price paid, with interest and costs, from the seller. He may also recover the price, with interest, from the creditors of the seller to whom it has been remitted, but they may set up the benefit of discussion against him.

He may claim damages resulting from any irregularity in the seizure or sale from the seizing creditor.

§ 8.–*Sale of an enterprise*

1767. The sale of an enterprise is a sale which has as its object the whole or a substantial part of an enterprise and which is made outside the ordinary course of business of the seller.

1768. Before paying the price, the buyer is bound to obtain a sworn statement from the seller containing the names and addresses of all the creditors of the seller, indicating the amount and nature of each of their claims, specifying the amounts remaining to become due, and

à échoir, ainsi que les sûretés qui s'y attachent.

1769. Avant de se départir du prix, l'acheteur doit aviser de la vente les créanciers prioritaires et hypothécaires désignés dans la déclaration et leur demander de lui indiquer, par écrit, dans les vingt jours de sa demande, le montant de leur créance, et, s'il y a hypothèque, la valeur qu'ils attribuent à leur sûreté, compte tenu du rang de leur sûreté, de la somme pour laquelle elle est consentie, et de la valeur du bien grevé.

1770. Lorsque le prix est payable au comptant et qu'il est suffisant pour rembourser tous les créanciers du vendeur désignés dans la déclaration, l'acheteur n'est pas tenu d'aviser de la vente les créanciers prioritaires et hypothécaires du vendeur ni de suivre les autres formalités prescrites pour la distribution du prix de vente. Il est cependant tenu, à même le prix de vente, de payer tous les créanciers du vendeur, à l'exception de ceux qui ont renoncé par écrit à ce droit.

1771. Le créancier hypothécaire qui omet d'indiquer la valeur de sa sûreté ne peut faire valoir sa créance lors de la distribution du prix de vente. Il ne peut non plus le faire lorsque cette valeur excède le montant de sa créance.

1772. Lorsque la valeur de la sûreté du créancier hypothécaire est inférieure au montant de sa créance, celle-ci est comptée, lors de la distribution du prix de vente, pour l'excédent seulement.

1773. L'acheteur et le vendeur désignent, dans l'acte de vente, une personne à qui l'acheteur devra remettre, pour distribution aux créanciers, le prix

indicating the security attached to each claim.

1769. Before paying the price, the buyer shall give notice of the sale to each of the prior and hypothecary creditors designated in the statement, with a request to indicate to him in writing, within twenty days after the request, the amount of their claim and, in the case of a hypothec, the value the creditor attaches to his security, taking into account the rank of his security, the amount for which it is granted, and the value of the charged property.

1770. Where the price is payable in cash and is sufficient to reimburse all the creditors of the seller designated in the statement, the buyer is under no obligation to give notice of the sale to the prior and hypothecary creditors of the seller or to observe the other formalities prescribed for the distribution of the sale price. He is, however, bound to pay all the creditors of the seller, except those who have renounced their right thereto in writing, out of the sale price.

1771. A hypothecary creditor may not exercise his claim at the time of distribution of the sale price if he has failed to indicate the value of his security; nor may he do so where such value exceeds the amount of his claim.

1772. Where the value of the security of a hypothecary creditor is less than the amount of his claim, it is counted in the distribution of the sale price, but only for the excess amount.

1773. In the deed of sale, the buyer and the seller designate a person to whom the buyer will be bound to remit the sale price for distribution to the creditors,

de vente, que celui-ci soit payable, en tout ou en partie, au comptant ou à terme.

whether it is payable in whole or in part, in cash or with a term.

1774. La personne désignée pour procéder à la distribution du prix est tenue de préparer un bordereau de distribution dont elle donne copie aux créanciers mentionnés dans la déclaration du vendeur. En l'absence de contestation du bordereau dans les vingt jours de l'envoi, elle paie les créanciers, en proportion de leurs créances.

1774. The person designated to distribute the sale price is bound to prepare a distribution statement and give a copy of it to the creditors named in the seller's statement. If it is not contested within twenty days of sending, the designated person pays the creditors proportionately to their claims.

Si le bordereau fait l'objet d'une contestation, elle retient sur le prix ce qui est nécessaire pour acquitter la partie contestée de la créance, jusqu'à ce que jugement soit rendu sur la contestation, à moins que celle-ci ne provienne d'un créancier que le vendeur a omis de déclarer et que le vendeur n'approuve la créance; en ce dernier cas, le créancier participe à la distribution.

If the distribution statement is contested, the designated person withholds from the price whatever amount is necessary to discharge the contested part of the claim until judgment is rendered on the contestation, unless the contesting party is a creditor whose name the seller failed to declare and the seller approves the claim, in which case the creditor participates in the distribution.

1775. Lorsque l'acheteur a suivi les formalités prescrites, les créanciers du vendeur ne peuvent exercer leurs droits et recours contre lui ou contre les biens qui ont été vendus, mais ils conservent leurs recours contre le vendeur.

1775. Where the buyer has observed the prescribed formalities, the creditors of the seller have no right or remedy against the buyer or against the sold property but they retain their remedies against the seller.

S'ils ont qualité de créanciers prioritaires ou hypothécaires et n'ont pas participé à la distribution ou n'y ont participé que partiellement, ils conservent, néanmoins, le droit d'exercer les droits et recours que la loi leur accorde.

If the creditors of the seller are prior or hypothecary creditors and have not participated or have participated only partially in the distribution, they retain the right to exercise the rights and remedies granted to them by law.

1776. Lorsque les formalités prescrites n'ont pas été suivies, la vente d'entreprise est inopposable aux créanciers du vendeur dont la créance est antérieure à la date de la conclusion de la vente, à moins que l'acheteur ne paie ces créanciers à concurrence de la valeur des biens qu'il a achetés.

1776. Where the prescribed formalities have not been observed, the sale of an enterprise may not be set up against creditors of the seller who have claims prior to the date of conclusion of the sale, unless the buyer pays them, up to the value of the property he has bought.

L'inopposabilité de la vente ne peut être soulevée, à peine de déchéance, que dans l'année qui suit le jour où le créancier a eu connaissance de la vente et, dans tous les cas, elle ne peut plus l'être après trois ans de l'acte de vente.

1777. L'acheteur et le vendeur sont responsables du défaut par la personne désignée de distribuer le prix de vente selon les formalités prescrites; toutefois, l'acheteur n'est responsable qu'à concurrence de la valeur des biens qu'il a achetés.

1778. Les ventes faites dans le cadre des droits et recours exercés par un créancier prioritaire ou hypothécaire ou celles qui sont faites par un administrateur du bien d'autrui pour le bénéfice des créanciers, ou par un officier public agissant sous l'autorité du tribunal, ne sont pas soumises aux règles de la vente d'entreprise.

Ces règles ne s'appliquent pas, non plus, à la vente faite à une société formée par le vendeur pour acheter l'actif de l'entreprise, lorsque la société assume les dettes du vendeur, continue l'entreprise et donne avis de la vente aux créanciers du vendeur.

§ 9.–*De la vente de certains biens incorporels*

I – De la vente de droits successoraux

1779. Le vendeur de droits successoraux, s'il ne spécifie pas en détail les biens sur lesquels portent les droits, ne garantit que sa qualité d'héritier.

1780. Le vendeur est tenu de remettre à l'acheteur les fruits et revenus qu'il a perçus, de même que le capital de la

The fact that the sale may not be set up may only be invoked, on pain of forfeiture, within one year from the day on which the creditor becomes aware of the sale and, in any case, within three years from the act of sale.

1777. The buyer and the seller are liable for the failure of the designated person to distribute the sale price in accordance with the prescribed formalities but the liability of the buyer is limited to the value of the property he has bought.

1778. A sale made by a prior or hypothecary creditor in the exercise of his rights and remedies, by a person charged with the administration of the property of others for the benefit of the creditors or by a public officer acting under judicial authority is not subject to the rules governing the sale of an enterprise.

Nor do those rules apply to a sale made to a partnership or company established by the seller with a view to purchasing the assets of the enterprise where the partnership or company assumes the debts of the seller, continues the enterprise and gives notice of the sale to the creditors of the seller.

§ 9.–*Sale of certain incorporeal property*

I – Sale of rights of succession

1779. A person who sells rights of succession without specifying in detail the property affected warrants only his quality as an heir.

1780. The seller is bound to hand over the fruits and revenues he has received to the buyer, together with the capital of

créance échue et le prix des biens qu'il a vendus et qui faisaient partie de la succession.

1781. L'acheteur est tenu de rembourser au vendeur les dettes de la succession et les frais de liquidation de celle-ci que le vendeur a payés, de même que les sommes que la succession lui doit.

Il doit aussi acquitter les dettes de la succession dont le vendeur est tenu.

II – De la vente de droits litigieux

1782. Un droit est litigieux lorsqu'il est incertain, disputé ou susceptible de dispute par le débiteur, que l'action soit intentée ou qu'il y ait lieu de présumer qu'elle sera nécessaire.

1783. Les juges, avocats, notaires et officiers de justice ne peuvent se porter acquéreurs de droits litigieux, sous peine de nullité absolue de la vente.

1784. Lorsqu'une vente de droits litigieux a lieu, celui de qui ils sont réclamés est entièrement déchargé en remboursant à l'acheteur le prix de cette vente, les frais et les intérêts sur le prix, à compter du jour où le paiement a été fait.

Ce droit de retrait ne peut être exercé lorsque la vente est faite à un créancier en paiement de ce qui lui est dû ou à un cohéritier ou copropriétaire du droit vendu, ou encore au possesseur du bien qui est l'objet du droit. Il ne peut l'être, non plus, lorsque le tribunal a rendu un jugement maintenant le droit vendu ou lorsque le droit a été établi et que le litige est en état d'être jugé.

any claim due and the price of any property he has sold which formed part of the succession.

1781. The buyer is bound to reimburse the seller for the debts and liquidation expenses of the succession that he has paid and all amounts owed to him by the succession.

The buyer shall also pay the debts of the succession for which the seller is liable.

II – Sale of litigious rights

1782. A right is litigious when it is uncertain, contested or contestable by the debtor, whether an action is pending or there is reason to presume that it will become necessary.

1783. No judge, advocate, notary or officer of justice may acquire litigious rights, on pain of absolute nullity of the sale.

1784. Where litigious rights are sold, the person from whom they are claimed is fully discharged by paying to the buyer the sale price, the costs related to the sale and interest on the price computed from the day on which the buyer paid it.

This right of redemption may not be exercised where the sale is made to a creditor in payment of what is due to him, to a coheir or co-owner of the rights sold or to the possessor of the property subject to the right. Nor may it be exercised where a court has rendered a judgment affirming the rights sold or where the rights have been established and the case is ready for judgment.

SECTION II
DES RÈGLES PARTICULIÈRES À LA VENTE D'IMMEUBLES À USAGE D'HABITATION

1785. Dès lors que la vente d'un immeuble à usage d'habitation, bâti ou à bâtir, est faite par le constructeur de l'immeuble ou par un promoteur à une personne physique qui l'acquiert pour l'occuper elle-même, elle doit, que cette vente comporte ou non le transfert à l'acquéreur des droits du vendeur sur le sol, être précédée d'un contrat préliminaire par lequel une personne promet d'acheter l'immeuble.

Le contrat préliminaire doit contenir une stipulation par laquelle le promettant acheteur peut, dans les dix jours de l'acte, se dédire de la promesse.

1786. Outre qu'il doit indiquer les nom et adresse du vendeur et du promettant acheteur, les ouvrages à réaliser, le prix de vente, la date de délivrance et les droits réels qui grèvent l'immeuble, le contrat préliminaire doit contenir les informations utiles relatives aux caractéristiques de l'immeuble et mentionner, si le prix est révisable, les modalités de la révision.

Lorsque le contrat préliminaire prescrit une indemnité en cas d'exercice de la faculté de dédit, celle-ci ne peut excéder 0,5 p. 100 du prix de vente convenu.

1787. Lorsque la vente porte sur une fraction de copropriété divise ou sur une part indivise d'un immeuble à usage d'habitation et que cet immeuble comporte ou fait partie d'un ensemble qui comporte au moins dix unités de logement, le vendeur doit remettre au promettant acheteur, lors de la signature du contrat préliminaire, une note d'information; il doit également remettre

SECTION II
SPECIAL RULES REGARDING SALE OF RESIDENTIAL IMMOVABLES

1785. The sale of an existing or planned residential immovable by the builder or a promoter to a natural person who acquires it to occupy it shall be preceded by a preliminary contract by which a person promises to buy the immovable, whether or not the sale includes the transfer to him of the seller's rights over the land.

A stipulation that the promisor may withdraw his promise within ten days after signing it shall be included in the preliminary contract.

1786. In a preliminary contract, in addition to the name and address of the seller and of the promisor, an indication shall be included of the work to be performed, the sale price, the date of delivery and the real rights affecting the immovable, as well as any useful information pertaining to the features of the immovable and, where the sale price is subject to review, the terms and conditions of revision.

Where the preliminary contract provides for an indemnity in case of exercise of the right of withdrawal, the indemnity never exceeds one-half of one per cent of the agreed sale price.

1787. Where a fraction of an immovable under divided co-ownership or an undivided part of a residential immovable comprising or forming part of a development which comprises at least ten dwellings is sold, the seller shall give the promisor a memorandum, at the time of signing the preliminary contract; he shall also furnish the memorandum where a residence forming part of a development

cette note lorsque la vente porte sur une résidence faisant partie d'un ensemble comportant dix résidences ou plus et ayant des installations communes.

La vente qui porte sur la même fraction de copropriété faite à plusieurs personnes qui acquièrent ainsi sur cette fraction un droit de jouissance, périodique et successif, est aussi subordonnée à la remise d'une note d'information.

1788. La note d'information complète le contrat préliminaire. Elle énonce les noms des architectes, ingénieurs, constructeurs et promoteurs et contient un plan de l'ensemble du projet immobilier et, s'il y a lieu, le plan général de développement du projet, ainsi que le sommaire d'un devis descriptif; elle fait état du budget prévisionnel, indique les installations communes et fournit les renseignements sur la gérance de l'immeuble, ainsi que, s'il y a lieu, sur les droits d'emphytéose et les droits de propriété superficiaire dont l'immeuble fait l'objet.

Une copie ou un résumé de la déclaration de copropriété ou de la convention d'indivision et du règlement de l'immeuble, même si ces documents sont à l'état d'ébauche, doit être annexé à la note d'information.

1789. Lorsque la vente porte sur une fraction de copropriété divise, la note d'information contient un état des baux consentis par le promoteur ou le constructeur sur les parties privatives ou communes de l'immeuble et indique le nombre maximum de fractions destinées par eux à des fins locatives.

1790. Lorsque le promoteur ou le constructeur consent un bail au-delà du

comprising at least ten residences and having common facilities is sold.

A memorandum shall also be given where the same fraction of an immovable under co-ownership is sold to several persons who thereby acquire a right of enjoyment in the fraction, periodically and successively.

1788. The memorandum complements the preliminary contract. It contains the names of the architects, engineers, builders and promoters, a plan of the overall real estate development project and, where applicable, the general development plan of the project and a summary of the descriptive specifications. It also contains the budget forecast, indicates the common facilities and contains information on the management of the immovable and, where applicable, on the right of emphyteusis or superficies affecting the immovable.

A copy or summary of the declaration of co-ownership or indivision agreement and of the by-laws of the immovable shall be appended to the memorandum even if they are draft documents.

1789. Where a fraction of an immovable under divided co-ownership is sold, the memorandum contains a statement of the leases granted by the promoter or the builder on the private or common portions of the immovable and indicates the maximum number of fractions intended for lease by the promoter or builder.

1790. Where the promoter or builder, by granting a lease, exceeds the maximum

maximum indiqué à la note d'information, le syndicat des copropriétaires peut, après avoir avisé le locateur et le locataire, demander la résiliation du bail. S'il y a plusieurs baux qui excèdent ce maximum, les baux les plus récents doivent d'abord être résiliés.

1791. Le budget prévisionnel doit être établi sur une base annuelle d'occupation complète de l'immeuble; dans le cas d'une copropriété divise, il est établi pour une période débutant le jour où la déclaration de copropriété est inscrite.

Le budget comprend, notamment, un état des dettes et des créances, des recettes et débours et des charges communes. Il indique aussi, pour chaque fraction, les impôts fonciers susceptibles d'être dus, le taux de ceux-ci, et les charges annuelles à payer, y compris, le cas échéant, la contribution au fonds de prévoyance.

1792. La vente d'une fraction de copropriété peut être résolue sans formalités lorsque la déclaration de copropriété n'est pas inscrite dans un délai de trente jours, à compter de la date où elle peut l'être suivant le livre De la publicité des droits.

1793. La vente d'un immeuble à usage d'habitation qui n'est pas précédée du contrat préliminaire peut être annulée à la demande de l'acheteur, si celui-ci démontre qu'il en subit un préjudice sérieux.

1794. La vente par un entrepreneur d'un fonds qui lui appartient, avec un immeuble à usage d'habitation bâti ou à bâtir, est assujettie aux règles du contrat d'entreprise ou de service relatives aux garanties, compte tenu des adaptations

number indicated in the memorandum, the syndicate of co-owners, after notifying the lessor and the lessee, may demand the resiliation of the lease. If there are several leases in excess of the maximum number, the most recent leases shall be resiliated first.

1791. The budget forecast shall be prepared on the basis of one year of full occupancy of the immovable; in the case of an immovable under divided co-ownership, it is prepared for a period beginning on the date of registration of the declaration of co-ownership.

A budget includes, in particular, a statement of debts and claims, revenues and expenditures and common expenses. It also indicates, for each fraction, the likely amount of real estate taxes, the rate of such taxes and the annual expenses payable, including, where applicable, the contribution to the contingency fund.

1792. The sale of a fraction of an immovable under co-ownership may be resolved without formality where the declaration of co-ownership is not registered within thirty days after the date on which it may be registered pursuant to the Book on the Publication of Rights.

1793. The sale of a residential immovable that is not preceded by the preliminary contract may be annulled on the application of the buyer if he shows that he suffers serious prejudice therefrom.

1794. The sale, by a contractor, of land belonging to him together with an existing or planned residential immovable is subject to the rules regarding contracts for work or services pertaining to warranties, adapted as required. Those rules

nécessaires. Les mêmes règles s'appliquent à la vente faite par un promoteur immobilier.

also apply to sales by a real estate promoter.

SECTION III
DE DIVERS CONTRATS APPARENTÉS À LA VENTE

SECTION III
VARIOUS CONTRACTS SIMILAR TO SALE

§ 1.–De l'échange

§ 1.–Exchange

1795. L'échange est le contrat par lequel les parties se transfèrent respectivement la propriété d'un bien, autre qu'une somme d'argent.

1795. Exchange is a contract by which the parties transfer ownership of property other than money to each other.

1796. Lorsque l'une des parties, même après avoir reçu le bien qui lui est transféré en échange, prouve que l'autre partie n'en est pas propriétaire, elle ne peut être forcée à délivrer celui qu'elle a promis en contre-échange, mais seulement à rendre celui qu'elle a reçu.

1796. Where one of the parties proves, even after having received the property transferred to him in exchange, that the other party was not the owner of the property, he may not be compelled to deliver the property he had promised in exchange, but only to return the property he has received.

1797. La partie qui est évincée du bien qu'elle a reçu en échange peut réclamer des dommages-intérêts ou reprendre le bien qu'elle a transféré.

1797. A party who is evicted of the property he has received in exchange may claim damages or recover the property he has transferred.

1798. Les règles du contrat de vente sont, pour le reste, applicables au contrat d'échange.

1798. In all other respects, the rules pertaining to contracts of sale apply to contracts of exchange.

§ 2.–De la dation en paiement

§ 2.–Giving in payment

1799. La dation en paiement est le contrat par lequel un débiteur transfère la propriété d'un bien à son créancier qui accepte de le recevoir, à la place et en paiement d'une somme d'argent ou de quelque autre bien qui lui est dû.

1799. Giving in payment is a contract by which a debtor transfers ownership of property to his creditor, who is willing to take it in place and payment of a sum of money or some other property due to him.

1800. La dation en paiement est assujettie aux règles du contrat de vente et celui qui transfère ainsi un bien est tenu aux mêmes garanties que le vendeur.

1800. Giving in payment is subject to the rules pertaining to contracts of sale and the person who so transfers property is bound to the same warranties as a seller.

Toutefois, la dation en paiement n'est parfaite que par la délivrance du bien.

Giving in payment is perfected only by delivery of the property.

1801. Est réputée non écrite toute clause selon laquelle, pour garantir l'exécution de l'obligation de son débiteur, le créancier se réserve le droit de devenir propriétaire irrévocable du bien ou d'en disposer.

1801. Any clause by which a creditor, with a view to securing the performance of the obligation of his debtor, reserves the right to become the irrevocable owner of the property or to dispose of it is deemed not written.

§ 3.–Du bail à rente

§ 3.–Alienation for rent

1802. Le bail à rente est le contrat par lequel le bailleur transfère la propriété d'un immeuble moyennant une rente foncière que le preneur s'oblige à payer.

1802. Alienation for rent is a contract by which the lessor transfers the ownership of an immovable to a lessee in return for a ground rent which the latter obligates himself to pay.

La rente est payable en numéraire ou en nature; les redevances sont dues à la fin de chaque année et elles sont comptées à partir de la constitution de la rente.

The rent is payable in money or in kind, at the end of each year, from the date of constitution of the rent.

1803. Le preneur peut toujours se libérer du service de la rente en offrant de rembourser la valeur de la rente en capital et en renonçant à la répétition des redevances payées; mais il ne peut, pour le service de la rente, se faire remplacer par un assureur.

1803. The lessee may free himself at any time from the annual payments of rent by offering to reimburse the capital value of the rent and renouncing the recovery of the payments made, but he may not substitute an insurer to make the payments in his place.

1804. Le preneur est tenu personnellement de la rente envers le bailleur. Le fait qu'il abandonne l'immeuble ou que celui-ci soit détruit par force majeure ne le libère pas de son obligation.

1804. The lessee is personally liable towards the lessor for the rent. He is not discharged from his obligation by his abandonment of the immovable or its destruction by superior force.

1805. Les règles relatives au contrat de vente et à la rente sont, pour le reste, applicables au contrat de bail à rente.

1805. In all other respects, the rules pertaining to contracts of sale and to annuities apply to contracts of alienation for rent.

CHAPITRE DEUXIÈME
DE LA DONATION

CHAPTER II
GIFTS

SECTION I
DE LA NATURE ET DE L'ÉTENDUE DE LA DONATION

SECTION I
NATURE AND SCOPE OF GIFTS

1806. La donation est le contrat par lequel une personne, le donateur, trans-

1806. Gift is a contract by which a person, the donor, transfers ownership of

fère la propriété d'un bien à titre gratuit à une autre personne, le donataire; le transfert peut aussi porter sur un démembrement du droit de propriété ou sur tout autre droit dont on est titulaire.

property by gratuitous title to another person, the donee; a dismemberment of the right of ownership, or any other right held by the person, may also be transferred by gift.

La donation peut être faite entre vifs ou à cause de mort.

Gifts may be *inter vivos* or *mortis causa*.

1807. La donation entre vifs est celle qui emporte le dessaisissement actuel du donateur, en ce sens que celui-ci se constitue actuellement débiteur envers le donataire.

1807. A gift which entails actual divesting of the donor in the sense that the donor actually becomes the debtor of the donee is a gift *inter vivos*.

Le fait que le transfert du bien ou sa délivrance soient assortis d'un terme, ou que le transfert porte sur un bien individualisé que le donateur s'engage à acquérir, ou sur un bien déterminé quant à son espèce seulement que le donateur s'engage à délivrer, n'empêche pas le dessaisissement du donateur d'être actuel.

The fact that the transfer or delivery of the property is subject to a term or that the transfer affects a certain and determinate property which the donor undertakes to acquire or a property determinate only as to kind which the donor undertakes to deliver does not prevent the divesting of the donor from being actual divesting.

1808. La donation à cause de mort est celle où le dessaisissement du donateur demeure subordonné à son décès et n'a lieu qu'à ce moment.

1808. A gift whereby the divesting of the donor remains conditional on his death and takes place only at that time is a gift *mortis causa*.

1809. L'acte par lequel une personne renonce à exercer un droit qui ne lui est pas encore acquis ou renonce, purement et simplement, à une succession ou à un legs ne constitue pas une donation.

1809. An act by which a person renounces a right that he has not yet acquired or unconditionally renounces a succession or legacy does not constitute a gift.

1810. La donation rémunératoire ou la donation avec charge ne vaut donation que pour ce qui excède la valeur de la rémunération ou de la charge.

1810. A remunerative gift or a gift with a charge constitutes a gift only for the value in excess of that of the remuneration or charge.

1811. La donation indirecte et la donation déguisée sont régies, sauf quant à la forme, par les dispositions du présent chapitre.

1811. Indirect gifts and disguised gifts are governed by this chapter, except as to their form.

1812. La promesse d'une donation n'équivaut pas à donation; elle ne con-

1812. The promise of a gift does not constitute a gift but only confers on the

fère au bénéficiaire de la promesse que le droit de réclamer du promettant, à défaut par ce dernier de remplir sa promesse, des dommages-intérêts équivalents aux avantages que ce bénéficiaire a concédés et aux frais qu'il a faits en considération de la promesse.

beneficiary of the promise the right to claim damages from the promisor, on his failure to fulfil his promise, equivalent to the benefits which the beneficiary has granted and the expenses he has incurred in consideration of the promise.

SECTION II
DE CERTAINES CONDITIONS
DE LA DONATION

SECTION II
CERTAIN CONDITIONS PERTAINING
TO GIFTS

§ 1.–*De la capacité de donner et de recevoir*

§ 1.–*Capacity to make and receive gifts*

1813. Même représenté par son tuteur ou son curateur, le mineur ou le majeur protégé ne peut donner que des biens de peu de valeur et des cadeaux d'usage, sous réserve des règles relatives au contrat de mariage.

1813. Minors and protected persons of full age, even represented by their tutors or curators, may not make gifts except gifts of property of little value or customary presents, subject to the rules pertaining to marriage contracts.

1814. Les père et mère ou le tuteur peuvent accepter la donation faite à un mineur ou, sous la condition qu'il naisse vivant et viable, à un enfant conçu mais non encore né.

1814. Fathers and mothers or tutors may accept gifts made to minors or, provided they are born alive and viable, to children conceived but yet unborn.

Seul le tuteur ou le curateur peut accepter la donation faite à un majeur protégé. Le mineur et le majeur pourvu d'un tuteur peuvent, néanmoins, accepter seuls la donation de biens de peu de valeur ou de cadeaux d'usage.

Only tutors or curators may accept gifts made to protected persons of full age. Minors and persons of full age who have tutors may, nevertheless, accept alone gifts of property of little value or customary presents.

1815. Le majeur à qui il est nommé un conseiller dont l'assistance est requise pour accepter une donation peut aussi donner, s'il est ainsi assisté.

1815. A person of full age who, to accept a gift, requires the assistance of the adviser appointed to him may also make a gift with his assistance.

§ 2.–*De certaines règles de validité de la donation*

§ 2.–*Certain rules governing the validity of gifts*

1816. La donation d'un bien par une personne qui n'en est pas propriétaire ou qui n'est pas chargée de le donner ni autorisée à le faire est nulle, à moins que le donateur ne se soit expressément engagé à l'acquérir.

1816. The gift of property by a person who does not own it or who is not charged with giving it or authorized to give it is null, unless the donor has expressly undertaken to acquire the property.

1817. La donation faite au propriétaire, à l'administrateur ou au salarié d'un établissement de santé ou de services sociaux qui n'est ni le conjoint ni un proche parent du donateur est nulle si elle est faite au temps où le donateur y est soigné ou y reçoit des services.

La donation faite à un membre de la famille d'accueil à l'époque où le donateur y demeure est également nulle.

1818. La donation entre vifs ne peut porter que sur des biens présents.

Celle qui prétendrait porter sur des biens à venir est réputée faite à cause de mort, mais celle qui porte à la fois sur des biens présents et à venir n'est réputée faite à cause de mort qu'à l'égard des biens à venir.

1819. La donation à cause de mort est nulle, à moins qu'elle ne soit faite par contrat de mariage ou qu'elle ne puisse valoir comme legs.

1820. La donation faite durant la maladie réputée mortelle du donateur, suivie ou non de son décès, est nulle comme faite à cause de mort si aucune circonstance n'aide à la valider.

Néanmoins, si le donateur se rétablit et laisse le donataire en possession paisible pendant trois ans, le vice disparaît.

1821. La donation entre vifs qui impose au donataire l'obligation d'acquitter des dettes ou des charges autres que celles qui existent lors de la donation est nulle, à moins que la nature de ces autres dettes ou charges ne soit exprimée au contrat et que leur montant n'y soit déterminé.

1822. La donation entre vifs stipulée révocable suivant la seule discrétion du

1817. A gift made to the owner, a director or an employee of a health or social services establishment who is neither the spouse nor a close relative of the donor is null if it was made while the donor was receiving care or services at the establishment.

A gift made to a member of a foster family while the donor was residing with that family is also null.

1818. Gifts *inter vivos* are valid only as to present property.

The gift of future property is deemed to be *mortis causa*, but the gift of both present and future property is deemed to be *mortis causa* only with respect to the future property.

1819. A gift *mortis causa* is null unless it is made by marriage contract or unless it may be upheld as a legacy.

1820. A gift made during the deemed mortal illness of the donor is null as having been made *mortis causa*, whether or not death follows, unless circumstances tend to render it valid.

If the donor recovers and leaves the donee in peaceable possession for three years, the nullity is covered.

1821. A gift *inter vivos* which imposes on the donee the obligation to pay debts or charges other than those existing at the time of the gift is null, unless the nature and amount of those other debts or charges are specified in the contract.

1822. A gift *inter vivos* stipulated to be revocable at the sole discretion of the

donateur est nulle, alors même qu'elle est faite par contrat de mariage.

donor is null, even if it is made by marriage contract.

1823. La donation entre vifs ne peut être faite qu'à titre particulier; autrement, elle est nulle, de nullité absolue.

1823. A gift *inter vivos* made otherwise than by particular title is absolutely null.

§ 3.–*De la forme et de la publicité de la donation*

§ 3.–*Form and publication of gifts*

1824. La donation d'un bien meuble ou immeuble s'effectue, à peine de nullité absolue, par acte notarié en minute; elle doit être publiée.

1824. The gift of movable or immovable property is made, on pain of absolute nullity, by notarial act *en minute*, and shall be published.

Il est fait exception à ces règles lorsque, s'agissant de la donation d'un bien meuble, le consentement des parties s'accompagne de la délivrance et de la possession immédiate du bien.

These rules do not apply where, in the case of the gift of movable property, the consent of the parties is accompanied by delivery and immediate possession of the property.

SECTION III
DES DROITS ET OBLIGATIONS
DES PARTIES

SECTION III
RIGHTS AND OBLIGATIONS
OF THE PARTIES

§ 1.–*Dispositions générales*

§ 1.–*General provisions*

1825. Le donateur délivre le bien en mettant le donataire en possession du bien ou en permettant au donataire qu'il en prenne possession, tous obstacles étant écartés.

1825. The donor delivers the property by putting the donee in possession of it or allowing him to take possession of it, all hindrances being removed.

1826. Le donateur n'est tenu de transférer que les droits qu'il a sur le bien donné.

1826. The donor is bound to transfer only the rights he holds in the property given.

1827. Le donataire ne peut recouvrer du donateur le paiement qu'il a fait pour libérer le bien donné d'un droit appartenant à un tiers ou pour exécuter une charge, que dans la mesure où le paiement excède l'avantage qu'il retire de la donation.

1827. The donee may not recover from the donor a payment he has made to free the property of a right vested in a third person or to execute a charge, except so far as the payment exceeds the benefit he derives from the gift.

Cependant, le donataire évincé peut recouvrer du donateur les frais payés en raison de la donation, au-delà de l'avantage qu'il en retire, si l'éviction,

The evicted donee may, however, recover from the donor the expenses paid in connection with the gift in excess of the benefit he derives from it if the

totale ou partielle, provient d'un vice du droit transféré que le donateur connaissait mais n'a pas révélé lors de la donation.

1828. Le donateur ne répond pas des vices cachés qui affectent le bien donné.

Toutefois, il est tenu de réparer le préjudice causé au donataire en raison d'un vice qui porte atteinte à son intégrité physique, s'il connaissait ce vice et ne l'a pas révélé lors de la donation.

1829. Le donateur paie les frais du contrat; le donataire, ceux de l'enlèvement du bien.

§ 2.–Des dettes du donateur

1830. Le donataire n'est tenu que des dettes du donateur qui se rattachent à une universalité d'actif et de passif qu'il reçoit, à moins qu'il n'en résulte autrement du contrat ou de la loi.

§ 3.–Des charges stipulées en faveur d'un tiers

1831. La donation peut être assortie d'une charge ou d'une stipulation en faveur d'un tiers.

1832. La charge stipulée au bénéfice de plusieurs personnes, sans détermination de leurs parts respectives, emporte, au décès de l'une, accroissement de sa part en faveur des cobénéficiaires survivants.

Toutefois, lorsque les parts respectives des bénéficiaires sont déterminées, le décès de l'un n'emporte pas accroissement.

1833. Le donataire est tenu personnellement des charges grevant le bien donné.

eviction, whether total or partial, results from a defect in the transferred right which the donor was aware of but failed to disclose at the time of the gift.

1828. The donor is not liable for latent defects in the property given.

He is liable, however, for injury caused to the donee as a result of a defect which impairs his physical integrity, if he was aware of the defect but failed to disclose it at the time of the gift.

1829. The donor pays the expenses related to the contract and the donee, those related to the removal of the property.

§ 2.–Debts of the donor

1830. Unless otherwise provided in the contract or by law, the donee is only liable for debts of the donor connected with a universality of assets and liabilities he receives.

§ 3.–Charges stipulated in favour of third persons

1831. A gift may be made with a charge or a stipulation in favour of a third person.

1832. A charge stipulated in favour of several persons with no determination of their respective shares entails, upon the death of one of them, the accretion of his share in favour of the surviving co-beneficiaries.

Where the respective shares of the beneficiaries are determined, the death of one of them does not entail accretion.

1833. The donee is personally liable for charges on the property.

1834. La charge qui, en raison de circonstances imprévisibles lors de l'acceptation de la donation, devient impossible ou trop onéreuse pour le donataire, peut être modifiée ou révoquée par le tribunal, compte tenu de la valeur de la donation, de l'intention du donateur et des circonstances.

1835. La révocation ou la caducité de la charge stipulée en faveur d'un tiers profite au donataire, à moins qu'un autre bénéficiaire ne soit désigné.

SECTION IV
DE LA RÉVOCATION DE LA DONATION
POUR CAUSE D'INGRATITUDE

1836. Toute donation entre vifs peut être révoquée pour cause d'ingratitude.

Il y a cause d'ingratitude lorsque le donataire a eu envers le donateur un comportement gravement répréhensible, eu égard à la nature de la donation, aux facultés des parties et aux circonstances.

1837. L'action en révocation doit être intentée du vivant du donataire et dans l'année qui suit la cause d'ingratitude ou le jour où le donateur en a eu connaissance.

Le décès du donateur, dans les délais utiles à l'exercice de l'action, n'éteint pas le droit, mais ses héritiers doivent agir dans l'année du décès.

1838. La révocation de la donation oblige le donataire à restituer au donateur ce qu'il a reçu en vertu du contrat, suivant les règles du présent livre relatives à la restitution des prestations.

Elle emporte extinction, pour l'avenir, des charges qui y sont stipulées.

1834. A charge which, owing to circumstances unforeseeable at the time of the acceptance of the gift, becomes impossible or too burdensome for the donee may be varied or revoked by the court, taking account of the value of the gift, the intention of the donor and the circumstances.

1835. The revocation or lapse of a charge stipulated in favour of a third person benefits the donee, unless another beneficiary is designated.

SECTION IV
REVOCATION OF GIFTS ON ACCOUNT
OF INGRATITUDE

1836. Gifts *inter vivos* may be revoked on account of ingratitude.

Ingratitude is a ground of revocation where the donee has behaved in a seriously reprehensible manner towards the donor, having regard to the nature of the gift, the faculties of the parties and the circumstances.

1837. The action in revocation may be brought only during the lifetime of the donee and within one year after the ingratitude became a ground or the day the donor became aware of it.

The death of the donor within the time for bringing an action does not extinguish the right of action, but the heirs of the donor may act only within one year after his death.

1838. The revocation of a gift obliges the donee to restore to the donor what he has received under the contract, in accordance with the rules of this Book pertaining to the restitution of prestations.

The revocation extinguishes, for the future, the charges stipulated in the contract.

1839. Les donations consenties dans un contrat de mariage peuvent être entre vifs ou à cause de mort.

Elles ne sont valides que si le contrat prend lui-même effet.

1840. Toute personne peut faire une donation entre vifs par contrat de mariage, mais seuls peuvent être donataires les futurs époux, les époux, leurs enfants respectifs et leurs enfants communs nés et à naître, s'ils naissent vivants et viables.

La donation à cause de mort ne peut avoir lieu qu'entre les personnes qui peuvent être bénéficiaires d'une donation entre vifs par contrat de mariage.

1841. La donation à cause de mort, même faite à titre particulier, est révocable.

Toutefois, lorsque le donateur a stipulé l'irrévocabilité de la donation, il ne peut disposer des biens à titre gratuit par acte entre vifs ou par testament, à moins d'avoir obtenu le consentement du donataire et de tous les autres intéressés ou qu'il ne s'agisse de biens de peu de valeur ou de cadeaux d'usage; il demeure, cependant, titulaire des droits sur les biens donnés et libre de les aliéner à titre onéreux.

CHAPITRE TROISIÈME
DU CRÉDIT-BAIL

1842. Le crédit-bail est le contrat par lequel une personne, le crédit-bailleur, met un meuble à la disposition d'une autre personne, le crédit-preneur, pendant une période de temps déterminée et moyennant une contrepartie.

1839. Gifts made by marriage contract may be *inter vivos* or *mortis causa*.

They are valid only if the contract takes effect.

1840. Any person may make a gift *inter vivos* by marriage contract but only the future spouses, the spouses, their respective children and their common children born or yet unborn, if they are born alive and viable, may be donees.

The only persons between whom gifts *mortis causa* may be made are those entitled to be beneficiaries of gifts *inter vivos* made by marriage contract.

1841. Gifts *mortis causa*, even those made by particular title, are revocable.

If a donor has stipulated that a gift is irrevocable, however, he may not dispose of the property gratuitously by an act *inter vivos* or by will without the consent of the donee and of all other interested persons, unless the gift consists of property of little value or customary presents. The donor continues nonetheless to hold his rights in the property given and he remains free to alienate it by onerous title.

CHAPTER III
LEASING

1842. Leasing is a contract by which a person, the lessor, puts movable property at the disposal of another person, the lessee, for a fixed term and in return for payment.

Le bien qui fait l'objet du crédit-bail est acquis d'un tiers par le crédit-bailleur, à la demande du crédit-preneur et conformément aux instructions de ce dernier.

Le crédit-bail ne peut être consenti qu'à des fins d'entreprise.

1843. Le bien qui fait l'objet du crédit-bail conserve sa nature mobilière tant que dure le contrat, même s'il est rattaché ou réuni à un immeuble, pourvu qu'il ne perde pas son individualité.

1844. Le crédit-bailleur doit dénoncer le contrat de crédit-bail dans l'acte d'achat.

1845. Le vendeur du bien est directement tenu envers le crédit-preneur des garanties légales et conventionnelles inhérentes au contrat de vente.

1846. Le crédit-preneur assume, à compter du moment où il en prend possession, tous les risques de perte du bien, même par force majeure.

Il assume, de même, les frais d'entretien et de réparation.

1847. Les droits de propriété du crédit-bailleur ne sont opposables aux tiers que s'ils sont publiés.

1848. Le crédit-preneur peut, après que le crédit-bailleur est en demeure, considérer le contrat de crédit-bail comme étant résolu si le bien ne lui est pas délivré dans un délai raisonnable depuis le contrat ou dans le délai fixé dans la mise en demeure.

1849. Lorsque le contrat de crédit-bail est résolu et que le crédit-preneur a retiré un avantage du contrat, le crédit-bailleur peut déduire, lors de la restitution des prestations qu'il a reçues du crédit-preneur, une somme raisonnable qui tienne compte de cet avantage.

The lessor acquires the property that is the subject of the leasing from a third person, at the demand and in accordance with the instructions of the lessee.

Leasing may be entered into for business purposes only.

1843. Property that is the subject of a leasing, even if attached or joined to an immovable, retains its movable nature for as long as the contract lasts, provided it does not lose its individuality.

1844. The lessor shall disclose the contract of leasing in the deed of purchase.

1845. The seller of the property is directly bound towards the lessee by the legal and conventional warranties inherent in the contract of sale.

1846. The lessee assumes all risks of loss of the property, even by superior force, from the time he takes possession of it.

He likewise assumes all maintenance and repair expenses.

1847. The rights of ownership of the lessor may be set up against third persons only if they have been published.

1848. If the property is not delivered to the lessee within a reasonable time after the formation of the contract or within the time fixed in the demand for delivery, the lessee may, once the lessor is in default, consider the contract of leasing resolved.

1849. Where the contract of leasing is resolved and the lessee has derived a benefit from the contract, the lessor, when returning the prestations he has received from the lessee, may deduct a reasonable sum to take account of such benefit.

1850. Lorsque le contrat de crédit-bail prend fin, le crédit-preneur est tenu de rendre le bien au crédit-bailleur, à moins qu'il ne soit prévalu, le cas échéant, de la faculté que lui réserve le contrat de l'acquérir.

1850. Upon termination of the contract of leasing, the lessee is bound to return the property to the lessor unless, where applicable, he has availed himself of the option to acquire it given to him by the contract.

CHAPITRE QUATRIÈME
DU LOUAGE

SECTION I
DE LA NATURE DU LOUAGE

1851. Le louage, aussi appelé bail, est le contrat par lequel une personne, le locateur, s'engage envers une autre personne, le locataire, à lui procurer, moyennant un loyer, la jouissance d'un bien, meuble ou immeuble, pendant un certain temps.

Le bail est à durée fixe ou indéterminée.

1852. Les droits résultant du bail peuvent être publiés.

1853. Le bail portant sur un bien meuble ne se présume pas; la personne qui utilise le bien, avec la tolérance du propriétaire, est présumée l'avoir emprunté en vertu d'un prêt à usage.

Le bail portant sur un bien immeuble est, pour sa part, présumé lorsqu'une personne occupe les lieux avec la tolérance du propriétaire. Ce bail est à durée indéterminée; il prend effet dès l'occupation et comporte un loyer correspondant à la valeur locative.

SECTION II
DES DROITS ET OBLIGATIONS
RÉSULTANT DU BAIL

§ 1.–*Dispositions générales*

1854. Le locateur est tenu de délivrer au locataire le bien loué en bon état de réparation de toute espèce et de lui en

CHAPTER IV
LEASE

SECTION I
NATURE OF LEASE

1851. Lease is a contract by which a person, the lessor, undertakes to provide another person, the lessee, in return for a rent, with the enjoyment of a movable or immovable property for a certain time.

The term of a lease is fixed or indeterminate.

1852. The rights resulting from the lease may be published.

1853. The lease of movable property is not presumed; a person using the property by sufferance of the owner is presumed to have borrowed it by virtue of a loan for use.

The lease of immovable property is presumed where a person occupies the premises by sufferance of the owner. The term of the lease is indeterminate; the lease takes effect upon occupancy and entails the obligation to pay a rent corresponding to the rental value.

SECTION II
RIGHTS AND OBLIGATIONS
RESULTING FROM LEASE

§ 1.–*General provisions*

1854. The lessor is bound to deliver the leased property to the lessee in a good state of repair in all respects and to

procurer la jouissance paisible pendant toute la durée du bail.

Il est aussi tenu de garantir au locataire que le bien peut servir à l'usage pour lequel il est loué, et de l'entretenir à cette fin pendant toute la durée du bail.

1855. Le locataire est tenu, pendant la durée du bail, de payer le loyer convenu et d'user du bien avec prudence et diligence.

1856. Ni le locateur ni le locataire ne peuvent, au cours du bail, changer la forme ou la destination du bien loué.

1857. Le locateur a le droit de vérifier l'état du bien loué, d'y effectuer des travaux et, s'il s'agit d'un immeuble, de le faire visiter à un locataire ou à un acquéreur éventuel; il est toutefois tenu d'user de son droit de façon raisonnable.

1858. Le locateur est tenu de garantir le locataire des troubles de droit apportés à la jouissance du bien loué.

Le locataire, avant d'exercer ses recours, doit d'abord dénoncer le trouble au locateur.

1859. Le locateur n'est pas tenu de réparer le préjudice qui résulte du trouble de fait qu'un tiers apporte à la jouissance du bien; il peut l'être lorsque le tiers est aussi locataire de ce bien ou est une personne à laquelle le locataire permet l'usage ou l'accès à celui-ci.

Toutefois, si la jouissance du bien en est diminuée, le locataire conserve ses autres recours contre le locateur.

provide him with peaceable enjoyment of the property throughout the term of the lease.

He is also bound to warrant the lessee that the property may be used for the purpose for which it was leased and to maintain the property for that purpose throughout the term of the lease.

1855. The lessee is bound to pay the agreed rent and to use the property with prudence and diligence during the term of the lease.

1856. Neither the lessor nor the lessee may change the form or destination of the leased property during the term of the lease.

1857. The lessor has the right to ascertain the condition of the leased property, to carry out work thereon and, in the case of an immovable, to have it visited by a prospective lessee or acquirer, but he is bound to exercise his right in a reasonable manner.

1858. The lessor is bound to warrant the lessee against legal disturbances of enjoyment of the leased property.

Before pursuing his remedies, the lessee shall notify the lessor of the disturbance.

1859. The lessor is not liable for damage resulting from the disturbance of enjoyment of the property by the act of a third person; he may be so liable where the third person is also a lessee of that property or is a person whom the lessee allows to use or to have access to the property.

If the enjoyment of the property is diminished by the disturbance, however, the lessee retains his other remedies against the lessor.

1860. Le locataire est tenu de se conduire de manière à ne pas troubler la jouissance normale des autres locataires.

Il est tenu, envers le locateur et les autres locataires, de réparer le préjudice qui peut résulter de la violation de cette obligation, que cette violation soit due à son fait ou au fait des personnes auxquelles il permet l'usage du bien ou l'accès à celui-ci.

Le locateur peut, au cas de violation de cette obligation, demander la résiliation du bail.

1861. Le locataire, troublé par un autre locataire ou par les personnes auxquelles ce dernier permet l'usage du bien ou l'accès à celui-ci, peut obtenir, suivant les circonstances, une diminution de loyer ou la résiliation du bail, s'il a dénoncé au locateur commun le trouble et que celui-ci persiste.

Il peut aussi obtenir des dommages-intérêts du locateur commun, à moins que celui-ci ne prouve qu'il a agi avec prudence et diligence; le locateur peut s'adresser au locataire fautif, afin d'être indemnisé pour le préjudice qu'il a subi.

1862. Le locataire est tenu de réparer le préjudice subi par le locateur en raison des pertes survenues au bien loué, à moins qu'il ne prouve que ces pertes ne sont pas dues à sa faute ou à celle des personnes à qui il permet l'usage du bien ou l'accès à celui-ci.

Néanmoins, lorsque le bien loué est un immeuble, le locataire n'est tenu des dommages-intérêts résultant d'un incendie que s'il est prouvé que celui-ci est dû à sa faute ou à celle des personnes à qui il a permis l'accès de l'immeuble.

1860. A lessee is bound to act in such a way as not to disturb the normal enjoyment of the other lessees.

He is liable, towards the lessor and the other lessees, for damage that may result from a violation of that obligation, whether the violation is due to his own act or to the act of persons he allows to use or to have access to the property.

In case of violation of this obligation, the lessor may demand resiliation of the lease.

1861. A lessee who is disturbed by another lessee or by persons whom another lessee allows to use or to have access to the property may obtain, according to the circumstances, a reduction of rent or the resiliation of the lease, if he notified the common lessor of the disturbance and if the disturbance persists.

He may also recover damages from the common lessor unless the lessor proves that he acted with prudence and diligence; the lessor has a recourse against the lessee at fault for compensation for the injury suffered by him.

1862. The lessee is liable for damage suffered by the lessor by reason of loss of the leased property unless he proves that the loss is not due to his fault or that of persons he allows to use or to have access to the property.

Where the leased property is an immovable, the lessee is not liable for damages resulting from a fire unless it is proved that the fire was due to his fault or that of persons he allowed to have access to the immovable.

1863. L'inexécution d'une obligation par l'une des parties confère à l'autre le droit de demander, outre des dommages-intérêts, l'exécution en nature, dans les cas qui le permettent. Si l'inexécution lui cause à elle-même ou, s'agissant d'un bail immobilier, aux autres occupants, un préjudice sérieux, elle peut demander la résiliation du bail.

L'inexécution confère, en outre, au locataire le droit de demander une diminution de loyer; lorsque le tribunal accorde une telle diminution de loyer, le locateur qui remédie au défaut a néanmoins le droit au rétablissement du loyer pour l'avenir.

§ 2.–Des réparations

1864. Le locateur est tenu, au cours du bail, de faire toutes les réparations nécessaires au bien loué, à l'exception des menues réparations d'entretien; celles-ci sont à la charge du locataire, à moins qu'elles ne résultent de la vétusté du bien ou d'une force majeure.

1865. Le locataire doit subir les réparations urgentes et nécessaires pour assurer la conservation ou la jouissance du bien loué.

Le locateur qui procède à ces réparations peut exiger l'évacuation ou la dépossession temporaire du locataire, mais il doit, s'il ne s'agit pas de réparations urgentes, obtenir l'autorisation préalable du tribunal, lequel fixe alors les conditions requises pour la protection des droits du locataire.

Le locataire conserve néanmoins, suivant les circonstances, le droit d'obtenir une diminution de loyer, celui de demander la résiliation du bail ou, en

1863. The nonperformance of an obligation by one of the parties entitles the other party to apply for, in addition to damages, specific performance of the obligation in cases which admit of it. He may apply for the resiliation of the lease where the nonperformance causes serious injury to him or, in the case of the lease of an immovable, to the other occupants.

The nonperformance also entitles the lessee to apply for a reduction of rent; where the court grants it, the lessor, upon remedying his default, is entitled to reestablish the rent for the future.

§ 2.–Repairs

1864. The lessor is bound, during the term of the lease, to make all necessary repairs to the leased property other than lesser maintenance repairs, which are assumed by the lessee unless they result from normal aging of the property or superior force.

1865. The lessee shall allow urgent and necessary repairs to be made to ensure the preservation or enjoyment of the leased property.

A lessor who makes such repairs may require the lessee to vacate or be dispossessed of the property temporarily but, if the repairs are not urgent, he shall first obtain the authorization of the court, which also fixes the conditions required to protect the rights of the lessee.

The lessee retains, according to the circumstances, the right to obtain a reduction of rent, to apply for the resiliation of the lease or, if he vacates or is dispos-

cas d'évacuation ou de dépossession temporaire, celui d'exiger une indemnité.

1866. Le locataire qui a connaissance d'une défectuosité ou d'une détérioration substantielles du bien loué, est tenu d'en aviser le locateur dans un délai raisonnable.

1867. Lorsque le locateur n'effectue pas les réparations ou améliorations auxquelles il est tenu, en vertu du bail ou de la loi, le locataire peut s'adresser au tribunal afin d'être autorisé à les exécuter.

Le tribunal, s'il autorise les travaux, en détermine le montant et fixe les conditions pour les effectuer. Le locataire peut alors retenir sur son loyer les dépenses faites pour l'exécution des travaux autorisés, jusqu'à concurrence du montant ainsi fixé.

1868. Le locataire peut, après avoir tenté d'informer le locateur ou après l'avoir informé si celui-ci n'agit pas en temps utile, entreprendre une réparation ou engager une dépense, même sans autorisation du tribunal, pourvu que cette réparation ou cette dépense soit urgente et nécessaire pour assurer la conservation ou la jouissance du bien loué. Le locateur peut toutefois intervenir à tout moment pour poursuivre les travaux.

Le locataire a le droit d'être remboursé des dépenses raisonnables qu'il a faites dans ce but; il peut, si nécessaire, retenir sur son loyer le montant de ces dépenses.

1869. Le locataire est tenu de rendre compte au locateur des réparations ou améliorations effectuées au bien et des

sessed of the property temporarily, to demand compensation.

1866. A lessee who becomes aware of a serious defect or deterioration of the leased property is bound to inform the lessor within a reasonable time.

1867. Where a lessor fails to make the repairs or improvements he is bound to make under the lease or by law, the lessee may apply to the court for authorization to carry them out himself.

If the court grants authorization to make the repairs or improvements, it determines their amount and fixes the conditions to be observed in carrying them out. The lessee may then withhold from his rent the amount of the expenses incurred to carry out the authorized work, up to the amount fixed by the court.

1868. Where the lessee has attempted to inform the lessor, or has informed him but the lessor has not acted in due course, the lessee may undertake repairs or incur expenses, even without the authorization of the court, provided they are urgent and necessary to ensure the preservation or enjoyment of the leased property. The lessor may intervene at any time, however, to pursue the work.

The lessee is entitled to reimbursement of the reasonable expenses he incurred for that purpose; he may, if necessary, withhold the amount of such expenses from his rent.

1869. The lessee is bound to render an account to the lessor of the repairs or improvements made to the property and

dépenses engagées, de lui remettre les pièces justificatives de ces dépenses et, s'il s'agit d'un meuble, de lui remettre les pièces remplacées.

Le locateur, pour sa part, est tenu de rembourser la somme qui excède le loyer retenu, mais il n'est tenu, le cas échéant, qu'à concurrence de la somme que le locataire a été autorisé à débourser.

§ 3.–De la sous-location du bien et de la cession du bail

1870. Le locataire peut sous-louer tout ou partie du bien loué ou céder le bail. Il est alors tenu d'aviser le locateur de son intention, de lui indiquer le nom et l'adresse de la personne à qui il entend sous-louer le bien ou céder le bail et d'obtenir le consentement du locateur à la sous-location ou à la cession.

1871. Le locateur ne peut refuser de consentir à la sous-location du bien ou à la cession du bail sans un motif sérieux.

Lorsqu'il refuse, le locateur est tenu d'indiquer au locataire, dans les quinze jours de la réception de l'avis, les motifs de son refus; s'il omet de le faire, il est réputé avoir consenti.

1872. Le locateur qui consent à la sous-location ou à la cession ne peut exiger que le remboursement des dépenses raisonnables qui peuvent résulter de la sous-location ou de la cession.

1873. La cession de bail décharge l'ancien locataire de ses obligations, à moins que, s'agissant d'un bail autre que le bail d'un logement, les parties n'aient convenu autrement.

the expenses incurred and to deliver to him the vouchers for such expenses and, in the case of movable property, the replaced parts.

The lessor is bound to reimburse the lessee for any amount in excess of the rent withheld, but not in excess of the amount the lessee was authorized to disburse, where that is the case.

§ 3.–Sublease of property and assignment of lease

1870. A lessee may sublease all or part of the leased property or assign his lease. In either case, he is bound to give notice of his intention and the name and address of the intended sublessee or assignee to the lessor and to obtain his consent.

1871. The lessor may not refuse to consent to the sublease of the property or the assignment of the lease without a serious reason.

If he refuses, he is bound to inform the lessee of his reasons for refusing within fifteen days after receiving the notice; otherwise, he is deemed to have consented to the sublease or assignment.

1872. A lessor who consents to the sublease of the property or the assignment of the lease may not exact any payment other than the reimbursement of any reasonable expenses resulting from the sublease or assignment.

1873. The assignment of a lease acquits the former lessee of his obligations, unless, where the lease is not a lease of a dwelling, the parties agree otherwise.

1874. Lorsqu'une action est intentée par le locateur contre le locataire, le sous-locataire n'est tenu, envers le locateur, qu'à concurrence du loyer de la sous-location dont il est lui-même débiteur envers le locataire; il ne peut opposer les paiements faits par anticipation.

Le paiement fait par le sous-locataire soit en vertu d'une stipulation portée à son bail et dénoncée au locateur, soit conformément à l'usage des lieux, n'est pas considéré fait par anticipation.

1875. Lorsque l'inexécution d'une obligation par le sous-locataire cause un préjudice sérieux au locateur ou aux autres locataires ou occupants, le locateur peut demander la résiliation de la sous-location.

1876. Faute par le locateur d'exécuter les obligations auxquelles il est tenu, le sous-locataire peut exercer les droits et recours appartenant au locataire du bien pour les faire exécuter.

SECTION III
DE LA FIN DU BAIL

1877. Le bail à durée fixe cesse de plein droit à l'arrivée du terme. Le bail à durée indéterminée cesse lorsqu'il est résilié par l'une ou l'autre des parties.

1878. Le bail à durée fixe peut être reconduit. Cette reconduction doit être expresse, à moins qu'il ne s'agisse du bail d'un immeuble, auquel cas elle peut être tacite.

1879. Le bail est reconduit tacitement lorsque le locataire continue, sans opposition de la part du locateur, d'occuper les lieux plus de dix jours après l'expiration du bail.

1874. Where the lessor brings an action against the lessee, the sublessee may not be bound towards the lessor for any amount except the rent for the sublease which he owes to the lessee; the sublessee may not set up advance payments.

Payments made by the sublessee under a stipulation included in his lease and notified to the lessor, or in accordance with local usage are not considered to be advance payments.

1875. Where the nonperformance of an obligation by a sublessee causes serious damage to the lessor or the other lessees or occupants, the lessor may apply for the resiliation of the sublease.

1876. Where a lessor fails to perform his obligations, the sublessee may exercise the rights and remedies of the lessee to have them performed.

SECTION III
TERMINATION OF THE LEASE

1877. A lease with a fixed term terminates of right upon expiry of the term. A lease with an indeterminate term terminates upon resiliation by one of the parties.

1878. A lease with a fixed term may be renewed. It may only be renewed expressly, but the lease of an immovable may be renewed tacitly.

1879. A lease is renewed tacitly where the lessee continues to occupy the premises for more than ten days after the expiry of the lease without opposition from the lessor.

Dans ce cas, le bail est reconduit pour un an ou pour la durée du bail initial, si celle-ci était inférieure à un an, aux mêmes conditions. Le bail reconduit est lui-même sujet à reconduction.

1880. La durée du bail ne peut excéder cent ans. Si elle excède cent ans, elle est réduite à cette durée.

1881. La sûreté consentie par un tiers pour garantir l'exécution des obligations du locataire ne s'étend pas au bail reconduit.

1882. La partie qui entend résilier un bail à durée indéterminée doit donner à l'autre partie un avis à cet effet.

L'avis est donné dans le même délai que le terme fixé pour le paiement du loyer ou, si le terme excède trois mois, dans un délai de trois mois. Toutefois, lorsque le bien loué est un bien meuble, ce délai est de dix jours, quel que soit le terme fixé pour le paiement du loyer.

1883. Le locataire poursuivi en résiliation du bail pour défaut de paiement du loyer peut éviter la résiliation en payant, avant jugement, outre le loyer dû et les frais, les intérêts au taux fixé en application de l'article 28 de la Loi sur le ministère du Revenu ou à un autre taux convenu avec le locateur si ce taux est moins élevé.

1884. Le décès de l'une des parties n'emporte pas résiliation du bail.

1885. Lorsque le bail d'un immeuble est à durée fixe, le locataire doit, aux fins de location, permettre la visite des lieux et l'affichage au cours des trois mois qui précèdent l'expiration du bail, ou au cours du mois qui précède si le bail est de moins d'un an.

In that case, the lease is renewed for one year or for the term of the initial lease, if that was less than one year, on the same conditions. The renewed lease is also subject to renewal.

1880. The term of a lease may not exceed one hundred years. If it exceeds one hundred years, it is reduced to that term.

1881. Security given by a third person to secure the performance of the obligations of the lessee does not extend to a renewed lease.

1882. A party who intends to resiliate a lease with an indeterminate term shall give the other party notice to that effect.

The term of the notice is of the same duration as the term fixed for payment of the rent, but may not be of more than three months. Where the leased property is a movable, however, the notice is of ten days, whatever the period fixed for payment of the rent may be.

1883. A lessee against whom proceedings for resiliation of a lease are brought for non-payment of the rent may avoid the resiliation by paying, before judgment, in addition to the rent due and costs, interest at the rate fixed in accordance with section 28 of the Act respecting the Ministère du Revenu or at any other lower rate agreed with the lessor.

1884. A lease is not resiliated by the death of either party.

1885. Where the lease of an immovable is for a fixed term, the lessee shall allow the premises to be visited and signs to be posted, for leasing purposes, during the three months preceding the expiry of the lease, or during the month preceding it if the lease is for less than one year.

Lorsque le bail est à durée indéterminée, le locataire est tenu à cette obligation à compter de l'avis de résiliation.

1886. L'aliénation volontaire ou forcée du bien loué, de même que l'extinction du titre du locateur pour toute autre cause, ne met pas fin de plein droit au bail.

1887. L'acquéreur ou celui qui bénéficie de l'extinction du titre peut résilier le bail à durée indéterminée en suivant les règles ordinaires de résiliation prévues à la présente section.

S'il s'agit d'un bail immobilier à durée fixe et qu'il reste à courir plus de douze mois à compter de l'aliénation ou de l'extinction du titre, il peut le résilier à l'expiration de ces douze mois en donnant par écrit un préavis de six mois au locataire. Si le bail a été inscrit au bureau de la publicité des droits avant que l'ait été l'acte d'aliénation ou l'acte à l'origine de l'extinction du titre, il ne peut résilier le bail.

S'il s'agit d'un bail mobilier à durée fixe, l'avis est d'un mois.

1888. L'expropriation totale du bien loué met fin au bail à compter de la date à laquelle l'exproprient peut prendre possession du bien selon la Loi sur l'expropriation.

Si l'expropriation est partielle, le locataire peut, suivant les circonstances, obtenir une diminution du loyer ou la résiliation du bail.

1889. Le locateur d'un immeuble peut obtenir l'expulsion du locataire qui continue d'occuper les lieux loués après la

Where the lease is for an indeterminate term, the lessee is bound to allow such activities from the date of the notice of resiliation.

1886. Voluntary or forced alienation of leased property or extinction of the lessor's title for any other reason does not terminate the lease of right.

1887. The acquirer or the person who benefits from the extinction of title may resiliate the lease, if it is a lease with an indeterminate term, in accordance with the ordinary rules pertaining to resiliation contained in this section.

In the case of the lease of an immovable with a fixed term and if more than twelve months remain from the date of alienation or extinction of title, he may resiliate it upon expiry of the twelve months by giving the lessee written notice of six months. He may not resiliate the lease if it was registered in the registry office before the deed of alienation or the act by which the title is extinguished was so registered.

In the case of the lease of a movable with a fixed term, notice is of one month.

1888. The total expropriation of leased property terminates the lease from the date on which the expropriating party is allowed to take possession of the property in accordance with the Expropriation Act.

In the case of partial expropriation, the lessee may, according to the circumstances, obtain a reduction of rent or the resiliation of his lease.

1889. The lessor of an immovable may obtain the eviction of a lessee who continues to occupy the leased premises

fin du bail ou après la date convenue au cours du bail pour la remise des lieux; le locateur d'un meuble peut, dans les mêmes circonstances, obtenir la remise du bien.

1890. Le locataire est tenu, à la fin du bail, de remettre le bien dans l'état où il l'a reçu, mais il n'est pas tenu des changements résultant de la vétusté, de l'usure normale du bien ou d'une force majeure.

L'état du bien peut être constaté par la description ou les photographies qu'en ont faites les parties; à défaut de constatation, le locataire est présumé avoir reçu le bien en bon état au début du bail.

1891. Le locataire est tenu, à la fin du bail, d'enlever les constructions, ouvrages ou plantations qu'il a faits.

S'ils ne peuvent être enlevés sans détériorer le bien, le locateur peut les conserver en en payant la valeur au locataire ou forcer celui-ci à les enlever et à remettre le bien dans l'état où il l'a reçu.

Si la remise en l'état est impossible, le locateur peut les conserver sans indemnité.

SECTION IV
RÈGLES PARTICULIÈRES AU
BAIL D'UN LOGEMENT

§ 1.–*Du domaine d'application*

1892. Sont assimilés à un bail de logement, le bail d'une chambre, celui d'une maison mobile placée sur un châssis,

after the expiry of the lease or after the date for surrender of the premises agreed upon during the term of the lease; the lessor of a movable may, in the same circumstances, obtain the handing over of the property.

1890. Upon termination of the lease, the lessee is bound to surrender the property in the condition in which he received it but he is not liable for changes resulting from aging or fair wear and tear of the property or superior force.

The condition of the property may be established by the description made or the photographs taken by the parties; if it is not so established, the lessee is presumed to have received the property in good condition at the beginning of the lease.

1891. Upon termination of the lease, the lessee is bound to remove all the constructions, works or plantations he has made.

If they cannot be removed without deteriorating the property, the lessor may retain them by paying the value thereof to the lessee or compel the lessee to remove them and to restore the property to the condition in which it was when he received it.

If the property cannot be restored to its original condition, the lessor may retain the constructions, works or plantations without compensation.

SECTION IV
SPECIAL RULES RESPECTING
LEASES OF DWELLINGS

§ 1.–*Application*

1892. The lease of a room, of a mobile home placed on a chassis, with or without a permanent foundation, or of land

qu'elle ait ou non une fondation permanente, et celui d'un terrain destiné à recevoir une maison mobile.

Les dispositions de la présente section régissent également les baux relatifs aux services, accessoires et dépendances du logement, de la chambre, de la maison mobile ou du terrain.

Cependant, ces dispositions ne s'appliquent pas aux baux suivants:

1° Le bail d'un logement loué à des fins de villégiature;

2° Le bail d'un logement dont plus du tiers de la superficie totale est utilisée à un autre usage que l'habitation;

3° Le bail d'une chambre située dans un établissement hôtelier;

4° Le bail d'une chambre située dans la résidence principale du locateur, lorsque deux chambres au maximum y sont louées ou offertes en location et que la chambre ne possède ni sortie distincte donnant sur l'extérieur ni installations sanitaires indépendantes de celles utilisées par le locateur;

5° Le bail d'une chambre située dans un établissement de santé et de services sociaux, sauf en application de l'article 1974.

1893. Est sans effet la clause d'un bail portant sur un logement, qui déroge aux dispositions de la présente section, à celles du deuxième alinéa de l'article 1854 ou à celles des articles 1856 à 1858, 1860 à 1863, 1865, 1866, 1868 à 1872, 1875, 1876 et 1883.

§ 2.–*Du bail*

1894. Le locateur est tenu, avant la conclusion du bail, de remettre au lo-

intended for the emplacement of a mobile home is deemed to be the lease of a dwelling.

The provisions of this section also govern leases relating to the services, accessories and dependencies attached to a dwelling, a room, a mobile home or land.

The provisions of this section do not apply to

(1) the lease of a dwelling leased as a vacation resort;

(2) the lease of a dwelling in which over one-third of the total floor area is used for purposes other than residential purposes;

(3) the lease of a room situated in a hotel establishment;

(4) the lease of a room situated in the principal residence of the lessor, if not more than two rooms are rented or offered for rent and if the room has neither a separate entrance from the outside nor sanitary facilities separate from those used by the lessor;

(5) the lease of a room situated in a health or social services institution, except pursuant to article 1974.

1893. A clause in a lease respecting a dwelling which is inconsistent with the provisions of this section, the second paragraph of article 1854 or articles 1856 to 1858, 1860 to 1863, 1865, 1866, 1868 to 1872, 1875, 1876 and 1883 is without effect.

§ 2.–*Lease*

1894. Before entering into a lease, the lessor is bound to give the lessee, where

cataire, le cas échéant, un exemplaire du règlement de l'immeuble portant sur les règles relatives à la jouissance, à l'usage et à l'entretien des logements et des lieux d'usage commun.

Ce règlement fait partie du bail.

1895. Le locateur est tenu, dans les dix jours de la conclusion du bail, de remettre un exemplaire du bail au locataire ou, dans le cas d'un bail verbal, de lui remettre un écrit indiquant le nom et l'adresse du locateur, le nom du locataire, le loyer et l'adresse du logement loué et reproduisant les mentions prescrites par les règlements pris par le gouvernement. Cet écrit fait partie du bail. Le bail ou l'écrit doit être fait sur le formulaire dont l'utilisation est rendue obligatoire par les règlements pris par le gouvernement.

Il est aussi tenu, lorsque le bail est reconduit et que les parties conviennent de le modifier, de remettre au locataire, avant le début de la reconduction, un écrit qui constate les modifications au bail initial.

Le locataire ne peut, toutefois, demander la résiliation du bail si le locateur fait défaut de se conformer à ces prescriptions. [1995, c. 61, art. 2].

1896. Le locateur doit, lors de la conclusion du bail, remettre au nouveau locataire un avis indiquant le loyer le plus bas payé au cours des douze mois précédant le début du bail ou, le cas échéant, le loyer fixé par le tribunal au cours de la même période, ainsi que toute autre mention prescrite par les règlements pris par le gouvernement.

Il n'est pas tenu de cette obligation lorsque le bail porte sur un logement visé aux articles 1955 et 1956.

applicable, a copy of the by-laws of the immovable which pertain to the rules respecting the enjoyment, use and maintenance of the dwelling and of the common premises.

The by-laws form part of the lease.

1895. Within ten days after entering into the lease, the lessor is bound to give the lessee a copy of the lease or, in the case of an oral lease, a writing setting forth the name and address of the lessor, the name of the lessee, the rent and the address of the leased property, and containing the text of the particulars prescribed by the regulations of the Government. The writing forms part of the lease. The lease or writing shall be made on the form the use of which is made mandatory by the regulations of the Government.

Where the lease is renewed and the parties agree to modify it, the lessor is bound to give a writing evidencing the modifications to the initial lease to the lessee before the beginning of the renewal.

The lessee may not apply for resiliation of the lease on the ground that the lessor has failed to comply with these prescriptions. [1995, ch. 61, s. 2].

1896. At the time of entering into a lease, the lessor shall give a notice to the new lessee, indicating the lowest rent paid in the twelve months preceding the beginning of the lease or the rent fixed by the court during the same period, as the case may be, and containing any other particular prescribed by the regulations of the Government.

The lessor is not bound to give the notice in the case of the lease of an immovable referred to in articles 1955 and 1956.

1897. Le bail, ainsi que le règlement de l'immeuble, doivent être rédigés en français. Ils peuvent cependant être rédigés dans une autre langue si telle est la volonté expresse des parties.

1898. Tout avis relatif au bail, à l'exception de celui qui est donné par le locateur afin d'avoir accès au logement, doit être donné par écrit à l'adresse indiquée dans le bail, ou à la nouvelle adresse d'une partie lorsque l'autre en a été avisée après la conclusion du bail; il doit être rédigé dans la même langue que le bail et respecter les règles prescrites par règlement.

L'avis qui ne respecte pas ces exigences est inopposable au destinataire, à moins que la personne qui a donné l'avis ne démontre au tribunal que le destinataire n'en subit aucun préjudice.

1899. Le locateur ne peut refuser de consentir un bail à une personne, refuser de la maintenir dans ses droits ou lui imposer des conditions plus onéreuses pour le seul motif qu'elle est enceinte ou qu'elle a un ou plusieurs enfants, à moins que son refus ne soit justifié par les dimensions du logement; il ne peut, non plus, agir ainsi pour le seul motif que cette personne a exercé un droit qui lui est accordé en vertu du présent chapitre ou en vertu de la Loi sur la Régie du logement.

Il peut être attribué des dommages-intérêts punitifs en cas de violation de cette disposition.

1900. Est sans effet la clause qui limite la responsabilité du locateur, l'en exonère ou rend le locataire responsable d'un préjudice causé sans sa faute.

1897. The lease and the by-laws of the immovable shall be drawn up in French. They may, however, be drawn up in another language at the express wish of the parties.

1898. Every notice relating to a lease, except notice given by the lessor with a view to having access to the dwelling, shall be given in writing at the address indicated in the lease or, after the lease has been entered into, at the new address of the party, if the other party has been informed of it; the notice shall be drawn up in the same language as the lease and conform to the rules prescribed by regulation.

A notice that does not conform to the prescribed requirements may not be set up against the addressee unless the person who gave it proves to the court that the addressee has not suffered any damage as a consequence.

1899. A lessor may not refuse to enter into a lease with a person or to maintain the person in his or her rights, or impose more onerous conditions on the person for the sole reason that the person is pregnant or has one or several children, unless the refusal is warranted by the size of the dwelling; nor can he so act for the sole reason that the person has exercised his or her rights under this chapter or the Act respecting the Régie du logement.

Punitive damages may be awarded in cases where this provision is violated.

1900. A clause which limits the liability of the lessor or exempts him from liability or renders the lessee liable for damage caused without his fault is without effect.

Est aussi sans effet la clause visant à modifier les droits du locataire en raison de l'augmentation du nombre d'occupants, à moins que les dimensions du logement n'en justifient l'application, ou la clause limitant le droit du locataire d'acheter des biens ou d'obtenir des services de personnes de son choix, suivant les modalités dont lui-même convient.

1901. Est abusive la clause qui stipule une peine dont le montant excède la valeur du préjudice réellement subi par le locateur, ainsi que celle qui impose au locataire une obligation qui est, en tenant compte des circonstances, déraisonnable.

Cette clause est nulle ou l'obligation qui en découle, réductible.

1902. Le locateur ou toute autre personne ne peut user de harcèlement envers un locataire de manière à restreindre son droit à la jouissance paisible des lieux ou à obtenir qu'il quitte le logement.

Le locataire, s'il est harcelé, peut demander que le locateur ou toute autre personne qui a usé de harcèlement soit condamné à des dommages-intérêts punitifs.

§ 3.–*Du loyer*

1903. Le loyer convenu doit être indiqué dans le bail.

Il est payable par versements égaux, sauf le dernier qui peut être moindre; il est aussi payable le premier jour de chaque terme, à moins qu'il n'en soit convenu autrement.

1904. Le locateur ne peut exiger que chaque versement excède un mois de loyer; il ne peut exiger d'avance que le

A clause to modify the rights of a lessee by reason of an increase in the number of occupants, unless the size of the dwelling warrants it, or to limit the right of a lessee to purchase property or obtain services from such persons as he chooses, and on such terms and conditions as he sees fit, is also without effect.

1901. A clause stipulating a penalty in an amount exceeding the value of the damage actually suffered by the lessor, or imposing an obligation on the lessee which is unreasonable in the circumstances, is an abusive clause.

Such a clause is null or any obligation arising from it may be reduced.

1902. Neither the lessor nor any other person may harass a lessee in such a manner as to limit his right to peaceable enjoyment of the premises or to induce him to leave the dwelling.

A lessee who suffers harassment may demand that the lessor or any other person who has harassed him be condemned to pay punitive damages.

§ 3.–*Rent*

1903. The rent agreed upon shall be indicated in the lease.

It is payable in equal instalments, except the last, which may be less; it is payable on the first day of each payment period, unless otherwise agreed.

1904. The lessor may not exact any instalment in excess of one month's rent; he may not exact payment of rent in

paiement du premier terme de loyer ou, si ce terme excède un mois, le paiement de plus d'un mois de loyer.

Il ne peut, non plus, exiger une somme d'argent autre que le loyer, sous forme de dépôt ou autrement, ou exiger, pour le paiement, la remise d'un chèque ou d'un autre effet postdaté.

1905. Est sans effet la clause d'un bail stipulant que le loyer total sera exigible en cas de défaut du locataire d'effectuer un versement.

1906. Est sans effet, dans un bail à durée fixe de douze mois ou moins, la clause stipulant le réajustement du loyer en cours de bail.

Est également sans effet, dans un bail dont la durée excède douze mois, la clause stipulant le réajustement du loyer au cours des douze premiers mois du bail ou plus d'une fois au cours de chaque période de douze mois.

1907. Lorsque le locateur n'exécute pas les obligations auxquelles il est tenu, le locataire peut s'adresser au tribunal afin d'être autorisé à les exécuter. Les parties sont alors soumises aux dispositions des articles 1867 et 1869.

Le locataire peut aussi déposer son loyer au greffe du tribunal, s'il donne au locateur un préavis de dix jours indiquant le motif du dépôt et si le tribunal, considérant que le motif est sérieux, autorise le dépôt et en fixe le montant et les conditions.

1908. Le locataire qui, lors de l'aliénation de l'immeuble, de l'inscription d'une hypothèque sur les loyers ou d'une cession de créance, n'a pas été personnellement avisé du nom et de l'adresse

advance for more than the first payment period or, if that period exceeds one month, payment of more than one month's rent.

Nor may he exact any amount of money other than the rent, in the form of a deposit or otherwise, or demand that payment be made by postdated cheque or any other postdated instrument.

1905. A clause in a lease stipulating that the full amount of the rent will be exigible in the event of the failure by the lessee to pay an instalment is without effect.

1906. A clause in a lease with a fixed term of twelve months or less providing for an adjustment of the rent during the term of the lease is without effect.

A clause in a lease with a term of more than twelve months providing for an adjustment of the rent during the first twelve months of the lease or more than once during each twelve month period is also without effect.

1907. Where the lessor fails to perform his obligations, the lessee may apply to the court for authorization to perform them himself. The parties are then subject to the provisions of articles 1867 and 1869.

The lessee may also deposit his rent in the office of the court, if he gives the lessor prior notice of ten days indicating the grounds for depositing it and if the court, considering that the grounds are serious, authorizes the deposit and fixes the amount and conditions of the deposit.

1908. Where, following the alienation of an immovable, the registration of a hypothec against the rent or an assignment of claim, the lessee is not personally informed of the name and address of the

du nouveau locateur ou de la personne à qui il doit payer le loyer, peut déposer son loyer au greffe du tribunal s'il obtient l'autorisation de celui-ci.

Le dépôt peut aussi être autorisé lorsque, pour tout autre motif sérieux, le locataire n'est pas certain de l'identité de la personne à qui il doit payer le loyer, lorsque le locateur ne peut être trouvé ou lorsqu'il refuse le paiement du loyer.

1909. Le tribunal autorise la remise du dépôt lorsque la personne à qui le locataire doit verser le loyer est identifiée ou a été trouvée ou, selon le cas, lorsque le locateur exécute ses obligations; autrement, il peut permettre au locataire de continuer à déposer son loyer jusqu'à ce que cette identification soit faite ou que le locateur ait rempli ses obligations. Il peut aussi autoriser la remise du dépôt au locataire pour lui permettre d'exécuter les obligations du locateur.

§ 4.–De l'état du logement

1910. Le locateur est tenu de délivrer un logement en bon état d'habitabilité; il est aussi tenu de le maintenir ainsi pendant toute la durée du bail.

La stipulation par laquelle le locataire reconnaît que le logement est en bon état d'habitabilité est sans effet.

1911. Le locateur est tenu de délivrer le logement en bon état de propreté; le locataire est, pour sa part, tenu de maintenir le logement dans le même état.

Lorsque le locateur effectue des travaux au logement, il doit remettre celui-ci en bon état de propreté.

1912. Donnent lieu aux mêmes recours qu'un manquement à une obligation du bail:

new lessor or of the person to whom he owes payment of the rent, he may, with the authorization of the court, deposit his rent in the office of the court.

Deposit may also be authorized where, for any other serious reason, the lessee is not certain of the identity of the person to whom he owes payment of the rent, where the lessor cannot be found or where he refuses payment of the rent.

1909. The court authorizes the remittance of the deposit where the person to whom the lessee owes payment of the rent is identified or has been found or where the lessor performs his obligations; otherwise, it may permit the lessee to continue to deposit his rent until the identification is made or until the lessor performs his obligations. The court may also authorize the remittance of the deposit to the lessee to enable him to perform the obligations of the lessor.

§ 4.–Condition of dwelling

1910. A lessor is bound to deliver a dwelling in good habitable condition; he is bound to maintain it in that condition throughout the term of the lease.

A stipulation whereby a lessee acknowledges that the dwelling is in good habitable condition is without effect.

1911. The lessor is bound to deliver the dwelling in clean condition and the lessee is bound to keep it so.

Where the lessor carries out work in the dwelling, he shall restore it to clean condition.

1912. The following give rise to the same remedies as failure to perform an obligation under the lease:

1° Tout manquement du locateur ou du locataire à une obligation imposée par la loi relativement à la sécurité ou à la salubrité d'un logement;

2° Tout manquement du locateur aux exigences minimales fixées par la loi, relativement à l'entretien, à l'habitabilité, à la sécurité et à la salubrité d'un immeuble comportant un logement.

1913. Le locateur ne peut offrir en location ni délivrer un logement impropre à l'habitation.

Est impropre à l'habitation le logement dont l'état constitue une menace sérieuse pour la santé ou la sécurité des occupants ou du public, ou celui qui a été déclaré tel par le tribunal ou par l'autorité compétente.

1914. Le locataire peut refuser de prendre possession du logement qui lui est délivré s'il est impropre à l'habitation; le bail est alors résilié de plein droit.

1915. Le locataire peut abandonner son logement s'il devient impropre à l'habitation. Il est alors tenu d'aviser le locateur de l'état du logement, avant l'abandon ou dans les dix jours qui suivent.

Le locataire qui donne cet avis est dispensé de payer le loyer pour la période pendant laquelle le logement est impropre à l'habitation, à moins que l'état du logement ne résulte de sa faute.

1916. Dès que le logement redevient propre à l'habitation, le locateur est tenu d'en aviser le locataire, si ce dernier l'a avisé de sa nouvelle adresse; le locataire est alors tenu, dans les dix jours, d'aviser le locateur de son intention de réintégrer ou non le logement.

(1) failure on the part of the lessor or the lessee to comply with an obligation imposed by law with respect to the safety and sanitation of dwellings;

(2) failure on the part of the lessor to comply with the minimum requirements fixed by law with respect to the maintenance, habitability, safety and sanitation of immovables comprising a dwelling.

1913. The lessor may not offer for rent or deliver a dwelling that is unfit for habitation.

A dwelling is unfit for habitation if it is in such a condition as to be a serious danger to the health or safety of its occupants or the public, or if it has been declared so by the court or by a competent authority.

1914. A lessee may refuse to take possession of a dwelling delivered to him if it is unfit for habitation; in such a case, the lease is resiliated of right.

1915. A lessee may abandon his dwelling if it becomes unfit for habitation, but he is bound to inform the lessor of the condition of the dwelling before abandoning it or within the following ten days.

A lessee who gives such a notice to the lessor is exempt from rent for the period during which the dwelling is unfit for habitation, unless the condition of the dwelling is the result of his own fault.

1916. As soon as the dwelling becomes fit for habitation again, the lessor is bound to inform the lessee, if the lessee has given him his new address; the lessee is then bound to notify the lessor within the following ten days as to whether or not he intends to return to the dwelling.

Si le locataire n'a pas avisé le locateur de sa nouvelle adresse ou de son intention de réintégrer le logement, le bail est résilié de plein droit et le locateur peut consentir un bail à un nouveau locataire.

1917. Le tribunal peut, à l'occasion de tout litige relatif au bail, déclarer, même d'office, qu'un logement est impropre à l'habitation; il peut alors statuer sur le loyer, fixer les conditions nécessaires à la protection des droits du locataire et, le cas échéant, ordonner que le logement soit rendu propre à l'habitation.

1918. Le locataire peut requérir du tribunal qu'il enjoigne au locateur d'exécuter ses obligations relativement à l'état du logement lorsque leur inexécution risque de rendre le logement impropre à l'habitation.

1919. Le locataire ne peut, sans le consentement du locateur, employer ou conserver dans un logement une substance qui constitue un risque d'incendie ou d'explosion et qui aurait pour effet d'augmenter les primes d'assurance du locateur.

1920. Le nombre d'occupants d'un logement doit être tel qu'il permet à chacun de vivre dans des conditions normales de confort et de salubrité.

1921. Lorsqu'une personne handicapée, sérieusement restreinte dans ses déplacements, occupe un logement, qu'elle soit ou non elle-même locataire, le locateur est tenu, à la demande du locataire, d'identifier le logement, conformément à la Loi assurant l'exercice des droits des personnes handicapées.

Where the lessee has not given the lessor his new address or fails to notify him that he intends to return to the dwelling, the lease is resiliated of right and the lessor may enter into a lease with a new lessee.

1917. The court, when seised of any dispute in connection with a lease, may, even of its own motion, declare that the dwelling is unfit for habitation; it may then rule on the rent, fix the conditions necessary for the protection of the rights of the lessee and, where applicable, order that the dwelling be made fit for habitation again.

1918. The lessee may apply to the court for an order enjoining the lessor to perform his obligations regarding the condition of the dwelling, where their nonperformance threatens to make the dwelling unfit for habitation.

1919. The lessee may not, without the consent of the lessor, use or keep in a dwelling a substance which constitutes a risk of fire or explosion and which would lead to an increase in the insurance premiums of the lessor.

1920. The occupants of a dwelling shall be of such a number as to allow each of them to live in normal conditions of comfort and sanitation.

1921. Where a handicapped person significantly limited in his movements occupies a dwelling, whether or not that person is the lessee, the lessor is bound, at the demand of the lessee, to identify the dwelling in accordance with the Act to secure the handicapped in the exercise of their rights.

§ 5.–*De certaines modifications au logement*

1922. Une amélioration majeure ou une réparation majeure non urgente, ne peut être effectuée dans un logement avant que le locateur n'en ait avisé le locataire et, si l'évacuation temporaire du locataire est prévue, avant que le locateur ne lui ait offert une indemnité égale aux dépenses raisonnables qu'il devra assumer en raison de cette évacuation.

1923. L'avis indique la nature des travaux, la date à laquelle ils débuteront et l'estimation de leur durée, ainsi que, s'il y a lieu, la période d'évacuation nécessaire; il précise aussi, le cas échéant, le montant de l'indemnité offerte, ainsi que toutes autres conditions dans lesquelles s'effectueront les travaux, si elles sont susceptibles de diminuer substantiellement la jouissance des lieux.

L'avis doit être donné au moins dix jours avant la date prévue pour le début des travaux ou, s'il est prévu une période d'évacuation de plus d'une semaine, au moins trois mois avant celle-ci.

1924. L'indemnité due au locataire en cas d'évacuation temporaire est payable à la date de l'évacuation.

Si l'indemnité se révèle insuffisante, le locataire peut être remboursé des dépenses raisonnables faites en surplus.

Le locataire peut aussi obtenir, selon les circonstances, une diminution de loyer ou la résiliation du bail.

1925. Lorsque l'avis du locateur prévoit une évacuation temporaire, le locataire doit, dans les dix jours de la réception

§ 5.–*Certain changes to dwelling*

1922. No major improvements or repairs other than urgent improvements or repairs may be made in a dwelling without prior notice from the lessor to the lessee nor, if it is necessary for the lessee to vacate temporarily, until the lessor has offered an indemnity to him equal to the reasonable expenses he will have to incur by reason of the vacancy.

1923. The notice given to the lessee indicates the nature of the work, the date on which it is to begin and an estimation of its duration and, where required, the necessary period of vacancy; it also specifies the amount of the indemnity offered, where applicable, and any other conditions under which the work will be carried out, if it is of such a nature as to cause a substantial reduction of the enjoyment of the premises.

The notice shall be given at least ten days before the date on which the work is to begin or, if a period of vacancy of more than one week is necessary, at least three months before that date.

1924. The indemnity due to a lessee by reason of temporary vacancy is payable on the date he vacates.

If the indemnity proves inadequate, the lessee may be reimbursed for any reasonable expenses incurred beyond the amount of the indemnity.

The lessee may also, depending on the circumstances, obtain a reduction of rent or resiliation of the lease.

1925. If the notice of the lessor provides for temporary vacancy, the lessee shall notify the lessor within ten days after

de l'avis, aviser le locateur de son intention de s'y conformer ou non; s'il omet de le faire, il est réputé avoir refusé de quitter les lieux.

En cas de refus du locataire, le locateur peut, dans les dix jours du refus, demander au tribunal de statuer sur l'opportunité de l'évacuation.

1926. Lorsque aucune évacuation temporaire n'est exigée ou lorsque l'évacuation est acceptée par le locataire, celui-ci peut, dans les dix jours de la réception de l'avis, demander au tribunal de modifier ou de supprimer une condition abusive.

1927. La demande du locateur ou celle du locataire est instruite et jugée d'urgence. Elle suspend l'exécution des travaux, à moins que le tribunal n'en décide autrement.

Le tribunal peut imposer les conditions qu'il estime justes et raisonnables.

1928. Il appartient au locateur, lorsque le tribunal est saisi d'une demande sur les conditions dans lesquelles les travaux seront effectués, de démontrer le caractère raisonnable de ces travaux et de ces conditions, ainsi que la nécessité de l'évacuation.

1929. Aucun avis n'est requis et aucune contestation n'est possible lorsque les modifications effectuées ont fait l'objet d'une entente entre le locateur et le locataire, dans le cadre d'un programme public de conservation et de remise en état des logements.

§ 6.–*De l'accès et de la visite du logement*

1930. Le locataire qui avise le locateur de la non-reconduction du bail ou de sa

receiving it that he intends or does not intend to comply with it; otherwise, he is deemed to have refused to vacate the premises.

If the lessee refuses to vacate, the lessor may apply to the court within ten days after the refusal for a ruling on the expediency of the vacancy.

1926. Where temporary vacancy is not required or the lessee agrees to vacate, the lessee, within ten days after receiving the notice, may apply to the court for the modification or suppression of any abusive condition.

1927. The application of the lessor or of the lessee is heard and decided by preference. It suspends the carrying out of the work unless the court orders otherwise.

The court may impose such conditions as it considers just and reasonable.

1928. Where the court is adjudicating upon an application respecting the conditions under which work is to be carried out, it is for the lessor to show that such work and conditions are reasonable and that the vacancy is necessary.

1929. No notice is required and no contestation is allowed where the alterations made have been the subject of an agreement between the lessor and the lessee within the scope of a public housing preservation and restoration programme.

§ 6.–*Access to and visit of dwelling*

1930. Where a lessee gives notice of non-renewal or resiliation of the lease to

résiliation est tenu de permettre la visite du logement et l'affichage, dès qu'il a donné cet avis.

1931. Le locateur est tenu, à moins d'une urgence, de donner au locataire un préavis de vingt-quatre heures de son intention de vérifier l'état du logement, d'y effectuer des travaux ou de le faire visiter par un acquéreur éventuel.

1932. Le locataire peut, à moins d'une urgence, refuser que le logement soit visité par un locataire ou un acquéreur éventuel, si la visite doit avoir lieu avant 9 heures et après 21 heures; il en est de même dans le cas où le locateur désire en vérifier l'état.

Il peut, dans tous les cas, refuser la visite si le locateur ne peut être présent.

1933. Le locataire ne peut refuser l'accès du logement au locateur, lorsque celui-ci doit y effectuer des travaux.

Il peut, néanmoins, en refuser l'accès avant 7 heures et après 19 heures, à moins que le locateur ne doive y effectuer des travaux urgents.

1934. Aucune serrure ou autre mécanisme restreignant l'accès à un logement ne peut être posé ou changé sans le consentement du locateur et du locataire.

Le tribunal peut ordonner à la partie qui ne se conforme pas à cette obligation de permettre à l'autre l'accès au logement.

1935. Le locateur ne peut interdire l'accès à l'immeuble ou au logement à un candidat à une élection provinciale, fédérale, municipale ou scolaire, à un

the lessor, he is bound to allow the dwelling to be visited and signs to be posted from the time he gives the notice.

1931. The lessor is bound, except in case of emergency, to give the lessee a prior notice of twenty-four hours of his intention to ascertain the condition of the dwelling, to carry out work in the dwelling or to have it visited by a prospective acquirer.

1932. The lessee may, except in case of emergency, refuse to allow the dwelling to be visited by a prospective lessee or acquirer before 9 a.m. or after 9 p.m.; the same rule applies where the lessor wishes to ascertain the condition of the dwelling.

The lessee may, in any case, refuse to allow the dwelling to be visited if the lessor is unable to be present.

1933. The lessee may not refuse to allow the lessor to have access to the dwelling to carry out work.

He may deny him access before 7 a.m. and after 7 p.m., however, unless the work is urgent.

1934. No lock or other device restricting access to a dwelling may be installed or changed without the consent of the lessor and the lessee.

If either party fails to comply with his obligation, the court may order him to allow the other party to have access to the dwelling.

1935. The lessor may not prohibit a candidate in a provincial, federal, municipal or school election, an official delegate appointed by a national committee or the

délégué officiel nommé par un comité national ou à leur représentant autorisé, à des fins de propagande électorale ou de consultation populaire en vertu d'une loi.

authorized representative of either from having access to the immovable or dwelling for the purposes of an election campaign or a legally constituted referendum.

§ 7.–Du droit au maintien dans les lieux

§ 7.–Right to maintain occupancy

I – Des bénéficiaires du droit

I – Holders of the right

1936. Tout locataire a un droit personnel au maintien dans les lieux; il ne peut être évincé du logement loué que dans les cas prévus par la loi.

1936. Every lessee has a personal right to maintain occupancy; he may not be evicted from the leased dwelling, except in the cases provided for by law.

1937. L'aliénation volontaire ou forcée d'un immeuble comportant un logement, ou l'extinction du titre du locateur, ne permet pas au nouveau locateur de résilier le bail. Celui-ci est continué et peut être reconduit comme tout autre bail.

1937. The voluntary or forced alienation of an immovable comprising a dwelling or the extinction of the title of the lessor does not permit the new lessor to resiliate the lease, which is continued and may be renewed in the same manner as any other lease.

Le nouveau locateur a, envers le locataire, les droits et obligations résultant du bail.

The new lessor has, towards the lessee, the rights and obligations resulting from the lease.

1938. Le conjoint d'un locataire ou, s'il habite avec ce dernier depuis au moins six mois, son concubin, un parent ou un allié, a droit au maintien dans les lieux et devient locataire si, lorsque cesse la cohabitation, il continue d'occuper le logement et avise le locateur de ce fait dans les deux mois de la cessation de la cohabitation.

1938. The spouse of a lessee or a person who has been living with a lessee for at least six months, being the concubinary or blood relative of the lessee or a person connected to him by marriage, is entitled to maintain occupancy if he continues to occupy the dwelling after the cessation of cohabitation and gives notice to that effect to the lessor within two months after the cessation of cohabitation. He becomes the lessee from that moment.

La personne qui habite avec le locataire au moment de son décès a le même droit et devient locataire, si elle continue d'occuper le logement et avise le locateur de ce fait dans les deux mois du décès; cependant, si elle ne se prévaut pas de ce droit, le liquidateur de

A person living with the lessee at the time of death of the lessee has the same right and becomes the lessee if he continues to occupy the dwelling and gives notice to that effect to the lessor within two months after the death. If the person does not avail himself of this right, the

la succession ou, à défaut, un héritier, peut dans le mois qui suit l'expiration de ce délai de deux mois, résilier le bail en donnant au locateur un avis d'un mois.

liquidator of the succession or, failing him, an heir may, in the month which follows the expiry of the period of two months, resiliate the lease by giving notice of one month to that effect to the lessor.

1939. Si personne n'habite avec le locataire au moment du décès, le liquidateur de la succession ou, à défaut, un héritier, peut résilier le bail en donnant au locateur dans les six mois du décès, un avis de trois mois.

1939. If no one is living with the lessee at the time of his death, the liquidator of the succession or, failing him, an heir may resiliate the lease by giving notice of three months to the lessor within six months after the death.

1940. Le sous-locataire d'un logement ne bénéficie pas du droit au maintien dans les lieux.

1940. The sublessee of a dwelling is not entitled to maintain occupancy.

La sous-location prend fin au plus tard à la date à laquelle prend fin le bail du logement; le sous-locataire n'est cependant pas tenu de quitter les lieux avant d'avoir reçu du sous-locateur ou, en cas de défaut de sa part, du locateur principal, un avis de dix jours à cette fin.

The sublease terminates not later than the date on which the lease of the dwelling terminates; however, the sublessee is not required to vacate the premises before receiving notice of ten days to that effect from the sublessor or, failing him, from the principal lessor.

II – De la reconduction et de la modification du bail

II – Renewal and modification of lease

1941. Le locataire qui a droit au maintien dans les lieux a droit à la reconduction de plein droit du bail à durée fixe lorsque celui-ci prend fin.

1941. A lessee entitled to maintain occupancy and having a lease with a fixed term is entitled of right to its renewal at term.

Le bail est, à son terme, reconduit aux mêmes conditions et pour la même durée ou, si la durée du bail initial excède douze mois, pour une durée de douze mois. Les parties peuvent, cependant, convenir d'un terme de reconduction différent.

The lease is renewed at term on the same conditions and for the same term or, if the term of the initial lease exceeds twelve months, for a term of twelve months. The parties may, however, agree on a different renewal term.

1942. Le locateur peut, lors de la reconduction du bail, modifier les conditions de celui-ci, notamment la durée ou le loyer; il ne peut cependant le faire que s'il donne un avis de modification au locataire, au moins trois mois, mais pas

1942. At the renewal of the lease, the lessor may modify its conditions, particularly the term or the rent, but only if he gives notice of the modification to the lessee not less than three months nor more than six months before term. If the

plus de six mois, avant l'arrivée du terme. Si la durée du bail est de moins de douze mois, l'avis doit être donné, au moins un mois, mais pas plus de deux mois, avant le terme.

Lorsque le bail est à durée indéterminée, le locateur ne peut le modifier, à moins de donner au locataire un avis d'au moins un mois, mais d'au plus deux mois.

Ces délais sont respectivement réduits à dix jours et vingt jours s'il s'agit du bail d'une chambre.

1943. L'avis de modification qui vise à augmenter le loyer doit indiquer en dollars le nouveau loyer proposé, ou l'augmentation en dollars ou en pourcentage du loyer en cours. Cette augmentation peut être exprimée en pourcentage du loyer qui sera déterminé par le tribunal, si ce loyer fait déjà l'objet d'une demande de fixation ou de révision.

L'avis doit, de plus, indiquer la durée proposée du bail, si le locateur propose de la modifier, et le délai accordé au locataire pour refuser la modification proposée.

1944. Le locateur peut, lorsque le locataire a sous-loué le logement pendant plus de douze mois, éviter la reconduction du bail, s'il avise le locataire et le sous-locataire de son intention d'y mettre fin, dans les mêmes délais que s'il y apportait une modification.

Il peut de même, lorsque le locataire est décédé et que personne n'habitait avec lui lors de son décès, éviter la reconduction en avisant l'héritier ou le liquidateur de la succession.

term of the lease is less than twelve months, the notice shall be given not less than one month nor more than two months before term.

A lessor may not modify a lease with an indeterminate term unless he gives the lessee a notice of not less than one month nor more than two months.

The notice is of not less than ten days nor more than twenty days in the case of the lease of a room.

1943. In every notice of modification with a view to an increase of the rent an indication shall be made of the new proposed rent in dollars or the increase expressed in dollars or as a percentage of the rent in force. The increase may be expressed as a percentage of the rent to be determined by the court, where an application for the fixing or review of the rent has been filed.

Where the lessor proposes to modify the term of the lease, the proposed term shall also be indicated in the notice, and the time granted to the lessee to refuse the proposed modification.

1944. The lessor may avoid the renewal of the lease where the lessee has subleased the dwelling for more than twelve months by giving notice, within the same time as for modification of the lease, of his intention to terminate it to the lessee and to the sublessee.

The lessor may similarly avoid the renewal of the lease where the lessee has died and no one was living with him at the time of the death, by giving the notice to the heir or to the liquidator of the succession.

1945. Le locataire qui refuse la modification proposée par le locateur est tenu, dans le mois de la réception de l'avis de modification du bail, d'aviser le locateur de son refus ou de l'aviser qu'il quitte le logement; s'il omet de le faire, il est réputé avoir accepté la reconduction du bail aux conditions proposées par le locateur.

Toutefois, lorsque le bail porte sur un logement visé à l'article 1955, le locataire qui refuse la modification proposée doit quitter le logement à la fin du bail.

1946. Le locataire qui n'a pas reçu du locateur un avis de modification des conditions du bail peut éviter la reconduction d'un bail à durée fixe ou mettre fin à un bail à durée indéterminée, en donnant au locateur un avis de non-reconduction ou de résiliation du bail, dans les mêmes délais que ceux que doit respecter le locateur lorsqu'il donne un avis de modification.

III – De la fixation des conditions du bail

1947. Le locateur peut, lorsque le locataire refuse la modification proposée, s'adresser au tribunal dans le mois de la réception de l'avis de refus pour faire fixer le loyer ou, suivant le cas, faire statuer sur toute autre modification du bail; s'il omet de le faire, le bail est reconduit de plein droit aux conditions antérieures.

1948. Le locateur qui a sous-loué son logement pendant plus de douze mois, ainsi que l'héritier ou le liquidateur de la succession d'un locataire décédé, peut, dans le mois de la réception d'un avis donné par le locateur pour éviter la reconduction du bail, s'adresser au tribunal pour en contester le bien-fondé; s'il

1945. A lessee who objects to the modification proposed by the lessor is bound to notify the lessor, within one month after receiving the notice of modification of the lease, that he objects or that he is vacating the dwelling; otherwise, he is deemed to have agreed to the renewal of the lease on the conditions proposed by the lessor.

In the case of a lease of a dwelling described in article 1955, however, the lessee shall vacate the dwelling upon termination of the lease if he objects to the proposed modification.

1946. A lessee who has not received a notice of modification of the conditions of the lease from the lessor may avoid the renewal of a lease with a fixed term or terminate a lease with an indeterminate term by giving notice of non-renewal or resiliation of the lease to the lessor, within the same time as a lessor giving notice of modification.

III – Fixing conditions of lease

1947. Where a lessee objects to the proposed modification, the lessor may apply to the court, within one month after receiving the notice of objection, for the fixing of the rent or for a ruling on any other modification of the lease, as the case may be; otherwise, the lease is renewed of right on the same conditions.

1948. A lessee who has subleased his dwelling for more than twelve months, or an heir or the liquidator of the succession of a lessee who has died may, within one month after receiving notice of the intention of the lessor to avoid the renewal of the lease, contest the notice on its merits before the court; otherwise, he is

omet de le faire, il est réputé avoir accepté la fin du bail.

Si le tribunal accueille la demande du locataire, mais que sa décision est rendue après l'expiration du délai pour donner un avis de modification du bail, celui-ci est reconduit, mais le locateur peut alors s'adresser au tribunal pour faire fixer un nouveau loyer, dans le mois de la décision finale.

1949. Lorsque le bail prévoit le réajustement du loyer, les parties peuvent s'adresser au tribunal pour contester le caractère excessif ou insuffisant du réajustement proposé ou convenu et faire fixer le loyer.

La demande doit être faite dans le mois où le réajustement doit prendre effet.

1950. Un nouveau locataire ou un sous-locataire peut faire fixer le loyer par le tribunal lorsqu'il paie un loyer supérieur au loyer le moins élevé des douze mois qui précèdent le début du bail ou, selon le cas, de la sous-location, à moins que ce loyer n'ait déjà été fixé par le tribunal.

La demande doit être présentée dans les dix jours de la conclusion du bail ou de la sous-location. Elle doit l'être dans les deux mois du début du bail ou de la sous-location lorsqu'elle est présentée par un nouveau locataire ou par un sous-locataire qui n'ont pas reçu du locateur, lors de la conclusion du bail ou de la sous-location, l'avis indiquant le loyer le moins élevé de l'année précédente; si le locateur a remis un avis comportant une fausse déclaration, la demande doit être présentée dans les deux mois de la connaissance de ce fait.

1951. N'est pas considéré comme nouveau locataire celui à qui la loi reconnaît

deemed to have agreed to terminate the lease.

Where the court grants the application of the lessee after the expiry of the time for giving notice of modification of the lease, the lease is renewed but the lessor may, within one month after the final judgment, apply to the court for the fixing of a new rent.

1949. Where the lease provides for the adjustment of the rent, the parties may apply to the court to contest the excessive or inadequate nature of the proposed or agreed adjustment and for the fixing of the rent.

The application shall be made within one month from the date on which the adjustment is to take effect.

1950. A new lessee or a sublessee may apply to the court for the fixing of the rent if his rent is higher than the lowest rent paid during the twelve months preceding the beginning of the lease or sublease, as the case may be, unless that rent has already been fixed by the court.

He may apply only within ten days after the lease or sublease has been entered into. If at the time the lease or sublease is entered into he has not received the notice from the lessor indicating the lowest rent paid in the preceding year, he may apply no later than two months after the beginning of the lease or sublease; where the lessor has given a notice containing a false statement, the new lessee or sublessee may apply no later than two months after becoming aware of that fact.

1951. A person entitled by law to maintain occupancy and to become lessee

le droit d'être maintenu dans les lieux et de devenir locataire lorsque cesse la cohabitation avec le locataire ou que celui-ci décède.

1952. Le tribunal qui autorise la modification d'une condition du bail fixe le loyer exigible pour le logement, compte tenu de la valeur relative de la modification par rapport au loyer du logement.

1953. Le tribunal saisi d'une demande de fixation ou de réajustement de loyer détermine le loyer exigible, en tenant compte des normes fixées par les règlements.

Le loyer qu'il fixe est en vigueur pour la même durée que le bail reconduit ou pour celle qu'il détermine, mais qui ne peut excéder douze mois.

S'il accorde une augmentation de loyer, il peut échelonner le paiement des arriérés sur une période qui n'excède pas le terme du bail reconduit.

1954. Lorsque le tribunal fixe le loyer à la demande d'un nouveau locataire, il le détermine pour la durée du bail.

Si la durée du bail excède douze mois, le locateur peut, néanmoins, en obtenir la fixation annuelle. La demande doit être faite trois mois avant l'expiration de chaque période de douze mois, après la date à laquelle la fixation du loyer a pris effet.

1955. Ni le locateur ni le locataire d'un logement loué par une coopérative d'habitation à l'un de ses membres, ne peut faire fixer le loyer ni modifier d'autres conditions du bail par le tribunal.

De même, ni le locateur ni le locataire d'un logement situé dans un im-

upon the cessation of cohabitation with the lessee or the death of the lessee is not considered to be a new lessee.

1952. Where the court authorizes the modification of a condition of a lease, it fixes the rent payable for the dwelling, taking into consideration the relative value of the modification in relation to the rent for the dwelling.

1953. Where the court has an application before it for the fixing or adjustment of rent, it takes into consideration the standards prescribed by regulation.

The rent fixed by the court is in force for the term of the renewed lease or for such term, not in excess of twelve months, as it determines.

If the court grants an increase of rent, it may spread the payment of the arrears over a period not exceeding the term of the renewed lease.

1954. Where the court fixes the rent on the application of a new lessee, it does so for the term of the lease.

Where the term of the lease exceeds twelve months, the lessor may nevertheless have the rent fixed annually. The application may be made no later than three months before the expiry of each period of twelve months from the date on which the fixed rent took effect.

1955. Neither the lessor nor the lessee of a dwelling leased by a housing cooperative to one of its members may apply to the court for the fixing of the rent or the modification of any other condition of the lease.

Nor may the lessor or the lessee of a dwelling situated in a recently erected

meuble nouvellement bâti ou dont l'utilisation à des fins locatives résulte d'un changement d'affectation récent ne peut exercer un tel recours, dans les cinq années qui suivent la date à laquelle l'immeuble est prêt pour l'usage auquel il est destiné.

Le bail d'un tel logement doit toutefois mentionner ces restrictions, à défaut de quoi le locateur ne peut les invoquer à l'encontre du locataire.

1956. Le locateur ou le locataire d'un logement à loyer modique ne peut faire fixer le loyer ou modifier d'autres conditions du bail que conformément aux dispositions particulières à ce type de bail.

IV – De la reprise du logement
et de l'éviction

1957. Le locateur d'un logement, s'il en est le propriétaire, peut le reprendre pour l'habiter lui-même ou y loger ses ascendants ou descendants au premier degré, ou tout autre parent ou allié dont il est le principal soutien.

Il peut aussi le reprendre pour y loger son conjoint dont il est séparé ou divorcé, mais duquel il demeure le principal soutien.

1958. Le propriétaire d'une part indivise d'un immeuble ne peut reprendre aucun logement s'y trouvant, à moins qu'il n'y ait qu'un seul autre propriétaire et que ce dernier soit son conjoint ou son concubin.

1959. Le locateur d'un logement peut en évincer le locataire pour subdiviser le logement, l'agrandir substantiellement ou en changer l'affectation.

immovable or an immovable used for renting as a result of a recent change of destination pursue the remedy referred to in the first paragraph within five years after the date on which the immovable is ready for its intended use.

Such restrictions shall be mentioned, however, in the lease of such a dwelling; if they are not mentioned, they may not be set up by the lessor against the lessee.

1956. The lessor or lessee of a dwelling in low-rental housing may not apply for the fixing of the rent or for the modification of any other condition of the lease except in accordance with the provisions specific to that type of lease.

IV – Repossession of a dwelling and
eviction

1957. Where the lessor of a dwelling is the owner of the dwelling, he may repossess it as a residence for himself or for his ascendants or descendants in the first degree or for any other relative or person connected by marriage of whom he is the main support.

He may also repossess the dwelling as a residence for his spouse, from whom he is separated or divorced, if he remains the main support of his spouse.

1958. The owner of an undivided share of an immovable may not repossess any dwelling in the immovable unless the only other owner is his spouse or his concubinary.

1959. The lessor of a dwelling may evict the lessee to divide the dwelling, enlarge it substantially or change its destination.

1960. Le locateur qui désire reprendre le logement ou évincer le locataire doit aviser celui-ci, au moins six mois avant l'expiration du bail à durée fixe; si la durée du bail est de six mois ou moins, l'avis est d'un mois.

Toutefois, lorsque le bail est à durée indéterminée, l'avis doit être donné six mois avant la date de la reprise ou de l'éviction.

1961. L'avis de reprise doit indiquer la date prévue pour l'exercer, le nom du bénéficiaire et, s'il y a lieu, le degré de parenté ou le lien du bénéficiaire avec le locateur.

L'avis d'éviction doit indiquer le motif et la date de l'éviction.

Toutefois, la reprise ou l'éviction peut prendre effet à une date postérieure, à la demande du locataire et sur autorisation du tribunal.

1962. Dans le mois de la réception de l'avis de reprise, le locataire est tenu d'aviser le locateur de son intention de s'y conformer ou non; s'il omet de le faire, il est réputé avoir refusé de quitter le logement.

1963. Lorsque le locataire refuse de quitter le logement, le locateur peut, néanmoins, le reprendre, avec l'autorisation du tribunal.

Cette demande doit être présentée dans le mois du refus et le locateur doit alors démontrer qu'il entend réellement reprendre le logement pour la fin mentionnée dans l'avis et qu'il ne s'agit pas d'un prétexte pour atteindre d'autres fins.

1960. A lessor wishing to repossess a dwelling or to evict a lessee shall notify him at least six months before the expiry of the lease in the case of a lease with a fixed term; if the term of the lease is six months or less, the notice is of one month.

In the case of a lease with an indeterminate term, the notice shall be given six months before the date of repossession or eviction.

1961. In a notice of repossession, the date fixed for the dwelling to be repossessed, the name of the beneficiary and, where applicable, the degree of relationship or the bond between the beneficiary and the lessor shall be indicated.

In a notice of eviction, the reason for and the date of eviction shall be indicated.

Repossession or eviction may take effect on a later date, however, upon the application of the lessee and with the authorization of the court.

1962. Within one month after receiving notice of repossession, the lessee is bound to notify the lessor as to whether or not he intends to comply with the notice; otherwise, he is deemed to refuse to vacate the dwelling.

1963. If the lessee refuses to vacate the dwelling, the lessor may repossess it with the authorization of the court.

Application for authorization may be made only within one month after the refusal by the lessee; the lessor shall show the court that he truly intends to repossess the dwelling for the purpose mentioned in the notice and not as a pretext for other purposes.

1964. Le locateur ne peut, sans le consentement du locataire, se prévaloir du droit à la reprise, s'il est propriétaire d'un autre logement qui est vacant ou offert en location à la date prévue pour la reprise, et qui est du même genre que celui occupé par le locataire, situé dans les environs et d'un loyer équivalent.

1965. Le locateur doit payer au locataire évincé une indemnité de trois mois de loyer et des frais raisonnables de déménagement. Si le locataire considère que le préjudice qu'il subit justifie des dommages-intérêts plus élevés, il peut s'adresser au tribunal pour en faire fixer le montant.

L'indemnité est payable à l'expiration du bail et les frais de déménagement le sont, sur présentation de pièces justificatives.

1966. Le locataire peut, dans le mois de la réception de l'avis d'éviction, s'adresser au tribunal pour s'opposer à la subdivision, à l'agrandissement ou au changement d'affectation du logement; s'il omet de le faire, il est réputé avoir consenti à quitter les lieux.

S'il y a opposition, il revient au locateur de démontrer qu'il entend réellement subdiviser le logement, l'agrandir ou en changer l'affectation et que la loi le permet.

1967. Lorsque le tribunal autorise la reprise ou l'éviction, il peut imposer les conditions qu'il estime justes et raisonnables, y compris, en cas de reprise, le paiement au locataire d'une indemnité équivalente aux frais de déménagement.

1968. Le locataire peut recouvrer les dommages-intérêts résultant d'une re-

1964. The lessor may not, without the consent of the lessee, avail himself of the right to repossess the dwelling where he owns another dwelling that is vacant or offered for rent on the date fixed for repossession, and that is of the same type as that occupied by the lessee, situated in the same neighbourhood and at equivalent rent.

1965. The lessor shall pay an indemnity equal to three months' rent and reasonable moving expenses to the evicted lessee. If the lessee considers that the prejudice he sustains warrants a greater amount of damages, he may apply to the court for the fixing of the amount of the indemnity.

The indemnity is payable at the expiry of the lease; the moving expenses are payable on presentation of vouchers.

1966. Within one month after receiving the notice of eviction, the lessee may apply to the court to object to the division, enlargement or change of destination of the dwelling; otherwise, he is deemed to have consented to vacate the premises.

Where an objection is brought, the burden is on the lessor to show that he truly intends to divide, enlarge or change the destination of the dwelling and that he is permitted to do so by law.

1967. Where the court authorizes repossession or eviction, it may impose such conditions as it considers just and reasonable, including, in the case of repossession, payment to the lessee of an indemnity equivalent to his moving expenses.

1968. The lessee may recover damages resulting from repossession or

prise ou d'une éviction obtenue de mauvaise foi, qu'il ait consenti ou non à cette reprise ou éviction.

Il peut aussi demander que celui qui a ainsi obtenu la reprise ou l'éviction soit condamné à des dommages-intérêts punitifs.

1969. Lorsque le locateur n'exerce pas ses droits de reprise ou d'éviction à la date prévue, le bail est reconduit de plein droit, pour autant que le locataire continue d'occuper le logement et que le locateur y consente. Le locateur peut alors, dans le mois de la date prévue pour la reprise ou l'éviction, s'adresser au tribunal, pour faire fixer un nouveau loyer.

Le bail est aussi reconduit lorsque le tribunal refuse la demande de reprise ou d'éviction ou que cette décision est rendue après l'expiration des délais prévus pour éviter la reconduction du bail ou pour modifier celui-ci. Le locateur peut alors présenter au tribunal, dans le mois de la décision finale, une demande de fixation de loyer.

1970. Un logement qui a fait l'objet d'une reprise ou d'une éviction ne peut être loué ou utilisé pour une fin autre que celle pour laquelle le droit a été exercé, sans que le tribunal l'autorise.

Si le tribunal autorise la location du logement, il en fixe le loyer.

§ 8.–*De la résiliation du bail*

1971. Le locateur peut obtenir la résiliation du bail si le locataire est en retard de plus de trois semaines pour le paiement du loyer ou, encore, s'il en subit un préjudice sérieux, lorsque le locataire en retarde fréquemment le paiement.

eviction in bad faith, whether or not he has consented to it.

He may also apply for punitive damages against the person who has repossessed the dwelling or evicted him in bad faith.

1969. Where the lessor does not exercise his right of repossession or eviction on the fixed date, the lease is renewed of right provided the lessee continues to occupy the dwelling with the consent of the lessor. In that case, the lessor, within one month after the date fixed for repossession or eviction, may apply to the court for the fixing of a new rent.

The lease is also renewed where the court refuses an application for repossession or eviction and renders its decision after expiry of the period provided to avoid the renewal of the lease or to modify it. The lessor may then, within one month after the final decision, apply to the court to fix the rent.

1970. A dwelling that has been the subject of a repossession or eviction may not, without the authorization of the court, be leased or used for a purpose other than that for which the right was exercised.

If the court gives authorization to lease the dwelling, it fixes the rent.

§ 8.–*Resiliation of lease*

1971. The lessor may obtain the resiliation of the lease if the lessee is over three weeks late in paying the rent or, if he suffers serious prejudice as a result, where the lessee is frequently late in paying it.

1972. Le locateur ou le locataire peut demander la résiliation du bail lorsque le logement devient impropre à l'habitation.

1973. Lorsque l'une ou l'autre des parties demande la résiliation du bail, le tribunal peut l'accorder immédiatement ou ordonner au débiteur d'exécuter ses obligations dans le délai qu'il détermine, à moins qu'il ne s'agisse d'un retard de plus de trois semaines dans le paiement du loyer.

Si le débiteur ne se conforme pas à la décision du tribunal, celui-ci, à la demande du créancier, résilie le bail.

1974. Un locataire peut résilier le bail en cours, s'il lui est attribué un logement à loyer modique ou si, en raison d'une décision du tribunal, il est relogé dans un logement équivalent qui correspond à ses besoins; il peut aussi le résilier s'il ne peut plus occuper son logement en raison d'un handicap ou, s'il s'agit d'une personne âgée, s'il est admis de façon permanente dans un centre d'hébergement et de soins de longue durée ou dans un foyer d'hébergement, qu'il réside ou non dans un tel endroit au moment de son admission.

À moins que les parties n'en conviennent autrement, la résiliation prend effet trois mois après l'envoi d'un avis au locateur, accompagné d'une attestation de l'autorité concernée, ou un mois après cet avis lorsque le bail est à durée indéterminée ou de moins de douze mois.

1975. Le bail est résilié de plein droit lorsque, sans motif, un locataire déguerpit en emportant ses effets mobiliers; il peut être résilié, sans autre motif, lors-

1972. The lessor or the lessee may apply for the resiliation of the lease if the dwelling becomes unfit for habitation.

1973. Where either of the parties applies for the resiliation of the lease, the court may grant it immediately or order the debtor to perform his obligations within the period it determines, except where payment of the rent is over three weeks late.

Where the debtor does not comply with the decision of the court, the court resiliates the lease on the application of the creditor.

1974. A lessee may resiliate the current lease if he is allocated a dwelling in low-rental housing or if, by reason of a decision of the court, he is relocated in an equivalent dwelling corresponding to his needs; he may also resiliate the current lease if he can no longer occupy his dwelling because of a handicap or, in the case of an elderly person, if he is admitted permanently to a residential and long-term care centre or to a foster home, whether or not he resides in such a place at the time of his admission.

Unless otherwise agreed by the parties, resiliation takes effect three months after the sending of a notice to the lessor, with an attestation from the authority concerned, or one month after the notice if the lease is for an indeterminate term or a term of less than twelve months.

1975. The lease is resiliated of right where a lessee abandons the dwelling without any reason, taking his movable effects with him; it may also be resiliated

que le logement est impropre à l'habitation et que le locataire l'abandonne sans en aviser le locateur.

1976. Sauf stipulation contraire dans le contrat de travail, l'employeur peut résilier le bail accessoire à un tel contrat lorsque le salarié cesse d'être à son service, en lui donnant un préavis d'un mois.

Le salarié peut résilier un tel bail lorsque le contrat de travail a pris fin, s'il donne à l'employeur un préavis d'un mois, sauf stipulation contraire dans le contrat.

1977. Lorsque le tribunal rejette une demande de résiliation de bail et que cette décision est rendue après les délais prévus pour éviter la reconduction du bail ou pour modifier celui-ci, le bail est reconduit de plein droit. Le locateur peut alors présenter au tribunal, dans le mois de la décision finale, une demande de fixation de loyer.

1978. Le locataire doit, lorsque le bail est résilié ou qu'il quitte le logement, laisser celui-ci libre de tous effets mobiliers autres que ceux qui appartiennent au locateur. S'il laisse des effets à la fin de son bail ou après avoir abandonné le logement, le locateur en dispose conformément aux règles prescrites au livre Des biens pour le détenteur du bien confié et oublié.

§ 9.–*Des dispositions particulières à certains baux*

I – Du bail dans un établissement d'enseignement

1979. La personne aux études qui loue un logement d'un établissement d'enseignement a droit au maintien dans les

without further reason, where the dwelling is unfit for habitation and the lessee abandons it without notifying the lessor.

1976. An employer may, where an employee ceases to be in his employ, resiliate a lease that is accessory to the contract of employment by giving the employee prior notice of one month, unless otherwise stipulated in the contract.

An employee may resiliate such a lease upon the termination of the contract of employment by giving prior notice of one month to his employer, unless otherwise stipulated in the contract.

1977. The lease is renewed of right where the court refuses an application for resiliation thereof and renders its decision after expiry of the period provided to avoid the renewal of the lease or to modify it. The lessor may then, within one month after the final decision, apply to the court to fix the rent.

1978. The lessee, on resiliation of the lease or when he vacates the dwelling, shall leave it free of all movable effects except those which belong to the lessor. If the lessee leaves movable effects at the end of the lease or after abandoning the dwelling, the lessor may dispose of them in accordance with the rules prescribed in the Book on Property which apply to the holder of property entrusted and forgotten.

§ 9.–*Special provisions respecting certain leases*

I – Lease with an educational institution

1979. Every person pursuing studies who leases a dwelling from an educational institution is entitled to maintain

lieux pour toute période pendant laquelle elle est inscrite à temps plein dans cet établissement, mais elle n'y a pas droit si elle loue un logement dans un établissement autre que celui où elle est inscrite.

Celle à qui est consenti un bail pour la seule période estivale n'a pas non plus droit au maintien dans les lieux.

1980. La personne aux études qui désire bénéficier du droit au maintien dans les lieux doit donner un avis d'un mois avant le terme du bail indiquant son intention de le reconduire.

L'établissement d'enseignement peut toutefois, pour des motifs sérieux, la reloger dans un logement de même genre que celui qu'elle occupe, situé dans les environs et de loyer équivalent.

1981. La personne aux études ne peut sous-louer son logement ou céder son bail.

1982. L'établissement d'enseignement peut résilier le bail d'une personne qui cesse d'étudier à plein temps; il doit cependant lui donner un préavis d'un mois, lequel peut être contesté, quant à son bien-fondé, dans le mois de sa réception. La personne aux études peut, pareillement, résilier le bail.

1983. Le bail d'une personne aux études cesse de plein droit lorsqu'elle termine ses études ou lorsqu'elle n'est plus inscrite à l'établissement d'enseignement.

II – Du bail d'un logement à loyer modique

1984. Est à loyer modique le logement situé dans un immeuble d'habitation à

occupancy for any period during which he is enrolled in the institution as a full-time student, but is not so entitled if he leases a dwelling from an institution other than the one in which he is enrolled.

A person having a lease for the summer period only is not entitled to maintain occupancy.

1980. A person pursuing studies who wishes to avail himself of the right to maintain occupancy shall give notice of one month before the expiry of the lease that he intends to renew it.

The educational institution may, however, for serious reasons, relocate the person in a dwelling of the same type as that which he occupies, situated in the same neighbourhood and at equivalent rent.

1981. A person pursuing studies may not sublease the dwelling or assign his lease.

1982. The educational institution may resiliate the lease of a person who ceases to be a full-time student. It shall give him prior notice of one month, which may be contested, on its merits, within one month after it is received. The person pursuing studies may, similarly, resiliate the lease.

1983. The lease of a person pursuing studies is resiliated of right when he ends his studies or ceases to be enrolled in the educational institution.

II – Lease of a dwelling in low-rental housing

1984. A dwelling situated in low-rental housing owned or administered by the

loyer modique dont est propriétaire ou administratrice la Société d'habitation du Québec ou une personne morale dont les coûts d'exploitation sont subventionnés en totalité ou en partie par la Société, ou le logement situé dans un autre immeuble, mais dont le loyer est déterminé conformément aux règlements de la Société.

Est aussi à loyer modique le logement pour lequel la Société d'habitation du Québec convient de verser une somme à l'acquit du loyer, mais, en ce cas, les dispositions relatives au registre des demandes de location et à la liste d'admissibilité ne s'y appliquent pas lorsque le locataire est sélectionné par une association ayant la personnalité morale constituée à cette fin en vertu de la Loi sur la Société d'habitation du Québec.

1985. Le locateur d'un logement à loyer modique doit tenir à jour un registre des demandes de location et une liste d'admissibilité à la location d'un logement, conformément aux règlements de la Société d'habitation du Québec et, le cas échéant, aux règlements qu'il est autorisé à prendre lui-même en application des règlements de la Société.

Lorsqu'un logement est vacant, il doit l'offrir à une personne inscrite sur la liste d'admissibilité, dans les conditions prévues par ces règlements.

1986. Une personne peut, si le locateur refuse d'inscrire sa demande au registre ou de l'inscrire sur la liste d'admissibilité, s'adresser au tribunal, dans le mois du refus, pour faire réviser la décision du locateur.

La personne radiée de la liste ou inscrite dans une catégorie de loge-

Société d'habitation du Québec or by a legal person whose operating expenses are met, in whole or in part, by a subsidy from the Société d'habitation du Québec, or a dwelling which is not so situated but whose rent is fixed by by-law of the Société d'habitation du Québec is a dwelling in low-rental housing.

A dwelling for which the Société d'habitation du Québec agrees to pay an amount toward the rent is also a dwelling in low-rental housing but, in this case, the provisions pertaining to the register of lease applications and to the eligible list do not apply where the lessee is selected by an association that is a legal person constituted for that purpose under the Act respecting the Société d'habitation du Québec.

1985. The lessor of a dwelling in low-rental housing shall keep an up-to-date register of lease applications and an eligible list for the lease of a dwelling, in accordance with the by-laws of the Société d'habitation du Québec and with any by-law made by the lessor himself as authorized by and pursuant to the by-laws of the Société d'habitation du Québec.

Where a dwelling is vacant, the lessor shall offer it to a person entered on the eligible list according to the conditions prescribed in the by-laws.

1986. If a lessor refuses to enter the application of a person in the register or to enter his name on the eligible list, the person may apply to the court within one month after the refusal for a review of the decision.

A person whose name is removed from the list or entered on the list for a

ment, incluant une sous-catégorie, autre que celle à laquelle elle a droit peut, pareillement, faire réviser la décision du locateur, dans le mois qui suit la décision.

En ces cas, il incombe au locateur d'établir qu'il a agi dans les conditions prévues par les règlements. Le tribunal peut, le cas échéant, ordonner l'inscription de la demande au registre ou l'inscription, la réinscription ou le reclassement de la personne sur la liste d'admissibilité.

1987. Si le locateur attribue un logement à une personne autre que celle qui y a droit en vertu des règlements, celle qui y a droit peut, dans le mois de l'attribution du logement, s'adresser au tribunal pour faire réviser la décision du locateur.

Il incombe au locateur d'établir qu'il a agi dans les conditions prévues par les règlements et s'il ne l'établit pas, le tribunal peut ordonner de loger la personne dans un logement de la catégorie à laquelle elle a droit ou, si aucun n'est vacant, de lui attribuer le prochain logement vacant de cette catégorie. Il peut aussi, s'il y a urgence, ordonner de la loger dans un logement équivalent, à loyer modique ou non, qui correspond à la catégorie de logement à laquelle elle a droit. Si le loyer de ce logement est plus élevé que celui que cette personne aurait payé pour le logement auquel elle a droit, le locateur est tenu d'en payer l'excédent.

1988. Lorsqu'un logement à loyer modique est attribué à la suite d'une fausse déclaration du locataire, le locateur peut, dans les deux mois où il a connaissance de la fausse déclaration, demander au tribunal la résiliation du

dwelling of a category or subcategory other than that to which he is entitled may also, within one month after the decision, apply to the court to have the decision of the lessor revised.

In such cases, the lessor has the burden of establishing that he acted within the conditions prescribed in the by-laws. The court may, as the case may be, order the application entered in the register or the name of the person entered, re-entered or reclassified on the eligible list.

1987. If the lessor assigns a dwelling to a person other than the person entitled to it under the by-laws, the person entitled to the dwelling may apply to the court within one month thereafter for a review of the decision.

The lessor has the burden of establishing that he acted within the conditions prescribed in the by-laws; if he fails to do so, the court may order him to house the person in a dwelling of the category to which he is entitled or, if none is vacant, to assign him the next dwelling of that category that becomes vacant. The court may also, in case of emergency, order the lessor to house him in an equivalent dwelling, whether in low-rental housing or not, corresponding to the category of dwelling to which he is entitled. If the rent for that dwelling is higher than the rent the person would have paid for the dwelling he is entitled to, the lessor is bound to pay the excess amount.

1988. Where a dwelling in low-rental housing is assigned following a false statement of the lessee, the lessor may, within two months after becoming aware of the false statement, apply to the court for the resiliation of the lease or the

bail ou la modification de certaines conditions du bail si, sans cela, il n'aurait pas attribué le logement au locataire ou l'aurait fait à des conditions différentes.

1989. Le locataire qui occupe un logement d'une catégorie autre que celle à laquelle il aurait droit peut s'adresser au locateur afin d'être réinscrit sur la liste d'admissibilité.

Si le locateur refuse de réinscrire le locataire ou l'inscrit dans une catégorie de logement autre que celle à laquelle il a droit, ce dernier peut, dans le mois de la réception de l'avis de refus du locateur ou de l'attribution du logement, s'adresser au tribunal pour contester la décision du locateur.

1990. Le locateur peut, en tout temps, reloger le locataire qui occupe un logement d'une catégorie autre que celle à laquelle il aurait droit dans un logement approprié, s'il lui donne un avis de trois mois.

Le locataire peut faire réviser cette décision par le tribunal dans le mois de la réception de l'avis.

1991. En cas de cessation de cohabitation avec le locataire ou en cas de décès de celui-ci, la personne qui bénéficie du droit au maintien dans les lieux n'a pas droit à la reconduction de plein droit du bail si elle ne satisfait plus aux conditions d'attribution prévues par les règlements.

Le locateur peut alors résilier le bail en donnant un avis de trois mois avant la fin du bail.

1992. Le locateur qui avise le locataire de son intention d'augmenter le loyer

modification of certain conditions of the lease if, were it not for the false statement, he would not have assigned the dwelling to the lessee or would have done so on different conditions.

1989. A lessee who occupies a dwelling of a category other than that to which he is entitled may apply to the lessor to have his name re-entered on the eligible list.

If the lessor refuses to re-enter the lessee's name or enters it on the list for a category of dwelling other than that to which he is entitled, the lessee may apply to the court to contest his decision within one month after receiving notice of the refusal or the assignment of the dwelling.

1990. The lessor may, at any time, relocate a lessee who occupies a dwelling of a category other than that to which he is entitled in a dwelling of the appropriate category or subcategory on giving him three months' notice.

The lessee may apply to the court for review of the decision within one month after receiving the notice.

1991. If a person who benefits from the right to maintain occupancy ceases to cohabit with the lessee or if the lessee dies, that person is not entitled to renewal of the lease of right if he no longer meets the conditions of allocation prescribed in the by-laws.

The lessor may, in such a case, resiliate the lease by giving the person three months' notice before termination of the lease.

1992. A lessor who notifies the lessee of his intention to increase the rent is not

n'est pas tenu d'indiquer le nouveau loyer ou le montant de l'augmentation et le locataire n'est pas tenu de répondre à cet avis.

Cependant, si le loyer n'est pas déterminé conformément aux règlements de la Société d'habitation du Québec, le locataire peut, dans les deux mois qui suivent la détermination du loyer, s'adresser au tribunal pour le faire réviser.

1993. Le locataire qui reçoit un avis de modification de la durée ou d'une autre condition du bail peut, dans le mois de la réception de l'avis, s'adresser au tribunal pour faire statuer sur la durée ou sur la modification demandée, sinon il est réputé avoir accepté les nouvelles conditions.

Celui qui bénéficie du droit au maintien dans les lieux et qui reçoit un avis de résiliation du bail peut, pareillement, s'adresser au tribunal pour s'opposer au bien-fondé de la résiliation, sinon il est réputé l'avoir acceptée.

1994. Le locateur est tenu, au cours du bail et à la demande d'un locataire qui a subi une diminution de revenu ou un changement dans la composition de son ménage, de réduire le loyer conformément aux règlements de la Société d'habitation du Québec; s'il refuse ou néglige de le faire, le locataire peut s'adresser au tribunal pour obtenir la réduction.

Toutefois, si le revenu du locataire redevient égal ou supérieur à ce qu'il était, le loyer antérieur est rétabli; le locataire peut, dans le mois du rétablissement de loyer, s'adresser au tribunal pour contester ce rétablissement.

bound to indicate the new rent or the amount of the increase, and the lessee is not bound to respond to such a notice.

However, if the rent is not fixed in accordance with the by-laws of the Société d'habitation du Québec, the lessee may apply to the court, within two months after the fixing of the rent, for its review.

1993. A lessee, within one month after receiving notice of modification of the term or of another condition of the lease, may apply to the court for a ruling on the requested term or modification; otherwise, he is deemed to consent to the new conditions.

A person who benefits from the right to maintain occupancy and who receives a notice of resiliation of the lease may, similarly, contest the resiliation on its merits before the court; otherwise, he is deemed to have agreed to it.

1994. The lessor, at the request of a lessee who has suffered a reduction of income or a change in the composition of his household, is bound to reduce his rent during the term of the lease in accordance with the by-laws of the Société d'habitation du Québec; if he refuses or neglects to do so, the lessee may apply to the court for the reduction.

If the income of the lessee returns to or becomes greater than what it was, the former rent is re-established; the lessee may contest the re-establishment of the rent within one month after it is re-established.

1995. Le locataire d'un logement à loyer modique ne peut sous-louer le logement ou céder son bail.

Il peut cependant, en tout temps, résilier le bail en donnant un avis de trois mois au locateur.

III – Du bail d'un terrain destiné à l'installation d'une maison mobile

1996. Le locateur d'un terrain destiné à l'installation d'une maison mobile est tenu de délivrer le terrain et de l'entretenir en conformité avec les normes d'aménagement établies par la loi. Ces obligations font partie du bail.

1997. Le locateur ne peut exiger de procéder lui-même au déplacement de la maison mobile du locataire.

1998. Le locateur ne peut restreindre le droit du locataire du terrain de remplacer sa maison par une autre maison mobile de son choix.

Il ne peut, non plus, limiter le droit du locataire d'aliéner ou de louer la maison mobile; il ne peut davantage exiger d'agir comme mandataire ou de choisir la personne qui agira comme mandataire du locataire pour l'aliénation ou la location de la maison mobile.

Le locataire qui aliène sa maison mobile doit toutefois en aviser immédiatement le locateur du terrain.

1999. Le locateur ne peut exiger du locataire de somme d'argent en raison de l'aliénation ou de la location de la maison mobile, à moins qu'il n'agisse comme mandataire du locataire pour l'aliénation ou la location de cette maison.

2000. L'acquéreur d'une maison mobile située sur un terrain loué devient

1995. The lessee of a dwelling in low-rental housing may not sublease the dwelling or assign his lease.

He may resiliate the lease at any time by giving three months' notice to the lessor.

III – Lease of land intended for the installation of a mobile home

1996. The lessor of land intended for the installation of a mobile home is bound to deliver the land and maintain it in accordance with the development standards prescribed by law. These obligations form part of the lease.

1997. No lessor may require that he, the lessor, remove the mobile home of the lessee.

1998. The lessor may not limit the right of the lessee of the land to replace his mobile home by another mobile home of his choice.

The lessor may not limit the right of the lessee to alienate or lease his mobile home; nor may he require that he, the lessor, act as the mandatary or that he select the person to act as the mandatary of the lessee for the alienation or lease of the mobile home.

A lessee who alienates his mobile home shall, however, notify the lessor of the land immediately.

1999. The lessor may not require any amount of money from the lessee by reason of the alienation or lease of the mobile home, unless he acts as the mandatary of the lessee for alienation or lease.

2000. The acquirer of a mobile home situated on leased land becomes the

locataire du terrain, à moins qu'il n'avise le locateur de son intention de quitter les lieux dans le mois de l'acquisition.

lessee of the land unless he notifies the lessor of his intention to leave the premises within one month after the acquisition.

CHAPITRE CINQUIÈME
DE L'AFFRÈTEMENT

CHAPTER V
AFFREIGHTMENT

SECTION I
DISPOSITIONS GÉNÉRALES

SECTION I
GENERAL PROVISIONS

2001. L'affrètement est le contrat par lequel une personne, le fréteur, moyennant un prix, aussi appelé fret, s'engage à mettre à la disposition d'une autre personne, l'affréteur, tout ou partie d'un navire, en vue de le faire naviguer.

Le contrat, lorsqu'il est écrit, est constaté par une charte-partie qui énonce, outre le nom des parties, les engagements de celles-ci et les éléments d'individualisation du navire.

2001. Affreightment is a contract by which a person, the lessor, for a price, also called freight, undertakes to place all or part of a ship at the disposal of another person, the charterer, for navigation.

The contract, if in writing, is evidenced by a charterparty containing the names of the parties, their undertakings under the contract and particulars identifying the ship.

2002. L'affréteur est tenu de payer le prix de l'affrètement. Si aucun prix n'a été convenu, il doit payer une somme qui tienne compte des conditions du marché, au lieu et au moment de la conclusion du contrat.

2002. The charterer is bound to pay freight. If no freight has been agreed, he shall pay an amount consistent with market conditions, at the place and time of the contract.

2003. Le fréteur qui n'est pas payé lors du déchargement de la cargaison du navire peut retenir les biens transportés jusqu'au paiement de ce qui lui est dû, y compris les frais raisonnables et les dommages qui résultent de cette rétention.

2003. Where the lessor has not been paid at the time of discharge of the cargo from the ship, he may retain the property carried until payment of what is due to him, including the reasonable expenses and damages resulting from the retention.

2004. Les dispositions relatives aux avaries communes sont celles admises par les règles et les usages maritimes conventionnels, au lieu et au moment de la conclusion du contrat.

2004. General average is governed by conventional maritime rules and customs at the place and time of concluding the contract.

2005. L'affréteur peut sous-fréter le navire, avec le consentement du fréteur, ou l'utiliser à des transports sous connaissements; dans l'un ou l'autre cas, il

2005. The charterer may sublet the ship with the consent of the lessor or use it for carriage under bills of lading; in either case, he remains liable to the lessor for

demeure tenu envers le fréteur des obligations résultant du contrat d'affrètement.

Le fréteur peut, dans la mesure de ce qui lui est dû par l'affréteur, agir contre le sous-affréteur en paiement du fret dû par celui-ci, mais le sous-affrètement n'établit pas d'autres relations directes entre le fréteur et le sous-affréteur.

2006. La prescription des actions nées des contrats d'affrètement court, pour l'affrètement coque-nue ou à temps, depuis l'expiration de la durée du contrat ou l'interruption définitive de son exécution, et, pour l'affrètement au voyage, depuis le déchargement complet des biens transportés ou l'événement qui a mis fin au voyage.

La prescription des actions nées des contrats de sous-affrètement court dans les mêmes conditions.

SECTION II
DES RÈGLES PARTICULIÈRES AUX
DIFFÉRENTS CONTRATS
D'AFFRÈTEMENT

§ 1.–*De l'affrètement coque-nue*

2007. L'affrètement coque-nue est le contrat par lequel le fréteur met, pour un temps défini, un navire sans armement ni équipement, ou avec un armement et un équipement incomplets, à la disposition de l'affréteur et lui transfère la gestion nautique et la gestion commerciale du navire.

2008. Le fréteur présente, au lieu et au moment convenus, le navire en bon état de navigabilité et apte au service auquel il est destiné.

2009. L'affréteur peut utiliser le navire à toutes les fins conformes à sa desti-

his obligations under the contract of affreightment.

The lessor may, to the extent of what is due to him by the charterer, bring action against the subcharterer for payment of the freight due by the latter, but the subletting of the ship establishes no other direct relationship between the lessor and the subcharterer.

2006. Prescription of an action arising out of a contract of affreightment runs, in the case of a bareboat or time charter, from the expiry of the contract or permanent interruption of its performance or, in the case of a voyage charter, from the complete discharge of the property carried or the event which put an end to the voyage.

Prescription of an action arising out of a contract for the subletting of a ship runs likewise.

SECTION II
SPECIAL RULES GOVERNING
DIFFERENT CONTRACTS OF
AFFREIGHTMENT

§ 1.–*Bareboat charter*

2007. A bareboat charter is a contract of affreightment by which a lessor places an unmanned and unequipped or partly manned and partly equipped ship at the disposal of a charterer for a determinate time, and transfers to him the navigation, management, employment and agency of the ship.

2008. The lessor delivers the ship in a seaworthy condition and fit for the service for which it is intended, at the agreed place and time.

2009. The charterer may use the ship for any purpose for which it is intended,

nation normale, mais le fréteur peut, dans le contrat, imposer des restrictions quant à cette utilisation.

but the lessor may stipulate restrictions as to the use of the ship.

2010. L'affréteur a l'usage du matériel et de l'équipement de bord du navire.

2010. The charterer may use the ship's stores and equipment.

Il assure le navire et en supporte tous les frais d'exploitation. Il recrute l'équipage et assume toutes les dépenses liées à l'entretien de celui-ci.

He insures the ship and bears all operating costs. He hires and maintains the crew.

2011. L'affréteur est tenu de garantir le fréteur contre tous les recours des tiers qui sont la conséquence de l'exploitation du navire.

2011. The charterer is bound to warrant the lessor against all remedies of third persons arising out of the operation of the ship.

2012. L'affréteur est tenu de procéder à l'entretien du navire et d'effectuer les réparations et les remplacements nécessaires.

2012. The charterer is bound to maintain the ship and make the necessary repairs and replacements.

Le fréteur est, pour sa part, tenu des réparations et des remplacements occasionnés par les vices propres dont les effets se manifestent dans l'année de la remise du navire à l'affréteur et, si le navire est immobilisé par suite d'un tel vice, ce dernier ne doit aucun fret pendant l'immobilisation, si celle-ci dépasse vingt-quatre heures.

The lessor is bound to make the repairs and replacements required by inherent defects which appear within one year after delivery of the ship to the charterer and if the ship is detained for more than twenty-four hours by reason of such a defect, no freight is payable by the charterer during the detention.

2013. L'affréteur restitue le navire, en fin de contrat, au lieu où il en a pris livraison et dans l'état où il l'a reçu; il n'est pas tenu d'indemniser le fréteur pour l'usure normale du navire, du matériel et de l'équipement de bord.

2013. At the expiry of the contract, the charterer returns the ship at the place where it was delivered and in the state in which it was delivered; he is not bound to indemnify the lessor for fair wear and tear of the ship, stores and equipment.

Il est cependant tenu, alors, de restituer la même quantité et la même qualité de matériel, de provisions et d'équipement de bord que ceux qu'il a reçus lorsqu'il a pris livraison du navire.

He is bound, however, to return stores, provisions and equipment in quantity and of quality identical to those he received when the ship was delivered to him.

§ 2.–*De l'affrètement à temps*

§ 2.–*Time charter*

2014. L'affrètement à temps est le contrat par lequel le fréteur met à la dispo-

2014. A time charter is a contract of affreightment by which a lessor places a

sition de l'affréteur, pour un temps défini, un navire armé et équipé, dont il conserve la gestion nautique, alors qu'il en transfère la gestion commerciale à l'affréteur.

fully-equipped and manned ship at the disposal of a charterer for a fixed time and under which he retains the navigation and management of the ship but transfers its employment and agency to the charterer.

2015. Le fréteur présente, au lieu et au moment convenus, le navire en bon état de navigabilité, armé et équipé convenablement pour accomplir les opérations auxquelles il est destiné.

2015. The lessor delivers the ship in a seaworthy condition and properly manned and equipped for the service for which it is intended, at the agreed place and time.

2016. L'affréteur assume les frais inhérents à l'exploitation commerciale du navire, notamment les droits de quai, de même que les frais de pilotage et de canaux.

2016. The charterer bears the cost of the commercial operation of the ship, in particular wharfage, pilotage and canal dues.

Il acquiert et paie les soutes qui sont à bord du navire au moment où celui-ci lui est remis, ainsi que celles dont il doit le pourvoir et qui sont d'une qualité propre à assurer son bon fonctionnement.

He acquires and pays for the fuel on board when the ship is delivered to him and thereafter provides and pays for fuel of such a grade as to ensure the proper working of the ship.

2017. Le capitaine du navire doit obéir, dans les limites fixées par le contrat, aux instructions que lui donne l'affréteur pour tout ce qui a trait à la gestion commerciale du navire.

2017. The master of the ship shall, within the limits stipulated in the contract, follow the instructions of the charterer with respect to the employment and agency of the ship.

Si ces instructions sont incompatibles avec les droits que détient le fréteur en vertu du contrat, le capitaine peut refuser de s'y conformer. Si, néanmoins, il s'y conforme, il le fait, en ce cas, sans porter préjudice au recours du fréteur contre l'affréteur.

If the instructions are inconsistent with the rights of the lessor under the contract, the master may refuse to follow them. If he follows them, he does so without prejudice to the lessor's remedy against the charterer.

2018. L'affréteur est tenu d'indemniser le fréteur des pertes et des avaries qui sont causées au navire et qui résultent de son exploitation commerciale, exception faite de l'usure normale.

2018. The charterer shall indemnify the lessor for any loss or damage caused to the ship as a result of its commercial operation, fair wear and tear excepted.

2019. Le fret court à compter du jour où le navire est remis à l'affréteur, conformément aux conditions du contrat.

2019. Freight runs from the day the ship is delivered to the charterer, in accordance with the terms of the contract.

Il est dû jusqu'au jour de la restitution du navire au fréteur; il n'est pas dû, cependant, pour les périodes où le fonctionnement du navire est entravé par force majeure ou pour une cause imputable à un tiers ou au fréteur.

2020. L'affréteur restitue le navire au lieu et dans les délais convenus; il en informe le fréteur, au préalable, dans un délai raisonnable. Si aucun lieu n'a été convenu pour la restitution, elle est faite au lieu où le navire a été présenté.

§ 3.–*De l'affrètement au voyage*

2021. L'affrètement au voyage est le contrat par lequel le fréteur met à la disposition de l'affréteur, en tout ou en partie, un navire armé et équipé dont il conserve la gestion nautique et la gestion commerciale, en vue d'accomplir, relativement à une cargaison, un ou plusieurs voyages déterminés.

Le contrat définit la nature et l'importance de la cargaison; il précise également les lieux de chargement et de déchargement, ainsi que le temps prévu pour effectuer ces opérations.

2022. Le fréteur présente, au lieu et au moment convenus, le navire en bon état de navigabilité, armé et équipé convenablement pour accomplir le voyage prévu.

Il s'oblige, en outre, à maintenir le navire en bon état de navigabilité et à faire toutes diligences qui dépendent de lui pour exécuter le voyage.

2023. Le fréteur est responsable de la perte ou de l'avarie des biens reçus à bord, dans les limites prévues par le contrat. Il peut cependant se libérer de

Freight is payable until the day the ship is returned to the lessor; it is not payable, however, for periods during which the working of the ship is prevented by superior force or by a cause imputable to a third person or to the lessor.

2020. The charterer returns the ship at the agreed place and within the agreed time; he gives reasonable prior notice to the lessor. If no place has been agreed for the return of the ship, it is returned at the place at which it was delivered.

§ 3.–*Voyage charter*

2021. A voyage charter is a contract of affreightment by which a lessor places all or part of a fully-equipped and manned ship at the disposal of a charterer for the carriage of cargo on one or more specified voyages and under which he retains the navigation, management, employment and agency of the ship.

The contract specifies the nature and quantity of the cargo as well as the place of loading and discharge and the time allowed for those operations.

2022. The lessor presents the ship in a seaworthy condition and properly manned and equipped for the voyage, at the agreed place and time.

Moreover, he is bound to maintain the ship in a seaworthy condition and to use all diligence within his means to prosecute the voyage.

2023. The lessor is responsible, within the limits stipulated in the contract, for loss or damage of the property received on board. He may, however, relieve him-

cette responsabilité en établissant que les dommages ne résultent pas d'un manquement à ses obligations.

2024. L'affréteur est tenu de mettre à bord la cargaison, suivant la quantité et la qualité convenues; s'il ne le fait pas, il est néanmoins tenu de payer le fret prévu.

Il peut, cependant, résilier le contrat avant de commencer le chargement; il doit alors au fréteur une indemnité correspondant au préjudice subi par ce dernier, mais qui ne peut excéder le montant du fret.

2025. L'affréteur doit charger et décharger la cargaison dans les délais alloués par le contrat ou, à défaut, dans un délai raisonnable ou suivant l'usage du port.

Si le contrat établit distinctement les délais pour le chargement et le déchargement, ces délais ne sont pas réversibles et doivent être décomptés séparément.

2026. Les délais pour charger ou décharger courent à compter du moment où le fréteur informe l'affréteur que le navire est prêt à charger ou à décharger, après son arrivée au port.

2027. En cas de dépassement des délais alloués, pour une cause qui n'est pas imputable au fréteur, l'affréteur doit, à compter de la fin du délai alloué pour charger ou décharger, des surestaries; celles-ci sont considérées comme un supplément du fret et sont dues pour toute la période additionnelle effectivement requise pour les opérations de chargement ou de déchargement.

Les surestaries qui ne sont pas prévues au contrat sont calculées à un taux raisonnable, suivant l'usage du port

self from liability by proving that the damage did not result from failure on his part to perform his obligations.

2024. The charterer is bound to load cargo of the agreed quality in the agreed quantity; if he does not, he is nevertheless bound to pay the stipulated freight.

The charterer may resiliate the contract before loading begins, however; in that case, he shall pay to the lessor an indemnity equal to the loss he suffers, but in no case greater than the amount of the freight.

2025. The charterer shall load and discharge the cargo within the time allowed by the contract or, failing such a stipulation, within a reasonable period or according to the custom of the port.

Where the periods for loading and discharging are fixed separately by the contract, they are not interchangeable and the time used for each operation is computed separately.

2026. The time for loading or discharging runs from the moment the lessor informs the charterer that the ship is ready to load or ready to discharge, after its arrival at port.

2027. Where the time allowed for loading or discharging is exceeded for any reason not imputable to the lessor, the charterer shall pay demurrage from the expiry of the allowed time; demurrage is considered a supplement to freight and is payable for the entire additional time actually required for loading or discharging.

Demurrage not fixed by the contract is calculated at a reasonable rate, according to the custom of the port of load-

où ont lieu les opérations ou, à défaut, suivant les usages maritimes.

2028. Le fret est dû à la fin du voyage. Il n'est toutefois pas dû en toutes circonstances.

Ainsi, lorsque l'achèvement du voyage devient impossible, l'affréteur n'est tenu au fret que si cette impossibilité est due à une cause non imputable au fréteur. Toutefois, le fret dû est alors limité au fret de distance.

2029. Le contrat est résolu de plein droit, sans dommages-intérêts de part et d'autre, si, avant le commencement du voyage, il survient une force majeure qui rend impossible l'exécution du voyage.

Toutefois, il subsiste si la force majeure n'empêche que pour un temps la sortie du navire ou la poursuite du voyage; en ce cas, il n'y a pas lieu à une réduction du fret ou à des dommages-intérêts en raison du retard.

CHAPITRE SIXIÈME
DU TRANSPORT

SECTION I
DES RÈGLES APPLICABLES À TOUS LES MODES DE TRANSPORT

§ 1.–*Dispositions générales*

2030. Le contrat de transport est celui par lequel une personne, le transporteur, s'oblige principalement à effectuer le déplacement d'une personne ou d'un bien, moyennant un prix qu'une autre personne, le passager, l'expéditeur ou le destinataire du bien, s'engage à lui payer, au temps convenu.

2031. Le transport successif est celui qui est effectué par plusieurs transporteurs qui se succèdent en utilisant le même mode de transport; le transport

ing or discharge or, failing that, according to general custom.

2028. Freight is payable on completion of the voyage. However, it is not due in all circumstances.

Where completion of the voyage is prevented, the charterer is bound to pay freight only if it was prevented by a cause not imputable to the lessor. In that case, freight is due only proportionately to the distance travelled.

2029. The contract is resolved by operation of law, with no claim for damages on either part, if superior force prevents the voyage before its commencement.

The contract stands, however, if superior force prevents the sailing of the ship or the prosecution of the voyage for a time only; in that case, no reduction of freight or damages may be claimed by reason of the delay.

CHAPTER VI
CARRIAGE

SECTION I
RULES APPLICABLE TO ALL MEANS OF TRANSPORTATION

§ 1.–*General provisions*

2030. A contract of carriage is a contract by which one person, the carrier, undertakes principally to carry a person or property from one place to another, in return for a price which another person, the passenger or the shipper or receiver of the property, undertakes to pay at the agreed time.

2031. Successive carriage is effected by several carriers in succession, using the same means of transportation; combined carriage is effected by several car-

combiné est celui où les transporteurs se succèdent en utilisant des modes différents de transport.

2032. Sauf s'il est effectué par un transporteur qui offre ses services au public dans le cours des activités de son entreprise, le transport à titre gratuit d'une personne ou d'un bien n'est pas régi par les règles du présent chapitre et celui qui offre le transport n'est tenu, en ces cas, que d'une obligation de prudence et de diligence.

2033. Le transporteur qui offre ses services au public doit transporter toute personne qui le demande et tout bien qu'on lui demande de transporter, à moins qu'il n'ait un motif sérieux de refus; mais le passager, l'expéditeur ou le destinataire est tenu de suivre les instructions données par le transporteur, conformément à la loi.

2034. Le transporteur ne peut exclure ou limiter sa responsabilité que dans la mesure et aux conditions prévues par la loi.

Il est tenu de réparer le préjudice résultant du retard, à moins qu'il ne prouve la force majeure.

2035. Lorsque le transporteur se substitue un autre transporteur pour exécuter, en tout ou en partie, son obligation, la personne qu'il se substitue est réputée être partie au contrat de transport.

Le paiement effectué par l'expéditeur à l'un des transporteurs est libératoire.

§ 2.–*Du transport de personnes*

2036. Le transport de personnes couvre, outre les opérations de transport, celles d'embarquement et de débarquement.

riers in succession, using different means of transportation.

2032. Except where it is effected by a carrier offering his services to the public in the course of the activities of his enterprise, gratuitous carriage of a person or property is not governed by the rules contained in this chapter and the carrier is bound only by an obligation of prudence and diligence.

2033. A carrier who provides services to the general public shall carry any person requesting it and any property he is requested to carry, unless he has serious cause for refusal; the passenger, shipper or receiver is bound to follow the instructions given, according to law, by the carrier.

2034. A carrier may not exclude or limit his liability except to the extent and subject to the conditions established by law.

He is liable for any damage resulting from delay, unless he proves superior force.

2035. Where the carrier entrusts another carrier with the performance of all or part of his obligation, the substitute carrier is deemed to be a party to the contract.

The shipper is discharged by payment to one of the carriers.

§ 2.–*Carriage of persons*

2036. Carriage of persons includes, in addition to carriage itself, embarking and disembarking operations.

2037. Le transporteur est tenu de mener le passager, sain et sauf, à destination.

Il est tenu de réparer le préjudice subi par le passager, à moins qu'il n'établisse que ce préjudice résulte d'une force majeure, de l'état de santé du passager ou de la faute de celui-ci. Il est aussi tenu à réparation lorsque le préjudice résulte de son état de santé ou de celui d'un de ses préposés, ou encore de l'état ou du fonctionnement du véhicule.

2038. Le transporteur est responsable de la perte des bagages et des autres effets qui lui ont été confiés par le passager, à moins qu'il ne prouve la force majeure, le vice propre du bien ou la faute du passager.

Cependant, il n'est pas responsable de la perte de documents, d'espèces ou d'autres biens de grande valeur, à moins que la nature ou la valeur du bien ne lui ait été déclarée et qu'il n'ait accepté de le transporter; il n'est pas, non plus, responsable de la perte des bagages à main et des autres effets qui ont été laissés sous la surveillance du passager, à moins que ce dernier ne prouve la faute du transporteur.

2039. En cas de transport successif ou combiné de personnes, celui qui effectue le transport au cours duquel le préjudice est survenu en est responsable, à moins que, par stipulation expresse, l'un des transporteurs n'ait assumé la responsabilité pour tout le voyage.

§ 3.–*Du transport de biens*

2040. Le transport de biens couvre la période qui s'étend de la prise en charge du bien par le transporteur, en vue de son déplacement, jusqu'à sa délivrance.

2037. The carrier is bound to take his passengers safe and sound to their destination.

The carrier is liable for injury suffered by a passenger unless he proves it was caused by superior force or by the state of health or fault of the passenger. He is also liable where the injury is caused by his state of health or that of one of his servants or by the condition or working of the vehicle.

2038. The carrier is liable for any loss of the luggage or other effects placed in his care by a passenger, unless he proves superior force, an inherent defect in the property or the fault of the passenger.

However, the carrier is not liable for any loss of documents, money or other property of great value, unless he agreed to carry the property after its nature or value was declared to him; moreover, the carrier is not liable for any loss of hand luggage or other effects which remain in the care of the passenger, unless the passenger proves the fault of the carrier.

2039. In the case of successive or combined carriage of persons, the carrier who effects the carriage during which the injury occurs is liable therefor, unless one of the carriers has, by express stipulation, assumed liability for the entire journey.

§ 3.–*Carriage of property*

2040. Carriage of property extends from the time the carrier receives the property into his charge for carriage until its delivery.

2041. Le connaissement est l'écrit qui constate le contrat de transport de biens.

Il mentionne, entre autres, les noms de l'expéditeur, du destinataire, du transporteur et, s'il y a lieu, de celui qui doit payer le fret et les frais de transport. Il mentionne également les lieu et date de la prise en charge du bien, les points de départ et de destination, le fret, ainsi que la nature, la quantité, le volume ou le poids et l'état apparent du bien et, s'il y a lieu, son caractère dangereux.

2042. Le connaissement est établi en plusieurs exemplaires; le transporteur qui l'émet en conserve un, il en remet un à l'expéditeur et un autre accompagne le bien jusqu'à sa destination.

Il fait foi, jusqu'à preuve du contraire, de la prise en charge, de la nature et de la quantité, ainsi que de l'état apparent du bien.

2043. Le connaissement n'est pas négociable, à moins que la loi ou le contrat ne prévoie le contraire.

Lorsqu'il est négociable, la négociation a lieu soit par endossement et délivrance, soit par la seule délivrance, s'il est au porteur.

2044. Le transporteur est tenu de délivrer le bien transporté au destinataire ou au détenteur du connaissement.

Le détenteur d'un connaissement est tenu de le remettre au transporteur lorsqu'il exige la délivrance du bien transporté.

2045. Sous réserve des droits de l'expéditeur, le destinataire, par son accep-

2041. A bill of lading is a writing which evidences a contract for the carriage of property.

A bill of lading states the names of the shipper, receiver and carrier and, where applicable, of the person who is to pay the freight and carriage charges. It also states the place and date of receipt of the property by the carrier into his charge, the points of origin and destination, the freight as well as the nature, quantity, volume or weight, and apparent condition of the property and any dangerous properties it may have.

2042. The bill of lading is issued in several copies; the issuing carrier keeps a copy and gives one to the shipper; another copy accompanies the property to its destination.

In the absence of any evidence to the contrary, the bill of lading is proof of the receipt of the property by the carrier into his charge and of its nature, quantity and apparent condition.

2043. A bill of lading is not negotiable, unless otherwise provided by law or by the contract.

Negotiation of a negotiable bill of lading is effected by endorsement and delivery, or by mere delivery if the bill is made to bearer.

2044. The carrier is bound to deliver the property to the receiver or to the holder of the bill of lading.

The holder of a bill of lading shall hand it over to the carrier when he demands delivery of the property.

2045. Subject to the rights of the shipper, the receiver upon accepting the

tation du bien ou du contrat, acquiert les droits et assume les obligations résultant du contrat.

2046. Le transporteur est tenu d'informer le destinataire de l'arrivée du bien et du délai imparti pour son enlèvement, à moins que la délivrance du bien ne s'effectue à la résidence ou à l'établissement du destinataire.

2047. Lorsque le destinataire est introuvable ou qu'il refuse ou néglige de prendre délivrance du bien, ou que, pour toute autre raison, le transporteur ne peut, sans qu'il y ait faute de sa part, effectuer la délivrance, ce dernier doit, sans délai, en aviser l'expéditeur et lui demander des instructions sur la façon de disposer du bien; il n'y est pas tenu, cependant, s'il y a urgence et si le bien est périssable, auquel cas il peut en disposer sans avis.

Faute d'avoir reçu, lorsqu'il y a lieu, des instructions dans les quinze jours de l'avis, le transporteur peut retourner les biens à l'expéditeur, aux frais de celui-ci ou en disposer conformément aux règles prescrites au livre Des biens pour le détenteur du bien confié et oublié.

2048. À l'expiration du délai d'enlèvement, ou à compter de l'avis donné à l'expéditeur, les obligations du transporteur deviennent celles d'un dépositaire à titre gratuit; néanmoins, il a droit, pour la conservation ou l'entreposage du bien, à une rémunération raisonnable, qui est à la charge du destinataire ou, à défaut, de l'expéditeur.

2049. Le transporteur est tenu de transporter le bien à destination.

Il est tenu de réparer le préjudice résultant du transport, à moins qu'il ne

property or the contract acquires the rights and assumes the obligations arising out of the contract.

2046. The carrier is bound to notify the receiver of the arrival of the property and of the time allowed to remove it, unless it is delivered to the receiver's residence or premises.

2047. Where the receiver cannot be found or refuses or neglects to take delivery of the property or where, for any other reason, the carrier cannot deliver the property through no fault of his own, the carrier shall notify the shipper without delay and request instructions as to disposal of the property; in an emergency, however, the carrier may dispose of perishable property without notice.

If the carrier receives no instructions within fifteen days of notification, he may return the property to the shipper at the shipper's expense or dispose of it in accordance with the rules contained in Book Four on Property concerning the holder of property entrusted and forgotten.

2048. From the expiry of the time allowed for removal or from notification of the shipper, the obligations of the carrier are those of a gratuitous depositary; he is entitled, however, to reasonable remuneration for the preservation and storage of the property, payable by the receiver or, failing him, by the shipper.

2049. The carrier is bound to carry the property to its destination.

He is liable for any injury resulting from the carriage, unless he proves that

prouve que la perte résulte d'une force majeure, du vice propre du bien ou d'une freinte normale.

2050. Le délai de prescription de l'action en dommages-intérêts contre un transporteur court à compter de la délivrance du bien ou de la date à laquelle il aurait dû être délivré.

L'action n'est pas recevable à moins qu'un avis écrit de réclamation n'ait été préalablement donné au transporteur, dans les soixante jours à compter de la délivrance du bien, que la perte survenue au bien soit apparente ou non, ou, s'il n'est pas délivré, dans les neuf mois à compter de la date de son expédition. Aucun avis n'est nécessaire si l'action est intentée dans ce délai.

2051. En cas de transport successif ou combiné de biens, l'action en responsabilité peut être exercée contre le transporteur avec qui le contrat a été conclu ou le dernier transporteur.

2052. La responsabilité du transporteur, en cas de perte, ne peut excéder la valeur du bien déclarée par l'expéditeur.

À défaut de déclaration, la valeur du bien est établie suivant sa valeur au lieu et au moment de l'expédition.

2053. Le transporteur n'est pas tenu de transporter des documents, des espèces ou des biens de grande valeur.

S'il accepte de transporter ce type de bien, il n'est responsable de la perte que dans le cas où la nature ou la valeur du bien lui a été déclarée; la déclaration mensongère qui trompe sur la nature ou qui augmente la valeur du bien l'exonère de toute responsabilité.

the loss was caused by superior force, an inherent defect in the property or natural shrinkage.

2050. Prescription of any action in damages against a carrier runs from the delivery of the property or from the date on which it should have been delivered.

The action is not admissible unless a notice of the claim is priorly given to the carrier in writing within sixty days after the delivery of the property, whether or not the loss is apparent, or if the property is not delivered, within nine months after the date on which it was sent. No notice is required if the action is brought within that time.

2051. In the case of successive or combined carriage of property, an action in liability may be brought against the carrier with whom the contract was made or the last carrier.

2052. The liability of the carrier, in the case of loss, may not exceed the value of the property declared by the shipper.

If no value has been declared, it is established on the basis of the value of the property at the place and time of shipment.

2053. No carrier is bound to carry documents, money or property of great value.

If a carrier agrees to carry that type of property, he is not liable for loss unless its nature or value has been declared to him; any declaration which is deliberately misleading as to the nature of the property or deliberately inflates its value exempts the carrier from all liability.

2054. L'expéditeur qui remet au transporteur un bien dangereux, sans en avoir fait connaître au préalable la nature exacte, doit indemniser le transporteur du préjudice que celui-ci subit en raison de ce transport.

De plus, il doit, le cas échéant, acquitter les frais d'entreposage de ce bien et en assumer les risques.

2055. L'expéditeur est tenu de réparer le préjudice subi par le transporteur lorsque ce préjudice résulte du vice propre du bien ou de l'omission, de l'insuffisance ou de l'inexactitude de ses déclarations relativement au bien transporté.

Toutefois, le transporteur demeure responsable envers les tiers qui subissent un préjudice en raison de l'un de ces faits, sous réserve de son recours contre l'expéditeur.

2056. Le fret et les frais de transport sont payables avant la délivrance, à moins de stipulation contraire sur le connaissement.

Dans l'un ou l'autre cas, si le bien n'est pas de la même nature que celui décrit dans le contrat ou si sa valeur est supérieure au montant déclaré, le transporteur peut réclamer le prix qu'il aurait pu exiger pour ce transport.

2057. Lorsque le prix du bien transporté est payable lors de la délivrance, le transporteur ne doit le délivrer qu'après avoir reçu le paiement.

À moins que l'expéditeur ne donne des instructions contraires sur le connaissement, les frais sont à sa charge.

2058. Le transporteur a le droit de retenir le bien transporté jusqu'au paie-

2054. A shipper who places dangerous property into the charge of a carrier without prior disclosure of its exact nature shall indemnify the carrier for any loss he suffers by reason of carriage of the property.

Moreover, the shipper shall pay any storage charges and assume all risks.

2055. The shipper is bound to compensate any loss suffered by the carrier as a result of an inherent defect in the property or any omission, deficiency or inaccuracy in the shipper's declarations as to the property carried.

However, the carrier remains liable towards third persons who suffer loss as a result of any of these acts or omissions, subject to his remedy against the shipper.

2056. The freight and carriage charges are payable before delivery, unless otherwise stipulated in the bill of lading.

In either case, if the property is not as described in the contract or if its value is greater than the declared amount, the carrier may claim the amount he could have charged for its carriage.

2057. Where the price of the property carried is payable on delivery, the carrier shall not deliver the property until he receives payment.

The shipper pays the charges unless he has instructed otherwise on the bill of lading.

2058. The carrier may retain the property carried until the freight, the carriage

ment du fret, des frais de transport et, le cas échéant, des frais raisonnables d'entreposage.

Si, selon les instructions de l'expéditeur, ces sommes sont dues par le destinataire, le transporteur qui n'en n'exige pas l'exécution perd son droit de les réclamer de l'expéditeur.

SECTION II
DES RÈGLES PARTICULIÈRES AU TRANSPORT MARITIME DE BIENS

§ 1.–Dispositions générales

2059. À moins que les parties n'en conviennent autrement, la présente section s'applique au transport de biens par voie d'eau, lorsque les ports de départ et de destination sont situés au Québec.

2060. Le transport de biens couvre la période qui s'étend de la prise en charge des biens par le transporteur jusqu'à leur délivrance.

§ 2.–Des obligations des parties

2061. L'expéditeur ou chargeur doit le fret.

Le destinataire en est également débiteur lorsque le fret est payable à destination et qu'il accepte la délivrance du bien.

2062. Le chargeur doit présenter le bien, au lieu et au moment fixés par la convention des parties ou l'usage du port de chargement. À défaut, il doit payer au transporteur une indemnité correspondant au préjudice subi par celui-ci, sans toutefois excéder le montant du fret convenu.

2063. Le transporteur est tenu, au début du transport et même avant, de

charges and any reasonable storage charges are paid.

If, according to the shipper's instructions, those amounts are payable by the receiver and the carrier does not demand payment according to instructions, he loses his right to claim payment from the shipper.

SECTION II
SPECIAL RULES GOVERNING CARRIAGE OF PROPERTY BY WATER

§ 1.–General provisions

2059. Unless otherwise agreed by the parties, this section applies to carriage of property by water where the ports of sailing and of destination are situated in Québec.

2060. Carriage of property extends from the time the carrier receives the property into his charge until its delivery.

§ 2.–Obligations of parties

2061. Freight is payable by the shipper.

Freight is also payable by the receiver where he takes delivery of property in respect of which freight is payable on arrival.

2062. The shipper shall present the property at the time and place fixed by agreement between the parties or according to the custom of the port of loading, failing which he shall pay to the carrier an indemnity equal to the loss he suffers, but in no case greater than the amount of the freight.

2063. At the beginning of the voyage and even before, the carrier is bound to

faire diligence pour mettre le navire en état de navigabilité, pour convenablement l'armer, l'équiper et l'approvisionner, et pour approprier et mettre en bon état toute partie de navire où les biens doivent être chargés et conservés pendant le transport.

2064. Le transporteur est tenu de procéder, de façon appropriée, au chargement, à la manutention, à l'arrimage, au transport, à la garde et au déchargement des biens transportés.

Sauf dans le petit cabotage, il commet une faute si, en l'absence de consentement du chargeur ou de règlements ou d'usages qui le permettent, il arrime le bien sur le pont du navire. Ce consentement est présumé en cas de chargement en conteneur, lorsque le navire est approprié pour ce type de transport.

2065. Le transporteur doit, sur demande du chargeur, lui délivrer un connaissement qu'il établit d'après les déclarations du chargeur.

Outre les mentions propres au connaissement, celui-ci porte les inscriptions qui permettent d'identifier clairement les biens à transporter, en indiquant les marques principales et les renseignements pertinents.

Le transporteur peut refuser d'inscrire des indications sur le connaissement lorsqu'il a des motifs sérieux de douter de leur exactitude ou qu'il n'a pas eu les moyens de les vérifier.

2066. Le chargeur est garant au moment du chargement de l'exactitude des déclarations qu'il a faites et il est responsable du préjudice qu'il cause au transporteur en raison de leur inexactitude.

exercise diligence to make the ship seaworthy, properly man, equip and supply it, and make fit and safe all parts of the ship where property is to be loaded and kept during the voyage.

2064. The carrier is bound to proceed in an appropriate manner with the loading, handling, stowing, carrying, keeping and discharging of the property carried.

Except in the coasting trade, a fault is committed by the carrier if, without the consent of the shipper and in the absence of rules or custom so permitting, he stows the property on deck. Consent is presumed where containers are loaded on a ship fitted for the carriage of containers.

2065. The carrier shall issue to the shipper, at his request, a bill of lading based on the declarations of the shipper.

In addition to the usual particulars, such a bill of lading contains entries allowing the property to be carried to be clearly identified, including the leading marks appearing on it, and any relevant information.

The carrier may refuse to include in the bill of lading any particular whose accuracy he has reasonable ground to suspect or which he has had no means of verifying.

2066. The shipper is warrantor for the accuracy of his declarations at the time of shipment and is liable for any injury the carrier may suffer as a result of inaccuracies in his declarations.

Le transporteur ne peut se prévaloir de ce droit qu'à l'égard du chargeur.

The carrier may exercise his rights under this article against no person other than the shipper.

2067. Lorsque le chargeur fait, sciemment, une déclaration inexacte de la nature ou de la valeur du bien, le transporteur n'encourt aucune responsabilité pour la perte qui survient.

2067. Where the nature or value of the property is knowingly misstated by the shipper, the carrier is not liable for any loss.

2068. L'enlèvement du bien fait présumer que celui-ci a été reçu par le destinataire dans l'état indiqué au connaissement ou, en l'absence d'indication, dans l'état où il était lors du chargement, à moins que, par écrit, le destinataire ne dénonce la perte du bien au transporteur, ou à son représentant au port du déchargement, au plus tard au moment de l'enlèvement du bien ou, si la perte n'est pas apparente, dans les trois jours de l'enlèvement.

2068. Removal of the property creates a presumption of delivery of the property to the receiver in the condition indicated in the bill of lading or, failing such an indication, in its condition at the time of shipment, unless the receiver gives notice in writing to the carrier or his representative at the port of discharge, of any loss of the property, not later than upon removal or, if the loss is not apparent, not later than three days after removal.

Le transporteur et le destinataire peuvent, lors de l'enlèvement, requérir une constatation de l'état du bien.

The carrier and the receiver may, at the time of removal, require a statement as to the condition of the property.

2069. En cas de perte du bien, certaine ou présumée, le transporteur et le destinataire sont tenus de se donner réciproquement les moyens d'inspecter le bien et de vérifier le nombre de colis.

2069. In the case of any actual or apprehended loss of the property, the carrier and the receiver are bound to give each other facilities for inspecting and tallying the items of property.

2070. Est nulle toute stipulation d'un contrat qui exonère le transporteur ou le propriétaire du navire de l'obligation de réparer le préjudice résultant des pertes survenues aux biens transportés, à moins qu'il ne s'agisse du transport d'animaux vivants ou de marchandises en pontée, mais non, en ce cas, du transport de conteneurs chargés à bord, si le navire est muni d'installations appropriées pour ce type de transport.

2070. Any stipulation in a contract whereby the carrier or the lessor is relieved from the obligation to make reparation for injury resulting from the loss sustained by the property carried, except in the case of carriage of live animals or property stowed on deck other than containers loaded on a ship fitted for the carriage of containers, is null.

Une clause cédant le bénéfice de l'assurance au transporteur ou toute

Any clause assigning the benefit of insurance to the carrier or any similar

clause semblable est considérée comme une stipulation exonérant le transporteur.

2071. Le transporteur est responsable de la perte survenue aux biens transportés, depuis la prise en charge jusqu'à la délivrance.

Il l'est, notamment, si la perte résulte de l'état d'innavigabilité du navire, à moins qu'il n'établisse avoir fait diligence pour mettre le navire en état.

2072. Le transporteur n'est pas responsable de la perte du bien résultant:

1° Des fautes nautiques du capitaine, du pilote ou des préposés du transporteur;

2° D'un incendie, à moins qu'il ne soit causé par son fait ou sa faute;

3° D'une force majeure;

4° D'une faute du propriétaire du bien ou du chargeur, notamment dans l'emballage, le conditionnement ou le marquage du bien;

5° Du vice propre du bien ou de la freinte;

6° D'un acte ou d'une tentative de sauvetage de vies ou de biens au cours du transport ou d'un déroutement à cette fin.

2073. Le chargeur n'est pas responsable du préjudice subi par le transporteur ni du dommage causé au navire sans qu'il y ait eu faute de sa part ou de ses préposés.

2074. Le transporteur est tenu de la perte du bien transporté jusqu'à concurrence de la somme fixée par règlement du gouvernement, mais il peut convenir

clause is considered to be a stipulation relieving the carrier from liability.

2071. The carrier is liable for any loss sustained by the property from the time he receives it into his charge until delivery.

He is liable, in particular, for any loss resulting from unseaworthiness unless he proves that he exercised diligence to make the ship seaworthy.

2072. The carrier is not liable for any loss of the property resulting from

(1) fault in the navigation and management of the ship by the master, pilot or other servants of the carrier;

(2) fire, unless caused by an act or the fault of the carrier;

(3) superior force;

(4) fault of the owner of the property or shipper, particularly in packing, packaging or marking the property;

(5) an inherent defect in the property or natural shrinkage;

(6) an act or attempt to save life or property in the course of a carriage or a deviation for that purpose.

2073. The shipper is not liable for any injury suffered by the carrier or for any damage caused to the ship, if it is not due to his fault or that of his servants.

2074. The carrier is liable for any loss of the property carried up to the sum fixed by government regulation, unless a higher indemnity has been fixed by

avec le chargeur d'une indemnité différente, dans la mesure où elle est supérieure à celle fixée par règlement.

Il peut être tenu au-delà du montant fixé par règlement lorsqu'il y a eu dol de sa part, ou que la nature et la valeur des biens ont été déclarées par le chargeur avant leur embarquement et que cette déclaration a été jointe au connaissement. Pareille déclaration fait foi à l'égard du transporteur, sauf preuve contraire de sa part.

2075. Il n'est dû aucun fret pour les biens perdus par fortune de mer ou par suite de la négligence du transporteur à mettre le navire en état de navigabilité.

2076. Le transporteur peut débarquer, détruire ou rendre inoffensifs les biens dangereux, à l'embarquement desquels il n'aurait pas consenti s'il avait connu leur nature ou leur caractère.

Le chargeur de ces biens est responsable du préjudice qui résulte de leur embarquement et des dépenses faites par le transporteur pour se départir de ces biens ou les rendre inoffensifs.

2077. Lorsqu'un bien dangereux a été embarqué à la connaissance et avec le consentement du transporteur et qu'il devient un danger pour le navire ou la cargaison, il peut néanmoins être débarqué, détruit ou rendu inoffensif par le transporteur, sans responsabilité de sa part, si ce n'est qu'à titre d'avaries communes, s'il y a lieu.

2078. Le contrat est résolu, sans dommages-intérêts de part et d'autre si, en raison d'une force majeure, le départ du navire qui devait effectuer le transport est empêché ou retardé d'une manière telle que le transport ne puisse plus se

agreement between him and the shipper.

He may be held liable beyond the amount fixed by regulation if he committed fraud or if the nature and value of the property were declared by the shipper before shipment and the declaration was attached to the bill of lading. The shipper's declaration is binding on the carrier, saving his right to make proof to the contrary.

2075. No freight is payable in respect of property lost by reason of perils of the sea or the carrier's neglect to make the ship seaworthy.

2076. The carrier may land, destroy or render innocuous any dangerous property if he would not have consented to its shipment had he been aware of its nature or properties.

The shipper of such property is liable for any injury resulting from its shipment and for any expense incurred by the carrier to dispose of it or render it innocuous.

2077. Where dangerous property shipped with the knowledge and consent of the carrier becomes a danger to the ship or cargo, it may be landed, destroyed or rendered innocuous by the carrier without any liability on his part except by way of general average, if any.

2078. The contract is resolved with no claim for damages on either part if, by reason of superior force, the sailing of the ship which was to effect the carriage is prevented or so delayed that carriage can no longer be effected usefully for the

faire utilement pour le chargeur et sans risque d'engager sa responsabilité à l'égard du transporteur.

2079. Toute action contre le transporteur, le chargeur ou le destinataire, en raison du contrat de transport, se prescrit par un an à compter de la délivrance du bien ou, en cas de perte totale, de la date à laquelle il eût dû être délivré.

§ 3.–De la manutention des biens

2080. L'entrepreneur de manutention est chargé de toutes les opérations de mise à bord et de débarquement des biens, y compris les opérations qui en sont le préalable ou la suite nécessaire.

Il est présumé, dans ses activités, avoir reçu le bien tel qu'il a été déclaré par le déposant.

2081. L'entrepreneur de manutention agit pour le compte de celui qui a requis ses services, et sa responsabilité n'est engagée qu'envers celui-ci qui seul a une action contre lui.

2082. L'entrepreneur de manutention peut, éventuellement, être appelé à effectuer pour le compte du transporteur, du chargeur ou du destinataire la réception et la reconnaissance à terre des biens à embarquer, ainsi que leur garde jusqu'à leur embarquement; il peut, de même, être appelé à effectuer la réception et la reconnaissance à terre des biens débarqués, ainsi que leur garde et leur délivrance.

Ces services supplémentaires sont dus s'ils sont convenus ou sont conformes aux usages du port.

2083. L'entrepreneur de manutention peut être exonéré de sa responsabilité

shipper and without the risk of his incurring liability to the carrier.

2079. Any action against the carrier, shipper or receiver under a contract of carriage is prescribed one year after the delivery of the property or, in the case of total loss, one year after the date it should have been delivered.

§ 3.–Handling of property

2080. The handling contractor is in charge of all loading and discharging operations, including all necessary operations prior and subsequent to loading and discharge.

For the purposes of his activities, the handling contractor is presumed to have received the property as declared by the depositor.

2081. The handling contractor acts on behalf of the person who hired his services and is liable only to that person, who alone has an action against him.

2082. The handling contractor may be called upon to receive, tally and keep property on land until loading, on behalf of the carrier, shipper or receiver; he may likewise be called upon to receive, tally and keep property on land after its discharge as well as to deliver it.

These additional services are due if they have been agreed or if they are consistent with the custom of the port.

2083. The handling contractor may be exonerated from liability for any loss of

pour la perte d'un bien pour les mêmes motifs que le transporteur; néanmoins, le demandeur peut, dans ces cas, faire la preuve que la perte est due à une faute de l'entrepreneur ou de ses préposés.

L'entrepreneur de manutention ne peut en aucun cas être tenu au-delà de la somme fixée par règlement du gouvernement, à moins qu'il n'y ait eu dol de sa part ou qu'une déclaration de la valeur du bien ne lui ait été notifiée.

2084. Est inopposable au chargeur et au destinataire, toute clause ayant pour objet ou pour effet de dégager l'entrepreneur de manutention de sa responsabilité, de renverser la charge de la preuve qui lui incombe, de limiter sa responsabilité à une somme inférieure à celle fixée par règlement, ou de lui céder le bénéfice d'une assurance du bien.

property for the same reasons as the carrier; however, the plaintiff may in those cases establish that the loss is due to the fault of the handling contractor or his servants.

The liability of the handling contractor may not exceed the sum fixed by government regulation, unless he committed fraud or has been notified of a declaration of the value of the property.

2084. No clause for the purpose or to the effect of relieving the handling contractor from liability, shifting the burden of proof to the other party, limiting his liability to a sum lower than that fixed by regulation or assigning the benefit of insurance to him may be set up against the shipper or the receiver.

CHAPITRE SEPTIÈME
DU CONTRAT DE TRAVAIL

CHAPTER VII
CONTRACT OF EMPLOYMENT

2085. Le contrat de travail est celui par lequel une personne, le salarié, s'oblige, pour un temps limité et moyennant rémunération, à effectuer un travail sous la direction ou le contrôle d'une autre personne, l'employeur.

2085. A contract of employment is a contract by which a person, the employee, undertakes for a limited period to do work for remuneration, according to the instructions and under the direction or control of another person, the employer.

2086. Le contrat de travail est à durée déterminée ou indéterminée.

2086. A contract of employment is for a fixed term or an indeterminate term.

2087. L'employeur, outre qu'il est tenu de permettre l'exécution de la prestation de travail convenue et de payer la rémunération fixée, doit prendre les mesures appropriées à la nature du travail, en vue de protéger la santé, la sécurité et la dignité du salarié.

2087. The employer is bound not only to allow the performance of the work agreed upon and to pay the remuneration fixed, but also to take any measures consistent with the nature of the work to protect the health, safety and dignity of the employee.

2088. Le salarié, outre qu'il est tenu d'exécuter son travail avec prudence et

2088. The employee is bound not only to carry on his work with prudence and

diligence, doit agir avec loyauté et ne pas faire usage de l'information à caractère confidentiel qu'il obtient dans l'exécution ou à l'occasion de son travail.

Ces obligations survivent pendant un délai raisonnable après cessation du contrat, et survivent en tout temps lorsque l'information réfère à la réputation et à la vie privée d'autrui.

2089. Les parties peuvent, par écrit et en termes exprès, stipuler que, même après la fin du contrat, le salarié ne pourra faire concurrence à l'employeur ni participer à quelque titre que ce soit à une entreprise qui lui ferait concurrence.

Toutefois, cette stipulation doit être limitée, quant au temps, au lieu et au genre de travail, à ce qui est nécessaire pour protéger les intérêts légitimes de l'employeur.

Il incombe à l'employeur de prouver que cette stipulation est valide.

2090. Le contrat de travail est reconduit tacitement pour une durée indéterminée lorsque, après l'arrivée du terme, le salarié continue d'effectuer son travail durant cinq jours, sans opposition de la part de l'employeur.

2091. Chacune des parties à un contrat à durée indéterminée peut y mettre fin en donnant à l'autre un délai de congé.

Le délai de congé doit être raisonnable et tenir compte, notamment, de la nature de l'emploi, des circonstances particulières dans lesquelles il s'exerce et de la durée de la prestation de travail.

2092. Le salarié ne peut renoncer au droit qu'il a d'obtenir une indemnité en

diligence, but also to act faithfully and honestly and not to use any confidential information he may obtain in carrying on or in the course of his work.

These obligations continue for a reasonable time after cessation of the contract, and permanently where the information concerns the reputation and private life of another person.

2089. The parties may stipulate in writing and in express terms that, even after the termination of the contract, the employee may neither compete with his employer nor participate in any capacity whatsoever in an enterprise which would then compete with him.

Such a stipulation shall be limited, however, as to time, place and type of employment, to whatever is necessary for the protection of the legitimate interests of the employer.

The burden of proof that the stipulation is valid is on the employer.

2090. A contract of employment is tacitly renewed for an indeterminate term where the employee continues to carry on his work for five days after the expiry of the term, without objection from the employer.

2091. Either party to a contract with an indeterminate term may terminate it by giving notice of termination to the other party.

The notice of termination shall be given in reasonable time, taking into account, in particular, the nature of the employment, the special circumstances in which it is carried on and the duration of the period of work.

2092. The employee may not renounce his right to obtain compensation for any

réparation du préjudice qu'il subit, lorsque le délai de congé est insuffisant ou que la résiliation est faite de manière abusive.

injury he suffers where insufficient notice of termination is given or where the manner of resiliation is abusive.

2093. Le décès du salarié met fin au contrat de travail.

Le décès de l'employeur peut aussi, suivant les circonstances, y mettre fin.

2093. A contract of employment terminates upon the death of the employee.

Depending on the circumstances, it may also terminate upon the death of the employer.

2094. Une partie peut, pour un motif sérieux, résilier unilatéralement et sans préavis le contrat de travail.

2094. One of the parties may, for a serious reason, unilaterally resiliate the contract of employment without prior notice.

2095. L'employeur ne peut se prévaloir d'une stipulation de non-concurrence, s'il a résilié le contrat sans motif sérieux ou s'il a lui-même donné au salarié un tel motif de résiliation.

2095. An employer may not avail himself of a stipulation of non-competition if he has resiliated the contract without a serious reason or if he has himself given the employee such a reason for resiliating the contract.

2096. Lorsque le contrat prend fin, l'employeur doit fournir au salarié qui le demande un certificat de travail faisant état uniquement de la nature et de la durée de l'emploi et indiquant l'identité des parties.

2096. Upon termination of the contract, the employer shall furnish to the employee, at his request, a certificate of employment, showing only the nature and duration of the employment and indicating the identities of the parties.

2097. L'aliénation de l'entreprise ou la modification de sa structure juridique par fusion ou autrement, ne met pas fin au contrat de travail.

Ce contrat lie l'ayant cause de l'employeur.

2097. A contract of employment is not terminated by alienation of the enterprise or any change in its legal structure by way of amalgamation or otherwise.

The contract is binding on the representative or successor of the employer.

CHAPITRE HUITIÈME
DU CONTRAT D'ENTREPRISE
OU DE SERVICE

CHAPTER VIII
CONTRACT OF ENTERPRISE
OR FOR SERVICES

SECTION I
DE LA NATURE ET DE L'ÉTENDUE
DU CONTRAT

SECTION I
NATURE AND SCOPE OF THE CONTRACT

2098. Le contrat d'entreprise ou de service est celui par lequel une personne, selon le cas l'entrepreneur ou le

2098. A contract of enterprise or for services is a contract by which a person, the contractor or the provider of services,

prestataire de services, s'engage envers une autre personne, le client, à réaliser un ouvrage matériel ou intellectuel ou à fournir un service moyennant un prix que le client s'oblige à lui payer.

as the case may be, undertakes to carry out physical or intellectual work for another person, the client or to provide a service, for a price which the client binds himself to pay.

2099. L'entrepreneur ou le prestataire de services a le libre choix des moyens d'exécution du contrat et il n'existe entre lui et le client aucun lien de subordination quant à son exécution.

2099. The contractor or the provider of services is free to choose the means of performing the contract and no relationship of subordination exists between the contractor or the provider of services and the client in respect of such performance.

2100. L'entrepreneur et le prestataire de services sont tenus d'agir au mieux des intérêts de leur client, avec prudence et diligence. Ils sont aussi tenus, suivant la nature de l'ouvrage à réaliser ou du service à fournir, d'agir conformément aux usages et règles de leur art, et de s'assurer, le cas échéant, que l'ouvrage réalisé ou le service fourni est conforme au contrat.

2100. The contractor and the provider of services are bound to act in the best interests of their client, with prudence and diligence. Depending on the nature of the work to be carried out or the service to be provided, they are also bound to act in accordance with usual practice and the rules of art, and, where applicable, to ensure that the work done or service provided is in conformity with the contract.

Lorsqu'il sont tenus du résultat, ils ne peuvent se dégager de leur responsabilité qu'en prouvant la force majeure.

Where they are bound to produce results, they may not be relieved from liability except by proving superior force.

SECTION II
DES DROITS ET OBLIGATIONS
DES PARTIES

SECTION II
RIGHTS AND OBLIGATIONS
OF THE PARTIES

§ 1.–*Dispositions générales applicables tant aux services qu'aux ouvrages*

§ 1.–*General provisions applicable to both services and works*

2101. À moins que le contrat n'ait été conclu en considération de ses qualités personnelles ou que cela ne soit incompatible avec la nature même du contrat, l'entrepreneur ou le prestataire de services peut s'adjoindre un tiers pour l'exécuter; il conserve néanmoins la direction et la responsabilité de l'exécution.

2101. Unless a contract has been entered into specifically in view of his personal qualities or unless the very nature of the contract prevents it, the contractor or the provider of services may employ a third person to perform the contract, but its performance remains under his supervision and responsibility.

2102. L'entrepreneur ou le prestataire de services est tenu, avant la conclusion du contrat, de fournir au client, dans la mesure où les circonstances le permettent, toute information utile relativement à la nature de la tâche qu'il s'engage à effectuer ainsi qu'aux biens et au temps nécessaires à cette fin.

2103. L'entrepreneur ou le prestataire de services fournit les biens nécessaires à l'exécution du contrat, à moins que les parties n'aient stipulé qu'il ne fournirait que son travail.

Les biens qu'il fournit doivent être de bonne qualité; il est tenu, quant à ces biens, des mêmes garanties que le vendeur.

Il y a contrat de vente, et non contrat d'entreprise ou de service, lorsque l'ouvrage ou le service n'est qu'un accessoire par rapport à la valeur des biens fournis.

2104. Lorsque les biens sont fournis par le client, l'entrepreneur ou le prestataire de services est tenu d'en user avec soin et de rendre compte de cette utilisation; si les biens sont manifestement impropres à l'utilisation à laquelle ils sont destinés ou s'ils sont affectés d'un vice apparent ou d'un vice caché qu'il devait connaître, l'entrepreneur ou le prestataire de services est tenu d'en informer immédiatement le client, à défaut de quoi il est responsable du préjudice qui peut résulter de l'utilisation des biens.

2105. Si les biens nécessaires à l'exécution du contrat périssent par force majeure, leur perte est à la charge de la partie qui les fournit.

2106. Le prix de l'ouvrage ou du service est déterminé par le contrat, les usages

2102. Before the contract is entered into, the contractor or the provider of services is bound to provide the client, as far as circumstances permit, with any useful information concerning the nature of the task which he undertakes to perform and the property and time required for that task.

2103. The contractor or the provider of services furnishes the property necessary for the performance of the contract, unless the parties have stipulated that only his work is required.

He shall furnish only property of good quality; he is bound by the same warranties in respect of the property as a seller.

A contract is a contract of sale, and not a contract of enterprise or for services, where the work or service is merely accessory to the value of the property supplied.

2104. Where the property is provided by the client, the contractor or the provider of services is bound to use it with care and to account for its use; where the property is evidently unfit for its intended use or where it has an apparent or latent defect of which the contractor or the provider of services should be aware, he is bound to inform the client immediately, failing which he is liable for any injury which may result from the use of the property.

2105. If the property necessary for the performance of the contract perishes by superior force, the party that furnished it bears the loss.

2106. The price of the work or services is fixed by the contract, by usage or by

ou la loi, ou encore d'après la valeur des travaux effectués ou des services rendus.

law or on the basis of the value of the work carried out or the services rendered.

2107. Si, lors de la conclusion du contrat, le prix des travaux ou des services a fait l'objet d'une estimation, l'entrepreneur ou le prestataire de services doit justifier toute augmentation du prix.

Le client n'est tenu de payer cette augmentation que dans la mesure où elle résulte de travaux, de services ou de dépenses qui n'étaient pas prévisibles par l'entrepreneur ou le prestataire de services au moment de la conclusion du contrat.

2107. Where the price of the work or services is estimated at the time the contract is entered into, the contractor or the provider of the services shall give the reasons for any increase of the price.

The client is bound to pay such increase only to the extent that it results from work, services or expenses that the contractor or the provider of services could not foresee at the time the contract was entered into.

2108. Lorsque le prix est établi en fonction de la valeur des travaux exécutés, des services rendus ou des biens fournis, l'entrepreneur ou le prestataire de services est tenu, à la demande du client, de lui rendre compte de l'état d'avancement des travaux, des services déjà rendus et des dépenses déjà faites.

2108. Where the price is fixed according to the value of the work performed, the services rendered or the property furnished, the contractor or the provider of services is bound, at the request of the client, to give him an account of the progress of the work or of the services rendered and expenses incurred so far.

2109. Lorsque le contrat est à forfait, le client doit payer le prix convenu et il ne peut prétendre à une diminution du prix en faisant valoir que l'ouvrage ou le service a exigé moins de travail ou a coûté moins cher qu'il n'avait été prévu.

Pareillement, l'entrepreneur ou le prestataire de services ne peut prétendre à une augmentation du prix pour un motif contraire.

Le prix forfaitaire reste le même, bien que des modifications aient été apportées aux conditions d'exécution initialement prévues, à moins que les parties n'en aient convenu autrement.

2109. Where the price is fixed by the contract, the client shall pay the price agreed, and may not claim a reduction of the price on the ground that the work or service required less effort or cost less than had been foreseen.

Similarly, the contractor or the provider of services may not claim an increase of the price for the opposite reason.

Unless otherwise agreed by the parties, the price fixed by the contract remains unchanged notwithstanding any modification of the original terms and conditions of performance.

§ 2.–*Dispositions particulières aux ouvrages*

I – Dispositions générales

2110. Le client est tenu de recevoir l'ouvrage à la fin des travaux; celle-ci a lieu lorsque l'ouvrage est exécuté et en état de servir conformément à l'usage auquel on le destine.

La réception de l'ouvrage est l'acte par lequel le client déclare l'accepter, avec ou sans réserve.

2111. Le client n'est pas tenu de payer le prix avant la réception de l'ouvrage.

Lors du paiement, il peut retenir sur le prix, jusqu'à ce que les réparations ou les corrections soient faites à l'ouvrage, une somme suffisante pour satisfaire aux réserves faites quant aux vices et malfaçons apparents qui existaient lors de la réception de l'ouvrage.

Le client ne peut exercer ce droit si l'entrepreneur lui fournit une sûreté suffisante garantissant l'exécution de ses obligations.

2112. Si les parties ne s'entendent pas sur la somme à retenir et les travaux à compléter, l'évaluation est faite par un expert que désignent les parties ou, à défaut, le tribunal.

2113. Le client qui accepte sans réserve, conserve, néanmoins, ses recours contre l'entrepreneur aux cas de vices ou malfaçons non apparents.

2114. Si l'ouvrage est exécuté par phases successives, il peut être reçu par parties; le prix afférent à chacune d'elles est payable au moment de la délivrance et de la réception de cette partie et le paiement fait présumer

§ 2.–*Special provisions respecting works*

I – General provisions

2110. The client is bound to accept the work when work is completed; work is completed when the work has been produced and is ready to be used for its intended purpose.

Acceptance of the work is the act by which the client declares that he accepts it, with or without reservation.

2111. The client is not bound to pay the price before the work is accepted.

At the time of payment, the client may deduct from the price, until the repairs or corrections are made to the work, a sufficient amount to meet the reservations which he made as to the apparent defects or poor workmanship that existed when he accepted the work.

The client may not exercise this right if the contractor furnishes him with sufficient security to guarantee the performance of his obligations.

2112. If the parties do not agree on the amount to be deducted and on the work to be completed, an assessment is made by an expert designated by the parties or, failing that, by the court.

2113. A client who accepts without reservation retains his right to pursue his remedies against the contractor in cases of nonapparent defects or nonapparent poor workmanship.

2114. Where the work is performed in successive phases, it may be accepted in parts; the price for each part is payable upon delivery and acceptance of the part; payment creates a presumption that the part has been accepted, unless

qu'elle a été ainsi reçue, à moins que les sommes versées ne doivent être considérées comme de simples acomptes sur le prix.

the sums paid are to be considered as merely partial payments on the price.

2115. L'entrepreneur est tenu de la perte de l'ouvrage qui survient avant sa délivrance, à moins qu'elle ne soit due à la faute du client ou que celui-ci ne soit en demeure de recevoir l'ouvrage.

Toutefois, si les biens sont fournis par le client, l'entrepreneur n'est pas tenu de la perte de l'ouvrage, à moins qu'elle ne soit due à sa faute ou à un autre manquement de sa part. Il ne peut réclamer le prix de son travail que si la perte de l'ouvrage résulte du vice propre des biens fournis ou d'un vice du bien qu'il ne pouvait déceler, ou encore si la perte est due à la faute du client.

2115. The contractor is liable for loss of the work occurring before its delivery, unless it is due to the fault of the client or the client is in default to receive the work.

Where the property is furnished by the client, the contractor is not liable for the loss of the work unless it is due to his fault or some other failure on his part. He may not claim the price of his work except where the loss of the work results from an inherent defect in the property furnished or a defect in the property that he was unable to detect, or where the loss is due to the fault of the client.

2116. La prescription des recours entre les parties ne commence à courir qu'à compter de la fin des travaux, même à l'égard de ceux qui ont fait l'objet de réserves lors de la réception de l'ouvrage.

2116. The prescription of rights to pursue remedies between the parties begins to run only from the time that work is completed, even in respect of work that was subject to reservations at the time of acceptance of the work.

II – Des ouvrages immobiliers

II – Immovable works

2117. À tout moment de la construction ou de la rénovation d'un immeuble, le client peut, mais de manière à ne pas nuire au déroulement des travaux, vérifier leur état d'avancement, la qualité des matériaux utilisés et celle du travail effectué, ainsi que l'état des dépenses faites.

2117. At any time during the construction or renovation of an immovable, the client, provided he does not interfere with the work, may examine the progress of the work, the quality of the materials used and of the work performed, and the statement of expenses incurred so far.

2118. À moins qu'ils ne puissent se dégager de leur responsabilité, l'entrepreneur, l'architecte et l'ingénieur qui ont, selon le cas, dirigé ou surveillé les travaux, et le sous-entrepreneur pour les travaux qu'il a exécutés, sont solidairement tenus de la perte de l'ouvrage qui survient dans les cinq ans qui suivent la fin des travaux, que la perte

2118. Unless they can be relieved from liability, the contractor, the architect and the engineer who, as the case may be, directed or supervised the work, and the subcontractor with respect to work performed by him, are solidarily liable for the loss of the work occurring within five years after the work was completed, whether the loss results from faulty de-

résulte d'un vice de conception, de construction ou de réalisation de l'ouvrage, ou, encore, d'un vice du sol.

2119. L'architecte ou l'ingénieur ne sera dégagé de sa responsabilité qu'en prouvant que les vices de l'ouvrage ou de la partie qu'il a réalisée ne résultent ni d'une erreur ou d'un défaut dans les expertises ou les plans qu'il a pu fournir, ni d'un manquement dans la direction ou dans la surveillance des travaux.

L'entrepreneur n'en sera dégagé qu'en prouvant que ces vices résultent d'une erreur ou d'un défaut dans les expertises ou les plans de l'architecte ou de l'ingénieur choisi par le client. Le sous-entrepreneur n'en sera dégagé qu'en prouvant que ces vices résultent des décisions de l'entrepreneur ou des expertises ou plans de l'architecte ou de l'ingénieur.

Chacun pourra encore se dégager de sa responsabilité en prouvant que ces vices résultent de décisions imposées par le client dans le choix du sol ou des matériaux, ou dans le choix des sous-entrepreneurs, des experts ou des méthodes de construction.

2120. L'entrepreneur, l'architecte et l'ingénieur pour les travaux qu'ils ont dirigés ou surveillés et, le cas échéant, le sous-entrepreneur pour les travaux qu'il a exécutés, sont tenus conjointement pendant un an de garantir l'ouvrage contre les malfaçons existantes au moment de la réception, ou découvertes dans l'année qui suit la réception.

2121. L'architecte et l'ingénieur qui ne dirigent pas ou ne surveillent pas les travaux ne sont responsables que de la perte qui résulte d'un défaut ou d'une erreur dans les plans ou les expertises qu'ils ont fournis.

sign, construction or production of the work, or the unfavourable nature of the ground.

2119. The architect or the engineer may be relieved from liability only by proving that the defects in the work or in the part of it completed do not result from any erroneous or faulty expert opinion or plan he may have submitted or from any failure to direct or supervise the work.

The contractor may be relieved from liability only by proving that the defects result from an erroneous or faulty expert opinion or plan of the architect or engineer selected by the client. The subcontractor may be relieved from liability only by proving that the defects result from decisions made by the contractor or from the expert opinions or plans furnished by the architect or engineer.

They may, in addition, be relieved from liability by proving that the defects result from decisions imposed by the client in selecting the land or materials, or the subcontractors, experts, or construction methods.

2120. The contractor, the architect and the engineer, in respect of work they directed or supervised, and, where applicable, the subcontractor, in respect of work he performed, are solidarily liable to warrant the work for one year against poor workmanship existing at the time of acceptance or discovered within one year after acceptance.

2121. An architect or an engineer who does not direct or supervise work is liable only for the loss occasioned by a defect or error in the plans or in the expert opinions furnished by him.

2122. Pendant la durée des travaux, l'entrepreneur peut, si la convention le prévoit, exiger des acomptes sur le prix du contrat pour la valeur des travaux exécutés et des matériaux nécessaires à la réalisation de l'ouvrage; il est tenu, préalablement, de fournir au client un état des sommes payées aux sous-entrepreneurs, à ceux qui ont fourni ces matériaux et autres personnes qui ont participé à ces travaux, et des sommes qu'il leur doit encore pour terminer les travaux.

2123. Au moment du paiement, le client peut retenir, sur le prix du contrat, une somme suffisante pour acquitter les créances des ouvriers, de même que des autres personnes qui peuvent faire valoir une hypothèque légale sur l'ouvrage immobilier et qui lui ont dénoncé leur contrat avec l'entrepreneur, pour les travaux faits ou les matériaux ou services fournis après cette dénonciation.

Cette retenue est valable tant que l'entrepreneur n'a pas remis au client une quittance de ces créances.

Il ne peut exercer ce droit si l'entrepreneur lui fournit une sûreté suffisante garantissant ces créances.

2124. Pour l'application des dispositions du présent chapitre, le promoteur immobilier qui vend, même après son achèvement, un ouvrage qu'il a construit ou a fait construire est assimilé à l'entrepreneur.

SECTION III
DE LA RÉSILIATION DU CONTRAT

2125. Le client peut, unilatéralement, résilier le contrat, quoique la réalisation

2122. During the performance of the work, the contractor may, if so provided in the agreement, require partial payments on the price of the contract for the value of the work performed and of the materials needed to produce the work; before doing so, he is bound to furnish the client with a statement of the amounts paid to the subcontractors, to the persons having supplied the materials and to any other person having participated in the work, and of the amounts he still owes them for the completion of the work.

2123. At the time of payment, the client may deduct from the price of the contract an amount sufficient to pay the claims of the workman, and those of other persons who may exercise a legal hypothec on the immovable work and who have given him notice of their contract with the contractor in respect of the work performed or the materials or services supplied after such notice was given.

The deduction is valid until such time as the contractor gives the client an acquittance of such claims.

The client may not exercise the right set out in the first paragraph if the contractor furnishes him with sufficient security to guarantee the claims.

2124. For the purposes of this chapter, the promoter of an immovable who sells the work which he has built or caused to be built, even after its completion, is deemed to be a contractor. [1992, ch. 57, s. 716].

SECTION III
RESILIATION OF THE CONTRACT

2125. The client may unilaterally resiliate the contract even though the work or

de l'ouvrage ou la prestation du service ait déjà été entreprise.

provision of service is already in progress.

2126. L'entrepreneur ou le prestataire de services ne peut résilier unilatéralement le contrat que pour un motif sérieux et, même alors, il ne peut le faire à contretemps; autrement, il est tenu de réparer le préjudice causé au client par cette résiliation.

Il est tenu, lorsqu'il résilie le contrat, de faire tout ce qui est immédiatement nécessaire pour prévenir une perte.

2126. The contractor or the provider of services may not resiliate the contract unilaterally except for a serious reason, and never at an inopportune moment; otherwise, he is liable for any injury caused to the client as a result of the resiliation.

Where the contractor or the provider of services resiliates the contract, he is bound to do all that is immediately necessary to prevent any loss.

2127. Le décès du client ne met fin au contrat que si cela rend impossible ou inutile l'exécution du contrat.

2127. The death of the client does not terminate the contract unless its performance thereby becomes impossible or useless.

2128. Le décès ou l'inaptitude de l'entrepreneur ou du prestataire de services ne met pas fin au contrat, à moins qu'il n'ait été conclu en considération de ses qualités personnelles ou qu'il ne puisse être continué de manière adéquate par celui qui lui succède dans ses activités, auquel cas le client peut résilier le contrat.

2128. The contract is not terminated by the death or incapacity of the contractor or the provider of services unless it has been entered into specifically in view of his personal qualifications or cannot be adequately continued by his successor in his professional activities, in which case the client may resiliate it.

2129. Le client est tenu, lors de la résiliation du contrat, de payer à l'entrepreneur ou au prestataire de services, en proportion du prix convenu, les frais et dépenses actuelles, la valeur des travaux exécutés avant la fin du contrat ou avant la notification de la résiliation, ainsi que, le cas échéant, la valeur des biens fournis, lorsque ceux-ci peuvent lui être remis et qu'il peut les utiliser.

L'entrepreneur ou le prestataire de services est tenu, pour sa part, de restituer les avances qu'il a reçues en excédent de ce qu'il a gagné.

Dans l'un et l'autre cas, chacune des parties est aussi tenue de tout autre préjudice que l'autre partie a pu subir.

2129. Upon resiliation of the contract, the client is bound to pay to the contractor or the provider of services, in proportion to the agreed price, the actual costs and expenses, the value of the work performed before the end of the contract or before the notice of resiliation and, as the case may be, the value of the property furnished, where it can be returned to him and used by him.

For his part, the contractor or the provider of services is bound to repay any advances he has received in excess of what he has earned.

In either case, each party is liable for any other injury that the other party may have suffered.

CHAPITRE NEUVIÈME
DU MANDAT

CHAPTER IX
MANDATE

SECTION I
DE LA NATURE ET DE L'ÉTENDUE
DU MANDAT

SECTION I
NATURE AND SCOPE OF MANDATE

2130. Le mandat est le contrat par lequel une personne, le mandant, donne le pouvoir de la représenter dans l'accomplissement d'un acte juridique avec un tiers, à une autre personne, le mandataire qui, par le fait de son acceptation, s'oblige à l'exercer.

Ce pouvoir et, le cas échéant, l'écrit qui le constate, s'appellent aussi procuration.

2130. Mandate is a contract by which a person, the mandator, empowers another person, the mandatary, to represent him in the performance of a juridical act with a third person, and the mandatary, by his acceptance, binds himself to exercise the power.

The power and, where applicable, the writing evidencing it are called the power of attorney.

2131. Le mandat peut aussi avoir pour objet les actes destinés à assurer, en prévision de l'inaptitude du mandant à prendre soin de lui-même ou à administrer ses biens, la protection de sa personne, l'administration, en tout ou en partie, de son patrimoine et, en général, son bien-être moral et matériel.

2131. The object of the mandate may also be the performance of acts intended to ensure the personal protection of the mandator, the administration, in whole or in part, of his patrimony as well as his moral and physical well-being, should he become incapable of taking care of himself or administering his property.

2132. L'acceptation du mandat est expresse ou tacite; elle est tacite lorsqu'elle s'induit des actes et même du silence du mandataire.

2132. Acceptance of a mandate may be express or tacit. Tacit acceptance may be inferred from the acts and even from the silence of the mandatary.

2133. Le mandat est à titre gratuit ou à titre onéreux. Le mandat conclu entre deux personnes physiques est présumé à titre gratuit, mais le mandat professionnel est présumé à titre onéreux.

2133. Mandate is either by gratuitous title or by onerous title. A mandate entered into between two natural persons is presumed to be by gratuitous title but a professional mandate is presumed to be given by onerous title.

2134. La rémunération, s'il y a lieu, est déterminée par le contrat, les usages ou la loi, ou encore d'après la valeur des services rendus.

2134. Remuneration, if any, is determined by the contract, usage or law or on the basis of the value of the services rendered.

2135. Le mandat peut être soit spécial pour une affaire particulière, soit général pour toutes les affaires du mandant.

2135. A mandate may be special, namely for a particular business, or general, namely for all the business of the mandator.

Le mandat conçu en termes généraux ne confère que le pouvoir de passer des actes de simple administration. Il doit être exprès lorsqu'il confère le pouvoir de passer des actes autres que ceux-là, à moins que, s'agissant d'un mandat donné en prévision d'une inaptitude, il ne confie la pleine administration.

A mandate expressed in general terms confers the power to perform acts of simple administration only. The power to perform other acts is conferred only by express mandate, except where, in the case of a mandate given in anticipation of the mandator's incapacity, that mandate confers full administration.

2136. Les pouvoirs du mandataire s'étendent non seulement à ce qui est exprimé dans le mandat, mais encore à tout ce qui peut s'en déduire. Le mandataire peut faire tous les actes qui découlent de ces pouvoirs et qui sont nécessaires à l'exécution du mandat.

2136. The powers of a mandatary extend not only to what is expressed in the mandate, but also to anything that may be inferred therefrom. The mandatary may carry out all acts which are incidental to such powers and which are necessary for the performance of the mandate.

2137. Les pouvoirs que l'on donne à des personnes de faire un acte qui n'est pas étranger à la profession ou aux fonctions qu'elles exercent, mais se déduisent de leur nature, n'ont pas besoin d'être mentionnés expressément.

2137. Powers granted to persons to perform an act which is an ordinary part of their profession or calling or which may be inferred from the nature of such profession or calling, need not be mentioned expressly.

SECTION II
DES OBLIGATIONS DES PARTIES
ENTRE ELLES

§ 1.–*Des obligations du mandataire
envers le mandant*

SECTION II
OBLIGATIONS BETWEEN PARTIES

§ 1.–*Obligations of the mandatary
towards the mandator*

2138. Le mandataire est tenu d'accomplir le mandat qu'il a accepté et il doit, dans l'exécution de son mandat, agir avec prudence et diligence.

2138. A mandatary is bound to fulfill the mandate he has accepted, and he shall act with prudence and diligence in performing it.

Il doit également agir avec honnêteté et loyauté dans le meilleur intérêt du mandant et éviter de se placer dans une situation de conflit entre son intérêt personnel et celui de son mandant.

He shall also act honestly and faithfully in the best interests of the mandator, and avoid placing himself in a position that puts his own interest in conflict with that of his mandator.

2139. Au cours du mandat, le mandataire est tenu, à la demande du mandant ou lorsque les circonstances le justifient, de l'informer de l'état d'exécution du mandat.

2139. During the mandate, the mandatary is bound to inform the mandator, at his request or where circumstances warrant it, of the stage reached in the performance of the mandate.

Il doit, sans délai, faire savoir au mandant qu'il a accompli son mandat.

The mandatary shall inform the mandator without delay that he has fulfilled his mandate.

2140. Le mandataire est tenu d'accomplir personnellement le mandat, à moins que le mandant ne l'ait autorisé à se substituer une autre personne pour exécuter tout ou partie du mandat.

2140. The mandatary is bound to fulfill the mandate in person unless he is authorized by the mandator to appoint another person to perform all or part of it in his place.

Il doit cependant, si l'intérêt du mandant l'exige, se substituer un tiers, lorsque des circonstances imprévues l'empêchent d'accomplir le mandat et qu'il ne peut en aviser le mandant en temps utile.

If the interests of the mandator so require, however, the mandatary shall appoint a third person to replace him where unforeseen circumstances prevent him from fulfilling the mandate and he is unable to inform the mandator thereof in due time.

2141. Le mandataire répond, comme s'il les avait personnellement accomplis, des actes de la personne qu'il s'est substituée, lorsqu'il n'était pas autorisé à le faire; s'il était autorisé à se substituer quelqu'un, il ne répond que du soin avec lequel il a choisi son substitut et lui a donné ses instructions.

2141. The mandatary is accountable for the acts of the person he has appointed without authorization as his substitute as if he had performed them in person; where he was authorized to make such an appointment, he is accountable only for the care with which he selected his substitute and gave him instructions.

Dans tous les cas, le mandant a une action directe contre la personne que le mandataire s'est substituée.

In any case, the mandator has a direct action against the person appointed by the mandatary as his substitute.

2142. Le mandataire peut, dans l'exécution du mandat, se faire assister par une autre personne et lui déléguer des pouvoirs à cette fin, à moins que le mandant ou l'usage ne l'interdise.

2142. In the performance of the mandate, the mandatary, unless prohibited by the mandator or usage, may require the assistance of another person and delegate powers to him for that purpose.

Il demeure tenu, à l'égard du mandant, des actes accomplis par la personne qui l'a assisté.

The mandatary remains liable towards the mandator for the acts of the person assisting him.

2143. Un mandataire qui accepte de représenter, pour un même acte, des parties dont les intérêts sont en conflit ou susceptibles de l'être, doit en informer chacun des mandants, à moins que l'usage ou leur connaissance res-

2143. A mandatary who agrees to represent, in the same act, persons whose interests conflict or could conflict shall so inform each of the mandators, unless he is exempted by usage or the fact that each of the mandators is aware of the

pective du double mandat ne l'en dispense, et il doit agir envers chacun d'eux avec impartialité.

Le mandant qui n'était pas en mesure de connaître le double mandat peut, s'il en subit un préjudice, demander la nullité de l'acte du mandataire.

2144. Lorsque plusieurs mandataires sont nommés ensemble pour la même affaire, le mandat n'a d'effet que s'il est accepté par tous.

Ils doivent agir de concert quant à tous les actes visés par le mandat, à moins d'une stipulation contraire ou que cela ne découle implicitement du mandat. Ils sont tenus solidairement à l'exécution de leurs obligations.

2145. Le mandataire qui exerce seul des pouvoirs qu'il est chargé d'exercer avec un autre excède ses pouvoirs, à moins qu'il ne les ait exercés d'une manière plus avantageuse pour le mandant que celle qui était convenue.

2146. Le mandataire ne peut utiliser à son profit l'information qu'il obtient ou le bien qu'il est chargé de recevoir ou d'administrer dans l'exécution de son mandat, à moins que le mandant n'y ait consenti ou que l'utilisation ne résulte de la loi ou du mandat.

Outre la compensation à laquelle il peut être tenu pour le préjudice subi, le mandataire doit, s'il utilise le bien ou l'information sans y être autorisé, indemniser le mandant en payant, s'il s'agit d'une information, une somme équivalant à l'enrichissement qu'il obtient ou, s'il s'agit d'un bien, un loyer approprié ou l'intérêt sur les sommes utilisées.

2147. Le mandataire ne peut se porter partie, même par personne interposée,

double mandate; he shall act impartially towards each of them.

Where a mandator was not in a position to know of the double mandate, he may have the act of the mandatary declared null if he suffers injury as a result.

2144. Where several mandataries are appointed in respect of the same business, the mandate has effect only if it is accepted by all of them.

The mandataries shall act jointly for all acts contemplated in the mandate, unless otherwise stipulated or implied by the mandate. They are solidarily liable for the performance of their obligations.

2145. A mandatary who exercises alone powers that his mandate requires him to exercise with another person exceeds his powers, unless he exercises them more advantageously for the mandator than agreed.

2146. The mandatary may not use for his benefit any information he obtains or any property he is charged with receiving or administering in carrying out his mandate, unless the mandator consents to such use or such use arises from the law or the mandate.

If the mandatary uses the property or information without authorization, he shall, in addition to the compensation for which he may be liable for injury suffered, compensate the mandator by paying, in the case of information, an amount equal to the enrichment he obtains or, in the case of property, an appropriate rent or the interest on the sums used.

2147. The mandatary may not, even through an intermediary, become a party

à un acte qu'il a accepté de conclure pour son mandant, à moins que celui-ci ne l'autorise, ou ne connaisse sa qualité de cocontractant.

Seul le mandant peut se prévaloir de la nullité résultant de la violation de cette règle.

2148. Si le mandat est gratuit, le tribunal peut, lorsqu'il apprécie l'étendue de la responsabilité du mandataire, réduire le montant des dommages-intérêts dont il est tenu.

§ 2.–*Des obligations du mandant envers le mandataire*

2149. Le mandant est tenu de coopérer avec le mandataire de manière à favoriser l'accomplissement du mandat.

2150. Le mandant, s'il en est requis, avance au mandataire les sommes nécessaires à l'exécution du mandat. Il rembourse au mandataire les frais raisonnables que celui-ci a engagés et lui verse la rémunération à laquelle il a droit.

2151. Le mandant doit l'intérêt sur les frais engagés par le mandataire dans l'exécution de son mandat, à compter du jour où ils ont été déboursés.

2152. Le mandant est tenu de décharger le mandataire des obligations que celui-ci a contractées envers les tiers dans les limites du mandat.

Il n'est pas tenu envers le mandataire pour l'acte qui excède les limites du mandat; mais ses obligations sont entières s'il ratifie cet acte ou si le mandataire, au moment où il agit, ignorait la fin du mandat.

2153. Le mandant est présumé avoir ratifié l'acte qui excède les limites du

to an act which he has agreed to perform for his mandator, unless the mandator authorizes it or is aware of his quality as a contracting party.

Only the mandator may avail himself of the nullity resulting from the violation of this rule.

2148. Where the mandate is by gratuitous title, the court may, after assessing the extent of the mandatary's liability, reduce the amount of damages for which he is liable.

§ 2.–*Obligations of the mandator towards the mandatary*

2149. The mandator is bound to cooperate with the mandatary to facilitate the fulfilment of the mandate.

2150. Where required, the mandator advances to the mandatary the necessary sums for the performance of the mandate. He reimburses the mandatary for any reasonable expenses he has incurred and pays him the remuneration to which he is entitled.

2151. The mandator owes interest on expenses incurred by the mandatary in the performance of his mandate from the day they are disbursed.

2152. The mandator is bound to discharge the mandatary from the obligations he has contracted towards third persons within the limits of the mandate.

The mandator is not liable to the mandatary for any act which exceeds the limits of the mandate. He is fully liable, however, if he ratifies such act or if the mandatary, at the time he acted, was unaware that the mandate had terminated.

2153. The mandator is presumed to have ratified an act which exceeds the

mandat, lorsque cet acte a été accompli d'une manière qui lui est plus avantageuse que celle même qu'il avait indiquée.

limits of the mandate where the act has been performed more advantageously for him than he had indicated.

2154. Le mandant est tenu d'indemniser le mandataire qui n'a commis aucune faute, du préjudice que ce dernier a subi en raison de l'exécution du mandat.

2154. Where the mandatary is not at fault, the mandator is bound to compensate him for any injury he has suffered by reason of the performance of the mandate.

2155. Si aucune faute n'est imputable au mandataire, les sommes qui lui sont dues le sont lors même que l'affaire n'aurait pas réussi.

2155. If no fault is imputable to the mandatary, the sums owed to him are payable even though the business has not been successfully concluded.

2156. Si le mandat a été donné par plusieurs personnes, leur obligation à l'égard du mandataire est solidaire.

2156. If a mandate is given by several persons, their obligations towards the mandatary are solidary.

SECTION III
DES OBLIGATIONS DES PARTIES ENVERS LES TIERS

SECTION III
OBLIGATIONS OF PARTIES TOWARDS THIRD PERSONS

§ 1.–*Des obligations du mandataire envers les tiers*

§ 1.–*Obligations of the mandatary towards third persons*

2157. Le mandataire qui, dans les limites de son mandat, s'oblige au nom et pour le compte du mandant, n'est pas personnellement tenu envers le tiers avec qui il contracte.

2157. Where a mandatary binds himself, within the limits of his mandate, in the name and on behalf of the mandator, he is not personally liable to the third person with whom he contracts.

Il est tenu envers lui lorsqu'il agit en son propre nom, sous réserve des droits du tiers contre le mandant, le cas échéant.

The mandatary is liable to the third person if he acts in his own name, subject to any rights the third person may have against the mandator.

2158. Le mandataire qui outrepasse ses pouvoirs est personnellement tenu envers le tiers avec qui il contracte, à moins que le tiers n'ait eu une connaissance suffisante du mandat, ou que le mandant n'ait ratifié les actes que le mandataire a accomplis.

2158. Where a mandatary exceeds his powers, he is personally liable to the third person with whom he contracts, unless the third person was sufficiently aware of the mandate, or unless the mandator has ratified the acts performed by the mandatary.

2159. Le mandataire s'engage personnellement, s'il convient avec le tiers que, dans un délai fixé, il révélera l'identité de son mandant et qu'il omet de le faire.

2159. Where the mandatary agrees with a third person to disclose the identity of his mandator within a fixed period and fails to do so, he is personally liable.

Il s'engage aussi personnellement s'il est tenu de taire le nom du mandant ou s'il sait que celui qu'il déclare est insolvable, mineur ou placé sous un régime de protection et qu'il omet de le mentionner.

The mandatary is also personally liable if he is bound to conceal the name of the mandator or if he knows that the person whose identity he discloses is insolvent, is a minor or is under protective supervision and he fails to mention this fact.

§ 2.–*Des obligations du mandant envers les tiers*

§ 2.–*Obligations of the mandator towards third persons*

2160. Le mandant est tenu envers le tiers pour les actes accomplis par le mandataire dans l'exécution et les limites du mandat, sauf si, par la convention ou les usages, le mandataire est seul tenu.

2160. A mandator is liable to third persons for the acts performed by the mandatary in the performance and within the limits of his mandate unless, under the agreement or by virtue of usage, the mandatary alone is liable.

Il est aussi tenu des actes qui excédaient les limites du mandat et qu'il a ratifiés.

The mandator is also liable for any acts which exceed the limits of the mandate, if he has ratified them.

2161. Le mandant peut, s'il en subit un préjudice, répudier les actes de la personne que le mandataire s'est substituée lorsque cette substitution s'est faite sans l'autorisation du mandant ou sans que son intérêt ou les circonstances justifient la substitution.

2161. The mandator may repudiate the acts of the person appointed by the mandatary as his substitute if he suffers any injury thereby, where the appointment was made without his authorization or where his interest or the circumstances did not warrant the appointment.

2162. Le mandant ou, à son décès, ses héritiers, sont tenus envers le tiers des actes accomplis par le mandataire dans l'exécution et les limites du mandat après la fin de celui-ci, lorsque ces actes étaient la suite nécessaire de ceux déjà accomplis ou qu'ils ne pouvaient être différés sans risque de perte, ou encore lorsque la fin du mandat est restée inconnue du tiers.

2162. The mandator or, upon his death, his heirs are liable to third persons for acts done by the mandatary in the performance and within the limits of the mandate after the termination of the mandate, where the acts were the necessary consequence of those already performed or could not be deferred without risk of loss, or where the third person was unaware of the termination of the mandate.

2163. Celui qui a laissé croire qu'une personne était son mandataire est tenu, comme s'il y avait eu mandat, envers le tiers qui a contracté de bonne foi avec celle-ci, à moins qu'il n'ait pris des me-

2163. A person who has allowed it to be believed that a person was his mandatary is liable, as if he were his mandatary, to the third person who has contracted in good faith with the latter, unless, in cir-

sures appropriées pour prévenir l'erreur dans des circonstances qui la rendaient prévisible.

2164. Le mandant répond du préjudice causé par la faute du mandataire dans l'exécution de son mandat, à moins qu'il ne prouve, lorsque le mandataire n'était pas son préposé, qu'il n'aurait pas pu empêcher le dommage.

2165. Le mandant peut, après avoir révélé au tiers le mandat qu'il avait consenti, poursuivre directement le tiers pour l'exécution des obligations contractées par ce dernier à l'égard du mandataire qui avait agi en son propre nom; toutefois, le tiers peut lui opposer l'incompatibilité du mandat avec les stipulations ou la nature de son contrat et les moyens respectivement opposables au mandant et au mandataire.

Si une action est déjà intentée par le mandataire contre le tiers, le droit du mandant ne peut alors s'exercer que par son intervention dans l'instance.

SECTION IV
DES RÈGLES PARTICULIÈRES AU MANDAT DONNÉ EN PRÉVISION DE L'INAPTITUDE DU MANDANT

2166. Le mandat donné par une personne majeure en prévision de son inaptitude à prendre soin d'elle-même ou à administrer ses biens est fait par acte notarié en minute ou devant témoins.

Son exécution est subordonnée à la survenance de l'inaptitude et à l'homologation par le tribunal, sur demande du mandataire désigné dans l'acte.

cumstances in which the error was foreseeable, he has taken appropriate measures to prevent it.

2164. A mandator is liable for any injury caused by the fault of the mandatary in the performance of his mandate unless he proves, where the mandatary was not his servant, that he could not have prevented the injury.

2165. A mandator, after disclosing to a third person the mandate he had given, may take action directly against the third person for the performance of the obligations he contracted towards the mandatary, who was acting in his own name. However, the third person may plead the inconsistency of the mandate with the stipulations or nature of his contract and the defenses which can be set up against the mandator and the mandatary, respectively.

If proceedings have already been instituted against the third person by the mandatary, the mandator may exercise his right only by intervening in the proceedings.

SECTION IV
SPECIAL RULES GOVERNING THE MANDATE GIVEN IN ANTICIPATION OF THE MANDATOR'S INCAPACITY

2166. A mandate given by a person of full age in anticipation of his incapacity to take care of himself or to administer his property is made by a notarial act *en minute* or in the presence of witnesses.

The performance of the mandate is subordinate to the occurrence of the incapacity and to homologation by the court, at the request of the mandatary designated in the act.

2167. Le mandat devant témoins est rédigé par le mandant ou par un tiers.

Le mandant, en présence de deux témoins qui n'ont pas d'intérêt à l'acte et qui sont en mesure de constater son aptitude à agir, déclare la nature de l'acte mais sans être tenu d'en divulguer le contenu. Il signe cet acte à la fin ou, s'il l'a déjà signé, il reconnaît sa signature; il peut aussi le faire signer par un tiers pour lui, en sa présence et suivant ses instructions. Les témoins signent aussitôt le mandat en présence du mandant.

2168. Lorsque la portée du mandat est douteuse, le mandataire l'interprète selon les règles relatives à la tutelle au majeur.

Si, alors, des avis, consentements ou autorisations sont requis en application des règles relatives à l'administration du bien d'autrui, le mandataire les obtient du curateur public ou du tribunal.

2169. Lorsque le mandat ne permet pas d'assurer pleinement les soins de la personne ou l'administration de ses biens, un régime de protection peut être établi pour le compléter; le mandataire poursuit alors l'exécution de son mandat et fait rapport, sur demande et au moins une fois l'an, au tuteur ou au curateur et, à la fin du mandat, il leur rend compte.

Le mandataire n'est tenu de ces obligations qu'à l'égard du tuteur ou curateur à la personne. S'il assure lui-même la protection de la personne, le tuteur ou le curateur aux biens est tenu

2167. A mandate given in the presence of witnesses is written by the mandator or by a third person.

The mandator, in the presence of two witnesses who have no interest in the act and who are in a position to ascertain whether he is capable of acting, declares the nature of the act but need not disclose its contents. The mandator signs the act at the end or, if he has already signed it, recognizes his signature; he may also have a third person sign the writing for him in his presence and according to his instructions. The witnesses sign the mandate forthwith in the presence of the mandator.

2168. Where the scope of the mandate is in doubt, the mandatary interprets it according to the rules respecting tutorship to persons of full age.

If any notice, consent or authorization is then required pursuant to the rules respecting the administration of the property of others, the mandatary may obtain it from the Public Curator or from the court.

2169. Where the mandate is not such as to fully ensure the care of the person or the administration of his property, protective supervision may be instituted to complete it; the mandatary then proceeds to carry out the mandate and makes a report, on application and at least once each year, to the tutor or curator. At the end of the mandate, he renders an account to the tutor or curator.

The mandatary is bound by such obligations only with respect to the tutor or curator to the person. If the protection of the person is assumed by the mandatary himself, the tutor or curator to prop-

aux mêmes obligations envers le mandataire.

2170. Les actes faits antérieurement à l'homologation du mandat peuvent être annulés ou les obligations qui en découlent réduites, sur la seule preuve que l'inaptitude était notoire ou connue du cocontractant à l'époque où les actes ont été passés.

2171. Sauf stipulation contraire dans le mandat, le mandataire est autorisé à exécuter à son profit les obligations du mandant prévues aux articles 2150 à 2152 et 2154.

2172. Le mandat cesse d'avoir effet lorsque le tribunal constate que le mandant est redevenu apte; ce dernier peut alors, s'il le considère approprié, révoquer son mandat.

2173. S'il constate que le mandant est redevenu apte, le directeur général de l'établissement de santé ou de services sociaux qui prodigue des soins ou procure des services au mandant doit attester cette aptitude dans un rapport qu'il dépose au greffe du tribunal. Ce rapport est constitué, entre autres, de l'évaluation médicale et psychosociale.

Le greffier avise de ce dépôt le mandataire, le mandant et les personnes habilitées à intervenir à une demande d'ouverture de régime de protection. À défaut d'opposition dans les trente jours, la constatation de l'aptitude du mandant par le tribunal est présumée et le greffier doit transmettre un avis de la cessation des effets du mandat, sans délai, au mandant, au mandataire et au curateur public.

erty is bound by the same obligations towards the mandatary.

2170. Acts performed before the homologation of the mandate may be annulled or the resulting obligations may be reduced, on the mere proof that the mandator's incapacity was notorious or known to the other party at the time that the acts were entered into.

2171. Unless otherwise stipulated in the mandate, the mandatary is authorized to perform, to his benefit, the obligations of the mandator provided in articles 2150 to 2152 and 2154.

2172. The mandate ceases to have effect when the court ascertains that the mandator has again become capable; the mandator may then revoke his mandate if he considers it appropriate to do so.

2173. If the director general of the health and social services establishment which provides care or services to the mandator ascertains that the mandator has again become capable, he shall attest to such capacity in a report filed in the office of the court. Such a report includes the medical and psychosocial assessment.

The clerk informs the mandatary, the mandator and the persons qualified to intervene in an application for the institution of protective supervision that the report has been filed. If no objection is made within thirty days, the court is presumed to have found that the mandator has again become capable, and the clerk shall, without delay, transmit a notice of cessation of the effects of the mandate to the mandator, the mandatary and the Public Curator.

2174. Le mandataire ne peut, malgré toute stipulation contraire, renoncer à son mandat sans avoir au préalable pourvu à son remplacement si le mandat y pourvoit, ou sans avoir demandé l'ouverture d'un régime de protection à l'égard du mandant.

2174. The mandatary may not, notwithstanding any provision to the contrary, renounce his mandate unless he has previously provided for his replacement if the mandate provides therefor or has applied for the institution of protective supervision in respect of the mandator.

SECTION V
DE LA FIN DU MANDAT

SECTION V
TERMINATION OF MANDATE

2175. Outre les causes d'extinction communes aux obligations, le mandat prend fin par la révocation qu'en fait le mandant, par la renonciation du mandataire ou par l'extinction du pouvoir qui lui a été donné, ou encore par le décès de l'une ou l'autre des parties.

Il prend aussi fin par la faillite, sauf dans le cas où le mandat a été donné en prévision de l'inaptitude d'une personne, à titre gratuit; il peut également prendre fin, en certains cas, par l'ouverture d'un régime de protection à l'égard de l'une ou l'autre des parties.

2175. In addition to the causes of extinction common to obligations, revocation of the mandate by the mandator, renunciation by the mandatary, the extinction of the power conferred on the mandatary or the death of one of the parties terminates the mandate.

The mandate is also terminated by bankruptcy, except where it was given by gratuitous title in anticipation of the mandator's incapacity; it may be terminated as well, in certain cases, by the institution of protective supervision in respect of one of the parties.

2176. Le mandant peut révoquer le mandat et contraindre le mandataire à lui remettre la procuration, pour qu'il y fasse mention de la fin du mandat. Le mandataire a le droit d'exiger du mandant qu'il lui fournisse un double de la procuration portant cette mention.

Si la procuration est faite par acte notarié en minute, le mandant effectue la mention sur une copie et peut donner avis de la fin du mandat au dépositaire de la minute, lequel est tenu d'en faire mention sur celle-ci et sur toute copie qu'il en délivre.

2176. The mandator may revoke the mandate and compel the mandatary to return to him the power of attorney in order to make a notation therein of the termination of the mandate. The mandatary has a right to require the mandator to furnish him with a duplicate of the power of attorney containing such notation.

Where the power of attorney is made by notarial act *en minute*, the mandator makes the notation on a copy and may give notice of termination of the mandate to the depositary of the document, who, on being notified, is bound to note it on the document and on every copy of it which he issues.

2177. Lorsque le mandant est inapte, toute personne intéressée, y compris le

2177. Where the mandator is incapable, any interested person, including the

curateur public, peut, si le mandat n'est pas fidèlement exécuté ou pour un autre motif sérieux, demander au tribunal de révoquer le mandat, d'ordonner la reddition de compte du mandataire et d'ouvrir un régime de protection à l'égard du mandant.

2178. Le mandataire peut renoncer au mandat qu'il a accepté, en notifiant sa renonciation au mandant. Il a alors droit, si le mandat était donné à titre onéreux, à la rémunération qu'il a gagnée jusqu'au jour de sa renonciation.

Toutefois, il est tenu de réparer le préjudice causé au mandant par la renonciation faite sans motif sérieux et à contretemps.

2179. Le mandant peut, pour une durée déterminée ou pour assurer l'exécution d'une obligation particulière, renoncer à son droit de révoquer unilatéralement le mandat.

Le mandataire peut, de la même façon, s'engager à ne pas exercer le droit qu'il a de renoncer.

La renonciation ou la révocation unilatérale faite par le mandataire malgré son engagement met fin au mandat.

2180. La constitution par le mandant d'un nouveau mandataire, pour la même affaire, vaut révocation du premier mandataire, à compter du jour où elle lui a été notifiée.

2181. Le mandant qui révoque le mandat demeure tenu d'exécuter ses obligations envers le mandataire; il est aussi tenu de réparer le préjudice causé au mandataire par la révocation faite sans motif sérieux et à contretemps.

Public Curator, may, if the mandate is not faithfully performed or for any other serious reason, apply to the court for the revocation of the mandate, the rendering of an account by the mandatary and the institution of protective supervision in respect of the mandator.

2178. A mandatary may renounce the mandate he has accepted by so notifying the mandator. He is thereupon entitled, if the mandate was given by onerous title, to the remuneration he has earned until the day of his renunciation.

The mandatary is liable for injury caused to the mandator by his renunciation, if he submits it without a serious reason and at an inopportune moment.

2179. The mandator may, for a determinate term or to ensure the performance of a special obligation, renounce his right to revoke the mandate unilaterally.

The mandatary may, in the same manner, undertake not to exercise his right of renunciation.

Renunciation or unilateral revocation by the mandatary despite his undertaking terminates the mandate.

2180. The appointment of a new mandatary by the mandator for the same business is equivalent to revocation of the first mandatary from the day the first mandatary was notified of the new appointment.

2181. A mandator who revokes a mandate remains bound to perform his obligations towards the mandatary; he is also liable for any injury caused to the mandatary as a result of a revocation made without a serious reason and at an inopportune moment.

Si avis n'en a été donné qu'au mandataire, la révocation ne peut affecter le tiers qui, dans l'ignorance de cette révocation, traite avec lui, sauf le recours du mandant contre le mandataire.

Where notice of the revocation has been given only to the mandatary, the revocation does not affect a third person who deals with him while unaware of the revocation, without prejudice, however, to the remedy of the mandator against the mandatary.

2182. Lorsque le mandat prend fin, le mandataire est tenu de faire ce qui est la suite nécessaire de ses actes ou ce qui ne peut être différé sans risque de perte.

2182. Upon termination of the mandate, the mandatary is bound to do everything which is a necessary consequence of his acts or which cannot be deferred without risk of loss.

2183. En cas de décès du mandataire ou en cas d'ouverture à son égard d'un régime de protection, le liquidateur, tuteur ou curateur qui connaît le mandat et qui n'est pas dans l'impossibilité d'agir est tenu d'en aviser le mandant et de faire, dans les affaires commencées, tout ce qui ne peut être différé sans risque de perte.

2183. Upon the death of the mandatary or his being placed under protective supervision, the liquidator, tutor or curator, if aware of the mandate and able to act, is bound to notify the mandator of the death and, in respect of any business already begun, to do everything which cannot be deferred without risk of loss.

Si le mandat a été donné en prévision de l'inaptitude du mandant, le liquidateur du mandataire est tenu, dans les mêmes circonstances, d'aviser le curateur public du décès du mandataire.

In the case of a mandate given in anticipation of the mandator's incapacity, the liquidator of the mandatary is bound, in the same circumstances, to give notice of the mandatary's death to the Public Curator.

2184. À la fin du mandat, le mandataire est tenu de rendre compte et de remettre au mandant tout ce qu'il a reçu dans l'exécution de ses fonctions, même si ce qu'il a reçu n'était pas dû au mandant.

2184. Upon termination of the mandate, the mandatary is bound to render an account and return to the mandator everything he has received in the performance of his duties, even if what he has received was not due to the mandator.

Il doit l'intérêt des sommes qu'il a reçues et qui constituent le reliquat du compte, depuis la demeure.

The mandatary owes interest, computed from the time he is in default, on any balance in the account consisting of sums he has received.

2185. Le mandataire a le droit de déduire, des sommes qu'il doit remettre, ce que le mandant lui doit en raison du mandat.

2185. A mandatary is entitled to deduct what the mandator owes him by reason of the mandate from the sums he is required to remit.

Il peut aussi retenir, jusqu'au paiement des sommes qui lui sont dues, ce qui lui a été confié par le mandant pour l'exécution du mandat.

The mandatary may also retain what was entrusted to him by the mandator for the performance of the mandate until payment of the sums due to him.

CHAPITRE DIXIÈME
DU CONTRAT DE SOCIÉTÉ ET D'ASSOCIATION

CHAPTER X
CONTRACTS OF PARTNERSHIP AND OF ASSOCIATION

SECTION I
DISPOSITIONS GÉNÉRALES

SECTION I
GENERAL PROVISIONS

2186. Le contrat de société est celui par lequel les parties conviennent, dans un esprit de collaboration, d'exercer une activité, incluant celle d'exploiter une entreprise, d'y contribuer par la mise en commun de biens, de connaissances ou d'activités et de partager entre elles les bénéfices pécuniaires qui en résultent.

Le contrat d'association est celui par lequel les parties conviennent de poursuivre un but commun autre que la réalisation de bénéfices pécuniaires à partager entre les membres de l'association.

2187. La société ou l'association est formée dès la conclusion du contrat, si une autre époque n'y est indiquée.

2188. La société est en nom collectif, en commandite ou en participation.

Elle peut être aussi par actions; dans ce cas, elle est une personne morale.

2189. La société en nom collectif ou en commandite est formée sous un nom commun aux associés.

Elle est tenue de se déclarer, de la manière prescrite par les lois relatives à la publicité légale des sociétés; à défaut, elle est réputée être une société en participation, sous réserve des droits des tiers de bonne foi.

2186. A contract of partnership is a contract by which the parties, in a spirit of cooperation, agree to carry on an activity, including the operation of an enterprise, to contribute thereto by combining property, knowledge or activities and to share any resulting pecuniary profits.

A contract of association is a contract by which the parties agree to pursue a common goal other than the making of pecuniary profits to be shared between the members of the association.

2187. The partnership or association is created upon the formation of the contract if no other date is indicated in the contract.

2188. Partnerships are either general partnerships, limited partnerships or undeclared partnerships.

Partnerships may also be joint-stock companies, in which case they are legal persons.

2189. A general or limited partnership is formed under a name that is common to the partners.

It is bound to make declarations in the manner prescribed by the legislation concerning the legal publication of partnerships; failing that, it is deemed to be an undeclared partnership, subject to the rights of third persons in good faith.

2190. La déclaration de société doit indiquer, outre les renseignements prescrits par les lois relatives à la publicité légale des sociétés, l'objet de la société et mentionner qu'aucune autre personne que celles qui y sont nommées ne fait partie de la société.

La déclaration d'une société en commandite doit, de plus, indiquer les nom et domicile des commandités et des commanditaires connus lors de la conclusion du contrat, en distinguant les premiers des seconds, et faire état du lieu où peut être consulté le registre dans lequel est inscrite l'information mise à jour concernant les nom et domicile de tous les commanditaires et tous les renseignements concernant les apports des associés au fond commun.

2191. Lorsque la déclaration de société est incomplète, inexacte ou irrégulière, elle peut être rectifiée par un acte de régularisation.

2192. L'acte de régularisation qui porterait atteinte aux droits des associés ou des tiers est sans effet à leur égard, à moins qu'ils n'y aient consenti ou que le tribunal n'ait ordonné le dépôt de l'acte, après avoir entendu les intéressés et modifié, au besoin, l'acte proposé.

2193. La régularisation est réputée faire partie de la déclaration et avoir pris effet au même moment, à moins qu'une date ultérieure ne soit prévue à l'acte de régularisation ou au jugement.

2194. Tout changement apporté au contenu de la déclaration de société doit faire l'objet d'une déclaration modificative.

2190. In every declaration of partnership, the object of the partnership shall be set forth, together with the information prescribed by the legislation concerning legal publication of partnerships, and an indication that no person other than the persons named therein is a member of the partnership.

In a declaration of limited partnership, the name and domicile of each of the known partners at the time the contract is entered into shall also be set forth, distinguishing which are general partners and which are special partners, and specifying the place where the register containing up-to-date information on the name and domicile of each special partner and all information relating to the contributions of partners to the common stock may be consulted.

2191. Where the declaration of partnership is incomplete, inaccurate or irregular, it may be rectified by a regularizing document.

2192. A regularizing document that may infringe upon the rights of the partners or of third persons has no effect in their regard unless they consented to it or unless the court, after hearing the interested persons and, if necessary, amending the proposed document, has ordered that it be filed.

2193. The regularizing document is deemed to be part of the declaration and to have taken effect simultaneously with it unless a later date is provided in the regularizing document or in the judgment.

2194. Any change to the content of the declaration of partnership shall be set forth in an amending declaration.

2195. La déclaration de société et la déclaration modificative sont opposables aux tiers à compter du moment où elles sont faites; elles font preuve de leur contenu, en faveur des tiers de bonne foi, tant qu'une déclaration modificative ne leur apporte pas de changement ou que la déclaration de société n'est pas radiée.

Les tiers peuvent contredire les mentions d'une déclaration par tous moyens.

2196. Si la déclaration de société est incomplète, inexacte ou irrégulière ou si, malgré un changement intervenu dans la société, la déclaration modificative n'est pas faite, les associés sont responsables, envers les tiers, des obligations de la société qui en résultent; cependant, les commanditaires qui ne sont pas par ailleurs tenus des obligations de la société n'encourent pas cette responsabilité.

2197. La société en nom collectif ou en commandite doit, dans le cours de ses activités, indiquer sa forme juridique dans son nom même ou à la suite de celui-ci.

À défaut d'une telle mention dans un acte conclu par la société, le tribunal peut, pour statuer sur l'action d'un tiers de bonne foi, décider que la société et les associés seront tenus, à l'égard de cet acte, au même titre qu'une société en participation et ses associés.

SECTION II
DE LA SOCIÉTÉ EN NOM COLLECTIF

§ 1.–*Des rapports des associés entre eux et envers la société*

2198. L'associé est débiteur envers la société de tout ce qu'il promet d'y apporter.

2195. The declaration of partnership and the amending declaration may be set up against third persons from the time they are made; they are proof of their content, in favour of third persons in good faith, until an amending declaration is made or the declaration of partnership is cancelled.

Third persons may submit any proof to refute the statements contained in a declaration.

2196. If the declaration of partnership is incomplete, inaccurate or irregular or if, although a change has been made in the partnership, no amending declaration has been made, the partners are liable towards third persons for the resulting obligations of the partnership; however, special partners who are not otherwise liable for the obligations of the partnership are not liable under this article.

2197. A general or limited partnership shall, in carrying on business, indicate its juridical form in its name or after its name.

Failing such indication in an act performed by the partnership, the court, in ruling on the action of a third person in good faith, may decide that the partnership and its partners are liable, in respect of that act, in the same manner as an undeclared partnership and its partners.

SECTION II
GENERAL PARTNERSHIPS

§ 1.–*Relations of partners between themselves and with the partnership*

2198. A partner is a debtor to the partnership for everything he promises to contribute to it.

Celui qui a promis d'apporter une somme d'argent et qui manque de le faire est tenu des intérêts, à compter du jour où son apport devait être versé, sous réserve des dommages-intérêts additionnels qui peuvent lui être réclamés.

Where a person undertakes to contribute a sum of money and fails to do so, he is liable for interest from the day his contribution ought to have been made, subject to any additional damages which may be claimed from him.

2199. L'apport de biens est réalisé par le transfert des droits de propriété ou de jouissance et par la mise des biens à la disposition de la société.

2199. A contribution of property is made by transferring rights of ownership or of enjoyment and by placing the property at the disposal of the partnership.

Dans ses rapports avec la société, celui qui apporte des biens en est garant, de la même manière que le vendeur l'est envers l'acheteur, lorsque son apport est en propriété; lorsque son apport est en jouissance, il en est garant comme le locateur l'est envers le locataire.

In his relations with the partnership, the person who contributes property is warrantor therefor in the same manner as a seller towards a buyer where his contribution consists in property; he is warrantor therefor in the same manner as a lessor towards a lessee, where his contribution consists in the enjoyment of property.

L'apport en jouissance de biens normalement appelés à être renouvelés pendant la durée de la société transfère la propriété des biens à la société, à la charge, pour celle-ci, d'en rendre une pareille quantité, qualité et valeur.

A contribution consisting in the enjoyment of property that would normally be required to be renewed during the term of the partnership transfers ownership of the property to the partnership, which becomes liable to return property of the same quantity, quality and value.

2200. L'apport de connaissances ou d'activités est dû de façon continue, tant que l'associé qui s'est engagé à fournir un tel apport est membre de la société; l'associé est tenu envers cette dernière des bénéfices qu'il réalise par cet apport.

2200. A contribution consisting in knowledge or activities is owed continuously so long as the partner who undertook to make such a contribution is a member of the partnership; the partner is liable to the partnership for any profit he realizes from the contribution.

2201. La participation aux bénéfices d'une société emporte l'obligation de partager les pertes.

2201. Participation in the profits of a partnership entails the obligation to share in the losses.

2202. La part de chaque associé dans l'actif, dans les bénéfices et dans la contribution aux pertes est égale si elle n'est pas déterminée par le contrat.

2202. The share of each partner in the assets, profits and losses is equal if it is not fixed in the contract.

Si le contrat ne détermine que la part de chacun dans l'actif, dans les bénéfices ou dans la contribution aux pertes, cette détermination est présumée faite pour les trois cas.

2203. La stipulation qui exclut un associé de la participation aux bénéfices de la société est sans effet.

Celle qui dispense l'associé de l'obligation de partager les pertes est inopposable aux tiers.

2204. L'associé ne peut, pour son compte ou celui d'un tiers, faire concurrence à la société ni participer à une activité qui prive celle-ci des biens, des connaissances ou de l'activité qu'il est tenu d'y apporter; le cas échéant, les bénéfices qui en résultent sont acquis à la société, sans préjudice des recours que celle-ci peut exercer.

2205. L'associé a le droit, s'il était de bonne foi, de recouvrer la somme qu'il a déboursée pour le compte de la société et d'être indemnisé en raison des obligations qu'il a contractées et des pertes qu'il a subies en agissant pour celle-ci.

2206. Lorsque l'un des associés est, pour son propre compte, créancier d'une personne qui est aussi débitrice de la société, et que les dettes sont également exigibles, l'imputation de ce qu'il reçoit de ce débiteur doit se faire sur les deux créances dans la proportion de leur montant respectif.

2207. Lorsque l'un des associés a reçu sa part entière d'une créance de la société et que le débiteur devient insolvable, cet associé est tenu de rapporter à la société ce qu'il a reçu, encore qu'il ait donné quittance pour sa part.

If the contract fixes the share of each partner in only the assets, profits or losses, it is presumed to fix the share for all three cases.

2203. Any stipulation whereby a partner is excluded from participation in the profits is without effect.

Any stipulation whereby a partner is exempt from the obligation to share in the losses may not be set up against third persons.

2204. A partner may not compete with the partnership on his own account or on behalf of a third person or take part in an activity which deprives the partnership of the property, knowledge or activity he is bound to contribute to it; any profits arising from such competition belong to the partnership, without prejudice to any remedy it may pursue.

2205. A partner is entitled to recover the amount of the disbursements he has made on behalf of the partnership and to be indemnified for the obligations he has contracted or the losses he has suffered in acting for the partnership if he was in good faith.

2206. Where one of the partners is, on his own account, the creditor of a person who is also indebted to the partnership, and the debts are exigible to the same degree, the amounts he receives from the debtor shall be allocated to both claims in proportion to the amount of each.

2207. Where a partner has been paid his full share of a debt due to the partnership, and the debtor becomes insolvent, the partner is bound to return to the partnership what he has received, even though he may have given an acquittance for his share.

2208. Chaque associé peut utiliser les biens de la société pourvu qu'il les emploie dans l'intérêt de la société et suivant leur destination, et de manière à ne pas empêcher les autres associés d'en user selon leur droit.

Chacun peut aussi, dans le cours des activités de la société, lier celle-ci, sauf le droit qu'ont les associés de s'opposer à l'opération avant qu'elle ne soit conclue ou de limiter le droit d'un associé de lier la société.

2209. Un associé peut, sans le consentement des autres associés, s'associer un tiers relativement à la part qu'il a dans la société; mais il ne peut, sans ce consentement, l'introduire dans la société.

Tout associé peut, dans les soixante jours où il apprend qu'une personne étrangère à la société a acquis, à titre onéreux, la part d'un associé, l'écarter de la société en remboursant à cette personne le prix de la part et les frais qu'elle a acquittés. Ce droit ne peut être exercé que dans l'année qui suit l'acquisition de la part.

2210. Lorsqu'un associé cède sa part dans la société à un autre associé ou à la société, ou que celle-ci la lui rachète, la valeur de cette part, si les parties ne s'entendent pas pour la fixer, est déterminée par un expert que désignent les parties ou, à défaut, le tribunal.

2211. La part d'un associé dans l'actif ou dans les bénéfices de la société peut faire l'objet d'une hypothèque. Cependant, l'hypothèque qui porte sur la part d'un associé dans l'actif n'est possible que si les autres associés y consentent ou si le contrat le prévoit.

2208. Each partner may use the property of the partnership, provided he uses it in the interest of the partnership and according to its destination, and in such a way as not to prevent the other partners from using it as they are entitled.

Each partner may also bind the partnership in the course of its activities, but the partners may oppose the transaction before it is entered into or restrict the right of a partner to bind the partnership.

2209. A partner may associate a third person with himself in his share in the partnership without the consent of the other partners, but he may not make him a member of the partnership without their consent.

Within sixty days after becoming aware that a person who is not a member of the partnership has acquired the share of a partner by onerous title, any partner may exclude the person from the partnership by reimbursing him for the price of the share and the expenses he has paid. This right lapses one year from the acquisition of the share.

2210. Where a partner transfers his share in the partnership to a partner or to the partnership or where the partnership redeems it, the value of the share, if the parties fail to agree on it, is determined by an expert designated by the parties or, failing that, by the court.

2211. The share of a partner in the assets or profits of the partnership may be charged with a hypothec. However, the share of a partner in the assets may be hypothecated only with the consent of the other partners or if so provided in the contract.

2212. Les associés peuvent faire entre eux toute convention qu'ils jugent appropriée quant à leurs pouvoirs respectifs dans la gestion des affaires de la société.

2213. Les associés peuvent nommer l'un ou plusieurs d'entre eux, ou même un tiers, pour gérer les affaires de la société.

L'administrateur peut faire, malgré l'opposition des associés, tous les actes qui dépendent de sa gestion, pourvu que ce soit sans fraude. Ce pouvoir de gestion ne peut être révoqué sans motif sérieux tant que dure la société; mais s'il a été donné par un acte postérieur au contrat de société, il est révocable comme un simple mandat.

2214. Lorsque plusieurs administrateurs sont chargés de la gestion sans que celle-ci soit partagée entre eux et sans qu'il soit stipulé que l'un ne pourra agir sans les autres, chacun d'eux peut agir séparément; mais si cette stipulation existe, l'un d'eux ne peut agir en l'absence des autres, lors même qu'il est impossible à ces derniers de concourir à l'acte.

2215. À défaut de stipulation sur le mode de gestion, les associés sont réputés s'être donné réciproquement le pouvoir de gérer les affaires de la société.

Tout acte accompli par un associé concernant les activités communes oblige les autres associés, sauf le droit de ces derniers, ensemble ou séparément, de s'opposer à l'acte avant que celui-ci ne soit accompli.

2212. The partners may enter into such agreements between themselves as they consider appropriate with regard to their respective powers in the management of the affairs of the partnership.

2213. The partners may appoint one or more fellow partners or even a third person to manage the affairs of the partnership.

The manager, notwithstanding the opposition of the partners, may perform any act within his powers, provided he does not act fraudulently. The powers of management may not be revoked without a serious reason during the existence of the partnership, except where they were conferred by an act subsequent to the contract of partnership, in which case they may be revoked in the same manner as a simple mandate.

2214. Where several persons are entrusted with the management and there is no stipulation dividing it between them nor any stipulation preventing one from acting without the others, each of them may act separately; where there is such a stipulation, however, none of them may act without the others, even where it is impossible for the others to join in the act.

2215. Failing any stipulation respecting the mode of management, the partners are deemed to have conferred the power to manage the affairs of the partnership on one another.

Any act performed by a partner in respect of the common activities binds the other partners, without prejudice to their right to object, jointly or separately, to the act before it is performed.

De plus, chaque associé peut contraindre ses coassociés aux dépenses nécessaires à la conservation des biens mis en commun, mais un associé ne peut changer l'état de ces biens sans le consentement des autres, si avantageux que soit le changement.

2216. Tout associé a le droit de participer aux décisions collectives et le contrat de société ne peut empêcher l'exercice de ce droit.

À moins de stipulation contraire dans le contrat, ces décisions se prennent à la majorité des voix des associés, sans égard à la valeur de l'intérêt de ceux-ci dans la société, mais celles qui ont trait à la modification du contrat de société se prennent à l'unanimité.

2217. L'associé sans pouvoir de gestion ne peut ni aliéner ni autrement disposer des biens mis en commun, sous réserve des droits des tiers de bonne foi.

2218. Tout associé, même s'il est exclu de la gestion, et malgré toute stipulation contraire, a le droit de se renseigner sur l'état des affaires de la société et d'en consulter les livres et registres.

Il est tenu d'exercer ce droit de manière à ne pas entraver indûment les opérations de la société ou à ne pas empêcher les autres associés d'exercer ce même droit.

§ 2.–*Des rapports de la société et des associés envers les tiers*

2219. À l'égard des tiers de bonne foi, chaque associé est mandataire de la société et lie celle-ci pour tout acte conclu au nom de la société dans le cours de ses activités.

In addition, each partner may compel the other partners to incur any expenses necessary for the preservation of the common property but one partner may not change the condition of that property without the consent of the others, regardless of how advantageous such changes may be.

2216. Every partner is entitled to participate in collective decisions, and he may not be prevented from exercising that right by the contract of partnership.

Unless otherwise stipulated in the contract, decisions are taken by the vote of a majority of the partners, regardless of the value of their interests in the partnership. However, decisions to amend the contract of partnership are taken by a unanimous vote.

2217. A partner without powers of management may not alienate or otherwise dispose of common property, subject to the rights of third persons in good faith.

2218. Notwithstanding any stipulation to the contrary, any partner may inform himself of the affairs of the partnership and consult its books and records even if he is excluded from management.

In exercising this right, the partner is bound not to impede the operations of the partnership unduly nor to prevent the other partners from exercising the same right.

§ 2.–*Relations of the partnership and the partners with third persons*

2219. Each partner is a mandatary of the partnership in respect of third persons in good faith and binds the partnership for every act performed in its name in the ordinary course of its business.

Toute stipulation contraire est inopposable aux tiers de bonne foi.

No stipulation to the contrary may be set up against third persons in good faith.

2220. L'obligation contractée par un associé en son nom propre lie la société lorsqu'elle s'inscrit dans le cours des activités de celle-ci ou a pour objet des biens dont cette dernière a l'usage.

2220. An obligation contracted by a partner in his own name binds the partnership when it comes within the scope of the business of the partnership or when its object is property used by the partnership.

Le tiers peut, toutefois, cumuler les moyens opposables à l'associé et à la société, et faire valoir qu'il n'aurait pas contracté s'il avait su que l'associé agissait pour le compte de la société.

A third person, however, may cumulate the defences which may be set up against the partner and the partnership and claim that he would not have entered into the contract if he had known that the partner was acting on behalf of the partnership.

2221. À l'égard des tiers, les associés sont tenus conjointement des obligations de la société; mais ils en sont tenus solidairement si les obligations ont été contractées pour le service ou l'exploitation d'une entreprise de la société.

2221. In respect of third persons, the partners are jointly liable for the obligations contracted by the partnership but they are solidarily liable if the obligations have been contracted for the service or operation of an enterprise of the partnership.

Les créanciers ne peuvent poursuivre le paiement contre un associé qu'après avoir, au préalable, discuté les biens de la société; même alors, les biens de l'associé ne sont affectés au paiement des créanciers de la société qu'après paiement de ses propres créanciers.

Before instituting proceedings for payment against a partner, the creditors shall first discuss the property of the partnership; if proceedings are instituted, the property of the partner is not applied to the payment of creditors of the partnership until after his own creditors are paid.

2222. La personne qui donne à croire qu'elle est un associé, bien qu'elle ne le soit pas, peut être tenue comme un associé envers les tiers de bonne foi agissant suivant cette croyance.

2222. A person who gives reason to believe that he is a partner, although he is not, may be held liable as a partner towards third persons in good faith acting in that belief.

La société n'est cependant obligée envers les tiers que si elle a elle-même donné à croire qu'une telle personne était un associé et qu'elle n'a pas pris de mesures pour prévenir l'erreur des tiers dans des circonstances qui la rendaient prévisible.

The partnership is not liable towards third persons, however, unless it gave reason to believe that such person was a partner and it failed to take measures to prevent third persons from being mistaken in circumstances that made such a mistake predictable.

2223. L'associé non déclaré est tenu envers les tiers aux mêmes obligations que l'associé déclaré.

2224. La société ne peut faire publiquement appel à l'épargne ou émettre des titres négociables, à peine de nullité des contrats conclus ou des titres émis et de l'obligation de réparer le préjudice qu'elle a causé aux tiers de bonne foi.

Les associés sont, en ce cas, tenus solidairement des obligations de la société.

2225. La société peut ester en justice sous le nom qu'elle déclare et elle peut être poursuivie sous ce nom.

§ 3.–*De la perte de la qualité d'associé*

2226. Outre qu'il cesse d'être membre de la société par la cession de sa part ou par son rachat, un associé cesse également de l'être par son décès, par l'ouverture à son égard d'un régime de protection, par sa faillite ou par l'exercice de son droit de retrait; il cesse aussi de l'être par sa volonté, par son expulsion ou par un jugement autorisant son retrait ou ordonnant la saisie de sa part.

2227. L'associé qui cesse d'être membre de la société autrement que par suite de la cession ou de la saisie de sa part a le droit d'obtenir la valeur de sa part au moment où il cesse d'être associé et les autres associés sont tenus au paiement, dès que le montant en est établi, avec intérêts à compter du jour où l'associé cesse d'être membre.

En l'absence de stipulation du contrat de société ou d'accord entre les intéressés sur la valeur de la part, cette valeur est déterminée par un expert que

2223. Silent partners are liable towards third persons for the same obligations as declared partners.

2224. A partnership may not make a distribution of securities to the public or issue negotiable instruments, on pain of nullity of the contracts entered into or of the securities or instruments issued and of the obligation to compensate for any injury it causes to third persons in good faith.

In such a case, the partners are solidarily liable for the obligations of the partnership.

2225. A partnership may sue and be sued in a civil action under the name it declares.

§ 3.–*Loss of the quality of partner*

2226. A partner ceases to be a member of the partnership by the transfer or redemption of his share or upon his death, upon being placed under protective supervision or becoming bankrupt, or by the exercise of his right of withdrawal; he also ceases to be a member where such is his will, by his expulsion or by a judgment authorizing his withdrawal or ordering the seizure of his share.

2227. A partner who ceases to be a member of the partnership otherwise than by the transfer or seizure of his share may obtain the value of his share upon ceasing to be a partner, and the other partners are bound to pay him the amount of the value as soon as it is established, with interest from the day on which his membership ceased.

Failing stipulations in the contract of partnership or failing agreement among the interested persons as to the value of the share, the value is determined by an

désignent les intéressés ou, à défaut, le tribunal. L'expert ou le tribunal peut, toutefois, différer l'évaluation d'éléments éventuels qui sont compris dans l'actif ou le passif.

2228. L'associé d'une société dont la durée n'est pas fixée ou dont le contrat réserve le droit de retrait peut se retirer de la société en donnant, de bonne foi et non à contretemps, un avis de son retrait à la société.

L'associé d'une société dont la durée est fixée ne peut se retirer qu'avec l'accord de la majorité des autres associés, à moins que le contrat ne règle autrement ce cas.

2229. Les associés peuvent, à la majorité, convenir de l'expulsion d'un associé qui manque à ses obligations ou nuit à l'exercice des activités de la société.

Dans les mêmes circonstances, un associé peut demander au tribunal l'autorisation de se retirer de la société; il est fait droit à cette demande, à moins que le tribunal ne juge plus approprié d'ordonner l'expulsion de l'associé fautif.

§ 4.–De la dissolution et de la liquidation de la société

2230. La société, outre les causes de dissolution prévues par le contrat, est dissoute par l'accomplissement de son objet ou l'impossibilité de l'accomplir, ou, encore, du consentement de tous les associés. Elle peut aussi être dissoute par le tribunal, pour une cause légitime.

On procède alors à la liquidation de la société.

expert designated by the interested persons or, failing that, by the court. The expert or the court may, however, defer the assessment of contingent assets or liabilities.

2228. A partner of a partnership constituted for a term that is not fixed or whose contract of partnership reserves the right of withdrawal may withdraw from the partnership by giving it notice of his withdrawal, in good faith and not at an inopportune moment.

A partner of a partnership constituted for a term that is fixed may withdraw only with the agreement of a majority of the other partners, unless other rules for that eventuality are contained in the contract of partnership.

2229. The partners may, by a majority vote, agree on the expulsion of a partner who fails to perform his obligations or hinders the carrying on of the activities of the partnership.

A partner may, in similar circumstances, apply to the court for authorization to withdraw from the partnership; the court grants such a demand unless it considers it more appropriate to order the expulsion of the partner at fault.

§ 4.–Dissolution and liquidation of the partnership

2230. A partnership is dissolved by the causes of dissolution provided in the contract, by the accomplishment of its object or the impossibility of accomplishing it, or by consent of all the partners. It may also be dissolved by the court for a legitimate cause.

Liquidation of the partnership is then proceeded with.

2231. La société constituée pour une durée déclarée peut être continuée du consentement de tous les associés.

2231. Any partnership constituted for an agreed term may be continued by consent of all the partners.

2232. La réunion de toutes les parts sociales entre les mains d'un seul associé n'emporte pas la dissolution de la société, pourvu que, dans les cent vingt jours, au moins un autre associé se joigne à la société.

2232. The uniting of all the shares in the hands of a single partner does not entail dissolution of the partnership, provided at least one other partner joins the partnership within one hundred and twenty days.

2233. Les pouvoirs des associés d'agir pour la société cessent avec la dissolution de celle-ci, sauf quant aux actes qui sont une suite nécessaire des opérations en cours.

2233. The powers of the partners to act on behalf of the partnership cease upon the dissolution of the partnership, except in respect of acts which are a necessary consequence of business already begun.

Néanmoins, tout ce qui est fait dans le cours des activités de la société par un associé agissant de bonne foi et dans l'ignorance de la dissolution de la société, lie cette dernière et les autres associés, comme si la société subsistait.

Anything done, however, in the ordinary course of business of the partnership by a partner unaware of the dissolution of the partnership and acting in good faith binds the partnership and the other partners as if the partnership were still in existence.

2234. La dissolution de la société ne porte pas atteinte aux droits des tiers de bonne foi qui contractent subséquemment avec un associé ou un mandataire agissant pour le compte de la société.

2234. Dissolution of the partnership does not affect the rights of third persons in good faith who subsequently enter into a contract with a partner or a mandatary acting on behalf of the partnership.

2235. On suit, pour la liquidation de la société, les règles prévues aux articles 358 à 364 du livre Des personnes, compte tenu des adaptations nécessaires et du fait que les avis requis par ces règles doivent être déposés conformément aux lois relatives à la publicité légale des sociétés.

2235. Liquidation of the partnership is subject to the rules provided in articles 358 to 364 of the Book on Persons, adapted as required. The notices required by those rules shall be filed in accordance with the legislation concerning the legal publication of partnerships.

SECTION III
DE LA SOCIÉTÉ EN COMMANDITE

SECTION III
LIMITED PARTNERSHIPS

2236. La société en commandite est constituée entre un ou plusieurs commandités, qui sont seuls autorisés à ad-

2236. A limited partnership is a partnership consisting of one or more general partners who are the sole persons

ministrer la société et à l'obliger, et un ou plusieurs commanditaires qui sont tenus de fournir un apport au fonds commun de la société.

2237. La société en commandite peut faire publiquement appel à l'épargne de tiers pour la constitution ou l'augmentation du fonds commun et émettre des titres négociables.

Le tiers qui s'engage à fournir un apport devient commanditaire de la société.

2238. Les commandités ont les pouvoirs, droits et obligations des associés de la société en nom collectif, mais ils sont tenus de rendre compte de leur administration aux commanditaires.

Ils sont tenus, envers ces derniers, des mêmes obligations que celles auxquelles l'administrateur chargé de la pleine administration du bien d'autrui est tenu envers le bénéficiaire de l'administration.

Les clauses limitant les pouvoirs des commandités sont inopposables aux tiers de bonne foi.

2239. Les commandités tiennent, au lieu du principal établissement de la société, un registre dans lequel sont inscrits les nom et domicile des commanditaires et tous les renseignements concernant leur apport au fonds commun.

2240. L'apport du commanditaire, lorsque cet apport consiste en une somme d'argent ou en un autre bien, est fourni lors de la constitution du fonds commun ou en tout autre temps, comme apport additionnel à ce fonds.

authorized to administer and bind the partnership, and of one or more special partners who are bound to furnish a contribution to the common stock of the partnership.

2237. A limited partnership may make a distribution of securities to the public to establish or increase the common stock, and issue negotiable instruments.

A third person who undertakes to make a contribution becomes a special partner of the partnership.

2238. General partners have the powers, rights and obligations of the partners of a general partnership but they are bound to render an account of their administration to the special partners.

The general partners are bound by the same obligations towards the special partners as those binding an administrator charged with full administration of the property of others towards the beneficiary of the administration.

Clauses restricting the powers of the general partners may not be set up against third persons in good faith.

2239. The general partners keep a register at the place of the principal establishment of the partnership, containing the name and domicile of each of the special partners and any information concerning their contributions to the common stock.

2240. The contribution of a special partner, where it consists of a sum of money or of any other property, is furnished at the time of establishment of the common stock or at any other time as an additional contribution to the common stock.

Le commanditaire assume jusqu'à la délivrance, les risques de perte, par force majeure, de l'apport convenu.

The special partner assumes the risk of loss of the agreed contribution by superior force until it is delivered.

2241. Pendant la durée de la société, le commanditaire ne peut, de quelque manière, retirer une partie de son apport en biens au fonds commun, à moins d'obtenir le consentement de la majorité des autres associés et que suffisamment de biens subsistent, après ce retrait, pour acquitter les dettes de la société.

2241. While the partnership exists, no special partner may withdraw part of his contribution in property to the common stock, in any way, unless he obtains the consent of a majority of the other partners and the property remaining after the withdrawal is sufficient to discharge the debts of the partnership.

2242. Le commanditaire a le droit de recevoir sa part des bénéfices, mais si le paiement de ces bénéfices entame le fonds commun, le commanditaire qui les reçoit est tenu de remettre la somme nécessaire pour couvrir sa part du déficit, avec intérêts.

2242. A special partner is entitled to receive his share of the profits, but if the payment of the profits reduces the common stock, every special partner who receives such a payment is bound to restore the sum necessary to cover his share of the deficit, with interest.

Dans le cas d'une société dont le capital comprend des biens qui se consomment par l'exploitation qu'elle en fait, le commanditaire ne peut recevoir sa part des bénéfices que si suffisamment de biens subsistent, après ce paiement, pour acquitter les dettes de la société.

In the case of a partnership whose capital includes property that is consumed by its exploitation by the partnership, the special partner may receive his share of the profits only if the property remaining after the payment is sufficient to discharge the debts of the partnership.

2243. La part d'un commanditaire dans le fonds commun de la société est cessible.

2243. The share of a special partner in the common stock of the partnership is transferable.

À l'égard des tiers, le cédant demeure tenu des obligations pouvant résulter de sa participation à la société, alors qu'il en était encore commanditaire.

In respect of third persons, the transferor remains liable for the obligations which may result from his share in the partnership while he was still a special partner.

2244. Les commanditaires ne peuvent donner que des avis de nature consultative concernant la gestion de la société.

2244. A special partner may not give other than an advisory opinion with regard to the management of the partnership.

Ils ne peuvent négocier aucune affaire pour le compte de la société, ni agir

A special partner may not negotiate any business on behalf of the partner-

pour celle-ci comme mandataire ou agent, ni permettre que leur nom soit utilisé dans un acte de la société; le cas échéant, ils sont tenus, comme un commandité, des obligations de la société résultant de ces actes et, suivant l'importance ou le nombre de ces actes, ils peuvent être tenus, comme celui-ci, de toutes les obligations de la société.

2245. Les commanditaires peuvent faire les actes de simple administration que requiert la gestion de la société, lorsque les commandités ne peuvent plus agir.

Si les commandités ne sont pas remplacés dans les cent vingt jours, la société est dissoute.

2246. En cas d'insuffisance des biens de la société, chaque commandité est tenu solidairement des dettes de la société envers les tiers; le commanditaire y est tenu jusqu'à concurrence de l'apport convenu, malgré toute cession de part dans le fonds commun.

Est sans effet la stipulation qui oblige le commanditaire à cautionner ou à assumer les dettes de la société au-delà de l'apport convenu.

2247. Le commanditaire dont le nom apparaît dans le nom de la société, répond des obligations de la société de la même manière qu'un commandité, à moins que sa qualité de commanditaire ne soit clairement indiquée.

2248. Dans le cas d'insuffisance des biens de la société, le commanditaire ne peut, en cette qualité, réclamer comme créancier avant que les autres créanciers de la société n'aient été satisfaits.

ship or act as mandatary or agent for the partnership or allow his name to be used in any act of the partnership; otherwise, he is liable in the same manner as a general partner for the obligations of the partnership resulting from such acts and, according to the importance or number of such acts, he may be liable in the same manner as a general partner for all the obligations of the partnership.

2245. Where the general partners can no longer act, the special partners may perform any act of simple administration required for the management of the partnership.

If the general partners are not replaced within one hundred and twenty days, the partnership is dissolved.

2246. Where the property of the partnership is insufficient, the general partners are solidarily liable for the debts of the partnership in respect of third persons; a special partner is liable for the debts up to the agreed amount of his contribution, notwithstanding any transfer of his share in the common stock.

Any stipulation whereby a special partner is bound to secure or assume the debts of the partnership beyond the agreed amount of his contribution is without effect.

2247. A special partner whose name appears in the firm name of the partnership is liable for the obligations of the partnership in the same manner as a general partner, unless his quality of special partner is clearly indicated.

2248. Where the property of the partnership is insufficient, a special partner may not, in that quality, claim as a creditor until the other creditors of the partnership are satisfied.

2249. Les règles relatives à la société en nom collectif sont, pour le reste, applicables à la société en commandite, compte tenu des adaptations nécessaires.

2249. In all other respects, the rules governing general partnerships, adapted as required, apply to limited partnerships.

SECTION IV
DE LA SOCIÉTÉ EN PARTICIPATION

SECTION IV
UNDECLARED PARTNERSHIPS

§ 1.–*De la constitution de la société*

§ 1.–*Establishment of an undeclared partnership*

2250. Le contrat constitutif de la société en participation est écrit ou verbal. Il peut aussi résulter de faits manifestes qui indiquent l'intention de s'associer.

2250. The contract by which an undeclared partnership is established may be written or verbal. It may also arise from an overt act indicating the intention to form an undeclared partnership.

La seule indivision de biens existant entre plusieurs personnes ne fait pas présumer leur intention de s'associer.

Mere indivision of property existing between several persons does not create a presumption of their intention to form an undeclared partnership.

§ 2.–*Des rapports des associés entre eux*

§ 2.–*Relations of the partners between themselves*

2251. Les associés conviennent de l'objet, du fonctionnement, de la gestion et des autres modalités de la société en participation.

2251. The partners agree upon the object, operation, management and any other terms and conditions of an undeclared partnership.

En l'absence de convention particulière, les rapports des associés entre eux sont réglés par les dispositions qui régissent les rapports des associés en nom collectif, entre eux et envers leur société, compte tenu des adaptations nécessaires.

Failing any special agreement, the relations of the partners between themselves are subject to the provisions governing the relations of general partners between themselves and with the partnership, adapted as required.

§ 3.–*Des rapports des associés envers les tiers*

§ 3.–*Relations of the partners with third persons*

2252. À l'égard des tiers, chaque associé demeure propriétaire des biens constituant son apport à la société.

2252. In respect of third persons, each partner retains the ownership of the property constituting his contribution to the undeclared partnership.

Sont indivis entre les associés, les biens dont l'indivision existait avant la mise en commun de leur apport, ou a

Property that was undivided before the combination of the contributions of the partners or that is undivided by

été convenue par eux, et ceux acquis par l'emploi de sommes indivises pendant que subsiste le contrat de société.

agreement of the partners, or any property acquired by the use of undivided sums during the term of the contract of partnership is undivided property in respect of the partners.

2253. Chaque associé contracte en son nom personnel et est seul obligé à l'égard des tiers.

2253. Each partner contracts in his own name and is alone liable towards third persons.

Toutefois, lorsque les associés agissent en qualité d'associés à la connaissance des tiers, chaque associé est tenu à l'égard de ceux-ci des obligations résultant des actes accomplis en cette qualité par l'un des autres associés.

Where, however, to the knowledge of third persons, the partners act in the quality of partners, each partner is liable towards the third persons for the obligations resulting from acts performed in that quality by any of the other partners.

2254. Les associés ne sont pas tenus solidairement des dettes contractées dans l'exercice de leur activité, à moins que celles-ci n'aient été contractées pour le service ou l'exploitation d'une entreprise commune; ils sont tenus envers le créancier, chacun pour une part égale, encore que leurs parts dans la société soient inégales.

2254. The partners are not solidarily liable for debts contracted in carrying on their business unless the debts have been contracted for the use or operation of a common enterprise; they are liable towards the creditor, each for an equal share, even if their shares in the undeclared partnership are unequal.

2255. Toute stipulation qui limite l'étendue de l'obligation des associés envers les tiers est inopposable à ces derniers.

2255. No stipulation limiting the extent of the partners' obligation towards third persons may be set up against the third persons.

2256. Les associés peuvent exercer tous les droits résultant des contrats conclus par un autre associé, mais le tiers n'est lié qu'envers l'associé avec lequel il a contracté, sauf si cet associé a déclaré sa qualité.

2256. The partners may exercise all the rights arising from contracts entered into by another partner, but the third person is bound only towards the partner with whom he entered into the contract, unless the partner declared his quality.

2257. Toute action qui peut être intentée contre tous les associés peut aussi l'être contre l'un ou plusieurs d'entre eux, en tant qu'associés d'autres personnes, sans que celles-ci y soient nommées.

2257. Any action which may be brought against all the partners may also be brought against one or more of them, as partners of other persons, without naming the other persons in the action.

Si le jugement est rendu contre celui ou ceux des associés qui sont poursuivis, tous les autres peuvent ensuite

Where judgment is rendered against the partner or partners sued, all the other partners may be sued jointly or sepa-

être poursuivis ensemble ou séparément, sur la même cause d'action. Si l'action est fondée sur une obligation constatée dans un écrit où sont nommés tous les associés obligés, tous doivent être partie à l'action pour que le jugement leur soit opposable.

rately on the same cause of action. Where the action is founded on an obligation evidenced in a writing naming all the partners bound thereby, the judgment may not be set up against them unless all of them are parties to the action.

§ 4.–*De la fin du contrat de société*

§ 4.–*Termination of the contract of undeclared partnership*

2258. Le contrat de société, outre sa résiliation du consentement de tous les associés, prend fin par l'arrivée du terme ou l'avènement de la condition apposée au contrat, par l'accomplissement de l'objet du contrat ou par l'impossibilité d'accomplir cet objet.

Il prend fin aussi par le décès ou la faillite de l'un des associés, par l'ouverture à son égard d'un régime de protection ou par un jugement ordonnant la saisie de sa part.

2258. A contract of undeclared partnership is terminated by consent of all the partners or by the expiry of its term or the fulfilment of the condition attached to the contract, by the accomplishment or impossibility of accomplishing the object of the contract.

It is also terminated by the death or bankruptcy of one of the partners, by his being placed under protective supervision or by a judgment ordering the seizure of his share.

2259. Il est permis de stipuler qu'advenant le décès de l'un des associés, la société continuera avec ses représentants légaux ou entre les associés survivants. Dans le second cas, les représentants de l'associé défunt ont droit au partage des biens de la société seulement telle qu'elle existait au moment du décès de cet associé. Ils ne peuvent réclamer le bénéfice des opérations subséquentes, à moins qu'elles ne soient la suite nécessaire des opérations faites avant le décès.

2259. It may be stipulated that in the case of death of one of the partners the undeclared partnership will continue with his legal representatives or among the surviving partners. In the latter case, the representatives of the deceased partner are entitled to the partition of the property of the undeclared partnership only as it existed at the time of death of the partner. They may not claim benefits arising from subsequent transactions unless they are a necessary consequence of transactions carried out before the death.

2260. Le contrat de société dont la durée n'est pas fixée ou qui réserve un droit de retrait peut prendre fin à tout moment sur simple avis adressé par un associé aux autres associés, pourvu que cet avis soit donné de bonne foi et non à contretemps.

2260. Where a contract of undeclared partnership is made for a term that is not fixed or where it reserves a right of withdrawal, it may be terminated at any time by mere notice from one of the partners to the other partners, provided it is given in good faith and not at an inopportune moment.

2261. Le contrat de société peut être résilié pour une cause légitime, notamment si l'un des associés manque à ses obligations ou nuit à l'exercice de l'activité des associés.

2262. Les pouvoirs des associés d'agir en vertu du contrat de société cessent avec la fin de celui-ci, sauf quant aux actes qui sont une suite nécessaire des opérations en cours.

Néanmoins, tout ce qui est fait dans le cours des activités de la société par un associé agissant de bonne foi et dans l'ignorance de la fin du contrat lie tous les associés comme si la société subsistait.

2263. La fin du contrat de société ne porte pas atteinte aux droits des tiers de bonne foi qui contractent subséquemment avec un associé ou un autre mandataire de tous les associés.

2264. À défaut d'accord sur le mode de liquidation de la société ou sur le choix d'un liquidateur, tout intéressé peut s'adresser au tribunal afin qu'un liquidateur soit nommé.

2265. L'associé a le droit d'obtenir la restitution des biens correspondant à la part dont il a la propriété, et d'exiger l'attribution, en nature ou par équivalent, des biens dont il a la propriété indivise dans la société, au moment où le contrat prend fin.

En l'absence d'accord sur la valeur d'une part, cette valeur est déterminée par le liquidateur ou, à défaut, par le

2261. A contract of undeclared partnership may be resiliated for a legitimate cause, in particular where one of the partners fails to perform his obligations or hinders the carrying on of the business of the partners.

2262. The powers of the partners to act under the contract of undeclared partnership cease upon the termination of the contract, except as regards necessary consequences of business transactions already begun.

Anything done, however, in the course of activities of the undeclared partnership by a partner who is unaware of the termination of the contract and is acting in good faith binds all the partners as if the undeclared partnership continued to exist.

2263. The termination of a contract of undeclared partnership does not affect the rights of third persons in good faith who subsequently contract with a partner or any other mandatary of all the partners.

2264. Failing agreement as to the mode of liquidation of the undeclared partnership or the selection of a liquidator, any interested person may apply to the court for the appointment of a liquidator.

2265. A partner is entitled to restitution of the property corresponding to the share he owns, and to demand the apportionment of the undivided property he owns in the undeclared partnership, in kind or in equivalence, upon termination of the contract.

Failing agreement as to the value of the share, the liquidator or, failing him, the court determines it. The liquidator or

tribunal. Le liquidateur ou le tribunal peut, toutefois, différer l'évaluation d'éléments éventuels qui sont compris dans l'actif ou le passif.

2266. Le liquidateur a la saisine des biens mis en commun et agit à titre d'administrateur du bien d'autrui chargé de la pleine administration.

Il procède au paiement des dettes, puis au remboursement des apports et, ensuite, au partage de l'actif entre les associés.

SECTION V
DE L'ASSOCIATION

2267. Le contrat constitutif de l'association est écrit ou verbal. Il peut aussi résulter de faits manifestes qui indiquent l'intention de s'associer.

2268. Le contrat d'association régit l'objet, le fonctionnement, la gestion et les autres modalités de l'association.

Il est présumé permettre l'admission de membres autres que les membres fondateurs.

2269. En l'absence de règles particulières dans le contrat d'association, les administrateurs de l'association sont choisis parmi ses membres et les membres fondateurs sont, de plein droit, les administrateurs jusqu'à ce qu'ils soient remplacés.

2270. Les administrateurs agissent à titre de mandataire des membres de l'association.

Ils n'ont pas d'autres pouvoirs que ceux qui leur sont conférés par le contrat d'association ou par la loi, ou qui découlent de leur mandat.

the court may, however, defer assessment of contingent assets or liabilities.

2266. The liquidator has the seisin of the common property and acts as an administrator of the property of others entrusted with full administration.

The liquidator first pays the debts, then reimburses the contributions and, finally, partitions the assets among the partners.

SECTION V
ASSOCIATIONS

2267. The contract by which an association is established may be written or verbal. It may also arise from overt acts indicating the intention to form an association.

2268. The contract of association governs the object, functioning, management and other terms and conditions of the association.

It is presumed to allow the admission of members other than the founding members.

2269. Failing any special rules in the contract of association, the directors of the association are elected from among its members, and the founding members are, of right, the directors of the association until they are replaced.

2270. The directors act as mandataries of the members of the association.

Their only powers are those conferred on them by the contract of association or by law, or those arising from their mandate.

2271. Les administrateurs peuvent ester en justice pour faire valoir les droits et les intérêts de l'association.

2272. Tout membre a le droit de participer aux décisions collectives et le contrat d'association ne peut empêcher l'exercice de ce droit.

Ces décisions, y compris celles qui ont trait à la modification du contrat d'association, se prennent à la majorité des voix des membres, sauf stipulation contraire dudit contrat.

2273. Tout membre, même s'il est exclu de la gestion, et malgré toute stipulation contraire, a le droit de se renseigner sur l'état des affaires de l'association et de consulter les livres et registres de celle-ci.

Il est tenu d'exercer ce droit de manière à ne pas entraver indûment les activités de l'association ou à ne pas empêcher les autres membres d'exercer ce même droit.

2274. En cas d'insuffisance des biens de l'association, les administrateurs et tout membre qui administre de fait les affaires de l'association, sont solidairement ou conjointement tenus des obligations de l'association qui résultent des décisions auxquelles ils ont souscrit pendant leur administration, selon que ces obligations ont été, ou non, contractées pour le service ou l'exploitation d'une entreprise de l'association.

Toutefois, les biens de chacune de ces personnes ne sont affectés au paiement des créanciers de l'association qu'après paiement de leurs propres créanciers.

2275. Le membre qui n'a pas administré l'association n'est tenu des dettes de

2271. The directors may sue and be sued to assert the rights and interests of the association.

2272. Every member is entitled to participate in collective decisions, and he may not be prevented from exercising that right by the contract of association.

Collective decisions, including those to amend the contract of association, are taken by a majority vote of the members, unless otherwise stipulated in the contract.

2273. Notwithstanding any stipulation to the contrary, any member may inform himself of the affairs of the association and consult its books and records even if he is excluded from management.

In exercising this right, the member is bound not to impede the activities of the association unduly nor to prevent the other members from exercising the same right.

2274. Where the property of the association is insufficient, the directors and any member administering in fact the affairs of the association are solidarily or jointly liable for the obligations of the association resulting from decisions to which they gave their approval during their administration, whether or not the obligations have been contracted for the service or operation of an enterprise of the association.

The property of each of these persons is not applied to the payment of creditors of the association, however, until after his own creditors are paid.

2275. A member who has not administered the association is liable for the

celle-ci qu'à concurrence de la contribution promise et des cotisations échues.

debts of the association only up to the promised contribution and the subscriptions due for payment.

2276. Un membre peut, malgré toute stipulation contraire, se retirer de l'association, même constituée pour une durée déterminée; le cas échéant, il est tenu au paiement de la contribution promise et des cotisations échues.

Il peut être exclu de l'association par une décision des membres.

2276. Notwithstanding any stipulation to the contrary, a member may withdraw from the association, even if it has been established for a fixed term; if he withdraws, he is bound to pay the promised contribution and any subscriptions due.

A member may be excluded from the association by decision of the members.

2277. Le contrat d'association prend fin par l'arrivée du terme ou l'avènement de la condition apposée au contrat, par l'accomplissement de l'objet du contrat ou par l'impossibilité d'accomplir cet objet.

En outre, il prend fin par une décision des membres.

2277. A contract of association is terminated by the expiry of its term or the fulfilment of the condition attached to the contract, or by the accomplishment or impossibility of accomplishing the object of the contract.

It is also terminated by decision of the members.

2278. Lorsque le contrat prend fin, l'association est liquidée par une personne nommée par les administrateurs ou, à défaut, par le tribunal.

2278. When a contract of association is terminated, the association is liquidated by a person appointed by the directors or, failing that, by the court.

2279. Après le paiement des dettes, les biens qui restent sont dévolus conformément aux règles du contrat d'association ou, en l'absence de règles particulières, partagés entre les membres, en parts égales.

Toutefois, les biens qui proviennent des contributions de tiers sont, malgré toute stipulation contraire, dévolus à une association, à une personne morale ou à une fiducie partageant des objectifs semblables à l'association; si les biens ne peuvent être ainsi employés, ils sont dévolus à l'État et administrés par le curateur public comme des biens sans maître ou, s'ils sont de peu d'importance, partagés également entre les membres.

2279. After payment of the debts, the remaining property devolves in accordance with the rules respecting the contract of association or, failing special rules, it is shared equally among the members.

However, any property derived from contributions of third persons devolves, notwithstanding any stipulation to the contrary, to an association, legal person or trust sharing objectives similar to those of the association; if that is not possible, it devolves to the State and is administered by the Public Curator as property without an owner or, if of little value, is shared equally among the members.

CHAPITRE ONZIÈME
DU DÉPÔT

SECTION I
DU DÉPÔT EN GÉNÉRAL

§ 1.–*Dispositions générales*

2280. Le dépôt est le contrat par lequel une personne, le déposant, remet un bien meuble à une autre personne, le dépositaire, qui s'oblige à garder le bien pendant un certain temps et à le restituer.

Le dépôt est à titre gratuit; il peut, cependant, être à titre onéreux lorsque l'usage ou la convention le prévoit.

2281. La remise du bien est essentielle pour que le contrat de dépôt soit parfait.

La remise feinte suffit quand le dépositaire détient déjà le bien à un autre titre.

2282. Si le dépôt a été fait à une personne mineure ou placée sous un régime de protection, le déposant peut revendiquer le bien déposé, tant qu'il demeure entre les mains de cette personne; il a le droit, si la restitution en nature est impossible, de demander la valeur du bien, jusqu'à concurrence de l'enrichissement qu'en a retiré celle qui l'a reçu.

§ 2.–*Des obligations du dépositaire*

2283. Le dépositaire doit agir, dans la garde du bien, avec prudence et diligence; il ne peut se servir du bien sans la permission du déposant.

2284. Le dépositaire ne peut exiger du déposant la preuve qu'il est propriétaire du bien déposé; il ne peut l'exiger, non plus, de la personne à qui le bien doit être restitué.

CHAPTER XI
DEPOSIT

SECTION I
DEPOSIT IN GENERAL

§ 1.–*General provisions*

2280. Deposit is a contract by which a person, the depositor, hands over movable property to another person, the depositary, who undertakes to keep it for a certain time and to restore it to him.

Deposit is gratuitous but may be by onerous title where permitted by usage or an agreement.

2281. Handing over of the property to be deposited is essential for the completion of the contract of deposit.

Fictitious handing over is sufficient where the depositary already has detention of the property under another title.

2282. Where the deposit has been made with a minor person or with a person under protective supervision, the depositor may revendicate the property deposited so long as it remains in the hands of that person; where restitution in kind is impossible, he is entitled to claim the value of the property up to the amount of the enrichment of the person who received it.

§ 2.–*Obligations of the depositary*

2283. The depositary shall act with prudence and diligence in the safekeeping of the property; he may not use it without the permission of the depositor.

2284. The depositary may not require the depositor to prove that he is the owner of the property deposited, or require such proof of the person to whom the property is to be restored.

2285. Le dépositaire est tenu de restituer au déposant le bien déposé, dès que ce dernier le demande, alors même qu'un terme aurait été fixé pour la restitution.

Il peut, s'il a émis un reçu ou un autre titre qui constate le dépôt ou donne à celui qui le détient le droit de retirer le bien, exiger la remise de ce titre.

2286. Le dépositaire doit rendre le bien même qu'il a reçu en dépôt.

S'il a reçu quelque chose en remplacement du bien qui a péri par force majeure, il doit rendre au déposant ce qu'il a ainsi reçu.

2287. Le dépositaire est tenu de restituer les fruits et les revenus qu'il a perçus du bien déposé.

Il ne doit les intérêts des sommes déposées que lorsqu'il est en demeure de les restituer.

2288. L'héritier ou un autre représentant légal du dépositaire, qui vend de bonne foi le bien dont il ignorait le dépôt, n'est tenu que de rendre le prix qu'il a reçu, ou de céder son droit contre l'acheteur si le prix n'a pas été payé.

2289. Le dépositaire est tenu, si le dépôt est à titre gratuit, de la perte du bien déposé qui survient par sa faute; si le dépôt est à titre onéreux ou s'il a été exigé par le dépositaire, celui-ci est tenu de la perte du bien, à moins qu'il ne prouve la force majeure.

2290. Le tribunal peut réduire les dommages-intérêts dus par le dépositaire,

2285. The depositary is bound to restore the deposited property to the depositor on demand, even if a term has been fixed for restitution.

Where the depositary has issued a receipt or any other document evidencing the deposit or giving the person holding it the right to withdraw the property, he may require that the document be returned to him.

2286. The depositary shall return the identical property he received on deposit.

Where the depositary has received something to replace property that had perished by superior force, he shall return what he has received to the depositor.

2287. The depositary is bound to restore the fruits and revenues he has received from the property deposited.

The depositary owes interest on money deposited only when he is in default to restore the money.

2288. Where the heir or other legal representative of the depositary sells in good faith property deposited without his knowledge, he is bound only to return the price he has received or to assign his claim against the purchaser if the price has not been paid.

2289. Where a deposit is gratuitous, the depositary is liable for the loss of the property deposited, if caused by his fault; where a deposit is by onerous title or where it was required by the depositary, he is liable for the loss of the property, unless he proves superior force.

2290. The court may reduce the damages payable by the depositary where

lorsque le dépôt est à titre gratuit ou que le dépositaire a reçu en dépôt des documents, espèces ou autres biens de valeur, sans que le déposant n'ait déclaré leur nature ou leur valeur.

2291. La restitution du bien se fait au lieu où le bien a été remis en dépôt, à moins que les parties n'aient convenu d'un autre lieu.

2292. Lorsque le dépôt est à titre gratuit, les frais de la restitution sont à la charge du déposant; cependant, ils sont à la charge du dépositaire si celui-ci a, à l'insu du déposant, transporté le bien ailleurs qu'au lieu convenu pour la restitution, à moins qu'il ne l'ait fait pour en assurer la conservation.

Lorsque le dépôt est à titre onéreux, les frais de la restitution sont à la charge du dépositaire.

§ 3.–*Des obligations du déposant*

2293. Le déposant est tenu de rembourser au dépositaire les dépenses faites pour la conservation du bien, de l'indemniser de toute perte que le bien lui a causée et de lui verser la rémunération convenue.

Le dépositaire a le droit de retenir le bien déposé jusqu'au paiement.

2294. Le déposant est tenu d'indemniser le dépositaire du préjudice que lui cause la restitution anticipée du bien si le terme a été convenu dans le seul intérêt du dépositaire.

SECTION II
DU DÉPÔT NÉCESSAIRE

2295. Il y a dépôt nécessaire lorsqu'une personne est contrainte par une nécessité imprévue et pressante provenant d'un accident ou d'une force ma-

the deposit is gratuitous or where the depositary received in deposit documents, money or other valuables whose nature or value was not declared by the depositor.

2291. The property is restored at the place where it was handed over for deposit, unless the parties have agreed on another place.

2292. Where the deposit is gratuitous, the cost of restitution of the property is borne by the depositor, but it is borne by the depositary if he, without the knowledge of the depositor, has transported the property elsewhere than the place agreed for its restitution, unless he did it to preserve the property.

Where the deposit is by onerous title, the cost of restitution is borne by the depositary.

§ 3.–*Obligations of the depositor*

2293. The depositor is bound to reimburse the depositary for any expenses he has incurred for the preservation of the property, to indemnify him for any loss the property may have caused him and to pay him the agreed remuneration.

The depositary is entitled to retain the deposited property until he is paid.

2294. The depositor is liable to indemnify the depositary for any injury caused to him by the premature restitution of the property if the term was agreed upon in the sole interest of the depositary.

SECTION II
NECESSARY DEPOSIT

2295. Necessary deposit takes place where a person is compelled, by an unforeseen and urgent necessity due to an accident or to superior force, to entrust

jeure de remettre à une autre la garde d'un bien.

2296. Le dépositaire ne peut refuser de recevoir le bien, à moins qu'il n'ait un motif sérieux de le faire.

Il est tenu de la perte du bien, de la même façon qu'un dépositaire à titre gratuit.

2297. Le dépôt d'un bien dans un établissement de santé ou de services sociaux est présumé être un dépôt nécessaire.

SECTION III
DU DÉPÔT HÔTELIER

2298. La personne qui offre au public des services d'hébergement, appelée l'hôtelier, est tenue de la perte des effets personnels et des bagages apportés par ceux qui logent chez elle, de la même manière qu'un dépositaire à titre onéreux, jusqu'à concurrence de dix fois le prix quotidien du logement qui est affiché ou, s'il s'agit de biens qu'elle a acceptés en dépôt, jusqu'à concurrence de cinquante fois ce prix.

2299. L'hôtelier est tenu d'accepter en dépôt les documents, les espèces et les autres biens de valeur apportés par ses clients; il ne peut les refuser que si, compte tenu de l'importance ou des conditions d'exploitation de l'hôtel, les biens paraissent d'une valeur excessive ou sont encombrants, ou encore s'ils sont dangereux.

Il peut examiner les biens qui lui sont remis en dépôt et exiger qu'ils soient placés dans un réceptacle fermé ou scellé.

2300. L'hôtelier qui met à la disposition de ses clients un coffre-fort dans la chambre même, n'est pas réputé avoir

the custody of property to another person.

2296. The depositary may not refuse to accept the property without a serious reason.

The depositary is liable for loss of the property in the same manner as a depositary by gratuitous title.

2297. The deposit of property in a health or social services establishment is presumed to be a necessary deposit.

SECTION III
DEPOSIT WITH AN INNKEEPER

2298. A person who offers lodging to the public, called an innkeeper, is liable in the same manner as a depositary by onerous title for the loss of the personal effects and baggage brought by persons who lodge with him, up to ten times the displayed cost of lodging for one day or, in the case of property he has accepted for deposit, up to fifty times such cost.

2299. An innkeeper is bound to accept for deposit the documents, sums of money and other valuables brought by his guests; he may not refuse them unless, given the size and operating conditions of the hotel, they appear to be of excessive value or cumbersome, or unless they are dangerous.

The innkeeper may examine the property handed over to him for deposit and require it to be placed in a closed or sealed receptacle.

2300. An innkeeper who places a safe at the disposal of guests in the room itself is not deemed to have accepted for de-

accepté en dépôt les biens qui y sont déposés par les clients.

2301. Malgré ce qui précède, la responsabilité de l'hôtelier est illimitée lorsque la perte d'un bien apporté par un client provient de la faute intentionnelle ou lourde de l'hôtelier ou d'une personne dont celui-ci est responsable.

La responsabilité de l'hôtelier est encore illimitée lorsqu'il refuse le dépôt de biens qu'il est tenu d'accepter, ou lorsqu'il n'a pas pris les moyens nécessaires pour informer le client des limites de sa responsabilité.

2302. L'hôtelier a le droit, en garantie du paiement du prix du logement, ainsi que des services et prestations effectivement fournis par lui, de retenir les effets et les bagages apportés par le client à l'hôtel, à l'exclusion des papiers et des effets personnels de ce dernier qui n'ont pas de valeur marchande.

2303. L'hôtelier peut disposer des biens retenus, à défaut de paiement, conformément aux règles prescrites au livre Des biens pour le détenteur du bien confié et oublié.

2304. L'hôtelier est tenu d'afficher, dans les bureaux, les salles et les chambres de son établissement, le texte, imprimé en caractères lisibles, des articles de la présente section.

SECTION IV
DU SÉQUESTRE

2305. Le séquestre est le dépôt par lequel des personnes remettent un bien qu'elles se disputent entre les mains d'une autre personne de leur choix qui s'oblige à ne le restituer qu'à celle qui y aura droit, une fois la contestation terminée.

posit the property placed in such a safe by a guest.

2301. Notwithstanding the foregoing, the liability of the innkeeper is unlimited where the loss of property brought by a guest is caused by the intentional or gross fault of the innkeeper or of a person for whom he is responsible.

The liability of the innkeeper is also unlimited where he refuses the deposit of property he is bound to accept, or where he has not taken the necessary measures to inform the guest of the limits of his liability.

2302. The innkeeper is entitled to retain, as security for payment of the cost of lodging and services actually provided by him, the effects and baggage brought into the hotel by the guest, except his personal documents and effects of no market value.

2303. The innkeeper may dispose of the property retained, failing payment, in accordance with the rules prescribed in the Book on Property, which apply to the holder of property entrusted and forgotten.

2304. The innkeeper is bound to post up the text of the articles of this section, printed in legible type, in the offices, public rooms and bedrooms of his establishment.

SECTION IV
SEQUESTRATION

2305. Sequestration is the deposit by which persons place property over which they are in dispute in the hands of another person chosen by them, who binds himself to restore it, once the issue is decided, to the person who will then be entitled to it.

2306. Le séquestre peut porter tant sur un bien immeuble que sur un bien meuble.

La remise de l'immeuble s'effectue par l'abandon de la détention de l'immeuble au dépositaire chargé d'agir à titre de séquestre.

2307. Les parties choisissent le séquestre d'un commun accord; elles peuvent désigner l'une d'entre elles pour agir à ce titre.

Si elles ne, s'accordent pas sur le choix de la personne à nommer ou sur certaines conditions de sa charge, elles peuvent demander au tribunal d'en décider.

2308. Le séquestre ne peut faire, relativement au bien sous séquestre, ni impense ni aucun acte autre que de simple administration, à moins de stipulation contraire ou d'autorisation du tribunal.

Il peut, cependant, avec le consentement des parties ou, à défaut, avec l'autorisation du tribunal, aliéner, sans délai ni formalités, les biens dont la garde ou l'entretien entraîne des frais disproportionnés par rapport à leur valeur.

2309. Le séquestre est déchargé, lorsque la contestation est terminée, par la restitution du bien à celui qui y a droit.

Il ne peut, auparavant, être déchargé et restituer le bien que si toutes les parties y consentent ou, à défaut d'accord, s'il existe une cause suffisante; en ce dernier cas, la décharge doit être autorisée par le tribunal.

2306. The object of sequestration may be immovable property as well as movable property.

An immovable is handed over by abandoning detention of the immovable to the depositary charged with acting as sequestrator.

2307. The parties elect the sequestrator by mutual agreement; they may elect one of their number to act as sequestrator.

Where the parties disagree on the election of a sequestrator or on certain conditions attached to his duties, they may apply to the court for a ruling on the issue.

2308. A sequestrator may not make any disbursement or perform any act other than acts of simple administration in respect of the sequestered property unless otherwise stipulated or unless authorized by the court.

He may, however, with the consent of the parties or, failing that, with the authorization of the court, alienate, without delay or formalities, property which entails costs of custody or maintenance disproportionate to its value.

2309. The sequestrator is discharged, upon the termination of the contestation, by the restitution of the property to the person entitled to it.

The sequestrator may not be discharged and restore the property before the contestation is terminated except with the consent of all the parties or, failing that, for sufficient cause; in this last case, he may be discharged only with the authorization of the court.

2310. Le séquestre doit rendre compte de sa gestion à la fin de son administration, et même auparavant si les parties le requièrent ou si le tribunal l'ordonne.

2310. The sequestrator shall render an account of his management at the end of his administration, and also earlier at the request of the parties or by order of the court.

2311. Le séquestre peut être constitué par l'autorité judiciaire; il est alors soumis aux dispositions du Code de procédure civile, ainsi qu'aux règles du présent chapitre, s'il n'y a pas incompatibilité.

2311. A sequestrator may be appointed by judicial authority; in such a case, he is subject to the provisions of the Code of Civil Procedure and to the rules contained in this chapter, so far as they are consistent.

CHAPITRE DOUZIÈME
DU PRÊT

CHAPTER XII
LOAN

SECTION I
DES ESPÈCES DE PRÊT ET DE LEUR NATURE

SECTION I
NATURE AND KINDS OF LOANS

2312. Il y a deux espèces de prêt: le prêt à usage et le simple prêt.

2312. There are two kinds of loans: loan for use and simple loan.

2313. Le prêt à usage est le contrat à titre gratuit par lequel une personne, le prêteur, remet un bien à une autre personne, l'emprunteur, pour qu'il en use, à la charge de le lui rendre après un certain temps.

2313. Loan for use is a gratuitous contract by which a person, the lender, hands over property to another person, the borrower, for his use, under the obligation to return it to him after a certain time.

2314. Le simple prêt est le contrat par lequel le prêteur remet une certaine quantité d'argent ou d'autres biens qui se consomment par l'usage à l'emprunteur, qui s'oblige à lui en rendre autant, de même espèce et qualité, après un certain temps.

2314. A simple loan is a contract by which the lender hands over a certain quantity of money or other property that is consumed by the use made of it, to the borrower, who binds himself to return a like quantity of the same kind and quality to the lender after a certain time.

2315. Le simple prêt est présumé fait à titre gratuit, à moins de stipulation contraire ou qu'il ne s'agisse d'un prêt d'argent, auquel cas il est présumé fait à titre onéreux.

2315. A simple loan is presumed to be made by gratuitous title unless otherwise stipulated or unless it is a loan of money, in which case it is presumed to be made by onerous title.

2316. La promesse de prêter ne confère au bénéficiaire de la promesse, à défaut par le promettant de l'exécuter, que le droit de réclamer des dommages-intérêts de ce dernier.

2316. A promise to lend confers on the beneficiary of the promise, failing fulfilment of the promise by the promisor, only the right to claim damages from the promisor.

2317. L'emprunteur est tenu, quant à la garde et à la conservation du bien prêté, d'agir avec prudence et diligence.

2317. The borrower is bound to act with prudence and diligence in the safekeeping and preservation of the property loaned.

2318. L'emprunteur ne peut se servir du bien prêté que pour l'usage auquel ce bien est destiné; il ne peut, non plus, permettre qu'un tiers l'utilise, à moins que le prêteur ne l'autorise.

2318. The borrower may not put the property loaned to a use other than that for which it is intended; nor may he allow a third person to use it without the authorization of the lender.

2319. Le prêteur peut réclamer le bien avant l'échéance du terme, ou, si le terme est indéterminé, avant que l'emprunteur ait cessé d'en avoir besoin, lorsqu'il en a lui-même un besoin urgent et imprévu, lorsque l'emprunteur décède ou lorsqu'il manque à ses obligations.

2319. The lender may claim the property before the due term or, if the term is indeterminate, before the borrower ceases to need it, where he himself is in urgent and unforeseen need of the property or where the borrower dies or fails to perform his obligations.

2320. L'emprunteur a le droit d'être remboursé des dépenses nécessaires et urgentes faites pour la conservation du bien.

2320. The borrower is entitled to the reimbursement of any necessary and urgent expenses incurred for the preservation of the property.

Il supporte seul les dépenses qu'il a dû faire pour utiliser le bien.

The borrower alone bears the expenses he has incurred in using the property.

2321. Le prêteur qui connaissait les vices cachés du bien prêté et n'en a pas averti l'emprunteur, est tenu de réparer le préjudice qui en résulte pour ce dernier.

2321. Where the lender knew that the property loaned had latent defects but failed to inform the borrower, he is liable for any injury suffered by the borrower as a result.

2322. L'emprunteur n'est pas tenu de la perte du bien qui résulte de l'usage pour lequel il est prêté.

2322. The borrower is not liable for loss of the property resulting from the use for which it is loaned.

Cependant, s'il emploie le bien à un usage autre que celui auquel il est destiné ou pour un temps plus long qu'il ne le devait, il est tenu de la perte, même si celle-ci résulte d'une force majeure, sauf dans le cas où la perte se serait, de

Where, however, the borrower puts the property to a use other than that for which it is intended, or uses it for a longer time than agreed, he is liable for its loss even where caused by superior force, unless the superior force would in any

toute façon, produite en raison de cette force majeure.

case have caused the loss of the property.

2323. Si le bien prêté périt par force majeure, alors que l'emprunteur pouvait le protéger en employant le sien propre, ou si, ne pouvant en sauver qu'un, il a préféré le sien, il est tenu de la perte.

2323. Where the property loaned perishes by superior force and the borrower could have protected it by using his own property or if, being unable to save both, he chose to save his own, he is liable for the loss.

2324. L'emprunteur ne peut retenir le bien pour ce que le prêteur lui doit, à moins que la dette ne consiste en une dépense nécessaire et urgente faite pour la conservation du bien.

2324. The borrower may not retain the property for what the lender owes him unless the debt is an urgent and necessary expense incurred for the preservation of the property.

2325. L'action en réparation du dommage causé par la faute d'un tiers au bien prêté appartient au plus diligent du prêteur ou de l'emprunteur.

2325. An action in damages for injury caused by the fault of a third person to the property loaned may be taken by the lender or the borrower, whichever is the more diligent.

2326. Si plusieurs personnes ont emprunté ensemble le même bien, elles en sont solidairement responsables envers le prêteur.

2326. Where several persons borrow the same property together, they are solidarily liable towards the lender.

SECTION III
DU SIMPLE PRÊT

SECTION III
SIMPLE LOAN

2327. Par le simple prêt, l'emprunteur devient le propriétaire du bien prêté et il en assume, dès la remise, les risques de perte.

2327. By simple loan, the borrower becomes the owner of the property loaned and he bears the risks of loss of the property from the time it is handed over to him.

2328. Le prêteur est tenu, de la même manière que le prêteur à usage, du préjudice causé par les défauts ou les vices du bien prêté.

2328. The lender is liable, in the same manner as the lender for use, for any injury resulting from defects in the property loaned.

2329. L'emprunteur est tenu de rendre la même quantité et qualité de biens qu'il a reçue et rien de plus, quelle que soit l'augmentation ou la diminution de leur prix.

2329. The borrower is bound to return the same quantity and quality of property as he received and nothing more, notwithstanding any increase or reduction of its price.

Si le prêt porte sur une somme d'argent, il n'est tenu de rendre que la

In the case of a loan of a sum of money, the borrower is bound to return

somme nominale reçue, malgré toute variation de valeur du numéraire.

only the nominal amount received, notwithstanding any variation in its value.

2330. Le prêt d'une somme d'argent porte intérêt à compter de la remise de la somme à l'emprunteur.

2330. The loan of a sum of money bears interest from the date the money is handed over to the borrower.

2331. La quittance du capital d'un prêt d'une somme d'argent emporte celle des intérêts.

2331. The discharge of the capital of a loan of money entails the discharge of the interest.

2332. Lorsque le prêt porte sur une somme d'argent, le tribunal peut prononcer la nullité du contrat, ordonner la réduction des obligations qui en découlent ou, encore, réviser les modalités de leur exécution dans la mesure où il juge, eu égard au risque et à toutes les circonstances, qu'il y a eu lésion à l'égard de l'une des parties.

2332. In the case of a loan of a sum of money, the court may pronounce the nullity of the contract, order the reduction of the obligations arising from the contract or revise the terms and conditions of the performance of the obligations to the extent that it finds that, having regard to the risk and to all the circumstances, one of the parties has suffered lesion.

CHAPITRE TREIZIÈME
DU CAUTIONNEMENT

CHAPTER XIII
SURETYSHIP

SECTION I
DE LA NATURE, DE L'OBJET ET DE L'ÉTENDUE DU CAUTIONNEMENT

SECTION I
NATURE, OBJECT AND EXTENT OF SURETYSHIP

2333. Le cautionnement est le contrat par lequel une personne, la caution, s'oblige envers le créancier, gratuitement ou contre rémunération, à exécuter l'obligation du débiteur si celui-ci n'y satisfait pas.

2333. Suretyship is a contract by which a person, the surety, binds himself towards the creditor, gratuitously or for remuneration, to perform the obligation of the debtor if he fails to fulfil it.

2334. Outre qu'il puisse résulter d'une convention, le cautionnement peut être imposé par la loi ou ordonné par jugement.

2334. Suretyship may result from an agreement, or may be imposed by law or ordered by judgment.

2335. Le cautionnement ne se présume pas; il doit être exprès.

2335. Suretyship is not presumed; it is effected only if it is express.

2336. On peut se rendre caution d'une obligation sans ordre de celui pour lequel on s'oblige, et même à son insu.

2336. A person may become surety for an obligation without the order or even the knowledge of the person for whom he binds himself.

On peut aussi se rendre caution non seulement du débiteur principal, mais encore de celui qui l'a cautionné.

A person may also become surety not only for the principal debtor but also for his surety.

2337. Le débiteur tenu de fournir une caution doit en présenter une qui a et maintient au Québec des biens suffisants pour répondre de l'objet de l'obligation et qui a son domicile au Canada; à défaut de quoi, il doit en donner une autre.

Cette règle ne s'applique pas lorsque le créancier a exigé pour caution une personne déterminée.

2338. Le débiteur tenu de fournir une caution, légale ou judiciaire, peut donner à la place une autre sûreté suffisante.

2339. S'il y a litige quant à la suffisance des biens de la caution ou quant à la suffisance de la sûreté offerte, il est tranché par le tribunal.

2340. Le cautionnement ne peut exister que pour une obligation valable.

On peut cautionner l'obligation dont le débiteur principal peut se faire décharger en invoquant son incapacité, à la condition d'en avoir connaissance, ainsi que l'obligation naturelle.

2341. Le cautionnement ne peut excéder ce qui est dû par le débiteur, ni être contracté à des conditions plus onéreuses.

Le cautionnement qui ne respecte pas cette exigence n'est pas nul pour autant; il est seulement réductible à la mesure de l'obligation principale.

2342. Le cautionnement peut être contracté pour une partie de l'obligation principale seulement et à des conditions moins onéreuses.

2343. Le cautionnement ne peut être étendu au-delà des limites dans lesquelles il a été contracté.

2337. A debtor bound to furnish a surety shall offer a surety having and maintaining sufficient property in Québec to meet the object of the obligation and having his domicile in Canada; otherwise, he shall furnish another surety.

This rule does not apply where the creditor has required that a specific person should be the surety.

2338. Where a debtor is bound to furnish a legal or judicial surety, he may offer any other sufficient security instead.

2339. Any dispute as to the sufficiency of the property of the surety or the sufficiency of the security offered is decided by the court.

2340. Suretyship may be contracted only for a valid obligation.

It may be for the fulfilment of an obligation from which the principal debtor may be discharged by invoking his incapacity, provided the surety is aware of this, or the fulfilment of a purely natural obligation.

2341. Suretyship may not be contracted for an amount in excess of that owed by the debtor or under more onerous conditions.

Suretyship which does not meet that requirement is not null; it is only reducible to the measure of the principal obligation.

2342. Suretyship may be contracted for part of the principal obligation and under less onerous conditions.

2343. A suretyship may not be extended beyond the limits for which it was contracted.

2344. Le cautionnement d'une obligation principale s'étend à tous les accessoires de la dette, même aux frais de la première demande et à tous ceux qui sont postérieurs à la dénonciation qui en est faite à la caution.

2344. Suretyship extends to all the accessories of the principal obligation, even to the costs of the original action, and to all costs subsequent to notice of such action given to the surety.

SECTION II
DES EFFETS DU CAUTIONNEMENT

§ 1.–Des effets entre le créancier et la caution

2345. Le créancier est tenu de fournir à la caution, sur sa demande, tout renseignement utile sur le contenu et les modalités de l'obligation principale et sur l'état de son exécution.

SECTION II
EFFECTS OF SURETYSHIP

§ 1.–Effects between the creditor and the surety

2345. At the request of the surety, the creditor is bound to provide him with any useful information respecting the content and the terms and conditions of the principal obligation and the progress made in its performance.

2346. La caution n'est tenue de satisfaire à l'obligation du débiteur qu'à défaut par celui-ci de l'exécuter.

2346. The surety is bound to fulfil the obligation of the debtor only if the debtor fails to perform it.

2347. La caution conventionnelle ou légale jouit du bénéfice de discussion, à moins qu'elle n'y renonce expressément.

2347. A conventional or legal surety enjoys the benefit of discussion unless he renounces it expressly.

Celui qui a cautionné la caution judiciaire ne peut demander la discussion du débiteur principal, ni de la caution.

A person who is surety of a judicial surety may not demand the discussion of the principal debtor nor of the surety.

2348. La caution qui se prévaut du bénéfice de discussion doit l'invoquer dans l'action intentée contre elle, indiquer au créancier les biens saisissables du débiteur principal en lui avançant les sommes nécessaires pour la discussion.

2348. A surety who avails himself of the benefit of discussion shall invoke it in any action taken against him and indicate to the creditor the seizable property of the principal debtor advancing to him the sums required for the costs of discussion.

Le créancier qui néglige de procéder à la discussion est tenu, à l'égard de la caution et jusqu'à concurrence de la valeur des biens indiqués, de l'insolvabilité du débiteur principal survenue après l'indication, par la caution, des biens saisissables du débiteur principal.

Where the creditor neglects to carry out the discussion, he is liable towards the surety, up to the value of the property indicated, for any insolvency of the principal debtor occurring after the surety has indicated the seizable property of the principal debtor.

2349. Lorsque plusieurs personnes se sont rendues cautions d'un même débiteur pour une même dette, chacune d'elles est obligée à toute la dette, mais elle peut invoquer le bénéfice de division si elle n'y a pas renoncé expressément à l'avance.

Les cautions qui se prévalent du bénéfice de division peuvent exiger que le créancier divise son action et la réduise à la part et portion de chacune d'elles.

2350. Lorsque, dans le temps où l'une des cautions a fait prononcer la division, il y en avait d'insolvables, cette caution est proportionnellement tenue de ces insolvabilités; mais elle ne peut plus être recherchée en raison des insolvabilités survenues depuis la division.

2351. Si le créancier a divisé lui-même et volontairement son action, il ne peut remettre en cause cette division, quoiqu'il y eût, même antérieurement au moment où il l'a ainsi consentie, des cautions insolvables.

2352. Lorsque la caution s'oblige, avec le débiteur principal, en prenant la qualification de caution solidaire ou de codébiteur solidaire, elle ne peut plus invoquer les bénéfices de discussion et de division; les effets de son engagement se règlent par les principes établis pour les dettes solidaires, dans la mesure où ils sont compatibles avec la nature du cautionnement.

2353. La caution, même qualifiée de solidaire, peut opposer au créancier tous les moyens que pouvait opposer le débiteur principal, sauf ceux qui sont purement personnels à ce dernier ou qui sont exclus par les termes de son engagement.

2349. Where several persons become sureties of the same debtor for the same debt, each of them is liable for the whole debt but may invoke the benefit of division if he has not renounced it expressly in advance.

Each surety who avails himself of the benefit of division may require the creditor to divide his action and to reduce it to the amount of the share and portion of each surety.

2350. If, at the time division was obtained by one of the sureties, some of them were insolvent, that surety is proportionately liable for their insolvency, but he may not be made liable for insolvencies occurring after the division.

2351. Where the creditor has himself voluntarily divided his action, he may not call the division into question, although at the time some of the sureties had become insolvent.

2352. Where the surety binds himself with the principal debtor as solidary surety or solidary codebtor, he may no longer invoke the benefits of discussion and division; the effects of his undertaking are governed by the rules established with respect to solidary debts so far as they are consistent with the nature of the suretyship.

2353. A surety, whether or not he is a solidary surety, may set up against the creditor all the defences of the principal debtor, except those which are purely personal to the principal debtor or that are excluded by the terms of his undertaking.

2354. La caution n'est point déchargée par la simple prorogation du terme accordée par le créancier au débiteur principal; de même, la déchéance du terme encourue par le débiteur principal produit ses effets à l'égard de la caution.

2355. La caution ne peut renoncer à l'avance au droit à l'information et au bénéfice de subrogation.

§ 2.–*Des effets entre le débiteur et la caution*

2356. La caution qui s'est obligée avec le consentement du débiteur peut lui réclamer ce qu'elle a payé en capital, intérêts et frais, outre les dommages-intérêts pour la réparation de tout préjudice qu'elle a subi en raison du cautionnement; elle peut aussi exiger des intérêts sur toute somme qu'elle a dû verser au créancier, même si la dette principale ne produisait pas d'intérêts.

Celle qui s'est obligée sans le consentement du débiteur ne peut recouvrer de ce dernier que ce qu'il aurait été tenu de payer, y compris les dommages-intérêts, si le cautionnement n'avait pas eu lieu, sauf les frais subséquents à la dénonciation du paiement, lesquels sont à la charge du débiteur.

2357. Lorsque le débiteur principal s'est fait décharger de son obligation en invoquant son incapacité, la caution a, dans la mesure de l'enrichissement qu'en conserve ce débiteur, un recours en remboursement contre lui.

2358. La caution qui a payé une dette n'a point de recours contre le débiteur principal qui l'a payée ultérieurement, lorsqu'elle ne l'a pas averti du paiement.

Celle qui a payé sans avertir le débiteur principal n'a point de recours contre lui si, au moment du paiement, le

2354. The surety is not discharged by mere prorogation of the term granted by the creditor to the principal debtor; in the same way, forfeiture of the term by the principal debtor produces its effects in respect of the surety.

2355. A surety may not renounce in advance the right to be provided with information or the benefit of subrogation.

§ 2.–*Effects between the debtor and the surety*

2356. A surety who has bound himself with the consent of the debtor may claim from him what he has paid in capital, interest and costs, in addition to damages for any injury he has suffered by reason of the suretyship; he may also charge interest on any sum he has had to pay to the creditor, even if the principal debt was not producing interest.

A surety who has bound himself without the consent of the debtor may only recover from him what the debtor would have been bound to pay, including damages, if there had been no suretyship; however, costs subsequent to indication of the payment are payable by the debtor.

2357. Where the principal debtor has been released from his obligation by invoking his incapacity, the surety has, to the extent of the resulting enrichment of the debtor, a remedy for reimbursement against him.

2358. A surety having paid a debt has no remedy against the principal debtor who pays it subsequently, if he failed to inform the debtor that he had paid it.

A surety who has paid without informing the principal debtor has no remedy against him if, at the time of the

débiteur avait des moyens pour faire déclarer la dette éteinte. Elle n'a, dans les mêmes circonstances, de recours que pour la somme que le débiteur aurait pu être appelé à payer, dans la mesure où ce dernier pouvait opposer au créancier d'autres moyens pour faire réduire la dette.

Dans tous les cas, la caution conserve son action en répétition contre le créancier.

2359. La caution qui s'est obligée avec le consentement du débiteur peut agir contre lui, même avant d'avoir payé, lorsqu'elle est poursuivie en justice pour le paiement ou que le débiteur est insolvable, ou que celui-ci s'est obligé à lui rapporter sa quittance dans un certain temps.

Il en est de même lorsque la dette est devenue exigible par l'arrivée de son terme, abstraction faite du délai que le créancier a, sans le consentement de la caution, accordé au débiteur ou lorsque, en raison de pertes subies par le débiteur ou d'une faute que ce dernier a commise, elle court des risques sensiblement plus élevés qu'au moment où elle s'est obligée.

§ 3.–*Des effets entre les cautions*

2360. Lorsque plusieurs personnes ont cautionné un même débiteur pour une même dette, la caution qui a acquitté la dette a, outre l'action subrogatoire, une action personnelle contre les autres cautions, chacune pour sa part et portion.

Cette action personnelle n'a lieu que lorsque la caution a payé dans l'un des cas où elle pouvait agir contre le débiteur, avant d'avoir payé.

payment, the debtor had defences that could have enabled him to have the debt declared extinguished. In these circumstances, the surety has a remedy only for the sum the debtor could have been required to pay, to the extent that the debtor could set up other defences against the creditor to cause the debt to be reduced.

In any case, the surety retains his right of action for recovery against the creditor.

2359. A surety who has bound himself with the consent of the debtor may take action against him, even before paying, if he is sued for payment or the debtor is insolvent, or if the debtor has bound himself to effect his acquittance within a certain time.

The same rule applies where the debt becomes payable by the expiry of its term, disregarding any extension granted to the debtor by the creditor without the consent of the surety, or where, by reason of losses incurred by the debtor or of any fault committed by the debtor, the surety is at appreciably higher risk than at the time he bound himself.

§ 3.–*Effects between sureties*

2360. Where several persons have become sureties of the same debtor for the same debt, the surety who has paid the debt has in addition to the action in subrogation, a personal right of action against the other sureties, each for his share and portion.

The personal right of action may only be exercised where the surety has paid in one of the cases in which he could take action against the debtor before paying.

S'il y a insolvabilité de l'une des cautions, elle se répartit par contribution entre les autres et celle qui a fait le paiement.

Where one of the sureties is insolvent, his insolvency is apportioned by contribution among the other sureties, including the surety who made the payment.

SECTION III
DE LA FIN DU CAUTIONNEMENT

SECTION III
TERMINATION OF SURETYSHIP

2361. Le décès de la caution met fin au cautionnement, malgré toute stipulation contraire.

2361. Notwithstanding any contrary provision, the death of the surety terminates the suretyship.

2362. Le cautionnement consenti en vue de couvrir des dettes futures ou indéterminées, ou encore pour une période indéterminée, comporte, après trois ans et tant que la dette n'est pas devenue exigible, la faculté pour la caution d'y mettre fin en donnant un préavis suffisant au débiteur, au créancier et aux autres cautions.

2362. Where the suretyship is contracted with a view to covering future or indeterminate debts, or for an indeterminate period, the surety may terminate it after three years, so long as the debt has not become exigible, by giving prior and sufficient notice to the debtor, the creditor and the other sureties.

Cette règle ne s'applique pas dans le cas d'un cautionnement judiciaire.

This rule does not apply in the case of a judicial suretyship.

2363. Le cautionnement attaché à l'exercice de fonctions particulières prend fin lorsque cessent ces fonctions.

2363. A suretyship attached to the performance of special duties is terminated upon cessation of the duties.

2364. Lorsque le cautionnement prend fin, la caution demeure tenue des dettes existantes à ce moment, même si elles sont soumises à une condition ou à un terme.

2364. Upon termination of the suretyship, the surety remains liable for debts existing at that time, even if those debts are subject to a condition or a term.

2365. Lorsque la subrogation aux droits du créancier ne peut plus, par le fait de ce dernier, s'opérer utilement en faveur de la caution, celle-ci est déchargée dans la mesure du préjudice qu'elle en subit.

2365. Where, as a result of the act of the creditor, the surety can no longer be usefully subrogated to his rights, the surety is discharged to the extent of the prejudice he has suffered.

2366. L'acceptation volontaire que le créancier a faite d'un bien, en paiement de la dette principale, décharge la caution, encore que le créancier vienne à être évincé.

2366. Where a creditor voluntarily accepts property in payment of the capital debt, the surety is discharged even if the creditor is subsequently evicted.

CHAPITRE QUATORZIÈME
DE LA RENTE

CHAPTER XIV
ANNUITIES

SECTION I
DE LA NATURE DU CONTRAT ET DE LA PORTÉE DES RÈGLES QUI LE RÉGISSENT

SECTION I
NATURE OF THE CONTRACT AND SCOPE OF THE RULES GOVERNING IT

2367. Le contrat constitutif de rente est celui par lequel une personne, le débirentier, gratuitement ou moyennant l'aliénation à son profit d'un capital, s'oblige à servir périodiquement et pendant un certain temps des redevances à une autre personne, le crédirentier.

Le capital peut être constitué d'un bien immeuble ou meuble; s'il s'agit d'une somme d'argent, il peut être payé au comptant ou par versements.

2368. Lorsque le débirentier s'oblige au service de la rente moyennant le transfert, à son profit, de la propriété d'un immeuble, le contrat est dit bail à rente et est principalement régi par les règles du contrat de vente auquel il s'apparente.

2369. La rente peut être constituée au profit d'une personne autre que celle qui en fournit le capital.

En ce cas, le contrat n'est point assujetti aux formes requises pour les donations, bien que la rente ainsi constituée soit reçue à titre gratuit par le crédirentier.

2370. Outre qu'elle puisse être constituée par contrat, la rente peut l'être aussi par testament, par jugement ou par la loi.

Les règles du présent chapitre s'appliquent à ces rentes, compte tenu des adaptations nécessaires.

2367. A contract for the constitution of an annuity is a contract by which a person, the debtor, undertakes, gratuitously or in exchange for the alienation of capital for his benefit, to make periodical payments to another person, the annuitant, for a certain time.

The capital may consist of immovable or movable property; if it is a sum of money, it may be paid in cash or by instalments.

2368. Where the debtor undertakes to pay the annuity in return for the transfer, for his benefit, of ownership of an immovable, the contract is called alienation for rent and it is principally governed by the rules respecting the contract of sale, to which it is similar.

2369. An annuity may be constituted for the benefit of a person other than the person who furnishes the capital.

In such a case, the contract is not subject to the forms required for gifts even though the annuity so constituted is received gratuitously by the annuitant.

2370. An annuity may be constituted by contract, will, judgment or law.

The rules of this chapter, adapted as required, apply to such annuities.

SECTION II
DE L'ÉTENDUE DU CONTRAT

2371. La rente peut être viagère ou non viagère.

Elle est viagère lorsque la durée de son service est limitée au temps de la vie d'une ou de plusieurs personnes.

Elle est non viagère lorsque la durée de son service est autrement déterminée.

2372. La rente viagère peut être établie pour la durée de la vie de la personne qui la constitue ou qui la reçoit, ou pour la vie d'un tiers qui n'a aucun droit de jouir de cette rente.

Néanmoins, il peut être stipulé que le service de la rente se continuera au-delà du décès de la personne en fonction de laquelle la durée du service a été établie, au profit, selon le cas, d'une personne déterminée ou des héritiers du crédirentier.

2373. Est sans effet la rente viagère établie pour la durée de la vie d'une personne qui est décédée au jour où le débirentier doit commencer à servir la rente, ou qui décède dans les trente jours qui suivent.

De même, est sans effet la rente viagère établie pour la durée de la vie d'une personne n'existant pas encore au jour où le débirentier doit commencer à servir la rente, à moins que cette personne n'ait été alors conçue et qu'elle naisse vivante et viable.

2374. La rente viagère qui est établie pour la durée de la vie de plusieurs personnes successivement n'a d'effet que si la première d'entre elles existe au jour où le débirentier doit commencer à servir la rente ou si, étant alors conçue, elle naît vivante et viable.

SECTION II
SCOPE OF THE CONTRACT

2371. An annuity may be constituted for life or for a fixed term.

A life annuity is an annuity payable for a duration limited to the lifetime of one or several persons.

A fixed term annuity is an annuity payable for a duration determined otherwise.

2372. A life annuity may be set up for the lifetime of the person who constitutes it or receives it or for the lifetime of a third person who has no entitlement whatever to enjoyment of the annuity.

It may be stipulated, however, that the payment of the annuity will continue beyond the death of the person for whose lifetime the duration of payment was constituted, for the benefit, as the case may be, of a determinate person or of the heirs of the annuitant.

2373. A life annuity set up for the lifetime of a person who is dead on the day the debtor is to begin paying the annuity or who dies within the following thirty days is without effect.

Similarly, a life annuity set up for the lifetime of a person who does not exist on the day on which the debtor is to begin paying the annuity, unless the person was conceived at that time and is born alive and viable, is without effect.

2374. Where a life annuity is set up for the lifetime of several persons successively, it has effect only if the first of those persons exists on the day the debtor is to begin paying the annuity or if he is conceived at that time and is born alive and viable.

Elle prend fin lorsque les personnes visées sont décédées ou lorsqu'elles ne sont pas nées vivantes et viables, mais au plus tard, cent ans après sa constitution.

2375. Le prêt à fonds perdu est présumé constituer une rente viagère au profit du prêteur et pour la durée de sa vie.

2376. La durée du service de toute rente, qu'elle soit viagère ou non, est dans tous les cas limitée ou réduite à cent ans depuis la constitution de la rente, même si le contrat prévoit une durée plus longue ou constitue une rente successive.

SECTION III
DE CERTAINS EFFETS DU CONTRAT

2377. La rente ne peut être stipulée insaisissable et inaliénable que lorsqu'elle est reçue à titre gratuit par le crédirentier; même alors, la stipulation n'a d'effet qu'à concurrence du montant de la rente qui est nécessaire au crédirentier en tant qu'aliments.

2378. Le capital accumulé pour le service de la rente est insaisissable, lorsque la rente doit être servie à un crédirentier et à celui qui lui est substitué, tant que ce capital demeure affecté au service d'une rente.

Il ne l'est, cependant, que pour cette partie du capital qui, suivant l'appréciation du créancier saisissant, du débirentier et du crédirentier ou, s'ils ne s'entendent pas, du tribunal, serait nécessaire pour servir, pendant la durée prévue au contrat, une rente qui satisferait les besoins d'aliments du crédirentier.

It terminates where the persons concerned are dead or are not born alive and viable, but not later than one hundred years after it is constituted.

2375. A non-returnable loan is presumed to constitute a life annuity for the benefit and for the lifetime of the lender.

2376. The duration of payment of any annuity, whether or not it is a life annuity, is in all cases limited or reduced to one hundred years after the annuity is constituted even if the contract provides for a longer duration or constitutes a successive annuity.

SECTION III
CERTAIN EFFECTS OF THE CONTRACT

2377. A stipulation to the effect that the annuity is unseizable and inalienable is without effect unless the annuity is received gratuitously by the annuitant and, even in such a case, the stipulation has effect only up to the amount of the annuity necessary for the annuitant as support.

2378. Any capital accumulated for the payment of the annuity is unseizable where the annuity is payable to the annuitant and to the person substituted for him, so long as the capital is applied to the payment of an annuity.

Only that part of the capital is unseizable, however, which, in the estimation of the seizing creditor, the debtor and the annuitant or, if they disagree, the court, would be necessary, for the duration fixed in the contract, for the payment of an annuity which would meet the requirements of the annuitant for support.

2379. La désignation ou la révocation d'un crédirentier autre que la personne qui a fourni le capital de la rente, est régie par les règles de la stipulation pour autrui.

Toutefois, la désignation ou la révocation d'un crédirentier, au titre de rentes pratiquées par les assureurs ou dans le cadre d'un régime de retraite, est régie par les règles du contrat d'assurance relatives aux bénéficiaires et aux titulaires subrogés, compte tenu des adaptations nécessaires.

2380. La rente viagère constituée au profit de deux ou plusieurs crédirentiers conjointement peut être stipulée réversible, au décès de l'un d'eux, sur la tête des crédirentiers qui lui survivent.

Celle qui est, de même, constituée au profit de conjoints est, au décès de l'un d'eux, présumée réversible sur la tête du conjoint survivant.

2381. La rente viagère n'est due au crédirentier, que dans la proportion du nombre de jours qu'a vécu la personne en fonction de laquelle la durée du service de la rente a été établie, et le crédirentier n'en peut demander le paiement qu'en justifiant l'existence de cette personne.

Toutefois, s'il a été stipulé que la rente serait payée d'avance, ce qui a dû être payé est acquis du jour où le paiement a dû en être fait.

2382. Les redevances se paient à la fin de chaque période prévue, laquelle ne peut excéder un an; elles sont comptées à partir du jour où le débirentier doit commencer à servir la rente.

2379. The designation or revocation of an annuitant, other than the person who furnished the capital of the annuity, is governed by the rules respecting stipulation for another.

However, the designation or revocation of an annuitant, in respect of annuities transacted by insurers or of retirement plan annuities, is governed by those rules respecting the contract of insurance which relate to beneficiaries and subrogated holders, adapted as required.

2380. A stipulation may be made to the effect that a life annuity constituted for the benefit of two or more annuitants jointly is revertible, on the death of one of them, upon the life of the annuitants who survive him.

Similarly, a life annuity constituted for the benefit of spouses is presumed, on the death of either spouse, to be revertible upon the life of the surviving spouse.

2381. The life annuity is due to the annuitant only in proportion to the number of days in the lifetime of the person upon whose life the duration of payment of the annuity was established, and the annuitant may not require payment of the annuity unless he establishes the existence of the person.

Where it was stipulated that the annuity would be paid in advance, however, every amount that should have been paid is acquired from the day payment was to have been made.

2382. Payments are made at the end of each payment period, which may not exceed one year; the amount due is computed from the day the debtor is bound to begin paying the annuity.

2383. Le débirentier ne peut se libérer du service de la rente en offrant de rembourser la valeur de la rente en capital et en renonçant à la répétition des redevances payées; il est tenu de servir la rente pendant toute la durée prévue au contrat.

2384. Le débirentier a la faculté de se faire remplacer par un assureur autorisé en lui versant la valeur de la rente qu'il doit.

De même, le propriétaire d'un immeuble grevé d'une sûreté pour la garantie du service de la rente, a la faculté de substituer la sûreté attachée à cette rente par celle qui est offerte par un assureur autorisé.

Le crédirentier ne peut s'opposer à la substitution, mais il peut demander que l'achat de la rente se fasse auprès d'un autre assureur ou contester la valeur du capital arrêté ou celle de la rente en découlant.

2385. La substitution libère le débirentier ou le propriétaire de l'immeuble grevé d'une sûreté pour la garantie du service de la rente, dès le paiement du capital requis; elle oblige l'assureur envers le crédirentier et, le cas échéant, emporte extinction de l'hypothèque garantissant le service de la rente.

2386. Le seul défaut du paiement des redevances n'est pas une cause qui permette au crédirentier d'exiger la remise du capital aliéné pour constituer la rente; il ne lui permet, outre d'exiger le paiement de ce qui est dû, que de saisir et vendre les biens du débirentier et de faire consentir ou ordonner, sur le produit de la vente, l'emploi d'une somme suffisante pour le service de la rente ou

2383. In no case may the debtor free himself from the payment of the annuity by offering to reimburse the capital value of the annuity and renouncing the recovery of the annuity payments made; he is bound to pay the annuity for the whole duration stipulated in the contract.

2384. The debtor of an annuity may appoint an authorized insurer to replace him, by paying him the value of the annuity.

Similarly, the owner of an immovable charged as security for the payment of the annuity may substitute the security offered by an authorized insurer for that securing the annuity.

The annuitant may not object to the substitution, but he may require that the purchase of the annuity be made with another insurer, or he may contest the determined capital value or the value of the annuity arising therefrom.

2385. The substitution releases the debtor or the owner of the immovable charged as security for the payment of the annuity, upon payment of the required capital; it binds the insurer towards the annuitant and, as the case may be, entails the extinction of the hypothec securing the payment of the annuity.

2386. The non-payment of the annuity is not a reason to permit the annuitant to demand recovery of the capital alienated for the constitution of the annuity; it only allows him, beyond demanding payment of the amount due, to seize and sell the property of the debtor, and to require or order the use of a sufficient amount, from the proceeds of the sale, to ensure payment of the annuity or to require that the

d'exiger que le débirentier soit remplacé par un assureur autorisé.

La remise du capital peut néanmoins être exigée si le débirentier devient insolvable, est déclaré failli ou diminue, par son fait et sans le consentement du crédirentier, les sûretés qu'il a consenties pour la garantie du service de la rente.

2387. Lorsque le service de la rente est garanti par une hypothèque sur un bien qui doit faire l'objet d'une vente forcée, le crédirentier ne peut demander que la vente soit réalisée à charge de sa rente; mais il peut, si son hypothèque est de premier rang, exiger que le créancier lui fournisse caution suffisante pour que la rente continue d'être servie.

Le défaut de fournir caution confère au crédirentier le droit de recevoir, suivant son rang, la valeur de la rente en capital, au jour de la collocation ou de la distribution.

2388. La valeur de la rente en capital est toujours estimée égale au montant qui serait suffisant pour acquérir d'un assureur autorisé une rente de même valeur.

CHAPITRE QUINZIÈME
DES ASSURANCES

SECTION I
DISPOSITIONS GÉNÉRALES

§ 1.–*De la nature du contrat et des diverses espèces d'assurance*

2389. Le contrat d'assurance est celui par lequel l'assureur, moyennant une prime ou cotisation, s'oblige à verser au preneur ou à un tiers une prestation dans le cas où un risque couvert par l'assurance se réalise.

debtor be replaced by an authorized insurer.

Payment of the capital may be required, however, if the debtor becomes insolvent or bankrupt or decreases, by his act and without the consent of the annuitant, the security he has furnished to ensure the payment of the annuity.

2387. Where the payment of an annuity is secured by a hypothec on property that is to be the subject of a forced sale, the annuitant may not require that the sale be carried out subject to his annuity but if his hypothec ranks first, he may require the creditor to furnish him with sufficient surety to ensure that the annuity continues to be paid.

Failure to furnish a surety entitles the annuitant, according to his rank, to receive the capital value of the annuity on the day of collocation or distribution.

2388. The capital value of an annuity is always estimated to be equal to the amount that would be sufficient to acquire an annuity of equivalent value from an authorized insurer.

CHAPTER XV
INSURANCE

SECTION I
GENERAL PROVISIONS

§ 1.–*Nature of the contract of insurance and classes of insurance*

2389. A contract of insurance is a contract whereby the insurer undertakes, for a premium or assessment, to make a payment to the client or a third person if an event covered by the insurance occurs.

L'assurance est maritime ou terrestre.

Insurance is divided into marine insurance and non-marine insurance.

2390. L'assurance maritime a pour objet d'indemniser l'assuré des sinistres qui peuvent résulter des risques relatifs à une opération maritime.

2390. The object of marine insurance is to indemnify the insured against losses incident to marine adventure.

2391. L'assurance terrestre comprend l'assurance de personnes et l'assurance de dommages.

2391. Non-marine insurance is divided into insurance of persons and damage insurance.

2392. L'assurance de personnes porte sur la vie, l'intégrité physique ou la santé de l'assuré.

2392. Insurance of persons deals with the life, physical integrity or health of the insured.

L'assurance de personnes est individuelle ou collective.

Insurance of persons is divided into individual insurance and group insurance.

L'assurance collective de personnes couvre, en vertu d'un contrat-cadre, les personnes adhérant à un groupe déterminé et, dans certains cas, leur famille ou les personnes à leur charge.

Group insurance of persons, under a master policy, covers the participants in a specified group and, in some cases, their families or dependants.

2393. L'assurance sur la vie garantit le paiement de la somme convenue, au décès de l'assuré; elle peut aussi garantir le paiement de cette somme du vivant de l'assuré, que celui-ci soit encore en vie à une époque déterminée ou qu'un événement touchant son existence arrive.

2393. Life insurance guarantees payment of the agreed amount upon the death of the insured; it may also guarantee payment of the agreed amount during the lifetime of the insured, on his surviving a specified period or on the occurrence of an event related to his existence.

Les rentes viagères ou à terme, pratiquées par les assureurs, sont assimilées à l'assurance sur la vie, mais elles demeurent aussi régies par les dispositions du chapitre De la rente. Cependant, les règles du présent chapitre sur l'insaisissabilité s'appliquent en priorité.

Life or fixed-term annuities transacted by insurers are assimilated to life insurance but remain also governed by the chapter on Annuities. However, the rules in this chapter relating to unseizability apply to such annuities with priority.

2394. Les clauses d'assurance contre la maladie ou les accidents qui sont accessoires à un contrat d'assurance sur la vie, et les clauses d'assurance sur

2394. Clauses of accident and sickness insurance which are accessory to a contract of life insurance and clauses of life insurance which are accessory to a con-

la vie qui sont accessoires à un contrat d'assurance contre la maladie ou les accidents, sont, les unes et les autres, régies par les dispositions relatives au contrat principal.

2395. L'assurance de dommages garantit l'assuré contre les conséquences d'un événement pouvant porter atteinte à son patrimoine.

2396. L'assurance de dommages comprend l'assurance de biens, qui a pour objet d'indemniser l'assuré des pertes matérielles qu'il subit, et l'assurance de responsabilité, qui a pour objet de garantir l'assuré contre les conséquences pécuniaires de l'obligation qui peut lui incomber, en raison d'un fait dommageable, de réparer le préjudice causé à autrui.

2397. Le contrat de réassurance n'a d'effet qu'entre l'assureur et le réassureur.

§ 2.–*De la formation et du contenu du contrat*

2398. Le contrat d'assurance est formé dès que l'assureur accepte la proposition du preneur.

2399. La police est le document qui constate l'existence du contrat d'assurance.

Elle doit indiquer, outre le nom des parties au contrat et celui des personnes à qui les sommes assurées sont payables ou, si ces personnes sont indéterminées, le moyen de les identifier, l'objet et le montant de l'assurance, la nature des risques, le moment à partir duquel ils sont garantis et la durée de la garantie, ainsi que le montant ou le taux des primes et les dates auxquelles celles-ci viennent à échéance.

tract of accident and sickness insurance are governed by the rules governing the principal contract.

2395. Damage insurance protects the insured from the consequences of an event that may adversely affect his patrimony.

2396. Damage insurance includes property insurance, the object of which is to indemnify the insured for material loss, and liability insurance, the object of which is to protect the insured against the pecuniary consequences of the liability he may incur for damage to a third person by reason of an injurious act.

2397. The contract of reinsurance has effect only between the insurer and the reinsurer.

§ 2.–*Formation and content of the contract*

2398. A contract of insurance is formed upon acceptance by the insurer of the application of the client.

2399. The policy is the document evidencing the existence of the contract of insurance.

In addition to the names of the parties to the contract and the names of the persons to whom the insured sums are payable or, if those persons are not determined, a means to identify them, the object of the insurance shall be set out in the policy, together with the amount of coverage, the nature of the risks insured, the time from which the risks are covered and the term of the coverage as well as the amount and rate of the premiums and the dates on which they are due.

2400. En matière d'assurance terrestre, l'assureur est tenu de remettre la police au preneur, ainsi qu'une copie de toute proposition écrite faite par ce dernier ou pour lui.

En cas de divergence entre la police et la proposition, cette dernière fait foi du contrat, à moins que l'assureur n'ait, dans un document séparé, indiqué par écrit au preneur les éléments sur lesquels il y a divergence.

2401. L'assureur délivre la police d'assurance collective au preneur et il lui remet également les attestations d'assurance que ce dernier doit distribuer aux adhérents.

L'adhérent et le bénéficiaire ont le droit de consulter la police à l'établissement du preneur et d'en prendre copie et, en cas de divergence entre la police et l'attestation d'assurance, ils peuvent invoquer l'une ou l'autre, selon leur intérêt.

2402. En matière d'assurance terrestre, est réputée non écrite la clause générale par laquelle l'assureur est libéré de ses obligations en cas de violation de la loi, à moins que cette violation ne constitue un acte criminel.

Est aussi réputée non écrite la clause de la police par laquelle l'assuré consent en faveur de son assureur, en cas de sinistre, une cession de créance qui aurait pour effet d'accorder à ce dernier plus de droits que ceux que lui confèrent les règles de la subrogation.

2403. Sous réserve des dispositions particulières à l'assurance maritime, l'assureur ne peut invoquer des conditions ou déclarations qui ne sont pas énoncées par écrit dans le contrat.

2400. In non-marine insurance, the insurer shall remit the policy to the client, together with a copy of any application made in writing by the client or on his behalf.

In case of discrepancy between the policy and the application, the latter prevails unless the insurer has, in a separate document, indicated the particulars in respect of which there is discrepancy to the client.

2401. In group insurance, the insurer issues the group insurance policy to the client and remits to him the insurance certificates, which he shall distribute to the participants.

Participants and beneficiaries may examine and make copies of the policy at the place of business of the client and, in case of discrepancies between the policy and the insurance certificate, they may invoke either one according to their interest.

2402. In non-marine insurance, any general clause whereby the insurer is released from his obligations if the law is violated is deemed not written, unless the violation is an indictable offence.

Any clause of a policy whereby the insured consents, in case of loss, to effect an assignment of claim to his insurer that would result in granting his insurer more rights than he would have under the rules on subrogation is also deemed not written.

2403. Subject to the special provisions on marine insurance, the insurer may not invoke conditions or representations not written in the contract.

2404. En matière d'assurance de personnes, l'assureur ne peut invoquer que les exclusions ou les clauses de réduction de la garantie qui sont clairement indiquées sous un titre approprié.

2405. En matière d'assurance terrestre, les modifications que les parties apportent au contrat sont constatées par un avenant à la police.

Toutefois, l'avenant constatant une réduction des engagements de l'assureur ou un accroissement des obligations de l'assuré autre que l'augmentation de la prime, n'a d'effet que si le titulaire de la police consent, par écrit, à cette modification.

Lorsqu'une telle modification est faite à l'occasion du renouvellement du contrat, l'assureur doit l'indiquer clairement à l'assuré dans un document distinct de l'avenant qui la constate. La modification est présumée acceptée par l'assuré trente jours après la réception du document.

2406. Les déclarations de celui qui adhère à une assurance collective ne lui sont opposables que si l'assureur lui en a remis copie.

2407. Le certificat de participation dans une société mutuelle peut établir les droits et obligations des membres par référence aux statuts de la société, mais seuls l'acte constitutif et les règlements qui sont précisément indiqués dans le certificat sont opposables aux membres.

Tout membre a le droit d'obtenir une copie des statuts de la société qui sont en vigueur.

2404. In insurance of persons, the insurer may not invoke any exclusions or clauses of reduction of coverage except those clearly indicated under an appropriate heading.

2405. In non-marine insurance, changes to the contract made by the parties are evidenced by riders attached to the policy.

Any rider stipulating a reduction of the insurer's liability or an increase in the insured's obligations, other than an increased premium, has no effect unless the policyholder consents to the change in writing.

Where such a change is made upon renewal of the contract, the insurer shall indicate it clearly to the insured in a separate document from the rider which stipulates it. The change is presumed to be accepted by the insurer thirty days after receipt of the document.

2406. The representations of a participant in group insurance may be invoked against him only if the insurer has furnished him with a copy of them.

2407. A certificate of participation in a mutual association may establish the rights and obligations of the members by reference to the articles of the association, but only the constituting instrument and those by-laws which are specifically indicated in the certificate may be invoked against the members.

Every member is entitled to a copy of the articles of the association in force.

§ 3.—*Des déclarations et engagements du preneur en assurance terrestre*

§ 3.—*Representations and warranties of insured in non-marine insurance*

2408. Le preneur, de même que l'assuré si l'assureur le demande, est tenu de déclarer toutes les circonstances connues de lui qui sont de nature à influencer de façon importante un assureur dans l'établissement de la prime, l'appréciation du risque ou la décision de l'accepter, mais il n'est pas tenu de déclarer les circonstances que l'assureur connaît ou est présumé connaître en raison de leur notoriété, sauf en réponse aux questions posées.

2408. The client, and the insured if the insurer requires it, is bound to represent all the facts known to him which are likely to materially influence an insurer in the setting of the premium, the appraisal of the risk or the decision to cover it, but he is not bound to represent facts known to the insurer or which from their notoriety he is presumed to know, except in answer to inquiries.

2409. L'obligation relative aux déclarations est réputée correctement exécutée lorsque les déclarations faites sont celles d'un assuré normalement prévoyant, qu'elles ont été faites sans qu'il y ait de réticence importante et que les circonstances en cause sont, en substance, conformes à la déclaration qui en est faite.

2409. The obligation respecting representations is deemed properly met if the representations are such as a normally provident insured would make, if they were made without material concealment and if the facts are substantially as represented.

2410. Sous réserve des dispositions relatives à la déclaration de l'âge et du risque, les fausses déclarations et les réticences du preneur ou de l'assuré à révéler les circonstances en cause entraînent, à la demande de l'assureur, la nullité du contrat, même en ce qui concerne les sinistres non rattachés au risque ainsi dénaturé.

2410. Subject to the provisions on statement of age and risk, any misrepresentation or concealment of relevant facts by either the client or the insured nullifies the contract at the instance of the insurer, even in respect of losses not connected with the risks so misrepresented or concealed.

2411. En matière d'assurance de dommages, à moins que la mauvaise foi du preneur ne soit établie ou qu'il ne soit démontré que le risque n'aurait pas été accepté par l'assureur s'il avait connu les circonstances en cause, ce dernier demeure tenu de l'indemnité envers l'assuré, dans le rapport de la prime perçue à celle qu'il aurait dû percevoir.

2411. In damage insurance, unless the bad faith of the client is established or unless it is established that the insurer would not have covered the risk if he had known the true facts, the insurer remains liable towards the insured for such proportion of the indemnity as the premium he collected bears to the premium he should have collected.

2412. Les manquements aux engagements formels aggravant le risque suspendent la garantie. La suspension prend fin dès que l'assureur donne son acquiescement ou que l'assuré respecte à nouveau ses engagements.

2412. A breach of warranty aggravating the risk suspends the coverage. The suspension ceases upon the acquiescence of the insurer or the remedy of the breach.

2413. Lorsque les déclarations contenues dans la proposition d'assurance y ont été inscrites ou suggérées par le représentant de l'assureur ou par tout courtier d'assurance, la preuve testimoniale est admise pour démontrer qu'elles ne correspondent pas à ce qui a été effectivement déclaré.

2413. Where the representations contained in the application for insurance have been entered or suggested by the representative of the insurer or by an insurance broker, proof may be made by testimony that they do not correspond to what was actually represented.

§ 4.–*Disposition particulière*

§ 4.–*Special provision*

2414. Toute clause d'un contrat d'assurance terrestre qui accorde au preneur, à l'assuré, à l'adhérent, au bénéficiaire ou au titulaire du contrat moins de droits que les dispositions du présent chapitre est nulle.

2414. Any clause in a non-marine insurance contract which grants the client, the insured, the participant, the beneficiary or the policyholder fewer rights than are granted by the provisions of this chapter is null.

Est également nulle la stipulation qui déroge aux règles relatives à l'intérêt d'assurance ou, en matière d'assurance de responsabilité, à celles protégeant les droits du tiers lésé.

Any stipulation which derogates from the rules on insurable interest or, in liability insurance, from those protecting the rights of injured third persons is also null.

SECTION II
DES ASSURANCES DE PERSONNES

SECTION II
INSURANCE OF PERSONS

§ 1.–*Du contenu de la police d'assurance*

§ 1.–*Content of policy*

2415. Outre les mentions prescrites pour toute police d'assurance, la police d'assurance de personnes doit, le cas échéant, indiquer le nom de l'assuré ou un moyen de l'identifier, les délais de paiement de prime et les droits de participation aux bénéfices, ainsi que la méthode et le tableau devant servir à établir la valeur de rachat et les droits à la valeur de rachat et aux avances sur police.

2415. In addition to the particulars prescribed for policies generally, an indication shall be made, where applicable, in a policy of insurance of persons, of the name of the insured or a means to identify him, the time limits for payment of premiums, the right of the holder to participate in the profits, the method or table according to which the surrender value is established and the rights relating to the surrender value of or advances on the policy.

Elle doit aussi indiquer, le cas échéant, les conditions de remise en vigueur, les droits de transformation de l'assurance, les modalités de paiement des sommes dues et la période durant laquelle les prestations sont payables.

The conditions of reinstatement, the right to convert the insurance, the terms and conditions of payment of sums due and the period during which benefits are payable shall also be set out in the policy, where applicable.

2416. L'assureur doit, dans une police d'assurance contre la maladie ou les accidents, indiquer expressément et en caractères apparents la nature de la garantie qui y est stipulée.

2416. In an accident and sickness policy, the insurer shall set out, expressly and in clearly legible characters, the nature of the coverage stipulated in it.

Lorsque l'assurance porte sur l'invalidité, il doit indiquer, de la même manière, les conditions de paiement des indemnités, ainsi que la nature et le caractère de l'invalidité assurée. À défaut d'indication claire dans la police concernant la nature et le caractère de l'invalidité assurée, cette invalidité est l'inaptitude à exercer le travail habituel.

Where the contract provides coverage against disability, he shall set out in the same manner the terms and conditions of payment of the indemnities and the nature and extent of the disability covered. Failing clear indication as to the nature and extent of the disability covered, the inability to carry on one's usual occupation constitutes the disability.

2417. En matière d'assurance contre la maladie ou les accidents, si l'affection est déclarée dans la proposition, l'assureur ne peut, sauf en cas de fraude, exclure ou réduire la garantie en raison de cette affection, si ce n'est en vertu d'une clause la désignant nommément.

2417. In accident and sickness insurance, the insurer may not, except in case of fraud, exclude or reduce the coverage by reason of a disease or ailment disclosed in the application except under a clause referring by name to the disease or ailment.

L'assureur ne peut, par une clause générale, exclure ou limiter la garantie d'assurance en raison d'une affection non déclarée dans la proposition, à moins que cette affection ne se manifeste dans les deux premières années de l'assurance ou qu'il n'y ait fraude.

Except in the case of fraud, an insurer may not, by a general clause, exclude or limit the coverage by reason of a disease or ailment not disclosed in the application unless the disease or ailment appears within the first two years of the insurance.

§ 2.–*De l'intérêt d'assurance*

§ 2.–*Insurable interest*

2418. Le contrat d'assurance individuelle est nul si, au moment où il est conclu, le preneur n'a pas un intérêt susceptible d'assurance dans la vie ou la santé de l'assuré, à moins que ce dernier n'y consente par écrit.

2418. In individual insurance, a contract is null if at the time the contract is made the client has no insurable interest in the life or health of the insured, unless the insured consents in writing.

Sous cette même réserve, la cession d'un tel contrat est aussi nulle lorsque, au moment où elle est consentie, le cessionnaire n'a pas l'intérêt requis.

2419. Une personne a un intérêt susceptible d'assurance dans sa propre vie et sa propre santé, ainsi que dans la vie et la santé de son conjoint, de ses descendants et des descendants de son conjoint ou des personnes qui contribuent à son soutien ou à son éducation.

Elle a aussi un intérêt dans la vie et la santé de ses préposés et de son personnel, ou des personnes dont la vie et la santé présentent pour elle un intérêt moral ou pécuniaire.

§ 3.–*De la déclaration de l'âge et du risque*

2420. La fausse déclaration sur l'âge de l'assuré n'entraîne pas la nullité de l'assurance. Dans ce cas, la somme assurée est ajustée suivant le rapport de la prime perçue à celle qui aurait dû être perçue.

Toutefois, si l'assurance porte sur la maladie ou les accidents, l'assureur peut choisir de redresser la prime pour la rendre conforme aux tarifs applicables à l'âge véritable de l'assuré.

2421. L'assureur est fondé à demander la nullité du contrat d'assurance sur la vie lorsque l'âge de l'assuré se trouve, au moment où se forme le contrat, hors des limites d'âge fixées par les tarifs de l'assureur.

Ce dernier est tenu d'agir dans les trois ans de la conclusion du contrat, pourvu qu'il le fasse du vivant de l'as-

Subject to the same reservation, the assignment of such a contract is null if the assignee does not have the required interest at the time of the assignment.

2419. A person has an insurable interest in his own life and health and in the life and health of his spouse, of his descendants and the descendants of his spouse, or of persons who contribute to his support or education.

He also has an interest in the life and health of his employees and staff or of persons in whose life and health he has a pecuniary or moral interest.

§ 3.–*Representation of age and risk*

2420. Misrepresentation of the age of the insured does not entail the nullity of the insurance. In such circumstances, the sum insured is adjusted in such proportion as the premium collected bears to the premium that should have been collected.

In accident and sickness insurance, however, the insurer may elect to adjust the premium to make it correspond to the premium applicable to the true age of the insured.

2421. In life insurance, the insurer may bring an action for the annulment of the contract if, at the time of formation of the contract, the age of the insured exceeds the limits fixed by the insurer's rates.

The insurer may bring the action only within three years of the making of the contract, during the life-time of the in-

suré et dans les soixante jours de la connaissance de l'erreur par l'assureur.

2422. Seul l'âge véritable est déterminant lorsque le début ou la fin d'un contrat d'assurance contre la maladie ou les accidents dépend de l'âge de l'assuré.

Cet âge détermine aussi la fin d'un contrat d'assurance sur la vie lorsque l'assurance doit prendre fin à un âge donné et que la fausse déclaration est découverte avant le décès de l'assuré.

2423. Les fausses déclarations et les réticences de l'adhérent à un contrat d'assurance collective, sur l'âge ou le risque, n'ont d'effet que sur l'assurance des personnes qui en font l'objet.

2424. En l'absence de fraude, la fausse déclaration ou la réticence portant sur le risque ne peut fonder la nullité ou la réduction de l'assurance qui a été en vigueur pendant deux ans.

Toutefois, cette règle ne s'applique pas à l'assurance portant sur l'invalidité si le début de celle-ci est survenu durant les deux premières années de l'assurance.

§ 4.–*De la prise d'effet de l'assurance*

2425. L'assurance sur la vie prend effet au moment de l'acceptation de la proposition par l'assureur, pour autant que cette dernière ait été acceptée sans modification, que la première prime ait été versée et qu'aucun changement ne soit intervenu dans le caractère assurable du risque depuis la signature de la proposition.

2426. L'assurance contre la maladie ou les accidents prend effet au moment de

sured and within sixty days after becoming aware of the error.

2422. In accident and sickness insurance, the true age is the determining factor in cases where the commencement or termination of the insurance depends on the age of the insured.

In life insurance, the true age is also the determining factor for termination of a contract which is to terminate at a specified age, where the misrepresentation of age is discovered before the death of the insured.

2423. In group insurance, misrepresentation or concealment by a participant as to age or risk affects only the insurance of the persons who are the subject of the misrepresentation or concealment.

2424. In the absence of fraud, misrepresentation or concealment as to risk does not justify the annulment or reduction of insurance which has been in force for two years.

This rule does not apply in the case of disability insurance if the disability begins during the first two years of the insurance.

§ 4.–*Effective date*

2425. Life insurance takes effect when the application is accepted by the insurer, provided that it is accepted without modification, that the initial premium has been paid, and that there has been no change in the insurability of the risk since the application was signed.

2426. Accident and sickness insurance takes effect upon the delivery of the pol-

la délivrance de la police au preneur, même si cette délivrance n'est pas le fait d'un représentant de l'assureur.

La police est aussi valablement délivrée lorsqu'elle est établie conformément à la proposition et remise à un représentant de l'assureur pour délivrance au preneur, sans réserve.

§ 5.–*Des primes, des avances et de la remise en vigueur de l'assurance*

2427. Le titulaire d'une police d'assurance sur la vie bénéficie pour le paiement de chaque prime, sauf la première, d'un délai de trente jours; l'assurance reste en vigueur pendant ce délai, mais le défaut de paiement à l'intérieur de ce délai met fin à l'assurance.

Le délai court en même temps que tout autre délai consenti par l'assureur, mais aucune convention ne peut le réduire.

2428. Lorsque le paiement est fait au moyen d'une lettre de change, il est réputé fait si la lettre est payée dès la première présentation.

Il l'est également si le défaut de paiement est attribuable au décès de celui qui a émis la lettre de change, sous réserve du paiement de la prime.

2429. La prime ne porte pas intérêt durant le délai de paiement, sauf en assurance collective.

Lorsque l'assureur a droit à des intérêts sur la prime échue, ceux-ci ne peuvent être supérieurs au taux fixé par les règlements pris à ce sujet par le gouvernement.

2430. Le contrat d'assurance contre la maladie ou les accidents, lorsqu'il est en

icy to the client, even if it is delivered by a person other than a representative of the insurer.

A policy issued in accordance with the application and given to a representative of the insurer for unconditional delivery to the client is also validly delivered.

§ 5.–*Premiums, advances and reinstatement*

2427. In life insurance, the policyholder is entitled to thirty days for the payment of each premium, except the initial premium; the insurance remains in force during the thirty days, but failure to pay the premium within that period terminates the insurance.

The period runs concurrently with any other period granted by the insurer, but it may not be reduced by agreement.

2428. When payment is made by bill of exchange, it is deemed made only if the bill is honoured when first presented.

The payment is also deemed made when the bill is not honoured by reason of the death of the person who issued the bill of exchange, subject to payment of the premium.

2429. The premium does not bear interest during the period allowed for payment, except in group insurance.

Where the insurer is entitled to interest on a premium due, the interest may not be at a higher rate than that fixed by the regulations made to that effect by the Government.

2430. No accident and sickness insurance contract that is in force may be

vigueur, ne peut être résilié pour défaut de paiement de la prime, à moins que le débiteur n'en ait été avisé par écrit au moins quinze jours auparavant.

2431. L'assureur est tenu de remettre en vigueur l'assurance individuelle sur la vie qui a été résiliée pour défaut de paiement de la prime, si le titulaire de la police lui en fait la demande dans les deux ans de la date de la résiliation et s'il établit que l'assuré remplit encore les conditions nécessaires pour être assurable au titre du contrat résilié. Le titulaire est alors tenu de payer les primes en souffrance et de rembourser les avances qu'il a reçues sur la police, avec un intérêt n'excédant pas le taux fixé par les règlements pris à ce sujet par le gouvernement.

Toutefois, l'assureur n'est pas tenu de le faire lorsque la valeur de rachat de la police a été payée ou que le titulaire a opté pour la réduction ou la prolongation de l'assurance.

2432. Le remboursement qui doit être effectué pour la remise en vigueur d'un contrat peut se faire au moyen des avances à recevoir sur la police, jusqu'à concurrence de la somme stipulée par le contrat.

2433. L'assureur peut exiger le paiement des primes échues lorsqu'il s'agit d'exécuter un contrat d'assurance collective sur la vie ou un contrat d'assurance contre la maladie ou les accidents.

Il peut, pour tout contrat d'assurance individuelle, retenir le montant de la prime due sur les prestations qu'il doit verser.

2434. Dès que le contrat d'assurance est remis en vigueur, le délai de deux

cancelled for non-payment of the premium unless fifteen day's prior notice in writing is given to the debtor.

2431. The insurer is bound to reinstate individual life insurance that has been cancelled for non-payment of the premium if the policyholder applies to him therefor within two years from the date of the cancellation and establishes that the insured still meets the conditions required to be insured under the cancelled contract. The policyholder is bound in that case to pay the overdue premiums and repay the advances he has obtained on the policy, with interest at a rate not exceeding the rate fixed by the regulations made to that effect by the Government.

The insurer is not bound by the first paragraph if the surrender value has been paid or if the policyholder has elected for a reduction or extension of coverage.

2432. Any amount payable for the reinstatement of a contract may be made out of advances receivable on the policy up to the sum stipulated in the contract.

2433. The insurer may require the payment of overdue premiums when settling a claim under a group life insurance contract or an accident and sickness insurance contract.

The insurer may, for any personal insurance contract, deduct the amount of any overdue premium out of the benefits payable.

2434. Upon the reinstatement of a contract of insurance, the two year period

ans pendant lequel l'assureur est fondé à demander la nullité du contrat ou la réduction de l'assurance pour les fausses déclarations ou réticences relatives à la déclaration du risque, ou l'exécution d'une clause d'exclusion de garantie en cas de suicide de l'assuré, court à nouveau.

during which the insurer may bring an action for the annulment of the contract or reduction of coverage by reason of misrepresentation or concealment relating to the risk, or by reason of the application of a clause of exclusion of coverage in case of the suicide of the insured, runs again.

§ 6.–De l'exécution du contrat d'assurance

§ 6.–Performance of the contract of insurance

2435. Le titulaire, le bénéficiaire ou l'assuré d'une police d'assurance contre la maladie ou les accidents est tenu d'informer l'assureur, par écrit, du sinistre dans les trente jours de celui où il en a eu connaissance. Il doit également, dans les quatre-vingt-dix jours, transmettre à l'assureur tous les renseignements auxquels ce dernier peut raisonnablement s'attendre sur les circonstances et sur l'étendue du sinistre.

2435. The holder of an accident and sickness policy or the beneficiary or insured shall give written notice of loss to the insurer within thirty days of acquiring knowledge of it. He shall also, within ninety days, transmit all the information to the insurer that he may reasonably expect as to the circumstances and extent of the loss.

Lorsque la personne qui a droit à la prestation démontre qu'il lui a été impossible d'agir dans les délais impartis, elle n'est pas pour autant empêchée de toucher la prestation, pourvu que l'information soit transmise à l'assureur dans l'année du sinistre.

The person entitled to the payment is not prevented from receiving it if he proves that it was impossible for him to act within the prescribed time, provided the notice is sent to the insurer within one year of the loss.

2436. L'assureur est tenu de payer les sommes assurées et les autres avantages prévus au contrat, suivant les conditions qui y sont fixées, dans les trente jours suivant la réception de la justification requise pour le paiement.

2436. The insurer is bound to pay the sums insured and the other benefits provided in the policy, in accordance with the conditions of the policy, within thirty days after receipt of the required proof of loss.

Toutefois, ce délai est de soixante jours lorsque l'assurance porte sur la maladie ou les accidents, à moins que l'assurance ne couvre la perte de revenus occasionnée par l'invalidité.

In accident and sickness insurance, the period is of sixty days, unless the policy covers losses of income due to disability.

2437. Lorsque l'assurance couvre la perte de revenus occasionnée par l'invalidité et que le contrat stipule un délai

2437. Where the insurance covers losses of income due to disability and the policy stipulates a waiting period, the

de carence, le délai de trente jours pour payer la première indemnité court à compter de l'expiration du délai de carence.

Les paiements ultérieurs sont effectués à des intervalles d'au plus trente jours, pourvu que justification soit fournie à l'assureur sur demande.

2438. L'assuré doit se soumettre à un examen médical, lorsque l'assureur est justifié de le demander en raison de la nature de l'invalidité.

2439. L'assureur peut, lorsqu'il y a eu aggravation du risque professionnel persistant pendant six mois ou plus, réduire l'indemnité prévue par le contrat d'assurance contre la maladie ou les accidents, à la somme qui aurait été payable en fonction de la prime stipulée au contrat, pour le nouveau risque.

Cependant, lorsqu'il y a diminution du risque professionnel, il est tenu, à compter de l'avis qu'il en reçoit, de réduire le taux de la prime ou de prolonger l'assurance en fonction du taux correspondant au nouveau risque, au choix du preneur.

2440. Les héritiers du bénéficiaire d'une assurance peuvent exiger de l'assureur qu'il leur escompte en un paiement unique toutes les sommes payables par versements.

2441. L'assureur ne peut refuser de payer les sommes assurées en raison du suicide de l'assuré, à moins qu'il n'ait stipulé l'exclusion de garantie expresse pour ce cas. Même alors, la stipulation est sans effet si le suicide survient après deux ans d'assurance ininterrompue.

thirty day period for payment of the first indemnity runs from the expiry of the waiting period.

Subsequent payments are made at intervals of not more than thirty days, provided that proof is furnished to the insurer on request.

2438. The insured shall submit to a medical examination when the insurer is entitled to require it owing to the nature of the disability.

2439. In accident and sickness insurance, where an aggravation of the occupational risk has lasted for six months or more, the insurer may reduce the indemnity provided under the policy to the sum payable for the new risk according to the premium stipulated in the policy.

Where there is a reduction of the occupational risk, the insurer is bound, from receipt of a notice to that effect, to reduce the rate of the premium or to extend the insurance by applying the rate corresponding to the new risk, as the client may elect.

2440. The heirs of the beneficiary of an insurance contract may require the insurer to make a single lump sum payment to them of any sums payable by instalments.

2441. The insurer may not refuse payment of the sums insured by reason of the suicide of the insured unless he stipulated an express exclusion of coverage in such a case and, even then, the stipulation is without effect if the suicide occurs after two years of uninterrupted insurance.

2442. Le contrat d'assurance de frais funéraires par lequel une personne, moyennant une prime payée en une seule fois ou par versements, s'engage à fournir des services ou effets lors du décès d'une autre personne, à acquitter des frais funéraires ou à affecter une somme d'argent à cette fin, est nul.

La nullité de ce contrat, de même que la répétition de la prime payée, ne peut être demandée que par ceux qui ont payé la prime ou fait des versements, ou par l'inspecteur général des institutions financières agissant en leur nom.

2443. L'attentat à la vie de l'assuré par le titulaire de la police entraîne de plein droit la résiliation de l'assurance et le paiement de la valeur de rachat.

L'attentat à la vie de l'assuré par toute autre personne n'entraîne la déchéance qu'à l'égard du droit de cette personne à la garantie.

2444. Les avantages établis en faveur d'un membre d'une société de secours mutuels, de son conjoint, de ses ascendants et de ses descendants, sont insaisissables, tant pour les dettes de ce membre que pour celles des personnes avantagées.

§ 7.–*De la désignation des bénéficiaires et des titulaires subrogés*

I – Des conditions de la désignation

2445. La somme assurée peut être payable au titulaire de la police, à l'adhérent ou à un bénéficiaire déterminé.

Lorsqu'une assurance individuelle porte sur la tête d'un tiers, le titulaire de la police peut désigner un titulaire subro-

2442. A contract of insurance for funeral expenses whereby a person undertakes, for a premium paid in a single payment or by instalments, to provide services or goods upon the death of another person, to pay funeral expenses or to set aside a sum of money for that purpose is null.

Only the person who paid the premium or instalments or the Inspector General of Financial Institutions acting on his behalf may bring an action for the annulment of the contract or recovery of the premium.

2443. An attempt on the life of the insured by the policyholder entails, by operation of law, cancellation of the insurance and payment of the surrender value.

An attempt on the life of the insured by a person other than the policyholder entails forfeiture only in respect of that person's right to the coverage.

2444. The benefits established in favour of a member of a mutual benefit association, or of his spouse, ascendants or descendants are unseizable either for debts of the member or for debts of the beneficiaries.

§ 7.–*Designation of beneficiaries and subrogated policyholders*

I – Conditions of designation

2445. The sum insured may be payable to the policyholder, the participant or a specified beneficiary.

In individual insurance, the holder of a policy on the life of a third person may designate a subrogated policyholder to

gé qui le remplacera à son décès; il peut aussi désigner plusieurs titulaires subrogés et déterminer l'ordre dans lequel chacun succédera au titulaire précédent.

La police d'assurance-vie ne peut être payable au porteur.

2446. La désignation de bénéficiaires ou de titulaires subrogés se fait dans la police ou dans un autre écrit revêtu, ou non, de la forme testamentaire.

2447. Il n'est pas nécessaire que le bénéficiaire ou le titulaire subrogé existe lors de la désignation, ni qu'il soit alors expressément déterminé; il suffit qu'à l'époque où son droit devient exigible, le bénéficiaire ou le titulaire subrogé existe ou, s'il est conçu, mais non encore né, qu'il naisse vivant et viable, et que sa qualité soit reconnue.

La désignation de bénéficiaire est présumée faite sous la condition de l'existence de la personne bénéficiaire à l'époque de l'exigibilité de la somme assurée; celle du titulaire subrogé, sous la condition de l'existence de la personne ainsi désignée au décès du titulaire précédent de la police.

2448. Lorsque l'assuré et le bénéficiaire décèdent en même temps ou dans des circonstances qui ne permettent pas d'établir l'ordre des décès, l'assuré est, aux fins de l'assurance, réputé avoir survécu au bénéficiaire. Dans le cas où l'assuré décède ab intestat et ne laisse aucun héritier au degré successible, le bénéficiaire est réputé avoir survécu à l'assuré. De même, entre le titulaire précédent et le titulaire subrogé, le premier est réputé avoir survécu au second.

replace him upon his death; he may also designate several subrogated policyholders and specify the order in which they will succeed to any preceding policyholder.

The proceeds of a life insurance policy may not be payable to bearer.

2446. The designation of beneficiaries or of subrogated policyholders is made in the policy or in another writing which may or may not be in the form of a will.

2447. The beneficiary or the subrogated policyholder need not exist at the time of designation or be then expressly determined; it is sufficient that at the time his right becomes exigible he exist or, if he is conceived but not born, that he be born alive and viable and that his quality be recognized.

The designation of a beneficiary is presumed made on the condition that the beneficiary exists at the time the proceeds of the insurance become exigible; the designation of the subrogated policyholder is presumed made on the condition that the person so designated exists at the death of the preceding policyholder.

2448. Where the insured and the beneficiary die at the same time or in circumstances which make it impossible to determine which of them died first, the insured is, for the purposes of the insurance, deemed to have survived the beneficiary. Where the insured dies intestate, leaving no heir within the degrees of succession, the beneficiary is deemed to have survived the insured. In similar circumstances, the preceding policyholder is deemed to have survived the subrogated policyholder.

2449. La désignation du conjoint à titre de bénéficiaire, par le titulaire de la police ou l'adhérent, dans un écrit autre qu'un testament, est irrévocable, à moins de stipulation contraire. La désignation de toute autre personne à titre de bénéficiaire est révocable, sauf stipulation contraire dans la police ou dans un écrit distinct autre qu'un testament. La désignation d'une personne en tant que titulaire subrogé est toujours révocable.

Lorsqu'elle peut être faite, la révocation doit résulter d'un écrit; il n'est pas nécessaire, toutefois, qu'elle soit expresse.

2450. La désignation ou la révocation contenue dans un testament nul pour vice de forme n'est pas nulle pour autant; mais elle l'est si le testament est révoqué.

Cependant, la désignation ou la révocation contenue dans un testament ne vaut pas à l'encontre d'une autre désignation ou révocation postérieure à la signature du testament. Elle ne vaut pas, non plus, à l'encontre d'une désignation antérieure à la signature du testament, à moins que le testament ne mentionne la police d'assurance en cause ou que l'intention du testateur à cet égard ne soit évidente.

2451. Toute désignation de bénéficiaire demeure révocable tant que l'assureur ne l'a pas reçue, quels que soient les termes employés.

2452. Les désignation et révocation ne sont opposables à l'assureur que du jour où il les a reçues; lorsque plusieurs désignations de bénéficiaires irrévocables sont faites, sans être conjointes ou simultanées, la priorité est donnée

2449. The designation in a writing other than a will, by the policyholder or participant, of his spouse as beneficiary is irrevocable unless otherwise stipulated. The designation of any other person as beneficiary is revocable unless otherwise stipulated in the policy or in a separate writing other than a will. The designation of a person as subrogated policyholder is always revocable.

Where revocation is permitted, it may only result from a writing but it need not be express.

2450. A designation or revocation contained in a will that is null by reason of a defect of form is not null for that sole reason; such a designation or revocation is null, however, if the will is revoked.

A designation or revocation made in a will does not avail against another designation or revocation subsequent to the signing of the will. Nor does it avail against a designation prior to the signing of the will unless the will refers to the insurance policy in question or unless the intention of the testator in that respect is manifest.

2451. Regardless of the terms used, every designation of beneficiaries remains revocable until received by the insurer.

2452. Designations and revocations may be set up against the insurer only from the day he receives them; where several irrevocable designations of beneficiaries are made separately and at different times, they are given priority

suivant les dates auxquelles l'assureur les reçoit.

Le paiement que l'assureur fait de bonne foi, suivant ces règles, à la dernière personne connue qui y a droit, est libératoire.

II – Des effets de la désignation

2453. Le bénéficiaire et le titulaire subrogé sont créanciers de l'assureur; toutefois, l'assureur peut alors opposer les causes de nullité ou de déchéance susceptibles d'être invoquées contre le titulaire ou l'adhérent.

2454. Le titulaire de la police a le droit de participer aux bénéfices et autres avantages qui lui sont conférés par le contrat, même si le bénéficiaire a été désigné irrévocablement.

Les participations et avantages doivent être imputés par l'assureur à toute prime échue afin de maintenir l'assurance en vigueur.

Dans les deux cas, le contrat peut en disposer autrement.

2455. La somme assurée payable à un bénéficiaire ne fait pas partie de la succession de l'assuré. De même, le contrat transmis au titulaire subrogé ne fait pas partie de la succession du titulaire précédent.

2456. L'assurance payable à la succession ou aux ayants cause, héritiers, liquidateurs ou autres représentants légaux d'une personne, en vertu d'une stipulation employant ces expressions ou des expressions analogues, fait partie de la succession de cette personne.

Les règles sur la représentation successorale ne jouent pas en matière d'assurance, mais celles sur l'accroisse-

according to their dates of receipt by the insurer.

The insurer is discharged by payment in good faith in accordance with these rules to the last known person entitled to it.

II – Effects of designation

2453. Beneficiaries and subrogated policyholders are the creditors of the insurer but the insurer may set up against them the causes of nullity or forfeiture that may be invoked against the policyholder or participant.

2454. The policyholder is entitled to the profits and other benefits conferred on him by the contract even if the beneficiary has been designated irrevocably.

Profits and benefits shall be applied by the insurer to any premium due to keep the insurance in force.

In either case, the contract may provide otherwise.

2455. Sums insured payable to a beneficiary do not form part of the succession of the insured. Similarly, a contract transferred to a subrogated policyholder does not form part of the succession of the preceding policyholder.

2456. Insurance payable to the succession or to the assigns, heirs, liquidators or other legal representatives of a person pursuant to a stipulation in which those terms or similar terms are employed forms part of the succession of such person.

The rules respecting representation of heirs do not apply to insurance matters but those respecting accretion to the

ment au profit des légataires particuliers s'appliquent entre cobénéficiaires et entre cotitulaires subrogés.

2457. Lorsque le bénéficiaire désigné de l'assurance est le conjoint, le descendant ou l'ascendant du titulaire ou de l'adhérent, les droits conférés par le contrat sont insaisissables, tant que le bénéficiaire n'a pas touché la somme assurée.

2458. La stipulation d'irrévocabilité lie le titulaire de la police, même si le bénéficiaire désigné n'en a pas connaissance. Tant que la désignation à titre irrévocable subsiste, les droits conférés par le contrat au titulaire, à l'adhérent et au bénéficiaire sont insaisissables.

2459. La séparation de corps ne porte pas atteinte aux droits du conjoint, qu'il soit bénéficiaire ou titulaire subrogé. Toutefois, le tribunal peut, au moment où il prononce la séparation, les déclarer révocables ou caducs.

Le divorce ou la nullité du mariage rend caduque toute désignation du conjoint à titre de bénéficiaire ou de titulaire subrogé.

2460. Même si le bénéficiaire a été désigné à titre irrévocable, le titulaire de la police et l'adhérent peuvent disposer de leurs droits, sous réserve des droits du bénéficiaire.

§ 8.–*De la cession et de l'hypothèque d'un droit résultant d'un contrat d'assurance*

2461. La cession ou l'hypothèque d'un droit résultant d'un contrat d'assurance n'est opposable à l'assureur, au bénéficiaire ou aux tiers qu'à compter du moment où l'assureur en reçoit avis.

benefit of particular legatees apply among co-beneficiaries or subrogated co-policyholders.

2457. Where the designated beneficiary of the insurance is the spouse, descendant or ascendant of the policyholder or of the participant, the rights under the contract are exempt from seizure until the beneficiary receives the sum insured.

2458. A stipulation of irrevocable designation binds the policyholder even if the designated beneficiary has no knowledge of it. As long as the designation remains irrevocable, the rights conferred by the contract on the policyholder, participant or beneficiary are exempt from seizure.

2459. Separation from bed and board does not affect the rights of the spouse, whether a beneficiary or a subrogated policyholder, but the court may declare them revocable or lapsed when granting a separation.

Divorce or nullity of marriage causes any designation of the spouse as beneficiary or subrogated policyholder to lapse.

2460. Even if the beneficiary has been designated irrevocably, the policyholder and the participant may dispose of their rights, subject to the rights of the beneficiary.

§ 8.–*Assignment and hypothecation of a right under a contract of insurance*

2461. The assignment or hypothecation of a right resulting from a contract of insurance may not be set up against the insurer, the beneficiary or third persons until the insurer receives notice thereof.

En présence de plusieurs cessions ou hypothèques d'un droit résultant d'un contrat d'assurance, la priorité est fonction de la date à laquelle l'assureur est avisé.

2462. La cession d'une assurance confère au cessionnaire tous les droits et obligations du cédant; elle entraîne la révocation de la désignation du bénéficiaire révocable et du titulaire subrogé.

Cependant, l'hypothèque d'un droit résultant d'un contrat d'assurance ne confère de droits au créancier hypothécaire qu'à concurrence du solde de la créance, des intérêts et des accessoires; elle n'emporte révocation du bénéficiaire révocable et du titulaire subrogé que pour ces sommes.

Where a right under a contract of insurance is subject to several assignments or hypothecations priority is determined by the date on which the insurer is notified.

2462. The assignment of insurance confers on the assignee all the rights and obligations of the assignor and entails the revocation of any revocable designation of a beneficiary and of any designation of a subrogated policyholder.

The hypothecation of a right arising out of a contract of insurance confers on the hypothecary creditor only a right to the balance of the debt, interest and accessories and entails revocation of the revocable designation of the beneficiary or the subrogated policyholder only in respect of those amounts.

SECTION III
DE L'ASSURANCE DE DOMMAGES

*§ 1.–Dispositions communes à
l'assurance de biens et de
responsabilité*

I – Du caractère indemnitaire de
l'assurance

SECTION III
DAMAGE INSURANCE

*§ 1.–Provisions common to property
insurance and liability insurance*

I – Principle of indemnity

2463. L'assurance de dommages oblige l'assureur à réparer le préjudice subi au moment du sinistre, mais seulement jusqu'à concurrence du montant de l'assurance.

2464. L'assureur est tenu de réparer le préjudice causé par une force majeure ou par la faute de l'assuré, à moins qu'une exclusion ne soit expressément et limitativement stipulée dans le contrat. Il n'est toutefois jamais tenu de réparer le préjudice qui résulte de la faute intentionnelle de l'assuré. En cas de pluralité d'assurés, l'obligation de garantie demeure à l'égard des assurés

2463. In damage insurance, the insurer is obliged to compensate for any injury suffered at the time of the loss but only up to the amount of the insurance.

2464. The insurer is liable to compensate for injury resulting from superior force or the fault of the insured, unless an exclusion is expressly and restrictively stipulated in the policy. However, the insurer is never liable to compensate for injury resulting from the insured's intentional fault. Where there is more than one insured, the obligation of coverage remains in respect of those in-

qui n'ont pas commis de faute intentionnelle.

Lorsque l'assureur est garant du préjudice que l'assuré est tenu de réparer en raison du fait d'une autre personne, l'obligation de garantie subsiste quelles que soient la nature et la gravité de la faute commise par cette personne.

2465. L'assureur n'est pas tenu d'indemniser le préjudice qui résulte des freintes, diminutions ou pertes du bien et qui proviennent de son vice propre ou de la nature de celui-ci.

II – De l'aggravation du risque

2466. L'assuré est tenu de déclarer à l'assureur, promptement, les circonstances qui aggravent les risques stipulés dans la police et qui résultent de ses faits et gestes si elles sont de nature à influencer de façon importante un assureur dans l'établissement du taux de la prime, l'appréciation du risque ou la décision de maintenir l'assurance.

Lorsque l'assuré ne remplit pas cette obligation, les dispositions de l'article 2411 s'appliquent, compte tenu des adaptations nécessaires.

2467. L'assureur qui est informé des nouvelles circonstances peut résilier le contrat ou proposer, par écrit, un nouveau taux de prime, auquel cas l'assuré est tenu d'accepter et d'acquitter la prime ainsi fixée, dans les trente jours de la proposition qui lui est faite, à défaut de quoi la police cesse d'être en vigueur.

Toutefois, s'il continue d'accepter les primes ou s'il paie une indemnité après un sinistre, il est réputé avoir acquiescé au changement qui lui a été déclaré.

sured who have not committed an intentional fault.

Where the insurer is liable for injury caused by a person for whose acts the insured is liable, the obligation of coverage subsists regardless of the nature or gravity of the fault committed by that person.

2465. The insurer is not liable to indemnify for injury resulting from natural loss, diminution or losses sustained by the property arising from an inherent defect in or the nature of the property.

II – Material change in risk

2466. The insured shall promptly notify the insurer of any change that increases the risks stipulated in the policy and that results from events within his control if it is likely to materially influence an insurer in setting the rate of the premium, appraising the risk or deciding to continue to insure it.

If the insured fails to discharge his obligation, the provisions of article 2411 apply, adapted as required.

2467. On being notified of any material change in the risk, the insurer may cancel the contract or propose, in writing, a new rate of premium. Unless the new premium is accepted and paid by the insured within thirty days of the proposal, the policy ceases to be in force.

If the insurer continues to accept the premiums or if he pays an indemnity after a loss, he is deemed to have acquiesced in the change notified to him.

2468. L'inoccupation d'une résidence ne constitue pas une aggravation du risque lorsqu'elle ne dure pas plus de trente jours consécutifs ou que l'assurance porte sur une résidence secondaire désignée comme telle.

Ne constitue pas, non plus, une aggravation du risque le fait d'y laisser entrer des gens de métier pour effectuer des travaux d'entretien ou de réparation d'une durée d'au plus trente jours.

III – Du paiement de la prime

2469. L'assureur n'a droit à la prime qu'à compter du moment où le risque commence, et uniquement pour sa durée si le risque disparaît totalement par suite d'un événement qui ne fait pas l'objet de l'assurance.

Il peut poursuivre le paiement de la prime ou la déduire de l'indemnité qu'il doit verser.

IV – De la déclaration de sinistre et du paiement de l'indemnité

2470. L'assuré doit déclarer à l'assureur tout sinistre de nature à mettre en jeu la garantie, dès qu'il en a eu connaissance. Tout intéressé peut faire cette déclaration.

Lorsque l'assureur n'a pas été ainsi informé et qu'il en a subi un préjudice, il est admis à invoquer, contre l'assuré, toute clause de la police qui prévoit la déchéance du droit à l'indemnisation dans un tel cas.

2471. À la demande de l'assureur, l'assuré doit, le plus tôt possible, faire connaître à l'assureur toutes les circonstances entourant le sinistre, y compris sa cause probable, la nature et l'étendue des dommages, l'emplacement du

2468. The lack of occupation of a residence does not constitute a change which increases the risk if it does not last more than thirty consecutive days or if the insurance relates to a second residence designated as such.

Nor does the admission of tradesmen into the residence to do maintenance or repair work for a period of not more than thirty days constitute a change which increases the risk.

III – Payment of premium

2469. The insurer is entitled to the premium only from the time the risk begins, and only for its duration if the risk disappears completely as a result of an event that is not covered by the insurance.

The insurer may bring an action for payment of the premium or deduct it from the indemnity payable.

IV – Notice of loss and payment of indemnity

2470. The insured shall notify the insurer of any loss which may give rise to an indemnity, as soon as he becomes aware of it. Any interested person may give such notice.

An insurer who has not been so notified may, where he sustains injury therefrom, set up against the insured any clause of the policy providing for forfeiture of the right to indemnity in such a case.

2471. At the request of the insurer, the insured shall inform the insurer as soon as possible of all the circumstances surrounding the loss, including its probable cause, the nature and extent of the damage, the location of the insured property,

bien, les droits des tiers et les assurances concurrentes; il doit aussi lui fournir les pièces justificatives et attester, sous serment, la véracité de celles-ci.

Lorsque l'assuré ne peut, pour un motif sérieux, remplir cette obligation, il a droit à un délai raisonnable pour l'exécuter.

À défaut par l'assuré de se conformer à son obligation, tout intéressé peut le faire à sa place.

2472. Toute déclaration mensongère entraîne pour son auteur la déchéance de son droit à l'indemnisation à l'égard du risque auquel se rattache ladite déclaration.

Toutefois, si la réalisation du risque a entraîné la perte à la fois de biens mobiliers et immobiliers, ou à la fois de biens à usage professionnel et à usage personnel, la déchéance ne vaut qu'à l'égard de la catégorie de biens à laquelle se rattache la déclaration mensongère.

2473. L'assureur est tenu de payer l'indemnité dans les soixante jours suivant la réception de la déclaration de sinistre ou, s'il en a fait la demande, des renseignements pertinents et des pièces justificatives.

2474. L'assureur est subrogé dans les droits de l'assuré contre l'auteur du préjudice, jusqu'à concurrence des indemnités qu'il a payées. Quand, du fait de l'assuré, il ne peut être ainsi subrogé, il peut être libéré, en tout ou en partie, de son obligation envers l'assuré.

L'assureur ne peut jamais être subrogé contre les personnes qui font partie de la maison de l'assuré.

the rights of third persons, and any concurrent insurance; he shall also furnish him with vouchers and attest under oath to the truth of the information.

Where, for a serious reason, the insured is unable to fulfil such obligation, he is entitled to a reasonable time in which to do so.

If the insured fails to fulfil his obligation, any interested person may do so on his behalf.

2472. Any deceitful representation entails the loss of the right of the person making it to any indemnity in respect of the risk to which the representation relates.

However, if the occurrence of the event insured against entails the loss of both movable and immovable property or of both property for occupational use and personal property, forfeiture is incurred only with respect to the class of property to which the representation relates.

2473. The insurer is bound to pay the indemnity within sixty days after receiving the notice of loss or, at his request, the relevant information and vouchers.

2474. The insurer is subrogated to the rights of the insured against the person responsible for the loss, up to the amount of indemnity paid. The insurer may be fully or partly released from his obligation towards the insured where, owing to any act of the insured, he cannot be so subrogated.

The insurer may not be subrogated against persons who are members of the household of the insured.

V – De la cession de l'assurance

2475. Le contrat d'assurance ne peut être cédé qu'avec le consentement de l'assureur et qu'en faveur d'une personne ayant un intérêt d'assurance dans le bien assuré.

2476. Lors du décès de l'assuré, de sa faillite ou de la cession, entre coassurés, de leur intérêt dans l'assurance, celle-ci continue au profit de l'héritier, du syndic ou de l'assuré restant, à charge pour eux d'exécuter les obligations dont l'assuré était tenu.

VI – De la résiliation du contrat

2477. L'assureur peut résilier le contrat moyennant un préavis qui doit être envoyé à chacun des assurés nommés dans la police. La résiliation a lieu quinze jours après la réception du préavis par l'assuré à sa dernière adresse connue.

Le contrat d'assurance peut aussi être résilié sur simple avis écrit donné à l'assureur par chacun des assurés nommés dans la police. La résiliation a lieu dès la réception de l'avis.

Les assurés nommés dans la police peuvent toutefois confier à un ou plusieurs d'entre eux le mandat de recevoir ou d'expédier l'avis de résiliation.

2478. Lorsque le droit à l'indemnité a été hypothéqué et que notification en a été faite à l'assureur, le contrat ne peut être ni résilié ni modifié au détriment du créancier hypothécaire, à moins que l'assureur n'ait avisé ce dernier au moins quinze jours à l'avance.

2479. Lorsque l'assurance est résiliée, l'assureur n'a droit qu'à la portion de

V – Assignment

2475. A contract of insurance may be assigned only with the consent of the insurer and in favour of a person who has an insurable interest in the insured property.

2476. Upon the death or bankruptcy of the insured or the assignment of his interest in the insurance to a co-insured, the insurance continues in favour of the heir, trustee in bankruptcy or remaining insured, subject to his performing the obligations that were incumbent upon the insured.

VI – Cancellation of the contract

2477. The insurer may cancel the contract on prior notice which shall be sent to every insured named in the policy. The cancellation takes place fifteen days after notice is received by the insured at his last known address.

A contract of insurance may also be cancelled on mere notice in writing given to the insurer by each of the insured named in the policy. The cancellation takes place upon receipt of the notice.

The insured named in the policy may, however, give one or more of their number the mandate of receiving or sending the notice of cancellation.

2478. Where the right to the indemnity has been hypothecated and notice has been given to the insurer, the contract may not be cancelled or amended to the detriment of the hypothecary creditor unless the insurer has given him prior notice of at least fifteen days.

2479. Where the insurance is cancelled the insurer is entitled to only the earned

prime acquise, calculée au jour le jour si la résiliation procède de lui ou d'après le taux à court terme si elle procède de l'assuré; il est alors tenu de rembourser le trop-perçu de prime.

portion of the premium, computed day by day if the contract is cancelled by the insurer, or at the short-term rate if cancelled by the insured; the insurer is bound to refund any overpayment of premium.

§ 2.–Des assurances de biens

I – Du contenu de la police

2480. Outre les mentions prescrites pour toute police d'assurance, la police d'assurance de biens doit indiquer les exclusions de garantie qui ne résultent pas du sens courant des mots ou les limitations qui s'appliquent à des objets ou à des catégories d'objets déterminés, et préciser les conditions de résiliation du contrat par l'assuré, ainsi que les conditions de rétablissement ou de continuation de l'assurance après un sinistre.

II – De l'intérêt d'assurance

2481. Une personne a un intérêt d'assurance dans un bien lorsque la perte de celui-ci peut lui causer un préjudice direct et immédiat.

L'intérêt doit exister au moment du sinistre, mais il n'est pas nécessaire que le même intérêt ait existé pendant toute la durée du contrat.

2482. Les biens à venir et les biens incorporels peuvent faire l'objet d'un contrat d'assurance.

2483. L'assurance de biens peut être contractée pour le compte de qui il appartiendra. La clause vaut, tant comme assurance au profit du titulaire de la police que comme stipulation pour autrui au profit du bénéficiaire connu ou éventuel de ladite clause.

§ 2.–Property insurance

I – Content of policy

2480. In addition to the particulars prescribed for insurance policies generally, an indication shall be made in a property insurance policy of any exclusion of coverage not resulting from the ordinary meaning of the words or any limitation of coverage applying to specified objects or classes of objects, specifying the conditions on which the contract may be cancelled by the insured, as well as those on which the insurance may be reinstated or continued after a loss.

II – Insurable interest

2481. A person has an insurable interest in a property where the loss or deterioration of the property may cause him direct and immediate damage.

It is necessary that the insurable interest exist at the time of the loss but not necessary that the same interest have existed throughout the duration of the contract.

2482. Future property and incorporeal property may be the subject of a contract of insurance.

2483. Property insurance may be contracted on behalf of whomever it may concern. The clause is valid as insurance for the benefit of the policyholder or as a stipulation for a third person in favour of the beneficiary of the clause, whether known or contingent.

Le titulaire de la police est seul tenu au paiement de la prime envers l'assureur; les exceptions que l'assureur pourrait lui opposer sont également opposables au bénéficiaire du contrat, quel qu'il soit.

2484. L'assurance d'un bien dans lequel l'assuré n'a aucun intérêt d'assurance est nulle.

III – De l'étendue de la garantie

2485. L'assureur qui assure un bien contre l'incendie est tenu de réparer le préjudice qui est une conséquence immédiate du feu ou de la combustion, quelle qu'en soit la cause, y compris le dommage subi par le bien en cours de transport, ou occasionné par les moyens employés pour éteindre le feu, sauf les exceptions particulières contenues dans la police. Il est aussi garant de la disparition des objets assurés survenue pendant l'incendie, à moins qu'il ne prouve qu'elle provient d'un vol qu'il n'assure pas.

Il n'est cependant pas tenu de réparer le préjudice occasionné uniquement par la chaleur excessive d'un appareil de chauffage ou par une opération comportant l'application de la chaleur, lorsqu'il n'y a ni incendie ni commencement d'incendie mais, même en l'absence d'incendie, il est tenu de réparer le préjudice causé par la foudre ou l'explosion d'un combustible.

2486. L'assureur qui assure un bien contre l'incendie n'est pas garant du préjudice causé par les incendies ou les explosions résultant d'une guerre étrangère ou civile, d'une émeute ou d'un mouvement populaire, d'une explosion nucléaire, d'une éruption volcanique, d'un tremblement de terre ou d'autres cataclysmes.

The policyholder alone is liable for payment of the premium to the insurer; any exception that the insurer may set up against him may also be set up against the beneficiary of the contract, whoever he may be.

2484. The insurance of a property in which the insured has no insurable interest is null.

III – Extent of coverage

2485. In fire insurance, the insurer is bound to repair any damage which is an immediate consequence of fire or combustion, whatever the cause, including damage to the property during removal or that caused by the means employed to extinguish the fire, subject to the exceptions specified in the policy. The insurer is also liable for the disappearance of insured things during the fire, unless he proves that the disappearance is due to theft which is not covered.

The insurer is not liable for damage caused solely by excessive heat from a heating apparatus or by any process involving the application of heat where there is no fire or commencement of fire but, even where there is no fire, the insurer is liable for damage caused by lightning or the explosion of fuel.

2486. An insurer who insures a property against fire is not liable for damage due to fires or explosions caused by foreign or civil war, riot or civil disturbance, nuclear explosion, volcanic eruption, earthquake or other cataclysm.

2487. L'assureur est tenu de réparer le dommage causé au bien assuré par les mesures de secours ou de sauvetage.

2488. L'assurance portant sur des objets désignés généralement comme se trouvant en un lieu couvre tous les objets du même genre qui s'y trouvent au moment du sinistre.

2489. L'assurance d'une résidence meublée et celle des meubles en général couvre toutes les catégories de meubles, à l'exception de ce qui est exclu expressément ou de ce qui n'est assuré que pour un montant limité.

IV – Du montant d'assurance

2490. La valeur du bien assuré s'établit de la manière habituelle lorsque le contrat ne prévoit pas de formule d'évaluation particulière.

2491. Dans les contrats à valeur indéterminée, le montant de l'assurance ne fait pas preuve de la valeur du bien assuré.

Dans les contrats à valeur agréée, la valeur convenue fait pleinement foi, entre l'assureur et l'assuré, de la valeur du bien.

2492. Le contrat fait sans fraude pour un montant supérieur à la valeur du bien est valable jusqu'à concurrence de cette valeur; l'assureur n'a pas le droit d'exiger une prime pour l'excédent, mais celles qui ont été payées ou sont échues lui restent acquises.

2493. L'assureur ne peut, pour la seule raison que le montant de l'assurance est inférieur à la valeur du bien, refuser de couvrir le risque. En pareil cas, l'assureur est libéré par le paiement du montant de l'assurance, s'il y a perte

2487. The insurer is liable for damage to the insured property caused by measures taken to save or protect it.

2488. Insurance of things generally described as being in a certain place covers all things of the same kind which are in that place at the time of the loss.

2489. The insurance of a furnished residence and that of movable property in general covers every class of movable property except what is expressly excluded or what is insured for only a limited amount.

IV – Amount of insurance

2490. The value of the insured property is determined in the ordinary manner unless a special valuation formula is contained in the policy.

2491. In unvalued policies, the amount of insurance does not make proof of the value of the insured property.

In valued policies, the agreed value makes complete proof, between the insurer and the insured, of the value of the insured property.

2492. A contract made without fraud for an amount greater than the value of the insured property is valid up to that value; the insurer has no right to charge any premium for the excess but premiums paid or due remain vested in him.

2493. The insurer may not refuse to cover a risk for the sole reason that the amount of insurance is less than the value of the insured property. In such a case, he is released by paying the amount of the insurance in the event of

totale, ou d'une indemnité proportionnelle, s'il y a perte partielle.

V – Du sinistre et du paiement de l'indemnité

2494. Sous réserve des droits des créanciers prioritaires et hypothécaires, l'assureur peut se réserver la faculté de réparer, de reconstruire ou de remplacer le bien assuré. Il bénéficie alors du droit au sauvetage et peut récupérer le bien.

2495. L'assuré ne peut abandonner le bien endommagé en l'absence de convention à cet effet.

Il doit faciliter le sauvetage du bien assuré et les vérifications de l'assureur. Il doit, notamment, permettre à l'assureur et à ses représentants de visiter les lieux et d'examiner le bien assuré.

2496. Celui qui, sans fraude, est assuré auprès de plusieurs assureurs, par plusieurs polices, pour un même intérêt et contre un même risque, de telle sorte que le total des indemnités qui résulteraient de leur exécution indépendante dépasse le montant du préjudice subi, peut se faire indemniser par le ou les assureurs de son choix, chacun n'étant tenu que pour le montant auquel il s'est engagé.

Est inopposable à l'assuré la clause qui suspend, en tout ou en partie, l'exécution du contrat en cas de pluralité d'assurances.

Entre les assureurs, à moins d'entente contraire, l'indemnité est répartie en proportion de la part de chacun dans la garantie totale, sauf en ce qui concerne une assurance spécifique, laquelle constitue une assurance en première ligne.

total loss or a proportional indemnity in the event of partial loss.

V – Losses, and payment of indemnity

2494. Subject to the rights of preferred and hypothecary creditors, the insurer may reserve the right to repair, rebuild or replace the insured property. He is then entitled to salvage and may take over the property.

2495. The insured may not abandon the damaged property if there is no agreement to that effect.

The insured shall facilitate the salvage and inspection of the insured property by the insurer. He shall, in particular, permit the insurer and his representatives to visit the premises and examine the insured property.

2496. Any person who, without fraud, is insured by several insurers, under several policies, for the same interest and against the same risk so that the total amount of indemnity that would result from the separate performance of such policies would exceed the loss incurred may be indemnified by the insurer or insurers of his choice, each being liable only for the amount he has contracted for.

No clause suspending all or part of the performance of the contract by reason of plurality of insurance may be set up against the insured.

Unless otherwise agreed, the indemnity is apportioned among the insurers in proportion to the share of each in the total coverage, except in respect of individual insurance, which constitutes first line insurance.

2497. Les indemnités dues à l'assuré sont attribuées aux créanciers prioritaires ou aux créanciers titulaires d'une hypothèque sur le bien endommagé, suivant leur rang et sans délégation expresse, moyennant une simple dénonciation et justification de leur part, malgré toute disposition contraire.

Néanmoins, les paiements faits de bonne foi par l'assureur, avant la dénonciation, sont libératoires.

§ 3.–*Des assurances de responsabilité*

2498. La responsabilité civile, contractuelle ou extracontractuelle, peut faire l'objet d'un contrat d'assurance.

2499. Outre les mentions prescrites pour toute police d'assurance, la police d'assurance de responsabilité doit indiquer la relation entre les personnes et les biens, ainsi que celle entre les personnes et les faits, qui entraîne la responsabilité, de même que les montants et les exclusions de garantie, le caractère obligatoire ou facultatif de l'assurance et les bénéficiaires directs et indirects de celle-ci.

2500. Le montant de l'assurance est affecté exclusivement au paiement des tiers lésés.

2501. Le tiers lésé peut faire valoir son droit d'action contre l'assuré ou l'assureur ou contre l'un et l'autre.

Le choix fait par le tiers lésé à cet égard n'emporte pas renonciation à ses autres recours.

2502. L'assureur peut opposer au tiers lésé les moyens qu'il aurait pu faire valoir contre l'assuré au jour du sinistre, mais il ne peut opposer ceux qui sont relatifs à des faits survenus postérieure-

2497. Notwithstanding any contrary provision, the indemnities due to the insured are apportioned among the prior creditors or creditors holding hypothecs on the damaged property, according to their rank and without express delegation, upon mere notice and proof by them.

However, payments made in good faith before the notice discharge the insurer.

§ 3.–*Liability insurance*

2498. Civil liability, whether contractual or extracontractual, may be the subject of a contract of insurance.

2499. In addition to the particulars prescribed for insurance policies generally, in a liability insurance policy the relation between persons and property and between persons and acts which entails liability shall be specified, together with the amounts and exclusions from coverage, and the compulsory or optional nature of the insurance and the direct and indirect beneficiaries of it.

2500. The proceeds of the insurance are applied exclusively to the payment of third persons injured.

2501. An injured third person may bring an action directly against the insured or against the insurer, or against both.

The option chosen in this respect by the third person injured does not deprive him of his other recourses.

2502. The insurer may set up against the injured third person any grounds he could have invoked against the insured at the time of the loss, but not grounds pertaining to facts that occurred after the

ment au sinistre; l'assureur dispose, quant à ceux-ci, d'une action récursoire contre l'assuré.

2503. L'assureur est tenu de prendre fait et cause pour toute personne qui a droit au bénéfice de l'assurance et d'assumer sa défense dans toute action dirigée contre elle.

Les frais et dépens qui résultent des actions contre l'assuré, y compris ceux de la défense, ainsi que les intérêts sur le montant de l'assurance, sont à la charge de l'assureur, en plus du montant d'assurance.

2504. Aucune transaction conclue sans le consentement de l'assureur ne lui est opposable.

SECTION IV
DE L'ASSURANCE MARITIME

§ 1.–Dispositions générales

2505. Outre les risques relatifs à une opération maritime, l'assurance maritime peut couvrir les risques découlant d'opérations analogues aux opérations maritimes, les risques terrestres qui se rattachent à une opération maritime, de même que les risques relatifs à la construction, à la réparation et au lancement des navires.

2506. Il y a risque relatif à une opération maritime, notamment lorsqu'un navire, des marchandises ou d'autres biens meubles sont exposés à des périls de la mer ou lorsqu'en raison de ces périls, la responsabilité civile d'une personne qui a un intérêt dans les biens assurables ou à leur égard peut être engagée.

Il en est de même lorsque des avances, notamment le fret, le prix de passage, la commission et la sûreté donnée pour les avances, les prêts ou

loss; the insurer has a right of action against the insured in respect of facts that occurred after the loss.

2503. The insurer is bound to take up the interest of any person entitled to the benefit of the insurance and assume his defence in any action brought against him.

Costs and expenses resulting from actions against the insured, including those of the defence, and interest on the proceeds of the insurance are borne by the insurer over and above the proceeds of the insurance.

2504. No transaction made without the consent of the insurer may be set up against him.

SECTION IV
MARINE INSURANCE

§ 1.–General provisions

2505. In addition to providing coverage against the losses incident to marine adventure, marine insurance may cover the risks of any adventure analogous to a marine adventure, land risks which are incidental to a marine adventure or risks incident to the building, repair and launch of a ship.

2506. In particular, there is a marine adventure where any ship, goods or other movables are exposed to maritime perils or where by reason of such perils, civil liability may be incurred by any person interested in, or responsible for, insurable property.

There is also a marine adventure where the earning or acquisition of any freight, passage money, commission or other pecuniary benefit, or the security

les débours, sont compromises parce que les biens assurables en cause sont exposés à des périls de la mer.

for any advances, loan or disbursements, is endangered by the exposure of insurable property to maritime perils.

2507. Les périls de la mer sont notamment ceux mentionnés dans la police et ceux qui sont connexes à la navigation ou qui en découlent, comme les fortunes de mer, le fait des écumeurs de mer, les contraintes, le jet à la mer et la baraterie, ainsi que la prise, la contrainte, la saisie ou la détention du navire ou des autres biens assurables par un gouvernement.

2507. Maritime perils include the perils designated by the policy and the perils consequent on or incidental to navigation such as perils of the sea, piracy, restraints, jettisons and barratry, and the capture, restraint, seizure or detainment of the ship or other insurable property by a government.

2508. L'assurance d'un navire porte tant sur la coque du navire que sur l'armement, les approvisionnements, les machines et chaudières et, dans le cas d'un navire affecté à un transport particulier, sur les accessoires prévus à cette fin, de même que sur les approvisionnements des machines et le carburant qui appartiennent à l'assuré.

2508. The insurance of a ship covers the hull of the ship as well as her outfit, stores and provisions, the machinery and boilers and, in the case of a ship engaged in a special trade, the ordinary fittings requisite for that trade, and, if owned by the insured, the bunkers and engine stores.

2509. L'assurance du fret porte tant sur le profit que peut retirer un armateur de l'emploi de son navire au transport de ses propres marchandises ou de ses autres biens meubles, que sur le fret payable par un tiers, mais elle ne couvre pas le prix du passage.

2509. Insurance on freight covers the profit derivable by a shipowner from the employment of his ship to carry his own goods or other movables as well as freight payable by a third party, but does not include passage money.

2510. L'assurance des biens meubles porte sur tous les meubles non couverts par l'assurance du navire.

2510. The insurance on movables covers all movables not covered by the insurance on the ship.

§ 2.–*De l'intérêt d'assurance*

§ 2.–*Insurable interest*

I – De la nécessité de l'intérêt

I – Necessity of interest

2511. Il n'est pas nécessaire que l'intérêt d'assurance existe à la conclusion du contrat, mais il doit exister au moment du sinistre.

2511. It is not necessary that the insurable interest exist when the contract is made but it is necessary that it exist at the time of the loss.

L'acquisition d'un intérêt après la survenance du sinistre ne rend pas l'as-

The acquisition of an interest after a loss does not validate the insurance.

surance valide. Toutefois, l'assurance sur bonnes ou mauvaises nouvelles est valide, que l'assuré ait acquis son intérêt avant ou après le sinistre, pourvu, en ce dernier cas, qu'au moment de la conclusion du contrat, l'assuré n'ait pas été au courant du sinistre.

However, where the property is insured "lost or not lost", the insurance is valid although the insured may not have acquired his interest until after the loss provided that, at the time of making the contract, the insured was not aware of the loss.

2512. Un contrat d'assurance maritime par manière de jeu ou de pari est nul, de nullité absolue.

2512. Every contract of marine insurance by way of gaming or wagering is absolutely null.

Il y a contrat de jeu ou de pari lorsque l'assuré n'a pas d'intérêt d'assurance et que le contrat est conclu sans l'attente d'en acquérir un.

There is a gaming or wagering contract where the insured has no insurable interest and the contract is entered into with no expectation of acquiring such an interest.

Sont réputés des contrats de jeu et pari ceux qui comportent des stipulations comme «intérêt ou sans intérêt», ou «sans autre preuve d'intérêt que la police elle-même», de même que ceux qui stipulent qu'il n'y aura pas de délaissement en faveur de l'assureur alors que, dans les faits, il y a possibilité de délaissement.

A contract of marine insurance is deemed to be a gaming or wagering contract where the policy is made "interest or no interest" or "without further proof of interest than the policy itself", or "without benefit of abandonment to the insurer" where there is in fact a possibility of abandonment.

II – Des cas d'intérêt d'assurance

II – Instances of insurable interest

2513. L'intérêt d'assurance existe lorsqu'une personne est intéressée dans une opération maritime et, particulièrement, lorsqu'il existe, entre cette personne et l'opération ou entre elle et le bien assurable, un rapport de nature telle que sa responsabilité puisse être engagée ou qu'elle puisse tirer un avantage de la sécurité ou de la bonne arrivée du bien assurable ou subir un préjudice en cas de détention, perte ou avarie.

2513. Insurable interest exists where a person is interested in a marine adventure and, in particular, where the relation between that person and the adventure or the insurable property is such that he may incur liability in respect thereof or derive benefit from the safety or due arrival of the insurable property or be prejudiced in case of detainment, loss or damage.

2514. Un intérêt d'assurance annulable, éventuel ou partiel peut faire l'objet du contrat d'assurance maritime.

2514. A contingent or partial insurable interest subject to annulment may be the subject of a contract of marine insurance.

2515. Ont, notamment, un intérêt d'assurance, l'assureur, pour le risque qu'il assure, l'assuré, pour les frais de l'assurance souscrite et pour assurer la solvabilité de son assureur, ainsi que le capitaine du navire ou un membre de l'équipage, pour son salaire.

Ont aussi un tel intérêt la personne qui paie le fret à l'avance lorsqu'il ne lui est pas remboursable en cas de sinistre, l'acheteur de marchandises, même s'il est en droit de refuser les marchandises ou de les considérer aux risques du vendeur, ainsi que le débiteur hypothécaire, pour le plein montant de la valeur du bien hypothéqué, et le créancier hypothécaire, sur le bien hypothéqué, à concurrence de sa créance.

III – De l'étendue de l'intérêt d'assurance

2516. Toute personne ayant un intérêt dans le bien assuré peut souscrire une assurance aussi bien pour son propre compte que pour celui d'un tiers qui y a un intérêt.

2517. L'intérêt d'assurance du propriétaire d'un bien est la valeur de celui-ci, sans qu'il y ait lieu de considérer l'obligation qu'un tiers pourrait avoir de l'indemniser en cas de sinistre.

§ 3.–*De la détermination de la valeur assurable des biens*

2518. La valeur assurable des biens est la valeur des biens qui, au moment où le contrat est formé, est aux risques de l'assuré.

Elle comprend aussi les frais d'assurance sur les biens.

2519. La valeur assurable d'un navire comprend, outre la valeur du navire,

2515. Insurable interest exists, in particular, for the insurer in respect of the risk insured, for the insured in respect of the charges of insurance effected and the solvency of his insurer and for the master or any member of the crew of a ship in respect of his wages.

Insurable interest also exists for the person advancing freight so far as it is not repayable in case of loss, the purchaser of goods even where he is entitled to reject the goods or treat them as at the seller's risk, and for the hypothecary debtor in respect of the full value of the hypothecated property, and the hypothecary creditor up to the amount of his claim.

III – Extent of insurable interest

2516. A person having an interest in the insured property may insure on behalf and for the benefit of other persons interested as well as for his own benefit.

2517. The owner of insurable property has an insurable interest in respect of the full value thereof, notwithstanding that some third person might have agreed, or be liable, to indemnify him in case of loss.

§ 3.–*Measure of insurable value*

2518. The insurable value is the amount at the risk of the insured when the policy attaches.

The insurable value includes the charges of insurance on the property.

2519. In insurance on ship, the insurable value is the value of the ship plus

celle des débours et des avances sur le salaire des membres de l'équipage, ainsi que la valeur des dépenses faites pour réaliser le voyage ou l'opération prévue au contrat.

Celle du fret est le montant brut du fret aux risques de l'assuré, qu'il ait été payé à l'avance ou autrement et celle des marchandises est le prix coûtant de celles-ci, augmenté des frais d'embarquement et de ceux s'y rattachant.

§ 4.–Du contrat et de la police

I – De la souscription

2520. La souscription de chaque assureur constitue un contrat distinct avec l'assuré.

II – Des espèces de contrats

2521. Les contrats sont au voyage ou de durée; ils peuvent faire l'objet d'une seule et même police.

Ils sont aussi à valeur agréée, à valeur indéterminée ou flottants.

2522. Le contrat au voyage couvre l'assuré d'un lieu de départ à un ou plusieurs lieux d'arrivée et, lorsque le contrat le précise, au lieu de départ même.

Le contrat de durée couvre l'assuré pour la période stipulée.

2523. Le contrat à valeur agréée fixe la valeur convenue du bien assuré.

En l'absence de fraude, la valeur ainsi fixée fait foi, entre l'assureur et l'assuré, de la valeur du bien, qu'il y ait perte totale ou seulement avarie, mais

the money advanced for seamen's wages and any other disbursements incurred to make the ship fit for the voyage or adventure contemplated by the policy.

In insurance on freight, whether paid in advance or otherwise, the insurable value is the gross amount of the freight at the risk of the insured; in insurance on goods, the insurable value is the cost price of the goods plus the expenses of and incidental to shipping.

§ 4.–Contract and policy

I – Subscription

2520. The subscription of each insurer constitutes a distinct contract with the insured.

II – Kinds of contract

2521. A contract may be for a voyage or for a period of time; a contract for both voyage and time may be included in the same policy.

A contract may be valued, unvalued or floating.

2522. A voyage contract covers the insured from one place to another or others and, where specified in the policy, at the place of departure.

A time contract covers the insured for the period of time specified in the policy.

2523. A valued contract is a contract which specifies the agreed value of the insured property.

In the absence of fraud, the value fixed by the policy is, as between the insurer and the insured, conclusive of the value of the insured property whether

elle ne les lie pas lorsqu'il s'agit de déterminer s'il y a perte totale implicite.

the loss be total or partial, but is not conclusive for the purpose of determining whether there has been a constructive total loss.

2524. Le contrat à valeur indéterminée ne fixe pas la valeur du bien assuré, mais permet, sans excéder le montant de la garantie, d'établir ultérieurement la valeur qui était assurable.

2524. An unvalued contract is a contract which does not specify the value of the insured property but, without exceeding the amount of coverage, leaves the insurable value to be subsequently ascertained.

Lorsque la valeur d'un bien assuré n'est pas déclarée avant l'avis de l'arrivée ou de la perte, le contrat est considéré à valeur indéterminée en ce qui concerne ce bien, à moins que la police n'en dispose autrement.

Where a declaration of the value of an insured property is not made until after notice of loss or arrival, the contract is treated as an unvalued contract as regards that property, unless the policy provides otherwise.

2525. Le contrat flottant décrit l'assurance en termes généraux et permet de déclarer ultérieurement les précisions nécessaires, dont le nom du navire.

2525. A floating contract is a contract which describes the insurance in general terms and leaves the necessary particulars such as the name of the ship to be defined by subsequent declaration.

2526. Les déclarations peuvent être faites au moyen d'une mention dans la police ou de toute autre manière consacrée par l'usage, mais, lorsqu'elles concernent des biens à expédier ou à charger, elles doivent, à moins que la police n'en dispose autrement, être faites dans l'ordre d'expédition ou de chargement, indiquer la valeur de ces biens et porter sur tous les envois visés par la police.

2526. Subsequent declarations may be made by indorsement on the policy or in other customary manner but, where they pertain to goods to be dispatched or shipped, they shall, unless the policy provides otherwise, be made in the order of dispatch or shipment, state the value of the goods and comprise all consignments within the terms of the policy.

Les omissions et les déclarations erronées, faites de bonne foi, peuvent être corrigées, même après le sinistre ou après l'arrivée des biens à destination.

Omissions or erroneous declarations made in good faith may be rectified even after loss or arrival.

III – Du contenu de la police d'assurance

III – Content of the policy

2527. Une police d'assurance maritime doit, outre le nom de l'assureur, de l'as-

2527. In addition to the name of the insurer and of the insured or of the per-

suré ou de la personne qui effectue l'assurance pour son compte, spécifier le bien assuré, le risque contre lequel il est assuré et les sommes assurées, ainsi que le voyage ou la période de temps couverts par l'assurance, la date et le lieu de la souscription, le montant ou le taux des primes et les dates de leur échéance.

son who effects the insurance on his behalf, in a marine insurance policy, the property insured and the risk insured against shall be specified, together with the sums insured, the voyage or period of time covered by the insurance, the date and place of subscription, the amount and rate of the premiums and the dates on which they become due.

IV – De la cession de la police d'assurance

IV – Assignment of policy

2528. La cession de l'assurance est permise, que ce soit avant ou après le sinistre.

2528. A marine policy may be assigned either before or after loss.

Elle se fait au moyen d'une mention dans la police ou de toute autre manière consacrée par l'usage.

A marine policy may be assigned by indorsement on the policy or in other customary manner.

2529. L'assuré qui a aliéné ou perdu son intérêt dans le bien assuré ne peut céder l'assurance, à moins qu'il n'ait, auparavant ou à ce moment, convenu expressément ou implicitement de la céder.

2529. Where the insured has alienated or lost his interest in the insured property, and has not, before or at the time of so doing expressly or impliedly agreed to assign the policy, he may not subsequently assign the policy.

2530. L'aliénation du bien assuré n'emporte pas la cession de l'assurance, à moins qu'elle ne résulte d'une transmission qui a lieu par l'effet de la loi ou par succession au profit d'un héritier.

2530. The alienation of the insured property does not assign the insurance except in the case of transmission by operation of law or by succession.

2531. Le cessionnaire peut faire valoir ses droits contre l'assureur directement, mais celui-ci peut lui opposer tous les moyens découlant du contrat qu'il aurait pu invoquer contre l'assuré.

2531. The assignee may enforce his rights directly against the insurer but the insurer may make any defense arising out of the contract which he would have been entitled to make against the insured.

V – De la preuve et de la ratification du contrat

V – Evidence and ratification of the contract

2532. Le contrat ne se prouve que par la production de la police d'assurance, mais lorsque celle-ci a été établie, les attestations d'assurance, comme la

2532. A contract is inadmissible in evidence unless it is embodied in an insurance policy, but once the policy has been issued, customary memorandums of the

note de couverture, sont recevables comme preuve, notamment pour établir la teneur véritable du contrat et le moment où l'assureur a accepté la demande d'assurance.

contract such as the slip or covering note are admissible in evidence for the purpose of determining the actual terms of the contract and showing when the proposal was accepted.

2533. Lorsqu'un contrat est fait de bonne foi pour le compte d'un tiers, ce dernier peut le ratifier, même après avoir eu connaissance du sinistre.

2533. Where a contract is effected in good faith on behalf of another person, that person may ratify it even after he is aware of a loss.

§ 5.–*Des droits et obligations des parties relativement à la prime*

§ 5.–*Rights and obligations of the parties as regards the premium*

2534. L'assureur n'est pas tenu de délivrer la police avant qu'il n'y ait eu paiement de la prime ou que des offres réelles de paiement ne lui aient été faites.

2534. The insurer is not bound to issue the policy until payment or tender of the premium.

2535. Lorsque l'assurance souscrite prévoit que le montant de la prime doit être établi par une entente ultérieure et que celle-ci n'intervient pas, l'assuré doit néanmoins une prime raisonnable.

2535. Where an insurance is effected at a premium to be arranged, and no arrangement is made, a reasonable premium is payable.

Il en est de même lorsque l'assurance est souscrite à la condition qu'une prime supplémentaire soit fixée dans une éventualité donnée et que celle-ci se présente sans que cette prime ait été fixée.

The same applies where an insurance is effected on the terms that an additional premium is to be arranged in a given event and that event happens but no arrangement is made.

2536. Le courtier doit la prime à l'assureur lorsque la police est obtenue par son intermédiaire; sinon, elle est due par l'assuré.

2536. Where a marine policy is effected on behalf of the insured by a broker, the broker is responsible to the insurer for the premium. In other cases, the insured is responsible.

2537. L'assureur est redevable des sommes exigibles envers l'assuré. Lors d'un sinistre ou d'une ristourne de la prime, l'assureur doit ces sommes à l'assuré, qu'il ait ou non perçu la prime du courtier.

2537. The insurer is responsible to the insured for the amounts payable. In the event of a loss or return of premium, the insurer is responsible to the insured for such amounts whether or not he has collected the premium from the broker.

2538. L'assureur est tenu de restituer la prime quand la contrepartie du paie-

2538. Where the consideration for the payment of the premium totally fails and

ment de celle-ci fait totalement défaut et qu'il n'y a eu ni fraude ni illégalité de la part de l'assuré.

Si la contrepartie du paiement de la prime est divisible et qu'une fraction de cette contrepartie fait totalement défaut, l'assureur est également tenu, aux mêmes conditions, de restituer la prime, en proportion de l'absence de contrepartie.

2539. Lorsque la police est nulle ou qu'elle est annulée par l'assureur avant le commencement du risque, ce dernier doit restituer la prime, pourvu qu'il n'y ait eu ni fraude ni illégalité de la part de l'assuré; toutefois, lorsque le risque n'est pas divisible et qu'il a commencé à courir, cette restitution n'est pas due.

2540. Il y a lieu à une ristourne intégrale lorsque les biens assurés n'ont jamais été exposés au risque; il y a lieu à une ristourne partielle lorsqu'une partie seulement des biens assurés n'a pas été exposée au risque.

Toutefois, en assurance sur bonnes ou mauvaises nouvelles, lorsque les biens assurés étaient déjà arrivés à destination en bon état, au moment de la conclusion du contrat, il n'y a lieu à une ristourne que si l'assureur était déjà au courant de la bonne arrivée.

2541. Il y a lieu à une ristourne lorsque l'assuré n'a eu aucun intérêt d'assurance pendant toute la durée du risque et qu'il ne s'agit pas d'un contrat de jeu ou de pari.

Cependant, il n'a pas ce droit lorsque l'intérêt d'assurance est annulable et qu'il prend fin pendant la durée du risque.

2542. L'assurance souscrite pour un montant supérieur à la valeur du bien,

there has been no fraud or illegality on the part of the insured, the premium is returnable to the insured.

Where the consideration for the payment of the premium is apportionable and there is a total failure of any apportionable part of the consideration, a proportionable part of the premium is, under the same conditions, returnable to the insured.

2539. Where the policy is null or is cancelled by the insurer before the commencement of the risk, the premium is returnable provided there has been no fraud or illegality on the part of the insured; but if the risk is not apportionable, and has once attached, the premium is not returnable.

2540. Where the insured property, or part thereof, has never been imperilled, the premium, or a proportionate part thereof, is returnable.

Where the property has been insured "lost or not lost" and has arrived in safety at the time when the contract is concluded, the premium is not returnable unless, at such time, the insurer knew of the safe arrival.

2541. Where the insured has no insurable interest throughout the currency of the risk, the premium is returnable, provided the contract was not effected by way of gaming or wagering.

Where the insured has an interest subject to annulment which is terminated during the currency of the risk, the premium is not returnable.

2542. Where the insured has over-insured under an unvalued contract, a pro-

dans un contrat à valeur indéterminée, donne lieu à une restitution proportionnelle de la prime.

Il en est de même de la surassurance résultant du cumul de contrats, survenue hors de la connaissance de l'assuré. Toutefois, lorsque les contrats ont pris effet à des époques différentes et qu'un des contrats, à un moment donné, a couvert seul l'intégralité du risque, ou si, encore, une indemnité a été acquittée par l'assureur en regard du plein montant de l'assurance, il n'y a pas lieu à la restitution de la prime de ce contrat.

2543. Le courtier a le droit de retenir la police pour le montant de la prime et des frais engagés pour la souscription de la police.

Lorsque le courtier a fait affaire avec une personne comme si cette dernière agissait pour son propre compte, il a également le droit de retenir la police pour le solde de tout compte d'assurance qui peut lui être dû par cette personne, à moins qu'au moment où la dette a été contractée, il n'ait eu de bonnes raisons de croire que cette personne n'agissait que pour le compte d'autrui.

2544. Lorsque la police obtenue par un courtier mentionne que la prime a été payée, cette mention, en l'absence de fraude, fait foi entre l'assureur et l'assuré, mais non entre l'assureur et le courtier.

§ 6.–*Des déclarations*

2545. La formation du contrat d'assurance maritime nécessite la plus absolue bonne foi.

Si celle-ci n'est pas observée par l'une des parties, l'autre peut demander la nullité du contrat.

portionate part of the premium is returnable.

The same applies in the case of over-insurance resulting from several contracts, if effected without the knowledge of the insured. But if the contracts have become effective at different times, and any of the contracts has, at any time, borne the entire risk or if a claim has been paid by the insurer in respect of the full sum insured thereby, no premium is returnable in respect of that contract.

2543. The broker has a right of retention upon the policy for the amount of the premium and his charges in respect of effecting the policy.

Where the broker has dealt with a person as if that person were a principal, he also has a right of retention upon the policy in respect of any balance on any insurance account which may be due to him from such person, unless, when the debt was incurred, he had reason to believe that such person was only acting on behalf of another.

2544. Where a policy effected by a broker acknowledges the receipt of the premium, the acknowledgement is, in the absence of fraud, conclusive as between the insurer and the insured, but not as between the insurer and the broker.

§ 6.–*Disclosure and representations*

2545. A contract of marine insurance is a contract based upon the utmost good faith.

If the utmost good faith is not observed by either party, the other party may bring an action for the annulment of the contract.

2546. L'assuré doit, avant la formation du contrat, déclarer toutes les circonstances qu'il connaît et qui sont de nature à influencer de façon importante un assureur dans l'établissement de la prime, l'appréciation du risque ou la décision de l'accepter; ces déclarations doivent être vraies.

L'obligation de déclaration s'étend aux communications qui ont été faites à l'assuré et aux renseignements reçus par lui.

2547. S'il n'est pas interrogé, l'assuré n'est pas tenu de déclarer les circonstances qui ont pour effet de réduire le risque, de même que celles qu'il est superflu de déclarer en raison d'engagements exprès ou implicites.

De même, il n'est pas tenu de déclarer ce qui est de notoriété, ni les circonstances que l'assureur connaît ou sur lesquelles il renonce à être informé.

2548. Les déclarations portant sur des faits sont réputées vraies lorsque la différence entre la réalité et ce qui est déclaré n'est pas de nature à influencer, de façon importante, le jugement d'un assureur.

Les déclarations exprimant des attentes ou des croyances sont réputées vraies lorsqu'elles sont faites de bonne foi.

2549. Lorsque l'assurance est conclue par un représentant de l'assuré, le représentant est soumis aux mêmes obligations que l'assuré quant aux déclarations à faire.

Toutefois, on ne peut pas lui imputer d'omission lorsque les circonstances

2546. The insured shall disclose to the insurer, before the formation of the contract, all circumstances known to him which would materially influence an insurer in fixing the premium, appreciating the risk or determining whether he will take it; the insured shall make only true representations.

Circumstances requiring disclosure include any communication made to or information received by the insured.

2547. In the absence of inquiry, the insured need not disclose circumstances which diminish the risk and circumstances which it is superfluous to disclose by reason of an express or implied warranty.

Similarly, the insured need not disclose matters of common notoriety or circumstances which are known to the insurer or as to which information is waived by the insurer.

2548. A representation as to a matter of fact is deemed true if the difference between what is represented and what is actually correct would not materially fluence the judgment of an insurer.

A representation as to a matter of expectation or belief is deemed true if it is made in good faith.

2549. Where insurance is effected for an insured by a person acting on behalf of the insured, that person is subject to the same obligations as the insured with respect to representations and disclosures.

The person acting on behalf of the insured may not be held responsible for

sont arrivées trop tard à la connaissance de l'assuré pour lui être communiquées.

the non-disclosure of circumstances which come to the knowledge of the insured too late to be communicated to him.

2550. L'assuré et l'assureur, de même que leurs représentants, sont réputés connaître toutes les circonstances qui, dans le cours de leurs activités, devraient être connues d'eux.

2550. The insured and the insurer as well as persons acting on their behalf are deemed to know every circumstance which, in the ordinary course of business, they ought to know.

2551. Les déclarations peuvent être rectifiées ou retirées avant la formation du contrat.

2551. A representation may be withdrawn or corrected before the formation of the contract.

2552. Toute omission ou fausse déclaration de la part de l'assuré entraîne la nullité du contrat à la demande de l'assureur, même en ce qui concerne les pertes et dommages qui ne sont pas rattachés aux risques ainsi dénaturés.

2552. If the insured fails to make a disclosure or if a representation made by him is untrue, the insurer may apply for annulment of the contract, even with respect to losses or damage not connected with the risks misrepresented or not disclosed.

§ 7.–*Des engagements*

§ 7.–*Warranties*

2553. Il y a engagement lorsque l'assuré affirme ou nie l'existence d'un certain état de fait ou lorsqu'il s'oblige à ce qu'une chose soit faite ou ne soit pas faite ou que certaines conditions soient remplies.

2553. A warranty is an undertaking by the insured whereby he affirms or negatives the existence of a particular state of facts or promises that some particular thing will or will not be done or that some condition will be fulfilled.

L'affirmation ou la négation d'un état de fait sous-entend nécessairement que cet état ne variera pas.

The affirmation or negation of a particular state of facts necessarily implies that such state of facts will not vary.

2554. Les engagements doivent être respectés intégralement, qu'ils soient susceptibles ou non d'influencer de façon importante le jugement d'un assureur.

2554. A warranty shall be exactly complied with whether or not it may materially influence the judgment of an insurer.

S'ils ne sont pas ainsi respectés, l'assureur est libéré de ses obligations, à compter de la violation de l'engagement, quant à tout sinistre qui survient ultérieurement; l'assuré ne peut invoquer en défense le fait qu'il a été remé-

Where a warranty is not complied with, the insurer is discharged from liability as from the date of the breach of warranty with respect to any loss which occurs subsequently; the insured may not avail himself of the defence that the

dié à la violation et que l'on s'est conformé à l'engagement avant le sinistre.

2555. L'assuré n'est pas obligé de respecter les engagements qui sont devenus illégaux ou qui, en raison d'un changement de circonstances, ne sont plus pertinents au contrat.

2556. L'engagement peut être exprès ou implicite. L'engagement exprès n'est soumis à aucune forme particulière, mais il doit figurer dans la police ou dans un document qui y est intégré par un avenant.

Un engagement exprès n'exclut pas un engagement implicite, à moins qu'il n'y ait incompatibilité entre les deux.

2557. L'engagement exprès portant sur la neutralité d'un navire ou d'autres biens assurables comporte l'engagement implicite que la neutralité existe au commencement du risque et que, dans la mesure où l'assuré en a le contrôle, elle sera maintenue pendant la durée du risque.

L'engagement exprès portant sur la neutralité d'un navire comporte également l'engagement implicite que, dans la mesure où l'assuré en a le contrôle, le navire aura à son bord les documents nécessaires à l'établissement de sa neutralité, que ces documents ne seront ni supprimés ni falsifiés et que des faux ne seront pas utilisés. Si un sinistre survient par suite de la violation de cet engagement implicite, le contrat peut être annulé à la demande de l'assureur.

2558. Il n'y a pas d'engagement implicite quant à la nationalité du navire ou au maintien de cette nationalité pendant la durée du risque.

breach has been remedied, and the warranty complied with, before the loss.

2555. The insured is not required to comply with a warranty which has become unlawful or which has ceased, by reason of a change of circumstances, to be applicable to the circumstances of the contract.

2556. A warranty may be express or implied. An express warranty may be in any form of words but shall be written in the policy or contained in a document incorporated into the policy by way of a rider.

An express warranty does not exclude an implied warranty, unless it is inconsistent therewith.

2557. Where insurable property, whether ship or goods, is expressly warranted "neutral", there is an implied warranty that the property will have a neutral character at the commencement of the risk and that, so far as the insured can control the matter, its neutral character will be preserved during the risk.

Where a ship is expressly warranted "neutral" there is also an implied warranty that, so far as the insured can control the matter, she will carry the necessary papers to establish her neutrality and that she will not falsify or suppress her papers or use simulated papers. If any loss occurs through breach of this implied warranty, the insurer may bring an action for the annulment of the contract.

2558. There is no implied warranty as to the nationality of a ship, or that her nationality will not be changed during the risk.

2559. Lorsqu'il y a engagement que les biens assurés sont en bon état ou en sécurité un jour donné, il suffit qu'ils le soient à un moment de cette journée.

2560. Dans un contrat au voyage, il y a engagement implicite que le navire est, au commencement du voyage, en bon état de navigabilité pour l'opération maritime assurée.

Si le risque commence alors que le navire est au port, il y a engagement implicite que le navire sera, alors, en état de faire face aux périls ordinaires du port; si les diverses étapes d'un voyage exigent une préparation ou un armement différent ou supplémentaire pour le navire, il y a engagement implicite que le navire sera en bon état de navigabilité au début de chaque étape.

2561. Dans un contrat de durée, il n'y a pas d'engagement implicite que le navire est en bon état de navigabilité.

Toutefois, lorsque, au su de l'assuré, le navire prend la mer en état d'innavigabilité, l'assureur n'est pas tenu des pertes et des dommages qui en résultent.

2562. Un navire est réputé en bon état de navigabilité lorsqu'il est, à tous égards, en état de faire face aux périls habituels de la mer durant l'opération maritime assurée.

2563. Lorsque l'assurance porte sur des marchandises ou d'autres biens meubles, il n'y a pas d'engagement implicite garantissant que ces biens sont en état de voyager par mer.

Cependant, si le contrat est au voyage, il y a engagement implicite qu'au commencement du voyage, le

2559. Where the insured property is warranted well or in good safety on a particular day, it is sufficient if it be safe at any time during that day.

2560. In a voyage policy, there is an implied warranty that at the commencement of the voyage the ship will be seaworthy for the purpose of the particular adventure insured.

Where the risk attaches while the ship is in port, there is also an implied warranty that, at the commencement of the risk, she will be fit to encounter the ordinary perils of the port; where the different stages of a voyage require different kinds of or further preparation or equipment for the ship, there is an implied warranty that the ship will be seaworthy at the commencement of each stage.

2561. In a time policy there is no implied warranty that the ship is seaworthy.

Where, with the knowledge of the insured, the ship is sent to sea in an unseaworthy state, the insurer is not liable for any loss attributable to such unseaworthiness.

2562. A ship is deemed to be seaworthy when she is fit in all respects to encounter the ordinary perils of the seas of the adventure insured.

2563. In a contract of insurance on goods or other movables, there is no implied warranty that the goods or movables are seaworthy.

In a voyage policy there is an implied warranty that, at the commencement of the voyage, the ship is seaworthy and

navire est en bon état de navigabilité et qu'il est en état de transporter ces biens à la destination envisagée.

2564. Il y a engagement implicite que l'opération maritime assurée n'est pas prohibée par la loi et que, dans la mesure du possible pour l'assuré, l'opération maritime sera exécutée conformément à la loi.

§ 8.–*Du voyage*

I – Du départ

2565. Le contrat au voyage comporte une condition implicite que si, lors de la conclusion du contrat, le navire n'est pas au lieu de départ qui y est indiqué, l'opération maritime commencera, néanmoins, dans un délai raisonnable.

Si tel n'est pas le cas, le contrat peut être annulé à la demande de l'assureur, à moins que l'assuré ne démontre que le retard était dû à des circonstances connues de l'assureur avant la conclusion du contrat.

2566. Lorsque le navire prend la mer d'un lieu de départ autre que celui indiqué au contrat, le risque n'est pas assuré.

Il en est de même lorsque le navire, au départ, prend la mer pour une destination autre que celle indiquée au contrat.

II – Du changement de voyage

2567. Il y a changement de voyage dès que se manifeste, après le début du risque, la décision de changer volontairement la destination du navire de celle indiquée au contrat.

L'assureur est libéré de ses obligations dès ce changement, que l'itinéraire ait ou non, en fait, été changé au moment du sinistre.

that she is fit to carry the goods to the destination contemplated.

2564. There is an implied warranty that the adventure insured is not unlawful and that, so far as the insured can control the matter, the adventure will be carried out in a lawful manner.

§ 8.–*The voyage*

I – Commencement

2565. In a voyage contract there is an implied condition that if, when the contract is made the ship is not at the place of departure specified therein, the adventure will nevertheless commence within a reasonable time.

If the adventure is not so commenced, the insurer may apply for the annulment of the contract unless the insured shows that the delay was caused by circumstances known to the insurer before the contract was made.

2566. Where the ship sails from a place other than the place of departure specified in the contract the risk does not attach.

The same applies where the ship sails for a destination other than that specified in the contract.

II – Change of voyage

2567. There is a change of voyage from such time as, after the commencement of the risk, the determination to voluntarily change the destination specified in the contract is manifested.

The insurer is discharged from liability from the time of the change whether or not the course has in fact been changed when the loss occurs.

III – Du déroutement

2568. Il y a déroutement lorsque le navire s'écarte effectivement de l'itinéraire indiqué au contrat ou, lorsque aucun itinéraire n'étant indiqué, il s'écarte de l'itinéraire habituel.

L'assureur est libéré de ses obligations, dès qu'il y a déroutement sans excuse légitime, que le navire ait ou non repris son itinéraire avant le sinistre.

2569. Lorsque le contrat indique plusieurs lieux de déchargement, il n'est pas obligatoire que le navire se rende à tous ces lieux.

Toutefois, en l'absence d'usage contraire ou d'excuse légitime, il doit se rendre aux lieux qu'il touchera, en suivant l'ordre indiqué au contrat, sans quoi il y a déroutement.

2570. Lorsque le contrat désigne les lieux de déchargement d'une région, généralement et sans les nommer, le navire doit, en l'absence d'usage contraire ou d'excuse légitime, se rendre aux lieux qu'il touchera dans l'ordre géographique, sans quoi il y a déroutement.

IV – Du retard

2571. Lorsque le contrat est au voyage, l'opération maritime doit être poursuivie avec diligence; si, sans excuse légitime, elle ne se poursuit pas ainsi, l'assureur est libéré de ses obligations à compter du moment où l'absence de diligence devient manifeste.

V – Des retards et des déroutements excusables

2572. Les déroutements et les retards dans la poursuite du voyage sont excu-

III – Deviation

2568. There is a deviation where the ship departs in fact from the course specified in the contract or, if none is specified, where the usual and customary course is departed from.

The insurer is discharged from liability from the time of a deviation without lawful excuse, whether or not the ship has regained her route before any loss occurs.

2569. Where several places of discharge are specified in the contract, the ship may proceed to all or any of them.

In the absence of any usage or lawful excuse to the contrary, the ship shall proceed to such of the places as she goes to in the order specified in the contract; if she does not, there is a deviation.

2570. Where several places of discharge within a given area are referred to in the contract in general terms but are not named, the ship shall, in the absence of any usage or lawful excuse to the contrary, proceed to such of them as she goes to in their geographical order; if she does not, there is a deviation.

IV – Delay

2571. In the case of a voyage contract, the adventure shall be prosecuted with dispatch and, if without lawful excuse it is not so prosecuted, the insurer is discharged from liability from the time when the lack of dispatch becomes manifest.

V – Excuses for deviation or delay

2572. Deviation or delay in prosecuting the voyage is excused where authorized

sés lorsqu'ils sont autorisés par le contrat ou qu'ils sont rendus nécessaires pour respecter un engagement prévu au contrat; ils le sont, aussi, lorsqu'ils sont causés par des circonstances qui échappent au contrôle du capitaine et de son employeur ou qu'ils sont rendus nécessaires pour la sécurité des biens assurés.

Ils sont également excusés lorsqu'il s'agit de sauver des vies humaines ou de rendre des services de sauvetage à un navire en détresse, à bord duquel des vies humaines peuvent être en danger, ou qu'ils sont nécessaires en vue de procurer des soins médicaux ou chirurgicaux à une personne à bord du navire, ou encore lorsqu'ils sont causés par la baraterie du capitaine ou de l'équipage, à condition que la baraterie soit un risque assuré.

2573. Lorsque la cause excusant le déroutement ou le retard disparaît, le navire doit, avec diligence, reprendre son itinéraire et poursuivre son voyage.

2574. L'assureur n'est pas libéré de ses obligations lorsque, par suite de la réalisation d'un risque couvert par l'assurance, le voyage est interrompu dans un lieu intermédiaire, dans des circonstances qui, à moins de stipulation particulière dans le contrat d'affrètement, autorisent le capitaine à débarquer et à rembarquer les marchandises ou autres biens meubles ou à les transborder et à les envoyer à leur destination.

§ 9.–*De la déclaration du sinistre, des pertes et des dommages*

2575. La déclaration d'un sinistre obéit aux règles applicables à l'assurance terrestre de dommages.

by the contract or necessary in order to comply with an express or implied warranty or where caused by circumstances beyond the control of the master and his employer or necessary for the safety of the insured property.

Deviation or delay is also excused where it occurs for the purpose of saving human life or aiding a ship in distress where human life may be in danger or where necessary for the purpose of obtaining medical or surgical aid for any person on board the ship, or where caused by the barratrous conduct of the master or crew, provided barratry is one of the perils insured against.

2573. When the cause excusing the deviation or delay ceases to operate, the ship shall resume her course, and prosecute her voyage with reasonable dispatch.

2574. Where, by the occurrence of an event insured against, the voyage is interrupted at an intermediate place under such circumstances as, apart from any special stipulation in the contract of affreightment, to justify the master in landing and reshipping the goods or other movables, or in transhipping them, and sending them on to their destination, the liability of the insurer continues.

§ 9.–*Notice of loss*

2575. The notice of loss is governed by the rules applicable in non-marine damage insurance.

2576. L'assureur n'est tenu que des pertes et des dommages résultant directement d'un risque couvert par la police.

Il est libéré de ses obligations lorsque ces pertes et dommages résultent de la faute intentionnelle de l'assuré, mais il ne l'est pas s'ils résultent de la faute du capitaine ou de l'équipage.

2577. L'assureur du navire ou des marchandises est libéré de ses obligations lorsque les pertes et dommages résultent directement du retard, même si le retard est imputable à la réalisation d'un risque couvert.

Il l'est également si les dommages causés aux machines ne résultent pas directement d'un péril de la mer ou si les pertes et les dommages proviennent directement du fait des rats et de la vermine, de l'usure, du coulage et du bris qui se produisent normalement au cours d'un voyage, ou de la nature même du bien assuré ou de son vice propre.

2578. Le préjudice subi par l'assuré peut être soit une avarie, soit la perte totale des biens assurés.

Les pertes totales sont réelles ou implicites.

Seules les pertes visées au présent paragraphe peuvent être considérées comme des pertes totales.

2579. L'assurance contre les pertes totales comprend tant celles qui sont réelles que celles qui sont implicites, à moins que les conditions du contrat n'autorisent des conclusions différentes.

2580. La perte est totale et réelle lorsque l'assuré est irrémédiablement privé du bien assuré ou que celui-ci est

2576. The insurer is liable only for losses directly caused by a peril insured against.

The insurer is not liable for any such loss caused by the wilful misconduct of the insured, but he is liable if it is caused by the misconduct of the master or crew.

2577. The insurer on ship or goods is not liable for any loss directly caused by delay, although the delay may be attributable to the occurrence of an event insured against.

The insurer is not liable for any injury to machinery not directly caused by maritime perils nor for any loss directly caused by rats or vermin, nor for ordinary wear and tear, leakage and breakage during a voyage, or inherent defect or nature of the insured property.

2578. A loss may be either total or partial.

A total loss may be either an actual total loss or a constructive total loss.

Only a loss contemplated by this subsection may be considered a total loss.

2579. Unless a different intention appears from the terms of the policy, an insurance against total loss includes a constructive total loss as well as an actual total loss.

2580. There is an actual total loss where the insured is irretrievably deprived of the insured property or where it is de-

détruit ou endommagé à un point tel qu'il perd son identité. Elle est présumée telle lorsque le navire a disparu et qu'on n'a pas reçu de ses nouvelles pendant une période de temps raisonnable.

2581. La perte est totale et implicite lorsque le bien assuré est abandonné et qu'il l'a été parce que la perte totale réelle paraissait inévitable ou qu'elle ne pouvait être évitée qu'en engageant des frais excédant la valeur du bien assuré.

Elle l'est également lorsque l'assuré est privé de la possession du bien assuré, en raison de la réalisation d'un risque couvert par l'assurance, et qu'il est soit improbable qu'il puisse recouvrer le bien, soit trop onéreux de le tenter; elle l'est encore lorsque le bien est endommagé et qu'il serait trop onéreux de le réparer.

2582. Le recouvrement ou la réparation est présumé trop onéreux lorsque le coût excéderait la valeur du bien au moment où il serait fait, ou lorsque les frais à engager pour la réparation des biens et leur envoi à destination excéderaient leur valeur à l'arrivée ou lorsque les frais à engager pour la réparation du navire excéderaient sa valeur une fois réparé.

2583. Les contributions d'avarie commune à percevoir d'un tiers pour la réparation d'un navire ne sont pas comptées pour calculer les frais à engager pour cette réparation.

Cependant, on tient compte des frais d'opération de sauvetage et des contributions d'avarie commune auxquels serait tenu le navire s'il était réparé.

stroyed or so damaged as to cease to be a thing of the kind insured. An actual total loss may be presumed where the ship is missing and no news of her has been received for a reasonable period of time.

2581. There is a constructive total loss where the insured property is abandoned on account of its actual total loss appearing to be unavoidable, or because it could not be preserved from actual total loss without an expenditure which would exceed the value of the insured property.

There is also a constructive total loss where the insured is deprived of the possession of the insured property by a peril insured against and it is either unlikely that he can recover it, or too costly to attempt to do so; there is also constructive total loss where repairing the damage to the insured property would be too costly.

2582. Recovery or repair is presumed to be too costly where the cost would exceed the value of the insured property at the time the expense was incurred or where the cost of repairing the damage and forwarding the goods to their destination would exceed their value on arrival or where the cost of repairing the damage to the ship would exceed the value of the ship when repaired.

2583. In estimating the cost of repairs, no deduction is to be made in respect of general average contributions to those repairs payable by other interests.

However, account is to be taken of the expense of future salvage operations and of any future general average contributions to which the ship would be liable if repaired.

2584. L'assuré a le choix de considérer les pertes totales implicites soit comme des avaries, soit, en délaissant les biens assurés à l'assureur, comme des pertes totales réelles.

2585. Lorsque l'assuré intente une action pour une perte totale et que la preuve révèle qu'il n'y a eu qu'avarie, il a quand même le droit d'être indemnisé pour le préjudice subi, à moins que le contrat ne couvre pas les avaries.

2586. L'impossibilité d'identifier les marchandises, à destination, pour quelque raison que ce soit et notamment par suite de l'oblitération des marques, ne donne droit qu'à une action d'avaries.

§10.–*Du délaissement*

2587. L'assuré qui choisit de délaisser le bien assuré doit donner un avis de délaissement; il est dispensé de donner l'avis lorsque la perte est totale et réelle. Autrement, il n'a droit qu'à une action d'avaries.

2588. Il n'y a aucune exigence particulière quant à la forme ou à la teneur de l'avis de délaissement, mais l'intention de l'assuré d'effectuer un délaissement sans condition doit être manifeste.

2589. L'avis de délaissement doit être donné avec diligence, dès que l'assuré est informé, de sources dignes de foi, de la survenance d'un sinistre.

Cependant, lorsque la nature des renseignements est douteuse, l'assuré a droit à un délai raisonnable pour faire enquête.

2590. L'avis de délaissement n'est pas nécessaire si, au moment où l'assuré a été mis au courant de la perte, l'assureur

2584. Where there is a constructive total loss, the insured may either treat the loss as a partial loss, or abandon the insured property to the insurer and treat the loss as if it were an actual total loss.

2585. Where the insured brings an action for a total loss and the evidence proves only a partial loss, he may nevertheless recover for a partial loss, unless partial losses are not covered by the contract.

2586. Where goods that have reached their destination are incapable of identification by reason of obliteration of marks or otherwise, the insured has a right of action for partial loss only.

§10.–*Abandonment*

2587. Where the insured elects to abandon the insured property, he shall give notice of abandonment, except in the case of total actual loss. If he fails to do so, he has a right of action for partial loss only.

2588. There are no special requirements as to the form or substance of the notice of abandonment but the insured shall make his intention to effect unconditional abandonment manifest.

2589. Notice of abandonment shall be given with diligence after the receipt of reliable information of the loss.

Where the information is of a doubtful character the insured is entitled to a reasonable time to make inquiry.

2590. Notice of abandonment is unnecessary if, at the time the insured receives information of the loss, there would be

n'aurait pu de toute façon tirer aucun avantage du délaissement, même si l'avis lui avait été donné.

no possibility of benefit to the insurer if notice were given to him.

2591. L'assureur n'est pas tenu de donner un avis du délaissement à son réassureur.

2591. The insurer need not give notice of the abandonment to his reinsurer.

2592. L'assureur peut accepter ou refuser le délaissement qui lui est valablement offert. Il peut aussi renoncer à l'avis de délaissement.

L'acceptation du délaissement est expresse ou découle de la conduite de l'assureur, mais son silence ne constitue pas une acceptation.

2592. The insurer may either accept or refuse an abandonment validly tendered. He may also waive notice of abandonment.

The acceptance of an abandonment may be either express or implied from the conduct of the insurer, but the mere silence of the insurer is not an acceptance.

2593. L'acceptation de l'avis en justifie la validité, rend le délaissement irrévocable et comporte reconnaissance de la part de l'assureur de son obligation d'indemniser l'assuré.

2593. The acceptance of the notice admits sufficiency of the notice, renders the abandonment irrevocable and conclusively admits the insurer's liability for the insured's loss.

2594. L'assureur qui accepte le délaissement devient propriétaire, à compter du sinistre, tant de l'intérêt de l'assuré dans tout ce qui peut subsister du bien assuré que des droits qui y sont afférents. Il assume, en même temps, les obligations qui s'y rattachent.

L'assureur qui a accepté le délaissement d'un navire a droit au fret gagné après le sinistre, déduction faite des frais engagés, après le sinistre, pour le gagner. De plus, quand le navire transporte les marchandises du propriétaire du navire, l'assureur a droit à une rémunération raisonnable pour le transport effectué après le sinistre.

2594. Where the insurer accepts the abandonment, he becomes, from the time of the loss, the owner of the interest of the insured in whatever may remain of the insured property and all rights and obligations incidental thereto.

An insurer who has accepted the abandonment of a ship is entitled to any freight earned after the loss, less the expenses of earning it incurred after the loss. And, where the ship is carrying the ship owner's goods, the insurer is entitled to a reasonable remuneration for the carriage of them subsequent to the loss.

2595. Le refus de l'assureur d'accepter le délaissement, alors même que l'avis en a été valablement donné, ne porte pas atteinte aux droits de l'assuré, notamment à celui d'être indemnisé pour une perte totale implicite.

2595. Where the notice of abandonment is properly given, the rights of the insured, particularly the right of recovery for a constructive total loss, are not prejudiced by the fact that the insurer refuses to accept the abandonment.

L'assuré conserve son intérêt dans tout ce qui peut subsister du bien assuré, ainsi que les droits et les obligations qui s'y rattachent, même si l'assureur l'indemnise des pertes et des dommages qui ont donné lieu au délaissement.

The insured retains his interest in whatever may remain of the insured property and all incidental rights and obligations, even if the insurer indemnifies him for the loss or damage which gave rise to the abandonment.

§11.–*Des espèces d'avaries*

§11.–*Kinds of average loss*

2596. Ne sont considérées comme avaries particulières que les avaries matérielles causées par la réalisation d'un risque assuré et qui ne résultent pas d'un fait d'avarie commune.

2596. A particular average loss is a partial loss of the insured property, caused by a peril insured against, and which is not a general average loss.

2597. Les avaries-frais sont les frais engagés par l'assuré, ou pour son compte, pour la préservation ou la sécurité du bien assuré, à l'exclusion des frais d'avarie commune et de sauvetage.

2597. Expenses incurred by or on behalf of the insured for the preservation or safety of the insured property, other than general average and salvage charges, are called particular charges.

Elles ne sont pas comprises dans les avaries particulières.

Particular charges are not included in particular average.

2598. Les frais de sauvetage engagés pour prévenir des pertes et des dommages résultant de la réalisation d'un risque assuré peuvent être recouvrés comme une perte causée par ces risques.

2598. Salvage charges incurred in preventing a loss by perils insured against may be recovered as a loss by those perils.

On entend par frais de sauvetage, les frais qui, en vertu du droit maritime, peuvent être recouvrés par un sauveteur agissant sans contrat de sauvetage. Ils ne comprennent pas les frais pour les services de sauvetage rendus par l'assuré ou son mandataire, ou toute autre personne employée par eux, à seule fin d'éviter la réalisation du risque, à moins que ces frais ne soient justifiés, auquel cas ils peuvent être recouvrés à titre d'avaries-frais ou de pertes par avarie commune, compte tenu des circonstances dans lesquelles ils ont été engagés.

"Salvage charges" means the charges recoverable under maritime law by a salvor independently of contract. They do not include the expenses of services in the nature of salvage rendered by the insured or by persons acting on his behalf, or any person employed for hire by them, for the sole purpose of averting a peril insured against, unless such expenses are properly incurred, in which case they may be recovered as particular charges or as a general average loss, according to the circumstances in which they were incurred.

2599. La perte par avarie commune est celle qui résulte d'un fait d'avarie commune.

Il y a fait d'avarie commune lorsqu'un sacrifice ou une dépense extraordinaire est volontairement et raisonnablement consenti à un moment périlleux, dans le but de préserver les biens en péril.

2600. Sous réserve des règles du droit maritime, la perte par avarie commune donne le droit, à la partie qui la subit, d'exiger une contribution proportionnelle des autres intéressés; cette contribution est dite contribution d'avarie commune.

2601. L'assuré qui a engagé une dépense d'avarie commune peut se faire indemniser par l'assureur, dans la mesure et la proportion de la perte qui lui incombe; celui qui a consenti un sacrifice d'avarie commune peut se faire indemniser par l'assureur de la totalité de la perte qu'il a subie, sans être tenu d'exiger une contribution des autres parties.

2602. L'assureur n'est pas tenu d'indemniser les pertes par avarie commune ou les contributions à leur égard si les dommages n'ont pas été subis dans le but d'éviter la réalisation d'un risque couvert ou s'ils ne se rattachent pas à des mesures prises pour l'éviter.

2603. Lorsque le navire, le fret, les marchandises ou d'autres biens meubles, ou au moins deux d'entre eux, sont la propriété d'un même assuré, la responsabilité de l'assureur, en ce qui concerne les pertes par avarie commune ou les contributions à leur égard, est établie comme si les biens appartenaient à des personnes différentes.

2599. A general average loss is a loss caused by a general average act.

There is a general average act where any extraordinary sacrifice or expense is intentionally and reasonably made or incurred in time of peril for the purpose of preserving the property imperilled.

2600. Where there is a general average loss, the party on whom it falls is entitled, subject to the conditions imposed by maritime law, to a rateable contribution from other interested persons, and such contribution is called a general average contribution.

2601. Where the insured has incurred a general average expenditure, he may recover from the insurer in respect of the proportion of the loss which falls upon him, if any; in the case of a general average sacrifice, he may recover from the insurer in respect of the whole loss without having enforced his right of contribution from the other parties.

2602. The insurer is not liable for any general average loss or contribution where the loss was not incurred for the purpose of avoiding, or in connection with the avoidance of, a peril insured against.

2603. Where the ship, freight, and cargo, or other movable property, or any two of them, are owned by the same insured, the liability of the insurer in respect of general average losses or contributions is to be determined as if those properties were owned by different persons.

§12.–*Du calcul de l'indemnité*

§12.–*Measure of indemnity*

2604. L'indemnité exigible se calcule en fonction de la pleine valeur assurable, si le contrat est à valeur indéterminée, ou en fonction de la somme fixée au contrat, si celui-ci est à valeur agréée.

2604. The measure of indemnity is the sum recoverable, to the full extent of the insurable value in the case of an unvalued policy or, in the case of a valued policy, to the full extent of the value fixed in the policy.

2605. Lorsqu'une perte ou une avarie donne le droit d'exiger une indemnité, l'assureur ou chacun d'eux, s'il y en a plusieurs, est tenu de payer une indemnité égale au rapport existant entre, d'une part, le montant de sa souscription et, d'autre part, soit la valeur fixée au contrat, si celui-ci est à valeur agréée, soit la valeur assurable, si le contrat est à valeur indéterminée.

2605. Where there is a loss recoverable under the contract, the insurer, or each insurer if there are more than one, is liable for such proportion of the measure of indemnity as the amount of his subscription bears to the value fixed in the policy in the case of a valued policy, or to the insurable value in the case of an unvalued policy.

2606. L'indemnité pour la perte totale est la somme fixée au contrat, s'il est à valeur agréée, ou la valeur assurable du bien assuré, si le contrat est à valeur indéterminée.

2606. The measure of indemnity for a total loss is the sum fixed in the contract in the case of a valued policy, or the insurable value of the insured property in the case of an unvalued policy.

2607. L'indemnité due pour la perte de fret est déterminée par comparaison entre la valeur globale du fret assuré et celle du fret obtenu, le taux de dépréciation ainsi obtenu devant être appliqué sur la valeur agréée, le cas échéant, sinon sur la valeur assurable.

2607. Where freight is lost, the measure of indemnity is such proportion of the sum fixed in the policy, in the case of a valued policy, or of the insurable value, in the case of an unvalued policy, as the proportion of freight lost bears to the whole insured freight.

2608. L'avarie d'un navire donne droit aux indemnités qui suivent:

2608. Where a ship is damaged, but is not totally lost, the measure of indemnity is as follows:

1° Lorsque le navire a été réparé, l'assuré a droit au coût raisonnable des réparations, moins les déductions habituelles, mais sans que l'indemnité puisse excéder, pour un sinistre, la somme assurée;

(1) where the ship has been repaired, the insured is entitled to the reasonable cost of the repairs, less the customary deductions, but not exceeding the sum insured in respect of any one casualty;

2° Lorsque le navire n'a été que partiellement réparé, l'assuré a droit au coût raisonnable des réparations, calculé conformément au 1°; il a également

(2) where the ship has been only partially repaired, the insured is entitled to the reasonable cost of such repairs computed as in paragraph 1, and also to

le droit d'être indemnisé pour la dépréciation raisonnable résultant des dommages non réparés, sans toutefois que le montant total de l'indemnité puisse excéder le coût de la réparation de la totalité des dommages;

3° Lorsque le navire n'a pas été réparé et n'a pas été vendu dans son état d'avarie pendant la durée du risque, l'assuré a droit à une indemnité pour la dépréciation raisonnable résultant des dommages non réparés sans, toutefois, que l'indemnité puisse excéder le coût raisonnable et la réparation de ces dommages, calculé conformément au 1°.

2609. L'indemnité due pour la perte totale d'une partie des marchandises ou des autres biens meubles assurés par un contrat à valeur agréée est égale à la somme fixée au contrat, multipliée par le rapport existant entre la valeur assurable de la partie perdue et la valeur assurable du tout, ces deux valeurs étant établies de la même façon que s'il s'agissait d'un contrat à valeur indéterminée.

Celle due pour la perte totale d'une partie des biens assurés par un contrat à valeur indéterminée est la valeur assurable de la partie perdue, établie de la même façon que s'il s'agissait d'une perte totale de tous les biens.

2610. Lorsque la totalité ou une partie quelconque des marchandises ou des autres biens meubles assurés a été livrée à destination en état d'avarie, l'indemnité due est déterminée par comparaison entre la valeur brute à l'état sain et la valeur brute en état d'avarie, le taux de dépréciation ainsi obtenu devant être appliqué sur la valeur agréée, le cas échéant, sinon sur la valeur assurable.

be indemnified for the reasonable depreciation arising from the unrepaired damage, provided that the aggregate amount does not exceed the cost of repairing the whole damage;

(3) where the ship has not been repaired, and has not been sold in her damaged state during the risk, the insured is entitled to be indemnified for the reasonable depreciation arising from the unrepaired damage, but not exceeding the reasonable cost of repairing such damage, computed as in paragraph 1.

2609. Where part of the goods or other movable property insured by a valued contract is totally lost, the measure of indemnity is such proportion of the sum fixed in the contract as the insurable value of the part lost bears to the insurable value of the whole, ascertained as in the case of an unvalued contract.

Where part of the property insured by an unvalued contract is totally lost, the measure of indemnity is the insurable value of the part lost, ascertained as in case of total loss.

2610. Where the whole or any part of the goods or other movable property insured has been delivered damaged at its destination, the measure of indemnity is such proportion of the sum fixed or, as the case may be, of the insurable value, as the difference between the gross sound and damaged values bears to the gross sound value.

On entend par valeur brute, le prix de gros au lieu de destination ou, à défaut, l'estimation de la valeur des biens en y ajoutant, dans chaque cas, les droits acquittés à l'avance, ainsi que les frais de débarquement et le fret ou, pour les marchandises qui se vendent ordinairement en entrepôt, le prix en entrepôt.

2611. La ventilation de la valeur assurée de biens de nature différente ayant fait l'objet d'une évaluation globale se fait en proportion de la valeur assurable de chaque groupe; de même, la ventilation de la valeur assurée de chacun des éléments d'un groupe se fait en proportion de la valeur assurable de chacun des éléments du groupe.

La ventilation de la valeur assurée de marchandises de nature différente dont il est impossible de déterminer séparément le prix facturé, la qualité ou le genre peut se faire en fonction de la valeur nette des marchandises saines à destination.

2612. L'assuré appelé à contribuer aux pertes par avarie commune a droit à une indemnité pour le montant total de sa contribution, si le bien est assuré pour sa pleine valeur contributive. S'il n'est pas ainsi assuré ou s'il n'est assuré qu'en partie, l'indemnité est réduite en proportion de la sous-assurance.

La somme attribuée en compensation du préjudice subi par l'assuré, en raison d'une avarie particulière garantie par l'assureur et déductible de la valeur contributive, doit être déduite de la valeur assurée, afin d'établir le montant

"Gross value" means the wholesale price at destination or, if there is no such price, the estimated value of the property with, in either case, freight, landing charges and duty paid beforehand or, in the case of goods customarily sold in bond, the bonded price.

2611. Where different species of property are insured under a single valuation, the valuation is apportioned over the different species in proportion to their respective insurable values; similarly, the insured value of any part of a species is such proportion of the total insured value of that species as the insurable value of the part bears to the insurable value of the whole.

Where the valuation of the insured value of different species of goods has to be apportioned, and particulars of the invoice value, quality, or description of each separate species cannot be ascertained, the division of the valuation may be made over the net arrived sound values of the goods.

2612. Where the insured has paid, or is liable for, any general average contribution, the measure of indemnity is the full amount of such contribution if the property is insured for its full contributory value; if the property is not insured for its full contributory value or if only part of it is insured, the indemnity is reduced in proportion to the under-insurance.

The amount awarded as compensation for damage suffered by the insured by reason of a particular average loss which constitutes a deduction from the contributory value, and for which the insurer is liable, shall be deducted from the

de la contribution qui incombe à l'assureur.

Ces règles s'appliquent également pour calculer les frais de sauvetage que l'assureur est tenu de rembourser.

2613. L'indemnité exigible en vertu d'une assurance de responsabilité civile est la somme payée ou payable aux tiers, jusqu'à concurrence du montant de l'assurance.

2614. Lorsque les pertes ou les dommages subis ne sont pas visés par le présent paragraphe, l'indemnité s'établit néanmoins, autant que possible, conformément à celui-ci.

2615. Lorsque le bien est assuré franc d'avaries particulières, l'assuré n'a pas droit à une indemnité pour la perte partielle du bien assuré, à moins que la perte ne résulte d'un sacrifice d'avarie commune ou que le contrat ne puisse faire l'objet d'un fractionnement.

Dans ce dernier cas, l'assuré a droit à une indemnité pour la perte totale de toute fraction du bien assuré.

2616. Lorsque le bien est assuré franc d'avaries particulières, soit totalement, soit en deçà d'un certain pourcentage, l'assureur est néanmoins tenu aux frais de sauvetage, de même qu'aux frais engagés pour éviter une perte couverte par l'assurance et, notamment, aux avaries-frais et aux frais engagés conformément à la clause sur les mesures conservatoires et préventives.

On ne peut ajouter les avaries communes aux avaries particulières pour atteindre le pourcentage stipulé au contrat. De la même façon, on ne tient pas

insured value in order to ascertain what the insurer is liable to contribute.

The extent of the insurer's liability for salvage charges is determined on the same principle.

2613. The measure of indemnity payable under a civil liability insurance contract is the sum paid or payable to third persons, up to the amount of insurance.

2614. Where the loss sustained is not expressly provided for in this subsection, the measure of indemnity is ascertained, as nearly as may be, in accordance with this subsection.

2615. Where the insured property is warranted free from particular average, the insured may not recover for a loss of part of the insured property other than a loss incurred by a general average sacrifice, unless the contract is apportionable.

If the contract is apportionable, the insured may recover for a total loss of any apportionable part of the insured property.

2616. Where the insured property is warranted free from particular average, either wholly or under a certain percentage, the insurer is nevertheless liable for salvage charges, and for particular charges and other expenses properly incurred pursuant to the provisions of the suing and labouring clause in order to avert a loss insured against.

A general average loss may not be added to a particular average loss to make up the percentage stipulated in the contract. Likewise, no regard is had to

compte des avaries-frais et des frais engagés pour établir le montant du préjudice subi.

2617. Sous réserve des dispositions du présent paragraphe, l'assureur est garant des sinistres successifs, même si le montant total des pertes et des dommages dépasse la somme assurée.

Toutefois, lorsque des avaries sont suivies d'une perte totale, l'assuré ne peut, en vertu d'un même contrat, recouvrer que l'indemnité due pour la perte totale, à moins que l'avarie n'ait déjà fait l'objet de réparations ou d'un remplacement.

Les obligations de l'assureur, en vertu de la clause sur les mesures conservatoires et préventives, demeurent.

2618. La clause sur les mesures conservatoires et préventives est réputée supplémentaire au contrat d'assurance; l'assuré peut, en vertu de cette clause, recouvrer tous les frais qu'il a engagés, même si l'assureur a déjà réglé les dommages sur la base d'une perte totale ou même si le bien a été assuré franc d'avaries particulières, totalement ou en deçà d'un certain pourcentage.

Cette clause ne couvre cependant pas les pertes par avarie commune, les contributions aux avaries communes, les frais de sauvetage, ni les frais engagés pour éviter ou limiter des pertes ou des dommages non couverts par le contrat.

2619. Il est du devoir de l'assuré et de ses représentants de prendre, dans tous les cas, les mesures raisonnables afin d'éviter ou de limiter les pertes et les dommages.

particular charges and the expenses of and incidental to ascertaining the loss.

2617. Subject to the provisions of this subsection, the insurer is liable for successive losses, even though the total amount of such losses may exceed the sum insured.

Where, under the same policy, a partial loss which has not been the subject of repairs or replacement is followed by a total loss, the insured may only recover in respect of the total loss.

The liability of the insurer under the suing and labouring clause is not affected.

2618. A suing and labouring clause is deemed to be supplementary to the contract of insurance; the insured may recover from the insurer any expenses properly incurred pursuant to the clause, notwithstanding that the insurer may have paid for a total loss, or that the property may have been warranted free from particular average, either wholly or under a certain percentage.

General average losses and contributions, salvage charges, and expenses incurred for the purpose of averting or diminishing any loss not covered by the contract are not recoverable under the suing and labouring clause.

2619. It is the duty of the insured and of persons acting on his behalf, in all cases, to take reasonable measures for the purpose of averting or minimizing a loss.

§13.–*Dispositions diverses*	§13.–*Miscellaneous provisions*
I – De la subrogation	I – Subrogation

2620. Lorsque l'assureur indemnise l'assuré en raison d'une perte totale, soit pour le tout, soit, s'il s'agit de marchandises, pour une partie divisible du bien assuré, il acquiert de ce fait le droit de recueillir l'intérêt de l'assuré dans tout ce qui peut subsister du bien qu'il assurait; il est, par là même, subrogé dans tous les droits et recours de l'assuré relativement à ce bien, depuis le moment de l'événement qui a causé la perte.

Cependant, l'indemnisation de l'assuré pour des avaries particulières ne confère à l'assureur aucun droit dans le bien assuré ou dans ce qui peut en rester. L'assureur est de ce fait subrogé, à compter du sinistre, dans tous les droits de l'assuré relativement à ce bien, jusqu'à concurrence de l'indemnité d'assurance payée.

2620. Where the insurer pays for a total loss, either of the whole, or, in the case of goods, of any apportionable part of the insured property, he becomes entitled to take over the interest of the insured in whatever may remain of the property so paid for and he is thereby subrogated to all the rights and remedies of the insured in and in respect of the insured property from the time of the event causing the loss.

Subject to the foregoing provisions, where the insurer pays for a particular average loss, he acquires no right to the insured property, or to any part of it that may remain, but he is thereupon subrogated to all rights and remedies of the insured in or in respect of the property from the time of the event causing the loss, up to the indemnity paid.

II – Du cumul de contrats	II – Double insurance

2621. Il y a cumul de contrats lorsque plusieurs polices d'assurance sont établies par l'assuré ou pour son compte, couvrant en tout ou en partie le même intérêt d'assurance et la même opération maritime, et que les sommes assurées sont supérieures au montant de l'indemnité exigible.

2621. Where two or more insurance policies are effected by or on behalf of the insured on the same adventure and interest or any part thereof and the sums insured exceed the indemnity recoverable, the insured is said to be over-insured by double insurance.

2622. L'assuré peut, en cas de cumul de contrats, exiger le paiement de ses assureurs dans l'ordre de son choix, mais, en aucun cas, il ne peut recevoir une somme supérieure à l'indemnité exigible.

2622. Where the insured is over-insured by double insurance, he may claim payment from the insurers in such order as he may think fit, but in no case is he entitled to receive any sum in excess of the indemnity recoverable.

2623. Lorsque le contrat est à valeur agréée, l'assuré doit déduire, jusqu'à concurrence de l'évaluation, les som-

2623. Where the contract under which the insured claims is a valued policy, the insured shall give credit as against the

mes qu'il a reçues en vertu d'un autre contrat, sans égard à la valeur réelle du bien assuré.

Lorsque le contrat est à valeur indéterminée, il doit déduire, jusqu'à concurrence de la pleine valeur d'assurance, les sommes qu'il a reçues en vertu d'un autre contrat.

2624. L'assuré qui recouvre une somme supérieure à l'indemnité exigible est réputé détenir cette somme pour le compte des assureurs, selon leurs droits respectifs.

2625. Lorsqu'il y a cumul de contrats, chaque assureur est tenu à l'égard des autres de contribuer à l'indemnisation de l'assuré, proportionnellement à la somme qu'il assure aux termes de son contrat.

L'assureur qui contribue au-delà de sa part a le droit de recouvrer l'excédent des autres assureurs, de la même manière que la caution qui contribue au-delà de sa part.

III – De la sous-assurance

2626. Lorsque l'assuré est couvert pour une somme inférieure à la valeur assurable ou, si le contrat est à valeur agréée, pour une somme inférieure à la valeur convenue, l'assuré est son propre assureur pour la différence.

IV – De l'assurance mutuelle

2627. L'assurance est mutuelle lorsque plusieurs personnes décident de s'assurer les unes les autres contre des risques maritimes.

Elle obéit aux règles de la présente section, sauf quant à la prime et les

valuation for any sum received by him under any other policy without regard to the actual value of the insured property.

Where the contract under which the insured claims is an unvalued policy, the insured shall give credit, as against the full insurable value, for any sum received by him under any other policy.

2624. Where the insured receives any sum in excess of the indemnity recoverable, he is deemed to hold such sum on behalf of the insurers according to their right of contribution among themselves.

2625. Where the insured is over-insured by double insurance, each insurer is bound, as between himself and the other insurers, to contribute to the loss rateably to the amount for which he is liable under his contract.

If any insurer pays more than his proportion of the loss, he is entitled to recover the excess from the other insurers in the same manner as a surety who has paid more than his proportion of the debt.

III – Under-insurance

2626. Where the insured is insured for an amount less than the insurable value or, in the case of a valued policy, for an amount less than the policy valuation, the insured is deemed to be his own insurer in respect of the uninsured balance.

IV – Mutual insurance

2627. Where two or more persons mutually agree to insure each other against marine losses there is said to be a mutual insurance.

Mutual insurance is governed by the provisions of this section except those

parties peuvent substituer toute autre forme d'engagement à celle-ci.

relating to the premium but such arrangement as may be agreed upon may be substituted for the premium.

V – De l'action directe

2628. Les articles 2500 à 2502, relatifs à l'action directe du tiers lésé, s'appliquent à l'assurance maritime. Toute stipulation qui déroge à ces règles est nulle.

V – Direct action

2628. Articles 2500 to 2502 respecting the direct action of injured third persons apply to marine insurance. Any stipulation that is inconsistent with such rules is null.

CHAPITRE SEIZIÈME
DU JEU ET DU PARI

2629. Les contrats de jeu et de pari sont valables dans les cas expressément autorisés par la loi.

Ils le sont aussi lorsqu'ils portent sur des exercices et des jeux licites qui tiennent à la seule adresse des parties ou à l'exercice de leur corps, à moins que la somme en jeu ne soit excessive, compte tenu des circonstances, ainsi que de l'état et des facultés des parties.

2630. Lorsque le jeu et le pari ne sont pas expressément autorisés, le gagnant ne peut exiger le paiement de la dette et le perdant ne peut répéter la somme payée.

Toutefois, il y a lieu à répétition dans les cas de fraude ou de supercherie, ou lorsque le perdant est un mineur ou un majeur protégé ou non doué de raison.

CHAPTER XVI
GAMING AND WAGERING

2629. Gaming and wagering contracts are valid in the cases expressly authorized by law.

They are also valid where related to lawful activities and games requiring only skill or bodily exercises on the part of the parties, unless the amount at stake is immoderate according to the circumstances and in view of the condition and means of the parties.

2630. Where gaming and wagering contracts are not expressly authorized by law, the winning party may not exact payment of the debt and the losing party may not recover the sum paid.

The losing party may recover the sum paid, however, in cases of fraud or trickery or where the losing party is a minor or a person of full age who is protected or not endowed with reason.

CHAPITRE DIX-SEPTIÈME
DE LA TRANSACTION

2631. La transaction est le contrat par lequel les parties préviennent une contestation à naître, terminent un procès ou règlent les difficultés qui surviennent lors de l'exécution d'un jugement, au moyen de concessions ou de réserves réciproques.

CHAPTER XVII
TRANSACTION

2631. Transaction is a contract by which the parties prevent a future contestation, put an end to a lawsuit or settle difficulties arising in the execution of a judgment, by way of mutual concessions or reservations.

Elle est indivisible quant à son objet.

A transaction is indivisible as to its object.

2632. On ne peut transiger relativement à l'état ou à la capacité des personnes ou sur les autres questions qui intéressent l'ordre public.

2632. No transaction may be made with respect to the status or capacity of persons or to other matters of public order.

2633. La transaction a, entre les parties, l'autorité de la chose jugée.

2633. A transaction has, between the parties, the authority of a final judgment (*res judicata*).

La transaction n'est susceptible d'exécution forcée qu'après avoir été homologuée.

A transaction is not subject to compulsory execution until it is homologated.

2634. L'erreur de droit n'est pas une cause de nullité de la transaction. Sauf cette exception, la transaction peut être annulée pour les mêmes causes que les contrats en général.

2634. Error of law is not a cause for annulling a transaction. Apart from such exception, a transaction may be annulled for lesion or any other cause of nullity of contracts in general.

2635. La transaction fondée sur un titre nul est également nulle, à moins que les parties n'aient expressément traité sur la nullité.

2635. A transaction based on a title that is null is also null, unless the parties have expressly referred to and covered the nullity.

Celle fondée sur des pièces qui ont depuis été reconnues fausses est aussi nulle.

A transaction based on writings later found to be false is also null.

2636. La transaction sur un procès est nulle si les parties, ou l'une d'elles, ignoraient qu'un jugement passé en force de chose jugée avait terminé le litige.

2636. A transaction based on a lawsuit is null if either party was unaware that the litigation had been terminated by a judgment having acquired the authority of a final judgment (*res judicata*).

2637. Lorsque les parties ont transigé sur l'ensemble de leurs affaires, la découverte subséquente de documents qui leur étaient alors inconnus n'est pas une cause de nullité de la transaction, à moins qu'ils n'aient été retenus par le fait de l'une des parties ou, à sa connaissance, par un tiers.

2637. Where the parties have made a transaction on all matters between them, the subsequent discovery of documents of which they were unaware at the time of the transaction does not constitute a cause for annulling the transaction, unless the documents were withheld by one of the parties or, to his knowledge, by a third person.

Cependant, la transaction est nulle si elle n'a qu'un objet et que les docu-

However, the transaction is null if it relates to only one object and if the docu-

ments nouvellement découverts établissent que l'une des parties n'y avait aucun droit.

ments later discovered prove that one of the parties had no rights in it.

CHAPITRE DIX-HUITIÈME
DE LA CONVENTION D'ARBITRAGE

CHAPTER XVIII
ARBITRATION AGREEMENTS

2638. La convention d'arbitrage est le contrat par lequel les parties s'engagent à soumettre un différend né ou éventuel à la décision d'un ou de plusieurs arbitres, à l'exclusion des tribunaux.

2638. An arbitration agreement is a contract by which the parties undertake to submit a present or future dispute to the decision of one or more arbitrators, to the exclusion of the courts.

2639. Ne peut être soumis à l'arbitrage, le différend portant sur l'état et la capacité des personnes, sur les matières familiales ou sur les autres questions qui intéressent l'ordre public.

2639. Disputes over the status and capacity of persons, family matters or other matters of public order may not be submitted to arbitration.

Toutefois, il ne peut être fait obstacle à la convention d'arbitrage au motif que les règles applicables pour trancher le différend présentent un caractère d'ordre public.

An arbitration agreement may not be opposed on the ground that the rules applicable to settlement of the dispute are in the nature of rules of public order.

2640. La convention d'arbitrage doit être constatée par écrit; elle est réputée l'être si elle est consignée dans un échange de communications qui en atteste l'existence ou dans un échange d'actes de procédure où son existence est alléguée par une partie et non contestée par l'autre.

2640. An arbitration agreement shall be evidenced in writing; it is deemed to be evidenced in writing if it is contained in an exchange of communications which attest to its existence or in an exchange of proceedings in which its existence is alleged by one party and is not contested by the other party.

2641. Est nulle la stipulation qui confère à une partie une situation privilégiée quant à la désignation des arbitres.

2641. A stipulation which places one party in a privileged position with respect to the designation of the arbitrators is null.

2642. Une convention d'arbitrage contenue dans un contrat est considérée comme une convention distincte des autres clauses de ce contrat et la constatation de la nullité du contrat par les arbitres ne rend pas nulle pour autant la convention d'arbitrage.

2642. An arbitration agreement contained in a contract is considered to be an agreement separate from the other clauses of the contract and the ascertainment by the arbitrators that the contract is null does not entail the nullity of the arbitration agreement.

2643. Sous réserve des dispositions de la loi auxquelles on ne peut déroger, la

2643. Subject to the peremptory provisions of law, the procedure of arbitration

procédure d'arbitrage est réglée par le contrat ou, à défaut, par le Code de procédure civile.

is governed by the contract or, failing that, by the Code of Civil Procedure.

LIVRE SIXIÈME
DES PRIORITÉS ET DES HYPOTHÈQUES

TITRE PREMIER
DU GAGE COMMUN DES CRÉANCIERS

BOOK SIX
PRIOR CLAIMS AND HYPOTHECS

TITLE ONE
COMMON PLEDGE OF CREDITORS

2644. Les biens du débiteur sont affectés à l'exécution de ses obligations et constituent le gage commun de ses créanciers.

2644. The property of a debtor is charged with the performance of his obligations and is the common pledge of his creditors.

2645. Quiconque est obligé personnellement est tenu de remplir son engagement sur tous ses biens meubles et immeubles, présents et à venir, à l'exception de ceux qui sont insaisissables et de ceux qui font l'objet d'une division de patrimoine permise par la loi.

2645. Any person under a personal obligation charges, for its performance, all his property, movable and immovable, present and future, except property which is exempt from seizure or property which is the object of a division of patrimony permitted by law.

Toutefois, le débiteur peut convenir avec son créancier qu'il ne sera tenu de remplir son engagement que sur les biens qu'ils désignent.

However, the debtor may agree with his creditor to be bound to fulfil his obligation only from the property they designate.

2646. Les créanciers peuvent agir en justice pour faire saisir et vendre les biens de leur débiteur.

2646. Creditors may institute judicial proceedings to cause the property of their debtor to be seized and sold.

En cas de concours entre les créanciers, la distribution du prix se fait en proportion de leur créance, à moins qu'il n'y ait entre eux des causes légitimes de préférence.

If the creditors rank equally, the price is distributed proportionately to their claims, unless some of them have a legal cause of preference.

2647. Les causes légitimes de préférence sont les priorités et les hypothèques.

2647. Prior claims and hypothecs are the legal causes of preference.

2648. Peuvent être soustraits à la saisie, dans les limites fixées par le Code de procédure civile, les meubles

2648. The movable property of the debtor which furnishes his main residence, used by and necessary for the life of the

du débiteur qui garnissent sa résidence principale, servent à l'usage du ménage et sont nécessaires à la vie de celui-ci, sauf si ces meubles sont saisis pour les sommes dues sur le prix.

Peuvent l'être aussi, dans les limites ainsi fixées, les instruments de travail nécessaires à l'exercice personnel d'une activité professionnelle, sauf si ces meubles sont saisis par un créancier détenant une hypothèque sur ceux-ci.

household, may be exempted from seizure to the extent fixed by the Code of Civil Procedure, except where such movables are seized for sums owed on the price.

The same rule applies to instruments of work needed for the personal exercise of a professional activity, except where such movables are seized by a creditor holding a hypothec thereon.

2649. La stipulation d'insaisissabilité est sans effet, à moins qu'elle ne soit faite dans un acte à titre gratuit et qu'elle ne soit temporaire et justifiée par un intérêt sérieux et légitime; néanmoins, le bien demeure saisissable dans la mesure prévue au Code de procédure civile.

Elle n'est opposable aux tiers que si elle est publiée au registre approprié.

2649. A stipulation of unseizability is null, unless it is made in an act by gratuitous title and is temporary and justified by a serious and legitimate interest. Nevertheless, the property remains liable to seizure to the extent provided in the Code of Civil Procedure.

It may be set up against third persons only if it is published in the appropriate register.

TITRE DEUXIÈME
DES PRIORITÉS

TITLE TWO
PRIOR CLAIMS

2650. Est prioritaire la créance à laquelle la loi attache, en faveur d'un créancier, le droit d'être préféré aux autres créanciers, même hypothécaires, suivant la cause de sa créance.

La priorité est indivisible.

2650. A claim to which the law attaches the right of the creditor to be preferred over the other creditors, even the hypothecary creditors, is a prior claim.

The priority of a claim is indivisible.

2651. Les créances prioritaires sont les suivantes et, lorsqu'elles se rencontrent, elles sont, malgré toute convention contraire, colloquées dans cet ordre:

1° Les frais de justice et toutes les dépenses faites dans l'intérêt commun;

2° La créance du vendeur impayé pour le prix du meuble vendu à une

2651. The following are the prior claims and, notwithstanding any agreement to the contrary, they are in all cases collocated in the order here set out:

(1) legal costs and all expenses incurred in the common interest;

(2) the claim of a vendor who has not been paid the price of a movable sold to

personne physique qui n'exploite pas une entreprise;

   3° Les créances de ceux qui ont un droit de rétention sur un meuble, pourvu que ce droit subsiste;

   4° Les créances de l'État pour les sommes dues en vertu des lois fiscales;

   5° Les créances des municipalités et des commissions scolaires pour les impôts fonciers sur les immeubles qui y sont assujettis.

2652. La créance prioritaire couvrant les frais de justice et les dépenses faites dans l'intérêt commun peut être exécutée sur les biens meubles ou immeubles.

2653. La créance prioritaire de l'État pour les sommes dues en vertu des lois fiscales peut être exécutée sur les biens meubles.

2654. Le créancier qui procède à une saisie-exécution ou celui qui, titulaire d'une hypothèque mobilière, a inscrit un préavis d'exercice de ses droits hypothécaires, peut demander à l'État de dénoncer le montant de sa créance prioritaire. Cette demande doit être inscrite et la preuve de sa notification présentée au bureau de la publicité des droits.

   Dans les trente jours qui suivent la notification, l'État doit dénoncer et inscrire, au registre des droits personnels et réels mobiliers, le montant de sa créance; cette dénonciation n'a pas pour effet de limiter la priorité de l'État au montant inscrit.

2655. Les créances prioritaires sont opposables aux autres créanciers sans qu'il soit nécessaire de les publier.

2656. Outre leur action personnelle et les mesures provisoires prévues au

a natural person who does not operate an enterprise;

   (3) the claims of persons having the right to retain movable property, provided that the right subsists;

   (4) claims of the State for amounts due under fiscal laws;

   (5) claims of municipalities and school boards for property taxes on taxable immovables.

2652. Prior claims covering legal costs and expenses incurred in the common interest may be executed on movable or immovable property.

2653. Prior claims of the State for sums due under fiscal laws may be executed on movable property.

2654. A creditor who takes procedures in execution or who, as holder of a movable hypothec, has registered a prior notice of his intention to exercise his hypothecary rights, may apply to the State to declare the amount of its prior claim. The application shall be registered and proof of notification shall be filed in the registry office.

   Within thirty days following the notification, the State shall declare the amount of its claim and enter it in the register of personal and movable real rights; such a declaration does not have the effect of limiting the priority of the State's claim to the amount entered.

2655. Prior claims may be set up against other creditors without being published.

2656. In addition to their personal right of action and the provisional measures

Code de procédure civile, les créanciers prioritaires peuvent, pour faire valoir et réaliser leur priorité, exercer les recours que leur confère la loi.

2657. Les créances prioritaires prennent rang, suivant leur ordre respectif, avant les hypothèques mobilières ou immobilières, quelle que soit leur date.

Si elles prennent le même rang, elles viennent en proportion du montant de chacune des créances.

2658. Lorsqu'il y a lieu à distribution ou à collocation entre plusieurs créanciers prioritaires, celui dont la créance est indéterminée ou non liquidée, ou suspendue par une condition, est colloqué suivant son rang, sujet cependant aux conditions prescrites par le Code de procédure civile.

2659. La priorité accordée par la loi à certaines créances cesse de plein droit lorsque l'obligation qui en est la cause s'éteint.

provided in the Code of Civil Procedure, prior creditors may exercise their remedies under the law for the enforcement and realization of their prior claim.

2657. Prior claims rank, according to their order among themselves, and without regard to their date, before movable or immovable hypothecs.

Prior claims of the same rank come in proportion to the amount of each claim.

2658. In a case of distribution or collocation among several prior creditors, the creditor of an indeterminate, unliquidated or conditional claim is collocated according to his rank, but subject to the conditions prescribed in the Code of Civil Procedure.

2659. The priority granted by law to certain claims ceases by operation of law when the obligation which is its cause is extinguished.

TITRE TROISIÈME
DES HYPOTHÈQUES

TITLE THREE
HYPOTHECS

CHAPITRE PREMIER
DISPOSITIONS GÉNÉRALES

CHAPTER I
GENERAL PROVISIONS

SECTION I
DE LA NATURE DE L'HYPOTHÈQUE

SECTION I
NATURE OF HYPOTHECS

2660. L'hypothèque est un droit réel sur un bien, meuble ou immeuble, affecté à l'exécution d'une obligation; elle confère au créancier le droit de suivre le bien en quelques mains qu'il soit, de le prendre en possession ou en paiement, de le vendre ou de le faire vendre et d'être alors préféré sur le produit de cette vente suivant le rang fixé dans ce code.

2660. A hypothec is a real right on a movable or immovable property made liable for the performance of an obligation. It confers on the creditor the right to follow the property into whosoever hands it may be, to take possession of it or to take it in payment, or to sell it or cause it to be sold and, in that case, to have a preference upon the proceeds of the sale ranking as determined in this Code.

2661. L'hypothèque n'est qu'un accessoire et ne vaut qu'autant que l'obligation dont elle garantit l'exécution subsiste.

2661. A hypothec is merely an accessory right, and subsists only as long as the obligation whose performance it secures continues to exist.

2662. L'hypothèque est indivisible et subsiste en entier sur tous les biens qui sont grevés, sur chacun d'eux et sur chaque partie de ces biens, malgré la divisibilité du bien ou de l'obligation.

2662. A hypothec is indivisible and subsists in its entirety over all the charged properties, over each of them and over every part of them, even where the property or obligation is divisible.

2663. L'hypothèque doit être publiée, conformément au présent livre ou au livre De la publicité des droits, pour que les droits hypothécaires qu'elle confère soient opposables aux tiers.

2663. The hypothecary rights conferred by a hypothec may be set up against third persons only when the hypothec is published in accordance with this Book or the Book on Publication of Rights.

SECTION II
DES ESPÈCES D'HYPOTHÈQUE

SECTION II
KINDS OF HYPOTHEC

2664. L'hypothèque n'a lieu que dans les conditions et suivant les formes autorisées par la loi.

2664. Hypothecation may take place only on the conditions and according to the formalities authorized by law.

Elle est conventionnelle ou légale.

A hypothec may be conventional or legal.

2665. L'hypothèque est mobilière ou immobilière, selon qu'elle grève un meuble ou un immeuble, ou une universalité soit mobilière, soit immobilière.

2665. A hypothec is movable or immovable depending on whether the object charged is movable or immovable property or a universality of movable or immovable property.

L'hypothèque mobilière a lieu avec dépossession ou sans dépossession du meuble hypothéqué. Lorsqu'elle a lieu avec dépossession, elle est aussi appelée gage.

A movable hypothec may be created with or without delivery of the movable hypothecated. Where it is created with delivery, it may also be called a pledge.

SECTION III
DE L'OBJET ET DE L'ÉTENDUE DE
L'HYPOTHÈQUE

SECTION III
OBJECT AND EXTENT OF HYPOTHECS

2666. L'hypothèque grève soit un ou plusieurs biens particuliers, corporels ou incorporels, soit un ensemble de biens compris dans une universalité.

2666. A hypothec is a charge on one or several specific corporeal or incorporeal properties, or on all the properties included in a universality.

2667. L'hypothèque garantit, outre le capital, les intérêts qu'il produit et les

2667. A hypothec secures the capital, the interest accrued thereon and the le-

frais légitimement engagés pour les recouvrer ou pour conserver le bien grevé.

2668. L'hypothèque ne peut grever des biens insaisissables.

Elle ne peut non plus grever les meubles du débiteur qui garnissent sa résidence principale, servent à l'usage du ménage et sont nécessaires à la vie de celui-ci.

2669. L'hypothèque constituée sur la nue-propriété ne s'étend pas à la pleine propriété lors de l'extinction du démembrement du droit de propriété.

2670. L'hypothèque sur le bien d'autrui ou sur un bien à venir ne grève ce bien qu'à compter du moment où le constituant devient le titulaire du droit hypothéqué.

2671. L'hypothèque s'étend à tout ce qui s'unit au bien par accession.

2672. Les meubles grevés d'hypothèque qui sont, à demeure, matériellement attachés ou réunis à l'immeuble, sans perdre leur individualité et sans y être incorporés, sont considérés, pour l'exécution de l'hypothèque, conserver leur nature mobilière tant que subsiste l'hypothèque.

2673. L'hypothèque subsiste sur le meuble nouveau qui résulte de la transformation d'un bien grevé d'hypothèque et s'étend à celui qui résulte du mélange ou de l'union de plusieurs meubles dont certains sont ainsi grevés. Celui qui acquiert la propriété du nouveau bien, notamment par application des règles de l'accession mobilière, est tenu de cette hypothèque.

2674. L'hypothèque qui grève une universalité de biens subsiste mais se re-

gitimate costs incurred for recovering or conserving the charged property.

2668. Property exempt from seizure may not be hypothecated.

The same rule applies to movable property belonging to a debtor which furnishes his main residence and which is used by and is necessary for the life of the household.

2669. A hypothec granted on the bare ownership does not extend to the full ownership upon extinction of the dismemberment of the right of ownership.

2670. A hypothec on the property of another or on future property begins to affect it only when the grantor acquires title to the hypothecated right.

2671. A hypothec extends to everything united to the property by accession.

2672. Movables charged with a hypothec which are permanently physically attached or joined to an immovable without losing their individuality and without being incorporated with the immovable are deemed, for the enforcement of the hypothec, to retain their movable character for as long as the hypothec subsists.

2673. A hypothec subsists on the new movable resulting from the transformation of property charged with a hypothec and extends to property resulting from the mixture or combination of several movables of which some are so charged. A person acquiring ownership of the new property, particularly through application of the rules on movable accession, is bound by such hypothecs.

2674. A hypothec on a universality of property subsists but extends to any

porte sur le bien de même nature qui remplace celui qui a été aliéné dans le cours des activités de l'entreprise.

Celle qui grève un bien individualisé ainsi aliéné se reporte sur le bien qui le remplace, par l'inscription d'un avis identifiant ce nouveau bien.

Si aucun bien ne remplace le bien aliéné, l'hypothèque ne subsiste et n'est reportée que sur les sommes d'argent provenant de l'aliénation, pourvu que celles-ci puissent être identifiées.

2675. L'hypothèque qui grève une universalité de biens subsiste, malgré la perte des biens hypothéqués, lorsque le débiteur ou le constituant les remplace dans un délai qui, eu égard à la quantité et à la nature de ces biens, revêt un caractère raisonnable.

2676. L'hypothèque qui grève une universalité de créances ne s'étend pas aux nouvelles créances de celui qui a constitué l'hypothèque, quand celles-ci résultent de la vente de ses autres biens, faite par un tiers dans l'exercice de ses droits.

Elle ne s'étend pas, non plus, à la créance qui résulte d'un contrat d'assurance sur les autres biens du constituant.

2677. L'hypothèque sur des actions du capital-actions d'une personne morale subsiste sur les actions ou autres valeurs mobilières reçues ou émises lors de l'achat, du rachat, de la conversion ou de l'annulation, ou d'une autre transformation des actions hypothéquées, si son inscription est renouvelée sur les actions ou les autres valeurs reçues ou émises.

property of the same nature which replaces property that has been alienated in the ordinary course of business of an enterprise.

A hypothec on an individual property alienated in the same way extends to property that replaces it, by the registration of a notice identifying the new property.

If no property replaces the alienated property, the hypothec subsists but extends only to the proceeds of the alienation, provided they may be identified.

2675. A hypothec on a universality of property subsists notwithstanding the loss of the hypothecated property where the debtor or the grantor replaces it in a reasonable time, having regard to the quantity and nature of the property.

2676. A hypothec on a universality of claims does not extend to the new debts of the person granting the hypothec when such debts result from the sale of his other property by a third person exercising his rights.

Nor does it extend to a claim under an insurance contract on the other property of the grantor.

2677. A hypothec on shares of the capital stock of a legal person subsists on the shares or other securities received or issued on the purchase, redemption, conversion or cancellation or any other transformation of the hypothecated shares, provided the registration of the hypothec is renewed against the shares or other securities received or issued.

Le créancier ne peut s'opposer à ces transformations en raison de son hypothèque.

The creditor may not object to the transformation on the ground of his hypothec.

2678. Lorsque ce qui est dû au créancier fait l'objet d'offres réelles ou d'une consignation selon les termes du présent code, le tribunal peut, à la demande du débiteur qui les fait, autoriser le report de l'hypothèque sur le bien offert ou consigné, et permettre la réduction du montant initialement inscrit.

2678. Where what is owed to the creditor is the object of a tender or deposit in accordance with this Code, the court may, following an application by the debtor making the tender or deposit, authorize the extension of the hypothec on the property tendered or deposited, and it may allow the amount initially registered to be reduced.

Dès lors que la réduction du montant initial est inscrite au registre approprié, le débiteur ne peut plus retirer ses offres ou le bien consigné.

Once the reduction of the initial amount is entered in the appropriate register, the debtor is no longer entitled to withdraw his tender or the property deposited.

2679. L'hypothèque sur une partie indivise d'un bien subsiste si, par le partage ou par un autre acte déclaratif ou attributif de propriété, le constituant ou son ayant cause conserve des droits sur quelque partie de ce bien, sous réserve des dispositions du livre Des successions.

2679. A hypothec on an undivided share of a property subsists if the grantor or his successor preserves rights over some part of the property by partition or other act declaratory or act of attribution of ownership, subject to the Book on Successions.

Si le constituant ne conserve aucun droit sur le bien, l'hypothèque subsiste néanmoins, mais elle est reportée, selon son rang, sur le prix de la cession qui revient au constituant, sur le paiement résultant de l'exercice d'un droit de retrait ou d'un pacte de préférence, ou sur la soulte payable au constituant.

If the grantor does not preserve any rights over the property, the hypothec nevertheless subsists and extends, according to its rank, to the price of transfer payable to the grantor, to the payment resulting from the exercise of a right of redemption or a first refusal agreement, or to the balance payable to the grantor.

2680. Lorsqu'il y a lieu à distribution ou à collocation entre plusieurs créanciers hypothécaires, celui dont la créance est indéterminée ou non liquidée, ou suspendue par une condition, est colloqué suivant son rang, sujet cependant aux conditions prescrites par le Code de procédure civile.

2680. In the case of distribution or collocation among several hypothecary creditors, the creditor of an indeterminate, unliquidated or conditional claim is collocated according to his rank, but subject to the conditions prescribed in the Code of Civil Procedure.

CHAPITRE DEUXIÈME
DE L'HYPOTHÈQUE CONVENTIONNELLE

CHAPTER II
CONVENTIONAL HYPOTHECS

SECTION I
DU CONSTITUANT DE L'HYPOTHÈQUE

SECTION I
THE GRANTOR OF A HYPOTHEC

2681. L'hypothèque conventionnelle ne peut être consentie que par celui qui a la capacité d'aliéner les biens qu'il y soumet.

Elle peut être consentie par le débiteur de l'obligation qu'elle garantit ou par un tiers.

2681. A conventional hypothec may be granted only by a person having the capacity to alienate the property hypothecated.

It may be granted by the debtor of the obligation secured or by a third person.

2682. Celui qui n'a sur un bien qu'un droit conditionnel ou susceptible d'être frappé de nullité ne peut consentir qu'une hypothèque sujette à la même condition ou nullité.

2682. A person whose right in a property is conditional or open to an attack in nullity may only grant a hypothec subject to the same condition or nullity.

2683. À moins qu'elle n'exploite une entreprise et que l'hypothèque ne grève les biens de l'entreprise, une personne physique ne peut consentir une hypothèque mobilière sans dépossession que dans les conditions et suivant les formes autorisées par la loi.

2683. Except where he operates an enterprise and the hypothec is charged on the property of that enterprise, a natural person may grant a movable hypothec without delivery only on the conditions and in the forms authorized by law.

2684. Seule la personne ou le fiduciaire qui exploite une entreprise peut consentir une hypothèque sur une universalité de biens, meubles ou immeubles, présents ou à venir, corporels ou incorporels.

Celui qui exploite l'entreprise peut, ainsi, hypothéquer les animaux, l'outillage ou le matériel d'équipement professionnel, les créances et comptes clients, les brevets et marques de commerce, ou encore les meubles corporels qui font partie de l'actif de l'une ou l'autre de ses entreprises et qui sont détenus afin d'être vendus, loués ou traités dans le processus de fabrication ou de transformation d'un bien destiné à la vente, à la location ou à la prestation de services.

2684. Only a person or a trustee carrying on an enterprise may grant a hypothec on a universality of property, movable or immovable, present or future, corporeal or incorporeal.

The person or trustee may thus hypothecate animals, tools or equipment pertaining to the enterprise, claims and customer accounts, patents and trademarks, or corporeal movables included in the assets of any of his enterprises kept for sale, lease or processing in the manufacture or transformation of property intended for sale, for lease or for use in providing a service.

2685. Seule la personne qui exploite une entreprise peut consentir une hypothèque sur un meuble représenté par un connaissement.

2686. Seule la personne ou le fiduciaire qui exploite une entreprise peut consentir une hypothèque ouverte sur les biens de l'entreprise.

SECTION II
DE L'OBLIGATION GARANTIE PAR HYPOTHÈQUE

2687. L'hypothèque peut être consentie pour quelque obligation que ce soit.

2688. L'hypothèque constituée pour garantir le paiement d'une somme d'argent est valable, encore qu'au moment de sa constitution le débiteur n'ait pas reçu ou n'ait reçu que partiellement la prestation en raison de laquelle il s'est obligé.

Cette règle s'applique, notamment, en matière d'ouverture de crédit ou d'émission d'obligations et autres titres d'emprunt.

2689. L'acte constitutif d'hypothèque doit indiquer la somme déterminée pour laquelle elle est consentie.

Cette règle s'applique alors même que l'hypothèque est constituée pour garantir l'exécution d'une obligation dont la valeur ne peut être déterminée ou est incertaine.

2690. La somme pour laquelle l'hypothèque est consentie n'est pas considérée indéterminée si l'acte, plutôt que de stipuler un taux fixe d'intérêt, contient les éléments nécessaires à la détermination du taux d'intérêt effectif de cette somme.

2691. Si le créancier refuse de remettre les sommes d'argent qu'il s'est engagé

2685. Only a person carrying on an enterprise may grant a hypothec on a movable represented by a bill of lading.

2686. Only a person or a trustee carrying on an enterprise may grant a floating hypothec on the property of the enterprise.

SECTION II
OBLIGATIONS SECURED BY HYPOTHECS

2687. A hypothec may be granted to secure any obligation whatever.

2688. A hypothec granted to secure payment of a sum of money is valid even if, when it is granted, the debtor has not received the prestation in consideration of which he has undertaken the obligation or has received only part of it.

This rule is applicable in particular to lines of credit and the issue of bonds or other titles of indebtedness.

2689. An act validly constituting a hypothec indicates the specific sum for which it is granted.

The same rule applies even where the hypothec is constituted to secure the performance of an obligation of which the value cannot be determined or is uncertain.

2690. The sum for which the hypothec is granted is not considered to be indeterminate where the act, rather than stipulating a fixed rate of interest, contains the necessary particulars for determining the actual rate of interest on the obligation.

2691. Where the creditor refuses to hand over the sums of money he has

à prêter et en garantie desquelles il détient une hypothèque, le débiteur ou le constituant peut obtenir, aux frais du créancier, la réduction ou la radiation de l'hypothèque, sur paiement, en ce dernier cas, des seules sommes alors dues.

2692. L'hypothèque qui garantit le paiement des obligations ou autres titres d'emprunt, émis par le fiduciaire, la société en commandite ou la personne morale autorisée à le faire en vertu de la loi, doit, à peine de nullité absolue, être constituée par acte notarié en minute, en faveur du fondé de pouvoir des créanciers.

SECTION III
DE L'HYPOTHÈQUE IMMOBILIÈRE

2693. L'hypothèque immobilière doit, à peine de nullité absolue, être constituée par acte notarié en minute.

2694. L'hypothèque immobilière n'est valable qu'autant que l'acte constitutif désigne de façon précise le bien hypothéqué.

2695. Sont considérées comme immobilières l'hypothèque des loyers, présents et à venir, que produit un immeuble, et celle des indemnités versées en vertu des contrats d'assurance qui couvrent ces loyers.

Ces hypothèques sont publiées au registre foncier.

SECTION IV
DE L'HYPOTHÈQUE MOBILIÈRE

§ 1.–*Dispositions particulières à l'hypothèque mobilière sans dépossession*

2696. L'hypothèque mobilière sans dépossession doit, à peine de nullité absolue, être constituée par écrit.

undertaken to lend and for which he holds a hypothec as security, the debtor or the grantor may, at the expense of the creditor, cause the hypothec to be reduced or cancelled, upon payment, in the latter case, of only the amounts that may then be due.

2692. A hypothec securing payment of bonds or other titles of indebtedness issued by a trustee, a limited partnership or a legal person authorized to do so by law shall, on pain of absolute nullity, be granted by notarial act *en minute* in favour of the person holding the power of attorney for the creditors.

SECTION III
IMMOVABLE HYPOTHECS

2693. An immovable hypothec is, on pain of absolute nullity, granted by notarial act *en minute*.

2694. An immovable hypothec is valid only so far as the constituting act specifically designates the hypothecated property.

2695. Hypothecs on the present and future rents produced by an immovable and hypothecs on the indemnities paid under the insurance contracts covering the rents are considered to be immovable hypothecs.

Such hypothecs are published in the land register.

SECTION IV
MOVABLE HYPOTHECS

§ 1.–*Movable hypothecs without delivery*

2696. A movable hypothec without delivery shall, on pain of absolute nullity, be granted in writing.

2697. L'acte constitutif d'une hypothèque mobilière doit contenir une description suffisante du bien qui en est l'objet ou, s'il s'agit d'une universalité de meubles, l'indication de la nature de cette universalité.

2698. L'hypothèque mobilière grevant les fruits et les produits du sol, ainsi que les matériaux ou d'autres choses qui font partie intégrante d'un immeuble, prend effet au moment où ceux-ci deviennent des meubles ayant une entité distincte. Elle prend rang à compter de son inscription au registre des droits personnels et réels mobiliers.

2699. L'hypothèque mobilière qui grève des biens représentés par un connaissement ou un autre titre négociable ou qui grève des créances est opposable aux créanciers du constituant depuis le moment où le créancier a exécuté sa prestation, si elle est inscrite dans les dix jours qui suivent.

2700. L'hypothèque mobilière sur un bien qui n'est pas aliéné dans le cours des activités de l'entreprise et qui n'est pas inscrite sur une fiche établie sous la description de ce bien est conservée par la production au registre des droits personnels et réels mobiliers, d'un avis de conservation de l'hypothèque.

Cet avis doit être inscrit dans les quinze jours qui suivent le moment où le créancier a été informé, par écrit, du transfert du bien et du nom de l'acquéreur ou le moment où il a consenti par écrit à ce transfert; dans le même délai, le créancier transmet une copie de l'avis à l'acquéreur.

L'avis doit indiquer le nom du débiteur ou du constituant, de même que celui de l'acquéreur, et contenir une description du bien. [1998, c. 5, art. 10].

2697. A sufficient description of the hypothecated property shall be contained in the act constituting a movable hypothec or, in the case of a universality of movables, an indication of the nature of that universality.

2698. A movable hypothec charging the fruits and products of the soil, and the materials and other things forming an integral part of an immovable, takes effect when they become movables with a separate existence. It ranks from its date of registration in the register of personal and movable real rights.

2699. A movable hypothec on property represented by a bill of lading or other negotiable instrument or on claims may be set up against the creditors of the grantor from the time the creditor gives value, provided it is registered within the following ten days.

2700. A movable hypothec on property that is not alienated in the ordinary course of business of an enterprise and that is not registered in a file opened under the description of the property is preserved by filing a notice of preservation of hypothec in the register of personal and movable real rights.

The notice shall be registered within fifteen days after the creditor is informed in writing of the transfer of the property and the name of the purchaser, or after he consents in writing to the transfer. The creditor transmits a copy of the notice to the purchaser within the same time.

The name of the debtor or grantor and of the purchaser and a description of the property shall be indicated in the notice. [1998, ch. 5, s. 10].

2701. L'hypothèque mobilière assumée par un acquéreur peut être publiée.

2701. A movable hypothec assumed by a purchaser may be published.

§ 2.–*Dispositions particulières à l'hypothèque mobilière avec dépossession*

§ 2.–*Movable hypothecs with delivery*

2702. L'hypothèque mobilière avec dépossession est constituée par la remise du bien ou du titre au créancier ou, si le bien est déjà entre ses mains, par le maintien de la détention, du consentement du constituant, afin de garantir sa créance.

2702. A movable hypothec with delivery is granted by delivery of the property or title to the creditor or, if the property is already in his hands, by his continuing to hold it, with the grantor's consent, to secure his claim.

2703. L'hypothèque mobilière avec dépossession est publiée par la détention du bien ou du titre qu'exerce le créancier, et elle ne le demeure que si la détention est continue.

2703. A movable hypothec with delivery is published by the creditor's holding the property or title, and remains so only as long as he continues to hold it.

2704. La détention demeure continue même si son exercice est empêché par le fait d'un tiers, sans que le créancier y ait consenti, ou même si cet exercice est interrompu, temporairement, par la remise du bien ou du titre au constituant, ou à un tiers, afin qu'il l'évalue, le répare, le transforme ou l'améliore.

2704. Holding is continuous even if its exercise is prevented by the act of a third person without the consent of the creditor or is temporarily interrupted by the handing over of the property or title to the grantor or to a third person for evaluation, repair, transformation or improvement.

2705. Le créancier peut, avec l'accord du constituant, exercer sa détention par l'intermédiaire d'un tiers, mais, en ce cas, la détention par le tiers n'équivaut à publicité qu'à compter du moment où celui-ci reçoit une preuve écrite de l'hypothèque.

2705. The creditor, with the consent of the grantor, may hold the property through a third person, but if so, detention by the third person effects publication only from the time the third person receives evidence in writing of the hypothec.

2706. Le créancier qui est empêché d'exercer sa détention peut revendiquer le bien de celui qui le détient, à moins que l'empêchement ne résulte de l'exercice, par un autre créancier, de ses droits hypothécaires ou d'une procédure de saisie-exécution.

2706. A creditor prevented from holding the property may revendicate it from the person holding it, unless he is prevented as a result of the exercise of hypothecary rights or a seizure in execution by another creditor.

2707. L'hypothèque mobilière avec dépossession peut être, postérieure-

2707. A movable hypothec granted with delivery may be published by registra-

ment à sa constitution, publiée par inscription, pourvu qu'il n'y ait pas interruption de publicité.

tion at a later date, provided publication
is not interrupted.

2708. L'hypothèque mobilière qui grève
des biens représentés par un connaissement ou un autre titre négociable ou
qui grève des créances, est opposable
aux créanciers du constituant depuis le
moment où le créancier a exécuté sa
prestation, si le titre lui est remis dans
les dix jours qui suivent.

2708. A movable hypothec on property
represented by a bill of lading or other
negotiable instrument or on claims may
be set up against the creditors of the
grantor from the time the creditor gives
value, provided the title is remitted to him
within ten days from that time.

2709. Si le titre est négociable par endossement et délivrance, ou par délivrance seulement, la remise au créancier a lieu par l'endossement et la
délivrance, ou par la délivrance seulement.

2709. Where the title is negotiable by
endorsement and delivery, or delivery
alone, its remittance to the creditor takes
place by endorsement and delivery, or
by delivery alone.

§ 3.–*Dispositions particulières à
l'hypothèque mobilière sur des
créances*

§ 3.–*Movable hypothecs on claims*

2710. L'hypothèque mobilière qui grève
une créance que détient le constituant
contre un tiers, ou une universalité de
créances, peut être constituée avec ou
sans dépossession.

2710. A movable hypothec on a claim
held by the grantor against a third person
or on a universality of claims may be
granted with or without delivery.

Cependant, dans l'un et l'autre cas,
le créancier ne peut faire valoir son hypothèque à l'encontre des débiteurs des
créances hypothéquées tant qu'elle ne
leur est pas rendue opposable de la
même manière qu'une cession de
créance.

However, in either case the creditor
may not set up his hypothec against the
debtors of hypothecated claims as long
as it may not be set up against them in
the same way as an assignment of
claim.

2711. L'hypothèque qui grève une universalité de créances doit, même lorsqu'elle est constituée par la remise du
titre au créancier, être inscrite au registre approprié.

2711. A hypothec on a universality of
claims, even when granted by the remittance of the title to the creditor, shall be
entered in the proper register.

2712. L'hypothèque qui grève une
créance que détient le constituant contre un tiers, créance qui est elle-même
garantie par une hypothèque inscrite,

2712. A hypothec on a claim held by the
grantor against a third person shall,
where the claim is itself secured by a
registered hypothec, be published by

doit être publiée par inscription; le créancier doit remettre une copie d'un état certifié de l'inscription au débiteur de la créance hypothéquée.

2713. Dans tous les cas, le créancier ou le constituant peut, en mettant l'autre en cause, intenter une action en recouvrement d'une créance hypothéquée.

§ 4.–*Dispositions particulières à l'hypothèque mobilière sur navire, cargaison ou fret*

2714. L'hypothèque mobilière qui grève un navire n'a d'effet que si, au moment où elle est publiée, le navire qui en fait l'objet n'est pas immatriculé en vertu de la Loi sur la marine marchande du Canada ou en vertu d'une loi étrangère équivalente.

L'hypothèque peut aussi être constituée sur la cargaison d'un navire immatriculé ou sur le fret, que les biens soient ou non à bord, mais elle est alors assujettie, le cas échéant, aux droits que d'autres personnes peuvent avoir sur les biens en vertu de telles lois.

SECTION V
DE L'HYPOTHÈQUE OUVERTE

2715. L'hypothèque ouverte est celle dont certains des effets sont suspendus jusqu'au moment où, le débiteur ou le constituant ayant manqué à ses obligations, le créancier provoque la clôture de l'hypothèque en leur signifiant un avis dénonçant le défaut et la clôture de l'hypothèque.

Le caractère ouvert de l'hypothèque doit être expressément stipulé dans l'acte.

2716. Il est nécessaire pour que l'hypothèque ouverte produise ses effets qu'elle ait été publiée au préalable et,

registration; the creditor shall remit a copy of a certified statement of registration of the hypothecated claim to the debtor.

2713. In all cases, either the creditor or the grantor may institute proceedings in recovery of a hypothecated claim, provided he impleads the other.

§ 4.–*Movable hypothecs on ships, cargo or freight*

2714. A movable hypothec on a ship is effective only if at the time of publication the ship is not registered under the Canada Shipping Act or under an equivalent foreign law.

A movable hypothec may also be granted on the cargo of a registered ship or on the freight, whether or not the property is on board, but in that case it is subject to any rights over the property which other persons may have under such legislation.

SECTION V
FLOATING HYPOTHECS

2715. A hypothec is a floating hypothec when some of the effects are suspended until, the debtor or grantor having defaulted, the creditor provokes crystallization of the hypothec by serving a notice of default and crystallization of the hypothec on the debtor or grantor.

The floating character of the hypothec shall be expressly stipulated in the act.

2716. A floating hypothec has effect only if it was published beforehand and, if immovable properties are charged,

dans le cas d'une affectation de biens immeubles, qu'elle ait été inscrite contre chacun des biens.

Elle n'est opposable aux tiers que par l'inscription de l'avis de clôture.

2717. Les conditions ou restrictions stipulées à l'acte constitutif quant au droit du constituant d'aliéner, d'hypothéquer ou de disposer des biens grevés ont effet entre les parties avant même la clôture.

2718. L'hypothèque ouverte qui grève plusieurs créances produit ses effets à l'égard des débiteurs des créances hypothéquées dès l'inscription de l'avis de clôture, à condition que cet avis soit publié dans un journal distribué dans la localité de la dernière adresse connue du constituant de l'hypothèque ouverte ou, si celui-ci exploite une entreprise, dans la localité où son principal établissement est situé.

La publication de l'avis n'est pas nécessaire si l'hypothèque et l'avis de clôture sont rendus opposables aux débiteurs des créances hypothéquées, de la même manière qu'une cession de créance.

2719. L'hypothèque ouverte emporte, par sa clôture, les effets d'une hypothèque, mobilière ou immobilière, à l'égard des droits que le constituant peut encore avoir, à ce moment, dans les biens grevés; si, parmi ceux-ci, se trouve une universalité, elle grève aussi les biens acquis par le constituant après la clôture.

2720. La vente d'entreprise consentie par le constituant n'est pas opposable au titulaire de l'hypothèque ouverte; il en

only if it was registered against each of them.

It may not be set up against third persons except by registration of the notice of crystallization.

2717. Any condition or restriction stipulated in the constituting act in respect of the right of the grantor to alienate, hypothecate or dispose of the charged property has effect between the parties even before crystallization.

2718. A floating hypothec on more than one claim has effect in respect of the debtors of hypothecated claims, upon registration of the notice of crystallization, provided the notice has been published in a newspaper circulated in the locality of the last known address of the grantor of the floating hypothec or, where he carries on an enterprise, in the locality where the enterprise has its principal establishment.

The notice need not be published if the hypothec and the notice of crystallization may be set up against the debtors of the hypothecated claims in the same way as an assignment of claim.

2719. By crystallization, a floating hypothec has all the effects of a movable or immovable hypothec in respect of whatever rights the grantor may have at that time in the charged property; if the property includes a universality, the hypothec also charges properties acquired by the grantor after crystallization.

2720. The sale of an enterprise by the grantor may not be set up against the holder of a floating hypothec. The same

est de même de la fusion ou de la réorganisation dont l'entreprise fait l'objet.

2721. Le créancier titulaire d'une hypothèque ouverte grevant une universalité de biens peut, à compter de l'inscription de l'avis de clôture, prendre possession des biens pour les administrer, par préférence à tout autre créancier qui n'aurait publié son hypothèque qu'après l'inscription de l'hypothèque ouverte.

2722. Lorsque plusieurs hypothèques ouvertes grèvent les mêmes biens, la clôture de l'une d'elles permet aux autres créanciers d'inscrire eux-mêmes un avis de clôture au bureau de la publicité des droits.

2723. Lorsqu'il est remédié au défaut du débiteur, le créancier requiert l'officier d'inscription de radier l'avis de clôture.

Les effets de la clôture cessent à compter de cette radiation et les effets de l'hypothèque sont à nouveau suspendus.

CHAPITRE TROISIÈME
DE L'HYPOTHÈQUE LÉGALE

2724. Les seules créances qui peuvent donner lieu à une hypothèque légale sont les suivantes:

1° Les créances de l'État pour les sommes dues en vertu des lois fiscales, ainsi que certaines autres créances de l'État ou de personnes morales de droit public, spécialement prévues dans les lois particulières;

2° Les créances des personnes qui ont participé à la construction ou à la rénovation d'un immeuble;

applies to a merger or reorganization of an enterprise.

2721. The creditor holding a floating hypothec on a universality of property may, from registration of the notice of crystallization, take possession of the property to administer it in preference to any other creditor having published his hypothec after the date of registration of the floating hypothec.

2722. Where there are several floating hypothecs on the same property, crystallization of one of them enables the creditors holding the others to register their own notice of crystallization at the registry office.

2723. Where the default of the debtor has been remedied, the creditor requires the registrar to cancel the notice of crystallization.

The effects of crystallization cease with the cancellation, and the effects of the hypothec are again suspended.

CHAPTER III
LEGAL HYPOTHECS

2724. Only the following claims may give rise to a legal hypothec:

(1) claims of the State for sums due under fiscal laws, and certain other claims of the State or of legal persons established in the public interest, under specific provision of law;

(2) claims of persons having taken part in the construction or renovation of an immovable;

3° La créance du syndicat des co-propriétaires pour le paiement des charges communes et des contributions au fonds de prévoyance;

4° Les créances qui résultent d'un jugement.

2725. Les hypothèques légales de l'État, y compris celles pour les sommes dues en vertu des lois fiscales, de même que les hypothèques des personnes morales de droit public, peuvent grever des biens meubles ou immeubles.

Ces hypothèques ne sont acquises que par leur inscription sur le registre approprié. La réquisition d'inscription se fait par la présentation d'un avis qui indique la loi créant l'hypothèque, les biens du débiteur sur lesquels le créancier entend la faire valoir, la cause et le montant de la créance. L'avis doit être signifié au débiteur.

L'inscription, par l'État, d'une hypothèque légale mobilière pour les sommes dues en vertu des lois fiscales, ne l'empêche pas de se prévaloir plutôt de sa créance prioritaire.

2726. L'hypothèque légale en faveur des personnes qui ont participé à la construction ou à la rénovation d'un immeuble ne peut grever que cet immeuble. Elle n'est acquise qu'en faveur des architecte, ingénieur, fournisseur de matériaux, ouvrier, entrepreneur ou sous-entrepreneur, à raison des travaux demandés par le propriétaire de l'immeuble, ou à raison des matériaux ou services qu'ils ont fournis ou préparés pour ces travaux. Elle existe sans qu'il soit nécessaire de la publier.

2727. L'hypothèque légale en faveur des personnes qui ont participé à la construction ou à la rénovation d'un im-

(3) the claim of a syndicate of co-owners for payment of the common expenses and contributions to the contingency fund;

(4) claims under a judgment.

2725. The legal hypothecs of the State, including those for sums due under fiscal laws, and the hypothecs of legal persons established in the public interest may be charged on movable or immovable property.

Such hypothecs take effect only from their registration in the proper register. Application for registration is made by filing a notice indicating the legislation granting the hypothec, the property of the debtor on which the creditor intends to exercise it, and stating the cause and the amount of the claim. The notice shall be served on the debtor.

Registration by the State of a legal movable hypothec for sums due under fiscal laws does not prevent it from exercising its prior claim.

2726. A legal hypothec in favour of the persons having taken part in the construction or renovation of an immovable may not charge any other immovable. It exists only in favour of the architect, engineer, supplier of materials, workman and contractor or sub-contractor in proportion to the work requested by the owner of the immovable or to the materials or services supplied or prepared by them for the work. It is not necessary to publish a legal hypothec for it to exist. [1992, ch. 57, s. 716].

2727. A legal hypothec in favour of persons having taken part in the construction or renovation of an immovable

meuble subsiste, quoiqu'elle n'ait pas été publiée, pendant les trente jours qui suivent la fin des travaux.

Elle est conservée si, avant l'expiration de ce délai, il y a eu inscription d'un avis désignant l'immeuble grevé et indiquant le montant de la créance. Cet avis doit être signifié au propriétaire de l'immeuble.

Elle s'éteint six mois après la fin des travaux à moins que, pour conserver l'hypothèque, le créancier ne publie une action contre le propriétaire de l'immeuble ou qu'il n'inscrive un préavis d'exercice d'un droit hypothécaire.

2728. L'hypothèque garantit la plus-value donnée à l'immeuble par les travaux, matériaux ou services fournis ou préparés pour ces travaux; mais, lorsque ceux en faveur de qui elle existe n'ont pas eux-mêmes contracté avec le propriétaire, elle est limitée aux travaux, matériaux et services qui suivent la dénonciation écrite du contrat au propriétaire. L'ouvrier n'est pas tenu de dénoncer son contrat.

2729. L'hypothèque légale du syndicat des copropriétaires grève la fraction du copropriétaire en défaut, pendant plus de trente jours, de payer sa quote-part des charges communes ou sa contribution au fonds de prévoyance; elle n'est acquise qu'à compter de l'inscription d'un avis indiquant la nature de la réclamation, le montant exigible au jour de l'inscription de l'avis, le montant prévu pour les charges et créances de l'année financière en cours et celles des deux années qui suivent.

2730. Tout créancier en faveur de qui un tribunal ayant compétence au Québec a rendu un jugement portant

subsists, even if it has not been published, for thirty days after the work has been completed.

It subsists if, before the thirty-day period expires, a notice describing the charged immovable and indicating the amount of the claim is registered. The notice shall be served on the owner of the immovable.

It is extinguished six months after the work is completed, unless, to preserve the hypothec, the creditor publishes an action against the owner of the immovable or registers a prior notice of the exercise of a hypothecary right.

2728. The hypothec secures the increase in value added to the immovable by the work, materials or services supplied or prepared for the work. However, where those in favour of whom it exists did not themselves enter into a contract with the owner, the hypothec is limited to the work, materials or services supplied after written declaration of the contract to the owner. A workman is not bound to declare his contract.

2729. The legal hypothec of a syndicate of co-owners charges the fraction of the co-owner who has defaulted for more than thirty days on payment of his common expenses or his contribution to the contingency fund, and has effect only upon registration of a notice indicating the nature of the claim, the amount exigible on the day the notice is registered, and the expected amount of charges and claims for the current financial year and the next two years.

2730. Every creditor in whose favour a judgment awarding a sum of money has been rendered by a court having jurisdic-

condamnation à verser une somme d'argent, peut acquérir une hypothèque légale sur un bien, meuble ou immeuble, de son débiteur.

Il l'acquiert par l'inscription d'un avis désignant le bien grevé par l'hypothèque et indiquant le montant de l'obligation et, s'il s'agit de rente ou d'aliments, le montant des versements et, le cas échéant, l'indice d'indexation. L'avis est présenté avec une copie du jugement et une preuve de sa signification au débiteur.

2731. À moins que l'hypothèque légale ne soit celle de l'État ou d'une personne morale de droit public, le tribunal peut, à la demande du propriétaire du bien grevé d'une hypothèque légale, déterminer le bien que l'hypothèque pourra grever, réduire le nombre de ces biens ou permettre au requérant de substituer à cette hypothèque une autre sûreté suffisante pour garantir le paiement; il peut alors ordonner la radiation de l'inscription de l'hypothèque légale.

2732. Le créancier qui a inscrit son hypothèque légale conserve son droit de suite sur le bien meuble qui n'est pas aliéné dans le cours des activités d'une entreprise, de la même manière que s'il était titulaire d'une hypothèque conventionnelle.

CHAPITRE QUATRIÈME
DE CERTAINS EFFETS DE L'HYPOTHÈQUE

SECTION I
DISPOSITIONS GÉNÉRALES

2733. L'hypothèque ne dépouille ni le constituant ni le possesseur qui continuent de jouir des droits qu'ils ont sur les

tion in Québec may acquire a legal hypothec on the movable or immovable property of his debtor.

He may acquire it by registering a notice describing the property charged with the hypothec and specifying the amount of the obligation, and, in the case of an annuity or support, the amount of the instalments and, where applicable, the annual Pension Index. The notice is filed with a copy of the judgment and proof that it has been served on the debtor.

2731. Except in the case of the legal hypothec of the State or of a legal person established in the public interest, the court, on application of the owner of the property charged with a legal hypothec, may determine which property the hypothec may charge, reduce the number of the properties or give leave to the applicant to substitute other security for the hypothec sufficient to secure payment; it may thereupon order the registration of the legal hypothec to be cancelled.

2732. A creditor who has registered his legal hypothec preserves his right to follow it on movable property which is not alienated in the ordinary course of business of an enterprise, as though he were the holder of a conventional hypothec.

CHAPTER IV
CERTAIN EFFECTS OF HYPOTHECS

SECTION I
GENERAL PROVISIONS

2733. A hypothec does not divest the grantor or the person in possession, who continue to enjoy their rights over the

biens grevés et peuvent en disposer, sans porter atteinte aux droits du créancier hypothécaire.

2734. Ni le constituant ni son ayant cause ne peuvent détruire ou détériorer le bien hypothéqué, ou en diminuer sensiblement la valeur, si ce n'est par une utilisation normale ou en cas de nécessité.

Dans le cas où il en subit une perte, le créancier peut, outre ses autres recours et encore que sa créance ne soit ni liquide ni exigible, recouvrer des dommages-intérêts compensatoires jusqu'à concurrence de sa créance et au même titre d'hypothèque; la somme ainsi perçue est imputée sur sa créance.

2735. Les créanciers hypothécaires peuvent agir en justice pour faire reconnaître leur hypothèque et interrompre la prescription, encore que leur créance ne soit ni liquide ni exigible.

SECTION II
DES DROITS ET OBLIGATIONS DU
CRÉANCIER QUI DÉTIENT LE BIEN
HYPOTHÉQUÉ

2736. Le créancier d'une hypothèque mobilière avec dépossession doit faire tous les actes nécessaires à la conservation du bien grevé dont il a la détention; il ne peut l'utiliser sans la permission du constituant.

2737. Le créancier perçoit les fruits et revenus du bien hypothéqué.

À moins d'une stipulation contraire, le créancier remet au constituant les fruits qu'il a perçus et il impute les revenus perçus, d'abord au paiement des frais, puis des intérêts qui lui sont dus, et enfin au paiement du capital de la dette.

charged property and may dispose of it, subject to the rights of the hypothecary creditor.

2734. Neither the grantor nor his successor may destroy or deteriorate the hypothecated property or materially reduce its value except by normal use or in case of necessity.

Where he suffers a loss, the creditor may, in addition to his other remedies, and even though his claim is neither liquid nor exigible, recover damages and interest in compensation up to the amount of his claim and with the same right of hypothec; the amount so collected is imputed upon his claim.

2735. Hypothecary creditors may institute legal proceedings to have their hypothec recognized and interrupt prescription, even though their claims are neither liquid nor exigible.

SECTION II
RIGHTS AND OBLIGATIONS OF
CREDITORS IN POSSESSION OF
HYPOTHECATED PROPERTY

2736. Where the creditor of a movable hypothec with delivery holds the property charged, he shall do whatever is necessary to preserve it; he may not use it without the permission of the grantor.

2737. The fruits and revenues of the hypothecated property are collected by the creditor.

Unless otherwise stipulated, the creditor hands over the fruits collected to the grantor, and applies the revenues collected, first, to expenses, then to any interest owing to him, and lastly to the capital of the debt.

2738. Dans le cas de rachat en espèces des actions du capital-actions d'une personne morale par l'émetteur, le créancier qui reçoit le prix l'impute comme s'il s'agissait de revenus.

2738. Where shares of the capital stock of a legal person are redeemed for cash by the issuer, the creditor collecting the price applies it as if it were revenue.

2739. Le créancier ne répond pas de la perte du bien hypothéqué, survenue par suite de force majeure ou résultant de la vétusté du bien, de son dépérissement ou de son usage normal et autorisé.

2739. The creditor is not liable for loss of the hypothecated property by superior force or as a result of its ageing, perishability, or normal and authorized use.

2740. Le constituant est tenu de rembourser au créancier les impenses faites par ce dernier pour la conservation du bien.

2740. The grantor is bound to repay to the creditor his expenses incurred for the preservation of the property.

2741. Le constituant ne peut obtenir la restitution du bien hypothéqué qu'après l'exécution de l'obligation, à moins que le créancier n'abuse du bien.

2741. The grantor may not recover possession of the hypothecated property until performance of his obligation, unless the creditor abuses the property.

Le créancier tenu de restituer le bien en vertu d'un jugement perd alors son hypothèque.

The creditor loses his hypothec upon a judgment compelling him to return the property.

2742. L'héritier du débiteur, qui paie sa part de la dette, ne peut demander sa portion du bien hypothéqué tant qu'une partie de la dette reste due.

2742. An heir of the debtor who has paid his share of the debt may not demand his share of the hypothecated property until the whole debt is paid.

L'héritier du créancier qui reçoit sa portion de la dette, ne peut remettre le bien hypothéqué au préjudice de ceux de ses cohéritiers qui n'ont pas été payés.

An heir of the creditor may not, on receiving his share of the debt, return the hypothecated property to the prejudice of any unpaid coheir.

SECTION III
DES DROITS ET OBLIGATIONS DU CRÉANCIER TITULAIRE D'UNE HYPOTHÈQUE SUR DES CRÉANCES

SECTION III
RIGHTS AND OBLIGATIONS OF CREDITORS HOLDING HYPOTHECATED CLAIMS

2743. Le créancier titulaire d'une hypothèque sur une créance perçoit les revenus qu'elle produit, ainsi que le capital qui échoit durant l'existence de l'hypothèque; il donne aussi quittance des sommes qu'il perçoit.

2743. A creditor holding a hypothec on a claim collects the revenues it produces, together with the capital falling due while the hypothec is in effect; he also gives an acquittance for the sums he collects.

À moins d'une stipulation contraire, il impute les sommes perçues au paiement de l'obligation, même non encore exigible, suivant les règles générales du paiement.

2744. Le créancier peut, dans l'acte d'hypothèque, autoriser le constituant à percevoir, à leur échéance, les remboursements de capital ou les revenus des créances hypothéquées.

2745. Le créancier peut, à tout moment, retirer l'autorisation de percevoir qu'il a donnée au constituant. Il doit alors notifier le constituant et le débiteur des droits hypothéqués qu'il percevra désormais lui-même les sommes exigibles. Le retrait d'autorisation doit être inscrit. [1998, c. 5, art. 11]

2746. Le créancier n'est pas tenu, durant l'existence de l'hypothèque, d'agir en justice pour recouvrer les droits hypothéqués, en capital ou en intérêts, mais il doit, dans un délai raisonnable, informer le constituant de toute irrégularité dans le paiement des sommes exigibles sur ces droits.

2747. Le créancier rend au constituant les sommes perçues qui excèdent l'obligation due en capital, intérêts et frais, malgré toute stipulation selon laquelle le créancier les conserverait, à quelque titre que ce soit.

CHAPITRE CINQUIÈME
DE L'EXERCICE DES DROITS HYPOTHÉCAIRES

SECTION I
DISPOSITION GÉNÉRALE

2748. Outre leur action personnelle et les mesures provisionnelles prévues au Code de procédure civile, les créanciers ne peuvent, pour faire valoir et réaliser

Unless otherwise stipulated, he applies the amounts collected to payment of the obligation, even if it is not yet exigible, according to the rules governing payment generally.

2744. The creditor may, in the act constituting the hypothec, authorize the grantor to collect repayments of capital or the revenues from the hypothecated claims as they fall due.

2745. The creditor may at any time withdraw his authorization to the grantor to collect. To do so he shall notify the grantor and the debtor of the hypothecated rights that he himself will thenceforth collect the sums falling due. The withdrawal of authorization shall be registered. [1998, ch. 5, s. 11]

2746. While the hypothec is in effect, the creditor need not sue in order to recover the capital or interest of the hypothecated rights, but he shall inform the grantor within a reasonable time of any irregularity in the payment of any sums exigible on the rights.

2747. The creditor remits to the grantor any sums collected over and above the obligation owed in capital, interest and expenses, notwithstanding any stipulation by which the creditor may keep them on any ground whatever.

CHAPTER V
EXERCISE OF HYPOTHECARY RIGHTS

SECTION I
GENERAL PROVISION

2748. In addition to their personal right of action and the provisional measures provided in the Code of Civil Procedure, creditors have only the hypothecary

leur sûreté, exercer que les droits hypothécaires prévus au présent chapitre.

Ils peuvent ainsi, lorsque leur débiteur est en défaut et que leur créance est liquide et exigible, exercer les droits hypothécaires suivants: ils peuvent prendre possession du bien grevé pour l'administrer, le prendre en paiement de leur créance, le faire vendre sous contrôle de justice ou le vendre eux-mêmes.

SECTION II
DES CONDITIONS GÉNÉRALES
D'EXERCICE DES DROITS
HYPOTHÉCAIRES

2749. Les créanciers ne peuvent exercer leurs droits hypothécaires avant l'expiration du délai imparti pour délaisser le bien tel qu'il est fixé par l'article 2758.

2750. Celui des créanciers dont le rang est antérieur a priorité, pour l'exercice de ses droits hypothécaires, sur ceux qui viennent après lui.

Il peut cependant être tenu de payer les frais engagés par un créancier subséquent si, étant avisé de l'exercice d'un droit hypothécaire par cet autre créancier, il néglige, dans un délai raisonnable, d'invoquer l'antériorité de ses droits.

2751. Le créancier exerce ses droits hypothécaires en quelques mains que le bien se trouve.

2752. Lorsque le bien grevé d'une hypothèque fait subséquemment l'objet d'un usufruit, les droits hypothécaires doivent être exercés simultanément contre le nu-propriétaire et contre l'usufruitier, ou dénoncés à celui contre qui ils n'ont pas été exercés en premier.

2753. Le créancier dont l'hypothèque grève plusieurs biens peut exercer ses

rights provided in this chapter for the enforcement and realization of their security.

Thus, where their debtor is in default and their claim is liquid and exigible, they may exercise the following hypothecary rights: they may take possession of the charged property to administer it, take it in payment of their claim, have it sold by judicial authority or sell it themselves.

SECTION II
GENERAL CONDITIONS FOR THE
EXERCISE OF HYPOTHECARY RIGHTS

2749. Creditors may not exercise their hypothecary rights before the period established in article 2758 for surrender of the property has expired.

2750. Earlier ranking creditors take priority over later creditors when exercising their hypothecary rights.

An earlier ranking creditor may, however, be liable for payment of expenses of a later creditor if, after being notified of the exercise of a hypothecary right by the latter, he delays unreasonably before invoking the priority of his rights.

2751. The creditor may exercise his hypothecary rights in whosoever hands the property lies.

2752. Where property charged with a hypothec subsequently comes under usufruct, the hypothecary rights shall be exercised against the bare owner and the usufructuary simultaneously, or notified to whichever of them they are not exercised against first.

2753. A creditor whose hypothec charges more than one property may

droits hypothécaires, simultanément ou successivement, sur les biens qu'il juge à propos.

2754. Lorsque des créanciers de rang postérieur n'ont d'hypothèque à faire valoir que sur un seul des biens grevés en faveur d'un même créancier, l'hypothèque de ce dernier se répartit, si au moins deux de ces biens sont vendus sous l'autorité de la justice et que le prix à distribuer soit suffisant pour acquitter sa créance, proportionnellement à ce qui reste à distribuer sur leurs prix respectifs.

2755. Le titulaire d'une hypothèque ouverte ne peut exercer ses droits hypothécaires qu'après l'inscription de l'avis de clôture.

2756. Le titulaire d'une hypothèque mobilière avec dépossession, qui grève des actions du capital-actions d'une personne morale, n'est pas tenu de dénoncer son droit à celui qui a émis les actions; dans tous les cas, cependant, l'exercice de ses droits hypothécaires est soumis aux dispositions et conventions qui régissent le transfert des actions hypothéquées.

exercise his hypothecary rights simultaneously or successively against such properties as he sees fit.

2754. Where later ranking creditors are secured by a hypothec on only one of the properties charged in favour of one and the same creditor, his hypothec is spread among them, where two or more of the properties are sold under judicial authority and the proceeds still to be distributed are sufficient to pay his claim, proportionately over what remains to be distributed of their respective prices.

2755. The holder of a floating hypothec may not exercise his hypothecary rights until after registration of notice of crystallization.

2756. The holder of a movable hypothec with delivery on shares of the capital stock of a legal person need not notify the person who issued the shares of his right, but the exercise of his hypothecary rights is, in all cases, subject to the provisions and agreements governing the transfer of the hypothecated shares.

SECTION III
DES MESURES PRÉALABLES À
L'EXERCICE DES DROITS
HYPOTHÉCAIRES

§ 1.–*Du préavis*

SECTION III
PRELIMINARY MEASURES

§ 1.–*Prior notice*

2757. Le créancier qui entend exercer un droit hypothécaire doit produire au bureau de la publicité des droits un préavis, accompagné de la preuve de la signification au débiteur et, le cas échéant, au constituant, ainsi qu'à toute autre personne contre laquelle il entend exercer son droit.

2757. A creditor intending to exercise a hypothecary right shall file a prior notice at the registry office, together with evidence that it has been served on the debtor and, where applicable, on the grantor and on any other person against whom he intends to exercise his right.

L'inscription de ce préavis est dénoncée conformément au livre De la publicité des droits.

2758. Le préavis d'exercice d'un droit hypothécaire doit dénoncer tout défaut par le débiteur d'exécuter ses obligations et rappeler le droit, le cas échéant, du débiteur ou d'un tiers, de remédier à ce défaut. Il doit aussi indiquer le montant de la créance en capital et intérêts, s'il en existe, et la nature du droit hypothécaire que le créancier entend exercer, fournir une description du bien grevé et sommer celui contre qui le droit hypothécaire est exercé de délaisser le bien, avant l'expiration du délai imparti.

Ce délai est de vingt jours à compter de l'inscription du préavis s'il s'agit d'un bien meuble, de soixante jours s'il s'agit d'un bien immeuble, ou de dix jours lorsque l'intention du créancier est de prendre possession du bien.

2759. Les courtiers en valeurs mobilières qui, à titre de créanciers, ont une hypothèque sur les valeurs qu'ils détiennent pour leur débiteur peuvent, dans l'exercice de leurs fonctions et si les règles et les usages qui s'appliquent au lieu où ils transigent, ainsi que la convention qu'ils ont avec leur débiteur le permettent, vendre ces valeurs ou les prendre en paiement, sans être tenus de donner un préavis ou de respecter les délais prescrits par le présent titre.

2760. L'aliénation volontaire du bien grevé d'une hypothèque, faite après l'inscription par le créancier du préavis d'exercice d'un droit hypothécaire, est inopposable à ce créancier, à moins que l'acquéreur, avec le consentement du

Registration of such a notice is made in accordance with the Book on Publication of Rights.

2758. In a prior notice of the exercise of a hypothecary right, any failure by the debtor to fulfil his obligations shall be indicated, together with a reminder, where necessary, that the debtor or a third person has a right to remedy the default. In addition, the amount of the claim in capital and interest, if any, and the nature of the hypothecary right which the creditor intends to exercise shall be included in the notice, together with a description of the charged property and a call on the person against whom the right is to be exercised to surrender the property before the expiry of the period specified in the notice.

This period is of twenty days after registration of the notice in the case of a movable property, sixty days in the case of an immovable property, or ten days if the creditor intends to take possession of the property.

2759. A dealer in securities who, as creditor, has a hypothec on the securities he holds for his debtor may, in the ordinary course of his duties and where allowed by the regulations and usages observed where he trades and by his agreement with his debtor, sell the securities or take them in payment without giving prior notice or observing any time limits prescribed in this Title.

2760. The voluntary alienation of property charged with a hypothec, effected after the creditor has registered a prior notice of the exercise of a hypothecary right, may not be set up against the creditor unless the acquirer, with the

créancier, n'assume personnellement la dette, ou que ne soit consignée une somme suffisante pour couvrir le montant de la dette, les intérêts dus et les frais engagés par le créancier.

§ 2.–*Des droits du débiteur ou de celui contre qui le droit hypothécaire est exercé*

2761. Le débiteur ou celui contre qui le droit hypothécaire est exercé, ou tout autre intéressé, peut faire échec à l'exercice du droit du créancier en lui payant ce qui lui est dû ou en remédiant à l'omission ou à la contravention mentionnée dans le préavis et à toute omission ou contravention subséquente et, dans l'un ou l'autre cas, en payant les frais engagés.

Il peut exercer ce droit jusqu'à ce que le bien ait été pris en paiement ou vendu ou, si le droit exercé est la prise de possession, à tout moment.

2762. Le créancier qui a donné un préavis d'exercice d'un droit hypothécaire n'a le droit d'exiger du débiteur aucune indemnité autre que les intérêts échus et les frais engagés.

§ 3.–*Du délaissement*

2763. Le délaissement est volontaire ou forcé.

2764. Le délaissement est volontaire lorsque, avant l'expiration du délai indiqué dans le préavis, celui contre qui le droit hypothécaire est exercé abandonne le bien au créancier afin qu'il en prenne possession ou consent, par écrit, à le remettre au créancier au moment convenu.

Si le droit hypothécaire exercé est la prise en paiement, le délaissement vo-

consent of the creditor, personally assumes the debt, or unless a sum sufficient to cover the amount of the debt, interest and costs due to the creditor is deposited.

§ 2.–*Rights of the debtor or person against whom a hypothecary right is exercised*

2761. A debtor or a person against whom a hypothecary right is exercised, or any other interested person, may defeat exercise of the right by paying the creditor the amount due to him or, where that is the case, by remedying the omission or breach set forth in the prior notice and any subsequent omission or breach, and, in either case, by paying the costs incurred.

This right may be exercised before the property is taken in payment or sold, or, if the right exercised is taking in possession, at any time.

2762. A creditor having given prior notice of the exercise of a hypothecary right is not entitled to demand any indemnity from the debtor except interest owing and costs.

§ 3.–*Surrender*

2763. Surrender is voluntary or forced.

2764. Surrender is voluntary where, before the period indicated in the prior notice expires, the person against whom the hypothecary right is exercised abandons the property to the creditor in order that the creditor may take possession of it or consents in writing to turn it over to the creditor at the agreed time.

If the hypothecary right exercised is taking in payment, voluntary surrender

lontaire doit être constaté dans un acte consenti par celui qui délaisse le bien.

shall be attested in writing by the person surrendering the property.

2765. Le délaissement est forcé lorsque le tribunal l'ordonne, après avoir constaté l'existence de la créance, le défaut du débiteur, le refus de délaisser volontairement et l'absence d'une cause valable d'opposition.

2765. Surrender is forced where the court orders it after ascertaining the existence of the claim, the debtor's default, the refusal to surrender voluntarily and the absence of a valid cause for objection.

Le jugement fixe le délai dans lequel le délaissement doit s'opérer, en détermine la manière et désigne la personne en faveur de qui il a lieu.

The judgment fixes the period within which surrender shall be effected, determines the manner of effecting it and designates the person in whose favour it is carried out.

2766. Si la bonne foi du créancier ou son aptitude à administrer le bien dont il demande le délaissement, ou son habileté à le vendre est mise en doute, le tribunal peut ordonner au créancier de fournir une sûreté pour garantir l'exécution de ses obligations.

2766. If the good faith of the creditor or his capacity to administer or ability to sell the property to which his motion of surrender applies is challenged, the court may order the creditor to furnish a surety to guarantee performance of his obligations.

2767. Le délaissement est également forcé lorsque le tribunal, à la demande du créancier, ordonne le délaissement du bien, avant même que le délai indiqué dans le préavis ne soit expiré, parce qu'il est à craindre que, sans cette mesure, le recouvrement de sa créance ne soit mis en péril, ou lorsque le bien est susceptible de dépérir ou de se déprécier rapidement. En ces derniers cas, le créancier est autorisé à exercer immédiatement ses droits hypothécaires.

2767. Surrender is also forced where the court, on a motion of the creditor, orders surrender of the property before the period indicated in the prior notice expires, where there is reason to fear that otherwise recovery of his claim may be endangered, or where the property may perish or deteriorate rapidly. In the latter cases, the creditor is authorized to exercise his hypothecary rights immediately.

La demande n'a pas à être signifiée à celui contre qui le droit hypothécaire est exercé, mais l'ordonnance doit l'être. Si celle-ci est annulée par la suite, le créancier est tenu de remettre le bien ou de rembourser le prix de l'aliénation.

The motion need not be served on the person against whom the hypothecary right is exercised, but the order shall be served on him. If the order is subsequently rescinded, the creditor is bound to return the property or pay back the price of alienation.

2768. Le créancier qui a obtenu le délaissement du bien en a la simple

2768. A creditor who has obtained surrender of the property has simple admi-

administration jusqu'à ce que le droit hypothécaire qu'il entend exercer soit effectivement exercé.

nistration thereof until the hypothecary right he intends to exercise has in fact been exercised.

2769. Celui contre qui le droit hypothécaire est exercé et qui n'est pas tenu de la dette en devient personnellement responsable s'il fait défaut de délaisser le bien dans le délai imparti par le jugement.

2769. The person against whom the hypothecary right is exercised and who is not responsible for the debt becomes personally liable therefor if he fails to surrender the property within the time allotted by the judgment.

2770. Lorsque celui contre qui le droit hypothécaire est exercé a une créance prioritaire en raison du droit qu'il a de retenir le meuble, il est tenu de le délaisser, mais à charge de sa priorité.

2770. Where the person against whom the hypothecary right is exercised has a prior claim by reason of his right to hold the movable property, he is bound to surrender it, subject to his priority.

2771. Celui contre qui le droit hypothécaire est exercé peut, lorsqu'il a reçu le bien en paiement de sa créance, prioritaire ou hypothécaire, antérieure à celle visée au préavis, ou lorsqu'il a acquitté des créances prioritaires ou hypothécaires antérieures, exiger que le créancier procède lui-même à la vente du bien ou le fasse vendre sous contrôle de justice; il n'est alors tenu de délaisser le bien qu'à la condition que le créancier lui donne caution que la vente du bien se fera à un prix suffisamment élevé qu'il sera payé intégralement de ses créances prioritaires ou hypothécaires antérieures.

2771. The person against whom the hypothecary right is exercised may, where he has received the property in payment of his prior or hypothecary claim, which is anterior to the claim contemplated in the prior notice, or where he has paid the prior or hypothecary claims anterior to his own, require that the creditor himself sell the property or cause it to be sold by court order; he is then bound to surrender the property only subject to the creditor's giving him security that the property will be sold at a sufficient price to ensure full payment of his anterior prior or hypothecary claim.

2772. Les droits réels que celui contre qui le droit hypothécaire est exercé avait sur le bien au moment où il l'a acquis, ou qu'il a éteints durant sa possession, renaissent après le délaissement s'ils n'ont pas été radiés.

2772. Real rights which the person against whom the hypothecary right is exercised had in the property when he acquired it, or that he extinguished while it was in his possession, revive after surrender unless they have been cancelled.

SECTION IV
DE LA PRISE DE POSSESSION À DES FINS D'ADMINISTRATION

SECTION IV
TAKING POSSESSION FOR PURPOSES OF ADMINISTRATION

2773. Le créancier qui détient une hypothèque sur les biens d'une entreprise

2773. A creditor who holds a hypothec on the property of an enterprise may

peut prendre temporairement possession des biens hypothéqués et les administrer ou en déléguer généralement
l'administration à un tiers. Le créancier,
ou celui à qui il a délégué l'administration, agit alors à titre d'administrateur du
bien d'autrui chargé de la pleine administration.

2774. La prise de possession du bien
ne porte pas atteinte aux droits du locataire.

2775. Outre qu'elle cesse lorsque le
créancier est satisfait de sa créance en
capital, intérêts et frais, ou lorsqu'il est
fait échec à l'exercice de son droit, ou
lorsque le créancier a publié un préavis
d'exercice d'un autre droit hypothécaire,
la prise de possession prend fin dans les
circonstances où prend fin l'administration du bien d'autrui. La faillite de celui
contre qui le droit hypothécaire est
exercé ne met pas fin à la prise de
possession.

2776. À la fin de la possession, le
créancier doit rendre compte de son
administration et, à moins qu'il n'ait publié un préavis d'exercice d'un autre
droit hypothécaire, remettre les biens
possédés à celui contre qui le droit hypothécaire a été exercé, ou encore à ses
ayants cause, au lieu préalablement
convenu ou, à défaut, au lieu où ils se
trouvent.

Il inscrit au registre approprié un
avis de remise des biens.

2777. Le créancier qui, en raison de
son administration, obtient le paiement
de la dette, est tenu de remettre à celui
contre qui le droit hypothécaire a été
exercé, outre le bien, tout surplus restant entre ses mains après l'acquittement de la dette, des dépenses de

temporarily take possession of the hypothecated property and administer it or
generally delegate its administration to a
third person. The creditor or the person
to whom he has delegated the administration acts in such a case as administrator of the property of others entrusted
with full administration.

2774. The taking of possession of a
property does not affect the rights of the
lessee.

2775. Taking of possession terminates
under the same circumstances as administration of the property of others, and
also where the creditor is satisfied with
his claim in capital, interest and costs, or
where he fails in the attempt to exercise
his right, or where the creditor has published a prior notice of the exercise of
another hypothecary right. The bankruptcy of the person against whom the
hypothecary right is exercised does not
terminate taking of possession.

2776. When possession ends, the
creditor shall render account of his administration and, unless he has published a prior notice of the exercise of
another hypothecary right, return the
property in possession to the person
against whom the hypothecary right was
exercised, or to his successors, at the
previously agreed place or, failing that,
at the place where it is.

He registers a notice of return of
property in the proper register.

2777. A creditor who has, through his
administration, obtained payment of the
debt, is bound to return to the person
against whom the hypothecary right was
exercised, in addition to the property,
any surplus remaining in his hands after
payment of the debt, the expenses of

l'administration et des frais engagés pour exercer la possession du bien.

administration and the costs incurred for the exercise of possession of the property.

SECTION V
DE LA PRISE EN PAIEMENT

2778. À moins que celui contre qui le droit est exercé ne délaisse volontairement le bien, le créancier doit obtenir l'autorisation du tribunal pour exercer la prise en paiement lorsque le débiteur a déjà acquitté, au moment de l'inscription du préavis du créancier, la moitié, ou plus, de l'obligation garantie par hypothèque.

2779. Les créanciers hypothécaires subséquents ou le débiteur peuvent, dans les délais impartis pour délaisser, exiger que le créancier abandonne la prise en paiement et procède lui-même à la vente du bien ou le fasse vendre sous contrôle de justice; ils doivent, au préalable, avoir inscrit un avis à cet effet, remboursé les frais engagés par le créancier et avancé les sommes nécessaires à la vente du bien.

L'avis doit être signifié au créancier, au constituant ou au débiteur, ainsi qu'à celui contre qui le droit hypothécaire est exercé et son inscription est dénoncée, conformément au livre De la publicité des droits.

Les créanciers subséquents qui exigent que le créancier procède à la vente du bien doivent, en outre, lui donner caution que la vente se fera à un prix suffisamment élevé qu'il sera payé intégralement de sa créance.

2780. Le créancier requis de vendre doit procéder à la vente, à moins qu'il ne préfère désintéresser les créanciers subséquents qui ont inscrit l'avis ou, si l'avis a été inscrit par le débiteur, que le

SECTION V
TAKING IN PAYMENT

2778. Where, at the time of registration of the creditor's prior notice, the debtor has already discharged one-half or more of the obligation secured by the hypothec, the creditor shall obtain authorization from the court before taking property in payment, except where the person against whom the right is exercised has voluntarily surrendered the property.

2779. Subsequent hypothecary creditors or the debtor may, within the time allotted for surrender, require the creditor to abandon the taking in payment and sell the property himself or have it sold by judicial authority; they shall have registered a notice beforehand to that effect, reimbursed the creditor for the costs he has incurred and advanced the amounts needed for the sale of the property.

The notice shall be served on the creditor, the grantor, the debtor and the person against whom the hypothecary right is exercised, and registration thereof is made in accordance with the Book on Publication of Rights.

Subsequent creditors who require the creditor to proceed with the sale shall also furnish him with a security guaranteeing that the property will be sold at a sufficiently high price to enable his claim to be paid in full. [1992, ch. 57, s. 716].

2780. A creditor required to sell shall proceed to do so unless he prefers to pay the subsequent creditors who registered the notice, or, if the notice was registered by the debtor, unless the court author-

tribunal n'autorise le créancier, aux conditions qu'il détermine, à prendre en paiement.

À défaut par le créancier d'agir, le tribunal peut permettre à celui qui a inscrit l'avis exigeant la vente, ou à toute autre personne qu'il désigne, d'y procéder.

2781. Lorsqu'il n'a pas été remédié au défaut ou que le paiement n'a pas été fait dans le délai imparti pour délaisser, le créancier prend le bien en paiement par l'effet du jugement en délaissement, ou par un acte volontairement consenti, si les créanciers subséquents ou le débiteur n'ont pas exigé qu'il procède à la vente.

Le jugement en délaissement ou l'acte volontairement consenti constitue le titre de propriété du créancier.

2782. La prise en paiement éteint l'obligation.

Le créancier qui a pris le bien en paiement ne peut réclamer ce qu'il paie à un créancier prioritaire ou hypothécaire qui lui est préférable. Il n'a pas droit, dans tel cas, à subrogation contre son ancien débiteur.

2783. Le créancier qui a pris le bien en paiement en devient le propriétaire à compter de l'inscription du préavis. Il le prend dans l'état où il se trouvait alors, mais libre des hypothèques publiées après la sienne.

Les droits réels créés après l'inscription du préavis ne sont pas opposables au créancier s'il n'y a pas consenti.

SECTION VI
DE LA VENTE PAR LE CRÉANCIER

2784. Le créancier qui détient une hypothèque sur les biens d'une entreprise

izes the creditor to take the property in payment on such conditions as it determines.

If the creditor does not act, the court may allow the person who registered the notice requiring the sale, or any other person designated by him, to proceed with it.

2781. Where the default has not been remedied or the payment has not been made in the time allotted for surrender, the creditor takes the property in payment by the effect of the judgment of surrender, or of a deed voluntarily made, if neither the subsequent creditors nor the debtor have required him to proceed with the sale.

The judgment of surrender or the deed voluntarily made constitutes the creditor's title of ownership.

2782. Taking in payment extinguishes the obligation.

A creditor who has taken property in payment may not claim what he pays to a prior or hypothecary creditor whose claim is preferred to his. In such a case, he is not entitled to subrogation against his former debtor.

2783. A creditor who has taken property in payment becomes the owner of it from the time of registration of prior notice. He takes it as it then stood, but free of all hypothecs published after his.

Real rights created after registration of the notice may not be set up against the creditor if he did not consent to them. [1992, ch. 57, s. 716].

SECTION VI
SALE BY THE CREDITOR

2784. A creditor who holds a hypothec on the property of an enterprise and who

peut, s'il a présenté au bureau de la publicité des droits un préavis indiquant son intention de vendre lui-même le bien grevé et, après avoir obtenu le délaissement du bien, procéder à la vente de gré à gré, par appel d'offres ou aux enchères.

2785. Le créancier doit vendre le bien sans retard inutile, pour un prix commercialement raisonnable, et dans le meilleur intérêt de celui contre qui le droit hypothécaire est exercé.

S'il y a plus d'un bien, il peut les vendre ensemble ou séparément.

2786. Le créancier qui vend lui-même le bien agit au nom du propriétaire et il est tenu de dénoncer sa qualité à l'acquéreur lors de la vente.

2787. Le créancier qui procède par appel d'offres peut le faire par la voie des journaux ou sur invitation.

L'appel d'offres doit contenir les renseignements suffisants pour permettre à toute personne intéressée de présenter, en temps et lieu, une soumission.

Le créancier est tenu d'accepter la soumission la plus élevée, à moins que les conditions dont elle est assortie ne la rendent moins avantageuse qu'une autre offrant un prix moins élevé, ou que le prix offert ne soit pas un prix commercialement raisonnable.

2788. Le créancier qui procède à la vente aux enchères doit le faire aux date, heure et lieu fixés dans l'avis de vente signifié à celui contre qui le droit hypothécaire est exercé et au constituant, et notifié aux autres créanciers qui ont publié leur droit à l'égard du bien.

has filed a prior notice at the registry office indicating his intention to sell the charged property himself may, after obtaining surrender of the property, proceed with the sale by agreement, by a call for tenders or by public auction.

2785. The creditor shall sell the property without unnecessary delay, at a commercially reasonable price, and in the best interest of the person against whom the hypothecary right is exercised.

If there is more than one property, he may sell them together or separately.

2786. A creditor who sells the property himself acts in the name of the owner and is bound to declare his quality to the purchaser at the time of the sale.

2787. A creditor who proceeds by a call for tenders may do so through the newspapers or by invitation.

Sufficient information shall be included in the call for tenders to enable any interested person to make an offer at the proper time and place.

The creditor is bound to accept the highest offer unless the conditions attached to it render it less advantageous than another lower offer, or unless the price offered is not commercially reasonable.

2788. A creditor who proceeds with a sale by public auction shall hold it at the date, time and place fixed in the notice of sale served on the person against whom the hypothecary right is exercised and the grantor and notified to the other creditors who have published their right in respect of the property.

Il doit, en outre, informer de ses démarches les personnes intéressées qui lui en font la demande.

He shall also inform any interested person who requests such information of what he is doing.

2789. Le créancier impute le produit de la vente au paiement des frais engagés pour l'exercer, au paiement des créances primant ses droits, puis à celui de sa créance.

2789. The creditor imputes the proceeds of the sale to payment of the costs of exercising the right, payment of the claims prior to his rights, and, finally, payment of his claim.

Si d'autres créanciers ont des droits à faire valoir, le créancier qui a vendu le bien rend compte du produit de la vente au greffier du tribunal compétent et lui remet ce qui reste du prix après l'imputation; dans le cas contraire, il doit, dans les dix jours, rendre compte du produit de la vente au propriétaire des biens et lui remettre le surplus, s'il en existe; la reddition de compte peut être contestée de la manière établie au Code de procédure civile.

If other creditors have rights to be claimed, the creditor who sold the property renders account of the proceeds of the sale to the clerk of the competent court and remits what remains of the price after imputation; where no such creditors exist, he shall, within ten days, render account of the proceeds of the sale to the owner of the property and remit any surplus to him; the rendering of account may be opposed in the manner established in the Code of Civil Procedure.

Si le produit de la vente ne suffit pas à payer sa créance et les frais, le créancier conserve, à l'encontre de son débiteur, une créance pour ce qui lui reste dû.

Where the proceeds of the sale are insufficient to pay his claim and costs, the creditor retains a claim against his debtor for the balance due to him.

2790. L'acquéreur prend le bien à charge des droits réels qui le grevaient au moment de l'inscription du préavis, à l'exclusion de l'hypothèque du créancier qui a vendu le bien et des créances qui primaient les droits de ce dernier.

2790. The purchaser takes the property subject to the real rights charging it at the time of registration of the prior notice, except the hypothec of the creditor who sold the property and the claims which ranked ahead of his rights.

Les droits réels créés après l'inscription du préavis ne sont pas opposables à l'acquéreur s'il n'y a pas consenti.

Real rights created after registration of the prior notice may not be set up against the purchaser if he did not consent to them.

SECTION VII
DE LA VENTE SOUS CONTRÔLE
DE JUSTICE

SECTION VII
SALE BY JUDICIAL AUTHORITY

2791. La vente a lieu sous contrôle de justice lorsque le tribunal désigne la per-

2791. A sale takes place by judicial authority where the court designates the

634

sonne qui y procédera, détermine les conditions et les charges de la vente, indique si elle peut être faite de gré à gré, par appel d'offres ou aux enchères et, s'il le juge opportun, fixe, après s'être enquis de la valeur du bien, une mise à prix.

2792. Un créancier ne peut demander que la vente ait lieu à charge de son hypothèque.

2793. La personne chargée de vendre le bien est tenue, outre de suivre les règles prescrites au Code de procédure civile pour la vente du bien d'autrui, d'informer de ses démarches les parties intéressées si celles-ci le demandent.

Elle agit au nom du propriétaire et elle est tenue de dénoncer sa qualité à l'acquéreur.

2794. La vente sous contrôle de justice purge les droits réels dans la mesure prévue au Code de procédure civile quant à l'effet du décret d'adjudication.

CHAPITRE SIXIÈME
DE L'EXTINCTION DES
HYPOTHÈQUES

2795. Les hypothèques s'éteignent par la perte du bien grevé, son changement de nature, sa mise hors commerce ou son expropriation, lorsque ces événements portent sur la totalité du bien.

2796. Lorsqu'un bien meuble est incorporé à un immeuble, l'hypothèque mobilière peut subsister, à titre d'hypothèque immobilière, si elle est inscrite sur le registre foncier, malgré le changement de nature du bien; elle prend rang

person who will proceed with it, fixes the conditions and charges of the sale, indicates whether it may be made by agreement, a call for tenders or public auction and, if it considers it expedient, after enquiring as to the value of the property, fixes the upset price.

2792. No creditor may require that the sale be subject to his hypothec.

2793. The person entrusted with the sale of the property is bound to observe the rules prescribed in the Code of Civil Procedure for the sale of the property of another and, in addition to inform the interested parties of the steps he is taking if they require him to do so.

The person acts in the name of the owner and is bound to declare his quality to the purchaser.

2794. Sale by judicial authority purges the real rights to the extent provided by the Code of Civil Procedure in respect of the effect of the order to sell.

CHAPTER VI
EXTINCTION OF HYPOTHECS

2795. Hypothecs are extinguished by the loss, change of nature, exclusion from being an object of commerce or expropriation of the charged property, where such events affect the property as a whole.

2796. Where a movable property is incorporated in an immovable, the movable hypothec may subsist as an immovable hypothec, notwithstanding the change of nature of the property, provided it is registered in the land reg-

selon les règles établies au livre De la publicité des droits.

2797. L'hypothèque s'éteint par l'extinction de l'obligation dont elle garantit l'exécution. Cependant, dans le cas d'une ouverture de crédit et dans tout autre cas où le débiteur s'oblige à nouveau en vertu d'une stipulation dans l'acte constitutif d'hypothèque, celle-ci subsiste malgré l'extinction de l'obligation, à moins qu'elle n'ait été radiée.

2798. L'hypothèque mobilière s'éteint au plus tard dix ans après son inscription ou après l'inscription d'un avis qui lui donne effet ou la renouvelle.

Le gage s'éteint lorsque cesse la détention.

2799. L'hypothèque immobilière s'éteint au plus tard trente ans après son inscription ou après l'inscription d'un avis qui lui donne effet ou la renouvelle.

2800. L'hypothèque légale du syndicat des copropriétaires sur la fraction d'un copropriétaire s'éteint trois ans après son inscription, à moins que le syndicat, afin de la conserver, ne publie une action contre le propriétaire en défaut ou n'inscrive un préavis d'exercice d'un droit hypothécaire.

2801. Dans le cas où un créancier hypothécaire prend le bien hypothéqué en paiement, l'hypothèque des créanciers de rang postérieur ne s'éteint que par l'inscription de l'acte volontairement consenti ou du jugement en délaissement.

2802. L'hypothèque s'éteint aussi par les autres causes prévues par la loi.

ister; it is ranked according to the rules set out in the Book on Publication of Rights.

2797. A hypothec is extinguished by the extinction of the obligation whose performance it secures. In the case of a line of credit or in any other case where the debtor obligates himself again under a provision of the deed of hypothec, the hypothec, unless cancelled, subsists notwithstanding the extinction of the obligation.

2798. A movable hypothec is extinguished not later than ten years after the date of its registration or registration of a notice giving it effect or renewing it.

Pledge is extinguished upon termination of detention.

2799. An immovable hypothec is extinguished not later than thirty years after the date of its registration or registration of a notice giving it effect or renewing it.

2800. The legal hypothec of a syndicate of co-owners on the fraction of a co-owner is extinguished three years after it is registered, unless the syndicate publishes an action in default against the owner to preserve it or registers a prior notice of the exercise of a hypothecary right.

2801. Where a hypothecary creditor takes the hypothecated property in payment, the hypothec of the creditors ranking behind him is not extinguished except by registration of the deed voluntarily made or of the judgment of surrender.

2802. Other causes of extinction of hypothecs are provided by law.

LIVRE SEPTIÈME
DE LA PREUVE

BOOK SEVEN
EVIDENCE

TITRE PREMIER
DU RÉGIME GÉNÉRAL DE LA PREUVE

TITLE ONE
GENERAL RULES OF EVIDENCE

CHAPITRE PREMIER
DISPOSITIONS GÉNÉRALES

CHAPTER I
GENERAL PROVISIONS

2803. Celui qui veut faire valoir un droit doit prouver les faits qui soutiennent sa prétention.

Celui qui prétend qu'un droit est nul, a été modifié ou est éteint doit prouver les faits sur lesquels sa prétention est fondée.

2803. A person wishing to assert a right shall prove the facts on which his claim is based.

A person who alleges the nullity, modification or extinction of a right shall prove the facts on which he bases his allegation.

2804. La preuve qui rend l'existence d'un fait plus probable que son inexistence est suffisante, à moins que la loi n'exige une preuve plus convaincante.

2804. Evidence is sufficient if it renders the existence of a fact more probable than its non-existence, unless the law requires more convincing proof.

2805. La bonne foi se présume toujours, à moins que la loi n'exige expressément de la prouver.

2805. Good faith is always presumed, unless the law expressly requires that it be proved.

CHAPITRE DEUXIÈME
DE LA CONNAISSANCE D'OFFICE

CHAPTER II
JUDICIAL NOTICE

2806. Nul n'est tenu de prouver ce dont le tribunal est tenu de prendre connaissance d'office.

2806. No proof is required of a matter of which judicial notice shall be taken.

2807. Le tribunal doit prendre connaissance d'office du droit en vigueur au Québec.

2807. Judicial notice shall be taken of the law in force in Québec.

Doivent cependant être allégués les textes d'application des lois en vigueur au Québec, qui ne sont pas publiés à la *Gazette officielle du Québec* ou d'une autre manière prévue par la loi, les traités et accords internationaux s'appliquant au Québec qui ne sont pas intégrés dans un texte de loi, ainsi que le droit international coutumier.

However, statutory instruments in force in Québec but not published in the *Gazette officielle du Québec* or in any other manner prescribed by law, international treaties and agreements applicable to Québec but not contained in a text of law, and customary international law, shall be pleaded.

2808. Le tribunal doit prendre connaissance d'office de tout fait dont la notoriété rend l'existence raisonnablement incontestable.

2809. Le tribunal peut prendre connaissance d'office du droit des autres provinces ou territoires du Canada et du droit d'un État étranger, pourvu qu'il ait été allégué. Il peut aussi demander que la preuve en soit faite, laquelle peut l'être, entre autres, par le témoignage d'un expert ou par la production d'un certificat établi par un jurisconsulte.

Lorsque ce droit n'a pas été allégué ou que sa teneur n'a pas été établie, il applique le droit en vigueur au Québec.

2810. Le tribunal, peut, en toute matière, prendre connaissance des faits litigieux, en présence des parties ou lorsque celles-ci ont été dûment appelées. Il peut procéder aux constatations qu'il estime nécessaires, et se transporter, au besoin, sur les lieux.

TITRE DEUXIÈME
DES MOYENS DE PREUVE

2811. La preuve d'un acte juridique ou d'un fait peut être établie par écrit, par témoignage, par présomption, par aveu ou par la présentation d'un élément matériel, conformément aux règles énoncées dans le présent livre et de la manière indiquée par le Code de procédure civile ou par quelque autre loi.

CHAPITRE PREMIER
DE L'ÉCRIT

SECTION I
DES COPIES DE LOIS

2812. Les copies de lois qui ont été ou sont en vigueur au Canada, et qui sont

2808. Judicial notice shall be taken of any fact that is so generally known that it cannot reasonably be questioned.

2809. Judicial notice may be taken of the law of other provinces or territories of Canada and of that of a foreign state, provided it has been pleaded. The court may also require that proof be made of such law; this may be done, among other means, by expert testimony or by the production of a certificate drawn up by a jurisconsult.

Where such law has not been pleaded or its content cannot be established, the court applies the law in force in Québec.

2810. The court may, in any matter, take judicial notice of the facts in dispute in the presence of the parties or where the parties have been duly called. It may make any verifications it considers necessary and go to the scene, if need be.

TITLE TWO
PROOF

2811. Proof of a fact or juridical act may be made by a writing, by testimony, by presumption, by admission or by the production of material things, according to the rules set forth in this Book and in the manner provided in the Code of Civil Procedure or in any other Act.

CHAPTER I
WRITINGS

SECTION I
COPIES OF STATUTES

2812. Copies of statutes which have been or are in force in Canada, attested

attestées par un officier public compétent ou publiées par un éditeur autorisé, font preuve de l'existence et de la teneur de ces lois, sans qu'il soit nécessaire de prouver la signature ni le sceau y apposés, non plus que la qualité de l'officier ou de l'éditeur.

by a competent public officer or published by an authorized publisher, make proof of the existence and content of such statutes, and neither the signature or seal appended to such a copy nor the quality of the officer or publisher need be proved.

SECTION II
DES ACTES AUTHENTIQUES

SECTION II
AUTHENTIC ACTS

2813. L'acte authentique est celui qui a été reçu ou attesté par un officier public compétent selon les lois du Québec ou du Canada, avec les formalités requises par la loi.

2813. An authentic act is one that has been received or attested by a competent public officer according to the laws of Québec or of Canada, with the formalities required by law.

L'acte dont l'apparence matérielle respecte ces exigences est présumé authentique.

Every act whose material appearance satisfies such requirements is presumed to be authentic.

2814. Sont authentiques, notamment les documents suivants, s'ils respectent les exigences de la loi:

2814. The following documents in particular are authentic if they conform to the requirements of law:

1° Les documents officiels du Parlement du Canada et du Parlement du Québec;

(1) official documents of the Parliament of Canada or the Parliament of Québec;

2° Les documents officiels émanant du gouvernement du Canada ou du Québec, tels les lettres patentes, les décrets et les proclamations;

(2) official documents issued by the government of Canada or of Québec, such as letters patent, orders and proclamations;

3° Les registres des tribunaux judiciaires ayant juridiction au Québec;

(3) records of the courts of justice having jurisdiction in Québec;

4° Les registres et les documents officiels émanant des municipalités et des autres personnes morales de droit public constituées par une loi du Québec;

(4) records of and official documents issued by municipalities and other legal persons established in the public interest by an Act of Québec;

5° Les registres à caractère public dont la loi requiert la tenue par des officiers publics;

(5) public records required by law to be kept by public officers;

6° L'acte notarié;

(6) notarial acts;

7° Le procès-verbal de bornage.

(7) minutes of determination of boundaries.

2815. La copie de l'original d'un acte authentique ou, en cas de perte de l'original, la copie d'une copie authentique de tel acte est authentique lorsqu'elle est attestée par l'officier public qui en est le dépositaire.

2816. Lorsque l'original d'un document, inscrit sur un registre dont la loi requiert la tenue et conservé par l'officier chargé du registre, est perdu ou est en la possession de la partie adverse ou d'un tiers, sans la collusion de la partie qui l'invoque, la copie de ce document est aussi authentique, si elle est attestée par l'officier public qui en est le dépositaire ou, si elle a été versée ou déposée aux archives nationales, par le Conservateur des archives nationales du Québec.

2817. L'extrait qui reproduit textuellement une partie d'un acte authentique est lui-même authentique lorsqu'il est certifié par le dépositaire de l'acte, pourvu qu'il indique la date de la délivrance et mentionne, quant à l'acte original, la date et la nature de celui-ci, le lieu où il a été passé et, le cas échéant, le nom des parties à l'acte et celui de l'officier public qui l'a rédigé.

2818. Les énonciations, dans l'acte authentique, des faits que l'officier public avait mission de constater ou d'inscrire, font preuve à l'égard de tous.

2819. L'acte notarié, pour être authentique, doit être signé par toutes les parties; il fait alors preuve, à l'égard de tous, de l'acte juridique qu'il renferme et des déclarations des parties qui s'y rapportent directement.

Lorsque les parties ne peuvent pas signer, leur déclaration ou consentement doit être reçu en présence d'un

2815. A copy of the original of an authentic act or, where the original is lost, a copy of an authentic copy of the act is authentic if it is attested by the public officer having custody of it.

2816. Where the original of a document entered in a register kept as required by law, and retained by the officer in charge of the register, is lost or in the possession of the adverse party or of a third person without collusion on the part of the person invoking it, the copy of the document is also authentic if it is attested by the public officer having custody of it or, if it has been deposited or filed in the Archives nationales, by the Keeper of the Archives nationales du Québec.

2817. An extract which textually reproduces part of an authentic act is itself authentic if it is certified by the person having lawful custody of the act, provided the extract bears its date of issue and indicates the date, nature and place of execution of the original act and, where such is the case, the names of the parties and of the public officer who drew it up.

2818. The recital, in an authentic act, of the facts which the public officer had the task of observing or recording makes proof against all persons.

2819. To be authentic, a notarial act shall be signed by all the parties; it then makes proof against all persons of the juridical act which it sets forth and of those declarations of the parties which directly relate to the act.

Where the parties are unable to sign, their declaration or consent shall be given before a witness who signs. Mi-

témoin qui signe. Ne peuvent servir de témoins, les mineurs, les majeurs inaptes à consentir, de même que les personnes qui ont un intérêt dans l'acte.

2820. La copie authentique d'un document fait preuve, à l'égard de tous, de sa conformité à l'original et supplée à ce dernier.

L'extrait authentique fait preuve de sa conformité avec la partie du document qu'il reproduit.

2821. L'inscription de faux n'est nécessaire que pour contredire les énonciations dans l'acte authentique des faits que l'officier public avait mission de constater.

Elle n'est pas requise pour contester la qualité de l'officier public et des témoins ou la signature de l'officier public.

SECTION III
DES ACTES SEMI-AUTHENTIQUES

2822. L'acte qui émane apparemment d'un officier public étranger compétent fait preuve, à l'égard de tous, de son contenu, sans qu'il soit nécessaire de prouver la qualité ni la signature de cet officier.

De même, la copie d'un document dont l'officier public étranger est dépositaire fait preuve, à l'égard de tous, de sa conformité à l'original et supplée à ce dernier, si elle émane apparemment de cet officier.

2823. Fait également preuve, à l'égard de tous, la procuration sous seing privé faite hors du Québec lorsqu'elle est certifiée par un officier public compétent qui a vérifié l'identité et la signature du mandant.

nors, persons of full age who are unable to give consent and persons who have an interest in the act may not be witnesses.

2820. An authentic copy of a document makes proof against all persons of its conformity to the original and replaces it.

An authentic extract makes proof of its conformity to the part of the document which it reproduces.

2821. Improbation is necessary only to contradict the recital in the authentic act of the facts which the public officer had the task of observing.

Improbation is not required to contest the quality of the public officer or witnesses or the signature of the public officer.

SECTION III
SEMI-AUTHENTIC ACTS

2822. An act purporting to be issued by a competent foreign public officer makes proof of its content against all persons and neither the quality nor the signature of the officer need be proved.

Similarly, a copy of a document in the custody of the foreign public officer makes proof of its conformity to the original against all persons, and replaces the original if it purports to be issued by the officer.

2823. A power of attorney under a private writing made outside Québec also makes proof against all persons where it is certified by a competent public officer who has verified the identity and signature of the mandator.

2824. Les actes, copies et procurations mentionnés dans la présente section peuvent être déposés chez un notaire pour qu'il en délivre copie.

La copie fait preuve de sa conformité au document déposé et supplée à ce dernier.

2825. Lorsqu'ont été contestés les actes et copies émanant d'un officier public étranger, de même que les procurations certifiées par un officier public étranger, il incombe à celui qui les invoque de faire la preuve de leur authenticité.

SECTION IV
DES ACTES SOUS SEING PRIVÉ

2826. L'acte sous seing privé est celui qui constate un acte juridique et qui porte la signature des parties; il n'est soumis à aucune autre formalité.

2827. La signature consiste dans l'apposition qu'une personne fait sur un acte de son nom ou d'une marque qui lui est personnelle et qu'elle utilise de façon courante, pour manifester son consentement.

2828. Celui qui invoque un acte sous seing privé doit en faire la preuve.

Toutefois, l'acte opposé à celui qui paraît l'avoir signé ou à ses héritiers est tenu pour reconnu s'il n'est pas contesté de la manière prévue au Code de procédure civile.

2829. L'acte sous seing privé fait preuve, à l'égard de ceux contre qui il est prouvé, de l'acte juridique qu'il renferme et des déclarations des parties qui s'y rapportent directement.

2830. L'acte sous seing privé n'a point de date contre les tiers, mais celle-ci

2824. Acts, copies and powers of attorney mentioned in this section may be deposited with a notary, who may then issue copies of them.

Such a copy makes proof of its conformity to the deposited document and replaces it.

2825. Where an act or copy issued by a foreign public officer or a power of attorney certified by a foreign public officer has been contested, the person invoking it has the burden of proving that it is authentic.

SECTION IV
PRIVATE WRITINGS

2826. A private writing is a writing setting forth a juridical act and bearing the signature of the parties; it is not subject to any other formality.

2827. A signature is the affixing by a person, on a writing, of his name or the distinctive mark which he regularly uses to signify his intention.

2828. A person who invokes a private writing has the burden of proving it.

Where a writing is set up against the person purporting to have signed it or his heirs, it is presumed to be admitted unless it is contested in the manner provided in the Code of Civil Procedure.

2829. A private writing makes proof, in respect of the persons against whom it is proved, of the juridical act which it sets forth and of the statements of the parties directly relating to the act.

2830. A private writing does not make proof of its date against third persons but

peut être établie contre eux par tous moyens.

Néanmoins, les actes passés dans le cours des activités d'une entreprise sont présumés l'avoir été à la date qui y est inscrite.

that date may be established against them in any manner.

However, writings relating to acts carried out in the ordinary course of business of an enterprise are presumed to have been made on the date they bear.

SECTION V
DES AUTRES ÉCRITS

SECTION V
OTHER WRITINGS

2831. L'écrit non signé, habituellement utilisé dans le cours des activités d'une entreprise pour constater un acte juridique, fait preuve de son contenu.

2831. An unsigned writing regularly used in the ordinary course of business of an enterprise to evidence a juridical act makes proof of its content.

2832. L'écrit ni authentique ni semi-authentique qui rapporte un fait peut, sous réserve des règles contenues dans ce livre, être admis en preuve à titre de témoignage ou à titre d'aveu contre son auteur.

2832. A writing that is neither authentic nor semi-authentic which relates a fact is admissible as proof against the person who wrote it, subject to the rules of this Book, by way of testimony or admission.

2833. Les papiers domestiques qui énoncent un paiement reçu ou qui contiennent la mention que la note suppléée au défaut de titre en faveur de celui au profit duquel ils énoncent une obligation, font preuve contre leur auteur.

2833. A domestic paper stating that payment has been received or mentioning that it supplies the lack of a title in favour of the person for whose benefit it sets forth an obligation makes proof against the person who wrote it.

2834. La mention libératoire apposée par le créancier sur le titre, ou une copie de celui-ci qui est toujours restée en sa possession, bien que non signée ni datée, fait preuve contre lui.

2834. A release, although unsigned and undated, inscribed by a creditor on the title of his debt or on a copy thereof which has always remained in his possession makes proof against him.

Cependant, la mention n'est pas admise comme preuve de paiement, si elle a pour effet de soustraire la dette aux règles relatives à la prescription.

The release is not admissible in proof of payment, however, if it has the effect of withdrawing the debt from the rules governing prescription.

2835. Celui qui invoque un écrit non signé doit prouver que cet écrit émane de celui qu'il prétend en être l'auteur.

2835. A person who invokes an unsigned writing shall prove that it originates from the person whom he claims to be its author.

2836. Les écrits visés par la présente section peuvent être contredits par tous moyens.

2836. Writings contemplated in this section may be contested in any manner.

SECTION VI
DES INSCRIPTIONS INFORMATISÉES

2837. Lorsque les données d'un acte juridique sont inscrites sur support informatique, le document reproduisant ces données fait preuve du contenu de l'acte, s'il est intelligible et s'il présente des garanties suffisamment sérieuses pour qu'on puisse s'y fier.

Pour apprécier la qualité du document, le tribunal doit tenir compte des circonstances dans lesquelles les données ont été inscrites et le document reproduit.

2838. L'inscription des données d'un acte juridique sur support informatique est présumée présenter des garanties suffisamment sérieuses pour qu'on puisse s'y fier lorsqu'elle est effectuée de façon systématique et sans lacunes, et que les données inscrites sont protégées contre les altérations. Une telle présomption existe en faveur des tiers du seul fait que l'inscription a été effectuée par une entreprise.

2839. Le document reproduisant les données d'un acte juridique inscrites sur support informatique peut être contredit par tous moyens.

SECTION VII
DE LA REPRODUCTION DE CERTAINS DOCUMENTS

2840. La preuve d'un document, dont la reproduction est en la possession de l'État ou d'une personne morale de droit public ou de droit privé et qui a été reproduit afin d'en garder une preuve permanente, peut se faire par le dépôt d'une copie de la reproduction ou d'un extrait suffisant pour en permettre l'identification et le dépôt d'une déclaration attestant que la reproduction respecte les règles prévues par la présente section.

SECTION VI
COMPUTERIZED RECORDS

2837. Where the data respecting a juridical act are entered on a computer system, the document reproducing them makes proof of the content of the act if it is intelligible and if its reliability is sufficiently guaranteed.

To assess the quality of the document, the court shall take into account the circumstances under which the data were entered and the document was reproduced.

2838. The reliability of the entry of the data of a juridical act on a computer system is presumed to be sufficiently guaranteed where it is carried out systematically and without gaps and the computerized data are protected against alterations. The same presumption is made in favour of third persons where the data were entered by an enterprise.

2839. A document which reproduces the data of a computerized juridical act may be contested in any manner. [1992, ch. 57, s. 716].

SECTION VII
REPRODUCTION OF CERTAIN DOCUMENTS

2840. Proof of a document a reproduction of which is in the possession of the State or of a legal person established in the public interest or for a private interest and which has been reproduced in order to keep permanent proof thereof may be made by the filing of a copy of the reproduction or an extract that is sufficient to identify it, together with a declaration attesting that the reproduction complies with the rules prescribed in this section.

Une copie ou un extrait certifié conforme de la déclaration peut être admis en preuve, au même titre que l'original.

2841. Pour que la reproduction fasse preuve de la teneur du document, au même titre que l'original, elle doit reproduire fidèlement l'original, constituer une image indélébile de celui-ci et permettre de déterminer le lieu et la date de la reproduction.

En outre, la reproduction doit avoir été faite en présence d'une personne spécialement autorisée par la personne morale ou par le Conservateur des archives nationales du Québec.

2842. La personne qui a été désignée pour assister à la reproduction d'un document doit, dans un délai raisonnable, attester la réalisation de cette opération dans une déclaration faite sous serment, laquelle doit porter mention de la nature du document et des lieu et date de la reproduction et certifier la fidélité de la reproduction.

CHAPITRE DEUXIÈME
DU TÉMOIGNAGE

2843. Le témoignage est la déclaration par laquelle une personne relate les faits dont elle a eu personnellement connaissance ou par laquelle un expert donne son avis.

Il doit, pour faire preuve, être contenu dans une déposition faite à l'instance, sauf du consentement des parties ou dans les cas prévus par la loi.

2844. La preuve par témoignage peut être apportée par un seul témoin.

L'enfant qui, de l'avis du juge, ne comprend pas la nature du serment, peut être admis à rendre témoignage sans cette formalité, si le juge estime

A certified true copy or extract of the declaration may be received in evidence with the same force as the original.

2841. In order for a reproduction to make the same proof of the content of a document as the original, it is necessary that it accurately reproduce the original, be an indelible picture of it and allow the place and date of reproduction to be determined.

It is also necessary that the reproduction of the original have been carried out before a person specially authorized by the legal person or by the Keeper of the Archives nationales du Québec.

2842. The person designated to witness the reproduction of a document shall, within a reasonable time, attest that the operation has been carried out by a declaration under oath indicating the nature of the document and the place and date of the reproduction, and certifying the accuracy of the reproduction.

CHAPTER II
TESTIMONY

2843. Testimony is a statement whereby a person relates facts of which he has personal knowledge or whereby an expert gives his opinion.

To make proof, testimony shall be given by deposition in a judicial proceeding unless otherwise agreed by the parties or provided by law.

2844. Proof by testimony may be adduced by a single witness.

A child who, in the opinion of the judge, does not understand the nature of an oath, may be permitted to testify without that formality, if the judge is of the

qu'il est assez développé pour pouvoir rapporter des faits dont il a eu connaissance, et qu'il comprend le devoir de dire la vérité; toutefois, un jugement ne peut être fondé sur la foi de ce seul témoignage.

2845. La force probante du témoignage est laissée à l'appréciation du tribunal.

CHAPITRE TROISIÈME
DE LA PRÉSOMPTION

2846. La présomption est une conséquence que la loi ou le tribunal tire d'un fait connu à un fait inconnu.

2847. La présomption légale est celle qui est spécialement attachée par la loi à certains faits; elle dispense de toute autre preuve celui en faveur de qui elle existe.

Celle qui concerne des faits présumés est simple et peut être repoussée par une preuve contraire; celle qui concerne des faits réputés est absolue et aucune preuve ne peut lui être opposée.

2848. L'autorité de la chose jugée est une présomption absolue; elle n'a lieu qu'à l'égard de ce qui a fait l'objet du jugement, lorsque la demande est fondée sur la même cause et mue entre les mêmes parties, agissant dans les mêmes qualités, et que la chose demandée est la même.

Cependant, le jugement qui dispose d'un recours collectif a l'autorité de la chose jugée à l'égard des parties et des membres du groupe qui ne s'en sont pas exclus.

2849. Les présomptions qui ne sont pas établies par la loi sont laissées à l'appréciation du tribunal qui ne doit prendre en considération que celles qui sont graves, précises et concordantes.

opinion that he is sufficiently mature to be able to report the facts of which he had knowledge, and that he understands the duty to tell the truth. However, a judgment may not be based upon such testimony alone.

2845. The probative force of testimony is left to the appraisal of the court.

CHAPTER III
PRESUMPTIONS

2846. A presumption is an inference established by law or the court from a known fact to an unknown fact.

2847. A legal presumption is one that is specially attached by law to certain facts; it exempts the person in whose favour it exists from making any other proof.

A presumption concerning presumed facts is simple and may be rebutted by proof to the contrary; a presumption concerning deemed facts is absolute and irrebuttable.

2848. The authority of a final judgment (*res judicata*) is an absolute presumption; it applies only to the object of the judgment when the demand is based on the same cause and is between the same parties acting in the same qualities and the thing applied for is the same.

However, a judgment deciding a class action has the authority of a final judgment in respect of the parties and the members of the group who have not excluded themselves therefrom.

2849. Presumptions which are not established by law are left to the discretion of the court which shall take only serious, precise and concordant presumptions into consideration.

CHAPITRE QUATRIÈME
DE L'AVEU

2850. L'aveu est la reconnaissance d'un fait de nature à produire des conséquences juridiques contre son auteur.

2851. L'aveu peut être exprès ou implicite.

Il ne peut toutefois résulter du seul silence que dans les cas prévus par la loi.

2852. L'aveu fait par une partie au litige, ou par un mandataire autorisé à cette fin, fait preuve contre elle, s'il est fait au cours de l'instance où il est invoqué. Il ne peut être révoqué, à moins qu'on ne prouve qu'il a été la suite d'une erreur de fait.

La force probante de tout autre aveu est laissée à l'appréciation du tribunal.

2853. L'aveu ne peut être divisé, à moins qu'il ne contienne des faits étrangers à la contestation liée, que la partie contestée de l'aveu soit invraisemblable ou contredite par des indices de mauvaise foi ou par une preuve contraire, ou qu'il n'y ait pas de connexité entre les faits mentionnés dans l'aveu.

CHAPITRE CINQUIÈME
DE LA PRÉSENTATION D'UN ÉLÉMENT MATÉRIEL

2854. La présentation d'un élément matériel constitue un moyen de preuve qui permet au juge de faire directement ses propres constatations. Cet élément matériel peut consister en un objet, de même qu'en la représentation sensorielle de cet objet, d'un fait ou d'un lieu.

2855. La présentation d'un élément matériel, pour avoir force probante, doit

CHAPTER IV
ADMISSIONS

2850. An admission is the acknowledgment of a fact which may produce legal consequences against the person who makes it.

2851. An admission may be express or implied.

An admission may not be inferred from mere silence, however, except in the cases provided by law.

2852. An admission made by a party to a dispute or by an authorized mandatary makes proof against him if it is made in the proceeding in which it is invoked. It may not be revoked, unless it is proved to have been made through an error of fact.

The probative force of any other admission is left to the appraisal of the court.

2853. An admission may not be divided except where it contains facts which are foreign to the issue, or where the part of the admission objected to is improbable or contradicted by indications of bad faith or by contrary evidence, or where the facts contained in the admission are unrelated to each other.

CHAPTER V
PRODUCTION OF MATERIAL THINGS

2854. The production of material things is a means of proof which allows the judge to make his own findings. Such a material thing may consist of an object, as well as the sense impression of an object, fact or place.

2855. The production of material things does not have probative force until their

au préalable faire l'objet d'une preuve distincte qui en établisse l'authenticité.

2856. Le tribunal peut tirer de la présentation d'un élément matériel toute conclusion qu'il estime raisonnable.

authenticity has been established by separate proof.

2856. The court may draw any inference it considers reasonable from the production of a material thing.

TITRE TROISIÈME
DE LA RECEVABILITÉ DES ÉLÉMENTS ET DES MOYENS DE PREUVE

TITLE THREE
ADMISSIBILITY OF EVIDENCE AND PROOF

CHAPITRE PREMIER
DES ÉLÉMENTS DE PREUVE

CHAPTER I
EVIDENCE

2857. La preuve de tout fait pertinent au litige est recevable et peut être faite par tous moyens.

2857. All evidence of any fact relevant to a dispute is admissible and may be presented by any means.

2858. Le tribunal doit, même d'office, rejeter tout élément de preuve obtenu dans des conditions qui portent atteinte aux droits et libertés fondamentaux et dont l'utilisation est susceptible de déconsidérer l'administration de la justice.

2858. The court shall, even of its own motion, reject any evidence obtained under such circumstances that fundamental rights and freedoms are breached and that its use would tend to bring the administration of justice into disrepute.

Il n'est pas tenu compte de ce dernier critère lorsqu'il s'agit d'une violation du droit au respect du secret professionnel.

The latter criterion is not taken into account in the case of violation of the right of professional privilege.

CHAPITRE DEUXIÈME
DES MOYENS DE PREUVE

CHAPTER II
PROOF

2859. Le tribunal ne peut suppléer d'office les moyens d'irrecevabilité résultant des dispositions du présent chapitre qu'une partie présente ou représentée a fait défaut d'invoquer.

2859. The court may not of its own motion invoke grounds of inadmissibility under this chapter which a party who is present or represented has failed to invoke.

2860. L'acte juridique constaté dans un écrit ou le contenu d'un écrit doit être prouvé par la production de l'original ou d'une copie qui légalement en tient lieu.

2860. A juridical act set forth in a writing or the content of a writing shall be proved by the production of the original or a copy which legally replaces it.

Toutefois, lorsqu'une partie ne peut, malgré sa bonne foi et sa diligence, produire l'original de l'écrit ou la copie qui légalement en tient lieu, la preuve peut être faite par tous moyens.

However, where a party acting in good faith and with dispatch is unable to produce the original of a writing or a copy which legally replaces it, proof may be made by any other means.

2861. Lorsqu'il n'a pas été possible à une partie, pour une raison valable, de se ménager la preuve écrite d'un acte juridique, la preuve de cet acte peut être faite par tous moyens.

2862. La preuve d'un acte juridique ne peut, entre les parties, se faire par témoignage lorsque la valeur du litige excède 1 500$.

Néanmoins, en l'absence d'une preuve écrite et quelle que soit la valeur du litige, on peut prouver par témoignage tout acte juridique dès lors qu'il y a commencement de preuve; on peut aussi prouver par témoignage, contre une personne, tout acte juridique passé par elle dans le cours des activités d'une entreprise.

2863. Les parties à un acte juridique constaté par un écrit ne peuvent, par témoignage, le contredire ou en changer les termes, à moins qu'il n'y ait un commencement de preuve.

2864. La preuve par témoignage est admise lorsqu'il s'agit d'interpréter un écrit, de compléter un écrit manifestement incomplet ou d'attaquer la validité de l'acte juridique qu'il constate.

2865. Le commencement de preuve peut résulter d'un aveu ou d'un écrit émanant de la partie adverse, de son témoignage ou de la présentation d'un élément matériel, lorsqu'un tel moyen rend vraisemblable le fait allégué.

2866. Nulle preuve n'est admise contre une présomption légale, lorsque, à raison de cette présomption, la loi annule certains actes ou refuse l'action en justice, sans avoir réservé la preuve contraire.

2861. Where a party has been unable, for a valid reason, to produce written proof of a juridical act, such an act may be proved by any other means.

2862. Proof of a juridical act may not be made, between the parties, by testimony where the value in dispute exceeds $1500.

However, failing proof in writing and regardless of the value in dispute, proof may be made by testimony of any juridical act where there is a commencement of proof; proof may also be made by testimony, against a person, of a juridical act carried out by him in the ordinary course of business of an enterprise.

2863. The parties to a juridical act set forth in a writing may not contradict or vary the terms of the writing by testimony unless there is a commencement of proof.

2864. Proof by testimony is admissible to interpret a writing, to complete a clearly incomplete writing or to impugn the validity of the juridical act which the writing sets forth.

2865. A commencement of proof may arise where an admission or writing of the adverse party, his testimony or the production of a material thing gives an indication that the alleged fact may have occurred.

2866. No proof is admitted to rebut a legal presumption where, on the ground of such presumption, the law annuls certain acts or disallows an action, unless the law has reserved the right to make proof to the contrary.

Toutefois, cette présomption peut être contredite par un aveu fait à l'instance au cours de laquelle la présomption est invoquée, lorsqu'elle n'est pas d'ordre public.

2867. L'aveu, fait en dehors de l'instance où il est invoqué, se prouve par les moyens recevables pour prouver le fait qui en est l'objet.

2868. La preuve par la présentation d'un élément matériel est admise conformément aux règles de recevabilité prévues pour prouver l'objet, le fait ou le lieu qu'il représente.

CHAPITRE TROISIÈME
DE CERTAINES DÉCLARATIONS

2869. La déclaration d'une personne qui ne témoigne pas à l'instance ou celle d'un témoin faite antérieurement à l'instance est admise à titre de témoignage si les parties y consentent; est aussi admise à titre de témoignage la déclaration qui respecte les exigences prévues par le présent chapitre ou par la loi.

2870. La déclaration faite par une personne qui ne comparaît pas comme témoin, sur des faits au sujet desquels elle aurait pu légalement déposer, peut être admise à titre de témoignage, pourvu que, sur demande et après qu'avis en ait été donné à la partie adverse, le tribunal l'autorise.

Celui-ci doit cependant s'assurer qu'il est impossible d'obtenir la comparution du déclarant comme témoin, ou déraisonnable de l'exiger, et que les circonstances entourant la déclaration donnent à celle-ci des garanties suffisamment sérieuses pour pouvoir s'y fier.

However, the presumption, if not of public order, may be rebutted by an admission made during the proceeding in which the presumption is invoked.

2867. An admission made outside the proceeding in which it is invoked is proved by the means admissible as proof of the fact which is its object.

2868. Proof by the production of a material thing is admissible in accordance with the relevant rules on admissibility as proof of the object, the fact or the place represented by it.

CHAPTER III
CERTAIN STATEMENTS

2869. A statement made by a person who does not testify in a judicial proceeding or by a witness prior to a judicial proceeding is admissible as testimony if the parties consent thereto; a statement that meets the requirements of this chapter or of the law is also admissible as testimony.

2870. A statement made by a person who does not appear as a witness, concerning facts to which he could legally testify, is admissible as testimony on application and after notice is given to the adverse party, provided the court authorizes it.

The court shall, however, ascertain that it is impossible for the declarant to appear as a witness, or that it is unreasonable to require him to do so, and that the reliability of the statement is sufficiently guaranteed by the circumstances in which it is made.

Sont présumés présenter ces garanties, notamment, les documents établis dans le cours des activités d'une entreprise et les documents insérés dans un registre dont la tenue est exigée par la loi, de même que les déclarations spontanées et contemporaines de la survenance des faits.

The reliability of documents drawn up in the ordinary course of business of an enterprise, of documents entered in a register kept as required by law and of spontaneous and contemporaneous statements concerning the occurrence of facts is, in particular, presumed to be sufficiently guaranteed.

2871. Lorsqu'une personne comparaît comme témoin, ses déclarations antérieures sur des faits au sujet desquels elle peut légalement déposer peuvent être admises à titre de témoignage, si elles présentent des garanties suffisamment sérieuses pour pouvoir s'y fier.

2871. Previous statements by a person who appears as a witness, concerning facts to which he may legally testify, are admissible as testimony if their reliability is sufficiently guaranteed.

2872. Doit être prouvée par la production de l'écrit, la déclaration qui a été faite sous cette forme.

2872. Statements thus made shall be proved by producing the writing.

Toute autre déclaration ne peut être prouvée que par la déposition de l'auteur ou de ceux qui en ont eu personnellement connaissance, sauf les exceptions prévues aux articles 2873 et 2874.

No other statement may be proved except by the testimony of the declarant or of the persons having had personal knowledge of it, unless otherwise provided in articles 2873 and 2874.

2873. La déclaration, consignée dans un écrit par une personne autre que celle qui l'a faite, peut être prouvée par la production de cet écrit lorsque le déclarant a reconnu qu'il reproduisait fidèlement sa déclaration.

2873. A statement recorded in writing by a person other than the declarant may be proved by producing the writing if the declarant has acknowledged that the writing faithfully reproduces his statement.

Il en est de même lorsque l'écrit a été rédigé à la demande de celui qui a fait la déclaration ou par une personne agissant dans l'exercice de ses fonctions, s'il y a lieu de présumer, eu égard aux circonstances, que l'écrit reproduit fidèlement la déclaration.

The same rule applies where the writing was drawn up at the request of the declarant or by a person acting in the performance of his duties, if there is reason to presume, having regard to the circumstances, that the writing accurately reproduces the statement.

2874. La déclaration qui a été enregistrée sur ruban magnétique ou par une autre technique d'enregistrement à

2874. A statement recorded on magnetic tape or by any other reliable recording technique may be proved by such

laquelle on peut se fier, peut être prouvée par ce moyen, à la condition qu'une preuve distincte en établisse l'authenticité.

means, provided its authenticity is separately proved.

LIVRE HUITIÈME
DE LA PRESCRIPTION

BOOK EIGHT
PRESCRIPTION

TITRE PREMIER
DU RÉGIME DE LA PRESCRIPTION

TITLE ONE
RULES GOVERNING PRESCRIPTION

CHAPITRE PREMIER
DISPOSITIONS GÉNÉRALES

CHAPTER I
GENERAL PROVISIONS

2875. La prescription est un moyen d'acquérir ou de se libérer par l'écoulement du temps et aux conditions déterminées par la loi: la prescription est dite acquisitive dans le premier cas et, dans le second, extinctive.

2875. Prescription is a means of acquiring or of being released by the lapse of time and according to the conditions fixed by law: prescription is called acquisitive in the first case and extinctive in the second.

2876. Ce qui est hors commerce, incessible ou non susceptible d'appropriation, par nature ou par affectation, est imprescriptible.

2876. That which is not an object of commerce, not transferable or not susceptible of appropriation by reason of its nature or appropriation may not be prescribed.

2877. La prescription s'accomplit en faveur ou à l'encontre de tous, même de l'État, sous réserve des dispositions expresses de la loi.

2877. Prescription takes effect in favour of or against all persons, including the State, subject to express provision of law.

2878. Le tribunal ne peut suppléer d'office le moyen résultant de la prescription.

2878. The court may not, of its own motion, supply the plea of prescription.

Toutefois, le tribunal doit déclarer d'office la déchéance du recours, lorsque celle-ci est prévue par la loi. Cette déchéance ne se présume pas; elle résulte d'un texte exprès.

However, it shall, of its own motion, declare the remedy forfeited where so provided by law. Such forfeiture is never presumed; it is effected only where it is expressly stated in the text.

2879. Le délai de prescription se compte par jour entier. Le jour à partir duquel court la prescription n'est pas compté dans le calcul du délai.

2879. The period of time required for prescription is reckoned by full days. The day on which prescription begins to run is not counted in computing such period.

La prescription n'est acquise que lorsque le dernier jour du délai est révolu. Lorsque le dernier jour est un samedi ou un jour férié, la prescription n'est acquise qu'au premier jour ouvrable qui suit.

2880. La dépossession fixe le point de départ du délai de la prescription acquisitive.

Le jour où le droit d'action a pris naissance fixe le point de départ de la prescription extinctive.

2881. La prescription peut être opposée en tout état de cause, même en appel, à moins que la partie qui n'aurait pas opposé le moyen n'ait, en raison des circonstances, manifesté son intention d'y renoncer.

2882. Même si le délai pour s'en prévaloir par action directe est expiré, le moyen qui tend à repousser une action peut toujours être invoqué, à la condition qu'il ait pu constituer un moyen de défense valable à l'action, au moment où il pouvait encore fonder une action directe.

Ce moyen, s'il est reçu, ne fait pas revivre l'action directe prescrite.

CHAPITRE DEUXIÈME
DE LA RENONCIATION À LA PRESCRIPTION

2883. On ne peut pas renoncer d'avance à la prescription, mais on peut renoncer à la prescription acquise et au bénéfice du temps écoulé pour celle-ci commencée.

2884. On ne peut pas convenir d'un délai de prescription autre que celui prévu par la loi.

2885. La renonciation à la prescription est soit expresse, soit tacite; elle est

Prescription is acquired only when the last day of the period has elapsed. Where the last day is a Saturday or a non-juridical day, prescription is acquired only on the following juridical day.

2880. Dispossession fixes the beginning of the period of acquisitive prescription.

The day on which the right of action arises fixes the beginning of the period of extinctive prescription.

2881. Prescription may be pleaded at any stage of judicial proceedings, even in appeal, unless the party who has not pleaded prescription has, in light of the circumstances, demonstrated his intention of renouncing it.

2882. A ground of defence that may be raised to defeat an action may still be invoked, even if the time for using it by way of a direct action has expired, provided such ground could have constituted a valid defence to an action at the time when it could have served as the basis of a direct action.

Maintenance of this ground does not revive a direct action that is prescribed.

CHAPTER II
RENUNCIATION OF PRESCRIPTION

2883. Prescription may not be renounced in advance, but prescription which has been acquired or any benefit of time elapsed by which prescription has begun may be renounced.

2884. No prescriptive period other than that provided by law may be agreed upon.

2885. Renunciation of prescription is either express or tacit; tacit renunciation

tacite lorsqu'elle résulte d'un fait qui suppose l'abandon du droit acquis.

Toutefois, la renonciation à la prescription acquise de droits réels immobiliers doit être publiée au bureau de la publicité des droits.

2886. Celui qui ne peut aliéner ne peut renoncer à la prescription acquise.

2887. Toute personne ayant intérêt à ce que la prescription soit acquise peut l'opposer, lors même que le débiteur ou le possesseur y renonce.

2888. Après la renonciation, la prescription recommence à courir par le même laps de temps.

CHAPITRE TROISIÈME
DE L'INTERRUPTION DE LA
PRESCRIPTION

2889. La prescription peut être interrompue naturellement ou civilement.

2890. Il y a interruption naturelle de la prescription acquisitive lorsque le possesseur est privé, pendant plus d'un an, de la jouissance du bien.

2891. Il y a interruption naturelle de la prescription extinctive lorsque le titulaire d'un droit, après avoir omis de s'en prévaloir, exerce ce droit.

2892. Le dépôt d'une demande en justice, avant l'expiration du délai de prescription, forme une interruption civile, pourvu que cette demande soit signifiée à celui qu'on veut empêcher de prescrire, au plus tard dans les soixante jours qui suivent l'expiration du délai de prescription.

La demande reconventionnelle, l'intervention, la saisie et l'opposition sont

results from an act which implies the abandonment of an acquired right.

However, renunciation of prescription which has been acquired in respect of immovable real rights shall be published at the registry office.

2886. A person who may not alienate may not renounce any prescription that is acquired.

2887. Any person who has an interest in the acquisition of prescription may plead it, even if the debtor or the possessor renounces it.

2888. Following renunciation, prescription begins to run again for the same period.

CHAPTER III
INTERRUPTION OF PRESCRIPTION

2889. Prescription may be interrupted naturally or civilly.

2890. Acquisitive prescription is interrupted naturally where the possessor is deprived of the enjoyment of the property for more than one year.

2891. Extinctive prescription is interrupted naturally where the holder of a right, having failed to avail himself of it, exercises that right.

2892. The filing of a judicial demand before the expiry of the prescriptive period constitutes a civil interruption, provided the demand is served on the person to be prevented from prescribing not later than sixty days following the expiry of the prescriptive period.

Cross demands, interventions, seizures and oppositions, are considered to

considérées comme des demandes en justice. Il en est de même de l'avis exprimant l'intention d'une partie de soumettre un différend à l'arbitrage, pourvu que cet avis expose l'objet du différend qui y sera soumis et qu'il soit signifié suivant les règles et dans les délais applicables à la demande en justice.

2893. Interrompt également la prescription, toute demande faite par un créancier en vue de participer à une distribution en concurrence avec d'autres créanciers.

2894. L'interruption n'a pas lieu s'il y a rejet de la demande, désistement ou péremption de l'instance.

2895. Lorsque la demande d'une partie est rejetée sans qu'une décision ait été rendue sur le fond de l'affaire et que, à la date du jugement, le délai de prescription est expiré ou doit expirer dans moins de trois mois, le demandeur bénéficie d'un délai supplémentaire de trois mois à compter de la signification du jugement, pour faire valoir son droit.

Il en est de même en matière d'arbitrage; le délai de trois mois court alors depuis le dépôt de la sentence, la fin de la mission des arbitres ou la signification du jugement d'annulation de la sentence.

2896. L'interruption résultant d'une demande en justice se continue jusqu'au jugement passé en force de chose jugée ou, le cas échéant, jusqu'à la transaction intervenue entre les parties.

Elle a son effet, à l'égard de toutes les parties, pour tout droit découlant de la même source.

be judicial demands. The notice expressing the intention by one party to submit a dispute to arbitration is also considered to be a judicial demand, provided it describes the object of the dispute to be submitted and is served in accordance with the rules and time limits applicable to judicial demands.

2893. Any application by a creditor to share in a distribution with other creditors also interrupts prescription.

2894. Interruption does not occur if the application is dismissed, the suit discontinued or perempted.

2895. Where the application of a party is dismissed without a decision having been made on the merits of the action and where, on the date of the judgment, the prescriptive period has expired or will expire in less than three months, the plaintiff has an additional period of three months from service of the judgment in which to claim his right.

The same applies to arbitration; the three-month period then runs from the time the award is made, from the end of the arbitrators' mandate, or from the service of the judgment annulling the award.

2896. An interruption resulting from a judicial demand continues until the judgment acquires the authority of a final judgment (*res judicata*) or, as the case may be, until a transaction is agreed between the parties.

The interruption has effect with regard to all the parties in respect of any right arising from the same source.

2897. L'interruption qui résulte de l'exercice d'un recours collectif profite à tous les membres du groupe qui n'ont pas demandé à en être exclus.

2897. An interruption which results from the bringing of a class action benefits all the members of the group who have not requested their exclusion from the group.

2898. La reconnaissance d'un droit, de même que la renonciation au bénéfice du temps écoulé, interrompt la prescription.

2898. Acknowledgement of a right, as well as renunciation of the benefit of a period of time which has elapsed, interrupts prescription.

2899. La demande en justice, ou tout autre acte interruptif contre le débiteur principal ou contre la caution, interrompt la prescription à l'égard de l'un et de l'autre.

2899. A judicial demand or any other act of interruption against the principal debtor or against a surety interrupts prescription with regard to both.

2900. L'interruption à l'égard de l'un des créanciers ou des débiteurs d'une obligation solidaire ou indivisible produit ses effets à l'égard des autres.

2900. Interruption with regard to one of the creditors or debtors of a solidary or indivisible obligation has effect with regard to the others.

2901. L'interruption à l'égard de l'un des créanciers ou débiteurs conjoints d'une obligation divisible ne produit pas d'effet à l'égard des autres.

2901. Interruption with regard to one of the joint creditors or debtors of a divisible obligation has no effect with regard to the others.

2902. L'interruption à l'égard de l'un des cohéritiers d'un créancier ou débiteur solidaire d'une obligation divisible ne produit ses effets, à l'égard des autres créanciers ou débiteurs solidaires, que pour la part de cet héritier.

2902. Interruption with regard to one of the coheirs of a solidary creditor or debtor of a divisible obligation has effect, with regard to the other solidary creditors or debtors, only as regards the portion of that heir.

2903. Après l'interruption, la prescription recommence à courir par le même laps de temps.

2903. Following interruption, prescription begins to run again for the same period.

CHAPITRE QUATRIÈME
DE LA SUSPENSION DE LA PRESCRIPTION

CHAPTER IV
SUSPENSION OF PRESCRIPTION

2904. La prescription ne court pas contre les personnes qui sont dans l'impossibilité en fait d'agir soit par elles-mêmes, soit en se faisant représenter par d'autres.

2904. Prescription does not run against persons if it is impossible in fact for them to act by themselves or to be represented by others.

2905. La prescription ne court pas contre l'enfant à naître.

2905. Prescription does not run against a child yet unborn.

Elle ne court pas, non plus, contre le mineur ou le majeur sous curatelle ou sous tutelle, à l'égard des recours qu'ils peuvent avoir contre leur représentant ou contre la personne qui est responsable de leur garde.

Nor does it run against a minor or a person of full age under curatorship or tutorship with respect to remedies he may have against his representative or against the person entrusted with his custody.

2906. La prescription ne court point entre les époux pendant la vie commune.

2906. Spouses do not prescribe against each other during cohabitation.

2907. La prescription ne court pas contre l'héritier, à l'égard des créances qu'il a contre la succession.

2907. Prescription does not run against an heir with respect to his claims against the succession.

2908. La requête pour obtenir l'autorisation d'exercer un recours collectif suspend la prescription en faveur de tous les membres du groupe auquel elle profite ou, le cas échéant, en faveur du groupe que décrit le jugement qui fait droit à la requête.

2908. A motion for leave to bring a class action suspends prescription in favour of all the members of the group for whose benefit it is made or, as the case may be, in favour of the group described in the judgment granting the motion.

Cette suspension dure tant que la requête n'est pas rejetée, annulée ou que le jugement qui y fait droit n'est pas annulé; par contre, le membre qui demande à être exclu du recours, ou qui en est exclu par la description que fait du groupe le jugement qui autorise le recours, un jugement interlocutoire ou le jugement qui dispose du recours, cesse de profiter de la suspension de la prescription.

The suspension lasts until the motion is dismissed or annulled or until the judgment granting the motion is set aside; however, a member requesting to be excluded from the action or who is excluded therefrom by the description of the group made by the judgment on the motion, an interlocutory judgment or the judgment on the action ceases to benefit from the suspension of prescription.

Toutefois, s'il s'agit d'un jugement, la prescription ne recommence à courir qu'au moment où le jugement n'est plus susceptible d'appel.

In the case of a judgment, however, prescription runs again only when the judgment is no longer susceptible of appeal.

2909. La suspension de la prescription des créances solidaires et des créances indivisibles produit ses effets à l'égard des créanciers ou débiteurs et de leurs héritiers suivant les règles applicables à l'interruption de la prescription de ces mêmes créances.

2909. Suspension of prescription of solidary claims and indivisible claims produces its effects in respect of creditors and debtors and their heirs in accordance with the rules applicable to interruption of prescription of such claims.

<table>
<tr><td>

TITRE DEUXIÈME
DE LA PRESCRIPTION
ACQUISITIVE

</td><td>

TITLE TWO
ACQUISITIVE PRESCRIPTION

</td></tr>
</table>

CHAPITRE PREMIER
DES CONDITIONS D'EXERCICE DE LA
PRESCRIPTION ACQUISITIVE

CHAPTER I
CONDITIONS OF ACQUISITIVE
PRESCRIPTION

2910. La prescription acquisitive est un moyen d'acquérir le droit de propriété ou l'un de ses démembrements, par l'effet de la possession.

2910. Acquisitive prescription is a means of acquiring a right of ownership, or one of its dismemberments, through the effect of possession.

2911. La prescription acquisitive requiert une possession conforme aux conditions établies au livre Des biens.

2911. Acquisitive prescription requires possession in accordance with the conditions laid down in the Book on Property.

2912. L'ayant cause à titre particulier peut, pour compléter la prescription, joindre à sa possession celle de ses auteurs.

2912. A successor by particular title may join to his possession that of his predecessors in order to complete prescription.

L'ayant cause universel ou à titre universel continue la possession de son auteur.

A successor by universal title or by general title continues the possession of his predecessor.

2913. La détention ne peut fonder la prescription, même si elle se poursuit au-delà du terme convenu.

2913. Detention does not serve as the basis for prescription, even if it extends beyond the term agreed upon.

2914. Un titre précaire peut être interverti au moyen d'un titre émanant d'un tiers ou d'un acte du détenteur inconciliable avec la précarité.

2914. A precarious title may be interverted by a title proceeding from a third person or by an act performed by the holder which is incompatible with precarious holding.

L'interversion rend la possession utile à la prescription, à compter du moment où le propriétaire a connaissance du nouveau titre ou de l'acte du détenteur.

Interversion renders the possession available for prescription from the time the owner learns of the new title or of the act of the holder.

2915. Les tiers peuvent prescrire contre le propriétaire durant le démembrement ou la précarité.

2915. Third persons may prescribe against the owner of property during its dismemberment or when it is held precariously.

2916. Le grevé et ses ayants cause universels ou à titre universel ne peu-

2916. The institute and his successors by universal title or by general title do not

vent prescrire contre l'appelé avant l'ouverture de la substitution.

prescribe against the substitute before the opening of the substitution.

CHAPITRE DEUXIÈME
DES DÉLAIS DE LA PRESCRIPTION ACQUISITIVE

CHAPTER II
PERIODS OF ACQUISITIVE PRESCRIPTION

2917. Le délai de prescription acquisitive est de dix ans, s'il n'est autrement fixé par la loi.

2917. The period for acquisitive prescription is ten years, except as otherwise fixed by law.

2918. Celui qui, pendant dix ans, a possédé, à titre de propriétaire, un immeuble qui n'est pas immatriculé au registre foncier, ne peut en acquérir la propriété qu'à la suite d'une demande en justice.

2918. A person who has for ten years possessed, as owner, an immovable that is not registered in the land register may acquire the ownership of it only upon a judicial demand.

Le possesseur peut, sous les mêmes conditions, exercer le même droit à l'égard d'un immeuble immatriculé, lorsque le registre foncier ne révèle pas qui en est le propriétaire; il en est de même, lorsque le propriétaire était décédé ou absent au début du délai de dix ans, ou s'il résulte du registre foncier que cet immeuble est devenu un bien sans maître.

The possessor may, under the same conditions, exercise the same right in respect of a registered immovable where the owner of the immovable is not identified in the land register; the same rule applies where the owner is dead or an absentee at the beginning of the ten-year period or where the land register indicates that the immovable has become a thing without an owner.

2919. Le possesseur de bonne foi d'un meuble en acquiert la propriété par trois ans à compter de la dépossession du propriétaire.

2919. The possessor in good faith of movable property acquires the ownership of it by three years running from the dispossession of the owner.

Tant que ce délai n'est pas expiré, le propriétaire peut revendiquer le meuble, à moins qu'il n'ait été acquis sous l'autorité de la justice.

Until the expiry of that period, the owner may revendicate the movable property, unless it has been acquired under judicial authority.

2920. Pour prescrire, il suffit que la bonne foi des tiers acquéreurs ait existé lors de l'acquisition, quand même leur possession utile n'aurait commencé que depuis cette date.

2920. To prescribe, a subsequent acquirer need have been in good faith only at the time of the acquisition, even where his effective possession began only after that time.

Il en est de même en cas de jonction des possessions, à l'égard de chaque acquéreur précédent.

The same applies where there is joinder of possession, with respect to each previous acquirer.

TITRE TROISIÈME
DE LA PRESCRIPTION EXTINCTIVE

2921. La prescription extinctive est un moyen d'éteindre un droit par non-usage ou d'opposer une fin de non-recevoir à une action.

2922. Le délai de la prescription extinctive est de dix ans, s'il n'est autrement fixé par la loi.

2923. Les actions qui visent à faire valoir un droit réel immobilier se prescrivent par dix ans.

Toutefois, l'action qui vise à conserver ou obtenir la possession d'un immeuble doit être exercée dans l'année où survient le trouble ou la dépossession.

2924. Le droit qui résulte d'un jugement se prescrit par dix ans s'il n'est pas exercé.

2925. L'action qui tend à faire valoir un droit personnel ou un droit réel mobilier et dont le délai de prescription n'est pas autrement fixé se prescrit par trois ans.

2926. Lorsque le droit d'action résulte d'un préjudice moral, corporel ou matériel qui se manifeste graduellement ou tardivement, le délai court à compter du jour où il se manifeste pour la première fois.

2927. Le délai de prescription de l'action en nullité d'un contrat court à compter de la connaissance de la cause de nullité par celui qui l'invoque, ou à compter de la cessation de la violence ou de la crainte.

2928. La demande du conjoint survivant pour faire établir la prestation compensatoire se prescrit par un an à compter du décès de son conjoint.

TITLE THREE
EXTINCTIVE PRESCRIPTION

2921. Extinctive prescription is a means of extinguishing a right which has not been used or of pleading the non-admissibility of an action.

2922. The period for extinctive prescription is ten years, except as otherwise fixed by law.

2923. Actions to enforce immovable real rights are prescribed by ten years.

However, an action to retain or obtain possession of an immovable may be brought only within one year from the disturbance or dispossession.

2924. A right resulting from a judgment is prescribed by ten years if it is not exercised.

2925. An action to enforce a personal right or movable real right is prescribed by three years, if the prescriptive period is not otherwise established.

2926. Where the right of action arises from moral, corporal or material damage appearing progressively or tardily, the period runs from the day the damage appears for the first time.

2927. In an action in nullity of contract, the prescriptive period runs from the day the person invoking the cause of nullity becomes aware of such cause or, in the case of violence or fear, from the day it ceases.

2928. The application by a surviving spouse for the fixing of the compensatory allowance is prescribed by one year from the death of his spouse.

2929. L'action fondée sur une atteinte à la réputation se prescrit par un an, à compter du jour où la connaissance en fut acquise par la personne diffamée.

2930. Malgré toute disposition contraire, lorsque l'action est fondée sur l'obligation de réparer le préjudice corporel causé à autrui, l'exigence de donner un avis préalablement à l'exercice d'une action, ou d'intenter celle-ci dans un délai inférieur à trois ans, ne peut faire échec au délai de prescription prévu par le présent livre.

2931. Lorsque le contrat est à exécution successive, la prescription des paiements dus a lieu quoique les parties continuent d'exécuter l'une ou l'autre des obligations du contrat.

2932. Le délai de prescription de l'action en réduction d'une obligation qui s'exécute de manière successive, que cette obligation résulte d'un contrat, de la loi ou d'un jugement, court à compter du jour où l'obligation est devenue exigible.

2933. Le détenteur ne peut se libérer par prescription de la prestation attachée à sa détention, mais la quotité et les arrérages en sont prescriptibles.

2929. An action for defamation is prescribed by one year from the day on which the defamed person learned of the defamation.

2930. Notwithstanding any stipulation to the contrary, where an action is founded on the obligation to make reparation for bodily injury caused to another, the requirement that notice be given prior to the bringing of the action or that proceedings be instituted within a period not exceeding three years does not hinder a prescriptive period provided for by this Book.

2931. In the case of a contract of successive performance, prescription runs in respect of payments due, even though the parties continue to perform one or another of their obligations under the contract.

2932. In an action to reduce an obligation which is performed successively, the prescriptive period runs from the day the obligation becomes exigible, whether the obligation arises from a contract, the law or a judgment.

2933. No holder may be released by prescription from the prestation attached to his detention; the amount may be prescribed, however, as may the instalments.

LIVRE NEUVIÈME
DE LA PUBLICITÉ DES DROITS

TITRE PREMIER
DU DOMAINE DE LA PUBLICITÉ

CHAPITRE PREMIER
DISPOSITIONS GÉNÉRALES

2934. La publicité des droits résulte de l'inscription qui en est faite sur le registre

BOOK NINE
PUBLICATION OF RIGHTS

TITLE ONE
NATURE AND SCOPE OF PUBLICATION

CHAPTER I
GENERAL PROVISIONS

2934. The publication of rights is effected by their registration in the register

des droits personnels et réels mobiliers ou sur le registre foncier, à moins que la loi ne permette expressément un autre mode.

L'inscription profite aux personnes dont les droits sont ainsi rendus publics.

2935. La publication d'un droit peut être requise par toute personne, même mineure ou placée sous un régime de protection, pour elle-même ou pour une autre.

2936. Toute renonciation ou restriction au droit de publier un droit soumis ou admis à la publicité, ainsi que toute clause pénale qui s'y rapporte, sont sans effet.

2937. La publicité d'un droit peut être renouvelée à la demande de toute personne intéressée.

CHAPITRE DEUXIÈME
DES DROITS SOUMIS À LA PUBLICITÉ

2938. Sont soumises à la publicité, l'acquisition, la constitution, la reconnaissance, la modification, la transmission et l'extinction d'un droit réel immobilier.

Le sont aussi la renonciation à une succession, à un legs, à une communauté de biens, au partage de la valeur des acquêts ou du patrimoine familial, ainsi que le jugement qui annule la renonciation.

Les autres droits personnels et les droits réels mobiliers sont soumis à la publicité dans la mesure où la loi prescrit ou autorise expressément leur publication. La modification ou l'extinction d'un droit ainsi publié est soumise à la publicité.

2939. Les restrictions au droit de disposer qui ne sont pas purement personnelles, ainsi que les droits de résolution,

of personal and movable real rights or in the land register, unless some other mode is expressly permitted by law.

Registration benefits the persons whose rights are thereby published.

2935. Any person, even a minor or a protected person, may request the publication of a right, on his own behalf or on behalf of another.

2936. Any renunciation or restriction of the right to publish a right which shall or may be published, as well as any penal clause relating thereto, is without effect.

2937. Publication of a right may be renewed at the request of any interested person.

CHAPTER II
RIGHTS REQUIRING PUBLICATION

2938. The acquisition, creation, recognition, modification, transmission or extinction of an immovable real right requires publication.

Renunciation of a succession, legacy, community of property, partition of the value of acquests or of the family patrimony, and the judgment annulling renunciation, also require publication.

Other personal rights and movable real rights require publication to the extent prescribed or expressly authorized by law. Modification or extinction of a published right shall also be published.

2939. Restrictions on the right to alienate, other than purely personal restrictions, and clauses of resolution,

de résiliation ou d'extinction éventuelle d'un droit soumis ou admis à la publicité, sont aussi soumises ou admises à la publicité, de même que la cession ou la transmission de ces droits.

2940. Les transferts d'autorité relatifs à des immeubles par le gouvernement du Québec en faveur du gouvernement du Canada, et inversement, sont admis à la publicité.

Il en est de même des transferts d'autorité par le gouvernement du Canada ou par le gouvernement du Québec en faveur de personnes morales de droit public, et inversement.

L'inscription du transfert s'obtient par la présentation d'un avis qui désigne l'immeuble visé, précise l'étendue de l'autorité transférée, ainsi que la durée du transfert, et qui indique la loi en vertu de laquelle le transfert est fait.

TITRE DEUXIÈME
DES EFFETS DE LA PUBLICITÉ

CHAPITRE PREMIER
DE L'OPPOSABILITÉ

2941. La publicité des droits les rend opposables aux tiers, établit leur rang et, lorsque la loi le prévoit, leur donne effet.

Entre les parties, les droits produisent leurs effets, encore qu'ils ne soient pas publiés, sauf disposition expresse de la loi.

2942. Le renouvellement de la publicité d'un droit se fait par avis, de la manière prescrite par les règlements pris en application du présent livre; ce renouvellement conserve à ce droit son caractère d'opposabilité à son rang initial.

resiliation or eventual extinction of any right which shall or may be published, and any transfer or transmission of such rights, themselves shall or may be published. [1992, ch. 57, s. 716].

2940. Transfers of authority over immovables between the governments of Québec and Canada may be published.

Transfers of authority between the government of Québec or Canada and legal persons established in the public interest may also be published.

Registration of a transfer is obtained by filing a notice describing the immovable to be transferred and specifying the extent of the authority transferred, the term of the transfer and under which Act it is made.

TITLE TWO
EFFECTS OF PUBLICATION

CHAPTER I
SETTING UP OF RIGHTS

2941. Publication of rights allows them to be set up against third persons, establishes their rank and, where the law so provides, gives them effect.

Rights produce their effects between the parties even before publication, unless the law expressly provides otherwise.

2942. The publication of a right is renewed by notice, in the manner prescribed in the regulations under this Book; such renewal preserves the opposability of the right at its original rank.

2943. Un droit qui est inscrit sur le registre foncier à l'égard d'un immeuble qui a fait l'objet d'une immatriculation est réputé connu de celui qui acquiert ou publie un droit sur le même immeuble.

Un droit inscrit sur le registre des droits personnels et réels mobiliers, ou sur le registre foncier à l'égard d'un immeuble non immatriculé, est présumé connu de celui qui acquiert ou publie un droit sur le même bien.

2944. L'inscription d'un droit sur le registre des droits personnels et réels mobiliers ou sur le registre foncier emporte, à l'égard de tous, présomption simple de l'existence de ce droit.

L'inscription sur le registre foncier d'un droit de propriété dans un immeuble qui a fait l'objet d'une immatriculation, si elle n'est pas contestée dans les dix ans, emporte de même présomption irréfragable de l'existence du droit.

CHAPITRE DEUXIÈME
DU RANG DES DROITS

2945. À moins que la loi n'en dispose autrement, les droits prennent rang suivant la date, l'heure et la minute inscrites sur le bordereau de présentation, pourvu que les inscriptions soient faites sur les registres appropriés.

Lorsque la loi autorise ce mode de publicité, les droits prennent rang suivant le moment de la remise du bien ou du titre au créancier.

2946. De deux acquéreurs d'un immeuble qui tiennent leur titre du même auteur, le droit est acquis à celui qui, le premier, publie son droit.

2943. A right that has been registered in the land register in respect of an immovable that has been immatriculated is deemed known by a person acquiring or publishing a right in the same immovable.

A right registered in the register of personal and movable real rights, or in the land register in respect of an immovable that has not been immatriculated, is presumed known by a person acquiring or publishing a right in the same property.

2944. Registration of a right in the register of personal and movable real rights or the land register carries, in respect of all persons, simple presumption of the existence of that right.

Registration in the land register of a right of ownership in an immovable that has been immatriculated carries the same irrefutable presumption of the existence of the right if not contested within ten years.

CHAPTER II
RANKING OF RIGHTS

2945. Unless otherwise provided by law, rights rank according to the date, hour and minute entered on the memorial of presentation, provided that the entries have been made in the proper registers.

Where publication by delivery is authorized by law, rights rank according to the time at which the property or title is delivered to the creditor.

2946. Where two acquirers of an immovable hold their title from the same predecessor in title, the right is acquired by the acquirer who first publishes his right.

2947. Lorsque des inscriptions concernant le même bien et des droits de même nature sont requises en même temps, les droits viennent en concurrence.

2948. L'hypothèque immobilière ne prend rang qu'à compter de l'inscription du titre du constituant, mais après l'hypothèque du vendeur créée dans l'acte d'acquisition du constituant.

Si plusieurs hypothèques ont été inscrites avant le titre du constituant, elles prennent rang suivant l'ordre de leur inscription respective.

2949. L'hypothèque qui grève une universalité d'immeubles ne prend rang, à l'égard de chaque immeuble, qu'à compter de l'inscription de l'hypothèque sur chacun d'eux.

L'inscription de l'hypothèque sur les immeubles acquis postérieurement s'obtient par la présentation d'un avis désignant l'immeuble acquis, faisant référence à l'acte constitutif d'hypothèque et indiquant la somme déterminée pour laquelle cette hypothèque a été consentie.

Toutefois, si l'hypothèque n'a pas été publiée au bureau de la circonscription foncière où se trouve l'immeuble acquis postérieurement, l'inscription de l'hypothèque s'obtient par le moyen d'un sommaire de l'acte constitutif, qui contient la désignation de l'immeuble acquis.

2950. L'hypothèque qui grève une universalité de meubles ne prend rang, à l'égard de chaque meuble composant l'universalité, qu'à compter de l'inscription qui en est faite sur le registre, sous la désignation du constituant et sous l'indication de la nature de l'universalité.

2947. Where several registrations concerning the same property and rights of the same nature are requested at the same time, the rights rank concurrently.

2948. An immovable hypothec ranks only from registration of the grantor's title, but after the vendor's hypothec created in the grantor's act of acquisition.

If several hypothecs have been registered before the grantor's title, they rank in the order of their respective registrations.

2949. A hypothec affecting a universality of immovables ranks, in respect of each immovable, only from the time of registration of the hypothec against each.

Registration of a hypothec against immovables acquired subsequently is obtained by presenting a notice containing the description of the immovable acquired and a reference to the act creating the hypothec, and setting forth the specific amount for which the hypothec was granted.

However, if the hypothec was not published at the office of the registration division in which the immovable acquired subsequently is located, its registration is obtained by means of a summary of the act creating the hypothec, containing a description of the acquired immovable.

2950. A hypothec affecting a universality of movables ranks, in respect of each movable included in the universality, only from registration thereof in the register, under the description of the grantor and under the indication of the nature of the universality.

2951. L'hypothèque qui grevait un meuble incorporé ultérieurement à un immeuble et devenue immobilière ne peut être opposée aux tiers qu'à compter de son inscription sur le registre foncier.

Entre l'hypothèque qui grevait un meuble ultérieurement incorporé à un immeuble et l'hypothèque immobilière qui concerne le même immeuble, la priorité de rang est acquise à la première hypothèque inscrite sur le registre foncier.

L'inscription sur le registre foncier de l'hypothèque qui grevait le meuble s'obtient par la présentation d'un avis désignant l'immeuble visé, faisant référence à l'acte constitutif d'hypothèque, à l'inscription de celle-ci sur le registre des droits personnels et réels mobiliers et indiquant la somme déterminée pour laquelle cette hypothèque a été consentie.

2952. Les hypothèques légales en faveur des personnes qui ont participé à la construction ou à la rénovation d'un immeuble prennent rang avant toute autre hypothèque publiée, pour la plus-value apportée à l'immeuble; entre elles, ces hypothèques viennent en concurrence, proportionnellement à la valeur de chacune des créances.

2953. Les hypothèques grevant des meubles qui ont été transformés, mélangés ou unis, de telle sorte qu'un meuble nouveau en est résulté, prennent le rang de la première hypothèque qui a été publiée sur l'un des biens qui ont servi à former le meuble nouveau, pourvu que la publicité de l'hypothèque grevant le meuble qui a été transformé, mélangé ou uni ait été renouvelée sur le meuble nouveau; ces hypothèques

2951. A hypothec on a movable subsequently incorporated into an immovable, having become an immovable hypothec, may not be set up against third persons before its registration in the land register.

The first hypothec registered in the land register has priority of rank, whether it be the hypothec on the movable subsequently incorporated into the immovable, or the immovable hypothec on the same immovable.

Registration in the land register of the hypothec on the movable is obtained by presenting a notice containing the description of the immovable concerned, a reference to the act creating the hypothec and its registration in the register of personal and movable real rights, and an indication of the particular sum for which the hypothec was granted.

2952. Legal hypothecs in favour of persons having taken part in the construction or renovation of an immovable are ranked before any other published hypothec, for the increase in value added to the immovable; such hypothecs rank concurrently among themselves, in proportion to the value of each claim.

2953. Hypothecs on movables that have been transformed, mixed or combined so as to form a new movable take the rank of the first hypothec published against any property having served to form the new movable, provided that the registration of the hypothec on the movable that was transformed, mixed or combined has been renewed against the new movable; if that is the case, the hypothecs rank concurrently, in propor-

viennent alors en concurrence, proportionnellement à la valeur respective des meubles ainsi transformés, mélangés ou unis.

2954. L'hypothèque mobilière qui, au moment où elle a été acquise, l'a été sur le meuble d'autrui ou sur un meuble à venir, prend rang à compter du moment où elle a été publiée, mais, le cas échéant, après l'hypothèque du vendeur créée dans l'acte d'acquisition du constituant si cette hypothèque est publiée dans les quinze jours de la vente.

2955. L'inscription de l'avis de clôture détermine le rang de l'hypothèque ouverte.

Si plusieurs hypothèques ouvertes ont fait l'objet d'un avis de clôture, elles prennent rang suivant leur inscription respective, sans égard à l'inscription des avis de clôture.

2956. La cession de rang entre créanciers hypothécaires doit être publiée.

Lorsqu'elle a lieu, une interversion s'opère entre les créanciers dans la mesure de leurs créances respectives, mais de manière à ne pas nuire aux créanciers intermédiaires, s'il s'en trouve.

CHAPITRE TROISIÈME
DE CERTAINS AUTRES EFFETS

2957. La publicité n'interrompt pas le cours de la prescription.

Néanmoins, tant qu'elle subsiste, la publicité du droit de propriété dans un immeuble qui a fait l'objet d'une immatriculation interrompt la prescription acquisitive de ce droit.

tion to the amount of each movable thus transformed, mixed or combined.

2954. A movable hypothec acquired on the movable of another or on a future movable ranks from the time of its registration but after the vendor's hypothec, if any, created in the grantor's act of acquisition, provided it is published within fifteen days after the sale.

2955. Registration of the notice of crystallization determines the rank of a floating hypothec.

If several floating hypothecs are the subject of notices of crystallization, they rank among themselves from their respective registrations, regardless of the registration of the notices of crystallization.

2956. Cession of rank between hypothecary creditors shall be published.

Where it occurs, the rank of the creditors is inverted, to the extent of their respective claims, but in such a manner as not to prejudice any intermediate creditors.

CHAPTER III
OTHER EFFECTS

2957. Publication does not interrupt prescription.

However, publication of the right of ownership in an immatriculated immovable interrupts acquisitive prescription of that right as long as the publication subsists.

2958. Le créancier qui saisit un immeuble ne peut se voir opposer les droits publiés après l'inscription du procès-verbal de saisie, pourvu que celle-ci soit suivie d'une vente en justice.

2959. L'inscription d'une hypothèque conserve au créancier, au même rang que le capital, les intérêts échus de l'année courante et des trois années précédentes.

De même, l'inscription d'un droit de rente conserve au crédirentier, au même rang que la prestation, les redevances de l'année courante et les arrérages des trois années précédentes.

2960. Le créancier ou le crédirentier n'a d'hypothèque pour le surplus des intérêts échus ou des arrérages de rente, qu'à compter de l'inscription d'un avis indiquant le montant réclamé.

Néanmoins, les intérêts échus ou les arrérages dus lors de l'inscription de l'hypothèque ou de la rente et dont le montant est indiqué dans la réquisition sont conservés par cette inscription.

2961. La substitution n'a d'effet, à l'égard des biens acquis en remploi de biens substitués, que s'il en est fait mention dans l'acte d'acquisition et que cette substitution est publiée.

La publicité de la substitution ne porte pas atteinte aux droits des tiers qui ont déjà publié les droits qu'ils tiennent du grevé en vertu d'un acte à titre onéreux.

CHAPITRE QUATRIÈME
DE LA PROTECTION DES TIERS
DE BONNE FOI

2962. Celui qui acquiert un droit réel sur un immeuble qui a fait l'objet d'une im-

2958. Rights published after the registration of the minutes of the creditor's seizure of an immovable may not be set up against that creditor, provided the seizure is followed by a judicial sale.

2959. Registration of a hypothec preserves, in favour of the creditor, the same rank for the interest due for the current year and the three preceding years as for the capital.

Similarly, the registration of an annuity preserves, in favour of the annuitant, the same rank for the periodic payments for the current year and the arrears for the three preceding years as for the prestation.

2960. The creditor or annuitant has a hypothec for the surplus of interest due or arrears of annuity only from the time of registration of a notice setting forth the amount claimed.

However, interest due or arrears owing at the time of registration of the hypothec or annuity are preserved by the registration if the amount is stated in the application.

2961. Substitution has no effect in respect of property acquired in replacement of substituted property unless the substitution is mentioned in the act of acquisition and is published.

Publication of the substitution does not affect the rights of third persons who have already published the rights they derive from the institute under an act by onerous title.

CHAPTER IV
PROTECTION OF THIRD PERSONS IN
GOOD FAITH

2962. A person who acquires a real right in an immovable which has been imma-

matriculation, en se fondant de bonne foi sur les inscriptions du registre, est maintenu dans son droit, si celui-ci a été publié.

2963. L'avis donné ou la connaissance acquise d'un droit non publié ne supplée jamais le défaut de publicité.

2964. Le défaut de publicité peut être opposé par tout intéressé à toute personne, même mineure ou placée sous un régime de protection, ainsi qu'à l'État.

2965. Tout intéressé peut demander au tribunal, en cas d'erreur, de faire rectifier ou radier une inscription.

CHAPITRE CINQUIÈME
DE LA PRÉINSCRIPTION

2966. Toute demande en justice qui concerne un droit réel soumis ou admis à l'inscription sur le registre foncier, peut, au moyen d'un avis, faire l'objet d'une préinscription.

La demande en justice qui concerne un droit réel mobilier qui a été inscrit sur le registre des droits personnels et réels mobiliers, peut aussi, au moyen d'un avis, faire l'objet d'une préinscription.

2967. Lorsque, par suite du recel, de la suppression ou de la contestation d'un testament, ou à cause de tout autre obstacle, une personne se trouve, sans sa faute, hors d'état de publier un droit résultant de ce testament, elle peut, pour conserver ce droit, procéder, dans l'année qui suit le décès, à la préinscription du droit auquel elle prétend par la présentation d'un avis.

2968. Sont réputés publiés à compter de la préinscription les droits qui font

triculated, relying in good faith on the entries in the registers, is secure in his right if it has been published.

2963. Notice given or knowledge acquired of a right that has not been published never compensates for absence of publication.

2964. Absence of publication may be set up by any interested person against any person, even a minor or a protected person, and against the State.

2965. Every interested person may apply to the court, in cases of error, to obtain the correction or cancellation of a registered entry.

CHAPTER V
ADVANCE REGISTRATION

2966. Any judicial demand concerning a real right which shall or may be published in the land register may, by means of a notice, be the subject of an advance registration.

A judicial demand concerning a movable real right entered in the register of personal and movable real rights may also, by means of a notice, be the subject of an advance registration.

2967. Where a person is, through no fault of his own, prevented from publishing a right arising from a will by reason of the concealment, destruction or contestation of the will or of any other obstacle, he may, to preserve that right, make an advance registration of the right he claims by presenting a notice within one year after the testator's death.

2968. Rights which are the object of a judgment or transaction terminating an

l'objet du jugement ou de la transaction qui met fin à l'action, pourvu qu'ils soient publiés dans les trente jours qui suivent celui où le jugement est passé en force de chose jugée ou celui de la transaction.

Sont aussi réputés publiés depuis la préinscription les droits résultant d'un testament que l'on était empêché de publier, pourvu que le testament soit publié dans les trente jours qui suivent celui où l'obstacle a cessé, ou encore celui où il a été obtenu ou vérifié, et, au plus tard, dans les trois ans de l'ouverture de la succession.

action are deemed published from the time of their advance registration, provided they are published within thirty days after the judgment acquires the authority of a final judgment (*res judicata*) or the transaction takes place.

Rights under a will that was prevented from being published are also deemed published from the time of their advance registration, provided the will is published within thirty days after the obstacle is removed or after the will is obtained or probated and within three years from the opening of the succession.

TITRE TROISIÈME
DES MODALITÉS DE LA PUBLICITÉ

TITLE THREE
FORMALITIES OF PUBLICATION

CHAPITRE PREMIER
DES REGISTRES OÙ SONT INSCRITS LES DROITS

CHAPTER I
REGISTERS OF RIGHTS

SECTION I
DISPOSITIONS GÉNÉRALES

SECTION I
GENERAL PROVISIONS

2969. Il est tenu, au bureau de la publicité des droits de chacune des circonscriptions foncières, un registre foncier, de même que tout autre registre dont la tenue est prescrite par la loi ou par les règlements pris en application du présent livre.

En outre, il est tenu, dans le bureau de la publicité des droits personnels et réels mobiliers, un registre de ces droits pour le Québec. [1998, c. 5, art. 14].

2970. La publicité des droits qui concernent un immeuble se fait au registre foncier du bureau de la publicité des droits dans le ressort duquel est situé l'immeuble.

La publicité des droits qui concernent un meuble et celle de tout autre droit s'opère par l'inscription du droit sur

2969. A land register is kept in every registry office of every registration division, together with any other register the keeping of which is prescribed by law or the regulations under this Book.

In addition, a register of personal and movable real rights for Québec is kept in the registry office for personal and movable real rights. [1998, ch. 5, s. 14].

2970. Publication of rights concerning an immovable is made in the land register of the registry office of the division in which the immovable is situated.

Rights concerning a movable and any other rights are published by registration in the register of personal and

le registre des droits personnels et réels mobiliers; si le droit réel mobilier porte aussi sur un immeuble, l'inscription doit également être faite sur le registre foncier suivant les normes applicables à ce registre et déterminées par le présent livre ou par les règlements pris en application du présent livre.

2971. Les registres et les documents conservés par les bureaux de la publicité des droits, incluant les bordereaux de présentation, sont des documents publics; ils peuvent être consultés selon les modalités prévues par les règlements pris en application du présent livre.

2971.1. Nul ne peut utiliser les renseignements figurant sur les registres et documents conservés par les bureaux de la publicité des droits de manière à porter atteinte à la réputation ou à la vie privée d'une personne désignée dans ces registres et documents. [1998, c. 5, art. 15].

SECTION II
DU REGISTRE FONCIER

2972. Le registre foncier d'un bureau de la publicité des droits est constitué d'autant de livres fonciers qu'il y a de cadastres dans le ressort du bureau.

Chaque livre foncier comprend autant de fiches immobilières qu'il y a de lots marqués sur le plan cadastral; sur chaque fiche sont répertoriées les inscriptions qui concernent l'immeuble.

2973. S'il est constitué sur l'immeuble un droit d'emphytéose, l'officier de la publicité des droits établit, de la manière prévue par les règlements pris en application du présent livre, une fiche complémentaire. La réquisition d'inscription du droit doit indiquer à l'officier les inscriptions faites sur la fiche principale à

movable real rights; if the movable real right also pertains to an immovable, registration shall also be made in the land register in accordance with the standards applicable to that register and determined by this Book or by the regulations under this Book.

2971. The registers and documents kept by registry offices, including memorials of presentation, are public documents; they may be examined in accordance with the procedure prescribed in the regulations under this Book.

2971.1. No one may use the information contained in the registers and documents kept in registry offices in such a manner as to damage the reputation or invade the privacy of a person identified in such a register or document. [1998, ch. 5, s. 15].

SECTION II
LAND REGISTER

2972. The land register of a registry office consists of the land books, namely one land book for each of the cadastres in the territory of that office.

Each land book is made up of the same number of land files as there are lots delineated on the cadastral plan; each land file lists all the entries which concern the immovable.

2973. If the immovable is charged with a right of emphyteusis, the registrar opens a complementary file in the manner prescribed by the regulations under this Book. The registrations made in the main file to be carried over to the complementary file, or those made in the complementary file to be carried over to

671

reporter sur la fiche complémentaire, ou celles faites sur la fiche complémentaire à reporter sur les fiches complémentaires nouvelles.

Il en est de même dans le cas où une convention d'indivision identifie la part de chaque indivisaire, qu'il y a attribution d'un droit d'usage ou de jouissance exclusive sur une partie de l'immeuble et qu'il y a réquisition expresse d'établissement d'une fiche complémentaire pour chaque partie qui a fait l'objet de l'attribution.

2974. S'il est constitué sur l'immeuble un droit d'usufruit ou d'usage, ou s'il y a attribution d'un droit d'usage ou de jouissance exclusive sur une partie de l'assiette de ces droits, ou si, suivant la déclaration de copropriété, une fraction de copropriété peut être détenue par plusieurs personnes ayant chacune un droit de jouissance, périodique et successif, de la fraction, l'officier établit, lorsque les règlements pris en application du présent livre le permettent et qu'il y a réquisition expresse à cet effet, une fiche complémentaire.

2975. L'inscription d'un droit sur la fiche complémentaire établie pour un droit d'emphytéose, pour la partie de l'assiette de ce droit ou de la copropriété indivise qui a fait l'objet de l'attribution d'un droit d'usage ou de jouissance exclusive, n'a pas à être reportée sous le numéro de la fiche principale.

Les fiches complémentaires sont établies et clôturées suivant les modalités prescrites par les règlements.

2976. Lorsqu'une portion du territoire d'une circonscription foncière n'est pas cadastrée, le registre comprend, pour cette portion, un seul livre foncier.

the new complementary files, shall be indicated to the registrar in the application for registration of the right.

The same rule applies where the share of each co-owner is identified in an indivision agreement, where a right of exclusive use and enjoyment is granted on part of the immovable and where an express application has been made for the opening of a complementary file for each part in respect of which that right is granted.

2974. If a right of usufruct or of use is established on an immovable, or if a right of exclusive use and enjoyment is awarded on a part of the *situs* of such a right, or if, under the declaration of co-ownership, a fraction of co-ownership may be held by several persons each having a periodic and successive right of enjoyment of that fraction, the registrar, where the regulations under this Book permit and where there is a direct application therefor, establishes a complementary file.

2975. Registration in a complementary file of a right established for a right of emphyteusis, for the part of the *situs* of the right or the share of the undivided co-ownership for which a right of exclusive use and enjoyment has been granted is not required to be carried over to the registration number of the main file.

Complementary files are opened and closed in accordance with the terms and conditions prescribed by regulation.

2976. Where part of the territory of a registration division has no cadastral survey, the register contains only one land book for that part.

672

Ce livre est constitué d'autant de fiches immobilières qu'il y a d'immeubles non immatriculés dans cette portion de territoire, même si ces immeubles appartiennent à un même propriétaire.

Malgré ce qui précède, les fiches immobilières établies sous un numéro d'ordre pour un droit réel d'exploitation de ressources de l'État, qui s'exerce en territoire cadastré, ou pour un réseau de services publics situé en territoire cadastré, font partie de ce livre foncier.

2977. Dans un territoire non cadastré et, le cas échéant, lorsque la loi le permet, en territoire cadastré, la fiche immobilière est désignée par un numéro d'ordre établi de la manière prévue aux règles d'application.

2978. Le propriétaire de plusieurs immeubles non immatriculés mais contigus, grevés des mêmes droits réels et situés dans une même circonscription foncière, peut requérir de l'officier de la publicité des droits qu'il regroupe, sur une même fiche immobilière, les fiches établies pour chacun des immeubles.

Le titulaire d'un droit réel d'exploitation de ressources de l'État dont l'assiette n'est pas immatriculée peut faire la même réquisition, pourvu que les droits réels d'exploitation soient de même nature, de même durée, contigus et grevés des mêmes droits réels.

Le propriétaire ou le titulaire présente une réquisition désignant l'immeuble qui résulte de ce regroupement, indiquant les fiches visées et les inscriptions subsistantes à reporter sur la nouvelle fiche. L'officier de la publicité indique la concordance entre les fiches anciennes et la nouvelle et procède au report des inscriptions.

This land book consists of as many land files as there are immovables without immatriculation in that part of the territory, even if those immovables belong to the same owner.

Notwithstanding the foregoing, any land file opened under a serial number for a real right of State resource development exercised in a territory with a cadastral survey, or for a public service network situated in a territory with a cadastral survey, forms part of that land book.

2977. In territories without a cadastral survey, and in territories with a cadastral survey where permitted by law, each land file is designated by a serial number established in the manner prescribed in the regulations.

2978. The owner of several immovables not immatriculated but contiguous, charged with the same real rights and situated in the same registration division, may require the registrar to consolidate the files opened for each immovable into a single file.

The same applies to the holder of a real right of State resource development of which the *situs* is not immatriculated, provided the real rights of development are of the same nature, of the same duration, contiguous and charged with the same real rights.

The owner or holder presents an application containing the description of the immovable resulting from the consolidation and identifying the related land files and any subsisting entries to be carried over to the new land file. The registrar indicates the correspondence between the old and the new land files and carries over the entries.

2979. Tout morcellement d'un immeuble non immatriculé donne lieu à l'établissement de nouvelles fiches immobilières.

Le document constatant le morcellement doit comporter une déclaration, incluse ou annexée, désignant les immeubles visés et indiquant la fiche primitive et les inscriptions à reporter sur les nouvelles fiches.

L'officier de la publicité établit la concordance entre l'ancienne fiche et les nouvelles et procède au report des inscriptions.

SECTION III
DU REGISTRE DES DROITS
PERSONNELS ET RÉELS MOBILIERS

2980. Le registre des droits personnels et réels mobiliers est constitué, en ce qui concerne les droits personnels, de fiches tenues par ordre alphabétique, alphanumérique ou numérique, sous la désignation des personnes nommées dans les réquisitions d'inscription et, en ce qui concerne les droits réels mobiliers, de fiches tenues par catégories de biens ou d'universalités, sous la désignation des meubles grevés ou l'indication de la nature de l'universalité ou, encore, de fiches tenues sous le nom du constituant.

Sur chaque fiche sont répertoriées les inscriptions qui concernent la personne ou le meuble.

CHAPITRE DEUXIÈME
DES RÉQUISITIONS D'INSCRIPTION

SECTION I
RÈGLES GÉNÉRALES

2981. Les réquisitions d'inscription sur le registre foncier ou sur le registre des droits personnels et réels mobiliers désignent les titulaires et constituants

2979. Upon any partition of an immovable which has not been immatriculated, new land files are opened.

In the document evidencing the partition shall be included a declaration containing a description of the immovables concerned and identifying the original land file and any subsisting entries to be carried over to the new land files.

The registrar establishes the correspondence between the old and the new land files and carries over the entries.

SECTION III
REGISTER OF PERSONAL AND MOVABLE
REAL RIGHTS

2980. The register of personal and movable real rights consists, with respect to personal rights, of files kept in alphabetical, alphanumerical or numerical order, under the description of the persons named in the application for registration and, with respect to movable real rights, of files kept by categories of property or of universalities, under the designation of the movables charged or the indication of the nature of the universality, or of files under the name of the grantor.

The registrations pertaining to the person or the movable property are listed in each file.

CHAPTER II
APPLICATIONS FOR REGISTRATION

SECTION I
GENERAL RULES

2981. Applications for registration in the land register or in the register of personal and movable real rights identify the holders and grantors of the rights, state the

674

des droits, qualifient ces droits, désignent les biens visés et mentionnent tout autre fait pertinent à des fins de publicité, ainsi qu'il est prescrit par la loi ou par les règlements pris en application du présent livre.

2982. La réquisition d'inscription sur le registre foncier est présentée au bureau de la publicité des droits dans le ressort duquel est situé l'immeuble.

Elle se fait par la présentation de l'acte lui-même ou d'un extrait authentique de celui-ci s'ils ne contiennent que l'information prescrite par les règlements; elle peut aussi se faire par le moyen d'un sommaire qui résume le document et contient l'information prescrite par les règlements. La réquisition se fait aussi, lorsque la loi le prévoit, au moyen d'un avis.

En outre, la réquisition peut, s'il s'agit d'une hypothèque, d'une restriction au droit de disposer, ou d'un droit dont la durée est déterminée, fixer la date extrême d'effet de l'inscription.

2983. La réquisition d'inscription sur le registre des droits personnels et réels mobiliers est produite en un seul exemplaire au registre central; elle se fait par la présentation d'un avis, à moins que la loi ou les règlements n'en disposent autrement.

La réquisition d'inscription sur le registre d'une hypothèque ou d'une restriction au droit de disposer, ou d'un droit dont la durée est déterminée, doit fixer la date extrême d'effet de l'inscription.

2984. Les réquisitions d'inscription sont signées, attestées et présentées de la manière prévue par la loi, le présent titre ou les règlements.

nature of the rights, describe the property concerned and mention any other fact pertaining to publication, as prescribed by law or by the regulations under this Book.

2982. An application for registration in the land register is presented at the registry office of the division in which the immovable is situated.

The application is made by presenting the act itself or an authentic extract thereof, containing only the information prescribed by regulation; it may also be made by means of a summary of the document setting out the particulars prescribed by regulation. Where the law so provides, the application may also be made by means of a notice.

In addition, the application may, in the case of a hypothec, a restriction on the right to alienate or a right of fixed duration, establish the date on which the registration ceases to have effect.

2983. A single copy of an application for registration in the register of personal and movable real rights is filed in the central register; application is made by the presentation of a notice, unless otherwise provided by law or the regulations.

In an application for registration in the register of a hypothec or a restriction of the right to alienate, or a right with a fixed term, a date after which the registration ceases to be effective shall be fixed.

2984. Applications for registration are signed, certified and presented in the manner prescribed by law, this Title or the regulations.

2985. La personne qui requiert une inscription sur le registre foncier est tenue de présenter, à des fins de conservation et de consultation, avec le sommaire, l'acte, l'extrait ou tout autre document qui en fait l'objet.

2986. Quelle que soit la forme que prenne la réquisition d'inscription, seuls sont publiés les droits qui sont énoncés à la réquisition et qui doivent être inscrits sur le registre.

Néanmoins, pour préciser l'assiette ou l'étendue du droit, il est permis, lorsque les règlements l'autorisent, de faire référence, dans l'inscription, au document en vertu duquel celle-ci est requise.

2987. Lorsque la réquisition d'inscription se fait par la présentation d'un sommaire, on ne peut utiliser le même sommaire pour résumer des documents qui ne se complètent pas ou qui n'ont aucune relation entre eux.

Il suffit cependant d'un seul sommaire lorsque le droit qu'on entend publier est constaté dans plusieurs documents.

SECTION II
DES ATTESTATIONS

2988. Le notaire qui reçoit un acte visant l'inscription ou la suppression d'un droit sur le registre foncier, ou la réduction d'une inscription, est tenu d'attester qu'il a vérifié l'identité, la qualité et la capacité des parties, que le document traduit la volonté exprimée par les parties et, le cas échéant, que le titre du constituant ou du dernier titulaire du droit visé est déjà valablement publié.

2989. L'arpenteur-géomètre est tenu d'attester qu'il a vérifié l'identité, la

2985. Every person requiring registration in the land register is bound to present, in addition to the summary, the act itself, the extract or any document summarized in the extract or summary, for conservation and consultation. [1992, ch. 57, s. 716].

2986. Whatever the form of the application for registration, only those rights which are set out in the application and which shall be entered in the register are published.

Nevertheless, where authorized by regulation, reference in the registration to the document under which registration is required is permitted to identify the *situs* of the right or the extent of the right.

2987. Where an application for registration is made by the presentation of a summary, that summary may not be used to summarize non-complementary or unrelated documents.

However, one summary is sufficient where the right intended to be published is evidenced in several documents.

SECTION II
CERTIFICATES

2988. The notary who receives an act concerning registration of a right in or removal of a right from the land register, or reduction of an entry is bound to certify that he has verified the identity, quality and capacity of the parties, that the document represents the will expressed by the parties and, where applicable, that the title of the grantor or last holder of the right concerned has been previously and validly published.

2989. A land surveyor is bound to certify that he has verified the identity, quality

qualité et la capacité des parties à un procès-verbal de bornage dressé par lui, même celui fait sans formalité; le cas échéant, il est tenu d'attester que le document traduit la volonté exprimée par les parties.

2990. Les officiers de justice, les syndics de faillite, les secrétaires ou greffiers municipaux et les officiers ministériels rédacteurs d'actes authentiques ou publics doivent attester qu'ils ont vérifié l'identité des personnes visées par les actes dressés par eux et soumis à la publicité foncière.

2991. L'acte sous seing privé visant l'inscription ou la suppression d'un droit sur le registre foncier, ou la réduction d'une inscription, doit indiquer la date et le lieu où il a été dressé; il y est joint l'attestation par un notaire ou un avocat qu'il a vérifié l'identité, la qualité et la capacité des parties, la validité de l'acte quant à sa forme, que le document traduit la volonté exprimée par les parties et, le cas échéant, que le titre du constituant ou du dernier titulaire du droit visé est déjà valablement publié.

Lorsque l'acte sous seing privé contient des informations autres que celles qui sont prescrites par les règlements, la réquisition d'inscription prend la forme d'un sommaire.

2992. Lorsque l'inscription sur le registre foncier est requise au moyen d'un sommaire, l'attestation du notaire ou de l'avocat qui dresse le sommaire du document porte en outre sur l'exactitude du contenu du sommaire.

2993. L'attestation est consignée dans une déclaration qui énonce obligatoirement les nom, qualité et domicile de son auteur.

and capacity of the parties to the minutes of boundary determination drawn up by him, even informally; where applicable, he is bound to certify that the document represents the will expressed by the parties.

2990. Every officer of justice, trustee in bankruptcy, municipal secretary or clerk or ministerial officer drafting authentic or public acts shall certify that he has verified the identity of the persons contemplated in the acts drafted by him which require publication by registration in the land register.

2991. The date and place of drafting shall be indicated in any act in private writing concerning the registration or cancellation of a right in the land register or the reduction of a registration; such an act shall be accompanied with a certificate of a notary or advocate attesting that he has verified the identity, quality and capacity of the parties and the validity of the act as to its form, that the document represents the will expressed by the parties and, where applicable, that the title of the grantor or last holder of the right concerned has been previously and validly published.

Where the act in private writing contains information other than that prescribed by regulation, the application for registration shall be made in summary form.

2992. Where registration in the land register is required by means of a summary, the certificate of the notary or advocate who draws up the document also attests that the summary is accurate.

2993. The certificate is recorded in a declaration in which the name, quality and domicile of the person making it shall be set out.

Toutefois, l'apposition par un notaire de sa signature à un acte qu'il reçoit comporte, en elle-même, l'attestation prévue par l'article 2988. [1995, c. 33, art. 30].

However, the signature affixed by a notary to an act executed by him carries with it the certification required by article 2988. [1995, c. 33, s. 30].

2994. La réquisition d'inscription sur le registre foncier de droits constatés dans un acte qui n'a pas fait l'objet d'une attestation, au moment où l'acte a été dressé, doit prendre la forme d'un sommaire.

2994. An application for registration in the land register of rights evidenced in an act which was not attested at the time the act was drafted shall be made in the form of a summary.

L'identité, la qualité et la capacité des parties au sommaire, ainsi que l'exactitude de son contenu, doivent être attestées.

The identity, quality and capacity of the parties to the summary, and the accuracy of its contents, shall be attested.

2995. Aucune attestation de vérification n'est requise pour l'inscription sur le registre des droits personnels et réels mobiliers.

2995. No certificate of verification is required for the registration in the register of personal and movable real rights.

Pour l'inscription sur le registre foncier des déclarations de résidence familiale, des baux immobiliers ou des avis prévus par la loi, à l'exception des avis requis pour l'inscription d'une hypothèque légale ou mobilière, ou de l'avis cadastral d'inscription d'un droit, les documents présentés n'ont pas à être attestés par un notaire ou un avocat, mais par deux témoins, dont l'un sous serment.

Documents presented for registration in the land register of declarations of family residence, immovable leases or notices prescribed by law, other than notices required for the registration of a legal or movable hypothec or the cadastral notice for the registration of a right, need not be certified by a notary or advocate, but by two witnesses, including one under oath.

SECTION III
DE CERTAINES RÈGLES D'INSCRIPTION

SECTION III
SPECIAL REGISTRATION RULES

2996. Le procès-verbal de bornage est accompagné du plan qui s'y rapporte. Le cas échéant, le procès-verbal est présenté avec la réquisition d'inscription du jugement qui l'homologue. Il doit mentionner expressément que la limite entre les propriétés bornées coïncide avec la limite cadastrale des lots qui y sont visés.

2996. The minutes of boundary determination are presented with the related plan and, where applicable, with the application for registration of the judgment of homologation. An express statement that the boundary between the properties coincides with the boundaries between the corresponding lots on the cadastre shall be included in the minutes.

À défaut de cette mention, l'inscription du procès-verbal sur le registre foncier doit être refusée jusqu'à ce qu'une modification du plan soit déposée au bureau de la publicité des droits et qu'un avis de la modification relatif aux lots visés soit inscrit sur le registre foncier.

2997. Le dépôt d'un plan au bureau de la publicité des droits, en vertu d'une loi qui l'exige, vaut publicité de ce plan, dans la mesure où il est accompagné d'un avis désignant l'immeuble qui y est visé.

La présente disposition ne s'applique pas au dépôt de plans cadastraux.

2998. Les droits de l'héritier et du légataire particulier dans un immeuble de la succession sont publiés par l'inscription d'une déclaration faite par acte notarié en minute.

Toutefois, en matière mobilière, l'inscription du droit de l'héritier et du légataire particulier est admise seulement si elle concerne la transmission d'une créance hypothécaire, d'une restriction au droit de disposer, ou une préinscription. La déclaration prend la forme d'un avis, lequel fait référence, le cas échéant, au testament.

2999. La déclaration indique, quant au défunt, son nom, l'adresse de son dernier domicile, la date et le lieu de sa naissance, la date et le lieu de son décès, sa nationalité et son état civil, ainsi que son régime matrimonial, s'il y a lieu.

Elle indique également la nature légale ou testamentaire de la succession, la qualité d'héritier, de légataire particulier ou de conjoint, de même que le degré de parenté de chacun des héritiers avec le défunt, les renonciations, la

If the minutes do not state that the boundaries coincide, registration of the minutes in the land register shall be refused until an amendment to the plan is deposited in the registry office and notice of the amendment relating to the lots concerned is registered in the land register.

2997. The deposit of a plan in the registry office under an Act requiring it is equivalent to publication of the plan, provided it is accompanied with a notice containing the description of the immovable concerned.

This provision does not apply to the deposit of cadastral plans.

2998. The rights of an heir or of a legatee by particular title in an immovable of the succession are published by registration of a declaration made by notarial act *en minute.*

However, where movable property is concerned, the right of an heir or of a legatee by particular title may be registered only if it relates to the transmission of a hypothecary claim or of a restriction on the right to alienate, or to an advance registration. The declaration takes the form of a notice in which, where applicable, reference is made to the will.

2999. The declaration sets forth the name and last domiciliary address, the date and place of birth and of death, the nationality and civil status, and the matrimonial regime, if any, of the deceased.

It also sets forth whether the succession is legal or testamentary, the quality of the declarant as heir, legatee by particular title or spouse, the degree of relationship between each of the heirs and the deceased, any renunciations, the de-

désignation des biens et des personnes visées, ainsi que le droit de chacun dans les biens.

3000. Les avis de vente forcée et les autres avis prescrits au livre Des priorités et des hypothèques doivent être publiés.

Lorsqu'un immeuble fait l'objet d'une vente forcée ou consécutive à l'exercice d'un droit hypothécaire, il ne peut être délivré copie de l'acte constatant la vente avant que celle-ci n'ait été publiée, aux frais de l'acquéreur, par la personne habilitée à procéder à la vente. [1998, c. 5, art. 16].

3001. La personne habilitée à procéder à la vente aux enchères pour défaut de paiement de l'impôt foncier est tenue de présenter, dans les dix jours de l'adjudication, une liste désignant les immeubles vendus, leur acquéreur et leur dernier propriétaire et indiquant le mode d'acquisition et le numéro d'inscription du titre du dernier propriétaire.

La vente est inscrite avec la mention qu'il s'agit d'une adjudication pour défaut de paiement de l'impôt foncier.

3002. La réquisition fondée sur un jugement qui ordonne la rectification d'une inscription sur le registre foncier ou qui prononce la reconnaissance du droit de propriété dans un immeuble n'est admise que si le jugement est passé en force de chose jugée.

3003. Lorsqu'une hypothèque a été acquise par subrogation ou cession, la publicité de la subrogation ou de la cession se fait au bureau de la publicité des droits où l'hypothèque immobilière a été publiée, ou, s'il s'agit d'une hypothèque mobilière, au registre des droits personnels et réels mobiliers.

scription of the property and of the persons concerned, and the right of each in the property.

3000. Notices of forced sales and other notices prescribed in the Book on Prior Claims and Hypothecs shall be published.

Where an immovable is sold by way of a forced sale or a sale following the exercise of a hypothecary right, no copy of the act evidencing the sale may be issued before the sale is published, at the purchaser's expense, by the person entrusted with the sale. [1998, ch. 5, s. 16].

3001. The person entrusted with an auction sale for non-payment of immovable taxes is bound to present, within ten days after adjudication, a list identifying each immovable sold, its purchaser and last owner and indicating the mode of acquisition and the registration number of the title of the last owner.

The sale is registered with the mention that it was an adjudication for non-payment of immovable taxes.

3002. An application based on a judgment ordering the correction of an entry in the land register or pronouncing the recognition of a right of ownership in an immovable may be made only if the judgment has acquired the authority of a final judgment (*res judicata*).

3003. Where a hypothec is acquired by subrogation or assignment, publication of the subrogation or assignment is made at the registry office where the immovable hypothec was published or, in the case of a movable hypothec, in the register of personal and movable real rights.

Un état certifié de l'inscription faite sur le registre approprié doit être fourni au débiteur.

À défaut de l'accomplissement de ces formalités, la subrogation ou la cession est inopposable au cessionnaire subséquent qui s'y est conformé.

3004. Lorsque la subrogation à une créance hypothécaire est acquise de plein droit, la publicité de la subrogation s'opère par l'inscription de l'acte dont elle résulte; en l'absence d'acte, elle s'opère par la présentation d'un avis énonçant les causes de la subrogation.

3005. Le sommaire attesté par un notaire peut énoncer le numéro du lot ou de la fiche immobilière avec, le cas échéant, l'indication des tenants et aboutissants de l'immeuble sur lequel s'exerce le droit, même si ce numéro ne figure pas dans le document que le sommaire résume.

Le sommaire attesté par un avocat ou par un notaire peut, même si l'acte n'en fait pas mention, contenir l'indication de la date et du lieu de naissance des personnes qui y sont nommées, ainsi que les déclarations qu'exige la loi pour certaines mutations immobilières.

3006. Lorsque la loi prescrit que la réquisition doit être présentée accompagnée de documents, ces documents, s'ils sont rédigés dans une langue autre que le français ou l'anglais, doivent, en plus, être accompagnés d'une traduction vidimée au Québec.

CHAPITRE TROISIÈME
DES DEVOIRS ET FONCTIONS DE L'OFFICIER DE LA PUBLICITÉ DES DROITS

3007. L'officier de la publicité des droits reçoit les réquisitions et délivre à celui

A certified statement of registration in the appropriate register shall be furnished to the debtor.

If these formalities are not observed, the subrogation or assignment may not be set up against a subsequent assignee who has observed them.

3004. Where subrogation to a hypothecary claim is acquired by operation of law, publication of the subrogation is effected by registering the act from which it derives; if there is no act, publication of the subrogation is effected by presenting a notice stating the causes of the subrogation.

3005. A summary certified by a notary may set forth the lot number or the number of the land file and, if any, the description by metes and bounds of the immovable where the right is exercised even if the number does not appear in the document summarized in the summary.

A summary certified by an advocate or a notary may include, even if the act contains no mention thereof, the date and place of birth of the persons named therein, as well as the declarations required by law for certain transfers of immovables.

3006. Where the law prescribes that the application shall, upon presentation, be accompanied with other documents, any such documents drawn up in a language other than French or English shall themselves be accompanied with a translation authenticated in Québec.

CHAPTER III
DUTIES AND FUNCTIONS OF THE REGISTRAR

3007. The registrar receives the applications and issues to the person pre-

qui les présente un bordereau sur lequel il indique la date, l'heure et la minute exactes de leur présentation, ainsi que les mentions nécessaires pour identifier la réquisition.

Ensuite, au jour le jour, dans l'ordre de la présentation des réquisitions, il fait, avec la plus grande diligence, les inscriptions prescrites par la loi ou par les règlements pris en application du présent livre sur le registre approprié.

3008. L'officier s'assure que la réquisition présentée à l'appui d'une inscription sur un registre contient les mentions prescrites et qu'elle satisfait aux dispositions de la loi et des règlements pris en application du présent livre et, le cas échéant, que les documents qui doivent l'accompagner sont aussi présentés.

3009. Lorsque la réquisition d'inscription sur le registre foncier a été attestée par un avocat ou un notaire, l'identité et la capacité des parties sont tenues pour vérifiées et le sommaire du document est tenu pour être exact. Il en est de même de l'identité et de la capacité des parties à un procès-verbal de bornage attesté par un arpenteur-géomètre.

L'identité des personnes est aussi tenue pour vérifiée lorsqu'elle est attestée par l'une des personnes visées à l'article 2990.

L'identité des parties à toute autre réquisition d'inscription sur le registre foncier ou sur le registre des droits personnels et réels mobiliers est présumée exacte et leur capacité tenue pour vérifiée.

3010. Lorsque la réquisition présentée est irrecevable, ou qu'elle contient des inexactitudes ou des irrégularités, l'officier ne fait aucune inscription sur les

senting them a memorandum on which he indicates the exact date, hour and minute of presentation, as well as the particulars necessary for identifying the application.

Subsequently, day by day, in the order of presentation of applications, and with all possible diligence, he makes the entries prescribed by law or by the regulations under this Book in the appropriate register.

3008. The registrar ascertains that the application presented in support of an entry in a register contains the prescribed particulars and meets the requirements prescribed by law and the regulations under this Book and, where applicable, that the required documents are also presented.

3009. Where the application for registration in the land register has been attested by an advocate or a notary, the identity and capacity of the parties are held to have been verified and the summary of the document is held to be accurate. The same rule applies to the identity and capacity of the parties to minutes of boundary determination attested by a land surveyor.

The identity of the persons is also held to have been verified where it is attested by one of the persons mentioned in article 2990.

The identity of parties to any other application for registration in the land register or in the register of personal and movable real rights is presumed to be accurate and their capacity is held to have been verified.

3010. Where the application presented is not admissible or contains inaccuracies or irregularities, the registrar makes no entry in the registers, but informs the

registres; il informe le requérant des motifs du refus d'inscription.

3011. L'officier remet au requérant un état certifié de l'inscription qu'il a faite sur le registre, sur le fondement de la réquisition présentée. Un certificat peut aussi être apposé sur une copie de la réquisition faisant partie des archives du bureau de la publicité.

3012. Les réquisitions sont réputées présentées dès le moment de leur réception par l'officier chargé de la tenue du registre approprié.

Si plusieurs réquisitions parviennent au bureau de la publicité par le même courrier ou sont présentées par le même porteur, elles sont réputées présentées simultanément. Les réquisitions acheminées en bloc par un moyen technologique déterminé par les règlements sont assimilées à des réquisitions présentées simultanément; elles portent, toutefois, la date, l'heure et la minute de la réception de la dernière réquisition ainsi acheminée.

Celles qui parviennent au bureau de la publicité des droits en dehors des heures prévues pour la présentation des documents, sont réputées présentées à l'heure de la reprise de cette activité.

3013. L'officier ne peut, à moins que le tribunal n'en ordonne autrement, inscrire sur le registre foncier les droits indiqués sur la réquisition présentée, avant d'avoir vérifié que le titre du constituant ou du dernier titulaire du droit visé est déjà inscrit ou, s'il s'agit d'un titre originaire consenti par l'État, que le titre de celui-ci est présumé.

Cette règle ne s'applique pas aux baux immobiliers, aux hypothèques, ni aux droits acquis sans titre, notamment par accession naturelle.

applicant of the reasons for refusing registration.

3011. The registrar remits to the applicant a certified statement of the entry he has made in the register, on the basis of the application presented. A certificate may also be affixed to a copy of the application forming part of the records of the registry office.

3012. Applications are deemed presented from the time they are received by the registrar entrusted with the keeping of the proper register.

If several applications are delivered to the registry office by the same mail delivery or are presented by the same bearer, they are deemed presented simultaneously. Applications forwarded in bulk by a technological means determined by regulation are considered to be presented simultaneously; however, they all bear the date, hour and minute of reception of the last application forwarded in that way.

Applications delivered to the registry office outside the hours set aside for presentation of documents are deemed presented at the time of resumption of that activity.

3013. Unless otherwise ordered by the court, the registrar may not register in the land register the rights set out in the application presented before verifying that the title of the grantor or last holder of the right concerned has been previously registered or, in the case of an original title granted by the State, that the title of the State is presumed.

This rule does not apply to leases of immovables, hypothecs or rights acquired without a title, in particular by natural accession.

3014. Avant d'inscrire sur le registre approprié une subrogation, une cession de créance ou le renouvellement de la publicité d'un droit, l'officier doit vérifier le numéro d'inscription, s'il en existe, du titre de créance. En cas d'inexactitude, il refuse l'inscription.

3015. L'officier doit, lorsqu'il reçoit un avis du changement de nom du titulaire ou du constituant d'un droit publié, contenant la référence au numéro d'inscription de ce droit et accompagné d'une copie certifiée du document constatant le changement, porter celui-ci sur le registre approprié, établir la concordance entre le nom ancien et le nouveau et indiquer le numéro d'inscription du droit visé.

Pour obtenir l'inscription du changement de nom sur le registre foncier, l'avis doit aussi désigner l'immeuble visé.

3016. Lorsque l'officier constate une erreur matérielle dans un registre ou dans un certificat d'inscription, il procède à la rectification de la manière prescrite par règlement; lorsqu'il constate l'omission d'une inscription, il procède à l'inscription, à la suite de la dernière figurant sur le registre.

Lorsque le requérant constate que l'inscription portée par l'officier sur le registre est inexacte ou incomplète, il requiert l'officier de rectifier l'inscription.

Dans tous les cas, l'officier indique la date, l'heure et la minute de la rectification ou de l'inscription.

3017. L'officier est tenu de notifier, dans les meilleurs délais, à chaque personne qui a requis l'inscription de son adresse, que le bien sur lequel son droit est publié est l'objet d'un préavis d'exer-

3014. Before registering a subrogation, the assignment of a claim or the renewal of the registration of a right in the proper register, the registrar shall verify the registration number, if any, of the title of indebtedness. If the number is inaccurate, he refuses registration.

3015. The registrar, upon receiving notice of a change of name of the holder or grantor of a published right, containing a reference to the registration number of that right and accompanied with a certified copy of the document evidencing the change, shall enter the change in the proper register, establish the correspondence between the former name and the new name and indicate the registration number of the right concerned.

To obtain registration of a change of name in the land register, the description of the immovable concerned shall also be included in the notice.

3016. The registrar corrects any clerical error noted by him in a register or registration certificate in the manner prescribed by regulation; where he notes that an entry has been omitted, he makes that entry after the last entry appearing in the register.

Where the applicant notes that the registration entered in the register by the registrar is inaccurate or incomplete, he asks the registrar to correct it.

In all cases, the registrar indicates the date, hour and minute of the correction or entry.

3017. The registrar is bound to notify, as soon as possible, each person having required registration of his address, that the property in which he holds a published right is the subject of a notice of

cice d'un droit hypothécaire ou d'un préavis de vente pour défaut de paiement de l'impôt foncier. Il fait de même lorsqu'un avis exige l'abandon de la prise en paiement ou lorsque le bien doit être vendu sous l'autorité de la justice ou, s'il s'agit d'un immeuble a été adjugé pour défaut de paiement de l'impôt foncier ou fait l'objet d'une saisie; l'officier indique, le cas échéant, le lieu et la date de la vente.

Une telle notification doit être faite au procureur général lorsqu'il s'agit d'un bien grevé d'une hypothèque ou s'il s'agit d'une créance prioritaire publiée en faveur de l'État.

3018. L'officier ne peut, si ce n'est pour des fins prévues par règlement, utiliser les registres à d'autres fins que d'assurer, conformément à la loi, la publicité des droits qui y sont inscrits, notamment pour les rendre opposables aux tiers, établir leur rang ou leur donner effet.

Il ne peut, non plus, utiliser les registres pour fournir à quiconque une liste de propriétaires, de créanciers hypothécaires ou d'autres titulaires de droits, une liste de débiteurs ou de constituants de droits ou une liste des biens qu'une personne possède. De plus, aucune recherche dans le registre foncier effectuée à partir du nom d'une personne n'est admise, à moins qu'elle ne porte sur un immeuble situé en territoire non cadastré, un droit réel d'exploitation des ressources de l'État ou un réseau de services publics qui n'est pas immatriculé. [1998, c. 5, art. 17].

3019. L'officier est tenu de délivrer à toute personne qui le requiert un état certifié des droits inscrits sur les registres; l'état énonce la date, l'heure et la

intention to exercise a hypothecary right or a prior notice of sale for non-payment of immovable taxes. He does the same where a notice requires the abandonment of a taking in payment or where the property is to be sold by judicial authority or, in the case of an immovable, has been adjudicated for non-payment of immovable taxes, or is under seizure; the registrar indicates the place and date of any sale.

Similar notification shall be sent to the Attorney General in the case of any property charged with a hypothec or in the case of a published prior claim in favour of the State.

3018. The registrar may not, except for purposes prescribed by regulation, use the registers for purposes other than ensuring, in accordance with the law, the publication of the rights registered therein, particularly so as to render them effective against third persons, establish their rank and give them effect.

Nor may the registrar use the registers to furnish to any person a list of owners, hypothecary creditors or other holders of rights, a list of debtors or grantors of rights or a list of the properties owned by a person. Furthermore, no search in the land register by reference to a person's name is permitted, unless it concerns an immovable situated in a territory which has no cadastral survey, a real right of State resource development or a public service network which is not immatriculated. [1998, ch. 5, s. 17].

3019. The registrar is bound to issue to any person requesting it a certified statement of rights registered in the registers; the statement indicates the date, hour

minute de mise à jour du registre. Tout relevé qui est délivré par l'officier est certifié par lui.

Il est aussi tenu de fournir, à toute personne qui le demande, une copie des documents faisant partie des archives du bureau, ou un état certifié d'une inscription particulière.

3020. L'officier n'est pas responsable du préjudice pouvant résulter des renseignements qu'il a fournis, par suite d'une erreur qui n'est pas de son fait, dans l'identification d'une personne ou la désignation d'un bien.

3021. Les officiers sont tenus:

1° De conserver les documents déposés dans les bureaux de la publicité des droits;

2° De faire les inscriptions sur les registres de manière à assurer l'intégrité de l'information;

3° De préserver les inscriptions contre toute altération;

4° D'établir et de conserver dans un autre lieu que le bureau de la publicité, en sûreté, un exemplaire des registres tenus sur support informatique et de maintenir, à des fins d'archives, le relevé des inscriptions qui n'ont plus d'effet.

Ils ne peuvent ni se départir des registres et documents, ni être requis d'en produire une copie hors du bureau, sauf en justice, dans le cadre d'une procédure d'inscription en faux ou d'une contestation portant sur l'authenticité d'un document.

De même, ils ne peuvent ni corriger ni modifier les plans cadastraux; s'il s'y trouve des omissions ou des erreurs

and minute of the updating of the register. Any statement issued by the registrar is certified by him.

The registrar is also bound to issue, to any person requesting it, a copy of documents forming part of the records of the office or a certified statement of a particular entry.

3020. The registrar is not liable for any prejudice which may result from information furnished by him as a result of an error not due to his act or omission in the identification of a person or the description of a property.

3021. Registrars are bound

(1) to keep the documents deposited in registry offices;

(2) to make entries in the registers so as to ensure the integrity of the information;

(3) to protect the entries in the registers against any alteration;

(4) to make and keep a copy of the registers kept on a computer system in a place other than the registry office, for safety, and to maintain for the records the statement of entries which are no longer effective.

Registrars may not surrender the registers and documents or be required to produce a copy of them outside the registry office except in judicial proceedings in improbation or in contestation of the authenticity of a document.

In addition, they may not correct or amend the cadastral plans; if there are omissions or errors in the description,

dans la description, l'étendue ou le numéro d'un lot, dans le nom du propriétaire, le mode d'acquisition ou le numéro d'inscription du titre, ils doivent en faire rapport au ministre responsable du cadastre qui peut, chaque fois qu'il y a lieu, en corriger l'original ainsi que la copie, certifiant la correction.

dimensions or number of any lot, or in the name of the owner, the mode of acquisition or the registration number of the title, they shall report the error or omission to the Minister responsible for the cadastre who may, where necessary, correct the original and the copy and certify the correction.

CHAPITRE QUATRIÈME
DE L'INSCRIPTION DES ADRESSES

CHAPTER IV
REGISTRATION OF ADDRESSES

3022. Les créanciers prioritaires ou hypothécaires, ou leurs ayants cause, les titulaires d'un droit réel, les époux qui publient une déclaration de résidence familiale ou les bénéficiaires de cette déclaration, ou encore toute autre personne intéressée, peuvent requérir, de la manière prévue par les règlements, l'inscription de leur adresse afin que l'officier leur notifie certains événements qui touchent leur droit.

3022. The prior or hypothecary creditors or their successors, holders of real rights, spouses having published a declaration of family residence or beneficiaries under such a declaration, or any other interested persons, may require their addresses to be registered, in the manner prescribed by regulation, in order to receive notification from the registrar of certain events affecting their rights.

L'inscription de l'adresse vaut tant que subsiste la publicité du droit auquel elle se rapporte.

Registration of an address is valid as long as the right to which it relates subsists.

3023. Lors d'un changement d'adresse ou d'une modification dans l'adresse ou dans le nom de la personne intéressée, un avis, fait de la manière prescrite par les règlements, peut être présenté à l'officier afin qu'il rectifie le nom ou l'adresse inscrits sur le registre approprié.

3023. Upon a change of address or a change in the address or name of the person concerned, a notice, drawn up in the manner prescribed by regulation, may be presented to the registrar so that he may correct the name or address entered in the appropriate register.

CHAPITRE CINQUIÈME
DES RÈGLEMENTS D'APPLICATION

CHAPTER V
REGULATIONS

3024. Le gouvernement peut, par règlement, prendre toute mesure nécessaire à la mise en application du présent livre; il peut notamment établir les normes de présentation des réquisitions d'inscription et en déterminer la forme et le contenu; il peut déterminer également la

3024. The Government may, by regulation, take all the necessary steps for the implementation of the provisions of this Book; it may, in particular, establish the standards of presentation of applications for registration and determine the form and content thereof; it may also deter-

forme et le contenu des documents, avis, attestations et déclarations qui ne sont pas régis par la loi.

Le gouvernement peut aussi déterminer les normes et les critères permettant l'individualisation particulière d'un bien meuble et son identification spécifique, les catégories et les abréviations qui peuvent être utilisées pour désigner un bien meuble et la manière d'établir, de tenir et de clôturer les fiches.

Le gouvernement peut déterminer en outre la forme, le support et la teneur de tout registre et fiche tenus par un officier de la publicité, le support de conservation des réquisitions, le mode de numérotation de toute fiche immobilière, la manière de faire les différentes inscriptions sur les registres. Il fixe aussi les jours et les heures d'ouverture des bureaux, les modalités de consultation des registres et les formalités de délivrance des relevés ou des certificats.

3025. Le ministre de la Justice peut, si les circonstances l'exigent, modifier, par arrêté, les heures d'ouverture de tout bureau de la publicité des droits.

TITRE QUATRIÈME
DE L'IMMATRICULATION DES IMMEUBLES

CHAPITRE PREMIER
DU PLAN CADASTRAL

3026. L'immatriculation consiste à situer les immeubles en position relative sur un plan cadastral, à indiquer leurs limites, leurs mesures et leur contenance et à leur attribuer un numéro particulier.

Elle est complétée par l'identification du propriétaire, par l'indication du mode d'acquisition et du numéro d'ins-

mine the form and content of documents, notices, certificates and declarations which are not specified by law.

The Government may also determine the standards and criteria which allow the particulars identifying a movable to be specified, the categories and abbreviations which may be used in the description of a movable and the manner of opening, keeping and closing files.

The Government may also determine the form, medium and content of any register or file kept by a registrar, the system for keeping applications, the method of numbering the land files of immovables, the manner of making various entries in the registers. It also fixes the business days and business hours of the registry offices, the procedure for examining registers and the rules governing the issuance of statements or certificates. [1992, ch. 57, s. 716].

3025. The Minister of Justice may, where circumstances require it, change the business hours of any registry office by order.

TITLE FOUR
IMMATRICULATION OF IMMOVABLES

CHAPTER I
CADASTRAL PLAN

3026. The immatriculation of an immovable consists in establishing its relative position on a cadastral plan, indicating its boundaries, measurements and area and assigning a number to it.

Immatriculation is completed by the identification of the owner, an indication of the mode of acquisition, the registra-

cription du titre et, le cas échéant, par l'établissement de la concordance entre les numéros cadastraux ancien et nouveau, ou entre le numéro d'ordre de la fiche de l'immeuble et de la fiche complémentaire et le numéro cadastral nouveau.

3027. Le plan cadastral est établi conformément à la loi et fait partie du registre foncier; il est présumé exact.

S'il y a discordance entre les limites, les mesures et la contenance indiquées sur le plan et celles mentionnées dans les documents présentés, l'exactitude des premières est présumée.

La présomption d'exactitude des mesures et de la contenance indiquées sur le plan est toujours simple.

3028. Le plan cadastral entre en vigueur le jour de l'établissement de la fiche immobilière au registre foncier du bureau de la publicité des droits.

L'établissement d'une fiche doit se faire dans l'ordre de la réception de chaque plan cadastral, avec la plus grande diligence.

3029. Tout plan cadastral doit être soumis au ministre responsable du cadastre, qui, s'il le trouve conforme à la loi et correct, en dépose une copie qu'il certifie au bureau de la publicité des droits; il en transmet aussi une copie au greffe de la municipalité de la situation de l'immeuble.

3030. À moins qu'il ne porte sur un immeuble situé en territoire non cadastré, aucun droit de propriété ne peut être publié au registre foncier si l'immeuble visé n'est pas identifié par un numéro de lot distinct au cadastre.

tion number of the title and, where applicable, the correspondence between the old and new cadastral numbers, or between the serial number of the file for the immovable and the complementary file, and the new cadastral number.

3027. The cadastral plan is drawn up according to law and forms part of the land register; it is presumed accurate.

In the case of discrepancy between the boundaries, measurements and area shown on the plan and those mentioned in the documents presented, those on the plan are presumed accurate.

The presumption of accuracy of the measurements and area shown on the plan is always a simple presumption.

3028. The cadastral plan comes into force on the day the land file is opened in the land register of the registry office concerned.

The opening of land files shall be made in the order of receipt of cadastral plans, with all possible diligence.

3029. Every cadastral plan shall be submitted to the Minister responsible for the cadastre, who, if satisfied that the plan is made according to law and is accurate, deposits a copy certified by him in the registry office; he also sends a copy to the office of the municipality where the immovable is situated.

3030. Except where it pertains to an immovable situated in territory without a cadastral survey, no right of ownership may be published in the land register unless the immovable concerned is identified by a separate lot number on the cadastre.

Aucune déclaration de copropriété ou de coemphytéose ne peut être inscrite, à moins que l'immeuble n'ait fait l'objet d'un plan cadastral qui pourvoit à l'immatriculation des parties privatives et communes.

3031. L'assiette d'un droit réel d'exploitation de ressources de l'État, que la loi déclare propriété distincte de celle du sol sur lequel il porte, tel un droit minier, ainsi que celle d'un réseau de voies ferrées, ou d'un réseau de télécommunication par câble, de distribution d'eau ou de gaz, de lignes électriques, de canalisations pour le transport de produits pétroliers ou l'évacuation des eaux usées, peut être immatriculée.

Toutefois, le raccordement du réseau et des immeubles desservis n'est pas marqué sur le plan cadastral. [1995, c. 33, art. 31].

3032. Dès le jour de l'entrée en vigueur du plan cadastral, le numéro donné à un lot est sa seule désignation et suffit dans tout document qui y fait référence.

Lorsque le droit à publier porte sur un immeuble formé de plusieurs lots entiers, chacun des lots doit être individuellement désigné.

3033. Dès l'entrée en vigueur du plan cadastral, toute personne qui rédige un acte soumis ou admis à la publicité est tenue de désigner les immeubles par le numéro qui leur est attribué sur le plan.

À défaut de cette désignation, la réquisition d'inscription d'un droit doit être refusée, à moins qu'un avis désignant l'immeuble visé ne soit présenté, avec l'acte même, l'extrait de celui-ci ou

No declaration of co-ownership or of co-emphyteusis may be registered unless a cadastral plan of the immovable has been made, and contains the immatriculation of the private and common portions.

3031. The *situs* of a real right of State resource development which the law declares to be property separate from the land on which it is exercisable, such as a mining right, or the *situs* of a railway network or a network of cable communications, water or gas distribution, power lines, oil or gas pipelines or sewage conduits may be immatriculated.

However, connections between a network and the immovables served by it are not shown on the cadastral plan. [1995, c. 33, s. 31].

3032. From the day a cadastral plan comes into force, the number assigned to a lot is its sole description and is sufficient description in any document referring to it.

Where the right which is to be published pertains to an immovable composed of several whole lots, each lot shall be individually described.

3033. From the day a cadastral plan comes into force, every person drafting an act which shall or may be published is bound to describe immovables by the number assigned to them on the cadastral plan.

Failing such description, the application for registration of a right shall be refused, unless a notice containing the description of the immovable is presented, with the act itself or an extract or

le sommaire, suivant les règles établies au présent livre.

L'avis cadastral d'inscription du droit doit être fait de la manière prescrite par les règlements pris en application du présent livre.

3034. Dès l'établissement, à la réquisition du propriétaire ou du titulaire d'un droit réel d'exploitation de ressources de l'État, d'une fiche immobilière sous un numéro d'ordre, ce numéro est la seule désignation de l'immeuble qui fait l'objet de la fiche et suffit dans tout document qui y fait référence.

De même, dès l'établissement d'une fiche complémentaire, le numéro d'ordre attribué à celle-ci est la seule désignation de l'assiette du droit qui en fait l'objet et suffit dans tout document qui y fait référence.

Après l'établissement de la fiche, toute personne qui rédige un acte soumis ou admis à la publicité est tenue de désigner l'immeuble qui a fait l'objet de l'établissement de la fiche par le numéro qui lui a été attribué et de préciser que celui-ci correspond en tout ou en partie à celui qui a justifié l'établissement de la fiche. Faute de ces précisions, l'inscription doit être refusée.

3035. L'officier ne peut accepter la réquisition relative à un immeuble situé en territoire non cadastré, à un réseau, ou à un droit réel d'exploitation de ressources de l'État, lorsqu'elle ne contient pas la désignation de la fiche immobilière visée ou qu'elle n'est pas accompagnée d'un avis qui fait référence à cette fiche, à moins qu'elle ne comprenne ou ne soit accompagnée d'une réquisition visant l'établissement d'une fiche.

summary thereof, in accordance with the rules established in this Book.

The cadastral notice for registration of the right shall be made in the manner prescribed in the regulations made under this Book. [1992, ch. 57, s. 716].

3034. When, on an application from the owner or the holder of a real right of State resource development, a land file is opened under a serial number, that number is the sole description of the immovable to which the file applies, and is sufficient in any document making reference thereto.

Similarly, when a complementary file is opened, the serial number assigned to that file is the sole description of the *situs* of the right to which the file applies, and is sufficient in any document making reference thereto.

After the file is opened, any person who drafts an act which shall or may be published is bound to describe the immovable to which the file applies by the number assigned to it, and to indicate that the immovable corresponds, wholly or in part, to the immovable for which the file was opened. If this indication does not appear in the application, the registration shall be refused.

3035. In no case may the registrar accept an application in respect of an immovable situated in a territory which has no cadastral survey, or in respect of a network or a real right of State ressource development, which does not contain the description of the land file concerned or is not accompanied with a notice making reference to the file, except where the application includes or is accompanied with an application for the opening of a file.

3036. Dans un territoire non cadastré et, le cas échéant, en territoire cadastré, lorsque la loi le permet, l'immeuble doit être désigné par la mention de ses tenants et aboutissants et de ses mesures; la désignation doit aussi contenir les éléments utiles pour situer l'immeuble en position relative et faire état de l'absence de fiche.

3037. Lorsqu'un immeuble est formé de parties de plusieurs lots, chacune des parties de lot doit être désignée par ses tenants, aboutissants et mesures respectifs.

La désignation d'une partie de lot par distraction des parties de ce lot, ou par la seule mention du nom des propriétaires des tenants et aboutissants, n'est pas admise.

3038. La désignation d'un réseau de voies ferrées, de télécommunication par câble, de distribution d'eau ou de gaz, de lignes électriques, de canalisations pour le transport de produits pétroliers ou l'évacuation des eaux usées comprend, outre l'indication de sa nature générale:

1° S'il est immatriculé, la désignation du numéro cadastral qui lui est attribué;

2° S'il n'est pas immatriculé, la désignation des cadastres qu'il traverse ou, en territoire non cadastré, une désignation suffisante pour l'identifier, à moins qu'une fiche immobilière n'ait été établie pour le réseau.

La réquisition d'établissement de la fiche immobilière d'un réseau qui n'est pas immatriculé doit désigner les cadastres ou le territoire qu'il dessert. [1995, c. 33, art. 32].

3036. In territory without a cadastral survey and also in territory with a cadastral survey if permitted by law, an immovable shall be described by metes and bounds and by its measurements; an indication of the elements useful for locating the relative position of the immovable and a statement that no land file exists, shall also be included in the description.

3037. Where an immovable consists of parts of several lots, each part of a lot shall be described by metes and bounds and its measurements.

The description of a part of lot as the remainder after separation of other parts of the lot, or by reference to the names of the owners of its adjoining properties, is not admissible.

3038. The description of a railway network, or a network of cable communications, water or gas distribution, power lines, oil or gas pipelines or sewage conduits includes, apart from an indication of its general nature,

(1) if the network is immatriculated, the cadastral number assigned to it;

(2) if the network is not immatriculated, the description of the cadastres traversed by it or, in territory without a cadastral survey, a description sufficient to identify it, unless a land file has been opened for the network.

In an application for the opening of a land file for a network which is not immatriculated, a description shall be given of the cadastres or territory served by it. [1995, c. 33, s. 32].

3039. L'assiette du droit réel d'exploitation de ressources de l'État qui est immatriculée est désignée par le numéro d'immatriculation qui lui est donné. Ce numéro et l'indication de la nature du droit suffisent dans tout document qui y fait référence.

L'attribution d'un numéro d'immatriculation comprend aussi la désignation des immeubles sur lesquels s'exerce le droit réel d'exploitation de ressources de l'État, afin que les concordances soient portées sur le registre foncier.

3040. L'assiette du droit réel d'exploitation de ressources de l'État qui n'est pas immatriculée est désignée par la mention de la nature du droit et la description du lieu où il s'exerce, à moins qu'une fiche immobilière n'ait été établie pour l'assiette du droit visé.

La réquisition d'établissement de la fiche immobilière de ce droit doit désigner le numéro de la fiche des immeubles sur lesquels il s'exerce, afin que les concordances soient portées sur le registre.

3041. L'immatriculation des parties privatives et communes d'une copropriété divise verticale ne peut se faire avant que le gros oeuvre du bâtiment dans lequel elles sont situées ne permette de les mesurer et d'en déterminer les limites.

3042. Celui qui est autorisé à exproprier doit, en territoire cadastré, soumettre au ministre responsable du cadastre un plan, qu'il signe pour le propriétaire, afin que soient immatriculées la partie requise et la partie résiduelle; il doit, en outre, s'il s'agit d'un plan comportant une nouvelle numérotation, notifier ce dépôt à toute personne qui a fait inscrire

3039. The *situs* of a real right of State resource development which has been immatriculated is described by the immatriculation number assigned to it. That number, with an indication of the nature of the right, is sufficient description in any document which refers to it.

The assignment of an immatriculation number includes the description of the immovables on which the real right of State resource development is exercised, in order that the relevant correspondences be entered in the land register.

3040. The *situs* of a real right of State resource development which is not immatriculated is described by the mention of the nature of the right and a description of the place where it is exercised, unless a land file has been opened for the *situs* of the right in question.

The number of the land files of the immovables on which the right is exercised shall be included in the application for the opening of the land file of that right, so that the relevant correspondences may be entered in the register.

3041. The immatriculation of the private and common portions of a vertical divided co-ownership may not take place before the foundation and main walls of the building in which they are situated allow measurement of their boundaries.

3042. A person authorized to expropriate shall, in territory with a cadastral survey, submit to the minister responsible for the cadastre a plan, signed by that person on behalf of the owner, in order that the required part and the remainder be immatriculated; he shall, in addition, in the case of a plan involving a renumbering, give notice of the deposit to every

son adresse, mais le consentement des créanciers et du bénéficiaire d'une déclaration de résidence familiale n'est pas requis pour l'obtention de la nouvelle numérotation cadastrale.

L'inscription du transfert visé par la Loi sur l'expropriation, ou de la cession de la partie de lot requise, ne peut être faite avant l'entrée en vigueur du plan au bureau de la publicité des droits.

Le premier alinéa s'applique également aux municipalités qui sont autorisées par la loi à s'approprier, sans formalité ni indemnité à verser, un droit de propriété en superficie, en surface ou dans le tréfonds d'un immeuble, pour une cause d'utilité publique.

CHAPITRE DEUXIÈME
DES MODIFICATIONS DU CADASTRE

3043. Toute personne peut soumettre au ministre responsable du cadastre un plan, signé par elle, pour modifier par subdivision ou autrement le plan d'un lot dont elle est propriétaire; elle peut aussi demander le numérotage d'un lot, l'annulation ou le remplacement de la numérotation existante ou en obtenir une nouvelle.

Le ministre peut aussi, en cas d'erreur, corriger un plan ou modifier la numérotation d'un lot, ajouter la numérotation omise, ou annuler ou remplacer la numérotation existante. Il doit alors notifier la modification au propriétaire inscrit sur le registre foncier et à toute personne qui a fait inscrire son adresse. La notification est motivée; il y est joint un extrait des plans cadastraux ancien et nouveau.

Le morcellement d'un lot oblige à l'immatriculation simultanée des parties qui résultent de ce morcellement.

person having caused his address to be registered, but the consent of the creditors and the beneficiary of a declaration of family residence is not required for the obtention of the new cadastral numbering.

No transfer under the Expropriation Act nor cession of the required part of the lot may be registered at the registry office before the plan comes into force.

The first paragraph also applies to municipalities authorized by law to appropriate, without formality or indemnity, a right of superficies above, on or under an immovable, for public use.

CHAPTER II
AMENDMENTS TO THE CADASTRE

3043. The owner of a lot may submit to the minister responsible for the cadastre a plan, signed by him, to amend the plan of the lot by subdivision or otherwise; he may also request the numbering of a lot, the striking out or replacement of the existing numbering or obtain a new numbering.

The minister may also, in case of error, correct a plan or change the number of a lot, supply any omitted number or strike out or replace the existing numbering. He shall in such a case notify the amendment to the owner registered in the land register and any person having caused his address to be registered. Such notification includes reasons and is accompanied with extracts from the old and the new cadastral plans.

Upon the dividing up of a lot, the parts resulting therefrom shall be immatriculated simultaneously.

3044. Le consentement des créanciers hypothécaires et du bénéficiaire d'une déclaration de résidence familiale est nécessaire pour l'obtention par le propriétaire d'une modification cadastrale qui entraîne une nouvelle numérotation.

Ce consentement, donné par acte notarié en minute, doit être publié et communiqué, avec un certificat d'inscription, au ministre responsable du cadastre.

3045. L'officier de la publicité des droits indique au registre, sous le numéro du lot visé, la nature de toute modification apportée au plan qui ne modifie pas le numéro cadastral.

Lors de l'établissement d'une fiche immobilière, exigée par une nouvelle numérotation cadastrale, il inscrit, suivant les données du plan, la désignation du propriétaire, la nature du mode d'acquisition de l'immeuble et le numéro d'inscription du titre; il établit aussi, le cas échéant, la concordance entre l'ancien numéro de lot ou l'ancien numéro d'ordre de la fiche immobilière et le numéro de lot nouveau.

CHAPITRE TROISIÈME
DU REPORT DES DROITS

3046. Le dépôt d'un plan qui donne lieu à l'établissement d'une fiche immobilière oblige au report des droits qui concernent le lot nouveau.

L'officier de la publicité des droits effectue le report, conformément à un rapport d'actualisation de la fiche immobilière du lot ou à un jugement qui détermine les droits sur l'immeuble.

Les droits qui ne sont pas ainsi reportés sur la fiche immobilière sont éteints.

3044. The consent of the hypothecary creditors and of the beneficiary of a declaration of family residence is required for the proprietor to obtain a cadastral amendment involving a renumbering.

The consent is given by notarial act *en minute*, and shall be registered and transmitted, with a registration certificate, to the minister responsible for the cadastre.

3045. The registrar indicates in the register, under the number of the lot concerned, the nature of any amendment made to the plan which does not affect the cadastral number.

When opening a land file required by a cadastral renumbering, he enters, as shown on the plan, the description of the owner, the mode of acquisition of the immovable and the registration number of the title; he also establishes, where applicable, the correspondence between the old lot number or the old serial number of the land file and the new lot number.

CHAPTER III
CARRY-OVER OF RIGHTS

3046. The deposit of a plan giving rise to the opening of a land file requires the carry-over of the rights affecting the new lot.

The registrar carries over the rights, in accordance with a report updating the land file of the lot or with a judgment determining the rights affecting the immovable.

Rights which are not so carried over to the land file are extinguished.

3047. Aucun droit réel établi par une convention ne peut être publié au registre foncier si un report des droits concernant l'immeuble qui a fait l'objet d'une immatriculation n'a été fait au préalable.

3048. Le rapport d'actualisation des droits qui concernent un immeuble se fait par acte notarié en minute et suivant les normes prescrites par les règlements.

Dans la préparation du rapport, le notaire est tenu de vérifier tous les droits publiés qui concernent l'immeuble, d'analyser le certificat de localisation, s'il en existe, et de vérifier, dans la mesure du possible, la capacité des parties aux actes qui ont été inscrits sur l'immeuble.

3049. Le rapport d'actualisation doit indiquer les droits subsistants qui doivent être reportés sur la fiche immobilière, de même que ceux qui sont incertains, ou éteints autrement que par la radiation et il fait mention des adresses inscrites qui correspondent à ces droits; il doit être motivé.

Il doit aussi indiquer l'adresse des titulaires des droits incertains.

3050. La présentation du rapport et l'inscription de celui-ci sur le registre foncier se font de la manière prescrite par les règlements. Le rapport d'actualisation fait partie des archives du bureau. Il est définitif et il ne peut faire l'objet d'un nouveau rapport visant à le modifier.

3051. L'officier reporte sur la fiche immobilière, les droits qui subsistent si, suivant le rapport d'actualisation, ceux-ci ne soulèvent aucune incertitude; il reporte aussi, en précisant le caractère provisoire de l'inscription, les droits que

3047. No real right established by agreement may be published in the land register unless the rights affecting an immovable that has been immatriculated have been carried over.

3048. The updating report of rights affecting an immovable is made by notarial act *en minute* and in accordance with the standards prescribed by regulation.

In preparing the report, the notary is bound to verify all published rights which affect the immovable, examine the location certificate, if any, and verify, as far as possible, the capacity of the parties to the acts registered against the immovable.

3049. An indication of the subsisting rights to be carried over to the land file, and those which are uncertain or are extinguished otherwise than by cancellation, and mention of the registered addresses which correspond to those rights, shall be included in the updating report, together with reasons.

The addresses of the holders of uncertain rights shall also be included in the report.

3050. The updating report is presented and registered in the land register in the manner prescribed by regulation, and forms part of the records of the registry office. It is final and may not be the object of a new report intended to amend it.

3051. The registrar carries over the subsisting rights to the land file if, according to the updating report, they raise no doubts; he also, specifying the provisional nature of the entry, carries over the rights held to be uncertain in the

le rapport tient pour incertains, en indiquant en regard de chacun le motif porté au rapport. Le report d'un droit comprend aussi celui de l'adresse qui lui correspond, ainsi que le numéro d'inscription du rapport d'actualisation.

L'officier notifie aux personnes dont le droit est incertain le dépôt du rapport; il leur indique que si elles n'ont pas, avant l'expiration des trois ans qui suivent ce dépôt, agi en justice et préinscrit la demande pour contester le rapport ou obtenir la confirmation de leur droit, il radiera d'office les inscriptions provisoires.

Cette notification est faite par un avis public dans un journal si l'adresse des personnes à qui elle doit être faite n'est pas connue; les frais sont à la charge de la personne qui demande le report des droits.

3052. La préinscription de la demande en justice du titulaire d'un droit incertain, ainsi que l'inscription du droit incertain que la demande visait, sont radiées sur présentation d'un jugement prononçant la péremption de l'instance ou le rejet de l'action, ou d'une autre ordonnance enjoignant à l'officier de le faire, ou d'un certificat du greffier attestant que l'action a été discontinuée.

3053. Le caractère provisoire de l'inscription d'un droit qui était incertain est radié sur présentation d'une réquisition dans laquelle le propriétaire reconnaît l'existence du droit que l'inscription constatait.

Toutefois, lorsque le droit incertain a fait l'objet de la préinscription d'une demande en justice, le caractère provisoire de l'inscription du droit, de même

report, indicating opposite each right the reason stated in the report. The carryover of a right includes that of the corresponding address, and of the registration number of the updating report.

The registrar notifies the persons whose rights are uncertain of the deposit of the report; he informs them that if, before the lapse of three years after the deposit, they have not instituted legal action and made an advance registration of the demand to challenge the report or to obtain confirmation of their right, he will cancel the provisional entries as of right.

The notification is made by public notice in a newspaper if the addresses of the persons to whom it shall be made are unknown; the costs are charged to the person requiring that the rights be carried over.

3052. Advance registration of a judicial demand of a holder of an uncertain right, and registration of the uncertain right contemplated by the demand, are cancelled on the filing of a judgment declaring the suit perempted or the action rejected, or of another order requiring the registrar to make the cancellation, or of a certificate from the clerk attesting that the action has been discontinued.

3053. The provisional nature of the registration of a right that was uncertain is cancelled upon the presentation of an application in which the owner recognizes the existence of the right evidenced by the registration.

However, where an advance registration of a judicial demand was made in respect of the uncertain right, the provisional nature of the registration of the

que la préinscription de la demande en justice qui visait ce droit, sont radiés sur présentation soit d'une réquisition du propriétaire à laquelle est joint un certificat du greffier attestant que l'action a été discontinuée, soit d'un jugement, passé en force de chose jugée, qui confirme l'existence du droit que constatait l'inscription.

right, and the advance registration of the judicial demand in respect of that right, are cancelled upon the presentation by the owner of an application to which is attached a certificate from the clerk attesting that the action has been discontinued or a judgment having acquired the authority of a final judgment (*res judicata*) which confirms the existence of the right evidenced by the registration.

CHAPITRE QUATRIÈME
DES PARTIES DE LOT

CHAPTER IV
PARTS OF LOTS

3054. Les droits énoncés dans la réquisition qui constate l'acquisition d'une partie de lot ne peuvent être inscrits sur le registre foncier, jusqu'à ce qu'une modification cadastrale attribue:

1° Soit un numéro cadastral distinct à la partie acquise et à la partie résiduelle; ou,

2° Soit, lorsque la partie acquise est fusionnée à un lot contigu, un numéro cadastral distinct à l'immeuble qui résulte du fusionnement, ainsi qu'à l'immeuble qui résulte du morcellement.

Dans les deux cas, une référence précise à la modification cadastrale doit être contenue au rapport d'actualisation des droits de la fiche de l'immeuble nouveau.

3055. Sur la recommandation du ministre responsable du cadastre, le gouvernement peut, par décret, permettre, aux conditions qu'il détermine, dans un territoire qui a fait l'objet d'une rénovation cadastrale, l'inscription sur le registre foncier de l'aliénation d'une partie de lot qui est située dans une zone agricole établie en vertu de la Loi sur la protection du territoire agricole, ou qui est située à plus de 345 kilomètres du bureau de la

3054. Rights set forth in an application evidencing the acquisition of a part of a lot may not be registered in the land register until a cadastral amendment assigns

(1) a separate cadastral number to the acquired part and to the remainder; or

(2) a separate cadastral number, where the acquired part is amalgamated with a contiguous lot, to the immovable resulting from the amalgamation and to the immovable resulting from the partition.

In both cases, a specific reference to the cadastral amendment shall be made in the updating report of rights in the file for the new immovable.

3055. On the recommendation of the minister responsible for the cadastre, the Government, by order and on the conditions it determines, and in a territory that has been the subject of a cadastral renovation, may allow registration in the land register of the alienation of part of a lot situated in an agricultural zone established under the Act to preserve agricultural land, or situated over 345 kilometres from the registry office of the

publicité des droits dans le ressort duquel le lot est situé.

Le décret est publié dans la *Gazette officielle du Québec*; il entre en vigueur à la date, ultérieure à sa publication, qui y est fixée.

3056. L'officier transmet au ministre responsable pour le cadastre une copie de tout document énonçant une aliénation qu'il a inscrite sur le registre foncier, sous l'autorité du décret.

Sur réception du document, le ministre prépare la modification qui donne lieu à l'attribution d'un numéro cadastral distinct à chacune des parties de lot qui résulte de l'aliénation.

TITRE CINQUIÈME
DE LA RADIATION

CHAPITRE PREMIER
DES CAUSES DE RADIATION

3057. La radiation résulte d'une inscription qui vise la suppression d'une inscription antérieure sur le registre approprié; elle s'obtient, à moins que la loi n'en dispose autrement, par la présentation d'une réquisition faite suivant les règles applicables au registre foncier ou au registre des droits personnels et réels mobiliers.

La radiation est volontaire ou, à défaut, judiciaire; elle peut aussi être légale.

3058. L'inscription dont la date extrême d'effet est limitée par la loi, ou par la réquisition d'inscription, est périmée de plein droit le lendemain, à zéro heure, de la date d'expiration du délai fixé par la loi ou inscrit sur le registre, si elle n'a pas préalablement été renouvelée.

registration division in which the lot is situated.

The order is published in the *Gazette officielle du Québec*; it comes into force on such date after its publication as is fixed therein.

3056. The registrar transmits to the minister responsible for the cadastre a copy of any document evidencing an alienation registered by him in the land register on the authority of the order.

On receipt of the document, the minister prepares the amendment providing a separate cadastral number for each part of a lot resulting from the alienation.

TITLE FIVE
CANCELLATION

CHAPTER I
CAUSES OF CANCELLATION

3057. Cancellation results from a registration which strikes a previous registration from the appropriate register. Unless otherwise provided by law, cancellation is obtained by presenting an application made in accordance with the rules applicable to the land register or the register of personal and movable real rights.

Cancellation is voluntary or, failing that, judicial; it may also be legal.

3058. Registration for which the date after which it will cease to be effective is restricted by law or by the application for registration expires by operation of law at midnight on the expiry date of the period fixed by law or entered in the register, if it has not been renewed before that time.

3059. L'inscription d'un droit est radiée, du consentement du titulaire ou du bénéficiaire de ce droit.

Néanmoins, l'inscription d'une hypothèque qui est éteinte, ou d'une restriction au droit de disposer, ou de tout autre droit dont la durée est déterminée, qui, d'après le registre approprié, est périmée ou celle de l'adresse qui n'a plus d'effet, peut être radiée d'office par l'officier. La radiation est motivée et datée.

3060. L'hypothèque immobilière garantissant le prix de l'emphytéose, la rente créée pour le prix de l'immeuble, la rente viagère ou l'usufruit viager, l'hypothèque immobilière constituée en faveur de l'Office du crédit agricole du Québec ou de la Société d'habitation du Québec, ou celle constituée en faveur d'un fondé de pouvoir des créanciers pour garantir le paiement d'obligations ou autres titres d'emprunt, ne peuvent être radiées d'office.

3061. L'inscription de l'hypothèque légale des personnes qui ont participé à la construction ou à la rénovation d'un immeuble est radiée, à la réquisition de tout intéressé, lorsque dans les six mois de la date de l'inscription aucune action n'a été intentée et publiée ou aucun préavis d'exercice d'un droit hypothécaire n'a été publié.

L'inscription de l'hypothèque légale du syndicat des copropriétaires sur la fraction d'une copropriété est radiée, à la réquisition de tout intéressé, à l'expiration des trois ans de sa date, à moins qu'une action n'ait été préalablement intentée et publiée.

3059. The registration of a right is cancelled with the consent of the holder of, or beneficiary under, that right.

Nevertheless, the registration of a hypothec which is extinguished, or of a restriction to the right to alienate, or of any other right with a fixed term, which, according to the appropriate register, has expired, and the registration of an address which no longer has effect, may be cancelled by the registrar as of right. The cancellation gives reasons and is dated.

3060. Immovable hypothecs securing the price of emphyteusis, a rent constituted for the price of an immovable, a life annuity or a usufruct for life, immovable hypothecs given in favour of the Office du crédit agricole du Québec or the Société d'habitation du Québec, and immovable hypothecs in favour of a person holding a power of attorney from the creditors to secure payment of bonds or other evidences of indebtedness may not be cancelled by the registrar as of right.

3061. The registration of the legal hypothec of persons having participated in the construction or renovation of an immovable is cancelled, on the application of any interested person, where, within six months after the date of registration, no action has been brought and published or no prior notice of the exercise of a hypothecary right has been published.

The registration of the legal hypothec of a syndicate of co-owners on a fraction of the co-ownership is cancelled, on the application of any interested person, upon the expiry of three years after its date, unless an action has previously been brought and published.

Toutefois, si une action a été intentée et publiée, la radiation s'obtient par l'inscription du jugement rejetant l'action ou ordonnant la radiation, ou par la présentation d'un certificat du greffier du tribunal attestant que l'action a été discontinuée.

3062. L'inscription d'une déclaration de résidence familiale n'est radiée, à la réquisition de tout intéressé, que dans les cas suivants: les époux y consentent, l'un des époux est décédé et sa succession est liquidée, les époux sont séparés de corps ou divorcés, la nullité du mariage est prononcée ou l'immeuble a été aliéné du consentement des époux ou avec l'autorisation du tribunal.

Hormis le cas où les époux y consentent, la réquisition doit être accompagnée d'un certificat de décès et d'une déclaration attestée de la liquidation de la succession ou d'une copie du jugement, selon le cas.

3063. La radiation d'une inscription peut être ordonnée par le tribunal lorsque l'inscription a été faite sans droit ou irrégulièrement, sur un titre nul ou informe, ou lorsque le droit inscrit est annulé, résolu, résilié ou éteint par prescription ou autrement.

Elle est aussi ordonnée lorsque l'immeuble sur lequel une déclaration de résidence familiale avait été inscrite a cessé de servir à cette fin.

3064. La radiation de l'inscription d'un jugement passé en force de chose jugée, qui rectifie ou annule une inscription, peut aussi être ordonnée par le

However, where an action has been brought and published, cancellation is obtained by registering the judgment dismissing the action or ordering the cancellation, or by filing a certificate of the clerk of the court attesting that the action has been discontinued.

3062. Registration of a declaration of family residence is cancelled, on the application of any interested person, only in the following cases: where the spouses consent, where one of the spouses has died and his succession is liquidated, where the spouses are separated from bed and board or are divorced, where the marriage has been annulled, or where the immovable has been alienated with the consent of the spouses or with the authorization of the court.

Except where the spouses consent to the cancellation, the application shall be accompanied with a death certificate and an attested declaration of the liquidation of the succession or a copy of the judgment, as the case may be.

3063. The court may order the cancellation of a registration effected without right or irregularly, or on the basis of a title that is null or that is irregular as to form or where the registered right has been annulled, rescinded, resiliated or extinguished by prescription or otherwise.

It may also order cancellation where the immovable against which a declaration of family residence had been registered has ceased to be used for that purpose.

3064. The court may also order cancellation of the registration of a judgment having acquired the authority of a final judgment (*res judicata*), which rectifies

tribunal lorsque le jugement porte atteinte soit aux droits d'un tiers de bonne foi qui s'est fié au registre et qui a acquis un droit réel sur un immeuble qui a fait l'objet d'une immatriculation, soit aux droits de ses ayants cause, même à titre particulier.

3065. La quittance totale d'une créance emporte le consentement à la radiation. La quittance partielle n'entraîne que le consentement à une réduction équivalente.

Le créancier est tenu de faire inscrire la quittance, s'il reçoit une somme suffisante pour acquitter les frais d'inscription et les frais d'acheminement de la réquisition au bureau de la publicité des droits; il ne peut exiger aucune autre somme, malgré toute stipulation contraire.

3066. La réduction de l'hypothèque garantissant la créance que la consignation d'une somme d'argent est destinée à payer, se fait par l'inscription du jugement qui déclare les offres valables et qui, le cas échéant, détermine la personne qui a droit à la somme consignée, ou par l'inscription du jugement qui autorise, à la demande du débiteur, la réduction de l'hypothèque et le report de celle-ci sur le bien offert ou consigné.

CHAPITRE DEUXIÈME
DE CERTAINES RADIATIONS

3067. L'inscription d'un droit viager ou de l'hypothèque qui le garantit ne peut être radiée que du consentement du titulaire ou du bénéficiaire; s'il est décédé, la personne qui requiert la radiation doit présenter l'acte de décès, accompagné d'une déclaration sous serment concernant l'identité du défunt.

or annuls a registration, where that judgment detrimentally affects the rights of a third person in good faith who has relied on the register and has acquired a real right in an immovable that has been immatriculated, or the rights of those acquiring from him, even by particular title.

3065. Total acquittance of a debt entails consent to its cancellation. Partial acquittance entails consent to only an equivalent reduction.

The creditor is bound to register the acquittance if he receives a sufficient amount to pay the registration fee and the costs of sending the application to the registry office; he may not claim any other amount, notwithstanding any stipulation to the contrary.

3066. Reduction of a hypothec securing a claim to be paid with a sum of money deposited for that purpose is made by registering the judgment declaring the tender to be valid and specifying, where applicable, the person entitled to the sum of money deposited, or by registering the judgment authorizing, at the debtor's request, the reduction of the hypothec and its transfer onto the property tendered or deposited.

CHAPTER II
CERTAIN CASES OF CANCELLATION

3067. Registration of a right ending at death or of a hypothec securing it may not be cancelled without the consent of the holder or beneficiary; after his death, the person requiring the cancellation shall present the act of death and a sworn statement as to the identity of the deceased.

3068. L'inscription d'une hypothèque en faveur de l'État est radiée ou réduite par la présentation d'un certificat du procureur général ou du sous-procureur général du Québec, ou d'une personne désignée par le procureur général, énonçant que telle hypothèque est éteinte ou réduite.

Elle l'est aussi par la présentation d'un certificat du ministre ou du sous-ministre du Revenu, ou d'une personne désignée par le ministre du Revenu, énonçant que telle hypothèque est éteinte ou réduite, si cette hypothèque a été constituée en vertu d'une loi dont l'application relève de ce ministre.

Elle peut l'être encore par la présentation d'une copie d'un décret du gouvernement, certifiée par le greffier du Conseil exécutif.

3069. L'inscription des droits éteints par l'exercice des droits hypothécaires, par la vente forcée ou par la vente définitive du bien pour défaut de paiement de l'impôt foncier est radiée à la suite de l'inscription de la vente ou de la prise en paiement. Toutes les inscriptions des procès-verbaux de saisie, des préavis de vente, des préavis d'exercice d'un recours ou d'un droit et, le cas échéant, d'un avis exigeant l'abandon de la prise en paiement en vertu du livre Des priorités et des hypothèques, sont alors radiées d'office.

Cependant, lorsqu'il n'est pas procédé à la vente, les inscriptions des procès-verbaux, des préavis et des avis ne sont radiées que par la présentation d'un certificat constatant le fait et délivré par le greffier du tribunal ou par la personne désignée pour procéder à la vente.

3068. Registration of a hypothec in favour of the State is cancelled or the registered amount thereof is reduced by filing a certificate of the Attorney General or Deputy Attorney General of Québec, or of a person designated by the Attorney General, stating that the hypothec is extinguished or reduced.

It is also cancelled by filing a certificate of the Minister or Deputy Minister of Revenue or of a person designated by the Minister of Revenue, stating that the hypothec is extinguished or reduced, if the hypothec was created by virtue of an Act under the administration of that Minister.

It may further be cancelled by filing a copy of an order of the Government, certified by the clerk of the Executive Council.

3069. Registration of rights extinguished by the exercise of hypothecary rights, by forced sale or by definitive sale of the property for failure to pay immovable taxes are cancelled following registration of the sale or of the taking in payment. All registrations of minutes of seizure, prior notices of sale, notices of intention to pursue a remedy or the exercise of a right and notices requiring abandonment of the taking in payment under the Book on Prior Claims and Hypothecs are thereupon cancelled as of right.

Where the sale is not proceeded with, registration of minutes of seizure and notices is cancelled only upon the filing of a certificate attesting to that fact issued by the clerk of the court or by the person designated to proceed with the sale. [1992, ch. 57, s. 716].

3070. L'inscription du préavis de vente pour défaut de paiement de l'impôt foncier et celle de l'adjudication sont radiées à la suite de l'inscription de la vente définitive consentie par l'autorité municipale ou scolaire ou de l'acte constatant que l'immeuble a fait l'objet d'un retrait.

L'inscription du préavis de vente pour défaut de paiement de l'impôt foncier est aussi radiée à la suite de la présentation de la liste des immeubles non vendus.

3071. L'inscription d'un droit réel d'exploitation de ressources de l'État est radiée, lorsque le ministre responsable de la loi qui régit ce droit avise l'officier de la publicité des droits de l'abandon ou de la révocation du droit qui n'est pas exempté de l'inscription.

L'avis doit désigner le droit abandonné ou révoqué et identifier la fiche immobilière visée; l'abandon ou la révocation est inscrite sur cette fiche, ainsi que sur celle de l'immeuble sur lequel s'exerçait le droit.

Lorsque l'abandon ou la révocation concerne un droit dont l'assiette a été immatriculée, l'officier en donne avis au ministre responsable du cadastre afin qu'il puisse, d'office, annuler l'immatriculation du droit.

3070. Registration of a notice of sale for non-payment of immovable taxes and of the adjudication are cancelled following the registration of the definitive sale made by the municipal or school authority or by the act evidencing the redemption of the immovable.

Registration of the prior notice of sale for non-payment of immovable taxes is also cancelled following the production of the list of immovables that have not been sold.

3071. Registration of a real right of State resource development is cancelled when the minister responsible for the Act governing the right notifies the registrar of the abandonment or revocation of the right not exempt from registration.

In the notice, the minister shall include the description of the abandoned or revoked right and identify the land file concerned; the abandonment or revocation is entered on the land file concerned and on the land file of the immovable on which the right was exercised.

Where the abandonment or revocation concerns a right of which the *situs* has been immatriculated, the registrar informs the minister responsible for the cadastre so that he may, by virtue of his office, cancel the immatriculation of the right.

CHAPITRE TROISIÈME
DES FORMALITÉS ET DES EFFETS
DE LA RADIATION

CHAPTER III
FORMALITIES AND EFFECTS
OF CANCELLATION

3072. La réquisition qui vise la réduction d'une inscription suit les règles applicables au registre approprié.

3072. Applications for the reduction of a registration are made in accordance with the rules applicable to the appropriate register.

3073. La réquisition fondée sur un jugement qui ordonne la radiation d'un droit publié ou la réduction d'une inscription n'est admise que si ce jugement est passé en force de chose jugée.

L'exécution provisoire n'est pas admise lorsque le jugement porte sur la rectification, la réduction ou la radiation d'une inscription.

Le greffier du tribunal est tenu de délivrer un certificat attestant que le jugement n'est pas susceptible d'appel ou que, les délais d'appel étant expirés, il n'y a pas eu d'appel ou encore qu'à l'expiration d'un délai de trente jours de la date du jugement aucune demande en rétractation de jugement n'a été présentée.

3074. La radiation de l'inscription d'un droit principal autorise la radiation de l'inscription des droits accessoires et de toutes les mentions relatives à ces inscriptions.

3075. L'inscription de la radiation faite sans droit ou à la suite d'une erreur est radiée sur ordonnance du tribunal, à la demande de toute personne intéressée.

L'inscription de l'ordonnance ne peut porter atteinte aux droits du tiers de bonne foi qui a publié son droit après la radiation faite sans droit ou à la suite d'une erreur.

3073. An application based on a judgment ordering the cancellation of a published right or the reduction of a registration is not admissible unless the judgment has acquired the authority of a final judgment (*res judicata*).

Provisional execution of a judgment relating to the correction, reduction or cancellation of a registration is not admissible.

The clerk of the court is bound to issue a certificate attesting that no appeal lies from the judgment or that, the time for appeal having expired, no appeal has been taken or that, on the lapse of thirty days from the date of judgment, no motion in revocation of judgment has been filed.

3074. Cancellation of the registration of a principal right authorizes cancellation of the registration of rights accessory to that right and of all references to such registrations.

3075. Registration of a cancellation made without right or by error may be cancelled by order of the court on the application of any interested person.

In no case does registration of such an order affect the rights of a third person in good faith who published his right after a cancellation made without right or following an error.

LIVRE DIXIÈME
DU DROIT INTERNATIONAL PRIVÉ

TITRE PREMIER
DISPOSITIONS GÉNÉRALES

3076. Les règles du présent livre s'appliquent sous réserve des règles de droit

BOOK TEN
PRIVATE INTERNATIONAL LAW

TITLE ONE
GENERAL PROVISIONS

3076. The rules contained in this Book apply subject to those rules of law in

en vigueur au Québec dont l'application s'impose en raison de leur but particulier.

3077. Lorsqu'un État comprend plusieurs unités territoriales ayant des compétences législatives distinctes, chaque unité territoriale est considérée comme un État.

Lorsqu'un État comprend plusieurs systèmes juridiques applicables à différentes catégories de personnes, toute référence à la loi de cet État vise le système juridique déterminé par les règles en vigueur dans cet État; à défaut de telles règles, la référence vise le système juridique ayant les liens les plus étroits avec la situation.

3078. La qualification est demandée au système juridique du tribunal saisi; toutefois, la qualification des biens, comme meubles ou immeubles, est demandée à la loi du lieu de leur situation.

Lorsque le tribunal ignore une institution juridique ou qu'il ne la connaît que sous une désignation ou avec un contenu distincts, la loi étrangère peut être prise en considération.

3079. Lorsque des intérêts légitimes et manifestement prépondérants l'exigent, il peut être donné effet à une disposition impérative de la loi d'un autre État avec lequel la situation présente un lien étroit.

Pour en décider, il est tenu compte du but de la disposition, ainsi que des conséquences qui découleraient de son application.

3080. Lorsqu'en vertu des règles du présent livre la loi d'un État étranger s'applique, il s'agit des règles du droit interne de cet État, à l'exclusion de ses règles de conflits de lois.

force in Québec which are applicable by reason of their particular object.

3077. Where a country comprises several territorial units having different legislative jurisdictions, each territorial unit is regarded as a country.

Where a country comprises several legal systems applicable to different categories of persons, any reference to a law of that country is a reference to the legal system prescribed by the rules in force in that country; in the absence of such rules, any such reference is a reference to the legal system most closely connected with the situation.

3078. Characterization is made according to the legal system of the court seised of the matter; however, characterization of property as movable or immovable is made according to the law of the place where it is situated.

Where a legal institution is unknown to the court or known to it under a different designation or with a different content, foreign law may be taken into account.

3079. Where legitimate and manifestly preponderant interests so require, effect may be given to a mandatory provision of the law of another country with which the situation is closely connected.

In deciding whether to do so, consideration is given to the purpose of the provision and the consequences of its application.

3080. Where, under the provisions of this Book, the law of a foreign country applies, the law in question is the internal law of that country, but not its rules governing conflict of laws.

3081. L'application des dispositions de la loi d'un État étranger est exclue lorsqu'elle conduit à un résultat manifestement incompatible avec l'ordre public tel qu'il est entendu dans les relations internationales.

3082. À titre exceptionnel, la loi désignée par le présent livre n'est pas applicable si, compte tenu de l'ensemble des circonstances, il est manifeste que la situation n'a qu'un lien éloigné avec cette loi et qu'elle se trouve en relation beaucoup plus étroite avec la loi d'un autre État. La présente disposition n'est pas applicable lorsque la loi est désignée dans un acte juridique.

TITRE DEUXIÈME
DES CONFLITS DE LOIS

CHAPITRE PREMIER
DU STATUT PERSONNEL

SECTION I
DISPOSITIONS GÉNÉRALES

3083. L'état et la capacité d'une personne physique sont régis par la loi de son domicile.

L'état et la capacité d'une personne morale sont régis par la loi de l'État en vertu de laquelle elle est constituée, sous réserve, quant à son activité, de la loi du lieu où elle s'exerce.

3084. En cas d'urgence ou d'inconvénients sérieux, la loi du tribunal saisi peut être appliquée à titre provisoire, en vue d'assurer la protection d'une personne ou de ses biens.

SECTION II
DISPOSITIONS PARTICULIÈRES

§ 1.–*Des incapacités*

3085. Le régime juridique des majeurs protégés et la tutelle du mineur sont

3081. The provisions of the law of a foreign country do not apply if their application would be manifestly inconsistent with public order as understood in international relations.

3082. Exceptionally, the law designated by this Book is not applicable if, in the light of all attendant circumstances, it is clear that the situation is only remotely connected with that law and is much more closely connected with the law of another country. This provision does not apply where the law is designated in a juridical act.

TITLE TWO
CONFLICT OF LAWS

CHAPTER I
PERSONAL STATUS

SECTION I
GENERAL PROVISIONS

3083. The status and capacity of a natural person are governed by the law of his domicile.

The status and capacity of a legal person are governed by the law of the country under which it was formed subject, with respect to its activities, to the law of the place where they are carried on.

3084. In cases of emergency or serious inconvenience, the law of the court seised of the matter may be applied provisionally to ensure the protection of a person or of his property.

SECTION II
SPECIAL PROVISIONS

§ 1.–*Incapacity*

3085. Protective supervision of persons of full age and tutorship to minors are

régis par la loi du domicile des personnes qui en font l'objet.

governed by the law of the domicile of each person subject thereto.

Lorsqu'un mineur ou un majeur protégé domicilié hors du Québec possède des biens au Québec ou a des droits à y exercer et que la loi de son domicile ne pourvoit pas à ce qu'il ait un représentant, il peut lui être nommé un tuteur ou un curateur pour le représenter dans tous les cas où un tuteur ou un curateur peut représenter un mineur ou un majeur protégé d'après les lois du Québec.

Whenever a minor or a protected person of full age domiciled outside Québec possesses property in Québec or has rights to be exercised and the law of his domicile does not provide for him to have a representative, a tutor or a curator may be appointed to represent him in all cases where a tutor or a curator may represent a minor or a protected person of full age under the laws of Québec.

3086. La partie à un acte juridique qui est incapable selon la loi de l'État de son domicile ne peut pas invoquer cette incapacité si elle était capable selon la loi de l'État du domicile de l'autre partie lorsque l'acte a été passé dans cet État, à moins que cette autre partie n'ait connu ou dû connaître cette incapacité.

3086. A party to a juridical act who is incapable under the law of the country of his domicile may not invoke his incapacity if he was capable under the law of the country in which the other party was domiciled when the act was performed in that country, unless the other party was or should have been aware of the incapacity.

3087. La personne morale qui est partie à un acte juridique ne peut pas invoquer les restrictions au pouvoir de représentation des personnes qui agissent pour elle si ces restrictions n'existaient pas selon la loi de l'État du domicile de l'autre partie lorsque l'acte a été passé dans cet État, à moins que cette autre partie n'ait connu ou dû connaître ces restrictions en raison de sa fonction ou de sa relation avec la partie qui les invoque.

3087. A legal person who is a party to a juridical act may not invoke restrictions upon the power of representation of the persons acting for it if the restrictions did not exist under the law of the country in which the other party was domiciled when the act was performed in that country, unless the other party was or should have been aware of the restrictions by virtue of his position with or relationship to the party invoking them.

§ 2.–*Du mariage*

§ 2.–*Marriage*

3088. Le mariage est régi, quant à ses conditions de fond, par la loi applicable à l'état de chacun des futurs époux.

3088. Marriage is governed with respect to its essential validity by the law applicable to the status of each of the intended spouses.

Il est régi, quant à ses conditions de forme, par la loi du lieu de sa célébration

With respect to its formal validity, it is governed by the law of the place of its

ou par la loi de l'État du domicile ou de la nationalité de l'un des époux.

3089. Les effets du mariage, notamment ceux qui s'imposent à tous les époux quel que soit leur régime matrimonial, sont soumis à la loi de leur domicile.

Lorsque les époux sont domiciliés dans des États différents, la loi du lieu de leur résidence commune s'applique ou, à défaut, la loi de leur dernière résidence commune ou, à défaut, la loi du lieu de la célébration du mariage.

§ 3.–*De la séparation de corps*

3090. La séparation de corps est régie par la loi du domicile des époux.

Lorsque les époux sont domiciliés dans des États différents, la loi du lieu de leur résidence commune s'applique ou, à défaut, la loi de leur dernière résidence commune ou, à défaut, la loi du tribunal saisi.

Les effets de la séparation de corps sont soumis à la loi qui a été appliquée à la séparation de corps.

§ 4.–*De la filiation par le sang et de la filiation adoptive*

3091. L'établissement de la filiation est régi par la loi du domicile ou de la nationalité de l'enfant ou de l'un de ses parents, lors de la naissance de l'enfant, selon celle qui est la plus avantageuse pour celui-ci.

Ses effets sont soumis à la loi du domicile de l'enfant.

solemnization or by the law of the country of domicile or of nationality of one of the spouses.

3089. The effects of marriage, particularly, those which are binding on all spouses regardless of their matrimonial regime, are subject to the law of the domicile of the spouses.

Where the spouses are domiciled in different countries, the applicable law is the law of their common residence or, failing that, the law of their last common residence or, failing that, the law of the place of solemnization of the marriage.

§ 3.–*Separation from bed and board*

3090. Separation from bed and board is governed by the law of the domicile of the spouses.

Where the spouses are domiciled in different countries, the applicable law is the law of their common residence or, failing that, the law of their last common residence or, failing that, the law of the court seised of the case.

The effects of separation from bed and board are subject to the law governing the separation.

§ 4.–*Filiation by blood or through adoption*

3091. Filiation is established in accordance with the law of the domicile or nationality of the child or of one of his parents, at the time of the child's birth, whichever is more beneficial to the child.

The effects of filiation are subject to the law of the domicile of the child.

3092. Les règles relatives au consentement et à l'admissibilité à l'adoption d'un enfant sont celles que prévoit la loi de son domicile.

Les effets de l'adoption sont soumis à la loi du domicile de l'adoptant.

3093. La garde de l'enfant est régie par la loi de son domicile.

§ 5.–*De l'obligation alimentaire*

3094. L'obligation alimentaire est régie par la loi du domicile du créancier. Toutefois, lorsque le créancier ne peut obtenir d'aliments du débiteur en vertu de cette loi, la loi applicable est celle du domicile de ce dernier.

3095. La créance alimentaire d'un collatéral ou d'un allié est irrecevable si, selon la loi de son domicile, il n'existe pour le débiteur aucune obligation alimentaire à l'égard du demandeur.

3096. L'obligation alimentaire entre époux divorcés, séparés de corps ou dont le mariage a été déclaré nul est régie par la loi qui est applicable au divorce, à la séparation de corps ou à la nullité.

CHAPITRE DEUXIÈME
DU STATUT RÉEL

SECTION I
DISPOSITION GÉNÉRALE

3097. Les droits réels ainsi que leur publicité sont régis par la loi du lieu de la situation du bien qui en fait l'objet.

Cependant, les droits réels sur des biens en transit sont régis par la loi de l'État du lieu de leur destination.

3092. The rules respecting consent to the adoption and the eligibility of the child for adoption are those provided by the law of his domicile.

The effects of adoption are subject to the law of the domicile of the adopter.

3093. Custody of the child is governed by the law of his domicile.

§ 5.–*Obligation of support*

3094. The obligation of support is governed by the law of the domicile of the creditor. However, where the creditor cannot obtain support from the debtor under that law, the applicable law is that of the domicile of the debtor.

3095. No claim of support of a collateral relation or a person connected by marriage is admissible if, under the law of his domicile, there is no obligation for the debtor to provide support to the plaintiff.

3096. The obligation of support between spouses who are divorced or separated from bed and board or whose marriage has been declared null is governed by the law applicable to the divorce, separation from bed and board or declaration of nullity.

CHAPTER II
STATUS OF PROPERTY

SECTION I
GENERAL PROVISION

3097. Real rights and their publication are governed by the law of the place where the property concerned is situated.

However, real rights on property in transit are governed by the law of the country of their place of destination.

SECTION II
DISPOSITIONS PARTICULIÈRES

§ 1.–Des successions

3098. Les successions portant sur des meubles sont régies par la loi du dernier domicile du défunt; celles portant sur des immeubles sont régies par la loi du lieu de leur situation.

Cependant, une personne peut désigner, par testament, la loi applicable à sa succession à la condition que cette loi soit celle de l'État de sa nationalité ou de son domicile au moment de la désignation ou de son décès ou, encore, celle de la situation d'un immeuble qu'elle possède, mais en ce qui concerne cet immeuble seulement.

3099. La désignation d'une loi applicable à la succession est sans effet dans la mesure où la loi désignée prive le conjoint ou un enfant du défunt, dans une proportion importante, d'un droit de nature successorale auquel il aurait eu droit en l'absence d'une telle désignation.

Elle est aussi sans effet dans la mesure où elle porte atteinte aux régimes successoraux particuliers auxquels certains biens sont soumis par la loi de l'État de leur situation en raison de leur destination économique, familiale ou sociale.

3100. Dans la mesure où l'application de la loi successorale sur des biens situés à l'étranger ne peut se réaliser, des correctifs peuvent être apportés à même les biens situés au Québec notamment au moyen d'un rétablissement des parts, d'une nouvelle participation aux dettes ou d'un prélèvement compensatoire constatés par un partage rectificatif.

SECTION II
SPECIAL PROVISIONS

§ 1.–Successions

3098. Succession to movable property is governed by the law of the last domicile of the deceased; succession to immovable property is governed by the law of the place where the property is situated.

However, a person may designate, in a will, the law applicable to his succession, provided it is the law of the country of his nationality or of his domicile at the time of the designation or of his death or that of the place where an immovable owned by him is situated, but only with regard to that immovable.

3099. The designation of a law applicable to the succession is without effect to the extent that the law designated deprives the spouse or a child of the deceased, to a large degree, of a right of succession to which, but for such designation, he would have been entitled.

In addition, the designation has no effect to the extent that it affects special rules of inheritance to which certain categories of property are subject under the law of the country in which they are situated because of their economic, family or social destination.

3100. To the extent that the law on successions may not be enforced in respect of property situated outside Québec, corrective measures may be applied to property situated in Québec, in particular, by means of the restoration of shares, a new debt sharing or a compensatory deduction established by a rectified partition.

3101. Lorsque la loi régissant la succession du défunt ne pourvoit pas à ce qu'il y ait un administrateur ou un liquidateur capable d'agir au Québec, mais que les héritiers ont des droits à y exercer ou que certains biens de la succession s'y trouvent, il peut lui en être nommé un suivant la loi du Québec.

3101. Where the law governing the succession of the deceased does not provide for him to have an administrator or liquidator authorized to act in Québec and the heirs have rights to be exercised in Québec or certain property of the succession is situated in Québec, an administrator or a liquidator may be appointed under the law of Québec.

§ 2.–Des sûretés mobilières

§ 2.–Movable securities

3102. La validité d'une sûreté mobilière est régie par la loi de l'État de la situation du bien qu'elle grève au moment de sa constitution.

3102. The validity of a movable security is governed by the law of the country in which the property charged with it is situated at the time of creation of the security.

La publicité et ses effets sont régis par la loi de l'État de la situation actuelle du bien grevé.

Publication and its effects are governed by the law of the country in which the property charged with the security is currently situated.

3103. Tout meuble qui n'est pas destiné à rester dans l'État où il se trouve peut être grevé d'une sûreté suivant la loi de l'État de sa destination; cette sûreté peut être publiée suivant la loi de cet État, mais la publicité n'a d'effet que si le bien y parvient effectivement dans les trente jours de la constitution de la sûreté.

3103. Any movable that is not intended to remain in the country in which it is situated may be charged with a security according to the law of the country for which it is destined; the security may be published according to the law of that country, but publication has effect only if the property actually reaches the country within thirty days of the creation of the security.

3104. La sûreté qui a été publiée selon la loi de l'État où le bien était situé au moment de sa constitution sera réputée publiée au Québec, à compter de la première publication, si elle est publiée au Québec avant que se réalise la première des éventualités suivantes:

3104. A security published according to the law of the country where the property was situated at the time of creation of the security will be deemed to be published in Québec, from the first publication, if it is published in Québec before any of the following events, whichever occurs first:

1° La publicité dans l'État où était situé le bien lors de la constitution de la sûreté cesse d'avoir effet;

(1) the cessation of effect of publication in the country where the property was situated at the time of creation of the security;

2° Un délai de trente jours s'est écoulé depuis le moment où le bien est parvenu au Québec;

3° Un délai de quinze jours s'est écoulé depuis le moment où le créancier a été avisé que le bien est parvenu au Québec.

Toutefois, la sûreté n'est pas opposable à l'acheteur qui a acquis le bien dans le cours des activités du constituant.

3105. La validité d'une sûreté grevant un meuble corporel ordinairement utilisé dans plus d'un État ou celle grevant un meuble incorporel est régie par la loi de l'État où était domicilié le constituant au moment de sa constitution.

La publicité et ses effets sont régis par la loi de l'État du domicile actuel du constituant.

La présente disposition ne s'applique ni à la sûreté grevant un meuble incorporel constaté par un titre au porteur ni à celle publiée par la détention du titre qu'exerce le créancier. [1998, c. 5, art. 18].

3106. La sûreté régie, au moment de sa constitution, par la loi de l'État du domicile du constituant et qui a été publiée, sera réputée publiée au Québec, à compter de la première publication, si elle est publiée au Québec avant que se réalise la première des éventualités suivantes:

1° La publicité dans l'État de l'ancien domicile du constituant cesse d'avoir effet;

(2) the expiry of thirty days from the time the property reaches Québec;

(3) the expiry of fifteen days from the time the creditor is advised that the property has arrived in Québec.

However, the security may not be set up against a buyer who has acquired the property in the ordinary course of the activities of the grantor. [1992, ch. 57, s. 716].

3105. The validity of a security charged on a corporeal movable ordinarily used in more than one country or charged on an incorporeal movable is governed by the law of the country where the grantor was domiciled at the time of creation of the security.

Publication and its effects are governed by the law of the country in which the grantor is currently domiciled.

However, the provisions of this article do not apply to a security encumbering an incorporeal movable established by a title in bearer form or to a security published by the holding of the title exercised by the creditor. [1992, ch. 57, s. 716; 1998, ch. 5, s. 18].

3106. A security which, when it is created, is governed by the law of the country where the grantor is then domiciled and which has been published will be deemed to have been published in Québec, from the first publication, provided it is published in Québec before any of the following events, whichever occurs first:

(1) the cessation of effect of publication in the country where the grantor was formerly domiciled;

2° Un délai de trente jours s'est écoulé depuis le moment où le constituant a établi son nouveau domicile au Québec;

3° Un délai de quinze jours s'est écoulé depuis que le créancier a été avisé du nouveau domicile du constituant au Québec.

Toutefois, la sûreté n'est pas opposable à l'acheteur qui a acquis le bien dans le cours des activités du constituant.

§ 3.–*De la fiducie*

3107. À défaut d'une loi désignée expressément dans l'acte ou dont la désignation résulte d'une façon certaine des dispositions de cet acte, ou si la loi désignée ne connaît pas l'institution, la loi applicable à la fiducie créée par acte juridique est celle qui présente avec la fiducie les liens les plus étroits.

Afin de déterminer la loi applicable, il est tenu compte, notamment, du lieu où la fiducie est administrée, de la situation des biens, de la résidence ou de l'établissement du fiduciaire, de la finalité de la fiducie et des lieux où celle-ci s'accomplit.

Un élément de la fiducie susceptible d'être isolé, notamment son administration, peut être régi par une loi distincte.

3108. La loi qui régit la fiducie détermine si la question soumise concerne sa validité ou son administration.

Cette loi détermine également la possibilité et les conditions de son remplacement, ainsi que du remplacement de la loi applicable à un élément de la fiducie susceptible d'être isolé, par la loi d'un autre État.

(2) the expiry of thirty days from the time the grantor established his new domicile in Québec;

(3) the expiry of fifteen days from the time the creditor was advised of the new domicile of the grantor in Québec.

However, the security may not be set up against a buyer who has acquired the property in the ordinary course of the activities of the grantor.

§ 3.–*Trusts*

3107. Where no law is expressly designated by, or may be inferred with certainty from, the terms of the act creating a trust, or where the law designated does not recognize the institution, the applicable law is that with which the trust is most closely connected.

To determine the applicable law, account is taken in particular of the place of administration of the trust, the place where the trust property is situated, the residence or the establishment of the trustee, the objects of the trust and the places where they are to be fulfilled.

Any severable aspect of a trust, particularly its administration, may be governed by a different law.

3108. The law governing the trust determines whether the question to be resolved concerns the validity or the administration of the trust.

It also determines whether that law or the law governing a severable aspect of the trust may be replaced by the law of another country and, if so, the conditions of replacement.

CHAPITRE TROISIÈME
DU STATUT DES OBLIGATIONS

SECTION I
DISPOSITIONS GÉNÉRALES

§ 1.–*De la forme des actes juridiques*

3109. La forme d'un acte juridique est régie par la loi du lieu où il est passé.

Est néanmoins valable l'acte qui est fait dans la forme prescrite par la loi applicable au fond de cet acte ou par celle du lieu où, lors de sa conclusion, sont situés les biens qui en font l'objet ou, encore, par celle du domicile de l'une des parties lors de la conclusion de l'acte.

Une disposition testamentaire peut, en outre, être faite dans la forme prescrite par la loi du domicile ou de la nationalité du testateur soit au moment où il a disposé, soit au moment de son décès.

3110. Un acte peut être reçu hors du Québec par un notaire du Québec lorsqu'il porte sur un droit réel dont l'objet est situé au Québec, ou lorsque l'une des parties y a son domicile.

§ 2.–*Du fond des actes juridiques*

3111. L'acte juridique, qu'il présente ou non un élément d'extranéité, est régi par la loi désignée expressément dans l'acte ou dont la désignation résulte d'une façon certaine des dispositions de cet acte.

Néanmoins, s'il ne présente aucun élément d'extranéité, il demeure soumis aux dispositions impératives de la loi de l'État qui s'appliquerait en l'absence de désignation.

CHAPTER III
STATUS OF OBLIGATIONS

SECTION I
GENERAL PROVISIONS

§ 1.–*Form of juridical acts*

3109. The form of a juridical act is governed by the law of the place where it is made.

A juridical act is nevertheless valid if it is made in the form prescribed by the law applicable to the content of the act, by the law of the place where the property which is the object of the act is situated when it is made or by the law of the domicile of one of the parties when the act is made.

A testamentary disposition may be made in the form prescribed by the law of the domicile or nationality of the testator either at the time of the disposition or at the time of his death.

3110. An act may be made outside Québec before a Québec notary if it pertains to a real right the object of which is situated in Québec or if one of the parties is domiciled in Québec.

§ 2.–*Content of juridical acts*

3111. A juridical act, whether or not it contains any foreign element, is governed by the law expressly designated in the act or the designation of which may be inferred with certainty from the terms of the act.

A juridical act containing no foreign element remains, nevertheless, subject to the mandatory provisions of the law of the country which would apply if none were designated.

On peut désigner expressément la loi applicable à la totalité ou à une partie seulement d'un acte juridique.

3112. En l'absence de désignation de la loi dans l'acte ou si la loi désignée rend l'acte juridique invalide, les tribunaux appliquent la loi de l'État qui, compte tenu de la nature de l'acte et des circonstances qui l'entourent, présente les liens les plus étroits avec cet acte.

3113. Les liens les plus étroits sont présumés exister avec la loi de l'État dans lequel la partie qui doit fournir la prestation caractéristique de l'acte a sa résidence ou, si celui-ci est conclu dans le cours des activités d'une entreprise, son établissement.

SECTION II
DISPOSITIONS PARTICULIÈRES

§ 1.–De la vente

3114. En l'absence de désignation par les parties, la vente d'un meuble corporel est régie par la loi de l'État où le vendeur avait sa résidence ou, si la vente est conclue dans le cours des activités d'une entreprise, son établissement, au moment de la conclusion du contrat. Toutefois, la vente est régie par la loi de l'État où l'acheteur avait sa résidence ou son établissement, au moment de la conclusion du contrat, dans l'un ou l'autre des cas suivants:

1° Des négociations ont été menées et le contrat a été conclu dans cet État;

2° Le contrat prévoit expressément que l'obligation de délivrance doit être exécutée dans cet État;

The law of a country may be expressly designated as applicable to the whole or a part only of a juridical act.

3112. If no law is designated in the act or if the law designated invalidates the juridical act, the courts apply the law of the country with which the act is most closely connected, in view of its nature and the attendant circumstances.

3113. A juridical act is presumed to be most closely connected with the law of the country where the party who is to perform the prestation which is characteristic of the act has his residence or, if the act is made in the ordinary course of business of an enterprise, his establishment.

SECTION II
SPECIAL PROVISIONS

§ 1.–Sale

3114. If no law is designated by the parties, the sale of a corporeal movable is governed by the law of the country where the seller had his residence or, if the sale is made in the ordinary course of business of an enterprise, his establishment, at the time of formation of the contract. However, the sale is governed by the law of the country in which the buyer had his residence or his establishment at the time of formation of the contract in any of the following cases:

(1) negotiations have taken place and the contract has been formed in that country;

(2) the contract provides expressly that delivery shall be made in that country;

3° Le contrat est conclu sous les conditions fixées principalement par l'acheteur, en réponse à un appel d'offres.

En l'absence de désignation par les parties, la vente d'un immeuble est régie par la loi de l'État où il est situé.

3115. En l'absence de désignation par les parties, la vente aux enchères ou la vente réalisée dans un marché de bourse est régie par la loi de l'État où sont effectuées les enchères ou celle de l'État où se trouve la bourse.

§ 2.–De la représentation conventionnelle

3116. L'existence et l'étendue des pouvoirs du représentant dans ses relations avec un tiers, ainsi que les conditions auxquelles sa responsabilité ou celle du représenté peut être engagée, sont régies par la loi désignée expressément par le représenté et le tiers ou, à défaut, par la loi de l'État où le représentant a agi si le représenté ou le tiers a son domicile ou sa résidence dans cet État.

§ 3.–Du contrat de consommation

3117. Le choix par les parties de la loi applicable au contrat de consommation ne peut avoir pour résultat de priver le consommateur de la protection que lui assurent les dispositions impératives de la loi de l'État où il a sa résidence si la conclusion du contrat a été précédée, dans ce lieu, d'une offre spéciale ou d'une publicité et que les actes nécessaires à sa conclusion y ont été accomplis par le consommateur, ou encore, si

(3) the contract is formed on terms determined mainly by the buyer, in response to a call for tenders.

If no law is designated by the parties, the sale of immovable property is governed by the law of the country where it is situated.

3115. Failing any designation by the parties, a sale by auction or on a stock exchange is governed by the law of the country where the auction takes place or the exchange is situated.

§ 2.–Conventional representation

3116. The existence and scope of the powers of a representative in his relations with a third person and the conditions under which his personal liability or that of the person he represents may be incurred are governed by the law expressly designated by the person represented and the third person or, where none is designated, by the law of the country in which the representative acted if the person he represents or the third person has his domicile or residence in that country.

§ 3.–Consumer contract

3117. The choice by the parties of the law applicable to a consumer contract does not result in depriving the consumer of the protection to which he is entitled under the mandatory provisions of the law of the country where he has his residence if the formation of the contract was preceded by a special offer or an advertisement in that country and the consumer took all the necessary steps for the formation of the contract in that

la commande de ce dernier y a été reçue.

Il en est de même lorsque le consommateur a été incité par son cocontractant à se rendre dans un État étranger afin d'y conclure le contrat.

En l'absence de désignation par les parties, la loi de la résidence du consommateur est, dans les mêmes circonstances, applicable au contrat de consommation.

§ 4.–Du contrat de travail

3118. Le choix par les parties de la loi applicable au contrat de travail ne peut avoir pour résultat de priver le travailleur de la protection que lui assurent les dispositions impératives de la loi de l'État où il accomplit habituellement son travail, même s'il est affecté à titre temporaire dans un autre État ou, s'il n'accomplit pas habituellement son travail dans un même État, de la loi de l'État où son employeur a son domicile ou son établissement.

En l'absence de désignation par les parties, la loi de l'État où le travailleur accomplit habituellement son travail ou la loi de l'État où son employeur a son domicile ou son établissement sont, dans les mêmes circonstances, applicables au contrat de travail.

§ 5.–Du contrat d'assurance terrestre

3119. Malgré toute convention contraire, le contrat d'assurance qui porte sur un bien ou un intérêt situé au Québec ou qui est souscrit au Québec par une personne qui y réside, est régi par la loi du Québec dès lors que le

country or if the order was received from the consumer in that country.

The same rule also applies where the consumer was induced by the other contracting party to travel to a foreign country for the purpose of forming the contract.

If no law is designated by the parties, the law of the place where the consumer has his residence is, in the same circumstances, applicable to the consumer contract.

§ 4.–Contract of employment

3118. The designation by the parties of the law applicable to a contract of employment does not result in depriving the worker of the protection to which he is entitled under the mandatory provisions of the law of the country where the worker habitually carries on his work, even if he is on temporary assignment in another country or, if the worker does not habitually carry on his work in any one country, the mandatory provisions of the law of the country where his employer has his domicile or establishment.

If no law is designated by the parties, the law of the country where the worker habitually carries on his work or the law of the country where his employer has his domicile or establishment is, in the same circumstances, applicable to the contract of employment.

§ 5.–Contract of non-marine insurance

3119. Notwithstanding any agreement to the contrary, a contract of insurance respecting property or an interest situated in Québec or subscribed in Québec by a person resident in Québec is governed by the law of Québec if the policy-

preneur en fait la demande au Québec ou que l'assureur y signe ou y délivre la police.

De même, le contrat d'assurance collective de personnes est régi par la loi du Québec, lorsque l'adhérent a sa résidence au Québec au moment de son adhésion.

Toute somme due en vertu d'un contrat d'assurance régi par la loi du Québec est payable au Québec.

§ 6.–De la cession de créance

3120. Le caractère cessible de la créance, ainsi que les rapports entre le cessionnaire et le débiteur cédé, sont soumis à la loi qui régit les rapports entre le cédé et le cédant.

§ 7.–De l'arbitrage

3121. En l'absence de désignation par les parties, la convention d'arbitrage est régie par la loi applicable au contrat principal ou, si cette loi a pour effet d'invalider la convention, par la loi de l'État où l'arbitrage se déroule.

§ 8.–Du régime matrimonial

3122. La loi applicable au régime matrimonial conventionnel est déterminée par les règles générales applicables au fond des actes juridiques.

3123. Le régime matrimonial des époux qui se sont mariés sans passer de conventions matrimoniales est régi par la loi de leur domicile au moment du mariage.

Lorsque les époux sont alors domiciliés dans des États différents, la loi de leur première résidence commune s'ap-

holder applies therefor in Québec or the insurer signs or delivers the policy in Québec.

Similarly, a contract of group insurance of persons is governed by the law of Québec where the participant has his residence in Québec at the time he becomes a participant.

Any sum due under a contract of insurance governed by the law of Québec is payable in Québec. [1992, ch. 57, s. 716].

§ 6.–Assignment of claim

3120. The assignability of a claim and relations between the assignee and the assigned debtor are governed by the law governing relations between the assigned debtor and the assignor.

§ 7.–Arbitration

3121. Failing any designation by the parties, an arbitration agreement is governed by the law applicable to the principal contract or, where that law invalidates the agreement, by the law of the country where arbitration takes place.

§ 8.–Matrimonial regime

3122. The law applicable to a conventional matrimonial regime is determined according to the general rules applicable to the content of juridical acts.

3123. The matrimonial regime of spouses having married without entering into matrimonial agreements is governed by the law of their domicile at the time of the solemnization of their marriage.

If the spouses are at that time domiciled in different countries, the applicable law is the law of their first common resi-

plique ou, à défaut, la loi de leur nationalité commune ou, à défaut, la loi du lieu
de la célébration du mariage.

3124. La validité d'une modification
conventionnelle du régime matrimonial
est régie par la loi du domicile des époux
au moment de la modification.

Si les époux sont alors domiciliés
dans des États différents, la loi applicable est celle de leur résidence commune
ou, à défaut, la loi qui gouverne leur
régime.

§ 9.–*De certaines autres sources
de l'obligation*

3125. Les obligations fondées sur la
gestion d'affaires, la réception de l'indu
ou l'enrichissement injustifié sont régies
par la loi du lieu de survenance du fait
dont elles résultent.

§ 10.–*De la responsabilité civile*

3126. L'obligation de réparer le préjudice causé à autrui est régie par la loi de
l'État où le fait générateur du préjudice
est survenu. Toutefois, si le préjudice
est apparu dans un autre État, la loi de
cet État s'applique si l'auteur devait
prévoir que le préjudice s'y mani-
festerait.

Dans tous les cas, si l'auteur et la
victime ont leur domicile ou leur résidence dans le même État, c'est la loi de
cet État qui s'applique.

3127. Lorsque l'obligation de réparer
un préjudice résulte de l'inexécution
d'une obligation contractuelle, les pré-

dence or, failing that, the law of their
common nationality or, failing that, the
law of the place of solemnization of the
marriage.

3124. The validity of any agreed change
to a matrimonial regime is governed by
the law of the domicile of the spouses at
the time of the change.

If the spouses are at that time domiciled in different countries, the applicable
law is the law of their common residence
or, failing that, the law governing their
matrimonial regime.

§ 9.–*Certain other sources of
obligations*

3125. Obligations based on management of the business of another, reception of a thing not due or unjust
enrichment are governed by the law of
the place of occurrence of the act from
which they derive.

§10.–*Civil liability*

3126. The obligation to make reparation
for injury caused to another is governed
by the law of the country where the injurious act occurred. However, if the injury
appeared in another country, the law of
the latter country is applicable if the person who committed the injurious act
should have foreseen that the damage
would occur.

In any case where the person who
committed the injurious act and the victim have their domiciles or residences in
the same country, the law of that country
applies.

3127. Where an obligation to make
reparation for injury arises from nonperformance of a contractual obligation,

tentions fondées sur l'inexécution sont régies par la loi applicable au contrat.

claims based on the nonperformance are governed by the law applicable to the contract.

3128. La responsabilité du fabricant d'un bien meuble, quelle qu'en soit la source, est régie, au choix de la victime:

1° Par la loi de l'État dans lequel le fabricant a son établissement ou, à défaut, sa résidence;

2° Par la loi de l'État dans lequel le bien a été acquis.

3128. The liability of the manufacturer of a movable, whatever the source thereof, is governed, at the choice of the victim,

(1) by the law of the country where the manufacturer has his establishment or, failing that, his residence, or

(2) by the law of the country where the movable was acquired.

3129. Les règles du présent code s'appliquent de façon impérative à la responsabilité civile pour tout préjudice subi au Québec ou hors du Québec et résultant soit de l'exposition à une matière première provenant du Québec, soit de son utilisation, que cette matière première ait été traitée ou non.

3129. The application of the rules of this Code is imperative in matters of civil liability for damage suffered in or outside Québec as a result of exposure to or the use of raw materials, whether processed or not, originating in Québec.

§ 11.–*De la preuve*

§11.–*Evidence*

3130. La preuve est régie par la loi qui s'applique au fond du litige, sous réserve des règles du tribunal saisi qui sont plus favorables à son établissement.

3130. Evidence is governed by the law applicable to the merits of the dispute, subject to any rules of the court seised of the matter which are more favourable to the establishment of evidence.

§ 12.–*De la prescription*

§12.–*Prescription*

3131. La prescription est régie par la loi qui s'applique au fond du litige.

3131. Prescription is governed by the law applicable to the merits of the dispute.

CHAPITRE QUATRIÈME
DU STATUT DE LA PROCÉDURE

CHAPTER IV
STATUS OF PROCEDURE

3132. La procédure est régie par la loi du tribunal saisi.

3132. Procedure is governed by the law of the court seised of the matter.

3133. La procédure de l'arbitrage est régie par la loi de l'État où il se déroule lorsque les parties n'ont pas désigné soit la loi d'un autre État, soit un règlement d'arbitrage institutionnel ou particulier.

3133. Arbitration proceedings are governed by the law of the country where arbitration takes place unless either the law of another country or an institutional or special arbitration procedure has been designated by the parties. [1992, ch. 57, s. 716].

TITRE TROISIÈME
DE LA COMPÉTENCE
INTERNATIONALE DES
AUTORITÉS DU QUÉBEC

TITLE THREE
INTERNATIONAL JURISDICTION OF
QUÉBEC AUTHORITIES

CHAPITRE PREMIER
DISPOSITIONS GÉNÉRALES

CHAPTER I
GENERAL PROVISIONS

3134. En l'absence de disposition particulière, les autorités du Québec sont compétentes lorsque le défendeur a son domicile au Québec.

3134. In the absence of any special provision, the Québec authorities have jurisdiction when the defendant is domiciled in Québec.

3135. Bien qu'elle soit compétente pour connaître d'un litige, une autorité du Québec peut, exceptionnellement et à la demande d'une partie, décliner cette compétence si elle estime que les autorités d'un autre État sont mieux à même de trancher le litige.

3135. Even though a Québec authority has jurisdiction to hear a dispute, it may exceptionally and on an application by a party, decline jurisdiction if it considers that the authorities of another country are in a better position to decide.

3136. Bien qu'une autorité québécoise ne soit pas compétente pour connaître d'un litige, elle peut, néanmoins, si une action à l'étranger se révèle impossible ou si on ne peut exiger qu'elle y soit introduite, entendre le litige si celui-ci présente un lien suffisant avec le Québec.

3136. Even though a Québec authority has no jurisdiction to hear a dispute, it may hear it, if the dispute has a sufficient connection with Québec, where proceedings cannot possibly be instituted outside Québec or where the institution of such proceedings outside Québec cannot reasonably be required.

3137. L'autorité québécoise, à la demande d'une partie, peut, quand une action est introduite devant elle, surseoir à statuer si une autre action entre les mêmes parties, fondée sur les mêmes faits et ayant le même objet, est déjà pendante devant une autorité étrangère, pourvu qu'elle puisse donner lieu à une décision pouvant être reconnue au Québec, ou si une telle décision a déjà été rendue par une autorité étrangère.

3137. On the application of a party, a Québec authority may stay its ruling on an action brought before it if another action, between the same parties, based on the same facts and having the same object is pending before a foreign authority, provided that the latter action can result in a decision which may be recognized in Québec, or if such a decision has already been rendered by a foreign authority.

3138. L'autorité québécoise peut ordonner des mesures provisoires ou conservatoires, même si elle n'est pas compétente pour connaître du fond du litige.

3138. A Québec authority may order provisional or conservatory measures even if it has no jurisdiction over the merits of the dispute.

3139. L'autorité québécoise, compétente pour la demande principale, est aussi compétente pour la demande incidente ou reconventionnelle.

3140. En cas d'urgence ou d'inconvénients sérieux, les autorités québécoises sont compétentes pour prendre les mesures qu'elles estiment nécessaires à la protection d'une personne qui se trouve au Québec ou à la protection de ses biens s'ils y sont situés.

CHAPITRE DEUXIÈME
DISPOSITIONS PARTICULIÈRES

SECTION I
DES ACTIONS PERSONNELLES À
CARACTÈRE EXTRAPATRIMONIAL
ET FAMILIAL

3141. Les autorités du Québec sont compétentes pour connaître des actions personnelles à caractère extrapatrimonial et familial, lorsque l'une des personnes concernées est domiciliée au Québec.

3142. Les autorités québécoises sont compétentes pour statuer sur la garde d'un enfant pourvu que ce dernier soit domicilié au Québec.

3143. Les autorités québécoises sont compétentes pour statuer sur une action en matière d'aliments ou sur la demande de révision d'un jugement étranger rendu en matière d'aliments qui peut être reconnu au Québec lorsque l'une des parties a son domicile ou sa résidence au Québec.

3144. En matière de nullité du mariage, les autorités québécoises sont compétentes lorsque l'un des époux a son domicile ou sa résidence au Québec ou que le mariage y a été célébré.

3139. Where a Québec authority has jurisdiction to rule on the principal demand, it also has jurisdiction to rule on an incidental demand or a cross demand.

3140. In cases of emergency or serious inconvenience, Québec authorities may also take such measures as they consider necessary for the protection of the person or property of a person present in Québec.

CHAPTER II
SPECIAL PROVISIONS

SECTION I
PERSONAL ACTIONS OF AN
EXTRAPATRIMONIAL AND FAMILY
NATURE

3141. A Québec authority has jurisdiction to hear personal actions of an extrapatrimonial and family nature when one of the persons concerned is domiciled in Québec.

3142. A Québec authority has jurisdiction to rule on the custody of a child provided he is domiciled in Québec.

3143. A Québec authority has jurisdiction to decide cases of support or applications for review of a foreign judgment which may be recognized in Québec respecting support when one of the parties has his domicile or residence in Québec.

3144. A Québec authority has jurisdiction in matters relating to nullity of marriage when one of the spouses has his domicile or residence in Québec or when the marriage was solemnized in Québec.

3145. Pour ce qui est des effets du mariage, notamment ceux qui s'imposent à tous les époux quel que soit leur régime matrimonial, les autorités québécoises sont compétentes lorsque l'un des époux a son domicile ou sa résidence au Québec.

3146. Les autorités québécoises sont compétentes pour statuer sur la séparation de corps, lorsque l'un des époux a son domicile ou sa résidence au Québec à la date de l'introduction de l'action.

3147. Les autorités québécoises sont compétentes, en matière de filiation, si l'enfant ou l'un de ses parents a son domicile au Québec.

En matière d'adoption, elles sont compétentes si l'enfant ou le demandeur est domicilié au Québec.

3145. As regards the effects of marriage, particularly those which are binding on all spouses, regardless of their matrimonial regime, a Québec authority has jurisdiction when one of the spouses has his domicile or residence in Québec.

3146. A Québec authority has jurisdiction to rule on separation from bed and board when one of the spouses has his domicile or residence in Québec at the time of the institution of the proceedings.

3147. A Québec authority has jurisdiction in matters of filiation if the child or one of his parents is domiciled in Québec.

It has jurisdiction in matters of adoption if the child or plaintiff is domiciled in Québec.

SECTION II
DES ACTIONS PERSONNELLES À CARACTÈRE PATRIMONIAL

SECTION II
PERSONAL ACTIONS OF A PATRIMONIAL NATURE

3148. Dans les actions personnelles à caractère patrimonial, les autorités québécoises sont compétentes dans les cas suivants:

1° Le défendeur a son domicile ou sa résidence au Québec;

2° Le défendeur est une personne morale qui n'est pas domiciliée au Québec mais y a un établissement et la contestation est relative à son activité au Québec;

3° Une faute a été commise au Québec, un préjudice a été subi, un fait dommageable s'y est produit ou l'une des obligations découlant d'un contrat devait y être exécutée;

4° Les parties, par convention, leur ont soumis les litiges nés ou à naître

3148. In personal actions of a patrimonial nature, a Québec authority has jurisdiction where

(1) the defendant has his domicile or his residence in Québec;

(2) the defendant is a legal person, is not domiciled in Québec but has an establishment in Québec, and the dispute relates to its activities in Québec;

(3) a fault was committed in Québec, damage was suffered in Québec, an injurious act occurred in Québec or one of the obligations arising from a contract was to be performed in Québec;

(4) the parties have by agreement submitted to it all existing or future dis-

entre elles à l'occasion d'un rapport de droit déterminé;

5° Le défendeur a reconnu leur compétence.

Cependant, les autorités québécoises ne sont pas compétentes lorsque les parties ont choisi, par convention, de soumettre les litiges nés ou à naître entre elles, à propos d'un rapport juridique déterminé, à une autorité étrangère ou à un arbitre, à moins que le défendeur n'ait reconnu la compétence des autorités québécoises.

3149. Les autorités québécoises sont, en outre, compétentes à connaître d'une action fondée sur un contrat de consommation ou sur un contrat de travail si le consommateur ou le travailleur a son domicile ou sa résidence au Québec; la renonciation du consommateur ou du travailleur à cette compétence ne peut lui être opposée.

3150. Les autorités québécoises ont également compétence pour décider de l'action fondée sur un contrat d'assurance lorsque le titulaire, l'assuré ou le bénéficiaire du contrat a son domicile ou sa résidence au Québec, lorsque le contrat porte sur un intérêt d'assurance qui y est situé, ou encore lorsque le sinistre y est survenu.

3151. Les autorités québécoises ont compétence exclusive pour connaître en première instance de toute action fondée sur la responsabilité prévue à l'article 3129.

SECTION III
DES ACTIONS RÉELLES ET MIXTES

3152. Les autorités québécoises sont compétentes pour connaître d'une action réelle si le bien en litige est situé au Québec.

putes between themselves arising out of a specified legal relationship;

(5) the defendant submits to its jurisdiction.

However, a Québec authority has no jurisdiction where the parties, by agreement, have chosen to submit all existing or future disputes between themselves relating to a specified legal relationship to a foreign authority or to an arbitrator, unless the defendant submits to the jurisdiction of the Québec authority.

3149. A Québec authority also has jurisdiction to hear an action involving a consumer contract or a contract of employment if the consumer or worker has his domicile or residence in Québec; the waiver of such jurisdiction by the consumer or worker may not be set up against him.

3150. A Québec authority has jurisdiction to hear an action based on a contract of insurance where the holder, the insured or the beneficiary of the contract is domiciled or resident in Québec, the contract is related to an insurable interest situated in Québec or the loss took place in Québec.

3151. A Québec authority has exclusive jurisdiction to hear in first instance all actions founded on liability under article 3129.

SECTION III
REAL AND MIXED ACTIONS

3152. A Québec authority has jurisdiction over a real action if the property in dispute is situated in Québec.

3153. En matière successorale, les autorités québécoises sont compétentes lorsque la succession est ouverte au Québec ou lorsque le défendeur ou l'un des défendeurs y a son domicile ou, encore, lorsque le défunt a choisi le droit québécois pour régir sa succession.

Elles le sont, en outre, lorsque des biens du défunt sont situés au Québec et qu'il s'agit de statuer sur leur dévolution ou leur transmission.

3154. Les autorités québécoises sont compétentes en matière de régime matrimonial dans les cas suivants:

1° Le régime est dissout par le décès de l'un des époux et les autorités sont compétentes quant à la succession de cet époux;

2° L'objet de la procédure ne concerne que des biens situés au Québec.

Dans les autres cas, les autorités québécoises sont compétentes lorsque l'un des époux a son domicile ou sa résidence au Québec à la date de l'introduction de l'action.

3153. A Québec authority has jurisdiction in matters of succession if the succession opens in Québec, the defendant or one of the defendants is domiciled in Québec or the deceased had elected that Québec law should govern his succession.

It also has jurisdiction if any property of the deceased is situated in Québec and a ruling is required as to the devolution or transmission of the property.

3154. A Québec authority has jurisdiction in matters of matrimonial regime in the following cases:

(1) the regime is dissolved by the death of one of the spouses and the authority has jurisdiction in respect of the succession of that spouse;

(2) the object of the proceedings relates only to property situated in Québec.

In other cases, a Québec authority has jurisdiction if one of the spouses has his domicile or residence in Québec on the date of institution of the proceedings.

TITRE QUATRIÈME
DE LA RECONNAISSANCE ET DE L'EXÉCUTION DES DÉCISIONS ÉTRANGÈRES ET DE LA COMPÉTENCE DES AUTORITÉS ÉTRANGÈRES

CHAPITRE PREMIER
DE LA RECONNAISSANCE ET DE L'EXÉCUTION DES DÉCISIONS ÉTRANGÈRES

TITLE FOUR
RECOGNITION AND ENFORCEMENT OF FOREIGN DECISIONS AND JURISDICTION OF FOREIGN AUTHORITIES

CHAPTER I
RECOGNITION AND ENFORCEMENT OF FOREIGN DECISIONS

3155. Toute décision rendue hors du Québec est reconnue et, le cas échéant, déclarée exécutoire par l'autorité du Québec, sauf dans les cas suivants:

3155. A Québec authority recognizes and, where applicable, declares enforceable any decision rendered outside Québec except in the following cases:

1° L'autorité de l'État dans lequel la décision a été rendue n'était pas compétente suivant les dispositions du présent titre;

2° La décision, au lieu où elle a été rendue, est susceptible d'un recours ordinaire, ou n'est pas définitive ou exécutoire;

3° La décision a été rendue en violation des principes essentiels de la procédure;

4° Un litige entre les mêmes parties, fondé sur les mêmes faits et ayant le même objet, a donné lieu au Québec à une décision passée ou non en force de chose jugée, ou est pendant devant une autorité québécoise, première saisie, ou a été jugé dans un État tiers et la décision remplit les conditions nécessaires pour sa reconnaissance au Québec;

5° Le résultat de la décision étrangère est manifestement incompatible avec l'ordre public tel qu'il est entendu dans les relations internationales;

6° La décision sanctionne des obligations découlant des lois fiscales d'un État étranger.

3156. Une décision rendue par défaut ne sera reconnue et déclarée exécutoire que si le demandeur prouve que l'acte introductif d'instance a été régulièrement signifié à la partie défaillante, selon la loi du lieu où elle a été rendue.

Toutefois, l'autorité pourra refuser la reconnaissance ou l'exécution si la partie défaillante prouve que, compte tenu des circonstances, elle n'a pu prendre connaissance de l'acte introductif d'ins-

(1) the authority of the country where the decision was rendered had no jurisdiction under the provisions of this Title;

(2) the decision is subject to ordinary remedy or is not final or enforceable at the place where it was rendered;

(3) the decision was rendered in contravention of the fundamental principles of procedure;

(4) a dispute between the same parties, based on the same facts and having the same object has given rise to a decision rendered in Québec, whether it has acquired the authority of a final judgment (*res judicata*) or not, or is pending before a Québec authority, in first instance, or has been decided in a third country and the decision meets the necessary conditions for recognition in Québec;

(5) the outcome of a foreign decision is manifestly inconsistent with public order as understood in international relations;

(6) the decision enforces obligations arising from the taxation laws of a foreign country.

3156. A decision rendered by default may not be recognized or declared enforceable unless the plaintiff proves that the act of procedure initiating the proceedings was duly served on the defaulting party in accordance with the law of the place where the decision was rendered.

However, the authority may refuse recognition or enforcement if the defaulting party proves that, owing to the circumstances, he was unable to learn of the act of procedure initiating the pro-

tance ou n'a pu disposer d'un délai suffisant pour présenter sa défense.

ceedings or was not given sufficient time to offer his defence.

3157. La reconnaissance ou l'exécution ne peut être refusée pour la seule raison que l'autorité d'origine a appliqué une loi autre que celle qui aurait été applicable, d'après les règles du présent livre.

3157. Recognition or enforcement may not be refused on the sole ground that the original authority applied a law different from the law that would be applicable under the rules contained in this Book.

3158. L'autorité québécoise se limite à vérifier si la décision dont la reconnaissance ou l'exécution est demandée remplit les conditions prévues au présent titre, sans procéder à l'examen au fond de cette décision.

3158. A Québec authority confines itself to verifying whether the decision in respect of which recognition or enforcement is sought meets the requirements prescribed in this Title, without entering into any examination of the merits of the decision.

3159. Si la décision statue sur plusieurs demandes qui sont dissociables, la reconnaissance ou l'exécution peut être accordée partiellement.

3159. Recognition or enforcement may be granted partially if the decision deals with several claims that can be dissociated.

3160. La décision rendue hors du Québec qui accorde des aliments par versements périodiques peut être reconnue et déclarée exécutoire pour les versements échus et à échoir.

3160. A decision rendered outside Québec awarding periodic payments of support may be recognized and declared enforceable in respect of both payments due and payments to become due.

3161. Lorsqu'une décision étrangère condamne le débiteur au paiement d'une somme d'argent exprimée dans une monnaie étrangère, l'autorité québécoise convertit cette somme en monnaie canadienne, au cours du jour où la décision est devenue exécutoire au lieu où elle a été rendue.

3161. Where a foreign decision orders a debtor to pay a sum of money expressed in foreign currency, a Québec authority converts the sum into Canadian currency at the rate of exchange prevailing on the day the decision became enforceable at the place where it was rendered.

La détermination des intérêts que peut porter une décision étrangère est régie par la loi de l'autorité qui l'a rendue, jusqu'à sa conversion.

The determination of interest payable under a foreign decision is governed by the law of the authority that rendered the decision until its conversion.

3162. L'autorité du Québec reconnaît et sanctionne les obligations découlant des lois fiscales d'un État qui reconnaît

3162. A Québec authority recognizes and enforces the obligations resulting from the taxation laws of foreign coun-

et sanctionne les obligations découlant des lois fiscales du Québec.

3163. Les transactions exécutoires au lieu d'origine sont reconnues et, le cas échéant, déclarées exécutoires au Québec aux mêmes conditions que les décisions judiciaires pour autant que ces conditions leur sont applicables.

CHAPITRE DEUXIÈME
DE LA COMPÉTENCE DES AUTORITÉS ÉTRANGÈRES

3164. La compétence des autorités étrangères est établie suivant les règles de compétence applicables aux autorités québécoises en vertu du titre troisième du présent livre dans la mesure où le litige se rattache d'une façon importante à l'État dont l'autorité a été saisie.

3165. La compétence des autorités étrangères n'est pas reconnue par les autorités québécoises dans les cas suivants:

1° Lorsque, en raison de la matière ou d'une convention entre les parties, le droit du Québec attribue à ses autorités une compétence exclusive pour connaître de l'action qui a donné lieu à la décision étrangère;

2° Lorsque le droit du Québec admet, en raison de la matière ou d'une convention entre les parties, la compétence exclusive d'une autre autorité étrangère;

3° Lorsque le droit du Québec reconnaît une convention par laquelle la compétence exclusive a été attribuée à un arbitre.

3166. La compétence des autorités étrangères est reconnue en matière de filiation lorsque l'enfant ou l'un de ses

tries in which the obligations resulting from the taxation laws of Québec are recognized and enforced.

3163. A transaction enforceable in the place of origin is enforceable and, as the case may be, declared to be enforceable in Québec on the same conditions as a judicial decision, to the extent that those conditions apply to the transaction.

CHAPTER II
JURISDICTION OF FOREIGN AUTHORITIES

3164. The jurisdiction of foreign authorities is established in accordance with the rules on jurisdiction applicable to Québec authorities under Title Three of this Book, to the extent that the dispute is substantially connected with the country whose authority is seised of the case.

3165. The jurisdiction of a foreign authority is not recognized by Québec authorities in the following cases:

(1) where, by reason of the subject matter or an agreement between the parties, Québec law grants exclusive jurisdiction to its authorities to hear the action which gave rise to the foreign decision;

(2) where, by reason of the subject matter or an agreement between the parties, Québec law recognizes the exclusive jurisdiction of another foreign authority;

(3) where Québec law recognizes an agreement by which exclusive jurisdiction has been conferred upon an arbitrator.

3166. The jurisdiction of a foreign authority is recognized in matters of filiation where the child or either of his par-

parents est domicilié dans cet État ou a la nationalité qui y est rattachée.

3167. Dans les actions en matière de divorce, la compétence des autorités étrangères est reconnue soit que l'un des époux avait son domicile dans l'État où la décision a été rendue, ou y résidait depuis au moins un an, avant l'introduction de l'action, soit que les époux ont la nationalité de cet État, soit que la décision serait reconnue dans l'un de ces États.

3168. Dans les actions personnelles à caractère patrimonial, la compétence des autorités étrangères n'est reconnue que dans les cas suivants:

1° Le défendeur était domicilié dans l'État où la décision a été rendue;

2° Le défendeur avait un établissement dans l'État où la décision a été rendue et la contestation est relative à son activité dans cet État;

3° Un préjudice a été subi dans l'État où la décision a été rendue et il résulte d'une faute qui y a été commise ou d'un fait dommageable qui s'y est produit;

4° Les obligations découlant d'un contrat devaient y être exécutées;

5° Les parties leur ont soumis les litiges nés ou à naître entre elles à l'occasion d'un rapport de droit déterminé; cependant, la renonciation du consommateur ou du travailleur à la compétence de l'autorité de son domicile ne peut lui être opposée;

6° Le défendeur a reconnu leur compétence.

ents is domiciled in that country or is a national thereof.

3167. The jurisdiction of a foreign authority is recognized in actions relating to divorce if one of the spouses had his domicile in the country where the decision was rendered or had his residence in that country for at least one year before the institution of the proceedings, or if the spouses are nationals of that country or, again, if the decision has been recognized in that country.

3168. In personal actions of a patrimonial nature, the jurisdiction of a foreign authority is recognized only in the following cases:

(1) the defendant was domiciled in the country where the decision was rendered;

(2) the defendant possessed an establishment in the country where the decision was rendered and the dispute relates to its activities in that country;

(3) a prejudice was suffered in the country where the decision was rendered and it resulted from a fault which was committed in that country or from an injurious act which took place in that country;

(4) the obligations arising from a contract were to be performed in that country;

(5) the parties have submitted to the foreign authority disputes which have arisen or which may arise between them in respect of a specific legal relationship; however, renunciation by a consumer or a worker of the jurisdiction of the authority of his place of domicile may not be set up against him;

(6) the defendant has recognized the jurisdiction of the foreign authority.

DISPOSITIONS FINALES

Le présent code remplace le Code civil du Bas Canada adopté par le chapitre 41 des lois de 1865 de la législature de la province du Canada, Acte concernant le Code civil du Bas Canada, tel qu'il a été modifié. Il remplace aussi l'article premier du chapitre 39 des lois de 1980, Loi instituant un nouveau Code civil et portant réforme du droit de la famille, tel qu'il a été modifié, ainsi que le chapitre 18 des lois de 1987, Loi portant réforme au Code civil du Québec du droit des personnes, des successions et des biens.

Le présent code entrera en vigueur à la date qui sera fixée par le gouvernement, conformément à ce qui sera prévu dans la loi relative à l'application de la réforme du Code civil.

FINAL PROVISIONS

This Code replaces the Civil Code of Lower Canada adopted by chapter 41 of the statutes of 1865 of the Legislature of the Province of Canada, An Act respecting the Civil Code of Lower Canada, as amended. It also replaces the first section of chapter 39 of the statutes of 1980, An Act to establish a new Civil Code and to reform family law, as amended, and chapter 18 of the statutes of 1987, An Act to add the reformed law of persons, successions and property to the Civil Code of Québec.

This Code will come into force on the date to be fixed by the Government, in accordance with the provisions of the legislation respecting the implementation of the Civil Code reform.

DISPOSITIONS TRANSITOIRES

TRANSITIONAL PROVISIONS

Loi sur l'application de la réforme du Code civil, L.Q. 1992, c. 57, art. 1 à 170.

An act respecting the implementation of the reform of the Civil Code, S.Q. 1992, ch. 57, s. 1 to 170.

TABLE DES MATIÈRES

TABLE OF CONTENTS

TABLE OF CONTENTS

TABLE DES MATIÈRES

737

TABLE OF CONTENTS

TABLE DES MATIÈRES

MODIFICATIONS / AMENDMENTS

– Loi modifiant, en matière de sûretés et de publicité des droits, la Loi sur l'application de la réforme du Code civil et d'autres dispositions législatives, L.Q. 1995, c. 33 /

An Act to amend the Act respecting the implementation of the reform of the Civil Code and other legislative provisions as regards security and the publication of rights, S.Q. 1995, ch. 33

> **Note:** Le chapitre 33 des lois de 1995 a été sanctionné le 22 juin 1995. Les dispositions modifiant la *Loi sur l'application de la réforme du Code civil* sont entrées en vigueur le 31 août 1995. L'article 35 prévoit toutefois une prise d'effet de certaines modifications antérieurement à cette date:
>
> «**35.** Les dispositions du paragraphe 2.3° de l'article 155 de la *Loi sur l'application de la réforme du Code civil*, édicté par l'article 6, et celles des articles 8 [art. 156] et 10 [art. 158] ont effet depuis le 1er janvier 1994.»

MODIFICATIONS NON EN VIGUEUR / AMENDMENTS NOT IN FORCE

– Loi modifiant le Code civil et d'autres dispositions législatives relativement à la publicité des droits personnels et réels mobiliers et à la constitution d'hypothèques mobilières sans dépossession, L.Q. 1998, c. 5, art. 19 /

An Act to amend the Civil Code and other legislative provisions as regards the publication of personal and movable real rights and the constitution of movable hypothecs without delivery, S.Q. 1998, c. 5, s. 19

Loi sur l'application de la réforme du Code civil, L.Q. 1992, c. 57 (Extraits)

TITRE I
DISPOSITIONS TRANSITOIRES

DISPOSITION PRÉLIMINAIRE

1. Les dispositions du présent titre ont pour objet de régler les conflits de lois résultant de l'entrée en vigueur du Code civil du Québec et des modifications corrélatives apportées par la présente loi.

Le chapitre premier pose les règles générales de droit transitoire. Le second présente les règles particulières à chacun des livres du code, lesquelles contiennent des ajouts ou des dérogations aux règles générales ou précisent, dans certains cas, l'application ou la portée de ces règles.

CHAPITRE PREMIER
DISPOSITIONS GÉNÉRALES

2. La loi nouvelle n'a pas d'effet rétroactif: elle ne dispose que pour l'avenir.

Ainsi, elle ne modifie pas les conditions de création d'une situation juridique antérieurement créée ni les conditions d'extinction d'une situation juridique antérieurement éteinte. Elle n'altère pas non plus les effets déjà produits par une situation juridique.

3. La loi nouvelle est applicable aux situations juridiques en cours lors de son entrée en vigueur.

An Act respecting the implementation of the reform of the Civil Code, S.Q. 1992, ch. 57 (Extracts)

TITLE I
TRANSITIONAL PROVISIONS

PRELIMINARY PROVISION

1. The object of the provisions of this Title is to govern conflicts of legislation resulting from the coming into force of the Civil Code of Québec and the corresponding amendments introduced by this Act.

Chapter I lays down the general transitional rules of law. Chapter II sets forth the special rules for each Book of the Code; these rules contain certain additions and exceptions to the general rules, or specify the application or scope of the general rules in certain cases.

CHAPTER I
GENERAL PROVISIONS

2. The new legislation has no retroactive effect; it applies only to the future.

It does not, therefore, change the conditions for creation of a previously created legal situation, nor the conditions for extinction of a previously extinguished legal situation, and it does not alter the effects already produced by a legal situation.

3. The new legislation is applicable to legal situations which exist when it comes into force.

Ainsi, les situations en cours de création ou d'extinction sont, quant aux conditions de création ou d'extinction qui n'ont pas encore été remplies, régies par la loi nouvelle; celle-ci régit également les effets à venir des situations juridiques en cours.

4. Dans les situations juridiques contractuelles en cours lors de l'entrée en vigueur de la loi nouvelle, la loi ancienne survit lorsqu'il s'agit de recourir à des règles supplétives pour déterminer la portée et l'étendue des droits et des obligations des parties, de même que les effets du contrat.

Cependant, les dispositions de la loi nouvelle s'appliquent à l'exercice des droits et à l'exécution des obligations, à leur preuve, leur transmission, leur mutation ou leur extinction.

5. Les stipulations d'un acte juridique antérieures à la loi nouvelle et qui sont contraires à ses dispositions impératives sont privées d'effet pour l'avenir.

6. Lorsque la loi nouvelle allonge un délai, le nouveau délai s'applique aux situations en cours, compte tenu du temps déjà écoulé.

Si elle abrège un délai, le nouveau délai s'applique, mais il court à partir de l'entrée en vigueur de la loi nouvelle. Le délai prévu par la loi ancienne est cependant maintenu lorsque l'application du délai nouveau aurait pour effet de proroger l'ancien.

Si un délai, qui n'existait pas dans la loi ancienne, est introduit par la loi nouvelle et prend comme point de départ un événement qui, en l'espèce, s'est produit avant son entrée en vi-

Any hitherto unfulfilled conditions for the creation or extinction of situations in the course of being created or extinguished are therefore governed by the new legislation; it also governs the future effects of existing legal situations.

4. In contractual situations which exist when the new legislation comes into force, the former legislation subsists where supplementary rules are used to determine the extent and scope of the rights and obligations of the parties and the effects of the contract.

However, the provisions of the new legislation apply to the exercise of the rights and the performance of the obligations, and to their proof, transfer, alteration or extinction.

5. The stipulations of a juridical act made prior to the new legislation which are contrary to its imperative provisions are without effect for the future.

6. Where the new legislation lengthens a prescribed period of time, the new period applies to existing situations and account is taken of the time already elapsed.

Where it shortens a prescribed period, the new period applies, but begins to run from the coming into force of the new legislation. However, the period prescribed in the former legislation is maintained where it would in fact be extended if the new period applied.

Where a period of time not prescribed in the former legislation is introduced by the new legislation and begins with an event which in fact occurred before the coming into force of that leg-

gueur, ce délai, s'il n'est pas déjà écoulé, court à compter de cette entrée en vigueur.

7. Les actes juridiques entachés de nullité lors de l'entrée en vigueur de la loi nouvelle ne peuvent plus être annulés pour un motif que la loi nouvelle ne reconnaît plus.

8. Peuvent valablement être prises avant l'entrée en vigueur de la loi nouvelle les mesures préalables à l'exercice d'un droit ou d'un pouvoir conféré par cette dernière, y compris l'envoi d'un avis ou l'obtention d'une autorisation.

9. Les instances en cours demeurent régies par la loi ancienne.

Cette règle reçoit exception lorsque le jugement à venir est constitutif de droits ou que la loi nouvelle, en application des dispositions de la présente loi, a un effet rétroactif. Elle reçoit aussi exception pour tout ce qui concerne la preuve et la procédure en l'instance.

10. Les demandes introduites suivant la procédure ordinaire en première instance sont continuées conformément aux règles nouvelles applicables à une telle procédure, même lorsque la loi nouvelle prévoit que de telles demandes seront désormais introduites par voie de requête, sauf aux parties à convenir de procéder suivant la voie nouvelle.

islation, the period, if not already expired, runs from that coming into force.

7. Juridical acts which may be annulled when the new legislation comes into force may not be annulled thenceforth for any reason which is no longer recognized under the new legislation.

8. The measures to be taken before the exercise of a right or power conferred by the new legislation, including the sending of a notice or the obtaining of an authorization, may validly be taken before the coming into force of the new legislation.

9. Proceedings pending continue to be governed by the former legislation.

An exception is made to this rule where the judgment to be rendered creates rights or where the new legislation has a retroactive effect pursuant to the provisions of this Act. A further exception is made for all matters concerning proof and procedure in such proceedings.

10. Applications made according to the ordinary procedure in first instance are continued in accordance with the new rules applicable to ordinary procedure, even where the new legislation provides that in the future such applications are to be made by way of a motion, unless the parties agree to proceed according to the new provisions.

CHAPITRE DEUXIÈME
DISPOSITIONS PARTICULIÈRES

CHAPTER II
SPECIAL PROVISIONS

SECTION I
PERSONNES

DIVISION I
PERSONS

§ 1.–*Changement de nom*

§ 1.–*Change of name*

11. Les demandes de changement de nom ou de changement de la mention

11. Applications for a change of name or for a change of designation of sex and

du sexe et du prénom formées antérieurement à l'entrée en vigueur de la loi nouvelle demeurent régies par la loi ancienne.

Toutefois, celles qui avaient été adressées au ministre de la Justice sont déférées au directeur de l'état civil.

§ 2.–Absence

12. Les curateurs à l'absent deviennent tuteurs à l'absent.

13. Les envoyés en possession provisoire des biens d'un absent demeurent en possession provisoire et sont soumis au régime de la simple administration du bien d'autrui.

La possession provisoire se termine par la nomination d'un tuteur en application de l'article 87 du nouveau code ou par l'une des causes énumérées à l'article 90 du même code.

14. Pourvu qu'il y ait préalablement eu envoi en possession provisoire des héritiers présomptifs, les jugements déclaratifs de décès prononcés après l'entrée en vigueur de la loi nouvelle pour une absence survenue avant celle-ci fixent la date du décès au jour de la disparition de l'absent, sauf si les présomptions tirées des circonstances permettent de tenir la mort pour certaine à une autre date.

§ 3.–Registres et actes de l'état civil

15. Le double de tout registre qui n'aurait pas déjà été remis au greffier de la Cour supérieure, doit sans délai être remis au directeur de l'état civil. L'autre exemplaire est conservé par son détenteur ou, à défaut, remis au directeur de l'état civil.

given name made prior to the coming into force of the new legislation are governed by the former legislation.

However, applications which were addressed to the Minister of Justice are referred to the registrar of civil status.

§ 2.–Absence

12. Curators to absentees become tutors to absentees.

13. The persons authorized to take provisional possession of the property of an absentee remain in provisional possession and are subject to the regime of simple administration of the property of others.

Provisional possession is terminated by the appointment of a tutor pursuant to article 87 of the new Code or by one of the causes of termination set forth in article 90 of that Code.

14. Where the presumptive heirs have been authorized to take provisional possession, a declaratory judgment of death pronounced after the coming into force of the new legislation in respect of an absence beginning before such coming into force fixes as the date of death the day of the disappearance of the absentee, except where the presumptions drawn from the circumstances allow the death to be held to be certain at another date.

§ 3.–Registers and acts of civil status

15. The duplicate of a register which has not already been handed over to the clerk of the Superior Court shall be handed over without delay to the registrar of civil status. The other copy is retained by its holder or, if not, is handed over to the registrar of civil status.

Lorsque les registres n'ont été tenus qu'en un seul exemplaire, celui-ci doit être remis au directeur de l'état civil. Doivent lui être remis également les registres détenus par des greffiers. Le directeur de l'état civil authentifie tout registre qui n'aurait pas déjà été authentifié.

16. Le directeur de l'état civil peut, de la manière prévu au nouveau code, procéder à l'insertion et à la correction d'actes dans les registres déjà tenus.

Avec l'autorisation du ministre de la Justice et selon les conditions que celui-ci détermine, le directeur de l'état civil peut reconstituer, conformément au Code de procédure civile, mais à l'exception de la signification prévue à l'article 871.2, des registres perdus, détruits ou détériorés, ou encore qui devaient être tenus et ne l'ont pas été ou compléter ceux qui l'ont été de manière incomplète.

À ces fins, le directeur de l'état civil jouit de l'immunité et est investi des pouvoirs prévus par la *Loi sur les commissions d'enquête* (L.R.Q., chapitre C-37), sauf le pouvoir d'imposer l'emprisonnement.

17. Les constats faits en application de la *Loi sur la protection de la santé publique* (L.R.Q., chapitre P-35) et qualifiés par la loi ancienne de déclarations peuvent servir, après l'entrée en vigueur de la loi nouvelle, à établir un acte de l'état civil.

18. Les extraits des registres de l'état civil délivrés avant l'entrée en vigueur de la loi nouvelle demeurent valables.

19. Les reconstitutions de registres en cours sont complétées suivant l'an-

Where only one copy of a register has been kept, it shall be handed over to the registrar of civil status, as shall any register held by a clerk. The registrar of civil status authenticates any register which has not already been authenticated.

16. The registrar of civil status may, in the manner provided for in the new Code, insert and correct acts in the registers already kept by him.

With the authorization of and in accordance with the conditions determined by the Minister of Justice, the registrar of civil status may, in accordance with the Code of Civil Procedure and with the exception of the notification provided for in article 871.2, reconstitute any register which has been lost, destroyed or damaged, or which ought to have been kept and has not been kept, or which has been kept in an incomplete manner.

For those purposes, the registrar of civil status has the immunity and is vested with the powers provided for in the Act respecting public inquiry commissions (R.S.Q., chapter C-37), except the power to order imprisonment.

17. Attestations made pursuant to the *Public Health Protection Act* (R.S.Q., chapter P-35) and described as declarations by the former legislation may, after the coming into force of the new legislation, be used to establish an act of civil status.

18. Extracts from the registers of civil status issued before the coming into force of the new legislation remain valid.

19. Where a register is in the process of being reconstituted, the reconstitution is

cienne *Loi sur la reconstitution des registres de l'état civil* (L.R.Q., chapitre R-2).

20. Le directeur de l'état civil n'est pas tenu de porter aux actes de naissance, de mariage ou de décès et aux certificats d'état civil qu'il délivre les mentions prévues aux articles 134 et 135 du nouveau code résultant d'événements antérieurs à l'entrée en vigueur de la loi nouvelle.

Il assure la publicité des décès survenus avant l'entrée en vigueur de la loi nouvelle au moyen de copies d'actes de décès, ainsi que de certificats et d'attestations de décès, tirés des actes de sépulture dressés en application de la loi ancienne, et au moyen des constats de décès faits en application de la *Loi sur la protection de la santé publique* (L.R.Q., chapitre P-35), qualifiés de déclarations par la loi ancienne. S'il y a divergence entre le constat de décès et l'acte de sépulture, celui-ci prévaut.

21. Le directeur de l'état civil peut permettre à toute église qui était autorisée par la loi ancienne à tenir des registres de l'état civil de reconstituer l'exemplaire des registres qu'elle conservait en utilisant le double dont il a la garde.

§ 4.–*Tutelle au mineur*

22. Le curateur au mineur émancipé en justice devient le tuteur au mineur émancipé.

23. Le mineur qui exerçait la tutelle à son enfant continue d'exercer sa charge, conformément aux règles nouvelles de la tutelle.

completed in accordance with the former *Act respecting the reconstitution of civil status registers* (R.S.Q., chapter R-2).

20. The registrar of civil status is not bound to make, on acts of birth, marriage or death and on certificates of civil status which he issues, the notations provided for in sections 134 and 135 of the new Code if the events from which such notations result occurred prior to the coming into force of the new legislation.

He publishes deaths occurring before the coming into force of the new legislation by means of copies of acts of death and certificates and attestations of death based on the acts of burial drawn up under the former legislation, and by means of attestations of death made under the *Public Health Protection Act* (R.S.Q., chapter P-35) and described as declarations by the former legislation. In cases of divergence between the attestation of death and the act of burial, the latter prevails.

21. The registrar of civil status may allow a church authorized to keep registers of civil status under the former legislation to reconstitute the copy of the registers preserved by that church by using the duplicate of which he has custody.

§ 4.–*Tutorship to minors*

22. A curator to a judicially emancipated minor becomes a tutor to an emancipated minor.

23. A minor having tutorship of his child retains it in accordance with the new rules of tutorship.

24. Les tutelles datives qui, lors de l'entrée en vigueur du nouveau code, sont exercées par un seul des père et mère peuvent, sur simple accord des parents constaté par écrit ou, à défaut, sur décision du tribunal, être converties en tutelles légales attribuées aux deux parents. Ces derniers doivent aviser le curateur public de cette conversion.

Si elles sont exercées par un tiers, elles peuvent, sur demande adressée au tribunal par les parents ou l'un d'eux, être converties en tutelles légales attribuées aux deux parents ou à l'un d'eux, selon le cas.

25. A plein effet la tutelle prévue par testament fait avant la date d'entrée en vigueur de la loi nouvelle, si le décès survient postérieurement à cette date.

26. Les curatelles à l'enfant conçu mais non encore né, qui sont en cours à la date d'entrée en vigueur de la loi nouvelle, demeurent régies par la loi ancienne.

27. Les subrogés-tuteurs et les subrogés-curateurs deviennent des conseils de tutelle formés d'une seule personne. Ils ont les pouvoirs et devoirs d'un conseil de tutelle.

Tout intéressé peut demander au tribunal la constitution d'un nouveau conseil, sans avoir à invoquer des motifs graves.

28. Par dérogation à l'article 188 du nouveau code, les tuteurs aux biens qui sont parties à une instance en cours lors de l'entrée en vigueur de la loi nouvelle la continuent.

29. Les avis donnés par le conseil de famille en application de l'article 297 de l'ancien code, en vue de passer un acte

24. A dative tutorship exercised by the father or mother alone when the new Code comes into force may, by simple agreement of the parents in writing or, where there is no such agreement, by decision of the court, be converted to a legal tutorship conferred on both parents. The parents must notify the Public Curator of the conversion.

Where a dative tutorship is exercised by a third person, it may, upon an application to the court by one or both of the parents, be converted to a legal tutorship conferred on one or both of the parents, as the case may be.

25. A tutorship provided by a will made before the date on which the new legislation comes into force has full effect, provided that death occurs after that date.

26. Curatorships to children conceived but yet unborn which are in effect on the date on which the new legislation comes into force continue to be governed by the former legislation.

27. Subrogate tutors and subrogate curators become tutorship councils composed of only one person. They have the powers and duties of tutorship councils.

Any interested person may apply to the court for the establishment of a new council without invoking grave reasons.

28. By way of exception to article 188 of the new Code, a tutor to property who is a party to proceedings pending when the new legislation comes into force has continuance of suit.

29. Advice given by a family council pursuant to article 297 of the former Code with a view to the making of an act

visé à cet article, valent comme avis du conseil de tutelle.

contemplated in that article is valid as advice from a tutorship council.

§ 5.–*Personnes morales*

§ 5.–Legal persons

30. Les personnes morales qui existaient au temps de la cession du pays et qui, n'ayant pas été continuées et reconnues par autorité compétente aux termes du second alinéa de l'article 353 de l'ancien code, agissent toujours comme personnes morales sont réputées être légalement constituées.

30. Legal persons which existed at the time of the cession of the country and which, although they have not been continued or recognized by competent authority pursuant to the second paragraph of article 353 of the former Code, still act as legal persons, are deemed to be legally constituted.

SECTION II
FAMILLE

DIVISION II
THE FAMILY

31. Les mariages célébrés avant l'entrée en vigueur de la loi nouvelle ne peuvent être annulés que pour les causes que celle-ci reconnaît.

31. Marriages solemnized before the coming into force of the new legislation may not be annulled except for causes recognized by that legislation.

32. La répartition, en propres et en acquêts, des biens visés à l'article 456 du nouveau code est faite suivant la loi en vigueur lors de leur acquisition.

32. Property contemplated by article 456 of the new Code is divided into private property and acquests in accordance with the legislation in force when the property is acquired.

33. L'article 476 du nouveau code est applicable à toute société d'acquêts dissoute avant son entrée en vigueur, lorsque la faculté d'accepter le partage des acquêts ou d'y renoncer n'a pas encore été exercée par les intéressés et que le délai pour l'exercer n'est pas encore écoulé.

33. Article 476 of the new Code is applicable to every partnership of acquests dissolved before the date on which the new Code comes into force, where the interested parties have not yet accepted or renounced the partition of acquests and where the period for so doing has not yet expired.

34. L'usufruit légal du conjoint survivant, en cours lors de l'entrée en vigueur du nouveau code, demeure régi par les articles 1426 à 1433 de l'ancien code.

34. The legal usufruct of a surviving consort in effect when the new Code comes into force continues to be governed by articles 1426 to 1433 of the former Code.

35. L'article 540 du nouveau code est applicable même lorsque le consentement à la procréation médicalement assistée a été donné avant l'entrée en vigueur dudit code.

35. Article 540 of the new Code is applicable even where consent to medically assisted procreation was given before the coming into force of that Code.

36. Les avis donnés par un conseil de famille en application de l'article 655 de l'ancien Code civil du Québec sont considérés comme des avis d'un conseil de tutelle.

36. Advice given by a family council pursuant to article 655 of the former Civil Code of Québec is considered to be advice from a tutorship council.

SECTION III
SUCCESSIONS

DIVISION III
SUCCESSIONS

37. Les successions sont régies par la loi en vigueur au jour de leur ouverture.

37. Successions are governed by the legislation in force on the day they open.

38. Les causes d'indignité et de révocation de testament ou de legs prévues respectivement par les articles 610 et 893 de l'ancien code qui n'ont pas encore été appliquées lors de l'entrée en vigueur de la loi nouvelle, ne peuvent plus l'être si elles ne sont pas reconnues par cette loi.

38. The causes of unworthiness and revocation of wills and legacies set forth in articles 610 and 893, respectively, of the former Code which have not yet been applied when the new legislation comes into force may no longer be applied if they are not recognized by that legislation.

En ce qui concerne les successions ouvertes après l'entrée en vigueur de la loi nouvelle, les causes d'indignité prévues par les articles 620 et 621 du nouveau code sont applicables bien que la cause d'indignité soit survenue antérieurement à cette entrée en vigueur.

The causes of unworthiness set forth in articles 620 and 621 of the new Code are applicable to successions which open after the coming into force of the new legislation, even where the cause of unworthiness arose before such coming into force.

39. Pour les successions ouvertes avant l'entrée en vigueur de la loi nouvelle:

39. For successions which open before the coming into force of the new legislation,

1° la capacité requise pour exercer le droit d'option après l'entrée en vigueur de la loi nouvelle s'apprécie suivant les dispositions de cette dernière;

(1) the capacity required to exercise the right of option after the coming into force of the new legislation is appraised according to the provisions of that legislation;

2° le droit, prévu par l'article 626 du nouveau code, de se faire reconnaître la qualité d'héritier s'éteint à l'expiration des dix années qui suivent l'entrée en vigueur de la loi nouvelle ou, si ce droit s'ouvre après l'entrée en vigueur, à l'expiration des dix années qui suivent cette ouverture;

(2) the right provided in article 626 of the new Code to be recognized as an heir is extinguished upon the expiry of ten years from the coming into force of the new legislation or, where the right arises after such coming into force, upon the expiry of ten years after it arises;

3° le droit de rétractation prévu à l'article 657 de l'ancien code ne peut être exercé que dans les dix ans qui suivent l'entrée en vigueur de la loi nouvelle;

(3) the right to retract a renunciation under article 657 of the former Code may be exercised only within ten years from the coming into force of the new legislation;

4° le successible qui n'a pas exercé son droit d'option avant l'expiration des dix années qui suivent l'entrée en vigueur de la loi nouvelle est réputé avoir renoncé à la succession.

(4) a successor who has not exercised his right of option before the expiry of ten years from the coming into force of the new legislation is deemed to have renounced the succession.

40. Sous réserve de l'article 7, la capacité requise pour tester et les formes du testament s'apprécient suivant la loi en vigueur au jour où le testament est fait.

40. Subject to section 7, the capacity required to make a will and the form of the will are appraised according to the legislation in force on the day the will is made.

41. La représentation, dans les successions testamentaires, n'a lieu que dans la mesure prévue par la loi en vigueur au jour où le testament est fait.

41. In testamentary successions, representation takes place only to the extent provided by the legislation in force on the day the will is made.

42. Les dispositions de l'article 758 du nouveau code, relatives aux clauses pénales et aux clauses d'exhérédation qui prennent la forme d'une clause pénale, sont applicables aux testaments faits avant l'entrée en vigueur de la loi nouvelle.

42. The provisions of article 758 of the new Code, concerning penal clauses or exheredations taking the form of penal clauses, are applicable to wills made before the coming into force of the new legislation.

Cette règle reçoit exception lorsque, s'agissant de successions ouvertes avant l'entrée en vigueur de la loi nouvelle, leur liquidation est déjà commencée lors de cette entrée en vigueur.

An exception is made to this rule where liquidation of a succession having opened before the coming into force of the new legislation has already begun when that legislation comes into force.

43. Dans les successions ouvertes après l'entrée en vigueur de la loi nouvelle, la stipulation d'hypothèque testamentaire, faite en application des dispositions de l'article 880 de l'ancien code, est réputée imposer au liquidateur de la succession la constitution d'une hypothèque immobilière conventionnelle au profit des personnes en faveur desquelles elle a été stipulée.

43. In a succession which opens after the coming into force of the new legislation, a testamentary stipulation of hypothecation made under the provisions of article 880 of the former Code is deemed to require the liquidator of the succession to grant a conventional immovable hypothec for the benefit of the persons in whose favour the stipulation was made.

44. Sont applicables aux testaments faits antérieurement à l'entrée en vigueur de la loi nouvelle les dispositions de l'article 771 du nouveau code, relatives à l'exécution de charges devenues impossibles ou trop onéreuses, ainsi que celles des articles 772 à 775 de ce code, relatives à la preuve et à la vérification des testaments.

45. Les successions ouvertes dont la liquidation n'est pas encore commencée lors de l'entrée en vigueur de la loi nouvelle sont liquidées suivant cette dernière et il peut être fait application, à ces successions, de l'article 835 du nouveau code.

La liquidation d'une succession est réputée commencée dès qu'un legs particulier ou une dette de la succession, autre que celles résultant de comptes usuels d'entreprises de services publics ou dont le paiement revêt un caractère de nécessité, est payé.

46. Les articles 837 à 847, 849 à 866 et 884 à 898 du nouveau code sont applicables, compte tenu des adaptations nécessaires, aux successions ouvertes avant l'entrée en vigueur de la loi nouvelle quant aux biens dont le partage n'est pas encore commencé; le partage d'un bien est réputé commencé dès lors qu'une opération est réalisée, en vue d'y procéder, postérieurement à la décision des héritiers ou du tribunal de partager le bien.

La présente règle ne s'applique pas aux actions en partage en cours lors de l'entrée en vigueur de la loi nouvelle.

47. Pour les successions ouvertes après l'entrée en vigueur de la loi nouvelle, les donations faites avant cette entrée en vigueur sont exclues de l'ap-

44. The provisions of article 771 of the new Code, concerning the execution of a charge which becomes impossible or too burdensome, and the provisions of articles 772 to 775 of that Code, concerning proof and probate of wills, are applicable to wills made before the coming into force of the new legislation.

45. Successions that have opened but have not yet begun to be liquidated when the new legislation comes into force are liquidated pursuant to the new legislation, and article 835 of the new Code may be applied to those successions.

Liquidation of a succession is deemed to have begun when a legacy by particular title or a debt of the succession, other than the ordinary public utility bills or debts in need of payment, is paid.

46. Articles 837 to 847, 849 to 866 and 884 to 898 of the new Code are applicable, adapted as required, to successions which open before the coming into force of the new legislation in respect of property partition of which has not begun; partition of property is deemed to have begun when an operation is effected for the purpose of proceeding therewith, after the decision of the heirs or the court to partition the property.

This rule does not apply to an action in partition which is pending when the new legislation comes into force.

47. For successions which open after the coming into force of the new legislation, gifts made before such coming into force are excluded from the application

plication de l'article 630 de l'ancien code, mais demeurent sujettes au rapport en application de ce code.

of article 630 of the former Code, but remain subject to return pursuant to that Code.

SECTION IV
BIENS

DIVISION IV
PROPERTY

48. L'article 903 du nouveau code est censé ne permettre de considérer immeubles que les meubles visés qui assurent l'utilité de l'immeuble, les meubles qui, dans l'immeuble, servent à l'exploitation d'une entreprise ou à la poursuite d'activités étant censés demeurer meubles.

48. Under article 903 of the new Code, only those movables referred to which ensure the utility of the immovable are to be considered as immovables, and any movables which, in the immovable, are used for the operation of an enterprise or the pursuit of activities are to remain movables.

49. Toute impense faite avant l'entrée en vigueur de la loi nouvelle est régie par cette loi.

49. All disbursements made before the coming into force of the new legislation are governed by that legislation.

50. Le détenteur d'un bien qui lui a été confié pour être gardé, travaillé ou transformé peut, si le bien n'a pas été réclamé à la fin du travail ou de la période de convenue ou s'il a été oublié, en disposer conformément aux dispositions des articles 944 et 945 du nouveau code. Il conserve néanmoins la faculté de procéder à la vente conformément à la loi ancienne si toutes les formalités de publicité prévues par cette loi ont déjà été accomplies lors de l'entrée en vigueur de la loi nouvelle.

50. The holder of a thing entrusted for safekeeping, work or processing may, if it is not claimed upon completion of the work or at the end of the agreed period or if it is forgotten, dispose of it in accordance with the provisions of articles 944 and 945 of the new Code. He nevertheless remains entitled to proceed with the sale thereof in accordance with the former legislation if all the formalities of publication required by that legislation have already been completed when the new legislation comes into force.

51. L'indivision établie par convention avant l'entrée en vigueur de la loi nouvelle est régie par cette loi quant aux droits et obligations des indivisaires, à l'administration du bien indivis ou à la fin de l'indivision et au partage.

51. In situations of indivision established by agreement before the coming into force of the new legislation, the rights and obligations of undivided co-owners, the administration of the undivided property and the end of indivision and partition are governed by the new legislation.

52. En matière de copropriété divise d'un immeuble, les collectivités de copropriétaires deviennent des syndicats. Les droits et obligations des adminis-

52. In matters concerning divided co-ownership of an immovable, a group of coproprietors becomes a syndicate. The rights and obligations of the admi-

trateurs des copropriétés passent aux syndicats.

Les administrateurs de la copropriété deviennent les administrateurs du syndicat et en constituent le conseil d'administration, sauf cause d'inhabilité.

Le syndicat est désigné par le nom que s'est donné la collectivité des copropriétaires ou sous lequel elle est généralement connue, ou encore par l'adresse du lieu où est situé l'immeuble.

53. La copropriété divise d'un immeuble établie avant l'entrée en vigueur de la loi nouvelle est régie par cette loi.

La stipulation de la déclaration de copropriété qui pose la règle de l'unanimité pour les décisions visant à changer la destination de l'immeuble est toutefois maintenue, malgré l'article 1101 du nouveau code.

Est également maintenue, malgré l'article 1064 du nouveau code, la stipulation de la déclaration de copropriété qui fixe la contribution aux charges résultant de la copropriété et de l'exploitation de l'immeuble suivant les dimensions de la partie privative de chaque fraction.

54. Les clauses contenues dans les déclarations de copropriété existantes sont classées dans l'une ou l'autre des catégories visées à l'article 1052 du nouveau code, suivant ce que prévoient les articles 1053 à 1055 de ce code.

55. L'article 1057 du nouveau code est applicable au locataire dont le bail est en cours lors de l'entrée en vigueur de la loi nouvelle.

nistrators of the co-ownership are transferred to the syndicate.

The administrators of the co-ownership become the directors of the syndicate and constitute the board of directors thereof, except where there is cause for disqualification.

The syndicate is designated by the name which the co-owners as a body have given themselves or by which they are generally known, or by the address of the place where the immovable is located.

53. Divided co-ownership of an immovable established before the coming into force of the new legislation is governed by that legislation.

However, any stipulation of the declaration of co-ownership which establishes the rule of unanimous approval for decisions changing the destination of the immovable is maintained notwithstanding article 1101 of the new Code.

Notwithstanding article 1064 of the new Code, any stipulation of the declaration of co-ownership which fixes the contribution for expenses arising from the co-ownership and the operation of the immovable on the basis of the dimensions of the private portion of each fraction is also maintained.

54. The clauses contained in existing declarations of co-ownership are placed in one of the categories contemplated in article 1052 of the new Code, in accordance with the provisions of articles 1053 to 1055 of that Code.

55. Article 1057 of the new Code is applicable to a lessee under a lease in effect when the new legislation comes into force.

56. L'article 1058 du nouveau code ne s'applique pas aux copropriétés divises d'immeubles existantes au moment de l'entrée en vigueur de la loi nouvelle dans lesquelles plusieurs personnes détiennent, sur une même fraction, un droit de jouissance périodique et successif.

Toutefois, tant que l'acte constitutif de copropriété n'aura pas été modifié comme le prévoit cet article, l'aliénation de tout droit sur ces fractions, ou sur toute autre fraction du même immeuble, est subordonnée, sous peine de nullité, à l'accomplissement des conditions prévues par les dispositions du nouveau code relatives à la vente d'immeubles résidentiels.

57. Le défaut de diligence visé au second alinéa de l'article 1081 du nouveau code, s'apprécie conformément à la loi ancienne si le vice caché s'est manifesté avant l'entrée en vigueur de la loi nouvelle.

58. Dans les copropriétés divises existantes au moment de l'entrée en vigueur de la loi nouvelle, les délais prévus aux articles 1104 et 1107 du nouveau code courent à compter de l'entrée en vigueur de la loi nouvelle.

59. Les situations juridiques visées par l'ancienne *Loi sur les constituts ou sur le régime de tenure* (L.R.Q., chapitre C-64) sont régies par les dispositions du nouveau code relatives à la propriété superficiaire, à l'exception des offres d'acquisition déjà faites en application de cette loi.

60. Les articles 1139 à 1141 du nouveau code sont applicables aux usu-

56. Article 1058 of the new Code does not apply to divided co-ownership of immovables existing when the new legislation comes into force and in which several persons have a periodic and successive right of enjoyment in the same fraction.

However, as long as the act constituting the co-ownership has not been amended pursuant to article 1058, the alienation of any right in such a fraction, or in any other fraction of the same immovable, is subordinate, on pain of nullity, to the fulfillment of the conditions relating to the sale of residential immovables provided in the new Code.

57. The failure to act with diligence referred to in the second paragraph of article 1081 of the new Code is appraised in accordance with the former legislation if the latent defect is discovered before the coming into force of the new legislation.

58. In divided co-ownerships which exist at the time the new legislation comes into force, the periods provided for in articles 1104 and 1107 of the new Code run from the coming into force of the new legislation.

59. Legal situations which were governed by the former Constitut or *Tenure System Act* (R.S.Q., chapter C-64), other than offers to acquire already made under that Act, are governed by the provisions of the new Code relating to superficies.

60. Articles 1139 to 1141 of the new Code are applicable to usufructs estab-

fruits établis par contrat qui sont en cours lors de l'entrée en vigueur de la loi nouvelle.

61. Le retard injustifié de l'usufruitier à faire inventaire ou à fournir une sûreté pour un usufruit ouvert avant la date d'entrée en vigueur du nouveau code ne donne pas lieu à l'application de l'article 1146 dudit code, sauf si l'usufruitier a été mis en demeure par le nu-propriétaire, auquel cas il a soixante jours pour remplir ses obligations.

62. Les dispositions des articles 1148 et 1149 du nouveau code, relatives à l'assurance du bien sujet à un usufruit, ne s'appliquent pas aux usufruits établis avant l'entrée en vigueur de la loi nouvelle.

63. Les dispositions du second alinéa de l'article 1153 du nouveau code, relatives au droit de l'usufruitier de se faire rembourser, à la fin de l'usufruit, le coût des réparations majeures auxquelles il a procédé, sont applicables aux réparations faites par l'usufruitier après l'entrée en vigueur de la loi nouvelle.

64. Pour les servitudes existantes au moment de l'entrée en vigueur de la loi nouvelle, la faculté de racheter une servitude de passage en application de l'article 1189 du nouveau code peut être exercée à l'expiration d'un délai de trente ans à compter de l'entrée en vigueur de la loi nouvelle.

65. En matière d'emphytéose, les règles de la loi nouvelle sont applicables aux contrats d'emphytéose en cours, lorsqu'il s'agit d'en compléter les dispositions.

66. Celui dont le bien est inaliénable lors de l'entrée en vigueur de la loi nou-

lished by contract and existing when the new legislation comes into force.

61. Any unjustified delay on the part of the usufructuary in making an inventory or in furnishing security for a usufruct which opens before the date on which the new Code comes into force does not give rise to the application of article 1146 of that Code, except where the usufructuary has been put in default by the bare owner, in which case he has sixty days to fulfill his obligations.

62. The provisions of articles 1148 and 1149 of the new Code concerning insurance of property subject to usufruct do not apply to usufructs established before the new legislation comes into force.

63. The provisions of the second paragraph of article 1153 of the new Code, concerning the right of usufructuaries to be reimbursed at the end of the usufruct for the cost of major repairs made by them, are applicable to repairs made by a usufructuary after the new legislation comes into force.

64. Servitudes of right of way which exist when the new legislation comes into force may be redeemed pursuant to article 1189 of the new Code upon the expiry of a period of thirty years from the coming into force of the new legislation.

65. The rules of the new legislation concerning emphyteusis are applicable to existing contracts of emphyteusis insofar as they complete the provisions thereof.

66. A person whose property is inalienable when the new legislation comes

velle, par suite d'une stipulation contenue dans une libéralité antérieure à cette date, peut être autorisé par le tribunal à disposer du bien si l'une ou l'autre des conditions prévues à l'article 1213 du nouveau code est réalisée.

67. La substitution constituée par contrat avant l'entrée en vigueur de la loi nouvelle est régie, quant à ses effets et à son ouverture, par la loi nouvelle, de la même manière que la substitution établie par testament.

68. Les substitutions non encore ouvertes à la date d'entrée en vigueur de la loi nouvelle, alors que le grevé est déjà décédé, ou celles dont le grevé est une personne morale, seront ouvertes trente ans après cette date, à moins qu'une époque antérieure n'ait été fixée par le disposant dans l'acte constitutif de la substitution.

69. Lorsqu'avant l'entrée en vigueur de la loi nouvelle le grevé a aliéné ou affecté d'une sûreté les biens substitués, ou lorsque ces biens ont fait l'objet d'une saisie ou d'une vente forcée, le droit de l'appelé de reprendre les biens à l'ouverture de la substitution demeure régi par la loi ancienne.

70. Les sommes détenues par le protonotaire à titre de dépôt judiciaire en vertu de l'article 953*a* de l'ancien code sont remises au grevé. Les remboursements du capital prêté qui devaient être faits au protonotaire en vertu de ce même article le sont au grevé.

71. Les fondations et les fiducies établies par donation avant l'entrée en vigueur de la loi nouvelle sont régies, quant à leurs effets et leur extinction, par

into force, as a result of a stipulation contained in a liberality made prior to that date, may be authorized by the court to dispose of the property if any of the conditions provided in article 1213 of the new Code is satisfied.

67. The effects and opening of a substitution established by contract before the new legislation comes into force are governed by the new legislation in the same manner as a substitution established by will.

68. Substitutions which have not yet opened on the date on which the new legislation comes into force, and in respect of which the institute is already deceased or is a legal person, open thirty years after that date, except where an earlier time has been fixed by the grantor in the act constituting the substitution.

69. Where, before the coming into force of the new legislation, the institute has alienated the substituted property or used it as security, or where the property has been the subject of a seizure or a forced sale, the right of the substitute to take back the property when the substitution opens continues to be governed by the former legislation.

70. Amounts held by a prothonotary as judicial deposits under article 953*a* of the former Code are remitted to the institute. Reimbursements of capital loaned which, under that article, were to be made to the prothonotary, are made to the institute.

71. The effects and extinction of foundations and trusts constituted by gift before the new legislation comes into force are governed by the new legisla-

la loi nouvelle, de la même manière que celles établies par testament.

72. La période maximale de cent ans prévue à l'article 1272 du nouveau code court à compter de l'entrée en vigueur de la loi nouvelle pour les fiducies constituées antérieurement, et pour les personnes morales bénéficiaires d'une fiducie si leurs droits sont alors ouverts.

73. L'administration du bien d'autrui confiée par contrat au gérant de biens indivis ou au fiduciaire avant l'entrée en vigueur de la loi nouvelle est régie par cette loi, de la même manière que l'administration du bien d'autrui confiée par un autre mode.

74. Les placements faits avant l'entrée en vigueur de la loi nouvelle suivant les dispositions de l'article 981*o* de l'ancien code sont des placements présumés sûrs au sens du nouveau code.

SECTION V
OBLIGATIONS

§ 1.–*Obligations en général*

I – Formation du contrat

75. La nullité d'un contrat conclu avant l'entrée en vigueur de la loi nouvelle ne peut plus être prononcée sur le fondement de l'erreur inexcusable d'une des parties.

76. Le vice de consentement provoqué par le dol d'une partie contractante ou d'un tiers à la connaissance d'une partie contractante avant l'entrée en vigueur de la loi nouvelle peut désormais être invoqué par l'autre partie, lors même qu'elle aurait néanmoins contracté, mais à des conditions différentes.

tion in the same manner as foundations and trusts constituted by will.

72. The maximum period of one hundred years provided for in article 1272 of the new Code runs from the coming into force of the new legislation for trusts constituted before that time and for legal persons who are beneficiaries of a trust, provided, in the latter case, that their rights have opened at that time.

73. Administration of the property of others entrusted by contract to a manager of undivided property or to a trustee before the new legislation comes into force is governed by that legislation, as in the case of the administration of the property of others entrusted otherwise than by contract.

74. Investments made in accordance with the provisions of article 981*o* of the former Code before the coming into force of the new legislation are presumed sound investments within the meaning of the new Code.

DIVISION V
OBLIGATIONS

§ 1.–*Obligations in general*

I – Formation of contracts

75. The nullity of a contract made before the coming into force of the new legislation may no longer be pronounced on the basis of an inexcusable error on the part of one of the parties.

76. The defect of consent induced by fraud committed before the coming into force of the new legislation by one of the parties to the contract or by a third person with the knowledge of one of the parties may henceforth be invoked by the other party even where he would still have contracted, but on different terms.

77. Aucune action, fondée sur la crainte suscitée par un tiers chez une partie à un contrat conclu avant l'entrée en vigueur de la loi nouvelle, ne peut désormais être reçue ou maintenue si la violence ou les menaces du tiers étaient inconnues de l'autre partie au moment du contrat.

77. No action based on fear induced by a third person in a party to a contract made before the coming into force of the new legislation may henceforth be received or maintained if the violence exerted or threats made by the third person were unknown to the other party at the time the contract was made.

78. Les dispositions des articles 1407, 1408 et 1421 du nouveau code, concernant respectivement les recours qui s'offrent à celui dont le consentement est vicié, le pouvoir conféré au tribunal de maintenir dans certains cas le contrat dont la nullité est demandée et la présomption de nullité relative s'attachant au contrat qui n'est pas conforme aux conditions nécessaires à sa formation, sont applicables aux contrats formés avant l'entrée en vigueur de la loi nouvelle.

78. The provisions of articles 1407, 1408 and 1421 of the new Code concerning, respectively, the remedies available to the person whose consent is vitiated, the power granted to the court to maintain, in certain cases, a contract in respect of which a demand for annulment has been made, and the presumption of relative nullity of a contract which does not meet the necessary conditions of its formation, are applicable to contracts formed before the coming into force of the new legislation.

79. La nullité relative d'un contrat conclu avant l'entrée en vigueur de la loi nouvelle peut être invoquée par le cocontractant de la personne en faveur de qui elle est établie, dans les conditions prévues à l'article 1420 du nouveau code.

79. The relative nullity of a contract made before the coming into force of the new legislation may, in the conditions set forth in article 1420 of the new Code, be invoked by the party contracting with the person in whose interest the nullity is established.

80. La confirmation d'un contrat faite antérieurement à l'entrée en vigueur de la loi nouvelle sans respecter les conditions de l'article 1214 de l'ancien code est néanmoins valable si elle satisfait aux conditions établies par l'article 1423 du nouveau code.

80. The confirmation of a contract given prior to the coming into force of the new legislation but which does not comply with the conditions of article 1214 of the former Code is nevertheless valid if it satisfies the conditions established by article 1423 of the new Code.

II – Interprétation du contrat

II – Interpretation of contracts

81. Les dispositions de l'article 1432 du nouveau code, relatives à l'interprétation d'un contrat d'adhésion ou de consommation, s'appliquent aux contrats en cours.

81. The provisions of article 1432 of the new Code, concerning the interpretation of contracts of adhesion or consumer contracts, apply to existing contracts.

III – Effets du contrat

82. Les clauses abusives, illisibles ou incompréhensibles d'un contrat antérieur à la loi nouvelle sont nulles, ou l'obligation qui en découle, réductible, dans les conditions prévues aux articles 1436 et 1437 du nouveau code.

83. Pour tout contrat conclu antérieurement à l'entrée en vigueur de la loi nouvelle, la loi ancienne demeure applicable aux garanties, légales ou conventionnelles, dues par les parties contractantes entre elles ou à l'égard de leurs héritiers ou ayants cause à titre particulier.

84. Les dispositions de l'article 1456 du nouveau code, relatives à la charge des risques afférents à un bien qui est l'objet d'un droit réel transféré par contrat, ne s'appliquent pas aux situations où l'obligation de délivrance du bien, même exigible après l'entrée en vigueur de la loi nouvelle, découle d'un transfert effectué antérieurement.

IV – Responsabilité civile

85. Les conditions de la responsabilité civile sont régies par la loi en vigueur au moment de la faute ou du fait qui a causé le préjudice.

86. Le droit d'une personne à la réparation du préjudice qu'elle subit en raison du décès d'une autre personne demeure régi par les dispositions de l'article 1056 de l'ancien code, dès lors que le décès résulte d'une faute ou d'un fait antérieurs à l'entrée en vigueur de la loi nouvelle.

V – Exécution de l'obligation

87. Le paiement est régi par la loi en vigueur au moment où il est effectué.

III – Effects of contracts

82. Abusive, illegible or incomprehensible clauses of a contract made prior to the new legislation are null, or the obligation arising from them may be reduced, in the conditions set forth in articles 1436 and 1437 of the new Code.

83. In any contract made before the coming into force of the new legislation, the former legislation continues to apply to the warranties, both legal or conventional, to which the contracting parties are obliged between themselves or in respect of their heirs or successors by particular title.

84. The provisions of article 1456 of the new Code, concerning the bearing of risks attached to a property which is the subject of a real right transferred by contract, do not apply to situations in which the obligation to deliver the property, even where exigible after the coming into force of the new legislation, arises from a transfer made before that time.

IV – Civil liability

85. The conditions of civil liability are governed by the legislation in force at the time of the fault or act which causes the injury.

86. The right of a person to damages for injury suffered by reason of the death of another person continues to be governed by the provisions of article 1056 of the former Code, provided the death occurred as a result of a fault or act having occurred prior to the coming into force of the new legislation.

V – Performance of obligations

87. Payment is governed by the legislation in force at the time it is made.

88. Les droits du créancier en cas d'inexécution de l'obligation du débiteur sont régis par la loi en vigueur au moment de l'inexécution, sous réserve des dispositions qui suivent.

89. Est sans effet la stipulation ou la déclaration antérieures à l'entrée en vigueur de la loi nouvelle visant à dispenser le créancier de prouver que le débiteur est en demeure de plein droit.

90. Les dispositions de l'article 1604 du nouveau code, relatives à la résolution ou à la résiliation du contrat et à la réduction des obligations qui en découlent, s'appliquent dès l'entrée en vigueur de la loi nouvelle, même si l'inexécution reprochée au débiteur s'est produite antérieurement.

91. Les dispositions des articles 1614 et 1615, du second alinéa de l'article 1616, et de l'article 1618 du nouveau code, relatives à la réparation du préjudice corporel et aux intérêts que portent certains dommages-intérêts, sont applicables aux demandes introduites après l'entrée en vigueur de la loi nouvelle, même si l'inexécution de l'obligation, ou encore la faute ou le fait qui a causé le préjudice, se sont produits avant l'entrée en vigueur.

92. Les dispositions des articles 1623 à 1625 du nouveau code sont applicables aux clauses pénales non encore exécutées, même si l'inexécution de l'obligation s'est produite antérieurement.

93. Les actions obliques ou en inopposabilité en cours ne peuvent être rejetées pour le seul motif que la créance du demandeur n'était pas liquide ou exigible au moment où il a intenté l'action.

88. The rights of a creditor in case of nonperformance of an obligation of a debtor are governed by the legislation in force at the time of the nonperformance, subject to the provisions which follow.

89. A stipulation or statement made prior to the coming into force of the new legislation and intended to exempt the creditor from the obligation to prove that the debtor is in default by operation of law is without effect.

90. The provisions of article 1604 of the new Code, concerning the resolution or resiliation of a contract and the reduction of the obligations arising from it, apply upon the coming into force of the new legislation, even where nonperformance by the debtor occurred before that time.

91. The provisions of articles 1614 and 1615, the second paragraph of article 1616 and article 1618 of the new Code, concerning damages for bodily injury and interest on certain damages, are applicable to applications filed after the coming into force of the new legislation, even where the nonperformance of the obligation or the fault or act causing the injury occurred before such coming into force.

92. The provisions of articles 1623 to 1625 of the new Code are applicable to penal clauses not yet executed, even if the nonperformance of the obligation occurred previously.

93. Pending oblique or paulian actions may not be dismissed for the sole reason that the claim of the plaintiff was not liquid and exigible at the time the action was instituted.

VI – Transmission et mutations
de l'obligation

VI – Transfer and alteration
of obligations

94. Les cessions de créance sont régies par la loi en vigueur au moment de la cession, mais les conditions d'opposabilité prévues par le nouveau code sont applicables aux cessions antérieures à son entrée en vigueur lorsque les conditions prévues par l'ancien code n'ont pas encore été remplies.

94. The assignment of a claim is governed by the legislation in force when the assignment is made, but the conditions provided by the new Code for setting it up are applicable to an assignment made prior to its coming into force if the conditions provided by the former Code have not yet been fulfilled.

95. Sont privés d'effet pour l'avenir les stipulations antérieures à l'entrée en vigueur de la loi nouvelle subordonnant la subrogation au consentement préalable du débiteur.

95. Stipulations made prior to the coming into force of the new legislation which render subrogation dependent on the prior consent of the debtor are without effect for the future.

VII – Extinction de l'obligation

VII – Extinction of obligations

96. La libération d'un débiteur, à la suite de l'acquisition, faite antérieurement à l'entrée en vigueur de la loi nouvelle, par un créancier privilégié ou hypothécaire d'un bien qui lui appartenait, demeure régie par la loi ancienne.

96. The discharge of a debtor following the acquisition, prior to the coming into force of the new legislation, by a privileged or hypothecary creditor of property which belonged to him continues to be governed by the former legislation.

VIII – Restitution des prestations

VIII – Restitution of prestations

97. Les dispositions des articles 1699 à 1707 du nouveau code sont applicables aux restitutions postérieures à son entrée en vigueur, mais fondées sur des causes de restitution antérieures.

97. The provisions of articles 1699 to 1707 of the new Code are applicable to restitutions based on former causes of restitution but made after the coming into force of the new Code.

§ 2.–*Contrats nommés*

§ 2.–Nominate contracts

I – Contrat de vente

I – Contracts of sale

98. La réserve de propriété ou la faculté de rachat d'un bien meuble qui a été acquis pour le service ou l'exploitation d'une entreprise est assujettie, quant à son opposabilité aux tiers, aux dispositions de l'article 162.

98. The opposability of reservation of ownership or a right of redemption of movable property which was acquired for the service or carrying on of an enterprise is subject to the provisions of section 162.

99. Dans les ventes à tempérament faites avant l'entrée en vigueur de la loi nouvelle, le transfert des risques de

99. In instalment sales made before the coming into force of the new legislation, transfers of the risks of loss of the prop-

perte du bien demeure régi par la loi ancienne.

100. Par dérogation à l'article 1753 du nouveau code, la faculté de rachat stipulée avant l'entrée en vigueur de la loi nouvelle, pour un terme excédant cinq ans, conserve son terme initial.

101. Les ventes en bloc faites avant l'entrée en vigueur de la loi nouvelle demeurent régies par les dispositions des articles 1569a et suivants de l'ancien code.

102. L'article 1801 du nouveau code s'applique aux clauses de dation en paiement stipulées dans un acte portant hypothèque avant l'entrée en vigueur de la loi nouvelle si, à ce moment, le droit à leur exécution n'a pas encore été mis en oeuvre suivant les règles de l'article 1040a de l'ancien code.

Les droits rattachés aux clauses de dation en paiement, qui survivent ou sont exercées suivant le premier alinéa, ou les droits qui découlent de l'exécution de ces clauses sont aussi conservés.

II – Contrat de donation

103. Les dispositions de l'article 1812 du nouveau code, relatives à la promesse de donation, sont applicables aux promesses antérieures à l'entrée en vigueur de la loi nouvelle.

Toutefois, le bénéficiaire de la promesse n'a droit, en cas d'inexécution de celle-ci, qu'à des dommages-intérêts équivalents aux avantages qu'il a concédés à compter de la date d'entrée en vigueur de la loi nouvelle et aux frais qu'il a faits à compter de cette date.

erty continue to be governed by the former legislation.

100. By way of exception to article 1753 of the new Code, a right of redemption stipulated before the coming into force of the new legislation for a term exceeding five years retains its original term.

101. Bulk sales made before the coming into force of the new legislation continue to be governed by the provisions of articles 1569a and following of the former Code.

102. Article 1801 of the new Code applies to clauses of giving in payment stipulated in an act constituting a hypothec before the coming into force of the new legislation if, at that time, the right to execution thereof has not yet been acquired by completion of the formalities set out in article 1040a of the former Code.

The rights attached to clauses of giving in payment which survive or are executed pursuant to the first paragraph, and the rights arising from the execution of such clauses, are also maintained.

II – Contracts of gift

103. The provisions of article 1812 of the new Code concerning the promise of a gift are applicable to promises made prior to the coming into force of the new legislation.

However, where the promise is not fulfilled, the beneficiary of the promise is entitled to damages equivalent only to the benefits he has granted and the expenses he has incurred since the date on which the new legislation came into force.

104. Le donataire qui, lors d'une donation entre vifs faite par contrat de mariage avant l'entrée en vigueur de la loi nouvelle, s'était obligé à acquitter des dettes ou des charges à venir dont ni la nature ni le montant n'étaient déterminés, n'a désormais cette obligation qu'à concurrence de la valeur des biens donnés.

105. Les donations à cause de mort valablement faites en vertu des dispositions de l'ancien code ne peuvent être annulées sur la base des dispositions de l'article 1840 du nouveau code, même si leur acceptation n'a lieu qu'après l'entrée en vigueur de celui-ci.

106. Les dispositions de l'article 1841 du nouveau code sont applicables aux donations à cause de mort faites avant son entrée en vigueur, si elles n'ont pas encore été exécutées au jour de l'entrée en vigueur.

III – Contrat de crédit-bail

107. Les droits de propriété du crédit-bailleur, résultant de contrats de crédit-bail en cours, sont assujettis, quant à leur opposabilité aux tiers, aux dispositions de l'article 162.

IV – Contrat de louage

108. Le sous-locataire d'un logement autre qu'une chambre est dispensé du préavis de fin de bail prévu par l'article 1940 du nouveau code, lorsque le bail, ayant été conclu avant l'entrée en vigueur de la loi nouvelle, doit prendre fin dans les dix jours qui suivent cette entrée en vigueur.

109. Les dispositions du dernier alinéa de l'article 1955 du nouveau code ne s'appliquent pas aux baux conclus avant son entrée en vigueur.

104. A donee who, at the time of a gift inter vivos made by marriage contract before the coming into force of the new legislation, obligated himself to pay future debts or charges of an undetermined nature and amount, is thenceforth bound by that obligation only up to the value of the property given.

105. Gifts in contemplation of death validly made pursuant to the provisions of the former Code may not be annulled on the basis of the provisions of article 1840 of the new Code, even where their acceptance takes place after the coming into force of the new Code.

106. The provisions of article 1841 of the new Code are applicable to gifts in contemplation of death made before the date on which it comes into force, provided such gifts have not yet been executed on that date.

III – Contracts of leasing

107. The opposability of the rights of ownership of a lessor which arise from a contract of leasing in force is subject to the provisions of section 162.

IV – Contracts of lease

108. A sublessor of a dwelling other than a room is not required to provide a prior notice of termination of a lease under article 1940 of the new Code if the lease is entered into before the coming into force of the new legislation and terminates within ten days after such coming into force.

109. The provisions of the last paragraph of article 1955 of the new Code do not apply to a lease entered into before the coming into force of that article.

110. Outre le cas prévu par l'article 1958 du nouveau code, celui qui, lors de l'entrée en vigueur de la loi nouvelle, est propriétaire d'une part indivise d'un immeuble peut reprendre un logement s'y trouvant si les conditions prévues par les paragraphes 2 et 3 de l'article 1659 de l'ancien code sont remplies.

111. Les dispositions de l'article 1988 du nouveau code, relatives aux recours du locateur en cas de fausse déclaration du locataire, sont applicables aux déclarations précédant d'un an ou moins l'entrée en vigueur de la loi nouvelle.

Le délai prévu par l'article 1988 court à compter de l'entrée en vigueur de la loi nouvelle.

V – Contrat de transport

112. Le droit d'action contre un transporteur de biens, pour les pertes ou avaries survenues avant l'entrée en vigueur de la loi nouvelle, demeure régi par les dispositions de l'article 1680 de l'ancien code.

113. Les dispositions des articles 2080 à 2084 du nouveau code, relatives à la responsabilité de l'entrepreneur de manutention, ne s'appliquent que si la faute ou le fait qui a causé le préjudice est survenu après l'entrée en vigueur de la loi nouvelle; au cas contraire, la faute ou le fait demeure régi par l'ancien droit, même si le préjudice ne s'est manifesté qu'après l'entrée en vigueur de la loi nouvelle.

VI – Contrat d'entreprise ou de service

114. Les articles 2118 à 2121 et 2124 du nouveau code s'appliquent, à l'égard

110. Except in the case contemplated in article 1958 of the new Code, the person who, on the coming into force of the new legislation, is the owner of an undivided share of an immovable may repossess a dwelling therein if the conditions set forth in subparagraphs 2 and 3 of the second paragraph of article 1659 of the former Code are fulfilled.

111. The provisions of article 1988 of the new Code, concerning the remedies of a lessor in the case of a false statement by the lessee, are applicable to statements made one year or less before the coming into force of the new legislation.

The period provided in article 1988 runs from the coming into force of the new legislation.

V – Contracts of carriage

112. The right of action against a carrier of property in respect of loss or damage occurring before the coming into force of the new legislation continues to be governed by the provisions of article 1680 of the former Code.

113. The provisions of articles 2080 to 2084 of the new Code concerning the liability of the handling contractor apply only if the fault or act which caused the injury occurred after the coming into force of the new legislation; if this is not the case, the fault or act continues to be governed by the former legislation, even where the injury becomes evident only after the coming into force of the new legislation.

VI – Contracts of enterprise or for services

114. Articles 2118 to 2121 and 2124 of the new Code apply in respect of losses

des pertes résultant d'un vice ou d'une malfaçon, dans la mesure où l'origine du vice ou de la malfaçon est postérieure à l'entrée en vigueur de la loi nouvelle.

resulting from a defect or poor workmanship, to the extent that the origin of the defect or poor workmanship is subsequent to the coming into force of the new legislation.

VII – Contrat de société et d'association

VII – Contracts of partnership and of association

115. Les sociétés civiles deviennent, dès l'entrée en vigueur de la loi nouvelle, des sociétés en nom collectif; la responsabilité de la société et des associés envers les tiers demeure, néanmoins, régie par la loi ancienne pour les actes conclus et les obligations contractées antérieurement.

115. Civil partnerships become general partnerships upon the coming into force of the new legislation; the liability of the partnership and the partners towards third persons nevertheless continues to be governed by the former legislation for acts performed and obligations contracted before that time.

Ces sociétés sont tenues de se déclarer en application des dispositions des articles 2189 et 2190 du nouveau code, dans un délai d'un an à compter de son entrée en vigueur; à défaut, elles deviennent des sociétés en participation.

Such partnerships are bound to make declarations, in accordance with the provisions of articles 2189 and 2190 of the new Code, within one year from the coming into force of the new Code; if they fail to do so, they become undeclared partnerships.

116. Les sociétés anonymes deviennent des sociétés en participation.

116. Anonymous partnerships become undeclared partnerships.

La responsabilité des associés à l'égard des tiers demeure toutefois régie par les dispositions de l'article 1870 de l'ancien code pour toute obligation contractée avant l'entrée en vigueur de la loi nouvelle.

The liability of the partners towards third persons continues, however, to be governed by the provisions of article 1870 of the former Code with respect to any obligation contracted before the coming into force of the new legislation.

117. Les sociétés par actions qui étaient soumises, suivant l'article 1889 de l'ancien code, aux règles générales des sociétés commerciales en nom collectif deviennent des sociétés en nom collectif.

117. Joint-stock companies which, under article 1889 of the former Code, are subject to the general rules established for commercial partnerships under a collective name become general partnerships.

118. Les sociétés qui sont en défaut de se déclarer lors de l'entrée en vigueur de la loi nouvelle deviennent des sociétés en participation, en application des dispositions du nouveau code, si

118. Partnerships which have not made a declaration when the new legislation comes into force become undeclared partnerships, pursuant to the provisions of the new Code, unless they make a

elles n'y ont pas remédié à l'expiration d'un délai d'un an à compter de cette entrée en vigueur.

119. La responsabilité, à l'égard des tiers, des associés d'une société en nom collectif ou en commandite relativement aux obligations de la société résultant d'une déclaration incomplète, inexacte ou irrégulière ou du défaut de produire une déclaration modificative, est régie par la loi en vigueur au moment où l'obligation est née.

120. Le droit d'un associé, prévu par l'article 2209 du nouveau code, d'écarter une personne étrangère à la société qui a acquis, à titre onéreux, la part d'un des associés peut être exercé à l'égard de toute acquisition faite dans l'année qui précède l'entrée en vigueur du nouveau code.

En ce cas, le délai de soixante jours prévu par l'article 2209 court à compter de l'entrée en vigueur du nouveau code.

121. Les actes conclus et les obligations contractées par une société en nom collectif ou en commandite ou par l'un de ses associés avant l'entrée en vigueur de la loi nouvelle demeurent régis par la loi ancienne en ce qui a trait à l'ensemble des rapports de la société et des associés envers les tiers.

122. Les dispositions du deuxième alinéa de l'article 2244 du nouveau code sont applicables aux actes d'immixtion accomplis par un commanditaire avant l'entrée en vigueur de la loi nouvelle.

123. Les dispositions de l'article 2245 du nouveau code s'appliquent aux situations existantes d'impossibilité d'agir des commandités, et le délai de cent vingt jours prévu par cet article pour

declaration before the expiry of a period of one year from the date on which the new legislation comes into force.

119. The liability of the partners of a general or limited partnership towards third persons in respect of obligations of the partnership resulting from an incomplete, inaccurate or irregular declaration or from a failure to produce an amending declaration, is governed by the legislation in force at the time the obligation arises.

120. The right of a partner under article 2209 of the new Code to exclude a person who is not a member of the partnership and who has acquired the share of one of the partners by onerous title may be exercised in respect of any acquisition made in the year preceding the coming into force of the new Code.

In such a case, the period of sixty days provided in article 2209 runs from the coming into force of the new Code.

121. Acts performed and obligations contracted by a general or limited partnership or by a partner thereof before the coming into force of the new legislation continue to be governed by the former legislation for matters concerning all relations of the partnership and the partners with third persons.

122. The provisions of the second paragraph of article 2244 of the new Code are applicable to acts of interference by special partners before the coming into force of the new legislation.

123. The provisions of article 2245 of the new Code apply to existing situations in which the general partners are unable to act, and the period of one hundred and twenty days provided in

remplacer les commandités court à compter de l'entrée en vigueur de la loi nouvelle.

that article for replacing the general partners runs from the coming into force of the new legislation.

124. Toute stipulation qui oblige le commanditaire à cautionner ou à prendre en charge les dettes d'une société en commandite au-delà de l'apport convenu devient sans effet à compter de l'entrée en vigueur de la loi nouvelle.

124. Any stipulation whereby a special partner is bound to secure or assume the debts of a limited partnership beyond the agreed amount of his contribution is without effect from the coming into force of the new legislation.

125. Les liquidations de sociétés commencées avant l'entrée en vigueur de la loi nouvelle sont poursuivies en application de la loi ancienne, mais les pouvoirs du liquidateur sont ceux prévus par le nouveau code.

125. A liquidation of a partnership begun before the coming into force of the new legislation is continued under the former legislation, but the powers of the liquidator are as provided in the new Code.

La liquidation d'une société est réputée commencer dès la désignation du liquidateur.

Liquidation of a partnership is deemed to begin upon designation of the liquidator.

VIII – Contrat de dépôt

VIII – Contracts of deposit

126. La responsabilité de l'hôtelier, résultant de dépôts antérieurs à l'entrée en vigueur de la loi nouvelle, demeure régie par les dispositions des articles 1814 à 1816 de l'ancien code.

126. The liability of an innkeeper resulting from deposits made prior to the coming into force of the new legislation continues to be governed by the provisions of articles 1814 to 1816 of the former Code.

IX – Contrat de prêt

IX – Contracts of loan

127. Les dispositions de l'article 2332 du nouveau code, relatives à la nullité ou à la réduction des obligations découlant d'un prêt d'argent, ainsi qu'à la révision de leurs modalités d'exécution, ne s'appliquent aux contrats en cours qu'en ce qui concerne les obligations pécuniaires qui en découlent.

127. The provisions of article 2332 of the new Code, concerning the nullity or reduction of the obligations arising from a loan of a sum of money, as well as the revision of the terms and conditions of their performance, apply to existing contracts only with respect to the resulting pecuniary obligations.

X – Contrat de cautionnement

X – Contracts of suretyship

128. Les effets, à l'égard de la caution, de la déchéance du terme encourue par le débiteur principal sont déterminés par la loi en vigueur au moment de la déchéance.

128. The effects in respect of the surety of forfeiture of the term by the principal debtor are determined by the legislation in force at the time of the forfeiture.

129. Toute renonciation à l'avance au droit à l'information ou au bénéfice de subrogation, faite par une caution avant l'entrée en vigueur de la loi nouvelle, devient sans effet.

129. Any renunciation in advance of the right to be provided with information or the benefit of subrogation, made by a surety before the coming into force of the new legislation, ceases to have effect.

130. Les obligations des héritiers de la caution s'éteignent dès l'entrée en vigueur de la loi nouvelle, sauf quant aux dettes existantes à ce moment.

130. The obligations of the heirs of a surety are extinguished upon the coming into force of the new legislation, except with respect to debts existing at that time.

131. Le cautionnement attaché à l'exercice de fonctions particulières qui ont cessé avant la date de l'entrée en vigueur de la loi nouvelle prend fin, sauf quant aux dettes existantes, lors de cette entrée en vigueur.

131. A suretyship attached to the performance of special duties which ceased before the date on which the new legislation comes into force terminates upon such coming into force, except with respect to existing debts.

XI – Contrat de rente

XI – Contracts of annuity

132. Le droit du crédirentier de demander que la vente forcée d'un bien hypothéqué pour garantir le service de sa rente soit réalisée à charge de cette dernière ne peut être exercé que si le processus conduisant à la vente a débuté avant l'entrée en vigueur de la loi nouvelle; autrement, le crédirentier peut seulement exiger, en application de l'article 2387 du nouveau code, que le créancier lui fournisse une caution suffisante pour que la rente continue d'être servie.

132. The right of an annuitant to require that the forced sale of a property which is hypothecated to secure payment of his annuity be carried out subject to his annuity may be exercised only if the process leading to the sale begins before the coming into force of the new legislation; otherwise, the annuitant may only demand, pursuant to article 2387 of the new Code, that the creditor furnish him with sufficient surety to ensure continued payment of the annuity.

SECTION VI
PRIORITÉS ET HYPOTHÈQUES

DIVISION VI
PRIOR CLAIMS AND HYPOTHECS

133. Les biens affectés d'une sûreté ayant pris naissance sous le régime de la loi ancienne demeurent régis par cette loi dans la mesure où le droit à l'exécution de la sûreté a été mis en oeuvre, par l'envoi et la publication des avis requis par la loi ancienne ou, à défaut, par une demande en justice,

133. Property charged as security under the rules of the former legislation continues to be governed by that legislation to the extent that the right to the realization of the security has been acquired by the sending and publication of the notices required under the former legislation or, if not, by means of a judi-

avant l'entrée en vigueur de la loi nouvelle.

Si le droit à l'exécution de la sûreté n'a pas encore été mis en oeuvre, la loi nouvelle est applicable.

134. Sous réserve que leur enregistrement, s'il était requis par la loi ancienne, ait lieu dans les délais que celle-ci prévoyait:

1° les sûretés conventionnelles autres que les transports de créances visés à l'article 136 deviennent des hypothèques conventionnelles, mobilières ou immobilières, selon qu'elles grèvent des biens meubles ou immeubles;

2° les hypothèques testamentaires deviennent des hypothèques conventionnelles;

3° les hypothèques légales ou judiciaires deviennent des hypothèques légales si la loi nouvelle attache cette qualité aux créances qui les fondent;

4° les hypothèques légales en faveur des mineurs ou des majeurs en tutelle ou en curatelle demeurent des hypothèques légales tant que le tuteur ou le curateur, en application des dispositions des articles 242, 243 et 266 du nouveau code, n'offre pas une autre sûreté de valeur suffisante;

5° les privilèges deviennent soit des priorités, soit des hypothèques légales, selon la qualité que la loi nouvelle attache aux créances qui les fondent. Toutefois, le privilège du vendeur d'un immeuble devient une hypothèque légale; le privilège du locateur d'un immeuble autre que résidentiel sur les meubles devient une hypothèque légale mobilière qui conserve son opposabilité pour une période d'au plus dix ans à la con-

cial demand, before the coming into force of the new legislation.

If the right to the realization of the security has not yet been acquired, the new legislation is applicable.

134. Subject to registration, if the former legislation so required, within the time prescribed by that legislation,

(1) conventional securities other than transfers of claims contemplated by section 136 become conventional, movable or immovable hypothecs, depending on whether the property charged is movable or immovable property;

(2) hypothecs created by will become conventional hypothecs;

(3) legal or judicial hypothecs become legal hypothecs if the new legislation attributes this quality to the claims on which they are based;

(4) legal hypothecs in favour of minors or persons of full age under tutorship or curatorship continue to be legal hypothecs as long as the tutor or curator does not offer another security of sufficient value pursuant to articles 242, 243 and 266 of the new Code;

(5) privileges become either prior claims or legal hypothecs, depending on the quality attributed by the new legislation to the claims on which they are based. However, the privilege of the seller of an immovable becomes a legal hypothec; the privilege of the lessor of an immovable, other than a residential immovable, on the furniture becomes a legal movable hypothec which retains its opposability for a period of not more than

dition d'être publiée, comme s'il s'agissait d'un renouvellement fait conformément à l'article 157.

Les sûretés ci-dessus conservent dans tous les cas le rang que leur conférait la loi ancienne; cependant, les hypothèques sur des biens qui, en raison de l'application de la loi nouvelle, ont changé de nature doivent, pour conserver ce rang, être publiées dans les douze mois qui suivent, sur le registre approprié.

Les anciennes sûretés légales ou judiciaires autres que le privilège du vendeur d'un immeuble, fondées sur des créances auxquelles la loi nouvelle n'accorde plus aucune préférence, deviennent des priorités colloquées après toute autre priorité.

135. L'application de la loi nouvelle n'aura en aucun cas pour effet de modifier l'objet initial de la sûreté, sans préjudice des pouvoirs accordés au tribunal par l'article 2731 du nouveau code.

136. Les transports des loyers présents et à venir que produit un immeuble, et les transports d'indemnités prévues par les contrats d'assurance qui couvrent ces loyers, deviennent des hypothèques immobilières; ils prennent rang selon la date d'enregistrement des actes qui les renferment, à moins qu'ils n'aient acquis un autre rang en vertu de la loi ancienne. Ces transports, s'ils ne sont pas renfermés dans un acte qui a été porté soit à l'index des immeubles en territoire cadastré, soit à l'index des noms en territoire non cadastré doivent, pour conserver ce rang, faire l'objet d'un renouvellement d'inscription ou d'une

ten years provided it is published, as though it were a renewal made in accordance with section 157.

The abovementioned securities conserve their rank under the former legislation in all cases; however, hypothecs on property which, by reason of the application of the new legislation, have changed in nature must, to conserve their rank, be published in the appropriate register within the following twelve months.

Former legal or judicial securities, other than the privilege of the seller of an immovable, based on claims which, under the new legislation, no longer have preference, become prior claims collocated after all other prior claims.

135. In no case does the application of the new legislation have the effect of changing the initial object of the security, without prejudice to the powers granted to the court by article 2731 of the new Code.

136. Transfers of present and future rents produced by an immovable, and transfers of indemnities provided by the insurance contracts covering the rents, become immovable hypothecs; they rank according to the date of registration of the acts in which they are contained, unless they have a different rank under the former legislation. Any such transfer not contained in an act entered either in the index of immovables in territory with a cadastral survey or in the index of names in territory without a cadastral survey requires, to conserve its rank, renewal of registration or registration, as the case may be, in the land register

inscription, selon le cas, sur le registre foncier avant le 27 février 1996; le renouvellement ou l'inscription se fait par avis.

before 27 February 1996; the renewal or registration are effected by notice.

Les transports par connaissement deviennent des hypothèques conventionnelles et conservent leur rang initial, pourvu qu'ils soient inscrits avant le 27 février 1996. [1995, c. 33, art. 1].

Transfers by bill of lading become conventional hypothecs and conserve their initial rank, provided they are registered before 27 February 1996. [1995, c. 33, s. 1].

137. Les stipulations d'insaisissabilité portant sur des meubles, si elles sont intervenues avant l'entrée en vigueur de la loi nouvelle, sont assujetties, quant à leur opposabilité aux tiers, aux dispositions de l'article 162.

137. The opposability of a stipulation of unseizability made in respect of movable property before the coming into force of the new legislation is subject to the provisions of section 162.

138. Les aliénations de biens ayant préalablement fait l'objet d'une sûreté mobilière, faites en dehors du cours des activités de l'entreprise et antérieures à l'entrée en vigueur de la loi nouvelle, sont soumises aux dispositions de l'article 2700 du nouveau code.

138. An alienation of property having been the object of a movable security, made prior to the coming into force of the new legislation and outside the ordinary course of business of an enterprise, is subject to the provisions of article 2700 of the new Code.

Cependant, le délai d'inscription de l'avis visé audit article court à compter du 31 août 1996, mais le créancier peut toujours inscrire l'avis avant cette date. [1995, c. 33, art. 2].

However, the period for registration of the notice provided in that article runs from 31 August 1996, but the creditor may register the notice at any time before that date. [1995, c. 33, s. 2].

139. Les dispositions de l'article 2723 du nouveau code, relatives à la radiation des avis de clôture d'hypothèques ouvertes, sont applicables aux avis d'omission ou de contravention enregistrés en application de l'article 1040a de l'ancien code.

139. The provisions of article 2723 of the new Code, concerning cancellation of the notice of crystallization of a floating hypothec, are applicable to notices of omission or breach registered pursuant to article 1040a of the former Code.

140. Les privilèges acquis par des ouvriers résultant de travaux faits sur un immeuble et terminés avant la date d'entrée en vigueur de la loi nouvelle, sont soumis à la publication d'un avis de conservation d'hypothèque légale dans les trente jours de cette date, pourvu qu'ils subsistent encore à cette même date.

140. The privileges acquired by workmen as a result of work done on an immovable and completed before the date on which the new legislation comes into force are subject to publication of a notice of preservation of legal hypothec within thirty days after that date, provided they still exist on that date.

SECTION VII
PREUVE

141. En matière de preuve préconstituée et de présomptions légales, la loi en vigueur au jour de la conclusion de l'acte juridique ou de la survenance des faits s'applique.

142. La règle d'interprétation du second alinéa de l'article 2847, établissant que la présomption qui concerne un fait «présumé» est simple et que celle qui concerne un fait «réputé» est absolue, ne s'applique aux lois autres que le Code civil du Québec et le Code de procédure civile qu'à compter de la date fixée par le gouvernement.

SECTION VIII
PRESCRIPTION

143. Celui qui n'a pas encore acquis par prescription, lors de l'entrée en vigueur de la loi nouvelle, est soumis aux dispositions du premier alinéa de l'article 2918 du nouveau code, s'il a possédé, à titre de propriétaire, un immeuble porté sur le registre foncier constitué de l'index des immeubles, sur le registre minier ou sur le registre des réseaux de services publics, ou encore un immeuble situé en territoire non cadastré; la demande en justice visant à en acquérir la propriété par prescription doit être préinscrite.

Celui qui à cette date est devenu, suivant la loi ancienne, propriétaire d'un immeuble par prescription est toujours admis à s'adresser au tribunal dans le ressort duquel est situé l'immeuble, pour obtenir, par requête, la reconnaissance judiciaire de son droit de propriété.

DIVISION VII
PROOF

141. In questions of preconstituted proof and legal presumptions, the applicable legislation is the legislation in force on the day on which the juridical act is entered into or the facts occur.

142. The rule of interpretation stated in the second paragraph of article 2847 of the new Code, establishing that a presumption concerning "presumed" facts is simple and a presumption concerning "deemed" facts is absolute, applies to legislation other than the Civil Code of Québec and the Code of Civil Procedure only from the date fixed by the Government.

DIVISION VIII
PRESCRIPTION

143. A person who, when the new legislation comes into force, has not yet acquired ownership by prescription is subject to the provisions of the first paragraph of article 2918 of the new Code if he has possessed, as owner, an immovable registered in the land register consisting of the index of immovables, in the mining register or in the register of public service networks, or an immovable situated in territory without a cadastral survey; the judicial demand to acquire ownership thereof by prescription shall be the subject of an advance registration.

A person who, when the new legislation comes into force, has become the owner of an immovable by prescription, pursuant to the former legislation, may still apply to the court in whose territory the immovable is located to obtain, by motion, judicial recognition of his right of ownership.

§ 1.–*Publicité foncière*

144. L'introduction, dans une circonscription foncière, du registre foncier constitué de livres fonciers comportant des fiches immobilières, conformément à l'article 2972 du nouveau code, est rendue publique par la publication, par le ministre de la Justice, à la *Gazette officielle du Québec*, d'un avis indiquant que le registre foncier, au sens de ce code, est pleinement opérationnel à compter de la date qu'il indique quant à la publicité des droits qui concernent les immeubles ou le territoire que l'avis désigne. Un avis de cette publication est donné dans un quotidien ou hebdomadaire circulant dans la circonscription foncière visée.

L'avis publié à la *Gazette officielle du Québec* contient la description du territoire de la circonscription foncière qui fait l'objet de l'introduction du nouveau registre foncier et indique le siège du bureau de la publicité des droits; il peut aussi faire référence au règlement descriptif du territoire des circonscriptions foncières qui seront pourvues du nouveau registre foncier.

145. Jusqu'à ce que, dans une circonscription foncière, le registre foncier soit constitué de livres fonciers comportant des fiches immobilières, conformément à l'article 2972 du nouveau code, l'application des dispositions du livre neuvième de ce code est subordonnée aux dispositions de la présente section.

Le registre foncier prend, dans ces circonscriptions, la forme de l'index des immeubles, si cet index était déjà établi,

§ 1.–*Publication by registration in the land register*

144. The introduction, in a registration division, of a land register consisting of land books made up of land files, in accordance with article 2972 of the new Code, is made public by publication by the Minister of Justice, in the Gazette officielle du Québec, of a notice indicating that the land register, within the meaning of the new Code, is fully operational, from the date it indicates, for the publication of rights concerning the immovables or the territory designated in the notice. A notice of the publication in the *Gazette officielle du Québec* is given in a daily or weekly newspaper distributed in the registration division concerned.

The notice published in the *Gazette officielle du Québec* contains the description of the territory of the registration division in which the new land book has been introduced and indicates the location of the registry office; it may also make reference to the regulation describing the territories of the registration divisions which will have the new land register.

145. Until the land register in a registration division is composed of land books made up of land files, in accordance with article 2972 of the new Code, the application of the provisions of Book Nine of that Code is subordinate to the provisions of this division.

In such a registration division, the land register takes the form of the index of immovables, if such an index was

et, le cas échéant, du registre minier ou du registre des réseaux de services publics et des immeubles situés en territoire non cadastré.

146. Sont maintenus dans chaque circonscription foncière où il n'y a pas de registre foncier au sens de l'article 2972 du nouveau code, l'index des immeubles, les plans cadastraux et, le cas échéant, les livres de renvoi existants, le registre minier et le fichier qui complète celui-ci, de même que l'index des noms et le registre complémentaire des mentions faites en marge des réquisitions faisant partie des archives du bureau.

Nonobstant l'article 3035 du nouveau code, jusqu'à ce qu'une fiche soit établie pour un immeuble situé en territoire non cadastré, la réquisition qui ne constate pas un droit réel établi par une convention mais qui concerne l'immeuble donne lieu à une inscription à l'index des noms.

À compter de l'entrée en vigueur de la présente section, le registre minier sera connu sous le nom de registre des droits réels d'exploitation de ressources de l'État et le fichier personnel des titulaires de droits miniers sera connu sous le nom de Répertoire des titulaires de droits réels.

147. L'index des immeubles, les plans cadastraux et, le cas échéant, les livres de renvoi existants, le registre des droits réels d'exploitation de ressources de l'État et le Répertoire qui complète celui-ci sont maintenus dans tous les bureaux de la publicité des droits, jusqu'à ce que chacun des immeubles qui y sont respectivement portés ait fait l'objet de

established, and, where applicable, the mining register or the register of public service networks and immovables situated in territory without a cadastral survey.

146. In each registration division where there is no land register within the meaning of article 2972 of the new Code, the index of immovables, the existing cadastral plans and where applicable, existing books of reference, the mining register and the supplementary card-index file of names are continued, together with the index of names and the complementary register of entries made in the margin of applications which are part of the records of the registry office.

Notwithstanding article 3035 of the new Code, until a file is opened for an immovable situated in territory without a cadastral survey, an application not evidencing a real right established by agreement but concerning the immovable gives rise to registration in the index of names.

From the coming into force of this division, the mining register will be known as the register of real rights of State resource development, and the card-index file of the holders of mining rights will be known as the Directory of holders of real rights.

147. The index of immovables, the existing cadastral plans and, where applicable, existing books of reference, the register of real rights of State resource development and the Directory which supplements it are continued in all registry offices until a land file has been opened in the land register, within the meaning of article 2972 of the new

l'établissement d'une fiche immobilière au registre foncier au sens de l'article 2972 du nouveau code.

148. Il est tenu au bureau de chaque circonscription foncière où il n'y a pas de registre foncier, au sens de l'article 2972 du nouveau code, un registre des réseaux de services publics et des immeubles situés en territoire non cadastré.

Ce registre comprend autant de fiches établies sous un numéro d'ordre qu'il y a d'immeubles situés en territoire non cadastré et de réseaux de services publics dans le ressort du bureau. Le Répertoire des titulaires de droits réels prévu au troisième alinéa de l'article 146 complète le registre.

Ce registre et le Répertoire qui le complète sont maintenus jusqu'à ce que chacun des immeubles qui y sont portés ait fait l'objet de l'établissement d'une fiche immobilière au registre foncier au sens du nouveau code.

149. Lorsque le registre foncier d'une circonscription foncière prend la forme de l'index des immeubles, du registre des droits réels d'exploitation de ressources de l'État, ou du registre des réseaux de services publics et des immeubles situés en territoire non cadastré, la publicité des droits résulte d'une inscription, à cet index ou au registre, qui indique sommairement la nature du document présenté et qui fait référence à la réquisition en vertu de laquelle l'inscription a été requise; cette inscription équivaut à une inscription sur le registre au sens du nouveau code.

La consultation du registre doit être complétée par l'analyse de la réquisition

Code, for all the immovables entered therein.

148. A register of public service networks and immovables situated in territory without a cadastral survey is kept at the registry office of every registration division where there is no land register within the meaning of article 2972 of the new Code.

The register consists of as many land files, opened under serial numbers, as there are immovables situated in territory without a cadastral survey and public service networks in the division of the registry office. The Directory of holders of real rights provided for in the third paragraph of section 146 supplements the register.

The register and Directory are continued until a land file has been opened in the land register, within the meaning of the new Code, for all the immovables entered therein.

149. Where the land register in a registration division takes the form of the index of immovables, the register of real rights of State resource development or the register of public service networks and immovables situated in territory without a cadastral survey, publication of rights is effected by a registration, in the index or register, indicating summarily the nature of the document presented and referring to the application under which registration was requested; such a registration is equivalent to registration in the register within the meaning of the new Code.

Consultation of the register shall be completed by analysis of the application

à laquelle il est fait référence dans l'inscription.

N'est pas de bonne foi, la personne qui s'abstient de consulter le registre approprié et la réquisition à laquelle il est fait référence dans l'inscription. [1995, c. 33, art. 3].

149.1. Pour la période comprise entre le 1er janvier 1994 et le 31 août 1995, et sous réserve des droits des tiers de bonne foi dont les droits ont été publiés pendant cette période, l'absence d'indication quant à l'étendue d'un droit, de même que l'insuffisance ou l'imprécision dans la qualification ou l'étendue d'un droit tant dans l'inscription visée à l'article 149, tel qu'il se lisait le 30 août 1995, que dans la réquisition qui la sous-tend, lorsque celle-ci prend la forme d'un sommaire, ne peut porter atteinte aux droits des parties à la réquisition qui bénéficient de l'inscription, dès lors que l'analyse de la réquisition ou, lorsque celle-ci prend la forme d'un sommaire, du document qui l'accompagne, permet de suppléer à cette absence, à cette insuffisance ou à cette imprécision. [1995, c. 33, art. 4].

149.2. On peut, pour compléter une réquisition faite sous forme d'extrait au cours de la période comprise entre le 1er janvier 1994 et le 31 août 1995, présenter au bureau de la publicité des droits, dans les 180 jours qui suivent la fin de cette période, une copie authentique de l'acte en y joignant, à raison d'un avis par acte visé, un avis en double exemplaire établissant le lien entre l'acte et l'extrait et indiquant, outre la désignation des immeubles, le lieu et le numéro d'inscription de l'extrait. L'avis, qui n'a pas à être attesté, est inscrit sur les registres de la publicité des droits.

to which reference is made in the registration.

A person who does not consult the appropriate register and the application to which reference is made in the registration is not in good faith. [1995, c. 33, s. 3].

149.1. For the period from 1 January 1994 to 31 August 1995 and subject to the rights of third persons in good faith whose rights where published during that period, absence of an indication as to the extent of a right or insufficiency or inaccuracy in stating the nature or extent of a right either in a registration effected under section 149 as it read on 30 August 1995 or in the application on which the registration is based, where the application is made by means of a summary shall not affect the rights of the parties to the application who benefit from the registration, if analysis of the application or, where the application is made by means of a summary, of the accompanying document compensates for the absence, insufficiency or inaccuracy. [1995, c. 33, s. 4].

149.2. A person may complete an application made by means of an extract during the period from 1 January 1994 to 31 August 1995 by presenting at the registry office, within 180 days after the end of that period, an authentic copy of the act, accompanied with a notice in duplicate for every act concerned establishing the connection between the act and the extract and indicating, in addition to the description of the immovables, the place of registration and the registration number of the extract. The notice, which does not require certification, shall be entered in the registers.

À compter de l'inscription de l'avis, et sous réserve des droits des tiers de bonne foi dont les droits ont été publiés entre le 1er janvier 1994 et la date de l'inscription, les dispositions de l'article 149.1 s'appliquent à l'extrait, compte tenu des adaptations nécessaires. [1995, c. 33, art. 4].

150. Lorsque le registre foncier prend la forme de l'index des immeubles, du registre des droits réels d'exploitation de ressources de l'État, ou du registre des réseaux de services publics et des immeubles situés en territoire non cadastré, l'inscription d'un droit réel établi par une convention ne prend effet qu'à compter de l'inscription du titre du constituant.

151. Lorsque le registre foncier prend la forme du registre des droits réels d'exploitation de ressources de l'État, le droit qui fait l'objet de l'établissement de la fiche immobilière n'est opposable aux tiers qu'à compter de l'établissement de la concordance avec l'index des immeubles, s'il en est un. Aucun droit n'est alors exigible pour la publication de l'abandon ou de la révocation d'un droit réel d'exploitation de ressources de l'État qui n'est pas exempté de l'inscription.

152. Jusqu'à l'introduction du registre foncier au sens de l'article 2972 du nouveau code, et sous réserve de la présente section et des règlements pris en application de celle-ci, les immeubles qui deviennent immatriculés sont portés à l'index des immeubles.

De même, et sous les mêmes réserves, les droits réels d'exploitation de ressources de l'État, que la loi déclare propriété distincte de celle du sol sur lequel ils portent, qui sont constitués

From the registration of the notice and subject to the rights of third persons in good faith whose rights were published during the period from 1 January 1994 to the date of registration, the provisions of section 149.1, adapted as required, apply to the extract. [1995, c. 33, s. 4].

150. Where the land register takes the form of the index of immovables, the register of real rights of State resource development or the register of public service networks and immovables situated in territory without a cadastral survey, the registration of a real right established by agreement takes effect only from registration of the grantor's title.

151. Where the land register takes the form of the register of real rights of State resource development, a right in respect of which a land file has been opened may be set up against third persons only from the time correspondence is established with the index of immovables, if any. No duty is then exigible for publication of the abandonment or revocation of a real right of State resource development which is not exempt from registration.

152. Until the introduction of the land register within the meaning of article 2972 of the new Code, and subject to this division and the regulations thereunder, immovables which become immatriculated are entered in the index of immovables.

In addition, subject to the same restrictions, a file is opened in the register of real rights of State resource development in respect of every real right of State resource development created

font l'objet de l'établissement d'une fiche au registre des droits réels d'exploitation de ressources de l'État.

153. Lorsque dans une circonscription foncière, il n'y a pas de registre foncier au sens de l'article 2972 du nouveau code:

1° l'inscription d'une hypothèque qui est éteinte, ou d'une restriction au droit de disposer, ou de tout autre droit dont la durée est déterminée, qui, d'après le registre approprié et la réquisition à laquelle il est fait référence dans l'inscription, est périmée, doit être radiée sur présentation, en un seul exemplaire, d'une réquisition à cet effet, signée par toute personne intéressée;

2° la publicité de tout droit réel sur un immeuble qui fait l'objet d'un plan dressé en vertu de l'article 1 de la *Loi sur le cadastre* (L.R.Q., chapitre C-1) doit être renouvelée dans les deux ans de l'établissement de la fiche correspondante par la publication d'un avis conforme à l'article 2942 du nouveau code et qui désigne l'immeuble visé de la manière prescrite par le même code.

En l'absence de tel renouvellement, les droits conservés par l'inscription initiale n'ont aucun effet à l'égard des autres créanciers, ou des acquéreurs subséquents, dont les droits sont régulièrement publiés;

3° la présomption d'exactitude qui s'attache au plan cadastral ne prime pas les titres.

154. On entend, lorsque dans une circonscription foncière il n'y a pas de registre foncier au sens de l'article 2972 du nouveau code et que ce code fait référence:

which the law declares to be property separate from the land on which it is exercisable.

153. Where, in a registration division, there is no land register within the meaning of article 2972 of the new Code,

(1) the registration of a hypothec which is extinguished, or of a restriction to the right to alienate, or of any other right with a fixed term, which, according to the appropriate register and the application to which reference is made in the registration, has expired, shall be cancelled upon the filing of a single copy of an application therefor, signed by any interested person;

(2) the publication of any real right in an immovable which has been the subject of a plan prepared under section 1 of the *Cadastre Act* (R.S.Q., chapter C-1) shall be renewed within two years after the corresponding file is opened, by publication of a notice in conformity with article 2942 of the new Code designating the immovable concerned in the manner prescribed by the said Code.

If the publication is not renewed, the rights preserved by the original registration have no effect against other creditors and subsequent purchasers whose claims have been regularly registered;

(3) the presumption of accuracy of the cadastral plan does not prevail over the titles.

154. Where, in a registration division, there is no land register within the meaning of article 2972 of the new Code, and where the new Code makes reference

0.1° à l'article 2934, à la publicité des droits qui résulte de l'inscription qui en est faite sur le registre foncier: la publicité des droits qui résulte de l'inscription visée à l'article 149, laquelle vaut seulement pour les droits admis ou soumis à la publicité qui sont mentionnés à la réquisition d'inscription ou, lorsque celle-ci prend la forme d'un sommaire, au document qui l'accompagne;

1° à l'article 2972, aux fiches immobilières: les feuillets de l'index des immeubles, du registre des droits réels d'exploitation de ressources de l'État ou du registre des réseaux de services publics et des immeubles situés en territoire non cadastré;

2° aux articles 3003 et 3011, à un état certifié de l'inscription: un double de la réquisition présentée portant certificat d'inscription;

3° à l'article 3019, à un état certifié des droits inscrits sur les registres: un état certifié par l'officier des droits réels subsistants qui grèvent un immeuble déterminé ou à l'égard du propriétaire de l'immeuble dans la demande écrite qui est faite qui désigne le propriétaire et l'immeuble visé. Mention de la demande doit être faite dans le certificat;

4° à l'article 3057, à une inscription qui vise la suppression d'une inscription antérieure sur le registre approprié: une inscription faite en marge du document ou de la réquisition constatant le droit dont la radiation est recherchée. Il est fait référence sur le registre approprié au numéro d'inscription de la réquisition qui autorise la radiation. [1995, c. 33, art. 5].

(0.1) in article 2934, to the publication of rights effected by their registration in the land register, it means the publication of rights effected by registration under section 149, which is effective only in respect of rights admitting or requiring publication that are mentioned in the application for registration or, where the application is made by means of a summary, in the accompanying document.

(1) in article 2972, to land files, it means the pages of the index of immovables, of the register of real rights of State resource development or of the register of public service networks and immovables situated in territory without a cadastral survey;

(2) in articles 3003 and 3011, to a certified statement of registration, it means a duplicate of the application filed bearing a certificate of registration;

(3) in article 3019, to a certified statement of rights registered in the registers, it means a statement certified by the registrar of the real rights affecting a particular immovable or in respect of the owner of the immovable in the written requisition which designates the owner and the immovable concerned. Mention of the requisition shall be made in the certificate;

(4) in article 3057, to a registration which strikes a previous registration from the appropriate register, it means an entry made in the margin of the document or application establishing the right in respect of which cancellation is sought. Reference is made in the appropriate register to the registration number of the application authorizing the cancellation. [1995, c. 33, s. 5].

155. Jusqu'à ce que, dans une circonscription foncière, le registre foncier soit constitué de livres fonciers comportant des fiches immobilières conformément à l'article 2972 du nouveau code et que les inscriptions de droits réels concernant un immeuble soient portées, après le dépôt au bureau de la publicité des droits d'un rapport d'actualisation, sur une fiche immobilière, les articles du livre neuvième du nouveau code doivent être considérés avec les réserves exprimées ci-après:

1° l'immeuble est considéré comme non immatriculé pour l'application des articles 2943, 2944, 2957 et 2962;

2° les articles 2973 à 2975, 3058, 3059, alinéa second et 3064 ne reçoivent pas application;

2.1° les articles 2981 et 2986 ne s'appliquent pas aux réquisitions d'inscription qui se rapportent au registre foncier;

2.2° les dispositions suivantes s'appliquent en lieu et place des dispositions du deuxième alinéa de l'article 2982:

La réquisition se fait par la présentation de l'acte lui-même ou d'un extrait authentique de celui-ci, par le moyen d'un sommaire qui résume le document ou encore, lorsque la loi le prévoit, au moyen d'un avis. Elle porte notamment la désignation des titulaires et constituants des droits, de même que celle des biens visés, ainsi que toute autre mention prescrite par la loi ou par les règlements pris en application du présent livre.

2.3° est considéré comme valablement publié, au sens des articles 2988

155. Until the land register in a registration division is composed of land books made up of land files, in accordance with article 2972 of the new Code, and until the registrations of real rights concerning an immovable are entered on a land file after filing of the updating report at the registry office, the articles of Book Nine of the new Code shall be considered in the light of the following restrictions:

(1) for the purposes of articles 2943, 2944, 2957 and 2962, the immovable is considered as not having been immatriculated;

(2) articles 2973 to 2975, article 3058, the second paragraph of article 3059 and article 3064 are not applicable;

(2.1) articles 2981 and 2986 do not apply to applications for registration which relate to the land register;

(2.2) the following provisions apply in place of the provisions of the second paragraph of article 2982:

The application is made by presenting the act itself or an authentic extract thereof, by means of a summary of the document or, where the law so provides, by means of a notice. It contains, in particular, the identity of the holders and grantors of the rights, the description of the property affected and any other particular prescribed by law or by the regulations under this Book.

(2.3) a title registered in the appropriate register is considered to be validly

et 2991, le titre inscrit sur le registre approprié;*

2.4° les restrictions prévues par le second alinéa de l'article 2991 au contenu des réquisitions d'inscription ne reçoivent pas application;

3° le deuxième alinéa de l'article 2996, le premier alinéa de l'article 3030, le dernier alinéa de l'article 3043 et l'article 3054 ne s'appliquent que dans un territoire qui a fait l'objet d'une rénovation cadastrale;

4° l'officier de la publicité n'a pas à effectuer les vérifications exigées par les articles 3013 et 3014 relativement aux titres du constituant ou du dernier titulaire du droit visé ou de l'État ou encore du titre de créance;

4.1° dans un territoire qui n'a pas fait l'objet d'une rénovation cadastrale, l'exigence de la mention des mesures d'un immeuble prévue par les articles 3036 et 3037 ne reçoit pas application et les dispositions suivantes s'appliquent en lieu et place des dispositions du second alinéa de l'article 3037:

La désignation d'une partie de lot par distraction des parties de ce lot n'est admise qu'à condition que les parties distraites soient désignées conformément aux dispositions de l'article 3036.

5° l'inscription, lors de l'établissement d'une fiche immobilière, de la désignation du propriétaire, du mode d'acquisition de l'immeuble et du numéro d'inscription du titre est limitée aux livres fonciers comportant des fiches immobilières, conformément à l'article 2972 du nouveau code;

published, within the meaning of articles 2988 and 2991;*

(2.4) the restrictions contained in the second paragraph of article 2991 concerning the content of applications for registration are not applicable;

(3) the second paragraph of article 2996, the first paragraph of article 3030, the last paragraph of article 3043 and article 3054 apply only in territories that have been the subject of a cadastral renovation;

(4) the registrar need not carry out the verifications required by articles 3013 and 3014 concerning the titles of the grantor or last holder of the right concerned or of the State, or concerning the title of indebtedness,

(4.1) in a territory that has not been the subject of a cadastral renovation, the requirement contained in articles 3036 and 3037 that the measurements of an immovable be mentioned is not applicable and the following provisions apply in place of the provisions of the second paragraph of article 3037:

The description of a part of lot as the remainder after separation of other parts of the lot is admissible only if the other parts of the lot are described in accordance with the provisions of article 3036.

(5) when a land file is opened, registration of the description of the owner, of the mode of acquisition of the immovable and of the registration number of the title is limited to land books made up of land files, in accordance with article 2972 of the new Code;

---

*   Voir/see note (section MODIFICATIONS/AMENDMENTS – p. 740).

6° il n'y a pas lieu à un report de droits, lorsqu'un droit réel doit être publié relativement à l'immeuble. [1995, c. 33, art. 6].

155.1. Dans tout territoire qui n'a pas fait l'objet d'une rénovation cadastrale, l'article 3042 du nouveau code ne s'applique pas lorsque la réquisition d'inscription du transfert, de la cession ou du droit visés audit article comporte la déclaration, faite par celui qui est autorisé à exproprier l'immeuble ou à s'approprier un droit de propriété dans celui-ci, que l'immeuble, formé de la partie requise et de la partie résiduelle, correspondait à une ou plusieurs parties de lot au moment de l'inscription de l'avis d'expropriation ou d'appropriation. [1995, c. 33, art. 7].

156. Les actes faits avant l'entrée en vigueur de la loi nouvelle sont admis à la publicité sans qu'il soit nécessaire d'y joindre l'attestation prévue par les articles 2988 à 2991 du nouveau code.* [1995, c. 33, art. 8].

§ 2.–*Publicité des droits personnels et réels mobiliers*

157. La publication des cessions de biens en stock, des nantissements agricoles et forestiers, des nantissements commerciaux et des autres sûretés réelles mobilières constituées et enregistrées suivant la loi ancienne, doit être renouvelée dans les douze mois de l'entrée en vigueur de la loi nouvelle par une inscription portée sur le registre des droits personnels et réels mobiliers; il en est de même des hypothèques mobilières publiées en application du deuxième alinéa de l'article 134.

(6) rights are not carried over where a real right must be published with respect to an immovable. [1995, c. 33, s. 6].

155.1. In a territory that has not been the subject of a cadastral renovation, article 3042 of the new Code does not apply where the application for registration of a transfer, cession or right referred to in the said article contains a declaration of the person authorized to expropriate the immovable or to appropriate a right of ownership therein, to the effect that the immovable, comprised of the required part and the remainder, corresponded to one or more parts of lot at the time of registration of the notice of expropriation or appropriation. [1995, c. 33, s. 7].

156. Acts made before the coming into force of the new legislation may be published without the accompanying certificate contemplated in articles 2988 to 2991 of the new Code.* [1995, c. 33, s. 8].

§ 2.–*Publication of personal and movable real rights*

157. Publications of transfers of property in stock, pledges of agricultural and forest property, commercial pledges and other movable real securities created and registered in accordance with the former legislation must be renewed within twelve months from the coming into force of the new legislation by registration in the register of personal and movable real rights; the same applies to movable hypothecs published pursuant to the second paragraph of section 134.

---

* 　Voir/see note (section MODIFICATIONS/AMENDMENTS – p. 740).

L'inscription de l'avis de renouvellement au registre des droits personnels et réels mobiliers conserve à la sûreté, nonobstant l'article 2942 du nouveau code, son caractère d'opposabilité au rang qu'elle avait à la date de la première publication antérieure, sans égard aux autres dates de publication de la même sûreté.

En l'absence de ce renouvellement, les droits conservés par l'inscription initiale n'ont, à l'expiration des quinze mois après l'entrée en vigueur de la loi nouvelle, aucun effet à l'égard des autres créanciers ou des acquéreurs subséquents de bonne foi dont les droits sont régulièrement publiés.

157.1. Les sûretés mobilières constituées en vertu de la loi ancienne qui n'étaient pas soumises à la formalité de l'enregistrement, mais qui sont devenues, par l'effet de la loi nouvelle, des hypothèques mobilières soumises à l'inscription doivent, pour conserver leur opposabilité à leur rang initial, être inscrites sur le registre des droits personnels et réels mobiliers avant le 31 août 1996. [1995, c. 33, art. 9].

157.2. Par exception à l'article 2700 du nouveau code, le délai d'inscription de l'avis prévu audit article pour la conservation des sûretés visées aux articles 157 et 157.1 ne court, à l'égard des aliénations de biens faites entre le 1er janvier 1994 et le 31 août 1996, qu'à compter de cette dernière date, que ces aliénations soient antérieures ou postérieures à l'inscription des sûretés visées. Cette règle n'a pas pour effet d'empêcher un créancier d'inscrire l'avis avant le 31 août 1996. [1995, c. 33, art. 9].

Registration of the notice of renewal in the register of personal and movable real rights preserves the opposability of the security, notwithstanding article 2942 of the new Code, at the rank it held on the date of the first prior publication, regardless of the other dates of publication of the same security.

If the publication is not renewed, the rights preserved by the original registration have no effect, upon the expiry of fifteen months after the coming into force of the new legislation, in respect of other creditors or subsequent purchasers in good faith whose claims have been regularly published.

157.1. All movable securities created under the former legislation that were not subject to the formality of registration but which have become, under the new legislation, movable hypothecs subject to registration require, to preserve their opposability at their original rank, registration in the register of personal and movable real rights before 31 August 1996. [1995, c. 33, s. 9].

157.2. Notwithstanding article 2700 of the new Code, the period for registering the notice required by the said article to preserve the securities referred to in sections 157 and 157.1 runs, in respect of alienations of property occurring from 1 January 1994 to 31 August 1996, from the latter date, whether the alienation occurs before or after the registration of the securities affected. This rule shall not prevent a creditor from registering a notice before 31 August 1996. [1995, c. 33, s. 9].

158. Aucune réquisition qui renvoie à un droit dont l'inscription doit être renouvelée ni aucun préavis d'exercice d'un droit hypothécaire, ou autre avis, ne peut être inscrit, à moins que le droit lui-même ne soit publié.* [1995, c. 33, art. 10].

159. Il suffit d'un seul avis lorsque la sûreté mobilière dont on entend renouveler la publicité a été publiée, conformément à la loi ancienne, dans plusieurs circonscriptions foncières. L'avis fait alors mention des diverses circonscriptions foncières et indique les dates et numéros d'inscription respectifs de la sûreté.

Durant les quinze mois qui suivent l'entrée en vigueur de la loi nouvelle, l'officier peut, nonobstant le deuxième alinéa de l'article 3007 du nouveau code, si les circonstances l'exigent, traiter en priorité les réquisitions d'inscription qui ne prennent pas la forme d'un avis de renouvellement. Tout relevé des droits inscrits sur le registre des droits personnels et réels mobiliers doit indiquer les dates de certification spécifiques aux différentes inscriptions.

L'officier n'est tenu de faire la notification prévue à l'article 3017 du nouveau code qu'aux créanciers dont les droits auront été inscrits sur le registre des droits personnels et réels mobiliers et qui auront requis l'inscription de leur adresse à des fins de notification.

160. Les droits personnels et les droits réels mobiliers enregistrés suivant la loi ancienne, pour lesquels la loi nouvelle n'exige aucun renouvellement d'inscription, conservent leur caractère d'oppo-

158. No application for registration referring to a right the registration of which must be renewed, no prior notice of intention to exercise a hypothecary right and no other notice may be registered unless the right itself is published.* [1995, c. 33, s. 10].

159. A single notice is sufficient if the movable security for which publication is to be renewed has been published, in accordance with the former legislation, in several registration divisions. In this case, the notice mentions the various registration divisions and indicates the respective registration dates and numbers of the security.

Notwithstanding the second paragraph of article 3007 of the new Code, the registrar may, in the fifteen months following the coming into force of the new legislation, and if circumstances so require, give priority to applications for registration which are not in the form of a notice of renewal. Any statement of rights registered in the register of personal and movable real rights must indicate the specific dates of certification for each registration.

The registrar is bound, under article 3017 of the new Code, to notify only those creditors whose rights are registered in the register of personal and movable real rights and who have requested registration of their address for the purpose of notification.

160. The personal rights and movable real rights registered in accordance with the former legislation and in respect of which the new legislation requires no renewal of registration retain their op-

---

*   Voir/see note (section MODIFICATIONS/AMENDMENTS – p. 740).

sabilité. Ils peuvent être consultés dans les anciens registres.

161. Le registre des nantissements agricoles et forestiers, le registre des nantissements commerciaux et le registre des cessions de biens en stock sont réputés clôturés dès l'entrée en vigueur de la loi nouvelle et aucune radiation, incluant la réduction d'une hypothèque, ne peut y être faite après l'expiration d'un délai de douze mois; ce délai commence à courir dès l'entrée en vigueur de la loi nouvelle.

L'officier dépositaire de ces registres peut, en application de l'article 3016 du nouveau code, y apporter des corrections.

162. Lorsque la loi nouvelle, contrairement à la loi ancienne, impose des formalités de publicité pour rendre le droit efficace ou opposable aux tiers, et notamment dans les cas prévus par les articles 98, 107 et 137, le droit antérieurement constitué est maintenu et conserve son opposabilité initiale, pourvu qu'il soit publié au registre approprié dans les douze mois qui suivent la publication, par le ministre de la Justice, à la *Gazette officielle du Québec*, d'un avis indiquant que le registre des droits personnels et réels mobiliers est pleinement opérationnel, à compter de la date qu'il indique, quant à la publicité de ces droits. Un avis de cette publication est aussi donné dans les quotidiens publiés au Québec ou, s'il y a lieu, y circulant.

Jusqu'à la date fixée par le ministre, le troisième alinéa de l'article 2938 et l'article 2939 ne reçoivent pas application et le préavis d'exercice d'un droit

posability. The entries may be consulted in the former registers.

161. The register of farm and forest pledges, the register of commercial pledges and the register of transfers of property in stock are deemed to be closed upon the coming into force of the new legislation, and no cancellation, or reduction of a hypothec, may be made therein after the expiry of a period of twelve months; this period begins to run from the coming into force of the new legislation.

The registrar who is depositary of the registers may, pursuant to article 3016 of the new Code, make corrections thereto.

162. Where the new legislation, contrary to the former legislation, imposes publication formalities in order to render rights effective or able to be set up against third persons, and in particular in the cases provided for in sections 98, 107 and 137, rights created previously are maintained and preserve their original opposability, provided they are published in the appropriate register within twelve months after publication, by the Minister of Justice, in the *Gazette officielle du Québec*, of a notice indicating that the register of personal and movable real rights is fully operational, from the date it indicates, for the publication of such rights. A notice of the publication in the *Gazette officielle du Québec* is also given in the daily newspapers published in Québec or, as the case may be, distributed in Québec.

Until the date fixed by the Minister, the third paragraph of article 2938 and article 2939 of the new Code do not apply and the notice of intention to exer-

hypothécaire est dispensé de l'inscription.

cise a hypothecary right is exempt from registration.

Toutefois, dès la date fixée par le ministre, à moins que le droit qui le fonde ne soit lui-même publié, aucun préavis d'exercice d'un droit hypothécaire ne peut être inscrit.

However, from the date fixed by the Minister, no notice of intention to exercise a hypothecary right may be registered unless the right on which it is based is published.

163. Les avis de contrat de mariage ou de modification d'un contrat de mariage inscrits au registre central des régimes matrimoniaux sont portés d'office au registre central des droits personnels et réels mobiliers.

163. Notices of marriage contracts or changes to marriage contracts entered in the central register of matrimonial regimes are entered as of right in the central register of personal and movable real rights.

164. Durant les quinze mois qui suivent l'entrée en vigueur de la loi nouvelle, la consultation du registre des droits personnels et réels mobiliers ne dispense pas de consulter, selon le cas, le registre des cessions de biens en stock, le registre des nantissements agricoles et forestiers, le registre des nantissements commerciaux et l'index des noms.

164. In the fifteen months following the coming into force of the new legislation, consultation of the register of personal and movable real rights does not grant exemption from consultation, where applicable, of the register of transfers of property in stock, the register of farm and forest pledges, the register of commercial pledges and the index of names.

L'officier de la publicité dépositaire de ces registres ou qui était habilité à y faire des inscriptions peut, pendant cette période, délivrer des relevés certifiés des droits subsistants quant aux droits créés avant l'entrée en vigueur de la loi nouvelle et traiter les réquisitions en réduction ou en radiation qui s'y rapportent.

The registrar who is depositary of the registers or who was qualified to make entries therein may, during that period, issue certified statements of subsisting rights in respect of rights created before the coming into force of the new legislation, and may process applications for reduction or cancellation pertaining to such rights.

Avant l'expiration de ce délai, l'officier de la publicité chargé du registre des droits personnels et réels mobiliers n'est tenu de délivrer un état certifié des droits inscrits sur ce registre que si ces droits ont été publiés après l'entrée en vigueur de la loi nouvelle ou si l'inscription de ces droits résulte d'un renouvellement fait conformément à l'article 157.

Before the expiry of that period, the registrar entrusted with the register of personal and movable real rights is bound to issue a certified statement of the rights entered in the register only if such rights were published after the coming into force of the new legislation or if the registration of those rights is the result of a renewal made in accordance with section 157.

§ 3.–*Règlements*

165. Le gouvernement peut, pour tenir compte du maintien temporaire des registres actuellement en usage dans les bureaux, prendre, par règlement, toute mesure nécessaire à l'application de la présente section, y compris édicter des dispositions différentes de celles prévues au livre neuvième du nouveau code, notamment pour tenir compte, dans l'application du second alinéa de l'article 3007 et de l'article 3024 de ce code, des contraintes de fonctionnement de certains bureaux de la publicité des droits et pour assurer, dans ces bureaux, l'application des nouvelles règles de la publicité.

Le gouvernement peut aussi fixer les modalités et les conditions d'implantation du registre foncier au sens de l'article 2972 du nouveau code et d'établissement des fiches immobilières qui constituent ce registre, ainsi que les modalités et les conditions d'implantation du registre des droits personnels et réels mobiliers.

166. Lorsque le registre foncier n'est pas constitué de livres fonciers comportant des fiches immobilières, conformément à l'article 2972 du nouveau code, le ministre de la Justice peut, par arrêté, changer la forme de tout livre, index ou registre qui en tiennent lieu ou que doivent tenir les officiers de la publicité des droits, ou ordonner qu'il en soit tenu de nouveaux; l'arrêté est publié à la *Gazette officielle du Québec* et a effet à compter du jour qui y est mentionné, pourvu que ce jour ne soit pas fixé à moins de trente jours après la publication de l'arrêté.

Le ministre peut aussi, lorsqu'il se trouve des irrégularités dans l'authenti-

§ 3.–*Regulations*

165. The Government, to take account of the temporary maintenance of the registers currently in use in the registry offices, may take, by regulation, any measures required for the application of this division, including the enactment of provisions other than those provided in Book IX of the new Code, in particular to take account, in the application of the second paragraph of article 3007 and article 3024 of the said Code, of the operating constraints of certain registry offices and to ensure, in those offices, the application of the new rules concerning publication.

The Government may also fix the mode and conditions of introduction of the land register within the meaning of article 2972 of the new Code and the opening of the land files making up the register, and the mode and conditions of introduction of the register or personal and movable real rights.

166. Where the land register is not composed of land books made up of land files, in accordance with article 2972 of the new Code, the Minister of Justice may, by order, alter the form of any book, index or register in lieu thereof or to be kept by registrars, or direct new ones to be kept; the order is published in the Gazette officielle du Québec and takes effect from the day mentioned therein, provided that day is not less than thirty days after publication of the order.

Where irregularities are found in the authentication or manner of keeping of

fication des registres ou dans la manière de les tenir, préciser, par arrêté, dans chaque cas particulier, à l'officier de la publicité des droits la manière d'y remédier. De même, il peut, si les circonstances l'exigent, autoriser l'officier à se départir temporairement des registres ou livres dont il est le dépositaire afin d'en faciliter le remplacement ou la reconfection; l'arrêté identifie les registres ou livres visés et fixe la période maximale de dépossession.

the registers, the Minister may, by order, in each particular case, indicate to the registrar the manner of correcting such irregularities. Similarly, he may, if circumstances require, authorize the registrar to part temporarily with the registers or books of which he is depositary to allow them to be replaced or remade; the order identifies the registers or books concerned and fixes the maximum period for which the registrar may part with them.

SECTION X
DROIT INTERNATIONAL PRIVÉ

DIVISION X
PRIVATE INTERNATIONAL LAW

167. En matière de conflits de lois, la loi régissant les conditions de forme d'un mariage est déterminée en application des dispositions du second alinéa de l'article 3088 du nouveau code, même si le mariage a été célébré avant l'entrée en vigueur de la loi nouvelle.

167. In questions of conflict of laws, the law governing the formal validity of a marriage is determined pursuant to the provisions of the second paragraph of article 3088 of the new Code, even if the marriage was solemnized before the coming into force of the new legislation.

168. La désignation, faite par testament avant la date d'entrée en vigueur de la loi nouvelle, de la loi applicable à une succession qui s'ouvre postérieurement à cette date a plein effet, pourvu que les conditions prévues par le second alinéa de l'article 3098 du nouveau code soient remplies.

168. A designation made by will, before the date on which the new legislation comes into force, of the law applicable to a succession which opens after that date has full effect, provided the conditions set forth in the second paragraph of article 3098 of the new Code are satisfied.

169. Les dispositions de l'article 3100 du nouveau code s'appliquent aux successions ouvertes avant la date d'entrée en vigueur de la loi nouvelle, quant aux biens situés au Québec et dont le partage n'est pas encore commencé à cette date.

169. The provisions of article 3100 of the new Code apply to successions which open before the date on which the new legislation comes into force in respect of property situated in Québec and of which partition has not yet begun on that date.

170. Les dispositions du nouveau code, relatives à la reconnaissance et à l'exécution des décisions étrangères, ne s'appliquent pas aux décisions déjà rendues lors de l'entrée en vigueur de la loi nouvelle ni aux instances alors en cours devant les autorités étrangères.

170. The provisions of the new Code concerning the recognition and enforcement of foreign decisions do not apply to decisions already rendered when the new legislation comes into force, or to proceedings pending at that time before foreign authorities.

TITRE II
CODE DE PROCÉDURE CIVILE

171.-422. *Omis.*

TITRE III
DISPOSITIONS RELATIVES AUX AUTRES LOIS

*423.-710. *Omis.*

DISPOSITIONS DIVERSES

711.-718. *Omis.*

DISPOSITIONS FINALES

719. À l'exception des articles 717 et 718 de la présente loi, qui entrent en vigueur le 18 décembre 1992, le Code civil du Québec et la présente loi entreront en vigueur à la date qui sera fixée par décret du gouvernement. Le décret doit être pris au moins six mois avant cette date.

Toutefois, les dispositions de la présente loi qui modifient des textes non encore en vigueur ne prennent effet qu'à la date d'entrée en vigueur de ces textes et celles qui remplacent de tels textes entreront en vigueur à la date ou aux dates fixées par décret du gouvernement.

TITLE II
CODE OF CIVIL PROCEDURE

171.-422. *Omitted.*

TITLE III
PROVISIONS RELATING TO OTHER ACTS

423.-710. *Omitted.*

MISCELLANEOUS PROVISIONS

711.-718. *Omitted.*

FINAL PROVISIONS

719. With the exception of sections 717 and 718 of this Act, which will come into force on 18 December 1992, the Civil Code of Québec and this Act will come into force on the date which will be fixed by government order. The order shall be made at least six months before the said date.

However, the provisions of this Act which amend texts not yet in force will take effect only on the date of coming into force of those texts, and the provisions which replace such texts will come into force on the date or dates fixed by order of the Government.

---

*   Le texte des dispositions interprétatives (art. 423 et 424) se trouve aux pages 1327 à 1329.
Les articles 98, 107, 137 et 162 de la présente loi seront abrogés lors de l'entrée en vigueur de l'article 19 du chapitre 5 des lois de 1998 à la date fixée par le gouvernement.

Sections 98, 107, 137 and 162 of this Act will be repealed upon the coming into force of section 19 of chapter 5 of the statutes of 1998 on the date to be fixed by the Government.

INDEX

(Civil Code of Québec and Transitional Provisions)

INDEX

- B -

Bad faith. *See Good faith*

Bankruptcy, 327, 1355, 1514, 2175, 2386, 2476, 2775

Bareboat charter

Condition of the ship, 2008

Crew, 2010

Definition, 2007

Insurance of the ship, 2010

Maintenance of the ship, 2012

Operating costs, 2010

Repair and replacement, 2012

Return of the ship, 2013

Use of ship, 2009

Use of store and equipment, 2010

Warranty, 2011

Bare owner. *See Usufruct*

Bearer instrument

Assignment of claim, 1647-1650

Beneficiary. *See Administration of the property of others, Insurance, Trust*

Bidder. *See Auction sale*

Bill of lading, 2041-2043, 2065, 2685, 2708, **TP:** 136

See also Carriage of property

Birth. *See Act of birth, Declaration of birth*

Blind person

Will, 720

Board of directors. *See Legal person*

Body. *See Death*

Boundaries. *See Determination of boundaries*

Bulk sale, TP: 101

Brother. *See Collateral, Relationship*

Buyer

Content or quantity specified in contract, 1737

Failure to deliver, 1736

Obligation, 1734-1735

Property with defect, 1739

Rights, 1736-1739

Risk of infringement of the right of ownership, 1738

See also Sale

By-law

Bodily injury, 1614

Change of name, 64

Marriage, 376

Publication of rights, 3024

Register of civil status, 151

- C -

Cadastral plan, 3026-3042

See also Immatriculation of immovables

Cadastre. *See Immatriculation of immovables*

Cadastre Act, TP: 153(2)

Canada Shipping Act, 2714

Canadian citizenship, 59, 60, 71

Cancellation of registration

Acquittance, 3065

Annuity, 3060

Closing of legal person, 364

Consent, 3059

Declaration of family residence, 3062

Definition, 3057, **TP:** 154(4)

Handling of property, 2080-2084, **TP:** 113

Liability of carrier, 2070

– Loss of property, 2071-2075

– Restriction, 2072

Liability of the owner of the ship, 2070

Liability of shipper, 2073

Loss of property, 2069, 2071-2075

Obligation of carrier, 206

– Loading of the property, 2064

Obligation of shipper, 2061

– Presentation of property, 2062

Prescription, 2079

Removal of property, 2068

Resolution of contract, 2078

Carrier. *See Carriage*

Central Mortgage and Housing Corporation, 1339(7)

Certificate of civil status

Content, 146

Delivery, 148

Change of domicile. *See Domicile*

Change of name

Additional information, 63

Authorization, 57

Change to act of civil status, 132

Continuance of suite, 70

Documents under former name, 69

Effect, 67

Jurisdiction of the court, 65

Minor fourteen years of age, 66

Minor's right to object, 62

Motive, 58, 61, 65

New legislation, **TP:** 11

Person of full age, 59

Public notice, 63, 67

Refusal, 62

Regulation, 64

Review of decision, 74

Rights and obligations of a person, 68

Tutor, 60

Change of sex

Application, 71

Change to act of civil status, 132

Document, 72

Motive, 71

New legislation, **TP:** 11

Procedure, 73

Review of decision, 74

Charterparty. *See Affreightment*

Chief coroner, 93

Child

Adoption, 543-584

Conceived but yet unborn, 192, 439, 617, 1814, 2905, **TP:** 26

Effect of divorce, 521

Effect of nullity of marriage, 381, 388

Effect of separation from bed and board, 495-496, 513-514

Filiation, 522-542

Parental authority, 597-598

Testimony, 2844

See also Adoption, Children's rights, Custody of a child, Filiation by blood, Holder of parental authority, Name, Succession, Tutorship

Children's rights, 32

Decision, 33

Hearing by the court, 34

Creditor

- D -

Damage insurance

Examination

Exception for nonperformance,

Exchange

- I -

Image of a person

Solemnization of marriage
– Authorization or revocation, 377
Suretyship, 2362
Tender, 1577-1579
Thing without an owner, 936
Trust
– Designation of trustee, 1277
– Termination, 1295
Tutorship, 216
– Release of surety, 245
– Replacement of tutor, 250
See also Public notice, Publication of rights

Notice (posting)

Exclusion or limit of the obligation, 1475-1476

Novation, 319

Between the creditor and solidary debtors, 1664-1665
By the solidary creditor, 1666
Definition, 1660
Hypothec attached to the existing claim, 1662-1664
Intention, 1661
Substitution of a new debtor, 1663

Nullity of contract. *See Contract*

Nullity of juridical act. *See Action in nullity, Juridical act*

Nullity of marriage

Action, 380
Compensatory allowance, 388, 427-430
Conditions, 380
Decision of the court, 388
Dissolution of the partnership of acquests, 465(5)
Effect, 2459

Effect on children, 381
Effect on gifts, 385-386
Effect on spouse, 382-384
Family residence, 409-410
Notations to the acts of civil status, 135
Obligation to support, 389-390
Partition of patrimonial rights, 416-426
Presumption of good faith, 387
Revocation of legacy, 764
Rights and obligations of father and mother, 381
Succession, 624
See also Patrimonial rights

Nullity of an obligation. *See Obligation*

Nullity of a sale of the property of others. *See Sale*

Nullity of the partition of succession. *See Partition of succession*

Nullity of a will. *See Will*

- O -

Oath. *See Attestation*

Obligation to support

Absentee, 88
– Return, 97
Application, 596
Claiming, 595
Conflict of laws, 3094-3096
Costs of the proceedings, 588
Creditor, 593, 595
Determination, 587, 587.1-587.3
Exemption, 592, 609
Indexing, 590

- P -

Owner of dominant land

– Necessary measures or works, 1184

– Prohibition, 1186

Owner of servient land

– Necessary measures or works, 1185

– Prohibition, 1186

Prescription, 1192-1194

Redeeming, 1190

Restoration, 1184

Right of way, 1187

– Redeeming, 1189, **TP: 64**

Superficies, 1111

Transfer of ownership, 1182

Unapparent, 1180

Settlor. *See Trust*

Sex. *See Change of sex*

Sheets of water, 951, 982

Ship. *See Affreightment, Marine insurance, Movable hypothec*

Shipper. *See Carriage*

Simple loan

Acquittance, 2331

Defect, 2328

Definition, 2314

Effect, 2327

Gratuitous, 2315

Interests, 2330-2331

Loss of property, 2327

Nullity of contract, 2332, **TP: 127**

Onerous, 2315

Return of property, 2329

Sister. *See Collateral, Relationship*

Société d'Habitation du Québec, 1339(7), 1984-1985, 1992, 1994, 3060

Soil

Ownership, 951

Solemnization of marriage, 433

By the clerk, 376

Competent officiant, 366

Contracting, 365

Declaration of marriage, 375

Declaration of spouses, 374

Impediment, 367

Notice to registrar of civil status, 377

Nullity of marriage, 380

Opposition, 372

Proceeding, 374

Public notice, 368, 371

– Content, 369

– Dispensation, 370

Requirements, 373

Verification, 373

See also Declaration of marriage, Nullity of marriage

Solidary obligations

Between creditors

– Divisibility, 1544

– Execution, 1542-1543

– Stipulation, 1541

Contribution, 1537

Damages, 1527

Definition, 1523-1524

Director of an association, 2274

Divisibility, 1540

Immovable work, 2117-2124

Injury, 1526

Insolvency of debtor, 1538

Loan, 2326

Mandatary, 2144

Partner, 2221, 2224, 2254

Attached to the performance of special duties, 2363, **TP: 131**

Definition, 2333

Express, 2335

Extent, 2343

Indeterminate debt, 2362

Object, 2340

Obligation of debtor, 2337

– Other surety, 2338

Origin, 2334

Requirements, 2341-2342

Sufficiency, 2339

Termination, 2361, 2364

See also Surety

Surname of the mother or father

Addition, 58

– Opposition of the minor, 62

Assignment, 50

Disagreement, 52

Filiation, 53

Form, 51

Sylvicultural operations

Obligation of usufructuary, 1140

Substitution, 1228

Trees, 986

Watercourse, 979

Syndicate of co-owners. *See Divided co-ownership*

- T -

Taking in payment. *See Hypothecary rights*

Taking in possession. *See Hypothecary rights*

Tender

Content, 1579

Definition, 1573

Delivery of property, 1577

Hypothec, 2678

Judicial declaration, 1576

Notarial act, 1575

Notice, 1577-1579

Payment, 1588

Right of creditor, 1580

Right of debtor, 1573

Way, 1574

See also Payment

Territory

Ownership, 918

Testator. *See Will*

Testimony, 2843-2845, 2864

See also Witness

Theft, 927

Things without an owner

Belonging, 935

– Of the State, 935-937

Definition, 934

Immovable without an owner, 936

Movables left in a public place, 934

Treasure, 938

Third party

Contract, 1440-1452

See also Mandatary, Mandate

Time charter

Condition of the ship, 2015

Definition, 2014

Freight, 2019

Loss or damage, 2018

Obligation of the master of the ship, 2017

- V -

- W -

INDEX ANALYTIQUE

(Code civil du Québec et dispositions transitoires)

INDEX ANALYTIQUE

DT: Dispositions transitoires.

Affectation des biens, 915

Voir aussi **Fiducie, Fondation**

Affrètement

Conseiller au majeur protégé

Consentement

Consentement aux soins, 11

Délai

Délaissement

Délégation de paiement

Demande incidente

Demande reconventionnelle

Démembrement du droit de propriété, 947, 1119

- F -

- M -

Maintien dans les lieux

Maintien de l'indivision

Maison mobile

Majeur

- S -

TABLES DE CONCORDANCE

TABLE DES MATIÈRES

Note: Les tables de concordance du Code civil du Bas Canada et du Code civil du Québec (ancien) ont été élaborées à l'aide de l'information contenue dans la troisième table préparée par Me Sophie Dufour, professeure adjointe à la Faculté de droit de l'Université de Sherbrooke.

ABRÉVIATIONS

C. assur.	Code (français) des assurances
C.c.B.C.	Code civil du Bas Canada
C.c.F.	Code civil des Français
C.c.Q.	Code civil du Québec
C.c.Q., L.II	*Loi instituant un nouveau Code civil et portant réforme du droit de la famille*, L.Q. 1980, c. 39, et les lois qui l'ont modifiée
C.c.Q., L.IV	*Loi portant réforme au Code civil du Québec du droit des personnes, des successions et des biens*, L.Q. 1987, c. 18
C.p.c.	Code de procédure civile du Québec
L.I.	Livre I du projet de l'O.R.C.C.
L.III	Livre III du projet de l'O.R.C.C.
L.IV	Livre IV du projet de l'O.R.C.C.
L.V.	Livre V du projet de l'O.R.C.C.
L.VI	Livre VI du projet de l'O.R.C.C.
L.VII	Livre VII du projet de l'O.R.C.C.
L.VIII	Livre VIII du projet de l'O.R.C.C.
L.IX	Livre IX du projet de l'O.R.C.C.
O.R.C.C.	Office de révision du Code civil
P.L. 125	Projet de loi 125 ayant pour objet de remplacer le Code civil du Bas Canada, de même que le chapitre 39 des lois de 1980, *Loi instituant un nouveau Code civil et portant réforme du droit de la famille*, et les lois qui l'ont modifiée, ainsi que le chapitre 18 des lois de 1987, *Loi portant réforme au Code civil du Québec du droit des personnes, des successions et des biens*
#	Alinéa
( )	Paragraphe

Table de concordance des articles du Code civil du Bas Canada et du Code civil du Québec

C.c.B.C.	C.c.Q.		C.c.B.C.	C.c.Q.
1			40	114
2			41	
3			42	103, 105
4			42a	107
5			42b	
6	3078, 3081, 3083-3085,		42c	
	3088-3091, 3093, 3094,		43	
	3097, 3098, 3102, 3126,		44	
	3132		45	105
7	137, 3109		45a	
7.1	3088		46	104, 108
8	3111, 3112		47	104, 105
8.1	3129		48	105, 106
9			49	106
10			50	103, 144, 145, 148, 149
11			51	143
12			52	
13	8, 9, 3081		53	
14			53a	113, 130
15			53b	
17	1470		54	110, 114, 115
18	1		55	110, 113, 114
19	10		55.1	
19.1	11		56	
19.2			56.1	51
19.3	12		56.2	53
19.4	16		56.3	57, 65
20	19-25		56.4	66
21	42		64	110, 118, 121
22	43-45		65	110, 119, 120
23	46, 47		66	48
27			66a	
28	3134		67	125, 126
30	33		68	
31	34		69	47
39	107			

C.c.B.C.	C.c.Q.	C.c.B.C.	C.c.Q.
69a	49	**108**	95
70	92	**109**	89
71	93, 94	**110**	
72	95, 129, 133	**115**	
73	97, 99, 100	**116**	
75	130, 141, 142	**117**	
79	75	**118**	373
80	76	**119**	373
81	76	**120**	373
82	79	**124**	373
83	80, 81, 171	**125**	373
84		**126**	373
85	83, 3149	**148**	
86	84	**149**	
87	86	**150**	
88	87	**151**	
89	1309	**152**	
90		**153**	
91		**154**	
92	90	**155**	
93	89, 92	**156**	
94		**246**	153
95		**247**	170, 171
96		**248**	155
97		**249**	178, 200, 205, 224
98	85, 92	**250**	206, 224
99	96	**251**	222, 224, 226, 228
100		**254**	227
101	99	**264**	185, 187, 188, 246
102		**265**	
103		**266**	179, 181, 1361
104		**266.1**	
105	617	**267**	222, 236
106		**268**	251
107	101	**269**	190

C.c.B.C.	C.c.Q.	C.c.B.C.	C.c.Q.
270		306	212
271		307	212
272	180	308	247
273		309	1351
274		310	247, 255
275		311	166, 248
276	180	312	1364
277		313	1368
278		314	175, 176
282	179	315	168
284		316	
285	179, 1309	317	169
286	251	318	169
287		319	172, 1815
288	254	320	173
289	253	321	174
290	158, 177, 188, 208, 209, 218, 220, 1309, 1310, 1312	322	173, 1815
		323	1318
		324	4, 153
290a	208, 1303	325	256
291	1309	326	257
292	240, 1324	327	258
293		328	259
294	1304	329	260
295	1304	330	261
296		331	262
296a	1304, 1341	331.1	263
297	208, 213, 214, 1305	331.2	264
298	213, 1305	331.3	265
300		331.4	266
301	638	331.5	267
302		332	268
303	211, 1814	332.1	269
304	159, 160, 216	332.2	270
305		332.3	270

C.c.B.C.	C.c.Q.	C.c.B.C.	C.c.Q.
332.4	271	**347a**	
332.5	272	**348**	
332.6	273	**348a**	3085, 3101
332.7	274	**352**	298, 300, 301, 314
332.8	275	**353**	299
332.9	276	**354**	
332.10	277	**355**	
332.11	278	**356**	300
332.12	279, 280	**357**	305
333	281	**358**	303
333.1	282	**359**	338
333.2	283	**360**	312, 321, 335
333.3	284	**361**	310, 335
334	285	**362**	
334.1	286	**363**	309, 315
334.2	287	**364**	303
334.3	288	**365**	189
334.4	289	**366**	
334.5	290	**366a**	
335	291	**367**	
335.1	292	**368**	355, 356
335.2	293, 1815	**369**	
335.3	294	**370**	
336	295	**371**	363
336.1	296	**374**	899
336.2		**375**	900
336.3	297	**376**	900
337		**377**	900
337a		**378**	900
338		**379**	903
339		**380**	903
340	169, 170	**381**	904
345	192	**382**	
346		**383**	
347		**384**	905

C.c.B.C.	C.c.Q.	C.c.B.C.	C.c.Q.
385		419	963
386	902	420	965
387	906	421	966
388		422	
389	1803, 2374, 2376, 2383, 2384	423	967
		424	968
390		425	968
391	2374, 2376	426	969
392		427	970
393	1803	428	988, 989
394	2383, 2384	429	971, 972, 973, 975
395		430	
396	401	431	986
397		432	
398		433	
399	915	434	973
400	918, 919	435	972, 973
401	914, 935, 936	436	973
402		437	973
403		438	973
404		439	
405	911	440	
406	947	441	974
407	952	441a	1357
408	948, 949, 954, 984	441b	1010, 1038
409	949, 984	441b.1	1040
410	949, 1129	441c	1047
411	931	441d	1046
412	932	441e	1048
413	948	441f	1043, 1044
414	951, 1110	441g	1045
415	955	441h	1063
416	956	441i	
417	933, 957, 958, 959	441j	1051
418	957, 960	441k	1064

C.c.B.C.	C.c.Q.	C.c.B.C.	C.c.Q.
441l	1041, 1053, 1054, 1055	443	1120, 1124
441m	1059, 1060, 1062	444	1121
441n	1062	445	
441o	1056	446	
441p	1049, 1056	447	910, 1124, 1126
441q	1084, 1300	448	910
441r	1085, 1309	449	910
441s	1358	450	1129
441t	1105, 1351, 1353, 1361, 1363	451	1130, 1349
		452	1127
441u	1085	453	
441v	1039, 1085, 1319	454	
441w	1076	455	1139, 1140
441x	1076	456	1139
441x.1	1082	457	1135
441y		458	1124
441z	1077	459	
442	1078	460	1141
442a	1073, 1331	461	
442b		462	1125, 1137
442c	1054, 1087	463	1124, 1142
442d	1090	464	1144
442e	1089, 1096	465	1145
442f	1096, 1097, 1100	466	1145, 1147
442g	1068, 1102	467	1146
442h	1098	468	1151
442i		469	1152
442j	1072	470	1160
442k	2729	471	1154
442l	1066, 1067	472	825
442m		473	1155
442n	1050	474	1156, 1157
442o	1108	475	1158
442p	1109	476	1159
442q		477	1161

C.c.B.C.	C.c.Q.		C.c.B.C.	C.c.Q.
478	1161		513	1006
479	1123, 1162, 1163		514	1005
480	1168		515	1007
481	1123		516	1007
482	1123, 1165		517	1008
483	1125		518	1004
484			519	1005
485	1163		520	1002
486			522	
487	1172		523	1003
488	1176		524	1003
489	1176		525	1003
490	1176		526	
491	1176		527	1003
492	1176		528	
493			529	985
494	1173		530	1003
495			531	986
496			532	
497	1173		533	
498	1175		534	995
499	1177		535	995
500			536	993
501	979		537	
502	980		538	994
503	981		539	983
504	978		540	997
505	1002		541	998
506			542	998
507			543	999
508			544	1001
509			545	
510	1003		546	
511			547	1179
512	1006		548	1180

C.c.B.C.	C.c.Q.	C.c.B.C.	C.c.Q.
549	1181	**581**	1210
550		**582**	1210
551	1183	**583**	916, 2875
552	1177	**584**	914, 934, 935, 936
553	996, 1184	**585**	913
554	1184	**586**	938
555	1185	**587**	934, 935
556	1187	**588**	934, 935
557	1186	**589**	935, 939
558	1186	**591**	935
559	1194	**592**	939
560	1194	**593**	939
561	1191	**594**	939
562	1191	**595**	
563	1192	**596**	
564	1193	**597**	613, 619, 738
565		**598**	617, 618, 653
566		**599**	614
567	1195	**599a**	
567.1	1196	**600**	613
568	1197	**601**	613
568.1	1198	**603**	616
569	1195, 1200	**606**	653
569.1		**607**	625
570	1200	**607.1**	684
571	1199	**607.2**	685
572	1206	**607.3**	686
573		**607.4**	687
574	1207	**607.5**	688
575	1202	**607.6**	689
576	1205	**607.7**	690
577	1203	**607.8**	691
578	1204	**607.9**	692
579	1208	**607.10**	693
580	1211	**607.11**	694

TABLES DE CONCORDANCE

C.c.B.C.	C.c.Q.	C.c.B.C.	C.c.Q.
608	617	**643**	638
610	620, 621	**644**	632, 645
611	620, 621	**645**	637
612	628	**646**	642
613	660	**647**	641
614		**648**	635
615	656	**649**	635
616	656, 657, 658, 659	**650**	636
617	657	**650a**	615
618	659	**651**	646
619	660	**652**	647
620	661	**653**	647
621	662	**654**	664
622	663	**655**	652
623	665	**656**	648, 650
624	660, 664	**657**	649
624a	671	**658**	631
624b	666, 672, 673	**659**	651
624d		**660**	
625	667, 668	**661**	2970
626	674, 675	**662**	
627	674, 675	**663**	790
628	677, 678, 679, 680	**664**	
629	678, 679, 680	**665**	644
630	614	**666**	632, 634
631		**667**	633
632	674	**668**	634
633	675, 676	**669**	633, 648
634	677, 678, 679, 680	**670**	651
635	682, 683	**671**	
636	696	**672**	802
639		**673**	802
640	702	**674**	
641	630	**675**	
642		**676**	795, 808, 810, 811

C.c.B.C.	C.c.Q.	C.c.B.C.	C.c.Q.
676a	805	**712**	867
677	821	**713**	867
678	821	**714**	
679	815	**715**	
680	816	**716**	868
681	792	**717**	
682		**718**	869
683		**719**	
684	696	**720**	
685		**721**	
686	698	**722**	878
687		**723**	869
688	699, 700	**724**	870
689	836, 837, 843, 845, 1030, 1031	**725**	870
		726	870
690		**727**	876
691	847	**728**	870
692		**729**	874
693	838	**730**	874
694		**731**	870, 877
695		**732**	875
697	855, 862, 863	**733**	861, 873
698	862, 863	**734**	861, 873
700	879	**735**	823, 827
701	871	**735.1**	809, 823
702	850	**736**	823
703	852	**737**	823
704	852	**738**	
705	854	**739**	818
706	854	**740**	829
707	850	**741**	
708		**742**	830
709		**743**	780
710	848	**744**	780, 781
711	865, 866	**745**	864

C.c.B.C.	C.c.Q.	C.c.B.C.	C.c.Q.
746	884	**783**	1822
747	885	**784**	1821
748	889, 891	**785**	
749	892, 893	**786**	
750	890	**787**	
751	895, 896	**788**	
752	897	**789**	1814, 1815
753	898	**790**	
754	763	**791**	
755	1806	**792**	1814
756		**794**	
757	1808, 1819	**795**	1806
758	1808, 1819, 1839	**796**	1826, 1827, 1828
759		**797**	1823, 1830
760	757	**798**	1823
761		**799**	1830
762	1820	**800**	1823
763	172, 1315, 1813	**801**	1823
764		**802**	1823
765		**803**	
766		**804**	1824, 2970
767		**805**	1824
769		**806**	1824
771		**807**	1824
772		**808**	1824
773	1816	**809**	1824
774		**810**	1824
775		**811**	1836
776	1824	**812**	
777	1281, 1807	**813**	620, 621, 1836
778	1818, 1819	**814**	1837
779		**815**	1838
780	1823	**816**	
781	1823	**817**	1839
782	1822	**818**	1840

C.c.B.C.	C.c.Q.	C.c.B.C.	C.c.Q.
819	1840	**856**	
820	812, 1840	**857**	772
821	1814	**858**	772
822	1839	**859**	773
823	706, 1841	**860**	767, 774
824		**861**	774
825		**862**	
826		**863**	731
827		**864**	613, 736
828		**865**	752
829		**866**	
830		**867**	
831	703	**868**	755, 756
833	708	**869**	1256, 1258, 1270
834	709, 710, 711	**870**	
835	707	**872**	737
836	618	**873**	732-735
837		**874**	
838	617, 1279	**875**	
839		**876**	824
840	737	**877**	833
841	704	**878**	
842	712	**879**	
843	716, 717, 718-721	**880**	826
844	716, 725	**881**	762
845	723, 725	**882**	
846	759, 760	**883**	
847	720, 721, 722	**884**	828
849	712	**885**	814
850	726	**886**	813, 827
851	727, 728	**887**	780
852	729, 730	**888**	745, 746
853		**889**	831
854	726	**890**	748
855	713	**891**	625, 739, 744

C.c.B.C.	C.c.Q.	C.c.B.C.	C.c.Q.
892	765, 767, 768, 769	**926**	1218, 1252
893	620, 621, 747	**927**	1219
894	768	**928**	1218
895	766, 768	**929**	1242
896	770	**930**	1252, 1253, 1254
897	769	**931**	1230
898	706, 715	**932**	1221, 1271
899	705	**933**	1222, 1252
900	750	**934**	
901	750	**935**	1255, 1282
902	747	**936**	
903	751	**937**	749, 1252
904	750	**938**	1218
905	785, 786	**939**	
907	783	**940**	
908	783	**941**	
909	783	**942**	1238
910	753, 784, 789, 790, 1300, 1324	**943**	
		944	1223
911	1357	**945**	1238, 1239
912	1332	**946**	1224, 1236, 1238
913	787, 1332, 1337, 1353	**947**	1226, 1230, 1247
914	789, 1367	**948**	1230
915	1301	**949**	1229
916		**949a**	1228, 1229
917	791, 1360	**950**	1229, 1233
918	777, 806, 1351	**951**	1229
919	794, 803, 804, 1301, 1302, 1324	**952**	1232, 1246
		953	1229
920	1361	**953a**	2229
921	778	**954**	
922		**955**	1237, 1238
923	786	**956**	1235
924	788	**957**	1252
925	1218	**958**	1248

C.c.B.C.	C.c.Q.		C.c.B.C.	C.c.Q.
959			981l	1297, 1363, 1366
960	1234		981m	1334, 1353, 1363
961	1240		981n	
962	1243		981o	1230, 1339, 1340
963	1240		981p	1342
964	1297		981q	1230
965	1244		981r	1341
966	1249, 1250		981s	1342
967	1318		981t	1343
968	1212		981u	1343
969			981v	1304
970			982	1371
971	1212		983	1372
972			984	1385
973			985	1409
974			986	155, 1409, 1813
975			987	
976	1220		988	1386, 1398
977			989	1410, 1411
978			990	1411, 1412
979			991	1399
980			992	1400
981	1214		993	1401
981a	1260, 1262, 1267, 1276, 1279		994	1402
			995	1402
981b	1260, 1296		996	1402
981c	1276, 1277		997	1403
981d	1360		998	1403
981e	1361		999	1404
981f	1332		1000	1407
981g	1300, 1367		1001	1404
981h	1357		1002	157, 158, 163, 173, 174, 1404
981i				
981j	1278, 1307, 1319		1003	165
981k	1309, 1343		1004	164

C.c.B.C.	C.c.Q.	C.c.B.C.	C.c.Q.
1005	1318	**1040a**	1743, 1749, 1751, 2757, 2758
1006			
1007	164	**1040b**	2758, 2761, 2762, 2781
1008	166	**1040c**	2332
1009	162	**1040d**	1756
1010		**1040e**	
1011	1318, 1706	**1041**	1482
1012		**1042**	
1013	1425	**1043**	1482, 1484, 1489
1014	1428	**1044**	1484
1015	1429	**1045**	1484
1016	1426	**1046**	1319, 1486
1017	1426	**1047**	1491, 1492, 1700
1018	1427	**1048**	1491
1019	1432	**1049**	1492
1020	1431	**1050**	1492, 1701
1021	1430	**1051**	1492, 1701
1022	1433, 1439, 1453	**1052**	1492, 1703
1023	1440	**1053**	1457, 1462
1024	1434	**1054**	1457, 1459, 1460, 1461, 1463, 1465
1025	1453, 1455		
1026	1453	**1054.1**	1461
1027	1454, 1455, 2919	**1055**	1466, 1467
1028	886, 1441, 1443	**1056**	
1029	1444, 1446	**1056a**	
1030	1441, 1442	**1056b**	1609
1031	1627	**1056c**	1618, 1619
1032	1631	**1056d**	
1033	1631	**1057**	
1034	1633	**1058**	1373
1035	1632	**1059**	
1036	1632	**1060**	1374
1038	1632	**1061**	631, 1374
1039	1634	**1062**	1373
1040	1635	**1063**	

C.c.B.C.	C.c.Q.	C.c.B.C.	C.c.Q.
1064		**1097**	1549
1065	1590, 1601, 1602, 1604, 1605, 1607	**1098**	1550
		1099	1551
1066	1603	**1100**	
1067	1594, 1595	**1101**	1666, 1678, 1685
1068	1597	**1102**	
1069		**1103**	1523
1070	1597	**1104**	1524
1071	1470	**1105**	1525
1072	1470	**1106**	1526
1073	1611	**1107**	1528
1074	1613	**1108**	1529
1075	1607, 1613	**1109**	1527
1076		**1110**	1541, 1542
1077	1600, 1617	**1111**	1543
1078	1620	**1112**	1530, 1539
1078.1	1618, 1619	**1113**	1685
1079	1497, 1498	**1114**	1532
1080	1499	**1115**	1533, 1535
1081	1500	**1116**	1534
1082	1501	**1117**	1536
1083	1502	**1118**	1536, 1538, 2360
1084	1503	**1119**	1538
1085	1505, 1506	**1120**	1537
1086	1504	**1121**	1519
1087	1507	**1122**	1519, 1522, 1540
1088	1506, 1507	**1123**	1519
1089	1508	**1124**	1519
1090	1513	**1125**	1521
1091	1511	**1126**	1520
1092	1514	**1127**	1520
1093	1545, 1547	**1128**	
1094	1546	**1129**	1520
1095	1545	**1130**	
1096	1548	**1131**	1622

C.c.B.C.	C.c.Q.	C.c.B.C.	C.c.Q.
1132		1167	1585
1133	1622	1168	
1134		1169	1660
1135	1623	1170	
1136	1624	1171	1661
1137	1625	1172	1660
1138	1517, 1671, 2875	1173	1667, 1668
1139	1553	1174	1667
1140	1554	1175	
1141	1555	1176	1662
1142	1555	1177	1663
1143	1556	1178	1664
1144	1557	1179	1665
1145	1559, 1643	1180	1663, 1669, 1670
1146	1558	1181	1688, 1689, 1690
1147	1560	1182	1691
1148	1561	1183	1689
1149	1561, 2332	1184	1690
1150	1562	1185	1692
1151	1563	1186	1692
1152	1566	1187	1672
1153	1567	1188	1672, 1673
1154	1651, 1652	1189	1675
1155	1653, 1654, 1655	1190	1676
1156	1656	1191	1678, 1679
1157	1657	1192	1680
1158	1569	1193	1674
1159	1570	1194	
1160	1571	1195	1677
1161	1572	1196	1681
1162	1573, 1583, 1586, 1588	1197	1682
1163	1573, 1574	1198	1683
1164	1577	1199	1684
1165	1577, 1581, 1582	1200	1600, 1693
1166	1584	1201	

C.c.B.C.	C.c.Q.	C.c.B.C.	C.c.Q.
1202	1600, 1693, 1694	**1224**	2828
1202a	1695	**1225**	2830
1202b	1695	**1226**	2830
1202c	1695	**1227**	2833
1202d		**1228**	2834
1202e		**1229**	2834
1202f	1696	**1233**	775, 2860, 2861, 2862
1202g	1696	**1234**	2863
1202h	1697	**1235**	
1202i	1698	**1236**	
1202j		**1237**	
1202k		**1237a**	
1202l		**1238**	2846
1203	2803	**1239**	2847
1204	2860	**1240**	2866
1205	2811, 2869	**1241**	2848
1206		**1242**	2849
1207	107, 144, 2811, 2812, 2813, 2814, 2815	**1243**	2853
		1244	2867
1208	2814, 2819, 3110	**1245**	2852
1209		**1426**	
1210	102, 2818, 2819	**1427**	
1211	2821	**1428**	
1212	1451, 1452	**1429**	
1213		**1430**	
1214	1423	**1431**	
1215	2815, 2820	**1432**	
1216	2817, 2820	**1433**	
1217	2815, 2816	**1434**	
1218	2816	**1435**	
1219	2816	**1472**	1455, 1708
1220	137, 2822, 2823, 2824	**1473**	1377
1221	2826	**1474**	
1222	2829	**1475**	1744
1223	2828	**1476**	1712

C.c.B.C.	C.c.Q.	C.c.B.C.	C.c.Q.
1477	1711	**1513**	
1478	1710	**1514**	
1479	1734	**1515**	
1480		**1516**	
1481		**1517**	
1482		**1518**	
1484	1310, 1312, 1709, 2147	**1519**	
1485	1783	**1520**	1738
1486		**1521**	
1487	1713	**1522**	1726
1488	1713, 1714	**1523**	1726
1489	1714	**1524**	1733
1490	1714	**1525**	
1491	1716, 1825	**1526**	
1492	1825	**1527**	1728
1493	1717, 1825	**1528**	1728
1494		**1529**	1727
1495	1722	**1530**	1081, 1739
1496		**1531**	1731
1497	1721	**1532**	1734
1498	1718	**1533**	1734
1499	1718	**1534**	1735
1500	1720, 1737	**1535**	
1501	1737	**1536**	1742
1502	1737	**1537**	1742, 1743
1503	1720	**1538**	
1504		**1539**	
1505		**1540**	
1506	1716	**1541**	
1507	1716, 1732	**1542**	
1508	1723, 1732	**1543**	
1509	1732	**1544**	1740
1510	1639, 1733	**1545**	
1511		**1546**	1751
1512		**1547**	1752

TABLES DE CONCORDANCE

C.c.B.C.	C.c.Q.	C.c.B.C.	C.c.Q.
1548	1753	**1574**	1638
1549	1753	**1575**	1638
1550		**1576**	1639
1551	1753	**1577**	1640
1552	1751	**1578**	2710
1553		**1579**	1779
1554		**1580**	1780
1555	1754	**1581**	1781
1556	1755	**1582**	1784
1557	1755	**1583**	1782
1558	1755	**1584**	1784
1559	1755	**1585**	
1560	1755	**1586**	1766
1561		**1587**	1766
1562		**1588**	1758
1563		**1589**	
1564	1758	**1590**	
1565		**1591**	1758
1566		**1592**	1800
1567	1759, 1762	**1593**	1802, 1805, 2368
1568	1765	**1594**	1802, 1805, 2368
1569	1779	**1595**	1804, 2368
1569a	1767	**1596**	1795
1569b	1768	**1597**	1796
1569c	1776	**1598**	1797
1569d	1771, 1773, 1776	**1599**	1798
1569e	1778	**1600**	1851
1570		**1601**	1851
1571	1641, 2710	**1602**	1851
1571a	1641, 2710	**1603**	1842, 1845
1571b	1641, 2710	**1604**	1854
1571c		**1605**	1864
1571d	1642, 2710, 2711	**1606**	1854
1572	1643	**1607**	1856
1573	1647, 2709	**1608**	1859

C.c.B.C.	C.c.Q.	C.c.B.C.	C.c.Q.
1609	1858	**1644**	1868
1610	1863	**1645**	1857, 1885
1611	1863	**1646**	1886, 1887
1612	1867	**1647**	1886, 1887
1613	1867	**1648**	1889
1614	1867, 1869	**1649**	1888
1615	1869	**1650**	1892
1616		**1650.1**	1892
1617	1855	**1650.2**	1892
1618	1856	**1650.3**	1892
1619	1870, 1871, 1872	**1650.4**	1893, 1937
1620	1874	**1650.5**	1940
1621	1862	**1651**	1057, 1894
1622	1857	**1651.1**	1895
1623	1890	**1651.2**	1896
1624	1891	**1651.3**	1897
1625	1865	**1651.4**	1898
1626	1865	**1651.5**	1903, 1904
1627	1864	**1651.6**	1903
1628	1863	**1651.7**	1908
1629	1877	**1652**	1910
1630	1877, 1882	**1652.1**	1911
1631	1882	**1652.2**	1912
1632	1884	**1652.3**	1911
1633	1883	**1652.4**	1912
1634	1853	**1652.5**	1920
1635	1859, 1860	**1652.6**	1866
1636	1859, 1861	**1652.7**	1978
1637		**1652.8**	1913
1638		**1652.9**	1915, 1975
1639		**1652.10**	1916
1640		**1652.11**	1913, 1917
1641	1879	**1653**	1922
1642	1881	**1653.1**	1923
1643	1862	**1653.1.1**	1924

C.c.B.C.	C.c.Q.	C.c.B.C.	C.c.Q.
1653.1.2	1925, 1927	**1658.6**	1947
1653.1.3	1926, 1927	**1658.7**	1948
1653.1.4	1927	**1658.8**	1942, 1946
1653.1.5	1928	**1658.9**	1948, 1977
1653.2	1929	**1658.10**	1950
1653.3	1911	**1658.11**	1950
1653.4	1868, 1869	**1658.12**	1951
1653.5	1933	**1658.13**	1949
1654	1930	**1658.14**	1950
1654.1	1931	**1658.15**	1953
1654.2	1932	**1658.16**	1906, 1952
1654.3	1932	**1658.17**	1953
1654.4	1934	**1658.18**	1953, 1954
1655	1870, 1871, 1872	**1658.19**	1954
1655.1	1875	**1658.20**	1953
1655.2	1981	**1658.21**	1955
1656	1863, 1907	**1658.22**	1956
1656.1	1909	**1659**	1957, 1958
1656.2	1973	**1659.1**	1960, 1961
1656.3	1918	**1659.2**	1962
1656.4	1971	**1659.3**	1963
1656.5	1883	**1659.4**	1964
1656.6	1973	**1659.5**	1969
1657	1936	**1659.6**	1970
1657.1	1937	**1659.7**	1967
1657.2	1938	**1659.8**	1968
1657.3	1938	**1660**	1959, 1969
1657.4	1939	**1660.1**	1960, 1961
1657.5	1940	**1660.2**	1966
1658	1941	**1660.3**	1966
1658.1	1942, 1943	**1660.4**	1965
1658.2	1944	**1660.5**	1969, 1970
1658.3	1944	**1661**	1974
1658.4	1946	**1661.1**	1972
1658.5	1945	**1661.2**	1975

C.c.B.C.	C.c.Q.		C.c.B.C.	C.c.Q.
1661.4	1976		**1665.2**	1904
1661.5	1982		**1665.3**	1913
1662	1984		**1665.4**	1921
1662.1	1985		**1665.5**	1919
1662.2	1985		**1665.6**	1935
1662.3	1986		**1665a**	2085
1662.4	1987		**1666**	
1662.5	1987		**1667**	2086, 2090
1662.6	1989		**1668**	2091, 2093
1662.7	1990		**1669**	
1662.8	1992		**1670**	1377
1662.9	1993		**1671**	
1662.10	1994		**1671a**	944, 945
1662.11	1995		**1671b**	944, 945
1662.12	1995		**1672**	
1663	1996		**1673**	2033
1663.1	1998		**1674**	2040
1663.2	1998		**1675**	2038, 2049
1663.3	1999		**1676**	1308
1663.4	1997		**1677**	944, 2038, 2053
1663.5	2000		**1678**	2034
1664	1893		**1679**	2058
1664.1	1910		**1680**	2050
1664.2	1905		**1681**	
1664.3	1906		**1682**	
1664.4	1900		**1682a**	
1664.5	1900		**1682b**	
1664.6	1900		**1683**	2103
1664.7	1898		**1684**	2115
1664.8	1998		**1685**	2115
1664.9	1900		**1686**	2115
1664.10	1901		**1687**	2114
1664.11	1901		**1688**	2118
1665	1899		**1689**	2121
1665.1	1079, 1904		**1690**	2109

C.c.B.C.	C.c.Q.	C.c.B.C.	C.c.Q.
1691	2125, 2129	**1724**	2151
1692	2128	**1725**	2154
1693	2129	**1726**	1370, 2156
1694	2127	**1727**	1320, 2160
1695		**1728**	1362, 2162
1696		**1729**	1362, 2162
1697		**1730**	1323, 2163
1697a		**1731**	1322, 2164
1697b		**1731.1**	2166
1697c		**1731.2**	2167
1697d		**1731.3**	2166
1701	2130, 2132	**1731.4**	2168
1701.1	2131	**1731.5**	2169
1702	1300, 2133	**1731.6**	2170
1703	1305, 2135	**1731.7**	2171
1704	2136	**1731.8**	2172
1705	2137	**1731.9**	2173
1706	1310, 1312, 2147	**1731.10**	
1707	1318	**1731.11**	2174
1709	1251, 2182	**1732**	
1710	1309, 1318, 2138, 2148	**1733**	
1711	1337, 1338, 2141, 2161	**1734**	
1712	1334, 1363, 2144	**1735**	
1713	1363, 1366, 1367, 1369, 2184, 2185	**1736**	
		1737	
1714	1366, 1368, 2146, 2184	**1738**	3116
1715	1319, 1489, 2157	**1739**	
1716	1319, 1489, 2157	**1740**	
1717	1320, 2145, 2158	**1741**	
1718	1321, 2145, 2153, 2158	**1742**	
1719	1321	**1743**	
1720	2152	**1744**	
1721	1362	**1745**	
1722	2150, 2155	**1746**	
1723	1369	**1747**	

C.c.B.C.	C.c.Q.	C.c.B.C.	C.c.Q.
1748		**1782**	2314
1749		**1783**	1512, 2319
1750		**1784**	
1751		**1785**	1565, 2330
1752		**1786**	1565, 2331
1753		**1787**	2367, 2376
1754		**1788**	2370
1755	1355, 1356, 2175	**1789**	2376
1756	1360, 2176	**1790**	2386
1756.1	2177	**1791**	
1757	2180	**1792**	2387
1758	2181	**1793**	
1759	1357, 1359, 2178	**1794**	
1760	1362	**1795**	2280
1761	1361, 1362, 2183	**1796**	2280
1762	2312, 2313, 2314	**1797**	2281
1763	2313	**1798**	
1764		**1799**	
1765		**1800**	
1766	2317, 2318	**1801**	1318, 2282
1767	2322	**1802**	2283
1768	2323	**1803**	1314, 2283
1769	1308, 2322	**1804**	1308, 2286
1770	2324	**1805**	1308, 2289, 2739
1771	2320	**1806**	2288
1772	1334, 2326	**1807**	2287
1773	2319	**1808**	2284
1774	2319	**1809**	1309, 1365, 2292
1775	2320	**1810**	2285
1776	2321, 2328	**1811**	
1777	2314	**1812**	1367, 1369, 2293, 2740
1778	2327	**1813**	2295
1779	2329	**1814**	2298
1780	2329	**1815**	2298, 2299, 2301, 2304
1781	2327, 2328	**1816**	

C.c.B.C.	C.c.Q.	C.c.B.C.	C.c.Q.
1816a	2302, 2303	**1853**	2209
1817		**1854**	2221, 2254
1818	2305	**1855**	2219
1819		**1856**	2219
1820	2306	**1857**	2188
1821	2309	**1858**	2188
1822		**1859**	2188
1823	2311	**1860**	2188
1827	2311	**1861**	2188
1830	2186	**1862**	2188
1831	2201, 2203	**1863**	2188
1832	2187	**1864**	2188
1833	314, 2228	**1865**	2189, 2221
1834	306, 307, 308, 2189	**1866**	2212
1834a		**1867**	2220
1834b		**1868**	2223
1835	2194, 2195	**1869**	2222
1836	2257	**1870**	2188
1837	2189, 2257	**1871**	2189
1838		**1872**	2236
1839	315, 2198, 2199	**1873**	2236, 2240
1840	2198	**1874**	2240
1841	2198	**1875**	2246
1842	2204	**1876**	2236, 2238
1843	2206	**1877**	306, 307, 308, 2189, 2190
1844	2207		
1845		**1878**	2189
1846	2199	**1879**	308, 2194
1847	2205	**1880**	2196
1848	2202	**1881**	342, 2239
1849	2213	**1882**	2243
1850	2214	**1883**	2197, 2247
1851	337, 1335, 2208, 2212, 2215	**1883.1**	2237
		1884	
1852	2217	**1885**	2241

C.c.B.C.	C.c.Q.	C.c.B.C.	C.c.Q.
1886	2242	**1916**	
1887	2218, 2244, 2273	**1917**	
1888	2238	**1918**	2631
1888a	2248	**1919**	
1888b		**1920**	2633
1889	2188	**1921**	1377, 2634
1890	2188	**1922**	2635
1891	2188	**1923**	2635
1892	355, 356, 2226, 2230, 2258	**1924**	2636
		1925	2637
1893		**1926**	
1894	2226, 2259	**1926.1**	2638
1895	2228, 2260	**1926.2**	2632, 2639
1896	355, 2229, 2230, 2261	**1926.3**	2640
1896a	358, 359, 360, 2235, 2264, 2266	**1926.4**	2641
		1926.5	2642
1897	2233, 2262	**1926.6**	2643
1898	2235	**1927**	2630
1899	2221, 2235, 2246	**1928**	2629
1900	2234, 2263	**1929**	2333
1901	2370	**1930**	2334
1902	2372	**1931**	2346
1903	2371, 2374, 2376	**1932**	2340
1904	2369	**1933**	2341, 2342
1905	2373	**1934**	2336
1906	2373	**1935**	2335, 2343
1907	2386	**1936**	2344
1908	2387	**1937**	2361
1909	2383	**1938**	2337
1910	2381	**1939**	
1911	2377	**1940**	2337
1912	2383	**1941**	2346, 2347, 2352
1913	2381	**1942**	2348
1914	2387	**1943**	2348
1915	2388	**1944**	2348

C.c.B.C.	C.c.Q.	C.c.B.C.	C.c.Q.
1945	2349	**1979**	2970
1946	2349, 2350	**1979a**	2684
1947	2351	**1979b**	2696, 2697
1948	2356	**1979c**	2684, 2757, 2758, 2784,
1949	2356		2789
1950		**1979d**	
1951		**1979e**	
1952	2358	**1979f**	2696, 2697
1953	2359, 2362	**1979g**	2970
1954	2362	**1979h**	
1955	2360	**1979i**	2757, 2758, 2784
1956		**1979j**	2789
1957		**1979k**	
1958	2353	**1980**	2645
1959	1531, 2365	**1981**	2644, 2646
1960	2366	**1982**	2647
1961	2354, 2359	**1983**	2650
1962		**1984**	2657
1963	2338	**1985**	2657
1964	2347	**1986**	1658
1965	2347	**1987**	1659
1966	2681, 2702	**1988**	1646
1966a		**1989**	
1967	2737	**1990**	
1968	2665	**1991**	
1969		**1992**	2652
1970	2703, 2705, 2707, 2798	**1993**	
1971	2747	**1994**	2651, 2652, 2725
1972	2736	**1994a**	2652
1973	2739, 2740	**1994b**	2652
1974	2737, 2743	**1994c**	2652
1975	2741	**1994d**	2652
1976	2662, 2742	**1995**	2652
1977		**1996**	2652
1978		**1997**	

TABLES DE CONCORDANCE

C.c.B.C.	C.c.Q.	C.c.B.C.	C.c.Q.
1998	1741	**2023**	
1999	1741	**2024**	2724
2000	1741	**2025**	
2001		**2026**	2725, 2730
2002		**2027**	
2003		**2028**	
2004		**2030**	242
2005		**2031**	242
2005a		**2031.1**	
2006		**2032**	
2006a	2724	**2034**	2724, 2730
2007		**2035**	
2008	2658	**2036**	2731
2009	2651, 2652, 2725	**2037**	2681
2010		**2038**	2669, 2682
2011		**2039**	
2012		**2040**	2693
2013	2726, 2728, 2952	**2042**	2694
2013a	2726	**2043**	2670, 2948
2013b		**2044**	2689
2013c		**2045**	
2013d	2122, 2123, 2726, 2727, 2728	**2046**	2687
		2047	
2013e	2123, 2726, 2727, 2728	**2048**	2956
2013f	2123, 2726, 2727, 2728	**2049**	2753
2014	2724	**2050**	2753, 2772
2015		**2051**	2658, 2680
2016	2660, 2751	**2052**	1646, 1658, 1659
2017	2661, 2662, 2667, 2669, 2671	**2053**	2733
		2054	2734
2018	2664	**2055**	2734
2019	2664	**2056**	2751
2020	2664	**2057**	2735, 2748
2021	1021, 2679	**2058**	2748
2022	2660	**2059**	2752

C.c.B.C.	C.c.Q.	C.c.B.C.	C.c.Q.
2060		2093	
2061	2763, 2765	2094	
2062		2095	2957
2063		2096	
2064		2097	
2065		2098	2670, 2938, 2948, 2998, 2999, 3013
2066			
2067		2099	
2068		2100	2948
2069		2101	2938
2070		2102	1743, 1750, 2939
2071		2103	2952, 3061
2072	2770	2104	
2073	2771	2105	
2074	2760	2106	
2075	2763, 2764, 2765, 2769	2107	
2076		2108	2938, 2939, 2961
2077	2764	2109	2938, 2961
2078	2772	2110	2938, 2998
2079	2761	2111	2967, 2968
2080	2761	2112	2967, 2968
2081	1686, 2659, 2794, 2795, 2797	2116	
		2116a	2938
2081a	2798, 2799	2116b	2938
2082	2941	2117	242
2083	2941, 2948	2118	242
2084	3013	2119	
2085	2963	2120	
2086	2964	2120a	2938, 2949
2087	2935	2121	2725, 2730, 2938
2088		2122	2959
2089	2946	2123	2959
2090		2124	2958
2091	2958	2125	2960
2092	2970, 2982	2125a	2960

C.c.B.C.	C.c.Q.	C.c.B.C.	C.c.Q.
2125b		**2144**	
2126	2938, 2970	**2145**	3007, 3011
2127	2712, 2956, 3003, 3004, 3014	**2147**	
		2148	3057, 3059, 3065, 3073
2129a	2997	**2148.1**	3062
2129b	2935	**2149**	
2129d	3040	**2150**	3063
2129e		**2151**	3067, 3068
2129g	2976, 3035	**2152**	3072
2129h	3040	**2152a**	3072
2129i	3040	**2153**	3073
2129j		**2154**	
2129k	2978	**2155**	3000
2129l	2979, 3036	**2156**	3000
2129m		**2157**	3069
2129n	3018	**2157a**	
2129o		**2157b**	
2129p	3071	**2158**	2938, 2970, 2982
2129q	2977	**2159**	
2129s		**2160**	3024, 3025
2130	2663, 2945, 2947	**2160.1**	3012
2131	2937, 2942, 2982, 2995	**2161**	2945, 2969, 2972, 2976, 3012, 3024
2132	2945, 3007, 3008		
2133		**2161a**	
2134	3007, 3008, 3011	**2161b**	3022
2135		**2161c**	3022, 3023
2136	2945, 2986, 3007	**2161d**	3000, 3069
2137		**2161e**	3017
2138	2987	**2161f**	
2138a	2987	**2161g**	3069
2139	3005	**2161h**	3069, 3070
2140	2985	**2161i**	3001, 3070
2141		**2161j**	
2142		**2161k**	3070
2143		**2161l**	

C.c.B.C.	C.c.Q.	C.c.B.C.	C.c.Q.
2164	3024	**2186**	2886
2164a		**2187**	2887
2165		**2188**	2878
2166	3027, 3029	**2189**	3131
2167		**2190**	3131
2168	927, 3032, 3033, 3034, 3037	**2191**	3131
		2192	921
2169	3028, 3032	**2193**	922
2170	2972, 3028	**2194**	921
2171	2972, 3007	**2195**	923
2172		**2196**	924
2172a		**2197**	
2173	3046	**2198**	926
2173.2	3030, 3033, 3054	**2199**	925
2173.3	3055, 3056	**2200**	2912
2173.4	3055, 3056	**2201**	2876
2173.5		**2202**	2805
2173.6	3042	**2203**	2913, 2933
2173.7	2996	**2204**	
2174	3021, 3043	**2205**	2914
2174a	3043	**2206**	2915
2174b	3043, 3045	**2207**	2916
2175	3029, 3030, 3044	**2208**	2914
2176c		**2209**	
2177	3019	**2210**	
2178	3019	**2211**	
2179	2971	**2212**	
2180	3007, 3012	**2213**	
2181		**2214**	
2181a	3059	**2215**	
2182	3021	**2216**	916, 936
2183	2875, 2910, 2921	**2217**	643
2183a		**2218**	
2184	2883	**2219**	
2185	2885	**2220**	916, 925

C.c.B.C.	C.c.Q.	C.c.B.C.	C.c.Q.
2221	916	**2256**	
2222	2889	**2257**	
2223	2890	**2258**	2927
2224	2892, 2893, 2896, 2897	**2259**	
2225		**2260**	
2226	2894	**2260a**	
2227	2898	**2260b**	
2228	2899	**2261**	
2229		**2261.1**	2906
2230	2900, 2901, 2902	**2261.2**	2928
2231	2900, 2901, 2902	**2261.3**	
2232	2877, 2904, 2905	**2262**	2929
2233	2906	**2263**	
2233a	2908	**2264**	2888, 2903
2235		**2265**	2924
2236	2880	**2266**	2931
2237	2907	**2267**	2878
2238		**2268**	930, 939, 2880, 2919
2239	2909	**2269**	
2240	1509, 2879	**2270**	
2241		**2278**	
2242	626, 894, 2917, 2922	**2355**	
2243		**2356**	
2244		**2359**	
2245		**2361**	
2246	930, 2882	**2362**	
2247		**2373**	
2248		**2374**	2714
2249		**2383**	
2250		**2384**	
2251		**2385**	2003
2252		**2386**	
2253	2920	**2387**	
2254		**2388**	
2255	2903	**2389**	

C.c.B.C.	C.c.Q.		C.c.B.C.	C.c.Q.
2390			2427	
2391	2007		2428	
2392			2429	
2393			2430	
2394			2431	
2395			2432	
2396			2433	
2397			2434	
2398			2435	
2399			2436	
2400			2437	
2401			2438	
2402			2439	
2403			2440	
2406			2441	
2407			2442	
2408			2443	2002
2409			2444	
2410	2028		2445	2028
2411	2028		2446	2028
2412	2028		2447	2028
2413			2448	2028
2414			2449	2028
2415			2450	2028
2416			2451	2028
2417			2452	2028
2418			2453	2003, 2028
2419			2454	2028
2420	2041, 2042		2455	2028
2421	2043		2456	
2422			2457	
2423			2458	
2424			2459	
2425			2460	
2426			2461	

C.c.B.C.	C.c.Q.	C.c.B.C.	C.c.Q.
2462		2498	3119
2464		2499	1432
2465		2500	2414, 3119
2466		2501	2415
2467		2502	2404, 2416
2468	2389	2503	2417
2469	2389	2504	2417
2470	2390	2505	2401
2471	2391	2506	2418
2472	2392	2507	2419
2473	2393	2508	2418
2474	2394	2509	2418
2475	2395, 2396	2510	
2476	2398	2511	2420, 2422
2477	2399	2512	2421
2478	2400	2513	2422
2479		2514	2423
2480	2399	2515	2424
2481	2402	2516	2425
2482	2403, 2405	2517	2426
2483	2406	2518	2426
2484	2407	2519	2427
2485	2408	2520	2429
2486	2408, 2409	2521	2429
2487	2410	2522	2428
2488	2411	2523	2430
2489	2412	2524	2431, 2434
2490		2525	2431
2491	2413	2526	2432
2492		2527	2433
2493	2397	2528	2436
2494	1608	2529	
2495		2530	
2496	3119	2531	2440
2497	3119	2532	2441

C.c.B.C.	C.c.Q.	C.c.B.C.	C.c.Q.
2533	2439	2568	2478
2534		2569	2479
2535	2435	2570	2469
2536	2438	2571	2469
2537	2437	2572	2470
2538	2442	2573	2471
2539	2442	2574	2472
2540	2445, 2456	2575	2473
2541	2446	2576	2474
2542	2450	2577	2475
2543	1445, 2447	2578	2476
2544	2447	2579	2480
2545	2448	2580	2481, 2482
2546	2449, 2450	2581	2481
2547	2449	2582	2484
2548	2451	2583	2490, 2491
2549	2452	2584	2492
2550	2453, 2455	2585	2496
2551		2586	2494, 2497
2552	2457	2587	
2553	2454	2588	2495
2554	2458	2589	2495
2555	2459	2590	2485
2556	2460	2591	2485
2557	2452, 2461	2592	2486
2558	2462	2593	2486
2559	2443	2594	2485, 2487
2560	2443	2595	2488
2561	2444	2596	2489
2562	2463	2597	2468
2563	2464	2598	
2564	2464	2599	
2565	2465	2600	2498
2566	2466, 2467	2601	2499
2567	2477	2602	2500

C.c.B.C.	C.c.Q.	C.c.B.C.	C.c.Q.
2603	2501	**2638**	
2604	2503, 2504	**2639**	2542
2605	2503	**2640**	2542, 2621, 2622
2606		**2641**	2542, 2622
2607	2513	**2642**	
2608	2511	**2643**	2625
2609	2527	**2644**	
2610	2505, 2515	**2645**	2575
2611	2512, 2521, 2524	**2646**	2578
2612	2521, 2522	**2647**	2578, 2581, 2582, 2584, 2587
2613	2507	**2648**	2578
2614		**2649**	
2615	2528	**2650**	
2616	2529, 2530	**2651**	
2617		**2652**	2596
2618	2511, 2540	**2653**	
2619		**2654**	
2620		**2655**	
2621	2538, 2539, 2540, 2541	**2656**	
2622	2538, 2539, 2540	**2657**	
2623	2546	**2658**	2518, 2519
2624	2547	**2659**	2518, 2519
2625	2552	**2660**	
2626	2545	**2661**	
2627	2548	**2662**	2619
2628		**2663**	2584, 2587
2629	2560-2562	**2664**	2588
2630	2564	**2665**	
2631	2576	**2666**	2589
2632	2566-2570, 2572	**2667**	
2633	2576, 2577	**2668**	2587
2634	2507	**2669**	2588
2635		**2670**	
2636		**2671**	2580
2637			

C.c.B.C.	C.c.Q.	C.c.B.C.	C.c.Q.
2672	2592, 2594	2694	
2673	2594	2695	
2674	2593	2696	
2675	2595	2697	
2676	2601	2698	
2677	2004, 2599	2699	
2678		2700	
2679		2701	
2680		2702	
2681		2703	
2682		2704	
2683		2705	
2684		2706	
2685		2707	
2686		2708	
2687		2709	
2688		2710	
2689		2711	
2690		2712	
2691		2713	
2692		2715	
2693			

Table de concordance des articles des Livres II (L.Q. 1980, c. 39) et IV (L.Q. 1987, c. 18) du Code civil du Québec (ancien) et du Code civil du Québec

C.c.Q., L.II/L.IV	C.c.Q.	C.c.Q., L.II/L.IV	C.c.Q.
400	365	432	382
401	365	433	383
402		434	384
403		435	385
404		436	386
405		437	386
406	578	438	387
407	372	439	388
408	372	440	391, 3089
409		441	82, 392
410	365	442	62, 393
411	366	443	393
412	367	444	82, 395
413	368	445	396
414	369	446	397
415	370	447	398
416	371	448	400
417	373	449	401
418	374	450	
419	375	451	
420	376	452	
421	102, 378	453	
422	379	454	
423		455	407
424		455.1	408
425		456	399
426		457	409
427		458	410
428		459	
429		460	411
430	380	461	412
431	381	462	413, 3089

C.c.Q., L.II/L.IV	C.c.Q.	C.c.Q., L.II/L.IV	C.c.Q.
462.1	414	478	446
462.2	415	479	447
462.3	416	480	448
462.4	417	481	449
462.5	418	482	450
462.6	419	483	451
462.7	420	484	452
462.8	421	485	453
462.9	422	486	454
462.10	423	487	455, 745
462.11	424	488	456
462.12	425	489	457
462.13	426	490	458
462.14	427	491	459
462.15	428	492	460
462.16	429	493	461
462.17	430	494	462
463	431	495	463
464	432	496	464
465	433	497	96, 465
466	434	498	96, 466
467	435	499	467
468	436	500	468
469	437	501	469
470	438	502	470
471	439	503	471
472	440	504	472
473	441	505	473
474	442	506	474
475	443	507	475
476	444	508	475
477	445	509	476

C.c.Q., L.II/L.IV	C.c.Q.	C.c.Q., L.II/L.IV	C.c.Q.
510	477	540	494
511	478	541	494
512	479	542	494
513	480	543	496
514	481	544	497
515	482, 856, 857	545	498
516	483	546	499
517	484	547	500
518	485	548	501
519	486	549	502
520	487	550	503
521	488	551	504
522	489	552	504
523	490	553	505
524	491	554	506
524.1	492	555	
525	493	556	518
526	494	557	519, 764
527	495	558	520
528	496, 498-506	559	
529	507	560	389
530	508	561	389
531	509	562	
532	510	563	594
533		564	389
534	511	565	390
535		566	512
536	515	567	
536.1	513, 514, 521	568	513
537	516	569	514
538		570	605
539		571	612

C.c.Q., L.II/L.IV	C.c.Q.	C.c.Q., L.II/L.IV	C.c.Q.
572	523	**604**	552
573	524	**605**	553
574	525	**606**	554
575	525	**607**	555
576	525	**608**	556
577	526	**609**	557
578	527	**610**	558
579	528	**611**	559
580	529	**612**	560
581	531	**613**	561
582	531	**614**	562
583	532	**614.1**	563
584	537	**614.2**	564
585	535	**614.3**	565
586		**614.4**	
587	530	**615**	566
588	531	**616**	567
589	532, 533	**617**	568
590	534	**617.1**	
591	532	**618**	569
592	535	**619**	570
593	536	**620**	571
594	522, 655	**621**	572
595	543	**622**	573
596	544, 3092	**622.1**	574
597	545	**623**	575
598	546	**624**	576
599	547	**625**	129, 132
600	548	**626**	580
601	549	**626.1**	129, 581
602	550	**627**	577
603	551	**628**	578, 655

C.c.Q., L.II/L.IV	C.c.Q.	C.c.Q., L.II/L.IV	C.c.Q.
629	579	**1339**	1300
630	579	**1340**	1301
631	149, 582	**1341**	1302
632	149, 583	**1342**	1303
633	585, 684	**1343**	1304
634	586	**1344**	1305
635	587, 686	**1345**	1306
636	588	**1346**	1307
637	589, 685	**1347**	1308
638	590	**1348**	1309
639	591	**1349**	1309
640	592	**1350**	1310
641	593, 693	**1351**	1311
642	594	**1352**	1312
643	595	**1353**	1313
644	596	**1354**	1314
645	597	**1355**	1315
646	171, 598	**1356**	1316
647	599	**1357**	1317
648	193, 600	**1358**	1318
649	601	**1359**	1319
650	602	**1360**	1320
651		**1361**	1321
652	603	**1362**	1322
653	196, 604	**1363**	1323
654	606	**1364**	1324
655	607	**1365**	1325
656	608	**1366**	1326
657	609	**1367**	1327
658	610	**1368**	1328
659	611	**1369**	
1338	1299	**1370**	1329

C.c.Q., L.II/L.IV	C.c.Q.	C.c.Q., L.II/L.IV	C.c.Q.
1371	1330	**1392**	1351
1372	1331	**1393**	1352
1373	1332	**1394**	1353
1374	1333	**1395**	1354
1375	1334	**1396**	1355
1376	1335	**1397**	1356
1377	1336	**1398**	1357
1378	1337	**1399**	1358
1379	1338	**1400**	1359
1380	1339	**1401**	1360
1381	1340	**1402**	1361
1382	1341	**1403**	1362
1383	1342	**1404**	1363
1384	1343	**1405**	1364
1385	1344	**1406**	1365
1386	1345	**1407**	1366
1387	1346	**1408**	1367
1388	1347	**1409**	1368
1389	1348	**1410**	1369
1390	1349	**1411**	1370
1391	1350		

Table de concordance
des articles du Code civil du Québec,
du Projet de loi 125, de l'O.R.C.C.,
du Code civil du Bas Canada, des
Livres II (L.Q. 1980, c. 39) et
IV (L.Q. 1987, c. 18) du
Code civil du Québec,
du Code de procédure civile
du Québec
et du Code civil français

Cette table a été préparée initialement par Me **Sophie Dufour**, professeure adjointe à la Faculté de droit de l'Université de Sherbrooke.

Table de concordance
des articles du Code civil du Québec
du Projet de loi 125, de l'O.R.C.C.,
du Code civil du Bas Canada, des
Livres II (L.Q. 1980, c. 39) et
IV (L.Q. 1987, c. 18) du
Code civil du Québec,
au Code de procédure civile
du Québec
et du Code civil français

Cette table a été informatisée et réalisée par M. Serge Dubois, professeur adjoint à la Faculté de droit de l'Université de Sherbrooke.

C.c.Q.	P.L. 125	O.R.C.C.	C.c.B.C.	C.c.Q., L.II/L.IV	C.p.c.	C.c.F.
1	1	L.I, 1, 3	18			
2	2	L.I, 4				
3	3	L.I, 4				
4	4	L.I, 6	324, 985			
5	5		56			
6	6	L.I, 8				1134 # 3
7	7	L.I, 9				
8	8	L.I, 11	13			
9	9	L.I, 10	13			
10	10	L.I, 15	19			
11	11		19.1			
12	12		19.3			
13	13					
14	14	L.I, 121-122				
15	15		19.2			
16	16	L.I, 122	19.4			
17	17					
18	18					
19	19	L.I, 16	20			
20	20	L.I., 16-17	20			
21	21	L.I., 16-17	20			
22	22					
23	23					
24	24	L.I, 16	20			
25	25	L.I, 16	20			
26	26					
27	28					
28	29					
29	30					

C.c.Q.	P.L. 125	O.R.C.C.	C.c.B.C.	C.c.Q., L.II/L.IV	C.p.c.	C.c.F.
30	31					
31	27					
32	32	L.I, 24				
33	33	L.I, 25	30		816.1	
34	34	L.I, 26	31		816-816.1	
35	35	L.I, 13				
36	36	L.I, 13				
37	37					
38	38	L.I, 14				
39	39					
40	40					
41	41					
42	42	L.I, 18	21			
43	43	L.I, 18	22			
44	44	L.I, 19	22			
45	45	L.I, 19	22			
46	46	L.I, 21	23			
47	47	L.I, 22-23	23, 69			
48	48		66			
49	49		69a			
50	50	L.I, 32	56			
51	51	L.I, 33, 40	56.1			
52	52	L.I, 40				
53	53	L.I, 33-34, 40	56.2			
54	54					
55	55	L.I, 57				
56	56	L.I, 58-59				
57	57	L.I, 46	56.3			
58	58	L.I, 46-47				

C.c.Q.	P.L. 125	O.R.C.C.	C.c.B.C.	C.c.Q., L.II/L.IV	C.p.c.	C.c.F.
59	59	L.I, 48, 50				
60	60					
61	61					
62	62	L.I, 50		L.II, 442		
63	63					
64	64					
65	65	L.I, 35-38	56.3			
66	66	L.I, 38	56.4			
67	67					
68	68	L.I, 54				
69	69	L.I, 55-56				
70	70					
71	71	L.I, 51				
72	72					
73	73					
74	74					
75	75	L.I, 60	79			
76	76	L.I, 61	80-81			
77	77					
78	78	L.I, 62				
79	79		82			
80	80	L.I, 63	83			
81	81	L.I, 64	83			
82	82			L. II, 441, 444		108 # 1
83	83	L.I, 65	85			
84	84	L.I, 205	86			
85	85	L.I, 209-210	98			
86	86	L.I, 206	87			

C.c.Q.	P.L. 125	O.R.C.C.	C.c.B.C.	C.c.Q., L.II/L.IV	C.p.c.	C.c.F.
87	87	L.I, 207	88, 90-91			
88	88					114
89	89		93, 109			
90	90	L.I, 208	92			
91	91					
92	92	L.I, 102, 209	70, 93, 98		927-931	
93	93	L.I, 103	71			
94	94	L.I, 103	71			
95	95	L.I, 104, 210	72, 108			
96	96	L.I, 212-213	99	L.II, 497-498		
97	97	L.I, 104-105, 214	73			
98	98	L.I, 105				
99	99	L.I, 215	73, 101			
100	100	L.I, 107	73			
101	101	L.I, 217	107			
102	102		1210	L.II, 421		
103	103	L.I, 68	42, 50			
104	104	L.I, 68	46-47			
105	105		42, 45, 47-48			
106	106		48-49			
107	107	L.I, 66	39, 42a, 1207			
108	108	L.I, 68-69	46			
109	109	L.I, 68-69				
110	110	L.I, 70, 84, 95	54-55, 64-65, 67			
111	111	L.I, 83-84				
112	112	L.I, 83				
113	113	L.I, 85	53a, 55			

C.c.Q.	P.L. 125	O.R.C.C.	C.c.B.C.	C.c.Q., L.II/L.IV	C.p.c.	C.c.F.
114	114	L.I, 85	40, 54-55			
115	115	L.I, 87	54			
116	116	L.I, 86				
117	118	L.I, 86				
118	119	L.I, 90	64			
119	120	L.I, 91	65			
120	121	L.I, 91	65			
121	122	L.I, 91	64			
122	123	L.I, 94				
123	124	L.I, 94				
124	125	L.I, 95				
125	126	L.I, 47	67			
126	127	L.I, 98	67			
127	128	L.I, 99				
128	129	L.I, 96				
129	130	L.I, 72	72	L.II, 625, 626.1	817.1, 865, 870, 883	
130	131	L.I, 71	53a, 75			
131	132	L.I, 71				
132	133	L.I, 76-77		L.II, 625	865	
133	134	L.I, 77	72			
134	135	L.I, 89, 93, 100				
135	136	L.I, 89, 93, 100				
136	137	L.I, 77				
137	138	L.I, 74	7, 1220			
138	140	L.I, 74				
139	139	L.I, 109				

C.c.Q.	P.L. 125	O.R.C.C.	C.c.B.C.	C.c.Q., L.II/L.IV	C.p.c.	C.c.F.
140	141	L.I, 75				
141	142	L.I, 108	75		864-865	
142	143	L.I, 108	75			
143	144	L.I, 109	51		870	
144	145	L.I, 78; L. VI, 14 et s.	50, 1207			
145	146		50			
146	147	L.I, 80-81, 88, 92, 101				
147	148					
148	149	L.I, 79, 82	50			
149	150	L.I, 82	50	L.II, 631-632		
150	151					
151	152					
152	153					
153	154	L.I, 111-112	246, 324			
154	155	L.I, 112				
155	156	L.I, 113	248, 986			
156	157	L.I, 118	1005			
157	158	L.I, 113-114	1002			
158	159	L.I, 114, 120, 141	290, 1002			
159	160	L.I, 120, 141	304			
160	161	L.I, 120	304			
161	162					
162	163		1009			
163	164	L.I, 114	1002			
164	165	L.I, 116-117	1004, 1007			
165	166	L.I, 115	1003			

C.c.Q.	P.L. 125	O.R.C.C.	C.c.B.C.	C.c.Q., L.II/L.IV	C.p.c.	C.c.F.
166	167	L.I, 114	311, 1008			
167	168					
168	169		315			
169	170		317-318, 340			
170	171		247, 340			
171	172		83, 247	L.II, 646		
172	173		319, 763, 1002			
173	174		320-322, 1002			
174	175		321, 1002			
175	177		314			
176	176		314			
177	178	L.I, 125	290			
178	179	L.I, 126	249			
179	180	L.I, 129	266, 282, 285			
180	181	L.I, 134	272-273, 276			
181	182	L.I, 130	266			
182	183					
183	184	L.I, 131				
184	185	L.I, 132				
185	186	L.I, 138	264			
186	187					
187	188	L.I, 138	264			
188	189	L.I, 141-142	264, 290			
189	190	L.I, 140	365			
190	191	L.I, 150	269			
191	192	L.I, 136				
192	193	L.I, 163	345			

C.c.Q.	P.L. 125	O.R.C.C.	C.c.B.C.	C.c.Q., L.II/L.IV	C.p.c.	C.c.F.
193	194	L.I, 164-165		L.II, 648		
194	195	L.I, 166				
195	196	L.I, 164				
196	197			L.II, 653		
197	198	L.I, 152				
198	199	L.I, 167				
199	200			L.II, 608, 614, 655		
200	201	L.I, 168, 171	249			398
201	202	L.I, 171				397
202	203	L.I, 175				
203	204	L.I, 176-177				
204	205	L.I, 178				
205	206	L.I, 168	249			
206	207	L.I, 169	250			
207	208					
208	209	L.I, 146, 162	290-290a, 297			
209	210	L.I, 146	290			
210	211	L.I, 147-148				
211	212	L.I, 146	303			
212	213		306-307			
213	214		297-298			
214	215	L.I, 232	297		887, 890	
215	216					1873-4
216	217		304			
217	218					
218	219	L.I, 144	290			
219	220	L.I, 145				
220	221	L.I, 149	290			

C.c.Q.	P.L. 125	O.R.C.C.	C.c.B.C.	C.c.Q., L.II/L.IV	C.p.c.	C.c.F.
221	222					
222	223		251, 267			
223	224					
224	225		249-251		872, 874	
225	226					
226	227		251-252			
227	228		254			
228	229		251		873-874	
229	230					
230	231					
231	232					
232	233					
233	234					
234	235					
235	236					
236	237	L.I, 233-234	267			
237	238					
238	239					
239	240					
240	241	L.I, 224, 228	292			
241	242					
242	243	L.I, 224-225, 227	2030-2031, 2117-2118			
243	244	L.I, 224				
244	245					
245	246					
246	247	L.I, 143, 230	264			
247	248	L.I, 235; L.IV, 587	308, 310			

C.c.Q.	P.L. 125	O.R.C.C.	C.c.B.C.	C.c.Q., L.II/L.IV	C.p.c.	C.c.F.
248	249		311			
249	250	L.I, 233-234				
250	251	L.I, 153				
251	252	L.I, 155	268, 286			
252	253					
253	254	L.I, 157-158	289			
254	255	L.I, 160	288			
255	256	L.I, 151-152	310			
256	257	L.I, 125	325			
257	258		326			
258	259	L.I, 180-182	327			
259	260	L.I, 181-182	328			
260	261	L.I, 141	329			
261	262	L.I, 200	330			
262	263	L.I, 200	331			
263	264	L.I, 202	331.1			
264	265	L.I, 202	331.2			
265	266		331.3			
266	267		331.4			
267	267.1		331.5			
268	268	L.I, 183, 199	332		877, 891	
269	269	L.I, 184	332.1			
270	270	L.I, 197-199	332.2-332.3			
271	271		332.4			494
272	272	L.I, 186-187	332.5			491-3
273	273		332.6			491-3
274	274	L.I, 186-187	332.7			
275	275		332.8			490-2
276	276		332.9		878-880	

C.c.Q.	P.L. 125	O.R.C.C.	C.c.B.C.	C.c.Q., L.II/L.IV	C.p.c.	C.c.F.
277	277	L.I, 188	332.10			
278	278		332.11			
279	279		332.12			
280	279.1		332.12 # 2			
281	280	L.I, 181	333			
282	281	L.I, 146	333.1			
283	282	L.I, 190	333.2			510-1
284	283	L.I, 191	333.3			
285	284	L.I, 181	334			
286	285	L.I, 146	334.1			
287	286	L.I, 146	334.2			
288	287	L.I, 189	334.3			501, 511
289	288	L.I, 149	334.4			
290	289	L.I, 191	334.5			
291	290	L.I, 182	335			
292	291	L.I, 192	335.1			
293	292		335.2			
294	293	L.I, 193	335.3			
295	294	L.I, 203	336			
296	295	L.I, 194	336.1			
297	296	L.I, 151	336.3			
298	297	L.I, 2	352			
299	298	L.I, 241, 272	353			1842, 1871
300	299	L.I, 293	356			
301	300	L.I, 3	352			
302	301	L.I, 4	352			
303	302	L.I, 7	358, 364			
304	303	L.I, 252	365			

C.c.Q.	P.L. 125	O.R.C.C.	C.c.B.C.	C.c.Q., L.II/L.IV	C.p.c.	C.c.F.
305	304	L.I, 243-244	357			
306	305	L.I, 244	1834, 1877			
307	306	L.I, 245	1834, 1877			
308	307	L.I, 243	1834, 1877, 1879			
309	308	L.I, 249, 274	363			
310	309	L.I, 246, 275	361			
311	310	L.I, 246-247, 275				
312	311	L.I, 247	360			
313	312					
314	313	L.I, 266	352, 1833			
315	314	L.I, 274	363, 1839			
316	315	L.I, 250-251				
317	316					
318	317					
319	318					
320	319					
321	320	L.I, 247	360			
322	321	L.IV, 512-513				
323	322	L.IV, 526-527				
324	323	L.IV, 514, 521				
325	324	L.IV, 522-523				
326	325	L.IV, 523, 595				
327	326	L.I, 278				
328	327	L.I, 291				
329	328	L.I, 281				
330	329	L.I, 282-283				
331	330					

C.c.Q.	P.L. 125	O.R.C.C.	C.c.B.C.	C.c.Q., L.II/L.IV	C.p.c.	C.c.F.
332	331					
333	332					
334	333					
335	334	L.I, 275, 292	360-361			
336	335					
337	336	L.IV, 567	1851			
338	337	L.I, 277, 285	359			
339	338	L.I, 286				
340	339	L.I, 290				
341	340	L.IV, 568-569				
342	341	L.I, 256	1881			
343	342					
344	343					
345	344	L.I, 254				
346	345	L.I, 155				
347	346	L.I, 264				
348	347					
349	348	L.I, 257				
350	349	L.I, 265				
351	350	L.I, 261				
352	351	L.I, 263				
353	352					
354	353	L.I, 262				
355	354	L.I, 267	368, 1892, 1896			
356	355	L.I, 267	368, 1892			
357	356	L.I, 269				
358	357	L.I, 268	1896a			
359	358		1896a			

C.c.Q.	P.L. 125	O.R.C.C.	C.c.B.C.	C.c.Q., L.II/L.IV	C.p.c.	C.c.F.
360	359		1896a			
361	360					
362	361					
363	362		371			
364	363					
365	364			L.II, 400-401, 410		
366	365			L.II, 411		
367	366			L.II, 412		
368	367			L.II, 413		
369	368			L.II, 414		
370	369			L.II, 415		
371	370			L.II, 416		
372	371			L.II, 407-408		
373	372		118-120, 124-126	L.II, 417		
374	373			L.II, 418		
375	374			L.II, 419		
376	375			L.II, 420		
377	376					
378	377			L.II, 421		
379	378			L.II, 422		
380	379			L.II, 430		
381	380			L.II, 431		
382	381			L.II, 432		
383	382			L.II, 433		
384	383			L.II, 434		
385	384			L.II, 435		

C.c.Q.	P.L. 125	O.R.C.C.	C.c.B.C.	C.c.Q., L.II/L.IV	C.p.c.	C.c.F.
386	385			L.II, 436-437		
387	386			L.II, 438		
388	387			L.II, 439		
389	388			L.II, 560-561, 564		
390	389			L.II, 565		
391	390			L.II, 440		
392	391			L.II, 441		
393	392			L.II, 442		
394	393			L.II, 443		
395	394			L.II, 444		
396	395			L.II, 445		
397	396			L.II, 446		
398	397			L.II, 447		
399	398			L.II, 456		
400	399			L.II, 448		
401	400		396	L.II, 449		
402	401			L.II, 450		
403	402			L.II, 451		
404	403			L.II, 452		
405	404			L.II, 453		
406	405			L.II, 454		
407	406			L.II, 455		
408	407			L.II, 455.1		
409	408			L.II, 457		
410	409			L.II, 458		
411	410			L.II, 460		
412	411			L.II, 461		

C.c.Q.	P.L. 125	O.R.C.C.	C.c.B.C.	C.c.Q., L.II/L.IV	C.p.c.	C.c.F.
413	412			L.II, 462		
414	413			L.II, 462.1		
415	414			L.II, 462.2		
416	415			L.II, 462.3		
417	416			L.II, 462.4		
418	417			L.II, 462.5		
419	418			L.II, 462.6		
420	419			L.II, 462.7		
421	420			L.II, 462.8		
422	421			L.II, 462.9		
423	422			L.II, 462.10		
424	423			L.II, 462.11		
425	424			L.II, 462.12		
426	425			L.II, 462.13		
427	426			L.II, 462.14		
428	427			L.II, 462.15		
429	428			L.II, 462.16		
430	429			L.II, 462.17		
431	430			L.II, 463		
432	431			L.II, 464		
433	432			L.II, 465		
434	433			L.II, 466		
435	434			L.II, 467		
436	435			L.II, 468		
437	436			L.II, 469		
438	437			L.II, 470		
439	438			L.II, 471		
440	439			L.II, 472		
441	440			L.II, 473		

C.c.Q.	P.L. 125	O.R.C.C.	C.c.B.C.	C.c.Q., L.II/L.IV	C.p.c.	C.c.F.
442	441			L.II, 474		
443	442			L.II, 475		
444	443			L.II, 476		
445	444			L.II, 477		
446	445			L.II, 478		
447	446			L.II, 479		
448	447			L.II, 480		
449	448			L.II, 481		
450	449			L.II, 482		
451	450			L.II, 483		
452	451			L.II, 484		
453	452			L.II, 485		
454	453			L.II, 486		
455	454			L.II, 487		
456	455			L.II, 488		
457	456			L.II, 489		
458	457			L.II, 490		
459	458			L.II, 491		
460	459			L.II, 492		
461	460			L.II, 493		
462	461			L.II, 494		
463	462			L.II, 495		
464	463			L.II, 496		
465	464			L.II, 497		
466	465			L.II, 498		
467	466			L.II, 499		
468	467			L.II, 500		
469	468			L.II, 501		
470	469			L.II, 502		

C.c.Q.	P.L. 125	O.R.C.C.	C.c.B.C.	C.c.Q., L.II/L.IV	C.p.c.	C.c.F.
471	470			L.II, 503		
472	471			L.II, 504		
473	472			L.II, 505		
474	473			L.II, 506		
475	474			L.II, 507-508		
476	475			L.II, 509		1574 # 1
477	476			L.II, 510		
478	477			L.II, 511		
479	478			L.II, 512		
480	479			L.II, 513		
481	480			L.II, 514		
482	481			L.II, 515		
483	482			L.II, 516		
484	483			L.II, 517		
485	484			L.II, 518		
486	485			L.II, 519		
487	486			L.II, 520		
488	487			L.II, 521		
489	488			L.II, 522		
490	489			L.II, 523		
491	490			L.II, 524		
492	491			L.II, 524.1		
493	492			L.II, 525		
494	493			L.II, 526, 540-542		
495	494			L.II, 527		
496	495			L.II, 528, 543		
497	496			L.II, 544		

C.c.Q.	P.L. 125	O.R.C.C.	C.c.B.C.	C.c.Q., L.II/L.IV	C.p.c.	C.c.F.
498	497			L.II, 528 # 2, 545		
499	498			L.II, 528 # 2, 546		
500	499			L.II, 528 # 2, 547		
501	500			L.II, 528 # 2, 548		
502	501			L.II, 528 # 2, 549		
503	502			L.II, 528 # 2, 550		
504	503			L.II, 528 # 2, 551-552		
505	504			L.II, 528 # 2, 553		
506	505			L.II, 528 # 2, 554		
507	506			L.II, 529		
508	507			L.II, 530		
509	508			L.II, 531		
510	509			L.II, 532		
511	510			L.II, 534		
512	511			L.II, 566		
513	512			L.II, 536.1, 568		
514	513			L.II, 536.1, 569		
515	514			L.II, 536		
516	515			L.II, 537		
517	516					

C.c.Q.	P.L. 125	O.R.C.C.	C.c.B.C.	C.c.Q., L.II/L.IV	C.p.c.	C.c.F.
518	517			L.II, 556		
519	518			L.II, 557		
520	519			L.II, 558		
521	520			L.II, 536.1		
522	536			L.II, 594		
523	521			L.II, 572		
524	522			L.II, 573		
525	523			L.II, 574-576		
526	524			L.II, 577		
527	525			L.II, 578		
528	526			L.II, 579		
529	527			L.II, 580		
530	528			L.II, 587		
531	529			L.II, 581-582, 588		
532	530			L.II, 583 # 1, 589, 591		
533	531			L.II, 589 # 2		
534	532			L.II, 590		
535	533			L.II, 585, 592		
536	534			L.II, 593		
537	535			L.II, 584		
538	579					
539	580					
540	581					
541	582					
542	583					

C.c.Q.	P.L. 125	O.R.C.C.	C.c.B.C.	C.c.Q., L.II/L.IV	C.p.c.	C.c.F.
543	537			L.II, 595		
544	538			L.II, 596		
545	539			L.II, 597		
546	540			L.II, 598		
547	541			L.II, 599		
548	542			L.II, 600		
549	543			L.II, 601		
550	544			L.II, 602		
551	545			L.II, 603		
552	546			L.II, 604		
553	547			L.II, 605		
554	548			L.II, 606		
555	549			L.II, 607		
556	550			L.II, 608		
557	551			L.II, 609		
558	552			L.II, 610		
559	553			L.II, 611		
560	554			L.II, 612		
561	555			L.II, 613		
562	556			L.II, 614		
563	557			L.II, 614.1		
564	558			L.II, 614.2		
565	559			L.II, 614.3		
566	560			L.II, 615		
567	561			L.II, 616		
568	562			L.II, 617		
569	563			L.II, 618		
570	564			L.II, 619		
571	565			L.II, 620		

C.c.Q.	P.L. 125	O.R.C.C.	C.c.B.C.	C.c.Q., L.II/L.IV	C.p.c.	C.c.F.
572	566			L.II, 621		
573	567			L.II, 622		
574	568			L.II, 622.1		
575	569			L.II, 623		
576	570			L.II, 624		
577	573			L.II, 627		
578	574			L.II, 406, 628		
579	575			L.II, 629-630		
580	571			L.II, 626		
581	572			L.II, 626.1		
582	576			L.II, 631		
583	577			L.II, 632		
584	578					
585	584			L.II, 633		
586	585			L.II, 634		
587	586			L.II, 635		
588	587			L.II, 636		
589	588			L.II, 637		
590	589			L.II, 638		
591	590			L.II, 639		
592	591			L.II, 640		
593	592			L.II, 641		
594	593			L.II, 563, 642		
595	594			L.II, 643		
596	595			L.II, 644		
597	596			L.II, 645		
598	597			L.II, 646		

C.c.Q.	P.L. 125	O.R.C.C.	C.c.B.C.	C.c.Q., L.II/L.IV	C.p.c.	C.c.F.
599	598			L.II, 647		
600	599			L.II, 648		
601	600			L.II, 649		
602	601			L.II, 650		
603	603			L.II, 652		
604	604			L.II, 653		
605	605			L.II, 570		
606	606			L.II, 654		
607	607			L.II, 655		
608	608			L.II, 656		
609	609			L.II, 657		
610	610			L.II, 658		
611	611			L.II, 659		
612	612			L.II, 571		
613	613	L.III, 1-2, 291; L.IV, 487	597, 600-601, 864			
614	614	L.III, 4	599, 630			
615	615	L.III, 99	650a		933	
616	616	L.III, 6	603			
617	617	L.III, 5, 56, 253, 359	105, 598, 608, 838			
618	618	L.III, 56, 252	836, 598			
619	619	L.III, 3	597			
620	620	L.III, 7	610-611, 813, 893			
621	621	L.III, 7	610-611, 813, 893			
622	622	L.III, 10				
623	623	L.III, 8-9				
624	624	L.III, 14				

C.c.Q.	P.L. 125	O.R.C.C.	C.c.B.C.	C.c.Q., L.II/L.IV	C.p.c.	C.c.F.
625	625	L.III, 15, 17	607, 891			
626	626	L.III, 18	2242			
627	627	L.III, 21				
628	628	L.III, 11	612			
629	629					
630	630	L.III, 83	641			
631	631	L.III, 86	658, 1061 # 2			
632	632	L.III, 87	644, 666			
633	633	L.III, 88-89	667, 669			
634	634	L.III, 94 # 1	666, 668			
635	635	L.III, 92	648-649			
636	636	L.III, 93	650			
637	637	L.III, 101	645			
638	638	L.III, 85	301, 643			
639	639					
640	640					
641	641	L.III, 104	647			
642	642	L.III, 102	646			
643	643		2217		553	
644	644	L.III, 103	665		747, 921-922	
645	645	L.III, 100	644			
646	646	L.III, 108-109	651			
647	647	L.III, 110	652-653			
648	648	L.III, 88, 107	656, 669			
649	649	L.III, 112	657			
650	650	L.III, 91	656			
651	651	L.III, 105, 191	659, 670			
652	652	L.III, 113	655			

C.c.Q.	P.L. 125	O.R.C.C.	C.c.B.C.	C.c.Q., L.II/L.IV	C.p.c.	C.c.F.
653	665	L.III, 23-24	598, 606			
654	666		624c			
655	667	L.III, 25		L.II, 594, 628		
656	668	L.III, 26-27	615-616			
657	669	L.III, 28, 30	616-617			
658	670	L.III, 29	616			
659	671	L.III, 28, 31	616, 618			
660	672	L.III, 32, 36	613, 619, 624			
661	673	L.III, 33	620			
662	674	L.III, 34	621			
663	675	L.III, 35	622			
664	676	L.III, 37	624, 654			
665	677	L.III, 38	623			
666	678	L.III, 40-41	624b			
667	679	L.III, 43	625			
668	680	L.III, 44	625			
669	681					
670	682					
671	683	L.III, 40	624a			
672	684	L.III, 40	624b			
673	685	L.III, 40	624b			
674	686	L.III, 45-46, 48	626-627, 632			
675	687	L.III, 47, 49	626-627, 633			
676	687.1	L.III, 49	633			
677	688	L.III, 50	628, 634			
678	689	L.III, 50	628-629, 634			
679	690	L.III, 50, 52	628-629, 634			

C.c.Q.	P.L. 125	O.R.C.C.	C.c.B.C.	C.c.Q., L.II/L.IV	C.p.c.	C.c.F.
680	691	L.III, 51-52	628-629, 634			
681	692					
682	693	L.III, 54	635			
683	694	L.III, 55	635			
684	653	L.III, 79-82	607.1	L.II, 633		
685	654		607.2	L.II, 637		
686	655		607.3	L.II, 635		
687	656		607.4			
688	657		607.5			
689	658	L.III, 3	607.6			
690	659	L.III, 69	607.7			
691	660	L.III, 66	607.8			
692	661	L.III, 67	607.9			
693	662		607.10	L.II, 641		
694	663		607.11			
695	664	L.III, 66				922
696	695	L.III, 56, 149	636, 684			
697	696					
698	697	L.III, 151	686			
699	698	L.III, 153-154	688			
700	699	L.III, 154	688			
701	700					
702	701	L.III, 58	640			
703	702	L.III, 240	831			
704	703	L.III, 249	841			
705	704	L.III, 241, 244	899			
706	705	L.III, 242; L.IV, 488	823, 898			
707	706	L.III, 240	835			

C.c.Q.	P.L. 125	O.R.C.C.	C.c.B.C.	C.c.Q., L.II/L.IV	C.p.c.	C.c.F.
708	707	L.III, 248	833			
709	708		834			
710	709	L.III, 247	834			
711	710	L.III, 250	834			
712	711	L.III, 255	842, 848-849			
713	712	L.III, 256	855			
714	713					
715	714	L.III, 243	898			
716	715	L.III, 257	843-844			
717	716	L.III, 257	843			
718	717	L.III, 258, 265	843			
719	718	L.III, 265-266	843			
720	719	L.III, 265-266	843, 847			
721	720	L.III, 265-266	843, 847			
722	721	L.III, 267	847			
723	722	L.III, 262	845			
724	723	L.III, 263				
725	724	L.III, 259-260, 262	844-845			
726	725	L.III, 268-269	850, 854			
727	726	L.III, 270-271	851			
728	727	L.III, 270	851			
729	728	L.III, 272	852			
730	729	L.III, 273	852			
731	730	L.III, 286	863			
732	731	L.III, 287	873			
733	732	L.III, 288	873			
734	733	L.III, 289	873			
735	734	L.III, 290	873			

C.c.Q.	P.L. 125	O.R.C.C.	C.c.B.C.	C.c.Q., L.II/L.IV	C.p.c.	C.c.F.
736	735	L.III, 291	864			
737	736	L.III, 292	840, 872			
738	737	L.III, 3	597			
739	738	L.III, 17	891			
740	739					
741	740					
742	741					
743	742	L.III, 310	871			
744	743	L.III, 309, 313	891			
745	744	L.III, 311	888	L.II, 487		
746	745	L.III, 312	888			
747	746	L.III, 304-305	893, 902			
748	747	L.III, 327	890			
749	748	L.III, 254	937			
750	749	L.III, 293-294	900-901, 904			
751	750	L.III, 295	903			
752	751	L.III, 296	865			
753	752	L.III, 340	910			
754	753	L.IV, 580, 582				
755	754	L.III, 297	868			
756	755	L.III, 298	868			
757	756	L.III, 300	760			
758	757	L.III, 300-301				
759	758	L.III, 302	846			
760	759	L.III, 302	846			
761	760					
762	761	L.III, 307	881			
763	763	L.III, 277-278	754			
764	765	L.III, 13		L.II, 557		

C.c.Q.	P.L. 125	O.R.C.C.	C.c.B.C.	C.c.Q., L.II/L.IV	C.p.c.	C.c.F.
765	766	L.III, 279	892			
766	767	L.III, 280	895			
767	768	L.III, 281	860, 892			
768	769	L.III, 282	892, 894-895			
769	770	L.III, 284	892, 897			
770	771	L.III, 285	896			
771	762					
772	772	L.III, 274-275	857-858			
773	773		859			
774	774	L.III, 276	860-861			
775	775		1233			
776	776					
777	777	L.III, 346,349	918			
778	778	L.III, 350-351	921			
779	778.1					
780	779	L.III, 181, 322	743-744, 887			
781	780	L.III, 182	744			
782	781	L.III, 182				
783	782	L.III, 332-333	907-909			
784	783	L.III, 334-335	910			
785	784	L.III, 328, 330	905			
786	785	L.III, 328	905, 923			
787	786	L.III, 337, 342	913			
788	787	L.III, 329	924			
789	788	L.III, 339	910, 914			
790	789	L.III, 122, 160; L.IV, 517	663, 910			
791	790	L.III, 159, 347; L.IV, 582	917			

C.c.Q.	P.L. 125	O.R.C.C.	C.c.B.C.	C.c.Q., L.II/L.IV	C.p.c.	C.c.F.
792	791	L.III, 95	681			
793	792					
794	793	L.III, 158, 343	919		913	
795	794	L.III, 121	676			
796	795					
797	796	L.III, 159				
798	797					
799	798					
800	799					
801	800	L.III, 117				
802	801	L.III, 124, 157, 336, 347	672-673			
803	802	L.III, 341	919			
804	803	L.III, 125, 341	919			
805	805	L.III, 135	676a			
806	806	L.III, 138	918			
807	807					
808	808	L.III, 126-127, 132	676			
809	809		735.1			
810	810	L.III, 131	676			
811	811	L.III, 131	676			
812	812	L.III, 174	820			
813	813	L.III, 321	886			
814	814	L.III, 175, 320	885			
815	815	L.III, 133	679			
816	816	L.III, 134	680			
817	817					
818	818	L.III, 177	739			

C.c.Q.	P.L. 125	O.R.C.C.	C.c.B.C.	C.c.Q., L.II/L.IV	C.p.c.	C.c.F.
819	832					
820	833					
821	834	L.III, 137, 139	677-678			
822	835					
823	819	L.III, 169-170	735-737			
824	820	L.III, 316	876			
825	821	L.IV, 138	472			
826	822	L.III, 318	880			
827	823	L.III, 171	735, 886			
828	824	L.III, 319	884			
829	825	L.III, 179	740			
830	826	L.III, 180	742			
831	827	L.III, 325	889			
832	828					
833	829	L.III, 317	877			
834	830	L.III, 172				
835	831	L.III, 173				
836	836	L.III, 197	689			
837	837	L.III, 197	689			
838	838	L.III, 184, 188	693			
839	839	L.III, 166				815-1
840	840	L.III, 166				815-1
841	841	L.III, 167				815-1
842	842	L.III, 166				
843	843	L.III, 200	689			
844	844	L.III, 168				815-1
845	845		689			815
846	846					815
847	847	L.III, 186	691			

C.c.Q.	P.L. 125	O.R.C.C.	C.c.B.C.	C.c.Q., L.II/L.IV	C.p.c.	C.c.F.
848	848	L.V, 441	710			
849	849	L.III, 190				
850	850	L.III, 195-196	702, 707			
851	851	L.III, 198				
852	852	L.III, 197	703-704			
853	853	L.III, 185				
854	854	L.III, 193	705-706			
855	855	L.III, 198	697			832, 832-1
856	856	L.III, 194, 199		L.II, 515		
857	857	L.III, 194, 199		L.II, 515		
858	858	L.III, 199				
859	859					
860	860	L.III, 199				
861	861	L.III, 201	733-734			
862	862	L.III, 202	697-698			
863	863	L.III, 201-203	697-698			
864	864	L.III, 204	745			
865	865	L.III, 205	711			
866	866	L.III, 205	711			
867	867	L.III, 207, 209	712-713			
868	868	L.III, 39	716			
869	869	L.III, 210	718, 723			
870	870	L.III, 211-212	724-726, 728, 731			
871	871	L.III, 213	701			
872	872					
873	873	L.III, 214	733-734			
874	874	L.III, 215	729-730			

C.c.Q.	P.L. 125	O.R.C.C.	C.c.B.C.	C.c.Q., L.II/L.IV	C.p.c.	C.c.F.
875	875	L.III, 217	732			
876	876	L.III, 216	727			
877	877	L.III, 218	731			
878	878	L.III, 219	722			
879	879	L.III, 220-221	700			
880	880	L.III, 222				
881	881	L.III, 223				
882	882	L.III, 224				
883	883	L.III, art 225				
884	884	L.III, 226	746			
885	885	L.IV, 201	747			
886	886	L.III, 226	1028			
887	887	L.III, 227				
888	888	L.III, 228				
889	889	L.III, 229	748			
890	890	L.III, 230	750			
891	891	L.III, 231	748			
892	892	L.III, 232	749			
893	893	L.III, 232	749			
894	894	L.III, 233	2242			
895	895	L.III, 235, 237	751			
896	896	L.III, 236	751			
897	897	L.III, 238	752			
898	898	L.III, 239	753			
899	899	L.IV, 3	374			
900	900	L.IV, 5-7	375-378			
901	900.1	L.IV, 7 # 1				
902	901	L.IV, 8	386			
903	902	L.IV, 7 # 2	379-380			

C.c.Q.	P.L. 125	O.R.C.C.	C.c.B.C.	C.c.Q., L.II/L.IV	C.p.c.	C.c.F.
904	903	L.IV, 9	381			
905	904		384			
906	905	L.IV, 11-12	387			
907	906	L.IV, 4				
908	907					
909	908	L.IV, 536				
910	909	L.IV, 107, 109, 535	447-449			
911	910	L.IV, 19	405			
912	911				770-772	
913	912	L.IV, 13	585			
914	913	L.IV, 15	401, 584			
915	914		399			
916	915		583, 2216, 2220-2221			
917	916					
918	917		400			
919	918		400			
920	919	L.IV, 42				
921	920	L.IV, 20	2192, 2194			
922	921	L.IV, 23	2193			
923	922	L.IV, 21	2195			
924	923	L.IV, 22	2196			
925	924	L.IV, 24	2199-2200			
926	925	L.IV, 25	2198			
927	926	L.IV, 26	2268 # 6			
928	927	L.IV, 29				
929	928				770	
930	929	L.IV, 31	2246, 2268			

C.c.Q.	P.L. 125	O.R.C.C.	C.c.B.C.	C.c.Q., L.II/L.IV	C.p.c.	C.c.F.
931	930	L.IV, 33	411			
932	931	L.IV, 27	412			
933	932	L.IV, 32	417			
934	933		584, 587-588			
935	934	L.IV, 15	401, 584, 587-591			
936	935	L.IV, 18	401, 584, 2216			
937	936					
938	937	L.IV, 17	586			
939	938		589-590, 592-594, 2268 # 1			
940	939					
941	940					
942	941					
943	942					
944	943	L.IV, 15	1671a-1671b, 1677			
945	944		1671a-1671b			
946	945					
947	946	L.IV, 34	406			
948	947	L.IV, 72	408, 413			
949	948	L.IV, 35	408-410			
950	949	L.IV, 36				
951	950	L.IV, 37	414			
952	951	L.IV, 43	407			
953	952	L.IV, 39				
954	953	L.IV, 73	408			
955	954	L.IV, 74	415			
956	955	L.IV, 75	416			

C.c.Q.	P.L. 125	O.R.C.C.	C.c.B.C.	C.c.Q., L.II/L.IV	C.p.c.	C.c.F.
957	956	L.IV, 76	417-418			
958	957	L.IV, 77-79	417			
959	958	L.IV, 77-78, 80	417			
960	959	L.IV, 83	418			
961	960	L.IV, 81				
962	961	L.IV, 81				
963	962	L.IV, 84	419			
964	963	L.IV, 82				
965	964	L.IV, 85	420			
966	965	L.IV, 86	421			
967	966	L.IV, 87	423			
968	967	L.IV, 88	424-425			
969	968	L.IV, 89	426			
970	969	L.IV, 90	427			
971	970	L.IV, 91	429			
972	971	L.IV, 91	429, 435			
973	972	L.IV, 92	429, 434-438			
974	973	L.IV, 93	441			
975	974		429			
976	975	L.V, 96				
977	976					
978	977	L.IV, 44	504		762	
979	978	L.IV, 45	501			
980	979	L.IV, 40	502			
981	980	L.IV, 41	503			
982	981					
983	982	L.IV, 46	539			
984	983		408-409			

C.c.Q.	P.L. 125	O.R.C.C.	C.c.B.C.	C.c.Q., L.II/L.IV	C.p.c.	C.c.F.
985	984	L.IV, 39	529			
986	985		531			
987	986	L.IV, 69				
988	988	L.IV, 69-70	428			
989	987	L.IV, 70	428			
990	989					
991	990					
992	991					
993	992	L.IV, 61-62	536			
994	993	L.IV, 63	538			
995	994	L.IV, 60	534-535			
996	995	L.IV, 59	553			
997	996	L.IV, 64	540			
998	997	L.IV, 65	541-542			
999	998	L.IV, 66	543			
1000	999	L.IV, 67				
1001	1000	L.IV, 68	544			
1002	1001	L.IV, 47	505, 520			
1003	1002	L.IV, 48-49, 54	510, 523-525, 527, 530			
1004	1003	L.IV, 52-53	518			
1005	1004	L.IV, 55	514, 519			
1006	1005	L.IV, 56	512-513			
1007	1006	L.IV, 57	515-516			
1008	1007	L.IV, 57-58	517			
1009	1008					
1010	1009	L.IV, 181	441b			
1011	1009.1					
1012	1010					

C.c.Q.	P.L. 125	O.R.C.C.	C.c.B.C.	C.c.Q., L.II/L.IV	C.p.c.	C.c.F.
1013	1011	L.IV, 198				1873-3
1014	1012	L.IV, 198 # 2				
1015	1013	L.IV, 182-183, 191				
1016	1014	L.IV, 190				815-9
1017	1014.1					
1018	1015					815-10
1019	1016	L.IV, 185				
1020	1017					815-13
1021	1019		2021			
1022	1020	L.IV, 192				815-14, 1873-12
1023	1021					
1024	1022	L.IV, 193				815-14
1025	1023	L.IV, 184				
1026	1024	L.IV, 184				
1027	1025	L.IV, 186-187				1873-5
1028	1026					815-3
1029	1027					
1030	1028	L.IV, 197	689			815
1031	1029	L.IV, 197	689			815
1032	1030	L.IV, 200				815
1033	1031					815
1034	1032					
1035	1033	L.IV, 195				815-17
1036	1034					
1037	1035	L.IV, 201				
1038	1036		441b			
1039	1037		441v			

C.c.Q.	P.L. 125	O.R.C.C.	C.c.B.C.	C.c.Q., L.II/L.IV	C.p.c.	C.c.F.
1040	1038		441b.1			
1041	1039		441l			
1042	1040					
1043	1041		441f			
1044	1042		441f			
1045	1043		441g			
1046	1044		441d			
1047	1045		441c			
1048	1046		441e			
1049	1047		441p			
1050	1048		442n			
1051	1049		441j			
1052	1050					
1053	1051		441l			
1054	1052		441l, 442c			
1055	1053		441l			
1056	1054		441o-441p			
1057	1055		1651			
1058	1056					
1059	1057		441m			
1060	1058		441m			
1061	1059					
1062	1060		441m # 2, 441n			
1063	1061		441h			
1064	1062		441k			
1065	1063					
1066	1064		442l			
1067	1065		442l			

C.c.Q.	P.L. 125	O.R.C.C.	C.c.B.C.	C.c.Q., L.II/L.IV	C.p.c.	C.c.F.
1068	1066		442g			
1069	1067					
1070	1068					
1071	1069					
1072	1070		442j			
1073	1071		442a			
1074	1072					
1075	1073					
1076	1074		441w-441x			
1077	1075		441z			
1078	1076		442			
1079	1077		1665.1			
1080	1078				761	
1081	1079		1530			
1082	1080		441x.1			
1083	1081					
1084	1082		441q			
1085	1083		441r, 441u-441v			
1086	1084					
1087	1085		442c			
1088	1086					
1089	1087		442e			
1090	1088		442d			
1091	1089					
1092	1090					
1093	1091					
1094	1092					
1095	1093					

C.c.Q.	P.L. 125	O.R.C.C.	C.c.B.C.	C.c.Q., L.II/L.IV	C.p.c.	C.c.F.
1096	1094		442e-442f			
1097	1095		442f			
1098	1096		442h			
1099	1097					
1100	1098		442f			
1101	1099					
1102	1100		442g			
1103	1101					
1104	1102					
1105	1103		441t			
1106	1104					
1107	1105					
1108	1106		442o			
1109	1107		442p			
1110	1108	L.IV, 264	414			
1111	1109	L.IV, 265				
1112	1110	L.IV, 273				
1113	1112	L.IV, 270				
1114	1113	L.IV, 266				
1115	1114	L.IV, 266, 274				
1116	1115	L.IV, 267				
1117	1116					
1118	1117					
1119	1118					
1120	1119	L.IV, 94, 96	443			
1121	1120	L.IV, 95	444			
1122	1121	L.IV, 97-98				
1123	1122	L.IV, 143	479, 481-482			

C.c.Q.	P.L. 125	O.R.C.C.	C.c.B.C.	C.c.Q., L.II/L.IV	C.p.c.	C.c.F.
1124	1123	L.IV, 100, 102, 120	443, 447, 458, 463			
1125	1124	L.IV, 101	462, 483			
1126	1125	L.IV, 106	447			
1127	1126	L.IV, 104	452			
1128	1127	L.IV, 105				
1129	1128	L.IV, 110	410, 450			
1130	1129	L.IV, 112	451			
1131	1130	L.IV, 109				
1132	1131	L.IV, 113				
1133	1132	L.IV, 114				
1134	1133	L.IV, 115				
1135	1134	L.IV, 121	457			
1136	1135					
1137	1136	L.IV, 122	462			
1138	1136.1	L.IV, 122				
1139	1137	L.IV, 116	455-456			
1140	1138	L.IV, 117	455			
1141	1139	L.IV, 118	460			
1142	1140	L.IV, 123	463			
1143	1141	L.IV, 123				
1144	1142	L.IV, 124	464			
1145	143	L.IV, 125	465-466			
1146	1144	L.IV, 123, 125	467			
1147	1145	L.IV, 126	466 # 2			
1148	1146	L.IV, 127				
1149	1147	L.IV, 128				
1150	1148	L.IV, 129-130				
1151	1149	L.IV, 131-132	468			

C.c.Q.	P.L. 125	O.R.C.C.	C.c.B.C.	C.c.Q., L.II/L.IV	C.p.c.	C.c.F.
1152	1150	L.IV, 133	469			
1153	1151	L.IV, 134-135				
1154	1152	L.IV, 136	471			
1155	1153	L.IV, 137	473			
1156	1154	L.IV, 139	474			
1157	1155	L.IV, 139	474			
1158	1156	L.IV, 140	475			
1159	1157	L.IV, 141	476			
1160	1158		470			
1161	1159	L.IV, 149-150	477-478			
1162	1160	L.IV, 143, 145-146	479			
1163	1161	L.IV, 147	479, 485			
1164	1162					
1165	1163	L.IV, 145	482			
1166	1164	L.IV, 144				
1167	1165	L.IV, 142				
1168	1166	L.IV, 151	480			
1169	1167					
1170	1168					
1171	1169					
1172	1170	L.IV, 152	487			
1173	1171	L.IV, 154	494, 497			
1174	1172	L.IV, 156				
1175	1173	L.IV, 157	498			
1176	1174	L.IV, 153	488-492			
1177	1175	L.IV, 158, 167	499, 552			
1178	1176	L.IV, 159				
1179	1177	L.IV, 161	547			

C.c.Q.	P.L. 125	O.R.C.C.	C.c.B.C.	C.c.Q., L.II/L.IV	C.p.c.	C.c.F.
1180	1178	L.IV, 162	548			
1181	1179	L.IV, 163	549			690-691
1182	1180	L.IV, 160				
1183	1181	L.IV, 164	551			
1184	1182	L.IV, 168	553-554			
1185	1183	L.IV, 169	555			
1186	1184	L.IV, 172-173	557-558			
1187	1185	L.IV, 170	556			
1188	1186	L.IV, 171				
1189	1187					
1190	1188					
1191	1189	L.IV, 175-177	561-562			
1192	1190	L.IV, 178	563			
1193	1191	L.IV, 179	564			
1194	1192	L.IV, 180	559-560			
1195	1193	L.IV, 248	567, 569			
1196	1194		567.1			
1197	1195	L.IV, 249	568			
1198	1196		568.1			
1199	1197	L.IV, 251	571			
1200	1198	L.IV, 250	569-570			
1201	1199					
1202	1200	L.IV, 255	575			
1203	1201	L.IV, 259	577			
1204	1202	L.IV, 258	578			
1205	1203	L.IV, 256	576			
1206	1204	L.IV, 252	572			
1207	1205	L.IV, 253-254	574			
1208	1206	L.IV, 261	579			

C.c.Q.	P.L. 125	O.R.C.C.	C.c.B.C.	C.c.Q., L.II/L.IV	C.p.c.	C.c.F.
1209	1207	L.IV, 250				
1210	1208	L.IV, 262-263	581-582			
1211	1209		580			
1212	1210	L.III, 361-362	968-971			900-1
1213	1211					900-1, 900-4
1214	1212		981			
1215	1213				553	
1216	1214					900-1
1217	1215					
1218	1216	L.III, 354, 357; L.IV, 11	925-926, 928, 938			
1219	1217	L.III, 356	927			
1220	1218	L.III, 360	976			
1221	1219	L.III, 363-365	932			
1222	1220	L.III, 366	933			
1223	1221	L.III, 372	944			
1224	1222	L.III, 374	946			
1225	1223	L.III, 381				
1226	1224	L.III, 376-377	947			
1227	1225	L.III, 383				
1228	1226	L.III, 378	949a			
1229	1227	L.III, 379	949-951, 953-953a			
1230	1228	L.III, 380-381	931, 947-948, 981o, 981q			
1231	1229	L.III, 375				
1232	1230	L.III, 371	952			
1233	1231	L.III, 386-387	950		696	
1234	1232		960			

C.c.Q.	P.L. 125	O.R.C.C.	C.c.B.C.	C.c.Q., L.II/L.IV	C.p.c.	C.c.F.
1235	1233	L.III, 385, 388	956			
1236	1234	L.III, 374	946			
1237	1235	L.III, 385	955			
1238	1236	L.III, 385	942, 945-946, 955			
1239	1237	L.III, 373	945			
1240	1238	L.III, 389	961, 963			
1241	1239	L.III, 365				
1242	1240	L.III, 359; L.IV, 616	929			
1243	1241	L.III, 393	962			
1244	1242	L.III, 390-391	965			
1245	1243	L.III, 384				
1246	1244	L.III, 371	952			
1247	1245	L.III, 376, 396-397	947			
1248	1246	L.III, 395	958			
1249	1247	L.III, 398	966			
1250	1248	L.III, 399	966			
1251	1249	L.III, 392	1709			
1252	1250	L.III, 366-367	926, 930, 933, 937, 957			
1253	1251	L.III, 368	930			
1254	1252	L.III, 368	930			
1255	1253	L.III, 369	935			
1256	1254	L.IV, 605	869			
1257	1255					
1258	1256		869			
1259	1257					
1260	1258	L.IV, 600	981a-981b			

C.c.Q.	P.L. 125	O.R.C.C.	C.c.B.C.	C.c.Q., L.II/L.IV	C.p.c.	C.c.F.
1261	1259	L.IV, 603				
1262	1260	L.IV, 601	981a			
1263	1260.1					
1264	1261	L.IV, 602				
1265	1262					
1266	1263	L.IV, 600				
1267	1264	L.IV, 600	981a			
1268	1265	L.IV, 606				
1269	1266	L.IV, 607				
1270	1267	L.IV, 605	869			
1271	1268	L.IV, 632	932			
1272	1269	L.IV, 633				
1273	1270	L.IV, 634				
1274	1271	L.IV, 609				
1275	1272	L.IV, 610				
1276	1273	L.IV, 608, 612	981a, 981c			
1277	1274	L.IV, 612	981c			
1278	1275	L.IV, 623-624	981j			
1279	1276	L.IV, 613, 615-616	838, 981a			
1280	1277					
1281	1278	L.IV, 613	777 # 3			
1282	1279	L.IV, 619	935 # 2			
1283	1280					
1284	1281	L.IV, 617-618				
1285	1282	L.IV, 620				
1286	1283	L.IV, 621				
1287	1284	L.IV, 629				
1288	1285	L.IV, 629				

C.c.Q.	P.L. 125	O.R.C.C.	C.c.B.C.	C.c.Q., L.II/L.IV	C.p.c.	C.c.F.
1289	1286					
1290	1287	L.IV, 626, 628				
1291	1288	L.IV, 627				
1292	1289	L.IV, 625				
1293	1290					
1294	1291	L.IV, 636				
1295	1292	L.IV, 636				
1296	1293	L.IV, 622, 635	981b # 2			
1297	1294	L.IV, 630, 635	964, 981l			
1298	1295					
1299	1296	L.IV, 509		L.IV, 1338		
1300	1297	L.IV, 491	441q, 910, 981g, 1702	L.IV, 1339		
1301	1298	L.IV, 499	915, 919	L.IV, 1340		
1302	1299	L.IV, 500, 502	919 # 7	L.IV, 1341		
1303	1300	L.IV, 503	290a	L.IV, 1342		
1304	1301	L.IV, 501, 506	294-295, 296a, 981v	L.IV, 1343		
1305	1302	L.IV, 504-505	297-298, 1703	L.IV, 1344		
1306	1303	L.IV, 507		L.IV, 1345		
1307	1304	L.IV, 508	981j	L.IV, 1346		
1308	1305	L.IV, 494-495, 516	1675, 1769, 1804-1805	L.IV, 1347		
1309	1306	L.IV, 512-513	89, 285, 290-291, 441r, 981k, 1710, 1802	L.IV, 1348-1349		
1310	1307	L.IV, 512 # 2, 514	290, 1484, 1706	L.IV, 1350		
1311	1308	L.IV, 521		L.IV, 1351		

C.c.Q.	P.L. 125	O.R.C.C.	C.c.B.C.	C.c.Q., L.II/L.IV	C.p.c.	C.c.F.
1312	1309	L.IV, 522-525	290, 1484, 1706	L.IV, 1352		
1313	1310	L.IV, 526		L.IV, 1353		
1314	1311	L.IV, 527	1803	L.IV, 1354		
1315	1312	L.IV, 528	763 # 3	L.IV, 1355		
1316	1313	L.IV, 529		L.IV, 1356		
1317	1314	L.IV, 532		L.IV, 1357		
1318	1315	L.IV, 510, 559	323, 967, 1005, 1011, 1707, 1710, 1801	L.IV, 1358		
1319	1316	L.IV, 570-571	441v, 981j, 1046, 1715-1716	L.IV, 1359		
1320	1317	L.V, 723, 731	1717, 1727	L.IV, 1360		
1321	1318	L.V, 724-725	1718-1719	L.IV, 1361		
1322	1319	L.V, 735	1731	L.IV, 1362		
1323	1320	L.IV, 573	1730	L.IV, 1363		
1324	1321	L.IV, 517-518	292, 910, 919	L.IV, 1364		
1325	1322			L.IV, 1365		
1326	1323	L.III, 120		L.IV, 1366	913, 916-917	
1327	1324			L.IV, 1367	918	
1328	1325	L.III, 120		L.IV, 1368	917	
1329	1326			L.IV, 1370		
1330	1327			L.IV, 1371		
1331	1328	L.IV, 520	442a	L.IV, 1372		
1332	1329	L.IV, 567	912-913, 981f	L.IV, 1373		

C.c.Q.	P.L. 125	O.R.C.C.	C.c.B.C.	C.c.Q., L.II/L.IV	C.p.c.	C.c.F.
1333	1330	L.IV, 568-569		L.IV, 1374		
1334	1331	L.IV, 566	981m, 1712, 1772	L.IV, 1375		
1335	1332	L.IV, 567	1851.1	L.IV, 1376		
1336	1333			L.IV, 1377		
1337	1334	L.IV, 562, 564	913, 1711	L.IV, 1378		
1338	1335	L.IV, 565	1711	L.IV, 1379		
1339	1336	L.IV, 552	981o	L.IV, 1380		
1340	1337	L.IV, 553	981o	L.IV, 1381		
1341	1338	L.IV, 555	296a, 981r	L.IV, 1382		
1342	1339	L.IV, 554, 556	981p, 981s	L.IV, 1383		
1343	1340	L.IV, 557, 560	981k, 981t-981u	L.IV, 1384		
1344	1341			L.IV, 1385		
1345	1342	L.IV, 533		L.IV, 1386		
1346	1343	L.IV, 538-539		L.IV, 1387		
1347	1344	L.IV, 540		L.IV, 1388		
1348	1345	L.IV, 534		L.IV, 1389		
1349	1346	L.IV, 543-544	451	L.IV, 1390		
1350	1347	L.IV, 546-547		L.IV, 1391		
1351	1348	L.IV, 531	309, 441t, 918 # 4	L.IV, 1392		
1352	1349	L.IV, 589		L.IV, 1393	414	
1353	1350	L.IV, 588	441t, 913, 981m	L.IV, 1394		
1354	1351	L.IV, 531		L.IV, 1395		
1355	1352	L.IV, 578	1755	L.IV, 1396		
1356	1353	L.IV, 578	1755	L.IV, 1397		
1357	1354	L.IV, 574	441a, 911, 981h, 1759	L.IV, 1398		

C.c.Q.	P.L. 125	O.R.C.C.	C.c.B.C.	C.c.Q., L.II/L.IV	C.p.c.	C.c.F.
1358	1355	L.IV, 575	441s	L.IV, 1399		
1359	1356	L.IV, 576	1759	L.IV, 1400		
1360	1357	L.IV, 581-582	917, 981d, 1756	L.IV, 1401		
1361	1358	L.IV, 585-586	266, 441t, 920, 981e, 1761	L.IV, 1402		
1362	1359	L.IV, 572, 584	1721, 1728-1729, 1760-1761	L.IV, 1403		
1363	1360	L.IV, 587-588	441t, 981l-981m, 1712-1713	L.IV, 1404		
1364	1361	L.IV, 589	312	L.IV, 1405		
1365	1362	L.IV, 498	1809	L.IV, 1406		
1366	1363	L.IV, 561, 592, 595	981l, 1713-1714	L.IV, 1407		
1367	1364	L.IV, 580, 583, 590	914, 981g, 1713, 1812	L.IV, 1408		
1368	1365	L.IV, 597-598	313, 1714	L.IV, 1409		
1369	1366	L.IV, 594, 596	1713, 1723, 1812	L.IV, 1410		
1370	1367	L.IV, 599	1726	L.IV, 1411		
1371	1368		982			
1372	1369	L.V, 3	983			
1373	1370	L.V, 1-2	1058, 1062			
1374	1371		1060-1061 # 1			
1375	1372	L.I, 8				1134 # 3
1376	1373	L.I, 293-294				
1377	1374	L.V, 6	1473, 1670, 1921			
1378	1375	L.V, 4				1101

C.c.Q.	P.L. 125	O.R.C.C.	C.c.B.C.	C.c.Q., L.II/L.IV	C.p.c.	C.c.F.
1379	1376					
1380	1377					1102-1103
1381	1378					1106
1382	1379					1104
1383	1380					
1384	1381					
1385	1382	L.V, 9, 42	984			
1386	1383 # 1	L.V, 11	988			
1387	1384	L.V, 19, 26				
1388	1383 # 2	L.V, 12				
1389	1385					
1390	1386	L.V, 13, 16 # 1-2				
1391	1387	L.V, 16 # 3				
1392	1388	L.V, 17-18, 23				
1393	1389	L.V, 22				
1394	1390	L.V, 20				
1395	1391	L.V, 21				
1396	1392					
1397	1393	L.V, 24				
1398	1394	L.V, 28	986 # 3			
1399	1395	L.V, 27, 29	991			
1400	1396	L.V, 30, 39	992			
1401	1397	L.V, 31-32	993			
1402	1399	L.V, 33-34, 36	994-996			
1403	1400	L.V, 35	997-998			
1404	1401		999			

C.c.Q.	P.L. 125	O.R.C.C.	C.c.B.C.	C.c.Q., L.II/L.IV	C.p.c.	C.c.F.
1405	1402	L.V, 37	1001, 1012			
1406	1402.1	L.V, 37				
1407	1403	L.V, 38-39	1000			
1408	1404	L.V, 40				
1409	1405	L.V, 10	985-986			
1410	1406		989			
1411	1407	L.V, 8 # 2-3	989-990			
1412	1408	L.V, 41	990			
1413	1409					
1414	1410	L.V, 43-44, 46				
1415	1411	L.V, 45				
1416	1412	L.V, 47				
1417	1413	L.V, 48 # 1				
1418	1414	L.V, 48 # 2-4				
1419	1415	L.V, 49 # 1				
1420	1416	L.V, 49 # 2-4				
1421	1417					
1422	1418	L.V, 50				
1423	1419	L.V, 59	1214			
1424	1420	L.V, 61				
1425	1421	L.V, 62	1013			1156
1426	1422	L.V, 63	1016-1017			
1427	1423	L.V, 65	1018			
1428	1424	L.V, 64	1014			
1429	1425		1015			
1430	1426	L.V, 66	1021			
1431	1427	L.V, 67	1020			
1432	1428	L.V, 68-69	1019, 2499			
1433	1429	L.V, 41	1022 # 1-2			

C.c.Q.	P.L. 125	O.R.C.C.	C.c.B.C.	C.c.Q., L.II/L.IV	C.p.c.	C.c.F.
1434	1430	L.V, 70-71	1024			
1435	1431	L.V, 25				
1436	1432					
1437	1433	L.V, 76				
1438	1434	L.V, 51				
1439	1435	L.V, 74	1022 # 3			
1440	1436	L.V, 72	1023			
1441	1437	L.V, 73	1028, 1030			
1442	1438	L.V, 73	1030			
1443	1439	L.V, 83-84	1028			
1444	1440	L.V, 85-86	1029			
1445	1441	L.V, 87	2543			
1446	1442	L.V, 88	1029			
1447	1443	L.V, 89-90 # 1				
1448	1444	L.V, 90 # 2-91				
1449	1445	L.V, 92				
1450	1446	L.V, 93				
1451	1447	L.V, 79-80	1212			
1452	1448	L.V, 81-82	1212			
1453	1449	L.V, 77, 383-384, 477-478	1022 # 2, 1025 # 1, 1026			
1454	1450	L.V, 385, 479	1027 # 2			
1455	1451	L.V, 77, 390, 481	1025 # 1, 1027 # 1, 1472 # 2			
1456	1452	L.V, 78				
1457	1453	L.V, 94	1053-1054 # 1			
1458	1454					
1459	1455	L.V, 97	1054 # 2, 6			
1460	1456	L.V, 98	1054 # 3, 5-6			

C.c.Q.	P.L. 125	O.R.C.C.	C.c.B.C.	C.c.Q., L.II/L.IV	C.p.c.	C.c.F.
1461	1457	L.V, 98	1054 # 4, 6, 1054.1			
1462	1458	L.V, 94-95	1053			
1463	1459	L.V, 99	1054 # 7			
1464	1460	L.I, 297				
1465	1461	L.V, 100	1054 # 1			
1466	1462	L.V, 100	1055 # 1-2			
1467	1463	L.V, 101	1055 # 3			
1468	1464	L.V, 102-103				
1469	1465	L.V, 102				
1470	1466		17(24), 1071-1072			
1471	1467					
1472	1468					
1473	1469	L.V, 102				
1474	1470	L.V, 300-301				
1475	1471	L.V, 302				
1476	1472	L.V, 303				
1477	1473					
1478	1474	L.V, 311				
1479	1475	L.V, 312				
1480	1476	L.V, 313				
1481	1477					
1482	1478	L.V, 104	1041, 1043			1372
1483	1479					
1484	1480	L.V, 105 # 1, 106-107	1043-1045			
1485	1481	L.V, 105 # 2				
1486	1482	L.V, 110	1046			
1487	1483	L.V, 112				

C.c.Q.	P.L. 125	O.R.C.C.	C.c.B.C.	C.c.Q., L.II/L.IV	C.p.c.	C.c.F.
1488	1484	L.V, 115				
1489	1485	L.V, 109, 113	1043 # 2, 1715-1716			
1490	1486	L.V, 111				
1491	1487	L.V, 116, 118, 216	1047 # 1, 1048			
1492	1488	L.V, 117, 119-126	1047, 1049-1052			
1493	1489	L.V, 127				
1494	1490	L.V, 130				
1495	1491	L.V, 128				
1496	1492	L.V, 129				
1497	1493	L.V, 144	1079 # 1			
1498	1494		1079 # 2			
1499	1495	L.V, 145-146	1080			
1500	1496	L.V, 147	1081			
1501	1497	L.V, 148	1082			
1502	1498	L.V, 149	1083			
1503	1499	L.V, 150	1084			
1504	1500	L.V, 151	1086			
1505	1501	L.V, 152	1085			
1506	1502	L.V, 154	1085, 1088			
1507	1503	L.V, 153	1087-1088			
1508	1504	L.V, 131	1089			
1509	1505	L.V, 132	2240			
1510	1506	L.V, 133				
1511	1507	L.V, 134-135	1091			
1512	1508	L.V, 136	1783			
1513	1509	L.V, 137-138	1090			
1514	1510	L.V, 140-142	1092			

C.c.Q.	P.L. 125	O.R.C.C.	C.c.B.C.	C.c.Q., L.II/L.IV	C.p.c.	C.c.F.
1515	1511					
1516	1512	L.V, 143				
1517	1513	L.V, 349	1138			
1518	1514					
1519	1515	L.V, 182	1121-1124			
1520	1516	L.V, 183-184	1126-1127, 1129			
1521	1517		1125			
1522	1518		1122			
1523	1519	L.V, 156, 161	1103			
1524	1520	L.V, 157	1104			
1525	1521	L.V, 158-159	1105			
1526	1522	L.V, 158	1106			
1527	1525	L.V, 160	1109			
1528	1526	L.V, 162	1107			
1529	1527	L.V, 163, 166	1108			
1530	1528	L.V, 164	1112			
1531	1529	L.V, 165	1959			
1532	1530	L.V, 167	1114			
1533	1531	L.V, 168	1115 # 1-2			
1534	1532	L.V, 170	1116			
1535	1533	L.V, 169	1115 # 3			
1536	1534	L.V, 172	1117-1118 # 1			
1537	1535	L.V, 173-174	1120			
1538	1536	L.V, 176	1118 # 2-1119			
1539	1537	L.V, 175	1112			
1540	1538	L.V, 171	1122			
1541	1539	L.V, 177-178	1100			
1542	1540	L.V, 179	1100			

C.c.Q.	P.L. 125	O.R.C.C.	C.c.B.C.	C.c.Q., L.II/L.IV	C.p.c.	C.c.F.
1543	1541	L.V, 180, 343	1101			
1544	1542	L.V, 181				
1545	1543	L.V, 185	1093, 1095			
1546	1544	L.V, 187-188	1094			
1547	1545	L.V, 186	1093			
1548	1546	L.V, 189-190	1096			
1549	1547	L.V, 189-190	1097			
1550	1548		1098			
1551	1548.1		1099			
1552	1549	L.V, 191-192				
1553	1550	L.V, 205	1139			
1554	1551	L.V, 206	1140			
1555	1552	L.V, 217	1141-1142			
1556	1553	L.V, 208	1143			
1557	1554	L.V, 212	1144			
1558	1555	L.V, 213	1146			
1559	1556	L.V, 214	1145			
1560	1557	L.V, 215	1147			
1561	1558	L.V, 209, 211	1148-1149 # 1			
1562	1559		1150			
1563	1560	L.V, 210	1151			
1564	1561					
1565	1562		1785-1786			
1566	1563	L.V, 218	1152			
1567	1564	L.V, 219	1153			
1568	1565	L.V, 220				
1569	1566	L.V, 249-250	1158			
1570	1567	L.V, 251	1159			
1571	1568	L.V, 252	1160			

C.c.Q.	P.L. 125	O.R.C.C.	C.c.B.C.	C.c.Q., L.II/L.IV	C.p.c.	C.c.F.
1572	1569	L.V, 253	1161			
1573	1570	L.V, 231	1162, 1163(3), (7)			
1574	1571	L.V, 239	1163(4)			
1575	1572	L.V, 240-241			187-189 # 1	
1576	1573				189 # 2	
1577	1574	L.V, 236-237	1164-1165			
1578	1575					
1579	1576				187	
1580	1577	L.V, 232-234				
1581	1578	L.V, 238	1165 # 3			
1582	1579	L.V, 238 # 1	1165 # 3			
1583	1580	L.V, 244-245	1162 # 2			
1584	1581	L.V, 246	1166			
1585	1582	L.V, 247	1167			
1586	1583	L.V, 243	1162 # 2			
1587	1584					
1588	1585	L.V, 242	1162 # 1			
1589	1586	L.V, 248			191	
1590	1587	L.V, 254	1065			
1591	1588	L.V, 256				
1592	1589	L.IV, 286				
1593	1590	L.IV, 287				
1594	1591	L.V, 260-261 # 1, 262 # 1	1067			
1595	1592	L.V, 257-258, 260	1067			
1596	1593	L.V, 261				

C.c.Q.	P.L. 125	O.R.C.C.	C.c.B.C.	C.c.Q., L.II/L.IV	C.p.c.	C.c.F.
1597	1594	L.V, 262 # 1	1068, 1070 in fine			
1598	1595	L.V, 262 # 2				
1599	1596	L.V, 264-265				
1600	1597	L.V, 266	1077, 1200, 1202			
1601	1598	L.V, 267	1065			
1602	1599	L.V, 268-269	1065			
1603	1600	L.V, 270	1066			
1604	1601	L.V, 272, 274-275, 281-283, 287	1065			
1605	1603	L.V, 277, 285	1065			
1606	1604	L.V, 278 # 1-2, 286				
1607	1605	L.V, 288-289, 293, 295 # 1	1065, 1075			
1608	1606	L.V, 291	2494			
1609	1607	L.V, 292	1056b # 4			
1610	1608					
1611	1609	L.V, 294	1073			
1612	1610					
1613	1611	L.V, 295	1074-1075			
1614	1612					
1615	1613	L.V, 296				
1616	1614					
1617	1615	L.V, 298	1077 # 1-2			
1618	1616	L.V, 297 # 1-2	1056c # 1, 1078.1 # 1			
1619	1617	L.V, 297 # 3	1056c # 2, 1078.1# 2			

C.c.Q.	P.L. 125	O.R.C.C.	C.c.B.C.	C.c.Q., L.II/L.IV	C.p.c.	C.c.F.
1620	1618	L.V, 299	1078(1)-(2)			
1621	1619	L.V, 290				
1622	1620	L.V, 304, 307	1131, 1133			
1623	1621	L.V, 305-306, 308	1135			
1624	1622		1136			
1625	1623		1137			
1626	1625	L.V, 194				
1627	1626	L.V, 195-196	1031			
1628	1626.1					
1629	1627					
1630	1628					
1631	1629	L.V, 197	1032-1033			
1632	1630	L.V, 198	1035-1036, 1038			
1633	1631	L.V, 199	1034			
1634	1632	L.V, 201-202	1039			
1635	1633	L.V, 203	1040			
1636	1634	L.V, 204				
1637	1635	L.V, 428				
1638	1636	L.V, 424	1574-1575			
1639	1637	L.V, 426	1510, 1576			
1640	1638	L.V, 427	1577			
1641	1639	L.V, 430-431	1571-1571b			
1642	1640	L.V, 432	1571d			
1643	1641	L.V, 433, 436	1145, 1572			
1644	1642	L.V, 434				
1645	1642.1	L.V, 435				
1646	1643	L.IV, 471	1988, 2052			

C.c.Q.	P.L. 125	O.R.C.C.	C.c.B.C.	C.c.Q., L.II/L.IV	C.p.c.	C.c.F.
1647	1644		1573			
1648	1645					
1649	1646					
1650	1647					
1651	1648	L.V, 221	1154			
1652	1649		1154			
1653	1650	L.V, 222	1155			
1654	1651	L.V, 223	1155(1)			
1655	1652	L.V, 224	1155(2)			
1656	1653	L.V, 225	1156			
1657	1654	L.V, 226	1157			
1658	1655	L.IV, 469, 471; L.V. 227	1157, 1986, 2052			
1659	1656	L.IV, 470	1987, 2052			
1660	1657	L.V, 329	1169, 1172			
1661	1658	L.V, 330	1171			
1662	1659	L.IV, 484; L.V, 331	1176			
1663	1660	L.IV, 485 # 1	1177, 1180			
1664	1661	L.IV, 485 # 2, L.V., 331	1178			
1665	1662	L.V, 331-332	1179			
1666	1663	L.V, 333	1101 # 2			
1667	1664	L.V, 228	1173-1174			
1668	1665	L.V, 230	1173			
1669	1666	L.V, 230	1180			
1670	1667		1180 # 2			
1671	1668		1138			
1672	1669	L.V, 314	1187, 1188 # 2			

C.c.Q.	P.L. 125	O.R.C.C.	C.c.B.C.	C.c.Q., L.II/L.IV	C.p.c.	C.c.F.
1673	1670	L.V, 315-316	1188 # 1			
1674	1671	L.V, 317	1193			
1675	1672	L.V, 318	1189			
1676	1673	L.V, 319	1190			
1677	1674	L.V, 320	1195			
1678	1675	L.V, 321-322	1101 # 2, 1191 # 3			
1679	1676	L.V, 323-324	1191 # 1-2			
1680	1677	L.IV, 345; L.V, 325	1192			
1681	1678	L.V, 326-327	1196			
1682	1679	L.V, 328	1197			
1683	1680	L.V, 334	1198			
1684	1681	L.V, 335-336	1199			
1685	1682	L.V, 337-338	1101 # 2, 1113			
1686	1683	L.IV, 478	2081(3)			
1687	1684					
1688	1685	L.V, 339	1181 # 1			
1689	1686	L.V, 340-341	1181 # 2, 1183			
1690	1687	L.V, 342-343	1101 # 2, 1184			
1691	1688	L.V, 344	1182			
1692	1689	L.V, 345	1185 # 3-1186			
1693	1690	L.V, 346	1200 # 1-2, 1202			
1694	1691	L.V, 347	1202			
1695	2779	L.IV, 451-452	1202a-1202c			
1696	2780	L.IV, 453-454	1202f-1202g			

C.c.Q.	P.L. 125	O.R.C.C.	C.c.B.C.	C.c.Q., L.II/L.IV	C.p.c.	C.c.F.
1697	2781	L.IV, 455	1202h			
1698	2782	L.IV, 456	1202i			
1699	1692	L.V, 55				
1700	1693	L.V, 52, 117, 279	1047 # 1			
1701	1694	L.V, 119-121	1050-1051			
1702	1695					
1703	1696	L.V, 123-125	1052			
1704	1697					
1705	1698					
1706	1699	L.V, 54, 126	1011			
1707	1700					
1708	1701	L.V, 350, 390	1472			
1709	1702	L.V, 352-355	1484			
1710	1703		1478			
1711	1704	L.V, 358	1477			
1712	1705	L.V, 271	1476			
1713	1706	L.V, 357	1487-1488			
1714	1707	L.V, 357, 387	1488-1490			
1715	1708	L.V, 357				
1716	1709	L.V, 359	1491, 1506-1507			
1717	1710	L.V, 367	1493			
1718	1711	L.V, 368-369	1498-1499			
1719	1712	L.V, 365, 395				
1720	1713	L.V, 370, 397	1500,1503			
1721	1714	L.V, 371	1497			
1722	1715	L.V, 372, 379	1495			
1723	1716	L.V, 363-364	1508			

C.c.Q.	P.L. 125	O.R.C.C.	C.c.B.C.	C.c.Q., L.II/L.IV	C.p.c.	C.c.F.
1724	1717	L.V, 393				
1725	1718	L.V, 394				
1726	1719	L.V, 373-374	1522-1523			
1727	1720	L.V, 376	1529			
1728	1720.1		1527-1528			
1729	1721					
1730	1721.1					
1731	1722	L.V., 378	1531			
1732	1723	L.V., 360	1507-1509			
1733	1724	L.V, 361	1510, 1524			
1734	1725	L.V, 379-380, 382	1479, 1532-1533			
1735	1726	L.V, 381	1534			
1736	1727					
1737	1728	L.V, 397	1500-1502			
1738	1729	L.V, 377 # 2	1520			
1739	1730	L.V, 377	1530			
1740	1731	L.V, 388	1544			
1741	1732	L.IV, 288-289	1998-2000			
1742	1733		1536-1537			
1743	1734		1040a-e, 1537, 2102			
1744	1735	L.V, 389	1475			
1745	1736					
1746	1736.1					
1747	1737					
1748	1738					
1749	1739		1040a-e			
1750	1740		2102			

C.c.Q.	P.L. 125	O.R.C.C.	C.c.B.C.	C.c.Q., L.II/L.IV	C.p.c.	C.c.F.
1751	1741		1040a-e, 1546, 1552			
1752	1742		1547			
1753	1743		1548-1549, 1551			
1754	1744		1555			
1755	1745		1556-1560			
1756	1746		1040d			
1757	1747	L.V, 398				
1758	1748	L.V, 399, 408	1564, 1588, 1591			
1759	1749	L.V, 400	1567			
1760	1750	L.V, 401				
1761	1751					
1762	1752	L.V, 402	1567			
1763	1753	L.V, 406				
1764	1754	L.V, 412				
1765	1755	L.V, 403-405	1568		686d, 694	
1766	1756	L.V, 409-410	1586-1587			
1767	1757	L.V, 411	1569a			
1768	1758	L.V, 413-415	1569b			
1769	1759	L.V, 416 # 1				
1770	1760					
1771	1761	L.V, 416 # 2	1569d			
1772	1762	L.V, 416 # 3				
1773	1763	L.V, 415, 417-418	1569d			
1774	1764	L.V, 417, 419				
1775	1765	L.V, 420				
1776	1766	L.V, 421	1569c-1569d			

C.c.Q.	P.L. 125	O.R.C.C.	C.c.B.C.	C.c.Q., L.II/L.IV	C.p.c.	C.c.F.
1777	1767					
1778	1768	L.V, 423	1569e			
1779	1769	L.V, 438	1579			
1780	1770	L.V, 439	1580			
1781	1771	L.V, 440	1581			
1782	1772	L.V, 442	1583			
1783	1773	L.V, 443	1485			
1784	1774	L.V, 444-445	1582, 1584			
1785	1775					
1786	1776					
1787	1777					
1788	1778					
1789	1779					
1790	1780					
1791	1781					
1792	1782					
1793	1783					
1794	1784	L.V, 685				1646-1 # 1, 1792-1792-1, 1831-1
1795	1785	L.V, 351	1596			
1796	1786		1597			
1797	1787		1598			
1798	1788		1599			
1799	1789					
1800	1790	L.V, 351	1592			
1801	1791					
1802	1792	L.V, 351	1593-1594			

C.c.Q.	P.L. 125	O.R.C.C.	C.c.B.C.	C.c.Q., L.II/L.IV	C.p.c.	C.c.F.
1803	1793		389, 393			
1804	1794		1595			
1805	1795		1593-1594			
1806	1796	L.V, 446	755, 795			
1807	1797	L.V, 447, 456	777 # 1, 6			
1808	1798	L.V, 455, 457, 486	757-758			
1809	1799	L.V, 450				
1810	1800	L.V, 448				
1811	1801	L.V, 449				
1812	1802	L.V, 451				
1813	1803	L.I, 189; L.V, 452	763 # 1, 986			
1814	1804	L.V, 453, 485 # 2	303, 789 # 1, 792, 821			
1815	1805	L.I, 182-183, 192	319, 322, 335.2, 789			
1816	1806	L.V, 447, 454	773			
1817	1807					
1818	1808	L.V, 447,457	778 # 1			
1819	1809	L.V, 457, 486	757-758, 778			
1820	1810	L.V, 459	762			
1821	1811	L.V, 473	784			
1822	1812		782 # 1, 783			
1823	1813	L.V, 469-472	780-781, 797-798, 800-802			
1824	1814	L.V, 477-481	776, 804-810			
1825	1815	L.V, 465	1491-1493			
1826	1816	L.V, 460	796 # 1			
1827	1817	L.V, 462	796 # 2			

C.c.Q.	P.L. 125	O.R.C.C.	C.c.B.C.	C.c.Q., L.II/L.IV	C.p.c.	C.c.F.
1828	1818	L.V, 463	796 # 1			
1829	1819	L.V, 466-467				
1830	1820	L.V, 469	797, 799			
1831	1821	L.V, 474				
1832	1822	L.V, 475				
1833	1823					
1834	1824	L.V, 75				
1835	1825	L.V, 476				
1836	1826		811(1), 813			
1837	1827		814			
1838	1828		815			
1839	1829	L.V, 482-483, 486	758, 817, 822			
1840	1830	L.V, 484-485 # 1	818-820			
1841	1831	L.V, 487-488	823			
1842	1832	L.V, 493	1603			
1843	1832.1					
1844	1833					
1845	1834	L.V, 493	1603			
1846	1835					
1847	1836					
1848	1837					
1849	1838					
1850	1839					
1851	1840	L.V, 490-492	1600-1602			
1852	1840.1					
1853	1841	L.V, 522	1634			
1854	1842	L.V, 494, 496	1604, 1606			

C.c.Q.	P.L. 125	O.R.C.C.	C.c.B.C.	C.c.Q., L.II/L.IV	C.p.c.	C.c.F.
1855	1843	L.V, 504	1617			
1856	1844	L.V, 497, 505	1607, 1618			
1857	1845	L.V, 509, 529	1622, 1645			
1858	1846	L.V, 499	1609			
1859	1847	L.V, 498	1608, 1635-1636			
1860	1848	L.V, 523	1635			
1861	1849	L.V, 524	1636			
1862	1850	L.V, 508, 527	1621, 1643			
1863	1851	L.V, 500-501, 516	1610-1611, 1628, 1656			
1864	1852	L.V, 495, 515	1605, 1627			
1865	1853	L.V, 513-514	1625-1626			
1866	1854		1652.6			
1867	1855	L.V, 502	1612-1614			
1868	1856	L.V, 528	1644, 1653.4			
1869	1857	L.V, 503	1614-1615, 1653.4			
1870	1858	L.V, 506 # 1	1619 # 1, 1655 # 1			
1871	1859	L.V, 506 # 2	1619 # 2, 1655 # 2			
1872	1860	L.V, 506 # 3	1619 # 3, 1655 # 3			
1873	1861					
1874	1862	L.V, 507	1620			
1875	1863		1655.1			
1876	1864					
1877	1865	L.V, 517-518	1629-1630			
1878	1866					
1879	1867	L.V, 525	1641			

C.c.Q.	P.L. 125	O.R.C.C.	C.c.B.C.	C.c.Q., L.II/L.IV	C.p.c.	C.c.F.
1880	1868					
1881	1869	L.V, 526	1642			
1882	1870	L.V, 518-519	1630-1631			
1883	1871	L.V, 521	1633, 1656.5			
1884	1872	L.V, 520	1632			
1885	1873	L.V, 529	1645			
1886	1874	L.V, 530-532	1646-1647			
1887	1875	L.V, 530-532	1646-1647			
1888	1876	L.V, 534	1649			
1889	1877	L.V, 533	1648			
1890	1878	L.V, 510-511	1623			
1891	1879	L.V, 512	1624			
1892	1880	L.V, 535-536	1650-1650.3			
1893	1881	L.V, 537-538	1650.4, 1664			
1894	1882		1651			
1895	1883	L.V, 564-565, 571	1651.1			
1896	1884		1651.2			
1897	1885	L.V, 566	1651.3			
1898	1886	L.V, 566-567	1651.4, 1664.7			
1899	1887	L.V, 560, 568	1665			
1900	1888	L.V, 558, 560	1664.4-1664.6, 1664.9			
1901	1889	L.V, 559	1664.10-1664.11			
1902	1928					
1903	1890		1651.5-1651.6			
1904	1891	L.V, 554-555	1651.5, 1665.1-1665.2			

C.c.Q.	P.L. 125	O.R.C.C.	C.c.B.C.	C.c.Q., L.II/L.IV	C.p.c.	C.c.F.
1905	1892	L.V, 556	1664.2			
1906	1893	L.V, 556-557	1658.13, 1664.3			
1907	1894		1656			
1908	1895		1651.7			
1909	1896		1656.1			
1910	1897	L.V, 539, 563	1652, 1664.1			
1911	1898	L.V, 542	1652.1, 1652.3, 1653.3			
1912	1899	L.V, 540	1652.2, 1652.4			
1913	1900		1652.8, 1652.11, 1665.3			
1914	1901					
1915	1902		1652.9			
1916	1903		1652.10			
1917	1904		1652.11			
1918	1905		1656.3			
1919	1906	L.V, 543	1665.5			
1920	1907		1652.5			
1921	1908		1665.4			
1922	1909		1653			
1923	1910		1653.1			
1924	1911		1653.1.1			
1925	1912		1653.1.2			
1926	1913		1653.1.3			
1927	1914		1653.1.2-1653.1.4.			
1928	1915		1653.1.5			

C.c.Q.	P.L. 125	O.R.C.C.	C.c.B.C.	C.c.Q., L.II/L.IV	C.p.c.	C.c.F.
1929	1916		1653.2			
1930	1917	L.V, 541	1654			
1931	1918		1654.1			
1932	1919		1654.2-1654.3			
1933	1920		1653.5			
1934	1921	L.V, 562	1654.4			
1935	1922		1665.6			
1936	1923		1657			
1937	1924	L.V, 548	1650.4, 1657.1			
1938	1925	L.V, 552	1657.2-1657.3			
1939	1926		1657.4			
1940	1927		1650.5, 1657.5			
1941	1929	L.V, 544	1658			
1942	1930		1658.1, 1658.8			
1943	1932		1658.1			
1944	1933		1658.2-1658.3			
1945	1934		1658.5			
1946	1935	L.V, 545	1658.4, 1658.8			
1947	1936		1658.6			
1948	1937		1658.7, 1658.9			
1949	1938	L.V, 557	1658.13			
1950	1939		1658.10-1658.11, 1658.14			

C.c.Q.	P.L. 125	O.R.C.C.	C.c.B.C.	C.c.Q., L.II/L.IV	C.p.c.	C.c.F.
1951	1940		1658.12			
1952	1941		1658.16			
1953	1942		1658.15, 1658.17- 1658.18, 1658.20			
1954	1943		1658.18- 1658.19			
1955	1944		1658.21			
1956	1945		1658.22			
1957	1946		1659			
1958	1947		1659 # 2			
1959	1948		1660			
1960	1949		1659.1, 1660.1			
1961	1950		1659.1, 1660.1			
1962	1951		1659.2			
1963	1952		1659.3			
1964	1953		1659.4			
1965	1954		1660.4			
1966	1955		1660.2- 1660.3			
1967	1956		1659.7			
1968	1957		1658.8			
1969	1958		1658.9, 1659.5, 1660.5			
1970	1959		1659.6, 1660.5			
1971	1960	L.V, 549	1656.4			
1972	1961	L.V, 550	1661.1			

C.c.Q.	P.L. 125	O.R.C.C.	C.c.B.C.	C.c.Q., L.II/L.IV	C.p.c.	C.c.F.
1973	1962		1656.2, 1656.6			
1974	1963	L.V, 551	1661			
1975	1964	L.V, 553	1652.9, 1661.2			
1976	1965	L.V, 544	1661.4			
1977	1965.1		1658.9			
1978	1966		1652.7			
1979	1967					
1980	1968					
1981	1969		1655.2			
1982	1970		1661.5			
1983	1971					
1984	1972		1662			
1985	1973		1662.1-1662.2			
1986	1974		1662.3			
1987	1975		1662.4-1662.5			
1988	1976					
1989	1977		1662.6			
1990	1978		1662.7			
1991	1979					
1992	1980		1662.8			
1993	1981		1662.9			
1994	1982		1662.10			
1995	1983		1662.11-1662.12			
1996	1984		1663			
1997	1985		1663.4			

TABLES DE CONCORDANCE

C.c.Q.	P.L. 125	O.R.C.C.	C.c.B.C.	C.c.Q., L.II/L.IV	C.p.c.	C.c.F.
1998	1986		1663.1-1663.2, 1664.8			
1999	1987		1663.3			
2000	1988		1663.5			
2001	1989	L.V, 578				
2002	1990	L.V, 579-601	2443			
2003	1991	L.V, 604(1)	2385, 2453			
2004	1992	L.V, 577	2677			
2005	1993	L.V, 580				
2006	1994					
2007	1995	L.V, 581	2391			
2008	1996	L.V, 582				
2009	1997	L.V, 584				
2010	1998	L.V, 584, 586				
2011	1999					
2012	2000	L.V, 583, 585				
2013	2001	L.V, 587				
2014	2003	L.V, 588-589				
2015	2004	L.V, 590				
2016	2005	L.V, 592				
2017	2006	L.V, 591				
2018	2007	L.V, 593				
2019	2008	L.V, 594				
2020	2009	L.V, 595				
2021	2010	L.V, 596, 598				
2022	2011	L.V, 597				
2023	2012	L.V, 599				
2024	2013	L.V, 600				

C.c.Q.	P.L. 125	O.R.C.C.	C.c.B.C.	C.c.Q., L.II/L.IV	C.p.c.	C.c.F.
2025	2014					
2026	2015					
2027	2016					
2028	2017	L.V, 603	2410-2412, 2445-2455			
2029	2018					
2030	2020	L.V, 605, 611				
2031	2021					
2032	2022	L.V, 606-607				
2033	2023	L.V, 609, 611	1673			
2034	2024	L.V, 608, 610	1678			
2035	2025	L.V, 622				
2036	2026	L.V, 612				
2037	2027	L.V, 613-614				
2038	2028	L.V, 615-616, 636	1675, 1677			
2039	2029	L.V, 617				
2040	2030	L.V, 618	1674			
2041	2031	L.V, 619-620	2420			
2042	2032	L.V, 621	2420			
2043	2033	L.V, 623-624	2421			
2044	2034	L.V, 625-626				
2045	2035	L.V, 630				
2046	2036	L.V, 627				
2047	2037	L.V, 628				
2048	2038	L.V, 629				
2049	2039	L.V, 631	1675			
2050	2040	L.V, 632	1680			
2051	2041	L.V, 633				

C.c.Q.	P.L. 125	O.R.C.C.	C.c.B.C.	C.c.Q., L.II/L.IV	C.p.c.	C.c.F.
2052	2042	L.V, 635				
2053	2043	L.V, 636-637	1677			
2054	2044	L.V, 634				
2055	2045	L.V, 634				
2056	2046	L.V, 640				
2057	2047					
2058	2048	L.V, 638-639	1679			
2059	2049	L.V, 643				
2060	2050	L.V, 645(4)				
2061	2051					
2062	2052					
2063	2053	L.V, 648				
2064	2054	L.V, 649				
2065	2055	L.V, 650				
2066	2056	L.V, 652				
2067	2057	L.V, 660(4)				
2068	2058	L.V, 653				
2069	2059	L.V, 654				
2070	2060	L.V, 655				
2071	2061	L.V, 656				
2072	2062	L.V, 657				
2073	2063	L.V, 658				
2074	2064	L.V, 660				
2075	2065					
2076	2066	L.V, 661				
2077	2067	L.V, 661				
2078	2068					
2079	2069	L.V, 653				
2080	2070					

C.c.Q.	P.L. 125	O.R.C.C.	C.c.B.C.	C.c.Q., L.II/L.IV	C.p.c.	C.c.F.
2081	2071					
2082	2072					
2083	2073					
2084	2074					
2085	2075	L.V, 667	1665a			
2086	2076	L.V, 670	1667			1780
2087	2077	L.V, 671				
2088	2078					
2089	2079	L.V, 681				
2090	2080	L.V, 673	1667 # 2			
2091	2081	L.V, 674-675	1668 # 3			
2092	2082	L.V, 680				
2093	2083	L.V, 677	1668 # 1-2			
2094	2084	L.V, 679				
2095	2085	L.V, 682				
2096	2086	L.V, 676				
2097	2086.1					
2098	2087	L.V, 684, 698				
2099	2088	L.V, 698				
2100	2089	L.V, 686, 699				
2101	2090	L.V, 700				
2102	2090.1					
2103	2091		1683			
2104	2092					
2105	2093					
2106	2094	L.V, 701				
2107	2095					
2108	2096					
2109	2097		1690			

C.c.Q.	P.L. 125	O.R.C.C.	C.c.B.C.	C.c.Q., L.II/L.IV	C.p.c.	C.c.F.
2110	2098	L.V, 693				
2111	2099	L.V, 693				
2112	2100					
2113	2101	L.V, 690				
2114	2102	L.V, 694	1687			
2115	2103		1684-1686			
2116	2104					
2117	2105					
2118	2106	L.V, 687	1688			
2119	2107	L.V, 688				
2120	2108					1792-6
2121	2108.1		1689			
2122	2109		2013d			
2123	2110		2013d-f			
2124	2111	L.V, 685				1792-1
2125	2112	L.V, 695	1691			1794
2126	2113	L.V, 703				
2127	2114	L.V, 697, 705	1694			
2128	2115	L.V, 696, 704	1692			
2129	2116	L.V, 696, 706	1691, 1693			1794
2130	2117	L.V, 707	1701			
2131	2118		1701.1			
2132	2119		1701 # 2			
2133	2120	L.V, 708	1702			
2134	2121	L.V, 708				
2135	2122	L.V, 710	1703			
2136	2123		1704			
2137	2124		1705			
2138	2125	L.V, 714	1710 # 1			

C.c.Q.	P.L. 125	O.R.C.C.	C.c.B.C.	C.c.Q., L.II/L.IV	C.p.c.	C.c.F.
2139	2126					
2140	2127					
2141	2128	L.V, 716	1711			
2142	2129					
2143	2130	L.V, 712-713				
2144	2131		1712			
2145	2132	L.V, 724-725	1718-1719			
2146	2133	L.V, 717	1714			
2147	2134	L.V, 711	1484, 1706			
2148	2135	L.V, 715	1710 # 2			
2149	2136					
2150	2137	L.V, 728	1722			
2151	2138	L.V, 729	1724			
2152	2139	L.V, 727	1720			
2153	2140	L.V, 725	1718			
2154	2142	L.V, 730	1725			
2155	2143	L.V, 728(2)	1722 # 2			
2156	2144		1726			
2157	2145	L.V, 721-722	1715-1716			
2158	2146	L.V, 723	1717-1718			
2159	2147	L.V, 726				
2160	2148	L.V, 731	1727			
2161	2149	L.V, 732	1711 # 1			
2162	2150	L.V, 733	1728-1729			
2163	2151	L.V, 734	1730			
2164	2152	L.V, 735	1731			
2165	2153	L.V, 736				
2166	2154		1731.1, 1731.3			

C.c.Q.	P.L. 125	O.R.C.C.	C.c.B.C.	C.c.Q., L.II/L.IV	C.p.c.	C.c.F.
2167	2155		1731.2			
2168	2156		1731.4			
2169	2157		1731.5			
2170	2158		1731.6			
2171	2159		1731.7			
2172	2160		1731.8			
2173	2161		1731.9			
2174	2162		1731.11			
2175	2163	L.V, 737	1755			
2176	2164	L.V, 720	1756			
2177	2165		1756.1			
2178	2166	L.V, 741-743	1759			
2179	2167					
2180	2168	L.V, 738	1757			
2181	2169	L.V, 739-740	1758			
2182	2170	L.V, 719	1709			
2183	2171	L.V, 745	1761			
2184	2172	L.V, 718	1713-1714			
2185	2173	L.V, 718	1713			
2186	2174	L.V, 746, 790	1830			
2187	2175		1832			
2188	2176	L.V, 747	1857-1864, 1870, 1889-1891			
2189	2177	L.I, 242; L.V, 748, 782	1834, 1837, 1865, 1871, 1877-1878			
2190	2178		1877			
2191	2179					
2192	2180					

C.c.Q.	P.L. 125	O.R.C.C.	C.c.B.C.	C.c.Q., L.II/L.IV	C.p.c.	C.c.F.
2193	2181					
2194	2182		1835 *in fine*, 1879 # 1			
2195	2183		1835			
2196	2184		1880			
2197	2185	L.V, 780-781	1883 # 1			
2198	2186	L.V, 752	1839 # 1, 1840 # 1, 1841			
2199	2187	L.V, 753	1839 # 2, 1846			1843-3 # 2-4
2200	2188					1843-3 # 6
2201	2189		1831 # 1			
2202	2190	L.V, 751 # 1-2	1848			
2203	2191	L.V, 751 # 3	1831 # 2-3			
2204	2192	L.V, 754	1842			
2205	2193	L.V, 755	1847			
2206	2194		1843			
2207	2194.1		1844			
2208	2195		1851(1)-(2), (4)			
2209	2196	L.V, 756	1853			
2210	2197					1843-4
2211	2198					1866
2212	2200		1851, 1866			
2213	2201	L.V, 757	1849			
2214	2202	L.V, 757	1850			
2215	2203	L.V, 757	1851(1), (3)-(4)			
2216	2199	L.V, 757				1844 # 1

C.c.Q.	P.L. 125	O.R.C.C.	C.c.B.C.	C.c.Q., L.II/L.IV	C.p.c.	C.c.F.
2217	2204	L.V, 757	1852			
2218	2205	L.V, 758	1887 # 1			
2219	2206	L.V, 759	1855-1856			
2220	2207	L.V, 760	1867			
2221	2208	L.V, 761	1854, 1865 in fine, 1899			
2222	2209	L.V, 762	1869			
2223	2210	L.V, 763	1868			
2224	2211					1841
2225	2213					
2226	2214	L.V, 766-767	1892 # 1(5)-(7), 3, 1894			
2227	2215	L.V, 768-770				
2228	2216	L.V, 771	1833, 1895			
2229	2217	L.V, 772	1896			
2230	2218	L.V, 764	1892, 1896			
2231	2219	L.V, 764(1) in fine				
2232	2220	L.V, 766				
2233	2221	L.V, 774	1897			
2234	2222	L.V, 775	1900			
2235	2223	L.V, 777	1896a, 1898-1899			
2236	2224	L.V, 779	1872-1873, 1876			
2237	2225		1883.1			
2238	2226	L.V, 779	1876, 1888			
2239	2227		1881			
2240	2228		1873-1874			
2241	2229	L.V, 784 # 1	1885			

C.c.Q.	P.L. 125	O.R.C.C.	C.c.B.C.	C.c.Q., L.II/L.IV	C.p.c.	C.c.F.
2242	2230	L.V, 784 # 2-785	1886			
2243	2231		1882			
2244	2232	L.V, 787-788	1887			
2245	2233					
2246	2234	L.V, 786	1875, 1899			
2247	2235	L.V, 789	1883 # 2			
2248	2236		1888a			
2249	2237	L.V, 778				
2250	2238					1871 # 1, 1873
2251	2239					1871 # 2, 1871-1
2252	2240					1872
2253	2241					1872-1 # 1-2
2254	2242		1854			1872-1 # 2 *in fine*
2255	2243					
2256	2244					
2257	2245		1836-1837			
2258	2246	L.V, 764	1892			
2259	2247		1894			
2260	2248	L.V, 771	1895			1872-2 # 1
2261	2249	L.V, 772	1896			
2262	2250	L.V, 774	1897			
2263	2251	L.V, 775	1900			
2264	2252		1896a # 1			
2265	2253	L.V, 768				

C.c.Q.	P.L. 125	O.R.C.C.	C.c.B.C.	C.c.Q., L.II/L.IV	C.p.c.	C.c.F.
2266	2254	L.V, 776-777	1896a			
2267	2255					
2268	2256	L.V, 790, 792-793				
2269	2257					
2270	2258	L.V, 794				
2271	2259				60	
2272	2260					
2273	2261	L.V, 758, 791	1887 # 1			
2274	2262	L.V, 795				
2275	2263	L.V, 796				
2276	2264	L.V, 797				
2277	2265	L.V, 764, 800				
2278	2266	L.V, 777, 791				
2279	2267	L.V, 798-799				
2280	2268	L.V, 801-802	1795-1796			
2281	2269		1797			1919
2282	2270		1801			
2283	2271	L.V, 803-804	1802-1803			
2284	2272	L.V, 811	1808			
2285	2273	L.V, 809-810	1810			
2286	2274	L.V, 808	1804			
2287	2275	L.V, 812	1807			
2288	2276		1806			
2289	2277	L.V, 805-806	1805			
2290	2278	L.V, 805				
2291	2278.1	L.V, 813				
2292	2279	L.V, 813	1809			
2293	2280	L.V, 814	1812			

C.c.Q.	P.L. 125	O.R.C.C.	C.c.B.C.	C.c.Q., L.II/L.IV	C.p.c.	C.c.F.
2294	2281	L.V, 815				
2295	2282		1813			
2296	2283					
2297	2284	L.V, 807				
2298	2285	L.V, 807	1814-1815			
2299	2286		1815			
2300	2286.1					
2301	2287		1815			
2302	2288		1816a			
2303	2289		1816a			
2304	2290		1815			
2305	2291	L.V, 816	1818			
2306	2292	L.V, 817	1820			
2307	2293					
2308	2294	L.V, 819			745, 747	
2309	2295	L.V, 820	1821		748	
2310	2296	L.V, 821			749	
2311	2297	L.V, 822	1823, 1827			
2312	2298		1762			
2313	2299	L.V, 823	1762-1763			1875
2314	2300	L.V, 824	1762, 1777, 1782			
2315	2301	L.V, 824				
2316	2302	L.V, 828				
2317	2303	L.V, 829	1766 # 1			
2318	2304	L.V, 830-833	1766 # 2			
2319	2305	L.V, 827, 833	1773-1774, 1783			
2320	2306	L.V, 831	1771, 1775			

C.c.Q.	P.L. 125	O.R.C.C.	C.c.B.C.	C.c.Q., L.II/L.IV	C.p.c.	C.c.F.
2321	2307	L.V, 826	1776			
2322	2308	L.V, 832, 835	1767, 1769			
2323	2309	L.V, 834	1768			
2324	2310	L.IV, 286	1770			
2325	2311	L.V, 836				
2326	2312		1772			
2327	2313	L.V, 837	1778, 1781			
2328	2314	L.V, 826	1776, 1781			
2329	2315	L.V, 824, 838	1779-1780			
2330	2316	L.V, 839	1785			
2331	2317	L.V, 840	1786			
2332	2318		1040c, 1149 # 2-3			
2333	2319	L.V, 842	1929			
2334	2320		1930			
2335	2321	L.V, 848 # 1	1935			
2336	2322	L.V, 847	1934			
2337	2323	L.V, 849	1938, 1940			
2338	2324	L.V, 850	1963			
2339	2325	L.V, 851			527	
2340	2326	L.V, 845	1932			
2341	2327	L.V, 844 # 1-2	1933 # 1, 3			
2342	2328	L.V, 844 # 3	1933 # 2			
2343	2329	L.V, 848 # 2	1935			
2344	2330		1936			
2345	2331					
2346	2332	L.V, 852	1931, 1941			
2347	2333	L.V, 853	1941, 1964-1965			

C.c.Q.	P.L. 125	O.R.C.C.	C.c.B.C.	C.c.Q., L.II/L.IV	C.p.c.	C.c.F.
2348	2334	L.V, 854	1942-1944			
2349	2335		1945-1946 # 1			
2350	2336		1946 # 2			
2351	2337		1947			
2352	2338	L.V, 852	1941			
2353	2339		1958			
2354	2340	L.V, 859	1961			
2355	2341					
2356	2342	L.V, 855-856	1948-1949			
2357	2343					
2358	2344	L.V, 857	1952			
2359	2345	L.V, 858	1953, 1961			
2360	2346	L.V, 860	1118, 1955			
2361	2347	L.V, 861 # 1	1937			
2362	2348	L.V, 862	1953(5)-1954			
2363	2349					
2364	2349.1	L.V, 861 # 2				
2365	2350	L.V, 863	1959			
2366	2351	L.V, 864	1960			
2367	2352	L.V, 1172	1787			1968
2368	2353		1593-1595			
2369	2354	L.V, 1184	1904			
2370	2355	L.V, 1173	1788, 1901			
2371	2356	L.V, 1174, 1187, 1195	1903 # 1			
2372	2357	L.V, 1190	1902			
2373	2358	L.V, 1188	1905-1906			
2374	2359	L.V, 1189	389, 391, 1903 # 2			

C.c.Q.	P.L. 125	O.R.C.C.	C.c.B.C.	C.c.Q., L.II/L.IV	C.p.c.	C.c.F.
2375	2360	L.V, 1191				
2376	2361	L.V, 1189-1190, 1196	389, 391, 1787, 1789, 1903 # 2			
2377	2362	L.V, 1175	1911			
2378	2363					
2379	2364	L.V, 1185-1186				
2380	2365	L.V, 1192				
2381	2366	L.V, 1193-1194	1910, 1913			1980
2382	2367					
2383	2368		389, 394, 1909, 1912			1979
2384	2369	L.V, 1182-1183 # 1	389, 394			
2385	2370	L.V, 1183 # 2				
2386	2371	L.V, 1176, 1179	1790(1)-(2), 1907			1978
2387	2372	L.V, 1177-1178	1792, 1908, 1914			
2388	2373	L.V, 1180	1915			
2389	2374	L.V, 865-866	2468-2469			
2390	2375	L.V, 867	2470			
2391	2376	L.V, 868	2471			
2392	2377	L.V, 869-871	2472			
2393	2378	L.V, 872	2473			
2394	2379	L.V, 873	2474			
2395	2380	L.V, 874	2475			
2396	2381	L.V, 874	2475			
2397	2382	L.V, 875	2493			
2398	2383	L.V, 876	2476			

C.c.Q.	P.L. 125	O.R.C.C.	C.c.B.C.	C.c.Q., L.II/L.IV	C.p.c.	C.c.F.
2399	2384	L.V, 877, 879	2477, 2480			
2400	2385	L.V, 878	2478			
2401	2386	L.V, 896	2505			
2402	2387	L.V, 880	2481			
2403	2388	L.V, 881	2482			
2404	2389	L.V, 893	2502			
2405	2390	L.V, 882	2482			
2406	2391	L.V, 883	2483			
2407	2392	L.V, 884	2484			
2408	2393	L.V, 885-886	2485-2486			
2409	2394	L.V, 886	2486			
2410	2395	L.V, 887	2487			
2411	2396	L.V, 888	2488			
2412	2397	L.V, 889	2489			
2413	2398	L.V, 890	2491			
2414	2399	L.V, 891	2500			
2415	2400	L.V, 892	2501			
2416	2401	L.V, 893	2502			
2417	2402	L.V, 894-895	2503-2504			
2418	2403	L.V, 897, 899-900	2506, 2508-2509			
2419	2404	L.V, 898	2507			
2420	2405	L.V, 901-902	2511			
2421	2406	L.V, 903	2512			
2422	2407	L.V, 902, 904	2511, 2513			
2423	2408	L.V, 905	2514			
2424	2409	L.V, 906	2515			
2425	2410	L.V, 907	2516			
2426	2411	L.V, 908-909	2517-2518			

C.c.Q.	P.L. 125	O.R.C.C.	C.c.B.C.	C.c.Q., L.II/L.IV	C.p.c.	C.c.F.
2427	2412	L.V, 910	2519			
2428	2413	L.V, 913	2522			
2429	2414	L.V, 911-912	2520-2521			
2430	2415	L.V, 914	2523			
2431	2416	L.V, 915-916	2524-2525			
2432	2417	L.V, 917	2526			
2433	2418	L.V, 918	2527			
2434	2419	L.V, 915	2524			
2435	2420	L.V, 924-925	2535			
2436	2421	L.V, 919	2528			
2437	2422	L.V, 927	2537			
2438	2423	L.V, 926	2536			
2439	2424	L.V, 922	2533			
2440	2425		2531			
2441	2426	L.V, 921	2532			
2442	2427	L.V, 928-929	2538-2539			
2443	2428	L.V, 954-955	2559-2560			
2444	2429		2561			
2445	2430	L.V, 930-931	2540			
2446	2431	L.V, 932	2541			
2447	2432	L.V, 934-935	2543-2544			
2448	2433	L.V, 936	2545			
2449	2434	L.V, 938-940	2546-2547			
2450	2435	L.V, 933, 941	2542, 2546			
2451	2436	L.V, 943	2548			
2452	2437	L.V, 944, 952	2549, 2557			
2453	2438	L.V, 945	2550			
2454	2439	L.V, 947-948	2553			
2455	2440	L.V, 946	2550			

C.c.Q.	P.L. 125	O.R.C.C.	C.c.B.C.	C.c.Q., L.II/L.IV	C.p.c.	C.c.F.
2456	2441	L.V, 930, 937	2540			
2457	2442		2552			
2458	2443	L.V, 949	2554			
2459	2444	L.V., 950	2555			
2460	2445	L.V, 951	2556			
2461	2446	L.V, 952	2557			
2462	2447	L.V, 953	2558			
2463	2448	L.V, 956	2562			
2464	2449	L.V, 958-959	2563-2564			
2465	2450	L.V, 960	2565			
2466	2451	L.V, 961	2566			
2467	2452		2566			
2468	2453	L.V, 994	2597			
2469	2454	L.V, 965-966	2570-2571			
2470	2455	L.V, 967	2572			
2471	2456	L.V, 968	2573			
2472	2457	L.V, 969	2574			
2473	2458	L.V, 970	2575			
2474	2459	L.V, 971	2576			
2475	2460	L.V, 972	2577			
2476	2461	L.V, 973	2578			
2477	2462	L.V, 962	2567			
2478	2463	L.V, 963	2568			
2479	2464	L.V, 964	2569			
2480	2465	L.V, 974	2579			
2481	2466	L.V, 975-976	2580-2581			
2482	2467	L.V, 975	2580			
2483	2468					C. assur., 112-1

C.c.Q.	P.L. 125	O.R.C.C.	C.c.B.C.	C.c.Q., L.II/L.IV	C.p.c.	C.c.F.
2484	2469	L.V, 977	2582			
2485	2470	L.V, 986-987, 991	2590-2591, 2594			
2486	2471	L.V, 989-990	2592-2593			
2487	2472	L.V, 991	2594			
2488	2473	L.V, 992	2595			
2489	2474	L.V, 993	2596			
2490	2475	L.V, 978	2583			
2491	2476	L.V, 978	2583			
2492	2477	L.V, 479	2584			
2493	2478					
2494	2479	L.V, 983	2586			
2495	2480	L.V, 984-985	2588-2589			
2496	2481	L.V, 980-981	2585			
2497	2482	L.V, 982	2586			
2498	2483	L.V, 495	2600			
2499	2484	L.V, 996	2601			
2500	2485	L.V, 997	2602			
2501	2486	L.V, 998	2603			
2502	2487					C. assur., R*124-1
2503	2488	L.V, 999-1000	2604-2605			
2504	2489	L.V, 999	2604			
2505	2490	L.V, 1001	2610			
2506	2491	L.V, 1002				
2507	2492	L.V, 1006-1008	2613, 2634			
2508	2483	L.V, 1003				
2509	2494	L.V. 1004				
2510	2495	L.V. 1005				

C.c.Q.	P.L. 125	O.R.C.C.	C.c.B.C.	C.c.Q., L.II/L.IV	C.p.c.	C.c.F.
2511	2496	L.V, 1012	2608, 2618			
2512	2497	L.V, 1013	2611			
2513	2498	L.V, 1014	2607			
2514	2499	L.V, 1015				
2515	2500	L.V, 1016	2610			
2516	2501	L.V, 1017				
2517	2502	L.V, 1018				
2518	2503	L.V, 1024, 1028	2658-2659			
2519	2504	L.V, 1025-1027	2658-2659			
2520	2505	L.V, 1033				
2521	2506	L.V, 1034	2611-2612			
2522	2507	L.V, 1035-1036	2612			
2523	2508	L.V, 1037				
2524	2509	L.V, 1038, 1041	2611			
2525	2510	L.V, 1039				
2526	2511	L.V, 1039-1040				
2527	2512	L.V, 879	2609			
2528	2513	L.V, 1019, 1021	2615			
2529	2514	L.V, 1022	2616			
2530	2515	L.V, 1023	2616			
2531	2516	L.V, 1020				
2532	2517	L.V, 1029-1030				
2533	2518	L.V, 1031				
2534	2519	L.V, 1074				

C.c.Q.	P.L. 125	O.R.C.C.	C.c.B.C.	C.c.Q., L.II/L.IV	C.p.c.	C.c.F.
2535	2520	L.V, 1042				
2536	2521	L.V, 1043				
2537	2522	L.V, 1043				
2538	2523	L.V, 1075	2621-2622			
2539	2524	L.V, 1076	2621-2622			
2540	2525	L.V, 1077	2618, 2621-2622			
2541	2526	L.V, 1078-1079	2621			
2542	2527	L.V, 1080-1081	2639-2641			
2543	2528	L.V, 1044				
2544	2529	L.V, 1045				
2545	2530	L.V, 1046	2626			
2546	2531	L.V, 1047, 1055	2623			
2547	2532	L.V, 1048	2624			
2548	2533	L.V, 1049	2627			
2549	2534	L.V, 1050				
2550	2535	L.V, 1050-1051				
2551	2536	L.V, 1052				
2552	2537	L.V, 1053	2625			
2553	2538	L.V, 1056				
2554	2539	L.V, 1058				
2555	2540	L.V, 1059				
2556	2541	L.V, 1061				
2557	2542	L.V, 1062-1063				
2558	2543	L.V, 1064				
2559	2544	L.V, 1065				

C.c.Q.	P.L. 125	O.R.C.C.	C.c.B.C.	C.c.Q., L.II/L.IV	C.p.c.	C.c.F.
2560	2545	L.V, 1066	2629			
2561	2546	L.V, 1067	2629			
2562	2547	L.V, 1068	2629			
2563	2548					
2564	2549	L.V, 1070	2630			
2565	2550	L.V, 1083				
2566	2551	L.V, 1084				
2567	2552	L.V, 1085	2632			
2568	2553	L.V, 1086	2632			
2569	2554	L.V, 1087	2632			
2570	2555	L.V, 1088	2632			
2571	2556	L.V, 1089				
2572	2557	L.V, 1090-1093	2632			
2573	2558	L.V, 1094				
2574	2559	L.V, 1095				
2575	2560		2645			
2576	2561	L.V, 1096-1097	2631, 2633			
2577	2562	L.V, 1098-1099	2633			
2578	2563	L.V, 1100-1101	2646-2648			
2579	2564	L.V, 1101				
2580	2565	L.V, 1104-1105	2671			
2581	2566	L.V, 1106-1107	2647			
2582	2567	L.V, 1107	2647			
2583	2568	L.V, 1108				
2584	2569	L.V, 1109	2647, 2663			

C.c.Q.	P.L. 125	O.R.C.C.	C.c.B.C.	C.c.Q., L.II/L.IV	C.p.c.	C.c.F.
2585	2570	L.V, 1102				
2586	2571	L.V, 1103				
2587	2572	L.V, 1110	2647, 2663, 2668			
2588	2573	L.V, 1111	2664, 2669			
2589	2574	L.V, 1112	2666			
2590	2575	L.V, 1113				
2591	2576	L.V, 1114				
2592	2577	L.V, 1115-1116	2672			
2593	2578	L.V, 1117	2674			
2594	2579	L.V, 1118-1119	2672-2673			
2595	2580	L.V, 1120-1121	2675			
2596	2581	L.V, 1122	2652			
2597	2582	L.V, 1123				
2598	2583	L.V, 1125				
2599	2584	L.V, 1126-1127	2677			
2600	2585	L.V, 1128				
2601	2586	L.V, 1129	2676 s.			
2602	2587	L.V, 1131				
2603	2588	L.V, 1132				
2604	2589	L.V, 1133				
2605	2590	L.V, 1134				
2606	2591	L.V, 1135				
2607	2592	L.V, 1136				
2608	2593	L.V, 1137				
2609	2594	L.V, 1138-1139				

C.c.Q.	P.L. 125	O.R.C.C.	C.c.B.C.	C.c.Q., L.II/L.IV	C.p.c.	C.c.F.
2610	2595	L.V, 1140-1141				
2611	2596	L.V, 1142-1144				
2612	2597	L.V, 1145				
2613	2598	L.V, 1146				
2614	2599	L.V, 1147				
2615	2600	L.V, 1149				
2616	2601	L.V, 1150-1151				
2617	2602	L.V, 1153-1155				
2618	2603	L.V, 1157				
2619	2604	L.V, 1158	2662			
2620	2605	L.V, 1159-1160				
2621	2606	L.V, 1161	2640			
2622	2607	L.V, 1162	2640-2641			
2623	2608	L.V, 1163-1164				
2624	2609	L.V, 1165				
2625	2610	L.V, 1166-1167	2643			
2626	2611	L.V, 1168				
2627	2612	L.V, 1169, 1171				
2628	2613	L.V, 1170				
2629	2614	L.V, 1197	1928			1966
2630	2615	L.V, 1198	1927			1966-1967
2631	2616	L.V, 1199	1918			

C.c.Q.	P.L. 125	O.R.C.C.	C.c.B.C.	C.c.Q., L.II/L.IV	C.p.c.	C.c.F.
2632	2617		1926.2			
2633	2618		1920			
2634	2619	L.V, 1200	1921			
2635	2620	L.V, 1201-1202	1922-1923			
2636	2621	L.V, 1203	1924			
2637	2622	L.V, 1204	1925			
2638	2623	L.V, 1206	1926.1			
2639	2624	L.V, 1207	1926.2			
2640	2625	L.V, 1208	1926.3			
2641	2626	L.V, 1209	1926.4			
2642	2627		1926.5			
2643	2628		1926.6			
2644	2629	L.V, 193	1981			
2645	2630-2631	L.IV, 276; L.V, art 193	1980			
2646	2634	L.IV, 279	1981			
2647	2635	L.IV, 280-281	1982			
2648	2632	L.IV, 278			552	
2649	2633	L.IV, 277			553(3)-(4)	
2650	2636		1983			
2651	2637	L.IV, 286-287	1994, 2009			
2652	2638		1992, 1994-1996, 2009		616, 714	
2653	2638.1					
2654	2639					
2655	2641					
2656	2641.1					
2657	2642		1984-1985			
2658	2643	L.IV, 464-466	2008, 2051		716-717	

C.c.Q.	P.L. 125	O.R.C.C.	C.c.B.C.	C.c.Q., L.II/L.IV	C.p.c.	C.c.F.
2659	2784		2081			
2660	2644	L.IV, 290	2016, 2022			
2661	2645	L.IV, 300	2017 # 4			
2662	2646	L.IV, 297 # 1	1976, 2017 # 1			
2663	2647	L.IV, 378	2130 # 6			
2664	2648	L.IV, 291-292	2018-2020			
2665	2649	L.IV, 294, 304	1968			
2666	2651	L.IV, 294, 304				
2667	2652	L.IV, 298	2017 # 3			
2668	2653	L.IV, 305, 319		552-553		
2669	2654	L.IV, 308	2017, 2038			
2670	2655	L.IV, 306, 309, 460, 462	2043, 2098 # 7			
2671	2656	L.IV, 297 # 2	2017 # 2			
2672	2656.1					
2673	2657					
2674	2658					
2675	2659					
2676	2660	L.IV, 312				
2677	2661	L.IV, 311				
2678	2662	L.IV, 310; L.VIII, 100				
2679	2663	L.IV, 483	2021			
2680	2664.1	L.IV, 464-466	2051	716-717		
2681	2665	L.IV, 295-296	1966 # 2, 2037			
2682	2666	L.IV, 307	2038			
2683	2666.1					
2684	2667	L.IV, 322, 327	1979a, 1979c			

C.c.Q.	P.L. 125	O.R.C.C.	C.c.B.C.	C.c.Q., L.II/L.IV	C.p.c.	C.c.F.
2685	2668					
2686	2669					
2687	2671	L.IV, 299	2046			
2688	2672	L.IV, 301				
2689	2673	L.IV, 302 # 1, 303	2044			
2690	2675					
2691	2676	L.IV, 336				
2692	2677					
2693	2678	L.IV, 314 # 1	2040			
2694	2679	L.IV, 315	2042			
2695	2680	L.IV, 316				
2696	2681	L.IV, 317 # 1	1979b, 1979f			
2697	2682	L.IV, 318	1979b # 1, 1979f # 2			
2698	2683	L.IV, 321				
2699	2683.1	L.IV, 390, 398				
2700	2684					
2701	2684.1					
2702	2685	L.IV, 317 # 2	1966 # 1			
2703	2686	L.IV, 384, 386	1970			
2704	2687	L.IV, 387 # 1				
2705	2688	L.IV, 317 # 2, 384-385	1970			
2706	2689	L.IV, 387 # 2				
2707	2690	L.IV, 375 # 2	1970			
2708	2691	L.IV, 390, 398				
2709	2692	L.IV, 392	1573			
2710	2693	L.IV, 391, 393; L.V, 430-432	1571-1571b, 1571d, 1578			

C.c.Q.	P.L. 125	O.R.C.C.	C.c.B.C.	C.c.Q., L.II/L.IV	C.p.c.	C.c.F.
2711	2694	L.IV, 393 # 1	1571d			
2712	2695	L.IV, 394	2127			
2713	2697	L.IV, 343 # 1				
2714	2698	L.IV, 323-325	2374			
2715	2699	L.IV, 328 # 1, 329				
2716	2699.1					
2717	2700	L.IV, 328 # 1				
2718	2701					
2719	2702	L.IV, 332-333				
2720	2703	L.IV, 328 # 2				
2721	2704	L.IV, 330 # 2				
2722	2705					
2723	2706	L.IV, 334				
2724	2707	L.IV, 365-370	2006a, 2014, 2024, 2034			
2725	2708		1994, 2009, 2026, 2121			
2726	2709		2013-2013a, 2013d # 1, 2013e # 1, 2013f # 1			
2727	2710		2013d-2013f			
2728	2711		2013, 2013d-2013f			
2729	2713		442k			
2730	2714	L.IV, 365-367	2026, 2034, 2121			
2731	2715	L.IV, 369	2036 # 3			
2732	2715.1					
2733	2716	L.IV, 402	2053			

C.c.Q.	P.L. 125	O.R.C.C.	C.c.B.C.	C.c.Q., L.II/L.IV	C.p.c.	C.c.F.
2734	2717	L.IV, 403-404	2054-2055			
2735	2718	L.IV, 411, 413 # 2	2057		771	
2736	2719	L.IV, 406	1972			
2737	2720	L.IV, 405, 409	1967, 1974			
2738	2721	L.IV, 410				
2739	2722		1805, 1973 # 1			
2740	2723		1812, 1973 # 2			
2741	2724	L.IV, 407	1975 # 1			
2742	2725	L.IV, 408	1976			
2743	2726	L.IV, 338, 342 # 1, 405	1974			
2744	2727	L.IV, 339-340				
2745	2728	L.IV, 341				
2746	2729	L.IV, 342				
2747	2730	L.IV, 344	1971			
2748	2731	L.IV, 412-413	2057-2058			
2749	2732					
2750	2733	L.IV, 421				
2751	2734	L.IV, 415	2016, 2056			
2752	2735	L.IV, 416	2059			
2753	2736	L.IV, 423	2049 # 1			
2754	2737	L.IV, 423	2049 # 2			
2755	2738	L.IV, 414				
2756	2739	L.IV, 401				
2757	2740	L.IV, 426, 432, 439	1040a, 1979c, 1979i			
2758	2741	L.IV, 426, 432, 439	1040a-1040b, 1979c, 1979i			

C.c.Q.	P.L. 125	O.R.C.C.	C.c.B.C.	C.c.Q., L.II/L.IV	C.p.c.	C.c.F.
2759	2742	L.IV, 436, 442				
2760	2743	L.IV, 418	2074			
2761	2745	L.IV, 420	1040b # 1, 2079-2080			
2762	2746	L.IV, 420	1040b # 2			
2763	2747		2061, 2075			
2764	2748	L.IV, 448-449	2075, 2077		540-541	
2765	2749	L.IV, 446	2061, 2075			
2766	2750					
2767	2751				575, 733	
2768	2751.1					
2769	2752	L.IV, 447	2075			
2770	2753	L.IV, 422	2072			
2771	2754	L.IV, 417	2073			
2772	2755	L.IV, 424	2050, 2078 # 1			
2773	2756	L.IV, 431				
2774	2757	L.IV, 428 # 2				
2775	2758	L.IV, 429-430				
2776	2759					
2777	2760					
2778	2761					
2779	2762	L.IV, 444				
2780	2763	L.IV, 445				
2781	2764	L.IV, 441 # 1	1040b # 1			
2782	2765	L.IV, 443				
2783	2766	L.IV, 441 # 2-4				
2784	2767	L.IV, 432-433	1979c, 1979i			
2785	2768	L.IV, 437-438				

C.c.Q.	P.L. 125	O.R.C.C.	C.c.B.C.	C.c.Q., L.II/L.IV	C.p.c.	C.c.F.
2786	2769	L.IV, 437				
2787	2770					
2788	2771					
2789	2772	L.IV, 434-435	1979c, 1979j			
2790	2774	L.IV, 434				
2791	2775					
2792	2776	L.IV, 467				
2793	2777	L.IV, 437				
2794	2778	L.IV, 482	2081(6)			
2795	2783	L.IV, 477	2081(1), (6)			
2796	2783.1					
2797	2785	L.IV, 300, 335, 472	2081			
2798	2786	L.IV, 475	1970, 2081a # 1			
2799	2786.1	L.IV, 474	2081a # 1			
2800	2787					
2801	2788	L.IV, 486				
2802	2789					
2803	2790	L.VI, 1	1203			1315
2804	2791	L.VI, 3				
2805	2792	L.VI, 2	2202			
2806	2793	L.VI, 7				
2807	2794	L.VI, 8				
2808	2795	L.VI, 8				
2809	2796	L.VI, 9-11				
2810	2797				292, 312	
2811	2798	L.VI, 12	1205			1316
2812	2799	L.VI, 13	1207			

C.c.Q.	P.L. 125	O.R.C.C.	C.c.B.C.	C.c.Q., L.II/L.IV	C.p.c.	C.c.F.
2813	2800	L.VI, 14, 16	1207			1317
2814	2801	L.VI, 15	1207-1208			
2815	2802	L.VI, 21	1207, 1215, 1217			
2816	2803	L.VI, 21	1217-1219			
2817	2804	L.VI, 22	1216			
2818	2805	L.VI, 17-18	1210			1320
2819	2806	L.VI, 19	1208, 1210			
2820	2807	L.VI, 20, 22	1215-1216			
2821	2808	L.VI, 23	1211			
2822	2809	L.VI, 24-25	1220			
2823	2810	L.VI, 26	1220(5)			
2824	2811	L.VI, 27	1220(7)			
2825	2812	L.VI, 28				
2826	2813	L.VI, 29	1221			1318
2827	2814	L.VI, 30				
2828	2815	L.VI, 32	1223-1224			1322
2829	2816	L.VI, 33	1222			1320
2830	2817	L.VI, 34	1225-1226			1328
2831	2818	L.VI, 35-36				
2832	2819	L.VI, 35, 38				
2833	2819.1		1227			1331
2834	2820	L.VI, 37	1228-1229			1332
2835	2821	L.VI, 38				
2836	2822	L.VI, 39				
2837	2823					
2838	2824					
2839	2825					
2840	2826					

C.c.Q.	P.L. 125	O.R.C.C.	C.c.B.C.	C.c.Q., L.II/L.IV	C.p.c.	C.c.F.
2841	2827					
2842	2828					
2843	2829	L.VI, 40-41			294	
2844	2830				293, 301	
2845	2831	L.VI, 50				
2846	2832	L.VI, 51	1238			1349
2847	2833	L.VI, 52-53	1239			1350, 1352
2848	2834	L.VI, 55	1241		1007	
2849	2835	L.VI, 56	1242			1353
2850	2836	L.VI, 57				
2851	2837	L.VI, 58-59				
2852	2838	L.VI, 64	1245			1356
2853	2839	L.VI, 62	1243			1356
2854	2840				290, 312	
2855	2841					
2856	2842					
2857	2843	L.VI, 4, 65				
2858	2844	L.VI, 5				
2859	2845	L.VI, 73				
2860	2846	L.VI, 71-72	1204, 1233			
2861	2847	L.VI, 67	1233			
2862	2848	L.VI, 66	1233			1341
2863	2849 # 1	L.VI, 69	1234			1341, 1347
2864	2850	L.VI, 70				
2865	2849 # 2	L.VI, 68				
2866	2851	L.VI, 54	1240			1352
2867	2852	L.VI, 63	1244			1354

C.c.Q.	P.L. 125	O.R.C.C.	C.c.B.C.	C.c.Q., L.II/L.IV	C.p.c.	C.c.F.
2868	2852.1					
2869	2853		1205		320, 404	
2870	2854	L.VI, 42-43				
2871	2855	L.VI, 44-45				
2872	2856	L.VI, 46				
2873	2857	L.VI, 48				
2874	2858	L.VI, 47				
2875	2859	L.VII, 1	583, 1138, 2183 # 1			
2876	2860	L.VII, 31	2201 # 1			
2877	2861	L.VII, 10	2232			
2878	2862	L.VII, 2	2188, 2267			
2879	2863	L.VII, 3	2240		7	
2880	2864	L.VII, 50	2236, 2268			
2881	2865					2224
2882	2866	L.VII, 4	2246			
2883	2867	L.VII, 5	2184			
2884	2868	L.VII, 6				
2885	2869	L.VII, 7	2185			
2886	2870	L.VII, 8	2186			
2887	2871	L.VII, 9	2187			
2888	2872	L.VII, 28	2264			
2889	2873	L.VII, 15	2222			
2890	2874	L.VII, 16	2223			
2891	2875	L.VII, 17				
2892	2876	L.VII, 19	2224 # 1, 4			
2893	2877	L.VII, 20	2224 # 5			
2894	2878	L.VII, 21 # 1	2226			
2895	2879	L.VII, 21 # 2-3				

C.c.Q.	P.L. 125	O.R.C.C.	C.c.B.C.	C.c.Q., L.II/L.IV	C.p.c.	C.c.F.
2896	2880	L.VII, 22	2224 # 2			
2897	2881		2224 # 3			
2898	2882	L.VII, 24	2227			
2899	2883	L.VII, 23 # 1	2228			
2900	2884	L.VII, 25	2230 # 1, 2231 # 1			
2901	2885	L.VII, 26	2230 # 3, 2231 # 3			
2902	2886	L.VII, 27	2230 # 3, 2231 # 4			
2903	2887	L.VII, 28	2255, 2264			
2904	2888	L.VII, 11	2232 # 1			
2905	2889	L.VII, 12	2232 # 2			
2906	2890		2233, 2261.1			
2907	2891	L.VII, 13	2237 # 1			
2908	2892		2233a			
2909	2893	L.VII, 14	2239			
2910	2894	L.VII, 30	2183 # 2			
2911	2895	L.VII, 33				
2912	2896	L.VII, 34	2200			
2913	2897	L.VII, 35 # 1	2203 # 1			
2914	2898	L.VII, 36	2205, 2208			
2915	2899	L.VII, 37	2206			
2916	2900	L.VII, 39	2207 # 1, 6			
2917	2901	L.VII, 40	2242			
2918	2902					
2919	2903	L.VII, 45 # 1-2	1027 # 2, 2268 # 1-2, 5			
2920	2904	L.VII, 42	2253			
2921	2905	L.VII, 46	2183 # 3			

C.c.Q.	P.L. 125	O.R.C.C.	C.c.B.C.	C.c.Q., L.II/L.IV	C.p.c.	C.c.F.
2922	2906	L.VII, 47	2242			
2923	2907	L.VII, 48			770	
2924	2908	L.VII, 29	2265			
2925	2909	L.VII, 49				
2926	2910	L.VII, 51				
2927	2911	L.VII, 53 # 1	2258			
2928	2912		2261.2			
2929	2913		2262(1)			
2930	2914					
2931	2915	L.VII, 52	2266			
2932	2916					
2933	2917	L.VII, 54	2203 # 3			
2934	2918	L.VIII, 29				
2935	2919	L.VIII, 30	2087, 2129b			
2936	2920	L.VIII, 5				
2937	2921	L.VIII, 61	2131 # 3			
2938	2922	L.VIII, 6, 9-10, 13	2098 # 1, 4-5, 2101 # 1, 2108-2110, 2116a-2116b, 2120a, 2121, 2126, 2158			
2939	2923	L.VIII, 6	2102, 2108			
2940	2924					
2941	2925	L.VIII, 1, 88-89	2082-2083			
2942	2926	L.VIII, 62	2131 # 3			
2943	2927	L.VIII, 3				
2944	2928					

C.c.Q.	P.L. 125	O.R.C.C.	C.c.B.C.	C.c.Q., L.II/L.IV	C.p.c.	C.c.F.
2945	2929	L.VIII, 49, 58, 90	2130 # 3, 5, 2132 # 2, 2136 # 2, 2161(3)			
2946	2930		2089			
2947	2931		2130 # 4-5			
2948	2932	L.IV, 462	2043, 2083, 2098 # 7, 2100			
2949	2933		2120a			
2950	2934					
2951	2936					
2952	2937		2013, 2103(1)			
2953	2938					
2954	2939					
2955	2940					
2956	2941		2048, 2127 # 1			
2957	2942	L.VIII, 83	2095			
2958	2943	L.VIII, 84	2091			
2959	2944	L.VIII, 85-86	2122-2124			
2960	2945	L.VIII, 87	2125-2125a			
2961	2946	L.VIII, 11	2108-2109			
2962	2947					
2963	2948	L.VIII, 2	2085			
2964	2949	L.VIII, 4	2086			
2965	2950	L.VIII, 57				
2966	2951	L.VIII, 16-17				
2967	2952	L.VIII, 18	2111-2112			
2968	2953	L.VIII, 22	2111-2112			
2969	2954		2161			

C.c.Q.	P.L. 125	O.R.C.C.	C.c.B.C.	C.c.Q., L.II/L.IV	C.p.c.	C.c.F.
2970	2955	L.VIII, 31-32	661, 804 # 2, 1979 # 2, 1979g # 1, 2092, 2126, 2158			
2971	2956		2179			
2971.1						
2972	2957		2161(2), (6), 2170-2171			
2973	2958					
2974	2958.01					
2975	2958.1					
2976	2959		2161(5), 2129g			
2977	2960		2129q			
2978	2961		2129k			
2979	2962		2129l			
2980	2963					
2981	2964					
2982	2965	L.VIII, 31, 33	2092, 2131 # 1-2, 2158			
2983	2966	L.VIII, 32-33				2154
2984	2967					
2985	2968		2140			
2986	2969		2136			
2987	2970	L.VIII, 39-40	2138-2138a			
2988	2971	L.VIII, 27 # 1				
2989	2972	L.VIII, 27 # 2				
2990	2973					
2991	2974	L.VIII, 28				
2992	2975					

C.c.Q.	P.L. 125	O.R.C.C.	C.c.B.C.	C.c.Q., L.II/L.IV	C.p.c.	C.c.F.
2993	2976					
2994	2976.1					
2995	2977	L.VIII, 42	2131 # 5			
2996	2979	L.VIII, 7	2173.7			
2997	2980	L.VIII, 15	2129a			
2998	2981	L.VIII, 46	2098 # 4-6, 2110			
2999	2982	L.VIII, 47	2098 # 4-5			
3000	2983	L.VIII, 109, 112	2155-2156, 2161d			
3001	2984	L.VIII, 115	2161i			
3002	2984.1					
3003	2985		2127 # 1-3			
3004	2986		2127 # 4			
3005	2987	L.VIII, 38 # 3	2139 # 4			
3006	2978					
3007	2988	L.VIII, 49, 51	2132 # 1, 2134 # 1, 2136, 2145, 2171, 2180 # 1			
3008	2989	L.VIII, 49 # 3, 51	2132 # 1, 2134 # 1			
3009	2989.1					
3010	2990					
3011	2991	L.VIII, 49 # 3, 54-55	2134, 2145			
3012	2992		2160.1 # 2, 2161(3), 2180 # 2			
3013	2993	L.VIII, 50	2084(2), 2098 # 7			
3014	2994	L.VIII, 59	2127 # 5			

C.c.Q.	P.L. 125	O.R.C.C.	C.c.B.C.	C.c.Q., L.II/L.IV	C.p.c.	C.c.F.
3015	2995					
3016	2996	L.VIII, 56				
3017	2997		2161e			
3018	2999		2129n			
3019	3000		2177-2178			
3020	3001					
3021	3002		2174 # 1, 2182			
3022	3003		2161b # 3-2161c # 1			
3023	3005		2161c # 2-3			
3024	3006		2160 # 1, 2161(6), 2164			
3025	3007		2160 # 2			
3026	3008					
3027	3009		2166			
3028	3010		2169-2170			
3029	3011		2166, 2175			
3030	3012	L.VIII, 72 # 2-73	2173.2, 2175 # 3			
3031	3013					
3032	3014	L.VIII, 65 # 1, 70 # 1	2168 # 1, 2169			
3033	3015	L.VIII, 66	2168 # 3, 2173.2 # 3			
3034	3015.1		2168 # 1			
3035	3015.2		2129g			
3036	3017	L.VIII, 65 # 2, 67	2129l # 1			
3037	3018	L.VIII, 65	2168 # 1			

C.c.Q.	P.L. 125	O.R.C.C.	C.c.B.C.	C.c.Q., L.II/L.IV	C.p.c.	C.c.F.
3038	3019					
3039	3020					
3040	3021		2129d, 2129h-2129i			
3041	3022					
3042	3023		2173.6			
3043	3024	L.VIII, 72 # 1, 74	2174 # 1-2, 2174a-2174b # 1, 2175 # 1-2			
3044	3025		2175 # 2			
3045	3026	L.VIII, 76 # 2	2174b # 4			
3046	3027		2173			
3047	3028					
3048	3029					
3049	3030					
3050	3030.1					
3051	3031					
3052	3032					
3053	3032.1					
3054	3033		2173.2 # 3-4			
3055	3034		2173.3 # 1-2, 2173.4			
3056	3035		2173.3 # 3-4-2173.4			
3057	3036	L.VIII, 94	2148 # 1			
3058	3036.1					
3059	3037	L.VIII, 94-95	2148 # 1, 2081a # 2			
3060	3037.1					
3061	3038		2103(4)-(5)			

C.c.Q.	P.L. 125	O.R.C.C.	C.c.B.C.	C.c.Q., L.II/L.IV	C.p.c.	C.c.F.
3062	3039	L.VIII, 96	2148.1			
3063	3040	L.VIII, 99	2150			
3064	3041					
3065	3042	L.VIII, 97	2148 # 2, 4			
3066	3043	L.VIII, 100				
3067	3044	L.VIII, 102	2151 # 4-5			
3068	3045		2151 # 3			
3069	3046	L.VIII, 110, 112-114	2157, 2161d, 2161g-2161h			
3070	3047	L.VIII, 115-116	2161h # 2-2161i, 2161k			
3071	3048		2129p			
3072	3049	L.VIII, 105	2152-2152a			
3073	3050	L.VIII, 94, 106	2148 # 1, 2153		497 # 1, 547 # 1	
3074	3051	L.VIII, 103-104				
3075	3052	L.VIII, 108 # 1-2				
3076	3053	L.IX, 1				
3077	3054	L.IX, 2				
3078	3055	L.IX, 3 # 1	6 # 2			
3079	3056					
3080	3056.1					
3081	3057	L.IX, 5 # 1	6 # 2, 13			
3082	3058					
3083	3059	L.IX, 7, 19	6 # 4			
3084	3060	L.IX, 18	6 # 3			
3085	3061	L.IX, 17	6 # 4, 348a			
3086	3062	L.IX, 8				
3087	3063					
3088	3064	L.IX, 9 # 1	6 # 4, 7.1			

C.c.Q.	P.L. 125	O.R.C.C.	C.c.B.C.	C.c.Q., L.II/L.IV	C.p.c.	C.c.F.
3089	3065	L.IX, 9 # 2	6 # 4	440-462		
3090	3066	L.IX, 10	6 # 4			
3091	3067	L.IX, 11	6 # 4			
3092	3068	L.IX, 12		L.II, 596 # 2		
3093	3069	L.IX, 13	6 # 4			
3094	3070	L.IX, 14	6 # 4			
3095	3071	L.IX, 15				
3096	3072	L.IX, 16				
3097	3073	L.IX, 33	6 # 1-2			
3098	3074	L.IX, 43-44	6 # 1-2			
3099	3075					
3100	3076					
3101	3077		348a			
3102	3078		6 # 2			
3103	3079	L.IX, 38-40				
3104	3080	L.IX, 41				
3105	3081	L.IX, 42 # 1				
3106	3082	L.IX, 42 # 2				
3107	3083					
3108	3084					
3109	3085	L.IX, 20 # 1-3	7			
3110	3087	L.IX, 20 # 5	1208 # 5			
3111	3088	L.IX, 21 # 1	8			
3112	3089	L.IX, 21 # 2	8			
3113	3090					
3114	3091	L.IX, 22 # 3				
3115	3092	L.IX, 22 # 4				
3116	3093		1738			

C.c.Q.	P.L. 125	O.R.C.C.	C.c.B.C.	C.c.Q., L.II/L.IV	C.p.c.	C.c.F.
3117	3094	L.IX, 25				
3118	3095					
3119	3096	L.IX, 27-28	2496-2498, 2500			
3120	3097					
3121	3098	L.IX, 29				
3122	3099	L.IX, 26 # 1				
3123	3100	L.IX, 26 # 2				
3124	3101	L.IX, 26 # 3				
3125	3102	L.IX, 30				
3126	3103	L.IX, 31	6 # 3			
3127	3104					
3128	3105	L.IX, 32				
3129	3106		8.1			
3130	3107	L.IX, 45				
3131	3108	L.IX, 46	2189-2191			
3132	3109	L.IX, 47	6 # 2			
3133	3110	L.IX, 29				
3134	3111		28			
3135	3112					
3136	3113					
3137	3114	L.IX, 71 # 1				
3138	3115	L.IX, 71 # 2				
3139	3116	L.IX, 66			172	
3140	3117	L.IX, 52 # 2				
3141	3118	L.IX, 52			70	
3142	3119	L.IX, 59			70	
3143	3120, 3124	L.IX, 56			70-70.1	

C.c.Q.	P.L. 125	O.R.C.C.	C.c.B.C.	C.c.Q., L.II/L.IV	C.p.c.	C.c.F.
3144	3121	L.IX, 53, 55			70	
3145	3122				70	
3146	3123	L.IX, 54-55			70	
3147	3125	L.IX, 57-58			70	
3148	3126	L.IX, 48, 67			68	
3149	3127		85 # 3			
3150	3128	L.IX, 49			69	
3151	3129				21.1	
3152	3130	L.IX, 50			73	
3153	3131	L.IX, 51			74	
3154	3132					
3155	3133	L.IX, 5 # 2, 60				
3156	3134	L.IX, 61				
3157	3135	L.IX, 62				
3158	3136	L.IX, 63				
3159	3137	L.IX, 69 # 2				
3160	3138	L.IX, 80				
3161	3139	L.IX, 72-73				
3162	3139.1				21	
3163	3140	L.IX, 70				
3164	3141					
3165	3142	L.IX, 67			180.1	
3166	3143	L.IX, 76				
3167	3144	L.IX, 75				
3168	3145	L.IX, 65				

RÈGLEMENTS RELATIFS AU CODE CIVIL DU QUÉBEC

Les règlements contenus dans cette section sont à jour au 20 juin 1998. Ils n'ont aucune sanction officielle; pour interpréter et appliquer l'un ou l'autre de ces règlements, vous devez vous reporter aux textes officiels publiés à la *Gazette officielle du Québec.*

TABLE DES MATIÈRES

Règlement d'application de l'article 1614 du Code civil sur l'actualisation des dommages-intérêts en matière de préjudice corporel, D. 271-97, (1997) 129 *G.O.* II, 1449

Code civil du Québec, 1991, c. 64, art. 1614

1. Les taux d'actualisation applicables, quant aux aspects prospectifs du préjudice, au calcul des dommages-intérêts dus au créancier en réparation du préjudice corporel qu'il subit sont:

1° pour les pertes résultant tant de la diminution de la capacité de gains que de la progression des revenus, traitements ou salaires, de 2%;

2° pour les autres pertes résultant de l'inflation, de 3,25%.

2. Le présent règlement entre en vigueur le quinzième jour qui suit la date de sa publication à la *Gazette officielle du Québec*. (E.E.V.: 97-04-03).

Règlement sur la capitalisation boursière minimale d'une société aux fins du paragraphe 9° de l'article 1339 du Code civil du Québec, D. 1683-93, (1993) 125 *G.O.* II, 8647

Code civil du Québec
1991, c. 64, art. 1339, par. 9°

1. Aux fins du paragraphe 9° de l'article 1339 du Code civil du Québec (1991, c. 64), la capitalisation boursière d'une société dont les actions ordinaires sont inscrites à la cote d'une bourse reconnue par le gouvernement doit être d'au moins 75 000 000$.

2. Le présent règlement entre en vigueur le 1er janvier 1994.

Décret 36-94, 10 janvier 1994

Code civil du Québec
(1991, c. 64)

CONCERNANT la reconnaissance de bourses pour l'application du paragraphe 9° de l'article 1339 du Code civil du Québec.

ATTENDU QUE le paragraphe 9° de l'article 1339 du Code civil du Québec (1991, c. 64) prévoit que sont présumés sûrs les placements faits dans les actions ordinaires, émises par une société qui satisfait depuis trois ans aux obligations d'information continue définies par la *Loi sur les valeurs mo-*

bilières, dans la mesure où elles sont inscrites à la cote d'une bourse reconnue à cette fin par le gouvernement, sur recommandation de la Commission des valeurs mobilières, et où la capitalisation boursière de la société, compte tenu des actions privilégiées et des blocs d'actions de 10 p. 100 et plus, excède la somme alors fixée par le gouvernement;

ATTENDU QUE le 18 novembre 1993, la Commission des valeurs mobilières du Québec recommandait au gouvernement de reconnaître, aux fins de cette disposition, les bourses en valeurs de Montréal, de Toronto, de Vancouver, de l'Alberta et de Winnipeg.

IL EST ORDONNÉ, en conséquence, sur la recommandation du ministre des Finances, de la ministre déléguée aux Finances et du ministre de la Justice:

QUE soient reconnues, aux fins du paragraphe 9° de l'article 1339 du Code civil du Québec, les bourses en valeurs de Montréal, de Toronto, de Vancouver, de l'Alberta et de Winnipeg.

Le greffier du Conseil exécutif,
BENOIT MORIN

Règlement relatif au changement de nom et d'autres qualités de l'état civil, D. 1592-93, (1993) 125 *G.O.* II, 8053

Code civil du Québec,
1991, c. 64, art. 64 et 73

SECTION I
DEMANDE DE CHANGEMENT DE NOM

1. La demande de changement de nom, présentée au directeur de l'état civil, est appuyée d'une déclaration sous serment du demandeur attestant que les motifs qui y sont exposés et les renseignements qui y sont donnés sont exacts.

2. La demande qui porte uniquement sur le changement de nom d'une personne majeure comprend les renseignements suivants sur le demandeur:

1° son nom, tel qu'il est constaté dans son acte de naissance, le nom qu'il demande ainsi que le nom qu'il utilise à la date de la présentation de la demande;

2° son sexe;

3° les date et lieu de sa naissance ainsi que l'endroit où elle a été enregistrée;

4° l'adresse de son domicile à la date de la présentation de la demande et depuis combien d'années il est domicilié au Québec;

5° la date à laquelle il est devenu citoyen canadien, s'il est né ailleurs qu'au Canada;

6° les noms de ses père et mère;

7° son état civil et, s'il est marié, le nom de son conjoint ainsi que les date et lieu de leur mariage;

8° le nom de ses enfants, s'il en a, ainsi que leur date de naissance et le nom de l'autre parent de chacun d'eux;

9° s'il a déjà changé de nom, à la suite d'une décision judiciaire ou administrative, le nom qu'il portait avant cette décision ou, si un tel changement de nom lui a été refusé, les motifs de ce refus;

10° les motifs pour lesquels il demande le changement de son nom.

3. La demande qui porte sur le changement du nom de famille d'une personne majeure et de son enfant mineur, de même que celle qui porte uniquement sur le changement de nom d'un enfant mineur comprend, en outre des renseignements exigés à l'article 2, les renseignements additionnels suivants sur l'enfant:

1° son nom, tel qu'il est constaté dans son acte de naissance, le nom demandé pour lui et le nom qu'il utilise à

la date de la présentation de la demande;

2º son sexe;

3º les date et lieu de sa naissance ainsi que l'endroit où elle a été enregistrée;

4º l'adresse de son domicile, à la date de la présentation de la demande et depuis combien d'années il est domicilié au Québec;

5º la date à laquelle il est devenu citoyen canadien, s'il est né ailleurs qu'au Canada;

6º les noms de ses père et mère ainsi que l'adresse de leur domicile à la date de la présentation de la demande;

7º s'il a déjà changé de nom, à la suite d'une décision judiciaire ou administrative, le nom qu'il portait avant cette décision ou, si un tel changement de nom a été refusé, les motifs de ce refus;

8º le cas échéant, l'indication que son père ou sa mère a été déchu de l'autorité parentale par jugement du tribunal;

9º le cas échéant, l'indication que sa filiation a été changée par jugement du tribunal;

10º le cas échéant, l'indication qu'un tuteur lui a été nommé, soit par jugement du tribunal, soit par testament ou déclaration au curateur public conformément à l'article 200 du Code civil du Québec, le nom du tuteur, l'adresse de son domicile à la date de la présentation de la demande, le mode de sa nomination ainsi que la date de prise d'effet de la tutelle;

11º les motifs pour lesquels le changement de son nom est demandé.

4. La demande de changement de nom est accompagnée des documents suivants:

1º copie des actes de naissance, de mariage et de décès mentionnés à la demande, lorsque ces actes ont été faits hors du Québec;

2º copie du certificat de citoyenneté canadienne du demandeur et de l'enfant mineur pour lequel le changement de nom est demandé, s'ils sont nés ailleurs qu'au Canada;

3º copie du jugement irrévocable ou du certificat de divorce du demandeur, si celui-ci est divorcé;

4º copie du jugement prononçant la nullité du mariage du demandeur, le cas échéant;

5º copie des décisions antérieures de changement de nom du demandeur et de l'enfant mineur pour lequel le changement de nom est demandé, s'ils ont déjà changé de nom;

6º si un tuteur a été nommé à l'enfant mineur pour lequel le changement de nom est demandé, la copie du jugement nommant le tuteur à l'enfant ou, si la désignation du tuteur a été faite par testament ou par une déclaration au curateur public, conformément à l'article 200 du Code civil du Québec, la copie du testament ou de la déclaration.

La demande de changement de nom est également accompagnée du paiement des droits exigibles.

SECTION II
PUBLICITÉ DE LA DEMANDE DE CHANGEMENT DE NOM

5. À moins qu'il n'en ait été dispensé par le ministre de la Justice, conformément à l'article 63 du Code civil du Québec, le demandeur donne avis de sa demande, une fois par semaine, pendant deux semaines consécutives, à la *Gazette officielle du Québec* et dans un journal publié ou circulant dans le district judiciaire où il a son domicile.

Ces publications sont également faites dans le district judiciaire où l'enfant mineur, pour lequel le changement de nom est demandé, à son domicile si celui-ci est distinct de celui du demandeur.

6. L'avis de demande de changement de nom comprend, lorsque celle-ci porte sur le changement de nom d'une personne majeure, les renseignements suivants:

1º le nom du demandeur, tel qu'il est constaté dans son acte de naissance;

2º l'adresse du domicile du demandeur;

3º le nom demandé au directeur de l'état civil;

4º les lieu et date de l'avis;

5º la signature du demandeur.

Lorsque la demande porte sur le changement de nom d'un enfant mineur, l'avis de demande comprend les renseignements suivants:

1º les nom et adresse du domicile du demandeur;

2º le nom de l'enfant, tel qu'il est constaté dans son acte de naissance;

3º le nom demandé pour l'enfant au directeur de l'état civil;

4º les lieu et date de l'avis;

5º la qualité du demandeur et sa signature.

7. Le demandeur doit fournir au directeur de l'état civil, soit la dispense de publication accordée par le ministre de la Justice en application de l'article 63 du Code civil du Québec, soit les pages complètes des journaux et de la *Gazette officielle du Québec* sur lesquelles a été publié l'avis de demande de changement de nom.

SECTION III
AVIS DE DEMANDE DE CHANGEMENT DE NOM D'UN ENFANT MINEUR

8. Le demandeur notifie, de la manière prescrite à la section VI, un avis de la demande qui porte sur le changement de nom d'un enfant mineur aux père et mère de l'enfant, à son tuteur, le cas échéant, et à l'enfant lui-même, s'il est âgé de quatorze ans et plus. Il joint à l'avis une copie de la demande.

9. L'avis de demande comprend les renseignements suivants:

1º les nom et adresse du domicile de la personne à qui l'avis doit être notifié;

2º le nom de l'enfant, tel qu'il est constaté dans son acte de naissance;

3º le nom demandé pour l'enfant;

4º les nom, qualité et adresse du domicile du demandeur;

5º les lieu et date de l'avis;

6º la signature du demandeur.

10. Le demandeur fournit au directeur de l'état civil, de la manière prévue à l'article 22, la preuve que la notification requise par l'article 8 a été faite; dans le cas contraire, il doit démontrer au directeur qu'il n'a pu procéder à la notification.

SECTION IV
OBSERVATIONS SUR UNE DEMANDE,
OPPOSITION ET RÉPONSE DU
DEMANDEUR

11. Toute personne intéressée peut, dans les vingt jours suivant la date de la dernière publication requise par la section II, notifier ses observations au demandeur et au directeur de l'état civil.

12. Les personnes avisées d'une demande de changement de nom d'un enfant mineur, conformément à la section III, peuvent s'opposer à la demande sous réserve toutefois du cas prévu au deuxième alinéa de l'article 62 du Code civil du Québec.

Elles notifient, conformément à la section VI, leur opposition au directeur de l'état civil et au demandeur, au plus tard le vingtième jour suivant la date de la notification de l'avis de demande.

13. L'opposition à la demande de changement de nom d'un enfant mineur comprend les renseignements suivants:

1º les nom, qualité et adresse du domicile de l'opposant;

2º le nom du demandeur;

3º le nom de l'enfant, tel qu'il est constaté dans son acte de naissance;

4º le nom demandé pour l'enfant;

5º les motifs de l'opposition;

6º les lieu et date de l'opposition;

7º la signature de l'opposant.

14. Le demandeur peut, dans les quinze jours de la notification qui lui en est faite, répondre à une opposition ou aux observations formulées sur sa demande.

Il notifie, conformément à la section VI, sa réponse au directeur de l'état civil et à l'opposant et, le cas échéant, aux autres personnes intéressées.

15. La réponse du demandeur comprend les renseignements suivants:

1º les nom et adresse du domicile du demandeur;

2º le nom de l'opposant ou de la personne qui a formulé des observations sur la demande;

3º la date de la notification au demandeur de l'opposition ou des observations sur la demande;

4º le nom inscrit à l'acte de naissance de la personne dont le changement de nom est demandé;

5º le nom demandé pour cette personne;

6º les motifs pour lesquels le demandeur considère que l'opposition ou les observations sont mal fondées;

7º les date et lieu de la réponse du demandeur;

8º la signature du demandeur.

SECTION V
DÉCISION DU DIRECTEUR DE L'ÉTAT
CIVIL

16. La décision du directeur de l'état civil d'autoriser ou de refuser un changement de nom doit être motivée.

Elle est notifiée au demandeur, à l'opposant et, le cas échéant, aux per-

sonnes qui ont formulé des observations sur la demande.

17. Lorsque la décision du directeur de l'état civil d'autoriser un changement de nom n'est plus susceptible d'être révisée, soit à l'expiration du délai de 30 jours prévu à l'article 864.2 du Code de procédure civile, il en donne avis à la *Gazette officielle du Québec*, à moins qu'une dispense spéciale de publication ne soit accordée par le ministre de la Justice en application de l'article 67 du Code civil du Québec.

18. L'avis de changement de nom comprend les renseignements suivants:

1º la date de la décision d'autoriser le changement de nom;

2º le nom inscrit à l'acte de naissance de la personne dont le changement de nom était demandé;

3º la date de naissance de cette personne;

4º le nouveau nom accordé à cette personne;

5º la date de prise d'effet de la décision d'autoriser le changement de nom;

6º les lieu et date de l'avis;

7º la signature du directeur de l'état civil.

19. Le directeur de l'état civil expédie au demandeur un certificat de changement de nom. Il fait au registre de l'état civil les inscriptions nécessaires pour en assurer la publicité.

SECTION VI
NOTIFICATION DE DOCUMENTS

20. La notification exigée par les articles 8, 11, 12, 14 et 16 est faite conformément aux articles 146.1 et 146.2 du Code de procédure civile.

21. La notification est réputée faite à la date de signature, par le destinataire, du récépissé des documents ou à la date où a été signé, par le destinataire ou par l'une des personnes mentionnées à l'article 123 du Code de procédure civile, l'avis de réception présenté par le postier au moment de la livraison ou, pour le courrier certifié, l'avis de livraison.

22. La preuve de la notification est faite par la déclaration sous serment de l'expéditeur attestant qu'il accompli toutes les formalités requises et à laquelle sont attachés, selon le cas, les récépissés, les avis de réception ou, pour le courrier certifié, les avis de livraison.

SECTION VII
CHANGEMENT DE LA MENTION DU SEXE

23. Les articles 1, 2, 4 et 16 à 22 s'appliquent au changement de la mention du sexe en faisant les adaptations nécessaires.

24. On ne peut, dans une demande de modification de la mention du sexe, demander un changement de nom de famille.

SECTION VIII
DISPOSITION FINALE

25. Le présent règlement entrera en vigueur le 1er janvier 1994.

Règlement sur le registre des droits personnels et réels mobiliers,
D. 1594-93, (1993) 125 *G.O.* II, 8058

Code civil du Québec,
1991, c. 64, art. 3024

Loi sur l'application de la réforme du Code civil, 1992, c. 57, art. 165

Loi sur les bureaux de la publicité des droits, 1992, c. 57, art. 446 et 447

CHAPITRE PREMIER
DU REGISTRE DES DROITS PERSONNELS ET RÉELS MOBILIERS

SECTION I
DISPOSITIONS GÉNÉRALES

1. Le registre des droits personnels et réels mobiliers est informatisé.

2. Les réquisitions d'inscription sont numérotées par l'officier de la publicité. La numérotation fait référence à un numéro de séquence commençant par les deux derniers chiffres de l'année civile.

SECTION II
DU BORDEREAU DE PRÉSENTATION

3. Les bordereaux de présentation sont numérotés par l'officier. La numérotation fait référence à un numéro de séquence que précède un caractère distinctif.

4. Le bordereau peut aussi être utilisé par le bureau à des fins d'établissement et de perception des frais exigibles, ainsi que de facturation.

SECTION III
DE LA STRUCTURE DU REGISTRE

5. Le registre des droits personnels et réels mobiliers est constitué de fiches nominatives et de fiches descriptives.

6. Il est établi une fiche nominative pour chaque constituant identifié dans la réquisition d'inscription.

7. Seul un véhicule routier visé à l'article 15 donne lieu à l'établissement d'une fiche descriptive; les fiches nominative et descriptive sont complémentaires. [D. 444-98, art. 1].

8. Chacune des fiches nominative et descriptive est constituée d'une fiche synoptique et d'une ou de plusieurs fiches détaillées.

9. Toute fiche nominative ou descriptive comporte un intitulé qui indique notamment le nom du registre, le nom du constituant ou le numéro d'identification du bien visé ainsi que les dates de certification du registre. [D. 444-98, art. 2].

10. La fiche synoptique, outre l'intitulé mentionné à l'article 9, relate la date, l'heure et la minute de présentation de la réquisition, le numéro d'inscription ainsi que la nature du droit inscrit; elle renvoie aux différentes fiches détaillées. [D. 444-98, art. 2].

11. La fiche détaillées, outre l'intitulé mentionné à l'article 9, comprend l'inscription du droit donnant lieu à l'établissement de cette fiche.

Après l'établissement d'une fiche détaillée, les inscriptions concernant un droit qui en fait l'objet sont faites sur cette fiche; mention de l'inscription est aussi effectuée sur la fiche synoptique.

12. La radiation d'une inscription sur une fiche détaillée donne lieu à une épuration de concordance sur la fiche synoptique; la réduction qui soustrait totalement de l'inscription le bien qui a donné lieu à l'établissement d'une fiche descriptive entraîne la suppression de cette inscription sur celle-ci et mention de la réduction est portée sur la fiche nominative.

SECTION IV
DE L'ÉTABLISSEMENT DE LA FICHE
AU REGISTRE

§ 1. *De la fiche nominative*

13. La fiche nominative est établie comme suit:

1° s'il s'agit d'une personne physique: sous son nom et sa date de naissance;

1.1° s'il s'agit d'une succession: sous le nom et la date de naissance de la personne décédée;

1.2° s'il s'agit d'une fiducie: sous son nom et le code postal correspondant à l'établissement visé si celui-ci est situé au Canada;

2° s'il s'agit d'une personne morale: sous son nom et le code postal correspondant à l'établissement directement visé, si celui-ci est situé au Canada;

3° s'il s'agit d'une société en nom collectif ou en commandite ou d'une association: sous son nom et le code postal correspondant à l'établissement directement visé, si celui-ci est situé au Canada;

4° s'il s'agit de l'État: sous le nom de l'autorité administrative visée et le code postal correspondant au principal établissement de cette autorité.

Lorsqu'une personne physique agit dans le cadre d'une entreprise qu'elle exploite ou qu'une personne morale agit sous un nom autre que le sien et que sa désignation à la réquisition comprend aussi le nom de l'entreprise ou l'autre nom, la fiche nominative est également établie sous le nom de l'entreprise ou l'autre nom et sous le code postal relatif à l'adresse correspondante à ce nom. [D. 444-98, art. 3].

13.1. Lors de l'établissement d'une fiche nominative, un algorithme de normalisation d'écriture est appliqué au nom sous lequel la fiche est établie; aucune demande pour éviter l'application de cet algorithme n'est admise. [D. 444-98, art. 4].

§ 2. *De la fiche descriptive*

14. La fiche descriptive est établie sous le numéro d'identification d'un véhicule routier.

15. Donne lieu à l'établissement d'une fiche descriptive, s'il est décrit conformément aux dispositions de l'article 20, un véhicule routier muni d'un numéro d'identification apposé conformément à l'article 210 du Code de la sécurité routière (L.R.Q., c. C-24.2) et qui est:

1° un véhicule de promenade;

2º une motocyclette;

3º un taxi;

4º un véhicule d'urgence;

5º un autobus;

6º un minibus;

7º un véhicule de commerce;

8º une remorque ou une semi-remorque dont la masse nette est supérieure à 900 kg;

9º une habitation motorisée;

10º une motoneige dont le modèle est postérieur à l'année 1988.

Pour l'application du premier alinéa:

1º les véhicules routiers visés aux paragraphes 1º à 7º sont ceux définis à l'article 4 du Code de la sécurité routière;

2º les véhicules routiers visés aux paragraphes 8º à 10º sont ceux définis à l'article 2 du *Règlement sur l'immatriculation des véhicules routiers* édicté par le décret 1420-91 du 16 octobre 1991. [D. 444-98, art. 5].

CHAPITRE DEUXIÈME
DES RÉQUISITIONS D'INSCRIPTION

SECTION I
DES DÉSIGNATIONS, DES
DESCRIPTIONS ET DES QUALIFICATIONS

16. La désignation des personnes doit indiquer:

1º pour une personne physique: le nom, la date de naissance et l'adresse de sa résidence;

2º pour une personne morale: le nom et l'adresse de son siège ou, s'il y a lieu, le nom et l'adresse de l'établissement directement visé.

Lorsqu'une personne physique agit dans le cadre d'une entreprise qu'elle exploite ou qu'une personne morale agit sous un nom autre que le sien, la désignation peut comprendre aussi le nom de l'entreprise ou l'autre nom et l'adresse correspondante.

17. La désignation doit indiquer:

1º pour une société en nom collectif ou en commandite ou une association: le nom, la forme juridique qu'elle emprunte et son adresse;

2º pour l'État: le nom de l'autorité administrative visée et l'adresse correspondant au principal établissement de cette autorité;

3º pour une fiducie: le nom de la fiducie et son adresse, s'il en est; le fiduciaire doit également être désigné. [D. 444-98, art. 6].

18. La réquisition d'inscription doit indiquer clairement pour chaque personne qui y est nommée sa qualité de constituant ou de titulaire du droit qui en fait l'objet.

19. L'adresse de tout lieu indique le numéro, la rue, la municipalité, la province ou le territoire et, si l'adresse est située au Canada, le code postal. Cette adresse est complétée, le cas échéant, par l'indication du pays, s'il s'agit d'un pays autre que le Canada. [D. 444-98, art. 7].

20. Pour qu'un véhicule routier visé à l'article 15 donne lieu à l'établissement d'une fiche descriptive, le formulaire doit contenir, dans les espaces appropriés, son numéro d'identification et la caté-

gorie de véhicule routier à laquelle il appartient parmi celles prévues à l'article 15. [D. 444-98, art. 7].

21. Le droit dont l'inscription est requise doit être qualifié de façon précise en utilisant, s'il en est, les termes de la loi.

SECTION II
DU SUPPORT ET DES MOYENS DE REQUÉRIR L'INSCRIPTION

22. La réquisition d'inscription est sur support papier; elle peut être présentée au lieu où est tenu le registre; elle peut aussi y être acheminée par courrier. [D. 444-98, art. 8].

SECTION III
DE LA FORME DES RÉQUISITIONS D'INSCRIPTION

23. La réquisition d'inscription qui prend la forme d'un avis doit être faite en utilisant le formulaire, produit par le bureau de la publicité des droits ou réalisé avec le logiciel de réalisation de formulaires fourni par ce bureau, qui, parmi ceux édictés en annexe, correspond au type de réquisition présentée et dont tous les espaces pertinents doivent être remplis conformément aux indications. Le requérant qui réalise un formulaire avec le logiciel doit utiliser sa plus récente version et il ne peut y apporter aucune modification.

Toute réquisition doit être faite sur des feuilles de 215 mm de largeur sur 355 mm de hauteur d'au moins 75 g/m² à la rame. La réquisition qui prend la forme d'un avis doit être imprimée uniquement sur l'une des faces de la feuille. [D. 444-98, art. 9].

24. La réquisition d'inscription ne doit pas être décalquée; elle doit être dactylographiée, imprimée ou écrite en lettres moulées. L'encre utilisée doit être de bonne qualité. Les caractères doivent être clairs, nets et lisibles, sans rature ni surcharge.

La réquisition doit porter une signature manuscrite. Le nom du signataire doit aussi être dactylographié, imprimé ou écrit en lettres moulées sous cette signature ou, s'il s'agit d'une formule, dans l'espace prévu à cette fin. [D. 444-98, art. 10].

SECTION IV
DU CONTENU DE LA RÉQUISITION

25. La réquisition d'inscription d'un droit, en plus de faire référence, s'il en est, au document constitutif du droit, doit contenir l'information suivante:

1º la désignation des personnes visées à la réquisition et, lorsqu'une personne est représentée par un tuteur, un curateur, un mandataire désigné dans le mandat donné en prévision de l'inaptitude d'une partie, un liquidateur, un syndic à la faillite ou un séquestre, le nom et la qualité du représentant;

2º la description du bien, s'il y a lieu;

3º la qualification du droit dont l'inscription est requise, son étendue ainsi que, s'il en est, la date extrême d'effet de l'inscription demandée;

4º l'événement ou la condition, s'il en est, dont dépend l'existence du droit;

5º pour faire référence à un droit qui a fait l'objet d'une inscription antérieure sur le registre, le numéro d'inscription de ce droit;

6º lorsqu'il y a lieu de faire référence à un droit qui fait l'objet d'une réquisition présentée simultanément, le numéro de formulaire de cette réquisition.

La référence à un document constitutif de droit doit énoncer:

1° s'il en est, la date et le lieu de signature du document;

2° si ce document est notarié: le nom du notaire et le numéro de la minute ou la mention qu'il s'agit d'un acte en brevet;

3° si ce document est judiciaire: le tribunal dont il émane, le district judiciaire, le numéro du dossier judiciaire;

4° si ce document est sous seing privé: le nom des témoins qui l'ont attesté, lorsque cette attestation est prescrite par la loi. [D. 444-98, art. 11].

26. La réquisition qui vise la réduction ou la radiation d'une inscription, en plus de faire référence, s'il en est, au document qui autorise la réduction ou la radiation, doit contenir l'information suivante:

1° (*supprimé*);

2° l'indication du droit que vise la réquisition et le numéro d'inscription de ce droit;

3° si la réduction ou la radiation est volontaire: la désignation de la personne qui y consent et, lorsqu'il y a représentation, le nom et la qualité du représentant, de même que la nature de la pièce justificative en vertu de laquelle le représentant agit, ainsi que l'indication du nom du constituant;

4° si la réduction ou la radiation est judiciaire: le nom des personnes visées à l'acte;

5° si la réduction ou la radiation est légale: l'indication du texte de loi sur lequel se fonde le requérant, toute men-

tion ou déclaration prescrite par la loi, ainsi que l'indication, s'il y a lieu, du nom des personnes que vise l'inscription;

6° s'il s'agit de la réduction du montant indiqué dans l'inscription: la somme pour laquelle la réduction est requise ou ordonnée;

7° s'il s'agit de la réduction de l'assiette du droit: la description du bien visé.

La référence au document qui autorise la réduction ou la radiation doit énoncer:

1° s'il en est, la date et le lieu de signature du document;

2° si ce document est notarié: le nom du notaire et le numéro de la minute ou la mention qu'il s'agit d'un acte en brevet;

3° si ce document est judiciaire: le tribunal dont il émane, le district judiciaire, le numéro du dossier judiciaire et, dans le cas d'un jugement, le dispositif du jugement;

4° si ce document est sous seing privé: le nom des témoins qui l'ont attesté, lorsque cette attestation est prescrite par la loi. [D. 444-98, art. 12].

27. La réquisition du renouvellement de la publicité d'un droit désigne les personnes concernées par la réquisition, décrit, s'il y a lieu, le bien visé et indique le numéro d'inscription du droit visé ainsi que la date extrême d'effet de l'inscription demandée. [D. 444-98, art. 13].

28. La réquisition de préinscription d'une demande en justice contient la désignation des parties, la description du bien et indique le tribunal, le district et le dossier judiciaires, la personne en

possession du bien, l'objet de la demande et le numéro d'inscription du droit visé. [D. 444-98, art. 13].

29. La réquisition de préinscription d'un droit résultant d'un testament désigne le testateur et indique le lieu et la date du décès; cette réquisition indique, en outre, la nature du droit auquel une personne prétend ainsi que le motif de la préinscription et, s'il y a lieu, la description du bien visé. [D. 444-98, art. 13].

30. La réquisition d'inscription d'une adresse est faite au moment de la présentation de la réquisition d'inscription du droit visé ou ultérieurement.

La réquisition désigne le bénéficiaire de l'inscription et indique l'adresse où doit être faite la notification ainsi que le numéro d'inscription du droit visé ou, si le droit visé est relaté dans une réquisition présentée simultanément, le numéro de formulaire de cette réquisition. Elle peut également indiquer le numéro de télécopieur du bénéficiaire. [D. 444-98, art. 14].

31. Le bénéficiaire de l'inscription de l'adresse se voit attribuer par l'officier, lors d'une première inscription d'adresse, un numéro d'avis d'adresse. Dans toute réquisition d'inscription subséquente, l'indication de l'adresse à des fins de notification se fait par référence au numéro d'avis d'adresse ainsi attribué.

32. La réquisition visant le changement ou la modification de l'adresse de notification ou du nom du bénéficiaire, ou l'ajout, le changement ou la modification du numéro de télécopieur, désigne le bénéficiaire et indique le numéro de l'avis d'adresse attribué par l'officier; elle spécifie, en outre, suivant le cas, les

adresses de notification ancienne et nouvelle, les noms ancien et nouveau du bénéficiaire ou les numéros de télécopieur ancien et nouveau. [D. 444-98, art. 15].

CHAPITRE TROISIÈME
DES INSCRIPTIONS

33. Les inscriptions doivent être claires et précises; elles sont limitées aux indications exigées par la loi et le présent règlement.

34. Lorsque la réquisition fixe la date extrême d'effet de l'inscription, il y a lieu de l'indiquer dans l'inscription du droit. Si la date extrême d'effet indiquée dans la réquisition dépasse le délai de péremption légal, l'officier ramène la date au dernier jour de ce délai.

35. L'inscription d'un droit comprend l'indication précise de la nature du droit, son numéro d'inscription ainsi que la date, l'heure et la minute de présentation de la réquisition d'inscription de ce droit. [D. 444-98, art. 16].

36. La désignation d'une partie dans une inscription sur le registre comprend les indications prescrites aux articles 16 à 19. [D. 444-98, art. 16].

36.1 Pour préciser l'assiette ou l'étendue d'un droit, l'officier peut, dans l'inscription de ce droit, faire référence à la réquisition par laquelle cette inscription est requise. [D. 444-98, art. 16].

37. Lorsqu'il y a lieu, dans l'inscription d'un droit, de faire référence à un droit qui a fait l'objet d'une inscription antérieure sur le registre, cette référence se fait par l'indication de la nature et du numéro d'inscription du droit visé.

Lorsque la réquisition d'inscription fait référence au droit visé en indiquant

un numéro de formulaire tel que prévu au paragraphe 6º du premier alinéa de l'article 25, l'officier peut, dans l'inscription du nouveau droit, substituer au numéro de formulaire le numéro d'inscription correspondant. [D. 444-98, art. 16].

38. (*Abrogé*). [D. 444-98, art. 17].

39. L'inscription d'une réduction ou d'une radiation volontaire, judiciaire ou légale indique la date de présentation de la réquisition et son numéro d'inscription.

L'inscription de la réduction ou de la radiation qui est faite d'office sur le fondement de la péremption d'une inscription est datée.

Dans tous les cas, l'inscription indique le caractère de la réduction ou de la radiation effectuée, ainsi que les numéros des inscriptions visées.

40. L'inscription de la réduction d'une somme indique le montant de cette réduction.

L'inscription de la réduction qui vise certains des biens grevés indique les biens visés par la réduction.

Lorsque la réduction n'est pas accordée par tous les créanciers ou titulaires du droit visé, l'inscription doit en faire mention. [D. 444-98, art. 18].

41. Lorsque l'officier a porté erronément une inscription sur une fiche nominative ou descriptive ou qu'il a omis de faire une inscription, il porte l'inscription sur la fiche appropriée à la suite des inscriptions qui y figurent et supprime, s'il y a lieu, l'inscription erronée.

Une mention de la rectification ainsi que de ses date, heure et minute est faite dans l'espace réservé à cette fin, sous l'inscription du droit visé sur la fiche détaillée appropriée; cette mention indique aussi le nom de l'officier qui a fait la rectification. [D. 444-98, art. 19].

42. La rectification d'une inscription faite sur la fiche nominative ou descriptive appropriée mais dont le contenu est incomplet ou erroné est faite en ajoutant l'élément omis ou en substituant l'information correcte à celle qui est erronée.

Une mention de la rectification ainsi que de ses date, heure et minute est faite dans l'espace réservé à cette fin sous l'inscription du droit visé sur la fiche détaillée; cette mention indique aussi le nom de l'officier qui a fait la rectification.

CHAPITRE QUATRIÈME
DU FICHIER DES ADRESSES

43. Un fichier des adresses complète le registre des droits personnels et réels mobiliers.

Le fichier est constitué de fiches établies, s'il s'agit d'une personne physique, sous le nom du bénéficiaire de l'inscription de l'adresse et sa date de naissance et, dans les autres cas, sous son nom et le code postal correspondant à son adresse si celle-ci est située au Canada.

Chaque fiche comprend notamment le nom du bénéficiaire, son adresse à des fins de notification, son numéro de télécopieur, s'il en est, ainsi que le numéro d'avis d'adresse attribué par l'officier au bénéficiaire de l'inscription. [D. 444-98, art. 20].

43.1 Lors de l'établissement d'une fiche au fichier des adresses, un algorithme de normalisation d'écriture est appliqué au nom sous lequel la fiche est établie;

aucune demande pour éviter l'application de cet algorithme n'est admise. [D. 444-98, art. 21].

44. Toute réquisition d'inscription d'une adresse, tout changement ou modification de l'adresse ou du nom du bénéficiaire, ou tout ajout, changement ou modification du numéro de télécopieur, sont inscrits au fichier des adresses sous le nom du bénéficiaire. Lorsqu'il y a lieu, mention est faite du numéro d'avis d'adresse sur la fiche détaillée pertinente sous l'inscription du droit visé, dans l'espace réservé à cette fin. [D. 444-98, art. 22].

44.1 La notification prévue à l'article 3017 du Code civil (1991, c. 64) peut être faite par télécopieur, au numéro mentionné au fichier des adresses sous le nom du bénéficiaire concerné.

La preuve de notification peut être établie au moyen d'un bordereau de transmission ou, à défaut, d'une déclaration sous serment de la personne qui a effectué l'envoi et, dans tous les cas, d'une confirmation d'envoi, laquelle spécifie les numéros de télécopieur de l'officier et du bénéficiaire, la date, l'heure et le statut de la transmission ainsi que le nombre de pages acheminées.

Le bordereau de transmission ou, à défaut, la déclaration sous serment doit mentionner:

1° le nom, l'adresse, le numéro de téléphone de l'officier et le numéro de télécopieur utilisé;

2° le nom et le numéro de télécopieur du bénéficiaire à qui la notification est effectuée;

3° le nombre total de pages transmises, y compris le bordereau de transmission;

4° la nature du document. [D. 444-98, art. 22].

CHAPITRE CINQUIÈME
DE LA CONSULTATION

45. La consultation du registre se fait sur place ou à distance, par téléphone ou à partir d'un écran de visualisation.

46. La recherche au registre s'effectue lorsqu'elle concerne:

1° une personne physique ou sa succession, à partir des éléments prévus à l'article 13;

2° une personne morale, une société, une association ou une fiducie, à partir du nom de celle-ci;

3° l'État, à partir du nom de l'autorité administrative visée;

4° un véhicule routier visé à l'article 15, à partir de son numéro d'identification;

5° une inscription non radiée, à partir du numéro d'inscription ou du numéro de formulaire qui y correspond. [D. 444-98, art. 23].

46.1 Lors de la consultation d'une inscription par téléphone ou à partir d'un écran de visualisation, la liste des biens visés peut ne pas être accessible. En tels cas, l'officier fait parvenir au requérant, sur demande, un état certifié de l'inscription lorsque cette liste est contenue dans le registre ou, dans le cas prévu à l'article 36.1, une copie certifiée de la réquisition qui contient la liste des biens. [D. 444-98, art. 23].

46.2 La consultation du fichier des adresses s'effectue, sous le nom du bénéficiaire de l'inscription de l'adresse, à partir des mêmes éléments que pour la consultation du registre.

Elle peut s'effectuer également à partir du numéro d'avis d'adresse du bénéficiaire. [D. 444-98, art. 23].

46.3 Lors d'une consultation, le nom qui fait l'objet de la recherche est soumis à l'application de l'algorithme de normalisation mentionné aux articles 13.1 et 43.1. [D. 444-98, art. 23].

47. La consultation d'une inscription radiée ou d'une inscription qui vise la radiation d'une autre s'effectue par une demande spécifique qui désigne le droit visé et son numéro d'inscription.

48. La signature de l'officier apposée à des fins de certification sur un état des droits inscrits sur le registre, sur un état d'une inscription particulière ou sur une copie des documents faisant partie des archives du bureau peut l'être par un moyen mécanique ou informatique.

CHAPITRE SIXIÈME
DE LA CONSERVATION

49. La réquisition et le document qui peut l'accompagner sont, après traitement, microfilmés ou transférés sur un support magnétique ou sur un support optique.

50. Les inscriptions sur support informatique peuvent être transférées sur un support magnétique ou sur un support optique.

Il en est de même des inscriptions sur support informatique qui visent leur radiation.

CHAPITRE SEPTIÈME
DISPOSITIONS DIVERSES

51. (*Abrogé*). [D. 444-98, art. 24].

52. Le bureau où est tenu le registre est ouvert tous les jours, excepté les samedis et les jours visés à l'article 6 du Code de procédure civile (L.R.Q., c. C-25).

Les heures de présentation des réquisitions sont de 9 h à 15 h; celles de consultation sur place ou par téléphone sont de 9 h à 16 h.

Malgré le deuxième alinéa, le bureau est ouvert de 9h00 à 10h00 les 24 et 31 décembre. [D. 444-98, art. 25].

52.1 La consultation du registre à distance, faite à partir d'un écran de visualisation, est disponible de 8 h à 21 h tous les jours, excepté les samedis et les jours visés à l'article 6 du Code de procédure civile.

Les samedis, le registre peut être consulté à distance de 8 h à 17 h.

Malgré les premier et deuxième alinéas, le registre peut être consulté à distance de 9 h à 10 h les 24 et 31 décembre. [D. 444-98, art. 26].

53. Le présent règlement entre en vigueur le 1er janvier 1994.

D. 444-98, (1998) 130 *G.O.* II, 2015; E.E.V.: 98-05-19.

ANNEXE I
(a. 23)

Gouvernement du Québec
Ministère de la Justice
Registre des droits personnels et réels mobiliers

RÉQUISITION D'INSCRIPTION D'UNE HYPOTHÈQUE MOBILIÈRE

Formulaire RH — Page 1

NATURE

1- Cocher une seule case

a ☐ Hypothèque conventionnelle sans dépossession
b ☐ Hypothèque conventionnelle avec dépossession (gage)
c ☐ Hypothèque ouverte
d ☐ Hypothèque légale de l'État ou d'une personne morale de droit public
e ☐ Hypothèque légale résultant d'un jugement
f ☐ Renouvellement de la publicité d'une hypothèque

g ☐ Renouvellement sur un meuble nouveau
h ☐ Renouvellement sur de nouvelles actions
i ☐ Report sur le bien offert ou consigné
j ☐ Report sur le bien acquis en remplacement
k ☐ Affectation d'un bien à une hypothèque légale

D.E.E.

2- DATE EXTRÊME D'EFFET DE L'INSCRIPTION   Note: L'inscription pourra être radiée le lendemain de cette date sans présentation d'une réquisition à cet effet.

Année   Mois   Jour

PARTIES

TITULAIRES   Remplir les rubriques 4,5,6,8,9 ou 7,8,9 et s'il y a lieu, la rubrique 3

3- Numéro d'avis d'adresse

4- Nom   5- Prénom   6- Date de naissance   Année   Mois   Jour

7- Nom de l'organisme

8- Adresse de la personne physique ou de l'organisme (numéro, rue, ville, province)   9- Code postal

Au besoin, utiliser les annexes AP ou AD

CONSTITUANT   Remplir les rubriques 10,11,12,14,15 ou 13,14,15

10- Nom   11- Prénom   12- Date de naissance   Année   Mois   Jour

13- Nom de l'organisme

14- Adresse de la personne physique ou de l'organisme (numéro, rue, ville, province)   15- Code postal

Au besoin, utiliser les annexes AP ou AD   S'il y a lieu, cocher ☐ État certifié des droits, expédié aussi par ☐ télécopieur ☐ messagerie électronique

BIENS

VÉHICULE ROUTIER   Consulter les directives

16- Catégorie   17- Numéro d'identification   18- Année   19- Description

Au besoin, utiliser l'annexe AV   S'il y a lieu, cocher ☐ État certifié des droits, expédié aussi par ☐ télécopieur ☐ messagerie électronique

20- AUTRES BIENS

Au besoin, utiliser l'annexe AG

21- Somme de l'hypothèque   Consulter les directives

22- Référence à la loi créant l'hypothèque   23- Cause de la créance

MENTIONS

RÉFÉRENCE À L'INSCRIPTION VISÉE AU REGISTRE DES DROITS PERSONNELS ET RÉELS MOBILIERS

24- Numéro   Au besoin, utiliser l'annexe Ai

25- S'il y a lieu, cocher une case
a ☐ L'hypothèque est consentie pour garantir l'obligation ou autres biens chargent (article 2682 C.c.Q.)
b ☐ L'hypothèque est consentie en garantie d'un droit viager

RÉFÉRENCE À L'ACTE CONSTITUTIF

26- Forme de l'acte   Cocher une seule case   a ☐ Sous seing privé   b ☐ Notarié en minute   c ☐ Notarié en brevet   d ☐ Jugement

27- Date   28- Lieu ou district judiciaire

29- N° de minute ou de dossier   30- Nom et prénom du notaire ou du tribunal

31- AUTRES MENTIONS

Au besoin, utiliser l'annexe AG

SIGNATURE

Le signataire requiert l'inscription du présent avis.

32- Nom du signataire

33- X _____   Signature

ANNEXE II
(a. 23)

Gouvernement du Québec
Ministère de la Justice
Registre des droits personnels et réels mobiliers

RÉQUISITION D'INSCRIPTION
DE NATURE MATRIMONIALE
Formulaire RM — Page 1

NATURE

1- *Cocher une seule case*

MARIAGE a ☐ Contrat de mariage b ☐ Modification d'un contrat de mariage ou d'un régime matrimonial

JUGEMENT c ☐ Séparation de corps d ☐ Séparation de biens e ☐ Nullité de mariage f ☐ Divorce

RENONCIATION g ☐ Partage de la valeur des acquêts h ☐ Partage de la valeur du patrimoine familial i ☐ Communauté de biens

ANNULATION D'UNE RENONCIATION j ☐ Partage de la valeur des acquêts k ☐ Partage de la valeur du patrimoine familial
l ☐ Communauté de biens

PARTIES

① 2- *Cocher une seule case* a ☐ Époux b ☐ Époux renonçant c ☐ Époux décédé
3- Nom   4- Prénom   5- Date de naissance
                                                                                  Année Mois Jour
6- Adresse (numéro, rue, ville, province)   7-Code postal
                          S'il y a lieu, cocher ☐ état certifié des droits, expédié aussi par ☐ télécopieur ☐ messagerie électronique

② 8- *Cocher une seule case* c ☐ Épouse d ☐ Épouse renonçante f ☐ Épouse décédée
9- Nom   10- Prénom   11- Date de naissance
                                                                                  Année Mois Jour
12- Adresse (numéro, rue, ville, province)   13-Code postal
Au besoin, utiliser l'annexe AP   S'il y a lieu, cocher ☐ état certifié des droits, expédié aussi par ☐ télécopieur ☐ messagerie électronique

MENTIONS

14- CHOIX DU RÉGIME *Cocher une seule case*
a ☐ Séparation de biens b ☐ Société d'acquêts c ☐ Communauté de biens
d ☐ Autre, préciser

15- OBJET DE LA MODIFICATION (autre que celle du régime matrimonial)

Au besoin, utiliser l'annexe AG

RÉFÉRENCE AU CONTRAT DE MARIAGE ANTÉRIEUR *Remplir une seule des sections a, b ou c*
a- Contrat de mariage inscrit au registre des droits personnels et réels mobiliers.
16- Numéro
b- Contrat de mariage antérieur au 1er juillet 1970.
17- Numéro de minute 18- Date ___-__-__
                                  Année Mois Jour
19- Nom et prénom du notaire
c- Sans contrat de mariage.
20- Date du mariage ___-__-__ 21- Lieu
                    Année Mois Jour

CONJOINT DU RENONÇANT OU DU DÉFUNT
22- Nom et prénom

RÉFÉRENCE À L'INSCRIPTION DE LA RENONCIATION ANNULÉE *Remplir la rubrique 23 ou les rubriques 24 et 25*
23- Numéro au registre des droits personnels et réels mobiliers
24- Numéro 25- Circonscription foncière

RÉFÉRENCE À L'ACTE CONSTITUTIF
26- Forme de l'acte *Cocher une seule case* a ☐ Notarié en minute b ☐ Jugement
27- Date 28- Lieu ou district judiciaire
         Année Mois Jour
29- N° de minute ou de dossier 30- Nom et prénom du notaire ou tribunal

31- AUTRES MENTIONS

Au besoin, utiliser l'annexe AG

SIGNATURE

La signataire requiert l'inscription du présent avis.
32- Nom du signataire

33- X _____
          signature

ANNEXE III
(a. 23)

Gouvernement du Québec Ministère de la Justice Registre des droits personnels et réels mobiliers	RÉQUISITION GÉNÉRALE D'UNE INSCRIPTION Formulaire RG — Page 1

D.E.E. NATURE

Indiquer une seule nature de droit

1- Nature

D.E.E.

2- DATE EXTRÊME D'EFFET DE L'INSCRIPTION *Note : L'inscription pourra être radiée le lendemain de cette date sans présentation d'une réquisition à cet effet*

Année   mois   jour

PARTIES

① *Remplir les rubriques 4, 5, 6, 7, 9, 10 ou 4, 8, 9, 10 et s'il y a lieu, la rubrique 3*

3- N° d'avis d'adresse

4- Cocher une seule case   a ☐ Titulaire   b ☐ Constituant   c ☐ Autre, préciser

5- Nom   6- Prénom   7- Date de naissance
Année   mois   jour

8- Nom de l'organisme

9- Adresse de la personne physique ou de l'organisme (numéro, rue, ville, province)   10- Code postal

② *Remplir les rubriques 12, 13, 14, 15, 17, 18 ou 12, 16, 17, 18 et s'il y a lieu, la rubrique 11*

11- N° d'avis d'adresse

12- Cocher une seule case   a ☐ Titulaire   b ☐ Constituant   c ☐ Autre, préciser

13- Nom   14- Prénom   15- Date de naissance
Année   mois   jour

16- Nom de l'organisme

17- Adresse de la personne physique ou de l'organisme (numéro, rue, ville, province)   18- Code postal

Au besoin, utiliser les annexes AP ou AD   S'il y a lieu, cocher ☐ état certifié des droits, expédié aussi par ☐ télécopieur ☐ messagerie électronique

BIENS

VÉHICULE ROUTIER *Consulter les directives*

19- Catégorie   20- Numéro d'identification   21- Année   22- Description
①

Au besoin, utiliser l'annexe AV   S'il y a lieu, cocher ☐ état certifié des droits, expédié aussi par ☐ télécopieur ☐ messagerie électronique

23- AUTRES BIENS

Au besoin, utiliser l'annexe AG

MENTIONS

24- Montant

RÉFÉRENCE A L'INSCRIPTION VISÉE AU REGISTRE DES DROITS PERSONNELS ET RÉELS MOBILIERS

25- Numéro   ①   ②   *Au besoin, utiliser l'annexe AI*

RÉFÉRENCE A L'ACTE CONSTITUTIF
26- Forme de l'acte   *Cocher une seule case*

a ☐ Sous seing privé   b ☐ Notarié en minute   c ☐ Notarié en brevet   d ☐ Jugement
e ☐ Autre, préciser

27- Date   28- Lieu ou district judiciaire
Année   mois   jour

29- N° de minute ou de dossier   30- Nom et prénom du notaire, tribunal ou le nom et prénom des témoins

31- AUTRES MENTIONS

Au besoin, utiliser l'annexe AG

SIGNATURE

Le signataire requiert l'inscription du présent avis.

32- Nom du signataire

33- X _____
Signature

1232

ANNEXE IV
(a. 23)

Gouvernement du Québec
Ministère de la Justice
Registre des droits personnels et
réels mobiliers

RÉQUISITION D'INSCRIPTION
D'UN PRÉAVIS D'EXERCICE
Formulaire RP — Page 1

NATURE

1- Nature du préavis   *Cocher une seule case*

a ☐ Préavis d'exercice d'un droit hypothécaire

b ☐ Préavis d'exercice des droits résultant d'une fiducie à titre onéreux

c ☐ Autre, préciser

PARTIES

① **TITULAIRE**   *Remplir les rubriques 2,3,4,6,7 ou 5,6,7*

| 2- Nom | 3- Prénom | 4- Date de naissance |
| | | Année   Mois   Jour |

5- Nom de l'organisme

| 6- Adresse de la personne physique ou de l'organisme (numéro, rue, ville, province) | 7- Code postal |

② **CONSTITUANT**   *Remplir les rubriques 8,9,10,12,13 ou 11,12,13*

| 8- Nom | 9- Prénom | 10- Date de naissance |
| | | Année   Mois   Jour |

11- Nom de l'organisme

| 12- Adresse de la personne physique ou de l'organisme (numéro, rue, ville, province) | 13- Code postal |

Au besoin, utiliser les annexes AP ou AD   S'il y a lieu, cocher ☐ état certifié des droits, expédié aussi par ☐ télécopieur ☐ messagerie électronique

BIENS

VÉHICULE ROUTIER   *Consulter les directives*

14- Catégorie   15- Numéro d'identification   16- Année   17- Description

Au besoin, utiliser l'annexe AV   S'il y a lieu, cocher ☐ état certifié des droits, expédié aussi par ☐ télécopieur ☐ messagerie électronique

18- AUTRES BIENS

Au besoin, utiliser l'annexe AG

MENTIONS

19- Droit dont l'exercice est projeté   *Cocher une seule case*

a ☐ Prise de possession à des fins d'administration   b ☐ Prise en paiement

c ☐ Vente par le créancier   d ☐ Vente sous contrôle de justice

e ☐ Autre, préciser

RÉFÉRENCE À L'INSCRIPTION VISÉE AU REGISTRE DES DROITS PERSONNELS ET RÉELS MOBILIERS

20- Numéro ①

RÉFÉRENCE AU PRÉAVIS

21- Forme du préavis   *Cocher une seule case*   a ☐ Sous seing privé   b ☐ Notarié en minute   c ☐ Notarié en brevet

| 22- Date | 23- Lieu |
| Année   Mois   Jour | |

24- N° de minute   25- Nom et prénom du notaire

26- AUTRES MENTIONS

Au besoin, utiliser l'annexe AG

Le débiteur étant en défaut d'exécuter ses obligations, le titulaire a signifié un préavis d'exercice conformément aux dispositions de la loi.

Le préavis d'exercice ainsi que la preuve de sa signification sont produits avec la présente.

SIGNATURE

Le signataire requiert l'inscription du présent avis.

27- Nom du signataire

28- X _____
Signature

ANNEXE V
(a. 23)

Gouvernement du Québec
Ministère de la Justice
Registre des droits personnels et
réels mobiliers

RÉQUISITION D'INSCRIPTION
D'UNE RECTIFICATION

Formulaire RR — Page 1

NATURE

1-Cocher une seule case

a ☐ Rectification par une personne intéressée   b ☐ Rectification judiciaire

PARTIES

① *Remplir les rubriques 2, 4, 5, 6, 8, 9 ou 2, 7, 8, 9 et s'il y a lieu, la rubrique 3*

3-N° d'avis d'adresse

3- Cocher une seule case   a ☐ Titulaire   b ☐ Constituant   c ☐ Autre, préciser

4-Nom   5-Prénom   6-Date de naissance
Année   Mois   Jour

7-Nom de l'organisme

8- Adresse de la personne physique ou de l'organisme (numéro, rue, ville, province)   9-Code postal

S'il y a lieu, cocher ☐ état certifié des droits, expédié aussi par ☐ télécopieur ☐ messagerie électronique

② *Remplir les rubriques 10, 12, 13, 14, 16, 17 ou 10, 15, 16, 17 et s'il y a lieu, la rubrique 11*

11-N° d'avis d'adresse

10- Cocher une seule case   a ☐ Titulaire   b ☐ Constituant   c ☐ Autre, préciser

12-Nom   13-Prénom   14-Date de naissance
Année   Mois   Jour

15-Nom de l'organisme

16-Adresse de la personne physique ou de l'organisme (numéro, rue, ville, province)   17-Code postal

Au besoin, utiliser les annexes AP ou AD   S'il y a lieu, cocher ☐ état certifié des droits, expédié aussi par ☐ télécopieur ☐ messagerie électronique

MENTIONS

RÉFÉRENCE À L'INSCRIPTION VISÉE AU REGISTRE DES DROITS PERSONNELS ET RÉELS MOBILIERS

18-Numéro   ①   Au besoin, utiliser l'annexe AI

RÉFÉRENCE AU JUGEMENT

19-Date   20-District judiciaire
Année   Mois   Jour
21-N° de dossier   22-Tribunal

23- OBJET DE LA RECTIFICATION

Au besoin, utiliser l'annexe AG

Si la rectification porte sur un véhicule routier, inscrire la description correcte ci-dessous :

24-Catégorie   25-Numéro d'identification   26-Année   27-Description
①

Au besoin, utiliser l'annexe AV   S'il y a lieu, cocher ☐ état certifié des droits, expédié aussi par ☐ télécopieur ☐ messagerie électronique

Si la rectification consiste à ramener à la baisse la date extrême d'effet de l'inscription, inscrire la date extrême d'effet corrigée ci-dessous

28- DATE EXTRÊME D'EFFET DE L'INSCRIPTION
Année   Mois   Jour

*Note : L'inscription pourra être radiée le lendemain de cette date
sans présentation d'une réquisition à cet effet*

29- AUTRES MENTIONS

Au besoin, utiliser l'annexe AG

SIGNATURE

Le signataire requiert l'inscription du présent avis.
30-Nom et signature du signataire

1234

ANNEXE VI
(a. 23)

Gouvernement du Québec
Ministère de la Justice
Registre des droits personnels et réels mobiliers

RÉQUISITION D'INSCRIPTION D'UNE ADRESSE
Formulaire RA — Page 1

NATURE

1- Cocher une seule case et remplir la section correspondante

a ☐ Inscription d'adresse à des fins de notification
b ☐ Changement de nom ou d'adresse de notification
c ☐ Inscription d'un numéro d'avis d'adresse ultérieure à l'inscription du droit visé
d ☐ Rectification

BÉNÉFICIAIRE

Remplir les rubriques 2, 3, 4, 6, 7 ou 5, 6, 7

2- Nom
3- Prénom
4- Date de naissance
Année Mois Jour

5- Nom de l'organisme

6- Adresse de la personne physique ou de l'organisme (numéro, rue, ville, province)
7- Code postal

OBJET DE L'INSCRIPTION

A- INSCRIPTION D'ADRESSE À DES FINS DE NOTIFICATION   Remplir la section RÉFÉRENCES

ADRESSE DE NOTIFICATION

8- Adresse
9- Code postal
10- Numéro de télécopieur ( ) -

B- CHANGEMENT DE NOM OU D'ADRESSE DE NOTIFICATION

11- Numéro d'avis d'adresse

Changement de nom   Remplir les rubriques 12, 13, 14, 16, 17, 18 ou 15, 19

Ancien nom
12- Nom
13- Prénom
14- Date de naissance
Année Mois Jour

15- Nom de l'organisme

Nouveau nom
16- Nom
17- Prénom
18- Date de naissance
Année Mois Jour

19- Nom de l'organisme

Changement d'adresse de notification   Remplir les rubriques 20 à 25

Ancienne adresse
20- Adresse
21- Code postal
22- Numéro de télécopieur ( ) -

Nouvelle adresse
23- Adresse
24- Code postal
25- Numéro de télécopieur ( ) -

C- INSCRIPTION D'UN NUMÉRO D'AVIS D'ADRESSE ULTÉRIEURE À L'INSCRIPTION DU DROIT VISÉ

26- Numéro d'avis d'adresse
Remplir la section RÉFÉRENCES

D- RECTIFICATION   Remplir a ou b

a- D'un numéro d'inscription
27- Numéro d'inscription erroné
28- Numéro d'inscription exact

29- Numéro d'avis d'adresse visé

b- D'un numéro d'avis d'adresse   Remplir la section RÉFÉRENCES
30- Numéro d'avis d'adresse erroné
31- Numéro d'avis d'adresse exact

RÉFÉRENCES

32- NUMÉRO D'INSCRIPTION OU DE FORMULAIRE

① ② ③ ④
⑤ ⑥ ⑦ ⑧

Au besoin, utiliser l'annexe AI

SIGNATURE

Le signataire requiert l'inscription du présent avis.

33- Nom du signataire

34- X
Signature

1235

ANNEXE VII
(a. 23)

Gouvernement du Québec
Ministère de la Justice
Registre des droits personnels et
réels mobiliers

RÉQUISITION D'INSCRIPTION
D'UNE RADIATION VOLONTAIRE

Formulaire RV — Page 1

PARTIES

1- TITULAIRE

Désigner la personne qui consent à la radiation.
- S'il y a lieu, expliquer le changement de titulaire et produire la pièce justificative requise.
- S'il y a représentation, indiquer le nom et la qualité du représentant de même que la nature de la pièce justificative en vertu de laquelle il agit.

Au besoin, utiliser l'annexe AG

2- CONSTITUANT

Indiquer le nom du constituant

Au besoin, utiliser l'annexe AG

OBJET DE LA RADIATION

Remplir les rubriques 3 et 4 ou 5 et 6

QUITTANCE TOTALE -Le titulaire avise l'officier de la publicité qu'il a été entièrement payé de toute somme due en vertu de la créance garantie par le droit auquel il est fait référence ci-dessous et qu'en conséquence, il requiert la radiation des inscriptions suivantes :

3- Numéro	4- Nature
①	
②	
③	

Au besoin, utiliser l'annexe AG

CONSENTEMENT À RADIATION - Le titulaire avise l'officier de la publicité qu'il consent, par la présente, à la radiation de l'inscription suivante :

5- Numéro	6- Nature
①	
②	
③	

Au besoin, utiliser l'annexe AG

7- AUTRES MENTIONS

Au besoin, utiliser l'annexe AG

SIGNATURE

Le signataire requiert l'inscription du présent avis.
8- Nom et signature du titulaire ou Nom du titulaire et nom et signature du représentant autorisé

ANNEXE VIII
(a. 23)

Gouvernement du Québec
Ministère de la Justice
Registre des droits personnels et
réels mobiliers

RÉQUISITION D'INSCRIPTION
D'UNE RÉDUCTION VOLONTAIRE
Formulaire RE — Page 1

1- TITULAIRE

Désigner la personne qui consent à la réduction.
- S'il y a lieu, expliquer le changement de titulaire et produire la pièce justificative requise.
- S'il y a représentation, indiquer le nom et la qualité du représentant de même que la nature de la pièce justificative en vertu de laquelle il agit.

Au besoin, utiliser l'annexe AG

2- LE CONSTITUANT

Indiquer le nom du constituant

Au besoin, utiliser l'annexe AG

3- LE TITULAIRE AVISE L'OFFICIER DE LA PUBLICITÉ QU'IL CONSENT, PAR LA PRÉSENTE, À LA RÉDUCTION SUIVANTE:

Au besoin, utiliser l'annexe AG

Si la réduction porte sur un véhicule routier, le décrire ci-dessous

4- Catégorie   **5- Numéro d'identification**   **6- Année**   **7- Description**

Au besoin, utiliser l'annexe AV

La signature requiert l'inscription du présent avis.
8- Nom et signature du titulaire ou Nom du titulaire et nom et signature du représentant autorisé

PARTIES

CONSENTEMENT À LA RÉDUCTION

SIGNATURES

1237

ANNEXE IX
(a. 23)

Gouvernement du Québec
Ministère de la Justice
Registre des droits personnels et
réels mobiliers

RÉQUISITION D'INSCRIPTION
D'UNE RÉDUCTION OU D'UNE RADIATION JUDICIAIRE

Formulaire RJ — Page 1

RÉFÉRENCE AU JUGEMENT

1-Nom et qualité des parties

Au besoin, utiliser l'annexe AG

2-Date du jugement
3-Tribunal
4-District judiciaire
5-Numéro du dossier judiciaire

6-DISPOSITIF DU JUGEMENT

Le signataire avise l'officier de la publicité que le dispositif du jugement décrit ci-dessus est le suivant :

OBJET DE L'INSCRIPTION

Au besoin, utiliser l'annexe AG

Le signataire requiert l'inscription du présent avis.

SIGNATURE

7-Nom du signataire

8- X

ANNEXE X
(a. 23)

Gouvernement du Québec
Ministère de la Justice
Registre des droits personnels et
réels mobiliers

RÉQUISITION D'INSCRIPTION
D'UNE RÉDUCTION OU D'UNE RADIATION LÉGALE

Formulaire RL — Page 1

MATIÈRE

1-Cocher une seule case

RÉDUCTION OU RADIATION LÉGALE

a ☐ d'un droit viager et de l'hypothèque qui le garantit à la suite du décès du bénéficiaire (art. 3067 C.c.Q.)

b ☐ à la suite d'une prise en paiement (art. 3069 al.1 C.c.Q.)

c ☐ à la suite d'une vente par un créancier (art. 3069 al.1 C.c.Q.)

d ☐ à la suite d'une vente sous contrôle de justice (art. 3069 al.1 C.c.Q.)

e ☐ à la suite d'une vente forcée (art. 3069 al.1 C.c.Q. et 611.1 C.p.c.)

f ☐ Autre, préciser

PARTIES

① Remplir les rubriques 2, 3, 4, 5, 7, 8 ou 2, 6, 7, 8

2- Cocher une seule case   a ☐ Titulaire   b ☐ Constituant   c ☐ Autre, préciser

3-Nom

4-Prénom

5-Date de naissance
Année Mois Jour

6- Nom de l'organisme

7-Adresse de la personne physique ou de l'organisme (numéro, rue, ville, province)

8-Code postal

② Remplir les rubriques 9, 10, 12, 14, 15 ou 9, 13, 14, 15

9- Cocher une seule case   a ☐ Titulaire   b ☐ Constituant   c ☐ Autre, préciser

10-Nom

11-Prénom

12-Date de naissance
Année Mois Jour

13-Nom de l'organisme

14-Adresse de la personne physique ou de l'organisme (numéro, rue, ville, province)

15-Code postal

Au besoin, utiliser les annexes AP ou AD

OBJET DE L'INSCRIPTION

16-LE SIGNATAIRE AVISE L'OFFICIER DE LA PUBLICITÉ DE CE QUI SUIT :   Relater les évènements, les documents et tout fait pertinent qui permettent la réduction ou la radiation légale. Faire référence aux inscriptions et décrire, s'il y a lieu, les biens visés par la présente.

Au besoin, utiliser l'annexe AG

SIGNATURE

Le signataire requiert l'inscription du présent avis

17-Nom du signataire

18- X
Signature

ANNEXE XI
(a. 23)

Gouvernement du Québec
Ministère de la Justice
Registre des droits personnels et réels mobiliers

ANNEXE PARTIES

Formulaire AP

Indiquer le numéro de formulaire de la première page de la réquisition _____

Paginer l'annexe selon son ordre de présentation dans la réquisition _____

---

⑤ *Remplir les rubriques 1, 3, 4, 5, 7, 8 ou 1, 6, 7, 8 et s'il y a lieu, les rubriques 2, 9, 10*

1- Cocher *une seule case* a ☐ Titulaire b ☐ Constituant c ☐ Autre, préciser _____

2- N° d'avis d'adresse _____

3- Nom _____

4- Prénom _____

5- Date de naissance _____ Année Mois Jour

6- Nom de l'organisme _____

7- Adresse de la personne physique ou de l'organisme (numéro, rue, ville, province) _____

8- Code postal _____

9- Représenté par _____

10- En qualité de _____

S'il y a lieu, cocher ☐ état certifié des droits, expédié aussi par ☐ télécopieur ☐ messagerie électronique

---

④ *Remplir les rubriques 1, 3, 4, 5, 7, 8 ou 1, 6, 7, 8 et s'il y a lieu, les rubriques 2, 9, 10*

1- Cocher *une seule case* a ☐ Titulaire b ☐ Constituant c ☐ Autre, préciser _____

2- N° d'avis d'adresse _____

3- Nom _____

4- Prénom _____

5- Date de naissance _____ Année Mois Jour

6- Nom de l'organisme _____

7- Adresse de la personne physique ou de l'organisme (numéro, rue, ville, province) _____

8- Code postal _____

9- Représenté par _____

10- En qualité de _____

S'il y a lieu, cocher ☐ état certifié des droits, expédié aussi par ☐ télécopieur ☐ messagerie électronique

---

⑤ *Remplir les rubriques 1, 3, 4, 5, 7, 8 ou 1, 6, 7, 8 et s'il y a lieu, les rubriques 2, 9, 10*

1- Cocher *une seule case* a ☐ Titulaire b ☐ Constituant c ☐ Autre, préciser _____

2- N° d'avis d'adresse _____

3- Nom _____

4- Prénom _____

5- Date de naissance _____ Année Mois Jour

6- Nom de l'organisme _____

7- Adresse de la personne physique ou de l'organisme (numéro, rue, ville, province) _____

8- Code postal _____

9- Représenté par _____

10- En qualité de _____

S'il y a lieu, cocher ☐ état certifié des droits, expédié aussi par ☐ télécopieur ☐ messagerie électronique

---

⑥ *Remplir les rubriques 1, 3, 4, 5, 7, 8 ou 1, 6, 7, 8 et s'il y a lieu, les rubriques 2, 9, 10*

1- Cocher *une seule case* a ☐ Titulaire b ☐ Constituant c ☐ Autre, préciser _____

3- N° d'avis d'adresse _____

3- Nom _____

4- Prénom _____

5- Date de naissance _____ Année Mois Jour

6- Nom de l'organisme _____

7- Adresse de la personne physique ou de l'organisme (numéro, rue, ville, province) _____

8- Code postal _____

9- Représenté par _____

10- En qualité de _____

S'il y a lieu, cocher ☐ état certifié des droits, expédié aussi par ☐ télécopieur ☐ messagerie électronique

---

⑦ *Remplir les rubriques 1, 3, 4, 5, 7, 8 ou 1, 6, 7, 8 et s'il y a lieu, les rubriques 2, 9, 10*

1- Cocher *une seule case* a ☐ Titulaire b ☐ Constituant c ☐ Autre, préciser _____

2- N° d'avis d'adresse _____

3- Nom _____

4- Prénom _____

5- Date de naissance _____ Année Mois Jour

6- Nom de l'organisme _____

7- Adresse de la personne physique ou de l'organisme (numéro, rue, ville, province) _____

8- Code postal _____

9- Représenté par _____

10- En qualité de _____

S'il y a lieu, cocher ☐ état certifié des droits, expédié aussi par ☐ télécopieur ☐ messagerie électronique

ANNEXE XII
(a. 23)

Gouvernement du Québec
Ministère de la Justice
**Registre des droits personnels et
réels mobiliers**

ANNEXE
DÉNOMINATION
Formulaire AD

Indiquer le numéro de formulaire de la première page de la réquisition	Paginer l'annexe selon son ordre de présentation dans la réquisition

3 IDENTIFICATION DE LA DÉNOMINATION (NOM D'EMPRUNT)

1- Cocher *une seule case* a ☐ Titulaire b ☐ Constituant c ☐ Autre, préciser
2- Dénomination

3- Adresse (numéro, rue, ville, province)　　　　　　　　　　　　　4- Code postal

S'il y a lieu, cocher ☐ état certifié des droits, expédié aussi par ☐ télécopieur ☐ messagerie électronique

NOM DES PERSONNES AGISSANT SOUS CETTE DÉNOMINATION (CE NOM D'EMPRUNT)

4 *Remplir les rubriques 6, 7, 8, 10, 11 ou 9, 10, 11 et s'il y a lieu, la rubrique 5*　　5- N° d'avis d'adresse
6- Nom　　　　　　　　　　　　7- Prénom　　　　　　　　8- Date de naissance
　　　　　　　　　　　　　　　　　　　　　　　　　　　　　Année Mois Jour
9- Nom de l'organisme

10-Adresse de la personne physique ou de l'organisme (numéro, rue, ville, province)　　11-Code postal

S'il y a lieu, cocher ☐ état certifié des droits, expédié aussi par ☐ télécopieur ☐ messagerie électronique

5 *Remplir les rubriques 6, 7, 8, 10, 11 ou 9, 10, 11 et s'il y a lieu, la rubrique 5*　　5- N° d'avis d'adresse
6- Nom　　　　　　　　　　　　7- Prénom　　　　　　　　8- Date de naissance
　　　　　　　　　　　　　　　　　　　　　　　　　　　　　Année Mois Jour
9- Nom de l'organisme

10-Adresse de la personne physique ou de l'organisme (numéro, rue, ville, province)　　11-Code postal

S'il y a lieu, cocher ☐ état certifié des droits, expédié aussi par ☐ télécopieur ☐ messagerie électronique

6 *Remplir les rubriques 6, 7, 8, 10, 11 ou 9, 10, 11 et s'il y a lieu, la rubrique 5*　　5- N° d'avis d'adresse
6- Nom　　　　　　　　　　　　7- Prénom　　　　　　　　8- Date de naissance
　　　　　　　　　　　　　　　　　　　　　　　　　　　　　Année Mois Jour
9- Nom de l'organisme

10-Adresse de la personne physique ou de l'organisme (numéro, rue, ville, province)　　11-Code postal

S'il y a lieu, cocher ☐ état certifié des droits, expédié aussi par ☐ télécopieur ☐ messagerie électronique

7 *Remplir les rubriques 6, 7, 8, 10, 11 ou 9, 10, 11 et s'il y a lieu, la rubrique 5*　　5- N° d'avis d'adresse
6- Nom　　　　　　　　　　　　7- Prénom　　　　　　　　8- Date de naissance
　　　　　　　　　　　　　　　　　　　　　　　　　　　　　Année Mois Jour
9- Nom de l'organisme

10-Adresse de la personne physique ou de l'organisme (numéro, rue, ville, province)　　11-Code postal

S'il y a lieu, cocher ☐ état certifié des droits, expédié aussi par ☐ télécopieur ☐ messagerie électronique

8 *Remplir les rubriques 6, 7, 8, 10, 11 ou 9, 10, 11 et s'il y a lieu, la rubrique 5*　　5- N° d'avis d'adresse
6- Nom　　　　　　　　　　　　7- Prénom　　　　　　　　8- Date de naissance
　　　　　　　　　　　　　　　　　　　　　　　　　　　　　Année Mois Jour
9- Nom de l'organisme

10-Adresse de la personne physique ou de l'organisme (numéro, rue, ville, province)　　11-Code postal

S'il y a lieu, cocher ☐ état certifié des droits, expédié aussi par ☐ télécopieur ☐ messagerie électronique

ANNEXE XIII
(a 23)

Gouvernement du Québec
Ministère de la Justice
Registre des droits personnels et
réels mobiliers

ANNEXE
DESCRIPTION DES VÉHICULES ROUTIERS
Formulaire AV

Indiquer le numéro de formulaire
de la première page de la réquisition

Paginer l'annexe selon son ordre
de présentation dans la réquisition

VÉHICULES ROUTIERS

1- Catégorie	2- Numéro d'identification	3- Année	4- Description

② ☐ S'il y a lieu, cocher ☐ état certifié des droits, expédié aussi par ☐ télécopieur ☐ messagerie électronique

③ ☐ S'il y a lieu, cocher ☐ état certifié des droits, expédié aussi par ☐ télécopieur ☐ messagerie électronique

④ ☐ S'il y a lieu, cocher ☐ état certifié des droits, expédié aussi par ☐ télécopieur ☐ messagerie électronique

⑤ ☐ S'il y a lieu, cocher ☐ état certifié des droits, expédié aussi par ☐ télécopieur ☐ messagerie électronique

⑥ ☐ S'il y a lieu, cocher ☐ état certifié des droits, expédié aussi par ☐ télécopieur ☐ messagerie électronique

⑦ ☐ S'il y a lieu, cocher ☐ état certifié des droits, expédié aussi par ☐ télécopieur ☐ messagerie électronique

⑧ ☐ S'il y a lieu, cocher ☐ état certifié des droits, expédié aussi par ☐ télécopieur ☐ messagerie électronique

⑨ ☐ S'il y a lieu, cocher ☐ état certifié des droits, expédié aussi par ☐ télécopieur ☐ messagerie électronique

⑩ ☐ S'il y a lieu, cocher ☐ état certifié des droits, expédié aussi par ☐ télécopieur ☐ messagerie électronique

⑪ ☐ S'il y a lieu, cocher ☐ état certifié des droits, expédié aussi par ☐ télécopieur ☐ messagerie électronique

⑫ ☐ S'il y a lieu, cocher ☐ état certifié des droits, expédié aussi par ☐ télécopieur ☐ messagerie électronique

⑬ ☐ S'il y a lieu, cocher ☐ état certifié des droits, expédié aussi par ☐ télécopieur ☐ messagerie électronique

⑭ ☐ S'il y a lieu, cocher ☐ état certifié des droits, expédié aussi par ☐ télécopieur ☐ messagerie électronique

⑮ ☐ S'il y a lieu, cocher ☐ état certifié des droits, expédié aussi par ☐ télécopieur ☐ messagerie électronique

⑯ ☐ S'il y a lieu, cocher ☐ état certifié des droits, expédié aussi par ☐ télécopieur ☐ messagerie électronique

⑰ ☐ S'il y a lieu, cocher ☐ état certifié des droits, expédié aussi par ☐ télécopieur ☐ messagerie électronique

⑱ ☐ S'il y a lieu, cocher ☐ état certifié des droits, expédié aussi par ☐ télécopieur ☐ messagerie électronique

⑲ ☐ S'il y a lieu, cocher ☐ état certifié des droits, expédié aussi par ☐ télécopieur ☐ messagerie électronique

⑳ ☐ S'il y a lieu, cocher ☐ état certifié des droits, expédié aussi par ☐ télécopieur ☐ messagerie électronique

㉑ ☐ S'il y a lieu, cocher ☐ état certifié des droits, expédié aussi par ☐ télécopieur ☐ messagerie électronique

㉒ ☐ S'il y a lieu, cocher ☐ état certifié des droits, expédié aussi par ☐ télécopieur ☐ messagerie électronique

ANNEXE XIV
(a. 23)

Gouvernement du Québec	ANNEXE GÉNÉRALE
Ministère de la Justice	
Registre des droits personnels et	
réels mobiliers	Formulaire AG

| Indiquer le numéro de formulaire de la première page de la réquisition | Paginer l'annexe selon son ordre de présentation dans la réquisition |

Utiliser la présente annexe lorsque l'espace prévu aux rubriques «Autres biens», «Objet de la modification», «Objet de la rectification» ou «Autres mentions» est insuffisant ou encore pour compléter l'information d'une rubrique dans une réquisition d'inscription de réduction ou de radiation lorsque aucune autre annexe n'est prévue. Dans ce cas, indiquer, dans la colonne de gauche, le numéro de la rubrique du formulaire auquel la présente annexe se rattache et dont l'information est complétée. Si une rubrique autre que celles identifiées ci-dessus est complétée sur la présente annexe, indiquer, dans la colonne de gauche, le numéro de la rubrique «Autres mentions» du formulaire auquel la présente annexe se rattache.

Numéro
de la
rubrique
complétée

Note : Laisser un espace entre chaque rubrique.

1

5

10

15

20

25

30

35

40

45

50

55

57

ANNEXE XV
(a. 23)

Gouvernement du Québec
Ministère de la Justice
**Registre des droits personnels et
réels mobiliers**

ANNEXE INSCRIPTIONS

Formulaire AI

Indiquer le numéro de formulaire
de la première page de la réquisition

Paginer l'annexe selon son ordre
de présentation dans la réquisition

Numéro d'inscription ou de formulaire

①	②	③	④
⑤	⑥	⑦	⑧
⑨	⑩	⑪	⑫
⑬	⑭	⑮	⑯
⑰	⑱	⑲	⑳
㉑	㉒	㉓	㉔
㉕	㉖	㉗	㉘
㉙	㉚	㉛	㉜
㉝	㉞	㉟	㊱
㊲	㊳	㊴	㊵
㊶	㊷	㊸	㊹
㊺	㊻	㊼	㊽
㊾	㊿	51	52
53	54	55	56
57	58	59	60
61	62	63	64
65	66	67	68
69	70	71	72
73	74	75	76
77	78	79	80
81	82	83	84
85	86	87	88
89	90	91	92
93	94	95	96
97	98	99	100
101	102	103	104
105	106	107	108
109	110	111	112
113	114	115	116
117	118	119	120

Règlement provisoire sur le registre foncier, D. 1596-93, (1993) 125 *G.O.* II, 8083

Code civil du Québec,
1991, c. 64, art. 3024

Loi sur l'application de la réforme du Code civil,
1992, c. 57, art. 165

Loi sur les bureaux de la publicité des droits,
1992, c. 57, art. 446 et 447

Loi modifiant, en matière de sûretés et de publicité des droits, la Loi sur l'application de la réforme du Code civil et d'autres dispositions législatives,
1995, c. 33, art. 34

CHAPITRE PREMIER
DE L'ORGANISATION MATÉRIELLE DES BUREAUX DE LA PUBLICITÉ DES DROITS

SECTION I
DES REGISTRES

§ 1. *Dispositions générales*

1. Lorsque dans une circonscription foncière il n'y a pas de registre foncier au sens de l'article 2972 du Code civil du Québec (1991, c. 64), les registres qui, provisoirement, en tiennent lieu sont établis chacun soit selon le modèle correspondant annexé au présent règlement, soit selon le modèle visé aux articles 10, 11 et 16.

2. Dans les circonscriptions foncières de Laval et de Montréal, lorsqu'un registre est tenu sur support informatique, les mots «et de maintenir, à des fins d'ar-

chives, le relevé des inscriptions qui n'ont plus d'effet» à la fin du paragraphe 4º du premier alinéa de l'article 3021 du code ne s'appliquent pas.

3. Tout feuillet d'un registre qui tient lieu de registre foncier porte un en-tête qui indique le registre auquel il est destiné, le nom de la circonscription foncière et la date d'établissement du feuillet.

De plus, l'en-tête du feuillet comprend:

1º pour l'index des immeubles: le numéro de lot marqué sur le plan cadastral auquel le feuillet se rapporte et le nom de ce cadastre;

2º pour le registre des droits réels d'exploitation de ressources de l'État: le numéro d'ordre du feuillet et la nature du droit qui fait l'objet de l'établissement de ce feuillet;

3º pour le registre des réseaux de services publics et des immeubles situés dans la portion non cadastrée du ressort du bureau de la publicité des droits: le numéro d'ordre du feuillet et la nature du réseau ou l'indication que l'immeuble est situé en territoire non cadastré.

Une fois établi, le feuillet qui n'est pas sur support informatique est signé par l'officier.

4. Lorsqu'il n'y a pas de registre foncier au sens de l'article 2972 du code, le

traitement des réquisitions d'inscription de droit et celui des réquisitions qui visent la réduction ou la radiation d'une inscription antérieure est matériellement distinct.

L'officier doit traiter les réquisitions d'inscription de droit, en priorité et conformément au deuxième alinéa de l'article 3007 de ce code.

L'officier doit traiter avec la plus grande diligence les réquisitions qui visent la réduction ou la radiation d'une inscription antérieure.

5. Toute réquisition est numérotée dans un ordre consécutif et porte mention, sous la signature de l'officier, de la date, de l'heure et de la minute de sa présentation.

L'officier conserve la réquisition destinée à faire partie des archives du bureau et remet tout exemplaire additionnel à la personne qui a requis l'inscription.

6. Tout ajout d'inscription omise est fait après la dernière inscription figurant sur le registre avec indication de la date, de l'heure et de la minute auxquelles il est fait. S'il se trouve d'autres inscriptions entre la date de l'inscription de l'ajout et la date de l'inscription omise, une référence à la nouvelle inscription doit être indiquée à l'endroit où aurait dû être faite cette inscription.

Toute rectification d'une erreur matérielle dans l'inscription est faite par rature, de manière que le texte raturé reste lisible, et la rectification est faite en surcharge avec indication de la date, de l'heure et de la minute.

Toutefois, dans les bureaux des circonscriptions foncières de Laval et de Montréal, lorsque le registre visé est sur support informatique, l'ajout d'une inscription omise ou la suppression d'une inscription est daté. L'ajout d'une inscription se fait après la dernière inscription indiquée sur le registre.

7. Il est tenu dans chaque bureau de la publicité des droits où il n'y a pas de registre foncier au sens de l'article 2972 du code:

    1º un index des noms;

    2º un index des immeubles;

    3º un registre des droits réels d'exploitation de ressources de l'État;

    4º un registre des réseaux de services publics et des immeubles situés dans la portion non cadastrée du ressort du bureau;

    5º un répertoire des titulaires de droits réels d'exploitation de ressources de l'État et des propriétaires de réseaux de services publics ou d'immeubles situés en territoire non cadastré; ce répertoire est appelé *Répertoire des titulaires de droits réels*;

    6º un registre complémentaire.

En outre, dans les circonscriptions foncières de Laval et de Montréal, il est tenu un répertoire des bordereaux de présentation.

§ 2. *Du bordereau de présentation*

8. Le bordereau de présentation visé aux articles 2971 et 3007 du code est numéroté dans un ordre consécutif et fait référence aux date, heure et minute de présentation de la réquisition à laquelle il se rapporte.

Toutefois, dans les bureaux des circonscriptions foncières de Laval et de

Montréal, le livre de présentation est continué, aux mêmes fins, sous le nom de *Répertoire des bordereaux de présentation*, suivant le modèle utilisé au moment de l'entrée en vigueur du présent règlement. Dans ces deux circonscriptions foncières, tout bordereau peut être consulté sur demande.

9. Le bordereau peut aussi être utilisé par le bureau à des fins d'établissement et de perception des frais exigibles, ainsi que de facturation.

§ 3. *De l'index des noms*

10. L'index des noms est continué suivant le modèle utilisé au moment de l'entrée en vigueur du présent règlement. Il est tenu par ordre alphabétique des noms de toutes les personnes désignées dans les réquisitions publiées mais non inscrites sur l'index des immeubles, sur le registre des droits réels d'exploitation de ressources de l'État ou sur le registre des réseaux de services publics et des immeubles situés dans la portion non cadastrée du ressort du bureau.

§ 4. *De l'index des immeubles*

11. L'index des immeubles est continué suivant le modèle utilisé au moment de l'entrée en vigueur du présent règlement.

§ 5. *Du registre des droits réels d'exploitation de ressources de l'État*

12. Les registres fournis aux officiers de la publicité des droits pour servir de registres des droits réels d'exploitation de ressources de l'État sont des registres à feuilles volantes d'un format de 215 mm sur 355 mm suivant le modèle prévu à l'annexe I.

La numérotation des feuillets du registre des droits réels d'exploitation de ressources de l'État se fait par l'attribution d'un numéro composé des éléments suivants qu'un tiret sépare les uns des autres:

1º le premier élément du numéro est le code de la circonscription foncière tel qu'établi au répertoire des codes de cadastres tenu au ministère des Ressources naturelles;

2º le deuxième élément du numéro est la lettre *A*;

3º le troisième élément du numéro est un nombre d'une même série consécutive commençant par le chiffre 1.

Le classement des feuillets du registre des droits réels d'exploitation de ressources de l'État se fait, dans chaque circonscription, suivant l'ordre consécutif du troisième élément du numéro. [D. 1067-95, art. 1].

§ 6. *Du registre des réseaux de services publics et des immeubles situés en territoire non cadastré*

13. Les registres fournis aux officiers de la publicité des droits, pour servir de registre des réseaux de services publics et des immeubles situés en territoire non cadastré sont des registres à feuilles volantes d'un format de 215 mm sur 355 mm suivant le modèle prévu à l'annexe II.

La numérotation des feuillets du registre des réseaux de services publics et des immeubles situés en territoire non cadastré se fait par l'attribution d'un numéro composé des éléments suivants qu'un tiret sépare les uns des autres:

1º le premier élément du numéro est le code de la circonscription foncière tel qu'établi au Répertoire des codes de cadastres tenu au ministère des Ressources naturelles;

2º le deuxième élément est la lettre *B*;

3º le troisième élément du numéro est un nombre d'une même série consécutive commençant par le chiffre 1.

Le classement des feuillets du registre des réseaux de services publics et des immeubles situés en territoire non cadastré se fait, dans chaque circonscription, suivant l'ordre consécutif du troisième élément du numéro. [D. 1067-95, art. 2].

§ 7. *Du répertoire des titulaires de droits réels*

14. Le répertoire des titulaires de droits réels que les officiers doivent tenir pour compléter le registre des droits réels d'exploitation de ressources de l'État et le registre des réseaux de services publics et des immeubles situés en territoire non cadastré est constitué de fiches d'un format de 215 mm sur 355 mm suivant le modèle prévu à l'annexe III.

Pour chaque titulaire d'un droit réel d'exploitation de ressources de l'État et pour chaque propriétaire de réseau de services publics ou d'immeuble situé en territoire non cadastré, il est établi une fiche personnelle par circonscription foncière dans laquelle ce titulaire possède un droit réel d'exploitation, ou dans laquelle ce propriétaire possède un réseau ou un immeuble situé en territoire non cadastré.

La fiche renvoie au numéro d'ordre du feuillet établi au registre des droits réels d'exploitation de ressources de l'État ou au registre des réseaux de services publics et des immeubles situés en territoire non cadastré.

15. Les fiches sont classées sous le nom des titulaires de droits réels par ordre alphabétique, alphanumérique ou numérique.

§ 8. *Du registre complémentaire*

16. Le registre complémentaire sert à prolonger et continuer les mentions faites en marge des documents qui font partie des archives du bureau; il est continué suivant le modèle utilisé au moment de l'entrée en vigueur du présent règlement. Lorsque la marge d'un document est remplie, l'officier doit la continuer au registre complémentaire en inscrivant au bas de la dernière page du document que la marge est continuée au registre complémentaire et en précisant la page et le numéro de ce registre.

SECTION II
DE L'ÉTABLISSEMENT DES FEUILLETS AUX REGISTRES

17. Seul le dépôt au bureau de la publicité des droits d'un plan cadastral donne lieu à l'établissement de feuillets à l'index des immeubles.

18. Malgré l'article 3035 du code et en outre de l'exception prévue au deuxième alinéa de l'article 146 de la *Loi sur l'application de la réforme du Code civil* (1992, c. 57), jusqu'à ce qu'un droit réel d'exploitation de ressources de l'État ou un réseau de services publics ait fait l'objet de l'établissement d'un feuillet au registre approprié, la réquisi-

tion qui ne constate pas un droit réel établi par une convention, mais qui concerne le droit réel d'exploitation ou le réseau donne lieu à une inscription sur l'index des noms.

CHAPITRE DEUXIÈME
DES RÉQUISITIONS D'INSCRIPTION

SECTION I
DES DÉSIGNATIONS ET DES QUALIFICATIONS

19.-23. (*Abrogés*). [D. 1067-95, art. 3].

SECTION II
DE LA FORME DES RÉQUISITIONS D'INSCRIPTION

24. Toute personne désirant présenter une réquisition d'inscription au bureau de la publicité des droits doit utiliser pour la confection de la réquisition destinée à faire partie des archives du bureau du papier de format 215 mm sur 355 mm d'au moins 75 g/m² à la rame.

Il en est de même pour tout autre document dont la loi prévoit la conservation.

25. La réquisition d'inscription ne doit pas être décalquée; elle peut être manuscrite, dactylographiée, imprimée ou reprographiée. L'encre utilisée doit être de bonne qualité. Les caractères doivent être clairs, nets, lisibles et durables.

Lorsque la réquisition doit être inscrite à l'index des noms ou au Répertoire des titulaires de droits réels qui complète le registre des droits réels d'exploitation des ressources de l'État et le registre des réseaux de services publics et des immeubles situés en territoire non cadastré, le nom des constituants et

titulaires des droits doit figurer en lettres majuscules d'imprimerie; le prénom est porté en lettres minuscules. [D. 1067-95, art. 4].

26. La réquisition d'inscription doit être écrite sur les deux côtés de la feuille de telle sorte que le bas du recto devienne le haut du verso.

Chaque page doit comporter une marge:

1º d'au moins 63 mm sur le côté gauche;

2º d'au moins 12 mm sur le côté droit;

3º d'au moins 50 mm en haut et en bas.

27. La réquisition d'inscription faite par la présentation de la copie authentique d'un titre orginaire délivrée par le registraire du Québec ou le conservateur des Archives nationales et destinée à faire partie des archives du bureau doit être sur du papier de format 215 mm sur 355 mm d'au moins 75 g/m² à la rame. Cette réquisition peut être manuscrite, dactylographiée, imprimée ou reprographiée.

Il en est de même de la réquisition d'inscription faite par la présentation de la copie d'un décret du gouvernement destinée à faire partie des archives du bureau. Cette copie doit, en outre, être certifiée conforme en vertu de l'article 3 de la *Loi sur le ministère du Conseil exécutif* (L.R.Q., c. M-30).

28. Les articles 24 à 26 ne s'appliquent pas aux plans visés au premier alinéa de l'article 2997 du code, aux plans cadastraux, ou au plan qui doit accompagner un procès-verbal de bornage.

SECTION III
DES MOYENS DE REQUÉRIR L'INSCRIPTION

29. Lorsque la réquisition est sous forme authentique, autre qu'en forme notariée en brevet, le requérant en présente deux extraits ou copies authentiques; lorsqu'elle est en forme notariée en brevet ou sous seing privé, il présente l'original en double.

30. La réquisition qui vise la réduction ou la radiation d'une inscription peut être présentée en un seul exemplaire. Il en est de même de la réquisition dont la loi prévoit la présentation en un seul exemplaire, tels le procès-verbal de saisie ou le préavis de vente pour défaut de paiement de l'impôt foncier.

La réquisition présentée en un seul exemplaire n'est certifiée que sur demande spéciale, soit sur une copie authentique, soit sur un double, si elle est faite en forme notariée en brevet ou sous seing privé.

Malgré les articles 3069 et 3070 du code, si, dans un même document, on vise à la fois l'inscription d'un droit et la réduction ou la radiation d'une inscription, l'inscription du droit de même que la réduction ou la radiation d'une inscription doivent être demandées séparément par la présentation de réquisitions distinctes ou par la présentation d'un exemplaire additionnel.

31. Le sommaire destiné à faire partie des archives du bureau est présenté avec une copie ou un extrait authentique du document qu'il résume, si celui-ci est un document authentique autre qu'un acte notarié en brevet, ou avec le document lui-même qu'il résume, si celui-ci est un acte notarié en brevet ou sous seing privé. [D. 1067-95, art. 5].

32. (*Abrogé*). [D. 1067-95, art. 6].

33. La réquisition qui vise la réduction ou la radiation d'une inscription prend la forme de l'acte lui-même, d'un extrait authentique de celui-ci ou, encore, d'un avis lorsque la loi le prévoit; elle peut aussi prendre la forme d'un sommaire dans les cas d'application des articles 3069 et 3070 du code. La désignation du bien visé n'est requise que lorsqu'il s'agit de réduire l'assiette du droit inscrit. [D. 1067-95, art. 7].

34. Le sommaire est signé par la personne qui requiert l'inscription.

Il doit énoncer:

1º la date et le lieu où il est fait, ainsi que la date du document qu'il résume et le lieu où ce document a été fait;

2º si l'acte est notarié, le nom du notaire, le lieu de son domicile professionnel et le numéro de la minute ou la mention qu'il s'agit d'un acte en brevet;

3º si l'acte est judiciaire, le tribunal dont il émane, le district judiciaire, le numéro du dossier judiciaire et, dans le cas d'un jugement, le dispositif du jugement;

4º si l'acte est sous seing privé, le nom des témoins qui l'ont attesté, lorsque cette attestation est prescrite par la loi;

5º la nature du document et, s'il en est, la date extrême d'effet de l'inscription demandée;

6º s'il s'agit d'une vente ou d'un échange: l'indication du prix ou de la contrepartie;

7º s'il s'agit d'une hypothèque: la somme pour laquelle elle est consentie

et la nature de l'hypothèque. [D. 1067-95, art. 8].

35. Les avis requis par la loi doivent indiquer la date et le lieu où ils ont été faits ainsi que désigner la personne visée par l'avis et celle qui le donne. Ils doivent être signés par la personne qui donne l'avis et, lorsque celle-ci n'en est pas le bénéficiaire, mentionner la désignation de ce dernier.

Ces avis doivent spécifier leur nature et, s'il en est, celle du document concerné, ainsi que le numéro d'inscription de ce document. [D. 1067-95, art. 9].

36. L'avis de renouvellement de la publicité d'un droit spécifie le droit visé; il indique aussi le lieu, la date, le numéro d'inscription et la nature du document qui constate le droit. [D. 1067-95, art. 10].

37. L'avis de préinscription d'une demande en justice contient la désignation des parties et indique le tribunal et le numéro du dossier judiciaire; il indique aussi la nature de la demande et du droit qui en fait l'objet ainsi que, le cas échéant, le numéro d'inscription du document visé. [D. 1067-95, art. 11].

38. L'avis de préinscription d'un testament désigne le testateur et indique la date du décès; cet avis indique, en outre, la nature du droit auquel une personne prétend ainsi que le motif de la préinscription. [D. 1067-95, art. 12].

39. La réquisition d'inscription de l'adresse des personnes visées à l'article 3022 du code prend la forme d'un avis qui indique le bénéficiaire de l'inscription et l'adresse où doit être faite la notification ainsi que la nature et, s'il y a lieu, le numéro d'inscription du droit visé ou du document, s'il s'agit d'une hy-

pothèque. L'avis n'a pas à être attesté; il peut être présenté en un seul exemplaire.

Lorsqu'il y a plusieurs personnes morales à une même réquisition d'inscription, chacune requiert une inscription d'adresse distincte.

Toutefois, lorsqu'une personne morale a déjà publié son adresse au bureau d'une circonscription foncière, il suffit, dans tout acte visant un immeuble situé dans le ressort de ce bureau, de faire référence, immédiatement après la désignation de la personne morale, au numéro d'inscription de cette adresse et, sauf s'il s'agit d'une hypothèque, de spécifier le droit en regard duquel l'inscription du numéro de l'adresse sera portée. [Erratum, (1993) 125 *G.O.* II, 8969; D. 1067-95, art. 13].

40. L'avis de changement d'adresse ou de modification dans l'adresse ou dans le nom des personnes visées à l'article 3022 du code indique le numéro d'inscription de l'avis d'adresse déjà produit et celui du document auquel cet avis se rapporte; il spécifie, en outre, suivant le cas, les adresses ancienne et nouvelle ou les noms ancien et nouveau du bénéficiaire de l'avis. L'avis est fait par le bénéficiaire; il peut être présenté en un seul exemplaire.

Lorsque l'avis concerne une personne morale, il n'y a pas lieu d'indiquer le numéro du document auquel l'ancien avis se rapporte. [D. 1067-95, art. 14].

40.1. La correction ou la modification dans la référence faite au numéro d'inscription d'une adresse se fait au moyen d'un avis qui mentionne la nature et le numéro d'inscription du document visé, ainsi que les références, ancienne et nouvelle, auxquelles se rapporte la cor-

rection ou la modification. L'avis est fait par le bénéficiaire; il doit être présenté en deux exemplaires. [D. 1067-95, art. 15].

41. La désignation de l'immeuble dans l'avis d'adresse ou dans l'avis de changement d'adresse ou de modification dans l'adresse ou dans le nom d'une personne ou, encore, dans l'avis de correction ou de modification dans la référence au numéro d'inscription d'une adresse peut se limiter à l'indication de la circonscription foncière et du numéro de lot au cadastre ou du numéro d'ordre de la fiche immobilière.

Lorsque l'avis de changement d'adresse ou de modification dans l'adresse ou dans le nom d'une personne concerne une personne morale, il n'y a pas lieu dans l'avis nouveau d'indiquer la désignation de l'immeuble visé. [D. 1067-95, art. 16].

42. Le numéro d'inscription de toute adresse est noté dans le registre approprié, à l'exclusion de l'index des noms, en regard du document visé; il peut aussi faire l'objet d'une inscription spécifique qui fait référence au numéro d'inscription du document auquel l'avis se rapporte.

L'avis de changement d'adresse ou de modification dans l'adresse ou dans le nom d'une personne morale est substitué à l'avis d'adresse qu'il remplace, sous le numéro d'inscription de celui-ci. [D. 1067-95, art. 17].

42.1. L'adresse où doit être faite la notification doit être indiquée de façon précise et être complétée par le code postal lorsque le lieu est situé au Canada ou par l'équivalent du code postal, s'il en est, lorsque le lieu est situé hors du Canada. [D. 1067-95, art. 18].

43. L'avis cadastral fait référence à la réquisition à laquelle il se rapporte, relate la désignation de l'immeuble contenue à l'acte qui constate le droit et désigne l'immeuble sur lequel l'inscription est requise. [D. 1067-95, art. 19].

44. (*Abrogé*). [D. 1067-95, art. 20].

45. L'avis qui vise l'inscription d'un document sur un feuillet immobilier établi sous un numéro d'ordre fait référence à la réquisition à laquelle il se rapporte et relate la désignation contenue à cette réquisition; il spécifie le numéro d'ordre du feuillet sur lequel l'inscription est requise. [D. 1067-95, art. 21].

45.1. Lorsqu'une copie d'un acte, d'un extrait ou d'un sommaire est présentée à l'officier en application de l'article 12 de la *Loi sur les bureaux de la publicité des droits* (L.R.Q., chapitre B-9), la réquisition d'inscription mentionne le nom de la municipalité locale sur le territoire de laquelle est situé l'immeuble visé, et, s'il en est, les autres éléments qui complètent l'adresse de cet immeuble. [D. 1067-95, art. 22].

SECTION IV
DES ATTESTATIONS

46. L'attestation prescrite est portée à la fin de chaque exemplaire de la réquisition, après la signature des parties, ou est jointe à chaque exemplaire de la réquisition à laquelle elle se rapporte.

Lorsque l'attestation est jointe, elle doit faire référence à la réquisition à laquelle elle se rapporte par l'indication de la nature, de la date et du lieu de signature de cette réquisition, ainsi que du nom des personnes qui y sont parties. [D. 1067-95, art. 23].

47. (*Abrogé*). [D. 1067-95, art. 24].

48. L'attestation doit indiquer, outre les nom, qualité et domicile de son auteur, la date à laquelle elle est faite; elle doit être signée par lui.

La mention du domicile professionnel de l'auteur de l'attestation vaut indication de son domicile. [D. 1067-95, art. 25].

48.1. L'attestation visée à l'article 2991 du code doit, le cas échéant, faire mention du fait que le constituant ou le dernier titulaire du droit ne se fonde sur aucun titre publié. [D. 1067-95, art. 26].

CHAPITRE TROISIÈME
DES INSCRIPTIONS

49. Les inscriptions doivent être claires, précises et faites à la suite, sans blancs, grattages ou surcharges, ni interlignes. [D. 1067-95, art. 27].

50. (*Abrogé*). [D. 1067-95, art. 28].

51. L'inscription sur le registre approprié indique la date de présentation de la réquisition, les personnes qui y sont désignées ainsi que la nature du document dont l'inscription est demandée. Elle fait référence au numéro d'inscription de la réquisition. Elle est complétée, s'il y a lieu, par des indications succinctes dans la colonne «remarques» du feuillet du registre.

Lorsqu'il y a plus d'un constituant ou d'un titulaire de droit, il suffit d'indiquer le nom de la première personne désignée en cette qualité dans la réquisition, suivi des mots: «et autres». [D. 1067-95, art. 29].

52. L'inscription de tout document comprend l'indication de sa nature, au long ou en abrégé. [D. 1067-95, art. 30].

53. (*Abrogé*). [D. 1067-95, art. 31].

54. L'inscription du renouvellement fait référence à la réquisition constatant le droit visé et à son numéro d'inscription. En outre, mention du renouvellement et de son numéro d'inscription est faite en marge de la réquisition constatant le droit dont la publicité a été renouvelée. [D. 1067-95, art. 32].

55. (*Abrogé*). [D. 1067-95, art. 33].

56. L'inscription de la cession ou de la subrogation dans une créance hypothécaire, ou de l'hypothèque d'une créance assortie d'une hypothèque immobilière, fait référence à la créance et à son numéro d'inscription. En outre, mention de la cession, de la subrogation ou de l'hypothèque de la créance est faite en marge de la réquisition constatant la créance avec indication du numéro d'inscription de la cession, de la subrogation ou de l'hypothèque. [D. 1067-95, art. 34].

57. L'inscription de la réduction ou de la radiation d'une inscription est faite en marge de la réquisition constatant le droit qui fait l'objet de la réduction ou de la radiation. En outre, il est fait référence sur le registre, à l'exclusion de l'index des noms, en regard du document visé, au numéro d'inscription de la réduction ou de la radiation.

Toutefois, s'il s'agit d'une réduction du montant de l'inscription ou de l'assiette de la garantie, il suffit d'en rendre le fait apparent sur le registre approprié par la seule utilisation de la lettre *P*. De plus, la référence sur le registre approprié au numéro d'inscription d'une quittance totale ou d'une mainlevée totale doit être précédée de la lettre *T*. [D. 1067-95, art. 35].

CHAPITRE QUATRIÈME
DISPOSITIONS DIVERSES ET FINALES

58. Le bureau est ouvert tous les jours, excepté les samedis et les jours visés à l'article 6 du Code de procédure civile (L.R.Q., c. C-25).

Les heures de présentation des réquisitions sont de 9h00 à 15h00; celles de consultation sur place sont de 9h00 à 16h00.

Malgré le deuxième alinéa, le bureau est ouvert de 9h00 à 10h00 les 24 et 31 décembre.

59. Toute personne peut consulter sur place les registres et les documents faisant partie des archives du bureau.

60. L'officier est tenu de délivrer à toute personne qui le demande copie ou extrait des documents qui ont justifié une inscription sur le registre, mais en y faisant mention des renouvellements, cessions, subrogations, hypothèques de créances assorties d'une hypothèque immobilière, réductions ou radiations qui sont mentionnées en marge. [D. 1067-95, art. 36].

60.1. L'officier requis de procéder à la réduction ou à la radiation d'une inscription au registre foncier n'a pas à consulter le registre des droits personnels et réels mobiliers. [D. 1067-95, art. 37].

61. Les séries numériques utilisées au moment de l'entrée en vigueur du présent règlement dans les bureaux pour les fins de référence aux documents et pour le classement de ceux-ci sont continuées.

62. Les articles 24 à 28 du présent règlement remplacent le *Règlement sur la forme et la conservation des documents soumis à l'enregistrement* (R.R.Q., 1981, c. B-9, r. 1).

63. Le présent règlement entre en vigueur le 1er janvier 1994.

Erratum, (1993) 125 *G.O.* II, 8969;
D. 1067-95, (1995) 127 *G.O.* II, 3793; E.E.V.: 95-08-31.

ANNEXE I
(Art. 12)

Registre des droits réels d'exploitation de ressources de l'État

Circonscription
foncière de

Lieu sur lequel
s'exerce le droit

Titulaire
requérant

Nature du droit
d'exploitation

Concordance (avec les fiches des
immeubles sur lesquels il s'exerce)

Feuillet n°   - A -

Numéro de l'ancien
feuillet (s'il y a lieu)

Numéro du nouveau
feuillet (s'il y a lieu)

Signature de l'officier

Date d'établissement   Année   Mois   Jour

Noms des parties	Nature de l'acte	Date d'inscription	Inscription n°	Remarques	Avis d'adresse	Radiation
		Année Mois Jour				

Noms des parties	Nature de l'acte	Date d'inscription	Inscription n°	Remarques	Avis d'adresse	Radiation

ANNEXE II
(Art. 1:3)

Registre des réseaux de services publics et des immeubles en territoire non cadastré

Circonscription
foncière de

Lots ou territoire
desservi par le réseau

Propriétaire
requérant

Nature du
réseau

Immeuble non
cadastré situé à

Feuillet n°

Numéro de l'ancien
feuillet (s'il y a lieu)

Numéro du nouveau
feuillet (s'il y a lieu)

Signature de l'officier

Date d'ouverture

Noms des parties	Nature de l'acte	Date d'inscription	Inscription n°	Remarques	Avis d'adresse	Radiation
		Année Mois Jour			Année Mois Jour	

Noms des parties	Nature de l'acte	Date d'inscription Année Mois Jour	Inscription n°	Remarques	Avis d'adresse	Radiation

ANNEXE III
(Art. 14)

Répertoire des titulaires de droits réels

Circonscription
foncière de

Avis de changement de nom (Art. 3015 C.c.Q.)

Inscription n°

Nom ancien

Nom nouveau

Nom	
Prénom(s)	
Date et lieu de naissance	Année Mois Jour
Forme juridique	
Adresse	

Numéro d'ordre du feuillet	Nature du réseau	Nature du droit d'exploitation	Immeuble non cadastré	Numéro du cadastre (s'il y a lieu)

Numéro d'ordre du feuillet	Nature du réseau	Nature du droit d'exploitation	Immeuble non cadastré	Numéro du cadastre (s'il y a lieu)

Sommaire   **ANNEXE IV**
                      (*Art. 34*)

Date et lieu

DOCUMENT RÉSUMÉ

Date et lieu

Identification

Désignation des parties

Qualification du droit

Désignation du bien

Mode d'acquisition (s'il en est)

Prix, contrepartie, modalités de l'obligation

Mentions ou déclarations requises par la loi (mutation)

Signature des parties ou du requérant

Déclaration d'attestation

Je, soussigné(e) _____ ,

atteste que:

- le contenu du présent sommaire est exact;

- j'ai vérifié l'identité, la qualité et la capacité des parties;

- le document traduit la volonté exprimée par les parties;

- (le cas échéant), le titre du constituant ou du dernier titulaire du droit visé est déjà valablement publié;

- le document résumé est valide quant à sa forme (s'il y a lieu).

Attesté à _____

le _____

Nom _____

Qualité _____

Adresse _____

_____

_____

Signature

Règlement sur la responsabilité du transporteur maritime,
D. 704-94, (1994) 126 *G.O.* II, 2633

Code civil du Québec
1991, c. 64, art. 2074

1. Le transporteur maritime est tenu de
la perte du bien transporté jusqu'à concurrence de la somme fixée conformément aux alinéas *a* à *d* du paragraphe 5 de l'article IV des Règles de La
Haye-Visby figurant dans la Convention
internationale de Bruxelles du 25 août
1924 pour l'unification de certaines
règles en matière de connaissement,
modifiée par le Protocole de Bruxelles
du 23 février 1968 et par le Protocole de
Bruxelles du 21 décembre 1979, repro-
duits en annexe au présent règlement.

2. Le présent règlement entre en
vigueur le quinzième jour qui suit la date
de sa publication à la *Gazette officielle
du Québec.* (E.E.V.: 94-06-09).

ANNEXE

EXTRAIT DES RÈGLES DE LA HAYE-VISBY

(article IV, paragraphe 5, alinéas *a* à *d*)

5. *a*) À moins que la nature et la valeur des marchandises n'aient été déclarées par le chargeur avant leur embarquement et que cette déclaration n'ait été insérée dans le connaissement, le transporteur comme le navire ne seront en aucun cas responsables des pertes ou dommages des marchandises ou concernant celles-ci pour une somme supérieure à 666,67 unités de compte par colis ou unité, ou 2 unités de compte par kilogramme de poids brut des marchandises perdues ou endommagées, la limite la plus élevée étant applicable.

b) La somme totale due sera calculée par référence à la valeur des marchandises au lieu et au jour où elles sont déchargées conformément au contrat, ou au jour et au lieu où elles auraient dû être déchargées.

La valeur de la marchandise est déterminée d'après le cours en Bourse, ou, à défaut, d'après le prix courant sur le marché ou, à défaut de l'un et de l'autre, d'après la valeur usuelle de marchandises de même nature et qualité.

c) Lorsqu'un cadre, une palette ou tout engin similaire est utilisé pour grouper des marchandises, tout colis ou unité énuméré au connaissement comme étant inclus dans cet engin sera considéré comme un colis ou unité au sens du présent paragraphe. En dehors du cas prévu ci-dessus, cet engin sera considéré comme colis ou unité.

d) L'unité de compte mentionnée dans le présent article est le Droit de Tirage Spécial tel que défini par le Fonds Monétaire International.

La somme mentionnées à l'alinéa *a* du présent paragraphe sera convertie dans la monnaie nationale suivant la valeur de cette monnaie à une date qui sera déterminée par la loi de la juridiction saisie de l'affaire. La valeur en Droit de Tirage Spécial d'une monnaie nationale d'un État qui est membre du Fonds Monétaire International est calculée selon la méthode d'évaluation appliquée par le Fonds Monétaire International, à la date en question pour ses propres opérations et transactions. La valeur en Droit de Tirage Spécial d'une monnaie nationale d'un État non membre du Fonds Monétaire International est calculée de la façon déterminée par cet État.

Toutefois, un État qui n'est pas membre du Fonds Monétaire International et dont la législation ne permet pas l'application des dispositions prévues aux phrases précédentes peut, au moment de la ratification du Protocole de 1979 ou de l'adhésion à celui-ci ou encore à tout moment par la suite, déclarer que les limites de la responsabilité prévues par les présentes règles et applicables sur son territoire sont fixées de la manière suivante:

i. en ce qui concerne la somme de 666,67 unités de compte mentionnée à l'alinéa *a* du présent paragraphe 5, 10 000 unités monétaires,

ii. en ce qui concerne la somme de deux unités de compte mentionnée à l'alinéa *a* du présent paragraphe 5, 30 unités monétaires.

L'unité monétaire à laquelle il est fait référence à la phrase précédente cor-

respond à 65,5 milligrammes d'or au titre de 900 millièmes de fin. La conversion en monnaie nationale des sommes mentionnées dans cette phrase s'effectuera conformément à la législation de l'État en cause. Les calculs de la conversion mentionnées aux phrases précédentes seront faits de manière à exprimer en monnaie nationale de l'État, dans la mesure du possible, la même valeur réelle pour les sommes mentionnées à l'alinéa *a* du présent paragraphe 5, que celle exprimée en unités de compte.

Les États communiqueront au dépositaire leur méthode de calcul, ou les résultats de la conversion selon les cas, au moment du dépôt de l'instrument de ratification ou d'adhésion et chaque fois qu'un changement se produit dans leur méthode de calcul ou dans la valeur de leur monnaie nationale par rapport à l'unité de compte ou à l'unité monétaire.

Règlement relatif à la tenue et à la publicité du registre de l'état civil, D. 1591-93, (1993) 125 *G.O.* II, 8051

Code civil du Québec,
1991, c. 64, art. 151

SECTION I
MENTIONS ADDITIONNELLES AUX CONSTATS DE NAISSANCE ET DE DÉCÈS

1. Le constat de naissance énonce, en outre des renseignements exigés par les articles 110 et 111 du Code civil du Québec, les mentions additionnelles suivantes:

1° le numéro de code de l'établissement où est survenue la naissance, le cas échéant;

2° le lieu de naissance de la mère;

3° le numéro du permis d'exercice du médecin qui a procédé à l'accouchement, le cas échéant.

2. Le constat de décès énonce, en outre des renseignements exigés par les articles 110, 124 et 128 du Code, les mentions additionnelles suivantes:

1° le numéro de code de l'établissement où est survenu le décès, le cas échéant;

2° le numéro du permis d'exercice du médecin qui a constaté le décès, le cas échéant.

SECTION II
MENTIONS ADDITIONNELLES AUX DÉCLARATIONS DE NAISSANCE, DE MARIAGE ET DE DÉCÈS

3. La déclaration de naissance énonce, en outre des renseignements exigés par les articles 110, 115 et 116 du Code civil du Québec, les mentions additionnelles suivantes:

1° la date de naissance des père et mère de l'enfant;

2° aux fins de la déclaration de filiation de l'enfant, l'indication, le cas échéant, que son père et sa mère sont mariés l'un à l'autre et la date de leur mariage.

4. La déclaration de mariage énonce, en outre des renseignements exigés par les articles 110, 119 et 120 du Code, les mentions additionnelles suivantes:

1° l'état matrimonial de chacun des futurs époux; s'il est divorcé, la date de son dernier divorce ou, s'il est veuf, la date du décès de son conjoint;

2° le lieu d'enregistrement de la naissance de chacun des époux;

3° le numéro de code attribué au célébrant par le directeur de l'état civil.

5. La déclaration de décès énonce, en outre des renseignements exigés par les articles 110 et 126 du Code, les mentions additionnelles suivantes:

1º le lieu d'enregistrement de la naissance du défunt;

2º l'état matrimonial du défunt.

SECTION III
DISPOSITION FINALE

6. Le présent règlement entrera en vigueur le 1er janvier 1994.

Règles sur la célébration du mariage civil,
A.M. 1440, (1994) 126 *G.O.* II, 4282

Code civil du Québec
1991, c. 64, art. 376

1. Aux fins de la publication du mariage civil, le greffier de la Cour supérieure utilise la formule apparaissant à l'annexe I et il l'affiche pendant 20 jours avant la date prévue pour la célébration, au lieu où doit être célébré le mariage ou, dans les cas prévus aux règles 4,5 et 5.1, au palais de justice le plus près de l'endroit où le mariage sera célébré. [A.M. 1998, art. 1].

2. Le mariage civil doit être célébré entre 9 heures et 16 heures 30. Il ne peut être célébré les jours suivants:

a) les dimanches;

b) les 1ᵉʳ et 2 janvier;

c) le Vendredi saint;

d) le lundi de Pâques;

e) le 24 juin, jour de la Fête nationale;

f) le 1ᵉʳ juillet, anniversaire de la Confédération;

g) le premier lundi de septembre, fête du Travail;

h) le deuxième lundi d'octobre;

i) les 24, 25, 26 et 31 décembre;

j) le jour fixé par proclamation du gouverneur général pour marquer l'anniversaire de naissance du Souverain;

k) tout autre jour fixé par proclamation du gouvernement comme jour de fête publique ou d'action de grâces.

3. Le mariage doit être célébré dans une salle d'un palais de justice ou de tout autre édifice où un tribunal est appelé à siéger. Si, dans un rayon de 80 kilomètres du domicile du futur époux ou de la future épouse, il n'existe aucun palais de justice ni aucun édifice où un tribunal est appelé à siéger, le mariage peut être célébré à l'hôtel de ville le plus rapproché, dans la salle de délibération du conseil ou dans tout autre endroit convenable de cet hôtel de ville.

4. Si l'un des futurs époux est dans l'impossibilité physique de se déplacer, attestée par certificat médical, le mariage peut être célébré à l'endroit où le futur époux se trouve, sur permission du greffier de la Cour supérieure, pourvu que demande lui en soit faite avant que soit affiché l'acte de publication ou au moment de la demande de dispense de publication.

5. Si l'un des futurs époux est incarcéré dans un pénitencier, le mariage peut être célébré dans ce pénitencier, pourvu que demande en soit faite au greffier de la Cour supérieure avant que soit affiché l'acte de publication ou au moment de la demande de dispense de publication.

5.1. Dans le cadre d'un projet pilote pour le district judiciaire de Montréal, le mariage peut être célébré dans un lieu accessible au public et aménagé à cette fin au Jardin botanique de Montréal, situé au 4101, rue Sherbrooke Est, Montréal, sur permission du greffier de la Cour supérieure. Pour obtenir cette autorisation, la demande doit être faite au greffier avant que l'acte de publication ne soit affiché ou au moment de la demande de dispense de publication. [A.M. 1998, art. 2].

6. Le drapeau du Québec doit être arboré dans la salle où le mariage est célébré, à moins qu'il ne s'agisse d'un endroit visé aux règles 4, 5 et 5.1. [A.M. 1998, art. 3].

7. Le célébrant doit être vêtu d'une toge noire avec complet foncé, chemise et cravate foncée ou d'une toge noire fermée devant, à l'encolure relevée et manches longues. Si le célébrant est une femme, elle doit porter une toge noire avec jupe foncée et chemisier blanc à manches longues ou vêtements foncés.

8. Au moment de la célébration du mariage, le célébrant s'adresse aux futurs époux dans les termes de la formule apparaissant à l'annexe II.

9. Cette lecture est faite en français ou en anglais au choix des futurs époux. Si l'un des futurs époux ne comprend ni l'une ni l'autre de ces langues, le célébrant demande que les futurs époux fournissent, à leurs frais, les services d'un interprète.

10. Le célébrant reçoit ensuite l'échange de consentements des futurs époux de la manière prévue à l'annexe III.

11. Lorsque le célébrant célèbre plus d'un mariage à la fois, il ne lit qu'une fois la formule apparaissant à l'annexe II.

12. Les présentes règles remplacent les *Règles sur la célébration du mariage civil* (R.R.Q., 1981, c. C.C.Q., r. 1).

13. Les présentes règles entrent en vigueur le quinzième jour qui suit la date de leur publication à la *Gazette officielle du Québec*. (E.E.V.: 94-08-11).

A.M. 1998, (1998) 130 *G.O.* II, 2806; E.E.V.: 1998-06-11.

ANNEXE I
(*r. 1*)

ACTE DE PUBLICATION D'UN MARIAGE

Un mariage sera célébré par le greffier de la Cour supérieure à
_____ (*nom
ou adresse de l'édifice et de la localité*) district judiciaire de _____ le
_____ entre _____
(*nom, prénom, domicile du futur époux*) né le _____ à
_____ (*localité, province, pays*) d'une part, et
_____ (*nom et prénom de la future épouse*) née le
_____ à _____ (*localité,
province, pays*) d'autre part.

Je soussigné agissant comme témoin, déclare que je suis majeur et que j'ai pris connaissance des informations précitées. J'affirme solennellement que ces énonciations sont exactes.

Témoin _____

Adresse _____

Déclaré devant moi à _____

le _____

_____
(*signature, fonction, profession ou qualité*)

Le présent acte de publication est affiché ce _____ jour du mois de
_____ 19 _____ par moi _____ greffier de la Cour supérieure du district judiciaire de _____ à
_____ (*nom de l'édifice et de la localité*)

_____
Greffier

ANNEXE II
(*r. 8, 9 et 11*)

«_____ (*nom de l'épouse*),
_____ (*nom de l'époux*) avant de vous unir par les liens du mariage, je vous fais lecture de certains articles du Code civil du Québec qui vous exposent les droits et les devoirs des époux:

Article 392. Les époux ont, en mariage, les mêmes droits et les mêmes obligations.

Ils se doivent mutuellement respect, fidélité, secours et assistance.

Ils sont tenus de faire vie commune.

Article 393. Chacun des époux conserve, en mariage, son nom; il exerce ses droits civils sous ce nom.

Article 394. Ensemble, les époux assurent la direction morale et matérielle de la famille, exercent l'autorité parentale et assument les tâches qui en découlent.

Article 395. Les époux choisissent de concert la résidence familiale.

En l'absence de choix exprès, la résidence familiale est présumée être celle où les membres de la famille habitent lorsqu'ils exercent leurs principales activités.

Article 396. Les époux contribuent aux charges du mariage à proportion de leurs facultés respectives.

Chaque époux peut s'acquitter de sa contribution par son activité au foyer.»

ANNEXE III
(*r. 10*)

«_____ (*nom de l'époux*) voulez vous prendre
_____ (*nom de l'épouse*) qui est ici présente, pour épouse?

Répondez: «Oui, je le veux».»

Le futur époux déclare: «Oui, je le veux».

«_____ (*nom de l'épouse*) voulez vous prendre
_____ (*nom de l'époux*) qui est ici présent, pour époux?

Répondez: «Oui, je le veux».»

La future épouse déclare: «Oui, je le veux».

Les époux se donnent alors la main et l'officier célébrant prononce les paroles qui suivent:

«En vertu des pouvoirs qui me sont conférés par la loi, vous _____ (*nom de l'époux*) et vous _____ (*nom de l'épouse*) je vous déclare maintenant unis par les liens du mariage.»

Les époux procèdent alors à l'échange des anneaux. L'officier célébrant peut ensuite s'adresser en ces termes aux nouveaux époux:

«Vous voilà donc mariés suivant la loi. Je vous offre, madame et monsieur, au nom de toutes les personnes présentes et en mon nom personnel tous nos meilleurs voeux de bonheur.»

Tarif des droits relatifs aux actes de l'état civil, au changement de nom ou de la mention du sexe, D. 1593-93, (1993) 125 *G.O.* II, 8057

Code civil du Québec,
1991, c. 64, art. 64, 73 et 151

SECTION I
DROITS RELATIFS AUX ACTES DE
L'ÉTAT CIVIL

1. Pour la délivrance de copies d'actes, de certificats et d'attestations, les droits exigibles sont de:

1° 15$ pour la délivrance d'un certificat de naissance, de mariage ou de décès;

2° 20$ pour la délivrance d'une copie d'un acte de l'état civil;

3° 25$ pour la délivrance d'un certificat d'état civil;

4° 6$ pour la délivrance d'une attestation relative à un acte ou à une mention portée à un acte de l'état civil sous réserve du cas prévu à l'article 2. [D. 1286-96, art. 1].

2. Pour la délivrance en bloc d'attestations visées au paragraphe 4° de l'article 1 sur support informatique, les droits sont de 1,75$ la seconde pour le temps d'utilisation de l'ordinateur, mais ne peuvent être inférieurs à 100$.

S'ajoutent aux droits calculés suivant le premier alinéa les suivants:

1° 0,10$ par attestation pour la délivrance de 50 001 à 250 000 attestations;

2° 0,05$ par attestation pour la délivrance de 250 001 à 450 000 attestations;

3° 0,025$ par attestation pour la délivrance de 450 001 attestations et plus.

Des droits additionnels de 20$ par disquette ou de 40$ par ruban servant de support à ces attestations sont également exigibles.

3. Pour la délivrance, dans un délai de 24 heures suivant la réception de la demande, d'une copie d'un acte de l'état civil, d'un certificat de naissance, de mariage ou de décès ou d'une attestation autre que celle visée à l'article 2, les droits prévus à l'article 1 sont portés à 35$.

4. Des droits de 20$ sont exigibles pour un rapport de consultation du registre de l'état civil rendant compte de la recherche relative à une personne ou à un événement sur une période de 5 ans; s'ajoutent à ces droits 4$ par année de recherche additionnelle.

5. Des droits de 100$ sont exigibles pour la confection d'un acte de naissance à la suite d'une enquête sommaire, lorsque la naissance est déclarée plus d'un an après sa survenance; les droits exigibles ne sont toutefois que de

50$ si la déclaration, bien que tardive, est faite au directeur de l'état civil dans l'année de la naissance.

SECTION II
DROITS RELATIFS AU CHANGEMENT DE NOM

6. Les droits exigibles pour une demande de changement du nom de famille ou du prénom d'une personne sont de 125$.

7. Lorsque dans une même demande, la personne qui demande le changement de son nom de famille demande que le même nom de famille soit attribué à ses enfants mineurs, les droits prévus à l'article 6 sont majorés de 25$ par enfant.

8. Les droits exigibles pour la délivrance d'une copie de certificat de changement de nom sont de 10$.

SECTION III
DROITS RELATIFS AU CHANGEMENT DE LA MENTION DU SEXE

9. Les droits exigibles pour une demande de changement de la mention du sexe sont de 125$.

10. Les droits exigibles pour la délivrance d'une copie de certificat de changement de la mention du sexe sont de 10$.

SECTION IV
DISPOSITIONS DIVERSES

11. Le *Tarif des frais judiciaires en matière civile et des droits de greffe* édicté par le décret 738-86 du 28 mai 1986, modifié par le règlement édicté par le décret 52-93 du 20 janvier 1993 est de nouveau modifié par l'abrogation au paragraphe 2º du premier alinéa de l'article 17.

12. Le présent tarif entre en vigueur le 1er janvier 1994.

D. 1286-96, (1996) 128 *G.O.* II, 5794; E.E.V.: 96-10-31.

Tarif des droits relatifs à la publicité foncière et à l'application de certaines dispositions transitoires relatives aux anciens registres des bureaux d'enregistrement, D. 1597-93, (1993) 125 *G.O.* II, 8101

Loi sur les bureaux de la publicité des droits, L.R.Q., c. B-9, art. 8 et 11; 1992, c. 57, art. 446 et 447

1. Le présent tarif s'applique à toutes les circonscriptions foncières.

2. Les droits pour l'inscription d'un document ou pour l'inscription de droits mentionnés dans une réquision présentée sous la forme d'un acte, d'un extrait ou d'un avis sont de 42$ par document, par acte, par extrait ou par avis.

3. Les droits pour l'inscription de droits mentionnés dans une réquision présentée sous la forme d'un sommaire sont de 42$ par document résumé par le sommaire.

4. Les droits pour l'inscription d'une radiation ou d'une réduction d'inscription sont de 42$ par créance, par droit principal ou par avis, à l'égard desquels une demande de radiation ou de réduction d'inscription est produite, plus 10$ par acte ou document en marge duquel une mention de radiation ou de réduction doit être apposée.

Toutefois, dans le cas d'un jugement en radiation ou en réduction d'inscription ou d'un certificat de vente du shérif, les droits sont de 25$ quel que soit le nombre de mentions en marge apposées.

5. Les droits pour l'inscription d'un préavis de vente pour défaut de paiement de l'impôt foncier sont de 20$ plus 5$ par lot ou partie de lot.

6. Malgré les articles 2, 3 et 4, aucuns droits ne sont exigibles pour l'inscription:

1º d'une adresse, d'un changement d'adresse ou d'une modification dans l'adresse ou dans le nom des personnes visées à l'article 3022 du Code civil du Québec (1991, c. 64);

2º d'une liste des immeubles non vendus lors d'une vente pour défaut de paiement de l'impôt foncier;

3º d'un document constatant le retrait de lots adjugés lors d'une vente pour défaut de paiement de l'impôt foncier;

4º d'un avis signifié en vertu de l'article 813.4 du Code de procédure civile (L.R.Q., c. C-25; 1992, c. 57, a. 369);

5º d'un permis de disposer exigible en vertu de la *Loi sur les droits successoraux* (L.R.Q., c. D-13.2);

6° d'une action contre le propriétaire de l'immeuble à la suite d'une hypothèque légale en faveur des personnes qui ont participé à la construction ou à la rénovation d'un immeuble, ou à la suite d'une hypothèque légale du syndicat des copropriétaires sur la fraction d'un copropriétaire;

7° de la liste des immeubles adjugés lors de la vente pour défaut de paiement de l'impôt foncier;

8° d'un avis de vente par shérif;

9° de la mainlevée de saisie du shérif;

10° du certificat du greffier attestant qu'une action est discontinuée;

11° du certificat du procureur général énonçant qu'une hypothèque en faveur de l'État est éteinte ou réduite.

7. Les droits pour les états ou relevés certifiés par l'officier de la publicité des droits prévus à l'article 3019 du Code civil du Québec, à l'article 704 du Code de procédure civile édicté par l'article 345 de la *Loi sur l'application de la réforme du Code civil* (1992, c. 57), au paragraphe 3° de l'article 154 et au deuxième alinéa de l'article 164 concernant les nantissements, du chapitre 57 des lois de 1992 sont de:

1° 20$, pour le certificat de l'officier de la publicité des droits;

2° 5$, pour chaque document ou réquisition apparaissant au certificat.

8. Les droits exigibles pour délivrer un relevé certifié tiré du registre des cessions de biens en stock visé au deuxième alinéa de l'article 164 du chapitre 57 des lois de 1992 sont de 12$ par nom de débiteur.

9. Les droits pour tout autre certificat sont de 5$, sauf le cas où la loi prévoit expressément qu'aucuns droits ne sont perçus ou que des droits déterminés sont fixés.

10. Aucuns droits ne sont exigibles pour la transcription sur un état certifié d'une mention de radiation ou de réduction d'inscription apparaissant en marge d'un document publié.

11. Les droits pour chaque copie ou extrait d'un registre manuscrit, microfilmé ou informatisé, d'un acte ou document publié, déposé ou conservé sont de 5$ pour les 2 premières pages de la copie ou de l'extrait et de 1$ par page additionnelle. Ces droits sont portés au double lorsque la copie ou l'extrait est transmis par télécopieur.

12. Les droits pour les avis de mutation sont de 3$ pour chaque mutation de propriété, quel que soit le moyen utilisé pour délivrer ces avis.

13. Les droits pour la compilation des statistiques pour le ministère des Affaires municipales sont de 1$ par acte ou document inscrit sur le formulaire statistique transmis par les bureaux de la publicité des droits.

14. Les droits pour remplir la formule du ministère du Revenu, relative à une personne qui apparaît inscrite comme propriétaire d'un lot, d'une partie de lot ou d'un immeuble identifié par numéro d'ordre aux registres qui tiennent lieu provisoirement de registre foncier, sont de 5$ pour chaque formule remplie.

15. Les droits pour consulter les archives des bureaux de la publicité des droits à d'autres fins que la confection des cadastres faits suivant la *Loi favorisant la réforme du cadastre québécois*

(L.R.Q., c. R-3.1) ou la *Loi sur les titres de propriété dans certains districts électoraux* (L.R.Q., c. T-11) sont de 5$ pour une consultation ne dépassant pas une heure et de 5$ par heure ou fraction d'heure additionnelle. Malgré l'article 11, les droits de consultation comprennent les copies des documents ou des registres microfilmés, microphotographiés ou informatisés, faites à partir des imprimantes mises à la disposition du public.

16. Lorsqu'un officier de la publicité des droits fournit verbalement à partir des documents publics qui font partie des archives du bureau de la publicité des droits des renseignements à des personnes qui en font la demande par téléphone, les droits exigibles sont de:

1º si les renseignements concernent des inscriptions aux registres qui tiennent lieu provisoirement de registre foncier, 5$ par numéro de lot ou numéro d'ordre consulté;

2º si les renseignements concernent des plans et livres de renvoi, 5$ par lot consulté;

3º 5$ pour chaque autre document consulté faisant partie des archives du bureau.

17. Le présent tarif remplace le *Tarif d'honoraires pour enregistrement et pour divers services rendus par les régistrateurs* édicté par le décret 288-89 du 1er mars 1989.

18. Le présent tarif entrera en vigueur le 1er janvier 1994.

Note: Les droits exigibles pour l'inscription d'un avis visé par l'article 149.2 de la *Loi sur l'application de la réforme du Code civil* sont de 10$. [*Loi modifiant, en matière de sûretés et de publicité des droits, la Loi sur l'application de la réforme du Code civil et d'autres dispositions législatives*, L.Q. 1995, c. 33, art. 33].

Tarif des droits relatifs au registre des droits personnels et réels mobiliers, D. 1595-93, (1993) 125 *G.O.* II, 8082

Loi sur les bureaux de la publicité des droits, L.R.Q., c. B-9, art. 8; 1992, c. 57, art. 446 et 447

1. Les droits pour l'inscription de droits mentionnés dans une réquisition sont de 42,00 $ par réquisition. [D. 445-98, art. 1].

2. Les droits pour l'inscription d'une adresse, d'un changement ou d'une modification de l'adresse, du numéro de télécopieur ou du nom du bénéficiaire sont de 42,00$ par réquisition.

Toutefois, aucun droit n'est exigible pour ajouter, dans l'année qui suit le 19 mai 1998, un numéro de télécopieur dans l'inscription d'une adresse apparaissant déjà au fichier des adresses à cette date. [D. 445-98, art. 1].

3. Malgré l'article 1, aucun droit n'est exigible pour l'inscription:

1º d'un jugement notifié par le greffier en vertu de l'article 817.2 du Code de procédure civile (L.R.Q., c. C-25);

2º d'un contrat de mariage visé à l'article 442 du Code civil (1991, c. 64);

3º d'une rectification qui concerne les droits visés aux paragraphes 1º et 2º;

4º d'une radiation ou d'une réduction d'inscription. [D. 445-98, art. 1].

4. (*Abrogé*). [D. 445-98, art. 2].

5. (*Abrogé*). [D. 445-98, art. 2].

6. Les droits pour un état, certifié par l'officier de la publicité des droits, d'une inscription particulière délivré conformément à l'article 3019 du Code civil du Québec (1991, c. 64) sont de 5,00$.

7. Les droits pour un état ou relevé, certifié par l'officier, des droits inscrits sur le registre sont:

1º si l'état ou le relevé est établi sous le nom d'une personne physique, de 12,00$ par nom pour une date de naissance donnée;

2º si l'état ou le relevé est établi sous un nom autre que celui d'une personne physique, de 12,00 $ par nom;

3º si l'état ou le relevé est établi sous le numéro d'identification d'un véhicule routier, de 12,00$ par numéro d'identification. [D. 445-98, art. 3].

8. Les droits pour chaque copie ou extrait délivré par l'officier d'une réquisition d'inscription ou d'un bordereau de présentation sont de 5,00$ par copie ou extrait.

Ces droits sont portés au double lorsque la copie ou l'extrait est certifié par l'officier. [D. 445-98, art. 4].

8.1. Malgré les articles 6 et 8, aucun droit n'est exigible pour la délivrance en vertu de l'article 46.1 du *Règlement sur le registre des droits personnels et réels mobiliers* d'un état ou d'une copie certifié par l'officier. [D. 445-98, art. 5].

9. Les droits pour tout autre certificat sont de 5,00$, sauf le cas où la loi prévoit expressément qu'aucuns droits ne sont perçus ou que des droits déterminés sont fixés.

10. Des droits de 5,00$ par document s'ajoutent à ceux prévus à l'un des articles 6, 7 ou 8, lorsqu'un état, un relevé, une copie ou un extrait est transmis par télécopieur. [D. 445-98, art. 6].

11. Les droits pour la délivrance de rapports statistiques sont de 1,75$ la seconde pour le temps d'utilisation de l'ordinateur, mais ne peuvent être inférieurs à 100,00$.

12. (*Abrogé*). [D. 445-98, art. 7].

13. (*Abrogé*). [D. 445-98, art. 7].

13.1. Les droits exigibles pour la consultation du registre à partir d'un nom sont de 8,00$ par nom qui fait l'objet de la recherche ou, s'il s'agit d'une personne physique, de 8,00$ par nom couplé à une date de naissance donnée. [D. 445-98, art. 8].

13.2. Les droits exigibles pour la consultation du registre à partir du numéro d'identification d'un véhicule routier sont de 5,00$ par numéro. [D. 445-98, art. 8].

13.3. Les droits exigibles pour la consultation d'une inscription particulière contenue dans le registre à partir de son numéro ou du numéro de formulaire de la réquisition sur le fondement de laquelle cette inscription a été effectuée sont de 3,00$ par numéro. [D. 445-98, art. 8].

13.4. Les droits exigibles pour la consultation du fichier des adresses à partir d'un nom sont de 3.00$ par nom qui fait l'objet de la recherche ou, s'il s'agit d'une personne physique, de 3,00$ par nom couplé à une date de naissance donnée.

Les droits exigibles pour la consultation de ce fichier à partir d'un numéro d'avis d'adresse sont de 3,00$ par numéro. [D. 445-98, art. 8].

13.5. Les droits exigibles en vertu des articles 13.1 à 13.4 sont augmentés de 3,00$ par nom qui fait l'objet de la recherche ou par numéro, lorsque la consultation du registre ou du fichier des adresses s'effectue par téléphone. [D. 445-98, art. 8].

14. Le présent tarif entrera en vigueur le 1er janvier 1994.

D. 445-98, (1998) *G.O.* II, 2035; E.E.V.: 98-05-16.

Tarif des frais judiciaires en matière civile et des droits de greffe,
D. 256-95, (1995) 127 *G.O.* II, 1234

Code civil du Québec, 1991, c. 64, art. 376

Code de procédure civile, L.R.Q., c. C-25, art. 659.10

Loi sur les tribunaux judiciaires, L.R.Q., c. T-16, art. 224

1. Aux fins du présent tarif, les demandes sont classées comme suit:

1° classe I: les demandes dans lesquelles la valeur du droit en litige est de 0,01$ à 999,99$ inclusivement;

2° classe II: les demandes dans lesquelles la valeur du droit en litige est de 1 000$ à 9 999,99$ inclusivement;

3° classe III: les demandes dans lesquelles la valeur du droit en litige est de 10 000$ à 99 999,99$ inclusivement;

4° classe IV: les demandes dans lesquelles la valeur du droit en litige est de 100 000$ à 999 999,99$ inclusivement;

5° classe V: les demandes dans lesquelles la valeur du droit en litige est de 1 000 000$ et plus;

6° classe VI: les demandes en séparation de corps ou en divorce.

2. Les demandes dans lesquelles la valeur du droit en litige est indéterminée font partie de la classe II.

Toutefois, les demandes en délaissement forcé et les recours régis par les articles 834 à 850 du Code de procédure civile (L.R.Q., c. C-25) font partie de la classe III. Il en est de même des injonctions, qu'elles soient demandées par action ou par requête et qu'elles soient ou non assorties d'autres conclusions.

3. La valeur du principal droit réclamé détermine la classe de demande.

4. Le présent tarif groupe les procédures en trois étapes et les frais qui sont exigibles pour ces procédures sont les suivants:

1° Étape 1: Les procédures introductives d'instance et assimilées:

a) pour la délivrance du premier bref ou de la première déclaration dans une instance, pour la présentation d'une requête introductive d'instance régie par le Titre II du Livre V du Code de procédure civile ainsi que pour une opposition ou une intervention, l'une des sommes établies au tableau qui suit et déterminée selon la classe de demande et selon qu'elle est exigible d'une per-

sonne physique ou d'une personne morale:

Classe de demande	Personne physique	Personne morale
Classe I	40$	47$
Classe II	75$	89$
Classe III	144$	174$
Classe IV	230$	275$
Classe V	455$	545$

b) Pour toute procédure introductive d'une demande de la classe VI, la somme de 110$;

c) pour une demande reconventionnelle, la somme de 66$ ou, si elle est exigible d'une personne morale, la somme de 81$, quelle que soit la classe de demande;

d) pour toute procédure introductive d'instance ou toute procédure en matières non contentieuses non mentionnée au présent tarif, la somme de 33$ ou, si elle est exigible d'une personne morale, la somme de 40$, quelle que soit la classe de demande.

2º Étape II: La défense et toutes procédures assimilées:

a) pour une défense ou une contestation de même nature ainsi que pour une rétractation de jugement ou une tierce opposition, l'une des sommes établies au tableau qui suit et déterminée selon la classe de demande et selon qu'elle est exigible d'une personne physique ou d'une personne morale:

Classe de demande	Personne physique	Personne morale
Classe I	25$	29$
Classe II	40$	47$
Classe III	75$	89$
Classe IV	116$	139$
Classe V	230$	275$

b) pour la contestation de toute procédure introductive d'une demande de la classe VI, la somme de 60$;

c) pour une défense à une demande reconventionnelle, la somme de 47$ ou, si elle est exigible d'une personne morale, la somme de 56$, quelle que soit la classe de demande;

d) pour la contestation de toute procédure introductive d'instance non mentionnée au présent tarif ou de toute procédure en matières non contentieuses, la somme de 33$, ou, si elle est exigible d'une personne morale, la somme de 40$, quelle que soit la classe de demande.

3º Étape III: L'exécution: l'une des sommes établies au tableau qui suit et déterminée selon la classe de demande et selon qu'elle est exigible d'une personne physique ou d'une personne morale:

Classe de demande	Personne physique	Personne morale
Classe I	33$	40$
Classe II	60$	73$
Classe III	110$	132$
Classe IV	173$	205$
Classe V	342$	412$
Classe VI	81$	

La valeur du droit que l'opposition visée au sous-paragraphe *a* du paragraphe 1º du premier alinéa est destinée à protéger en détermine la classe si cette valeur est établie dans l'opposition ou dans l'affidavit souscrit à l'appui de celle-ci; sinon, le montant établi par le jugement détermine la classe de cette procédure.

Dans les cas visés au paragraphe 3º du premier alinéa, la classe est déter-

minée selon la valeur de l'obligation dont l'exécution forcée est demandée.

Les frais ne sont exigibles que pour la première procédure comprise dans une étape visée au présent article.

Malgré le sous-paragraphe *a* du paragraphe 1º du premier alinéa, il n'y a pas de frais exigibles pour la demande pour faire subir un examen psychiatrique à une personne qui le refuse ou pour qu'une personne soit gardée contre son gré par un établissement visé dans les lois relatives aux services de santé et aux services sociaux.

5. Les frais suivants sont exigibles pour l'inscription pour enquête et audition d'une action contestée:

1º 80$ s'il s'agit d'une demande en séparation de corps, en divorce ou en nullité de mariage;

2º dans les autres cas 267$ ou, si les frais sont exigibles d'une personne morale, 320$.

6. Des frais de 80$ sont exigibles pour toute demande en révision de mesures accessoires ordonnées par un jugement qui prononce la séparation de corps, le divorce ou la nullité du mariage.

7. Des frais de 26$ ou, s'il s'agit d'une personne morale, de 31$ sont exigibles pour la taxe des dépens par le greffier, sur présentation d'un mémoire de frais par la partie qui y a droit.

8. En matière immobilière, les frais suivants sont exigibles:

1º pour l'exécution des devoirs du shérif, de la réception du dossier à la vente, la somme de 97$ ou, si elle est exigible d'une personne morale, la som-

me de 115$, quelle que soit la classe de demande;

2º pour l'exécution des devoirs du greffier, de la réception du dossier jusqu'au jugement d'homologation inclusivement, l'une des sommes établies au tableau qui suit et déterminée selon la classe de demande et selon qu'elle est exigible d'une personne physique ou d'une personne morale:

Classe de demande	Personne physique	Personne morale
Classe I	97$	115$
Classe II	138$	167$
Classe III	179$	216$
Classe IV	286$	341$
Classe V	566$	679$
Classe VI	165$	

3º au cas de contestation de l'état de collocation, l'une des sommes établies au tableau qui suit et déterminée selon la classe de demande et selon qu'elle est exigible d'une personne physique ou d'une personne morale:

Classe de demande	Personne physique	Personne morale
Classe I	25$	29$
Classe II	40$	47$
Classe III	75$	89$
Classe IV	116$	139$
Classe V	230$	275$
Classe VI	60$	

Le paiement des frais prévus au paragraphe 2º du premier alinéa permet à chaque personne intéressée d'obtenir une copie du jugement d'homologation.

Dans le cas visé au paragraphe 2° du premier alinéa, la classe de demande est déterminée selon le prix de vente.

Dans le cas visé au paragraphe 3° du premier alinéa, la classe de demande est déterminée selon la somme réclamée par le contestant.

9. Le paragraphe 3° du premier alinéa de l'article 8 et le quatrième alinéa de cet article s'appliquent, compte tenu des adaptations nécessaires, à la contestation de l'état de collocation en matière mobilière.

10. Pour tout jugement de distribution, il est perçu un droit de 3% de l'ensemble des sommes prélevées ou consignées.

11. Pour une réclamation sur saisie-arrêt ou sur dépôt volontaire conformément aux articles 652 à 659 du Code de procédure civile, les frais sont de 25$ ou, si la réclamation est présentée par une personne morale, de 29$ et sont les seuls exigibles jusqu'à satisfaction complète de cette réclamation.

12. Les articles 4, 7, 8, 9, 11, 19 et 20, selon le cas, ne s'appliquent pas aux procédures prises par le percepteur d'une pension alimentaire ou d'une somme recouvrable en vertu du Code de procédure pénale (L.R.Q., C-25.1) ni aux procédures prises par le greffier en qualité de saisissant à la suite d'un jugement ordonnant un recouvrement collectif ou rendu sous l'autorité du Livre VIII du Code de procédure civile.

13. Lorsqu'une somme d'argent est déposée, les frais suivants sont exigibles:

1° si la somme est de 10 000$ ou moins, 3,8% de cette somme;

2° si la somme est supérieure à 10 000$, 3,8% de la première tranche de 10 000$ et 0,3% de l'excédent.

Le présent article s'applique également lorsque l'objet du dépôt est une valeur mobilière plutôt qu'une somme d'argent et dans ce cas, les frais sont calculés à partir de la valeur déclarée par le déposant dans l'acte de procédure ou autre document dans lequel il énonce déposer cette valeur.

Le présent article s'applique également lorsqu'une personne fournit un cautionnement. Dans ce cas, les frais sont calculés sur le montant du cautionnement qui doit être fourni.

Toutefois, le présent article ne s'applique pas aux sommes déposées à la suite d'une saisie-arrêt, d'un dépôt volontaire ni aux sommes visées à l'article 10.

14. En matière de tutelle au mineur, les frais exigibles sont les suivants:

1° pour la présentation d'une requête demandant la convocation par le greffier d'une assemblée de parents, d'alliés ou d'amis en vue de constituer un conseil de tutelle ou pour la présentation d'une requête en homologation du procès-verbal d'une telle assemblée lorsqu'elle a été présidée par un notaire: 66$;

2° pour la présentation de toute autre requête: 66$.

15. En matière de régimes de protection des majeurs, les frais exigibles sont les suivants:

1° pour la présentation d'une requête en ouverture ou en révision d'un régime de protection: 130$;

2° pour la présentation d'une requête demandant uniquement la convocation par le greffier d'une assemblée

de parents, d'alliés ou d'amis en vue de constituer un conseil de tutelle ou pour la présentation d'une requête demandant uniquement l'homologation du procès-verbal d'une telle assemblée lorsqu'elle a été présidée par un notaire: 66$;

3° pour la présentation de toute autre requête: 66$.

16. En matière de mandat en prévision de l'inaptitude, les frais exigibles sont les suivants:

1° pour la présentation d'une requête en homologation ou en révocation de mandat: 73$;

2° pour la présentation de toute autre requête: 66$.

17. Des frais de 66$ ou, s'il s'agit d'une personne morale, de 81$ sont exigibles pour la présentation d'une requête en vérification de testament ou pour l'obtention de lettres de vérification.

18. Des frais de 46$ sont exigibles du débiteur d'une pension alimentaire accordée par jugement pour chaque demande de suspension d'exécution d'une saisie-arrêt de traitements, salaires ou gages qu'il présente au greffier, conformément à l'article 659.5 du Code de procédure civile.

19. Les frais exigibles à l'occasion d'un appel à la Cour d'appel sont les suivants:

1° pour la production ou le dépôt de l'inscription ou de toute procédure assimilée au greffe de la Cour d'appel ou du tribunal de première instance, selon le cas, l'examen et la préparation du dossier ainsi que sa transmission à la Cour d'appel, l'une des sommes suivantes:

a) dans le cas d'un jugement final, la somme de 200$ ou, si elle est exigible d'une personne morale, la somme de 243$;

b) dans le cas d'un jugement interlocutoire, la somme de 144$ ou, si elle est exigible d'une personne morale, la somme de 174$.

2° pour la comparution à la Cour d'appel, la somme de 97$ ou, si elle est exigible d'une personne morale, la somme de 115$.

20. Les frais exigibles pour un appel à la Cour supérieure ou à la Cour du Québec, lorsque l'une ou l'autre de ces cours exerce une juridiction d'appel, sont les suivants:

1° pour la production ou le dépôt d'une inscription ou d'une procédure lui étant assimilée au greffe de la cour compétente pour entendre l'appel ou du tribunal de première instance, selon le cas, la somme de 33$ ou, si elle est exigible d'une personne morale, la somme de 40$;

2° pour la contestation de l'inscription en appel ou d'une procédure lui étant assimilée, la somme de 25$ ou, si elle est exigible d'une personne morale, la somme de 29$.

21. Les frais prévus aux articles 19 et 20 sont les seuls exigibles jusqu'à la taxation du mémoire de frais exclusivement.

22. Le paiement des sommes prévues aux articles 1 à 21 peut être effectué dans un autre district que celui dans lequel l'action ou la requête a été inten-

tée ou présentée ou doit être intentée ou présentée.

23. Les droits de greffe suivants sont exigibles:

1º pour l'enregistrement, la production ou le dépôt d'un document lorsque cette démarche est requise par une loi ou un règlement et que ceux-ci ne fixent pas le droit payable pour cette démarche, la somme de 33$;

2º pour une copie de tout document non visé au paragraphe 3º, la somme de 2$ la page;

3º pour toute copie, extrait ou annexe d'un acte notarié déposé au greffe de la Cour supérieure conformément à la *Loi sur le notariat* (L.R.Q., c. N-2), la somme de 15$ et, s'il y a lieu, de 3$ la page pour la sixième page et les suivantes.

Le paragraphe 1º du premier alinéa ne s'applique pas lorsque l'enregistrement, la production ou le dépôt d'un document est requis aux fins d'exécution par la *Loi sur le divorce* (L.R.C. (1985), c. 3 (2º suppl.)), la *Loi sur l'exécution réciproque d'ordonnances alimentaires* (L.R.Q., c. E-19) ou la *Loi sur la Régie du logement* (L.R.Q., c. R-8.1).

Le paragraphe 2º du premier alinéa ne s'applique pas à la première copie du jugement demandée par chacune des parties.

Il ne s'applique pas non plus aux copies de jugements comportant une ordonnance alimentaire.

24. Le droit exigible pour la célébration du mariage civil est de 165$, auquel sont ajoutés les frais de déplacement et de séjour que le célébrant peut réclamer de l'État pour la célébration du mariage.

Ce droit est payable avant la publication du mariage par voie d'affiches ou au moment où la dispense de publication est accordée.

25. Le présent tarif s'applique à l'État et à ses organismes.

26. Le montant des frais et des droits prévus au présent tarif est indexé au premier avril 1996 et, par la suite, au premier avril de chaque année de la manière suivante:

1º lorsque le montant des frais ou des droits exigibles le 31 mars qui précède l'indexation annuelle est égal ou supérieur à 35$, il est indexé selon le taux d'augmentation de l'indice général des prix à la consommation pour le Canada, déterminé par Statistique Canada pour la période se terminant le 31 décembre de l'année précédant l'indexation;

2º lorsque le montant des frais ou des droits exigibles le 31 mars qui précède l'indexation annuelle est inférieur à 35$, l'indexation est faite en appliquant au montant des frais ou des droits exigibles le 31 mars 1995, le taux d'augmentation cumulatif de l'indice général des prix à la consommation pour le Canada, déterminé par Statistique Canada pour la période débutant le 31 décembre 1993 et se terminant le 31 décembre de l'année qui précède l'indexation.

Ces frais ou droits, ainsi indexés, sont diminués au dollar le plus près s'ils comprennent une fraction de dollar inférieure à 0,50$; ils sont augmentés au dollar le plus près s'ils comprennent une

fraction de dollar égale ou supérieure à 0,50$.

Le ministre de la Justice publie le résultat de l'indexation annuelle à la Partie I de la *Gazette officielle du Québec*. Il peut en outre assurer une plus large diffusion par tout autre moyen.

27. Pour l'application de l'article 26 le premier avril 1996, les frais et les droits de 218$ et plus exigibles le 31 mars 1995 seront réputés avoir été augmentés de 1$ le premier avril 1995.

28. Les frais et droits établis par le présent tarif s'appliquent aux actes de procédure ou aux documents produits ou délivrés à partir de la date de son entrée en vigueur, même dans une affaire commencée avant cette date.

Les frais et droits tels qu'indexés le premier avril selon l'article 26 s'appliquent aux actes de procédure ou aux documents produits ou délivrés à partir de cette date, même dans une affaire commencée avant celle-ci.

29. Le présent tarif remplace le *Tarif des frais judiciaires en matière civile et des droits de greffe* édicté par le décret numéro 738-86 du 28 mai 1986.

30. Le présent tarif entre en vigueur le 31 mars 1995.

Avis, (1996) 128 *G.O.* I, 356;
Avis, (1997) 129 *G.O.* I, 348;
Avis, (1998) 130 *G.O.* I, 426.

LOIS CONNEXES

Les lois connexes sont à jour au 20 juin 1998. Les trames grises indiquent des dispositions non en vigueur. Les textes publiés dans cette section n'ont aucune sanction officielle; pour interpréter ou appliquer le texte, il faut donc se reporter aux textes officiels.

TABLE DES MATIÈRES

Charte canadienne des droits et libertés, L.R.C. (1985), App. II, nº 44

Attendu que le Canada est fondé sur des principes qui reconnaissent la suprématie de Dieu et la primauté du droit:

Garantie des droits et libertés

1. La *Charte canadienne des droits et libertés* garantit les droits et libertés qui y sont énoncés. Ils ne peuvent être restreints que par une règle de droit, dans des limites qui soient raisonnables et dont la justification puisse se démontrer dans le cadre d'une société libre et démocratique.

Libertés fondamentales

2. Chacun a les libertés fondamentales suivantes:

(*a*) liberté de conscience et de religion;

(*b*) liberté de pensée, de croyance, d'opinion et d'expression, y compris la liberté de la presse et des autres moyens de communication;

(*c*) liberté de réunion pacifique;

(*d*) liberté d'association.

Droits démocratiques

3. Tout citoyen canadien a le droit de vote et est éligible aux élections législatives fédérales ou provinciales.

4. (1) Le mandat maximal de la Chambre des communes et des assemblées législatives est de cinq ans à compter de la date fixée pour le retour des brefs relatifs aux élections générales correspondantes.

(2) Le mandat de la Chambre des communes ou celui d'une assemblée législative peut être prolongé respectivement par le Parlement ou par la législature en question au-delà de cinq ans en cas de guerre, d'invasion ou d'insurrection, réelles ou appréhendées, pourvu que cette prolongation ne fasse pas l'objet d'une opposition exprimée par les voix de plus du tiers des députés de la Chambre des communes ou de l'assemblée législative.

5. Le Parlement et les législatures tiennent une séance au moins une fois tous les douze mois.

Liberté de circulation et d'établissement

6. (1) Tout citoyen canadien a le droit de demeurer au Canada, d'y entrer ou d'en sortir.

(2) Tout citoyen canadien et toute personne ayant le statut de résident permanent au Canada ont le droit:

(*a*) de se déplacer dans tout le pays et d'établir leur résidence dans toute province;

(*b*) de gagner leur vie dans toute province.

(3) Les droits mentionnés au paragraphe (2) sont subordonnés:

(*a*) aux lois et usages d'application générale en vigueur dans une province donnée, s'ils n'établissent entre les personnes aucune distinction fondée principalement sur la province de résidence antérieure ou actuelle;

(*b*) aux lois prévoyant de justes conditions de résidence en vue de l'obtention des services sociaux publics.

(4) Les paragraphes (2) et (3) n'ont pas pour objet d'interdire les lois, programmes ou activités destinés à améliorer, dans une province, la situation d'individus défavorisés socialement ou économiquement, si le taux d'emploi dans la province est inférieur à la moyenne nationale.

Garanties juridiques

7. Chacun a droit à la vie, à la liberté et à la sécurité de sa personne; il ne peut être porté atteinte à ce droit qu'en conformité avec les principes de justice fondamentale.

8. Chacun a droit à la protection contre les fouilles, les perquisitions ou les saisies abusives.

9. Chacun a droit à la protection contre la détention ou l'emprisonnement arbitraires.

10. Chacun a le droit, en cas d'arrestation ou de détention:

(*a*) d'être informé dans les plus brefs délais des motifs de son arrestation ou de sa détention;

(*b*) d'avoir recours sans délai à l'assistance d'un avocat et d'être informé de ce droit;

(*c*) de faire contrôler, par *habeas corpus*, la légalité de sa détention et d'obtenir, le cas échéant, sa libération.

11. Tout inculpé a le droit:

(*a*) d'être informé sans délai anormal de l'infraction précise qu'on lui reproche;

(*b*) d'être jugé dans un délai raisonnable;

(*c*) de ne pas être contraint de témoigner contre lui-même dans toute poursuite intentée contre lui pour l'infraction qu'on lui reproche;

(*d*) d'être présumé innocent tant qu'il n'est pas déclaré coupable, conformément à la loi, par un tribunal indépendant et impartial à l'issue d'un procès public et équitable;

(*e*) de ne pas être privé sans juste cause d'une mise en liberté assortie d'un cautionnement raisonnable;

(*f*) sauf s'il s'agit d'une infraction relevant de la justice militaire, de bénéficier d'un procès avec jury lorsque la peine maximale prévue pour l'infraction dont il est accusé est un emprisonnement de cinq ans ou une peine plus grave;

(*g*) de ne pas être déclaré coupable en raison d'une action ou d'une omission qui, au moment où elle est survenue, ne constituait pas une infraction d'après le droit interne du Canada ou le droit international et n'avait pas de caractère criminel d'après les principes généraux de droit reconnus par l'ensemble des nations;

(*h*) d'une part de ne pas être jugé de nouveau pour une infraction dont il a été définitivement acquitté, d'autre part de

ne pas être jugé ni puni de nouveau pour une infraction dont il a été définitivement déclaré coupable et puni;

(*i*) de bénéficier de la peine la moins sévère, lorsque la peine qui sanctionne l'infraction dont il est déclaré coupable est modifiée entre le moment de la perpétration de l'infraction et celui de la sentence.

12. Chacun a droit à la protection contre tous traitements ou peines cruels et inusités.

13. Chacun a droit à ce qu'aucun témoignage incriminant qu'il donne ne soit utilisé pour l'incriminer dans d'autres procédures, sauf lors de poursuites pour parjure ou pour témoignages contradictoires.

14. La partie ou le témoin qui ne peuvent suivre les procédures, soit parce qu'ils ne comprennent pas ou ne parlent pas la langue employée, soit parce qu'ils sont atteints de surdité, ont droit à l'assistance d'un interprète.

Droits à l'égalité

15. (1) La loi ne fait acception de personne et s'applique également à tous, et tous ont droit à la même protection et au même bénéfice de la loi, indépendamment de toute discrimination, notamment des discriminations fondées sur la race, l'origine nationale ou ethnique, la couleur, la religion, le sexe, l'âge ou les déficiences mentales ou physiques.

(2) Le paragraphe (1) n'a pas pour effet d'interdire les lois, programmes ou activités destinés à améliorer la situation d'individus ou de groupes défavorisés, notamment du fait de leur race, de leur origine nationale ou ethnique, de leur

couleur, de leur religion, de leur sexe, de leur âge ou de leurs déficiences mentales ou physiques.

Langues officielles du Canada

16. (1) Le français et l'anglais sont les langues officielles du Canada; ils ont un statut et des droits et privilèges égaux quant à leur usage dans les institutions du Parlement et du gouvernement du Canada.

(2) Le français et l'anglais sont les langues officielles du Nouveau-Brunswick; ils ont un statut et des droits et privilèges égaux quant à leur usage dans les institutions de la Législature et du gouvernement du Nouveau-Brunswick.

(3) La présente charte ne limite pas le pouvoir du Parlement et des législatures de favoriser la progression vers l'égalité de statut ou d'usage du français et de l'anglais.

16.1 (1) La communauté linguistique française et la communauté linguistique anglaise du Nouveau-Brunswick ont un statut et des droits et privilèges égaux, notamment le droit à des institutions d'enseignement distinctes et aux institutions culturelles distinctes nécessaires à leur protection et à leur promotion.

(2) Le rôle de la législature et du gouvernement du Nouveau-Brunswick de protéger et de promouvoir le statut, les droits et les privilèges visés au paragraphe (1) est confirmé.

17. (1) Chacun a le droit d'employer le français ou l'anglais dans les débats et travaux du Parlement.

(2) Chacun a le droit d'employer le français ou l'anglais dans les débats et

travaux de la Législature du Nouveau-Brunswick.

18. (1) Les lois, les archives, les comptes rendus et les procès-verbaux du Parlement sont imprimés et publiés en français et en anglais, les deux versions des lois ayant également force de loi et celles des autres documents ayant même valeur.

(2) Les lois, les archives, les comptes rendus et les procès-verbaux de la Législature du Nouveau-Brunswick sont imprimés et publiés en français et en anglais, les deux versions des lois ayant également force de loi et celles des autres documents ayant même valeur.

19. (1) Chacun a le droit d'employer le français ou l'anglais dans toutes les affaires dont sont saisis les tribunaux établis par le Parlement et dans tous les actes de procédure qui en découlent.

(2) Chacun a le droit d'employer le français ou l'anglais dans toutes les affaires dont sont saisis les tribunaux du Nouveau-Brunswick et dans tous les actes de procédure qui en découlent.

20. (1) Le public a, au Canada, droit à l'emploi du français ou de l'anglais pour communiquer avec le siège ou l'administration centrale des institutions du Parlement ou du gouvernement du Canada ou pour en recevoir les services; il a le même droit à l'égard de tout autre bureau de ces institutions là où, selon le cas:

(*a*) l'emploi du français ou de l'anglais fait l'objet d'une demande importante;

(*b*) l'emploi du français et de l'anglais se justifie par la vocation du bureau.

(2) Le public a, au Nouveau-Brunswick, droit à l'emploi du français ou de l'anglais pour communiquer avec tout bureau des institutions de la législature ou du gouvernement ou pour en recevoir les services.

21. Les articles 16 à 20 n'ont pas pour effet, en ce qui a trait à la langue française ou anglaise ou à ces deux langues, de porter atteinte aux droits, privilèges ou obligations qui existent ou sont maintenus aux termes d'une autre disposition de la Constitution du Canada.

22. Les articles 16 à 20 n'ont pas pour effet de porter atteinte aux droits et privilèges, antérieurs ou postérieurs à l'entrée en vigueur de la présente charte et découlant de la loi ou de la coutume, des langues autres que le français ou l'anglais.

Droits à l'instruction dans la langue de la minorité

23. (1) Les citoyens canadiens:

(*a*) dont la première langue apprise et encore comprise est celle de la minorité francophone ou anglophone de la province où ils résident;

(*b*) qui ont reçu leur instruction, au niveau primaire, en français ou en anglais au Canada et qui résident dans une province où la langue dans laquelle ils ont reçu cette instruction est celle de la minorité francophone ou anglophone de la province,

ont, dans l'un ou l'autre cas, le droit d'y faire instruire leurs enfants, aux niveaux primaire et secondaire, dans cette langue.

(2) Les citoyens canadiens dont un enfant a reçu ou reçoit son instruction, au niveau primaire ou secondaire, en français ou en anglais au Canada ont le droit de faire instruire tous leurs enfants, aux niveaux primaire et secondaire, dans la langue de cette instruction.

(3) Le droit reconnu aux citoyens canadiens par les paragraphes (1) et (2) de faire instruire leurs enfants, aux niveaux primaire et secondaire, dans la langue de la minorité francophone ou anglophone d'une province:

(*a*) s'exerce partout dans la province où le nombre des enfants des citoyens qui ont ce droit est suffisant pour justifier à leur endroit la prestation, sur les fonds publics, de l'instruction dans la langue de la minorité;

(*b*) comprend, lorsque le nombre de ces enfants le justifie, le droit de les faire instruire dans des établissements d'enseignement de la minorité linguistique financés sur les fonds publics.

Recours

24. (1) Toute personne, victime de violation ou de négation des droits ou libertés qui lui sont garantis par la présente charte, peut s'adresser à un tribunal compétent pour obtenir la réparation que le tribunal estime convenable et juste eu égard aux circonstances.

(2) Lorsque, dans une instance visée au paragraphe (1), le tribunal a conclu que des éléments de preuve ont été obtenus dans des conditions qui portent atteinte aux droits ou libertés garantis par la présente charte, ces éléments de preuve sont écartés s'il est établi, eu égard aux circonstances, que leur utilisation est susceptible de déconsidérer l'administration de la justice.

Dispositions générales

25. Le fait que la présente charte garantit certains droits et libertés ne porte pas atteinte aux droits ou libertés – ancestraux, issus de traités ou autres – des peuples autochtones du Canada, notamment:

(*a*) aux droits ou libertés reconnus par la Proclamation royale du 7 octobre 1763;

(*b*) aux droits ou libertés existants issus d'accords sur des revendications territoriales ou ceux susceptibles d'être ainsi acquis.

26. Le fait que la présente charte garantit certains droits et libertés ne constitue pas une négation des autres droits ou libertés qui existent au Canada.

27. Toute interprétation de la présente charte doit concorder avec l'objectif de promouvoir le maintien et la valorisation du patrimoine multiculturel des Canadiens.

28. Indépendamment des autres dispositions de la présente charte, les droits et libertés qui y sont mentionnés sont garantis également aux personnes des deux sexes.

29. Les dispositions de la présente charte ne portent pas atteinte aux droits ou privilèges garantis en vertu de la Constitution du Canada concernant les écoles séparées et autres écoles confessionnelles.

30. Dans la présente charte, les dispositions qui visent les provinces, leur législature ou leur assemblée législative visent également le territoire du Yukon, les territoires du Nord-Ouest ou leurs autorités législatives compétentes.

31. La présente charte n'élargit pas les compétences législatives de quelque organisme ou autorité que ce soit.

Application de la charte

32. (1) La présente charte s'applique:

(*a*) au Parlement et au gouvernement du Canada, pour tous les domaines relevant du Parlement, y compris ceux qui concernent le territoire du Yukon et les territoires du Nord-Ouest;

(*b*) à la législature et au gouvernement de chaque province, pour tous les domaines relevant de cette législature.

(2) Par dérogation au paragraphe (1), l'article 15 n'a d'effet que trois ans après l'entrée en vigueur du présent article.

33. (1) Le Parlement ou la législature d'une province peut adopter une loi où il est expressément déclaré que celle-ci ou une de ses dispositions a effet indé-

pendamment d'une disposition donnée de l'article 2 ou des articles 7 à 15 de la présente charte.

(2) La loi ou la disposition qui fait l'objet d'une déclaration conforme au présent article et en vigueur a l'effet qu'elle aurait sauf la disposition en cause de la charte.

(3) La déclaration visée au paragraphe (1) cesse d'avoir effet à la date qui y est précisée ou, au plus tard, cinq ans après son entrée en vigueur.

(4) Le Parlement ou une législature peut adopter de nouveau une déclaration visée au paragraphe (1).

(5) Le paragraphe (3) s'applique à toute déclaration adoptée sous le régime du paragraphe (4).

Titre

34. Titre de la présente partie: *Charte canadienne des droits et libertés.*

Charte des droits et libertés de la personne, L.R.Q., c. C-12

CONSIDÉRANT que tout être humain possède des droits et libertés intrinsèques, destinés à assurer sa protection et son épanouissement;

Considérant que tous les êtres humains sont égaux en valeur et en dignité et ont droit à une égale protection de la loi;

Considérant que le respect de la dignité de l'être humain et la reconnaissance des droits et libertés dont il est titulaire constituent le fondement de la justice et de la paix;

Considérant que les droits et libertés de la personne humaine sont inséparables des droits et libertés d'autrui et du bien-être général;

Considérant qu'il y a lieu d'affirmer solennellement dans une Charte les libertés et droits fondamentaux de la personne afin que ceux-ci soient garantis par la volonté collective et mieux protégés contre toute violation;

À ces causes, Sa Majesté, de l'avis et du consentement de l'Assemblée nationale du Québec, décrète ce qui suit:

PARTIE I
LES DROITS ET LIBERTÉS DE LA PERSONNE

CHAPITRE I
LIBERTÉS ET DROITS FONDAMENTAUX

1. Tout être humain a droit à la vie, ainsi qu'à la sûreté, à l'intégrité et à la liberté de sa personne.

Il possède également la personnalité juridique. [1975, c. 6, art. 1; 1982, c. 61, art. 1].

2. Tout être humain dont la vie est en péril a droit au secours.

Toute personne doit porter secours à celui dont la vie est en péril, personnellement ou en obtenant du secours, en lui apportant l'aide physique nécessaire et immédiate, à moins d'un risque pour elle ou pour les tiers ou d'un autre motif raisonnable. [1975, c. 6, art. 2].

3. Toute personne est titulaire des libertés fondamentales telles la liberté de conscience, la liberté de religion, la liberté d'opinion, la liberté d'expression, la liberté de réunion pacifique et la liberté d'association. [1975, c. 6, art. 3].

4. Toute personne a droit à la sauvegarde de sa dignité, de son honneur et de sa réputation. [1975, c. 6, art. 4].

5. Toute personne a droit au respect de sa vie privée. [1975, c. 6, art. 5].

6. Toute personne a droit à la jouissance paisible et à la libre disposition de ses biens, sauf dans la mesure prévue par la loi. [1975, c. 6, art. 6].

7. La demeure est inviolable. [1975, c. 6, art. 7].

8. Nul ne peut pénétrer chez autrui ni y prendre quoi que ce soit sans son con-

sentement exprès ou tacite. [1975, c. 6, art. 8].

9. Chacun a droit au respect du secret professionnel.

Toute personne tenue par la loi au secret professionnel et tout prêtre ou autre ministre du culte ne peuvent, même en justice, divulguer les renseignements confidentiels qui leur ont été révélés en raison de leur état ou profession, à moins qu'ils n'y soient autorisés par celui qui leur a fait ces confidences ou par une disposition expresse de la loi.

Le tribunal doit, d'office, assurer le respect du secret professionnel. [1975, c. 6, art. 9].

9.1. Les libertés et droits fondamentaux s'exercent dans le respect des valeurs démocratiques, de l'ordre public et du bien-être général des citoyens du Québec.

La loi peut, à cet égard, en fixer la portée et en aménager l'exercice. [1982, c. 61, art. 2].

CHAPITRE I.1
DROIT À L'ÉGALITÉ DANS LA RECONNAISSANCE ET L'EXERCICE DES DROITS ET LIBERTÉS

10. Toute personne a droit à la reconnaissance et à l'exercice, en pleine égalité, des droits et libertés de la personne, sans distinction, exclusion ou préférence fondée sur la race, la couleur, le sexe, la grossesse, l'orientation sexuelle, l'état civil, l'âge sauf dans la mesure prévue par la loi, la religion, les convictions politiques, la langue, l'origine ethnique ou nationale, la condition sociale, le handicap ou l'utilisation d'un moyen pour pallier ce handicap.

Il y a discrimination lorsqu'une telle distinction, exclusion ou préférence a pour effet de détruire ou de compromettre ce droit. [1975, c. 6, art. 10; 1977, c. 6, art. 1; 1978, c. 7, art. 112; 1982, c. 61, art. 3].

10.1. Nul ne doit harceler une personne en raison de l'un des motifs visés dans l'article 10. [1982, c. 61, art. 4].

11. Nul ne peut diffuser, publier ou exposer en public un avis, un symbole ou un signe comportant discrimination ni donner une autorisation à cet effet. [1975, c. 6, art. 11].

12. Nul ne peut, par discrimination, refuser de conclure un acte juridique ayant pour objet des biens ou des services ordinairement offerts au public. [1975, c. 6, art. 12].

13. Nul ne peut, dans un acte juridique, stipuler une clause comportant discrimination.

Une telle clause est réputée sans effet. [1975, c. 6, art. 13].

14. L'interdiction visée dans les articles 12 et 13 ne s'applique pas au locateur d'une chambre située dans un local d'habitation, si le locateur ou sa famille réside dans le local, ne loue qu'une seule chambre et n'annonce pas celle-ci, en vue de la louer, par avis ou par tout autre moyen public de sollicitation. [1975, c. 6, art. 14].

15. Nul ne peut, par discrimination, empêcher autrui d'avoir accès aux moyens de transport ou aux lieux publics, tels les établissements commerciaux, hôtels, restaurants, théâtres, cinémas, parcs, terrains de camping et de caravaning, et d'y obtenir les biens et les services qui y sont disponibles. [1975, c. 6, art. 15].

16. Nul ne peut exercer de discrimination dans l'embauche, l'apprentissage, la durée de la période de probation, la formation professionnelle, la promotion, la mutation, le déplacement, la mise à pied, la suspension, le renvoi ou les conditions de travail d'une personne ainsi que dans l'établissement de catégories ou de classifications d'emploi. [1975, c. 6, art. 16].

17. Nul ne peut exercer de discrimination dans l'admission, la jouissance d'avantages, la suspension ou l'expulsion d'une personne d'une association d'employeurs ou de salariés ou de toute corporation professionnelle ou association de personnes exerçant une même occupation. [1975, c. 6, art. 17].

18. Un bureau de placement ne peut exercer de discrimination dans la réception, la classification ou le traitement d'une demande d'emploi ou dans un acte visant à soumettre une demande à un employeur éventuel. [1975, c. 6, art. 18].

18.1. Nul ne peut, dans un formulaire de demande d'emploi ou lors d'une entrevue relative à un emploi, requérir d'une personne des renseignements sur les motifs visés dans l'article 10 sauf si ces renseignements sont utiles à l'application de l'article 20 ou à l'application d'un programme d'accès à l'égalité existant au moment de la demande. [1982, c. 61, art. 5].

18.2. Nul ne peut congédier, refuser d'embaucher ou autrement pénaliser dans le cadre de son emploi une personne du seul fait qu'elle a été déclarée coupable d'une infraction pénale ou criminelle, si cette infraction n'a aucun lien avec l'emploi ou si cette personne en a obtenu le pardon. [1982, c. 61, art. 5; 1990, c. 4, art. 133].

19. Tout employeur doit, sans discrimination, accorder un traitement ou un salaire égal aux membres de son personnel qui accomplissent un travail équivalent au même endroit.

Il n'y a pas de discrimination si une différence de traitement ou de salaire est fondée sur l'expérience, l'ancienneté, la durée du service, l'évaluation au mérite, la quantité de production ou le temps supplémentaire, si ces critères sont communs à tous les membres du personnel.

Les ajustements salariaux ainsi qu'un programme d'équité salariale sont, eu égard à la discrimination fondée sur le sexe, réputés non discriminatoires, s'ils sont établis conformément à la *Loi sur l'équité salariale* (1996, chapitre 43). [1975, c. 6, art. 19; 1996, c. 43, art. 125].

20. Une distinction, exclusion ou préférence fondée sur les aptitudes ou qualités requises par un emploi, ou justifiée par le caractère charitable, philanthropique, religieux, politique ou éducatif d'une institution sans but lucratif ou qui est vouée exclusivement au bien-être d'un groupe ethnique est réputée non discriminatoire. [1975, c. 6, art. 20; 1982, c. 61, art. 6; 1996, c. 10, art. 1].

20.1. Dans un contrat d'assurance ou de rente, un régime d'avantages sociaux, de retraite, de rentes ou d'assurance ou un régime universel de rentes ou d'assurance, une distinction, exclusion ou préférence fondée sur l'âge, le sexe ou l'état civil est réputée non discriminatoire lorsque son utilisation est légitime et que le motif qui la fonde constitue un facteur de détermination de risque, basé sur des données actuarielles.

Dans ces contrats ou régimes, l'utilisation de l'état de santé comme facteur de détermination de risque ne constitue pas une discrimination au sens de l'article 10. [1996, c. 10, art. 2].

CHAPITRE II
DROITS POLITIQUES

21. Toute personne a droit d'adresser des pétitions à l'Assemblée nationale pour le redressement de griefs. [1975, c. 6, art. 21].

22. Toute personne légalement habilitée et qualifiée a droit de se porter candidat lors d'une élection et a droit d'y voter. [1975, c. 6, art. 22].

CHAPITRE III
DROITS JUDICIAIRES

23. Toute personne a droit, en pleine égalité, à une audition publique et impartiale de sa cause par un tribunal indépendant et qui ne soit pas préjugé, qu'il s'agisse de la détermination de ses droits et obligations ou du bien-fondé de toute accusation portée contre elle.

Le tribunal peut toutefois ordonner le huis clos dans l'intérêt de la morale ou de l'ordre public. [1975, c. 6, art. 23; 1982, c. 17, art. 42; 1993, c. 30, art. 17].

24. Nul ne peut être privé de sa liberté ou de ses droits, sauf pour les motifs prévus par la loi et suivant la procédure prescrite. [1975, c. 6, art. 24].

24.1. Nul ne peut faire l'objet de saisies, perquisitions ou fouilles abusives. [1982, c. 61, art. 7].

25. Toute personne arrêtée ou détenue doit être traitée avec humanité et avec le respect dû à la personne humaine. [1975, c. 6, art. 25].

26. Toute personne détenue dans un établissement de détention a droit d'être soumise à un régime distinct approprié à son sexe, son âge et sa condition physique ou mentale. [1975, c. 6, art. 26].

27. Toute personne détenue dans un établissement de détention en attendant l'issue de son procès a droit d'être séparée, jusqu'au jugement final, des prisonniers qui purgent une peine. [1975, c. 6, art. 27].

28. Toute personne arrêtée ou détenue a droit d'être promptement informée, dans une langue qu'elle comprend, des motifs de son arrestation ou de sa détention. [1975, c. 6, art. 28].

28.1. Tout accusé a le droit d'être promptement informé de l'infraction particulière qu'on lui reproche. [1982, c. 61, art. 8].

29. Toute personne arrêtée ou détenue a droit, sans délai, d'en prévenir ses proches et de recourir à l'assistance d'un avocat. Elle doit être promptement informée de ces droits. [1975, c. 6, art. 29; 1982, c. 61, art. 9].

30. Toute personne arrêtée ou détenue doit être promptement conduite devant le tribunal compétent ou relâchée. [1975, c. 6, art. 30; 1982, c. 61, art. 10].

31. Nulle personne arrêtée ou détenue ne peut être privée, sans juste cause, du droit de recouvrer sa liberté sur engagement, avec ou sans dépôt ou caution, de comparaître devant le tribunal dans le délai fixé. [1975, c. 6, art. 31].

32. Toute personne privée de sa liberté a droit de recourir à l'*habeas corpus*. [1975, c. 6, art. 32].

32.1. Tout accusé a le droit d'être jugé dans un délai raisonnable. [1982, c. 61, art. 11].

33. Tout accusé est présumé innocent jusqu'à ce que la preuve de sa culpabilité ait été établie suivant la loi. [1975, c. 6, art. 33].

33.1. Nul accusé ne peut être contraint de témoigner contre lui-même lors de son procès. [1982, c. 61, art. 12].

34. Toute personne a droit de se faire représenter par un avocat ou d'en être assistée devant tout tribunal. [1975, c. 6, art. 34].

35. Tout accusé a droit à une défense pleine et entière et a le droit d'interroger et de contre-interroger les témoins. [1975, c. 6, art. 35].

36. Tout accusé a le droit d'être assisté gratuitement d'un interprète s'il ne comprend pas la langue employée à l'audience ou s'il est atteint de surdité. [1975, c. 6, art. 36; 1982, c. 61, art. 13].

37. Nul accusé ne peut être condamné pour une action ou une omission qui, au moment où elle a été commise, ne constituait pas une violation de la loi. [1975, c. 6, art. 37].

37.1. Une personne ne peut être jugée de nouveau pour une infraction dont elle a été acquittée ou dont elle a été déclarée coupable en vertu d'un jugement passé en force de chose jugée. [1982, c. 61, art. 14].

37.2. Un accusé a droit à la peine la moins sévère lorsque la peine prévue pour l'infraction a été modifiée entre la perpétration de l'infraction et le prononcé de la sentence. [1982, c. 61, art. 14].

38. Aucun témoignage devant un tribunal ne peut servir à incriminer son auteur, sauf le cas de poursuites pour parjure ou pour témoignages contradictoires. [1975, c. 6, art. 38; 1982, c. 61, art. 15].

CHAPITRE IV
DROITS ÉCONOMIQUES ET SOCIAUX

39. Tout enfant a droit à la protection, à la sécurité et à l'attention que ses parents ou les personnes qui en tiennent lieu peuvent lui donner. [1975, c. 6, art. 39; 1980, c. 39, art. 61].

40. Toute personne a droit, dans la mesure et suivant les normes prévues par la loi, à l'instruction publique gratuite. [1975, c. 6, art. 40].

41. Les parents ou les personnes qui en tiennent lieu ont le droit d'exiger que, dans les établissements d'enseignement publics, leurs enfants reçoivent un enseignement religieux ou moral conforme à leurs convictions, dans le cadre des programmes prévus par la loi. [1975, c. 6, art. 41].

42. Les parents ou les personnes qui en tiennent lieu ont le droit de choisir pour leurs enfants des établissements d'enseignement privés, pourvu que ces établissements se conforment aux normes prescrites ou approuvées en vertu de la loi. [1975, c. 6, art. 42].

43. Les personnes appartenant à des minorités ethniques ont le droit de maintenir et de faire progresser leur propre vie culturelle avec les autres membres de leur groupe. [1975, c. 6, art. 43].

44. Toute personne a droit à l'information, dans la mesure prévue par la loi. [1975, c. 6, art. 44].

45. Toute personne dans le besoin a droit, pour elle et sa famille, à des mesures d'assistance financière et à des mesures sociales, prévues par la loi, susceptibles de lui assurer un niveau de vie décent. [1975, c. 6, art. 45].

46. Toute personne qui travaille a droit, conformément à la loi, à des conditions de travail justes et raisonnables et qui respectent sa santé, sa sécurité et son intégrité physique. [1975, c. 6, art. 46; 1979, c. 63, art. 275].

47. Les époux ont, dans le mariage, les mêmes droits, obligations et responsabilités.

Ils assurent ensemble la direction morale et matérielle de la famille et l'éducation de leurs enfants communs. [1975, c. 6, art. 47].

48. Toute personne âgée ou toute personne handicapée a droit d'être protégée contre toute forme d'exploitation.

Telle personne a aussi droit à la protection et à la sécurité que doivent lui apporter sa famille ou les personnes qui en tiennent lieu. [1975, c. 6, art. 48; 1978, c. 7, art. 113].

CHAPITRE V
DISPOSITIONS SPÉCIALES ET INTERPRÉTATIVES

49. Une atteinte illicite à un droit ou à une liberté reconnu par la présente Charte confère à la victime le droit d'obtenir la cessation de cette atteinte et la réparation du préjudice moral ou matériel qui en résulte.

En cas d'atteinte illicite et intentionnelle, le tribunal peut en outre condamner son auteur à des dommages exemplaires. [1975, c. 6, art. 49].

49.1. Les plaintes, différends et autres recours dont l'objet est couvert par la *Loi sur l'équité salariale* (1996, chapitre 43) sont réglés exclusivement suivant cette loi.

En outre, toute question relative à l'équité salariale entre une catégorie d'emplois à prédominance féminine et une catégorie d'emplois à prédominance masculine dans une entreprise qui compte moins de 10 salariés doit être résolue par la Commission de l'équité salariale en application de l'article 19 de la présente Charte. [1996, c. 43, art. 126].

50. La Charte doit être interprétée de manière à ne pas supprimer ou restreindre la jouissance ou l'exercice d'un droit ou d'une liberté de la personne qui n'y est pas inscrit. [1975, c. 6, art. 50].

51. La Charte ne doit pas être interprétée de manière à augmenter, restreindre ou modifier la portée d'une disposition de la loi, sauf dans la mesure prévue par l'article 52. [1975, c. 6, art. 51].

52. Aucune disposition d'une loi, même postérieure à la Charte, ne peut déroger aux articles 1 à 38, sauf dans la mesure prévue par ces articles, à moins que cette loi n'énonce expressément que cette disposition s'applique malgré la Charte. [1975, c. 6, art. 52; 1982, c. 61, art. 16].

53. Si un doute surgit dans l'interprétation d'une disposition de la loi, il est tranché dans le sens indiqué par la Charte. [1975, c. 6, art. 53].

54. La Charte lie la Couronne. [1975, c. 6, art. 54].

55. La Charte vise les matières qui sont de la compétence législative du Québec. [1975, c. 6, art. 55].

56. 1. Dans les articles 9, 23, 30, 31, 34 et 38, dans le chapitre III de la partie II ainsi que dans la partie IV, le mot «tribunal» inclut un coroner, un commissaire-enquêteur sur les incendies, une commission d'enquête et une personne ou un organisme exerçant des fonctions quasi judiciaires.

2. Dans l'article 19, les mots «traitement» et «salaire» incluent les compensations ou avantages à valeur pécuniaire se rapportant à l'emploi.

3. Dans la Charte, le mot «loi» inclut un règlement, un décret, une ordonnance ou un arrêté en conseil pris sous l'autorité d'une loi. [1975, c. 6, art. 56, 1989, c. 51, art. 2].

PARTIE II
LA COMMISSION DES DROITS DE LA PERSONNE ET DES DROITS DE LA JEUNESSE
CHAPITRE I
CONSTITUTION

57. Est constituée la Commission des droits de la personne et des droits de la jeunesse.

La Commission a pour mission de veiller au respect des principes énoncés dans la présente Charte ainsi qu'à la protection de l'intérêt de l'enfant et au respect des droits qui lui sont reconnus par la *Loi sur la protection de la jeunesse* (chapitre P-34.1); à ces fins, elle exerce les fonctions et les pouvoirs que lui attribuent cette Charte et cette loi. [1975, c. 6, art. 57; 1995, c. 27, art. 2].

58. La Commission est composée de quinze membres, dont un président et deux vice-présidents.

Les membres de la Commission sont nommés par l'Assemblée nationale sur proposition du premier ministre. Ces nominations doivent être approuvées par les deux tiers des membres de l'Assemblée. [1975, c. 6, art. 58; 1989, c. 51, art. 3; 1995, c. 27, art. 3].

58.1. Sept membres de la Commission, dont un vice-président, doivent être choisis parmi les personnes susceptibles de contribuer d'une façon particulière à l'étude et à la solution des problèmes relatifs aux droits et libertés de la personne.

Sept autres membres, dont un vice-président, doivent être choisis parmi des personnes susceptibles de contribuer d'une façon particulière à l'étude et à la solution des problèmes relatifs à la protection des droits de la jeunesse. [1995, c. 27, art. 3].

58.2. Les décisions prises par la Commission en vertu de la présente Charte doivent l'être également à la majorité des membres nommés en application du premier alinéa de l'article 58.1.

Celles prises en vertu de la *Loi sur la protection de la jeunesse* doivent l'être également à la majorité des membres nommés en application du deuxième alinéa de cet article. [1995, c. 27, art. 3].

58.3. La durée du mandat des membres de la Commission est d'au plus dix ans. Cette durée, une fois fixée, ne peut être réduite. [1995, c. 27, art. 3].

59. Le gouvernement fixe le traitement et les conditions de travail ou, s'il y a lieu, le traitement additionnel, les honoraires ou les allocations de chacun des membres de la Commission.

Le traitement, le traitement additionnel, les honoraires et les allocations, une fois fixés, ne peuvent être réduits. [1975, c. 6, art. 59; 1989, c. 51, art. 4].

60. Les membres de la Commission restent en fonction jusqu'à leur remplacement, sauf en cas de démission. [1975, c. 6, art. 60; 1989, c. 51, art. 5].

61. La Commission peut constituer un comité des plaintes formé de 3 de ses membres qu'elle désigne par écrit, et lui déléguer, par règlement, des responsabilités. [1975, c. 6, art. 61; 1989, c. 51, art. 5].

62. La Commission nomme les membres du personnel requis pour s'acquitter de ses fonctions; leur nombre est déterminé par le gouvernement; ils peuvent être destitués par décret de celui-ci, mais uniquement sur recommandation de la Commission.

La Commission peut, par écrit, confier à une personne qui n'est pas membre de son personnel soit le mandat de faire une enquête, soit celui de rechercher un règlement entre les parties, dans les termes des paragraphes 1 et 2 du deuxième alinéa de l'article 71, avec l'obligation de lui faire rapport dans un délai qu'elle fixe.

Pour un cas d'arbitrage, la Commission désigne un seul arbitre parmi les personnes qui ont une expérience, une expertise, une sensibilisation et un intérêt marqués en matière de droits et libertés de la personne et qui sont inscrites sur la liste dressée périodiquement par le gouvernement suivant la procédure de recrutement et de sélection qu'il prend par règlement. L'arbitre agit suivant les règles prévues au Livre VII du Code de procédure civile, à l'exclusion du chapitre II du Titre I, compte tenu des adaptations nécessaires.

Une personne qui a participé à l'enquête ne peut se voir confier le mandat de rechercher un règlement ni agir comme arbitre, sauf du consentement des parties. [1975, c. 6, art. 62; 1989, c. 51, art. 5].

63. Le gouvernement établit les normes et barèmes de la rémunération ou des allocations ainsi que les autres conditions de travail qu'assume la Commission à l'égard des membres de son personnel, de ses mandataires et des arbitres. [1975, c. 6, art. 63; 1989, c. 51, art. 5].

64. Avant d'entrer en fonction, les membres et mandataires de la Commission, les membres de son personnel et les arbitres prêtent les serments ou affirmations solennelles prévus à l'annexe I: les membres de la Commission, devant le Président de l'Assemblée nationale et les autres, devant le président de la Commission. [1975, c. 6, art. 64; 1989, c. 51, art. 5].

65. Le président et les vice-présidents doivent s'occuper exclusivement des devoirs de leurs fonctions.

Ils doivent tout particulièrement veiller au respect de l'intégralité des mandats qui sont confiés à la Commission tant par la présente Charte que par la *Loi sur la protection de la jeunesse*. [1975, c. 6, art. 65; 1989, c. 51, art. 5; 1995, c. 27, art. 4].

66. Le président est chargé de la direction et de l'administration des affaires de la Commission, dans le cadre des règlements pris pour l'application de la présente Charte. Il peut, par délégation, exercer les pouvoirs de la Commission

prévus à l'article 61, aux deuxième et troisième alinéas de l'article 62 et au premier alinéa de l'article 77.

Il préside les séances de la Commission. [1975, c. 6, art. 66; 1989, c. 51, art. 5].

67. D'office, le vice-président désigné par le gouvernement remplace temporairement le président en cas d'absence ou d'empêchement de celui-ci ou de vacance de sa fonction. Si ce vice-président est lui-même absent ou empêché ou que sa fonction est vacante, l'autre vice-président le remplace. À défaut, le gouvernement désigne un autre membre de la Commission dont il fixe, s'il y a lieu, le traitement additionnel, les honoraires ou les allocations. [1975, c. 6, art. 67; 1982, c. 61, art. 17; 1989, c. 51, art. 5; 1995, c. 27, art. 5].

68. La Commission, ses membres, les membres de son personnel et ses mandataires ne peuvent être poursuivis en justice pour une omission ou un acte accompli de bonne foi dans l'exercice de leurs fonctions.

Ils ont de plus, aux fins d'une enquête, les pouvoirs et l'immunité des commissaires nommés en vertu de la *Loi sur les commissions d'enquête* (L.R.Q., chapitre C-37), sauf le pouvoir d'ordonner l'emprisonnement. [1975, c. 6, art. 68; 1989, c. 51, art. 5; 1995, c. 27, art. 6].

69. La Commission a son siège à Québec ou à Montréal selon ce que décide le gouvernement par décret entrant en vigueur sur publication dans la *Gazette officielle du Québec*; elle a aussi un bureau sur le territoire de l'autre ville.

Elle peut établir des bureaux à tout endroit du Québec.

La Commission peut tenir ses séances n'importe où au Québec. [1975, c. 6, art. 69; 1989, c. 51, art. 5; 1996, c. 2, art. 117].

70. La Commission peut faire des règlements pour sa régie interne. [1975, c. 6, art. 70; 1989, c. 51, art. 5].

70.1. *(Remplacé).* [1989, c. 51, art. 5].

CHAPITRE II
FONCTIONS

71. La Commission assure, par toutes mesures appropriées, la promotion et le respect des principes contenus dans la présente Charte.

Elle assume notamment les responsabilités suivantes:

1º faire enquête selon un mode non contradictoire, de sa propre initiative ou lorsqu'une plainte lui est adressée, sur toute situation, à l'exception de celles prévues à l'article 49.1, qui lui paraît constituer soit un cas de discrimination au sens des articles 10 à 19, y compris un cas visé à l'article 86, soit un cas de violation du droit à la protection contre l'exploitation des personnes âgées ou handicapées énoncé au premier alinéa de l'article 48;

2º favoriser un règlement entre la personne dont les droits auraient été violés ou celui qui la représente, et la personne à qui cette violation est imputée;

3º signaler au curateur public tout besoin de protection qu'elle estime être de la compétence de celui-ci, dès qu'elle en a connaissance dans l'exercice de ses fonctions;

4º élaborer et appliquer un programme d'information et d'éducation,

destiné à faire comprendre et accepter l'objet et les dispositions de la présente Charte;

5° diriger et encourager les recherches et publications sur les libertés et droits fondamentaux;

6° relever les dispositions des lois du Québec qui seraient contraires à la Charte et faire au gouvernement les recommandations appropriées;

7° recevoir les suggestions, recommandations et demandes qui lui sont faites touchant les droits et libertés de la personne, les étudier, éventuellement en invitant toute personne ou groupement intéressé à lui présenter publiquement ses observations lorsqu'elle estime que l'intérêt public ou celui d'un groupement le requiert, pour faire au gouvernement les recommandations appropriées;

8° coopérer avec toute organisation vouée à la promotion des droits et libertés de la personne, au Québec ou à l'extérieur;

9° faire enquête sur une tentative ou un acte de représailles ainsi que sur tout autre fait ou omission qu'elle estime constituer une infraction à la présente Charte, et en faire rapport au procureur général. [1975, c. 6, art. 71; 1989, c. 51, art. 5; 1996, c. 43, art. 125].

72. La Commission, ses membres, les membres de son personnel, ses mandataires et un comité des plaintes doivent prêter leur assistance aux personnes, groupes ou organismes qui en font la demande, pour la réalisation d'objets qui relèvent de la compétence de la Commission suivant le chapitre III de la présente partie, les parties III et IV et les règlements pris en vertu de la présente Charte.

Ils doivent, en outre, prêter leur concours dans la rédaction d'une plainte, d'un règlement intervenu entre les parties ou d'une demande qui doit être adressée par écrit à la Commission. [1975, c. 6, art. 72; 1989, c. 51, art. 5].

73. La Commission remet au Président de l'Assemblée nationale, au plus tard le 31 mars, un rapport portant, pour l'année civile précédente, sur ses activités et ses recommandations tant en matière de promotion et de respect des droits de la personne qu'en matière de protection de l'intérêt de l'enfant ainsi que de promotion et de respect des droits de celui-ci.

Ce rapport est déposé devant l'Assemblée nationale si elle est en session ou, si elle ne l'est pas, dans les 30 jours de l'ouverture de la session suivante. Il est publié et distribué par l'Éditeur officiel du Québec, dans les conditions déterminées par décret du gouvernement. [1975, c. 6, art. 73; 1989, c. 51, art. 5; 1995, c. 27, art. 7].

CHAPITRE III
PLAINTES

74. Peut porter plainte à la Commission toute personne qui se croit victime d'une violation des droits relevant de la compétence d'enquête de la Commission. Peuvent se regrouper pour porter plainte, plusieurs personnes qui se croient victimes d'une telle violation dans des circonstances analogues.

La plainte doit être faite par écrit.

La plainte peut être portée, pour le compte de la victime ou d'un groupe de victimes, par un organisme voué à la défense des droits et libertés de la personne ou au bien-être d'un groupement. Le consentement écrit de la victime ou

des victimes est nécessaire, sauf s'il s'agit d'un cas d'exploitation de personnes âgées ou handicapées prévu au premier alinéa de l'article 48. [1975, c. 6, art. 74; 1989, c. 51, art. 5].

75. Toute plainte reçue par le Protecteur du citoyen et relevant de la compétence d'enquête de la Commission lui est transmise à moins que le plaignant ne s'y oppose.

La plainte transmise à la Commission est réputée reçue par celle-ci à la date de son dépôt auprès du Protecteur du citoyen. [1975, c. 6, art. 75; 1989, c. 51, art. 5].

76. La prescription de tout recours civil, portant sur les faits rapportés dans une plainte ou dévoilés par une enquête, est suspendue de la date du dépôt de la plainte auprès de la Commission ou de celle du début de l'enquête qu'elle tient de sa propre initiative, jusqu'à la première des éventualités suivantes:

1º la date d'un règlement entre les parties;

2º la date à laquelle la victime et le plaignant ont reçu notification que la Commission soumet le litige à un tribunal;

3º la date à laquelle la victime ou le plaignant a personnellement introduit l'un des recours prévus aux articles 49 et 80;

4º la date à laquelle la victime et le plaignant ont reçu notification que la Commission refuse ou cesse d'agir. [1975, c. 6, art. 76; 1989, c. 51, art. 5].

77. La Commission refuse ou cesse d'agir en faveur de la victime, lorsque:

1º la victime ou le plaignant en fait la demande, sous réserve d'une vérifi-

cation par la Commission du caractère libre et volontaire de cette demande;

2º la victime ou le plaignant a exercé personnellement, pour les mêmes faits, l'un des recours prévus aux articles 49 et 80.

Elle peut refuser ou cesser d'agir en faveur de la victime, lorsque:

1º la plainte a été déposée plus de deux ans après le dernier fait pertinent qui y est rapporté;

2º la victime ou le plaignant n'a pas un intérêt suffisant;

3º la plainte est frivole, vexatoire ou faite de mauvaise foi;

4º la victime ou le plaignant a exercé personnellement, pour les mêmes faits, un autre recours que ceux prévus aux articles 49 et 80.

La décision est motivée par écrit et elle indique, s'il en est, tout recours que la Commission estime opportun; elle est notifiée à la victime et au plaignant. [1975, c. 6, art. 77; 1989, c. 51, art. 5].

78. La Commission recherche, pour toutes situations dénoncées dans la plainte ou dévoilées en cours d'enquête, tout élément de preuve qui lui permettrait de déterminer s'il y a lieu de favoriser la négociation d'un règlement entre les parties, de proposer l'arbitrage du différend ou de soumettre à un tribunal le litige qui subsiste.

Elle peut cesser d'agir lorsqu'elle estime qu'il est inutile de poursuivre la recherche d'éléments de preuve ou lorsque la preuve recueillie est insuffisante. Sa décision doit être motivée par écrit et elle indique, s'il en est, tout recours que la Commission estime oppor-

tun; elle est notifiée à la victime et au plaignant. Avis de sa décision de cesser d'agir doit être donné, par la Commission, à toute personne à qui une violation de droits était imputée dans la plainte. [1975, c. 6, art. 78; 1989, c. 51, art. 5].

79. Si un règlement intervient entre les parties, il doit être constaté par écrit.

S'il se révèle impossible, la Commission leur propose de nouveau l'arbitrage; elle peut aussi leur proposer, en tenant compte de l'intérêt public et de celui de la victime, toute mesure de redressement, notamment l'admission de la violation d'un droit, la cessation de l'acte reproché, l'accomplissement d'un acte, le paiement d'une indemnité ou de dommages exemplaires, dans un délai qu'elle fixe. [1975, c. 6, art. 79; 1989, c. 51, art. 5].

80. Lorsque les parties refusent la négociation d'un règlement ou l'arbitrage du différend, ou lorsque la proposition de la Commission n'a pas été, à sa satisfaction, mise en oeuvre dans le délai imparti, la Commission peut s'adresser à un tribunal en vue d'obtenir, compte tenu de l'intérêt public, toute mesure appropriée contre la personne en défaut ou pour réclamer, en faveur de la victime, toute mesure de redressement qu'elle juge alors adéquate. [1975, c. 6, art. 80; 1989, c. 51, art. 5].

81. Lorsqu'elle a des raisons de croire que la vie, la santé ou la sécurité d'une personne visée par un cas de discrimination ou d'exploitation est menacée, ou qu'il y a risque de perte d'un élément de preuve ou de solution d'un tel cas, la Commission peut s'adresser à un tribunal en vue d'obtenir d'urgence une mesure propre à faire cesser cette menace

ou ce risque. [1975, c. 6, art. 81; 1989, c. 51, art. 5].

82. La Commission peut aussi s'adresser à un tribunal pour qu'une mesure soit prise contre quiconque exerce ou tente d'exercer des représailles contre une personne, un groupe ou un organisme intéressé par le traitement d'un cas de discrimination ou d'exploitation ou qui y a participé, que ce soit à titre de victime, de plaignant, de témoin ou autrement.

Elle peut notamment demander au tribunal d'ordonner la réintégration, à la date qu'il estime équitable et opportune dans les circonstances, de la personne lésée, dans le poste ou le logement qu'elle aurait occupé s'il n'y avait pas eu contravention. [1975, c. 6, art. 82; 1989, c. 51, art. 5].

83. Lorsqu'elle demande au tribunal de prendre des mesures au bénéfice d'une personne en application des articles 80 à 82, la Commission doit avoir obtenu son consentement écrit, sauf dans le cas d'une personne visée par le premier alinéa de l'article 48. [1975, c. 6, art. 83; 1989, c. 51, art. 5].

83.1.-83.2. *(Remplacés).* [1989, c. 51, art. 5].

84. Lorsque, à la suite du dépôt d'une plainte, la Commission exerce sa discrétion de ne pas saisir un tribunal, au bénéfice d'une personne, de l'un des recours prévus aux articles 80 à 82, elle le notifie au plaignant en lui en donnant les motifs.

Dans un délai de 90 jours de la réception de cette notification, le plaignant peut, à ses frais, saisir le Tribunal des droits de la personne de ce recours, pour l'exercice duquel il est substitué de

plein droit à la Commission avec les mêmes effets que si celle-ci l'avait exercé. [1975, c. 6, art. 84; 1982, c. 61, art. 20; 1989, c. 51, art. 5].

85. La victime peut, dans la mesure de son intérêt et en tout état de cause, intervenir dans l'instance à laquelle la Commission est partie en application des articles 80 à 82. Dans ce cas, la Commission ne peut se pourvoir seule en appel sans son consentement.

La victime peut, sous réserve du deuxième alinéa de l'article 111, exercer personnellement les recours des articles 80 à 82 ou se pourvoir en appel, même si elle n'était pas partie en première instance.

Dans tous ces cas, la Commission doit lui donner accès à son dossier. [1975, c. 6, art. 85; 1989, c. 51, art. 5].

PARTIE III
LES PROGRAMMES D'ACCÈS À
L'ÉGALITÉ

86. Un programme d'accès à l'égalité a pour objet de corriger la situation de personnes faisant partie de groupes victimes de discrimination dans l'emploi, ainsi que dans les secteurs de l'éducation ou de la santé et dans tout autre service ordinairement offert au public.

Un tel programme est réputé non discriminatoire s'il est établi conformément à la Charte. [1982, c. 61, art. 21; 1989, c. 51, art. 11].

87. Tout programme d'accès à l'égalité doit être approuvé par la Commission à moins qu'il ne soit imposé par un tribunal.

La Commission, sur demande, prête son assistance à l'élaboration d'un tel programme. [1982, c. 61, art. 21; 1989, c. 51, art. 6, 11].

88. La Commission peut, après enquête, si elle constate une situation de discrimination prévue par l'article 86, proposer l'implantation, dans un délai qu'elle fixe, d'un programme d'accès à l'égalité.

La Commission peut, lorsque sa proposition n'a pas été suivie, s'adresser à un tribunal et, sur preuve d'une situation visée dans l'article 86, obtenir dans le délai fixé par ce tribunal l'élaboration et l'implantation d'un programme. Le programme ainsi élaboré est déposé devant ce tribunal qui peut, en conformité avec la Charte, y apporter les modifications qu'il juge adéquates. [1982, c. 61, art. 21; 1989, c. 51, art. 7, 11].

89. La Commission surveille l'application des programmes d'accès à l'égalité. Elle peut effectuer des enquêtes et exiger des rapports. [1982, c. 61, art. 21; 1989, c. 51, art. 11].

90. Lorsque la Commission constate qu'un programme d'accès à l'égalité n'est pas implanté dans le délai imparti ou n'est pas observé, elle peut, s'il s'agit d'un programme qu'elle a approuvé, retirer son approbation ou, s'il s'agit d'un programme dont elle a proposé l'implantation, s'adresser à un tribunal conformément au deuxième alinéa de l'article 88. [1982, c. 61, art. 21; 1989, c. 51, art. 8, 11].

91. Un programme visé dans l'article 88 peut être modifié, reporté ou annulé si des faits nouveaux le justifient.

Lorsque la Commission et la personne requise ou qui a convenu d'implanter le programme s'entendent, l'ac-

cord modifiant, reportant ou annulant le programme d'accès à l'égalité est constaté par écrit.

En cas de désaccord, l'une ou l'autre peut s'adresser au tribunal auquel la Commission s'est adressée en vertu du deuxième alinéa de l'article 88, afin qu'il décide si les faits nouveaux justifient la modification, le report ou l'annulation du programme.

Toute modification doit être établie en conformité avec la Charte. [1982, c. 61, art. 21; 1989, c. 51, art. 9, 11].

92. Le gouvernement doit exiger de ses ministères et organismes l'implantation de programmes d'accès à l'égalité dans le délai qu'il fixe.

Les articles 87 à 91 ne s'appliquent pas aux programmes visés dans le présent article. Ceux-ci doivent toutefois faire l'objet d'une consultation auprès de la Commission avant d'être implantés. [1982, c. 61, art. 21; 1989, c. 51, art. 10, 11].

PARTIE IV
CONFIDENTIALITÉ

93. Malgré les articles 9 et 83 de la *Loi sur l'accès aux documents des organismes publics et sur la protection des renseignements personnels* (L.R.Q., chapitre A-2.1), un renseignement ou un document fourni de plein gré à la Commission et détenu par celle-ci aux fins de l'élaboration, l'implantation ou l'observation d'un programme d'accès à l'égalité est confidentiel et réservé exclusivement aux fins pour lesquelles il a été transmis; il ne peut être divulgué ni utilisé autrement, sauf du consentement de celui qui l'a fourni.

Un tel renseignement ou document ne peut être révélé par ou pour la Commission devant un tribunal, ni rapporté au procureur général malgré le paragraphe 9° de l'article 71, sauf du consentement de la personne ou de l'organisme de qui la Commission tient ce renseignement ou ce document et de celui des parties au litige.

Le présent article n'a pas pour effet de restreindre le pouvoir de contraindre par assignation, mandat ou ordonnance, la communication par cette personne ou cet organisme d'un renseignement ou d'un document relatif à un programme d'accès à l'égalité. [1989, c. 51, art. 12].

94. Rien de ce qui est dit ou écrit à l'occasion de la négociation d'un règlement prévue à l'article 78 ne peut être révélé, même en justice, sauf du consentement des parties à cette négociation et au litige. [1989, c. 51, art. 12].

95. Sous réserve de l'article 61 du Code de procédure pénale (1987, chapitre 96), un membre ou un mandataire de la Commission ou un membre de son personnel ne peut être contraint devant un tribunal de faire une déposition portant sur un renseignement qu'il a obtenu dans l'exercice de ses fonctions ni de produire un document contenant un tel renseignement, si ce n'est aux fins du contrôle de sa confidentialité. [1989, c. 51, art. 12; 1990, c. 4, art. 134].

96. Aucune action civile ne peut être intentée en raison ou en conséquence de la publication d'un rapport émanant de la Commission ou de la publication, faite de bonne foi, d'un extrait ou d'un résumé d'un tel rapport. [1989, c. 51, art. 12].

PARTIE V
RÉGLEMENTATION

97. Le gouvernement, par règlement:

1°(*paragraphe abrogé*);

2° peut fixer les critères, normes, barèmes, conditions ou modalités concernant l'élaboration, l'implantation ou l'application de programmes d'accès à l'égalité, en établir les limites et déterminer toute mesure nécessaire ou utile à ces fins.

3° édicte la procédure de recrutement et de sélection des personnes aptes à être désignées à la fonction d'arbitre ou nommées à celle d'assesseur au Tribunal des droits de la personne.

Le règlement prévu au paragraphe 3°, notamment :

1° détermine la proportionnalité minimale d'avocats que doit respecter la liste prévue au troisième alinéa de l'article 62;

2° détermine la publicité qui doit être faite afin de dresser cette liste;

3° détermine la manière dont une personne peut se porter candidate;

4° autorise le ministre de la Justice à former un comité de sélection pour évaluer l'aptitude des candidats et lui fournir un avis sur eux ainsi qu'à en fixer la composition et le mode de nomination des membres;

5° détermine les critères de sélection dont le comité tient compte, les renseignements qu'il peut requérir d'un candidat ainsi que les consultations qu'il peut faire;

6° prévoit que la liste des personnes aptes à être désignées à la fonction d'arbitre ou nommées à celle d'assesseur au Tribunal des droits de la personne, est consignée dans un registre établi à cette fin au ministère de la Justice.

Les membres d'un comité de sélection ne sont pas rémunérés, sauf dans le cas, aux conditions et dans la mesure que peut déterminer le gouvernement. Ils ont cependant droit au remboursement des dépenses faites dans l'exercice de leurs fonctions, aux conditions et dans la mesure que détermine le gouvernement. [1982, c. 61, art. 21; 1989, c. 51, art. 14; 1996, c. 10, art. 3].

98. Le gouvernement, après consultation de la Commission, publie son projet de règlement à la *Gazette officielle du Québec* avec un avis indiquant le délai après lequel ce projet sera déposé devant la Commission des institutions et indiquant qu'il pourra être pris après l'expiration des 45 jours suivant le dépôt du rapport de cette Commission devant l'Assemblée nationale.

Le gouvernement peut, par la suite, modifier le projet de règlement. Il doit, dans ce cas, publier le projet modifié à la *Gazette officielle du Québec* avec un avis indiquant qu'il sera pris sans modification à l'expiration des 45 jours suivant cette publication. [1982, c. 61, art. 21; 1982, c. 62, art. 143; 1989, c. 51, art. 15].

99. La Commission, par règlement :

1° peut déléguer à un comité des plaintes constitué conformément à l'article 61, les responsabilités qu'elle indique;

2° prescrit les autres règles, conditions et modalités d'exercice ou termes

applicables aux mécanismes prévus aux chapitres II et III de la partie II et aux parties III et IV, y compris la forme et les éléments des rapports pertinents.

Un tel règlement est soumis à l'approbation du gouvernement qui peut, en l'approuvant, le modifier. [1982, c. 61, art. 21; 1989, c. 51, art. 15].

PARTIE VI
LE TRIBUNAL DES DROITS
DE LA PERSONNE

CHAPITRE I
CONSTITUTION ET ORGANISATION

100. Est institué le Tribunal des droits de la personne, appelé le «Tribunal» dans la présente partie. [1989, c. 51, art. 16].

101. Le Tribunal est composé d'au moins 7 membres, dont le président et les assesseurs, nommés par le gouvernement. Le président est choisi, après consultation du juge en chef de la Cour du Québec, parmi les juges de cette cour qui ont une expérience, une expertise, une sensibilisation et un intérêt marqués en matière des droits et libertés de la personne; les assesseurs le sont parmi les personnes inscrites sur la liste prévue au troisième alinéa de l'article 62.

Leur mandat est de 5 ans, renouvelable. Il peut être prolongé pour une durée moindre et déterminée.

Le gouvernement établit les normes et barèmes régissant la rémunération, les conditions de travail ou, s'il y a lieu, les allocations des assesseurs. [1989, c. 51, art. 16].

102. Avant d'entrer en fonction, les membres doivent prêter les serments ou affirmations solennelles prévus à l'annexe II; le président, devant le juge en chef de la Cour du Québec et tout autre membre, devant le président. [1989, c. 51, art. 16].

103. Le gouvernement peut, à la demande du président et après consultation du juge en chef de la Cour du Québec, désigner comme membre du Tribunal, pour entendre et décider d'une demande ou pour une période déterminée, un autre juge de cette cour qui a une expérience, une expertise, une sensibilisation et un intérêt marqués en matière des droits et libertés de la personne. [1989, c. 51, art. 16].

104. Le Tribunal siège, pour l'audition d'une demande, par divisions constituées chacune de 3 membres, soit le juge qui la préside et les 2 assesseurs qui l'assistent, désignés par le président. Celui qui préside la division décide seul de la demande.

Toutefois, une demande préliminaire ou incidente ou une demande présentée en vertu de l'article 81 ou 82 est entendue et décidée par le président ou par le juge du Tribunal auquel il réfère la demande; cette demande est cependant déférée à une division du Tribunal dans les cas déterminés par les règles de procédure et de pratique ou si le président en décide ainsi. [1989, c. 51, art. 16].

105. Le greffier et le personnel de la Cour du Québec du district dans lequel une demande est produite ou dans lequel siège le Tribunal, l'une de ses divisions ou l'un de ses membres, sont tenus de lui fournir les services qu'ils fournissent habituellement à la Cour du Québec elle-même.

Les huissiers sont d'office huissiers du Tribunal et peuvent lui faire rapport, sous leur serment d'office, des significations faites par eux. [1989, c. 51, art. 16].

106. Le président s'occupe exclusivement des devoirs de ses fonctions.

Il doit notamment:

1º favoriser la concertation des membres sur les orientations générales du Tribunal;

2º coordonner et répartir le travail entre les membres qui, à cet égard, doivent se soumettre à ses ordres et directives, et veiller à leur bonne exécution;

3º édicter un code de déontologie, et veiller à son respect. Ce code entre en vigueur le 15e jour qui suit la date de sa publication à la *Gazette officielle du Québec* ou à une date ultérieure qui y est indiquée. [1989, c. 51, art. 16].

107. Un juge désigné en vertu de l'article 103 remplace le président en cas d'absence, d'empêchement ou de vacance de sa fonction. [1989, c. 51, art. 16].

108. Malgré l'expiration de son mandat, un juge décide d'une demande dont il a terminé l'audition. Si la demande n'a pu faire l'objet d'une décision dans un délai de 90 jours, elle est déférée par le président, du consentement des parties, à un autre juge du Tribunal ou instruite de nouveau. [1989, c. 51, art. 16].

109. Sauf sur une question de compétence, aucun des recours prévus aux articles 33 et 834 à 850 du Code de procédure civile ne peut être exercé ni aucune injonction accordée contre le Tribunal, le président ou un autre membre agissant en sa qualité officielle.

Un juge de la Cour d'appel peut, sur requête, annuler sommairement toute décision, ordonnance ou injonction délivrée ou accordée à l'encontre du premier alinéa. [1989, c. 51, art. 16].

110. Le président, avec le concours de la majorité des autres membres du Tribunal, peut adopter des règles de procédure et de pratique jugées nécessaires à l'exercice des fonctions du Tribunal. [1989, c. 51, art. 16].

CHAPITRE II
COMPÉTENCE ET POUVOIRS

111. Le Tribunal a compétence pour entendre et disposer de toute demande portée en vertu de l'un des articles 80, 81 et 82 et ayant trait, notamment, à l'emploi, au logement, aux biens et services ordinairement offerts au public, ou en vertu de l'un des articles 88, 90 et 91 relativement à un programme d'accès à l'égalité.

Seule la Commission peut initialement saisir le Tribunal de l'un ou l'autre des recours prévus à ces articles, sous réserve de la substitution prévue à l'article 84 en faveur d'un plaignant et de l'exercice du recours prévu à l'article 91 par la personne à qui le Tribunal a déjà imposé un programme d'accès à l'égalité. [1989, c. 51, art. 16].

112. Le Tribunal, l'une de ses divisions et chacun de ses juges ont, dans l'exercice de leurs fonctions, les pouvoirs et l'immunité des commissaires nommés en vertu de la *Loi sur les commissions d'enquête*, sauf le pouvoir d'ordonner l'emprisonnement. [1989, c. 51, art. 16].

113. Le Tribunal peut, en s'inspirant du Code de procédure civile, rendre les décisions et ordonnances de procédure et de pratique nécessaires à l'exercice de ses fonctions, à défaut d'une règle de procédure ou de pratique applicable.

Le Tribunal peut aussi, en l'absence d'une disposition applicable à un cas particulier et sur une demande qui lui est adressée, prescrire avec le même effet tout acte ou toute formalité qu'auraient pu prévoir les règles de procédure et de pratique. [1989, c. 51, art. 16].

CHAPITRE III
PROCÉDURE ET PREUVE

114. Toute demande doit être adressée par écrit au Tribunal et signifiée conformément aux règles du Code de procédure civile, à moins qu'elle ne soit présentée en cours d'audition. Lorsque ce Code prévoit qu'un mode de signification requiert une autorisation, celle-ci peut être obtenue du Tribunal.

La demande est produite au greffe de la Cour du Québec du district judiciaire où se trouve le domicile ou, à défaut, la résidence ou la place d'affaires principale de la personne à qui les conclusions de la demande pourraient être imposées ou, dans le cas d'un programme d'accès à l'égalité, de la personne à qui il est ou pourrait être imposé. [1989, c. 51, art. 16].

115. Dans les 15 jours de la production d'une demande qui n'est pas visée au deuxième alinéa de l'article 104, le demandeur doit produire un mémoire exposant ses prétentions, que le Tribunal signifie aux intéressés. Chacun de ceux-ci peut, dans les 30 jours de cette signification, produire son propre mémoire que le Tribunal signifie au demandeur.

Le défaut du demandeur peut entraîner le rejet de la demande. [1989, c. 51, art. 16].

116. La Commission, la victime, le groupe de victimes, le plaignant devant la Commission, tout intéressé à qui la demande est signifiée et la personne à qui un programme d'accès à l'égalité a été imposé ou pourrait l'être, sont de plein droit des parties à la demande et peuvent intervenir en tout temps avant l'exécution de la décision.

Une personne, un groupe ou un organisme autre peut, en tout temps avant l'exécution de la décision, devenir partie à la demande si le Tribunal lui reconnaît un intérêt suffisant pour intervenir; cependant, pour présenter, interroger ou contre-interroger des témoins, prendre connaissance de la preuve au dossier, la commenter ou la contredire, une autorisation du Tribunal lui est chaque fois nécessaire. [1989, c. 51, art. 16].

117. Une demande peut être modifiée en tout temps avant la décision, aux conditions que le Tribunal estime nécessaires pour la sauvegarde des droits de toutes les parties. Toutefois, sauf de leur consentement, aucune modification d'où résulterait une demande entièrement nouvelle, n'ayant aucun rapport avec la demande originale, ne peut être admise. [1989, c. 51, art. 16].

118. Toute partie peut, avant l'audition, ou en tout temps avant décision si elle justifie de sa diligence, demander la récusation d'un membre. Cette demande est adressée au président du Tribunal qui en décide ou la réfère à un juge du Tribunal, notamment lorsque la demande le vise personnellement.

Un membre qui connaît en sa personne une cause valable de récusation, est tenu de la déclarer par un écrit versé au dossier. [1989, c. 51, art. 16].

119. Le Tribunal siège dans le district judiciaire au greffe duquel a été produite la demande.

Toutefois, le président du Tribunal et celui qui préside la division qui en est saisie peuvent décider, d'office ou à la demande d'une partie, que l'audition aura lieu dans un autre district judiciaire, lorsque l'intérêt public et celui des parties le commandent. [1989, c. 51, art. 16].

120. D'office ou sur demande, le président ou celui qu'il désigne pour présider l'audition en fixe la date.

Le Tribunal doit transmettre, par écrit, à toute partie et à son procureur, à moins qu'elle n'y ait renoncé, un avis d'audition d'un jour franc s'il s'agit d'une demande visée au deuxième alinéa de l'article 104 et de 10 jours francs dans les autres cas. Cet avis précise:

1º l'objet de l'audition;

2º le jour, l'heure et le lieu de l'audition;

3º le droit d'y être assisté ou représenté par avocat;

4º le droit de renoncer à une audition orale et de présenter ses observations par écrit;

5º le droit de demander le huis clos ou une ordonnance interdisant ou restreignant la divulgation, la publication ou la diffusion d'un renseignement ou d'un document;

6º le pouvoir du Tribunal d'instruire la demande et de rendre toute décision

ou ordonnance, sans autre délai ni avis, malgré le défaut ou l'absence d'une partie ou de son procureur. [1989, c. 51, art. 16].

121. Le Tribunal peut, d'office ou sur demande et dans l'intérêt de la morale ou de l'ordre public, interdire ou restreindre la divulgation, la publication ou la diffusion d'un renseignement ou d'un document qu'il indique, pour protéger la source de tel renseignement ou document ou pour respecter les droits et libertés d'une personne. [1989, c. 51, art. 16].

122. Le Tribunal peut instruire la demande et rendre toute décision ou ordonnance, même en l'absence d'une partie ou de son procureur qui, ayant été dûment avisé de l'audition, fait défaut de se présenter le jour de l'audition, à l'heure et au lieu de celle-ci, refuse de se faire entendre ou ne soumet pas les observations écrites requises.

Il est néanmoins tenu de reporter l'audition si l'absent lui a fait connaître un motif valable pour excuser l'absence. [1989, c. 51, art. 16].

123. Tout en étant tenu de respecter les principes généraux de justice, le Tribunal reçoit toute preuve utile et pertinente à une demande dont il est saisi et il peut accepter tout moyen de preuve.

Il n'est pas tenu de respecter les règles particulières de la preuve en matière civile, sauf dans la mesure indiquée par la présente partie. [1989, c. 51, art. 16].

124. Les dépositions sont enregistrées, à moins que les parties n'y renoncent expressément. [1989, c. 51, art. 16].

CHAPITRE IV
DÉCISION ET EXÉCUTION

125. Une décision du Tribunal doit être rendue par écrit et déposée au greffe de la Cour du Québec où la demande a été produite. Elle doit contenir, outre le dispositif, toute interdiction ou restriction de divulguer, publier ou diffuser un renseignement ou un document qu'elle indique et les motifs à l'appui.

Toute personne peut, à ses frais mais sous réserve de l'interdiction ou de la restriction, obtenir copie ou extrait de cette décision. [1989, c. 51, art. 16].

126. Le Tribunal peut, dans une décision finale, condamner l'une ou l'autre des parties qui ont comparu à l'instance, aux frais et débours ou les répartir entre elles dans la proportion qu'il détermine. [1989, c. 51, art. 16].

127. Le Tribunal peut, sans formalité, rectifier sa décision qui est entachée d'une erreur d'écriture, de calcul ou de quelque autre erreur matérielle, tant qu'elle n'a pas été exécutée ni portée en appel. [1989, c. 51, art. 16].

128. Le Tribunal peut, d'office ou sur demande d'un intéressé, réviser ou rétracter toute décision qu'il a rendue tant qu'elle n'a pas été exécutée ni portée en appel:

1° lorsqu'est découvert un fait nouveau qui, s'il avait été connu en temps utile, aurait pu justifier une décision différente;

2° lorsqu'un intéressé n'a pu, pour des raisons jugées suffisantes, se faire entendre;

3° lorsqu'un vice de fond ou de procédure est de nature à invalider la décision.

Toutefois, dans le cas du paragraphe 3°, un juge du Tribunal ne peut réviser ni rétracter une décision rendue sur une demande qu'il a entendue. [1989, c. 51, art. 16].

129. Le greffier de la Cour du Québec du district où la demande a été produite fait signifier toute décision finale aux parties qui ont comparu à l'instance et à celles que vise le premier alinéa de l'article 116, dès son dépôt au greffe.

Une décision rendue en présence d'une partie, ou de son procureur, est réputée leur avoir été signifiée dès ce moment. [1989, c. 51, art. 16].

130. Une décision du Tribunal condamnant au paiement d'une somme d'argent devient exécutoire comme un jugement de la Cour du Québec ou de la Cour supérieure, selon la compétence respective de l'une et l'autre cour, et en a tous les effets à la date de son dépôt au greffe de la Cour du Québec ou de celle de son homologation en Cour supérieure.

L'homologation résulte du dépôt, par le greffier de la Cour du Québec du district où la décision du Tribunal a été déposée, d'une copie conforme de cette décision au bureau du protonotaire de la Cour supérieure du district où se trouve le domicile ou, à défaut, la résidence ou la place d'affaires principale de la personne condamnée.

Une décision finale qui n'est pas visée au premier alinéa est exécutoire à l'expiration des délais d'appels, suivant les conditions et modalités qui y sont indiquées, à moins que le Tribunal n'en ordonne l'exécution provisoire dès sa signification ou à une autre époque postérieure qu'il fixe.

Toute autre décision du Tribunal est exécutoire dès sa signification et nonobstant appel, à moins que le tribunal d'appel n'en ordonne autrement. [1989, c. 51, art. 16].

131. Quiconque contrevient à une décision du Tribunal qui lui a été dûment signifiée, et qui n'a pas à être homologuée en Cour supérieure, se rend coupable d'outrage au Tribunal et peut être condamné, avec ou sans emprisonnement pour une durée d'au plus un an, et sans préjudice de tous recours en dommages-intérêts, à une amende n'excédant pas 50 000$.

Quiconque contrevient à une interdiction ou à une restriction de divulgation, de publication ou de diffusion imposée par une décision du Tribunal rendue en vertu de l'article 121, est passible de la même sanction sauf quant au montant de l'amende qui ne peut excéder 5 000$. [1989, c. 51, art. 16].

CHAPITRE V
APPEL

132. Il y a appel à la Cour d'appel, sur permission de l'un de ses juges, d'une décision finale du Tribunal. [1989, c. 51, art. 16].

133. Sous réserve de l'article 85, les règles du Code de procédure civile relatives à l'appel s'appliquent, avec les adaptations nécessaires, à un appel prévu par le présent chapitre. [1989, c. 51, art. 16].

PARTIE VII
LES DISPOSITIONS FINALES

134. Commet une infraction:

1° quiconque contrevient à l'un des articles 10 à 19 ou au premier alinéa de l'article 48;

2° un membre ou un mandataire de la Commission ou un membre de son personnel qui révèle, sans y être dûment autorisé, toute matière dont il a eu connaissance dans l'exercice de ses fonctions;

3° quiconque tente d'entraver ou entrave la Commission, un comité des plaintes, un membre ou un mandataire de la Commission ou un membre de son personnel, dans l'exercice de ses fonctions;

4° quiconque enfreint une interdiction ou une restriction de divulgation, de publication ou de diffusion d'un renseignement ou d'un document visé à la partie IV ou à un règlement pris en vertu de l'article 99;

5° quiconque tente d'exercer ou exerce des représailles visées à l'article 82. [1975, c. 6, art. 87; 1982, c. 61, art. 23; 1989, c. 51, art. 18].

135. Si une corporation commet une infraction prévue par l'article 134, tout officier, administrateur, employé ou agent de cette corporation qui a prescrit ou autorisé l'accomplissement de l'infraction ou qui y a consenti, acquiescé ou participé, est réputé être partie à l'infraction, que la corporation ait ou non été poursuivie ou déclarée coupable. [1975, c. 6, art. 88; 1989, c. 51, art. 19, 21].

136. Une poursuite pénale pour une infraction à une disposition de la présente loi peut être intentée par la Commission.

Les frais qui sont transmis à la Commission par le défendeur avec le plaidoyer appartiennent à cette dernière, lorsqu'elle intente la poursuite pénale. [1975, c. 6, art. 89; 1982, c. 61, art. 24;

1989, c. 51, art. 20, 21; 1992, c. 61, art. 101].

137. (*Abrogé*). [1996, c. 10, art. 4].

138. Le ministre de la Justice est chargé de l'application de la présente Charte à l'exception des articles 57 à 96, du paragraphe 2° du premier alinéa de l'article 97 et de l'article 99 dont le ministre des Relations avec les citoyens et de l'Immigration est chargé de l'application. [1975, c. 6, art. 99; 1989, c. 51, art. 21; 1996, c. 21, art. 34].

139. (*Cet article a cessé d'avoir effet le 17 avril 1987*). [1982, c. 21, art. 1; R.-U., 1982, c. 11, ann. B, ptie I, art. 33].

Les dispositions de la présente Charte indiquées comme non en vigueur (trame grise) entreront en vigueur à la date ou aux dates fixées par décret du gouvernement (1982, c. 61, art. 35).

ANNEXE I

SERMENTS OU AFFIRMATIONS
D'OFFICE ET DE DISCRÉTION

(*Article 64*)

«Je, (*désignation de la personne*),
jure (*ou* affirme solennellement) que je
remplirai mes fonctions avec honnêteté,
impartialité et justice et que je n'accep-
terai aucune autre somme d'argent ou
considération quelconque, pour ce que
j'aurai accompli ou accomplirai dans
l'exercice de mes fonctions, que ce qui
me sera alloué conformément à la loi.

De plus, je jure (*ou* affirme solennellement) que je ne révélerai et ne lais-
serai connaître, sans y être dûment
autorisé, aucun renseignement ni document dont j'aurai eu connaissance, dans
l'exercice de mes fonctions.

(*Dans le cas d'une prestation de
serment, ajouter*: «Ainsi Dieu me soit en
aide.»).» [1975, c. 6, annexe A; 1989, c.
51, art. 22].

ANNEXE II

SERMENTS OU AFFIRMATIONS
D'OFFICE ET DE DISCRÉTION

(*Article 102*)

«Je, (*désignation de la personne*),
jure (*ou* affirme solennellement) de remplir fidèlement, impartialement, honnêtement, et en toute indépendance, au
meilleur de ma capacité et de mes connaissances, tous les devoirs de ma
fonction, d'en exercer de même tous les
pouvoirs.

De plus, je jure (*ou* affirme solennellement) que je ne révélerai et ne lais-
serai connaître, sans y être dûment
autorisé, aucun renseignement ni document dont j'aurai eu connaissance, dans
l'exercice de ma fonction.

(*Dans le cas d'une prestation de
serment, ajouter*: «Ainsi Dieu me soit en
aide.»).» [1975, c. 6, annexe B; 1989, c.
51, art. 22].

Loi sur l'application de la réforme du Code civil, L.Q. 1992, c. 57 (Extraits)*

[...]

* Le texte des dispositions transitoires (art. 1 à 170) se trouve aux pages 741 et suivantes.

TITRE III
DISPOSITIONS RELATIVES AUX AUTRES LOIS

CHAPITRE PREMIER
DISPOSITIONS INTERPRÉTATIVES

423. Dans les lois et leurs textes d'application, les notions du nouveau Code civil remplacent les notions correspondantes de l'ancien code. Certaines de ces notions correspondantes sont identifiées ci-après:

– EN MATIÈRE DE DROIT DES PERSONNES:

1° «acte de sépulture» correspond à «acte de décès»;

2° «corporation au sens du Code civil du Bas-Canada» correspond à «personne morale au sens du Code civil du Québec»;

3° «corporation municipale» correspond à «municipalité» et «corporation scolaire», à «commission scolaire»;

4° «corporation privée ou publique» correspond à «personne morale de droit privé ou de droit public»;

5° «curatelle à l'absent» correspond à «tutelle à l'absent»;

6° «cure fermée» correspond à «garde d'une personne atteinte de maladie mentale»;

7° «incapacité physique ou mentale» correspond à «inaptitude de fait», «incapacité juridique», à «privation totale ou partielle du droit d'exercer pleinement ses droits civils», et «incapacité d'agir», que l'incapacité soit temporaire ou non, à «empêchement d'agir»;

8° «officier d'une corporation» ou «officier d'un organisme possédant les droits et pouvoirs généraux d'une corporation», correspond à «dirigeant d'une personne morale»;

9° «droits et pouvoirs généraux d'une corporation» correspond à «capacité d'une personne morale»;

10° «personnalité civile» correspond à «personnalité juridique».

– EN MATIÈRE DE DROIT DES SUCCESSIONS:

1° «exécuteur testamentaire» correspond à «liquidateur de succession»;

2° «légataire», dans l'expression «héritiers et légataires» correspond à «légataire particulier».

– EN MATIÈRE DE DROIT DES BIENS:

1° «bail emphytéotique» correspond à «emphytéose»;

2° «compte en fiducie», correspond à «compte en fidéicommis» et «acte de fidéicommis» lorsque l'objet de l'acte comporte un transfert de propriété, correspond à «acte de fiducie».

– EN MATIÈRE DE DROIT DES OBLIGATIONS:

1° «cas fortuit» correspond à «cas de force majeure»;

2° «délits et quasi-délits» correspond à «la faute au sens de la responsabilité civile extracontractuelle»;

3° «dommages exemplaires» correspond à «dommages-intérêts punitifs»;

4° «droit de réméré» correspond à «faculté de rachat» et «vente à réméré», à «vente avec faculté de rachat»;

5° «louage de service personnel» correspond à «contrat de travail»;

6° «société civile» ou «société commerciale» correspond à «société contractuelle au sens du Code civil du Québec», que la société soit en nom collectif, en commandite ou en participation;

7° «vente en bloc» correspond à «vente d'entreprise».

– EN MATIÈRE DE DROIT DES PRIORITÉS ET DES HYPOTHÈQUES:

«cautionnement par nantissement» correspond à «cautionnement par garantie»; «cautionnement par police de garantie», à «cautionnement par police d'assurance»; «cautionnement hypothécaire», à «cautionnement par hypothèque».

– EN MATIÈRE DE DROIT DE LA PREUVE:

«présomption *juris et de jure* ou irréfragable» correspond à «présomption absolue», alors que «présomption *juris tantum* ou réfragable» correspond à «présomption simple».

– EN MATIÈRE DE PUBLICITÉ DES DROITS:

1° «bureau d'enregistrement» correspond à «bureau de la publicité des droits»;

2° «division d'enregistrement» correspond à «circonscription foncière»;

3° «enregistrement» correspond à «inscription» ou «publicité»;

4° «index des immeubles» ou «index aux immeubles» correspond à «registre foncier»;

5° «registrateur» correspond à «officier de la publicité des droits»;

6° «registre des nantissements agricoles et forestiers» correspond à «registre des droits personnels et réels mobiliers».

– EN MATIÈRE DE PROCÉDURE CIVILE ET D'EXERCICE DES RECOURS:

1° «protonotaire» correspond à «greffier»;

2° «certificat du registrateur» correspond à «état certifié de l'officier de la publicité des droits».

424. Dans les lois et leurs textes d'application, tout renvoi à une disposition de l'ancien code est un renvoi à la disposition correspondante du nouveau code. En particulier:

1° tout renvoi à l'article 981o du Code civil du Bas-Canada est un renvoi à la disposition équivalente concernant les placements présumés sûrs du Code civil du Québec;

2° tout renvoi aux articles 1203 à 1245 du Code civil du Bas-Canada est un renvoi à la disposition correspondante du livre De la preuve du Code civil du Québec;

3° tout renvoi aux articles 1650 à 1665.6 du Code civil du Bas-Canada est un renvoi à la disposition correspondante des règles particulières au bail d'un logement du livre Des obligations du Code civil du Québec.

[...]

Loi sur l'assurance automobile,
L.R.Q., c. A-25

TITRE I
DÉFINITIONS

1. Dans la présente loi, à moins que le contexte n'indique un sens différent, on entend par:

«accident»: tout événement au cours duquel un dommage est causé par une automobile;

«automobile»: tout véhicule mû par un autre pouvoir que la force musculaire et adapté au transport sur les chemins publics mais non sur les rails;

«chargement»: tout bien qui se trouve dans une automobile ou sur celle-ci ou est transporté par une automobile;

«chemin public»: la partie d'un terrain ou d'un ouvrage d'art destiné à la circulation publique des automobiles, à l'exception de la partie d'un terrain ou d'un ouvrage d'art utilisé principalement pour la circulation des véhicules suivants, tels que définis par règlement:

1° un tracteur de ferme, une remorque de ferme, un véhicule d'équipement ou une remorque d'équipement;

2° une motoneige;

3° un véhicule destiné à être utilisé en dehors d'un chemin public;

«dommage causé par une automobile»: tout dommage causé par une automobile, par son usage ou par son chargement, y compris le dommage causé par une remorque utilisée avec une automobile, mais à l'exception du dommage causé par l'acte autonome d'un animal faisant partie du chargement et du dommage causé à une personne ou à un bien en raison d'une action de cette personne reliée à l'entretien, la réparation, la modification ou l'amélioration d'une automobile;

«propriétaire»: la personne qui acquiert une automobile ou la possède en vertu d'un titre de propriété ou en vertu d'un titre assorti d'une condition ou d'un terme qui lui donne le droit d'en devenir propriétaire ou en vertu d'un titre qui lui donne le droit d'en jouir comme propriétaire à charge de rendre ainsi que la personne qui prend en location une automobile pour une période d'au moins un an;

«vol»: l'infraction prévue à l'article 322 du Code criminel (Lois révisées du Canada (1985), chapitre C-46). [1977, c. 68, art. 1; 1980, c. 38, art. 1, 24; 1981, c. 7, art. 540; 1982, c. 59, art. 1; 1982, c. 52, art. 50, 51; 1982, c. 59, art. 68; 1986, c. 91, art. 661; 1989, c. 15, art. 1; 1991, c. 58, art. 1].

1.1. *(Remplacé).* [1989, c. 15, art. 1].

TITRE II
INDEMNISATION DU DOMMAGE CORPOREL

CHAPITRE I
DISPOSITIONS GÉNÉRALES

SECTION I
DÉFINITIONS ET INTERPRÉTATION

2. Dans le présent titre, à moins que le contexte n'indique un sens différent, on entend par:

«conjoint»: l'homme ou la femme qui est marié à la victime et cohabite avec elle ou qui vit maritalement avec la victime et est publiquement représenté comme son conjoint depuis au moins trois ans, ou, dans les cas suivants, depuis au moins un an:

– un enfant est né ou à naître de leur union,

– ils ont conjointement adopté un enfant,

– l'un d'eux a adopté un enfant de l'autre;

«dommage corporel»: tout dommage physique ou psychique d'une victime y compris le décès, qui lui est causé dans un accident, ainsi que les dommages aux vêtements que porte la victime;

«emploi»: toute occupation génératrice de revenus;

«personne à charge»:

1º le conjoint;

2º la personne qui est séparée de fait ou légalement de la victime ou dont le mariage avec celle-ci est dissous par un jugement définitif de divorce ou est déclaré nul par un jugement en nullité de mariage et qui a droit de recevoir de la victime une pension alimentaire en vertu d'un jugement ou d'une convention;

3º l'enfant mineur de la victime et la personne mineure à qui la victime tient lieu de mère ou de père;

4º l'enfant majeur de la victime et la personne majeure à qui la victime tient lieu de mère ou de père, à la condition que la victime subvienne à plus de 50% de leurs besoins vitaux et frais d'entretien;

5º toute autre personne liée à la victime par le sang ou l'adoption et toute autre personne lui tenant lieu de mère ou de père, à la condition que la victime subvienne à plus de 50% de leurs besoins vitaux et frais d'entretien. [1977, c. 68, art. 2; 1989, c. 157, art. 1; 1993, c. 56, art. 1].

3. *(Abrogé).* [1992, c. 57, art. 433].

4. Pour l'application du présent titre, une indemnité comprend le remboursement des frais visés au chapitre V. [1977, c. 68, art. 4; 1985, c. 6, art. 485; 1989, c. 15, art. 1].

SECTION II
RÈGLES D'APPLICATION GÉNÉRALE

5. Les indemnités accordées par la Société de l'assurance automobile du Québec en vertu du présent titre le sont sans égard à la responsabilité de quiconque. [1977, c. 68, art. 5; 1989, c. 15, art. 1; 1990, c. 19, art. 11].

6. Est une victime, la personne qui subit un dommage corporel dans un accident.

À moins que le contexte n'indique un sens différent, est également considérée comme victime, aux fins de la

présente section, la personne qui a droit à une indemnité de décès lorsque le décès de la victime résulte de l'accident. [1977, c. 68, art. 6; 1989, c. 15, art. 1].

7. La victime qui réside au Québec et les personnes à sa charge ont droit d'être indemnisées en vertu du présent titre, que l'accident ait lieu au Québec ou hors du Québec.

Sous réserve du paragraphe 1º de l'article 195, est une personne qui réside au Québec, celle qui demeure au Québec, qui y est ordinairement présente et qui a le statut de citoyen canadien, de résident permanent ou de personne qui séjourne légalement au Québec. [1977, c. 68, art. 7. 1989, c. 15, art. 1].

8. Lorsque l'accident a lieu au Québec, est considéré résider au Québec le propriétaire, le conducteur ou le passager d'une automobile immatriculée au Québec. [1977, c. 68, art. 8; 1989, c. 15, art. 1].

9. Lorsque l'accident a lieu au Québec, la victime qui ne réside pas au Québec a droit d'être indemnisée en vertu du présent titre mais seulement dans la proportion où elle n'est pas responsable de l'accident, à moins d'une entente différente entre la Société et la juridiction du lieu de résidence de cette victime.

Sous réserve des articles 108 à 114, la responsabilité est déterminée suivant les règles du droit commun.

Malgré les articles 83.45, 83.49 et 83.57, en cas de désaccord entre la Société et la victime sur la responsabilité de cette dernière, le recours de la victime contre la Société à ce sujet est soumis au tribunal compétent. Ce re-

cours doit être intenté dans les 180 jours de la décision sur la responsabilité rendue par la Société. [1977, c. 68, art. 9; 1989, c. 15, art. 1; 1990, c. 19, art. 11].

10. Nul n'a droit d'être indemnisé en vertu du présent titre dans les cas suivants:

1º si le dommage est causé, lorsque l'automobile n'est pas en mouvement dans un chemin public, soit par un appareil susceptible de fonctionnement indépendant, tel que défini par règlement, qui est incorporé à l'automobile, soit par l'usage de cet appareil;

2º si l'accident au cours duquel un dommage est causé par un tracteur de ferme, une remorque de ferme, un véhicule d'équipement ou une remorque d'équipement, tels que définis par règlement, survient en dehors d'un chemin public;

3º si le dommage est causé par une motoneige ou un véhicule destiné à être utilisé en dehors d'un chemin public, tels que définis par règlement;

4º si l'accident survient en raison d'une compétition, d'un spectacle ou d'une course d'automobiles sur un parcours ou un terrain fermé, de façon temporaire ou permanente, à toute autre circulation automobile, que l'automobile qui a causé le dommage participe ou non à la course, à la compétition ou au spectacle.

Dans chaque cas, sous réserve des articles 108 à 114, la responsabilité est déterminée suivant les règles du droit commun.

Toutefois, dans les cas prévus aux paragraphes 2º et 3º du premier alinéa,

une victime a droit à une indemnité si une automobile en mouvement autre que les véhicules mentionnés dans ces paragraphes est impliquée dans l'accident. [1977, c. 68, art. 10; 1978, c. 57, art. 92; 1979, c. 63, art. 329; 1985, c. 6, art. 486; 1988, c. 51, art. 100; 1989, c. 15, art. 1].

11. Le droit à une indemnité visée au présent titre se prescrit par trois ans à compter de l'accident ou de la manifestation du dommage et, dans le cas d'une indemnité de décès, à compter du décès.

La Société peut permettre à la personne qui fait la demande d'indemnité d'agir après l'expiration de ce délai si celle-ci a été incapable d'agir plus tôt en raison de circonstances exceptionnelles.

Une demande d'indemnité produite conformément au présent titre interrompt la prescription prévue au Code civil du Québec jusqu'à ce qu'une décision définitive soit rendue. [1977, c. 68, art. 11; 1989, c. 15, art. 1; 1990, c. 19, art. 11].

11.1. *(Remplacé).* [1989, c. 15, art. 1].

12. Toute cession du droit à une indemnité visée au présent titre est nulle de plein droit.

La personne qui transfère une partie de son indemnité en vertu d'une telle cession a droit de répétition contre celui qui la reçoit. [1977, c. 68, art. 12; 1989, c. 15, art. 1; 1992, c. 57, art. 434].

12.1. La Société doit être mise en cause dans toute action où il y a lieu de déterminer si les dommages corporels ont été causés par une automobile. [1993, c. 56, art. 2].

CHAPITRE II
INDEMNITÉS DE REMPLACEMENT DU REVENU ET AUTRES INDEMNITÉS PARTICULIÈRES

SECTION I
DROIT À UNE INDEMNITÉ

§ 1.-*Victime exerçant un emploi à temps plein*

13. La présente sous-section ne s'applique pas à une victime âgée de moins de 16 ans, ni à celle âgée de 16 ans et plus qui fréquente à temps plein une institution d'enseignement de niveau secondaire ou post-secondaire. [1977, c. 68, art. 13; 1989, c. 15, art. 1, 24].

13.1. *(Abrogé).* [1989, c. 15, art. 24].

14. La victime qui, lors de l'accident, exerce habituellement un emploi à temps plein a droit à une indemnité de remplacement du revenu si, en raison de cet accident, elle est incapable d'exercer son emploi. [1977, c. 68, art. 14; 1989, c. 15, art. 1].

15. Cette indemnité de remplacement du revenu est calculée de la façon suivante:

1º si la victime exerce son emploi comme travailleur salarié, l'indemnité est calculée à partir du revenu brut qu'elle tire de son emploi;

2º si elle exerce son emploi comme travailleur autonome, l'indemnité est calculée à partir du revenu brut que la Société fixe par règlement pour un emploi de même catégorie, ou à partir de celui qu'elle tire de son emploi, s'il est plus élevé.

Si en raison de cet accident, la victime est également privée de prestations d'assurance-chômage ou d'alloca-

tions versées en vertu de la *Loi nationale sur la formation* (Lois révisés du Canada (1985), chapitre N-19) auxquelles elle avait droit au moment de l'accident, elle a droit de recevoir une indemnité additionnelle calculée à partir des prestations ou allocations qui lui auraient été versées. Ces prestations ou allocations sont considérées comme faisant partie de son revenu brut. [1977, c. 68, art. 15; 1989, c. 15, art. 1; 1990, c. 19, art. 11; 1991, c. 58, art. 2].

16. La victime qui, lors de l'accident, exerce habituellement plus d'un emploi, dont au moins un à temps plein, a droit à une indemnité de remplacement du revenu si, en raison de cet accident, elle est incapable d'exercer l'un de ses emplois.

Cette indemnité est calculée selon les règles prévues à l'article 15 à partir du revenu brut que tire la victime de cet emploi, s'il s'agit d'un seul emploi, ou s'il s'agit de plus d'un emploi, à partir de l'ensemble des revenus bruts que tire la victime des emplois qu'elle devient incapable d'exercer. [1977, c. 68, art. 16; 1982, c. 59, art. 4; 1989, c. 15, art. 1].

17. Toutefois, si la victime fait la preuve qu'elle aurait exercé un emploi plus rémunérateur lors de l'accident, n'eût été de circonstances particulières, elle a droit de recevoir une indemnité de remplacement du revenu calculée à partir du revenu brut qu'elle aurait tiré de cet emploi, à la condition qu'elle soit incapable de l'exercer en raison de cet accident.

Il doit s'agir d'un emploi que la victime aurait pu exercer habituellement à temps plein, compte tenu de sa formation, de son expérience et de ses capacités physiques et intellectuelles à la date de l'accident. [1977, c. 68, art. 17; 1982, c. 59, art. 5; 1989, c. 15, art. 1].

§ 2.- *Victime exerçant un emploi temporaire ou un emploi à temps partiel*

18. La présente sous-section ne s'applique pas à une victime de moins de 16 ans, ni à celle âgée de 16 ans et plus qui fréquente à temps plein une institution d'enseignement de niveau secondaire ou post-secondaire. [1977, c. 68, art. 18; 1982, c. 59, art. 6; 1985, c. 6, art. 487; 1989, c. 15, art. 1].

18.1.-18.4. *(Remplacés).* [1989, c. 15, art. 1].

19. La victime qui, lors de l'accident, exerce habituellement un emploi temporaire ou un emploi à temps partiel a droit à une indemnité de remplacement du revenu durant les premiers 180 jours qui suivent l'accident si, en raison de cet accident, elle est incapable d'exercer son emploi.

Elle a droit à cette indemnité, durant cette période, tant qu'elle demeure incapable d'exercer cet emploi en raison de cet accident. [1977, c. 68, art. 19; 1989, c. 15, art. 1].

20. Cette indemnité de remplacement du revenu est calculée de la façon suivante:

1º si la victime exerce son emploi comme travailleur salarié, l'indemnité est calculée à partir du revenu brut qu'elle tire de son emploi;

2º si la victime exerce son emploi comme travailleur autonome, l'indemnité est calculée à partir du revenu brut que la Société fixe par règlement pour un emploi de même catégorie, ou à

partir de celui qu'elle tire de son emploi s'il est plus élevé;

3° si la victime exerce plus d'un emploi, l'indemnité est calculée à partir du revenu brut qu'elle tire de l'emploi qu'elle devient incapable d'exercer ou s'il y a lieu, des emplois qu'elle devient incapable d'exercer.

Si en raison de cet accident, la victime est également privée de prestations d'assurance-chômage ou d'allocations versées en vertu de la *Loi nationale sur la formation* (Lois révisés du Canada (1985), chapitre N-19) auxquelles elle avait droit au moment de l'accident, elle a droit de recevoir une indemnité additionnelle calculée à partir des prestations ou allocations qui lui auraient été versées. Ces prestations ou allocations sont considérées comme faisant partie de son revenu brut. [1977, c. 68, art. 20; 1982, c. 59, art. 7; 1989, c. 15, art. 1; 1990, c. 19, art. 11; 1991, c. 58, art. 3].

21. À compter du cent quatre-vingt-unième jour qui suit l'accident, la Société détermine à la victime un emploi conformément à l'article 45.

La victime a droit à une indemnité de remplacement du revenu si, en raison de cet accident, elle est incapable d'exercer l'emploi que la Société lui détermine.

Cette indemnité est calculée à partir du revenu brut que la victime aurait pu tirer de l'emploi que la Société lui a déterminé. Cette dernière fixe ce revenu brut de la manière prévue par règlement en tenant compte:

1° du fait que la victime aurait pu exercer cet emploi à temps plein ou à temps partiel;

2° de l'expérience de travail de la victime durant les cinq années qui ont précédé la date de l'accident et, notamment, des périodes pendant lesquelles elle était apte à exercer un emploi ou a été sans emploi ou n'a exercé qu'un emploi temporaire ou un emploi à temps partiel;

3° du revenu brut que la victime a tiré d'un emploi qu'elle a exercé avant l'accident.

Si, lors de l'accident, la victime exerçait plus d'un emploi temporaire ou à temps partiel, la Société lui détermine un seul emploi conformément à l'article 45.

Le premier alinéa ne s'applique pas à la victime qui a droit à une indemnité pour frais de garde conformément à l'article 80. [1977, c. 68, art. 21; 1982, c. 59, art. 8; 1989, c. 15, art. 1; 1990, c. 19, art. 11].

21.1.-21.3. *(Remplacés).* [1989, c. 15, art. 1].

22. L'indemnité de remplacement du revenu calculée conformément à l'article 21 ne peut être inférieure à celle que recevait la victime, le cas échéant, à la fin des 180 premiers jours qui suivent l'accident. [1977, c. 68, art. 22; 1982, c. 59, art. 9; 1989, c. 15, art. 1].

§ 3.-*Victime sans emploi capable de travailler*

23. La présente sous-section ne s'applique pas à une victime âgée de moins de 16 ans, ni à celle âgée de 16 ans et plus qui fréquente à temps plein une institution d'enseignement de niveau secondaire ou post-secondaire. [1977, c. 68, art. 23; 1989, c. 15, art. 1].

24. La victime qui, lors de l'accident, n'exerce aucun emploi tout en étant capable de travailler a droit à une indemnité de remplacement du revenu durant les premiers 180 jours qui suivent l'accident dans les cas suivants:

1° en raison de cet accident, elle est incapable d'exercer un emploi qu'elle aurait exercé durant cette période si l'accident n'avait pas eu lieu;

2° en raison de cet accident, elle est privée de prestations d'assurance-chômage ou d'allocations versées en vertu de la *Loi nationale sur la formation* (Lois révisées du Canada (1985), chapitre N-19) auxquelles elle avait droit au moment de l'accident.

La victime a droit, durant cette période, à cette indemnité, dans le cas prévu au paragraphe 1° du premier alinéa, tant que l'emploi aurait été disponible et qu'elle est incapable de l'exercer en raison de l'accident et, dans le cas prévu au paragraphe 2° du premier alinéa, tant qu'elle en est privée pour ce motif.

Toutefois, si la victime est à la fois visée aux paragraphes 1° et 2° du premier alinéa, elle ne peut cumuler les indemnités et, tant que cette situation demeure, elle reçoit la plus élevée. [1977, c. 68, art. 24; 1989, c. 15, art. 1; 1991, c. 58, art. 4].

25. L'indemnité à laquelle a droit la victime visée au paragraphe 1° du premier alinéa de l'article 24 est calculée à partir du revenu brut tiré de l'emploi qu'elle aurait exercé si l'accident n'avait pas eu lieu.

L'indemnité à laquelle a droit la victime visée au paragraphe 2° du premier alinéa de l'article 24 est calculée à partir des prestations ou allocations qui lui auraient été versées si l'accident n'avait pas eu lieu.

Pour l'application du présent article, les prestations ou allocations auxquelles la victime aurait eu droit sont considérées comme son revenu brut. [1977, c. 68, art. 25; 1989, c. 15, art. 1; 1991, c. 58, art. 5].

26. À compter du cent quatre-vingt-unième jour qui suit l'accident, la Société détermine à la victime un emploi conformément à l'article 45.

La victime a droit à une indemnité de remplacement du revenu si, en raison de cet accident, elle est incapable d'exercer l'emploi que la Société lui détermine.

Cette indemnité est calculée conformément au troisième alinéa de l'article 21 et ne peut être inférieure à celle que recevait la victime, le cas échéant, à la fin des 180 premiers jours qui suivent l'accident.

Le premier alinéa ne s'applique pas à la victime qui a droit à une indemnité pour frais de garde conformément à l'article 80. [1977, c. 68, art. 26; 1982, c. 59, art. 10; 1989, c. 15, art. 1; 1990, c. 19, art. 11].

26.1. *(Remplacé).* [1989, c. 15, art. 1].

§ 4.-*Victime âgée de 16 ans et plus qui fréquente à temps plein une institution d'enseignement*

27. Pour l'application de la présente sous-section:

1° les études en cours sont celles comprises dans un programme de niveau secondaire ou post-secondaire que la victime, à la date de l'accident, est admise à entreprendre ou à pour-

suivre dans une institution d'enseignement;

2° une victime est considérée fréquenter à temps plein une institution dispensant des cours d'un niveau secondaire ou post-secondaire, à partir du moment où elle est admise par l'institution à fréquenter à temps plein un programme de ce niveau, jusqu'au moment où elle complète la session terminale, abandonne ses études, ou ne satisfait plus aux exigences de l'institution fréquentée relativement à la poursuite de ses études, selon la première éventualité. [1977, c. 68, art. 27 (*partie*); 1982, c. 59, art. 12; 1989, c. 15, art. 1].

28. La victime qui, à la date de l'accident, est âgée de 16 ans et plus et qui fréquente à temps plein une institution d'enseignement de niveau secondaire ou post-secondaire a droit à une indemnité tant que, en raison de cet accident, elle est incapable d'entreprendre ou de poursuivre ses études en cours et si elle subit un retard dans celles-ci. Le droit à cette indemnité cesse à la date prévue, au moment de l'accident, pour la fin des études en cours. [1977, c. 68, art. 28; 1989, c. 15, art. 1].

29. Cette indemnité s'élève à:

1° 5 500$ par année scolaire ratée au niveau secondaire;

2° 5 500$ par session d'études ratée au niveau post-secondaire, jusqu'à concurrence de 11 000$ par année. [1977, c. 68, art. 29; 1982, c. 59, art. 13; 1989, c. 15, art. 1].

29.1. La victime qui, en raison de l'accident, est privée de prestations d'assurance-chômage ou d'allocations versées en vertu de la *Loi nationale sur la formation* (Lois révisées du Canada (1985), chapitre N-19) auxquelles elle avait droit au moment de l'accident, a droit à une indemnité de remplacement du revenu tant qu'elle en est privée pour ce motif.

L'indemnité à laquelle a droit la victime est calculée à partir des prestations ou allocations qui lui auraient été versées si l'accident n'avait pas eu lieu.

Pour l'application du présent article, les prestations ou allocations auxquelles la victime aurait eu droit sont considérées comme son revenu brut. [1991, c. 58, art. 6].

30. La victime qui, lors de l'accident, exerce également un emploi ou qui, si l'accident n'avait pas eu lieu, aurait exercé un emploi, a droit, en outre, à une indemnité de remplacement du revenu si, en raison de cet accident, elle est incapable d'exercer cet emploi.

La victime a droit à l'indemnité tant que l'emploi aurait été disponible et qu'elle est incapable de l'exercer en raison de l'accident.

Si la victime a droit à la fois à cette indemnité et à une indemnité de remplacement du revenu visée à l'article 32 ou à l'article 33, elle ne peut les cumuler.

Elle reçoit, toutefois, la plus élevée des indemnités auxquelles elle a droit. [1977, c. 68, art. 30; 1989, c. 15, art. 1].

31. Cette indemnité de remplacement du revenu est calculée de la façon suivante:

1° si la victime exerce ou avait pu exercer un emploi comme travailleur salarié, l'indemnité est calculée à partir du revenu brut qu'elle tire ou aurait tiré de son emploi;

2º si la victime exerce ou avait pu exercer un emploi comme travailleur autonome, l'indemnité est calculée à partir du revenu brut que la Société fixe par règlement pour un emploi de même catégorie ou, s'il est plus élevé, à partir de celui qu'elle tire ou aurait tiré de son emploi;

3º si la victime exerce ou avait pu exercer plus d'un emploi, l'indemnité est calculée à partir du revenu brut qu'elle tire ou aurait tiré de l'emploi qu'elle devient incapable d'exercer ou s'il y a lieu, des emplois qu'elle devient incapable d'exercer. [1977, c. 68, art. 31; 1982, c. 59, art. 14; 1989, c. 15, art. 1; 1990, c. 19, art. 11].

32. La victime qui, après la date prévue au moment de l'accident pour la fin de ses études en cours, est incapable, en raison de l'accident, d'entreprendre ou de poursuivre celles-ci et d'exercer tout emploi a droit, tant que durent ces incapacités, à une indemnité de remplacement du revenu.

Cette indemnité est calculée à partir d'un revenu brut égal à une moyenne annuelle établie à partir de la rémunération hebdomadaire moyenne des travailleurs de l'ensemble des activités économiques du Québec fixée par Statistique Canada pour chacun des 12 mois précédant le 1er juillet de l'année qui précède la date prévue pour la fin de ses études. [1977, c. 68, art. 32; 1982, c. 59, art. 15; 1989, c. 15, art. 1].

33. La victime qui reprend ses études mais qui est incapable, en raison de l'accident, d'exercer tout emploi après avoir terminé ses études en cours ou y avoir mis fin à droit, à compter de la fin de ses études et tant que dure cette incapacité, à une indemnité.

Si ses études prennent fin avant la date qui était prévue au moment de l'accident, la victime a droit:

1º jusqu'à la date qui était prévue pour la fin de ses études, à une indemnité de:

a) 5 500$ par année scolaire non complétée au niveau secondaire;

b) 5 500$ par session d'études non complétée au niveau post-secondaire, jusqu'à concurrence de 11 000$ par année;

2º à compter de la date qui était prévue pour la fin de ses études, à l'indemnité de remplacement du revenu visée au troisième alinéa.

Si elles prennent fin après cette date, elle a droit à une indemnité de remplacement du revenu calculée à partir d'un revenu brut égal à une moyenne annuelle établie à partir de la rémunération hebdomadaire moyenne des travailleurs de l'ensemble des activités économiques du Québec fixée par Statistique Canada pour chacun des 12 mois précédant le 1er juillet de l'année qui précède la date ou elles prennent fin. [1977, c. 68, art. 33; 1982, c. 59, art. 16; 1989, c. 15, art. 1; 1991, c. 58, art. 7].

§ 5.-*Victime âgée de moins de 16 ans*

34. Pour l'application de la présente sous-section:

1º une année scolaire débute le 1er juillet d'une année et se termine le 30 juin de l'année suivante;

2º le niveau primaire s'étend de la maternelle à la sixième année. [1977, c. 68, art. 34; 1982, c. 59, art. 17; 1989, c. 15, art. 1].

35. La victime qui, à la date de l'accident, est âgée de moins de 16 ans a droit à une indemnité tant que, en raison de cet accident, elle est incapable d'entreprendre ou de poursuivre ses études et si elle subit un retard dans celles-ci.

Le droit à cette indemnité cesse à la fin de l'année scolaire au cours de laquelle elle atteint l'âge de 16 ans. [1977, c. 68, art. 35; 1989, c. 15, art. 1].

36. Cette indemnité s'élève à:

1° 3 000$ par année scolaire ratée au niveau primaire;

2° 5 500$ par année scolaire ratée au niveau secondaire. [1977, c. 68, art. 36; 1989, c. 15, art. 1].

36.1. La victime qui, en raison de l'accident, est privée de prestations d'assurance-chômage auxquelles elle avait droit au moment de l'accident, a droit à une indemnité de remplacement du revenu tant qu'elle en est privée pour ce motif.

L'indemnité à laquelle a droit la victime est calculée à partir des prestations d'assurance-chômage qui lui auraient été versées si l'accident n'avait pas eu lieu.

Pour l'application du présent article, les prestations d'assurance-chômage auxquelles la victime aurait droit sont considérées comme son revenu brut. [1991, c. 58, art. 8].

37. La victime qui, lors de l'accident, exerce également un emploi ou qui, si l'accident n'avait pas eu lieu, aurait exercé un emploi, a droit, en outre, à une indemnité de remplacement du revenu si, en raison de cet accident, elle est incapable d'exercer cet emploi.

La victime a droit à cette indemnité tant que l'emploi aurait été disponible et qu'elle est incapable de l'exercer en raison de cet accident.

Le calcul de cette indemnité se fait de la façon prévue à l'article 31.

Si la victime a droit à la fois à cette indemnité et à une indemnité de remplacement du revenu visée à l'article 38 ou à l'article 39, elle ne peut les cumuler.

Elle reçoit, toutefois, la plus élevée des indemnités auxquelles elle a droit. [1977, c. 68, art. 37; 1982, c. 59, art. 18; 1989, c. 15, art. 1].

38. La victime qui, à compter de la fin de l'année scolaire au cours de laquelle elle atteint l'âge de 16 ans, est incapable d'entreprendre ou de poursuivre ses études et d'exercer tout emploi, en raison de l'accident, a droit, tant que dure cette incapacité, à une indemnité de remplacement du revenu.

Cette indemnité est calculée à partir d'un revenu brut égal à une moyenne annuelle établie à partir de la rémunération hebdomadaire moyenne des travailleurs de l'ensemble des activités économiques du Québec fixée par Statistique Canada pour chacun des 12 mois précédant le 1er juillet de l'année qui précède la fin de l'année scolaire au cours de laquelle elle atteint l'âge de 16 ans. [1977, c. 68, art. 38; 1982, c. 59, art. 19; 1989, c. 15, art. 1].

39. La victime qui reprend ses études mais qui est incapable, en raison de l'accident, d'exercer tout emploi après avoir terminé ses études ou y avoir mis fin a droit, à compter de la fin de ses études, et tant que dure cette incapacité, à une indemnité.

Si ses études prennent fin avant la date qui était prévue au moment de l'accident, la victime a droit:

1º jusqu'à la date qui était prévue pour la fin de ses études, à une indemnité de:

a) 3 000$ par année scolaire non complétée au niveau primaire;

b) 5 500$ par année scolaire non complétée au niveau secondaire;

2º à compter de la date qui était prévue pour la fin de ses études, à l'indemnité de remplacement du revenu visée au troisième alinéa.

Si elles prennent fin après cette date, elle a droit à une indemnité de remplacement du revenu calculée à partir d'un revenu brut égal à une moyenne annuelle établie à partir de la rémunération hebdomadaire moyenne des travailleurs de l'ensemble des activités économiques du Québec fixée par Statistique Canada pour chacun des 12 mois précédant le 1er juillet de l'année qui précède la date où elles prennent fin. [1977, c. 68, art. 39; 1982, c. 59, art. 20; 1984, c. 27, art. 39; 1989, c. 15, art. 1; 1991, c. 58, art. 9].

§ 6.- *Victime âgée de 64 ans et plus*

40. Lorsqu'une victime, à la date de l'accident, est âgée de 64 ans et plus, l'indemnité de remplacement du revenu à laquelle elle a droit est réduite de 25% à compter de la deuxième année qui suit la date de l'accident, de 50% à compter de la troisième année et de 75% à compter de la quatrième année.

La victime cesse d'avoir droit à cette indemnité quatre ans après la date de l'accident. [1977, c. 68, art. 40; 1989, c. 15, art. 1].

41. La victime qui, à la date de l'accident, est âgée de 65 ans et plus et n'exerce aucun emploi ne peut recevoir une indemnité de remplacement du revenu. [1977, c. 68, art. 41; 1982, c. 59, art. 21; 1989, c. 15, art. 1].

42. Malgré l'article 41, une victime âgée de 65 ans et plus a droit à une indemnité de remplacement du revenu durant les premiers 180 jours qui suivent l'accident dans les cas suivants:

1º en raison de cet accident, elle est incapable d'exercer un emploi qu'elle aurait exercé durant cette période si l'accident n'avait pas eu lieu;

2º en raison de cet accident, elle est privée de prestations d'assurance-chômage ou d'allocations versées en vertu de la *Loi nationale sur la formation* (Lois révisés du Canada (1985), chapitre N-19) auxquelles elle avait droit au moment de l'accident.

La victime a droit, durant cette période, à cette indemnité, dans le cas prévu au paragraphe 1º du premier alinéa, tant que l'emploi aurait été disponible et qu'elle est incapable de l'exercer en raison de l'accident et, dans le cas prévu au paragraphe 2º du premier alinéa, tant qu'elle en est privée pour ce motif.

Toutefois, si la victime est à la fois visée aux paragraphes 1º et 2º du premier alinéa, elle ne peut cumuler les indemnités et, tant que cette situation demeure, reçoit la plus élevée.

À compter du cent-quatre-vingt-unième jour qui suit l'accident, la victime a droit, sous réserve de l'article 40, à une indemnité de remplacement du revenu calculée conformément aux articles 21 et 22. [1977, c. 68, art. 42; 1989, c. 15, art. 1; 1991, c. 58, art. 10].

42.1. L'indemnité à laquelle a droit la victime visée au paragraphe 1° du premier alinéa de l'article 42 est calculée à partir du revenu brut tiré de l'emploi qu'elle aurait exercé si l'accident n'avait pas eu lieu.

L'indemnité à laquelle a droit la victime visée au paragraphe 2° du premier alinéa de l'article 42 est calculée à partir des prestations ou allocations qui lui auraient été versées si l'accident n'avait pas eu lieu.

Pour l'application du présent article, les prestations ou allocations auxquelles la victime aurait eu droit sont considérées comme son revenu brut. [1991, c. 58, art. 10].

43. Lorsqu'une victime reçoit déjà une indemnité de remplacement du revenu en vertu du présent chapitre et qu'elle atteint son soixante-cinquième anniversaire de naissance, l'indemnité à laquelle elle a droit est réduite de 25% à compter de cette date, de 50% à compter de la date de son soixante-sixième anniversaire de naissance et de 75% à compter de la date de son soixante-septième anniversaire.

La victime cesse d'avoir droit à cette indemnité à compter de la date de son soixante-huitième anniversaire de naissance. [1977, c. 68, art. 43; 1989, c. 15, art. 1].

§ 7.-Victime régulièrement incapable d'exercer tout emploi

44. La victime qui, lors de l'accident, est régulièrement incapable d'exercer tout emploi pour quelque cause que ce soit, excepté l'âge, ne peut recevoir une indemnité de remplacement du revenu. [1977, c. 68, art. 44; 1989, c. 15, art. 1].

SECTION II
DÉTERMINATION D'UN EMPLOI À UNE VICTIME

45. Lorsque la Société est tenue de déterminer un emploi à une victime à compter du cent quatre-vingt-unième jour qui suit l'accident, elle doit tenir compte, outre les normes et modalités prévues par règlement, de la formation, de l'expérience de travail et des capacités physiques et intellectuelles de la victime à la date de l'accident.

Il doit s'agir d'un emploi que la victime aurait pu exercer habituellement, à temps plein ou, à défaut, à temps partiel, lors de l'accident. [1977, c. 68, art. 45; 1982, c. 59, art. 23; 1989, c. 15, art. 1; 1990, c. 19, art. 11].

46. À compter de la troisième année de la date de l'accident, la Société peut déterminer un emploi à une victime capable de travailler mais qui, en raison de l'accident, est devenue incapable d'exercer l'un des emplois suivants:

1° celui qu'elle exerçait lors de l'accident, visé à l'un des articles 14 et 16;

2° celui visé à l'article 17;

3° celui que la Société lui a déterminé à compter du cent quatre-vingt-unième jour qui suit l'accident conformément à l'article 45. [1977, c. 68, art. 46; 1989, c. 15, art. 1; 1990, c. 19, art. 11].

47. En tout temps à compter de la date prévue pour la fin des études en cours d'une victime visée aux sous-sections 4 et 5 de la section I, la Société peut lui déterminer un emploi si cette victime est capable de travailler mais incapable, en raison de l'accident, d'exercer un emploi dont le revenu brut est égal ou supérieur

à celui qui lui aurait été applicable en vertu de l'un des articles 32, 33, 38 ou 39 selon le cas, si elle avait été incapable d'exercer tout emploi en raison de l'accident. [1977, c. 68, art. 47; 1982, c. 59, art. 24; 1989, c. 15, art. 1; 1990, c. 19, art. 11].

48. Lorsque la Société détermine un emploi dans l'un des cas visés aux articles 46 et 47, elle doit tenir compte, outre les normes et modalités prévues par règlement, des facteurs suivants:

1º la formation, l'expérience de travail et les capacités physiques et intellectuelles de la victime au moment où la Société décide de lui déterminer un emploi en vertu de cet article;

2º s'il y a lieu, les connaissances et habiletés acquises par la victime dans le cadre d'un programme de réadaptation approuvé par la Société.

Il doit s'agir d'un emploi normalement disponible dans la région où réside la victime et que celle-ci peut exercer habituellement, à temps plein ou, à défaut, à temps partiel. [1977, c. 68, art. 48; 1989, c. 15, art. 1; 1990, c. 19, art. 11].

SECTION III
CESSATION DU DROIT À UNE
INDEMNITÉ DE REMPLACEMENT DU
REVENU

49. Une victime cesse d'avoir droit à l'indemnité de remplacement du revenu:

1º lorsqu'elle devient capable d'exercer l'emploi qu'elle exerçait lors de l'accident;

2º lorsqu'elle devient capable d'exercer l'emploi qu'elle aurait exercé lors de l'accident, n'eût été de circonstances particulières;

3º lorsqu'elle devient capable d'exercer l'emploi que la Société lui a déterminé conformément à l'article 45;

4º un an après être devenue capable d'exercer un emploi que la Société lui a déterminé conformément à l'article 46 ou à l'article 47;

4.1º lorsqu'elle exerce un emploi lui procurant un revenu brut égal ou supérieur à celui à partir duquel la Société a calculé l'indemnité de remplacement du revenu;

5º au moment fixé par une disposition de la section I du présent chapitre qui diffère de ceux prévus aux paragraphes 1º à 4º;

6º à son décès. [1977, c. 68, art. 49; 1982, c. 59, art. 25; 1989, c. 15, art. 1; 1990, c. 19, art. 11; 1991, c. 58, art. 11].

49.1. Lorsqu'à la suite d'un examen que la Société a requis en vertu de l'article 83.12, la victime n'a plus droit à l'indemnité de remplacement du revenu qu'elle recevait à la date de cet examen en vertu des articles 14, 16, 17, 19, 21, 24, 26, 30, 32, 33, 37, 38, 39, 42 ou 57, cette indemnité continue de lui être versée jusqu'à la date de la décision de la Société.

Toutefois, le premier alinéa ne s'applique pas lorsque la victime a droit, à la date de l'examen, à une indemnité de remplacement du revenu en vertu du paragraphe 4º de l'article 49 ou de l'article 50. [1993, c. 56, art. 3].

50. Malgré les paragraphes 1º à 3º de l'article 49, la victime qui, lors de l'accident, exerce habituellement un emploi à temps plein ou un emploi à temps partiel, continue d'avoir droit à l'indemnité de remplacement du revenu, même

lorsqu'elle redevient capable d'exercer son emploi, si elle a perdu celui-ci en raison de l'accident.

Cette indemnité continue de lui être versée après qu'elle soit redevenue capable d'exercer son emploi pendant l'une des périodes suivantes:

1° 30 jours, si l'incapacité de la victime a duré au moins 90 jours mais au plus 180 jours;

2° 90 jours, si elle a duré plus de 180 jours mais au plus un an;

3° 180 jours, si elle a duré plus d'un an mais au plus deux ans;

4° un an, si elle a duré plus de deux ans. [1977, c. 68, art. 50; 1982, c. 59, art. 26; 1989, c. 15, art. 1; 1991, c. 58, art. 12].

SECTION IV
CALCUL DE L'INDEMNITÉ

51. L'indemnité de remplacement du revenu d'une victime visée au présent chapitre est égale à 90% de son revenu net calculé sur une base annuelle.

Toutefois, sous réserve des articles 40, 43, 55 et 56, l'indemnité de remplacement du revenu d'une victime qui lors de l'accident, exerçait habituellement un emploi à temps plein ou d'une victime à qui la Société détermine un emploi à compter du cent quatre-vingt-unième jour qui suit l'accident conformément à l'article 45, ne peut être inférieure à l'indemnité qui serait calculée à partir d'un revenu brut annuel déterminé sur la base du salaire minimum prévu à l'article 3 du *Règlement sur les normes du travail* (R.R.Q., 1981, chapitre N-1.1, r. 3) et sauf lorsqu'il s'agit d'un emploi à temps partiel, de la semaine normale de travail visée à l'ar-

ticle 52 de la *Loi sur les normes du travail* (chapitre N-1.1), tels qu'ils se lisent au jour où ils doivent être appliqués. [1977, c. 68, art. 51; 1989, c. 15, art. 1; 1990, c. 19, art. 11; 1991, c. 58, art. 13].

52. Le revenu net de la victime est égal à son revenu brut annuel d'emploi, jusqu'à concurrence du montant maximum annuel assurable, moins un montant équivalant à l'impôt sur le revenu établi en vertu de la *Loi sur les impôts* (chapitre I-3) et de la *Loi concernant les impôts sur le revenu* (Statuts du Canada, 1970-71-72, chapitre 63), à la cotisation établie en vertu de la *Loi sur l'assurance-chômage* (Lois révisées du Canada (1985), chapitre U-1) et à la cotisation établie en vertu de la *Loi sur le régime de rentes du Québec* (chapitre R-9), le tout calculé de la manière prévue par règlement.

Les lois énumérées au premier alinéa s'appliquent telles qu'elles se lisent au 31 décembre de l'année qui précède celle pour laquelle la Société procède au calcul d'un revenu net en vertu du présent chapitre. [1977, c. 68, art. 52; 1989, c. 15, art. 1; 1990, c. 19, art. 11; 1993, c. 15, art. 91].

53. Pour l'application des déductions visées à l'article 52, la Société tient compte du nombre de personnes à charge à la date de l'accident. [1977, c. 68, art. 53; 1989, c. 15, art. 1; 1990, c. 19, art. 11].

54. Pour l'année 1989, le maximum annuel assurable est de 38 000$.

Pour l'année 1990 et chaque année subséquente, le maximum annuel assurable est obtenu en multipliant le maximum fixé pour l'année 1989 par le

rapport entre la somme des rémunérations hebdomadaires moyennes des travailleurs de l'ensemble des activités économiques du Québec fixées par Statistique Canada pour chacun des 12 mois précédant le 1er juillet de l'année qui précède celle pour laquelle le maximum annuel assurable est calculé et cette même somme pour chacun des 12 mois précédant le 1er juillet 1988.

Le maximum annuel assurable est établi au plus haut 500$ et est applicable pour une année à compter du 1er janvier de chaque année.

Pour l'application du présent article, la Société utilise les données fournies par Statistique Canada au 1er octobre de l'année qui précède celle pour laquelle le maximum annuel assurable est calculé.

Si les données fournies par Statistique Canada ne sont pas complètes le 1er octobre d'une année, la Société peut utiliser celles qui sont alors disponibles pour établir le maximum annuel assurable.

Si Statistique Canada applique une nouvelle méthode pour déterminer la rémunération hebdomadaire moyenne, la Société ajuste le calcul du montant maximum annuel assurable en fonction de l'évolution des rémunérations hebdomadaires moyennes à compter du 1er janvier de l'année qui suit ce changement de méthode. [1977, c. 68, art. 54; 1989, c. 15, art. 1; 1990, c. 19, art. 11].

55. Si la victime est devenue capable d'exercer un emploi que la Société lui a déterminé conformément à l'article 46 ou à l'article 47 et qu'en raison de son dommage corporel, elle ne peut tirer de cet emploi qu'un revenu brut inférieur à celui à partir duquel la Société a calculé l'indemnité de remplacement du revenu qu'elle recevait avant la détermination de cet emploi, la victime a alors droit, à l'expiration de l'année visée au paragraphe 4° de l'article 49, à une indemnité de remplacement du revenu égale à la différence entre l'indemnité qu'elle recevait au moment où la Société lui a déterminé cet emploi et le revenu net qu'elle tire ou pourrait tirer de l'emploi déterminé par la Société. [1977, c. 68, art. 55; 1989, c. 15, art. 1; 1990, c. 19, art. 11; 1993, c. 56, art. 4].

56. Lorsqu'une victime qui a droit à une indemnité de remplacement du revenu exerce un emploi lui procurant un revenu brut inférieur à celui à partir duquel la Société a calculé l'indemnité de remplacement du revenu, cette dernière est réduite de 75% du revenu net tiré de l'emploi.

Le présent article ne s'applique pas dans le cas d'une indemnité réduite conformément à l'article 55. [1977, c. 68, art. 56; 1989, c. 15, art. 1; 1990, c. 19, art. 11].

57. Si la victime subit une rechute de son dommage corporel dans les deux ans qui suivent la fin de la dernière période d'incapacité pour laquelle elle a eu droit à une indemnité de remplacement du revenu ou, si elle n'a pas eu droit à une telle indemnité, dans les deux ans de l'accident, elle est indemnisée, à compter de la date de la rechute, comme si son incapacité lui résultant de l'accident n'avait pas été interrompue.

Toutefois, si l'indemnité calculée à partir du revenu brut effectivement gagné par la victime au moment de la rechute est supérieure à l'indemnité à

laquelle la victime aurait droit en vertu du premier alinéa, la victime reçoit la plus élevée.

Si la victime subit une rechute plus de deux ans après le moment indiqué au premier alinéa, elle est indemnisée comme si cette rechute était un nouvel accident. [1977, c. 68, art. 57; 1989, c. 15, art. 1].

58. L'indemnité de remplacement du revenu mentionnée au premier alinéa de l'article 57 ne comprend pas l'indemnité visée à l'un des articles 55 et 56. [1977, c. 68, art. 58; 1982, c. 59, art. 27; 1989, c. 15, art. 1].

59. La victime qui reçoit une indemnité de remplacement du revenu, autre que celles visées aux articles 50, 55 et 56, et qui réclame une telle indemnité après un nouvel accident ou une rechute, ne peut les cumuler.

Elle reçoit, toutefois, la plus élevée des indemnités auxquelles elle a droit. [1977, c. 68, art. 59; 1989, c. 15, art. 1].

CHAPITRE III
INDEMNITÉ DE DÉCÈS

SECTION I
INTERPRÉTATION ET APPLICATION

60. Pour l'application du présent chapitre:

1º (*paragraphe abrogé*);

2º la mère ou le père de la victime comprend la personne qui tient lieu de mère ou de père à la victime lors de son décès;

3º une personne est invalide lorsqu'elle est atteinte d'une invalidité physique ou mentale grave et prolongée.

Pour l'application du paragraphe 3º du premier alinéa, une invalidité est grave si elle rend la personne régulièrement incapable d'exercer une occupation véritablement rémunératrice. Elle est prolongée si elle doit vraisemblablement entraîner la mort ou durer indéfiniment. [1977, c. 68, art. 60; 1989, c. 15, art. 1; 1993, c. 56, art. 5].

61. Pour l'application du présent chapitre, est considérée à charge de la victime qui n'avait pas d'emploi au moment de l'accident, la personne qui aurait été à la charge de la victime si cette dernière avait eu un emploi. [1977, c. 68, art. 61; 1989, c. 15, art. 1].

62. Le décès d'une victime en raison d'un accident donne droit aux indemnités prévues par le présent chapitre. [1977, c. 68, art. 62; 1989, c. 15, art. 1].

SECTION II
INDEMNITÉ AUX PERSONNES À CHARGE

63. Le conjoint d'une victime à la date de son décès a droit à une indemnité forfaitaire dont le montant est égal au produit obtenu en multipliant le revenu brut sur la base duquel aurait été calculée l'indemnité de remplacement du revenu à laquelle la victime aurait eu droit si, à la date de son décès, elle avait survécu et avait été incapable d'exercer tout emploi en raison de l'accident, par le facteur prévu à l'annexe I en fonction de l'âge de la victime à la date de son décès.

Si le conjoint est invalide à cette date, l'indemnité forfaitaire à laquelle il a droit est calculée en fonction des facteurs prévus à l'annexe II. [1977, c. 68, art. 63; 1989, c. 15, art. 1; 1993, c. 56, art. 6].

64. Le montant de l'indemnité forfaitaire payable, en vertu de l'article 63, au conjoint d'une victime décédée ne peut être

inférieur à 40 000$. [1977, c. 68, art. 64; 1989, c. 15, art. 1].

65. Le conjoint d'une victime à la date de son décès a droit, lorsque celle-ci n'aurait pas eu droit à l'indemnité de remplacement du revenu visée à l'article 63, à une indemnité forfaitaire de 40 000$. [1977, c. 68, art. 65; 1989, c. 15, art. 1; 1993, c. 56, art. 7].

66. La personne à charge d'une victime à la date de son décès, autre que le conjoint, a droit à l'indemnité forfaitaire dont le montant est prévu à l'annexe III en fonction de son âge à cette date.

Pour l'application du présent article, l'enfant de la victime né après le décès de celle-ci est également considéré une personne à charge âgée de moins d'un an. [1977, c. 68, art. 66; 1989, c. 15, art. 1; 1993, c. 56, art. 8].

67. Si la personne à charge visée à l'article 66 est invalide à la date du décès de la victime, elle a droit à une indemnité forfaitaire additionnelle de 16 500$. [1977, c. 68, art. 67; 1989, c. 15, art. 1].

68. Lorsque la victime n'a pas de conjoint à la date de son décès mais a une personne à charge visée au paragraphe 3° ou 4° du quatrième sous-alinéa de l'article 2, celle-ci a droit, en plus de l'indemnité visée à l'article 66 et s'il y a lieu, de celle visée à l'article 67, à une indemnité forfaitaire dont le montant est égal à l'indemnité visée à l'un des articles 63, 64 ou 65, selon le cas. S'il y a plus d'une personne à charge, l'indemnité est divisée à parts égales entre elle. [1977, c. 68, art. 68; 1989, c. 15, art. 1; 1993, c. 56, art. 9].

68.1. *(Remplacé).* [1989, c. 15, art. 1].

69. Si la victime est mineure et n'a pas de personne à charge à la date de son décès, sa mère et son père ont droit à parts égales à une indemnité forfaitaire de 15 000$.

La part du parent décédé, déchu de son autorité parentale ou qui a abandonné la victime, accroît à l'autre.

Si la victime est majeure et n'a pas de personne à charge à la date de son décès, cette indemnité est versée à sa succession sauf si c'est l'État qui en recueille les biens. [1977, c. 68, art. 69; 1989, c. 15, art. 1; 1993, c. 56, art. 10].

70. La succession d'une victime a droit à une indemnité forfaitaire de 3 000$ pour les frais funéraires. [1977, c. 68, art. 70; 1981, c. 25, art. 12; 1982, c. 53, art. 57; 1986, c. 95, art. 16; 1987, c. 68, art. 17; 1989, c. 15, art. 1].

71. La Société peut, à la demande d'une personne à charge qui a droit à une indemnité en vertu de la présente section, verser celle-ci, sur une période de temps qui ne peut excéder 20 ans, sous forme de versements périodiques représentatifs de la valeur de l'indemnité forfaitaire. [1977, c. 68, art. 71; 1986, c. 95, art. 17; 1989, c. 15, art. 1; 1990, c. 19, art. 11].

**SECTION III
DISPOSITION PARTICULIÈRE**

72. Le conjoint survivant ou les personnes à charge d'une victime décédée qui ont droit le 31 décembre 1989 à une indemnité de décès sous forme de rente viagère peuvent demander de remplacer leur indemnité par un montant représentatif de la valeur de celle-ci calculé selon la méthode prescrite par règlement. Ce montant est payable sous forme de versements périodiques selon les conditions et les modalités établies par règlement ou par un paiement unique. [1977, c. 68, art. 72; 1987, c. 68, art. 18; 1989, c. 15, art. 1].

CHAPITRE IV
INDEMNITÉ POUR DOMMAGE NON PÉCUNIAIRE

73. La victime qui subit une atteinte permanente à son intégrité physique ou psychique à la suite d'un accident a droit, conformément aux dispositions du présent chapitre, à une indemnité forfaitaire pour dommage non pécuniaire dont le montant ne peut excéder 75 000$.

Ce montant est majoré à 100 000$ à compter du 1er janvier 1991, à 125 000$ à compter du 1er janvier 1992 et par la suite revalorisé au 1er janvier de chaque année subséquente conformément à l'article 83.34. [1977, c. 68, art. 73; 1987, c. 68, art. 19; 1989, c. 15, art. 1].

74. Constitue une atteinte permanente pour l'application du présent chapitre, un déficit anatomo-physiologique permanent et un préjudice esthétique permanent. [1977, c. 68, art. 74; 1981, c. 12, art. 44; 1982, c. 53, art. 57; 1988, c. 51, art. 101; 1989, c. 15, art. 1].

75. L'indemnité pour dommage non pécuniaire n'est pas payable si la victime décède en raison de l'accident.

Cependant, si elle décède d'une cause étrangère à l'accident et qu'à la date de son décès, il était médicalement possible de déterminer une atteinte permanente, la Société estime le montant de l'indemnité qu'elle aurait probablement accordée à la victime et le verse à sa succession. [1977, c. 68, art. 75; 1982, c. 59, art. 29; 1989, c. 15, art. 1; 1990, c. 19, art. 11].

76. La Société attribue un pourcentage à l'atteinte en fonction du répertoire des atteintes permanentes établi par règlement. Ce pourcentage comprend la perte de jouissance de la vie et autres inconvénients causés par cette atteinte. Il ne peut dépasser 100%.

Si une atteinte n'est pas mentionnée dans le répertoire, un pourcentage lui est attribué d'après les atteintes du même genre qui y sont mentionnées. [1977, c. 68, art. 76; 1982, c. 59, art. 29; 1989, c. 15, art. 1; 1990, c. 19, art. 11].

77. Le montant de l'indemnité forfaitaire est égal au produit obtenu en multipliant le montant maximum applicable en vertu de l'article 73 au moment de l'accident et revalorisé conformément à l'article 83.34, à la date où la Société rend sa décision en première instance sur le droit à l'indemnité, par le pourcentage attribué à l'atteinte. [1977, c. 68, art. 77; 1982, c. 59, art. 29; 1989, c. 15, art. 1; 1993, c. 56, art. 11].

78. L'indemnité pour dommage non pécuniaire ne peut être inférieure à 500$. [1977, c. 68, art. 78; 1982, c. 59, art. 29; 1989, c. 15, art. 1].

CHAPITRE V
REMBOURSEMENT DE CERTAINS FRAIS ET RÉADAPTATION

SECTION I
REMBOURSEMENT DE CERTAINS FRAIS

§ 1.-*Aide personnelle et frais de garde*

79. A droit à un remboursement des frais qu'elle engage pour une aide personnelle à domicile, la victime qui, en raison de l'accident, est dans un état physique ou psychique qui nécessite la présence continuelle d'une personne auprès d'elle ou qui la rend incapable de prendre soin d'elle-même ou d'effectuer sans aide les activités essentielles de la vie quotidienne.

Ce remboursement est effectué sur présentation de pièces justificatives et

selon les normes, conditions et maximums prescrits par règlement. Il ne peut toutefois excéder 555$ par semaine.

La Société peut, dans les cas prescrit par règlement, remplacer le remboursement de frais par une allocation hebdomadaire équivalente. [1977, c. 68, art. 79; 1982, c. 59, art. 29; 1989, c. 15, art. 1; 1991, c. 58, art. 14].

80. Sous réserve de l'article 80.1, la victime exerçant un emploi à temps partiel ou la victime sans emploi capable de travailler qui, à la date de l'accident, a comme occupation principale de prendre soin sans rémunération d'un enfant de moins de 16 ans ou d'une personne régulièrement incapable d'exercer tout emploi pour quelque cause que ce soit, a droit à une indemnité pour frais de garde.

Cette indemnité est hebdomadaire et s'élève à:

1º 250$ lorsque la victime prend soin d'une personne visée au premier alinéa;

2º 280$ lorsque la victime prend soin de deux personnes visées au premier alinéa;

3º 310$ lorsque la victime prend soin de trois personnes visées au premier alinéa;

4º 340$ lorsque la victime prend soin de quatre personnes et plus visées au premier alinéa.

Cette indemnité est versée tant que dure l'incapacité de la victime de prendre soin d'une personne visée au premier alinéa.

Pendant l'incapacité de la victime, l'indemnité est réajustée dans les cas et aux conditions prescrits par règlement,

en fonction de la variation du nombre de personnes visées au premier alinéa.

Le réajustement de l'indemnité ou la cessation du versement de celle-ci s'opère à la fin de la semaine pendant laquelle survient la variation du nombre de personnes ou la cessation de l'incapacité de la victime, selon le cas. [1977, c. 68, art. 80; 1982, c. 59, art. 30; 1989, c. 15, art. 1; 1991, c. 58, art. 15].

80.1. Si, en raison d'un emploi à temps plein ou temporaire qu'elle aurait exercé, une victime visée à l'article 80 est également visée au paragraphe 1º de l'article 24, elle ne peut cumuler les indemnités et, tant que cette situation demeure, elle reçoit l'indemnité de remplacement du revenu.

Toutefois, durant cette même période, l'article 83 lui est applicable aux conditions qui y sont énoncés. [1991, c. 58, art. 16].

81. *(Abrogé).* [1991, c. 58, art. 17].

82. À compter du cent quatre-vingt-unième jour qui suit l'accident d'une victime visée à l'article 80, celle-ci peut, au moment qu'elle jugera opportun, choisir entre l'une ou l'autre des indemnités suivantes:

1º le maintien de l'indemnité qu'elle reçoit en vertu de l'article 80;

2º une indemnité de remplacement du revenu accordée en vertu de l'article 26 à une victime sans emploi capable de travailler.

La Société doit, avant le cent quatre-vingt-unième jour qui suit l'accident, fournir à la victime l'assistance et l'information nécessaire pour lui permettre de faire un choix éclairé. [1977, c. 68, art. 82; 1982, c. 59, art. 30; 1989, c. 15, art. 1; 1990, c. 19, art. 11].

83. A droit au remboursement des frais qu'elle engage en raison de l'accident pour prendre soin d'un enfant de moins de 16 ans ou d'une personne qui est régulièrement incapable d'exercer tout emploi pour quelque cause que ce soit, la victime qui devient incapable d'assumer ces soins et qui, à la date de l'accident:

1° exerce habituellement un emploi à temps plein ou un emploi temporaire;

1.1° pendant au moins 28 heures par semaine, exerce habituellement plus d'un emploi à temps partiel;

2° est âgée de 16 ans et plus et fréquente à temps plein une institution d'enseignement;

3° exerce habituellement un emploi à temps partiel et qui, subséquemment, choisit l'indemnité de remplacement du revenu prévue au paragraphe 2° du premier alinéa de l'article 82;

4° n'exerce aucun emploi tout en étant capable de travailler et qui, subséquemment, choisit l'indemnité de remplacement du revenu prévue au paragraphe 2° du premier alinéa de l'article 82.

Ces frais sont remboursés sur une base hebdomadaire et sur présentation de pièces justificatives jusqu'à concurrence de:

1° 75$ lorsque la victime prend soin d'une personne visée au premier alinéa;

2° 100$ lorsque la victime prend soin de deux personnes visées au premier alinéa;

3° 125$ lorsque la victime prend soin de trois personnes visées au premier alinéa;

4° 150$ lorsque la victime prend soin de quatre personnes et plus visées au premier alinéa.

Ces frais sont remboursés tant que dure l'incapacité de la victime de prendre soin d'une personne visée au premier alinéa.

Pendant l'incapacité de la victime, le remboursement de frais est réajusté dans les cas et aux conditions prescrits par règlement, en fonction de la variation du nombre de personnes visées au premier alinéa.

Toutefois, lorsque la victime a un conjoint, elle peut recevoir le remboursement de ces frais uniquement dans les cas où son conjoint, en raison d'une maladie, d'une infirmité ou d'une absence pour les fins de son travail ou de ses études, est également incapable de prendre soin d'une personne visée au premier alinéa. [1977, c. 68, art. 83; 1982, c. 59, art. 30; 1989, c. 15, art. 1; 1991, c. 58, art. 18].

83.1. La victime qui, lors de l'accident, travaille sans rémunération dans une entreprise familiale et qui en raison de cet accident, est incapable d'exercer ses fonctions habituelles, a droit au remboursement des frais qu'elle engage, durant les 180 premiers jours qui suivent l'accident, pour couvrir le coût de la main-d'oeuvre requise pour exercer ces fonctions à sa place.

Ces frais sont remboursés, sur présentation de pièces justificatives, jusqu'à concurrence de 500$ par semaine. [1989, c. 15, art. 1].

§ 2.-*Frais généraux*

83.2. Une victime a droit, dans les cas et aux conditions prescrits par règlement et dans la mesure où ils ne sont

pas déjà couverts par un régime de sécurité sociale, au remboursement des frais qu'elle engage en raison de l'accident:

1º pour recevoir des soins médicaux ou paramédicaux;

2º pour le déplacement ou le séjour en vue de recevoir ces soins;

3º pour l'achat de prothèses ou d'orthèses;

4º pour le nettoyage, la réparation ou le remplacement d'un vêtement qu'elle portait et qui a été endommagé.

La victime a également droit, dans les cas et aux conditions prescrits par règlement, au remboursement de tous les autres frais que la Société détermine par règlement. [1989, c. 15, art. 1; 1990, c. 19, art. 11].

83.3. Une personne qui acquitte, pour une victime, des frais visés à l'article 83.2 a droit d'en être remboursée de la façon prévue à cet article. [1989, c. 15, art. 1].

83.4. Un régime de sécurité sociale ne peut exclure des frais qu'il couvre ceux qui sont engagés par une victime ou pour elle. [1989, c. 15, art. 1].

83.5. La personne qui accompagne ou qui doit être présente auprès d'une victime dont l'état physique ou psychique ou l'âge le requiert, lorsque celle-ci doit recevoir des soins médicaux ou paramédicaux, a droit, dans les cas et aux conditions prescrits par règlement, de recevoir une allocation de disponibilité et d'être remboursée des frais de déplacement et de séjour qu'elle engage. [1989, c. 15, art. 1].

83.6. Les frais visés à la présente sous-section sont remboursables sur présentation de pièces justificatives. [1989, c. 15, art. 1].

SECTION II
RÉADAPTATION

83.7. La Société peut prendre les mesures nécessaires pour contribuer à la réadaptation d'une victime, pour atténuer ou faire disparaître toute incapacité résultant d'un dommage corporel et pour faciliter son retour à la vie normale ou sa réinsertion dans la société ou sur le marché du travail. [1989, c. 15, art. 1; 1990, c. 19, art. 11].

CHAPITRE VI
PROCÉDURE DE RÉCLAMATION

83.8. Pour l'application du présent chapitre, est un professionnel de la santé toute personne ainsi désignée au sens de la *Loi sur l'assurance-maladie* (chapitre A-29). [1989, c. 15, art. 1].

83.9. Une personne qui demande une indemnité à la Société doit le faire sur la formule que celle-ci lui fournit et selon les règles qu'elle détermine par règlement. [1989, c. 15, art. 1; 1990, c. 19, art. 11].

83.10. Tout employeur doit, à la demande de la Société, lui fournir dans les six jours qui suivent, une attestation du revenu d'un de ses employés qui fait une demande d'indemnité à la Société. [1989, c. 15, art. 1; 1990, c. 19, art. 11].

83.11. Une personne doit, à la demande de la Société et aux frais de celle-ci, se soumettre à l'examen d'un professionnel de la santé choisi par cette personne. [1989, c. 15, art. 1; 1990, c. 19, art. 11].

83.12. Lorsqu'elle l'estime nécessaire, la Société peut, à ses frais, exiger d'une personne qu'elle se soumette à l'examen d'un professionnel de la santé.

Cet examen doit se faire selon les règles que la Société détermine par règlement. [1989, c. 15, art. 1; 1990, c. 19, art. 11].

83.13. Une personne qui se soumet à l'examen prévu à l'article 83.11 ou à l'article 83.12 a droit au remboursement des frais de déplacement et de séjour qu'elle engage en vue de subir cet examen.

La personne qui accompagne une victime dont l'état physique ou psychique ou l'âge le requiert a droit, dans les cas et aux conditions prescrits par règlement, de recevoir une allocation de disponibilité et d'être remboursée des frais de déplacement et de séjour qu'elle engage. [1989, c. 15, art. 1].

83.14. Le professionnel de la santé qui examine une personne à la demande de la Société doit faire rapport à celle-ci sur l'état de santé de cette personne et sur toute autre question pour laquelle l'examen a été requis.

Sur réception de ce rapport, la Société doit en transmettre une copie à tout professionnel de la santé désigné par la personne qui a subi l'examen visé au premier alinéa. [1989, c. 15, art. 1; 1990, c. 19, art. 11].

83.15. Tout établissement au sens de la *Loi sur les services de santé et les services sociaux et modifiant diverses dispositions législatives* (1991, chapitre 42) ou au sens de la *Loi sur les services de santé et les services sociaux pour les autochtones cris* (chapitre S-5), tout professionnel de la santé qui a traité une personne à la suite d'un accident ou qui a été consulté par une personne à la suite d'un accident doit, à la demande de la Société, lui faire rapport de ses

constatations, traitements ou recommandations.

Ce rapport doit être transmis dans les six jours qui suivent la demande de la Société.

Il doit également fournir à la Société, dans le même délai, tout autre rapport qu'elle lui demande relativement à cette personne. [1989, c. 15, art. 1; 1990, c. 19, art. 11; 1992, c. 21, art. 88; 1994, c. 23, art. 23].

83.16. Une personne qui a fait une demande d'indemnité doit, sans délai, aviser la Société de tout changement de situation qui affecte son droit à une indemnité ou qui peut influer sur le montant de celle-ci. [1989, c. 15, art. 1; 1990, c. 19, art. 11].

83.17. Une personne doit fournir à la Société tous les renseignements pertinents requis pour l'application de la présente loi ou donner les autorisations nécessaires pour leur obtention.

Une personne doit fournir à la Société la preuve de tout fait établissant son droit à une indemnité. [1989, c. 15, art. 1; 1990, c. 19, art. 11].

83.18. La Société peut, aux conditions qu'elle détermine par règlement, autoriser une personne qui doit lui transmettre un avis, un rapport, une déclaration ou quelque autre document à le lui communiquer au moyen d'un support magnétique ou d'une liaison électronique.

Une transcription écrite des données visées au premier alinéa doit reproduire fidèlement celles-ci. Cette transcription fait preuve de son contenu lorsqu'elle est certifiée conforme par un fonctionnaire autorisé conformément à l'article 15 de la *Loi sur la Société de*

l'assurance automobile du Québec (chapitre S-11.011). [1989, c. 15, art. 1; 1990, c. 19, art. 11].

83.19. Une transcription écrite et intelligible des données que la Société a emmagasinées par ordinateur ou sur tout autre support magnétique constitue un document de la Société et fait preuve de son contenu lorsqu'elle est certifiée conforme par un fonctionnaire autorisé conformément à l'article 15 de la *Loi sur la Société de l'assurance automobile du Québec* (chapitre S-11.011). [1989, c. 15, art. 1; 1990, c. 19, art. 11].

CHAPITRE VII
PAIEMENT DES INDEMNITÉS

83.20. L'indemnité de remplacement du revenu est versée sous forme de rente à tous les 14 jours.

Elle n'est pas due avant le septième jour qui suit celui de l'accident, sauf dans le cas prévu au troisième alinéa de l'article 57.

L'indemnité accordée à une personne visée à l'article 80 est versée à tous les 14 jours.

L'indemnité accordée à une personne visée à l'article 28 ou à l'article 35 est versée à la fin de la session ou de l'année scolaire que l'étudiant rate en raison de l'accident.

L'indemnité, autre que l'indemnité de remplacement du revenu, accordée à une personne visée à l'article 33 ou à l'article 39 est versée à la fin de la session ou de l'année scolaire non complétée. [1989, c. 15, art. 1].

83.21. Sur réception d'une demande d'indemnité, la Société peut verser l'in-demnité avant même de rendre sa décision sur le droit à cette indemnité si elle est d'avis que la demande apparaît fondée à sa face même.

Malgré l'article 83.50, si par la suite, la Société rejette la demande ou l'accepte en partie seulement, la somme déjà versée n'est pas recouvrable à moins qu'elle n'ait été obtenue par suite d'une fraude. [1989, c. 15, art. 1; 1990, c. 19, art. 11].

83.22. La Société peut payer une indemnité de remplacement du revenu en un versement unique équivalant à un capital représentatif de cette indemnité dans les cas suivants:

1° lorsque le montant à être versé à tous les 14 jours est inférieur à 100$;

2° lorsque la personne qui a droit à cette indemnité ne résidait pas au Québec à la date de l'accident et n'y a pas résidé depuis;

3° lorsque la personne qui a droit à cette indemnité résidait au Québec à la date de l'accident ou y a résidé depuis cette date mais n'y réside plus depuis au moins trois ans au moment de la demande de capitalisation.

Une indemnité de remplacement du revenu ne peut être payée en un versement unique si la personne qui y a droit est visée par l'article 105.1 de la *Loi sur le régime de rentes du Québec* (L.R.Q., chapitre R-9). [1989, c. 15, art. 1; 1990, c. 19, art. 11; 1993, c. 56, art. 12; 1995, c. 55, art. 4].

83.23. (*Abrogé*). [1993, c. 56, art. 13].

83.24. Les frais visés aux articles 79, 83, 83.1, 83.2, 83.7 ainsi que le coût de

l'expertise visée à l'article 83.31 peuvent être payés, à la demande de la victime, directement au fournisseur.

La Société peut désigner tout membre de son personnel pour agir à titre d'inspecteur chargé de contrôler, auprès des fournisseurs, l'exactitude des coûts et de la fourniture des biens livrés ou des services rendus à la victime en raison de l'accident.

Un inspecteur peut exiger du fournisseur la communication des renseignements ou documents pertinents à l'accomplissement de son mandat, notamment les livres, comptes, registres ou dossiers et en tirer copie.

Toute personne qui a la garde, la possession ou le contrôle de ces livres, registres, comptes, dossiers et autres documents doit, sur demande, en donner communication à l'inspecteur et lui en faciliter l'examen.

Il est interdit d'entraver l'action d'un inspecteur, de le tromper par des réticences ou par des déclarations fausses ou mensongères, de refuser de lui fournir un renseignement ou un document qu'il a le droit d'exiger ou d'examiner. [1989, c. 15, art. 1; 1993, c. 56, art. 14].

83.25. Une indemnité impayée à la date du décès de la personne qui y a droit est versée à sa succession. [1989, c. 15, art. 1].

83.26. Une demande de révision ou un recours formé devant le Tribunal administratif du Québec ne suspend pas le paiement d'une indemnité. [1989, c. 15, art. 1; 1997, c. 43, art. 39].

83.27. Lorsqu'une personne ayant droit à une indemnité est incapable, la So-

ciété doit verser cette indemnité à son tuteur ou à son curateur, selon le cas, ou, à défaut, à une personne que la Société désigne; celle-ci a les pouvoirs et les devoirs d'un tuteur ou d'un curateur, selon le cas.

La Société donne avis au curateur public de tout versement qu'elle fait conformément au premier alinéa. [1989, c. 15, art. 1; 1990, c. 19, art. 11].

83.28. Les indemnités de remplacement du revenu sont réputées être le salaire du bénéficiaire et sont saisissables à titre de dette alimentaire conformément au deuxième alinéa de l'article 553 du Code de procédure civile (chapitre C-25), compte tenu des adaptations nécessaires. À l'égard de toute autre dette, ces indemnités sont insaisissables.

Toute autre indemnité versée en vertu du présent titre est insaisissable.

La Société doit, sur demande du ministre de l'Emploi et de la Solidarité, déduire des indemnités payables à une personne en vertu de la présente loi les prestations qui ont été versées à cette personne ou à sa famille et qui sont remboursables en vertu de l'article 35 de la *Loi sur la sécurité du revenu* (chapitre S-3.1.1).

La Société remet le montant ainsi déduit au ministre de l'Emploi et de la Solidarité.

La Société doit également, sur demande de la Régie des rentes du Québec, déduire de l'indemnité de remplacement du revenu payable à une personne en vertu de la présente loi le montant de la rente d'invalidité ou de la rente de retraite qui a été versée à cette personne en vertu de la *Loi sur le régime de rentes du Québec* mais qui n'aurait

pas dû l'être en raison de l'article 105.1 ou 106.3 de cette loi. Elle remet le montant ainsi déduit à la Régie. [1989, c. 15, art. 1; 1990, c. 19, art. 11; 1992, c. 44, art. 81; 1994, c. 12, art. 67; 1995, c. 55, art. 5; 1997, c. 63, art. 128; 1997, c. 73, art. 89].

83.29. La Société peut refuser une indemnité, en réduire le montant, en suspendre ou en cesser le paiement dans les cas suivants:

1° si la personne qui réclame une indemnité:

a) fournit volontairement un renseignement faux ou inexact;

b) refuse ou néglige de fournir tout renseignement que la Société requiert ou de donner l'autorisation nécessaire pour l'obtenir;

2° si la personne, sans raison valable:

a) refuse un nouvel emploi, refuse de reprendre son ancien emploi ou abandonne un emploi qu'elle pourrait continuer à exercer;

b) entrave un examen exigé par la Société ou omet ou refuse de se soumettre à cet examen;

c) entrave les soins médicaux ou paramédicaux recommandés ou omet ou refuse de s'y soumettre;

d) pose un acte ou s'adonne à une pratique qui empêche ou retarde sa guérison;

e) entrave les mesures de réadaptation mises à sa disposition par la Société en vertu de l'article 83.7 ou omet ou refuse de s'en prévaloir. [1989, c. 15, art. 1; 1990, c. 19, art. 11].

83.30. Lorsqu'une victime est incarcérée dans un pénitencier, emprisonnée dans un établissement de détention ou en détention dans une installation maintenue par un établissement qui exploite un centre de réadaptation visé par la *Loi sur les services de santé et les services sociaux et modifiant diverses dispositions législatives* ou dans un centre d'accueil visé par la *Loi sur les services de santé et les services sociaux pour les autochtones cris* en raison d'une infraction prévue au sous-paragraphe *a)* du paragraphe (1) ou aux paragraphes (3) ou (4) de l'article 249, au paragraphe (1) de l'article 252, à l'article 253, au paragraphe (5) de l'article 254, aux paragraphes (2) ou (3) de l'article 255 du Code criminel (Lois révisées du Canada (1985), chapitre C-46) ou, si l'infraction est commise avec une automobile, à l'un des articles 220, 221 et 236 de ce Code, la Société doit réduire l'indemnité de remplacement du revenu à laquelle elle a droit en raison de l'accident, d'un montant équivalant annuellement au pourcentage suivant:

1° 75% dans le cas d'une victime sans personne à charge;

2° 45% dans le cas d'une victime avec une personne à charge;

3° 35% dans le cas d'une victime avec deux personnes à charge;

4° 25% dans le cas d'une victime avec trois personnes à charge;

5° 10% dans le cas d'une victime avec quatre personnes à charge ou plus.

Cette réduction demeure en vigueur jusqu'à la fin de la période d'incarcération, d'emprisonnement ou de détention de la victime ou, le cas échéant, jusqu'à

la date du jugement déclarant celle-ci non coupable de l'infraction visée au premier alinéa.

Elle est réajustée pendant l'incarcération, l'emprisonnement ou la détention de la victime, dans les cas et aux conditions prescrits par règlement, en fonction de la variation du nombre de personnes à charge.

Pour l'application du présent article, l'indemnité de remplacement du revenu à laquelle a droit une victime ayant une ou plusieurs personnes à charge à la date de l'accident est versée à celles-ci selon les conditions et les modalités établies par règlement.

Si la victime est déclarée non coupable de l'infraction visée au premier alinéa, la Société doit lui remettre le montant qui a été soustrait de l'indemnité de remplacement du revenu avec intérêts fixés conformément à l'article 83.32 et calculés à compter du début de la réduction. [1989, c. 15, art. 1; 1990, c. 19, art. 11; 1992, c. 21, art. 89; 1993, c. 56, art. 15; 1994, c. 23, art. 23].

83.31. Une personne dont la demande de révision ou le recours formé devant le Tribunal administratif du Québec est accueilli et qui a soumis une expertise médicale écrite à l'appui de sa demande a droit au remboursement du coût de cette expertise, jusqu'à concurrence des sommes fixées par règlement. [1989, c. 15, art. 1; 1997, c. 43, art. 40].

83.32. Lorsque, à la suite d'une demande de révision ou d'un recours formé devant le Tribunal administratif du Québec, la Société ou ce tribunal reconnaît à une personne le droit à une indemnité qui lui avait d'abord été refusée ou augmente le montant d'une indem-

nité, la Société ou ce tribunal ordonne, dans tous les cas, que des intérêts soient payés à cette personne.

Le taux de ces intérêts est celui fixé en vertu du deuxième alinéa de l'article 28 de la *Loi sur le ministère du Revenu* (chapitre M-31) et ils sont calculés à compter de la date de la décision refusant de reconnaître le droit à une indemnité ou de la date de la décision refusant d'augmenter le montant d'une indemnité. [1989, c. 15, art. 1; 1990, c. 19, art. 11; 1993, c. 56, art. 16; 1997, c. 43, art. 41].

CHAPITRE VIII
REVALORISATION

83.33. Le montant du revenu brut annuel qui sert de base au calcul de l'indemnité de remplacement du revenu est revalorisé chaque année à la date anniversaire de l'accident.

Le montant du revenu brut annuel que la Société fixe pour l'emploi déterminé conformément à l'article 45, 46 ou 47 est revalorisé chaque année à cette date. [1989, c. 15, art. 1; 1990, c. 19, art. 11; 1993, c. 56, art. 17].

83.34. Sont revalorisées le 1er janvier de chaque année, toutes les sommes d'argent fixées dans l'annexe III et dans les dispositions du présent titre. [1989, c. 15, art. 1].

83.35. La revalorisation est faite en multipliant le montant à revaloriser par le rapport entre l'indice des prix à la consommation de l'année courante et celui de l'année précédente. [1989, c. 15, art. 1].

83.36. L'indice des prix à la consommation pour une année est la moyenne annuelle calculée à partir des indices

mensuels des prix à la consommation au Canada établis par Statistique Canada pour les 12 mois précédant le 1er novembre de l'année qui précède celle pour laquelle cet indice est calculé.

Si les données fournies par Statistique Canada ne sont pas complètes le 1er décembre d'une année, la Société peut utiliser celles qui sont alors disponibles pour établir l'indice des prix à la consommation.

Si Statistique Canada applique une nouvelle méthode pour calculer l'indice mensuel des prix à la consommation, la Société ajuste le calcul de la revalorisation en fonction de l'évolution de l'indice mensuel des prix à la consommation à compter du 1er janvier de l'année qui suit ce changement. [1989, c. 15, art. 1; 1990, c. 19, art. 11].

83.37. Si la moyenne annuelle calculée à partir des indices mensuels des prix à la consommation a plus d'une décimale, seule la première est retenue et elle est augmentée d'une unité si la deuxième est supérieure au chiffre 4. [1989, c. 15, art. 1].

83.38. Si le rapport entre l'indice des prix à la consommation de l'année courante et celui de l'année précédente a plus de trois décimales, seules les trois premières sont retenues et la troisième est augmentée d'une unité si la quatrième est supérieure au chiffre 4. [1989, c. 15, art. 1].

83.39. Le montant obtenu par la revalorisation est arrondi au dollar le plus près. [1989, c. 15, art. 1].

83.40. Le montant d'une rente versée en vertu d'un régime privé d'assurance ne peut être aucunement diminué en raison d'une revalorisation d'un revenu brut annuel qui sert de base au calcul de l'indemnité de remplacement du revenu. [1989, c. 15, art. 1].

CHAPITRE IX
COMPÉTENCE DE LA SOCIÉTÉ,
RÉVISION ET RECOURS DEVANT LE
TRIBUNAL ADMINISTRATIF DU QUÉBEC

SECTION I
COMPÉTENCE DE LA SOCIÉTÉ

83.41. Sous réserve des articles 83.49 et 83.67, la Société a compétence exclusive pour examiner et décider toute question relative à l'indemnisation en vertu du présent titre.

À cette fin, elle peut déléguer ses pouvoirs à un ou plusieurs de ses fonctionnaires qu'elle désigne.

Les membres de la Société et les fonctionnaires ainsi désignés sont investis des pouvoirs et de l'immunité des commissaires nommés en vertu de la *Loi sur les commissions d'enquête* (chapitre C-37), sauf de celui d'ordonner l'emprisonnement. [1989, c. 15, art. 1; 1990, c. 19, art. 11; 1997, c. 43, art. 43].

83.42. La Société peut établir par règlement les règles de procédure applicables à l'examen des questions sur lesquelles elle a compétence. [1989, c. 15, art. 1; 1990, c. 19, art. 11; 1997, c. 43, art. 44].

83.43. Une décision doit être motivée et communiquée par écrit à la personne intéressée.

Si la décision est rendue par un fonctionnaire, celui-ci doit, en communiquant sa décision, aviser la personne intéressée qu'elle peut en demander la révision, sauf s'il s'agit d'une décision qui accorde une indemnité maximum ou

le remboursement complet des frais auxquels elle a droit.

Si la décision est rendue par la Société, celle-ci doit, en communiquant sa décision, aviser la personne intéressée qu'elle peut la contester devant le Tribunal administratif du Québec, sauf s'il s'agit d'une décision qui accorde une indemnité maximum ou le remboursement complet des frais auxquels elle a droit. [1989, c. 15, art. 1; 1990, c. 19, art. 11; 1997, c. 43, art. 45].

83.44. En tout temps, la Société peut rendre une nouvelle décision s'il se produit un changement de situation qui affecte le droit de la personne intéressée à une indemnité ou qui peut influer sur le montant de celle-ci. [1989, c. 15, art. 1; 1990, c. 19, art. 11; 1991, c. 58, art. 19].

83.44.1. Tant qu'une demande de révision n'a pas été présentée ou un recours formé devant le Tribunal administratif du Québec à l'égard d'une décision, la Société peut, de sa propre initiative ou à la demande d'une personne intéressée, reconsidérer cette décision:

1° si celle-ci a été rendue avant que soit connu un fait essentiel ou a été fondée sur une erreur relative à un tel fait;

2° si celle-ci est entachée d'un vice de fond ou de procédure de nature à l'invalider;

3° si celle-ci est entachée d'une erreur d'écriture, de calcul ou de toute autre erreur de forme.

Cette nouvelle décision remplace la décision initiale qui cesse d'avoir effet et les dispositions de la section II s'appliquent selon le cas. [1991, c. 58, art. 19; 1997, c. 43, art. 46].

SECTION II
RÉVISION ET RECOURS DEVANT LE TRIBUNAL ADMINISTRATIF DU QUÉBEC

83.45. Sauf dans les cas où une décision accorde une indemnité maximum ou lorsque les frais auxquels elle a droit ont été remboursés en totalité, une personne qui se croit lésée par une décision rendue par un fonctionnaire peut, dans les 60 jours de la notification de la décision, demander par écrit à la Société la révision de cette décision.

Cette demande doit mentionner les principaux motifs sur lesquels elle s'appuie. [1989, c. 15, art. 1; 1990, c. 19, art. 11; 1997, c. 43, art. 48].

83.46. La Société peut permettre à une personne d'agir après l'expiration du délai fixé par l'article 83.45 si celle-ci a été, en fait, dans l'impossibilité d'agir plus tôt. [1989, c. 15, art. 1; 1990, c. 19, art. 11].

83.47. La Société, lorsqu'elle est saisie d'une demande de révision, peut confirmer, infirmer ou modifier la décision rendue.

Elle peut également accorder une indemnité, en déterminer le montant ou décider qu'aucune indemnité n'est payable en vertu du présent titre. [1989, c. 15, art. 1; 1990, c. 19, art. 11; 1997, c. 43, art. 49].

83.48. Une décision rendue en révision par un fonctionnaire doit être motivée et communiquée par écrit à la personne intéressée.

En communiquant sa décision, le fonctionnaire doit aviser la personne qu'elle peut la contester devant le Tribunal administratif du Québec, sauf s'il s'agit d'une décision qui accorde une

indemnité maximum ou le remboursement complet des frais auxquels cette personne a droit. [1989, c. 15, art. 1; 1997, c. 43, art. 50].

83.49. Une personne qui se croit lésée par une décision rendue par la Société ou par une décision rendue en révision peut, dans les 60 jours de sa notification, la contester devant le Tribunal administratif du Québec, sauf s'il s'agit d'une décision qui accorde une indemnité maximum ou le remboursement complet des frais auxquels elle a droit. [1989, c. 15, art. 1; 1990, c. 19, art. 11; 1997, c. 43, art. 51].

CHAPITRE X
RECOURS

SECTION I
RECOUVREMENT DES INDEMNITÉS

83.50. Une personne qui a reçu une indemnité à laquelle elle n'a pas droit ou dont le montant excède celui auquel elle a droit, doit rembourser le trop-perçu à la Société.

La Société peut recouvrer cette dette dans les trois ans du paiement de l'indemnité.

Elle peut aussi remettre cette dette si elle juge que le montant ne peut être recouvré compte tenu des circonstances ou, de la manière déterminée par règlement, déduire le montant de cette dette de toute somme due au débiteur par la Société.

La Société peut effectuer une déduction en vertu du troisième alinéa malgré la demande de révision ou le recours du débiteur devant le Tribunal administratif du Québec. [1989, c. 15, art. 1; 1990, c. 19, art. 11; 1997, c. 43, art. 52].

83.51. Malgré l'article 83.50, si, à la suite d'une demande de révision ou d'un recours formé devant le Tribunal administratif du Québec, la Société ou ce tribunal rend une décision qui a pour effet d'annuler ou de réduire le montant d'une indemnité, les sommes déjà versées ne peuvent être recouvrées, à moins qu'elles n'aient été obtenues par suite d'une fraude ou que la demande de révision ou le recours formé devant ce tribunal ne porte sur une décision rendue en vertu de l'article 83.50. [1989, c. 15, art. 1; 1990, c. 19, art. 11; 1997, c. 43, art. 53].

83.52. Malgré l'article 83.50, lorsque la Société reconsidère sa décision parce que celle-ci a été rendue avant que soit connu un fait essentiel ou qu'elle a été fondée sur une erreur relative à un tel fait ou parce que celle-ci est entachée d'un vice de fond ou de procédure de nature à l'invalider, la somme déjà versée n'est pas recouvrable à moins qu'elle n'ait été obtenue par suite d'une fraude. [1989, c. 15, art. 1; 1990, c. 19, art. 11; 1991, c. 58, art. 20].

83.53. La personne qui prive volontairement la Société de son recours subrogatoire contrairement au deuxième alinéa de l'article 83.59 doit rembourser l'indemnité reçue de la Société.

La Société peut recouvrer cette dette dans les trois ans de l'acte qui prive la Société de son recours subrogatoire.

Elle peut aussi remettre cette dette si elle juge que le montant ne peut être recouvré compte tenu des circonstances. [1989, c. 15, art. 1; 1990, c. 19, art. 11].

83.54. La Société met en demeure le débiteur par une décision qui énonce le montant et les motifs d'exigibilité de la dette.

Cette décision interrompt la prescription prévue à l'un des articles 83.50, 83.53 ou 83.61, selon le cas. [1989, c. 15, art. 1; 1990, c. 19, art. 11].

83.55. Lorsqu'une dette visée à la présente section n'a pas été recouvrée ni remise, la Société peut délivrer un certificat:

1° qui atteste le défaut du débiteur de se pourvoir à l'encontre de la décision rendue en vertu de l'article 83.54 ou, selon le cas, qui allègue la décision définitive qui maintient cette décision;

2° qui atteste l'exigibilité de la dette et le montant dû.

Ce certificat est une preuve de l'exigibilité de la dette. Il peut être délivré par la Société en tout temps après l'expiration du délai pour demander la révision ou pour contester la déci- sion ou après la décision du Tribunal administratif du Québec. [1989, c. 15, art. 1; 1990, c. 19, art. 11; 1997, c. 43, art. 54].

83.56. Sur dépôt de ce certificat au greffe du tribunal compétent, la décision de la Société ou du Tribunal administratif du Québec devient exécutoire comme s'il s'agissait d'un jugement final et sans appel de ce tribunal et en a tous les effets. [1989, c. 15, art. 1; 1990, c. 19, art. 11; 1997, c. 43, art. 55].

SECTION II
RESPONSABILITÉ CIVILE

83.57. Les indemnités prévues au présent titre tiennent lieu de tous les droits et recours en raison d'un dom-mage corporel et nulle action à ce sujet n'est reçue devant un tribunal.

Sous réserve des articles 83.63 et 83.64, lorsqu'un dommage corporel a été causé par une automobile, les prestations ou avantages prévus pour l'indemnisation de ce dommage par la *Loi sur les accidents du travail et les maladies professionnelles* (chapitre A-3.001), la *Loi visant à favoriser le civisme* (chapitre C-20) ou la *Loi sur l'indemnisation des victimes d'actes criminels* (chapitre I-6) tiennent lieu de tous les droits et recours en raison de ce dommage et nulle action à ce sujet n'est reçue devant un tribunal. [1989, c. 15, art. 1].

83.58. Rien dans la présente section ne limite le droit d'une personne de réclamer une indemnité en vertu d'un régime privé d'assurance, sans égard à la responsabilité de quiconque. [1989, c. 15, art. 1].

83.59. La personne qui a droit à une indemnité prévue au présent titre à la suite d'un accident survenu hors du Québec peut bénéficier de celle-ci tout en conservant son recours pour l'excédent en vertu de la loi du lieu de l'accident.

La personne qui exerce un tel recours ne doit pas, sans l'autorisation de la Société, priver volontairement celle-ci du recours subrogatoire qu'elle possède en vertu de l'article 83.60. La Société est libérée de son obligation envers cette personne si celle-ci la prive ainsi de son recours. [1989, c. 15, art. 1; 1990, c. 19, art. 11].

83.60. Malgré l'article 83.57, lorsque la Société indemnise une personne à la suite d'un accident survenu hors du

Québec, elle est subrogée dans les droits de cette personne et peut recouvrer les indemnités ainsi que le capital représentatif des rentes qu'elle est appelée à verser, de toute personne qui ne réside pas au Québec et qui, en vertu de la loi du lieu de l'accident, est responsable de cet accident et de toute personne qui est tenue d'indemniser les dommages corporels causés dans cet accident par celle-ci.

La subrogation s'opère de plein droit par la décision de la Société d'indemniser la personne. [1989, c. 15, art. 1; 1990, c. 19, art. 11].

83.61. Malgré l'article 83.57, lorsque la Société indemnise une personne en raison d'un accident survenu au Québec, elle est subrogée dans les droits de cette personne et peut recouvrer les indemnités ainsi que le capital représentatif des rentes qu'elle est appelée à verser, de toute personne qui ne réside pas au Québec et qui est responsable de l'accident, dans la proportion où elle en est responsable, et de toute personne qui est tenue d'indemniser les dommages corporels causés dans cet accident par celle-ci.

La subrogation s'opère de plein droit par la décision de la Société d'indemniser la personne.

Le recours subrogatoire de la Société est soumis au tribunal et se prescrit par trois ans à compter de cette décision.

La responsabilité est déterminée suivant les règles du droit commun dans la mesure où les articles 108 à 114 n'y dérogent pas. [1989, c. 15, art. 1; 1990, c. 19, art. 11].

83.62. Malgré l'article 83.57, lorsque, à la suite d'un accident, les organismes suivants sont subrogés dans les droits d'une personne en vertu des lois suivantes, ils possèdent le même recours que la Société pour recouvrer leur créance de la personne qui ne réside pas au Québec et qui est responsable de l'accident ou de la personne tenue d'indemniser les dommages corporels causés dans cet accident par celle-ci:

1º la Commission de la santé et de la sécurité du travail et, le cas échéant, l'employeur en vertu de la *Loi sur les accidents du travail et les maladies professionnelles* (chapitre A-3.001);

2º la Commission de la santé et de la sécurité du travail en vertu de la *Loi visant à favoriser le civisme* (chapitre C-20) et de la *Loi sur l'indemnisation des victimes d'actes criminels* (chapitre I-6);

3º la Régie de l'assurance-maladie du Québec en vertu de la *Loi sur l'assurance-maladie* (chapitre A-29);

4º le gouvernement en vertu de la *Loi sur l'assurance-hospitalisation* (chapitre A-28) et de la *Loi sur la sécurité du revenu* (chapitre S-3.1.1). [1989, c. 15, art. 1; 1990, c. 19, art. 11].

SECTION III
RECOURS EN VERTU D'UN
AUTRE RÉGIME

83.63. Lorsqu'en raison d'un accident, une personne a droit à la fois à une indemnité en vertu du présent titre et à une prestation ou à un avantage pécuniaire en vertu de la *Loi sur les accidents du travail et les maladies professionnelles* (chapitre A-3.001) ou d'une autre loi relative à l'indemnisation de personnes victimes d'un accident du travail, en

vigueur au Québec ou hors du Québec, cette personne doit réclamer la prestation ou l'avantage pécuniaire prévu par ces dernières lois. [1989, c. 15, art. 1].

83.64. Lorsqu'en raison d'un accident, une personne a droit à la fois à une indemnité en vertu du présent titre et à une prestation ou à un avantage en vertu de la *Loi visant à favoriser le civisme* (chapitre C-20) ou de la *Loi sur l'indemnisation des victimes d'actes criminels* (chapitre I-6), cette personne peut, à son option, se prévaloir de l'indemnité prévue au présent titre ou réclamer cette prestation ou cet avantage.

L'indemnisation en vertu de la *Loi visant à favoriser le civisme* ou de la *Loi sur l'indemnisation des victimes d'actes criminels* fait perdre tout droit à l'indemnisation en vertu du présent titre. [1989, c. 15, art. 1].

83.65. Une personne qui reçoit une indemnité de remplacement du revenu en vertu du présent titre et qui réclame, en raison d'un nouvel événement, une indemnité de remplacement du revenu en vertu de la *Loi sur les accidents du travail et les maladies professionnelles* (chapitre A-3.001) ou une rente pour incapacité totale en vertu de la *Loi visant à favoriser le civisme* (chapitre C-20) ou de la *Loi sur l'indemnisation des victimes d'actes criminels* (chapitre I-6), ne peut les cumuler.

La Société continue de verser l'indemnité de remplacement du revenu, s'il y a lieu, en attendant que soient déterminés le droit et le montant de l'indemnité et de la rente payable en vertu de chacune des lois applicables. [1989, c. 15, art. 1; 1990, c. 19, art. 11].

83.66. La Société et la Commission de la santé et de la sécurité du travail prennent entente pour établir un mode de traitement des réclamations faites en vertu de la *Loi sur les accidents du travail et les maladies professionnelles* (chapitre A-3.001), de la *Loi visant à favoriser le civisme* (chapitre C-20) ou de la *Loi sur l'indemnisation des victimes d'actes criminels* (chapitre I-6) par une personne visée à l'article 83.65.

Cette entente doit permettre de:

1° distinguer les dommages qui découlent du nouvel événement et ceux qui sont attribuables à l'accident;

2° déterminer en conséquence le droit et le montant des prestations, avantages ou indemnités payables en vertu de chacune des lois applicables;

3° déterminer les prestations, avantages ou indemnités que doit verser chaque organisme et de préciser les cas, les montants et les modalités de remboursement entre eux. [1989, c. 15, art. 1; 1990, c. 19, art. 11].

83.67. Lorsqu'une personne visée à l'article 83.65 réclame une indemnité de remplacement du revenu en vertu de la *Loi sur les accidents du travail et les maladies professionnelles* (chapitre A-3.001) ou une rente pour incapacité totale en vertu de la *Loi visant à favoriser le civisme* (chapitre C-20) ou de la *Loi sur l'indemnisation des victimes d'actes criminels* (chapitre I-6), la Société et la Commission de la santé et de la sécurité du travail doivent, dans l'application de l'entente visée à l'article 83.66, rendre conjointement une décision qui distingue les dommages attribuables à chaque événement et qui détermine en conséquence le droit aux prestations,

avantages ou indemnités payables en vertu de chacune des lois applicables.

La personne qui se croit lésée par cette décision peut, à son choix, la contester devant le Tribunal administratif du Québec suivant la présente loi ou suivant la *Loi sur les accidents du travail et les maladies professionnelles*, la *Loi visant à favoriser le civisme* ou la *Loi sur l'indemnisation des victimes d'actes criminels*, selon le cas.

Le recours formé devant ce tribunal en vertu de l'une de ces lois empêche la formation d'un recours devant ce tribunal en vertu des autres et la décision rendue par ce tribunal lie les deux organismes. [1989, c. 15, art. 1; 1990, c. 19, art. 11; 1997, c. 43, art. 56].

83.68. Lorsqu'en raison d'un accident, une victime a droit à la fois à une indemnité de remplacement du revenu payable en vertu de la présente loi et à une prestation d'invalidité payable en vertu d'un programme de sécurité du revenu d'une autre juridiction équivalant à celui établi par la Loi sur le régime de rentes du Québec, l'indemnité de remplacement du revenu est réduite du montant de la prestation d'invalidité payable à cette victime en vertu d'un tel programme. [1989, c. 15, art. 1; 1995, c. 55, art. 6].

TITRE III
L'INDEMNISATION DU DOMMAGE MATÉRIEL – RESPONSABILITÉ CIVILE ET RÉGIME D'ASSURANCE

CHAPITRE I
RÉGIME D'ASSURANCE

SECTION I
ASSURANCE OBLIGATOIRE

84. Le propriétaire de toute automobile circulant au Québec doit détenir, suivant la section II du présent chapitre, un contrat d'assurance de responsabilité garantissant l'indemnité du dommage matériel causé par cette automobile. [1977, c. 68, art. 84].

84.1. Est un dommage matériel, pour l'application du présent titre, tout dommage causé dans un accident à une automobile ou à un autre bien.

Est une victime pour l'application du présent titre, toute personne qui subit un dommage matériel dans un accident. [1989, c. 15, art. 2].

SECTION II
LE CONTRAT D'ASSURANCE DE RESPONSABILITÉ

85. Le contrat d'assurance de responsabilité doit garantir le propriétaire de l'automobile et toute personne qui conduit l'automobile, à l'exception de celui qui l'a obtenue par vol, contre les conséquences pécuniaires de la responsabilité civile pouvant leur incomber en raison du dommage matériel causé lors d'un accident au Canada et aux États-Unis.

Le contrat d'assurance de responsabilité doit garantir aussi le propriétaire assuré contre les conséquences pécuniaires de sa responsabilité lorsqu'il conduit l'automobile d'un tiers.

Le contrat d'assurance de responsabilité doit garantir également les personnes visées dans le présent article contre les conséquences pécuniaires de leur responsabilité pour les dommages corporels visés au deuxième sous-alinéa de l'article 2 et qui ont été causés par l'automobile hors du Québec, ailleurs au Canada et aux États-Unis. [1977, c. 68, art. 85; 1989, c. 15, art. 3].

86. Nonobstant toute stipulation à l'effet contraire qui y serait contenue, le contrat d'assurance est réputé comporter des garanties au moins égales à celles requises par la présente loi et ses règlements. [1977, c. 68, art. 86].

87. Le montant obligatoire minimum de l'assurance de responsabilité est de 50 000$. [1977, c. 68, art. 87].

87.1. Le montant obligatoire minimum de l'assurance de responsabilité pour le transporteur visé au titre VIII.1 du Code de la sécurité routière (chapitre C-24.2) est de 1 000 000$.

Toutefois, ce montant est de 2 000 000$ lorsque la personne visée au premier alinéa transporte l'une des matières dangereuses énumérées à l'annexe XII, dans une quantité supérieure à celle indiquée à la colonne IV de cette annexe du *Règlement concernant les marchandises dangereuses ainsi que la manutention, la demande de transport et le transport des marchandises dangereuses*, édicté par le décret DORS/85-77 du 18 janvier 1985, publié à la *Gazette du Canada*, Partie II, le 6 février 1985. [1987, c. 94, art. 104].

88. Il doit être stipulé au contrat que le montant d'assurance de responsabilité est égal au montant minimum d'assurance de responsabilité prescrit par une législation relative à l'assurance automobile en vigueur dans l'État, province ou territoire du Canada ou des États-Unis où survient l'accident lorsque ce montant est supérieur au montant d'assurance de responsabilité souscrit par l'assuré.

Il doit également être stipulé au contrat que l'assureur n'aura recours à aucun moyen de défense interdit aux assureurs de l'endroit du sinistre si ce dernier est survenu au Canada ou aux États-Unis. [1977, c. 68, art. 88; 1989, c. 47, art. 1].

88.1. Un contrat additionnel pour un montant immédiatement consécutif à celui visé par un premier contrat peut être conclu pour un montant autre que les montants minimums obligatoires et ne pas comporter les stipulations prévues à l'article 88. Toutefois, il est réputé couvrir de tels montants et comporter de telles stipulations lorsque le premier contrat cesse d'être en vigueur. [1989, c. 47, art. 2].

89. Il peut être stipulé au contrat d'assurance que l'assuré conservera à sa charge une partie de l'indemnité due à la victime par franchise ou autrement; en ce cas, l'assureur est quand même responsable envers la victime du paiement de l'indemnité entière, y compris la partie qui, en vertu du contrat, reste à la charge de l'assuré.

L'assureur est alors subrogé aux droits de la victime contre l'assuré pour la part qu'il a dû payer à la victime mais que l'assuré a conservé à sa charge en vertu du contrat. [1977, c. 68, art. 89].

90. Le contrat d'assurance est renouvelé de plein droit, pour une prime identique et pour la même période, à chaque échéance du contrat, à moins d'un avis contraire émanant de l'assuré; lorsqu'il émane de l'assureur, l'avis de non-renouvellement ou de modification de la prime doit être adressé à l'assuré, à sa dernière adresse connue, au plus tard le trentième jour précédant et incluant le jour de l'échéance.

Lorsque l'assuré fait affaires par l'entremise d'un courtier, l'avis prévu

dans le premier alinéa est transmis par l'assureur au courtier, à charge par ce dernier de le remettre à l'assuré. [1977, c. 68, art. 90].

91. L'assureur peut résilier le contrat dans les 60 jours de sa date d'entrée en vigueur sur simple avis à l'assuré; en ce cas, le contrat se termine 15 jours après la réception de cet avis.

À l'expiration de cette période de 60 jours, le contrat d'assurance ne peut être résilié par l'assureur qu'en cas d'aggravation du risque de nature à influencer sensiblement un assureur raisonnable dans la décision de continuer à assurer, ou lorsque la prime n'a pas été payée.

L'assureur qui veut ainsi résilier le contrat doit en donner avis écrit à l'assuré; la résiliation prend effet trente jours après réception de cet avis ou, si l'automobile mentionnée au contrat, à l'exception d'un autobus scolaire, en est une visée au titre VIII.1 du Code de la sécurité routière (chapitre C-24.2), 15 jours après la réception de l'avis. [1977, c. 68, art. 91; 1989, c. 47, art. 3].

92. L'assureur ne peut demander l'annulation du contrat que si l'assuré a fait de fausses déclarations ou réticences sur les circonstances connues de lui qui sont de nature à influencer sensiblement un assureur raisonnable dans la décision d'accepter le risque. [1977, c. 68, art. 92].

93. L'assureur doit, sur tout document faisant état du montant de la prime exigée pour le contrat d'assurance, indiquer clairement le montant et le pourcentage de la commission qui sont versés à l'intermédiaire de marché en assurance; cette mention doit aussi apparaître sur tout tel document émanant d'un intermédiaire de marché en assurance.

L'assureur qui ne fait pas affaires par l'entremise de courtiers doit, sur tout document faisant état du montant de la prime exigée pour le contrat d'assurance, indiquer clairement le montant et le pourcentage de ses frais de mise en marché, tels que déterminés par règlement du gouvernement sur recommandation de l'inspecteur général des institutions financières. [1977, c. 68, art. 93; 1982, c. 52, art. 51; 1989, c. 48, art. 222].

94. L'assurance contractée par une personne autre que le propriétaire ne dégage ce dernier de son obligation en vertu de l'article 84 que si l'identité de ce propriétaire a été déclarée à l'assureur et que mention en est faite au contrat d'assurance. [1977, c. 68, art. 94].

95. Nulle opposition, contestation ou intervention n'est recevable à l'encontre de la saisie d'une automobile qui a causé un accident donnant ouverture au paiement d'une indemnité, à moins que le propriétaire ne prouve qu'il a contracté l'assurance de responsabilité. [1977, c. 68, art. 95].

SECTION III
L'ATTESTATION D'ASSURANCE ET L'ATTESTATION DE SOLVABILITÉ

96. La Société peut exiger en tout temps du propriétaire d'une automobile qu'il fournisse une déclaration attestant qu'il satisfait aux obligations imposées par la présente loi concernant l'assurance de responsabilité de même qu'une attestation d'assurance ou de solvabilité.

La déclaration doit énoncer le nom de l'assureur et, sauf dans le cas d'une personne qui détient une attestation provisoire visée dans l'article 98, le numéro de la police et sa date d'expiration.

Les mentions prévues au deuxième alinéa ne sont pas requises dans le cas d'une personne qui a obtenu de la Société une attestation de solvabilité conformément à l'article 102. [1977, c. 68, art. 96; 1980, c. 38, art. 18; 1982, c. 59, art. 69; 1990, c. 19, art. 11; 1990, c. 83, art. 244].

97. L'assureur doit, sans frais, délivrer une attestation d'assurance pour chacune des automobiles assurées par la police, indiquant:

    1. le nom et l'adresse de l'assureur;

    2. le nom et l'adresse du propriétaire de l'automobile et, le cas échéant, de la personne assurée;

    3. le numéro de la police et la période de validité de cette dernière;

    4. s'il s'agit d'un garagiste, la mention de ce fait;

    5. sauf s'il s'agit d'un garagiste, les caractéristiques de l'automobile, notamment le numéro du châssis;

    6. toute autre mention déterminée par règlement du gouvernement.

Pour l'application du présent titre, un garagiste est la personne qui exploite un établissement où les automobiles sont, moyennant rémunération, entretenues ou réparées. [1977, c. 68, art. 97; 1989, c. 15, art. 4].

97.1. L'assureur agréé peut également délivrer une attestation d'assurance à une personne qui ne réside pas au Québec, à condition que sa police émise en dehors du Québec réponde aux exigences de la section II.

L'assureur qui n'est pas un assureur agréé peut être autorisé par l'inspecteur général des institutions financières à délivrer une telle attestation à cette personne s'il permet à l'inspecteur général des institutions financières de recevoir signification de toute poursuite intentée contre lui en raison d'un accident survenu au Québec.

Dans l'un et l'autre cas, l'assureur doit de plus s'engager, par un écrit remis à l'inspecteur général des institutions financières, à satisfaire à toute condamnation comme si la police d'assurance et l'attestation avaient été émises au Québec.

L'inspecteur général des institutions financières révoque l'autorisation de tout assureur qui n'exécute pas ses engagements; ses attestations sont dès lors invalides. [1981, c. 7, art. 542; 1989, c. 15, art. 5].

98. L'assureur émet l'attestation d'assurance au plus tard dans les vingt et un jours de la demande d'assurance.

Si l'attestation d'assurance n'est pas émise dès le moment de l'acceptation, l'assureur doit délivrer, sans frais, au moment de l'acceptation, une attestation provisoire pour une durée de vingt et un jours; cette attestation doit indiquer les mentions prévues aux paragraphes 1, 2 et 4 de l'article 97 ainsi que la période de validité de l'attestation. [1977, c. 68, art. 98].

99. *(Abrogé).* [1991, c. 58, art. 21].

100. La Société peut en tout temps exiger de tout assureur les renseignements

qui lui sont nécessaires à l'exercice de ses pouvoirs et qui concernent l'obligation visée dans l'article 84. [1977, c. 68, art. 100; 1980, c. 38, art. 18; 1990, c. 19, art. 11].

101. Le gouvernement, ses agents et mandataires sont dispensés de l'obligation de contracter l'assurance prévue par l'article 84. [1977, c. 68, art. 101].

102. La dispense de l'obligation de contracter l'assurance prévue par l'article 84 peut également être accordée par la Société à toute personne qui produit une preuve de solvabilité en la manière prévue par la présente loi et selon les modalités déterminées par règlement du gouvernement.

Sur production de cette preuve de solvabilité qui doit s'étendre pendant toute la durée de l'immatriculation, la Société peut émettre une attestation de solvabilité. [1977, c. 68, art. 102; 1982, c. 59, art. 69; 1990, c. 19, art. 11].

103. À l'égard de toute automobile dont il est propriétaire, le gouvernement, ses agents et mandataires ou une personne visée dans l'article 102, ont les droits et les obligations d'un assureur en vertu de la présente loi.

Si une personne s'est emparée par vol d'une automobile leur appartenant, le gouvernement, ses agents et mandataires ou une personne visée dans l'article 102, sont tenues, à l'égard de la victime, des obligations mises à la charge de la Société. [1977, c. 68, art. 103; 1982, c. 59, art. 69; 1990, c. 19, art. 11].

104. La Société peut délivrer à une personne une attestation de solvabilité si, à sa satisfaction, et selon les modalités déterminées par règlement du gouvernement:

1. cette personne fournit un cautionnement d'une corporation autorisée à se porter caution en justice;

2. cette personne fait un dépôt en argent ou en obligations émises ou garanties par le Québec; ou

3. dans le cas d'une corporation, celle-ci produit un certificat attestant qu'elle a, en fiducie, un fonds d'assurance distinct suffisant. [1977, c. 68, art. 104; 1982, c. 59, art. 69; 1990, c. 19, art. 11].

105. L'attestation de solvabilité visée dans l'article 102 doit indiquer:

1. la date de l'attestation et la période pour laquelle elle est émise;

2. le nom et l'adresse de la personne à qui l'attestation est octroyée;

3. la description de l'automobile dont cette personne est propriétaire, sauf s'il s'agit d'un garagiste ou d'une corporation visée dans le paragraphe 3 de l'article 104;

4. si l'attestation est octroyée à un garagiste, la mention de ce fait;

5. le montant obligatoire minimum requis par l'article 87;

6. toute autre mention déterminée par règlement du gouvernement.

Lorsqu'il s'agit d'une corporation visée dans le paragraphe 3 de l'article 104, la Société met à la disposition de la corporation des formules pour chacune des automobiles dont elle est propriétaire attestant en la manière déterminée par règlement du gouvernement que la corporation détient l'attestation de solvabilité visée dans l'article 102. [1977, c. 68, art. 105; 1982, c. 59, art. 69; 1990, c. 19, art. 11].

106. Les garagistes doivent détenir un contrat d'assurance de responsabilité, tant pour eux-mêmes que pour les personnes qui sont sous leur autorité; ce contrat doit les garantir contre les conséquences pécuniaires de la responsabilité pouvant leur incomber suite à un dommage matériel causé par les automobiles qui leur sont confiées en raison de leurs fonctions ou de leur activité habituelle. [1977, c. 68, art. 106].

107. En cas de perte ou de vol des documents prévus par le présent titre, l'assureur ou l'autorité compétente en délivre un duplicata sur demande de la personne au profit de laquelle le document original avait été établi.

Le duplicata indique, outre les mentions du document original, la date à laquelle il est établi et le mot «duplicata»; le duplicata a valeur de document original. [1977, c. 68, art. 107].

CHAPITRE II
RESPONSABILITÉ CIVILE

108. Le propriétaire de l'automobile est responsable du dommage matériel causé par cette automobile.

Il ne peut repousser ou atténuer cette responsabilité qu'en faisant la preuve:

1. que le dommage a été causé par la faute de la victime, d'un tiers, ou par cas fortuit autre que celui résultant de l'état ou du fonctionnement de l'automobile, du fait ou de l'état de santé du conducteur ou d'un passager;

2. que, lors de l'accident, il avait été dépossédé de son automobile par vol et qu'il n'avait pu encore la recouvrer, sauf toutefois les cas visés dans l'article 103;

3. que, lors de l'accident survenu en dehors d'un chemin public, l'automobile était en la possession d'un garagiste ou d'un tiers pour remisage, réparation ou transport.

La personne en possession de l'automobile est responsable comme si elle en était le propriétaire dans les cas visés dans les paragraphes 2 et 3 du deuxième alinéa.

La responsabilité du propriétaire s'applique même au delà du montant d'assurance obligatoire minimum; l'assureur est directement responsable envers la victime du paiement de l'indemnité qui pourrait lui être due, jusqu'à concurrence du montant de l'assurance souscrite.

109. Le conducteur d'une automobile est pareillement et solidairement responsable avec le propriétaire, à moins qu'il ne prouve que l'accident a été causé par la faute de la victime, d'un tiers ou par cas fortuit autre que celui résultant de son état de santé ou du fait d'un passager. [1977, c. 68, art. 109].

110. Lorsqu'une automobile est immatriculée au nom d'une personne autre que le propriétaire, cette personne est solidairement responsable avec le propriétaire, à moins qu'elle ne prouve que l'immatriculation a été faite par fraude et qu'elle en ignorait l'existence. [1977, c. 68, art. 110].

111. L'assureur du conducteur d'une automobile n'est tenu de contribuer au paiement d'un dommage que subit une victime et dont le propriétaire est responsable que dans la mesure où ce dommage excède l'obligation de l'assureur du propriétaire de cette automo-

bile envers ce dernier. [1977, c. 68, art. 111].

112. Tout contrat d'assurance ne désignant pas expressément les automobiles assurées et garantissant contre les conséquences pécuniaires de la responsabilité civile des garagistes, doit couvrir en priorité sur tout autre contrat d'assurance, les dommages matériels causés par les automobiles n'appartenant pas au garagiste mais qui font au moment de l'accident l'objet d'une activité professionnelle de garagiste; la garantie des autres contrats d'assurance ne s'applique qu'en cas d'insuffisance de la garantie du contrat d'assurance du garagiste. [1977, c. 68, art. 112].

113. La responsabilité établie par les articles 108 à 112 s'applique même si l'accident implique plusieurs automobiles.

Entre les propriétaires qui ne peuvent s'exonérer, la responsabilité est solidaire et, en l'absence de preuve de fautes inégales, cette responsabilité est présumée égale entre chaque propriétaire. [1977, c. 68, art. 113].

114. Nonobstant les dispositions du présent chapitre, lorsqu'un accident implique une automobile effectuant un transport public ou un transport à titre onéreux dans le cours normal des affaires, son propriétaire ou son assureur répond seul des dommages matériels subis par les passagers, sans préjudice de son droit d'être subrogé contre l'auteur de l'accident.

La contribution aux autres dommages s'établit selon les dispositions du présent titre. [1977, c. 68, art. 114].

CHAPITRE III
L'INDEMNISATION DU DOMMAGE MATÉRIEL

115. La victime d'un dommage matériel causé par une automobile est indemnisée suivant les règles du droit commun dans la mesure où les articles 108 à 114 n'y dérogent pas. [1977, c. 68, art. 115].

116. Le recours du propriétaire d'une automobile en raison du dommage matériel subi lors d'un accident d'automobiles ne peut, dans la mesure où la convention d'indemnisation directe visée dans l'article 173 s'applique, être exercé qu'à l'encontre de l'assureur avec lequel il a contracté une assurance de responsabilité automobile.

Toutefois, le propriétaire peut, s'il n'est pas satisfait du règlement effectué suivant la convention, exercer ce recours contre l'assureur suivant les règles du droit commun dans la mesure où les articles 108 à 114 n'y dérogent pas. [1977, c. 68, art. 116; 1989, c. 47, art. 4].

117. La renonciation, par une victime ou par un assuré, à un droit découlant des dispositions du présent titre ne lui est opposable que si elle est faite par écrit et porte sa signature. [1977, c. 68, art. 117].

118. Si le montant d'assurance est insuffisant pour acquitter toutes les indemnités payables à la suite d'un même accident, l'assureur paie ces indemnités au marc le dollar. [1977, c. 68, a 118].

119. L'assureur d'une personne soumise à l'obligation de l'article 84 ne peut, jusqu'à concurrence du montant obligatoire d'assurance de responsabilité, opposer au tiers aucune nullité, déchéan-

ce ou exception susceptibles d'être invoquées contre l'assuré; jusqu'à concurrence de ce montant, l'assureur reste tenu de payer les indemnités et, dans la mesure permise par l'article 120, est subrogé aux droits du tiers contre l'assuré. [1977, c. 68, art. 119].

120. L'assureur n'a pas droit de subrogation contre l'assuré ou contre une personne dont la responsabilité est garantie par le contrat d'assurance, sauf lorsque l'assureur paie une indemnité à laquelle il n'est pas obligé en vertu du contrat d'assurance. [1977, c. 68, art. 120].

121. Lorsqu'une automobile est impliquée dans un accident alors qu'elle est conduite par une personne qui s'en est emparée par vol ou qui savait qu'elle avait été volée, l'assureur est dégagé de toute obligation à l'égard de cette personne et de tout receleur.

L'assureur du propriétaire de l'automobile peut également leur réclamer solidairement le montant des indemnités payées en conséquence de l'accident. [1977, c. 68, art. 121].

TITRE IV
INDEMNISATION PAR LA SOCIÉTÉ

CHAPITRE I

122.-141. *(Abrogés).* [1982, c. 59, art. 33].

CHAPITRE II
OPÉRATION DE LA SOCIÉTÉ

141.1. Est une victime, pour l'application du présent titre, toute personne qui subit un dommage matériel dans un accident. [1989, c. 15, art. 6].

142. La victime d'un dommage matériel visé à l'article 84.1, ainsi que la victime d'un dommage corporel visée dans les paragraphes 2º et 3º de l'article 10 qui ont obtenu au Québec un jugement définitif en leur faveur suite à un accident d'automobile survenu au Québec, peuvent, dans un délai d'un an, demander à la Société de satisfaire à ce jugement selon les règles et conditions contenues au présent chapitre. [1977, c. 68, art. 142; 1982, c. 59, art. 69; 1989, c. 15, art. 7; 1990, c. 19, art. 11].

143. Sous réserve du deuxième alinéa, à l'égard des victimes visées dans l'article 142, la Société doit satisfaire au jugement rendu jusqu'à concurrence d'une somme maximum de 50 000$ par accident.

Dans le cas d'une victime d'un dommage corporel visée dans les paragraphes 2º et 3º de l'article 10, ce dommage est, jusqu'à concurrence de 45 000$, payable par préférence aux dommages aux biens.

L'obligation de la Société s'étend également aux intérêts et aux frais judiciaires qui ne peuvent être calculés sur un montant supérieur à 50 000$. [1977, c. 68, art. 143; 1982, c. 59, art. 69; 1989, c. 15, art. 8; 1990, c. 19, art. 11].

144. Les victimes visées dans l'article 142 font leur demande à la Société par une déclaration sous serment:

a) attestant qu'il n'a été aucunement satisfait au jugement, ou indiquant, le cas échéant, la somme payée, la valeur de la dation en paiement effectuée ou des services rendus en compensation partielle;

b) démontrant qu'aucun assureur ne bénéficiera du montant réclamé; et

c) révélant toute autre réclamation possible du même accident. [1977, c. 68, art. 144; 1982, c. 59, art. 69; 1990, c. 19, art. 11].

145. Dans les sept jours de la réception de la demande accompagnée d'une copie authentique du jugement, la Société doit y satisfaire, jusqu'à concurrence du montant indiqué dans l'article 143, déduction faite de ce montant de toute somme ou valeur recue par le réclamant et déduction faite de tout montant dû pour dommages à des biens de la somme de 250$.

Si, toutefois, il y a possibilité de réclamations dépassant le montant visé dans le premier alinéa, la Société peut surseoir au paiement dans la mesure jugée nécessaire jusqu'à la liquidation des autres réclamations. [1977, c. 68, art. 145; 1982, c. 59, art. 69; 1990, c. 19, art. 11].

146. Le paiement par la Société lui transporte tous les droits du réclamant sans restriction.

Cette cession est dénoncée au protonotaire ou greffier de la Cour qui a rendu le jugement par la production d'un certificat de la Société attestant qu'elle est subrogée aux droits du réclamant et la Société a dès lors droit à l'exécution en son nom. [1977, c. 68, art. 146; 1982, c. 59, art. 69; 1990, c. 19, art. 11].

147. Un jugement rendu par défaut, *ex parte*, sur acquiescement à la demande, sur consentement, ou en l'absence du défendeur ou de son procureur, ne peut faire l'objet d'une demande à la Société à moins qu'un avis de trente jours de l'intention du demandeur de procéder

ainsi n'ait été donné à la Société. Celle-ci peut alors intervenir dans l'instance et invoquer tout moyen de défense que le défendeur aurait pu faire valoir sans égard à tout consentement ou acquiescement à la demande. [1977, c. 68, art. 147; 1982, c. 17, art. 37; 1982, c. 59, art. 69; 1990, c. 19, art. 11].

148. Les victimes ayant une réclamation susceptible de faire l'objet d'une demande à la Société et qui ne peuvent découvrir l'identité du conducteur ou du propriétaire de l'automobile cause de l'accident doivent en donner à la Société un avis circonstancié dans les 90 jours de l'accident; le défaut de donner cet avis ne prive pas ces victimes de leur droit d'action, si elles prouvent qu'elles furent empêchées de donner cet avis pour des raisons jugées suffisantes.

Dans les 60 jours qui suivent la réception de l'avis prévu au premier alinéa, la Société doit satisfaire à la réclamation jusqu'à concurrence des montants indiqués dans l'article 143, déduction faite de tout montant dû pour dommages à des biens, de la somme de 250$.

Si la Société ne satisfait pas à la réclamation dans le délai prévu au deuxième alinéa, ces victimes peuvent intenter contre elle une poursuite et la Société est tenue de satisfaire au jugement jusqu'à concurrence des montants indiqués dans l'article 143, déduction faite de tout montant dû pour dommages à des biens de la somme de 250$. [1977, c. 68, art. 148; 1982, c. 59, art. 69; 1989, c. 15, art. 9; 1990, c. 19, art. 11].

149. Les personnes suivantes ne peuvent faire une demande à la Société:

1º l'assureur, le gouvernement, ses agents et mandataires, ainsi que toute personne dispensée par la Société en vertu de l'article 102 de contracter l'assurance de responsabilité;

2º la personne qui subit un dommage dans un accident qui survient en raison d'une compétition, d'un spectacle ou d'une course d'automobiles sur un parcours ou un terrain fermé, de façon temporaire ou permanente, à toute autre circulation automobile, à l'égard des dommages causés par une automobile qui participe à la course, à la compétition ou au spectacle;

3º pour les objets qui, lors de l'accident, étaient transportés dans l'automobile du débiteur, le propriétaire de ceux-ci;

4º les personnes domiciliées dans un état, province ou territoire où les personnes résidant au Québec ne bénéficient pas de droits équivalents à ceux accordés par le présent titre. [1977, c. 68, art. 149; 1982, c. 59, art. 69; 1989, c. 15, art. 10; 1990, c. 19, art. 11].

CHAPITRE III
ACCIDENTS SURVENUS AVANT LE 1ER MARS 1978

149.1. La Société est tenue de satisfaire les réclamations non satisfaites des victimes d'accidents survenus entre le 30 septembre 1961 et le 1er mars 1978 de la manière et dans la mesure prévues au présent chapitre. [1981, c. 7, art. 543; 1982, c. 59, art. 69; 1990, c. 19, art. 11].

149.2. Le propriétaire d'une automobile est responsable de tout dommage causé par cette automobile ou par son usage, à moins qu'il ne prouve:

1º que le dommage n'est imputable à aucune faute de sa part ou de la part d'une personne dans l'automobile ou du conducteur de celle-ci;

2º que, lors de l'accident, l'automobile était conduite par un tiers en ayant obtenu la possession par vol, ou

3º que, lors d'un accident survenu en dehors d'un chemin public, l'automobile était en la possession d'un tiers pour remisage, réparation ou transport.

Le conducteur d'une automobile est pareillement responsable à moins qu'il ne prouve que le dommage n'est imputable à aucune faute de sa part.

Le dommage causé lorsque l'automobile n'est pas en mouvement dans un chemin public, par un appareil susceptible de fonctionnement indépendant qui y est incorporé ou par l'usage d'un tel appareil, n'est pas visé dans le présent article. [1981, c. 7, art. 543].

149.3. Tout créancier en vertu d'un jugement définitif prononcé au Québec pour dommages d'au moins 100$ résultant de blessures ou d'un décès et découlant d'un accident survenu au Québec après le 30 septembre 1961 ou pour dommages aux biens d'autrui en excédent de 200$ et découlant d'un tel accident, peut, dans un délai d'un an, demander à la Société de satisfaire à ce jugement. [1981, c. 7, art. 543; 1982, c. 59, art. 69; 1990, c. 19, art. 11].

149.4. Le créancier fait sa demande à la Société par une déclaration sous serment:

1º attestant qu'il n'a été aucunement satisfait au jugement, ou indiquant, le cas échéant, la somme payée

1372

ou la valeur de la dation en paiement effectuée ou des services rendus en compensation partielle;

2° démontrant qu'aucun assureur ne bénéficiera du montant réclamé; et

3° révélant toute autre réclamation possible découlant du même accident. [1981, c. 7, art. 543; 1982, c. 59, art. 69; 1990, c. 19, art. 11].

149.5. Dans les sept jours de la réception de la demande accompagnée d'une copie authentique du jugement, la Société doit y satisfaire jusqu'à concurrence de 35 000$, en outre des intérêts et des frais, déduction faite, de ce montant, de toute somme ou valeur reçue par le créancier, et déduction également faite, de tout montant dû pour dommages à des biens, de la somme de 200$.

Si, toutefois, il y a possibilité de réclamations dépassant le montant total prescrit, la Société peut surseoir au paiement dans la mesure jugée nécessaire jusqu'à la liquidation des autres réclamations. [1981, c. 7, art. 543; 1982, c. 59, art. 69; 1990, c. 19, art. 11].

149.6. La demande à la Société lui transporte tous les droits du créancier sans restriction.

Cette cession est dénoncée au protonotaire ou greffier de la cour qui a rendu le jugement par la production d'un certificat de la Société attestant qu'elle est subrogée aux droits du créancier; la Société a dès lors droit à l'exécution en son nom. [1981, c. 7, art. 543; 1982, c. 59, art. 69; 1990, c. 19, art. 11].

149.7. Les personnes suivantes ne peuvent faire une demande à la Société:

1° un assureur cessionnaire d'un recours visé dans les articles 149.2, 149.3 ou à l'article 200 du Code de la sécurité routière (chapitre C-24.2), ou subrogé à tel recours;

2° une personne ayant droit aux prestations prévues par la *Loi sur les accidents du travail et les maladies professionnelles* (chapitre A-3.001);

3° l'enfant du débiteur ou le conjoint de ce dernier, tel que défini au premier sous-alinéa de l'article 2;

4° pour les objets qui, lors de l'accident, étaient transportés dans l'automobile du débiteur, le propriétaire de ceux-ci;

5° quiconque, y compris Sa Majesté, est subrogé aux droits des personnes ci-dessus mentionnées ou en est cessionnaire;

6° toute personne domiciliée dans un état, province ou territoire où ceux qui résident au Québec ne bénéficient pas de droits équivalents à ceux qui sont accordés par le présent chapitre. [1981, c. 7, art. 543; 1982, c. 59, art. 69; 1985, c. 6, art. 477; 1986, c. 91, art. 655; 1989, c. 15, art. 11; 1990, c. 19, art. 11].

149.8. Un jugement rendu par défaut, *ex parte*, sur confession de jugement, sur consentement, ou en l'absence du défendeur ou de son procureur, ne peut faire l'objet d'une demande à la Société, à moins qu'un avis de trente jours de l'intention du demandeur de procéder ainsi n'ait été donné à la Société. Celle-ci peut alors intervenir dans l'instance et invoquer tout moyen de défense que le défendeur aurait pu faire valoir sans égard à tout consentement ou confes-

sion de jugement. [1981, c. 7, art. 543; 1982, c. 59, art. 69; 1990, c. 19, art. 11].

149.9. Toute personne ayant une réclamation susceptible de faire l'objet d'une demande à la Société et qui ne peut découvrir l'identité du conducteur ou du propriétaire de l'automobile cause de l'accident peut en donner à la Société un avis circonstancié.

À défaut de règlement dans les 60 jours, cette personne peut intenter une poursuite contre la Société, et la Société est tenue de satisfaire au jugement dans la même mesure que si un jugement avait été rendu contre l'auteur de l'accident. [1981, c. 7, art. 543; 1982, c. 59, art. 69; 1990, c. 19, art. 11].

149.10. Aux fins du présent chapitre, la Société a les pouvoirs:

1º d'acquitter, dans la mesure prévue, les condamnations en dommages découlant d'accidents auxquelles il n'a pas été satisfait ou les réclamations susceptibles de donner lieu à ces condamnations;

2º d'obtenir subrogation dans les droits d'une personne indemnisée;

3º d'intervenir dans toute action résultant d'un accident;

4º d'indemniser les victimes d'accident lorsque l'auteur de cet accident est inconnu;

5º de transiger ou faire des compromis avec les réclamants.

Les deniers nécessaires à l'indemnisation des victimes visées dans le présent chapitre sont pris à même ceux de la Société. [1981, c. 7, art. 543; 1982, c. 59, art. 69; 1990, c. 19, art. 11].

TITRE V
DISPOSITIONS FINANCIÈRES

CHAPITRE I
FINANCEMENT DE LA SOCIÉTÉ

150. Les fonds de la Société requis pour l'application de la présente loi et de la *Loi sur la Société de l'assurance automobile du Québec* (chapitre S-11.011) ainsi que ceux qui sont nécessaires à la promotion de la sécurité routière proviennent du montant perçu par la Société conformément aux articles 21, 31.1, 69, 93.1 et 624 du Code de la sécurité routière (chapitre C-24.2).

Les fonds de la Société sont également alimentés:

1º par les montants qu'elle reçoit dans le cadre d'une entente conclue avec tout gouvernement, l'un de ses ministères ou tout organisme public;

2º par les montants qu'elle recouvre lorsque la subrogation ou le recours contre l'auteur d'un accident est permis par la présente loi en autant qu'elle est applicable. [1977, c. 68, art. 150; 1980, c. 38, art. 18; 1981, c. 7, art. 544; 1982, c. 59, art. 31; 1986, c. 91, art. 655; 1990, c. 19, art. 7; 1990, c. 83, art. 245].

151. La Société peut fixer, par règlement, après expertise actuarielle, la contribution d'assurance exigible lors de l'obtention d'un permis d'apprenti-conducteur, d'un permis probatoire, d'un permis restreint délivré en vertu de l'article 76 du Code de la sécurité routière (chapitre C-24.2) ou d'un permis de conduire et celle exigible en vertu de l'article 93.1 du Code de la sécurité routière (chapitre C-24.2), en fonction de l'un ou de plusieurs des facteurs suivants:

1º selon la nature du permis demandé;

2° selon sa classe;

3° selon sa catégorie;

4° selon le nombre de points d'inaptitude inscrits au dossier du demandeur tenu conformément à l'article 113 du Code de la sécurité routière;

5° selon les révocations ou les suspensions de permis du demandeur ou du droit d'en obtenir un imposées en vertu des articles 180, 185 ou 191.2 du Code de la sécurité routière. [1977, c. 68, art. 151; 1984, c. 47, art. 12; 1986, c. 91, art. 662; 1990, c. 19, art. 11; 1990, c. 83, art. 246; 1996, c. 56, art. 145].

151.1. La Société peut fixer, par règlement, après expertise actuarielle, la contribution d'assurance exigible lors de l'obtention de l'immatriculation d'un véhicule routier et celle exigible en vertu de l'article 31.1 du Code de la sécurité routière (chapitre C-24.2), en fonction de l'un ou de plusieurs des facteurs suivants:

1° selon la catégorie ou la sous-catégorie de véhicules routiers à laquelle appartient le véhicule;

2° selon sa masse nette;

3° selon son nombre d'essieux;

4° selon sa cylindrée;

5° selon son usage;

6° selon l'activité professionnelle, la personnalité juridique ou l'identité de son propriétaire;

7° selon le territoire où il est utilisé. [1990, c. 83, art. 246].

151.2. La Société peut prescrire, par règlement, les règles de calcul des contributions d'assurance suivantes:

1° celle exigible lors de l'obtention d'un permis d'apprenti-conducteur, d'un permis probatoire d'un permis restreint délivré en vertu de l'article 76 du Code de la sécurité routière ou d'un permis de conduire en fonction de l'un ou de plusieurs des facteurs suivants:

a) selon le temps à écouler entre la date de délivrance du permis et la date du jour prescrit à l'intérieur de la période prescrite en vertu du paragraphe 4.2° de l'article 619 du Code de la sécurité routière (chapitre C-24.2) pour le paiement de la contribution d'assurance exigible en vertu de l'article 93.1 de ce code;

b) selon le temps écoulé entre la date de délivrance du permis et la date d'expiration du permis précédent;

c) selon la révocation du permis précédent;

d) selon l'annulation sur demande de son titulaire du permis précédent;

e) selon le droit du demandeur au remboursement d'une partie de sa contribution d'assurance pour son permis précédent;

2° celle exigible lors de l'obtention de l'immatriculation d'un véhicule routier en fonction de l'un ou de plusieurs des facteurs suivants:

a) selon le temps à écouler entre la date de l'immatriculation et la date du jour prescrit à l'intérieur de la période prescrite en vertu du paragraphe 8.8° de l'article 618 du Code de la sécurité routière pour le paiement de la contribution d'assurance exigible en vertu de l'article 31.1 de ce code;

b) selon le droit du demandeur au remboursement d'une partie de la contribution d'assurance pour un autre véhicule routier;

c) selon un pourcentage de la contribution d'assurance fixée en vertu de l'article 151.1 qui serait exigible en vertu de l'article 31.1 du Code de la sécurité routière sur le véhicule routier.

Les règles de calcul prescrites en fonction des facteurs prévus au paragraphe 1º du premier alinéa doivent être basées sur l'une des contributions d'assurance suivantes:

1º la contribution d'assurance sur le permis fixée en vertu de l'article 151 qui serait exigible en vertu de l'article 93.1 du Code de la sécurité routière;

2º la contribution mensuelle d'assurance que fixe la Société, par règlement, en fonction de l'un ou de plusieurs des facteurs prévus à l'article 151.

Les règles de calcul prescrites en fonction des facteurs prévus aux sous-paragraphes *a* et *b* du paragraphe 2º du premier alinéa doivent être basées sur l'une des contributions d'assurances suivantes:

1º la contribution d'assurance fixée en vertu de l'article 151.1 qui serait exigible en vertu de l'article 31.1 du Code de la sécurité routière sur le véhicule;

2º la contribution mensuelle d'assurance que fixe la Société, par règlement, sur le véhicule en fonction de l'un ou de plusieurs des facteurs prévus à l'article 151.1. [1990, c. 83, art. 246; 1996, c. 56, art. 146].

151.3. La Société peut, par règlement:

1º prévoir les cas et les conditions donnant droit à des réductions de la contribution d'assurance sur un permis d'apprenti-conducteur, un permis probatoire un permis restreint délivré en vertu de l'article 76 du Code de la sécu-

rité routière ou un permis de conduire exigible en vertu de l'article 93.1 du Code de la sécurité routière (chapitre C-24.2) ou de la contribution d'assurance sur un véhicule routier exigible en vertu de l'article 31.1 de ce code et établir les règles de calcul ou fixer le montant exact de la contribution d'assurance à soustraire;

2º prévoir à l'égard du propriétaire d'un véhicule routier les exemptions de contribution d'assurance sur le véhicule exigible en vertu de l'article 31.1 du Code de la sécurité routière selon la catégorie ou la sous-catégorie de véhicules routiers à laquelle appartient le véhicule. [1990, c. 83, art. 246; 1996, c. 56, art. 147].

151.4. Pour l'année 1996 et pour chaque année subséquente, le gouvernement peut revaloriser les contributions d'assurance fixées en vertu des articles 151 à 151.2 ainsi que les droits fixés en vertu du paragraphe 8.4º de l'article 618 et des articles 619.1 à 619.3 du Code de la sécurité routière. La revalorisation est faite conformément à la méthode de calcul prévue aux articles 83.35 à 83.39.

Le gouvernement fixe, après consultation de la Société, la date à compter de laquelle la revalorisation prend effet.

La décision du gouvernement de revaloriser ou de ne pas revaloriser les droits ou les contributions d'assurance, pour une année donnée, est publiée à la *Gazette officielle du Québec*. [1993, c. 57, art. 1].

152. Les contributions d'assurance fixées par la Société en vertu des articles 151 à 151.3 et revalorisées, le cas échéant, conformément à l'article 151.4 ainsi que les sommes allouées, le cas

échéant, par le gouvernement conformément à l'article 648 du Code de la sécurité routière (chapitre C-24.2) doivent être suffisantes pour permettre le paiement de toutes les indemnités découlant d'accidents survenus au cours de la période en vue de laquelle ces sommes sont fixées ou allouées, le paiement du coût de la promotion de la sécurité routière, le paiement des obligations de la Société en vertu du Titre IV et du chapitre II du présent titre, ainsi que le paiement des frais d'administration de la Société.

Elles doivent également être fixées de façon à ce que l'actif de la Société, déduction faite de ses dettes et de toute réserve de stabilisation qu'elle peut établir, soit suffisant pour couvrir le montant, évalué conformément à l'article 153, nécessaire au paiement de toutes les indemnités, présentes et futures, découlant d'accidents survenus au cours des exercices précédents. [1977, c. 68, art. 152; 1981, c. 7, art. 545; 1982, c. 59, art. 32; 1984, c. 47, art. 13; 1986, c. 28, art. 2; 1986, c. 91, art. 655; 1990, c. 19, art. 11; 1990, c. 83, art. 247; 1993, c. 57, art. 2].

153. La Société doit évaluer actuariellement à la fin de son exercice financier le montant nécessaire au paiement de toutes les indemnités, présentes et futures, découlant d'accidents survenus avant cette date. [1977, c. 68, art. 153; 1990, c. 19, art. 11].

154. L'expertise visée dans les articles 151 et 151.1 et l'évaluation visée dans l'article 153 doivent être faites par un actuaire membre de l'Institut canadien des actuaires ayant le titre de «fellow» ou un statut que cet institut reconnaît comme équivalent. [1977, c. 68, art. 154; 1990, c. 83, art. 248].

155. Les sommes dont la Société prévoit ne pas avoir besoin à court terme pour le paiement de ses obligations et pour son administration sont déposées sans délai auprès de la Caisse de dépôt et placement du Québec. [1977, c. 68, art. 155; 1990, c. 19, art. 11].

CHAPITRE II
VERSEMENT AU FONDS CONSOLIDÉ DU REVENU

155.1. La Société verse annuellement au fonds consolidé du revenu une somme de 60 000 000$ représentant le remboursement du coût des services de santé occasionnés par les accidents d'automobile.

À compter de l'année 1987, cette somme est indexée de la manière et à l'époque prévues à l'article 119 de la *Loi sur le régime de rentes du Québec* (chapitre R-9).

Pour l'année 1986, cette somme est versée en deux montants égaux, le premier au plus tard le 4 juillet et le second au plus tard le 30 septembre. Pour les années subséquentes, le premier montant est versé au plus tard le 31 mars et le second au plus tard le 30 septembre de chaque année. [1986, c. 28, art. 3; 1990, c. 19, art. 11].

155.2. La somme versée par la Régie de l'assurance automobile du Québec au plus tard le 4 juillet 1986 est incluse dans les revenus du gouvernement pour l'année financière se terminant le 31 mars 1986. [1986, c. 28, art. 3].

155.3. Le gouvernement peut, à compter du 1er janvier 1989 et à tous les trois ans par la suite, fixer, par décret, en tenant compte de l'évolution du coût des services de santé occasionnés par les accidents d'automobile, une autre som-

me que celle visée à l'article 155.1 ainsi que les conditions et les modalités de son versement.

Le projet de décret est déposé devant la Commission de l'aménagement et des équipements. Il peut être adopté à l'expiration des 30 jours suivant le dépôt du rapport de cette commission devant l'Assemblée nationale.

Le gouvernement peut modifier le projet de décret et doit alors, dans ce cas, publier le décret à la *Gazette officielle du Québec*.

Le deuxième alinéa de l'article 155.1 ne s'applique pas dans l'année où le gouvernement fixe une somme en vertu du présent article. [1986, c. 28, art. 3].

155.3.1. Pour tenir compte de l'évolution du coût des services de santé occasionné par les accidents d'automobile depuis le 1er janvier 1992, la Société verse au fonds consolidé du revenu:

1° pour l'exercice financier 1992 de la Société, en outre du montant de 78 879 008$ déjà versé en application de l'article 155.1, une somme additionnelle de 9 987 992$;

2° pour l'exercice financier 1993 de la Société, en outre du montant de 80 298 830$ déjà versé en application de l'article 155.1, une somme additionnelle de 10 167 776$;

3° pour l'exercice financier 1994 de la Société, une somme de 92 185 472$ conformément aux modalités prévues au troisième alinéa de l'article 155.1. [1993, c. 57, art. 3].

155.4. La Régie de l'assurance automobile du Québec verse au fonds consolidé du revenu une somme de 100 000 000$ au cours de l'exercice financier 1988-1989 du gouvernement et une somme de 100 000 000$ au cours de l'exercice financier 1989-1990 du gouvernement pour le coût d'immobilisations en matière de sécurité routière. [1987, c. 88, art. 1].

CHAPITRE III
TRANSPORT AMBULANCIER

155.5. La Société verse aux régies régionales instituées par la *Loi sur les services de santé et les services sociaux et modifiant diverses dispositions législatives* (L.R.Q., c. S-4.2), à l'établissement visé à la partie IV.2 de cette loi et aux conseils régionaux de la santé et des services sociaux et à la Corporation d'urgences-santé de la région de Montréal Métropolitain visés par la *Loi sur les services de santé et les services sociaux pour les autochtones cris* (L.R.Q., c. S-5), selon la répartition déterminée par le ministre de la Santé et des Services sociaux, une contribution au coût du transport ambulancier établie de la façon suivante:

1° 9 100 000$ pour l'exercice financier 1988-1989 du gouvernement;

2° 37 200 000$ pour l'exercice financier 1989-1990 du gouvernement;

3° 37 500 000$ pour l'exercice financier 1990-1991 du gouvernement.

Les sommes prévues aux paragraphes 1° et 2° du premier alinéa sont versées le quinzième jour qui suit le 22 juin 1990. Celle prévue au paragraphe 3° est versée en quatre montants égaux de 9 375 000$ chacun, les 30 juin 1990, 30 septembre 1990, 31 décembre 1990 et 31 mars 1991. [1990, c. 19, art. 8; 1992, c. 21, art. 90; 1994, c. 23, art. 23; 1998, c. 39, art. 175].

155.6. Pour l'exercice financier 1991-1992 du gouvernement et les exercices financiers subséquents, la Société verse aux organismes visés à l'article 155.5 et selon la répartition qui y est prévue, une contribution de 37 200 000$ revalorisée le 1er avril de chaque année, à compter du 1er avril 1991, en fonction du pourcentage de revalorisation applicable le 1er janvier selon la méthode de calcul prévue aux articles 83.35 à 83.39.

La somme prévue au premier alinéa est versée en quatre montants égaux les 30 juin, 30 septembre, 31 décembre et 31 mars de chaque année. [1990, c. 19, art. 8].

CHAPITRE IV
GARANTIE DE REVENUS

155.7. Pour l'exercice financier 1994 de la Société et pour chacun de ses neuf exercices financiers subséquents, le gouvernement fournira à la Société une garantie de revenus, conformément aux dispositions du présent chapitre. [1993, c. 57, art. 4].

155.8. Pour l'application des dispositions du présent chapitre, la Société informe régulièrement le ministre des Finances de l'évolution de sa situation financière et lui fournit sur demande les renseignements et documents qu'elle détient à cette fin. [1993, c. 57, art. 4].

155.9. Lorsque le projet d'états financiers de la Société pour un exercice financier indique un excédent des dépenses sur les revenus et un niveau de sa réserve de stabilisation inférieur à 300 000 000$, la Société doit immédiatement aviser le ministre des Finances qu'une garantie de revenus est nécessaire afin de lui permettre de préserver l'équilibre entre ses revenus et ses dépenses. [1993, c. 57, art. 4].

155.10. Le montant de la garantie de revenus est établi par la Société et équivaut à la différence entre la somme de 300 000 000$ et le solde de la réserve de stabilisation indiqué dans le projet d'états financiers de la Société pour l'exercice financier concerné. [1993, c. 57, art. 4].

155.11. Sur la base des renseignements et documents transmis en vertu de l'article 155.8 et, le cas échéant, des pièces justificatives additionnelles demandées à la Société par le ministre des Finances, celui-ci autorise la Société à retenir le montant de la garantie de revenus sur les droits perçus pour l'immatriculation des véhicules entre les mois de juillet à décembre inclusivement de l'exercice financier du gouvernement débutant le 1er avril suivant la fin de l'exercice financier de la Société visé à l'article 155.9.

Le montant des droits retenus par la Société est réparti également sur une base mensuelle. [1993, c. 57, art. 4].

155.12. Les sommes retenues en exécution de la garantie de revenus ne peuvent excéder 60 000 000$ pour un même exercice financier de la Société et 250 000 000$ pour l'ensemble des exercices financiers visés à l'article 155.7. [1993, c. 57, art. 4].

155.13. Lorsque le projet d'états financiers de la Société pour un exercice financier subséquent à l'obtention d'une garantie de revenus indique un excédent des revenus sur les dépenses et un niveau de sa réserve de stabilisation supérieur à 300 000 000$, la Société doit immédiatement aviser le ministre des Finances qu'elle aura des revenus excédentaires.

Sur demande du ministre des Finances, la Société verse au fonds consolidé du revenu le montant des revenus excédentaires, lequel équivaut à la différence entre le solde de la réserve de stabilisation indiqué dans le projet d'états financiers de la Société pour l'exercice financier concerné et la somme de 300 000 000$, jusqu'à concurrence du total cumulatif des sommes déjà retenues en vertu de l'article 155.11.

Les modalités du versement des revenus excédentaires sont les mêmes que celles applicables à la retenue des droits sur l'immatriculation des véhicules à titre de garantie de revenus.

La Société sera libérée de ces obligations lorsque le total cumulatif des sommes versées aura atteint le total cumulatif des sommes retenues en exécution de la garantie. [1993, c. 57, art. 4].

155.14. Si les recettes provenant des contributions d'assurance pour l'exercice financier 1994 de la Société sont supérieures à celles provenant des contributions d'assurance de l'exercice financier 1993 de la Société une fois majorées d'un montant de 120 000 000$ et des montants provenant de l'augmentation du parc automobile et des permis de conduire en 1994, la Société verse l'excédent au fonds consolidé du revenu, à même la réserve de stabilisation, au plus tard le 31 mars 1995; si, par ailleurs, les recettes de la Société sont inférieures, la Société, sur autorisation du ministre des Finances, retiendra un montant équivalant à l'écart constaté, à même les droits sur l'immatriculation des véhicules qu'elle percevra durant les mois de janvier à mars 1995. [1993, c. 57, art. 4].

TITRE VI
GROUPEMENT DES ASSUREURS
AUTOMOBILES

156. Un Groupement des assureurs automobiles, ci-après appelé le «Groupement», est constitué par la présente loi.

Un assureur agréé est un assureur qui est autorisé à pratiquer l'assurance automobile en vertu de la *Loi sur les assurances* (chapitre A-32) et qui détient un permis délivré par l'inspecteur général des institutions financières, à l'exclusion d'une personne qui ne pratique que la réassurance. [1977, c. 68, art. 156; 1989, c. 15, art. 12; 1989, c. 47, art. 5].

157. Le Groupement est une corporation au sens du Code civil du Bas Canada; il est investi des pouvoirs généraux d'une telle corporation et des pouvoirs particuliers que la présente loi lui confère. [1977, c. 68, art. 157; 1989, c. 47, art. 5].

158. Le Groupement a son siège social au Québec, à l'endroit qu'il choisit avec l'approbation du ministre. Un avis de la situation ou de tout changement du siège social est publié dans la *Gazette officielle du Québec.*

Le Groupement peut tenir ses séances à tout endroit au Québec. [1977, c. 68, art. 158; 1989, c. 47, art. 5].

159. Le Groupement est administré par un conseil d'administration formé d'au moins neuf membres et d'au plus quinze membres.

Nul ne peut être membre du conseil d'administration à moins de résider au Québec. [1977, c. 68, art. 159; 1989, c. 47, art. 5].

160. Les assureurs agréés constitués au Québec, ceux constitués au Canada sauf au Québec et ceux constitués hors du Canada doivent, chacun en tant que groupe, être représentés au conseil d'administration, en tenant compte de la proportion des primes brutes directes perçues par chacun de ces groupes pour l'assurance automobile au Québec. [1977, c. 68, art. 160].

161. L'inspecteur général des institutions financières ainsi qu'une autre personne nommée par le ministre ont le droit d'assister aux séances du conseil d'administration de la Corporation qui doit les convoquer comme s'ils étaient membres du conseil d'administration. [1977, c. 68, art. 161; 1982, c. 52, art. 51].

162. Les administrateurs sont élus au scrutin des assureurs agréés, qui tiennent leur assemblée générale au plus tard le 31 mars de chaque année.

Le Groupement peut, par règlement, prévoir la pondération des votes en tenant compte de la proportion des primes brutes directes perçues pour l'assurance automobile au Québec au cours de l'année précédente par chacun des assureurs agréés, tout assureur agréé ayant droit à au moins un vote.

À l'expiration de leur mandat, les administrateurs demeurent en fonction jusqu'à ce qu'ils aient été réélus ou remplacés. [1977, c. 68, art. 162; 1989, c. 47, art. 5].

163. Les administrateurs élisent parmi eux un président et nomment un directeur général chargé de l'administration des affaires courantes. [1977, c. 68, art. 163].

164. Le quorum du conseil d'administration du Groupement est fixé à cinq membres.

En cas d'égalité des voix, le président a un vote prépondérant. [1977, c. 68, art. 164; 1989, c. 47, art. 5].

165. Les administrateurs ne reçoivent aucun traitement à ce titre; leurs frais engagés pour assister aux assemblées leur sont remboursés par le Groupement. [1977, c. 68, art. 165; 1989, c. 47, art. 5].

166. Le Groupement peut faire des règlements pour sa régie interne. [1977, c. 68, art. 166; 1989, c. 47, art. 5].

167. Un fonds de développement du Groupement est créé auquel chaque assureur agréé doit verser une contribution dont le montant est fixé par le Groupement; ce montant ne doit cependant pas être inférieur à 10 000$.

Le Groupement peut payer annuellement à même ses surplus d'opération un intérêt sur ces contributions aux assureurs agréés.

Le Groupement détermine, par règlement, les modalités et les conditions de remboursement des contributions au fonds de développement des assureurs qui cessent d'être autorisés à pratiquer l'assurance automobile au Québec. [1977, c. 68, art. 167; 1989, c. 47, art. 5].

168. Au début de chaque exercice, le Groupement fait un budget de ses revenus et de ses dépenses pour l'exercice et il impose une cotisation provisoire aux assureurs agréés sur la base de ce budget; il peut également imposer une cotisation supplémentaire en cours d'exercice; à la fin de l'exercice, il im-

pose une cotisation définitive ou, le cas échéant, une remise sur la base de ses revenus et dépenses réelles.

Les cotisations et remises sont calculées pour chaque assureur en proportion du montant des primes brutes directes perçues pour l'assurance automobile au Québec au cours de l'année précédente. [1977. c. 68, art. 168; 1989, c. 47, art. 5].

169. L'exercice financier du Groupement se termine le 31 décembre de chaque année. [1977, c. 68, art. 169; 1989, c. 47, art. 5].

170. Le Groupement doit établir un mécanisme propre à permettre à tout propriétaire d'une automobile de trouver un assureur agréé auprès de qui il peut contracter l'assurance de responsabilité prévue à l'article 84. [1977, c. 68, art. 170; 1989, c. 47, art. 5].

171. Le Groupement doit établir ou agréer des centres d'estimation chargés de faire l'évaluation du dommage subi par une automobile.

Le Groupement détermine les normes d'établissement et d'opération des centres qu'il agrée, ainsi que les conditions de retrait de son agrément.

Les centres d'estimation établis ou agréés en vertu du présent article doivent offrir leurs services à tout assureur agréé et chacun des assureurs agréés doit recourir aux services de ces centres à toutes les fois que la chose est possible.

Le Groupement est en outre responsable de la qualification des personnes qui désirent agir à titre d'estimateurs. À cette fin, il établit et administre des programmes de formation et détermine les

exigences minimales que requiert l'exercice de l'activité d'estimateur. [1977, c. 68, art. 171; 1989, c. 47, art. 5, 6; 1989, c. 48, art. 223].

172. Les centres d'estimation peuvent être chargés de faire la vérification des réparations effectuées à la suite d'un dommage évalué par eux. [1977, c. 68, art. 172; 1989, c. 47, art. 6].

173. Le Groupement doit établir une convention d'indemnisation directe relative:

1. à l'indemnisation directe de dommages matériels subis par un assuré en raison d'un accident d'automobiles;

2. à l'évaluation des dommages subis par des automobiles et à l'expertise nécessaire;

3. à l'établissement d'un barème de circonstances d'accident pour le partage de la responsabilité du propriétaire de chaque automobile impliquée;

4. à la constitution d'un conseil d'arbitrage pour décider des différends entre assureurs agréés et naissant de l'application de la convention;

5. à l'exercice du droit de subrogation entre assureurs. [1977, c. 68, art. 173; 1989, c. 47, art. 5, 7].

174. Si une convention d'indemnisation directe reçoit l'assentiment des assureurs agréés qui perçoivent au moins cinquante pour cent des primes brutes directes perçues pour l'assurance automobile au Québec, tout assureur agréé doit lui donner application, à compter de son entrée en vigueur.

Cette convention d'indemnisation ne peut entrer en vigueur que moyennant préavis de trente jours publié dans

la *Gazette officielle du Québec* et en reproduisant le texte. [1977, c. 68, art. 174].

175. Le gouvernement, ses agents ou mandataires et toute personne visée dans l'article 102 sont liés, comme tout assureur agréé, par la convention visée dans l'article 174.

Dans l'exercice de ses pouvoirs, la Société n'est pas liée par la convention d'indemnisation directe visée dans l'article 174. [1977, c. 68, art. 175; 1982, c. 59, art. 69; 1990, c. 19, art. 11].

176. En plus des pouvoirs qui lui sont conférés par la présente loi, le Groupement peut:

1. établir un centre ayant pour fonctions de procéder à des études et à des recherches en matière d'évaluation et de réparation d'automobiles accidentées;

2. établir des formules de constat d'accident et de règlement de sinistres à l'usage de tous les assureurs agréés;

3. établir ou agréer des centres de règlements des sinistres;

4. informer le public notamment quant à la convention d'indemnisation directe et à son application, quant à l'établissement ou à l'agrément de centres d'estimation et de leur fonctionnement et quant au mécanisme établi pour permettre à tout propriétaire d'une automobile tenu de contracter l'assurance de responsabilité prévue à l'article 84, de trouver un assureur agréé auprès de qui il peut contracter cette assurance;

5. agir comme agence autorisée en vertu de l'article 178. [1977, c. 68, art. 176; 1989, c. 47, art. 5, 6].

TITRE VII
POUVOIRS DE L'INSPECTEUR GÉNÉRAL DES INSTITUTIONS FINANCIÈRES EN MATIÈRE DE DONNÉES STATISTIQUES ET DE TARIFICATION

177. L'inspecteur général des institutions financières peut requérir de chaque assureur qu'il dépose, en la forme qu'il prescrit, les données statistiques et les renseignements qu'il détermine concernant l'expérience en assurance automobile au Québec de cet assureur ainsi que l'expérience en conduite automobile des personnes que ce dernier assure.

Les renseignements concernant l'expérience en conduite automobile des personnes que les assureurs assurent ne peuvent couvrir que les dix dernières années.

Si l'inspecteur général requiert des assureurs qu'ils lui transmettent des renseignements concernant l'expérience en conduite automobile des personnes qu'ils assurent, chaque assureur doit aviser par écrit ses assurés que certaines informations à cet égard peuvent être transmises à l'inspecteur général et, éventuellement, à d'autres assureurs et qu'ils ont, à leur sujet, les droits d'accès et de rectification prévus par la *Loi sur l'accès aux documents des organismes publics et sur la protection des renseignements personnels* (chapitre A-2.1). [1977, c. 68, art. 177; 1982, c. 52, art. 51; 1989, c. 47, art. 8].

178. L'inspecteur général des institutions financières peut autoriser une agence à recueillir pour lui les données et les renseignements visés dans l'article 177 et tout assureur agréé doit les

fournir à cette agence sur demande et en la forme indiquée.

Cette autorisation ne peut cependant être accordée que si l'agence a son établissement principal au Québec et si elle tient ses dossiers et registres au Québec.

L'agence ainsi autorisée est assujettie aux pouvoirs d'enquête et d'inspection de l'inspecteur général des institutions financières en vertu de la *Loi sur les assurances* (chapitre A-32).

L'inspecteur général des institutions financières peut désigner le Groupement comme agence autorisée en vertu du présent article. [1977, c. 68, art. 178; 1982, c. 52, art. 51; 1989, c. 47, art. 5, art. 9].

179. L'inspecteur général des institutions financières peut requérir l'agence autorisée en vertu de l'article 178 de traiter les données et renseignements reçus, en la manière qu'il juge appropriée; tout assureur agréé doit payer sa quote-part des coûts d'opération de l'agence, en proportion du montant des primes brutes directes perçues pour l'assurance automobile au Québec. [1977, c. 68, art. 179; 1982, c. 52, art. 51; 1989, c. 47, art. 10].

179.1. L'inspecteur général des institutions financières peut, à des fins de classification et de tarification, communiquer, à tout assureur agréé qui en fait la demande, en vue de l'émission ou du renouvellement d'une police d'assurance automobile, les renseignements suivants:

1. le numéro du permis de conduire de la personne qui soumet une demande d'assurance et des conducteurs réguliers de son automobile;

2. la date de tout accident dans lequel ces personnes ont été impliquées comme propriétaires ou conducteurs d'une automobile;

3. la description de l'accident et la garantie affectée;

4. la classe d'utilisation du véhicule dont elles avaient la garde au moment d'un accident;

5. la description du véhicule dont elles avaient la garde au moment d'un accident;

6. le montant des indemnités payées en vertu d'un contrat d'assurance automobile conclu par ces personnes;

7. les réclamations en cours;

8. le pourcentage de responsabilité supportée par ces personnes.

L'inspecteur général peut également, aux conditions qu'il détermine, autoriser l'agence désignée à l'article 178 à faire pour lui de telles communications. [1989, c. 47, art. 11].

179.2. Tout assureur doit, lors de l'émission ou du renouvellement d'une police d'assurance automobile, informer par écrit l'assuré, le cas échéant, qu'il a demandé et obtenu, pour déterminer la tarification qu'il lui a appliquée, des renseignements de l'inspecteur général en vertu de l'article 179.1. [1989, c. 47, art. 11].

179.3. Lors du paiement d'une indemnité faisant suite à une réclamation, l'assureur doit aviser par écrit l'assuré du pourcentage de responsabilité qui lui est attribué en vertu de la convention d'indemnisation directe visée dans l'article 173 et des montants qui lui sont versés en vertu de la partie de la police se

rapportant respectivement à l'assurance de responsabilité et à l'assurance des dommages éprouvés par le véhicule assuré.

Cet avis doit également indiquer à l'assuré qu'il n'est pas tenu d'accepter cette indemnité et qu'il peut s'adresser au tribunal pour contester, suivant les règles du droit commun, le pourcentage de responsabilité qui lui est imputé de même que le montant de son indemnité. [1989, c. 47, art. 11].

180. Chaque assureur agréé doit déposer auprès de l'inspecteur général des institutions financières trois exemplaires de son manuel de tarifs, aussitôt après sa confection, et, par la suite, dans les dix jours de toute modification.

Le manuel de tarifs est composé des documents d'un assureur agréé où sont identifiées et définies ses règles de classification des risques ainsi que les primes applicables à chacun de ces risques. [1977, c. 68, art. 180; 1982, c. 52, art. 51; 1989, c. 15, art. 13].

181. Tout assureur agréé doit fournir à l'inspecteur général des institutions financières toute justification que celui-ci exige sur un ou plusieurs éléments de son manuel de tarifs. [1977, c. 68, art. 181; 1982, c. 52, art. 51].

182. Sur réception des données et renseignements concernant l'expérience des assureurs ainsi que des manuels de tarifs visés dans le présent titre, l'inspecteur général des institutions financières doit en faire une analyse.

Avant le dernier jour de mars de chaque année, l'inspecteur général des institutions financières fait rapport au ministre sur le résultat de son analyse des données et manuels qui lui ont été fournis durant l'année précédente.

Le ministre dépose le rapport prévu au deuxième alinéa devant l'Assemblée nationale dans les quinze jours de sa réception si elle est en session ou sinon, dans les quinze jours de la reprise des travaux. [1977, c. 68, art. 182; 1982, c. 52, art. 51; 1989, c. 47, art. 12].

183. L'inspecteur général des institutions financières doit permettre la consultation, par toute personne qui en fait la demande, des manuels de tarifs déposés auprès de lui. [1977, c. 68, art. 183; 1982, c. 52, art. 51].

183.1. L'article 178 s'applique malgré l'article 65 de la *Loi sur l'accès aux documents des organismes publics et sur la protection des renseignements personnels* (chapitre A-2.1). [1989, c. 47, art. 13].

TITRE VIII
DISPOSITIONS PÉNALES ET SUSPENSIONS
[1992, c. 61, art. 59].

184. Personne ne doit sciemment obtenir ou recevoir, directement ou indirectement, le paiement d'indemnités ou le remboursement de frais qu'il n'a pas droit d'obtenir ou de recevoir en vertu de la présente loi ou des règlements.

Quiconque enfreint le présent article est passible d'une amende d'au moins 325$ et d'au plus 2 800$. [1977, c. 68, art. 184; 1986, c. 58, art. 6; 1991, c. 33, art. 6; 1992, c. 61, art. 60].

185. Personne ne doit sciemment aider ou encourager une autre personne à commettre une infraction visée dans l'article 184.

Quiconque enfreint le présent article est passible d'une amende d'au moins

325$ et d'au plus 2 800$. [1977, c. 68, art. 185; 1986, c. 58, art. 7; 1991, c. 33, art. 7; 1992, c. 61, art. 60].

186. Sauf dans le cas prévu à l'article 94, le propriétaire d'une automobile ou le transporteur visé au titre VIII.1 du Code de la sécurité routière (chapitre C-24.2) qui n'a pas contracté l'assurance obligatoire de responsabilité commet une infraction et est passible d'une amende:

1° d'au moins 325$ et d'au plus 2 800$, s'il est un propriétaire qui utilise ou qui laisse une autre personne utiliser son automobile,

2° d'au moins 750$ et d'au plus 7 300$, s'il est un transporteur qui utilise ou qui laisse une autre personne utiliser son véhicule automobile.

L'agent de la paix qui constate l'infraction visée dans le présent article doit, sans délai, en faire rapport à la Société.

Dans toute poursuite intentée en vertu du présent article, il incombe au défendeur ou prévenu de faire la preuve qu'il avait contracté l'assurance obligatoire de responsabilité. [1977, c. 68, art. 186; 1980, c. 38, art. 18; 1982, c. 59, art. 34; 1986, c. 58, art. 8; 1987, c. 94, art. 105; 1990, c. 19, art. 11; 1990, c. 4, art. 68; 1991, c. 33, art. 8].

187. Sauf s'il est de bonne foi et qu'on lui a donné des raisons de croire que l'assurance de responsabilité avait été contractée, le conducteur d'une automobile dont le propriétaire ou une autre personne pour lui n'avait pas contracté cette assurance est passible d'une amende d'au moins 325$ et d'au plus 2 800$.

Dans toute poursuite intentée en vertu du présent article, il incombe au défendeur ou prévenu de faire la preuve que l'assurance de responsabilité avait été contractée à l'égard de l'automobile qu'il a conduite. [1977, c. 68, art. 187; 1982, c. 59, art. 35; 1986, c. 58, art. 9; 1991, c. 33, art. 9; 1992, c. 61, art. 60].

188. Dans les cas prévus aux articles 186 et 187, le juge saisi de la poursuite peut, en outre, prononcer la suspension, pour une période n'excédant pas un an, du permis de conduire de la personne condamnée.

Un préavis de la demande de suspension doit être donné à cette personne par le poursuivant, sauf si ces parties sont en présence du juge.

Lorsque la preuve est faite à la satisfaction du juge que la personne condamnée doit conduire une automobile déterminée ou un type déterminé d'automobile dans l'exécution du principal travail dont elle tire sa subsistance, le jugement peut permettre à cette personne de conduire une automobile ou ce type d'automobile uniquement dans l'exécution du travail principal dont elle tire sa subsistance. Dans ce cas, le juge doit immédiatement transmettre le permis suspendu à la Société et lui donner avis qu'elle peut émettre un permis spécial conformément au jugement en autant que les conditions ordinaires d'obtention d'un permis de conduire sont remplies. [1977, c. 68, art. 188; 1980, c. 38, art. 18; 1981, c. 7, art. 546; 1990, c. 19, art. 11; 1992, c. 61, art. 61].

189. (*Abrogé*). [1992, c. 61, art. 62].

189.1. L'assureur qui utilise ou tolère que soit utilisé autrement qu'à des fins de classification ou de tarification un renseignement qui lui a été transmis en

vertu de l'article 179.1 est passible d'une amende de 575$ à 5 750$. [1989, c. 47, art. 14].

189.2. Quiconque, sciemment, donne accès à un renseignement transmis en vertu de l'article 179.1, communique un tel renseignement ou en permet la communication sans avoir obtenu de la personne concernée l'autorisation de le divulguer à une personne déterminée ou sans en avoir reçu l'ordre d'une personne ou d'un organisme ayant le pouvoir de contrainte à leur communication est passible d'une amende de 200$ à 1 000$. [1989, c. 47, art. 14].

190. La personne qui contrevient aux dispositions des articles 83.10, 83.15, 97, 174, 177 à 179 et 179.2 à 181 est passible d'une amende d'au moins 700$ et d'au plus 7 000$. [1977, c. 68, art. 190; 1986, c. 58, art. 10; 1989, c. 15, art. 14; 1989, c. 47, art. 15; 1991, c. 33, art. 10; 1992, c. 61, art. 60].

190.1. La personne qui contrevient aux dispositions du cinquième alinéa de l'article 83.24 est passible d'une amende de 300$ à 600$. [1993, c. 56, art. 18].

191. La personne qui omet, lorsqu'elle y est tenue, de remettre une attestation ou un duplicata émis en vertu de la présente loi est passible d'une amende d'au moins 325$ et d'au plus 2 800$. [1977, c. 68, art. 191; 1986, c. 58, art. 11; 1991, c. 33, art. 11; 1992, c. 61, art. 60].

192. La personne qui, sans excuse raisonnable dont la preuve lui incombe, utilise une attestation d'assurance ou de solvabilité après l'annulation, la résiliation ou l'expiration de l'assurance ou de la garantie y mentionnée, est passible d'une amende d'au moins 325$ et d'au plus 2 800$. [1977, c. 68, art. 192; 1986,

c. 58, art. 12; 1991, c. 33, art. 12; 1992, c. 61, art. 63].

193. Quiconque enfreint une disposition de la présente loi ou des règlements pour la violation de laquelle aucune peine n'est spécialement prévue, est passible d'une amende ne dépassant pas 1 400$. [1977, c. 68, art. 193; 1986, c. 58, art. 13; 1990, c. 4, art. 69; 1991, c. 33, art. 13; 1992, c. 61, art. 60].

194. (Abrogé). [1992, c. 61, art. 64].

TITRE IX
RÈGLEMENTS

195. La Société peut adopter des règlements, pour l'application des titres I et II, pour:

1° préciser ou restreindre le sens de la définition de l'expression «personne qui réside au Québec»;

2° définir, pour l'application du paragraphe 1° du premier alinéa de l'article 10, l'expression «appareil susceptible de fonctionnement indépendant»;

3° définir, pour l'application du quatrième sous-alinéa de l'article 1 et du paragraphe 2° du premier alinéa de l'article 10, les mots «tracteur de ferme», «remorque de ferme», «véhicule d'équipement» et «remorque d'équipement»;

4° définir, pour l'application du quatrième sous-alinéa de l'article 1 et du paragraphe 3° du premier alinéa de l'article 10, les mots «motoneige» et «véhicule destiné à être utilisé en dehors d'un chemin public»;

5° préciser les cas et les conditions où un emploi est considéré à temps plein, à temps partiel ou temporaire;

6° établir la manière de déterminer le revenu brut qu'un travailleur salarié ou

un travailleur autonome tire de son emploi;

7º établir la manière de déterminer le revenu brut pour l'application de l'article 17;

8º établir la manière de déterminer le revenu brut pour l'application de l'article 21;

9º identifier les catégories d'emplois, fixer les revenus bruts, sur une base hebdomadaire ou annuelle, qui correspondent à chaque catégorie selon l'expérience de travail et établir la manière de réduire ces revenus pour tenir compte du fait qu'une victime exerce son emploi à temps partiel pour l'application des articles 15, 20 et 31;

10º établir les normes et les modalités pour déterminer un emploi à une victime pour l'application des articles 45 et 48, identifier les catégories d'emplois, fixer les revenus bruts, sur une base hebdomadaire ou annuelle, qui correspondent à chaque catégorie selon l'expérience de travail et établir la manière de réduire ces revenus pour tenir compte du fait qu'une victime exerce son emploi à temps partiel;

11º prévoir la méthode de calculer le revenu net d'une victime et le montant équivalant à l'impôt sur le revenu, à la cotisation et à la contribution visé à l'article 52;

12º établir un répertoire des atteintes permanentes et fixer les pourcentages attribués pour chaque atteinte;

13º fixer ou permettre de déterminer un pourcentage additionnel lorsque l'atteinte permanente affecte des organes symétriques ou un organe symétrique à un autre déjà atteint, en tenant compte de la nature des organes atteints ou du caractère anatomique ou fonctionnel des atteintes;

14º prévoir une méthode de calcul qui permet de réduire les pourcentages attribués aux atteintes permanentes lorsqu'une victime en subit plusieurs;

15º prévoir les cas et les conditions qui donnent droit au remboursement des frais visés à l'article 83.2 et le montant maximum accordé pour chacun de ces frais;

16º déterminer les frais dont la victime peut obtenir le remboursement en vertu du deuxième alinéa de l'article 83.2;

17º fixer les sommes payées en remboursement du coût de l'expertise médicale si une personne dont la demande de révision ou le recours formé devant le Tribunal administratif du Québec est accueilli;

18º prévoir les cas et les conditions qui donnent droit au remboursement des frais ou à l'allocation de disponibilité visés à l'article 83.5 et le montant maximum accordé pour chacun de ces frais ou de cette allocation;

19º prescrire les normes, conditions et maximums selon lesquels peut être effectué le remboursement de frais visé à l'article 79 et dans quels cas la Société peut le remplacer par une allocation hebdomadaire équivalente;

20º déterminer les règles que doit suivre la personne qui demande une indemnité;

21º déterminer les règles qu'un professionnel de la santé doit respecter lorsqu'il examine une personne à la demande de la Société;

22º prévoir les cas et les conditions qui donnent droit au remboursement des frais ou à l'allocation de disponibilité visés à l'article 83.13 et le montant maximum accordé pour chacun de ces frais ou de cette allocation;

23º déterminer les conditions auxquelles la Société peut autoriser une personne à lui transmettre un document au moyen d'un support magnétique ou d'une liaison électronique;

24º déterminer les règles de procédure applicables à l'examen des questions sur lesquelles la Société a compétence;

25º déterminer la manière dont le montant d'une dette due par une personne peut être déduit de toute somme due à cette personne par la Société;

26º prescrire la méthode servant à calculer le montant visé à l'article 72 et établir les conditions et les modalités pour le paiement de celui-ci sous forme de versements périodiques;

27º prescrire dans quels cas et à quelles conditions l'indemnité visée à l'article 80 et le remboursement de frais visé à l'article 83 peuvent être réajustés en fonction de la variation du nombre des personnes qui y sont visées;

28º définir, pour l'application du deuxième alinéa de l'article 48, les expressions «emploi normalement disponible» et «région où réside la victime»;

29º prescrire dans quels cas et à quelles conditions l'indemnité de remplacement du revenu visée à l'article 83.30 peut être réajustée en fonction de la variation du nombre des personnes à charge;

30º établir les conditions et les modalités du versement aux personnes à charge de l'indemnité visée à l'article 83.30;

31º déterminer les normes et les modalités permettant de calculer le nombre d'infractions ou le nombre de points d'inaptitude à retenir et de circonscrire la période à prendre en considération pour fixer ou calculer les contributions d'assurance en vertu des articles 151, 151.2 et 151.3;

32º déterminer les normes et les modalités permettant de circonscrire la période à prendre en considération pour fixer ou calculer les contributions d'assurance en vertu des articles 151, 151.2 et 151.3. [1977, c. 68, art. 195; 1982, c. 59, art. 36; 1986, c. 91, art. 663; 1989, c. 15, art. 15; 1990, c. 19, art. 11; 1990, c. 83, art. 249; 1991, c. 58, art. 22; 1997, c. 43, art. 57].

195.1. La Société peut, par règlement:

1º définir, relativement à la fixation et au calcul de la contribution d'assurance exigible lors de l'obtention de l'immatriculation d'un véhicule routier et relativement à la fixation et au calcul de la contribution d'assurance exigible en vertu de l'article 31.1 du Code de la sécurité routière, les termes «essieu» et «masse nette» et établir la manière de calculer le nombre d'essieux d'un véhicule routier ainsi que les modalités d'augmentation du nombre d'essieux ou de la variation de la masse nette durant l'immatriculation du véhicule;

2º prévoir les cas et les conditions donnant droit au remboursement d'une partie de la contribution d'assurance fixée ou calculée en vertu de l'un des articles 151 et 151.3 et établir les règles de calcul ou fixer le montant exact de la contribution d'assurance remboursable. [1989, c. 15, art. 15; 1990, c. 19, art. 9, 11; 1990, c. 83, art. 250].

196. Le gouvernement peut, par règlement:

a) déterminer ce qui doit être déterminé par règlement du gouvernement en vertu de la présente loi;

b) préciser ou restreindre la définition du mot «automobile» aux fins de la présente loi à l'exception du titre II;

c) exempter les propriétaires des catégories d'automobile qu'il indique, de l'obligation de l'article 84, en totalité ou en partie et aux conditions qu'il détermine;

d) préciser ou restreindre la définition du mot «résident» aux fins de la présente loi à l'exception du titre II;

e) déterminer les qualités requises de toute personne qui demande une attestation de solvabilité; et

f) déterminer le montant de la preuve de solvabilité visée dans les articles 102 et 104. [1977, c. 68, art. 196].

197. Un règlement de la Société, sauf celui visé au paragraphe *b* de l'article 195, doit être approuvé par le gouvernement. [1977, c. 68, art. 197; 1986, c. 91, art. 664; 1990, c. 19, art. 11].

TITRE X
DISPOSITIONS TRANSITOIRES
ET FINALES

198. Le propriétaire d'une automobile est présumé avoir contracté l'assurance requise par la présente loi s'il justifie d'un contrat d'assurance de responsabilité conclu avec un assureur avant le 1er mars 1978 et ce, tant et aussi longtemps que le contrat est en vigueur. [1977, c. 68, art. 198].

199. La présente loi entraîne modification de plein droit, dans les limites de ses dispositions, des obligations de l'assureur en vertu d'un contrat d'assurance en cours.

Cette modification ne peut justifier aucune majoration du montant de la prime fixée par le contrat, ni la résiliation de celui-ci.

Si les obligations de l'assureur en vertu d'un contrat en cours sont réduites, la prime prévue à l'égard de ce contrat doit être ajustée en conséquence.

Si la prime a été payée à l'avance, le montant de l'ajustement doit être remis dans les trois mois à moins que l'assuré n'accepte au cours de cette période qu'il soit porté à son crédit. [1977, c. 68, art. 199].

200. Toute suspension imposée avant le 1er mars 1978 selon l'article 22 de la *Loi sur l'indemnisation des victimes d'accidents d'automobile* est révoquée à cette date et la preuve de solvabilité exigée en vertu de cet article n'est plus requise. [1977, c. 68, art. 201].

201. *(Abrogé).* [1982, c. 59, art. 33].

202. Le conseil d'administration initial de la Corporation constituée par le titre VI de la présente loi est composé de treize membres nommés par le gouvernement pour une période d'un an.

Avant l'expiration de leur mandat, les administrateurs doivent convoquer une assemblée générale des assureurs agréés aux fins d'élire les membres du conseil d'administration prévu à l'article 159. [1977, c. 68, art. 215].

202.1. Malgré l'article 151, la Société peut, sans expertise actuarielle mais avec l'approbation du gouvernement, modifier les sommes exigibles fixées en vertu de cet article et qui sont en vigueur le 23 avril 1985.

Cette modification a effet depuis le 24 avril 1985 mais ne s'applique pas à la personne qui, avant cette date, a reçu un avis de renouvellement d'immatriculation ou de permis de conduire et a acquitté les sommes exigibles avant le 16 juin 1985. [1986, c. 15, art. 1; 1990, c. 19, art. 11].

202.2. Le premier règlement adopté après le 26 mai 1986 en vertu du paragraphe *n* de l'article 195, n'est pas soumis au premier alinéa de l'article 197 et a effet depuis le 24 avril 1985. [1986, c. 15, art. 1].

203. La présente loi s'applique au gouvernement. [1977, c. 68, art. 243].

204. Le ministre des Transports est chargé de l'application de la présente loi, à l'exception des dispositions des titres VI et VII dont l'application relève du ministre des Finances. [1977, c. 68, art. 244; 1993, c. 56, art. 19].

205. *(Cet article a cessé d'avoir effet le 17 avril 1987).* [1982, c. 21, art. 1; R.-U., 1982, c. 11, ann. B, ptie I, art. 33].

Les articles 83.62, 83.64, 83.65, 83.66 et 83.67 de la présente loi seront modifiés lors de l'entrée en vigueur des articles 192, 193, 194, 195 et 196 du chapitre 54 des lois de 1993 à la date ou aux dates fixées par décret du gouvernement.

Les articles 83.28 et 83.62 de la présente loi seront modifiés lors de l'entrée en vigueur des dispositions pertinentes du chapitre 36 des lois de 1998 à la date ou aux dates fixées par le gouvernement.

L'article 93 de la présente loi sera modifié lors de l'entrée en vigueur des dispositions pertinentes du chapitre 37 des lois de 1998 à la date fixée par le gouvernement.

Les articles 87.1 et 186 de la présente loi seront modifiés lors de l'entrée en vigueur des dispositions pertinentes du chapitre 40 des lois de 1998 à la date ou aux dates fixées par le gouvernement.

Les dispositions de la présente loi indiquées comme non en vigueur (trame grise) entreront en vigueur à la date ou aux dates fixées par décret du gouvernement (1977, c. 68, art. 245; 1989, c. 15, art. 27; 1989, c. 47, art. 16).

ANNEXE I

INDEMNITÉ FORFAITAIRE AU
CONJOINT D'UNE VICTIME
DÉCÉDÉE

(*Article 63, 1ᵉʳ alinéa*)

Âge de la victime (ans)	Facteur
25 ou moins	1,0
26	1,2
27	1,4
28	1,6
29	1,8
30	2,0
31	2,2
32	2,4
33	2,6
34	2,8
35	3,0
36	3,2
37	3,4
38	3,6
39	3,8
40	4,0
41	4,2
42	4,4
43	4,6

Âge de la victime (ans)	Facteur
43	4,6
44	4,8
45	5,0
46	4,8
47	4,6
48	4,4
49	4,2
50	4,0
51	3,8
52	3,6
53	3,4
54	3,2
55	3,0
56	2,8
57	2,6
58	2,4
59	2,2
60	2,0
61	1,8
62	1,6
63	1,4
64	1,2
65 et plus	1,0

[1989, c. 15, annexe I].

ANNEXE II

INDEMNITÉ FORFAITAIRE AU
CONJOINT INVALIDE D'UNE
VICTIME DÉCÉDÉE

(*Article 63, 2ᵉ alinéa*)

Âge de la victime (ans)	Facteur
45 ou moins	5,0
46	4,8
47	4,6
48	4,4
49	4,2
50	4,0
51	3,8
52	3,6
53	3,4
54	3,2
55	3,0
56	2,8
57	2,6
58	2,4
59	2,2
60	2,0
61	1,8
62	1,6
63	1,4
64	1,2
65 et plus	1,0

[1989, c. 15, annexe II].

ANNEXE III

INDEMNITÉ FORFAITAIRE À LA
PERSONNE À CHARGE D'UNE
VICTIME DÉCÉDÉE

(*Article 66*)

Âge de la personne à charge (ans)	Montant de l'indemnité ($)
Moins de 1	35 000$
1	34 000$
2	33 000$
3	32 000$
4	31 000$
5	30 000$
6	29 000$
7	28 000$
8	27 000$
9	26 000$
10	25 000$
11	24 000$
12	23 000$
13	22 000$
14	21 000$
15	20 000$
16 et plus	19 000$

[1989, c. 15, annexe III].

Loi sur les banques et les opérations bancaires, L.C. 1991, c. 46 [L.R.C., c. B-1.01] (Extraits)

[...]

Activités générales

409.-424. *(Omis).* [1991, c. 46, art. 409-424; 1993, c. 34, art. 8; 1993, c. 44, art. 27, 28; 1994, c. 47, art. 24, 25; 1997, c. 15, art. 42, 44, 46].

Sûreté particulière

425. (1) Les définitions qui suivent s'appliquent aux articles 426 à 436.

«agriculteur» Est assimilé à l'agriculteur le propriétaire, l'occupant, le bailleur ou le locataire d'une ferme.

«aquiculture» Élevage ou culture d'organismes animaux et végétaux aquatiques.

«aquiculteur» Est assimilé à l'aquiculteur le propriétaire, l'occupant, le bailleur ou le locataire d'une exploitation aquicole.

«bateau de pêche» Navire ou vaisseau ou tout autre genre de bateau destiné à la pêche, ainsi que les engins, appareils et dispositifs destinés à l'armement du bateau et en faisant partie, ou toute part ou tout droit partiel dans celui-ci.

«bétail» Sont compris parmi le bétail les:

a) chevaux et autres animaux de la race chevaline;

b) bovins, ovins, chèvres et autres ruminants;

c) porcs, volaille, abeilles et animaux à fourrure.

«connaissement» Sont assimilés aux connaissements les reçus d'effets, denrées ou marchandises accompagnés d'un engagement:

a) soit de les déplacer, par un moyen quelconque, du lieu de leur réception à un autre;

b) soit de les livrer à un lieu autre que celui de leur réception en quantité équivalente de la même qualité ou du même type.

«effets, denrées ou marchandises» Tout objet de commerce, et plus particulièrement les produits agricoles et aquicoles, les produits de la forêt, des carrières et des mines et les produits aquatiques.

«engins et fournitures de pêche» Engins, appareils, dispositifs et fournitures destinés à l'armement d'un bateau de pêche n'en faisant pas partie, ou destinés à la pêche, et, notamment, moteurs et machines amovibles, lignes, hameçons, chaluts, filets, ancres, nasses, casiers et parcs, appâts, sel, combustible et provisions.

«exploitation aquicole» Endroit où l'aquiculture est pratiquée.

«fabricant» Personne qui fabrique ou produit à la main, ou par quelque procédé, art ou moyen mécanique, des effets, denrées ou marchandises et, notamment, toute entreprise de production de bois en grume, de fabrication de bois d'oeuvre ou de bois de service, de maltage, de distillation, de brassage, de raffinage et de production de pétrole, de tannage, de salaison, de conserves ou d'embouteillage ou de conditionnement, congélation ou déshydratation d'effets, de denrées ou de marchandises.

«ferme» Terre située au Canada utilisée pour l'exercice d'une des activités de l'agriculture, et notamment pour l'élevage du bétail, l'industrie laitière, l'apiculture, la production fruitière, l'arboriculture et toute culture du sol.

«forêt» Terrain, situé au Canada, qui est peuplé d'arbres ou qui, bien qu'ayant été déboisé, reste propre à la sylviculture. S'entend également d'une érablière.

«grain» Toute semence, y compris le blé, l'avoine, l'orge, le seigle, le maïs, le sarrasin, le lin et les haricots.

«hydrocarbures» Les hydrocarbures solides, liquides et gazeux, et tout gaz naturel constitué d'un seul élément ou de deux ou plusieurs éléments chimiquement combinés ou non, et, notamment, le schiste pétrolifère, le sable bitumineux, l'huile brute, le pétrole, l'hélium et l'hydrogène sulfuré.

«installation électrique aquicole» Machines, appareils et dispositifs, fixés ou non à des biens immeubles, utilisés pour produire ou distribuer de l'électricité dans une exploitation aquicole.

«installation électrique de ferme» Machines, appareils et dispositifs, fixés ou non à des biens immeubles, utilisés pour produire ou distribuer de l'électricité dans une ferme.

«installations agricoles» ou «matériel agricole immobilier» Instruments, appareils, dispositifs et machines de tout genre destinés à être utilisés à la ferme et habituellement fixés à des biens immeubles, à l'exception des installations électriques.

«installations aquicoles» ou «matériel aquicole immobilier» Instruments, appareils, dispositifs et machines de tout genre destinés à être utilisés dans une exploitation aquicole et habituellement fixés à des biens immeubles, à l'exception des installations électriques.

«instruments agricoles» ou «matériel agricole mobilier» Outils, instruments, appareils, dispositifs et machines de tout genre non habituellement fixés à des biens immeubles, destinés à être utilisés à la ferme ou en rapport avec une ferme, véhicules utilisés dans l'exploitation d'une ferme, et notamment, charrues, herses, semoirs, cultivateurs, faucheuses, moissonneuses, moissonneuses-lieuses, batteuses, moissonneuses-batteuses, lieuses de feuilles de tabac, tracteurs, greniers mobiles, camions pour le transport des produits agricoles, matériel d'apiculture, écrémeuses, barattes, laveuses mécaniques, pulvérisateurs, irrigateurs mobiles, incubateurs, trayeuses mécaniques, machines frigorifiques et appareils de chauffage et de cuisine propres aux opérations agricoles ou devant servir dans la maison d'habitation de la ferme, d'un genre non habituellement fixés à des biens immeubles.

«instruments aquicoles» ou «matériel aquicole mobilier» Outils, instruments, appareils, dispositifs et machines de tout genre non habituellement fixés à des biens immeubles, destinés à être utilisés dans une exploitation aquicole. Sont visés par la présente définition les parcs en filet, les véhicules et les bateaux utilisés dans une telle exploitation.

«matériel sylvicole immobilier» Instruments, appareils, dispositifs et machines de tout genre habituellement fixés à des biens immeubles et utilisés en sylviculture.

«matériel sylvicole mobilier» Outils, instruments, appareils, dispositifs et machines de tout genre non habituellement fixés à des biens immeubles et utilisés en sylviculture. Sont visés par la présente définition les véhicules en forêt.

«organismes animaux et végétaux aquatiques» Plantes ou animaux qui, à la plupart des étapes de leur développement, ont comme habitat naturel l'eau.

«pêche» L'action de prendre ou de chercher à prendre du poisson, quels que soient les moyens employés.

«pêcheur» Personne dont l'activité professionnelle est, uniquement ou partiellement, la pêche.

«poisson» Sont assimilés à des poissons les crustacés et coquillages ainsi que les animaux aquatiques.

«produits agricoles» Sont compris parmi les produits agricoles:

a) grains, foin, racines, légumes, fruits, autres récoltes et tout autre produit direct du sol;

b) miel, animaux de ferme – sur pied ou abattus –, produits laitiers, oeufs et tout autre produit indirect du sol.

«produits aquatiques» Poisson de toute espèce, êtres organiques et inorganiques vivant dans la mer et les eaux douces, et toute substance extraite ou tirée des eaux, à l'exception des produits aquicoles.

«produits aquicoles» Tout organisme animal ou végétal aquatique, élevé ou cultivé.

«produits de la forêt» Sont compris parmi les produits de la forêt:

a) bois en grume, bois à pulpe, pilotis, espars, traverses de chemins de fer, poteaux, étais de mine et tout autre bois d'oeuvre;

b) planches, lattes, bardeaux, madriers, douves et tous les autres bois de service, écorces, copeaux, sciures de bois et arbres de Noël;

c) peaux et fourrures d'animaux sauvages;

d) produits de l'érable.

«produits des carrières et des mines» Tout produit tiré des mines ou carrières, y compris la pierre, l'argile, le sable, le gravier, les métaux, les minerais, le charbon, le sel, les pierres précieuses, les minéraux métallifères et non métalliques et les hydrocarbures obtenus par excavation, forage ou autrement.

«récépissé d'entrepôt» Sont compris parmi les récépissés d'entrepôt:

a) les récépissés ou reçus donnés par toute personne pour des effets, denrées ou marchandises en sa possession

réelle, publique et continue, à titre de dépositaire de bonne foi de ces effets et non comme propriétaire;

b) les récépissés ou reçus donnés par toute personne qui est propriétaire ou gardien de quelque port, anse, bassin, quai, cour, entrepôt, hangar, magasin ou autre lieu destiné à l'emmagasinage d'effets, denrées ou marchandises, pour des effets, denrées ou marchandises qui lui ont été livrés à titre de dépositaire et qui se trouvent réellement dans le lieu, ou dans l'un ou plusieurs des lieux dont elle est propriétaire ou gardien, que cette personne exerce ou non une autre activité professionnelle;

c) les récépissés ou reçus donnés par toute personne qui a la garde de bois en grume ou de bois d'oeuvre transitant des concessions forestières ou autres terrains au lieu de leur destination;

d) les récépissés, reçus et warrants de transit de la Lake Shippers' Clearance Association, ceux de la British Columbia Grain Shippers' Clearance Association et tous les documents reconnus par la *Loi sur les grains du Canada* comme étant des récépissés;

e) les récépissés ou reçus donnés par toute personne pour tous hydrocarbures qu'elle a reçus en qualité de dépositaire que son engagement l'oblige à restituer les mêmes hydrocarbures ou lui permette de livrer une même quantité d'hydrocarbures de la même catégorie ou variété ou d'une catégorie ou variété similaire.

«récoltes sur pied ou produites à la ferme» Tous les produits de la ferme.

«stock aquicole de départ» Organismes animaux et végétaux obtenus par l'aquiculteur en vue de l'élevage ou de la culture indépendamment de leur stade de développement.

«stock en croissance ou produits de l'exploitation aquicole» Tous les produits de l'exploitation aquicole.

«stock géniteur aquicole» Espèces aquatiques servant à la production des organismes animaux et végétaux constituant le stock de départ.

«substances minérales» S'entend notamment de toute matière, à l'exclusion des hydrocarbures et des matières animales ou végétales autres que le charbon, extraite du sol par quelque méthode que ce soit à des fins commerciales. Sont inclus dans la présente définition tous les métaux, le charbon et le sel.

«sylviculteur» Personne dont l'activité professionnelle est, uniquement ou partiellement, la sylviculture. S'entend également de l'aériculteur.

«sylviculture» L'exploitation rationnelle des arbres forestiers, et notamment leur conservation, leur entretien, leur régénération, leur coupe et l'obtention de sous-produits et dérivés de ceux-ci. S'entend également de l'aériculture.

(2) Pour l'application des articles 426 à 436, tout élément compris dans les définitions suivantes, prévues au paragraphe (1), s'entend également de cet élément ou de ses parties, quel qu'en soit la forme ou l'état, ainsi que des produits, sous-produits et dérivés qui en sont tirés:

a) «stock en croissance ou produits de l'exploitation aquicole»;

b) «récoltes sur pied ou produites à la ferme»;

c) «bétail»;

d) «produits agricoles»;

e) «produits aquicoles»;

f) «produits de la forêt»;

g) «produits des carrières et des mines»;

h) «produits aquatiques». [1991, c. 46, art. 425].

426. (1) La banque peut consentir des prêts ou des avances garantis soit par un ou plusieurs des biens suivants, soit par des droits relatifs à l'un de ces biens, que la garantie ait été fournie par l'emprunteur, une caution ou une tierce personne:

a) des hydrocarbures ou des substances minérales se trouvant soit dans le sol ou le sous-sol, soit en dépôt;

b) les droits, licences ou permis de toute personne d'obtenir et d'enlever des hydrocarbures ou des substances minérales, de pénétrer sur les terrains où ils sont produits, extraits ou susceptibles de l'être, et d'occuper et utiliser ces terrains;

c) le droit de propriété ou de jouissance de toute personne, afférent à ces hydrocarbures, substances minérales, droits, licences, permis et terrains, qu'il s'agisse d'un droit total ou partiel;

d) l'outillage et le coffrage employés ou destinés à extraire, produire ou chercher à extraire ou produire des hydrocarbures ou des substances minérales et à les emmagasiner.

(2) La garantie visée au présent article peut être accordée par le donneur de garantie ou pour son compte, au moyen d'un acte signé, remis à la banque et établi en la forme réglementaire ou en une forme équivalente, et doit, selon le cas, viser les biens décrits dans l'acte de garantie:

a) dont la personne qui donne la garantie est propriétaire au moment de la remise de l'acte;

b) dont cette personne devient propriétaire avant l'abandon de la garantie par la banque, que ces biens existent ou non au moment de cette remise.

Pour l'application de la présente loi, tous ces biens sont affectés à la garantie.

(3) Lorsqu'elle bénéficie d'une garantie accordée conformément au présent article, la banque, agissant par l'intermédiaire de ses dirigeants, employés ou mandataires, a, en cas:

a) de non-paiement d'un prêt ou d'une avance dont le remboursement est ainsi garanti,

b) de défaut de prise en charge, d'entretien, de protection ou de conservation des biens affectés à la garantie,

tous les pouvoirs – en sus et sans préjudice des autres pouvoirs qui lui sont dévolus – pour prendre, à sa convenance, toutes les mesures suivantes ou certaines d'entre elles, savoir: prendre possession de la totalité ou d'une partie des biens affectés à la garantie ou les saisir, les prendre en charge, en assurer l'entretien, les utiliser, les exploiter et, sous réserve de toute autre loi qui en régit la propriété et l'aliénation et de ses règlements d'application, les vendre selon qu'elle le juge à propos.

(4) En cas d'exercice par la banque de l'un des droits que le paragraphe (3) lui confère sur les biens qui lui ont été

donnés en garantie, elle doit remettre à la personne qui y a droit l'excédent du produit qui en provient, après remboursement des prêts et avances avec les intérêts et frais.

(5) La vente, effectuée en vertu du paragraphe (3), des biens donnés en garantie à la banque confère à l'acheteur tous les droits et titres s'y rapportant que le donneur de garantie avait à la date de la garantie et qu'il a acquis postérieurement.

(6) Sauf accord du donneur de garantie, la vente, effectuée en vertu du paragraphe (3), doit se faire aux enchères publiques et après l'accomplissement des formalités suivantes:

a) l'envoi par courrier recommandé au donneur de garantie, à sa dernière adresse connue, d'un avis indiquant les date, heure et lieu de la vente et expédié dix jours au moins avant celle-ci;

b) l'insertion d'un avis annonçant la vente, au moins deux jours avant celle-ci, dans au moins deux journaux publiés au lieu fixé pour la vente ou au lieu le plus proche.

(7) Sous réserve des paragraphes (8), (9) et (10), les droits et pouvoirs de la banque concernant les biens visés par la garantie donnée conformément au présent article priment les droits subséquemment acquis sur ces biens, ainsi que ceux de tout détenteur d'un privilège de constructeur ou de vendeur impayé d'outillage ou de coffrage; ce droit de préférence ne s'applique pas à la créance du vendeur impayé qui avait un privilège sur l'outillage ou le coffrage à la date de l'obtention de la garantie par la banque, sauf si cette dernière n'avait

pas eu, à cette date, connaissance du privilège.

(8) Les droits et pouvoirs de la banque concernant les biens visés par une garantie donnée conformément au présent article ne priment pas les droits acquis sur ces biens, sauf si:

a) avant l'enregistrement de ces droits,

b) avant l'enregistrement ou le dépôt de l'acte ou autre instrument constatant ces droits, ou l'enregistrement ou le dépôt d'une mise en garde, d'un avertissement ou d'un bordereau concernant un tel intérêt ou droit,

il a été procédé à l'enregistrement ou au dépôt au bureau d'enregistrement ou bureau des titres fonciers compétent, ou au bureau compétent où sont enregistrés les droits, licences ou permis mentionnés au présent article:

c) soit d'un original de l'acte de garantie;

d) soit d'une copie de l'acte de garantie, certifiée conforme par un dirigeant ou un employé de la banque;

e) soit d'une mise en garde, d'un avertissement ou d'un bordereau concernant les droits de la banque.

(9) Le registraire ou préposé responsable du bureau d'enregistrement ou du bureau des titres fonciers compétent ou d'un autre bureau compétent auquel est présenté un document mentionné aux alinéas (8)c), d) ou e) doit l'enregistrer ou le déposer conformément à la procédure ordinaire d'enregistrement ou de dépôt de tels documents, sous réserve du paiement des droits applicables.

(10) Les paragraphes (8) et (9) ne sont pas applicables si la loi provinciale en cause ne permet pas l'enregistrement ou le dépôt du document présenté ou si les lois fédérales régissant la propriété et l'aliénation du bien qui fait l'objet d'une garantie donnée en vertu du présent article ne prévoient pas, par un renvoi exprès au présent article, l'enregistrement ou le dépôt du document présenté.

(11) Lorsqu'elle fait un prêt ou une avance garantis conformément au présent article, la banque peut prendre, sur tout bien visé par cette garantie, toute autre garantie qu'elle juge utile.

(12) Par dérogation aux autres dispositions de la présente loi, la banque qui détient une garantie sur des hydrocarbures ou des substances minérales peut prendre, en remplacement de celle-ci, une garantie portant sur la livraison d'une quantité équivalente des mêmes hydrocarbures ou substances minérales ou d'hydrocarbures ou de substances minérales de même qualité ou du même type ou lui donnant droit à une telle livraison. [1991, c. 46, art. 426].

427. (1) La banque peut consentir des prêts ou avances de fonds:

a) à tout acheteur, expéditeur ou marchand en gros ou au détail de produits agricoles, aquicoles, forestiers, des carrières, des mines ou aquatiques ou d'effets, denrées ou marchandises fabriqués ou autrement obtenus, moyennant garantie portant sur ces produits ou sur ces effets, denrées ou marchandises ainsi que sur les effets, denrées ou marchandises servant à leur emballage;

b) à toute personne faisant des affaires en qualité de fabricant, moyen-

nant garantie portant sur les effets, denrées ou marchandises qu'elle fabrique ou produit, ou qui sont acquis à cette fin, ainsi que sur les effets, denrées ou marchandises servant à leur emballage;

c) à tout aquiculteur moyennant garantie portant sur son stock en croissance ou les produits de son exploitation aquicole ou sur son matériel aquicole immobilier ou mobilier;

d) à tout agriculteur, moyennant garantie portant sur ses récoltes ou sur son matériel agricole immobilier ou mobilier;

e) à tout aquiculteur:

(i) pour l'achat de stock géniteur aquicole ou de stock aquicole de départ, moyennant garantie portant sur ceux-ci et sur tout produit qui en proviendra,

(ii) pour l'achat d'insecticides, moyennant garantie portant sur ces insecticides et sur tout produit de l'exploitation aquicole sur lequel ils doivent être utilisés,

(iii) pour l'achat de nourriture, médicaments vétérinaires, produits biologiques ou vaccins, moyennant garantie portant sur ceux-ci et sur tout produit de l'exploitation aquicole sur lequel ils doivent être utilisés;

f) à tout agriculteur:

(i) pour l'achat de semences, notamment de pommes de terre, moyennant garantie portant sur les semences et sur toute récolte qui en proviendra,

(ii) pour l'achat d'engrais et d'insecticides, moyennant garantie portant sur ces engrais et insecticides et sur toute récolte que produira la terre sur laquelle, dans la même saison, ils doivent être utilisés;

g) à tout aquiculteur moyennant garantie portant sur les organismes animaux et végétaux aquatiques, étant entendu que la garantie prise en vertu du présent alinéa n'est pas valable à l'égard des organismes qui sont, au moment où la garantie est prise et en vertu d'une loi en vigueur à ce moment, insaisissables par voie de bref d'exécution et exclus des biens qui peuvent être donnés en garantie d'un emprunt par cet aquiculteur;

h) à tout agriculteur ou à toute personne se livrant à l'élevage du bétail, moyennant garantie portant sur des grains de provende ou du bétail, étant entendu que la garantie prise en vertu du présent alinéa n'est pas valable à l'égard du bétail qui est, au moment où la garantie est prise et en vertu d'une loi en vigueur à ce moment, insaisissable par voie de bref d'exécution et exclu des biens qui peuvent être donnés en garantie d'un emprunt par cet agriculteur ou cette personne se livrant à l'élevage du bétail;

i) à tout aquiculteur pour l'achat d'instruments aquicoles, moyennant garantie portant sur ces instruments;

j) à tout agriculteur pour l'achat d'instruments agricoles, moyennant garantie portant sur ces instruments;

k) à tout aquiculteur pour l'achat ou l'installation de matériel aquicole immobilier ou d'installations électriques aquicoles, moyennant garantie portant sur ce matériel ou ces installations électriques;

l) à tout agriculteur pour l'achat ou l'installation de matériel agricole immobilier ou d'installations électriques de ferme, moyennant garantie portant sur ce matériel ou ces installations électriques;

m) à tout aquiculteur pour:

(i) la réparation ou la révision de matériel aquicole mobilier ou immobilier ou d'installations électriques aquicoles,

(ii) la modification ou l'amélioration d'installations électriques aquicoles,

(iii) l'érection ou la construction de clôtures ou d'ouvrages de drainage sur l'exploitation aquicole pour la conservation, l'élevage, la culture ou la protection d'organismes animaux et végétaux aquatiques ou pour leur alimentation en eau et l'évacuation des eaux,

(iv) la construction, la réparation, la modification ou l'agrandissement de tout édifice ou bâtiment de l'exploitation aquicole,

(v) toute entreprise en vue de l'amélioration ou de la mise en valeur d'une exploitation aquicole pouvant faire l'objet d'un prêt au sens de la *Loi sur les prêts aux petites entreprises* ou de la *Loi sur les prêts destinés aux améliorations agricoles,*

moyennant garantie portant sur le matériel aquicole mobilier ou immobilier, étant entendu que la garantie prise en vertu du présent alinéa n'est pas valable en ce qui concerne le matériel qui est, au moment où la garantie est prise et en vertu d'une loi en vigueur à ce moment, insaisissable par voie de bref d'exécution et exclu des biens qui peuvent être donnés en garantie d'un emprunt par cet aquiculteur;

n) à tout agriculteur pour:

(i) la réparation ou la révision de matériel agricole mobilier ou immobilier ou d'installation électrique de ferme,

(ii) la modification ou l'amélioration d'installations électriques de ferme,

(iii) l'érection ou la construction de clôtures ou d'ouvrages de drainage de la ferme,

(iv) la construction, la réparation, la modification ou l'agrandissement de tout édifice ou bâtiment de la ferme,

(v) toute entreprise en vue de l'amélioration ou de la mise en valeur d'une ferme pouvant faire l'objet d'un prêt au sens de la *Loi sur les prêts destinés aux améliorations agricoles*,

(vi) toute fin pouvant faire l'objet d'un prêt au sens de la *Loi sur les prêts destinés aux améliorations agricoles et à la commercialisation selon la formule coopérative*,

moyennant garantie portant sur le matériel agricole mobilier ou immobilier, étant entendu que la garantie prise en vertu du présent alinéa n'est pas valable en ce qui concerne le matériel qui est, au moment où la garantie est prise et en vertu d'une loi en vigueur à ce moment, insaisissable par voie de bref d'exécution et exclu des biens qui peuvent être donnés en garantie d'un emprunt par cet agriculteur;

o) à tout pêcheur, moyennant garantie portant sur des bateaux ou engins de pêche ou des produits aquatiques, étant entendu que la garantie prise en vertu du présent alinéa n'est pas valable en ce qui concerne les biens qui sont, au moment où la garantie est prise et en vertu d'une loi en vigueur à ce moment, insaisissables par voie de bref d'exécution et exclus des biens qui peuvent être donnés en garantie d'un emprunt par ce pêcheur;

p) à tout sylviculteur, moyennant garantie portant sur des engrais, insec-

ticides, matériel sylvicole mobilier ou immobilier ou des produits forestiers, étant entendu que la garantie prise en vertu du présent alinéa n'est pas valable en ce qui concerne les biens de ce genre qui sont, au moment où la garantie est prise et en vertu d'une loi en vigueur à ce moment, insaisissables par voie de bref d'exécution et exclus des biens qui peuvent être donnés en garantie d'un emprunt par ce sylviculteur;

La garantie peut être accordée par le donneur de garantie ou pour son compte, au moyen d'un document signé, remis à la banque et établi en la forme réglementaire ou en une forme équivalente.

(2) La remise à la banque d'un document lui accordant, en vertu du présent article, une garantie sur des biens dont le donneur de garantie:

a) soit est propriétaire au moment de la remise du document,

b) soit devient propriétaire avant l'abandon de la garantie par la banque, que ces biens existent ou non au moment de cette remise,

confère à la banque, en ce qui concerne les biens visés, les droits et pouvoirs suivants:

c) s'il s'agit d'une garantie donnée soit en vertu des alinéas (1)*a)*, *b)*, *g)*, *h)*, *i)*, *j)* ou *o)*, soit en vertu des alinéas (1)*c)* ou *m)* et portant sur du matériel aquicole mobilier, soit en vertu des alinéas (1)*d)* ou *n)* et portant sur du matériel agricole mobilier, soit en vertu de l'alinéa (1)*p)* et portant sur du matériel sylvicole mobilier, les mêmes droits que si la banque avait acquis un récépissé d'entrepôt ou un connaissement visant ces biens;

d) s'il s'agit d'une garantie donnée:

(i) soit en vertu de l'alinéa (1)c) et portant sur du stock en croissance ou produits de l'exploitation aquicole ou du matériel aquicole immobilier,

(ii) soit en vertu de l'alinéa (1)d) et portant sur des récoltes ou du matériel agricole immobilier,

(iii) soit en vertu des alinéas (1)e), f), k) et l),

(iv) soit en vertu de l'alinéa (1)m) et portant sur du matériel aquicole immobilier,

(v) soit en vertu de l'alinéa (1)n) et portant sur du matériel agricole immobilier,

(vi) soit en vertu de l'alinéa (1)p) et portant sur du matériel sylvicole immobilier,

d'une part, un gage ou privilège de premier rang sur ces biens pour la somme garantie avec les intérêts y afférents et, le cas échéant, sur les récoltes avant comme après leur enlèvement du sol, la moisson ou le battage dont elles font l'objet et, d'autre part, les mêmes droits sur ces biens que si elle avait acquis un récépissé d'entrepôt ou un connaissement décrivant ces biens, étant entendu que tous les droits de la banque subsistent même si ces biens sont fixés à des biens immeubles ou si le donneur de garantie n'en est pas propriétaire.

Tous les biens, à l'égard desquels les droits sont dévolus à la banque sous le régime du présent article, sont, pour l'application de la présente loi, des biens affectés à la garantie.

(3) Lorsqu'une garantie sur des biens est donnée à la banque en vertu des alinéas (1)c) à p), celle-ci, agissant par l'intermédiaire de ses dirigeants,

employés ou mandataires, a, dans l'une des éventualités suivantes:

a) non-paiement d'un prêt ou d'une avance dont le remboursement est garanti;

b) défaut de prendre en charge les récoltes ou d'en faire la moisson ou de prendre soin du bétail, affectés à la garantie,

c) défaut de prendre en charge le stock en croissance ou les produits de l'exploitation aquicole ou de prendre soin des organismes animaux et végétaux aquatiques, affectés à la garantie,

d) défaut de prendre en charge les biens affectés à la garantie donnée en vertu des alinéas (1)i) à p),

e) tentative, sans le consentement de la banque, d'aliénation de biens affectés à la garantie,

f) saisie de biens affectés à la garantie,

tous les pouvoirs – en sus et sans préjudice des autres pouvoirs qui lui sont dévolus – pour prendre possession des biens affectés à la garantie ou les saisir et, en ce qui a trait au stock en croissance ou produits de l'exploitation aquicole ou aux récoltes sur pied ou produites à la ferme, les prendre en charge et, s'il y a lieu, en faire la moisson ou en battre le grain et, en ce qui a trait au bétail ou aux organismes animaux et végétaux aquatiques, en prendre soin; et à ces fins, elle a le droit de pénétrer sur le terrain ou dans les locaux et de détacher et d'enlever ces biens de tous biens immeubles auxquels ils sont fixés sauf les fils, conduits ou tuyaux incorporés à un bâtiment.

(4) Les dispositions suivantes s'appliquent lorsqu'une garantie sur des

biens est donnée à la banque conformément au présent article:

a) les droits et pouvoirs de la banque sur les biens affectés à la garantie sont inopposables aux créanciers du donneur de garantie et à ceux qui, de bonne foi, par la suite, prennent une hypothèque sur les biens affectés à la garantie ou les achètent, à moins qu'un préavis signé par le donneur de garantie ou pour son compte n'ait été enregistré à l'agence appropriée dans les trois années qui précèdent la date de la garantie;

b) l'enregistrement d'un préavis peut être annulé par l'enregistrement, à l'agence où le préavis a été enregistré, d'un certificat de dégagement signé au nom de la banque visée dans le préavis et précisant que toute garantie à laquelle se rapporte le préavis a été dégagée ou que nulle garantie n'a été donnée à la banque;

c) toute personne peut, en s'adressant à l'agent et sur paiement du droit fixée en application du paragraphe (6), recevoir communication de ses archives et notamment des préavis et certificats de dégagement;

d) toute personne peut s'enquérir, auprès d'une agence, de la validité d'un préavis par l'envoi franco à l'agent d'une demande écrite ou d'un télégramme; l'agent est tenu, dans le cas d'une demande écrite accompagnée de la somme fixée en application du paragraphe (6), de consulter les archives et les pièces pertinentes de l'agence et de communiquer à l'auteur de la demande le nom de la banque mentionnée dans le préavis; cette réponse est envoyée par lettre à moins qu'une réponse par télégramme n'ait été exigée, auquel cas il est envoyé aux frais du demandeur;

e) la preuve de l'enregistrement à une agence du préavis ou du certificat de dégagement, ainsi que des lieu, date, heure et numéro de l'enregistrement, peut se faire en produisant une copie certifiée par l'agent, sans qu'il soit nécessaire de prouver la signature ou la qualité de celui-ci.

(5) Les définitions qui suivent s'appliquent aux paragraphes (4) et (6).

«agence» Dans une province, le bureau de la Banque du Canada ou de son représentant autorisé, à l'exception de son bureau d'Ottawa; dans le territoire du Yukon et les Territoires du Nord-Ouest, le bureau du greffier de la cour de chacun de ces territoires respectivement.

«agence appropriée» Agence de la province où est situé l'établissement de la personne par ou pour qui est signé le préavis ou, si cette personne a plusieurs établissements au Canada qui se trouvent dans plusieurs provinces, l'agence de la province où elle a son principal établissement ou, à défaut d'établissement, l'agence de la province où elle réside; en ce qui concerne un préavis enregistré avant la date d'entrée en vigueur de la présente partie, «agence appropriée» désigne le bureau où l'enregistrement devait être effectué d'après la loi en vigueur à l'époque.

«agent» Préposé qui a la charge d'une agence ainsi que toute personne agissant pour ce préposé.

«archives» Registres et autres dossiers dont la tenue est exigée en vertu du paragraphe (4), étant entendu qu'ils peuvent être tenus au moyen de feuillets reliés ou non, sur pellicule photographique ou en utilisant un système mécanique ou électronique de traitement

de l'information ou tout autre procédé de stockage de données permettant d'obtenir les renseignements nécessaires en clair et après un délai d'attente satisfaisant.

«préavis» Préavis en forme réglementaire ou en forme comparable et, en outre, le préavis dont l'enregistrement, effectué avant la date d'entrée en vigueur de la présente partie, et la forme répondent aux modalités fixées par la loi en vigueur à l'époque.

«principal établissement» a) Dans le cas d'une personne morale constituée sous le régime d'une loi fédérale ou provinciale, le lieu au Canada où, d'après la charte, l'acte constitutif ou les règlements administratifs de la personne morale, est situé son siège; b) dans le cas de toute autre personne morale, le lieu où les actes de procédure en matière civile peuvent lui être signifiés dans la province où des prêts ou avances ont été consentis.

(6) Le gouverneur en conseil peut, pour l'application du présent article, prendre des règlements:

a) relatifs aux règles et à la procédure à suivre pour la tenue des archives, notamment l'enregistrement et l'annulation de préavis et l'accès aux archives;

b) exigeant le paiement de droits relatifs aux archives et en fixant le montant;

c) relatifs à toute autre question concernant la tenue des archives.

(7) Par dérogation au paragraphe (2), et même si le donneur de garantie portant sur des biens conformément au présent article a fait enregistrer le préavis s'y rapportant comme prévu au présent article, au cas où, en vertu de la *Loi sur la faillite et l'insolvabilité*, une ordonnance de séquestre est rendue contre le donneur de garantie ou il effectue une cession:

a) les créances des employés de l'entreprise ou de la ferme pour laquelle le donneur de garantie a acquis ou détient les biens affectés à la garantie et portant sur leurs salaires, traitements ou autres rémunérations des trois mois précédant la date de l'ordonnance ou de la cession,

b) les créances d'un agriculteur ou d'un producteur de produits agricoles, pour le montant des produits agricoles, qu'il a cultivés et obtenus sur une terre dont il est propriétaire ou locataire et qu'il a livrés au fabricant au cours des six mois précédant l'ordonnance ou la cession, jusqu'à concurrence du moins élevé des montants suivants:

(i) le montant total des créances de l'agriculteur ou du producteur,

(ii) le produit, exprimé en dollars, de mille cent multiplié par le dernier indice annuel moyen du Nombre – indice des prix à la ferme des produits agricoles pour le Canada –, publié par Statistique Canada et se rapportant à la date de l'ordonnance ou de la production de la créance,

priment les droits de la banque découlant d'une garantie reçue aux termes du présent article, selon l'ordre dans lequel elles sont mentionnées au présent paragraphe; la banque, qui prend possession ou réalise les biens affectés à la garantie, est responsable des créances jusqu'à concurrence du produit net de la réalisation, déduction faite des frais de réalisation, et est subrogée dans tous les droits des titulaires de ces créances

jusqu'à concurrence des sommes qu'elle leur a payées.

(8) À la première occasion où, après le 19 décembre 1990, l'indice visé au sous-alinéa (7)*b*)(ii) est ajusté ou fixé à nouveau sur une base différente, le sous-alinéa est modifié en y remplaçant la référence à mille cent dollars par le produit, arrondi au dollar supérieur, de mille cent dollars par l'indice tel qu'il était avant son ajustement ou sa nouvelle fixation, et le produit ainsi obtenu est divisé par l'indice tel qu'il est ajusté ou fixé à nouveau. À chaque nouvel ajustement ou nouvelle fixation sur une base différente, ce sous-alinéa est modifié en substituant au montant qui y est mentionné le montant calculé de la façon indiquée ci-dessus. [1991, c. 46, art. 427; 1992, c. 27, art. 90].

428. (1) Tous les droits de la banque sur les biens mentionnés ou visés dans un récépissé d'entrepôt ou un connaissement qu'elle a acquis ou détient, ainsi que ses droits sur les biens affectés à une garantie reçue en vertu de l'article 427, et qui équivalent aux droits découlant d'un récépissé d'entrepôt ou un connaissement visant ces biens priment, sous réserve du paragraphe 427(4) et des paragraphes (3) à (6) du présent article, tous les droits subséquemment acquis sur ces biens, ainsi que la créance de tout vendeur impayé.

(2) Le droit de préférence visé au paragraphe (1) n'est pas accordé sur la créance du vendeur impayé qui avait un privilège sur les biens à la date où la banque a acquis le récépissé d'entrepôt, le connaissement ou la garantie, sauf si cette acquisition s'est faite sans que la banque ait eu connaissance du privilège; lorsque la garantie porte sur

du matériel aquicole immobilier en vertu des alinéas 427(1)*c*) ou *m*), du matériel agricole immobilier en vertu des alinéas 427(1)*d*) ou *n*), du matériel aquicole immobilier ou une installation électrique aquicole en vertu de l'alinéa 427(1)*k*), du matériel agricole immobilier ou une installation électrique de ferme en vertu de l'alinéa 427(1)*l*) ou du matériel sylvicole immobilier en vertu de l'alinéa 427(1)*p*), le droit de préférence existe malgré le fait que ces biens sont fixés à des biens immeubles ou le deviennent par la suite.

(3) Les droits de la banque qui a reçu une garantie portant soit sur du matériel aquicole immobilier en vertu des alinéas 427(1)*c*) ou *m*), soit sur du matériel agricole immobilier en vertu des alinéas 427(1)*d*) ou *n*), soit sur du matériel aquicole immobilier ou une installation électrique aquicole en vertu de l'alinéa 427(1)*k*), soit sur du matériel agricole immobilier ou une installation électrique de ferme en vertu de l'alinéa 427(1)*l*), soit sur du matériel sylvicole immobilier en vertu de l'alinéa 427(1)*p*), qui est fixé à des biens immeubles ou qui le devient par la suite ne priment pas les droits acquis sur les biens immeubles après que ce matériel y a été fixé, sauf si, avant:

a) l'enregistrement de ces droits,

b) l'enregistrement ou le dépôt de l'acte ou autre instrument constatant ces droits, ou l'enregistrement ou le dépôt d'une mise en garde, d'un avertissement ou d'un bordereau les concernant,

il a été procédé à l'enregistrement ou au dépôt, au bureau d'enregistrement ou au bureau des titres fonciers compétent:

c) soit d'un original du document donnant la garantie;

d) soit d'une copie du document donnant la garantie, certifiée conforme par un dirigeant ou un employé de la banque;

e) soit d'une mise en garde, d'un avertissement ou d'un bordereau concernant les droits de la banque.

(4) Tout registraire ou préposé d'un bureau d'enregistrement ou d'un bureau des titres fonciers compétent doit, sur présentation du document mentionné aux alinéas (3)*c*), *d*) ou *e*), l'enregistrer ou le déposer d'après la procédure ordinaire pour l'enregistrement ou le dépôt, dans ce bureau, de documents attestant des privilèges ou charges, ou des mises en garde, des avertissements ou des bordereaux concernant des réclamations, intérêts ou droits afférents aux biens immeubles, sous réserve du paiement des droits correspondants; le paragraphe (3) et le présent paragraphe ne sont pas applicables si la loi provinciale ne permet pas l'enregistrement ou le dépôt du document présenté.

(5) Les droits de la banque qui a, sous le régime de l'alinéa 427(1)*o*), reçu une garantie portant sur un bateau de pêche inscrit, enregistré ou immatriculé conformément à la *Loi sur la marine marchande du Canada* ou au *Code maritime*, chapitre 41 des Statuts du Canada de 1977-78, ne priment pas les droits subséquemment acquis sur le bateau, inscrits et enregistrés sous le régime de cette loi ou de ce Code, à moins qu'une copie de l'acte de garantie, certifiée conforme par un dirigeant de la banque, n'ait été préalablement inscrite ou enregistrée selon la loi ou le Code.

(6) Une copie de l'acte de garantie, certifiée par un dirigeant de la banque, peut être inscrite ou enregistrée aux termes de la *Loi sur la marine marchande du Canada* ou du *Code maritime*, chapitre 41 des Statuts du Canada de 1977-78, comme s'il s'agissait d'une hypothèque consentie sous le régime de cette loi ou de ce Code; et dès l'inscription ou l'enregistrement de cette copie, la banque, en plus des autres droits qui lui sont conférés et sans qu'il y soit porté atteinte, possède sur le bateau tous les droits qu'elle aurait eus s'il s'était agi d'une hypothèque inscrite ou enregistrée sous le régime de cette loi ou de ce Code.

(7) En cas de non-paiement d'une dette, d'un engagement, d'un prêt ou d'une avance, pour lesquels la banque a acquis et détient un récépissé d'entrepôt ou un connaissement ou une garantie prévue à l'article 427, la banque peut vendre la totalité ou une partie des biens en question pour se rembourser en principal, intérêts et frais, en remettant tout surplus au donneur de la garantie.

(8) Sauf accord du donneur de garantie et sauf si les biens sont périssables et que leur vente en conformité avec les modalités suivantes pourrait causer une diminution importante de leur valeur, la vente visée au paragraphe (7) doit se faire aux enchères publiques après l'accomplissement des formalités suivantes:

a) pour les biens autres que le bétail:

(i) l'envoi, sous plis recommandés, au donneur de garantie, à sa dernière adresse connue, d'un avis indiquant les date, heure et lieu de la vente et expédié dix jours au moins avant la date fixée ou trente jours au moins avant celle-ci s'il s'agit de produits forestiers,

(ii) l'insertion d'un avis annonçant la vente avec indication des date, heure et lieu, au moins deux jours avant la date fixée, dans au moins deux journaux paraissant au lieu de vente ou au lieu le plus proche;

b) pour le bétail:

(i) l'insertion d'un avis indiquant les date, heure et lieu de la vente, au moins cinq jours avant celle-ci, dans un journal paraissant au lieu fixé pour la vente ou au lieu le plus proche,

(ii) l'affichage au bureau de poste le plus rapproché du lieu fixé pour la vente, au moins cinq jours avant celle-ci, d'un avis écrit, énonçant les date, heure et lieu de la vente.

Le produit d'une vente de bétail, déduction faite des frais engagés par la banque et des frais de saisie et de vente, devient affecté en premier lieu à l'acquittement des privilèges, des nantissements ou gages primant la garantie accordée à la banque et pour lesquels des réclamations ont été présentées à la personne faisant la vente, et en second lieu au remboursement de la créance, en principal et intérêts, de la banque, le surplus étant remis au donneur de garantie.

(9) Toute vente de biens par la banque aux termes des paragraphes (7) et (8) attribue à l'acquéreur l'ensemble des droits et titres afférents aux biens, que la personne qui a donné la garantie en vertu de l'article 435 possédait lorsque la garantie a été donnée, ou que la personne qui a donné la garantie en vertu de l'article 427 possédait lorsque la garantie a été donnée et qu'elle a acquis par la suite.

(10) La banque qui vend des biens aux termes des paragraphes (7) et (8)

ou en vertu d'un accord conclu avec le donneur de garantie doit agir honnêtement et effectuer la vente en temps opportun et de façon indiquée, compte tenu de la nature des biens et des intérêts du donneur de garantie; dans le cas d'une vente en vertu d'un accord, la banque doit donner au donneur de garantie un avis raisonnable, sauf si les biens sont périssables et qu'une telle formalité pourrait entraîner une diminution importante de leur valeur.

(11) Sous réserve de l'article 427 et du présent article ainsi que de tout accord entre la banque et le donneur de garantie, lorsque, en vertu du paragraphe 427(3), la banque prend possession de biens qui lui ont été donnés en garantie ou les saisit, elle doit, dans les meilleurs délais compte tenu de la nature des biens, les vendre en totalité ou en partie, de manière à pouvoir payer, avec intérêts et frais, la créance, l'engagement, le prêt ou l'avance, pour lesquels les biens ont été donnés en garantie.

(12) En cas de transformation des effets, denrées ou marchandises visés dans un récépissé d'entrepôt ou un connaissement acquis et détenu par la banque ou affectés à une garantie donnée à celle-ci en vertu de l'article 427, la banque possède sur les effets, denrées ou marchandises transformés ou en cours de transformation les mêmes droits qu'elle avait sur eux dans leur état initial, aux mêmes fins et conditions.

(13) Lorsque le paiement ou l'acquittement d'une dette, d'une obligation, d'un prêt ou d'une avance assorti d'une garantie au profit de la banque sous le régime des articles 426, 427 ou 435 est garanti par une tierce personne, et que la dette, l'obligation, l'avance ou le prêt

est remboursé ou acquitté par le garant, ce dernier est subrogé dans tous les droits de la banque en vertu de la garantie que la banque détenait à leur égard sous le régime de ces articles et du présent article.

(14) La banque peut céder tout ou partie de ses droits sur les biens affectés à une garantie qui lui a été donnée aux termes des alinéas 427(1)*i*), *j*), *k*), *l*), *m*), *n*), *o*) ou *p*); le cessionnaire possède les droits que la garantie conférait à la banque. [1991, c. 46, art. 428].

429. (1) La banque ne peut acquérir ni détenir aucun récépissé d'entrepôt ou connaissement, ni aucune garantie prévue à l'article 427, pour garantir le paiement d'une dette, d'une obligation, d'une avance ou d'un prêt que si ceux-ci sont intervenus:

a) soit au moment de cette acquisition par la banque;

b) soit sur un engagement écrit ou une convention prévoyant que le récépissé d'entrepôt ou le connaissement ou la garantie prévue à l'article 427 serait donné à la banque, auquel cas la dette ou l'obligation peut être contractée, ou l'avance ou le prêt consenti, avant, pendant ou après cette acquisition.

La dette, l'obligation, l'avance ou le prêt peuvent faire l'objet d'un renouvellement ou d'une prorogation d'échéance, sans qu'il soit porté atteinte à la garantie.

(2) La banque peut:

a) lors de l'expédition de biens pour lesquels elle détient un récépissé d'entrepôt, ou une garantie visée à l'article 427, remettre le récépissé ou la garantie et recevoir en échange un connaissement;

b) lors de la réception de biens pour lesquels elle détient un connaissement ou une garantie visée à l'article 427, soit remettre le connaissement ou la garantie, entreposer les biens et obtenir en conséquence un récépissé d'entrepôt, soit expédier les biens, en totalité ou en partie, et obtenir ainsi un autre connaissement;

c) remettre tout connaissement ou récépissé d'entrepôt qu'elle détient et recevoir en échange une garantie visée par la présente loi;

d) lorsque, sous le régime de l'article 427, elle détient une garantie sur du grain entreposé dans un silo, obtenir, en échange de la garantie, un connaissement portant sur ce grain ou du grain de la même qualité ou du même type, expédié à partir du silo, jusqu'à concurrence de la quantité expédiée;

e) lorsqu'elle détient une garantie quelconque portant sur du grain, obtenir, en échange de cette garantie et jusqu'à concurrence de la quantité couverte par celle-ci, un connaissement ou un récépissé d'entrepôt portant sur ce grain ou du grain de la même qualité ou du même type, ou tout document qui lui donne droit, en vertu de la *Loi sur les grains du Canada*, à la livraison du grain ou du grain de la même qualité ou du même type. [1991, c. 46, art. 429].

430. La banque peut consentir des prêts ou des avances de fonds à un séquestre, à un séquestre-gérant, à un liquidateur nommé en vertu de toute loi sur les liquidations, ou à un gardien, à un séquestre intérimaire ou à un syndic nommé en vertu de la *Loi sur la faillite*

et l'insolvabilité, lorsque ceux-ci sont dûment autorisés à emprunter; la banque peut, en consentant le prêt ou l'avance, et postérieurement, obtenir de ces personnes, avec ou sans leur caution personnelle, des garanties dont le montant et les biens qui y sont affectés sont déterminés ou autorisés par tout tribunal compétent. [1991, c. 46, art. 430; 1992, c. 27, art. 90].

431. En cas de non-remboursement de prêt, d'avance ou de dette ou de non-exécution des obligations, la banque peut disposer des valeurs mobilières acquises et détenues en garantie, notamment en les vendant et en les transférant comme pourrait le faire un particulier dans les mêmes circonstances et sous réserve des restrictions applicables; le droit, prévu au présent article, de disposer des valeurs mobilières et de les aliéner peut, par accord entre la banque et le donneur de garantie, faire l'objet d'une renonciation ou d'une modification. [1991, c. 46, art. 431].

432. La banque a, pour tout bien meuble sur lequel elle a obtenu une garantie, les droits que la présente loi lui reconnaît à l'égard des biens immeubles sur lesquels elle a obtenu une garantie. [1991, c. 46, art. 432].

433. La banque peut acheter des biens immeubles mis en vente:

a) sur exécution, par suite d'insolvabilité, ou en vertu d'une ordonnance ou décision d'un tribunal, ou pour recouvrement d'impôts, comme s'ils appartenaient à l'un de ses débiteurs;

b) par un créancier détenteur d'une hypothèque ou d'une charge d'un rang supérieur à celui de l'hypothèque ou de la charge détenue par la banque;

c) par la banque en vertu d'un pouvoir qui lui a été accordé à cette fin, lorsqu'un avis de cette vente, effectuée aux enchères au dernier enchérisseur a été préalablement donné par annonce insérée pendant quatre semaines dans un journal publié dans le comté ou la circonscription électorale où sont situés les biens,

lorsque, dans des circonstances analogues, un particulier pourrait également les acheter, sans aucune restriction quant à la valeur des biens; elle peut acquérir le titre de propriété de ces biens comme pourrait le faire dans les circonstances identiques le particulier qui achète à une vente effectuée soit par le shérif, soit pour recouvrement d'impôts, soit en vertu d'un pouvoir de vendre; la banque peut prendre, garder, détenir et aliéner les biens ainsi achetés. [1991, c. 46, art. 433].

434. (1) La banque peut acquérir et détenir le titre absolu de propriété des biens immeubles grevés d'une hypothèque garantissant un prêt ou une avance faite par elle ou une dette ou obligation contractée envers elle, soit en obtenant l'abandon du droit de réméré sur le bien grevé d'une hypothèque, soit en obtenant une forclusion, ou par d'autres moyens permettant à des particuliers de faire obstacle à l'exercice du droit de réméré ou d'obtenir le transfert de titre de biens immeubles; elle peut acheter et acquérir toute hypothèque ou autre charge antérieure sur ces biens.

(2) Aucune charte, loi ou règle de droit ne doit s'interpréter comme ayant été destinée à interdire ou comme interdisant à la banque d'acquérir et de détenir le titre absolu de propriété des biens immeubles grevés d'une hypothèque, quelle qu'en soit la valeur, ou d'exercer le droit découlant d'une hy-

pothèque consentie en sa faveur ou détenue par elle, lui conférant l'autorisation ou lui permettant de vendre ou de transférer les biens grevés. [1991, c. 46, art. 434].

435. (1) La banque peut acquérir et détenir tout récépissé d'entrepôt ou connaissement à titre de garantie soit du paiement de toute dette contractée envers elle, soit de toute obligation contractée par elle pour le compte d'une personne, dans le cadre de ses opérations bancaires.

(2) Tout récépissé d'entrepôt ou connaissement confère à la banque qui l'a acquis, en vertu du paragraphe (1), à compter de la date de l'acquisition:

a) les droit et titre de propriété que le précédent détenteur ou propriétaire avait sur le récépissé d'entrepôt ou le connaissement et sur des effets, denrées ou marchandises qu'il vise;

b) les droit et titre qu'avait la personne, qui les a cédés à la banque, sur les effets, denrées ou marchandises qui y sont mentionnés, si le récépissé d'entrepôt ou le connaissement est fait directement en faveur de la banque, au lieu de l'être en faveur de leur précédent détenteur ou propriétaire. [1991, c. 46, art. 435].

436. (1) Si le précédent détenteur d'un récépissé d'entrepôt ou d'un connaissement visé à l'article 435 a, selon le cas:

a) reçu de leur propriétaire ou d'une personne autorisée par celui-ci la possession des effets, denrées ou marchandises qui y sont mentionnées;

b) reçu en consignation de leur propriétaire ou d'une personne autorisée par celui-ci, les effets, denrées ou marchandises;

c) obtenu du propriétaire des effets, denrées ou marchandises ou d'une personne autorisée par celui-ci la possession d'un document les représentant – tel qu'un connaissement, un reçu ou un ordre – et utilisé en matière commerciale pour établir la possession et la garde d'effets, denrées ou marchandises ou pour autoriser le détenteur d'un tel document à les transférer ou à les obtenir, par voie d'endossement ou de tradition,

la banque est, dès l'acquisition du récépissé d'entrepôt ou du connaissement, investie du droit et du titre du propriétaire des effets, denrées ou marchandises, sous réserve du droit du propriétaire de se les faire rétrocéder en honorant la dette ou l'obligation en garantie de laquelle la banque détient le récépissé d'entrepôt ou le connaissement.

(2) Pour l'application du présent article, est réputée possesseur des effets, denrées ou marchandises ou d'un connaissement, reçu, ordre ou autre document toute personne:

a) qui en a la possession réelle;

b) pour le compte de qui une tierce personne détient les effets, denrées ou marchandises ou le connaissement, reçu, arrêté ou autre document. [1991, c. 46, art. 436].

Dépôts

437. (1) La banque peut, sans aucune intervention extérieure, accepter un dépôt d'une personne ayant ou non la capacité juridique de contracter de même que payer, en tout ou en partie, le principal et les intérêts correspondants à cette personne ou à son ordre.

(2) Le paragraphe (1) ne s'applique pas en ce qui concerne le paiement qui y est prévu si, avant le paiement, les fonds déposés auprès de la banque conformément à ce paragraphe sont réclamés par une autre personne:

a) soit dans le cadre d'une action ou autre procédure à laquelle la banque est partie et à l'égard de laquelle un bref ou autre acte introductif d'instance lui a été signifié;

b) soit dans le cadre de toute autre action ou procédure en vertu de laquelle une injonction ou ordonnance du tribunal enjoignant à la banque de ne pas verser ces fonds ou de les verser à une autre personne que le déposant a été signifié à la banque.

Dans le cas d'une telle réclamation, les fonds ainsi déposés peuvent être versés soit au déposant avec le consentement du réclamant, soit au réclamant avec le consentement du déposant.

(3) La banque n'est pas tenue de veiller à l'exécution d'une fiducie, explicite ou d'origine juridique, à laquelle est assujetti un dépôt effectué sous le régime de la présente loi. [1991, c. 46, art. 437].

L'article 427 de la présente loi sera modifié lors de l'entrée en vigueur de l'article 78 du chapitre 28 des lois de 1993 à la date ou aux dates fixées par décret du gouvernement, mais au plus tard le 1er avril 1999.
L'article 427 de la présente loi sera modifié lors de l'entrée en vigueur de l'article 47 du chapitre 15 des lois de 1997 à la date fixée ou aux dates fixées par décret du gouvernement.
Le paragraphe 427(8) de la présente loi sera abrogé lors de l'entrée en vigueur du paragraphe 47(2) du chapitre 15 des lois de 1997 à la date fixée ou aux dates fixées par décret du gouvernement.

Loi sur le curateur public,
L.R.Q., c. C-81

PARTIE I
PARTIE I
LOI SUR LE CURATEUR PUBLIC

CHAPITRE I
L'ORGANISATION ADMINISTRATIVE

1. Le gouvernement nomme une personne pour agir comme curateur public. [1989, c. 54, art. 1].

2. La durée du mandat du curateur public est de cinq ans; il demeure en fonction à l'expiration de son mandat, jusqu'à ce qu'il soit nommé de nouveau ou remplacé. [1989, c. 54, art. 2].

3. Le curateur public peut en tout temps renoncer à ses fonctions, en donnant un avis écrit au ministre des Relations avec les citoyens et de l'Immigration.

Il ne peut être destitué que pour cause. [1989, c. 54, art. 3; 1996, c. 21, art. 45].

4. Le gouvernement fixe la rémunération, les avantages sociaux et les autres conditions de travail du curateur public. [1989, c. 54, art. 4].

5. Le curateur public doit s'occuper exclusivement des devoirs de ses fonctions et ne peut occuper aucune autre fonction, charge ou emploi, à moins d'y être autorisé par le gouvernement. [1989, c. 54, art. 5].

6. Le curateur public doit, avant de commencer à exercer ses fonctions, prêter le serment ou faire l'affirmation solennelle qui suit:

«Je (...) jure (*ou* affirme solennellement) de remplir fidèlement et honnêtement au meilleur de ma capacité et de mes connaissances, tous les devoirs de curateur public et d'en exercer de même tous les pouvoirs. Je jure (*ou* affirme solennellement) de plus que je ne révélerai et ne ferai connaître, sans y être dûment autorisé, quoi que ce soit dont j'aurai eu connaissance dans l'exercice de ma charge».

Le curateur public exécute cette obligation devant le juge en chef de la Cour du Québec et l'écrit constatant le serment ou l'affirmation solennelle est transmis au ministre de la Justice. [1989, c. 54, art. 6].

7. Le curateur public désigne une ou des personnes, membres de son personnel, pour le remplacer en cas d'absence. Il peut également leur déléguer une partie de ses pouvoirs pour l'assister dans ses fonctions.

La désignation comme la délégation doivent être faites par écrit. Ces actes de désignation et de délégation sont publiés à la *Gazette officielle du Québec* mais prennent effet dès leur signature par le curateur public. [1989, c. 54, art. 7].

8. En cas de vacance de la charge ou d'incapacité d'agir du curateur public, le gouvernement désigne une personne pour exercer temporairement la fonction de curateur public.

Le gouvernement fixe, s'il y a lieu, le traitement, le traitement additionnel, les honoraires et les allocations de cette personne. [1989, c. 54, art. 8].

9. Le personnel du curateur public est nommé et rémunéré suivant la *Loi sur la fonction publique* (L.R.Q., chapitre F-3.1.1).

Le curateur public exerce, à l'égard de son personnel, les pouvoirs que cette loi confère à un dirigeant d'organisme. [1989, c. 54, art. 9].

10. Les membres du personnel du curateur public sont assujettis aux restrictions légales applicables à ce dernier quant aux biens dont il a la gestion. [1989, c. 54, art. 10].

11. Le curateur public peut, par écrit et dans la mesure qu'il indique, autoriser une personne physique ou morale, autre qu'un membre de son personnel, à exécuter les tâches nécessaires ou utiles à l'application de la présente loi.

L'autorisation doit être signée par le curateur public ou, en son nom, par une personne qu'il autorise à cette fin; elle peut, de même, être révoquée en tout temps. [1989, c. 54, art. 11].

CHAPITRE II
LES ATTRIBUTIONS

SECTION I
DISPOSITIONS GÉNÉRALES

12. Le curateur public exerce les attributions que lui confèrent le Code civil du Québec, la présente loi ou toute autre loi.

Il est notamment chargé:

1° de la surveillance de l'administration des tutelles et curatelles aux mineurs et aux majeurs et des curatelles aux biens des absents;

2° des tutelles, curatelles ou autres charges d'administrateur du bien d'autrui, lorsque ces charges lui sont confiées par un tribunal;

3° de la tutelle aux biens des mineurs, ainsi que de la tutelle ou de la curatelle aux majeurs sous un régime de protection qui ne sont pas pourvus d'un tuteur ou curateur. [1989, c. 54, art. 12].

SECTION II
LES INTERVENTIONS RELATIVES AUX RÉGIMES DE PROTECTION

13. Le curateur public peut intervenir dans toute instance relative:

1° à l'ouverture d'un régime de protection d'un majeur;

2° à l'homologation ou à la révocation d'un mandat donné par une personne en prévision de son inaptitude;

3° à l'intégrité d'un majeur inapte à consentir qui n'est pas pourvu d'un tuteur, curateur ou mandataire;

4° au remplacement du tuteur ou curateur d'un mineur ou d'un majeur protégé ou du curateur aux biens d'un absent. [1989, c. 54, art. 13; 1992, c. 57, art. 552].

14. Le curateur public peut, sur réception d'un rapport transmis par le directeur général d'un établissement visé par la *Loi sur les services de santé et les services sociaux et modifiant diverses dispositions législatives* (1991, chapitre 42) ou par la *Loi sur les services de santé et les services sociaux pour les*

autochtones cris (L.R.Q., chapitre S-5), constatant l'inaptitude d'un majeur à prendre soin de lui-même ou à administrer ses biens, prendre, dans un délai raisonnable, toute mesure appropriée, y compris la convocation d'une assemblée des parents, alliés ou amis du majeur, afin d'établir la condition du majeur, la nature et l'étendue de ses besoins et facultés et les autres circonstances dans lesquelles il se trouve. Il peut, s'il lui paraît opportun d'ouvrir un régime de protection, transmettre au protonotaire, avec un exposé de ses démarches, sa recommandation et proposer une personne qui soit apte à assister ou à représenter le majeur et qui y consente. Il dépose alors le rapport d'inaptitude au greffe du tribunal et avise de ce dépôt les personnes habilitées à demander l'ouverture d'un régime de protection. [1989, c. 54, art. 14; 1992, c. 21, art. 143; 1994, c. 23, art. 23; 1997, c. 75, art. 44].

SECTION III
LA REPRÉSENTATION ET LA DÉLÉGATION

15. Le curateur public doit, lorsqu'il exerce une tutelle ou une curatelle, rechercher un tuteur ou curateur pour le remplacer et, le cas échéant, il peut assister cette personne dans sa démarche pour être nommé à ce titre.

Il peut, dans sa recherche d'un tuteur ou curateur, prendre toute mesure nécessaire ou utile à cette fin, notamment convoquer une assemblée des parents, alliés ou amis de la personne inapte. [1989, c. 54, art. 15].

16. *(Abrogé).* [1992, c. 57, art. 553].

17. La personne à qui est délégué l'exercice de certaines fonctions de la tutelle ou de la curatelle d'un majeur doit, dans la mesure du possible, maintenir une relation personnelle avec le majeur, obtenir son avis, le cas échéant, et le tenir informé des décisions prises à son sujet. [1989, c. 54, art. 17; 1992, c. 57, art. 554].

18. Dans la mesure où l'article 258 du Code civil du Québec ne peut s'appliquer à une personne qui, sans y être domiciliée, se trouve au Québec, le tribunal peut désigner le curateur public pour agir provisoirement comme curateur, tuteur ou conseil jusqu'à ce qu'elle soit prise en charge conformément aux lois de son domicile. [1989, c. 54, art. 18; 1992, c. 57, art. 555].

19. Lorsqu'une personne qui est représentée par le curateur public ou dont celui-ci administre les biens ne réside plus habituellement au Québec, le curateur public peut s'adresser au tribunal afin d'être relevé de sa charge de tuteur ou de curateur.

Le tribunal ne peut faire droit à la demande que si le curateur public démontre que la personne concernée est légalement représentée suivant les lois du lieu de sa résidence habituelle. [1989, c. 54, art. 19].

SECTION IV
LA SURVEILLANCE

20. Le curateur public, dans l'exécution de sa charge de surveillance de l'administration des tutelles et curatelles, informe les tuteurs et curateurs qui le requièrent de la façon de remplir leurs obligations.

Les tuteurs et curateurs doivent transmettre au curateur public, dans les six mois de l'ouverture de la tutelle ou de la curatelle, une copie de l'inventaire des biens confiés à leur gestion, fait conformément au titre septième du Livre qua-

trième du Code civil du Québec relatif à l'administration du bien d'autrui; ils doivent également transmettre un rapport annuel de leur administration, une copie du rapport périodique d'évaluation de l'inaptitude du majeur à la fin de chaque année où celle-ci doit être effectuée, ainsi qu'une copie de leur reddition de compte. [1989, c. 54, art. 20].

21. Le curateur public peut exiger que les livres et comptes relatifs aux biens administrés par un tuteur ou un curateur soient vérifiés par un comptable, si la valeur des biens administrés excède 100 000$ ou s'il a un motif sérieux de craindre que la personne représentée ne subisse un préjudice en raison de la gestion du tuteur ou du curateur. [1989, c. 54, art. 21].

22. Le curateur public peut demander le remplacement d'un tuteur ou d'un curateur pour les motifs reconnus au Code civil du Québec ou lorsque le compte annuel du tuteur ou curateur, ou une enquête faite par le curateur public, donne sérieusement lieu de craindre que la personne représentée subit un préjudice en raison de l'inexécution ou de la mauvaise exécution des fonctions de tuteur ou de curateur. Il peut aussi demander la révocation de tout mandat donné en prévision d'une inaptitude si le mandat n'est pas fidèlement exécuté ou pour un autre motif sérieux.

Si le tribunal l'ordonne, le curateur public, pendant l'instance, exerce la tutelle ou la curatelle ou, lors d'une demande de révocation de mandat, assume la protection de la personne inapte ou l'administration de ses biens. [1989, c. 54, art. 22].

23. Plutôt que de demander le remplacement d'un tuteur ou d'un curateur ou la révocation d'un mandat, le curateur public peut, suivant les modalités qu'il indique, accepter du représentant ou du mandataire un engagement volontaire à l'effet de remédier à son défaut s'il y a lieu et de respecter dorénavant les obligations de sa charge qu'il a fait défaut d'exécuter ou qu'il a mal exécutées. [1989, c. 54, art. 23].

SECTION V
L'ADMINISTRATION PROVISOIRE
DE BIENS

24. Le curateur public assume l'administration provisoire des biens suivants:

1° les biens de l'absent, à moins que le tribunal ne désigne un autre administrateur;

2° les biens trouvés sur le cadavre d'un inconnu ou sur un cadavre non réclamé, sous réserve de la *Loi sur la recherche des causes et des circonstances des décès* (L.R.Q., chapitre R-0.2);

3° les biens situés au Québec, dont les propriétaires, les ayants cause ou les héritiers ou successibles sont inconnus ou introuvables ou auxquels ceux-ci ont renoncé;

4° les sommes d'argent destinées au paiement des intérêts et au remboursement des obligations ou autres titres d'emprunt, à l'exception de ceux émis, garantis ou assumés par le gouvernement ou garantis par le transport d'un engagement du gouvernement, lorsque ces sommes ne sont pas réclamées dans les trois ans qui suivent leur échéance;

5° le produit d'une police d'assurance sur la vie d'une personne et dont le bénéficiaire est inconnu ou introuvable;

1418

6° les biens délaissés par une personne morale dissoute jusqu'à ce qu'un liquidateur soit nommé ou qu'il agisse lui-même à ce titre;

7° les biens confiés à un administrateur du bien d'autrui et délaissés par lui, jusqu'à ce qu'un autre administrateur soit nommé;

8° les biens sans maître et ceux qui deviennent la propriété de l'État par déshérence ou confiscation définitive, sauf les biens visés à la section III.2 de la *Loi sur le ministère de la Justice* (chapitre M-19).

Sont réputés sans maître les effets déposés au greffe des tribunaux de juridiction criminelle qui ne sont pas réclamés dans l'année du jugement final ou de l'abandon des procédures.

Les biens visés aux paragraphes 1° à 6° deviennent la propriété de l'État dix ans après le début de l'administration provisoire du curateur public, dix ans après l'ouverture d'une succession ou dès que les propriétaires y renoncent, selon le cas. [1989, c. 54, art. 24; 1992, c. 57, art. 556; 1994, c. 29, art. 1; 1996, c. 64, art. 3].

25. Le curateur public a la simple administration des biens qu'il administre provisoirement sans être tenu de les conserver en nature, à moins que la loi ne prévoit autrement. [1989, c. 54, art. 25].

26. Tout détenteur de sommes d'argent destinées au paiement des intérêts et au remboursement d'obligations ou autres titres d'emprunt et qui n'ont pas été réclamées dans les trois ans qui suivent leur échéance doit immédiatement transmettre une déclaration à cet effet au curateur public et lui remettre, par la même occasion, les sommes d'argent qu'il détient.

Il en est de même pour tout assureur qui a émis une police d'assurance sur la vie d'une personne et dont le bénéficiaire est inconnu ou introuvable et pour toute personne en possession d'une telle police, quant au produit de la police qu'ils détiennent. [1989, c. 54, art. 26].

SECTION VI
L'ENQUÊTE

27. Le curateur public peut, de sa propre initiative ou sur demande, faire enquête relativement aux personnes qu'il représente, aux biens qu'il administre ou qui devraient être confiés à son administration et, généralement à toute personne sous régime de protection; il peut, de même, faire enquête relativement à toute personne inapte dont un mandataire prend soin ou administre les biens.

Le curateur public et toute personne qu'il autorise à enquêter sont investis des pouvoirs et de l'immunité des commissaires nommés en vertu de la *Loi sur les commissions d'enquête* (L.R.Q., chapitre C-37), sauf du pouvoir d'ordonner l'emprisonnement. [1989, c. 54, art. 27].

28. Malgré l'article 19 de la *Loi sur les services de santé et les services sociaux et modifiant diverses dispositions législatives* ou malgré l'article 7 de la *Loi sur les services de santé et les services sociaux pour les autochtones cris*, le curateur public ou une personne qu'il autorise peut pénétrer à toute heure raisonnable, ou en tout temps dans les cas d'urgence, dans une installation maintenue par un établissement visé, selon le cas, par l'une ou l'autre de ces lois afin de consulter sur place le dossier pertinent d'une personne inapte ou protégée et en tirer des copies. La personne autorisée par le curateur public

doit, sur demande, s'identifier et exhiber un certificat attestant son autorisation.

Sur demande, l'établissement doit transmettre au curateur public une copie de ce dossier. [1989, c. 54, art. 28; 1992, c. 21, art. 145; 1994, c. 23, art. 23].

CHAPITRE III
L'ADMINISTRATION

SECTION I
LES RÈGLES GÉNÉRALES DE L'ADMINISTRATION

29. Dès que des biens sont confiés à son administration, le curateur public doit, comme administrateur du bien d'autrui, procéder à la confection d'un inventaire conformément au titre septième du Livre quatrième du Code civil du Québec relatif à l'administration du bien d'autrui.

L'inventaire est fait sous seing privé; l'un des témoins doit, si possible, faire partie de la famille, de la parenté ou de l'entourage du propriétaire des biens. [1989, c. 54, art. 29; 1992, c. 57, art. 557].

30. Le curateur public a la simple administration des biens qui lui sont confiés, à moins que la loi ne prévoit autrement. [1989, c. 54, art. 30].

31. Le curateur public doit déposer pour enregistrement un avis énonçant sa qualité d'administrateur sur tout immeuble confié à son administration. Le registrateur est tenu de dénoncer au curateur public tout enregistrement subséquent.

La radiation de cet avis se fait par l'enregistrement d'un certificat du curateur public attestant la fin de son administration. [1989, c. 54, art. 31].

32. Lorsqu'il agit comme administrateur provisoire de biens, sauf pour les biens

visés au paragraphe 8° de l'article 24, le curateur public doit, sans délai, faire connaître sa qualité par avis publié, une fois, dans la *Gazette officielle du Québec*, ainsi que dans un journal circulant dans la localité où étaient situés ces biens au moment où il en est devenu administrateur. [1989, c. 54, art. 32].

33. Les biens dont l'administration est confiée au curateur public ne doivent pas être confondus avec les biens de l'État. [1989, c. 54, art. 33].

SECTION II
LES RÈGLES PARTICULIÈRES DE L'ADMINISTRATION

34. Lorsque les règles de l'administration du bien d'autrui prévoient que la personne représentée doit ou peut consentir à un acte, recevoir un avis ou être consultée, c'est le titulaire de l'autorité parentale ou le conjoint qui agit ou, à défaut ou en cas d'empêchement de celui-ci, un proche parent ou une personne qui démontre pour la personne représentée un intérêt particulier. Autrement, l'autorisation du tribunal est requise.

Le curateur public peut demander au tribunal la révision de la décision prise par la personne autorisée à décider pour le mineur ou le majeur en tutelle ou en curatelle dans un délai de dix jours à compter du jour où le curateur public est avisé de cette décision. [1989, c. 54, art. 34; 1992, c. 57, art. 558].

35. Le curateur public peut, sans autorisation du tribunal, emprunter sur la garantie des biens compris dans un patrimoine qu'il administre, les sommes nécessaires pour maintenir un immeuble en bon état d'entretien et de réparation ou pour acquitter les charges qui le grèvent. [1989, c. 54, art. 35].

36. Le curateur public peut, sans autorisation du tribunal, provoquer un partage, y participer ou transiger si la valeur des concessions qu'il fait, s'il en est, n'excède pas 5 000$. [1989, c. 54, art. 36].

37. Dans les cas de vente par le curateur public de biens visés à l'article 24 de la présente loi, l'autorisation du tribunal n'est pas requise, à moins que la valeur des biens excède la somme de 25 000$.

Pour déterminer la valeur d'un immeuble aux fins du présent article, la valeur inscrite au rôle d'évaluation de la municipalité est multipliée par le facteur établi pour ce rôle par le ministre des Affaires municipales en vertu de la *Loi sur la fiscalité municipale* (L.R.Q., chapitre F-2.1). [1989, c. 54, art. 37].

38. Le curateur public n'est pas tenu, pour faire les actes visés par les articles 35 à 37 de la présente loi, de suivre les formalités prévues aux articles 1303 et 1305 du Code civil du Québec, de même que celles prévues à l'article 34 de la présente loi.

Les autorisations du tribunal, prévues dans la présente section, s'obtiennent conformément aux règles établies au Code de procédure civile pour les matières non contentieuses. [1989, c. 54, art. 38; 1992, c. 57, art. 559].

39. Dans le cours de son administration, le curateur public est tenu, une fois l'an, à la demande d'un mineur ou d'un majeur représenté, d'un proche parent ou d'une personne qui démontre un intérêt particulier pour le mineur ou le majeur, de rendre un compte sommaire de sa gestion.

En aucun cas, il n'est tenu de fournir une sûreté. [1989, c. 54, art. 39; 1992, c. 57, art. 560].

SECTION III
LA FIN DE L'ADMINISTRATION

40. L'administration du curateur public se termine de plein droit lorsque:

1° il est notifié que la tutelle, la curatelle ou la liquidation prend fin ou qu'un jugement nomme un autre tuteur, curateur ou liquidateur;

2° l'absent revient, un tuteur est nommé à ses biens ou un jugement le déclare décédé;

3° l'héritier, le propriétaire inconnu ou introuvable ou le titulaire d'un titre d'emprunt visé au paragraphe 4° de l'article 24 se présente dans les dix ans du début de l'administration;

4° le bénéficiaire du produit d'une police d'assurance sur la vie se présente dans les dix ans de la possession du produit de cette police d'assurance par le curateur public;

5° les biens appartenant à l'État sont remis au ministre des Finances.

Le curateur public a la pleine administration des biens appartenant à l'État, à compter de la date à laquelle celui-ci en devient propriétaire.

Il appartient à celui qui se présente d'établir sa qualité. [1989, c. 54, art. 40; 1992, c. 57, art. 561; 1994, c. 29, art. 2].

41. Le curateur public est, à la fin de son administration, comptable de celle-ci. [1989, c. 54, art. 41].

42. Après le décès d'une personne qu'il représente ou dont il administre les

biens, le curateur public continue son administration jusqu'à la notification, par courrier recommandé ou certifié, de l'acceptation de sa charge par l'exécuteur testamentaire ou, à défaut d'exécuteur testamentaire, de l'acceptation de la succession par les héritiers. Si cette dernière acceptation n'est pas faite dans les dix ans de l'ouverture de la succession, celle-ci est dévolue à l'État.

Il prend, au besoin, les mesures nécessaires pour procéder à l'inhumation ou à l'incinération du cadavre de la personne décédée, aux frais de la succession et suivant les principes religieux propres à la personne décédée. [1989, c. 54, art. 42].

SECTION IV
LES PATRIMOINES ADMINISTRÉS

43. Le curateur public doit maintenir une administration et une comptabilité distinctes à l'égard de chacun des patrimoines dont il est chargé de l'administration. Il n'est responsable des dettes relatives à un patrimoine qu'il administre que jusqu'à concurrence de la valeur des biens de ce patrimoine. [1989, c. 54, art. 43].

44. Le curateur public peut constituer des portefeuilles collectifs avec les sommes d'argent disponibles provenant des biens qu'il administre.

Pour les fins de la gestion collective, le curateur public peut effectuer des placements au porteur, pourvu qu'il s'agisse de placements présumés sûrs visés à l'article 1339 du Code civil du Québec. [1989, c. 54, art. 44; 1992, c. 57, art. 562; 1994, c. 29, art. 3].

45. Le curateur public doit, au moins deux fois par année, créditer le compte de chacune des personnes dont il administre les biens, des revenus des portefeuilles collectifs selon la valeur de leur participation à chacun de ces portefeuilles, sous réserve de l'article 56. [1989, c. 54, art. 45; 1994, c. 29, art. 4].

46. Le ministre des Relations avec les citoyens et de l'Immigration constitue un comité chargé de conseiller le curateur public en matière de placement des biens dont il assume l'administration collective. [1989, c. 54, art. 46; 1997, c. 80, art. 28].

47. Les membres du comité sont nommés pour un mandat d'au plus trois ans. Ils demeurent en fonction à l'expiration de leur mandat, jusqu'à ce qu'ils soient nommés de nouveau ou remplacés. [1989, c. 54, art. 47].

48. Les membres du comité ne sont pas rémunérés, sauf dans les cas, aux conditions et dans la mesure que peut déterminer le gouvernement. Ils ont cependant droit au remboursement des dépenses faites dans l'exercice de leurs fonctions, aux conditions et dans la mesure que détermine le gouvernement. [1989, c. 54, art. 48].

49. Le curateur public est tenu de faire rapport au comité, au moins quatre fois l'an, de l'état de ses placements. [1989, c. 54, art. 49].

CHAPITRE IV
LES DOSSIERS ET LES REGISTRES

50. Le curateur public doit maintenir un dossier sur chacune des personnes qu'il représente ou dont il administre les biens. [1989, c. 54, art. 50].

51. Le dossier d'une personne que le curateur public représente ou dont il ad-

ministre les biens est confidentiel. [1989, c. 54, art. 51].

52. Nul ne peut prendre connaissance d'un dossier maintenu par le curateur public sur une personne qu'il représente ou dont il administre les biens, en recevoir communication écrite ou verbale ou autrement y avoir accès si ce n'est:

1º le personnel du curateur public dans l'exercice de leurs fonctions;

2º la personne que le curateur public représente ou a représenté et celle dont il administre les biens ou leurs ayants cause ou héritiers;

3º le titulaire de l'autorité parentale de la personne que le curateur public représente, avec l'autorisation de ce dernier;

4º le conjoint, un proche parent, un allié, toute autre personne ayant démontré un intérêt particulier pour le majeur ou la personne qui a reçu une délégation du curateur public, avec l'autorisation de ce dernier;

5º le Protecteur du citoyen.

Néanmoins, le curateur public peut attester qu'une personne est mineure ou sous un régime de protection et indiquer le nom du tuteur ou curateur, à la demande d'une personne intéressée. [1989, c. 54, art. 52].

53. Le curateur public peut refuser momentanément de donner communication à une personne qu'il représente d'un renseignement nominatif de nature médicale ou sociale le concernant et contenu dans son dossier lorsque, de l'avis du médecin traitant, il en résulterait vraisemblablement un préjudice grave pour sa santé. Le curateur public, sur recommandation du médecin traitant, détermine le moment où ce renseignement pourra être communiqué et en avise la personne qui en a fait la demande. [1989, c. 54, art. 53].

54. Le curateur public doit maintenir un registre des tutelles au mineur, un registre des tutelles et curatelles au majeur, un registre des mandats homologués donnés par une personne en prévision de son inaptitude et un registre des biens sous administration provisoire, autres que ceux prévus au paragraphe 8º de l'article 24.

Les registres ne contiennent que les renseignements prévus par règlement. Ces renseignements ont un caractère public. [1989, c. 54, art. 54; 1992, c. 57, art. 563].

CHAPITRE V
LE FINANCEMENT

55. Le curateur public peut exiger pour la représentation des personnes, l'administration des biens qui lui sont confiés, la surveillance des tutelles et curatelles et les autres fonctions qui lui sont confiées par la loi, les honoraires déterminés par règlement, ainsi que le remboursement de ses dépenses. [1989, c. 54, art. 55; 1992, c. 57, art. 564].

56. Le curateur public peut percevoir des honoraires pour la gestion des portefeuilles collectifs à même les revenus totaux produits par ces portefeuilles. Le montant de ces honoraires est établi selon un pourcentage, fixé par règlement, de l'actif moyen sous gestion. L'actif moyen consiste dans la moitié de la somme des actifs du début et de la fin de la période de référence fixée par règlement. [1989, c. 54, art. 56; 1994, c. 29, art. 5].

57. Le curateur public peut exiger un intérêt au taux déterminé par règlement sur toute avance de fonds consentis et tout honoraire imputé au compte d'un patrimoine qu'il administre. [1989, c. 54, art. 57].

58. Les honoraires, les intérêts et les autres sommes prévus aux articles 55 à 57 sont versés dans le fonds général du curateur public.

Les dépenses faites en application de la présente loi sont imputées sur ce fonds et l'excédent des revenus sur les dépenses pour un exercice financier est versé au fonds de réserve du curateur public. [1989, c. 54, art. 58].

59. Le curateur public prélève, sur les sommes qu'il doit remettre au ministre des Finances, les honoraires et dépenses qui sont afférents aux biens dont l'administration se termine dans les conditions prévues au deuxième alinéa de l'article 40 et qu'il peut exiger en vertu de l'article 55, de même que les autres honoraires et dépenses qu'il peut exiger en vertu de ce dernier article mais qu'il ne peut recouvrer. Il prélève également sur ces sommes le coût de ses activités pour lesquelles des honoraires ne peuvent être établis, ainsi qu'une allocation annuelle destinée à soutenir le financement de ses activités.

Les prélèvements effectués en application du présent article sont versés au fonds général du curateur public. [1989, c. 54, art. 59; 1994, c. 29, art. 6; 1997, c. 80, art. 32].

59.1. Un décret du gouvernement, pris sur recommandation du ministre des Relations avec les citoyens et de l'Immigration et du ministre des Finances, détermine les critères suivant lesquels

des honoraires et dépenses du curateur public sont considérés comme ne pouvant être recouvrés, le coût des activités du curateur public pour lesquelles des honoraires ne peuvent être établis, l'allocation annuelle requise au soutien du financement de ses activités et, plus généralement, l'ensemble des conditions et modalités relatives aux prélèvements effectués par le curateur public en application de l'article 59. [1997, c. 80, art. 32].

60. Le gouvernement détermine chaque année, sur recommandation du ministre de la Justice et du ministre des Finances, le montant des sommes versées au fonds consolidé du revenu ou affecté au déficit d'opération du curateur public, le cas échéant. [1989, c. 54, art. 60; 1994, c. 29, art. 7].

61. Le ministre des Finances peut, avec l'autorisation du gouvernement et aux conditions que celui-ci détermine, avancer au curateur public des sommes prises sur le fonds consolidé du revenu.

Une avance consentie par le ministre des Finances est remboursable à même le fonds désigné par le gouvernement. [1989, c. 54, art. 61].

62. Les activités du curateur public sont financées sur le fonds général et, dans la mesure que le gouvernement détermine, sur recommandation du ministre de la Justice et du ministre des Finances, sur le fonds de réserve. [1989, c. 54, art. 62; 1992, c. 57, art. 565; 1994, c. 29, art. 8].

63. L'exercice financier du curateur public se termine le 31 décembre de chaque année. [1989, c. 54, art. 63].

64. Le curateur public transmet au ministre de la Justice, à la date que ce

dernier détermine, ses prévisions budgétaires pour le prochain exercice financier.

Ces prévisions budgétaires sont soumises à l'approbation du gouvernement. [1989, c. 54, art. 64].

65. Sous réserve des adaptations prévues par règlement, les règlements adoptés en vertu de l'article 49 de la *Loi sur l'administration financière* (L.R.Q., chapitre A-6) s'appliquent aux contrats susceptibles de grever le budget du curateur public. [1989, c. 54, art. 65; 1991, c. 72, art. 6; 1994, c. 18, art. 34].

CHAPITRE VI
LES LIVRES, COMPTES ET RAPPORTS

66. Les livres et comptes du curateur public sont vérifiés, chaque année et chaque fois que le décrète le gouvernement, par le vérificateur général; le gouvernement désigne toutefois un autre vérificateur des livres et comptes relatifs aux biens administrés par le curateur public.

Le rapport du vérificateur général et celui du vérificateur désigné par le gouvernement accompagnent le rapport annuel du curateur public.

Les honoraires d'un vérificateur désigné par le gouvernement sont payés à même les revenus du curateur public. [1989, c. 54, art. 66].

67. Le curateur public doit, au plus tard le 30 juin de chaque année, remettre au ministre de la Justice un rapport de son administration pour l'exercice financier précédent.

Le ministre dépose ce rapport à l'Assemblée nationale dans les trente jours de sa réception si elle est en session ou,

si elle ne l'est pas, dans les dix jours de l'ouverture de la session suivante. [1989, c. 54, art. 67].

67.1. Le ministre des Relations avec les citoyens et de l'Immigration constitue un comité de vérification chargé de conseiller le curateur public relativement à la gestion et à l'utilisation efficientes de ses ressources financières et des biens qu'il administre. [1997, c. 80, art. 38].

67.2. Le comité de vérification est formé de trois personnes qui ne font pas partie du personnel du curateur public.

Les membres du comité sont nommés pour un mandat d'au plus trois ans. Ils demeurent en fonction à l'expiration de leur mandat, jusqu'à ce qu'ils soient nommés de nouveau ou remplacés.

Le comité se réunit au moins deux fois l'an. Le quorum est de deux membres. [1997, c. 80, art. 38].

67.3. Les membres du comité ne sont pas rémunérés, sauf dans les cas, aux conditions et dans la mesure que peut déterminer le gouvernement. Ils ont cependant droit au remboursement des dépenses faites dans l'exercice de leurs fonctions, aux conditions et dans la mesure que détermine le gouvernement. [1997, c. 80, art. 38].

67.4. Le curateur public fournit aux membres du comité son plan annuel de vérification et son rapport annuel, de même que tout renseignement utile à l'accomplissement de leur mandat, notamment sur les plans annuels de vérification, états financiers, rapports et recommandations soumis par le vérificateur général et le vérificateur désigné par le gouvernement. [1997, c. 80, art. 38]

CHAPITRE VII
RÉGLEMENTATION

68. Le gouvernement peut par règlement:

1° établir les normes relatives à la rémunération à laquelle ont droit les personnes, autres qu'un membre de son personnel, dont le curateur public a retenu les services en vertu de l'article 11;

2° déterminer les renseignements que le directeur général ou le directeur des services professionnels d'un établissement visé dans l'article 14 doit fournir au curateur public en vertu de cet article;

3° établir la forme et le contenu des rapports transmis par les tuteurs et curateurs;

4° déterminer les renseignements que peut exiger le curateur public en vue d'établir les cas où il devient administrateur provisoire en vertu de l'article 24 ou en vertu d'une autre disposition de la loi;

5° déterminer la forme et le contenu de la reddition de compte que doit faire le curateur public en vertu de l'article 41;

6° déterminer les renseignements qui doivent être inscrits aux registres;

7° établir le tarif des honoraires que le curateur public peut exiger pour la représentation des personnes, l'administration des biens qui lui sont confiés et pour la surveillance des tutelles, curatelles et pour l'exercice des autres fonctions qui lui sont confiées par la loi;

8° fixer le pourcentage permettant de déterminer le montant des honoraires prévus à l'article 56, de même que la période de référence pour l'établissement de l'actif moyen sous gestion;

9° déterminer les taux d'intérêts exigibles pour les avances de fonds et honoraires imputés par le curateur public;

10° déterminer le délai à compter duquel les biens appartenant à l'État doivent être remis au ministre des Finances;

10.1° déterminer les critères suivant lesquels le curateur public ne peut recouvrer ses honoraires et dépenses;

10.2° déterminer les activités pour lesquelles des honoraires ne peuvent être établis;

11° prévoir les adaptations aux règlements adoptés en vertu de l'article 49 de la *Loi sur l'administration financière*;

12° déterminer le lieu où le curateur public exerce principalement ses attributions. [1989, c. 54, art. 68; 1991, c. 72, art. 7; 1992, c. 21, art. 146; 1992, c. 57, art. 566; 1994, c. 18, art. 35; 1994, c. 29, art. 9].

CHAPITRE VIII
DISPOSITIONS PÉNALES

69. Toute personne qui contrevient à l'une des dispositions de l'article 26 commet une infraction et est passible d'une amende maximale de 5 000$ et, en cas de récidive, d'une amende maximale de 15 000$. [1989, c. 54, art. 69].

70. Le tuteur ou curateur qui contrevient au deuxième alinéa de l'article 20 ou qui néglige ou refuse de faire vérifier ses livres et comptes lorsque requis conformément à l'article 21 commet une infraction et est passible d'une amende

maximale de 1 000$ et, en cas de récidive, d'une amende maximale de 2 500$. [1989, c. 54, art. 70].

71. (*Abrogé*). [1992, c. 61, art. 252].

CHAPITRE IX
DISPOSITIONS DIVERSES

72. Le curateur public peut ester en justice.

Il peut, pour les fins du Livre VIII du Code de procédure civile (L.R.Q., chapitre C-25) et de la *Loi sur la Régie du logement* (L.R.Q., chapitre R-8.1), tant en demande qu'en défense, se présenter lui-même devant le tribunal ou s'y faire représenter par un membre de son personnel ou par toute autre personne qu'il autorise par écrit. Il ne peut cependant, s'il s'agit du recouvrement de petites créances, se faire représenter par un avocat ou un agent de recouvrement, sauf dans les cas où le Code de procédure civile le permet. [1989, c. 54, art. 72].

73. Toute signification de procédure judiciaire au curateur public doit se faire au lieu où il exerce principalement ses attributions.

Le greffier du tribunal transmet, sans délai et sans frais, une copie au curateur public de tout jugement relatif aux intérêts patrimoniaux d'un mineur ou majeur en tutelle ou en curatelle, ainsi que de toute transaction effectuée dans le cadre d'une action à laquelle le tuteur ou le curateur est partie en cette qualité. [1989, c. 54, art. 73].

74. Le juge suspend, à la demande du curateur public, pour une durée n'excédant pas trente jours, toute procédure judiciaire dirigée contre lui ou contre une personne qu'il représente ou dont il administre les biens, ou relative aux biens que le curateur public administre en vertu de l'article 24, afin de lui permettre de recueillir les éléments utiles à sa défense. [1989, c. 54, art. 74].

75. Tout document signé par le curateur public fait preuve de son contenu, sans qu'il soit nécessaire de prouver sa signature et son autorité.

Lorsque des déclarations écrites doivent être attestées sous serment par le curateur public, elles peuvent l'être sous son serment d'office. [1989, c. 54, art. 75].

75.1. Le curateur public peut conclure avec le ministre des Finances des ententes relatives à la gestion des biens appartenant à l'État. [1994, c. 29, art. 10].

76. Le curateur public peut, conformément à la loi, conclure des ententes avec un gouvernement autre que celui du Québec, ou avec un organisme d'un tel gouvernement, en vue de l'application de la présente loi. [1989, c. 54, art. 76].

77. Le ministre des Relations avec les citoyens et de l'Immigration est chargé de l'application de la présente loi. [1989, c. 54, art. 77; 1996, c. 21, art. 45].

PARTIE II
MODIFICATIONS AU CODE CIVIL

78.-129. (*Omis*). [1989, c. 54, art. 78-129].

PARTIE III
MODIFICATIONS AU CODE DE PROCÉDURE CIVILE

130.-147. (*Omis*). [1989, c. 54, art. 130-147].

PARTIE IV
MODIFICATIONS DE
CONCORDANCE

148.-197. *(Omis).* [1989, c. 54, art. 148-197].

PARTIE V
DISPOSITIONS DIVERSES ET
TRANSITOIRES

198. *(Omis).* [1989, c. 54, art. 198].

199. Dans une autre loi, un règlement, arrêté, décret, contrat, entente ou autre document, tout renvoi à la *Loi sur la curatelle publique* ou à une de ses dispositions est censé être un renvoi à la *Loi sur le curateur public* ou à la disposition équivalente de cette loi. [1989, c. 54, art. 199].

200. Jusqu'au 1er janvier 1994, les articles 1338 à 1411 du Code civil du Québec (1987, chapitre 18) relatifs à l'administration du bien d'autrui, sont réputés en vigueur pour l'application de la *Loi sur le curateur public* et des dispositions relatives aux régimes de protection des majeurs introduits au Code civil du Bas Canada par la présente loi. [1989, c. 54, art. 200; 1992, c. 57, art. 567].

201. Les personnes majeures interdites le 15 avril 1990 sont, à compter de cette date, sous le régime de protection applicable au majeur en tutelle. Cette tutelle s'exerce sur la personne et les biens si elles ont été interdites pour imbécillité, démence ou fureur; elle ne s'exerce que sur les biens dans les autres cas.

Les personnes qui, le 15 avril 1990, sont pourvues d'un conseil judiciaire, sont, à compter de cette date, sous le régime de protection du majeur pourvu d'un conseiller. [1989, c. 54, art. 201].

202. Les personnes visées par un certificat d'incapacité émis en vertu de l'article 10 de la *Loi sur la protection du malade mental* (L.R.Q., chapitre P-41) ou en vertu de l'article 6 de la *Loi sur la curatelle publique* et qui, le 15 avril 1990, ne sont pas autrement sous un régime de protection sont, à compter de cette date, sous le régime de protection applicable au majeur en tutelle à la personne et aux biens. [1989, c. 54, art. 202].

203. Les régimes de protection établis en vertu des articles 201 et 202 peuvent être révisés conformément aux articles 332.10 et 332.11 du Code civil du Bas Canada.

Le délai prévu pour l'examen périodique est de trois ans pour le premier examen, et ce délai court à compter de la date d'entrée en vigueur des articles 201 et 202. [1989, c. 54, art. 203].

204. Les sommes provenant de la liquidation de biens qui avaient été confiés à l'administration provisoire du curateur public avant le 18 décembre 1997 sont, lorsque leur liquidation est terminée à cette date, remises au ministre des Finances à la date ou aux dates déterminées par le gouvernement.

Les sommes provenant d'une liquidation postérieure de ces biens sont remises au ministre des Finances au fur et à mesure de leur liquidation. [1989, c. 54, art. 204; 1997, c. 80, art. 44].

205. Les revenus des biens visés aux paragraphes 2° à 6° de l'article 24 et au premier alinéa de l'article 42 de la présente loi, de même que ceux des

biens confiés à l'administration du curateur public en vertu de l'article 15 de la *Loi sur la curatelle publique* et d'une succession vacante suivant l'article 686 du Code civil du Bas Canada, produits antérieurement au 15 avril 1990, sont versés au fonds de réserve du curateur public.

Ce dernier est toutefois tenu de remettre les revenus produits depuis le début de l'administration provisoire d'un bien visé au propriétaire, à l'héritier ou au bénéficiaire, selon le cas, qui se présente dans les délais fixés dans la présente loi et qui établit son droit sur ce bien. [1989, c. 54, art. 205].

206. Les revenus versés au fonds de réserve du curateur public en vertu de l'article 205 ne sont soumis à l'application de l'article 60 qu'après trois ans de la date d'entrée en vigueur de l'article 205. [1989, c. 54, art. 206].

207. (*Omis*). [1989, c. 54, art. 207].

Les articles 8, 12, 13, 14, 18, 20, 27, 28, 29, 30, 31, 32, 37, 42, 54, 61, 64, 67, 68, 69 et 75.1 de la présente loi seront modifiés lors de l'entrée en vigueur des dispositions pertinentes du chapitre 80 des lois de 1997 à la date ou aux dates fixées par le gouvernement.

L'intitulé de la section VI du chapitre II et les articles 24, 26, 40, 41, 55, 58 et 76 de la présente loi seront remplacés lors de l'entrée en vigueur des dispositions pertinentes du chapitre 80 des lois de 1997 à la date ou aux dates fixées par le gouvernement.

Les intitulés des sous-sections 1 et 2 de la section V du chapitre I et de la section 0.I du chapitre III de même que les articles 24.1 à 24.3, 26.1 à 26.9, 27.1, 28.1, 28.2, 41.1, 42.1, 58.1 et 69.1 seront ajoutés à la présente loi lors de l'entrée en vigueur des dispositions pertinentes du chapitre 80 des lois de 1997 à la date ou aux dates fixées par le gouvernement.

Les articles 25, 60, 62, 205 et 206 de la présente loi seront abrogés lors de l'entrée en vigueur des dispositions pertinentes du chapitre 80 des lois de 1997 à la date ou aux dates fixées par le gouvernement.

Loi concernant le divorce et les mesures accessoires,
L.R.C. (1985), c. 3 (2e suppl.) [L.R.C., c. D-3.4]

TITRE ABRÉGÉ

1. *Loi sur le divorce.* [L.R.C. (1985), c. 3 (2e suppl.), art. 1].

DÉFINITIONS

2. (1) Les définitions qui suivent s'appliquent à la présente loi.

«accès» Comporte le droit de visite.

«action en divorce» Action exercée devant un tribunal par l'un des époux ou conjointement par eux en vue d'obtenir un divorce assorti ou non d'une ordonnance alimentaire au profit d'un enfant, d'une ordonnance alimentaire au profit d'un époux ou d'une ordonnance de garde.

«action en mesures accessoires» Action exercée devant un tribunal par l'un des ex-époux ou conjointement par eux en vue d'obtenir une ordonnance alimentaire au profit d'un enfant, une ordonnance alimentaire au profit d'un époux ou une ordonnance de garde.

«action en modification» Action exercée devant un tribunal par l'un des ex-époux ou conjointement par eux en vue d'obtenir une ordonnance modificative.

«cour d'appel» Tribunal compétent pour connaître des appels formés contre les décisions d'un autre tribunal.

«enfant à charge» Enfant des deux époux ou ex-époux qui, à l'époque considérée, se trouve dans une des situations suivantes:

a) il n'est pas majeur et est à leur charge;

b) il est majeur et est à leur charge, sans pouvoir, pour cause notamment de maladie ou d'invalidité, cesser d'être à leur charge ou subvenir à ses propres besoins.

«époux» Homme ou femme unis par les liens du mariage.

«garde» Sont assimilés à la garde le soin, l'éducation et tout autre élément qui s'y rattache.

«lignes directrices applicables» S'entend:

a) dans le cas où les époux ou les ex-époux résident habituellement, à la date à laquelle la demande d'ordonnance alimentaire au profit d'un enfant ou la demande modificative de celle-ci est présentée ou à la date à laquelle le nouveau montant de l'ordonnance alimentaire au profit d'un enfant doit être fixée sous le régime de l'article 25.1, dans la même province – qui est désignée par un décret pris en vertu du

paragraphe (5) –, des textes législatifs de celle-ci précisés dans le décret;*

b) dans les autres cas, des lignes directrices fédérales sur les pensions alimentaires pour enfants.

«lignes directrices fédérales sur les pensions alimentaires pour enfants» Les lignes directrices établies en vertu de l'article 26.1.

«majeur» Est majeur l'enfant qui a atteint l'âge de la majorité selon le droit de la province où il réside habituellement ou, s'il réside habituellement à l'étranger, dix-huit ans.

«ordonnance alimentaire» Ordonnance alimentaire au profit d'un enfant ou ordonnance alimentaire au profit d'un époux.

«ordonnance alimentaire au profit d'un enfant» Ordonnance rendue en vertu du paragraphe 15.1(1).

«ordonnance alimentaire au profit d'un époux» Ordonnance rendue en vertu du paragraphe 15.2(1).

«ordonnance de garde» Ordonnance rendue en vertu du paragraphe 16(1).

«ordonnance modificative» Ordonnance rendue en vertu du paragraphe 17(1).

«service provincial des aliments pour enfants» Administration, organisme ou service désignés dans un accord conclu avec une province en vertu de l'article 25.1.

«tribunal» Dans le cas d'une province, l'un des tribunaux suivants:

a) la Cour de l'Ontario (division générale);

a.1) la section de première instance de la Cour suprême de l'Île-du-Prince-Édouard ou de Terre-Neuve;

b) la Cour supérieure du Québec;

c) la Cour suprême de la Nouvelle-Écosse et de la Colombie-Britannique;

d) la Cour du Banc de la Reine du Nouveau-Brunswick, du Manitoba, de la Saskatchewan ou de l'Alberta;

e) la Cour suprême du territoire du Yukon ou des Territoires du Nord-Ouest.

Est compris dans cette définition tout autre tribunal d'une province dont les juges sont nommés par le gouverneur général et qui est désigné par le lieutenant-gouverneur en conseil de cette province comme tribunal pour l'application de la présente loi.

(2) Est considéré comme enfant à charge au sens du paragraphe (1) l'enfant des deux époux ou ex-époux:

a) pour lequel ils tiennent lieu de père et mère;

b) dont l'un est le père ou la mère et pour lequel l'autre en tient lieu.

(3) L'emploi de «demande» pour désigner une action engagée devant un tribunal n'a pas pour effet de limiter l'action à cette désignation, ni à la forme et aux modalités que celle-ci implique, l'action pouvant recevoir la désignation, la forme et les modalités prévues par les règles de pratique et de procédure applicables à ce tribunal.

---

* Pour le Québec, voir DORS/97-237.

(4) L'emploi de «acte de procédure» et «affidavit», à l'article 21.1, n'a pas pour effet de limiter la désignation ni la forme de ces documents lorsqu'ils sont déposés auprès du tribunal, ceux-ci pouvant recevoir la désignation et la forme prévues par les règles de pratique et de procédure applicables à ce tribunal.

(5) Le gouverneur en conseil peut, par décret, désigner une province pour l'application de la définition de «lignes directrices applicables» au paragraphe (1) si la province a établi, relativement aux aliments pour enfants, des lignes directrices complètes qui traitent des questions visées à l'article 26.1. Le décret mentionne les textes législatifs qui constituent les lignes directrices de la province.*

(6) Les lignes directrices de la province comprennent leurs modifications éventuelles. [L.R.C. (1985), c. 3 (2ᵉ suppl., art. 2; L.R.C. (1985), c. 27 (2ᵉ suppl., art. 10; 1990, c. 18, art. 1; 1992, c. 51, art. 46; 1997, c. 1, art. 1].

COMPÉTENCE

3. (1) Dans le cas d'une action en divorce, a compétence pour instruire l'affaire et en décider le tribunal de la province où l'un des époux a résidé habituellement pendant au moins l'année précédant l'introduction de l'instance.

(2) Lorsque des actions en divorce entre les mêmes époux sont en cours devant deux tribunaux qui auraient par ailleurs compétence en vertu du paragraphe (1), que les instances ont été introduites à des dates différentes et que

l'action engagée la première n'est pas abandonnée dans les trente jours suivant la date d'introduction de l'instance, le tribunal saisi en premier a compétence exclusive pour instruire l'affaire et en décider, la seconde action étant considérée comme abandonnée.

(3) Lorsque des actions en divorce entre les mêmes époux sont en cours devant deux tribunaux qui auraient par ailleurs compétence en vertu du paragraphe (1), que les instances ont été introduites à une même date et qu'aucune des actions n'est abandonnée dans les trente jours suivant la date d'introduction de l'instance, la Section de première instance de la Cour fédérale a compétence exclusive pour instruire ces affaires et en décider, les actions étant renvoyées à cette section sur son ordre. [L.R.C. (1985), c. 3 (2ᵉ suppl.), art. 3].

4. (1) Dans le cas d'une action en mesures accessoires, a compétence pour instruire l'affaire et en décider:

a) soit le tribunal de la province où l'un des ex-époux réside habituellement à la date de l'introduction de l'instance;

b) soit celui dont la compétence est reconnue par les deux ex-époux.

(2) Lorsque des actions en mesures accessoires entre les mêmes ex-époux concernant le même point sont en cours devant deux tribunaux qui auraient par ailleurs compétence en vertu du paragraphe (1), que les instances ont été introduites à des dates différentes et que l'action engagée la première n'est pas abandonnée dans les trente jours suivant la date d'introduction de l'instance,

---

* Pour le Québec, voir DORS/97-237.

le tribunal saisi en premier a compétence exclusive pour instruire l'affaire et en décider, la seconde action étant considérée comme abandonnée.

(3) Lorsque des actions en mesures accessoires entre les mêmes ex-époux concernant le même point sont en cours devant deux tribunaux qui auraient par ailleurs compétence en vertu du paragraphe (1), que les instances ont été introduites à la même date et qu'aucune des actions n'est abandonnée dans les trente jours suivant la date d'introduction de l'instance, la Section de première instance de la Cour fédérale a compétence exclusive pour instruire ces affaires et en décider, les actions étant renvoyées à cette section sur son ordre. [L.R.C. (1985), c. 3 (2ᵉ suppl.), art. 4; 1993, c. 8, art. 1].

5. (1) Dans le cas d'une action en modification, a compétence pour instruire l'affaire et en décider:

a) soit le tribunal de la province où l'un des ex-époux réside habituellement à la date d'introduction de l'instance;

b) soit celui dont la compétence est reconnue par les deux ex-époux.

(2) Lorsque des actions en modification entre les mêmes ex-époux concernant le même point sont en cours devant deux tribunaux qui auraient par ailleurs compétence en vertu du paragraphe (1), que les instances ont été introduites à des dates différentes et que l'action engagée la première n'est pas abandonnée dans les trente jours suivant la date d'introduction de l'instance, le tribunal saisi en premier a compétence exclusive pour instruire l'affaire et en décider, la seconde action étant considérée comme abandonnée.

(3) Lorsque des actions en modification entre les mêmes ex-époux concernant le même point sont en cours devant deux tribunaux qui auraient par ailleurs compétence en vertu du paragraphe (1), que les instances ont été introduites à la même date et qu'aucune des actions n'est abandonnée dans les trente jours suivant la date d'introduction de l'instance, la Section de première instance de la Cour fédérale a compétence exclusive pour instruire ces affaires et en décider, les actions étant renvoyées à cette section sur son ordre. [L.R.C. (1985), c. 3 (2ᵉ suppl.), art. 5].

6. (1) Le tribunal d'une province saisi de la demande d'ordonnance visée à l'article 16 dans le cadre d'une action en divorce peut, sur demande d'un époux ou d'office, renvoyer l'affaire au tribunal d'une autre province dans le cas où la demande est contestée et où l'enfant à charge concerné par l'ordonnance a ses principales attaches dans cette province.

(2) Le tribunal d'une province saisi de la demande d'ordonnance visée à l'article 16 dans le cadre d'une action en mesures accessoires peut, sur demande d'un ex-époux ou d'office, renvoyer l'affaire au tribunal d'une autre province dans le cas où la demande est contestée et où l'enfant à charge concerné par l'ordonnance a ses principales attaches dans cette province.

(3) Le tribunal d'une province saisi d'une demande d'ordonnance modificative concernant une ordonnance de garde peut, sur demande d'un ex-époux ou d'office, renvoyer l'affaire au tribunal d'une autre province dans le cas où la demande est contestée et où l'enfant à charge concerné par l'ordonnance mo-

dificative a ses principales attaches dans cette province.

(4) Par dérogation aux articles 3 à 5, le tribunal à qui une action est renvoyée en application du présent article a compétence exclusive pour instruire l'affaire et en décider. [L.R.C. (1985), c. 3 (2e suppl.), art. 6].

7. La compétence attribuée à un tribunal par la présente loi pour accorder un divorce n'est exercée que par un juge de ce tribunal, sans jury. [L.R.C. (1985), c. 3 (2e suppl.), art. 7].

DIVORCE

8. (1) Le tribunal compétent peut, sur demande de l'un des époux ou des deux, lui ou leur accorder le divorce pour cause d'échec du mariage.

(2) L'échec du mariage n'est établi que dans les cas suivants:

a) les époux ont vécu séparément pendant au moins un an avant le prononcé de la décision sur l'action en divorce et vivaient séparément à la date d'introduction de l'instance;

b) depuis la célébration du mariage, l'époux contre qui le divorce est demandé a:

(i) soit commis l'adultère,

(ii) soit traité l'autre époux avec une cruauté physique ou mentale qui rend intolérable le maintien de la cohabitation.

(3) Pour l'application de l'alinéa (2)*a)*:

a) les époux sont réputés avoir vécu séparément pendant toute période de vie séparée au cours de laquelle l'un

d'eux avait effectivement l'intention de vivre ainsi;

b) il n'y a pas interruption ni cessation d'une période de vie séparée dans les cas suivants:

(i) du seul fait que l'un des époux est devenu incapable soit d'avoir ou de concevoir l'intention de prolonger la séparation, soit de la prolonger de son plein gré, si le tribunal estime qu'il y aurait eu probablement prolongation sans cette incapacité,

(ii) du seul fait qu'il y a eu reprise de la cohabitation par les époux principalement dans un but de réconciliation pendant une ou plusieurs périodes totalisant au plus quatre-vingt-dix jours. [L.R.C. (1985), c. 3 (2e suppl.), art. 8].

9. (1) Il incombe à l'avocat qui accepte de représenter un époux dans une action en divorce, sauf contre-indication manifeste due aux circonstances de l'espèce:

a) d'attirer l'attention de son client sur les dispositions de la présente loi qui ont pour objet la réalisation de la réconciliation des époux;

b) de discuter avec son client des possibilités de réconciliation et de le renseigner sur les services de consultation ou d'orientation matrimoniales qu'il connaît et qui sont susceptibles d'aider les époux à se réconcilier.

(2) Il incombe également à l'avocat de discuter avec son client de l'opportunité de négocier les points qui peuvent faire l'objet d'une ordonnance alimentaire ou d'une ordonnance de garde et de le renseigner sur les services de médiation qu'il connaît et qui sont sus-

ceptibles d'aider les époux dans cette négociation.

(3) Tout acte introductif d'instance, dans une action en divorce, présenté par un avocat à un tribunal doit comporter une déclaration de celui-ci attestant qu'il s'est conformé au présent article. [L.R.C. (1985), c. 3 (2ᵉ suppl.), art. 9].

10. (1) Sauf contre-indication manifeste due aux circonstances de l'espèce, il incombe au tribunal saisi d'une action en divorce, avant de procéder aux débats sur la cause, de s'assurer qu'il n'y a pas de possibilités de réconciliation.

(2) Le tribunal, dans le cas où à une étape quelconque de l'instance, les circonstances de l'espèce, les éléments de preuve de l'affaire ou l'attitude des époux ou de l'un d'eux lui permettent de percevoir des possibilités de réconciliation, est tenu:

a) d'une part, de suspendre l'instance pour donner aux époux l'occasion de se réconcilier;

b) d'autre part, de désigner, soit d'office, soit avec le consentement des époux, pour les aider à se réconcilier:

(i) un spécialiste en consultation ou orientation matrimoniales;

(ii) toute autre personne qualifiée en l'occurrence.

(3) À l'expiration d'un délai de quatorze jours suivant la date de suspension de l'instance, le tribunal procède à la reprise de celle-ci sur demande des époux ou de l'un d'eux.

(4) Les personnes désignées par le tribunal, conformément au présent article, pour aider les époux à se réconcilier

ne sont pas aptes ni contraignables à déposer en justice sur les faits reconnus devant elles ou les communications qui leur ont été faites à ce titre.

(5) Rien de ce qui a été dit, reconnu ou communiqué au cours d'une tentative de réconciliation des époux n'est admissible en preuve dans aucune action en justice. [L.R.C. (1985), c. 3 (2ᵉ suppl.), art. 10].

11. (1) Dans une action en divorce, il incombe au tribunal:

a) de s'assurer qu'il n'y a pas eu de collusion relativement à la demande et de rejeter celle-ci dans le cas où il constate qu'il y a eu collusion lors de sa présentation;

b) de s'assurer de la conclusion d'arrangements raisonnables pour les aliments des enfants à charge eu égard aux lignes directrices applicables et, en l'absence de tels arrangements, de surseoir au prononcé du divorce jusqu'à leur conclusion;

c) de s'assurer, dans le cas où la demande est fondée sur l'alinéa 8(2)*b)*, qu'il n'y a pas eu de pardon ou de connivence de la part de l'époux demandeur et de rejeter la demande en cas de pardon ou de connivence de sa part à l'égard de l'acte ou du comportement reprochés, sauf s'il estime que prononcer le divorce servirait mieux l'intérêt public.

(2) L'acte ou le comportement qui ont fait l'objet d'un pardon ne peuvent être invoqués à nouveau comme éléments constitutifs d'un cas visé à l'alinéa 8(2)*b)*.

(3) Pour l'application du présent article, le maintien ou la reprise de la co-

habitation, principalement dans un but de réconciliation, pendant une ou plusieurs périodes totalisant au plus quatre-vingt-dix jours, ne sont pas considérés comme impliquant un pardon.

(4) Au présent article, «collusion» s'entend d'une entente ou d'un complot auxquels le demandeur est partie, directement ou indirectement, en vue de déjouer l'administration de la justice, ainsi que de tout accord, entente ou autre arrangement visant à fabriquer ou à supprimer des éléments de preuve ou à tromper le tribunal, à l'exclusion de toute entente prévoyant la séparation de fait des parties, l'aide financière, le partage des biens ou la garde des enfants à charge. [L.R.C. (1985), c. 3 (2ᵉ suppl.), art. 11; 1997, c. 1, art. 1.1].

12. (1) Sous réserve des autres dispositions du présent article, le divorce prend effet le trente et unième jour suivant la date où le jugement qui l'accorde est prononcé.

(2) Le tribunal peut, lors du prononcé du jugement de divorce ou ultérieurement, ordonner que le divorce prenne effet dans le délai inférieur qu'il estime indiqué, si les conditions suivantes sont réunies:

a) à son avis, le délai devrait être réduit en raison de circonstances particulières;

b) les époux conviennent de ne pas interjeter appel du jugement ou il y a eu abandon d'appel.

(3) Un divorce en instance d'appel à la fin du délai mentionné au paragraphe (1), sauf s'il est annulé en appel, prend effet à l'expiration du délai fixé par la loi pour interjeter appel de l'arrêt rendu sur l'appel ou tout appel ultérieur, s'il n'y a pas eu appel dans ce délai.

(4) Pour l'application du paragraphe (3), le délai d'appel de l'arrêt rendu sur un appel comprend toute prolongation fixée en conformité avec la loi soit dans ce délai soit, après son expiration, sur demande présentée avant celle-ci.

(5) Par dérogation à toute autre loi, le délai d'appel fixé par la loi de l'arrêt visé au paragraphe (3) ne peut être prolongé après son expiration, sauf sur demande présentée avant celle-ci.

(6) Le divorce qui a fait l'objet d'un appel devant la Cour suprême du Canada prend effet, sauf s'il est annulé en appel, à la date où l'arrêt de ce tribunal est prononcé.

(7) Après la prise d'effet du divorce, en conformité avec le présent article, le juge ou le fonctionnaire du tribunal qui a prononcé le jugement de divorce ou la cour d'appel qui a rendu l'arrêt définitif à cet égard doit, sur demande, délivrer à quiconque un certificat attestant que le divorce prononcé en application de la présente loi a dissous le mariage des personnes visées à la date indiquée.

(8) Le certificat visé au paragraphe (7) ou une copie certifiée conforme fait foi de son contenu sans qu'il soit nécessaire de prouver l'authenticité de la signature qui y est apposée ou la qualité officielle du signataire. [L.R.C. (1985), c. 3 (2ᵉ suppl.), art. 12].

13. À sa prise d'effet, le divorce accordé en application de la présente loi est valide dans tout le Canada. [L.R.C. (1985), c. 3 (2ᵉ suppl.), art. 13].

14. À sa prise d'effet, le divorce accordé en application de la présente loi dissout

le mariage des époux. [L.R.C. (1985), c. 3 (2ᵉ suppl.), art. 14].

MESURES ACCESSOIRES

Définition

15. Aux articles 15.1 à 16, «époux» s'entend au sens du paragraphe 2(1) et, en outre, d'un ex-époux. [L.R.C. (1985), c. 3 (2ᵉ suppl.), art. 15; 1997, c. 1, art. 2].

Ordonnances alimentaires au profit d'un enfant

15.1. (1) Sur demande des époux ou de l'un d'eux, le tribunal compétent peut rendre une ordonnance enjoignant à un époux de verser une prestation pour les aliments des enfants à charge ou de l'un d'eux.

(2) Sur demande des époux ou de l'un d'eux, le tribunal peut rendre une ordonnance provisoire enjoignant à un époux de verser, dans l'attente d'une décision sur la demande visée au paragraphe (1), une prestation pour les aliments des enfants à charge ou de l'un d'eux.

(3) Le tribunal qui rend une ordonnance ou une ordonnance provisoire rend conformément aux lignes directrices applicables.

(4) La durée de validité de l'ordonnance ou de l'ordonnance provisoire rendue par le tribunal au titre du présent article peut être déterminée ou indéterminée ou dépendre d'un événement précis; elle peut être assujettie aux modalités ou aux restrictions que le tribunal estime justes et appropriées.

(5) Par dérogation au paragraphe (3), le tribunal peut fixer un montant différent de celui qui serait déterminé conformément aux lignes directrices applicables s'il est convaincu, à la fois:

a) que des dispositions spéciales d'un jugement, d'une ordonnance ou d'une entente écrite relatif aux obligations financières des époux ou au partage ou au transfert de leurs biens accordent directement ou indirectement un avantage à un enfant pour qui les aliments sont demandés, ou que des dispositions spéciales ont été prises pour lui accorder autrement un avantage;

b) que le montant déterminé conformément aux lignes directrices applicables serait inéquitable eu égard à ces dispositions.

(6) S'il fixe, au titre du paragraphe (5), un montant qui est différent de celui qui serait déterminé conformément aux lignes directrices applicables, le tribunal enregistre les motifs de sa décision.

(7) Par dérogation au paragraphe (3), le tribunal peut, avec le consentement des époux, fixer un montant qui est différent de celui qui serait déterminé conformément aux lignes directrices applicables s'il est convaincu que des arrangements raisonnables ont été conclus pour les aliments de l'enfant visé par l'ordonnance.

(8) Pour l'application du paragraphe (7), le tribunal tient compte des lignes directrices applicables pour déterminer si les arrangements sont raisonnables. Toutefois, les arrangements ne sont pas déraisonnables du seul fait que le montant sur lequel les conjoints s'entendent est différent de celui qui serait déterminé conformément aux lignes directrices applicables. [1997, c. 1, art. 2].

Ordonnances alimentaires au profit d'un époux

15.2. (1) Sur demande des époux ou de l'un d'eux, le tribunal compétent peut rendre une ordonnance enjoignant à un époux de garantir ou de verser, ou de garantir et de verser, la prestation, sous forme de capital, de pension ou des deux, qu'il estime raisonnable pour les aliments de l'autre époux.

(2) Sur demande des époux ou de l'un d'eux, le tribunal peut rendre une ordonnance provisoire enjoignant à un époux de garantir ou de verser, ou de garantir et de verser, dans l'attente d'une décision sur la demande visée au paragraphe (1), la prestation, sous forme de capital, de pension ou des deux, qu'il estime raisonnable pour les aliments de l'autre époux.

(3) La durée de validité de l'ordonnance ou de l'ordonnance provisoire rendue par le tribunal au titre du présent article peut être déterminée ou indéterminée ou dépendre d'un événement précis; elle peut être assujettie aux modalités ou aux restrictions que le tribunal estime justes et appropriées.

(4) En rendant une ordonnance ou une ordonnance provisoire au titre du présent article, le tribunal tient compte des ressources, des besoins et, d'une façon générale, de la situation de chaque époux, y compris:

a) la durée de la cohabitation des époux;

b) les fonctions qu'ils ont remplies au cours de celle-ci;

c) toute ordonnance, toute entente ou tout arrangement alimentaire au profit de l'un ou l'autre des époux.

(5) En rendant une ordonnance ou une ordonnance provisoire au titre du présent article, le tribunal ne tient pas compte des fautes commises par l'un ou l'autre des époux relativement au mariage.

(6) L'ordonnance ou l'ordonnance provisoire rendue pour les aliments d'un époux au titre du présent article vise:

a) à prendre en compte les avantages ou les inconvénients économiques qui découlent, pour les époux, du mariage ou de son échec;

b) à répartir entre eux les conséquences économiques qui découlent du soin de tout enfant à charge, en sus de toute obligation alimentaire relative à tout enfant à charge;

c) à remédier à toute difficulté économique que l'échec du mariage leur cause;

d) à favoriser, dans la mesure du possible, l'indépendance économique de chacun d'eux dans un délai raisonnable. [1997, c. 1, art. 2].

Priorité

15.3. (1) Dans le cas où une demande d'ordonnance alimentaire au profit d'un enfant et une demande d'ordonnance alimentaire au profit d'un époux lui sont présentées, le tribunal donne la priorité aux aliments de l'enfant.

(2) Si, en raison du fait qu'il a donné la priorité aux aliments de l'enfant, il ne peut rendre une ordonnance alimentaire au profit d'un époux ou fixe un montant moindre pour les aliments de celui-ci, le tribunal enregistre les motifs de sa décision.

(3) Dans le cadre d'une demande d'ordonnance alimentaire au profit d'un époux ou d'une ordonnance modificative de celle-ci, la réduction ou la suppression des aliments d'un enfant constitue un changement dans la situation des ex-époux si, en raison du fait qu'il a donné la priorité aux aliments de l'enfant, le tribunal n'a pu rendre une ordonnance alimentaire au profit de l'époux ou a fixé un montant moindre pour les aliments de celui-ci. [1997, c. 1, art. 2].

Ordonnances relatives à la garde des enfants

16. (1) Le tribunal compétent peut, sur demande des époux ou de l'un d'eux ou de toute autre personne, rendre une ordonnance relative soit à la garde des enfants à charge ou de l'un d'eux, soit à l'accès auprès de ces enfants, soit aux deux.

(2) Le tribunal peut, sur demande des époux ou de l'un d'eux ou de toute autre personne, rendre une ordonnance provisoire relative soit à la garde des enfants à charge ou de l'un d'eux, soit à l'accès auprès de ces enfants, soit aux deux, dans l'attente d'une décision sur la demande visée au paragraphe (1).

(3) Pour présenter une demande au titre des paragraphes (1) et (2), une personne autre qu'un époux doit obtenir l'autorisation du tribunal.

(4) L'ordonnance rendue par le tribunal conformément au présent article peut prévoir la garde par une ou plusieurs personnes des enfants à charge ou de l'un d'eux ou l'accès auprès de ces enfants.

(5) Sauf ordonnance contraire du tribunal, l'époux qui obtient un droit d'ac-

cès peut demander et se faire donner des renseignements relatifs à la santé, à l'éducation et au bien-être de l'enfant.

(6) La durée de validité de l'ordonnance rendue par le tribunal conformément au présent article peut être déterminée ou indéterminée ou dépendre d'un événement précis; l'ordonnance peut être assujettie aux modalités ou restrictions que le tribunal estime justes et appropriées.

(7) Sans préjudice de la portée générale du paragraphe (6), le tribunal peut inclure dans l'ordonnance qu'il rend au titre du présent article une disposition obligeant la personne qui a la garde d'un enfant à charge et qui a l'intention de changer le lieu de résidence de celui-ci d'informer au moins trente jours à l'avance, ou dans le délai antérieur au changement que lui impartit le tribunal, toute personne qui a un droit d'accès à cet enfant du moment et du lieu du changement.

(8) En rendant une ordonnance conformément au présent article, le tribunal ne tient compte que de l'intérêt de l'enfant à charge, défini en fonction de ses ressources, de ses besoins et, d'une façon générale, de sa situation.

(9) En rendant une ordonnance conformément au présent article, le tribunal ne tient pas compte de la conduite antérieure d'une personne, sauf si cette conduite est liée à l'aptitude de la personne à agir à titre de père ou de mère.

(10) En rendant une ordonnance conformément au présent article, le tribunal applique le principe selon lequel l'enfant à charge doit avoir avec chaque époux le plus de contact compatible avec son propre intérêt et, à cette fin, tient compte du fait que la personne

pour qui la garde est demandée est disposée ou non à faciliter ce contact. [L.R.C. (1985), c. 3 (2ᵉ suppl.), art. 16].

Modification, annulation ou suspension des ordonnances

17. (1) Le tribunal compétent peut rendre une ordonnance qui modifie, suspend ou annule, rétroactivement ou pour l'avenir:

a) une ordonnance alimentaire ou telle de ses dispositions, sur demande des ex-époux ou de l'un d'eux;

b) une ordonnance de garde ou telle de ses dispositions, sur demande des ex-époux ou de l'un d'eux ou de toute autre personne.

(2) Pour présenter une demande au titre de l'alinéa (1)*b)*, une personne autre qu'un ex-époux doit obtenir l'autorisation du tribunal.

(3) Le tribunal peut assortir une ordonnance modificative des mesures qu'aurait pu comporter, sous le régime de la présente loi, l'ordonnance dont la modification a été demandée.

(4) Avant de rendre une ordonnance modificative de l'ordonnance alimentaire au profit d'un enfant, le tribunal s'assure qu'il est survenu un changement de situation, selon les lignes directrices applicables, depuis que cette ordonnance ou la dernière ordonnance modificative de celle-ci a été rendue.

(4.1) Avant de rendre une ordonnance modificative de l'ordonnance alimentaire au profit d'un époux, le tribunal s'assure qu'il est survenu un changement dans les ressources, les besoins ou, d'une façon générale, la situation de l'un ou l'autre des ex-époux depuis que

cette ordonnance ou la dernière ordonnance modificative de celle-ci a été rendue et tient compte du changement en rendant l'ordonnance modificative.

(5) Avant de rendre une ordonnance modificative de l'ordonnance de garde, le tribunal doit s'assurer qu'il est survenu un changement dans les ressources, les besoins ou, d'une façon générale, dans la situation de l'enfant à charge depuis le prononcé de l'ordonnance de garde ou de la dernière ordonnance modificative de celle-ci et, le cas échéant, ne tient compte que de l'intérêt de l'enfant, défini en fonction de ce changement, en rendant l'ordonnance modificative.

(6) En rendant une ordonnance modificative, le tribunal ne tient pas compte d'une conduite qui n'aurait pu être prise en considération lors du prononcé de l'ordonnance dont la modification a été demandée.

(6.1) Le tribunal qui rend une ordonnance modificative d'une ordonnance alimentaire au profit d'un enfant la rend conformément aux lignes directrices applicables.

(6.2) En rendant une ordonnance modificative d'une ordonnance alimentaire au profit d'un enfant, le tribunal peut, par dérogation au paragraphe (6.1), fixer un montant différent de celui qui serait déterminé conformément aux lignes directrices applicables s'il est convaincu, à la fois:

a) que des dispositions spéciales d'un jugement, d'une ordonnance ou d'une entente écrite relatifs aux obligations financières des époux ou au partage ou au transfert de leurs biens accordent directement ou indirectement un avantage à un enfant pour qui les

aliments sont demandés, ou que des dispositions spéciales ont été prises pour lui accorder autrement un avantage;

b) que le montant déterminé conformément aux lignes directrices applicables serait inéquitable eu égard à ces dispositions.

(6.3) S'il fixe, au titre du paragraphe (6.2), un montant qui est différent de celui qui serait déterminé conformément aux lignes directrices applicables, le tribunal enregistre les motifs de sa décision.

(6.4) Par dérogation au paragraphe (6.1), le tribunal peut, avec le consentement des époux, fixer un montant qui est différent de celui qui serait déterminé conformément aux lignes directrices applicables s'il est convaincu que des arrangements raisonnables ont été conclus pour les aliments de l'enfant visé par l'ordonnance.

(6.5) Pour l'application du paragraphe (6.4), le tribunal tient compte des lignes directrices applicables pour déterminer si les arrangements sont raisonnables. Toutefois, les arrangements ne sont pas déraisonnables du seul fait que le montant sur lequel les conjoints s'entendent est différent de celui qui serait déterminé conformément aux lignes directrices applicables.

(7) L'ordonnance modificative de l'ordonnance alimentaire au profit d'un époux vise:

a) à prendre en compte les avantages ou inconvénients économiques qui découlent pour les ex-époux du mariage ou de son échec;

b) à répartir entre eux les conséquences économiques qui découlent du soin de tout enfant à charge, en sus de toute obligation alimentaire relative à tout enfant à charge;

c) à remédier à toute difficulté économique que l'échec du mariage leur cause;

d) à favoriser, dans la mesure du possible, l'indépendance économique de chacun d'eux dans un délai raisonnable.

(8) (*Paragraphe abrogé*).

(9) En rendant une ordonnance modificative d'une ordonnance de garde, le tribunal applique le principe selon lequel l'enfant à charge doit avoir avec chaque ex-époux le plus de contact compatible avec son propre intérêt et, si l'ordonnance modificative doit accorder la garde à une personne qui ne l'a pas actuellement, le tribunal tient compte du fait que cette personne est disposée ou non à faciliter ce contact.

(10) Par dérogation au paragraphe (1), le tribunal ne peut modifier l'ordonnance alimentaire au profit d'un époux dont la durée de validité est déterminée ou dépend d'un événement précis, sur demande présentée après l'échéance de son terme ou après la survenance de cet événement, en vue de la reprise de la fourniture des aliments, que s'il est convaincu des faits suivants:

a) l'ordonnance modificative s'impose pour remédier à une difficulté économique causée par un changement visé au paragraphe (4.1) et lié au mariage;

b) la nouvelle situation, si elle avait existé à l'époque où l'ordonnance alimentaire au profit d'un époux ou la dernière ordonnance modificative de

celle-ci a été rendue, aurait vraisemblablement donné lieu à une ordonnance différente.

(11) Le tribunal qui rend une ordonnance modificative d'une ordonnance alimentaire ou de garde rendue par un autre tribunal envoie à celui-ci une copie, certifiée conforme par un de ses juges ou fonctionnaires, de l'ordonnance modificative. [L.R.C. (1985), c. 3 (2e suppl.), art. 17; 1997, c. 1, art. 5].

17.1. Si les ex-époux résident habituellement dans des provinces différentes, le tribunal compétent peut, conformément à celles de ses règles de pratique et de procédure qui sont applicables en l'occurrence, rendre, en vertu du paragraphe 17(1), une ordonnance fondée sur les prétentions de chacun des ex-époux exposées soit devant le tribunal, soit par affidavit, soit par tout moyen de télécommunication, lorsqu'ils s'entendent pour procéder ainsi. [1993, c. 8, art. 2].

Ordonnances conditionnelles

18. (1) Les définitions qui suivent s'appliquent au présent article ainsi qu'à l'article 19.

«procureur général» Selon la province, l'une des personnes suivantes:

a) le membre du Conseil du territoire du Yukon désigné par le commissaire de ce territoire;

b) le membre du Conseil des Territoires du Nord-Ouest désigné par le commissaire de ces territoires;

c) le procureur général de toute autre province.

La présente définition s'applique également à toute personne que le membre du conseil ou le procureur général autorise par écrit à le représenter dans l'exercice des fonctions prévues par le présent article ou l'article 19.

«ordonnance conditionnelle» Ordonnance rendue en vertu du paragraphe (2).

(2) Par dérogation à l'alinéa 5(1)*a)* ou au paragraphe 17(1), lorsqu'une demande est présentée devant le tribunal d'une province en vue d'une ordonnance modificative d'une ordonnance alimentaire, le tribunal rend par défaut, avec ou sans préavis au défendeur, une ordonnance modificative conditionnelle, qui n'est exécutoire que sur confirmation dans le cadre de la procédure prévue à l'article 19 et que selon les modalités de l'ordonnance de confirmation. Cette ordonnance conditionnelle est rendue dans les cas suivants:

a) le défendeur réside habituellement dans une autre province et ne reconnaît pas la compétence du tribunal, ou encore les parties ne s'entendent pas pour procéder selon l'article 17.1;

b) dans les circonstances de l'espèce, le tribunal estime que les questions en cause peuvent être convenablement réglées en procédant conformément au présent article et à l'article 19.

(3) Le tribunal d'une province qui rend une ordonnance conditionnelle envoie les documents suivants au procureur général de la province:

a) trois copies de l'ordonnance, certifiées conformes par un juge ou un fonctionnaire du tribunal;

b) un document certifié conforme ou attesté sous serment qui comporte

l'énoncé ou un résumé des éléments de preuve soumis au tribunal;

c) une déclaration qui donne tout renseignement dont il dispose au sujet de l'identité du défendeur, de ses revenus, de ses biens ainsi que du lieu où il se trouve.

(4) Sur réception de ces documents, le procureur général les transmet au procureur général de la province où le défendeur réside habituellement.

(5) Le tribunal qui a rendu l'ordonnance conditionnelle est tenu, après notification au demandeur, de recueillir des éléments de preuve supplémentaires lorsque le tribunal saisi de la procédure prévue à l'article 19 lui renvoie l'affaire à cette fin.

(6) Après avoir recueilli ces éléments de preuve, le tribunal transmet au tribunal qui lui a renvoyé l'affaire un document certifié conforme ou attesté sous serment qui comporte l'énoncé ou un résumé de ces éléments assorti des recommandations qu'il juge indiquées. [L.R.C. (1985), c. 3 (2ᵉ suppl.), art. 18; 1993, c. 8, art. 3].

19. (1) Sur réception des documents transmis conformément au paragraphe 18(4), le procureur général de la province où le défendeur réside habituellement les transmet à un tribunal de cette province.

(2) Sous réserve du paragraphe (3), sur réception des documents visés au paragraphe (1), le tribunal en signifie au défendeur une copie et un avis l'informant qu'il va être procédé à l'instruction de l'affaire concernant la confirmation de l'ordonnance conditionnelle et procède à l'instruction, en l'absence du demandeur, en tenant compte du document certifié conforme ou attesté sous serment où sont énoncés ou résumés les éléments de preuve présentés devant le tribunal qui a rendu l'ordonnance conditionnelle.

(3) Lorsque le défendeur, selon toute apparence, est à l'extérieur de la province et qu'il est peu probable qu'il y revienne, le tribunal qui reçoit les documents visés au paragraphe (1) les renvoie au procureur général de cette province en y joignant les renseignements dont il dispose au sujet du lieu et des circonstances où le défendeur se trouve.

(4) Sur réception de ces documents ou renseignements, le procureur général les transmet au procureur général de la province du tribunal qui a rendu l'ordonnance conditionnelle.

(5) Dans le cadre de la procédure prévue au présent article, le défendeur peut soulever tout point qui aurait pu l'être devant le tribunal qui a rendu l'ordonnance conditionnelle.

(6) Lorsque le défendeur démontre au tribunal que le renvoi de l'affaire au tribunal qui a rendu l'ordonnance conditionnelle s'impose pour faire recueillir tout élément supplémentaire de preuve ou à toute autre fin, le tribunal peut renvoyer l'affaire en conséquence et suspendre la procédure à cette fin.

(7) À l'issue de la procédure prévue au présent article, le tribunal rend, sous réserve du paragraphe (7.1), une ordonnance:

a) soit pour confirmer l'ordonnance conditionnelle sans la modifier;

b) soit pour la confirmer en la modifiant;

c) soit pour refuser de la confirmer.

(7.1) Le tribunal qui rend, au titre du paragraphe (7), une ordonnance relative à une ordonnance alimentaire au profit d'un enfant la rend conformément aux lignes directrices applicables.

(8) Avant de rendre une ordonnance qui confirme l'ordonnance conditionnelle en la modifiant ou qui refuse de la confirmer, le tribunal décide s'il renvoie l'affaire devant le tribunal qui a rendu l'ordonnance conditionnelle pour qu'il recueille des éléments de preuve supplémentaires.

(9) Le tribunal qui renvoie une affaire relative à une ordonnance alimentaire au profit d'un enfant peut, avant de rendre l'ordonnance prévue au paragraphe (7), rendre, conformément aux lignes directrices applicables, une ordonnance provisoire enjoignant à un époux de verser une prestation pour les aliments des enfants à charge ou de l'un d'eux.

(9.1) Le tribunal qui renvoie une affaire relative à une ordonnance alimentaire au profit d'un époux peut, avant de rendre l'ordonnance prévue au paragraphe (7), rendre une ordonnance provisoire enjoignant à un époux de garantir ou de verser, ou de garantir et de verser, la prestation, sous forme de capital, de pension ou des deux, qu'il estime raisonnable pour les aliments de l'autre époux.

(10) La durée de validité de l'ordonnance rendue par le tribunal au titre des paragraphes (9) ou (9.1) peut être déterminée ou indéterminée ou dépendre d'un événement précis; l'ordonnance peut être assujettie aux modalités ou aux restrictions que le tribunal estime justes et appropriées.

(11) Les paragraphes 17(4), (4.1) et (6) à (7) s'appliquent, avec les adaptations nécessaires, à une ordonnance rendue au titre des paragraphes (9) ou (9.1) comme s'il s'agissait d'une ordonnance modificative prévue à ces paragraphes.

(12) En rendant l'ordonnance visée au paragraphe (7), le tribunal d'une province:

a) transmet au procureur général de cette province, au tribunal qui a rendu l'ordonnance conditionnelle ainsi qu'au tribunal qui a rendu l'ordonnance alimentaire, dans le cas où ce dernier n'est pas le même que celui qui a rendu l'ordonnance conditionnelle qui s'y rattache, une copie certifiée conforme de l'ordonnance par un juge ou un fonctionnaire du tribunal;

b) ouvre un dossier sur l'ordonnance dans le cas où celle-ci confirme l'ordonnance conditionnelle avec ou sans modification;

c) fait parvenir ses motifs par écrit au tribunal qui a rendu l'ordonnance conditionnelle ainsi qu'au procureur général de cette province, dans le cas où il rend une ordonnance qui confirme l'ordonnance conditionnelle avec modification ou qui refuse de la confirmer. [L.R.C. (1985), c. 3 (2ᵉ suppl.), art. 19; 1993, c. 8, art. 4; 1997, c. 1, art. 7].

20. (1) Au présent article, «tribunal», dans le cas d'une province, s'entend au sens du paragraphe 2(1). Est compris dans cette définition tout autre tribunal qui a compétence dans la province sur désignation du lieutenant-gouverneur

en conseil pour l'application du présent article.

(2) Sous réserve du paragraphe 18(2), une ordonnance rendue au titre des articles 15.1 à 17 ou des paragraphes 19(7), (9) ou (9.1) est valide dans tout le Canada.

(3) Cette ordonnance peut être:

a) soit enregistrée auprès de tout tribunal d'une province et exécutée comme toute autre ordonnance de ce tribunal;

b) soit exécutée dans une province de toute autre façon prévue par ses lois, notamment les lois en matière d'exécution réciproque entre celle-ci et une autorité étrangère.

(4) Par dérogation au paragraphe (3), le tribunal ne peut modifier l'ordonnance visée au paragraphe (2) que conformément à la présente loi. [L.R.C. (1985), c. 3 (2ᵉ suppl.), art. 20; 1997, c. 1, art. 8].

20.1. (1) La créance alimentaire octroyée par une ordonnance peut être cédée:

a) à un ministre fédéral désigné par le gouverneur en conseil;

b) à un ministre d'une province ou à une administration qui est située dans celle-ci, désigné par le lieutenant-gouverneur en conseil de la province;

c) à un membre du Conseil du territoire du Yukon ou à une administration qui est située dans ce territoire, désigné par le commissaire de ce territoire;

d) à un membre du Conseil des Territoires du Nord-Ouest ou à une administration qui est située dans ces ter-

ritoires, désigné par le commissaire de ces territoires.

(2) Le ministre, le membre ou l'administration à qui la créance alimentaire octroyée par une ordonnance a été cédée a droit aux montants dus au titre de l'ordonnance et a le droit, dans le cadre des procédures relatives à la modification, l'annulation, la suspension ou l'exécution de l'ordonnance, d'en être avisé ou d'y participer au même titre que la personne qui aurait autrement eu droit à ces montants. [1997, c. 1, art. 9].

APPELS

21. (1) Sous réserve des paragraphes (2) et (3), les jugements ou ordonnances rendus par un tribunal en application de la présente loi, qu'ils soient définitifs ou provisoires, sont susceptibles d'appel devant une cour d'appel.

(2) Il ne peut être fait appel d'un jugement qui accorde le divorce à compter du jour où celui-ci prend effet.

(3) Il ne peut être fait appel d'une ordonnance rendue en vertu de la présente loi plus de trente jours après le jour où elle a été rendue.

(4) Une cour d'appel ou un de ses juges peuvent, pour des motifs particuliers, et même après son expiration, proroger par ordonnance le délai fixé par le paragraphe (3).

(5) La cour d'appel saisie peut:

a) rejeter l'appel;

b) en faisant droit à l'appel:

(i) soit rendre le jugement ou l'ordonnance qui auraient dû être rendus, y compris toute ordonnance, différente ou nouvelle, qu'elle estime juste,

(ii) soit ordonner la tenue d'un nouveau procès lorsqu'elle l'estime nécessaire pour réparer un dommage important ou remédier à une erreur judiciaire.

(6) Sauf disposition contraire de la présente loi ou de ses règles ou règlements, l'appel prévu au présent article est formé et instruit, et il en est décidé, selon la procédure habituelle applicable aux appels interjetés devant la cour d'appel contre les décisions du tribunal qui a rendu l'ordonnance ou le jugement frappés d'appel. [L.R.C. (1985), c. 3 (2ᵉ suppl.), art. 21].

21.1. (1) Au présent article, «époux» s'entend au sens du paragraphe 2(1) et, en outre, d'un ex-époux.

(2) Dans le cas d'une action engagée sous le régime de la présente loi, un époux (appelé «signataire» au présent article) peut signifier à l'autre époux et déposer auprès du tribunal un affidavit donnant les renseignements suivants:

a) l'indication du fait que l'autre époux est l'époux du signataire;

b) la date et le lieu de la célébration du mariage, ainsi que la qualité officielle du célébrant;

c) la nature de tout obstacle, dont la suppression dépend de l'autre époux, au remariage du signataire au sein de sa religion;

d) l'indication du fait que le signataire a supprimé, ou a signifié son intention de supprimer, tout obstacle, dont la suppression dépend de lui, au remariage de l'autre époux au sein de sa religion, ainsi que la date et les circonstances de la suppression ou de la signification;

e) l'indication du fait que le signataire a demandé, par écrit, à l'autre époux de supprimer tout obstacle à son remariage au sein de sa religion lorsque cette suppression dépend de ce dernier;

f) la date de la demande visée à l'alinéa *e)*;

g) l'indication du fait que, malgré la demande visée à l'alinéa *e)*, l'autre époux n'a pas supprimé l'obstacle.

(3) Le tribunal peut, aux conditions qu'il estime indiquées, rejeter tout affidavit, demande ou autre acte de procédure déposé par un époux dans le cas suivant:

a) cet époux a eu signification de l'affidavit visé au paragraphe (2) mais n'a pas signifié à son tour au signataire, ni n'a déposé auprès du tribunal, dans les quinze jours suivant le dépôt de cet affidavit ou dans le délai supérieur accordé par le tribunal, un affidavit indiquant que tout obstacle visé à l'alinéa (2)*e)* a été supprimé;

b) il n'a pas réussi à convaincre le tribunal, selon les modalités complémentaires éventuellement fixées par celui-ci, que tout obstacle a effectivement été supprimé.

(4) Sans préjudice de la portée générale de la faculté d'appréciation que lui confère le paragraphe (3), le tribunal peut refuser d'exercer les pouvoirs octroyés par ce paragraphe dans le cas suivant:

a) l'époux qui a eu signification de l'affidavit visé au paragraphe (2) a signifié à son tour au signataire et déposé auprès du tribunal, dans les quinze jours suivant le dépôt de cet affidavit ou dans le délai supérieur accordé par le tribunal,

un affidavit faisant état de motifs sérieux, fondés sur la religion ou la conscience, pour refuser de supprimer tout obstacle visé à l'alinéa (2)*e*);

b) il a convaincu le tribunal, selon les modalités complémentaires éventuellement fixées par celui-ci, du fait que ces motifs sont valables.

(5) Pour être valide, un affidavit déposé par un époux auprès du tribunal doit porter la date de sa signification à l'autre époux.

(6) Le présent article ne s'applique pas aux cas où la suppression des obstacles au remariage religieux relève d'une autorité religieuse. [1990, c. 18, art. 2].

DISPOSITIONS GÉNÉRALES

22. (1) Un divorce prononcé à compter de l'entrée en vigueur de la présente loi, conformément à la loi d'un pays étranger ou d'une de ses subdivisions, par un tribunal ou une autre autorité compétente est reconnu aux fins de déterminer l'état matrimonial au Canada d'une personne donnée, à condition que l'un des ex-époux ait résidé habituellement dans ce pays ou cette subdivision pendant au moins l'année précédant l'introduction de l'instance.

(2) Un divorce prononcé après le 1er juillet 1968, conformément à la loi d'un pays étranger ou d'une de ses subdivisions, par un tribunal ou une autre autorité compétente et dont la compétence se rattache au domicile de l'épouse, en ce pays ou cette subdivision, déterminé comme si elle était célibataire, et, si elle est mineure, comme si elle avait atteint l'âge de la majorité, est reconnu aux fins de déterminer l'état matrimonial au Canada d'une personne donnée.

(3) Le présent article n'a pas pour effet de porter atteinte aux autres règles de droit relatives à la reconnaissance des divorces dont le prononcé ne découle pas de l'application de la présente loi. [L.R.C. (1985), c. 3 (2e suppl.), art. 22].

23. (1) Sous réserve des autres dispositions de la présente loi ou de toute autre loi fédérale, le droit de la preuve de la province où est exercée une action sous le régime de la présente loi s'applique à cette action, y compris en matière de signification.

(2) Pour l'application du présent article, dans l'éventualité visée au paragraphe 3(3) ou 5(3), l'action renvoyée à la Section de première instance de la Cour fédérale est réputée introduite dans la province où les époux ou ex-époux ont ou ont eu leurs principales attaches, selon l'avis de la Cour fédérale mentionné dans l'ordre. [L.R.C. (1985), c. 3 (2e suppl.), art. 23].

24. Un document présenté dans le cadre d'une action prévue par la présente loi et censé certifié conforme ou attesté sous serment par un juge ou un fonctionnaire du tribunal fait foi, sauf preuve contraire, de la nomination, de la signature ou de la compétence de ce juge ou fonctionnaire, ou de la personne qui a reçu le serment dans le cas d'un document censé attesté sous serment. [L.R.C. (1985), c. 3 (2e suppl.), art. 24].

25. (1) Au présent article, «autorité compétente» s'entend, dans le cas du tribunal ou de la cour d'appel d'une province, des organismes, personnes ou groupes de personnes habituellement compétents, sous le régime juridique de la province, pour établir les règles de pratique et de procédure de ce tribunal.

(2) Sous réserve du paragraphe (3), l'autorité compétente peut établir les règles applicables aux actions ou procédures engagées aux termes de la présente loi devant le tribunal ou la cour d'appel d'une province, notamment en ce qui concerne:

a) la pratique et la procédure devant ce tribunal, y compris la mise en cause de tiers;

b) l'instruction et le règlement des actions visées par la présente loi sans qu'il soit nécessaire aux parties de présenter leurs éléments de preuve et leur argumentation verbalement;

b.1) la possibilité de procéder selon l'article 17.1;

c) les séances du tribunal;

d) la taxation des frais et l'octroi des dépens;

e) les attributions des fonctionnaires du tribunal;

f) le renvoi d'actions prévu dans la présente loi entre ce tribunal et un autre;

g) toute autre mesure jugée opportune aux fins de la justice et pour l'application de la présente loi.

(3) Le pouvoir d'établir des règles pour un tribunal ou une cour d'appel conféré par le paragraphe (2) à une autorité compétente s'exerce selon les mêmes modalités et conditions que le pouvoir conféré à cet égard par les lois provinciales.

(4) Les règles établies en vertu du présent article par une autorité compétente qui n'est ni un organisme judiciaire ni un organisme quasi judiciaire sont réputées ne pas être des textes réglementaires au sens et pour l'application de la *Loi sur les textes réglementaires*. [L.R.C. (1985), c. 3 (2ᵉ suppl.), art. 25; 1993, c. 8, art. 5].

25.1. (1) Le ministre de la Justice peut, avec l'approbation du gouverneur en conseil, conclure au nom du gouvernement fédéral un accord avec une province autorisant le service provincial des aliments pour enfants désigné dans celui-ci:

a) à aider le tribunal à fixer le nouveau montant des aliments pour un enfant;

b) à fixer, à intervalles réguliers, un nouveau montant pour les ordonnances alimentaires au profit d'un enfant en conformité avec les lignes directrices applicables et à la lumière des renseignements à jour sur le revenu.

(2) Sous réserve du paragraphe (5), le nouveau montant de l'ordonnance alimentaire au profit d'un enfant fixé sous le régime du présent article est réputé, à toutes fins utiles, être le montant payable au titre de l'ordonnance.

(3) Le nouveau montant fixé sous le régime du présent article est payable par l'ex-époux visé par l'ordonnance alimentaire au profit d'un enfant trente et un jours après celui où les ex-époux en ont été avisés selon les modalités prévues dans l'accord autorisant la fixation du nouveau montant.

(4) Dans les trente jours suivant celui où ils ont été avisés du nouveau montant, selon les modalités prévues dans l'accord en autorisant la fixation, les ex-époux, ou l'un deux, peuvent demander au tribunal compétent de rendre une ordonnance au titre du paragraphe 17(1).

(5) Dans le cas où une demande est présentée au titre du paragraphe (4), l'application du paragraphe (3) est suspendue dans l'attente d'une décision du tribunal compétent sur la demande, et l'ordonnance alimentaire au profit d'un enfant continue d'avoir effet.

(6) Dans le cas où la demande présentée au titre du paragraphe (4) est retirée avant qu'une décision soit rendue à son égard, le montant payable par l'ex-époux visé par l'ordonnance alimentaire au profit d'un enfant est le nouveau montant fixé sous le régime du présent article et ce à compter du jour où ce montant aurait été payable si la demande n'avait pas été présentée. [1997, c. 1, art. 10].

26. (1) Le gouverneur en conseil peut, par règlement, prendre les mesures nécessaires à l'application de la présente loi, notamment:

a) en ce qui concerne la création et la mise en oeuvre d'un bureau d'enregistrement des actions en divorce au Canada;

b) en vue d'assurer l'uniformité des règles établies en vertu de l'article 25.

(2) Les règlements pris en vertu du paragraphe (1) en vue d'assurer l'uniformité des règles l'emportent sur celles-ci. [L.R.C. (1985), c. 3 (2ᵉ suppl.), art. 26].

26.1. (1) Le gouverneur en conseil peut établir des lignes directrices à l'égard des ordonnances pour les aliments des enfants, notamment pour:

a) régir le mode de détermination du montant des ordonnances pour les aliments des enfants;

b) régir les cas où le tribunal peut exercer son pouvoir discrétionnaire lorsqu'il rend des ordonnances pour les aliments des enfants;

c) autoriser le tribunal à exiger que le montant de l'ordonnance pour les aliments d'un enfant soit payable sous forme de capital ou de pension, ou des deux;

d) autoriser le tribunal à exiger que le montant de l'ordonnance pour les aliments d'un enfant soit versé ou garanti, ou versé et garanti, selon les modalités prévues par l'ordonnance;

e) régir les changements de situation au titre desquels les ordonnances modificatives des ordonnances alimentaires au profit d'un enfant peuvent être rendues;

f) régir la détermination du revenu pour l'application des lignes directrices;

g) autoriser le tribunal à attribuer un revenu pour l'application des lignes directrices;

h) régir la communication de renseignements sur le revenu et prévoir les sanctions afférentes à la non-communication de tels renseignements.

(2) Les lignes doivent être fondées sur le principe que l'obligation financière de subvenir aux besoins des enfants à charge est commune aux époux et qu'elle est répartie entre eux selon leurs ressources respectives permettant de remplir cette obligation.

(3) Pour l'application du paragraphe (1), «ordonnance pour les aliments d'un enfant» s'entend:

a) de l'ordonnance ou de l'ordonnance provisoire rendue au titre de l'article 15.1;

b) de l'ordonnance modificative de l'ordonnance alimentaire au profit d'un enfant;

c) de l'ordonnance ou de l'ordonnance provisoire rendue au titre de l'article 19. [1997, c. 1, art. 11].

27. (1) Le gouverneur en conseil peut, par décret, autoriser le ministre de la Justice à établir les droits à payer par le bénéficiaire d'un service fourni en vertu de la présente loi ou de ses règlements.

(2) Le ministre de la Justice peut, avec l'approbation du gouverneur en conseil, conclure un accord avec le gouvernement d'une province concernant la perception et le paiement des droits visés au paragraphe (1). [L.R.C. (1985), c. 3 (2ᵉ suppl.), art. 27].

28. Le ministre de la Justice procède à l'examen détaillé, d'une part, de l'application des lignes directrices fédérales sur les pensions alimentaires pour enfants et, d'autre part, de la détermination des aliments pour enfants. Il dépose son rapport devant chaque chambre du Parlement dans les cinq ans suivant l'entrée en vigueur du présent article. [L.R.C. (1985), c. 3 (2ᵉ suppl.), art. 28; 1997, c. 1, art. 12].

29.-31. (*Remplacés*). [L.R.C. (1985), c. 3 (2ᵉ suppl.), art. 29-31; 1997, c. 1, art. 12].

DISPOSITIONS TRANSITOIRES

32. Toute action peut être engagée sous le régime de la présente loi, même si les faits ou les circonstances qui lui

ont donné lieu ou qui déterminent la compétence en l'espèce sont en tout ou partie antérieurs à la date d'entrée en vigueur de cette loi. [L.R.C. (1985), c. 3 (2ᵉ suppl.), art. 32].

Loi sur le divorce, S.R. 1970, ch. D-8

33. Les actions engagées sous le régime de la *Loi sur le divorce*, chapitre D-8 des Statuts révisés du Canada de 1970, avant la date d'entrée en vigueur de la présente loi et sur lesquelles il n'a pas été définitivement statué avant cette date sont instruites, et il en est décidé, conformément à la loi précitée, en son état avant la même date, comme si elle n'avait pas été abrogée. [L.R.C. (1985), c. 3 (2ᵉ suppl.), art. 33].

34. (1) Sous réserve du paragraphe (1.1), toute ordonnance rendue en vertu du paragraphe 11(1) de la *Loi sur le divorce*, chapitre D-8 des Statuts révisés du Canada de 1970, y compris une ordonnance rendue en vertu de l'article 33 de la présente loi, ainsi que toute ordonnance de même effet rendue accessoirement à un jugement de divorce prononcé au Canada avant le 2 juillet 1968 ou prononcé le 2 juillet 1968 ou après cette date conformément au paragraphe 22(2) de la loi précitée, peut être modifiée, suspendue, annulée ou exécutée conformément aux articles 17 à 20, à l'exclusion du paragraphe 17(10), de la présente loi comme:

a) s'il s'agissait d'une ordonnance alimentaire ou de garde, selon le cas;

b) si, aux paragraphes 17(4), (4.1) et (5), les mots «ou de la dernière ordonnance rendue en vertu du paragraphe 11(2) de la *Loi sur le divorce*, chapitre D-8 des Statuts révisés du Canada de

1970, aux fins de modifier cette ordonnance» étaient insérés avant les mots «ou de la dernière ordonnance modificative de celle-ci».

(1.1) Dans le cas où une demande est présentée au titre du paragraphe 17(1), en vue de modifier l'ordonnance visée au paragraphe (1) qui prévoit un seul montant pour les aliments d'un ou de plusieurs enfants et d'un ex-époux, le tribunal annule l'ordonnance et applique les règles applicables à la demande relative à l'ordonnance alimentaire au profit d'un enfant et à la demande relative à l'ordonnance alimentaire au profit d'un époux.

(2) Toute ordonnance rendue en vertu de l'article 10 de la *Loi sur le divorce*, chapitre D-8 des Statuts révisés du Canada de 1970, y compris une ordonnance rendue en vertu de l'article 33 de la présente loi, peut être exécutée en conformité avec l'article 20 de la présente loi comme s'il s'agissait d'une ordonnance rendue en vertu des para- graphes 15.1(1) ou 15.2(1) ou de l'article 16, selon le cas.

(3) Les créances octroyées par toute ordonnance rendue conformément aux articles 10 ou 11 de la *Loi sur le divorce*, chapitre D-8 des Statuts révisés du Canada de 1970, pour l'entretien d'un époux ou d'un enfant du mariage, y compris une ordonnance rendue en vertu de l'article 33 de la présente loi, ainsi que toute ordonnance de même effet rendue accessoirement à un jugement de divorce prononcé au Canada avant le 2 juillet 1968 ou prononcé le 2 juillet 1968 ou après cette date conformément au paragraphe 22(2) de la loi précitée, peuvent être cédées à un ministre, un membre ou

une administration désigné suivant les termes de l'article 20.1. [L.R.C. (1985), c. 3 (2e suppl.), art. 34; 1997, c. 1, art. 14].

35. Les règles et règlements d'application de la *Loi sur le divorce*, chapitre D-8 des Statuts révisés du Canada de 1970, ainsi que les autres lois ou leurs règles, leurs règlements ou tout autre texte d'application, portant sur l'une ou l'autre des questions visées au paragraphe 25(2) et en application au Canada ou dans une province avant la date d'entrée en vigueur de la présente loi, demeurent, dans la mesure de leur compatibilité avec la présente loi, en vigueur comme s'ils avaient été édictés aux termes de celle-ci jusqu'à ce qu'ils soient modifiés ou abrogés dans le cadre de la présente loi ou qu'ils deviennent inapplicables du fait de leur incompatibilité avec de nouvelles dispositions. [L.R.C. (1985), c. 3 (2e suppl.), art. 35].

Loi sur le divorce, L.R. ch. 3 (2e suppl.)

35.1. (1) Sous réserve du paragraphe (2), l'ordonnance alimentaire rendue au titre de la présente loi avant l'entrée en vigueur du présent article peut être modifiée, suspendue, annulée ou exécutée conformément aux articles 17 à 20 comme s'il s'agissait d'une ordonnance alimentaire au profit d'un enfant ou d'une ordonnance alimentaire au profit d'un époux, selon le cas.

(2) Dans le cas où une demande est présentée au titre du paragraphe 17(1), en vue de modifier une ordonnance alimentaire rendue au titre de la présente loi avant l'entrée en vigueur du présent article qui prévoit un seul montant pour les aliments d'un ou de plusieurs enfants et d'un ex-époux, le tribunal annule

l'ordonnance et applique les règles applicables à la demande relative à l'ordonnance alimentaire au profit d'un enfant et à la demande relative à l'ordonnance alimentaire au profit d'un époux.

(3) Les créances octroyées par toute ordonnance alimentaire rendue au titre de la présente loi avant l'entrée en vigueur du présent article peuvent être cédées à un ministre, un membre ou une administration désigné suivant les termes de l'article 20.1. [1997, c. 1, art. 15].

ENTRÉE EN VIGUEUR

36. *(Omis)*. [L.R.C. (1985), c. 3 (2ᵉ suppl.), art. 36].

Les articles 2, 15 et 18 de la présente loi seront modifiés lors de l'entrée en vigueur de l'article 78 du chapitre 28 des lois de 1993 à la date ou aux dates fixées par décret du gouvernement, mais au plus tard le 1ᵉʳ avril 1999.

Loi sur l'intérêt,
L.R.C. (1985), c. I-15

TITRE ABRÉGÉ

1. *Loi sur l'intérêt.* [S.R., c. I-18, art. 1].

TAUX D'INTÉRÊT

2. Sauf disposition contraire de la présente loi ou de toute autre loi fédérale, une personne peut stipuler, allouer et exiger, dans tout contrat ou convention quelconque, le taux d'intérêt ou d'escompte qui est convenu. [S.R., c. I-18, art. 2].

3. Chaque fois que de l'intérêt est exigible par convention entre les parties ou en vertu de la loi, et qu'il n'est pas fixé de taux en vertu de cette convention ou par la loi, le taux de l'intérêt est de cinq pour cent par an. [S.R., c. I-18, art. 3].

4. Sauf à l'égard des hypothèques sur biens-fonds, lorsque, aux termes d'un contrat écrit ou imprimé, scellé ou non, quelque intérêt est payable à un taux ou pourcentage par jour, semaine ou mois, ou à un taux ou pourcentage pour une période de moins d'un an, aucun intérêt supérieur au taux ou pourcentage de cinq pour cent par an n'est exigible, payable ou recouvrable sur une partie quelconque du principal, à moins que le contrat n'énonce expressément le taux d'intérêt ou pourcentage par an auquel équivaut cet autre taux ou pourcentage. [S.R., c. I-18, art. 4].

5. En cas de paiement d'une somme à compte d'un intérêt non exigible, payable ou recouvrable en vertu de l'article 4, cette somme peut être recouvrée ou déduite de tout principal ou de tout intérêt à payer en vertu du contrat. [S.R., c. I-18, art. 5].

INTÉRÊT SUR DENIERS GARANTIS PAR HYPOTHÈQUE SUR BIENS-FONDS

6. Lorsqu'un principal ou un intérêt garanti par hypothèque sur biens-fonds est stipulé, par l'acte d'hypothèque, payable d'après le système du fonds d'amortissement, d'après tout système en vertu duquel les versements du principal et de l'intérêt sont confondus ou d'après tout plan ou système qui comprend une allocation d'intérêt sur des remboursements stipulés, aucun intérêt n'est exigible, payable ou recouvrable sur une partie quelconque du principal prêté, à moins que l'acte d'hypothèque ne fasse mention du principal et du taux de l'intérêt exigible à son égard, calculé annuellement ou semestriellement, mais non d'avance. [S.R., c. I-18, art 6; 1976-77, c. 28, art. 49].

7. Lorsque le taux d'intérêt mentionné en vertu de l'article 6 est moindre que celui qui serait exigible en vertu de quelque autre disposition, calcul ou stipulation de l'acte d'hypothèque, il n'est exigible, payable ou recouvrable sur le principal avancé aucun intérêt plus élevé que le taux ainsi mentionné. [S.R.,

c. I-18, art. 7; 1976-77, c. 28, art. 49; 1980-81-82-83, c. 47, art. 53].

8. (1) Il ne peut être stipulé, retenu, réservé ou exigé, sur des arrérages de principal ou d'intérêt garantis par hypothèque sur biens-fonds, aucune amende, pénalité ou taux d'intérêt ayant pour effet d'élever les charges sur ces arrérages au-dessus du taux d'intérêt payable sur le principal non arriéré.

(2) Le présent article n'a pas pour effet de prohiber un contrat pour le paiement d'intérêt, sur des arrérages d'intérêt ou de principal, à un taux ne dépassant pas celui payable sur le principal non arriéré. [S.R., c. I-18, art. 8].

9. En cas de paiement d'une somme à compte d'un intérêt, d'une amende ou pénalité qui ne sont pas exigibles, payables ou recouvrables en vertu des articles 6, 7 ou 8, cette somme peut être recouvrée ou déduite de tout autre intérêt, amende ou pénalité exigibles, payables ou recouvrables sur le principal. [S.R., c. I-18, art. 9].

10. (1) Lorsqu'un principal ou un intérêt garanti par hypothèque sur biens-fonds n'est pas payable, d'après les modalités de l'acte d'hypothèque, avant qu'il se soit écoulé plus de cinq ans à compter de la date de l'hypothèque, alors, si, à quelque époque après l'expiration de ces cinq ans, la personne tenue de payer ou ayant droit de purger l'hypothèque, offre ou paie à la personne qui a droit de recevoir l'argent, la somme due à titre de principal et l'intérêt jusqu'à la date du paiement calculé conformément aux articles 6 à 9, en y ajoutant trois mois d'intérêt pour tenir lieu d'avis, nul autre intérêt n'est exigible, payable ou recouvrable à une époque ultérieure sur le principal ni sur l'intérêt dû en vertu de l'acte d'hypothèque.

(2) Le présent article n'a pas pour effet de s'appliquer à une hypothèque sur biens-fonds consentie par une compagnie par actions ou autre personne morale, non plus qu'aux débentures émises par une telle compagnie ou personne morale, dont le remboursement a été garanti au moyen d'hypothèques sur biens-fonds. [S.R., c. I-18, art. 10].

COLOMBIE-BRITANNIQUE, MANITOBA, SASKATCHEWAN, ALBERTA ET LES TERRITOIRES

11.-14. (Abrogés). [L.C. 1992, c. 1, art. 146, Ann. IX, n° 26].

L'article 11 de la présente loi sera abrogé et remplacé lors de l'entrée en vigueur de l'article 78 du chapitre 28 des lois de 1993 à la date ou aux dates fixées par décret du gouvernement, mais au plus tard le 1er avril 1999.
Les articles 4 et 6 de la présente loi seront remplacés lors de l'entrée en vigueur des articles 17 et 18 du chapitre 17 des lois de 1996 à la date ou aux dates fixées par décret du gouvernement.

Loi d'interprétation,
L.R.Q., c. I-16

1. Cette loi s'applique à toute loi du Parlement du Québec, à moins que l'objet, le contexte ou quelque disposition de cette loi ne s'y oppose. [S.R. 1964, c. 1, art. 1; 1982, c. 62, art. 148].

SECTION I

2.-3. *(Abrogés)*. [1982, c. 62, art. 149].

SECTION II
ENTRÉE EN VIGUEUR D'UNE LOI

4. *(Abrogé)*. [1982, c. 62, art. 151].

5. Une loi entre en vigueur le trentième jour qui suit celui de sa sanction, à moins que la loi n'y pourvoie autrement. [S.R. 1964, c. 1, art. 5; 1968, c. 23, art. 8; 1982, c. 62, art. 152].

SECTION III
DU DÉSAVEU

6. Une loi cesse d'être exécutoire à compter du jour où il est annoncé, soit par proclamation, soit par discours ou message adressé à l'Assemblée nationale, que cette loi a été désavouée, dans l'année qui a suivi la réception, par le gouverneur général, de la copie authentique qui lui en avait été transmise. [S.R. 1964, c. 1, art. 6; 1968, c. 9, art. 58].

SECTION IV
DES MODIFICATIONS ET ABROGATIONS

7. Une loi peut être modifiée ou abrogée par une autre loi passée dans la même session. [S.R. 1964, c. 1, art. 7].

8. Lorsque quelques-unes des dispositions d'une loi sont abrogées et que d'autres leur sont substituées, les dispositions abrogées demeurent en vigueur jusqu'à ce que les dispositions substituées viennent en vigueur, suivant la loi d'abrogation. [S.R. 1964, c. 1, art. 8].

9. Quand une disposition législative qui en abroge une autre est elle-même abrogée, la première disposition abrogée ne reprend vigueur que si le Parlement en a exprimé l'intention. [S.R. 1964, c. 1, art. 9; 1982, c. 62, art. 153].

10. L'abrogation, le remplacement ou la modification d'une disposition législative contenue dans une loi refondue comporte et a toujours comporté l'abrogation, le remplacement ou la modification de la disposition législative qu'elle reproduit. [S.R. 1964, c. 1, art. 10].

11. Une loi est censée réserver au Parlement, lorsque le bien public l'exige, le pouvoir de l'abroger, et également de révoquer, restreindre ou modifier tout pouvoir, privilège ou avantage que cette loi confère à une personne. [S.R. 1964, c. 1, art. 11; 1982, c. 62, art. 154].

12. L'abrogation d'une loi ou de règlements faits sous son autorité n'affecte pas les droits acquis, les infractions commises, les peines encourues et les procédures intentées; les droits acquis peuvent être exercés, les infractions poursuivies, les peines imposées et les

procédures continuées, nonobstant l'abrogation. [S.R. 1964, c. 1, art. 12].

13. Quand une disposition législative est remplacée ou refondue, les titulaires d'offices continuent d'agir comme s'ils avaient été nommés sous les dispositions nouvelles; les corporations formées conservent leur existence et sont régies par les dispositions nouvelles; les procédures intentées sont continuées, les infractions commises sont poursuivies et les prescriptions commencées sont achevées sous ces mêmes dispositions en tant qu'elles sont applicables.

Les règlements ou autres textes édictés en application de la disposition remplacée ou refondue demeurent en vigueur dans la mesure où ils sont compatibles avec les dispositions nouvelles; les textes ainsi maintenus en vigueur sont réputés avoir été édictés en vertu de ces dernières. [S.R. 1964, c. 1, art. 13; 1986, c. 22, art. 30].

SECTION V
DE L'IMPRESSION ET DE LA DISTRIBUTION DES LOIS

14.-16. *(Abrogés).* [1982, c. 62, art. 155].

17. Les notes marginales doivent indiquer l'année et le chapitre des dispositions législatives que le texte modifie ou abroge ou auxquelles il se réfère. [S.R. 1964, c. 1, art. 17].

18. Les lois réservées et ensuite sanctionnées par le gouverneur général en conseil, sont publiées dans la *Gazette officielle du Québec*, et sont imprimées plus tard dans le premier recueil annuel des lois qui est imprimé après la signification de la sanction. [S.R. 1964, c. 1, art. 18; 1968, c. 8, art. 3; 1968, c. 23, art. 8].

19. Après le trente et un décembre 1952, nonobstant toute autre disposition législative inconciliable avec la présente, l'obligation imposée par une loi de publier dans les lois un document, de quelque nature qu'il soit, s'exécutera exclusivement par sa publication dans la *Gazette officielle du Québec*. [S.R. 1964, c. 1, art. 19; 1968, c. 23, art. 8].

20.-21. *(Abrogés).* [1982, c. 62, art. 155].

22. Le greffier du Conseil exécutif est tenu de fournir à l'Éditeur officiel du Québec, selon que les circonstances l'exigent, copie de tous les arrêtés en conseil adoptés en vertu des dispositions de la présente loi. [S.R. 1964, c. 1, art. 22; 1968, c. 23, art. 8; 1969, c. 26, art. 2].

23.-27. *(Abrogés).* [1982, c. 62, art. 155].

SECTION VI

28.-36. *(Abrogés).* [1982, c. 62, art. 155].

SECTION VII

37. *(Abrogé).* [1982, c. 62, art. 155].

SECTION VIII
DISPOSITIONS DÉCLARATOIRES ET INTERPRÉTATIVES

38. Une loi n'est pas soustraite à l'application d'une règle d'interprétation qui lui est applicable, et qui, d'ailleurs, n'est pas incompatible avec la présente loi, parce que celle-ci ne la contient pas. [S.R. 1964, c. 1, art. 38].

39. Une loi est publique, à moins qu'elle n'ait été déclarée privée. Toute personne est tenue de prendre connaissance des lois publiques, mais les lois privées

doivent être plaidées. [S.R. 1964, c. 1, art. 39].

40. Le préambule d'une loi en fait partie et sert à en expliquer l'objet et la portée.

Les lois doivent s'interpréter, en cas de doute, de manière à ne pas restreindre le statut du français. [S.R. 1964, c. 1, art. 40; 1977, c. 5, art. 213].

40.1. (*Abrogé*). [1993, c. 40, art. 64].

41. Toute disposition d'une loi est réputée avoir pour objet de reconnaître des droits, d'imposer des obligations ou de favoriser l'exercice des droits, ou encore de remédier à quelque abus ou de procurer quelque avantage.

Une telle loi reçoit une interprétation large, libérale, qui assure l'accomplissement de son objet et l'exécution de ses prescriptions suivant leurs véritables sens, esprit et fin. [S.R. 1964, c. 1, art. 41; 1992, c. 57, art. 602].

41.1. Les dispositions d'une loi s'interprètent les unes par les autres en donnant à chacune le sens qui résulte de l'ensemble et qui lui donne effet. [1992, c. 57, art. 603].

41.2. Le juge ne peut refuser de juger sous prétexte du silence, de l'obscurité ou de l'insuffisance de la loi. [1992, c. 57, art. 603].

41.3. Les lois prohibitives emportent nullité quoiqu'elle n'y soit pas prononcée. [1992, c. 57, art. 603].

41.4. On ne peut déroger par des conventions particulières aux lois qui intéressent l'ordre public. [1992, c. 57, art. 603].

42. Nulle loi n'a d'effet sur les droits de la couronne, à moins qu'ils n'y soient expressément compris.

De même, nulle loi d'une nature locale et privée n'a d'effet sur les droits des tiers, à moins qu'ils n'y soient spécialement mentionnés. [S.R. 1964, c. 1, art. 42].

43. Tout renvoi, dans une loi des présentes Lois refondues, à un article, sans mention du chapitre dont cet article fait partie, est un renvoi à un article de ladite loi. [S.R. 1964, c. 1, art. 43].

44. Toute série d'articles de loi à laquelle une disposition législative se réfère comprend les articles dont les numéros servent à déterminer le commencement et la fin de cette série. [S.R. 1964, c. 1, art. 44].

45. Nulle disposition d'une loi du Québec n'infirme les lois passées à l'effet de confirmer, valider, légaliser ou interpréter des statuts ou lois, actes ou documents quelconques. [S.R. 1964, c. 1, art. 45].

46. Toute formule abrégée de renvoi à une loi est suffisante si elle est intelligible; et nulle formule particulière n'est de rigueur. [S.R. 1964, c. 1, art. 46].

47. Toute formule désignée dans une loi par un chiffre s'entend de la formule correspondante des annexes de cette loi. [S.R. 1964, c. 1, art. 47].

48. L'emploi rigoureux des formules édictées par une loi pour assurer l'exécution de ses dispositions, n'est pas prescrit, à peine de nullité, si les variantes n'en affectent pas le sens. [S.R. 1964, c. 1, art. 48].

49. La loi parle toujours; et, quel que soit le temps du verbe employé dans une disposition, cette disposition est tenue pour être en vigueur à toutes les époques et dans toutes les circonstances où elle peut s'appliquer. [S.R. 1964, c. 1, art. 49].

50. Nulle disposition légale n'est déclaratoire ou n'a d'effet rétroactif pour la raison seule qu'elle est énoncée au présent du verbe. [S.R. 1964, c. 1, art. 50].

51. Chaque fois qu'il est prescrit qu'une chose sera faite ou doit être faite, l'obligation de l'accomplir est absolue; mais s'il est dit qu'une chose «pourra» ou «peut» être faite, il est facultatif de l'accomplir ou non. [S.R. 1964, c. 1, art. 51].

52. Si le délai fixé pour une procédure ou pour l'accomplissement d'une chose expire un jour férié, ce délai est prolongé jusqu'au jour non férié suivant.

Si le délai fixé pour l'enregistrement d'un document au bureau d'enregistrement expire un samedi, ce délai est prolongé jusqu'au jour non férié suivant. [S.R. 1964, c. 1, art. 52; 1970, c. 4, art. 1].

53. Le genre masculin comprend les deux sexes, à moins que le contexte n'indique le contraire. [S.R. 1964, c. 1, art. 53].

54. Le nombre singulier s'étend à plusieurs personnes ou à plusieurs choses de même espèce, chaque fois que le contexte se prête à cette extension. Le nombre pluriel peut ne s'appliquer qu'à une seule personne ou qu'à un seul objet si le contexte s'y prête. [S.R. 1964, c. 1, art. 54; 1992, c. 57, art. 604].

55. Le droit de nomination à un emploi ou fonction comporte celui de destitution.

Lorsqu'une loi ou quelque disposition d'une loi entre en vigueur à une date postérieure à sa sanction, les nominations à un emploi ou à une fonction qui en découle peuvent valablement être faites dans les trente jours qui précèdent la date de cette entrée en vigueur, pour prendre effet à cette date, et les règlements qui y sont prévus peuvent valablement être faits et publiés avant cette date.

Toutefois, s'il s'agit d'une loi ou de quelque disposition d'une loi entrant en vigueur par suite d'une proclamation, ces nominations ne peuvent se faire qu'à compter de la date de cette proclamation.

La démission de tout fonctionnaire ou employé peut valablement être acceptée par le ministre de la couronne qui préside le ministère dont relève ce fonctionnaire ou employé. [S.R. 1964, c. 1, art. 55; 1968, c. 8, art. 13].

56. 1. Lorsqu'il est ordonné qu'une chose doit être faite par ou devant un juge, magistrat, fonctionnaire ou officier public, on doit entendre celui dont les pouvoirs ou la juridiction s'étendent au lieu où cette chose doit être faite.

2. Les devoirs imposés et les pouvoirs conférés à un officier ou fonctionnaire public, sous son nom officiel, passent à son successeur et s'étendent à son adjoint, en tant qu'ils sont compatibles avec la charge de ce dernier. [S.R. 1964, c. 1, art. 56; 1974, c. 11, art. 49].

57. L'autorisation de faire une chose comporte tous les pouvoirs nécessaires à cette fin. [S.R. 1964, c. 1, art. 57].

58. L'expression du serment peut se faire au moyen de toute affirmation solennelle; toute formule de prestation de

serment prévue par une loi ou un règlement est adaptée pour en permettre l'expression.

À moins de dispositions spéciales, lorsqu'il est prescrit de prêter ou de recevoir un serment, ce serment est reçu, et le certificat de sa prestation est donné par tout juge, tout magistrat, ou tout commissaire autorisé à cet effet, ayant juridiction dans le lieu où le serment est prêté, ou par un notaire. [S.R. 1964, c. 1, art. 58; 1986, c. 95, art. 172].

59. Lorsqu'un acte doit être accompli par plus de deux personnes, il peut l'être valablement par la majorité de ces personnes, sauf les cas particuliers d'exception. [S.R. 1964, c. 1, art. 59].

60. Un organisme constitué en vertu d'une loi du Parlement, avec ou sans le statut d'une corporation, et composé d'un nombre déterminé de membres, n'est pas dissout par suite d'une ou de plusieurs vacances survenues parmi ses membres par décès, démission ou autrement. [S.R. 1964, c. 1, art. 60; 1982, c. 62, art. 156].

61. Dans toute loi, à moins qu'il n'existe des dispositions particulières à ce contraires:

1º Les mots «Sa Majesté», «roi», «souverain», «reine», «couronne», signifient le souverain du Royaume-Uni, du Canada et de ses autres royaumes et territoires, et chef du Commonwealth;

2º Les mots «gouverneur général» signifient le gouverneur général du Canada, ou la personne administrant le gouvernement du Canada; et les mots «lieutenant-gouverneur», le lieutenant-gouverneur du Québec, ou la personne administrant le gouvernement du Québec;

3º Les mots «gouverneur général en conseil» signifient le gouverneur général ou la personne administrant le gouvernement, agissant de l'avis du Conseil privé de la reine pour le Canada; et les mots «lieutenant-gouverneur en conseil», le lieutenant-gouverneur ou la personne administrant le gouvernement, agissant de l'avis du Conseil exécutif du Québec;

4º Les mots «Royaume-Uni» signifient le Royaume-Uni de la Grande-Bretagne et d'Irlande; les mots «États-Unis», les États-Unis d'Amérique; les mots «la Puissance» et «Canada», signifient la Puissance du Canada;

5º Les mots «l'Union» signifient l'union des provinces effectuée en vertu de l'Acte de l'Amérique Britannique du Nord, 1867, et des lois subséquentes;

6º Les mots «Bas-Canada» signifient cette partie du Canada qui formait ci-devant la province du Bas-Canada, et signifient maintenant le Québec;

7º Le mot «province», employé seul, signifie la province de Québec; et le qualificatif «provincial» ajouté aux mots «acte», «statut» ou «loi», signifie un acte, un statut ou une loi du Québec;

8º Les mots «Parlement fédéral» signifient le Parlement du Canada; les mots «Législature» ou «Parlement» signifient le Parlement du Québec;

9º Le mot «session» signifie une session du Parlement et comprend le jour de son ouverture et celui de sa prorogation;

10º Les mots «actes fédéraux» ou «statuts fédéraux» signifient les lois passées par le Parlement du Canada; les mots «acte», «statut» ou «loi», par-

tout où ils sont employés sans qualificatif, s'entendent des actes, statuts et lois du Parlement;

11° *(paragraphe abrogé)*;

12° Les mots «gouvernement» ou «gouvernement exécutif» signifient le lieutenant-gouverneur et le Conseil exécutif du Québec;

13° Les mots «officier en loi» ou «officier en loi de la couronne» signifient le ministre de la Justice du Québec;

14° Les mots désignant un ministère ou un officier public se rapportent au ministère ou à l'officier de la même dénomination pour le Québec;

15° Le mot «magistrat» signifie juge de paix;

16° Le mot «personne» comprend les personnes physiques ou morales, leurs héritiers ou représentants légaux, à moins que la loi ou les circonstances particulières du cas ne s'y opposent;

17° Le nom communément donné à un pays, un lieu, un organisme, une personne morale, une société, un officier, un fonctionnaire, une personne, une partie ou une chose, désigne et signifie le pays, le lieu, l'organisme, la personne morale, la société, l'officier, le fonctionnaire, la personne, la partie ou la chose même, ainsi dénommé, sans qu'il soit besoin de plus ample description;

18° Les mots «grand sceau» signifient le grand sceau du Québec;

19° Le mot «commission», chaque fois qu'il se rapporte à une commission émise par le lieutenant-gouverneur en vertu d'une loi ou d'un arrêté en conseil, signifie une commission sous le grand sceau, formulée au nom de la reine;

20° Le mot «proclamation» signifie proclamation sous le grand sceau;

21° Les mots «écriture», «écrit» et autres ayant la même signification, comprennent ce qui est imprimé, peint, gravé, lithographié ou autrement tracé ou copié;

22° *(paragraphe abrogé)*;

23° Les mots «jour de fête» et «jour férié» désignent:

a) les dimanches;

b) le 1er janvier;

c) le Vendredi saint;

d) le lundi de Pâques;

e) le 24 juin, jour de la fête nationale;

f) le 1er juillet, anniversaire de la Confédération, ou le 2 juillet si le 1er tombe un dimanche;

g) le premier lundi de septembre, fête du Travail;

*g.*1) le deuxième lundi d'octobre;

h) le 25 décembre;

i) le jour fixé par proclamation du gouverneur général pour marquer l'anniversaire du Souverain;

j) tout autre jour fixé par proclamation du gouvernement comme jour de fête publique ou d'action de grâces;

24° Le mot «mois» signifie un mois de calendrier;

25° Les mots «maintenant» et «prochain» se rapportent au temps de la mise en vigueur de la loi;

26° *(paragraphe abrogé)*;

27° La «faillite» est l'état d'un commerçant qui a cessé ses paiements;

28° Le mot «centin» employé dans la version française des lois du Québec signifie la pièce de monnaie appelée «cent» dans les lois du Canada et dans la version anglaise des lois du Québec;

29° *(paragraphe abrogé)*. [S.R. 1964, c. 1, art. 61 *(partie)*; 1965 (1re sess.), c. 16, art. 21; 1966-67, c. 14, art. 1; 1968, c. 9, art. 90; 1978, c. 5, art. 12; 1980, c. 39, art. 62; 1981, c. 23, art. 19; 1982, c. 62, art. 157; 1984, c. 46, art. 20; 1986, c. 95, art. 173; 1990, c. 4, art. 527; 1992, c. 57, art. 605].

62. Un renvoi à une loi du Parlement sanctionnée à compter du 1er janvier 1969 est suffisant s'il indique l'année civile au cours de laquelle la loi est sanctionnée ainsi que le numéro du projet de loi qui l'a introduite ou le numéro du chapitre qui lui est attribué dans le recueil annuel des lois.

Un renvoi à une loi du Parlement sanctionnée avant le 1er janvier 1969 est suffisant s'il indique, outre le numéro de chapitre qui lui est attribué dans le volume des lois qui a été publié pour chaque session par l'Éditeur officiel du Québec, l'année ou les années civiles au cours desquelles s'est tenue la session du Parlement durant laquelle la loi a été sanctionnée, et si plusieurs sessions ont été tenues au cours d'une année civile, en ajoutant la désignation ordinale de la session dont il s'agit pour cette année civile, conformément à la dernière colonne du tableau reproduit à l'annexe A. [1968, c. 8, art. 14; 1968, c. 23, art. 8; 1982, c. 62, art. 158].

63. *(Cet article a cessé d'avoir effet le 17 avril 1987)*. [1982, c. 21, art. 1].

Loi concernant les lettres de change, les chèques et les billets à ordre ou au porteur, L.R.C. (1985), c. B-4

TITRE ABRÉGÉ

1. *Loi sur les lettres de change.* [S.R., c. B-5, art. 1].

DÉFINITIONS

2. Les définitions qui suivent s'appliquent à la présente loi.

«acceptation» Acceptation complétée par livraison ou notification.

«action» Sont assimilées à l'action la demande reconventionnelle et la défense de compensation.

«banque» Banque ou caisse d'épargne dotées de la personnalité morale et exerçant leur activité au Canada.

«billet» Billet à ordre ou au porteur.

«défense» Est assimilée à la défense la demande reconventionnelle.

«détenteur» Soit le preneur ou l'endossataire d'une lettre ou d'un billet qui en a la possession, soit le porteur de ces effets.

«émission» Première livraison d'une lettre ou d'un billet, parfaitement libellés, à une personne qui l'accepte comme détenteur.

«endossement» ou «endos» Endossement complété par livraison.

«jours fériés» Jours non ouvrables désignés comme jours de fête légale par la présente loi.

«lettre» Lettre de change.

«livraison» Transfert de possession réelle ou présumée d'une personne à une autre.

«porteur» La personne en possession d'une lettre ou d'un billet payable au porteur. [S.R., c. B-5, art. 2].

PARTIE I
DISPOSITIONS GÉNÉRALES

3. Est réputé fait de bonne foi, au sens de la présente loi, tout acte accompli honnêtement, qu'il y ait eu par ailleurs négligence ou non. [S.R., c. B-5, art. 3].

4. Pour s'acquitter de l'obligation, prévue par la présente loi, de signature d'un effet ou d'un écrit, il faut le signer soi-même ou y autoriser l'apposition de sa signature par quelqu'un d'autre. [S.R., c. B-5, art. 4].

5. Une personne morale s'acquitte de l'obligation, prévue par la présente loi, de signature d'un effet ou d'un écrit par l'apposition de son sceau; le présent article n'a toutefois pas pour effet de rendre cette apposition obligatoire sur tous les billets ou lettres d'une personne morale. [S.R., c. B-5, art. 5].

6. (1) Les jours fériés ne sont pas comptés dans le calcul des échéances de moins de trois jours prévues par la présente loi.

(2) Les règles suivantes s'appliquent aux lettres et billets:

a) l'échéance qui tombe un samedi est reportée au premier jour ouvrable qui suit;

b) leur présentation, quand ils sont payables sur demande, ne peut se faire pour acceptation ou paiement un samedi;

c) le défaut d'exécution survenant un samedi ne donne ouverture à aucun droit.

(3) Par dérogation aux autres dispositions de la présente loi, un chèque peut être présenté et payé un samedi ou un jour non ouvrable si la présentation est faite pendant les heures d'ouverture de l'établissement du tiré et, par ailleurs, en conformité avec la présente loi. La non-acceptation ou le non-paiement du chèque donne ouverture aux mêmes droits que si sa présentation avait eu lieu un jour ouvrable autre qu'un samedi.

(4) Par dérogation aux autres dispositions de la présente loi, lorsque la succursale d'une banque en activité est fermée un jour ouvrable, les règles suivantes s'appliquent aux lettres ou billets:

a) l'échéance qui tombe à cette date est reportée au premier jour ouvrable suivant où la succursale est ouverte;

b) leur présentation, quand ils sont payables sur demande, ne peut se faire à cette date pour acceptation ou paiement à la succursale;

c) le défaut d'exécution fondé sur la fermeture de la succursale à cette date ne donne ouverture à aucun droit. [S.R., c. B-5, art. 6].

7. Les dispositions de la présente loi relatives aux chèques barrés s'appliquent aux mandats pour encaissement de dividendes. [S.R., c. B-5, art. 7].

8. La présente loi n'a pas pour effet de porter atteinte aux dispositions de la *Loi sur les banques*. [S.R., c. B-5, art. 8].

9. Les règles de la *common law* d'Angleterre, y compris en droit commercial, s'appliquent aux lettres, billets et chèques dans la mesure de leur compatibilité avec les dispositions expresses de la présente loi. [S.R., c. B-5, art. 10].

10. Le protêt d'une lettre ou d'un billet au Canada, de même que toute copie qui en est faite par un notaire ou un juge de paix, constitue, dans une action, la preuve de la présentation et du défaut d'acceptation ou de paiement, ainsi que de la signification de l'avis de la présentation et du défaut d'acceptation ou de paiement spécifiés dans le protêt ou la copie. [S.R., c. B-5, art. 11].

11. Si une lettre ou un billet, présenté pour acceptation, ou payable à l'étranger, est protesté pour défaut d'acceptation ou de paiement, une copie notariée du protêt et de la notification du défaut en question et un certificat notarié de la signification de cet avis font foi devant les tribunaux, jusqu'à preuve contraire, du protêt, de la notification et de la signification. [S.R., c. B-5, art. 12].

12. Nul commis, caissier ou mandataire d'une banque ne peut agir en qualité de notaire pour le protêt d'une lettre ou d'un billet payable à la banque où il est em-

ployé ou à l'une de ses succursales. [S.R., c. B-5, art. 13].

13. (1) Les lettres ou billets, dont la cause est, en tout ou en partie, le prix d'achat d'un droit de brevet ou d'un intérêt partiel, limité territorialement ou autrement, dans un droit de brevet, portent, au travers de leur recto et bien en évidence, la mention «Donné pour droit de brevet», écrite ou imprimée lisiblement avant l'émission.

(2) En l'absence de cette mention, l'effet et son renouvellement sont nuls, sauf entre les mains d'un détenteur régulier non avisé de cette cause. [S.R., c. B-5, art. 14].

14. L'endossataire ou autre cessionnaire d'un effet portant la mention «Donné pour droit de brevet» sous la forme prévue par l'article 13 le prend sous réserve de tout moyen de défense ou compensation à son égard qui aurait existé entre les contractants originaires. [S.R., c. B-5, art. 15].

15. Quiconque émet, vend ou cède, par endossement ou livraison, un effet ne portant pas la mention «Donné pour droit de brevet» sous la forme prévue par l'article 13, tout en sachant que la cause de cet effet est, en tout ou en partie, celle décrite à cet article, commet une infraction et encourt, sur déclaration de culpabilité par mise en accusation, soit un emprisonnement maximal d'un an, soit une amende maximale de deux cents dollars, selon ce que le tribunal juge indiqué. [S.R., c. B-5, art. 16].

PARTIE II
LETTRES DE CHANGE

Forme de la lettre et interprétation

16. (1) La lettre de change est un écrit signé de sa main par lequel une personne ordonne à une autre de payer, sans condition, une somme d'argent précise, sur demande ou à une échéance déterminée ou susceptible de l'être, soit à une troisième personne désignée – ou à son ordre –, soit au porteur.

(2) L'effet qui ne remplit pas les conditions fixées au paragraphe (1), ou qui exige autre chose en sus du paiement d'une somme d'argent, ne constitue pas, sauf cas prévus ci-dessous, une lettre.

(3) L'ordre de payer sur un fonds particulier n'est pas un ordre inconditionnel au sens du présent article, sauf quand en outre:

a) ou bien il spécifie un fonds particulier, sur lequel le tiré doit se rembourser, ou un compte particulier au débit duquel la somme doit être inscrite;

b) ou bien il est assorti du relevé de l'opération qui a donné lieu à la lettre. [S.R., c. B-5, art. 17].

17. (1) L'effet dont le paiement dépend d'une éventualité ne constitue pas une lettre, et la réalisation de cette éventualité ne remédie pas à ce vice.

(2) Bien que la lettre puisse être adressée à plusieurs tirés, formant ou non une société de personnes, l'ordre adressé à l'un ou l'autre de deux tirés, ou à deux tirés ou plus successivement, n'en constitue pas pour autant une lettre. [S.R., c. B-5, art. 18].

18. (1) La lettre peut être payable soit au tireur ou à son ordre, soit au tiré ou à son ordre.

(2) La lettre peut être payable à plusieurs preneurs conjointement, ou elle peut l'être à l'un de plusieurs preneurs

ou à quelques-uns des différents preneurs.

(3) La lettre peut être payable au titulaire en exercice d'une charge ou d'un emploi. [S.R., c. B-5, art. 19].

19. La lettre doit comporter le nom du tiré ou une désignation suffisamment précise de celui-ci. [S.R., c. B-5, art. 20].

20. (1) La lettre qui comporte une clause en interdisant la cession ou indiquant l'intention de la rendre non cessible est valable entre les parties intéressées, mais n'est pas négociable.

(2) Une lettre négociable peut être payable à ordre ou au porteur.

(3) La lettre est payable au porteur lorsqu'elle comporte une clause à cet effet ou lorsque l'unique ou le dernier endossement est un endossement en blanc.

(4) La lettre qui n'est pas payable au porteur porte le nom du preneur ou une désignation suffisamment précise de celui-ci.

(5) La lettre dont le preneur est une personne fictive ou qui n'existe pas peut être considérée comme payable au porteur. [S.R., c. B-5, art. 21].

21. (1) La lettre est payable à ordre lorsqu'elle comporte une clause à cet effet ou lorsqu'elle est expressément payable à une personne désignée et ne contient rien qui en interdise la cession ou qui indique l'intention de la rendre non cessible.

(2) La lettre expressément – initialement ou par endossement – payable à l'ordre d'une personne désignée est néanmoins aussi payable à celle-ci. [S.R., c. B-5, art. 22].

22. (1) La lettre est payable sur demande dans les cas suivants:

a) elle stipule qu'elle est payable sur demande ou sur présentation;

b) elle n'indique aucune date de paiement.

(2) La lettre acceptée ou endossée après son échéance est réputée payable sur demande à l'égard de la personne qui l'accepte ou de celle qui l'endosse. [S.R., c. B-5, art. 23].

23. Est payable à une échéance susceptible d'être déterminée – au sens de la présente loi – la lettre qui est expressément payable:

a) à vue, ou à un certain délai de date ou de vue;

b) lors de la survenance – ou à un certain délai après celle-ci – d'un événement spécifié inévitable mais dont la date est incertaine. [S.R., c. B-5, art. 24].

24. (1) La lettre intérieure est une lettre qui est ou est manifestement censée être:

a) soit à la fois tirée et payable au Canada;

b) soit tirée au Canada sur un résident.

(2) Toute autre lettre est étrangère.

(3) Sauf stipulation contraire sur la lettre, le détenteur peut la considérer comme une lettre intérieure. [S.R., c. B-5, art. 25].

25. Le détenteur d'une lettre dont le tireur et le tiré sont la même personne, ou dont le tiré est une personne fictive ou inhabile à contracter, peut, à son

choix, la traiter comme lettre ou comme billet à ordre. [S.R., c. B-5, art. 26].

26. La validité d'une lettre n'est pas affectée par ce qui suit:

a) l'absence de date;

b) l'absence d'indication de la valeur donnée en échange ou de stipulation que valeur a été donnée en échange;

c) l'absence d'indication du lieu de tirage ou du lieu de paiement;

d) le fait qu'elle soit antidatée ou postdatée ou datée d'un dimanche ou de tout autre jour non ouvrable. [S.R., c. B-5, art. 27].

27. (1) La somme à payer au moyen d'une lettre est une somme précise au sens de la présente loi, même si le paiement doit en être fait, selon le cas:

a) avec intérêts;

b) par versements spécifiés;

c) par versements spécifiés, le défaut de paiement d'un seul rendant exigible la somme totale;

d) suivant le taux de change indiqué, ou suivant le taux de change à déterminer selon les instructions figurant dans la lettre.

(2) Dans les cas où la somme à payer est énoncée à la fois en lettres et chiffres et où il y a une différence entre les deux, la somme à payer est celle qui est énoncée en lettre.

(3) Dans les cas où une lettre est expressément payable avec intérêts, ceux-ci courent, sauf indication contraire, à compter de la date y figurant ou, à défaut, à compter de la date de l'émission. [S.R., c. B-5, art. 28].

28. La date d'une lettre, d'une acceptation ou d'un endossement est réputée, sauf preuve contraire, leur date véritable. [S.R., c. B-5, art. 29].

29. Le détenteur peut indiquer la date véritable soit de l'émission, sur une lettre expressément payable à un certain délai de date et émise sans être datée, soit de l'acceptation, sur une lettre payable à vue ou à un certain délai de vue et dont l'acceptation n'est pas datée. La lettre qui porte une date erronée apposée par erreur par le détenteur de bonne foi, ou apposée par toute autre personne, et passe ensuite entre les mains d'un détenteur régulier n'est pas pour autant nulle de ce fait et reste payable à cette date comme s'il s'agissait de la date véritable. [S.R., c. B-5, art. 30].

30. Une simple signature sur papier blanc livrée par le signataire en vue de la conversion en lettre vaut, en l'absence de preuve contraire, autorisation d'en faire une lettre complète pour une somme quelconque et peut servir comme signature du tireur, de l'accepteur ou de l'endosseur; de même, la personne en possession d'une lettre incomplète sur un point substantiel est autorisée, en l'absence de preuve contraire, à remédier à l'omission de la manière qu'elle estime indiquée. [S.R., c. B-5, art. 31].

31. (1) L'effet visé à l'article 30 doit être complété dans un délai raisonnable et d'une manière strictement conforme à l'autorisation donnée afin d'être opposable à une personne qui y est devenue partie alors qu'il était incomplet; une fois complété et négocié à un détenteur régulier, un tel effet devient valide et produit son effet à toutes fins entre les mains de celui-ci, lequel peut dès lors

en exiger le montant comme si l'effet avait été complété de la manière prévue au présent article.

(2) Ce qui constitue un délai raisonnable au sens du présent article est une question de fait. [S.R., c. B-5, art. 32].

32. (1) Le tireur et tout endosseur d'une lettre peuvent y indiquer le nom du recommandataire, c'est-à-dire d'une personne à qui le détenteur peut avoir recours au besoin, en cas de refus d'acceptation ou de paiement.

(2) Le recours au recommandataire est toutefois à l'appréciation du détenteur. [S.R., c. B-5, art. 33].

33. Le tireur et tout endosseur d'une lettre peuvent y insérer une clause expresse à l'effet, selon le cas:

a) de nier ou de limiter leur propre responsabilité envers le détenteur;

b) de libérer le détenteur, en tout ou en partie, de ses obligations envers eux. [S.R., c. B-5, art. 34].

Acceptation

34. (1) L'acceptation d'une lettre est l'engagement pris par le tiré d'exécuter l'ordre du tireur.

(2) Le tiré dont la désignation est erronée ou le nom mal orthographié peut accepter la lettre, soit telle quelle, en y ajoutant, s'il le juge à propos, sa vraie signature, soit sous sa vraie signature. [S.R., c. B-5, art. 35].

35. (1) Pour être valable, l'acceptation respecte les conditions suivantes:

a) être faite par écrit sur la lettre elle-même et signée par le tiré;

b) ne pas exiger du tiré d'autre engagement que le paiement d'une somme d'argent.

(2) La simple signature du tiré sur la lettre vaut acceptation. [S.R., c. B-5, art. 36].

36. (1) Une lettre peut être acceptée:

a) avant sa signature par le tireur, ou pendant qu'elle est par ailleurs incomplète;

b) après son échéance, ou après un refus antérieur d'acceptation ou un refus de paiement.

(2) Dans les cas où le tiré, après un refus initial, accepte une lettre payable à vue ou à un délai de vue, le détenteur a le droit, sous réserve d'un accord dérogatoire, de dater l'acceptation au jour de la première présentation. [S.R., c. B-5, art. 37].

37. (1) L'acceptation est générale ou restreinte.

(2) L'acceptation générale est un consentement pur et simple à l'ordre du tireur.

(3) L'acceptation expressément restreinte modifie l'effet de la lettre; est en particulier restreinte l'acceptation:

a) conditionnelle, qui fait dépendre le paiement par l'accepteur de l'accomplissement d'une condition stipulée sur la lettre;

b) partielle, qui restreint l'acceptation au paiement d'une partie de la somme pour laquelle la lettre est tirée;

c) restreinte dans le temps;

d) par l'un ou plusieurs des tirés, mais non par tous.

(4) Le fait de désigner pour le paiement un lieu particulier ne rend l'acceptation ni conditionnelle, ni restreinte. [S.R., c. B-5, art. 38].

Livraison

38. L'engagement que le tireur, l'accepteur ou un endosseur contracte sur la lettre est révocable jusqu'à la livraison de l'effet qui lui donne plein effet; cependant, l'acceptation devient parfaite et irrévocable si elle est faite par écrit sur la lettre et si le tiré la notifie à la personne qui a droit à l'effet ou au représentant de celle-ci. [S.R., c. B-5, art. 39].

39. (1) Entre les parties immédiates et en ce qui concerne toute autre partie qui n'est pas détenteur régulier:

a) la livraison doit, pour produire son effet, être faite par le tireur, l'accepteur ou l'endosseur, selon le cas, ou avec leur autorisation;

b) il n'est pas nécessaire que la livraison vise au transfert de propriété de l'effet, mais peut être manifestement conditionnelle ou avoir été faite à une autre fin particulière.

(2) Le fait que la lettre soit entre les mains d'un détenteur régulier est la présomption irréfragable qu'une livraison valable de l'effet a été effectuée par toutes les parties antérieures de façon à les obliger envers lui. [S.R., c. B-5, art. 40].

40. La lettre qui n'est plus entre les mains de la personne qui l'a signée comme tireur, accepteur ou endosseur est réputée, jusqu'à preuve contraire, avoir été livrée valablement et sans condition par celle-ci. [S.R., c. B-5, art. 41].

Échéances des lettres

41. Dans le cas d'une lettre autre que payable sur demande, le débiteur jouit, sauf disposition à l'effet contraire, d'un délai de grâce de trois jours; la lettre est alors payable le dernier de ces trois jours, l'échéance se trouvant toutefois reportée au premier jour ouvrable qui suit lorsqu'il tombe un jour non ouvrable dans la province où l'effet est payable. [S.R., c. B-5, art. 42].

42. En matière de lettre de change, les jours de fête légale sont les suivants:

a) dans toutes les provinces:

(i) les dimanches, le jour de l'an, le vendredi saint, la fête de Victoria, la fête du Canada, la fête du Travail, le jour du Souvenir et le jour de Noël,

(ii) l'anniversaire de naissance du souverain régnant ou le jour fixé par proclamation pour sa célébration,

(iii) tout jour fixé par proclamation comme jour férié légal ou comme jour de prière ou de deuil général ou jour de réjouissances ou d'action de grâces publiques, dans tout le Canada,

(iv) le lendemain du jour de l'an, du jour de Noël et de l'anniversaire de naissance du souverain régnant – ou du jour fixé par proclamation pour la célébration de cet anniversaire –, lorsque ces jours tombent un dimanche;

b) dans chaque province, tout jour fixé par proclamation du lieutenant-gouverneur comme jour férié légal ou comme jour de jeûne ou d'action de grâces dans la province, et tout jour qui est un jour non ouvrable au sens d'une loi de la province;

c) dans chaque collectivité locale – ville, municipalité ou autre circonscription administrative –, tout jour fixé comme jour férié local par résolution du conseil ou autre autorité chargée de l'administration de la collectivité. [S.R., c. B-5, art. 43].

43. L'échéance d'une lettre payable à vue ou à un certain délai de date, de vue ou de la réalisation d'un événement spécifié est déterminée par exclusion du premier jour du délai et par inclusion du jour du paiement. [S.R., c. B-5, art. 44].

44. Dans le cas d'une lettre payable à vue ou à un certain délai de vue, le délai commence à courir à compter de la date soit de son acceptation éventuelle, soit de la note ou du protêt entraînés par le défaut d'acceptation ou de livraison. [S.R., c. B-5, art. 45].

45. (1) Pour l'échéance d'une lettre payable à un ou plusieurs mois de date, le quantième est le même que celui de la date ou à défaut de quantième identique dans le mois d'échéance, le dernier jour de celui-ci, le délai de grâce étant ajouté dans tous les cas.

(2) Dans une lettre, on entend par mois ceux d'une année civile. [S.R., c. B-5, art. 46].

Capacité et habilité des parties

46. (1) La capacité de s'engager comme partie à une lettre va de pair avec celle de contracter.

(2) Le présent article n'habilite pas une personne morale à s'engager à titre de tireur, d'accepteur ou d'endosseur d'une lettre, la capacité de celle-ci découlant en l'occurrence du droit qui la régit. [S.R., c. B-5, art. 47].

47. La souscription ou l'endossement d'une lettre par un mineur ou par une personne morale incapable de s'engager par lettre donne droit au détenteur d'en recevoir le paiement et d'y obliger les autres parties à la lettre. [S.R., c. B-5, art. 48].

48. (1) Sous réserve des autres dispositions de la présente loi, toute signature contrefaite, ou apposée sans l'autorisation du présumé signataire, n'a aucun effet et ne confère pas le droit de garder la lettre, d'en donner libération ni d'obliger une partie à celle-ci à en effectuer le paiement, sauf dans les cas où la partie visée n'est pas admise à établir le faux ou l'absence d'autorisation.

(2) Le présent article n'empêche pas la ratification d'une signature non autorisée qui ne constitue pas un faux.

(3) En cas d'endossement falsifié d'un chèque payable à ordre et imputé à son compte par le tiré, le tireur ne peut exercer contre celui-ci une action en recouvrement de la somme ainsi payée, ou une défense contre toute réclamation visant celle-ci, que s'il l'a avisé du faux dans l'année qui suit la date où il en a eu connaissance.

(4) Faute d'avis par le tireur dans ce délai, le chèque est censé avoir été régulièrement payé à l'égard de toute autre personne qui, y étant partie ou y étant nommée, n'a pas auparavant engagé des procédures pour la protection de ses droits. [S.R., c. B-5, art. 49].

49. (1) Le tiré ou l'accepteur qui paye, ou au nom de qui est payée, de bonne foi et selon l'usage commercial normal, une lettre portant un endossement irrégulier – faux ou non autorisé – a le droit de recouvrer la somme ainsi payée

de la personne à qui elle l'a été ou de l'auteur d'un endossement postérieur à l'endossement irrégulier, si chaque endosseur subséquent est avisé de l'irrégularité en cause dans le délai et de la manière prévus au présent article.

(2) La personne auprès de qui le recouvrement a été effectué peut exercer ce même droit à l'égard de quiconque ayant avant elle endossé l'effet postérieurement à l'endossement irrégulier.

(3) Dans un délai raisonnable après qu'elle en a eu connaissance, la personne voulant exercer le droit de recouvrement donne avis de l'endossement irrégulier, notamment par la poste, selon les modalités prévues par la présente loi pour le protêt faute de paiement ou d'acceptation. [S.R., c. B-5, art. 50].

50. La signature par procuration vaut avis de pouvoir limité de signer et n'oblige le mandant qu'en tant que son auteur, le mandataire, a agi dans le cadre strict de son mandat. [S.R., c. B-5, art. 51].

51. (1) Le fait de signer une lettre en qualité de tireur, d'endosseur ou d'accepteur et d'y préciser que cette signature est faite pour le compte d'autrui, à titre de mandataire ou de représentant, n'oblige pas le signataire personnellement. Toutefois, la simple addition à sa signature de mots désignant le signataire comme mandataire ou représentant ne le dégage pas de sa responsabilité personnelle.

(2) L'interprétation la plus favorable à la validité de l'effet est retenue quand il s'agit d'établir quel en est le véritable signataire, du mandant ou du mandataire qui l'a effectivement signé. [S.R., c. B-5, art. 52].

Cause

52. (1) Est à titre onéreux la lettre dont la cause:

a) peut faire l'objet d'un contrat simple;

b) est une dette ou une obligation antérieure.

(2) Cette dette ou obligation constitue une cause à titre onéreux, que la lettre soit payable sur demande ou à terme. [S.R., c. B-5, art. 53].

53. (1) Le détenteur d'une lettre pour laquelle valeur a été donnée à une date quelconque est réputé détenteur à titre onéreux à l'égard de l'accepteur et de tous ceux qui sont devenus parties à la lettre avant cette date.

(2) Le détenteur d'une lettre ayant sur celle-ci un droit de gage qui découle d'un contrat ou, par implicite, de la loi est réputé en être détenteur à titre onéreux jusqu'à concurrence de la somme pour laquelle il possède ce droit. [S.R., c. B-5, art. 54].

54. (1) Est partie à un effet de complaisance la personne qui a signé une lettre comme tireur, accepteur ou endosseur sans avoir reçu de contrepartie et en vue de prêter son nom à une autre personne.

(2) L'effet de complaisance engage toute partie l'ayant signé envers un détenteur à titre onéreux, que celui-ci ait su ou non, au moment de le prendre, qu'il était de complaisance. [S.R., c. B-5, art. 55].

Détenteur régulier

55. (1) Est un détenteur régulier celui qui a pris une lettre, manifestement

complète et régulière, dans les conditions suivantes:

a) il en est devenu détenteur avant son échéance et sans avoir été avisé d'un refus d'acceptation ou de paiement;

b) il a pris la lettre de bonne foi et à titre onéreux et, à la date de la négociation, n'avait été avisé d'aucun vice affectant le titre du cédant.

(2) Au sens de la présente loi, le titre du négociateur d'une lettre est défectueux notamment lorsqu'il a obtenu l'effet, ou son acceptation, par fraude ou contrainte, ou par d'autres moyens illégaux ou pour cause illicite, ou lorsque la négociation constitue un abus de confiance ou est menée en des circonstances frauduleuses. [S.R., c. B-5, art. 56].

56. Le détenteur d'une lettre, à titre onéreux ou non, qui tient son titre d'un détenteur régulier et qui n'a participé à aucune fraude ni illégalité viciant le titre jouit, en ce qui concerne l'accepteur et les parties à cette lettre antérieures au détenteur régulier, des droits de celui-ci. [S.R., c. B-5, art. 57].

57. (1) Toute partie dont la signature figure sur une lettre est réputée, en l'absence de preuve contraire, y être devenue partie à titre onéreux.

(2) Le détenteur d'une lettre est réputé, en l'absence de preuve contraire, en être le détenteur régulier; néanmoins, s'il est admis ou établi dans le cadre d'une action concernant l'effet que l'acceptation, l'émission ou la négociation subséquente de celui-ci est entachée de fraude ou de contrainte, ou encore d'illégalité, la charge de la preuve lui incombe sauf s'il prouve qu'un

autre détenteur régulier a de bonne foi donné valeur pour la lettre postérieurement à la fraude ou à l'illégalité alléguée. [S.R., c. B-5, art. 58].

58. La lettre donnée pour cause usuraire ou lors d'un contrat usuraire est valable entre les mains du détenteur, sauf si celui-ci avait ou a eu effectivement connaissance, au moment où elle lui a été transférée, du caractère usuraire de la cause ou du contrat. [S.R., c. B-5, art. 59].

Négociation

59. (1) Il y a négociation quand le transfert de la lettre constitue le cessionnaire en détenteur de la lettre.

(2) La lettre payable au porteur se négocie par livraison.

(3) La lettre payable à ordre se négocie par endossement du détenteur. [S.R., c. B-5, art. 60].

60. (1) Le transfert à titre onéreux et sans endossement par le détenteur d'une lettre payable à son ordre confère au cessionnaire les droits du cédant sur l'effet ainsi que le droit d'obtenir endossement de celui-ci.

(2) La personne qui se trouve dans l'obligation d'endosser une lettre à titre de représentant peut le faire dans des termes qui dégagent sa responsabilité personnelle. [S.R., c. B-5, art. 61].

61. (1) Pour valoir négociation, l'endossement:

a) doit être fait par écrit sur la lettre elle-même et signé par l'endosseur;

b) ne peut être partiel.

(2) L'endossement figurant sur une allonge ou sur une copie d'une lettre

émise ou négociée dans un pays où les copies sont admises est réputé fait sur la lettre elle-même.

(3) L'endossement partiel, censé transférer soit une fraction de la somme à payer, soit celle-ci à plusieurs endossataires séparément, ne constitue pas une négociation. [S.R., c. B-5, art. 62].

62. (1) L'endossement peut consister seulement dans la signature de l'endosseur.

(2) La lettre payable à l'ordre de plusieurs preneurs ou endossataires est endossée par tous ceux-ci, sauf s'ils sont en société de personnes ou si l'endosseur est autorisé à le faire pour les autres. [S.R., c. B-5, art. 63].

63. Le preneur ou l'endossataire d'une lettre payable à ordre dont la désignation est erronée ou le nom mal orthographié peut endosser la lettre, soit telle quelle, accompagnée de sa vraie signature, soit sous sa vraie signature. [S.R., c. B-5, art. 64].

64. En cas d'endossements multiples, chacun d'eux est réputé, en l'absence de preuve contraire, fait dans l'ordre où il figure sur la lettre. [S.R., c. B-5, art. 65].

65. Le payeur d'une lettre censée être endossée conditionnellement peut ne pas tenir compte de la condition, et le paiement à l'endossataire est valable, que la condition ait été réalisée ou non. [S.R., c. B-5, art. 66].

66. (1) L'endossement peut être en blanc ou spécial.

(2) L'endossement en blanc ne désigne aucun endossataire, l'effet devenant ainsi payable au porteur.

(3) L'endossement spécial désigne la personne à qui ou à l'ordre de qui la lettre est payable.

(4) Les dispositions de la présente loi relatives au preneur s'appliquent, compte tenu des adaptations de circonstance, au bénéficiaire d'un endossement spécial.

(5) Le détenteur d'une lettre peut convertir l'endossement en blanc en endossement spécial en inscrivant au-dessus de la signature de l'endosseur la mention de son nom ou de payer à son ordre, ou à celui d'un tiers. [S.R., c. B-5, art. 67].

67. (1) L'endossement peut aussi contenir des restrictions.

(2) Est restrictif l'endossement qui interdit la négociation postérieure de la lettre ou donne des instructions sur sa destination et qui ne constitue pas un transfert de propriété de l'effet, par exemple quand il porte les mentions: «Payer à ... seulement», «Payer à ... pour le compte de ...» ou «Payer à ... ou à son ordre pour recouvrement».

(3) L'endossement restrictif confère à l'endossataire le droit de recevoir paiement de la lettre et de poursuivre toute partie à celle-ci que l'endosseur aurait pu poursuivre, mais ne lui donne pas le pouvoir de transférer ses droits d'endossataire sans autorisation expresse de l'endos à cet effet.

(4) Dans les cas où l'endossement restrictif autorise un transfert postérieur, les endossataires postérieurs prennent la lettre avec les mêmes droits et obligations que le premier d'entre eux. [S.R., c. B-5, art. 68].

68. La négociabilité prend fin lorsqu'il y a:

    a) soit endossement restrictif de la lettre;

    b) soit libération des parties, notamment par suite de paiement. [S.R., c. B-5, art. 69].

69. (1) La négociation d'une lettre échue est subordonnée à la régularité du titre à l'échéance; dès lors, le preneur ne peut ni acquérir ni transmettre un titre meilleur que celui de la personne de qui il tient l'effet.

    (2) Est réputée échue, dans le cadre du présent article, la lettre payable manifestement sur demande qui reste apparemment en circulation pendant une période excessive.

    (3) Ce qui constitue, pour l'application du paragraphe (2), une période excessive est une question de fait. [S.R., c. B-5, art. 70].

70. La négociation d'une lettre est réputée, en l'absence de preuve contraire, avoir eu lieu avant l'échéance, sauf lorsque l'endossement porte une date postérieure à cette échéance. [S.R., c. B-5, art. 71].

71. Quiconque prend une lettre non échue, après avoir été avisé qu'elle a été refusée à l'acceptation ou au paiement, la reçoit entachée de tout vice de titre qui l'affectait lors du refus. Le présent article ne porte toutefois pas atteinte aux droits d'un détenteur régulier. [S.R., c. B-5, art. 72].

72. Le tireur, un endosseur antérieur ou l'accepteur, à qui une lettre est retournée par négociation, peut, sous réserve des autres dispositions de la présente loi, la remettre en circulation et la négocier de nouveau, mais il n'a pas le droit d'en exiger le paiement d'une partie intermédiaire envers qui il était antérieurement obligé. [S.R., c. B-5, art. 73].

Droits et pouvoirs du détenteur

73. Les droits et pouvoirs du détenteur d'une lettre sont les suivants:

    a) il peut intenter en son propre nom une action fondée sur la lettre;

    b) le détenteur régulier détient la lettre libérée de tout vice de titre des parties qui le précèdent ainsi que des défenses personnelles que pouvaient faire valoir les parties antérieures entre elles; il peut exiger le paiement de toutes les parties obligées par la lettre;

    c) le détenteur dont le titre est défectueux qui négocie la lettre à un détenteur régulier confère à celui-ci un titre valable et parfait sur la lettre;

    d) la personne qui paie en temps voulu la lettre au détenteur dont le titre est défectueux est valablement libérée. [S.R., c. B-5, art. 74].

Présentation à l'acceptation

74. (1) La présentation à l'acceptation d'une lettre payable à vue ou à un certain délai de vue est nécessaire pour en fixer l'échéance.

    (2) La lettre qui stipule expressément sa présentation à l'acceptation ou qui est tirée payable ailleurs qu'à la résidence ou à l'établissement du tiré doit être présentée à l'acceptation avant de l'être au paiement.

    (3) Dans aucun autre cas la présentation à l'acceptation n'est nécessaire

pour obliger une partie à la lettre. [S.R., c. B-5, art. 75].

75. Le tireur et les endosseurs d'une lettre tirée payable ailleurs qu'à la résidence ou à l'établissement du tiré ne sont pas libérés par le retard dans sa présentation au paiement, si auparavant le détenteur a fait acte de diligence pour la présenter à temps à l'acceptation. [S.R., c. B-5, art. 76].

76. (1) Sous réserve des autres dispositions de la présente loi, le détenteur qui négocie une lettre payable à vue ou à un certain délai de vue doit la présenter à l'acceptation ou la négocier dans un délai raisonnable.

(2) Le défaut d'exécution de l'obligation visée au paragraphe (1) libère le tireur et les endosseurs antérieurs au détenteur.

(3) Pour la détermination du délai raisonnable mentionné au présent article, il est tenu compte de la nature de la lettre, des usages régissant le commerce de lettres semblables et des circonstances particulières. [S.R., c. B-5, art. 77].

77. Est régulière la présentation à l'acceptation d'une lettre qui est conforme aux règles suivantes:

a) elle est faite par le détenteur, ou en son nom, au tiré ou à une personne autorisée à l'accepter ou à refuser l'acceptation en son nom, et ce à une heure convenable, un jour ouvrable, et avant l'échéance de la lettre;

b) dans le cas d'une lettre adressée à plusieurs tirés qui ne sont pas associés, elle est faite à chacun d'eux, sauf si l'un d'eux est autorisé à l'accepter

pour tous, auquel cas elle peut être faite à celui-ci seulement;

c) dans le cas où le tiré est décédé, elle peut être faite à son représentant personnel;

d) dans le cas où l'usage ou une convention l'autorise, elle peut se faire uniquement par la poste. [S.R., c. B-5, art. 78].

78. (1) Les règles de présentation énoncées à l'article 77 ne sont pas obligatoires et la lettre peut être traitée comme ayant subi un refus d'acceptation dans les cas suivants:

a) le tiré est mort, ou est une personne fictive ou inhabile à contracter par lettre;

b) la présentation ne peut pas être faite malgré l'accomplissement des diligences nécessaires;

c) la présentation a été irrégulière, mais l'acceptation a été refusée pour un autre motif.

(2) Le fait d'avoir des motifs de croire que la lettre sera refusée sur présentation ne dispense pas le détenteur de la présenter. [S.R., c. B-5, art. 79].

79. (1) Le tiré peut accepter une lettre le jour même où elle lui est dûment présentée pour acceptation, ou en tout temps dans les deux jours qui suivent.

(2) Lorsque la lettre dûment présentée n'est pas acceptée dans le délai prévu au paragraphe (1), son détenteur la traite comme ayant subi un refus d'acceptation.

(3) Le détenteur qui ne traite pas conformément au paragraphe (2) une lettre non acceptée dans le délai perd

son recours contre le tireur et les endosseurs.

(4) L'accepteur d'une lettre payable à vue ou à un certain délai de vue peut y inscrire, comme date de son acceptation, l'un des trois jours visés au paragraphe (1), à condition que ce jour ne soit pas postérieur à la date de son acceptation réelle de la lettre.

(5) Le détenteur de la lettre dont la datation n'est pas conforme au paragraphe (4) peut refuser l'acceptation et la traiter comme refusée à l'acceptation. [S.R., c. B-5, art. 80].

80. Il y a refus d'acceptation dans les cas suivants:

a) la lettre est dûment présentée à l'acceptation et l'acceptation prévue par la présente loi est refusée ou ne peut être obtenue;

b) il y a dispense de présentation à l'acceptation et la lettre n'est pas acceptée. [S.R., c. B-5, art. 81].

81. Sous réserve des autres dispositions de la présente loi, le détenteur d'une lettre refusée à l'acceptation a un recours immédiat contre le tireur et les endosseurs et la présentation au paiement n'est pas nécessaire. [S.R., c. B-5, art. 82].

82. (1) Le détenteur peut refuser toute acceptation restreinte et, à défaut d'en obtenir une qui est pure et simple, traiter la lettre comme refusée à l'acceptation.

(2) Le tireur ou l'endosseur d'une lettre qui a été avisé d'une acceptation restreinte est censé l'avoir ratifiée s'il ne signifie pas son opposition au détenteur dans un délai raisonnable. [S.R., c. B-5, art. 83].

83. (1) La réception, par le détenteur, de l'acceptation restreinte d'une lettre libère le tireur ou l'endosseur de ses obligations lorsqu'elle intervient sans l'autorisation, explicite ou implicite, et la ratification de l'un d'eux.

(2) Le présent article ne s'applique pas à une acceptation partielle dont avis a été dûment donné. [S.R., c. B-5, art. 84].

Présentation au paiement

84. (1) Sous réserve des autres dispositions de la présente loi, il est obligatoire de présenter, en bonne et due forme, la lettre au paiement.

(2) Le défaut de présentation en bonne et due forme libère le tireur et l'endosseur.

(3) Pour présenter au paiement une lettre, le détenteur la montre à la personne de qui il exige acquittement. [S.R., c. B-5, art. 85].

85. (1) Est en bonne et due forme la présentation au paiement qui se fait:

a) dans le cas d'une lettre non payable sur demande, le jour de l'échéance;

b) dans le cas d'une lettre payable sur demande, dans un délai raisonnable, d'une part après l'émission pour obliger le tireur et, d'autre part après l'endossement pour obliger l'endosseur.

(2) Pour la détermination du délai raisonnable mentionné au présent article, il est tenu compte de la nature de la lettre, des usages régissant le commerce de lettres semblables et des circonstances particulières. [S.R., c. B-5, art. 86].

86. (1) La présentation doit être faite par le détenteur, ou par une personne autorisée à recevoir le paiement en son nom, au lieu voulu – tel que défini à l'article 87 – et soit à la personne désignée par la lettre comme payeur, soit à son représentant ou à une personne autorisée à payer ou à refuser paiement en son nom, si, en faisant les diligences nécessaires, on peut y trouver cette dernière.

(2) La lettre tirée sur plusieurs personnes ou acceptée par plusieurs personnes – dans les deux cas non associées – et ne spécifiant pas le lieu de paiement doit être présentée à chacune d'elles.

(3) En cas de décès du tiré ou de l'accepteur et d'absence d'indication du lieu de paiement, la lettre est à présenter à un représentant personnel, s'il y en a un et si on peut le trouver en faisant les diligences nécessaires. [S.R., c. B-5, art. 87].

87. Le lieu voulu de présentation d'une lettre au paiement est, selon le cas:

a) le lieu de paiement spécifié sur la lettre ou par l'acceptation;

b) à défaut, à l'adresse du tiré ou de l'accepteur indiquée sur la lettre;

c) à défaut du lieu ou de l'adresse visés aux alinéas *a)* et *b)*, l'établissement du tiré ou de l'accepteur ou, s'il n'est pas connu, sa résidence connue;

d) dans tout autre cas, tout lieu où se trouve le tiré ou l'accepteur, ou son dernier établissement connu ou sa dernière résidence connue. [S.R., c. B-5, art. 88].

88. Il n'est pas nécessaire de présenter au tiré ou à l'accepteur la lettre déjà présentée au lieu voulu, tel que défini à l'article 87, si, après avoir fait acte de diligence, on n'y a trouvé personne qui soit autorisé à la payer ou à en refuser le paiement. [S.R., c. B-5, art. 89].

89. (1) Si le lieu de paiement indiqué sur la lettre ou par l'acceptation est une agglomération quelconque sans plus de précision, la présentation se fait à l'établissement connu ou à la résidence connue du tiré ou de l'accepteur dans cette agglomération, ou, à défaut, au bureau de poste principal, ou unique, de l'agglomération en question.

(2) La présentation par la poste est suffisante, si elle est autorisée par convention ou par l'usage. [S.R., c. B-5, art. 90].

90. (1) Est excusé le retard dans la présentation au paiement qui est causé par des circonstances indépendantes de la volonté du détenteur et n'est pas imputable à un manquement quelconque de sa part.

(2) Une fois la cause du retard disparue, il faut procéder sans délai à la présentation. [S.R., c. B-5, art. 91].

91. (1) Il y a dispense de présentation au paiement dans les cas suivants:

a) la présentation prévue par la présente loi ne peut être faite malgré les diligences nécessaires;

b) le tiré est une personne fictive;

c) en ce qui concerne le tireur, le tiré ou l'accepteur n'est pas obligé envers lui d'accepter ou de payer la lettre, et le tireur n'a aucune raison de croire qu'elle serait payée sur présentation;

d) en ce qui concerne un endosseur, la lettre a été acceptée ou faite par

complaisance pour lui et il n'a pas de raison de s'attendre qu'elle serait payée sur présentation;

e) il y a renonciation expresse ou tacite à la présentation.

(2) Même quand il y a lieu de croire que la lettre sera refusée, le détenteur n'est pas dispensé de la présentation. [S.R., c. B-5, art. 92].

92. (1) En l'absence d'indication du lieu de paiement sur la lettre ou par l'acceptation, la présentation au paiement n'est pas nécessaire pour obliger l'accepteur.

(2) Si la lettre ou l'acceptation indique le lieu de paiement, l'accepteur n'est libéré par le défaut de présentation à l'échéance que sur stipulation expresse à cet effet; en cas de poursuite ou d'action intentée à cet égard avant la présentation, les frais et dépens sont laissés à l'appréciation du tribunal.

(3) Sur paiement, le détenteur remet la lettre au payeur. [S.R., c. B-5, art. 93].

93. (1) Quand l'intervenant a pour adresse le lieu du protêt faute de paiement, la lettre doit lui être présentée au plus tard le lendemain de son échéance.

(2) Dans les autres cas, la lettre doit être expédiée au plus tard le lendemain de son échéance pour présentation à l'intervenant.

(3) Est excusé tout retard ou défaut de présentation dû à toute circonstance qui, en cas d'acceptation par le tiré, vaudrait pour la présentation au paiement. [S.R., c. B-5, art. 94].

94. (1) Il y a refus de paiement dans les cas suivants:

a) malgré une présentation en bonne et due forme, le paiement a été refusé ou n'a pu être obtenu;

b) il y a dispense de présentation et la lettre est échue et impayée.

(2) Sous réserve des autres dispositions de la présente loi, le détenteur a, en cas de refus de paiement, un droit de recours immédiat contre le tireur, l'accepteur et les endosseurs. [S.R., c. B-5, art. 95].

Avis de refus

95. (1) Sous réserve des autres dispositions de la présente loi, le tireur et les endosseurs doivent être avisés de tout refus d'acceptation ou de paiement, faute de quoi ils sont libérés.

(2) Le défaut d'avis en cas de refus d'acceptation ne porte pas atteinte aux droits des détenteurs réguliers ultérieurs.

(3) Dans le cas où un refus d'acceptation a déjà été donné en bonne et due forme, il n'est pas nécessaire de donner avis d'un refus subséquent de paiement, sauf si, dans l'intervalle, la lettre a été acceptée.

(4) Pour obliger l'accepteur d'une lettre, il n'est pas nécessaire de l'aviser du refus subi par celle-ci. [S.R., c. B-5, art. 96].

96. Pour avoir effet, l'avis de refus doit être donné:

a) au plus tard le premier jour juridique ou ouvrable qui suit;

b) par un détenteur – ou en son nom – ou par un endosseur – ou en son nom –, lequel, au moment où il le donne, est lui-même obligé par la lettre;

c) en cas de décès – connu de l'auteur de l'avis – du tireur ou de l'endosseur, au représentant personnel de l'un ou l'autre, s'il y en a un et si on peut

le trouver en faisant les diligences nécessaires;

d) s'il y a plusieurs tireurs ou endosseurs qui ne sont pas associés, à chacun d'eux, sauf dans le cas où l'un d'eux est habilité à le recevoir pour les autres. [S.R., c. B-5, art. 97].

97. (1) L'avis de refus peut être donné:

a) sur-le-champ;

b) soit directement à la partie visée, soit à son mandataire à cette fin;

c) par un mandataire, en son propre nom ou au nom de toute personne habilitée à le faire, que celle-ci soit ou non son mandant;

d) par écrit ou par communication personnelle, et en tous termes qui identifient la lettre et indiquent qu'elle a été refusée à l'acceptation ou au paiement.

(2) Une fausse désignation de la lettre ne vicie pas l'avis, sauf à induire effectivement en erreur celui à qui il est donné. [S.R., c. B-5, art. 98].

98. (1) Il n'est pas nécessaire de signer un avis écrit; par ailleurs, le renvoi au tireur ou à un endosseur d'une lettre refusée constitue un avis suffisant de refus.

(2) L'avis écrit insuffisant peut être complété et validé par une communication verbale. [S.R., c. B-5, art. 99].

99. (1) Lorsque, au moment de son refus, une lettre est entre les mains d'un mandataire, celui-ci peut lui-même en donner avis soit aux parties obligées par la lettre, soit à son mandant, auquel cas ce dernier a à son tour le même délai pour en donner avis que si le mandataire avait été un détenteur indépendant.

(2) Le mandataire qui donne avis à son mandant le fait dans le même délai que s'il était un détenteur indépendant. [S.R., c. B-5, art. 100].

100. La partie à une lettre qui reçoit en bonne et due forme avis du refus dispose à partir de ce moment, pour donner avis aux parties qui la précèdent, du même délai qu'un détenteur après le refus. [S.R., c. B-5, art. 101].

101. L'avis de refus vaut également pour:

a) tous les détenteurs subséquents et tous les endosseurs antérieurs qui ont un droit de recours contre son destinataire, lorsqu'il est donné au nom du détenteur;

b) le détenteur et tous les endosseurs postérieurs au destinataire, lorsqu'il est donné par un endosseur habilité à ce faire par la présente partie, ou en son nom. [S.R., c. B-5, art. 102].

102. (1) Par dérogation aux autres dispositions de la présente loi, est suffisant l'avis de refus d'une lettre payable au Canada qui est adressé en temps utile à toute partie à celle-ci y ayant droit, soit à son adresse ou lieu de résidence habituelle, soit au lieu où la lettre est datée, ou encore à tel autre lieu désigné, sous sa signature, par cette partie.

(2) L'avis visé au paragraphe (1) est suffisant, bien que le lieu de résidence de cette partie soit situé ailleurs qu'à l'un ou l'autre des lieux mentionnés ce paragraphe, et réputé avoir été dûment signifié s'il est déposé, port payé, à un bureau de poste le jour de la présentation ou le jour juridique ou ouvrable qui suit.

(3) Le décès du destinataire ne rend pas l'avis caduc. [S.R., c. B-5, art. 103].

103. L'expéditeur qui a dûment adressé et posté l'avis conformément à l'article 102 est réputé l'avoir fait en bonne et due forme nonobstant toute perte de courrier. [S.R., c. B-5, art. 104].

104. (1) Est excusé le retard qui est causé par des circonstances indépendantes de la volonté de l'auteur de l'avis et qui n'est pas imputable à un manquement de sa part.

(2) Une fois la cause du retard disparue, il y a lieu de faire diligence pour donner l'avis. [S.R., c. B-5, art. 105].

105. (1) Il y a dispense d'avis de refus dans les cas suivants:

a) malgré les diligences nécessaires, l'avis prévu par la présente loi ne peut être donné ou ne parvient pas au tireur ou à l'endosseur que l'on veut obliger;

b) il y a renonciation expresse ou tacite.

(2) La renonciation peut intervenir avant la date où l'avis de refus doit être donné ou postérieurement à son omission. [S.R., c. B-5, art. 106].

106. Il y a dispense d'avis de refus, en ce qui concerne le tireur, dans les cas suivants:

a) le tireur et le tiré sont une seule et même personne;

b) le tiré est une personne fictive ou inhabile à contracter;

c) le tireur est la personne à qui la lettre est présentée au paiement;

d) le tiré ou l'accepteur n'est pas obligé envers le tireur d'accepter ou de payer la lettre;

e) le tireur a contremandé le paiement. [S.R., c. B-5, art. 107].

107. Il y a dispense d'avis de refus, en ce qui concerne l'endosseur, dans les cas suivants:

a) le tiré est une personne fictive ou inhabile à contracter, et l'endosseur le savait à l'époque où il a endossé la lettre;

b) l'endosseur est la personne à qui la lettre est présentée au paiement;

c) la lettre a été acceptée ou tirée par complaisance pour lui. [S.R., c. B-5, art. 108].

Protêt

108. Pour obliger l'accepteur d'une lettre, il n'est pas nécessaire de la protester. [S.R., c. B-5, art. 109].

109. Les circonstances qui dispenseraient de l'avis de refus suffisent à dispenser du protêt. [S.R., c. B-5, art. 110].

110. (1) Est excusé le retard à noter ou à protester qui est causé par des circonstances indépendantes de la volonté du détenteur et qui n'est pas imputable à un manquement de sa part.

(2) Une fois la cause du retard disparue, il y a lieu de faire diligence pour noter ou protester la lettre. [S.R., c. B-5, art. 111].

111. (1) La lettre étrangère paraissant manifestement telle qui a été refusée à l'acceptation doit faire l'objet d'un protêt en bonne et due forme faute d'acceptation.

(2) La lettre étrangère qui est refusée au paiement sans l'avoir auparavant été à l'acceptation doit faire l'objet

d'un protêt en bonne et due forme faute de paiement.

(3) La lettre étrangère qui a été acceptée en partie seulement doit être protestée pour le surplus.

(4) Le tireur et les endosseurs d'une lettre étrangère sont libérés par le défaut de protestation en conformité avec le présent article. [S.R., c. B-5, art. 112].

112. Le détenteur d'une lettre intérieure qui a été refusée peut, s'il le juge à propos, la faire noter et protester pour défaut d'acceptation ou de paiement, selon le cas; il n'est toutefois pas nécessaire de la faire noter ou protester pour avoir un recours contre le tireur ou les endosseurs. [S.R., c. B-5, art. 113].

113. Le protêt n'est pas nécessaire en cas de refus d'une lettre qui n'est pas manifestement étrangère. [S.R., c. B-5, art. 114].

114. La lettre protestée faute d'acceptation ou à l'égard de laquelle il y a eu renonciation au protêt faute d'acceptation peut ensuite être protestée pour défaut de paiement. [S.R., c. B-5, art. 115].

115. Lorsque l'accepteur d'une lettre suspend ses paiements avant son échéance, le détenteur peut la faire protester par plus ample garantie contre le tireur et les endosseurs. [S.R., c. B-5, art. 116].

116. (1) La lettre refusée qui a été acceptée par intervention ou qui mentionne un recommandataire doit être protestée pour défaut de paiement avant d'être présentée au paiement à l'intervenant ou au recommandataire.

(2) La lettre que l'intervenant refuse de payer doit être protestée pour défaut de paiement. [S.R., c. B-5, art. 117].

117. Dans le cas d'une lettre qui doit être protestée dans un délai déterminé ou avant telle formalité, il suffit, pour l'application de la présente loi, que la notation de protêt soit faite avant l'expiration du délai ou le début de la formalité en question. [S.R., c. B-5, art. 118].

118. (1) Sous réserve des autres dispositions de la présente loi, le protêt d'une lettre refusée doit être fait ou inscrit le jour même du refus.

(2) Le protêt qui a été dûment noté peut être formellement dressé postérieurement tout en étant daté du jour de l'inscription. [S.R., c. B-5, art. 119].

119. En cas de perte ou destruction d'une lettre, ou de rétention irrégulière ou accidentelle par une personne autre que celle ayant le droit de la détenir, ou encore de rétention accidentelle dans un lieu autre que celui où elle est payable, le protêt peut en être fait sur copie ou sur l'énoncé écrit des détails. [S.R., c. B-5, art. 120].

120. (1) La lettre doit être protestée soit au lieu même du refus, soit en un autre lieu du Canada situé dans un rayon de cinq milles de celui de sa présentation et de son refus.

(2) La lettre présentée par la poste et retournée par la même voie après avoir subi un refus peut être protestée au lieu et le jour de son renvoi ou, au plus tard, le jour juridique suivant.

(3) Tout protêt pour refus peut être fait le jour même, en tout temps après la non-acceptation ou, dans le cas de refus

de paiement, après quinze heures (heure locale). [S.R., c. B-5, art. 121].

121. Le protêt doit contenir la transcription de la lettre ou l'original de celle-ci en annexe; il doit être signé par le notaire qui le dresse et comporter les mentions suivantes:

a) son auteur;

b) ses lieu et date;

c) sa cause ou raison;

d) la teneur de la demande et de la réponse éventuelle, ou le fait que le tiré ou l'accepteur n'a pu être trouvé. [S.R., c. B-5, art. 122].

122. En l'absence de notaire au lieu de refus, tout juge de paix y résidant peut exercer les pouvoirs conférés à celui-ci en matière de protêt; ainsi, il peut présenter et protester la lettre refusée et faire en outre toutes les notifications nécessaires. [S.R., c. B-5, art. 123].

123. (1) Les frais du protêt, y compris de la notation, ainsi que les frais de port y afférents, sont alloués et payés au détenteur en sus des intérêts.

(2) Les notaires peuvent exiger les honoraires qu'ils touchent normalement dans chaque province. [S.R., c. B-5, art. 124].

124. (1) Les modèles de l'annexe peuvent servir à la notation de protêt ou à la protestation d'une lettre ainsi qu'à l'avis y afférent.

(2) La transcription de la lettre et des endossements peut être incorporée dans les modèles, ou l'original peut y être annexé, les modèles étant adaptés en conséquence. [S.R., c. B-5, art. 125].

125. Est suffisant et réputé dûment donné et signifié l'avis du protêt d'une lettre payable au Canada donné le jour même, ou le jour juridique ou ouvrable suivant, selon les modalités, notamment pour l'adresse, prévues par la présente partie pour l'avis du refus. [S.R., c. B-5, art. 126].

Obligations des parties

126. La lettre n'a pas pour effet de transférer des fonds au tiré pour son paiement, et le tiré qui ne consent pas à l'acceptation prévue par la présente loi n'est pas obligé par l'effet. [S.R., c. B-5, art. 127].

127. L'accepteur d'une lettre s'engage à la payer suivant les termes de l'acceptation. [S.R., c. B-5, art. 128].

128. L'accepteur d'une lettre ne peut opposer au détenteur régulier ce qui suit:

a) l'existence du tireur, l'authenticité de sa signature, sa capacité et son autorité de tirer la lettre;

b) dans le cas d'une lettre payable à l'ordre du tireur, la capacité de celui-ci, à ce moment-là, d'endosser, sauf l'authenticité ou la validité de son endossement;

c) dans le cas d'une lettre payable à l'ordre d'un tiers, l'existence du preneur et sa capacité, à ce moment-là, d'endosser, sauf l'authenticité ou la validité de son endossement. [S.R., c. B-5, art. 129].

129. La personne qui tire une lettre, ce faisant:

a) promet que, sur présentation en bonne et due forme, elle sera acceptée et payée à sa valeur, et s'engage, en cas

de refus, à indemniser le détenteur ou tout endosseur forcé de l'acquitter, si les formalités obligatoires à la suite d'un refus ont été dûment remplies;

b) ne peut opposer au détenteur régulier l'existence du preneur et sa capacité, à ce moment-là, d'endosser. [S.R., c. B-5, art. 130].

130. Nul n'est responsable comme tireur, endosseur ou accepteur d'une lettre s'il ne l'a pas signée à ce titre; mais le signataire d'une lettre à un titre autre que celui de tireur ou d'accepteur contracte les obligations d'un endosseur vis-à-vis d'un détenteur régulier et est considéré comme un endosseur pour l'application de la présente loi. [S.R., c. B-5, art. 131].

131. (1) La personne qui signe une lettre d'un nom commercial ou d'emprunt contracte les mêmes obligations que si elle l'avait signée de son propre nom.

(2) La signature au moyen d'une raison sociale équivaut à la signature, par le signataire, des noms de toutes les personnes responsables à titre d'associés de la société de personnes. [S.R., c. B-5, art. 132].

132. Sous réserve des stipulations expresses autorisées par la présente loi, la personne qui endosse une lettre:

a) promet que, sur présentation en bonne et due forme, elle sera acceptée et payée à sa valeur, et s'engage, en cas de refus, à indemniser le détenteur ou l'endosseur postérieur forcé de l'acquitter, si les formalités obligatoires à la suite d'un refus ont été dûment remplies;

b) ne peut opposer au détenteur régulier l'authenticité et la régularité, à tous égards, de la signature du tireur et de tous les endossements antérieurs;

c) ne peut opposer à son endossataire immédiat ou à un endossataire postérieur le fait que la lettre, au moment de son endossement, était valide et avait une existence légale, et qu'il avait alors un titre valable. [S.R., c. B-5, art. 133].

133. En cas de refus d'une lettre, la somme des éléments suivants est réputée constituer le montant des dommages-intérêts:

a) le montant de la lettre;

b) les intérêts sur ce montant à compter du jour de la présentation au paiement, si la lettre est payable sur demande, ou du jour de l'échéance, dans tout autre cas;

c) les frais du protêt, y compris de la notation. [S.R., c. B-5, art. 134].

134. En cas de refus d'une lettre, le détenteur peut recouvrer les dommages-intérêts visés à l'article 133 de toute partie obligée par la lettre; le tireur forcé de payer la lettre peut les recouvrer de l'accepteur, et un endosseur forcé de l'acquitter peut les recouvrer de l'accepteur ou du tireur, ou encore d'un endosseur antérieur. [S.R., c. B-5, art. 135].

135. En cas de refus d'une lettre à l'étranger, le montant du rechange – avec les intérêts jusqu'au paiement – est recouvrable, en sus des dommages-intérêts visés à l'article 133, par le détenteur auprès du tireur ou d'un endosseur, lesquels peuvent également, lorsqu'ils ont été forcés de payer la lettre, le recouvrer de toute partie obligée envers eux. [S.R., c. B-5, art. 136].

136. (1) Le détenteur d'une lettre payable au porteur qui la négocie par livraison sans l'endosser est appelé «cédant par livraison».

(2) Le cédant par livraison n'est pas obligé par l'effet. [S.R., c. B-5, art. 137].

137. Le cédant par livraison qui négocie une lettre garantit de ce fait à son cessionnaire immédiat, détenteur à titre onéreux:

a) qu'il s'agit bien d'un tel effet;

b) qu'il a bien le droit de la transférer;

c) qu'à l'époque du transfert, il n'a connaissance d'aucun fait en raison duquel elle serait sans valeur. [S.R., c. B-5, art. 138].

Libération

138. (1) Est acquittée la lettre dont le paiement régulier est fait par le tiré ou l'accepteur, ou en son nom.

(2) Le paiement régulier est le paiement fait à l'échéance de la lettre, ou après celle-ci, à son détenteur de bonne foi et ignorant que son titre sur la lettre est défectueux.

(3) Est acquittée la lettre de complaisance qui est régulièrement payée par le bénéficiaire de la complaisance. [S.R., c. B-5, art. 139].

139. N'est pas acquittée, sous réserve de l'article 138, la lettre payée par le tireur ou un endosseur; cependant:

a) le tireur peut exiger le paiement par l'accepteur d'une lettre payable à un tiers, ou à son ordre, et payée par lui, mais ne peut la remettre en circulation;

b) lorsque la lettre est payée par un endosseur ou que, payable à l'ordre du tireur, elle est payée par celui-ci, le payeur est réintégré dans ses droits antérieurs à l'égard de l'accepteur ou des parties qui l'ont précédé et il peut, s'il juge à propos, effacer son propre endossement et les endossements ultérieurs et négocier la lettre de nouveau. [S.R., c. B-5, art. 140].

140. Est acquittée la lettre dont l'accepteur, de son propre chef, est ou devient le détenteur à l'échéance ou après celle-ci. [S.R., c. B-5, art. 141].

141. (1) Est acquittée la lettre dont le détenteur, à l'échéance ou après celle-ci, renonce sans condition à ses droits contre l'accepteur.

(2) Le détenteur d'une lettre peut de la même manière libérer de ses obligations toute partie à celle-ci, soit à l'échéance, soit avant ou après celle-ci.

(3) La renonciation doit être faite par écrit, sauf dans le cas d'une lettre remise à l'accepteur.

(4) Le présent article n'a pas pour effet de porter atteinte aux droits du détenteur régulier n'ayant pas connaissance de la renonciation. [S.R., c. B-5, art. 142].

142. (1) Est acquittée la lettre qui est intentionnellement annulée par le détenteur ou son mandataire et qui en porte clairement la marque.

(2) Toute partie obligée par une lettre peut être libérée par l'annulation intentionnelle de sa signature par le détenteur ou son mandataire.

(3) Est aussi libéré l'endosseur qui aurait eu un recours contre celui dont la signature a été ainsi annulée. [S.R., c. B-5, art. 143].

143. L'annulation involontaire, ou faite par erreur ou sans l'autorisation du

détenteur, est sans effet, la charge de la preuve à cet effet incombant à la partie qui en allègue le caractère non intentionnel, dans le cas où la lettre ou l'une des signatures apposées paraît avoir été annulée. [S.R., c. B-5, art. 144].

144. (1) Sous réserve du paragraphe (2), l'altération substantielle d'une lettre, ou de son acceptation, sans le consentement de toutes les parties obligées entraîne son annulation, sauf en ce qui concerne celui qui l'a faite ou autorisée, ou qui y a consenti, et les endosseurs subséquents.

(2) Le détenteur régulier ayant entre les mains une lettre qui a subi une altération substantielle mais non apparente peut en faire usage comme si elle n'avait pas été altérée et en exiger le paiement selon les termes originaux. [S.R., c. B-5, art. 145].

145. Est notamment substantielle toute altération:

a) de la date;

b) de la somme payable;

c) de l'époque du paiement;

d) du lieu du paiement;

e) consistant à ajouter, sur une lettre acceptée d'une manière générale, un lieu de paiement sans l'assentiment de l'accepteur. [S.R., c. B-5, art. 146].

Acceptation et paiement par intervention

146. La lettre non échue qui a été protestée pour refus d'acceptation ou pour plus ample garantie peut être acceptée par une personne – à l'exception d'une partie déjà obligée – qui intervient pour toute partie tenue au paiement ou pour la personne pour le compte de qui la lettre a été tirée. [S.R., c. B-5, art. 147].

147. L'acceptation par intervention peut se faire pour une partie seulement de la somme pour laquelle la lettre est tirée. [S.R., c. B-5, art. 148].

148. L'acceptation qui ne mentionne pas expressément le bénéficiaire de l'intervention est réputée faite pour le tireur. [S.R., c. B-5, art. 149].

149. Le point de départ pour le calcul de l'échéance d'une lettre payable à un certain délai de vue et acceptée par intervention est le jour du protêt faute d'acceptation et non le jour de l'acceptation par intervention. [S.R., c. B-5, art. 150].

150. Les conditions de validité d'une acceptation par intervention sont les suivantes:

a) elle est faite sur la lettre dans des termes indiquant clairement sa nature;

b) elle est signée par l'intervenant. [S.R., c. B-5, art. 151].

151. (1) L'intervenant s'engage, sur présentation en bonne et due forme de la lettre, à la payer aux termes de son acceptation, en cas de non-paiement par le tiré, si elle a été dûment présentée au paiement et protestée pour défaut de paiement et si ces faits lui sont notifiés.

(2) L'intervenant est obligé envers le détenteur et toutes les parties à la lettre postérieures à celle pour le compte de qui il l'a acceptée. [S.R., c. B-5, art. 152].

152. (1) Dans le cas de protêt faute de paiement, toute personne peut payer la lettre par intervention pour la partie qui y est obligée ou pour la personne pour le compte de qui elle a été tirée.

(2) Lorsque plusieurs personnes offrent de payer une lettre pour différentes

parties, la préférence va à celle dont le paiement libérera le plus grand nombre de parties.

(3) Le détenteur d'une lettre qui refuse d'en recevoir le paiement par intervention perd son recours contre toute partie qui aurait été libérée par ce paiement.

(4) L'intervenant qui paye au détenteur le montant de la lettre et les frais de notaire occasionnés par son refus a le droit de recevoir à la fois la lettre et le protêt.

(5) Le détenteur qui, dans le cas visé au paragraphe (4), ne remet pas, sur demande, la lettre et le protêt est passible de dommages-intérêts envers l'intervenant. [S.R., c. B-5, art. 153].

153. (1) Pour produire son effet comme tel et non comme simple paiement volontaire, le paiement par intervention doit être attesté par un acte notarié d'intervention qui peut être annexé au protêt ou en former une allonge.

(2) L'acte notarié d'intervention doit être fondé sur une déclaration de l'intervenant, ou de son mandataire, énonçant son intention de payer la lettre par intervention et le nom de celui pour qui il la paie. [S.R., c. B-5, art. 154].

154. En cas de paiement par intervention, toutes les parties subséquentes à celle pour qui la lettre est payée sont libérées, mais l'intervenant est subrogé au détenteur et lui succède dans tous ses droits et obligations vis-à-vis de la partie pour qui il a payé et de toutes les autres parties qui sont obligées envers celle-ci. [S.R., c. B-5, art. 155].

Effets perdus

155. (1) Lorsqu'une lettre a été perdue avant d'être échue, la personne qui en

était détenteur peut demander au tireur de lui en donner une autre de même teneur, en fournissant au tireur, s'il l'exige, une garantie d'indemnisation universelle au cas où la lettre censée perdue serait retrouvée.

(2) Le tireur qui refuse de donner la copie visée au paragraphe (1) peut y être contraint. [S.R., c. B-5, art. 156].

156. Dans toute action ou procédure visant une lettre, le tribunal ou un juge peut ordonner que la perte de l'effet ne soit pas invoquée, si une indemnité jugée suffisante par l'un ou l'autre est donnée en garantie de toute réclamation d'une autre personne fondée sur l'effet en question. [S.R., c. B-5, art. 157].

Pluralité d'exemplaires

157. (1) La lettre tirée en plusieurs exemplaires constitue une lettre unique lorsque chaque exemplaire est numéroté et contient un renvoi aux autres.

(2) L'acceptation ne peut être faite que sur l'un des exemplaires. [S.R., c. B-5, art. 158].

158. (1) Le détenteur d'une lettre en plusieurs exemplaires qui en endosse deux ou plus en faveur de personnes différentes est obligé par chacun de ces exemplaires; tout endosseur postérieur à lui est obligé par l'exemplaire qu'il a lui-même endossé comme si ces exemplaires étaient des lettres distinctes.

(2) Lorsque plusieurs exemplaires sont négociés à différents détenteurs réguliers, celui d'entre eux qui le premier acquiert le titre est réputé, à l'égard des autres, le véritable propriétaire de la lettre; le présent paragraphe ne porte toutefois pas atteinte aux droits d'une

personne qui régulièrement accepte ou paye l'exemplaire qui lui est présenté en premier lieu.

(3) S'il accepte plusieurs exemplaires, qui ensuite passent entre les mains de différents détenteurs réguliers, le tiré est obligé par chacun d'eux comme s'ils étaient autant de lettres distinctes.

(4) L'accepteur d'une lettre tirée en plusieurs exemplaires qui la paie sans exiger la livraison de l'exemplaire portant son acceptation est obligé envers la personne qui, à l'échéance, est le détenteur régulier de l'exemplaire accepté et qui, pour celui-ci, est impayé.

(5) Sous réserve des autres dispositions du présent article, est entièrement acquittée la lettre dont un des exemplaires est acquitté par paiement ou autrement. [S.R., c. B-5, art. 159].

Conflit de lois

159. (1) Sous réserve des paragraphes (2) et (3), la validité d'une lettre qui est tirée dans un pays et négociée, acceptée ou payable dans un autre est quant à ses modalités déterminée par le droit du lieu d'émission; en ce qui concerne les contrats à survenir, notamment l'acceptation, l'endossement ou l'acceptation par intervention, la validité est déterminée par le droit du lieu où le contrat a été passé.

(2) Le défaut du timbrage exigé par le droit du lieu d'émission ne constitue pas une cause suffisante de nullité pour une lettre émise à l'étranger.

(3) Lorsqu'une lettre émise à l'étranger est conforme, dans ses modalités, au droit canadien, on peut, dans le but d'en exiger le paiement, la considérer comme valable entre toutes les personnes qui la négocient, la détiennent ou y deviennent parties au Canada. [S.R., c. B-5, art. 160].

160. Sous réserve des autres dispositions de la présente loi, le tirage, l'endossement, l'acceptation ou l'acceptation par intervention d'une lettre tirée dans un pays et négociée, acceptée ou payable dans un autre sont régis par le droit du lieu où est passé le contrat. Toutefois, l'endossement à l'étranger d'une lettre intérieure est, quant au payeur, régi par le droit canadien. [S.R., c. B-5, art. 161].

161. Les obligations du détenteur quant à la présentation à l'acceptation ou au paiement et quant à la nécessité ou à la suffisance d'un protêt ou d'un avis de refus sont régies par le droit du lieu en cause. [S.R., c. B-5, art. 162].

162. Sauf stipulation expresse, quand il n'est pas exprimé en monnaie canadienne, le montant d'une lettre tirée à l'étranger et payable au Canada se calcule d'après le taux de change pour les traites à vue au lieu du paiement le jour où la lettre est payable. [S.R., c. B-5, art. 163].

163. La date d'échéance d'une lettre tirée dans un pays et payable dans un autre est déterminée par le droit du lieu où elle est payable. [S.R., c. B-5, art. 164].

PARTIE III
CHÈQUES SUR UNE BANQUE

164. Dans la présente partie, «banque» s'entend notamment des membres de l'Association canadienne des paiements créée par la *Loi sur l'Association canadienne des paiements*, ainsi que

des sociétés coopératives de crédit définies par cette loi et affiliées à une centrale – toujours au sens de cette loi – qui est elle-même membre de cette association. [1980-81-82-83, c. 40, art. 92].

165. (1) Le chèque est une lettre tirée sur une banque et payable sur demande.

(2) Sauf prescription contraire de la présente partie, les dispositions de la présente loi visant la lettre payable sur demande s'appliquent au chèque.

(3) Lorsqu'un chèque est livré à une banque en vue de son dépôt au compte d'une personne et que la banque porte au crédit de celle-ci le montant du chèque, la banque acquiert tous les droits et pouvoirs du détenteur régulier du chèque. [S.R., c. B-5, art. 165].

166. (1) Sous réserve des autres dispositions de la présente loi:

a) quand le chèque n'est pas présenté au paiement dans un délai raisonnable après son émission, le tireur – ou celui sur le compte de qui il est tiré – se trouve être, s'il avait le droit, au moment de la présentation, de faire payer le chèque par la banque et subit un préjudice réel par suite de ce retard, libéré jusqu'à concurrence de ce préjudice, c'est-à-dire dans la mesure où il est créancier de la banque d'un montant plus élevé que si le chèque avait été encaissé;

b) le détenteur du chèque à l'égard duquel le tireur ou une autre personne est libéré est subrogé à ceux-ci comme créancier de la banque jusqu'à concurrence du montant de cette libération et a le droit de recouvrer cette somme de la banque.

(2) Pour la détermination du délai raisonnable mentionné au présent article, il est tenu compte de la nature de l'effet, des usages du commerce et des banques et des circonstances particulières. [S.R., c. B-5, art. 166].

167. L'obligation et le pouvoir d'une banque de payer un chèque tiré sur elle par son client prennent fin lors de:

a) l'annulation de l'ordre de paiement;

b) la notification de la mort du client. [S.R., c. B-5, art. 167].

Chèques barrés

168. (1) Est à barrement général le chèque dont le recto est traversé obliquement par:

a) soit deux lignes parallèles comportant entre elles la mention «banque», accompagnée ou non des mots «non négociable»;

b) soit deux lignes parallèles, simplement ou avec les mots «non négociable».

(2) Est à barrement spécial et au nom d'une banque le chèque qui porte en travers de son recto le nom de cette banque, accompagné ou non des mots «non négociable». [S.R., c. B-5, art. 168].

169. (1) Le tireur peut émettre le chèque avec barrement général ou spécial.

(2) Le détenteur peut procéder au barrement général ou spécial de tout chèque qu'il reçoit non barré.

(3) Le barrement général peut être converti par le détenteur en barrement spécial.

(4) Le détenteur peut ajouter les mots «non négociable» sur tout chèque à barrement général ou spécial.

(5) La banque désignée par le barrement spécial d'un chèque peut recourir pour l'encaissement à une autre banque en procédant à un nouveau barrement spécial.

(6) La banque peut barrer à son nom le chèque non barré ou à barrement général qu'elle reçoit pour encaissement.

(7) Le tireur peut débarrer un chèque en écrivant entre les lignes obliques les mots «payez comptant» et en les paraphant. [S.R., c. B-5, art. 169].

170. (1) Tout barrement autorisé par la présente loi fait partie intégrante du chèque.

(2) Il est illégal d'effacer ou, sauf dans les cas permis par la présente loi, d'altérer de quelque façon le barrement. [S.R., c. B-5, art. 170].

171. Le paiement d'un chèque barré au nom de plus d'une banque est refusé par celle sur laquelle il est tiré, sauf si le barrement est fait au nom d'une autre banque aux fins d'encaissement seulement. [S.R., c. B-5, art. 171].

172. (1) Sous réserve du paragraphe (2), la banque qui paie un chèque tiré sur elle et barré au nom de plus d'une banque, ou qui paie un chèque à barrement général à une autre personne qu'une banque, ou qui paie un chèque à barrement spécial à une autre personne qu'à la banque au nom de laquelle il est barré ou qu'à la banque servant d'encaisseur pour celle-ci, est responsable envers le véritable propriétaire du chèque de toute perte qu'il subit par suite de ce paiement.

(2) La banque qui paie, de bonne foi et sans négligence, un chèque ne paraissant pas, lors de sa présentation au paiement, être barré ni marqué d'un barrement altéré d'une manière non conforme à la présente loi, notamment par oblitération ou addition, n'encourt aucune responsabilité par suite du paiement, la validité du paiement ne pouvant être contestée à cause du barrement ou de l'altération de celui-ci, ni à cause du fait que le chèque a été payé autrement qu'à la banque au nom de laquelle il est barré ou à la banque servant d'encaisseur pour celle-ci. [S.R., c. B-5, art. 172].

173. La banque qui, de bonne foi et sans négligence, paie à une banque un chèque barré tiré sur elle, ou qui le paie, s'il est à barrement spécial, à la banque désignée ou à la banque servant d'encaisseur pour celle-ci, a les mêmes droits et se trouve dans la même position que si le chèque avait été payé à son véritable propriétaire. Il en va de même pour le tireur si le chèque est passé entre les mains du preneur. [S.R., c. B-5, art. 173].

174. Celui qui prend un chèque barré portant les mots «non négociable» n'a pas et ne peut conférer un meilleur titre à ce chèque que celui que possédait la personne de qui il le tient. [S.R., c. B-5, art. 174].

175. La banque qui, de bonne foi et sans négligence, reçoit pour un client le paiement d'un chèque à barrement soit général soit spécial à son nom, alors que ce client n'a sur le chèque aucun droit ou qu'un titre défectueux, n'encourt aucune obligation envers le véritable propriétaire du chèque pour le seul fait d'en avoir accepté le paiement. [S.R., c. B-5, art. 175].

PARTIE IV
BILLETS

176. (1) Le billet est une promesse écrite signée par laquelle le souscripteur s'engage sans condition à payer, sur demande ou à une échéance déterminée ou susceptible de l'être, une somme d'argent précise à une personne désignée ou à son ordre, ou encore au porteur.

(2) L'effet rédigé sous forme de billet payable à l'ordre du souscripteur n'est pas un billet au sens du présent article, sauf s'il est endossé par le souscripteur.

(3) Le fait pour un billet d'être assorti d'une sûreté avec autorisation de vendre ou d'aliéner le bien mis en gage ne constitue pas une cause de nullité. [S.R., c. B-5, art. 176].

177. (1) Le billet qui est ou paraît, manifestement, souscrit et payable au Canada est un billet intérieur.

(2) Tout autre billet est un billet étranger. [S.R., c. B-5, art. 177].

178. Le billet est incomplet tant qu'il n'a pas été remis au bénéficiaire ou au porteur. [S.R., c. B-5, art. 178].

179. (1) Un billet peut être souscrit par plusieurs personnes qui peuvent s'engager conjointement ou solidairement, selon sa teneur.

(2) Le billet qui porte les mots «Je promets de payer» et la signature de plusieurs personnes rend les souscripteurs solidaires. [S.R., c. B-5, art. 179].

180. (1) Le billet payable sur demande doit être présenté au paiement dans un délai raisonnable après son endossement.

(2) Pour la détermination d'un délai raisonnable, il est tenu compte de la nature de l'effet, des usages du commerce et des circonstances particulières. [S.R., c. B-5, art. 180].

181. L'endosseur d'un billet payable sur demande est libéré lorsque celui-ci n'est pas présenté au paiement dans un délai raisonnable, étant toutefois entendu que si, avec le consentement de l'endosseur, il a été remis comme sûreté ou en vue du maintien de la garantie, il n'est pas nécessaire de le présenter au paiement tant qu'il est détenu à ce titre. [S.R., c. B-5, art. 181].

182. Un billet payable sur demande qui est négocié n'est pas censé échu, en ce qui concerne le détenteur n'ayant pas connaissance des vices affectant son titre, du seul fait que, selon toute apparence, il s'est écoulé un délai raisonnable entre l'émission du billet et sa présentation au paiement. [S.R., c. B-5, art. 182].

183. (1) Lorsque le lieu de paiement est spécifié dans le billet, celui-ci doit y être présenté au paiement.

(2) Dans le cas visé au paragraphe (1), le souscripteur n'est pas libéré par la non-présentation du billet au paiement le jour de son échéance; dans toute poursuite ou action intentée contre lui relativement à ce billet avant la présentation, les frais sont à l'appréciation du tribunal.

(3) Dans le cas contraire, il n'est pas nécessaire de présenter au paiement le billet pour obliger le souscripteur. [S.R., c. B-5, art. 183].

184. (1) L'endosseur d'un billet n'est obligé que s'il y a eu présentation au paiement.

(2) Pour obliger un endosseur, il faut effectuer la présentation au lieu de paiement spécifié dans le billet.

(3) Quand le lieu de paiement n'est indiqué que pour mémoire, il suffit de présenter le billet à ce lieu pour obliger l'endosseur; de même, la présentation au souscripteur en tout autre lieu suffit à cet égard si elle est suffisante sous les autres rapports. [S.R., c. B-5, art. 184].

185. Le souscripteur d'un billet:

a) s'engage à le payer selon ses termes;

b) ne peut opposer au détenteur régulier l'existence du preneur et sa capacité, à ce moment-là, d'endosser. [S.R., c. B-5, art. 185].

186. (1) Sous réserve de la présente partie et sauf exceptions prévues au présent article, les dispositions de la présente loi relatives aux lettres s'appliquent aux billets, compte tenu des adaptations de circonstance.

(2) Pour l'application des dispositions visées au paragraphe (1), le souscripteur d'un billet est assimilé à l'accepteur d'une lettre, et le premier endosseur d'un billet est assimilé au tireur d'une lettre acceptée et payable à son ordre.

(3) Ne s'appliquent pas aux billets les dispositions de la présente loi qui régissent les lettres en matière:

a) de présentation à l'acceptation;

b) d'acceptation;

c) d'acceptation par intervention;

d) de pluralité d'exemplaires. [S.R., c. B-5, art. 186].

187. Il n'est pas nécessaire de protester un billet étranger non payé, si ce n'est pour maintenir la responsabilité des endosseurs. [S.R., c. B-5, art. 187].

PARTIE V
LETTRES ET BILLETS DE CONSOMMATION

188. Les définitions qui suivent s'appliquent à la présente partie.

«achat de consommation» Tout achat à terme de marchandises ou de services – ou tout accord à cet effet – effectué:

a) par un particulier dans un but autre que la revente ou l'usage professionnel;

b) chez une personne faisant profession de vendre ou fournir ces marchandises ou services.

«acheteur» Le particulier qui effectue un achat de consommation.

«marchandises» Objets faisant ou pouvant faire l'objet d'échanges commerciaux. La présente définition exclut les immeubles et les droits y afférents.

«services» Sont assimilées aux services les réparations et les améliorations.

«vendeur» La personne chez qui est fait l'achat de consommation. [S.R., c. 4 (1er suppl.), art. 1].

189. (1) La lettre de consommation est une lettre émise pour un achat de consommation et qui engage, en tant que partie, la responsabilité de l'acheteur ou de tout signataire complaisant. Elle n'est toutefois pas:

a) un chèque daté du jour de son émission ou d'un jour antérieur à celle-

ci, ou qui, à l'émission, est postdaté de trente jours au plus;

b) une lettre qui:

(i) d'une part, serait un chèque au sens de l'article 165 si la partie sur laquelle il est tiré n'était pas une institution financière, autre qu'une banque, dont une partie des activités consiste à accepter de l'argent en dépôt du public et à honorer toute lettre semblable sur tout dépôt de ce genre jusqu'à concurrence du montant de ce dépôt;

(ii) d'autre part, datée du jour de son émission ou d'un jour antérieur à celle-ci, ou qui, à l'émission, est postdatée de trente jours au plus.

(2) Le billet de consommation est un billet:

a) émis relativement à un achat de consommation;

b) qui engage, en tant que partie, la responsabilité de l'acheteur ou de tout signataire complaisant.

(3) Les lettres et les billets sont péremptoirement présumés être émis relativement à un achat de consommation, sans préjudice des circonstances dans lesquelles, pour l'application de la présente partie, l'émission de tels effets est réputée se rapporter à un tel achat, si:

a) d'une part, la cause de leur émission a été le prêt ou l'avance d'une somme d'argent ou autre valeur monnayable effectué par une personne autre que le vendeur afin de permettre à l'acheteur de faire l'achat de consommation;

b) d'autre part, au moment de l'émission, le vendeur et la personne

visée à l'alinéa *a)* avaient un lien de dépendance au sens de la *Loi de l'impôt sur le revenu*.

(4) Sauf exceptions prévues à la présente partie, les dispositions de la présente loi applicables d'une part aux lettres et aux chèques, d'autre part aux billets, s'appliquent respectivement, compte tenu des adaptations de circonstance, aux lettres et aux billets de consommation. [S.R., c. 4 (1er suppl.), art. 1].

190. (1) La mention «Achat de consommation» doit être inscrite, lisiblement et en évidence, au recto des lettres ou billets de consommation au moment de la signature de l'effet par l'acheteur ou par tout signataire complaisant, ou avant.

(2) Les lettres ou billets de consommation non marqués, c'est-à-dire ne portant pas la mention requise par le présent article, sont nuls, sauf s'ils sont en la possession d'un détenteur régulier qui n'a pas connaissance de leur nature exacte, ou sauf contre un tiré n'en ayant pas non plus connaissance. [S.R., c. 4 (1er suppl.), art. 1].

191. Malgré tout accord contraire, le détenteur d'une lettre ou d'un billet de consommation conforme à l'article 190 exerce son droit de faire payer tout ou partie de l'effet par l'acheteur ou tout signataire complaisant sous réserve des défenses ou droits de compensation – à l'exclusion des demandes reconventionnelles – que l'acheteur aurait eus dans une action intentée par le vendeur relativement à l'effet en cause. [S.R., c. 4 (1er suppl.), art. 1].

192. (1) Quiconque, sachant qu'un effet autre que celui visé aux alinéas 189

(1)*a*) ou *b*) a été, est ou sera émis pour un achat de consommation, obtient la signature de l'acheteur ou de tout signataire complaisant pour cet effet, alors qu'il ne porte pas la mention visée à l'article 190, commet une infraction et encourt, sur déclaration de culpabilité:

a) par procédure sommaire, une amende maximale de mille dollars;

b) par mise en accusation, une amende maximale de cinq mille dollars.

(2) Quiconque, sans être l'acheteur ou un signataire complaisant, transfère une lettre ou un billet de consommation qui ne porte pas la mention visée à l'article 190 mais qu'il sait être une lettre ou un billet de consommation commet une infraction et encourt, sur déclaration de culpabilité:

a) par procédure sommaire, une amende maximale de mille dollars;

b) par mise en accusation, une amende maximale de cinq mille dollars. [S.R., c. 4 (1er suppl.), art. 1].

ANNEXE

(*article 124*)

Modèle 1
Notation faute d'acceptation

(*Copie de la lettre de change et des endossements*)

Le .... jour de .... 19....., la lettre de change ci-dessus a été par moi à la demande de .... présentée pour acceptation à E.F., le tiré, personnellement (*ou* à sa résidence *ou* à son bureau *ou* à son établissement), dans l'agglomération de ...., et j'ai reçu pour réponse: «............». Ladite lettre fait en conséquence l'objet d'une notation de protêt faute d'acceptation.

A.B.,
Notaire

(*Lieu et date*)

Notification de la notation ci-dessus a été par moi dûment faite à (A.B. *ou* C.D.), (tireur *ou* endosseur), personnellement, le .... jour de .... 19....., (*ou* à sa résidence *ou* à son bureau *ou* à son établissement), à ...., le .... jour de .... 19..... (*ou* en déposant ladite notification à lui adressée à .... au bureau de poste de Sa Majesté dans l'agglomération de ...., le .... jour de .... 19....., et en en payant les frais de port d'avance).

A.B.,
Notaire

(*Lieu et date*)

Modèle 2
Protêt faute d'acceptation ou faute de paiement d'une lettre de change payable généralement

(*Copie de la lettre de change et des endossements*)

Le .... jour de ...., en l'année 19....., je, A.B., notaire pour la province de ...., résidant à ...., dans la province de ...., à la demande de ...., ai montré la lettre de change originale, dont une copie conforme est ci-dessus reproduite, à E.F., (le tiré *ou* l'accepteur), personnellement (*ou* à sa résidence *ou* à son bureau *ou* à son établissement), à ...., et, parlant à lui-même (*ou* à un membre de son entourage), j'ai exigé (l'acceptation *ou* le paiement) de ladite lettre de change, ce à quoi (il *ou* elle) a répondu: «............».

C'est pourquoi, moi, ledit notaire, à la demande susdite, j'ai protesté et proteste par ces présentes contre l'accepteur, le tireur et les endosseurs (*ou* le tireur et les endosseurs) de ladite lettre de change et toutes les autres personnes y étant parties ou y étant intéressées, pour tout change et rechange, et tous frais, dommages et intérêts présents et futurs, faute (d'acceptation *ou* de paiement) de ladite lettre.

Le tout attesté sous mon seing.

A.B.,
Notaire

Modèle 3
Protêt faute d'acceptation ou de paiement d'une lettre de change payable en un lieu spécifié

(*Copie de la lettre de change et des endossements*)

Le .... jour de ...., en l'année 19....., je, A.B., notaire pour la province de ...., résidant à ...., dans la province de ...., à la demande de ...., ai montré l'original de la lettre de change, dont une copie conforme est ci-dessus reproduite, à E.F., (le tiré *ou* l'accepteur), à ...., lieu spécifié pour le paiement de ladite lettre, et là parlant à ...., j'ai exigé (l'acceptation *ou* le paiement) de ladite lettre de change; ce à quoi (il *ou* elle) a répondu: «............».

C'est pourquoi, moi, ledit notaire, à la demande susdite, j'ai protesté et proteste par ces présentes contre l'accepteur, le tireur et les endosseurs (*ou* le tireur et les endosseurs) de ladite lettre de change et toutes les autres personnes y étant parties ou y étant intéressées, pour tout change et rechange, et tous frais, dommages et intérêts présents et futurs, faute (d'acceptation *ou* de paiement) de ladite lettre.

Le tout attesté sous mon seing.

A.B.,
Notaire

Modèle 4
Protêt faute de paiement d'une lettre de change notée, mais non protestée faute d'acceptation

S'il est fait par le notaire qui l'a noté sur la lettre de change, le protêt doit suivre immédiatement l'acte de notation et le mémoire de signification de cet acte en commençant par les mots «et subséquemment le, etc.» *continuant comme dans la formule précédente, mais en introduisant après les mots* «ai montré» *les mots* «de nouveau» *et entre parenthèses, entre les mots* «reproduite» *et* «à» *les mots* «laquelle dite lettre a été par moi dûment notée faute d'acceptation le .... jour de .... 19.....».

Mais s'il n'est pas fait par le même notaire, le protêt doit suivre une copie de la lettre originale et des endossements et de la notation sur la lettre, et alors on y introduit entre parenthèses, entre les mots «reproduite» *et* «à» *les mots* «laquelle dite lettre de change a été le .... jour de .... 19........, par ...., notaire pour la province de ...., notée faute d'acceptation ainsi qu'il ressort de la notation sur ladite lettre de change».

Modèle 5
Protêt faute de paiement d'un billet payable généralement

(*Copie du billet et des endossements*)

Le .... jour de ...., en l'année 19....., je, A.B., notaire pour la province de ...., résidant à ...., dans la province de ...., à la demande de ...., ai montré l'original du billet à ordre dont une copie conforme est ci-dessus reproduite, à ...., le souscripteur, personnellement (*ou* à sa résidence *ou* à son bureau *ou* à son établissement), à ...., et parlant à lui-même (*ou* à un membre de son entourage) en ai exigé le paiement, ce à quoi (il *ou* elle) a répondu: «............».

C'est pourquoi, moi, ledit notaire, à la demande susdite, j'ai protesté et proteste par ces présentes contre le souscripteur et les endosseurs dudit billet et toutes les autres personnes y étant parties ou y étant intéressées, pour tous frais, dommages et intérêts, présents et futurs, faute de paiement dudit billet.

Le tout attesté sous mon seing.

A.B.,
Notaire

Modèle 6
Protêt faute de paiement d'un billet payable en un lieu spécifié

(*Copie du billet et des endossements*)

Le .... jour de ...., en l'année 19....., je, A.B., notaire pour la province de ...., résidant à ...., dans la province de ...., à la demande de ...., ai montré l'original du billet à ordre dont copie conforme est ci-dessus reproduite, à ...., le souscripteur, à ...., lieu spécifié pour le paiement du billet, et, là, parlant à ...., j'ai exigé le paiement dudit billet, ce à quoi (il *ou* elle) a répondu: «............».

C'est pourquoi, moi, ledit notaire, à la demande susdite, j'ai protesté et proteste par ces présentes contre le souscripteur et les endosseurs dudit billet et toutes les autres personnes y étant parties ou y étant intéressées, pour tous frais, dommages et intérêts, présents et futurs, faute de paiement dudit billet.

Le tout attesté sous mon seing.

A.B.,
Notaire

Modèle 7
Notification notariée d'une notation, ou d'un protêt faute d'acceptation, ou d'un protêt faute de paiement d'une lettre de change

(Lieu et date de la notation ou du protêt)

Premièrement.

À P.Q. (*le tireur*)

à .....

Monsieur,

Votre lettre de change pour ....$, datée à ...., le .... jour de .... 19....., sur E.F., en faveur de C.D., payable à .... jours de (vue *ou* date) a été ce jour, à la demande de ...., dûment (notée pour protêt *ou* protestée) par moi faute d'(acceptation *ou* de paiement).

A.B.,
Notaire

(Lieu et date de la notation ou du protêt)

Deuxièmement.

À C.D. (*endosseur*)

(*ou* F.G.)

à .....

Monsieur,

La lettre de change de P.Q. pour ....$, datée à ...., le .... jour de .... 19....., sur E.F., en votre faveur (*ou* en faveur de C.D.), payable à .... jours de (vue *ou* date) et endossée par vous, a été ce jour, à la demande de ...., dûment (notée pour protêt *ou* protestée) par moi faute d'(acceptation *ou* de paiement).

A.B.,
Notaire

Modèle 8
Notification notariée d'un protêt faute de paiement d'un billet

(Lieu et date du protêt)

À ....,

à .....

Monsieur,

Le billet à ordre de P.Q. pour ....$, daté à ...., le .... jour de .... 19....., payable .... (jour *ou* mois) après sa date (*ou* le ....) à (vous *ou* E.F.) ou ordre, et endossé par vous, a été ce jour, à la demande de ...., dûment protesté par moi faute de paiement.

A.B.,
Notaire

Modèle 9
Acte de signification notarié d'une notification de protêt faute d'acceptation ou de paiement d'une lettre de change ou faute de paiement d'un billet

(à joindre au protêt)

Et subséquemment, moi, le notaire susdit, j'ai dûment signifié la notification, en la forme prescrite par la loi, du protêt ci-joint faute (d'acceptation *ou* de paiement) (de la lettre de change *ou* du billet) faisant l'objet dudit protêt à (P.Q. *ou* C.D.), (le tireur *ou* l'endosseur), personnellement, le .... jour de .... 19..... (*ou* à son lieu de résidence *ou* à son bureau *ou* à son établissement), à ...., le .... jour de .... 19..... (*ou* en déposant ledit avis adressé audit (P.Q. *ou* C.D.), à ...., au bureau de poste de Sa Majesté, à ...., le .... jour de .... 19....., et en en payant les frais de port d'avance).

En foi de quoi, j'ai, les jour et an mentionnés en dernier lieu, à .... susdit, signé ces présentes.

A.B.,
Notaire

Modèle 10
Protêt par un juge de paix (où il n'y a pas de notaire), faute d'acceptation d'une lettre de change, ou faute de paiement d'une lettre de change ou d'un billet

(Copie de la lettre ou du billet et des endossements)

Le .... jour de ...., en l'année 19....., moi, N.O., l'un des juges de paix de Sa Majesté pour le district (*ou* le comté, etc.) de ...., en la province de ...., résidant au (*ou* près du) village de ...., dans ledit district, vu qu'il n'y a aucun notaire exerçant alentour (*ou pour toute autre cause légale*), j'ai, à la demande de ...., et en présence de ...., de moi bien connu, montré l'original (de la lettre de change *ou* du billet) dont copie conforme est ci-dessus reproduite, à P.Q., (le tireur *ou* l'accepteur *ou* le souscripteur) personnellement (*ou* à son lieu de résidence *ou* à son bureau *ou* à son établissement), à ...., et, parlant à lui-même (*ou* à un membre de son entourage), j'en ai exigé (l'acceptation *ou* le paiement), ce à quoi (il *ou* elle) a répondu: «............».

C'est pourquoi, moi, ledit juge de paix, à la demande susdite, j'ai protesté et proteste par ces présentes contre (le tireur et les endosseurs *ou* le souscripteur et les endosseurs *ou* l'accepteur, le tireur et les endosseurs) de (ladite lettre de change *ou* dudit billet) et contre toutes les autres personnes y étant par-

ties ou y étant intéressées, pour tout change et rechange, et tous les frais, dommages et intérêts, présents et futurs, faute (d'acceptation *ou* de paiement) (de ladite lettre de change *ou* dudit billet).

Le tout est par les présentes attesté sous la signature dudit (*le témoin*) et sous mes seing et sceau.

_____
(*Signature du témoin*)

_____
(*Signature et sceau du J.P.*)

[S.R., c. B-5, ann.].

Loi concernant le droit interdisant le mariage entre personnes apparentées, L.C. 1990, c. 46 [L.R.C., c. M-2.1]

Sa Majesté, sur l'avis et avec le consentement du Sénat et de la Chambre des communes du Canada, édicte:

1. Titre abrégé: *Loi sur le mariage (degrés prohibés)*. [1990, c. 46, art. 1].

2. (1) Sous réserve du paragraphe (2), les liens de parenté par consanguinité, alliance ou adoption ne constituent pas en eux-mêmes des empêchements au mariage.

(2) Est prohibé le mariage entre personnes ayant des liens de parenté:

a) en ligne directe, par consanguinité ou adoption;

b) en ligne collatérale, par consanguinité, s'il s'agit de frère et soeur ou de demi-frère et demi-soeur;

c) en ligne collatérale, par adoption, s'il s'agit de frère et soeur. [1990, c. 46, art. 2].

3. (1) Sous réserve du paragraphe (2), un mariage entre personnes apparentées par consanguinité, alliance ou adoption n'est pas invalide du seul fait du lien de parenté.

(2) Un mariage entre personnes apparentées prohibé par l'alinéa 2(2)*a)*, *b)* ou *c)* est nul. [1990, c. 46, art. 3].

4. La présente loi comporte la totalité des règles de droit applicables au Canada en matière d'empêchements au mariage fondés sur des liens de parenté. [1990, c. 46, art. 4].

5. (*Omis*). [1990, c. 46, art. 5].

6. La présente loi entre en vigueur un an après sa sanction ou, dans une province, à la date antérieure fixée par décret du gouverneur en conseil à la demande de cette province. [1990, c. 46, art. 6].

Loi facilitant le paiement des pensions alimentaires, L.R.Q., c. P-2.2

CHAPITRE I
CHAMP D'APPLICATION

1. Le paiement d'aliments accordés sous forme de pension à un créancier alimentaire en vertu d'un jugement exécutoire au Québec s'effectue de la manière et selon les modalités prévues par la présente loi. [1995, c. 18, art. 1].

2. Le débiteur alimentaire doit verser la pension et les arrérages, s'il en est, au ministre du Revenu au bénéfice du créancier alimentaire. [1995, c. 18, art. 2].

3. Le tribunal peut exempter un débiteur de l'obligation prévue à l'article 2 dans les cas suivants:

    1° si le débiteur alimentaire constitue une fiducie qui garantit le paiement de la pension;

    2° si les parties en font conjointement la demande, s'il est convaincu que leur consentement est libre et éclairé et si le débiteur fournit une sûreté suffisante pour garantir le paiement de la pension pendant un mois.

Pour s'assurer du consentement libre et éclairé des parties, le tribunal peut les convoquer et les entendre, même séparément, en présence, le cas échéant, de leurs procureurs. [1995, c. 18, art. 3; 1997, c. 81, art. 1].

3.1. Le tribunal peut également, si les parties en font conjointement la demande et s'il est convaincu que leur consentement est libre et éclairé, suspendre temporairement l'obligation prévue à l'article 2 et permettre le paiement de la pension directement au créancier alimentaire.

Cette suspension cesse au moment où la pension est perçue conformément à la loi. Toutefois, la durée de cette suspension ne peut excéder quatre mois du prononcé du jugement. [1997, c. 81, art. 2].

4. Le débiteur exempté en vertu de l'article 3 doit transmettre au ministre un exemplaire de l'acte de fiducie ou lui fournir la sûreté dans les trente jours du prononcé du jugement. [1995, c. 18, art. 4; 1997, c. 81, art. 3].

5. L'exemption accordée par le tribunal cesse d'avoir effet pour la durée de la pension alimentaire:

    1° lorsque le ministre constate que le débiteur a fait défaut de constituer la fiducie ou de fournir la sûreté;

    2° lorsque le ministre constate, sur demande du créancier, que le débiteur a fait défaut de payer un versement de pension alimentaire à l'échéance;

    3° si les parties en font conjointement la demande.

Les demandes sont transmises au ministre par courrier recommandé ou certifié. Elles doivent être accompagnées des renseignements et des documents prévus par règlement. [1995, c. 18, art. 5].

CHAPITRE II
PERCEPTION DES PENSIONS
ALIMENTAIRES

SECTION I
DISPOSITIONS GÉNÉRALES

6. Dès le prononcé d'un jugement qui accorde une pension alimentaire ou qui révise un tel jugement, le greffier du tribunal notifie au ministre les renseignements suivants:

1° la date d'exigibilité et le montant de la pension;

2° le montant des arrérages de pension, s'il en est;

3° l'indice d'indexation de la pension prévu au jugement, le cas échéant;

4° tout autre renseignement prévu par règlement.

Il lui transmet également les déclarations assermentées prévues à l'article 827.5 du Code de procédure civile (L.R.Q., chapitre C-25), ainsi qu'une copie du jugement. [1995, c. 18, art. 6].

7. Une pension alimentaire est perçue au moyen d'une retenue, d'un ordre de paiement ou des deux à la fois. [1995, c. 18, art. 7].

8. Sur réception d'une demande transmise en vertu de l'article 5 ou des renseignements notifiés par le greffier, le ministre avise le débiteur du mode de perception qui lui est applicable.

Il en est de même lorsque le ministre constate le défaut de constituer la fiducie ou de fournir la sûreté. Il en informe alors le créancier. [1995, c. 18, art. 8].

9. Le débiteur peut, dans les dix jours de cet avis, demander au ministre l'application d'un autre mode de perception s'il en satisfait les conditions.

Sous réserve de l'article 3.1, dès que la pension alimentaire est exigible, le débiteur doit la verser au ministre jusqu'à ce que la retenue ou l'ordre de paiement soit effectif. [1995, c. 18, art. 9; 1997, c. 81, art. 4].

10. Le ministre peut, lorsqu'un versement de pension n'a pas été payé à l'échéance, inscrire au nom du créancier, conformément aux dispositions de l'article 2730 du Code civil du Québec, une hypothèque légale sur un bien du débiteur. Il en informe alors le créancier. [1995, c. 18, art. 10].

SECTION II
RETENUES

11. Lorsqu'un montant est versé périodiquement au débiteur par une personne, le ministre perçoit la pension alimentaire au moyen d'une retenue qui s'effectue sur les montants et dans l'ordre suivants:

1° les traitements, salaires ou autres rémunérations;

2° les honoraires ou les avances sur une rémunération, sur des honoraires ou sur des profits;

3° les prestations accordées en vertu d'une loi au titre d'un régime de retraite ou d'un régime d'indemnisation;

4° les autres montants prévus par règlement.

Sont assimilées à une personne, la société en nom collectif, en commandite ou en participation, ainsi que l'association.

Lorsque la retenue peut s'effectuer sur des montants ayant le même ordre, elle s'effectue suivant leur importance par ordre décroissant. [1995, c. 18, art. 11].

12. L'article 11 ne s'applique pas à un montant qui, en vertu de la loi, est insaisissable en totalité. [1995, c. 18, art. 12].

13. La personne qui verse un montant périodique doit, à la demande du ministre, lui communiquer tout renseignement relatif à ce montant et permettant de déterminer la partie qui peut faire l'objet d'une retenue. [1995, c. 18, art. 13].

14. Si une personne déclare que le débiteur est à son emploi mais sans rémunération ou si la rémunération déclarée est manifestement inférieure à la valeur des services rendus, le ministre peut évaluer ces services et fixer une juste rémunération, laquelle est présumée être versée périodiquement au débiteur aux fins de la détermination de la somme à retenir. [1995, c. 18, art. 14].

15. Le ministre détermine la somme qui peut être retenue en tenant compte des versements de pension alimentaire qui doivent être effectués, jusqu'à concurrence de la partie saisissable pour dette alimentaire telle que déterminée en application du deuxième alinéa de l'article 553 du Code de procédure civile. Il peut inclure dans cette somme, dans la proportion qu'il détermine, les arrérages de pension et les frais, s'il en est.

Pour les fins du calcul de cette somme, les montants visés aux paragraphes 2º à 4º du premier alinéa de l'article 11 sont réputés être du salaire. [1995, c. 18, art. 15].

16. La personne qui verse un montant périodique doit, sur avis du ministre, retenir la somme qu'il détermine et la lui transmettre aux dates et suivant les modalités prévues à l'avis.

Le ministre transmet une copie de l'avis de retenue au débiteur alimentaire. [1995, c. 18, art. 16].

17. Le débiteur alimentaire doit, en cas d'interruption ou de cessation de la retenue, verser au ministre le montant de la pension. [1995, c. 18, art. 17].

18. La personne qui retient une somme en vertu de l'article 16 est réputée la détenir en fiducie pour le ministre et elle doit la tenir séparée de ses propres fonds.

En cas de faillite de cette personne ou de liquidation ou cession de ses biens, une somme ainsi retenue constitue un patrimoine d'affectation autonome et distinct qui ne fait pas partie des biens sujets à la faillite, liquidation ou cession, que cette somme ait été ou non, dans les faits, tenue séparée de ses propres fonds. [1995, c. 18, art. 18].

19. Une retenue est tenante aussi longtemps que le montant périodique qui en fait l'objet est payable au débiteur.

Toutefois, le ministre donne mainlevée de la retenue à la personne qui l'effectue et en avise le débiteur alimentaire lorsque la pension devient payable par ordre de paiement ou lorsque le débiteur est libéré du paiement de la

pension et qu'aucuns arrérages ni frais ne sont dus. [1995, c. 18, art. 19].

20. La personne qui, malgré l'avis de retenue, néglige ou refuse de retenir la somme déterminée par le ministre devient, avec le débiteur alimentaire, solidairement débitrice de cette somme.

Par ailleurs, celle qui néglige ou refuse de remettre au ministre une somme qu'elle a retenue en devient débitrice. [1995, c. 18, art. 20].

21. La personne qui effectue une retenue doit aviser le ministre lorsque le montant périodique qui en fait l'objet cesse d'être payable au débiteur. [1995, c. 18, art. 21].

22. La personne qui reçoit un avis de retenue doit dénoncer au ministre l'existence de toute saisie-arrêt tenante à l'égard du débiteur alimentaire.

Dans ce cas, la retenue est suspendue tant que la saisie-arrêt demeure tenante. Le ministre doit produire sa réclamation au dossier de la saisie-arrêt conformément au Code de procédure civile. [1995, c. 18, art. 22].

23. La personne qui retient une somme en vertu de l'article 16 doit dénoncer au ministre toute saisie-arrêt qui lui est signifiée postérieurement à l'avis de retenue. La retenue est alors réputée une saisie-arrêt depuis l'avis de retenue et le ministre doit aviser cette personne de déclarer et de déposer, au greffe du tribunal qui a accordé la pension alimentaire, la partie saisissable de ce qu'elle doit au débiteur, conformément au Code de procédure civile.

Le ministre doit également produire l'état de sa créance auprès du greffier

du tribunal qui a accordé la pension alimentaire et en notifier le créancier saisissant, qui doit alors produire sa réclamation au dossier de la pension alimentaire. [1995, c. 18, art. 23].

24. Lorsque le ministre agit comme réclamant ou saisissant, le greffier doit donner mainlevée de la saisie-arrêt dès que les autres créances ont été acquittées et en aviser le ministre, de même que le tiers-saisi. Les dispositions relatives à la retenue à la source s'appliquent dès ce moment, compte tenu des adaptations nécessaires. [1995, c. 18, art. 24].

25. Pour les fins de la collocation, aucune saisie-arrêt prise en exécution d'une créance chirographaire postérieure au jugement initial accordant une pension alimentaire n'a d'effet à l'égard du montant réclamé par le ministre, sauf s'il s'agit d'une autre créance alimentaire. [1995, c. 18, art. 25].

SECTION III
ORDRES DE PAIEMENT

26. Le ministre perçoit la pension alimentaire au moyen d'un ordre de paiement:

1º en l'absence d'un montant pouvant faire l'objet d'une retenue;

2º pour le reliquat, lorsque la retenue est insuffisante pour acquitter le montant de la pension;

3º sur demande du débiteur qui reçoit un montant périodique, en l'absence d'arrérages.

En ces cas, le débiteur doit fournir une sûreté au ministre et la maintenir. [1995, c. 18, art. 26].

27. Le ministre peut également percevoir la pension alimentaire au moyen

d'un ordre de paiement lorsque, compte tenu des circonstances, la retenue ne lui assure pas la perception régulière de la pension. [1995, c. 18, art. 27].

28. Le paragraphe 3º de l'article 26 cesse d'avoir effet pour la durée de la pension alimentaire si un versement de pension n'est pas payé à l'échéance. [1995, c. 18, art. 28].

29. Le ministre détermine le montant qui doit être payé par le débiteur en tenant compte des versements de pension alimentaire qui doivent être effectués ainsi que, le cas échéant, de toute somme retenue conformément à l'article 16. Il peut inclure dans ce montant, dans la proportion qu'il détermine, les arrérages de pension et les frais, s'il en est.

Le débiteur doit payer au ministre le montant déterminé aux dates et suivant les modalités prévues à l'ordre de paiement. [1995, c. 18, art. 29].

30. La sûreté exigée du débiteur doit garantir le paiement, pendant trois mois, du montant de la pension alimentaire ou, le cas échéant, du reliquat.

Une nouvelle sûreté ou une sûreté additionnelle doit être fournie lorsque ce montant est modifié. [1995, c. 18, art. 30].

31. Le ministre peut convenir avec le débiteur qui lui démontre son incapacité de fournir la sûreté exigée, de modalités assurant la constitution graduelle de celle-ci. Toutefois, un débiteur visé au paragraphe 3º du premier alinéa de l'article 26 ne peut bénéficier de telles modalités.

Par ailleurs, le ministre peut, lorsqu'il a des motifs raisonnables de croire que la situation financière du débiteur s'est améliorée, exiger le versement du reliquat de la sûreté ou convenir de nouvelles modalités.

Il peut à ces fins requérir du débiteur tout document ou renseignement, ainsi que les résultats de toute démarche effectuée auprès d'une institution financière en vue d'obtenir un prêt ou une sûreté. [1995, c. 18, art. 31].

32. Le débiteur alimentaire qui fait défaut de constituer ou de maintenir la sûreté exigée est réputé ne pas avoir payé un versement de pension à l'échéance. [1995, c. 18, art. 32].

SECTION IV
REMBOURSEMENT

33. Le créancier alimentaire qui reçoit du ministre un montant auquel il n'a pas droit, doit le lui rembourser. [1995, c. 18, art. 33].

34. Lorsque le débiteur est libéré du paiement de la pension alimentaire et qu'aucuns arrérages ni frais ne sont dus, le ministre lui remet la sûreté non réalisée ou le reliquat de celle-ci.

Il fait de même lorsque la sûreté n'est plus exigée.

Des intérêts au taux légal sont remis annuellement au débiteur si la sûreté consiste en une somme d'argent. [1995, c. 18, art. 34].

SECTION V
FRAIS

35. Le gouvernement peut imposer, dans les cas et aux conditions prévus par règlement, le paiement de frais relatifs à la perception d'arrérages de pension dus par le débiteur alimentaire ou d'un montant exigible d'une autre personne en vertu de la présente loi.

Lorsque des arrérages sont dus, les frais ne peuvent être perçus avant que tous ces arrérages n'aient été payés.

Ces frais portent intérêt au taux légal et sont exigibles malgré une annulation de la pension alimentaire. [1995, c. 18, art. 35].

CHAPITRE III
VERSEMENT AU CRÉANCIER ALIMENTAIRE

36. Le ministre verse deux fois par mois au créancier alimentaire le montant de la pension et des arrérages qu'il perçoit.

Il peut par ailleurs, dans les cas et aux conditions prévus par règlement, verser au créancier des sommes à titre de pension alimentaire pendant au plus trois mois, jusqu'à concurrence de 1 000$. Ces sommes sont versées au nom du débiteur et sont recouvrables de celui-ci ou, le cas échéant, de la personne visée au deuxième alinéa de l'article 20.

Le gouvernement peut, par règlement, prévoir une augmentation du montant maximal que le ministre peut verser en vertu du deuxième alinéa. [1995, c. 18, art. 36].

37. Lorsqu'un versement de pension n'est pas payé à l'échéance et que le débiteur a déposé une sûreté, le ministre la réalise et verse au créancier, sur le produit de celle-ci, le montant de la pension. [1995, c. 18, art. 37].

CHAPITRE IV
FONDS DES PENSIONS ALIMENTAIRES

38. Est constitué, au ministère du Revenu, le Fonds des pensions alimentaires où sont versés:

1° les sommes perçues par le ministre en vertu de la présente loi;

2° les sommes versées au ministre à titre de sûretés;

3° les sommes perçues à même la réalisation des sûretés;

4° les frais perçus en vertu de la présente loi;

5° les avances versées par le ministre des Finances en vertu de l'article 41;

6° les sommes versées par le ministre, par un ministère ou un organisme du gouvernement et prélevées sur les crédits alloués à cette fin par le Parlement;

7° les intérêts produits par les sommes visées aux paragraphes 1° à 4°. [1995, c. 18, art. 38].

39. Sont prises à même le Fonds les sommes requises pour:

1° le versement des montants payables par le ministre en vertu de la présente loi;

2° le remboursement des sûretés qui consistent en des sommes d'argent ou du reliquat de celles-ci, ainsi que le paiement des intérêts qu'ils portent. [1995, c. 18, art. 39].

40. Le gouvernement détermine les coûts qui doivent être imputés sur le Fonds. [1995, c. 18, art. 40].

41. Le ministre des Finances peut avancer au Fonds, sur autorisation du gouvernement et aux conditions que celui-ci détermine, des sommes prélevées sur le fonds consolidé du revenu. [1995, c. 18, art. 41].

42. La rémunération et les dépenses afférentes aux avantages sociaux et autres conditions de travail des personnes affectées, conformément à la *Loi sur la fonction publique* (L.R.Q., chapitre F-3.1.1), aux activités reliées à l'application de la présente loi peuvent être défrayées sur ce Fonds, jusqu'à concurrence des sommes versées en vertu du paragraphe 6° de l'article 38. [1995, c. 18, art. 42].

43. La gestion des sommes constituant le Fonds est confiée au ministre. La comptabilité du Fonds et l'enregistrement des engagements financiers qui lui sont imputables sont, malgré l'article 13 de la *Loi sur l'administration financière* (L.R.Q., chapitre A-6), tenus par le ministre. Celui-ci certifie de plus que ces engagements et les paiements qui en découlent n'excèdent pas les soldes disponibles et leur sont conformes. [1995, c. 18, art. 43].

44. Les articles 22, 24 à 27, 33, 35, 47 à 49, 49.2, 51, 57 et 70 à 72 de la *Loi sur l'administration financière* s'appliquent au Fonds, compte tenu des adaptations nécessaires.

L'article 23 de cette loi s'applique à l'égard des prévisions budgétaires concernant les dépenses de fonctionnement du Fonds. [1995, c. 18, art. 44].

45. L'exercice financier du Fonds se termine le 31 mars de chaque année. [1995, c. 18, art. 45].

CHAPITRE V
RECOUVREMENT

46. La personne qui est redevable d'un montant exigible en vertu de la présente loi doit acquitter ce montant dans les dix jours de la réception d'une demande de paiement du ministre.

Toutefois, le ministre peut conclure avec cette personne une entente écrite établissant des modalités de paiement du montant dû. S'il s'agit d'un débiteur alimentaire, le ministre doit en informer le créancier alimentaire.

Avant de conclure une telle entente, le ministre peut requérir de cette personne tout document ou renseignement visant à établir sa situation financière ainsi que les résultats de toute démarche effectuée auprès d'une institution financière en vue d'obtenir un prêt ou une sûreté.

En cas de défaut de respecter les termes de cette entente, celle-ci devient caduque. [1995, c. 18, art. 46].

47. Pour recouvrer un montant dû, le ministre peut exercer, outre les mesures de recouvrement prévues à la présente loi, tout recours ou se porter partie à toute procédure visant à favoriser l'exécution de l'obligation alimentaire.

Il peut procéder à toute mesure d'exécution forcée prévue au Code de procédure civile. En ce cas, il agit en qualité de saisissant pour le créancier alimentaire.

Il peut aussi exercer les pouvoirs accordés au créancier en vertu des articles 543 à 546.1 de ce Code. [1995, c. 18, art. 47].

48. Le ministre peut par avis écrit exiger d'une personne qui, dans l'année qui suit la date de cet avis, est tenue de faire un paiement à une personne redevable d'un montant exigible en vertu de la présente loi, qu'elle lui verse la totalité ou une partie du montant à payer à son créancier et ce, au moment où ce montant lui devient payable.

Il en est de même à l'égard d'un paiement devant être fait à un créancier garanti de la personne redevable d'un montant exigible en vertu de la présente loi ou au cessionnaire d'une créance cédée par celle-ci lorsque ce paiement, si ce n'était de la garantie ou de la cession de créance, devrait être fait à cette personne. [1995, c. 18, art. 48].

49. Lorsqu'une personne redevable d'un montant exigible en vertu de la présente loi est débitrice d'une institution financière, qu'elle a fourni une garantie à l'égard de sa dette et que l'institution n'a pas encore acquitté sa contrepartie à cette dette, le ministre peut par avis écrit exiger que cette institution lui verse la totalité ou une partie de cette contrepartie.

La même règle s'applique lorsque la personne doit devenir débitrice d'une institution financière dans l'année qui suit la date de l'avis du ministre. [1995, c. 18, art. 49].

50. Le ministre peut par avis écrit exiger d'une personne autre qu'une institution financière qui, dans l'année qui suit la date de l'avis, doit prêter ou avancer un montant à une personne redevable d'un montant exigible en vertu de la présente loi ou payer un montant pour celle-ci, qu'elle lui verse la totalité ou une partie de ce montant.

Le premier alinéa ne s'applique que si la personne redevable d'un montant exigible en vertu de la présente loi est, dans l'année qui suit la date de l'avis, rétribuée par la personne autre qu'une institution financière ou, lorsque cette personne est une personne morale, que si elle a un lien de dépendance avec celle-ci au sens de la *Loi sur les impôts*

(L.R.Q., chapitre I-3). [1995, c. 18, art. 50].

51. Toute personne qui néglige ou refuse de se conformer à un avis du ministre prévu aux articles 48 à 60 devient solidairement débitrice avec la personne redevable d'un montant exigible, du montant réclamé à l'avis jusqu'à concurrence du montant de son obligation. [1995, c. 18, art. 51].

52. Pour recouvrer un montant exigible d'une personne en vertu de la présente loi, le ministre peut acquérir et aliéner tout bien de cette personne, que ce bien soit mis en vente par suite d'une procédure judiciaire ou autrement. [1995, c. 18, art. 52].

53. Lorsqu'une personne redevable d'un montant exigible en vertu de la présente loi est aussi créancière ou bénéficiaire d'un montant payable par un organisme public, le ministre peut affecter tout ou partie de ce montant au paiement de la dette de cette personne.

Les articles 31.1.1 à 31.1.5 de la *Loi sur le ministère du Revenu* (L.R.Q., chapitre M-31) s'appliquent à cette affectation, compte tenu des adaptations nécessaires.

Le présent article s'applique malgré l'article 33 de la *Loi sur le ministère du Revenu*. [1995, c. 18, art. 53].

54. Lorsqu'une personne autre que le débiteur alimentaire est redevable d'un montant exigible en vertu de la présente loi, le ministre peut, à l'expiration du délai prévu à l'article 46, délivrer un certificat attestant l'exigibilité de la dette et le montant dû, ce certificat constituant une preuve de cette exigibilité.

Toutefois, si le ministre a des motifs raisonnables de croire que cette personne tente d'éluder le paiement de ce montant, il peut délivrer ce certificat sans délai.

Sur dépôt du certificat au greffe de la Cour supérieure, accompagné d'une copie d'un document attestant le montant exigible, le certificat devient exécutoire comme s'il s'agissait d'un jugement rendu par ce tribunal et en a tous les effets. [1995, c. 18, art. 54].

CHAPITRE VI
VÉRIFICATION ET ENQUÊTE

55. La personne autorisée par le ministre à agir comme vérificateur peut, pour assurer le recouvrement d'un montant dû, exiger tout renseignement ou tout document, examiner ces documents et en tirer copie. [1995, c. 18, art. 55].

56. Le vérificateur ne peut être poursuivi en justice pour des actes accomplis de bonne foi dans l'exercice de ses fonctions. [1995, c. 18, art. 56].

57. Il est interdit de faire obstacle à un vérificateur dans l'exercice de ses fonctions. [1995, c. 18, art. 57].

58. Le ministre ou toute personne qu'il désigne comme enquêteur peut faire enquête sur tout fait et tout renseignement relatifs au recouvrement d'un montant dû. À cette fin, le ministre et l'enquêteur sont investis des pouvoirs et de l'immunité des commissaires nommés en vertu de la *Loi sur les commissions d'enquête* (L.R.Q., chapitre C-37), sauf du pouvoir d'ordonner l'emprisonnement. [1995, c. 18, art. 58].

59. Sur demande, le vérificateur ou l'enquêteur s'identifie et exhibe le certificat signé par le ministre attestant sa qualité. [1995, c. 18, art. 59].

CHAPITRE VII
RECOURS

60. Un débiteur qui reçoit un avis transmis en vertu de l'article 8 en raison de l'application du paragraphe 1º ou 2º du premier alinéa de l'article 5 peut, dans les dix jours de la réception de cet avis, contester par requête à la Cour supérieure l'application de la présente loi à son égard.

Cette requête est instruite et jugée d'urgence. [1995, c. 18, art. 60].

61. Une personne qui est présumée verser une rémunération en vertu de l'article 14, un débiteur qui reçoit copie d'un avis de retenue en raison de l'application de l'article 28 ou une personne à qui est transmise une demande de paiement en vertu de l'article 46 peut s'y opposer en notifiant au ministre par courrier recommandé ou certifié, dans les dix jours de la réception de l'avis ou de la demande, un avis de contestation exposant les motifs de sa contestation et tous les faits pertinents. [1995, c. 18, art. 61].

62. Le ministre doit, dans les 30 jours de la réception d'un avis de contestation, en examiner les motifs et faire connaître sa décision à la personne ayant transmis cet avis. [1995, c. 18, art. 62].

63. Une personne peut, dans les 30 jours de la décision du ministre rendue en vertu de l'article 62, interjeter appel de cette décision auprès de la Cour supérieure siégeant soit pour le district où elle réside, soit pour le district de Québec ou de Montréal selon celui où elle pourrait en appeler en vertu de l'article 30 du Code de procédure civile s'il s'agissait d'un appel auprès de la Cour d'appel. [1995, c. 18, art. 63].

64. Cet appel s'exerce au moyen d'une requête dont deux exemplaires doivent être déposés au greffe ou y être transmis par courrier recommandé ou certifié.

Le greffier transmet alors un exemplaire au ministre, lequel lui fait parvenir une copie de l'avis de contestation et une copie de la décision faisant l'objet de cet appel.

Cette requête est instruite et jugée d'urgence. [1995, c. 18, art. 64].

65. Le tribunal peut rejeter la requête ou annuler l'avis ou la demande de paiement, les modifier ou les déférer au ministre pour un nouvel examen et une nouvelle décision. [1995, c. 18, art. 65].

66. Un recours exercé en vertu du présent chapitre n'empêche pas la perception et le versement de la pension par le ministre ni l'exercice de mesures de recouvrement à l'égard du montant faisant l'objet du recours à moins qu'un juge exerçant en son bureau n'en ordonne autrement.

Le juge ne peut rendre une telle ordonnance que pour des motifs exceptionnels et que s'il est convaincu que le paiement de la pension est assuré jusqu'à ce qu'il soit disposé du recours. [1995, c. 18, art. 66].

CHAPITRE VIII
DISPOSITIONS PÉNALES

67. Quiconque omet de retenir ou de transmettre une somme conformément à l'article 16 commet une infraction et est passible d'une amende d'au moins 100$ et d'au plus 5 000$. [1995, c. 18, art. 67].

68. Quiconque omet de fournir un renseignement visé à l'article 13 ou 21, ou fournit un faux renseignement ou contrevient à l'article 57, commet une infraction et est passible d'une amende d'au moins 100$ et d'au plus 1 000$. [1995, c. 18, art. 68].

69. Quiconque contrevient à l'article 75 commet une infraction et est passible d'une amende d'au plus 500$. [1995, c. 18, art. 69].

70. Le tribunal qui déclare une personne coupable d'une infraction prévue à l'article 67 peut rendre toute ordonnance propre à remédier au défaut visé par l'infraction.

Un préavis de la demande d'ordonnance doit être donné par le poursuivant à la personne que l'ordonnance pourrait obliger, sauf si cette personne est présente devant le tribunal. [1995, c. 18, art. 70].

CHAPITRE IX
DISPOSITIONS RÉGLEMENTAIRES

71. Le gouvernement peut déterminer, par règlement:

1° les montants pouvant faire l'objet d'une retenue en application du paragraphe 4° du premier alinéa de l'article 11;

2° la nature de la sûreté visée aux articles 3 et 26;

3° les cas et conditions dans lesquels il peut imposer les frais prévus à l'article 35 et en fixer le montant;

4° les cas et conditions dans lesquels le ministre peut verser des sommes à titre de pension alimentaire et l'augmentation du montant maximal, en application de l'article 36;

5º les renseignements et documents qui doivent être transmis en vertu de l'article 5, 6 ou 99. [1995, c. 18, art. 71].

CHAPITRE X
DISPOSITIONS DIVERSES

72. La présente loi est d'ordre public. [1995, c. 18, art. 72].

73. La présente loi lie le gouvernement, ses ministères et les organismes qui en sont mandataires. [1995, c. 18, art. 73].

74. Nul ne peut, sous peine de dommages-intérêts, refuser d'employer un débiteur alimentaire en raison de son assujettissement aux dispositions de la présente loi. [1995, c. 18, art. 74].

75. Tout renseignement obtenu en vertu de la présente loi est confidentiel.

Nul ne peut faire usage d'un tel renseignement à une fin non prévue par la loi, communiquer ou permettre que soit communiqué un tel renseignement à une personne qui n'y a pas légalement droit ou permettre à cette personne de prendre connaissance d'un document contenant un tel renseignement ou d'y avoir accès. [1995, c. 18, art. 75].

76. Le ministre transmet au ministre de l'Emploi et de la Solidarité les renseignements nécessaires à l'application, à l'égard d'un créancier alimentaire, de la *Loi sur la sécurité du revenu* (L.R.Q., chapitre S-3.1.1).

Le ministre transmet à la Régie des rentes du Québec les numéros d'assurance sociale d'ex-conjoints qui sont nécessaires au partage des gains admissibles non ajustés prévu à l'article 102.1 de la *Loi sur le régime de rentes du Québec* (L.R.Q., c. R-9).

Ces renseignements sont transmis conformément à la *Loi sur l'accès aux documents des organismes publics et sur la protection des renseignements personnels* (L.R.Q., chapitre A-2.1). [1995, c. 18, art. 76; 1997, c. 63, art. 128; 1997, c. 86, art. 9].

77. Le ministre du Revenu est chargé de l'application de la présente loi. [1995, c. 18, art. 77].

78. Un recours civil intenté en vertu de la présente loi par le ministre ou dirigé contre lui l'est, malgré toute disposition inconciliable, au nom du sous-ministre du Revenu.

Une poursuite pénale pour une infraction prévue par la présente loi peut être intentée par le sous-ministre du Revenu.

Les articles 72.4 et 77 de la *Loi sur le ministère du Revenu* s'appliquent à un tel recours ou à une telle poursuite, compte tenu des adaptations nécessaires. [1995, c. 18, art. 78].

79. Une sûreté fournie au ministre ou une somme qu'il doit verser ou rembourser en vertu de la présente loi est incessible et insaisissable. [1995, c. 18, art. 79].

CHAPITRE XI
DISPOSITIONS MODIFICATRICES ET ABROGATIVES

80.-96. (*Omis*). [1995, c. 18, art. 80-96].

CHAPITRE XII
DISPOSITIONS TRANSITOIRES ET FINALES

97. Les dispositions de la présente loi s'appliquent aux situations juridiques dans lesquelles le percepteur des pensions alimentaires est chargé, en vertu

des articles 659.1 et 659.2 du Code de procédure civile, de l'exécution forcée d'un jugement accordant une pension alimentaire sur les biens du débiteur, au fur et à mesure de la prise en charge de la perception de la pension par le ministre du Revenu.

À cet effet, les pouvoirs du percepteur sont transmis au ministre du Revenu qui continue les procédures entreprises conformément aux règles contenues dans la présente loi. [1995, c. 18, art. 97].

98. Pour l'application de l'article 97, le percepteur des pensions alimentaires doit, dans les meilleurs délais, transmettre au ministre du Revenu les renseignements et documents nécessaires à l'exécution de chacun des jugements accordant une pension alimentaire.

Le percepteur doit au préalable inscrire les informations pertinentes au registre des pensions alimentaires. [1995, c. 18, art. 98].

99. Les dispositions de la présente loi s'appliquent à une personne qui est débitrice d'une pension alimentaire avant le 1er décembre 1995, ainsi qu'à son créancier:

1° si le créancier en fait la demande lorsqu'un versement de pension alimentaire n'a pas été payé à l'échéance, auquel cas le débiteur peut exercer le recours prévu à l'article 60;

2° si les parties en font conjointement la demande.

Ces demandes sont adressées au greffier du district où le jugement accordant la pension a été rendu ou à celui de la résidence du créancier. Elles doivent être accompagnées des renseignements et des documents prévus par règlement. Le greffier inscrit les informations pertinentes au registre des pensions alimentaires, notifie les renseignements au ministre du Revenu et lui transmet les documents. [1995, c. 18, art. 99].

100. À moins que le contexte n'indique un sens différent, dans toute autre loi ainsi que dans les règlements, décrets, arrêtés, proclamations, jugements, ordonnances, contrats, ententes, accords ou autres documents, une référence au percepteur des pensions alimentaires est une référence au ministre du Revenu. [1995, c. 18, art. 100].

101. Le ministre du Revenu doit, au plus tard le 1er décembre 2000, faire au gouvernement un rapport sur l'application de la présente loi.

Ce rapport est déposé par le ministre dans les 15 jours suivants devant l'Assemblée nationale ou, si elle ne siège pas, dans les 15 jours de la reprise de ses travaux. [1995, c. 18, art. 101].

102. (*Omis*). [1995, c. 18, art. 102].

L'article 76 de la présente loi sera modifié lors de l'entrée en vigueur des dispositions pertinentes du chapitre 36 des lois de 1998 à la date fixée par le gouvernement.

Loi sur la protection des renseignements personnels dans le secteur privé, L.R.Q., c. P-39.1

SECTION I
APPLICATION ET INTERPRÉTATION

1. La présente loi a pour objet d'établir, pour l'exercice des droits conférés par les articles 35 à 40 du Code civil du Québec en matière de protection des renseignements personnels, des règles particulières à l'égard des renseignements personnels sur autrui qu'une personne recueille, détient, utilise ou communique à des tiers à l'occasion de l'exploitation d'une entreprise au sens de l'article 1525 du Code civil du Québec.

Elle s'applique à ces renseignements quelle que soit la nature de leur support et quelle que soit la forme sous laquelle ils sont accessibles: écrite, graphique, sonore, visuelle, informatisée ou autre.

La présente loi ne s'applique pas à la collecte, la détention, l'utilisation ou la communication de matériel journalistique à une fin d'information du public. [1993, c. 17, art. 1].

2. Est un renseignement personnel, tout renseignement qui concerne une personne physique et permet de l'identifier. [1993, c. 17, art. 2].

3. La présente loi ne s'applique pas à un organisme public au sens de la *Loi sur l'accès aux documents des organismes publics et sur la protection des renseignements personnels* (L.R.Q., chapitre A-2.1) ni aux renseignements qu'une personne autre qu'un organisme public détient, pour le compte de ce dernier. [1993, c. 17, art. 3]

SECTION II
COLLECTE DE RENSEIGNEMENTS PERSONNELS

4. Toute personne qui exploite une entreprise et qui, en raison d'un intérêt sérieux et légitime, peut constituer un dossier sur autrui doit, lorsqu'elle constitue le dossier, inscrire son objet.

Cette inscription est considérée faire partie du dossier. [1993, c. 17, art. 4].

5. La personne qui recueille des renseignements personnels afin de constituer un dossier sur autrui ou d'y consigner de tels renseignements ne doit recueillir que les renseignements nécessaires à l'objet du dossier.

Ces renseignements doivent être recueillis par des moyens licites. [1993, c. 17, art. 5].

6. La personne qui recueille des renseignements personnels sur autrui doit les recueillir auprès de la personne concernée, à moins que celle-ci ne consente à la cueillette auprès de tiers.

Toutefois, elle peut, sans le consentement de la personne concernée, recueillir ces renseignements auprès d'un tiers si la loi l'autorise.

Elle peut faire de même si elle a un intérêt sérieux et légitime et si l'une ou l'autre des conditions suivantes se réalise:

1º les renseignements sont recueillis dans l'intérêt de la personne concernée et ils ne peuvent être recueillis auprès de celle-ci en temps opportun;

2º la cueillette auprès d'un tiers est nécessaire pour s'assurer de l'exactitude des renseignements. [1993, c. 17, art. 6].

7. La personne qui constitue un dossier sur autrui ou y consigne des renseignements personnels doit, lorsqu'elle recueille de tels renseignements auprès d'un tiers et que ce tiers est une personne qui exploite une entreprise, inscrire la source de ces renseignements.

Cette inscription est considérée faire partie du dossier de la personne concernée.

Le présent article ne s'applique pas à un dossier d'enquête constitué en vue de prévenir, détecter ou réprimer un crime ou une infraction à la loi. [1993, c. 17, art. 7].

8. La personne qui recueille des renseignements personnels auprès de la personne concernée doit, lorsqu'elle constitue un dossier sur cette dernière, l'informer:

1º de l'objet du dossier;

2º de l'utilisation qui sera faite des renseignements ainsi que des catégo-

ries de personnes qui y auront accès au sein de l'entreprise;

3º de l'endroit où sera détenu son dossier ainsi que des droits d'accès ou de rectification. [1993, c. 17, art. 8].

9. Nul ne peut refuser d'acquiescer à une demande de bien ou de service ni à une demande relative à un emploi à cause du refus de la personne qui formule la demande de lui fournir un renseignement personnel sauf dans l'une ou l'autre des circonstances suivantes:

1º la collecte est nécessaire à la conclusion ou à l'exécution du contrat;

2º la collecte est autorisée par la loi;

3º il y a des motifs raisonnables de croire qu'une telle demande n'est pas licite.

En cas de doute, un renseignement personnel est considéré non nécessaire. [1993, c. 17, art. 9].

SECTION III
CARACTÈRE CONFIDENTIEL DES
RENSEIGNEMENTS PERSONNELS

§ 1. –*Détention, utilisation et non communication des renseignements*

10. Toute personne qui exploite une entreprise et recueille, détient, utilise ou communique des renseignements personnels sur autrui doit prendre et appliquer des mesures de sécurité propres à assurer le caractère confidentiel des renseignements. [1993, c. 17, art. 10].

11. Toute personne qui exploite une entreprise doit veiller à ce que les dossiers qu'elle détient sur autrui soient à jour et exacts au moment où elle les utilise pour prendre une décision relative à la personne concernée. [1993, c. 17, art. 11].

12. L'utilisation des renseignements contenus dans un dossier n'est permise, une fois l'objet du dossier accompli, qu'avec le consentement de la personne concernée, sous réserve du délai prévu par la loi ou par un calendrier de conservation établi par règlement du gouvernement. [1993, c. 17, art. 12].

13. Nul ne peut communiquer à un tiers les renseignements personnels contenus dans un dossier qu'il détient sur autrui ni les utiliser à des fins non pertinentes à l'objet du dossier, à moins que la personne concernée n'y consente ou que la présente loi le prévoit. [1993, c. 17, art. 13].

14. Le consentement à la communication ou à l'utilisation d'un renseignement personnel doit être manifeste, libre, éclairé et être donné à des fins spécifiques. Ce consentement ne vaut que pour la durée nécessaire à la réalisation des fins pour lesquelles il a été demandé.

Un consentement qui n'est pas donné conformément au premier alinéa est sans effet. [1993, c. 17, art. 14].

15. Le consentement à la communication par un tiers de renseignements personnels peut être donné par la personne concernée à la personne qui les recueille auprès de ce tiers. [1993, c. 17, art. 15].

16. Une personne qui détient des renseignements personnels pour le compte d'une personne qui exploite une entreprise peut, lorsqu'elle est saisie d'une demande d'accès ou de rectification par une personne concernée, référer la demande à la personne pour le compte de qui elle agit.

Le présent article n'a pas pour objet de limiter le droit d'accès ou de rectifica-

tion d'une personne concernée auprès d'un agent de renseignements personnels. [1993, c. 17, art. 16].

17. La personne qui exploite une entreprise au Québec et qui communique à l'extérieur du Québec des renseignements relatifs à des personnes résidant au Québec ou qui confie à une personne à l'extérieur du Québec la tâche de détenir, d'utiliser ou de communiquer pour son compte de tels renseignements doit prendre tous les moyens raisonnables pour s'assurer:

1° que les renseignements ne seront pas utilisés à des fins non pertinentes à l'objet du dossier ni communiqués à des tiers sans le consentement des personnes concernées sauf dans des cas similaires à ceux prévus par les articles 18 et 23;

2° dans le cas de listes nominatives, que les personnes concernées aient une occasion valable de refuser l'utilisation des renseignements personnels les concernant à des fins de prospection commerciale ou philanthropique et de faire retrancher, le cas échéant, ces renseignements de la liste. [1993, c. 17, art. 17].

§ 2. –*Communication à des tiers*

18. Une personne qui exploite une entreprise peut, sans le consentement de la personne concernée, communiquer un renseignement personnel contenu dans un dossier qu'elle détient sur autrui:

1° à son procureur;

2° au Procureur général si le renseignement est requis aux fins d'une poursuite pour infraction à une loi applicable au Québec;

3º à une personne chargée en vertu de la loi de prévenir, détecter ou réprimer le crime ou les infractions aux lois, qui le requiert dans l'exercice de ses fonctions, si le renseignement est nécessaire pour la poursuite d'une infraction à une loi applicable au Québec;

4º à une personne à qui il est nécessaire de communiquer le renseignement dans le cadre de l'application de la loi ou d'une convention collective et qui le requiert dans l'exercice de ses fonctions;

5º à un organisme public au sens de la *Loi sur l'accès aux documents des organismes publics et sur la protection des renseignements personnels* (L.R.Q., chapitre A-2.1) qui, par l'entremise d'un représentant, le recueille dans l'exercice de ses attributions ou la mise en oeuvre d'un programme dont il a la gestion;

6º à une personne ou à un organisme ayant pouvoir de contraindre à leur communication et qui les requiert dans l'exercice de ses fonctions;

7º à une personne à qui cette communication doit être faite en raison d'une situation d'urgence mettant en danger la vie, la santé ou la sécurité de la personne concernée;

8º à une personne qui est autorisée à utiliser ce renseignement à des fins d'étude, de recherche ou de statistique conformément à l'article 21;

9º à une personne qui, en vertu de la loi, peut recouvrer des créances pour autrui et qui le requiert dans l'exercice de ses fonctions;

10º à une personne conformément à l'article 22 s'il s'agit d'une liste nominative.

La personne qui exploite une entreprise doit inscrire toute communication faite en vertu des paragraphes 6º à 10º du premier alinéa. Cette inscription est considérée faire partie du dossier.

Les personnes visées aux paragraphes 1º et 9º du premier alinéa qui reçoivent communication de renseignements peuvent communiquer ces renseignements dans la mesure où cette communication est nécessaire, dans l'exercice de leurs fonctions, à la réalisation des fins pour lesquelles elles en ont reçu communication.

Une agence d'investigation ou de sécurité qui est titulaire d'un permis conformément à la *Loi sur les agences d'investigation ou de sécurité* (L.R.Q., chapitre A-8) ou un organisme ayant pour objet de prévenir, détecter ou réprimer le crime ou les infractions à la loi et une personne qui exploite une entreprise peuvent, sans le consentement de la personne concernée, se communiquer les renseignements nécessaires à la conduite d'une enquête visant à prévenir, détecter ou réprimer un crime ou une infraction à une loi. Il en est de même, entre personnes qui exploitent une entreprise, si la personne qui communique ou recueille de tels renseignements a des motifs raisonnables de croire que la personne concernée a commis ou est sur le point de commettre, à l'égard de l'une ou l'autre des personnes qui exploitent une entreprise, un crime ou une infraction à une loi. [1993, c. 17, art. 18].

19. Toute personne qui exploite une entreprise ayant pour objet le prêt d'argent et qui prend connaissance de rapports de crédit ou de recommandations concernant la solvabilité de personnes phy-

siques, préparés par un agent de renseignements personnels, doit informer ces personnes de leur droit d'accès et de rectification relativement au dossier détenu par l'agent et leur indiquer comment et à quel endroit elles peuvent avoir accès à ces rapports ou recommandations et les faire rectifier, le cas échéant.

La personne qui exploite une telle entreprise doit communiquer à la personne physique qui lui en fait la demande la teneur de tout rapport de crédit ou de toute recommandation dont elle a pris connaissance en vue de prendre une décision la concernant. [1993, c. 17, art. 19].

20. Dans l'exploitation d'une entreprise, un renseignement personnel n'est accessible, sans le consentement de la personne concernée, à tout préposé, mandataire ou agent de l'exploitant qui a qualité pour le connaître qu'à la condition que ce renseignement soit nécessaire à l'exercice de ses fonctions ou à l'exécution de son mandat. [1993, c. 17, art. 20].

21. La Commission d'accès à l'information instituée par l'article 103 de la *Loi sur l'accès aux documents des organismes publics et sur la protection des renseignements personnels* peut, sur demande écrite, accorder à une personne l'autorisation de recevoir à des fins d'étude, de recherche ou de statistique, communication de renseignements personnels, sans le consentement des personnes concernées, si elle est d'avis que:

1° l'usage projeté n'est pas frivole et que les fins recherchées ne peuvent être atteintes que si les renseignements sont communiqués sous une forme permettant d'identifier les personnes;

2° les renseignements seront utilisés d'une manière qui en assure le caractère confidentiel.

Cette autorisation est accordée pour la période et aux conditions que fixe la Commission. Elle peut être révoquée avant l'expiration de la période pour laquelle a été accordée, si la Commission a des raisons de croire que la personne autorisée ne respecte pas le caractère confidentiel des renseignements qui lui ont été communiqués, ou ne respecte pas les autres conditions. [1993, c. 17, art. 21].

22. La personne qui exploite une entreprise peut, sans le consentement des personnes concernées, communiquer à un tiers une liste nominative ou un renseignement servant à la constitution d'une telle liste si les conditions suivantes sont réunies:

1° cette communication est prévue dans un contrat comportant une stipulation qui oblige le tiers à n'utiliser ou ne communiquer la liste ou le renseignement qu'à des fins de prospection commerciale ou philanthropique;

2° avant cette communication, lorsqu'il s'agit d'une liste nominative de ses clients, de ses membres ou de ses employés, elle a accordé aux personnes concernées l'occasion valable de refuser que ces renseignements soient utilisés par un tiers à des fins de prospection commerciale ou philanthropique;

3° cette communication ne porte pas atteinte à la vie privée des personnes concernées.

Une liste nominative est une liste de noms, adresses ou numéros de téléphone de personnes physiques. [1993, c. 17, art. 22].

23. Une personne qui exploite une entreprise peut, sans le consentement des personnes concernées, utiliser, à des fins de prospection commerciale ou philanthropique, une liste nominative de ses clients, de ses membres ou de ses employés.

La personne qui utilise à ces fins une telle liste nominative doit accorder aux personnes concernées une occasion valable de refuser que des renseignements personnels les concernant soient utilisés à de telles fins. [1993, c. 17, art. 23].

24. Toute personne qui, à partir d'une liste nominative, fait de la prospection commerciale ou philanthropique, par voie postale ou par voie de télécommunication, doit s'identifier et informer la personne à qui elle s'adresse de son droit de faire retrancher de la liste qu'elle détient les renseignements personnels la concernant. [1993, c. 17, art. 24].

25. Une personne qui désire faire retrancher d'une liste nominative des renseignements personnels la concernant peut le faire, en tout temps, au moyen d'une demande verbale ou écrite, auprès de toute personne qui détient ou utilise cette liste. [1993, c. 17, art. 25].

26. Sur réception d'une demande faite conformément à l'article 25, la personne qui détient et, le cas échéant, celle qui utilise la liste nominative doivent, avec diligence, retrancher de cette liste tout renseignement relatif à la personne concernée. [1993, c. 17, art. 26].

SECTION IV
ACCÈS DES PERSONNES CONCERNÉES

§ 1. –*Dispositions générales*

27. Toute personne qui exploite une entreprise et détient un dossier sur autrui doit, à la demande de la personne concernée, lui en confirmer l'existence et lui donner communication des renseignements personnels la concernant. [1993, c. 17, art. 27].

28. Outre les droits prévus au premier alinéa de l'article 40 du Code civil du Québec, la personne concernée peut faire supprimer un renseignement personnel la concernant si sa collecte n'est pas autorisée par la loi. [1993, c. 17, art. 28].

29. Toute personne qui exploite une entreprise et détient des dossiers sur autrui doit prendre les mesures nécessaires pour assurer l'exercice par une personne concernée des droits prévus aux articles 37 à 40 du Code civil du Québec ainsi que des droits conférés par la présente loi. Elle doit notamment porter à la connaissance du public l'endroit où ces dossiers sont accessibles et les moyens d'y accéder. [1993, c. 17, art. 29].

30. Une demande d'accès ou de rectification ne peut être considérée que si elle est faite par écrit par une personne justifiant de son identité à titre de personne concernée, à titre de représentant, d'héritier, de successeur de cette dernière, d'administrateur de la succession, de bénéficiaire d'une assurance-vie ou comme titulaire de l'autorité parentale. [1993, c. 17, art. 30].

31. Le conjoint, les ascendants ou les descendants directs d'une personne décédée ont le droit de recevoir communication, selon les modalités prévues à l'article 30, des renseignements relatifs

à la cause de son décès et contenus dans son dossier de santé, à moins que la personne décédée n'ait consigné par écrit à son dossier son refus d'accorder ce droit d'accès.

Malgré le premier alinéa, les personnes liées par le sang à une personne décédée ont le droit de recevoir communication de renseignements contenus dans son dossier de santé dans la mesure où cette communication est nécessaire pour vérifier l'existence d'une maladie génétique ou d'une maladie à caractère familial. [1993, c. 17, art. 31].

32. La personne détenant le dossier qui fait l'objet d'une demande d'accès ou de rectification par la personne concernée doit donner suite à cette demande avec diligence et au plus tard dans les 30 jours de la date de la demande.

À défaut de répondre dans les 30 jours de la réception de la demande, la personne est réputée avoir refusé d'y acquiescer. [1993, c. 17, art. 32].

33. L'accès aux renseignements personnels contenus dans un dossier est gratuit.

Toutefois, des frais raisonnables peuvent être exigés du requérant pour la transcription, la reproduction ou la transmission de ces renseignements.

La personne qui exploite une entreprise et qui entend exiger des frais en vertu du présent article doit informer le requérant du montant approximatif exigible, avant de procéder à la transcription, la reproduction ou la transmission de ces renseignements. [1993, c. 17, art. 33].

34. La personne qui refuse d'acquiescer à la demande d'accès ou de rectifi-cation d'une personne concernée doit lui notifier par écrit son refus en le motivant et l'informer de ses recours. [1993, c. 17, art. 34].

35. Lorsque la personne qui détient le dossier acquiesce à une demande de rectification, elle doit, outre les obligations prévues au deuxième alinéa de l'article 40 du Code civil du Québec, délivrer sans frais à la personne qui l'a faite une copie de tout renseignement personnel modifié ou ajouté ou, selon le cas, une attestation du retrait d'un renseignement personnel. [1993, c. 17, art. 35].

36. Celui qui détient un renseignement faisant l'objet d'une demande d'accès ou de rectification doit, s'il n'acquiesce pas à cette demande, le conserver le temps requis pour permettre à la personne concernée d'épuiser les recours prévus par la loi. [1993, c. 17, art. 36].

§ 2. –Restrictions à l'accès

37. Une personne qui exploite une entreprise de services professionnels dans le domaine de la santé peut refuser momentanément à une personne concernée la consultation du dossier qu'elle a constitué sur elle si, de l'avis d'un professionnel de la santé, il en résulterait un préjudice grave pour sa santé.

La personne qui exploite un autre type d'entreprise et détient de tels renseignements peut en refuser la consultation à une personne concernée à la condition d'offrir à celle-ci de désigner un professionnel du domaine de la santé de son choix pour recevoir communication de tels renseignements et de les communiquer à ce dernier.

Le professionnel du domaine de la santé détermine le moment où la consultation pourra être faite et en avise la

personne concernée. [1993, c. 17, art. 37].

38. Une personne âgée de moins de quatorze ans ne peut exiger d'être informée de l'existence ni de recevoir communication d'un renseignement de nature médicale ou sociale le concernant qui est contenu dans un dossier constitué sur elle sauf par l'intermédiaire de son procureur dans le cadre d'une procédure judiciaire.

Le premier alinéa n'a pas pour objet de restreindre les communications normales entre un professionnel de la santé et des services sociaux et son patient, ni le droit d'accès du titulaire de l'autorité parentale. [1993, c. 17, art. 38].

39. Une personne qui exploite une entreprise peut refuser de communiquer à une personne un renseignement personnel la concernant lorsque la divulgation du renseignement risquerait vraisemblablement:

1° de nuire à une enquête menée par son service de sécurité interne ayant pour objet de prévenir, détecter ou réprimer le crime ou les infractions à la loi ou, pour son compte, par un service externe ayant le même objet ou une agence d'investigation ou de sécurité conformément à la *Loi sur les agences d'investigation ou de sécurité* (L.R.Q., chapitre A-8);

2° d'avoir un effet sur une procédure judiciaire dans laquelle l'une ou l'autre de ces personnes a un intérêt. [1993, c. 17, art. 39].

40. Toute personne qui exploite une entreprise et détient un dossier sur autrui doit refuser de donner communication à une personne d'un renseignement personnel la concernant lorsque sa divulga-

tion révélerait vraisemblablement un renseignement personnel sur un tiers ou l'existence d'un tel renseignement et que cette divulgation serait susceptible de nuire sérieusement à ce tiers, à moins que ce dernier ne consente à sa communication ou qu'il ne s'agisse d'un cas d'urgence mettant en danger la vie, la santé ou la sécurité de la personne concernée. [1993, c. 17, art. 40].

41. Toute personne qui exploite une entreprise et détient un dossier sur autrui doit refuser de donner communication d'un renseignement personnel à l'administrateur de la succession, au bénéficiaire d'une assurance-vie, à l'héritier ou au successeur de la personne concernée par ce renseignement, à moins que cette communication ne mette en cause les intérêts et les droits de la personne qui le demande, à titre d'administrateur, de bénéficiaire, d'héritier ou de successeur. [1993, c. 17, art. 41].

SECTION V
RECOURS

§ 1. –*Examen des mésententes*

42. Toute personne intéressée peut soumettre à la Commission d'accès à l'information une demande d'examen de mésentente relative à l'application d'une disposition législative portant sur l'accès ou la rectification d'un renseignement personnel ou sur l'application de l'article 25. [1993, c. 17, art. 42].

43. Lorsque la mésentente résulte du refus d'acquiescer à une demande ou d'une absence de réponse dans le délai accordé par la loi pour répondre, la personne concernée doit la soumettre à la Commission dans les 30 jours du refus de la demande ou de l'expiration du délai pour y répondre à moins que la

Commission, pour un motif raisonnable, ne la relève du défaut de respecter ce délai. [1993, c. 17, art. 43].

44. La partie qui désire soumettre une mésentente à la Commission pour examen doit formuler sa demande par écrit et payer les frais exigibles prévus par règlement.

La demande expose brièvement les raisons justifiant l'examen de la mésentente par la Commission.

Avis de la demande faite par une partie est donné par la Commission à l'autre partie. [1993, c. 17, art. 44].

45. Un groupe de personnes intéressées au même sujet de mésentente peut soumettre une demande à la Commission par l'intermédiaire d'un représentant. [1993, c. 17, art. 45].

46. Une personne qui exploite une entreprise et détient des renseignements personnels sur autrui peut demander à la Commission de l'autoriser à ne pas tenir compte de demandes manifestement abusives par leur nombre, leur caractère répétitif ou systématique ou de demandes qui, de l'avis de la Commission, ne sont pas conformes à l'objet de la présente loi. [1993, c. 17, art. 46].

47. Les membres du personnel de la Commission doivent prêter assistance, pour la rédaction d'une demande d'examen de mésentente, à toute personne intéressée qui le requiert. [1993, c. 17, art. 47].

48. Lorsqu'elle est saisie d'une demande d'examen d'une mésentente, la Commission peut charger une personne qu'elle désigne de tenter d'amener les parties à s'entendre et lui faire rapport sur le résultat de la démarche dans le délai qu'elle détermine. [1993, c. 17, art. 48].

49. Si la Commission est d'avis qu'aucune entente n'est possible entre les parties, elle examine le sujet de la mésentente selon les modalités qu'elle détermine.

Elle doit donner aux parties l'occasion de présenter leurs observations. [1993, c. 17, art. 49].

50. Un membre de la Commission peut, au nom de celle-ci, examiner seul une mésentente et rendre une décision. [1993, c. 17, art. 50].

51. Toute personne doit fournir à la Commission les renseignements qu'elle requiert pour l'examen d'une mésentente. [1993, c. 17, art. 51].

52. La Commission peut refuser ou cesser d'examiner une affaire si elle a des motifs raisonnables de croire que la demande est frivole ou faite de mauvaise foi ou que son intervention n'est manifestement pas utile. [1993, c. 17, art. 52].

53. En cas de mésentente relative à une demande de rectification, la personne qui détient le dossier doit prouver qu'il n'a pas à être rectifié, à moins que le renseignement en cause ne lui ait été communiqué par la personne concernée ou avec l'accord de celle-ci. [1993, c. 17, art. 53].

§ 2. –*Décision de la Commission*

54. La Commission rend sur toute mésentente qui lui est soumise une décision motivée par écrit et en transmet une copie aux parties par courrier recommandé ou certifié ou par tout autre moyen permettant la preuve de la date de sa réception. [1993, c. 17, art. 54].

55. La Commission a tous les pouvoirs nécessaires à l'exercice de sa compétence; elle peut rendre toute ordonnance qu'elle estime propre à sauvegarder les droits des parties et décider de toute question de fait ou de droit.

Elle peut notamment ordonner à une personne exploitant une entreprise de donner communication ou de rectifier un renseignement personnel ou de s'abstenir de le faire. [1993, c. 17, art. 55].

56. Une décision de la Commission ayant pour effet d'ordonner à une partie d'accomplir un acte est exécutoire à l'expiration des trente jours qui suivent la date de sa réception par la partie en cause.

Une décision ordonnant à une partie de cesser ou de s'abstenir d'accomplir un acte est exécutoire dès qu'elle est transmise à la partie en cause. [1993, c. 17, art. 56].

57. Lors de la décision, la Commission peut statuer sur les frais prévus par règlement. [1993, c. 17, art. 57].

58. Une décision de la Commission devient exécutoire comme un jugement de la Cour supérieure, et en a tous les effets à la date de son homologation en Cour supérieure.

L'homologation résulte du dépôt, par la Commission ou une partie, d'une copie conforme de cette décision au bureau du protonotaire de la Cour supérieure du district où se trouve le domicile ou, à défaut, la résidence ou la place d'affaires principale de la personne visée par la décision. [1993, c. 17, art. 58].

59. Une décision de la Commission sur une question de fait de sa compétence est finale et sans appel. [1993, c. 17, art. 59].

60. La Commission peut déclarer périmée une demande d'examen de mésentente s'il s'est écoulé une année depuis la production du dernier acte de procédure utile.

Les articles 266 à 269 du Code de procédure civile s'appliquent à cette péremption d'instance, compte tenu des adaptations nécessaires. [1993, c. 17, art. 60].

§ 3. –*Appel*

61. Une personne directement intéressée peut interjeter appel d'une décision finale de la Commission devant un juge de la Cour du Québec sur toute question de droit ou de compétence.

L'appel ne peut être interjeté qu'avec la permission d'un juge de la Cour du Québec. Le juge accorde la permission s'il est d'avis qu'il s'agit d'une question qui devrait être examinée en appel. [1993, c. 17, art. 61].

62. La compétence que confère la présente section à un juge de la Cour du Québec est exercée par les seuls juges de cette cour que désigne le juge en chef. [1993, c. 17, art. 62].

63. La requête pour permission d'appeler doit préciser les questions de droit ou de compétence qui devraient être examinées en appel et, après avis aux parties et à la Commission, être déposée au greffe de la Cour du Québec, à Montréal ou à Québec, dans les trente jours qui suivent la date de réception de la décision de la Commission par les parties.

Les frais de cette demande sont à la discrétion du juge.

La décision autorisant l'appel doit mentionner les seules questions de droit ou de compétence qui seront examinées en appel. [1993, c. 17, art. 63].

64. Le dépôt de la requête pour permission d'appeler suspend l'exécution de la décision de la Commission jusqu'à ce que la décision visée à l'article 69 ait été rendue. S'il s'agit de l'appel d'une décision ordonnant à une personne de cesser ou de s'abstenir de faire quelque chose, le dépôt de la requête ne suspend pas l'exécution à moins que le juge qui autorise l'appel en décide autrement. [1993, c. 17, art. 64].

65. L'appel est formé par le dépôt auprès de la Commission d'un avis à cet effet signifié aux parties, dans les dix jours qui suivent la date de la décision qui l'autorise.

Le dépôt de cet avis tient lieu de signification à la Commission. [1993, c. 17, art. 65].

66. Le secrétaire de la Commission transmet immédiatement l'avis d'appel au greffe de la Cour du Québec, à Montréal ou à Québec, selon le choix de l'appelant.

Il transmet au greffe en deux exemplaires, pour tenir lieu du dossier conjoint, la décision attaquée, les pièces de la contestation ainsi que la décision autorisant l'appel. [1993, c. 17, art. 66].

67. L'appel est régi par les articles 491 à 524 du Code de procédure civile (L.R.Q., chapitre C-25), compte tenu des adaptations nécessaires. Toutefois, les parties ne sont pas tenues de déposer de mémoire de leurs prétentions. [1993, c. 17, art. 67].

68. La Cour du Québec peut, en la manière prévue par la *Loi sur les tribunaux judiciaires* (L.R.Q., chapitre T-16), adopter les règles de pratique jugées nécessaires à l'application de la présente section. [1993, c. 17, art. 68].

69. La décision du juge de la Cour du Québec est sans appel. [1993, c. 17, art. 69].

SECTION VI
AGENTS DE RENSEIGNEMENTS
PERSONNELS

70. Tout agent de renseignements personnels qui exploite une entreprise au Québec doit s'inscrire auprès de la Commission.

Est un agent de renseignements personnels toute personne qui, elle-même ou par l'intermédiaire d'un représentant, fait le commerce de constituer des dossiers sur autrui, de préparer et de communiquer à des tiers des rapports de crédit au sujet du caractère, de la réputation ou de la solvabilité des personnes concernées par ces dossiers. [1993, c. 17, art. 70].

71. L'agent de renseignements personnels doit établir et appliquer des modalités d'opérations propres à garantir que les renseignements qu'il communique sont à jour et exacts. [1993, c. 17, art. 71].

72. La demande d'inscription est faite selon les modalités que la Commission détermine et sur paiement des frais exigibles prévus par règlement. Elle contient notamment l'information suivante:

1º les nom et adresse de l'agent et, s'il s'agit d'une personne morale, l'adresse de son siège social et les noms et adresses de ses administrateurs;

2º l'adresse et le numéro de téléphone de tout établissement de l'agent au Québec;

3º l'adresse et le numéro de téléphone de tout bureau où les personnes concernées peuvent s'adresser pour consulter les renseignements les concernant ou en obtenir copie.

L'agent de renseignements personnels doit informer la Commission avec diligence de toute modification à l'information visée par le premier alinéa. [1993, c. 17, art. 72].

73. La Commission inscrit l'agent qui lui soumet une demande conforme aux dispositions de l'article 72. [1993, c. 17, art. 73].

74. La Commission tient à jour un registre des agents de renseignements personnels contenant les renseignements produits en vertu de l'article 72 de même que les décisions pertinentes de la Commission à l'égard des agents inscrits. [1993, c. 17, art. 74].

75. Le registre est ouvert à la consultation du public durant les heures habituelles d'admission dans les bureaux de la Commission.

La Commission fournit gratuitement à toute personne qui le demande tout extrait du registre concernant un agent de renseignements personnels. [1993, c. 17, art. 75].

76. La Commission publie, une fois l'an, dans un journal de circulation générale, une liste des agents de renseignements personnels. [1993, c. 17, art. 76].

77. Un agent de renseignements personnels peut, sans le consentement de la personne concernée, communiquer à ses cocontractants dans un rapport de crédit, des renseignements contenus dans une décision d'un tribunal judiciaire ou quasi judiciaire si ces renseignements ne font pas l'objet d'un huis clos ou d'une ordonnance de non-divulgation, de non-publication ou de non-diffusion. [1993, c. 17, art. 77].

78. Un agent de renseignements personnels doit établir, appliquer au sein de son entreprise et diffuser des règles de conduite ayant pour objet de permettre à toute personne concernée par un dossier qu'il détient d'y avoir accès selon des modalités propres à assurer la protection des renseignements qui y sont contenus, soit en lui permettant d'en prendre connaissance gratuitement à un endroit de la région où elle est domiciliée pendant les heures habituelles d'admission de sa place d'affaires ou par consultation téléphonique, soit en le reproduisant, en le transcrivant ou en lui transmettant copie du dossier par la poste ou messagerie moyennant des frais raisonnables. [1993, c. 17, art. 78].

79. Un agent de renseignements personnels doit, au plus tard dans un délai de 60 jours de la date d'entrée en vigueur du présent article et par la suite à tous les deux ans, au moyen d'un avis publié dans un journal de circulation générale dans chaque région du Québec où il fait affaires, informer le public:

1º du fait qu'il détient des dossiers sur autrui, qu'il communique à ses cocontractants des rapports de crédit au sujet du caractère, de la réputation et de la solvabilité des personnes concernées par ces dossiers et qu'il reçoit communication de ses cocontractants de renseignements personnels sur autrui;

2º des droits de consultation et de rectification que les personnes concernées peuvent exercer en vertu de la loi à l'égard des dossiers qu'il détient;

3º du nom, de l'adresse et du numéro de téléphone de la personne dans la région, à qui les personnes concernées peuvent s'adresser pour consulter leur dossier ainsi que des modalités de cette consultation. [1993, c. 17, art. 79].

SECTION VII
APPLICATION DE LA LOI

§ 1. –*Règles de preuve et de procédure*

80. La Commission peut par règlement édicter des règles de preuve et de procédure pour l'examen des demandes dont elle peut être saisie. Ces règlements sont soumis à l'approbation du gouvernement. [1993, c. 17, art. 80].

§ 2. –*Enquête*

81. La Commission peut, de sa propre initiative ou sur la plainte d'une personne intéressée, faire enquête ou charger une personne de faire enquête sur toute matière relative à la protection des renseignements personnels ainsi que sur les pratiques d'une personne qui exploite une entreprise et recueille, détient, utilise ou communique à des tiers de tels renseignements.

À cette fin, toute personne autorisée par la Commission à faire enquête peut:

1º avoir accès, à toute heure raisonnable, dans les installations d'une entreprise exploitée par une personne qui recueille, détient, utilise ou communique à des tiers des renseignements personnels;

2º examiner et tirer copie de tout renseignement personnel, quelle qu'en soit la forme. [1993, c. 17, art. 81].

82. Nul ne peut entraver, de quelque façon que ce soit, l'action d'une personne autorisée par la Commission à faire une enquête, ni tromper cette personne par des déclarations fausses ou mensongères ni refuser de mettre à sa disposition les documents que la présente loi permet d'examiner.

Toute personne que la Commission autorise à faire enquête doit, sur demande, s'identifier et exhiber un certificat attestant sa qualité. [1993, c. 17, art. 82].

83. Au terme d'une enquête relative à la collecte, à la détention, à la communication ou à l'utilisation de renseignements personnels par une personne qui exploite une entreprise, la Commission peut, après lui avoir fourni l'occasion de présenter ses observations, lui recommander ou lui ordonner l'application de toute mesure corrective propre à assurer la protection des renseignements personnels.

Elle peut fixer des délais pour l'exécution des mesures qu'elle ordonne. [1993, c. 17, art. 83].

84. Si, dans un délai raisonnable après avoir pris une ordonnance à l'égard d'une personne qui exploite une entreprise, la Commission juge que les mesures appropriées n'ont pas été prises pour y donner suite, elle peut publier selon les modalités qu'elle détermine un avis pour en informer le public. [1993, c. 17, art. 84].

85. La Commission et toute personne qu'elle charge de faire enquête pour l'application de la présente loi sont in-

vestis pour l'enquête des pouvoirs et de l'immunité prévus par la *Loi sur les commissions d'enquêtes* (L.R.Q., chapitre C-37) sauf le pouvoir d'ordonner l'emprisonnement. [1993, c. 17, art. 85].

86. Une ordonnance de la Commission prise au terme d'une enquête devient exécutoire de la même manière qu'une décision visée par les articles 56 et 58. [1993, c. 17, art. 86].

87. Une personne directement intéressée peut interjeter appel d'une ordonnance rendue au terme d'une enquête.

L'appel est assujetti aux règles prévues aux articles 61 à 69. [1993, c. 17, art. 87].

§ 3. – *Rapports*

88. La Commission doit, au plus tard le 1er octobre 1997 et par la suite tous les cinq ans, faire au gouvernement un rapport sur la mise en application de la présente loi.

Ce rapport est déposé dans les quinze jours suivants devant l'Assemblée nationale si elle siège ou, si elle ne siège pas, auprès de son président. [1993, c. 17, art. 88].

89. La Commission de l'Assemblée nationale désigne, dans les meilleurs délais, la commission qui fera l'étude du rapport sur la mise en oeuvre de la loi.

Dans l'année qui suit le dépôt du rapport à l'Assemblée nationale, la commission désignée doit étudier l'opportunité de maintenir en vigueur telle quelle ou, le cas échéant, de modifier la présente loi et entendre à ce sujet les représentations des personnes et organismes intéressés. [1993, c. 17, art. 89].

§ 4. – *Réglementation*

90. Le gouvernement, après avoir pris avis de la Commission, peut, par règlement:

1° fixer des frais exigibles pour tout acte accompli par la Commission;

2° déterminer les cas d'exemption totale ou partielle du paiement des frais exigibles en vertu de la présente loi;

3° établir des calendriers de conservation;

4° fixer des frais d'inscription exigibles des agents de renseignements personnels.

Dans l'exercice de son pouvoir de réglementation, le gouvernement peut distinguer des secteurs d'activités ainsi que des catégories de renseignements personnels et de dossiers. [1993, c. 17, art. 90].

§ 5. – *Dispositions pénales*

91. Quiconque recueille, détient, communique à un tiers ou utilise un renseignement personnel sur autrui sans se conformer à une disposition des sections II, III ou IV de la présente loi est passible d'une amende de 1 000$ à 10 000 $ et, en cas de récidive, d'une amende de 10 000$ à 20 000$. [1993, c. 17, art. 91].

92. Un agent de renseignements personnels qui contrevient à une disposition des articles 70, 72, 78 et 79 de la présente loi est passible d'une amende de 6 000$ à 12 000$ et, en cas de récidive, d'une amende de 10 000$ à 20 000$. [1993, c. 17, art. 92].

93. Si une personne morale commet une infraction prévue par la présente loi,

l'administrateur, le dirigeant ou le représentant de cette personne morale qui a prescrit ou autorisé l'accomplissement de l'acte ou de l'omission qui constitue l'infraction ou qui y a consenti est partie à l'infraction et passible de la peine qui y est prévue. [1993, c. 17, art. 93].

SECTION VIII
DISPOSITIONS DIVERSES

94. Les dispositions de la présente loi prévalent sur celles d'une loi générale ou spéciale postérieure qui leur seraient contraires, à moins que cette dernière loi n'énonce expressément s'appliquer malgré la présente loi.

Toutefois elles n'ont pas pour effet de restreindre la protection des renseignements personnels ou l'accès d'une personne concernée à ces renseignements, résultant de l'application d'une autre loi, d'un règlement, d'un décret, d'une convention collective, d'un arrêté ou d'une pratique établie avant l'entrée en vigueur du présent article. [1993, c. 17, art. 94].

95. Lorsqu'un ministère, un organisme ou une personne est habilité en vertu d'une loi à mener des enquêtes en matière de protection des renseignements personnels, la Commission peut conclure une entente avec ce ministère, cet organisme ou cette personne afin de coordonner leurs actions respectives. [1993, c. 17, art. 95].

96. Une association ou une société qui exploite une entreprise et détient des renseignements personnels sur ses membres ou sur des tiers a les mêmes droits et les mêmes obligations à l'égard de ses membres et des tiers que la personne qui exploite une entreprise. [1993, c. 17, art. 96].

97. Pour la communication entre elles et l'utilisation de renseignements personnels nécessaires à la fourniture d'un bien ou la prestation d'un service, en vertu de la *Loi sur les caisses d'épargne et de crédit* (L.R.Q., chapitre C-4.1), les caisses, leurs fédérations et la Confédération dont ces fédérations font partie ne sont pas considérées comme des tiers les unes à l'égard des autres.

Pour la communication entre elles et l'utilisation de tels renseignements, ne sont pas considérées comme des tiers les unes à l'égard des autres La Caisse centrale Desjardins du Québec constituée par l'article 20 de la *Loi concernant le Mouvement des caisses Desjardins* (1989, chapitre 113), les fédérations qui en sont membres, les caisses affiliées à ces fédérations et la Confédération dont ces fédérations sont membres. [1993, c. 17, art. 97].

98. Le ministre des Relations avec les citoyens et de l'Immigration est responsable de l'application de la présente loi. [1993, c. 17, art. 98; 1994, c. 14, art. 32; 1996, c. 21, art. 63].

SECTION IX
DISPOSITIONS MODIFICATIVES

99. (*Modification intégrée au c. A-2.1, art. 88.1*). [1993, c. 17, art. 99].

100. (*Modification intégrée au c. A-2.1, art. 89.1*). [1993, c. 17, art. 100].

101. (*Modification intégrée au c. A-2.1, art. 94*). [1993, c. 17, art. 101].

102. (*Modification intégrée au c. A-2.1, art. 104*). [1993, c. 17, art. 102].

103. (*Modification intégrée au c. A-2.1, art. 118*). [1993, c. 17, art. 103].

104. (*Modification intégrée au c. A-2.1, art. 122*). [1993, c. 17, art. 104].

105. (*Modification intégrée au c. A-2.1, art. 130.1*). [1993, c. 17, art. 105].

106. (*Modification intégrée au c. A-2.1, art. 146.1*). [1993, c. 17, art. 106].

107. (*Modification intégrée au c. A-2.1, art. 148*). [1993, c. 17, art. 107].

108. (*Modification intégrée au c. A-2.1, art. 151*). [1993, c. 17, art. 108].

109. (*Modification intégrée au c. A-2.1, art. 174*). [1993, c. 17, art. 109].

110. (*Modification intégrée au c. C-4.1, art. 196*). [1993, c. 17, art. 110].

111. (*Modification intégrée au c. I-15.1, art. 25*). [1993, c. 17, art. 111].

112. (*Modifications intégrées au c. P-40.1, art. 260.1 à 260.4*). [1993, c. 17, art. 112].

113. (*Modification intégrée 1991, c. 37, art. 21*). [1993, c. 17, art. 113].

SECTION X
DISPOSITIONS FINALES

114. Toute personne qui exploite une entreprise doit inscrire l'énoncé de l'objet des dossiers qu'elle détient sur autrui à la date de l'entrée en vigueur de l'article 4 avant l'expiration d'une période d'un an à compter de cette date. [1993, c. 17, art. 114].

115. Les dispositions de la présente loi entreront en vigueur à la date d'entrée en vigueur des articles 35 à 41 et 1525 du Code civil du Québec, à l'exception des articles 5 à 9, du paragraphe 2° de l'article 22, du deuxième alinéa de l'article 23 et des articles 24 à 26 qui entreront en vigueur six mois après cette date. [1993, c. 17, art. 115].

Loi sur la protection du consommateur, L.R.Q., c. P-40.1

1. Dans la présente loi, à moins que le contexte n'indique un sens différent, on entend par:

a) «adresse»:

i. du commerçant: le lieu de son établissement ou bureau indiqué dans le contrat ou celui d'un nouvel établissement ou bureau dont il a avisé postérieurement le consommateur, sauf une case postale;

ii. du manufacturier: le lieu d'un de ses établissements au Canada, sauf une case postale;

iii. du consommateur: le lieu de sa résidence habituelle indiqué dans le contrat ou celui d'une nouvelle résidence dont il a avisé postérieurement le commerçant;

b) «automobile»: un véhicule mû par un pouvoir autre que la force musculaire et adapté au transport sur les chemins publics, à l'exception d'un cyclomoteur, d'un vélomoteur et d'une motocyclette.

c) «automobile d'occasion» ou «motocyclette d'occasion»: une automobile ou une motocyclette qui a été utilisée à une fin autre que pour sa livraison ou sa mise au point par le commerçant, le manufacturier ou leur représentant;

d) «bien»: un bien mobilier et, dans la mesure requise pour l'application de l'article 6.1, un bien immobilier;

e) «consommateur»: une personne physique, sauf un commerçant qui se procure un bien ou un service pour les fins de son commerce;

f) «crédit»: le droit consenti par un commerçant à un consommateur d'exécuter à terme une obligation, moyennant des frais;

g) «manufacturier»: une personne qui fait le commerce d'assembler, de produire ou de transformer des biens, notamment:

i. une personne qui se présente au public comme le manufacturier d'un bien;

ii. lorsque le manufacturier n'a pas d'établissement au Canada, une personne qui importe ou distribue des biens fabriqués à l'extérieur du Canada ou une personne qui permet l'emploi de sa marque de commerce sur un bien;

h) «message publicitaire»: un message destiné à promouvoir un bien, un service ou un organisme au Québec;

i) «ministre»: le ministre des Relations avec les citoyens et de l'Immigration;

j) «Office»: l'Office de la protection du consommateur constitué en vertu de l'article 291;

k) «permis»: un permis exigé par la présente loi;

l) «président»: le président de l'Office;

m) «publicitaire»: une personne qui fait ou fait faire la préparation, la publication ou la diffusion d'un message publicitaire;

n) «règlement»: un règlement adopté par le gouvernement en vertu de la présente loi;

o) «représentant»: une personne qui agit pour un commerçant ou un manufacturier ou au sujet de laquelle un commerçant ou un manufacturier a donné des motifs raisonnables de croire qu'elle agit en son nom;

p) (paragraphe abrogé). [1978, c. 9, art. 1; 1981, c. 10, art. 19; 1985, c. 34, art. 269; 1988, c. 45, art. 1; 1994, c. 12, art. 69; 1996, c. 21, art. 64].

2. La présente loi s'applique à tout contrat conclu entre un consommateur et un commerçant dans le cours de son commerce et ayant pour objet un bien ou un service. [1978, c. 9, art. 2].

3. Malgré l'article 128 de la *Loi sur les coopératives* (chapitre C-67.2), l'article 212 de la *Loi sur les caisses d'épargne et de crédit* (chapitre C-4) et l'article 6 de la *Loi sur les syndicats coopératifs* (chapitre S-38), une coopérative, une caisse d'épargne et de crédit ainsi qu'un

syndicat coopératif sont soumis à l'application de la présente loi.

Une corporation qui ne poursuit pas des fins lucratives ne peut invoquer ce fait pour se soustraire à l'application de la présente loi. [1978, c. 9, art. 3; 1982, c. 26, art. 313; 1988, c. 64, art. 560, 587].

4. Le gouvernement, ses ministères et organismes sont soumis à l'application de la présente loi. [1978, c. 9, art. 4].

5. Sont exclus de l'application du titre sur les contrats relatifs aux biens et aux services et du titre sur les comptes en fiducie:

a) un contrat d'assurance ou de rente, à l'exception d'un contrat de crédit conclu pour le paiement d'une prime d'assurance;

b) un contrat de vente d'électricité ou de gaz par un distributeur au sens où l'entend la *Loi sur la Régie de l'énergie* (1996, chapitre 61), par Hydro-Québec créée par la *Loi sur Hydro-Québec* (chapitre H-5), par une municipalité ou une coopérative constituée en vertu de la *Loi de l'électrification rurale* (1945, chapitre 48);

c) un contrat relatif à tout service de télécommunications. [1978, c. 9, art. 5; 1983, c. 15, art. 1; 1986, c. 21, art. 17; 1988, c. 23, art. 98; 1988, c. 8, art. 92; 1996, c. 2, art. 791; 1997, c. 83, art. 44].

5.1. Sont exclus de l'application de la section sur les contrats conclus par un commerçant itinérant, de l'article 86 et du titre sur les comptes en fiducie, les contrats régis par la *Loi sur les arrangements préalables de services funéraires et de sépulture* (1987, chapitre 65). [1987, c. 65, art. 88].

6. Sont exclus de l'application de la présente loi, les pratiques de commerce et les contrats concernant:

    a) une opération régie par la *Loi sur les valeurs mobilières* (Chapitre V-1.1);

    b) la vente, la location ou la construction d'un immeuble, sous réserve de l'article 6.1;

    c) le crédit garanti par hypothèque; et

    d) la prestation d'un service pour la réparation, l'entretien ou l'amélioration d'un immeuble, ou à la fois la prestation d'un tel service et la vente d'un bien s'incorporant à l'immeuble, sauf en ce qui concerne le crédit lorsque la prestation du service ou à la fois la prestation du service et la vente du bien sont assorties d'un crédit non garanti par hypothèque. [1978, c. 9, art. 6; 1985, c. 34, art. 270].

6.1. Le présent titre, le titre II relatif aux pratiques de commerce, les articles 264 à 267 et 277 à 290 du titre IV, le chapitre I du titre V et les paragraphes *c*, *k* et *r* de l'article 350 s'appliquent également à la vente, à la location ou à la construction d'un immeuble, mais non aux actes d'un courtier ou de son agent régis par la *Loi sur le courtage immobilier* (L.R.Q., chapitre C-73) ou à la location d'un immeuble régie par les articles 1650 à 1665.6 du Code civil du Bas Canada. [1985, c. 34, art. 271].

7. La caution du consommateur bénéficie, au même titre que ce dernier, des articles 32, 33, 103, 105 à 110, 116, de l'article 150.12 quant à l'application de l'article 103, et des articles 150.21 et 276, à la condition qu'elle soit elle-même un consommateur. [1978, c. 9, art. 7; 1991, c. 24, art. 1].

TITRE I
CONTRATS RELATIFS AUX BIENS
ET AUX SERVICES

CHAPITRE I
DISPOSITIONS GÉNÉRALES

8. Le consommateur peut demander la nullité du contrat ou la réduction des obligations qui en découlent lorsque la disproportion entre les prestations respectives des parties est tellement considérable qu'elle équivaut à de l'exploitation du consommateur, ou que l'obligation du consommateur est excessive, abusive ou exorbitante. [1978, c. 9, art. 8].

9. Lorsqu'un tribunal doit apprécier le consentement donné par un consommateur à un contrat, il tient compte de la condition des parties, des circonstances dans lesquelles le contrat a été conclu et des avantages qui résultent du contrat pour le consommateur. [1978, c. 9, art. 9].

10. Est interdite la stipulation par laquelle un commerçant se dégage des conséquences de son fait personnel ou de celui de son représentant. [1978, c. 9, art. 10].

11. Est interdite la stipulation qui réserve à un commerçant le droit de décider unilatéralement:

    a) que le consommateur a manqué à l'une ou l'autre de ses obligations;

    b) que s'est produit un fait ou une situation. [1978, c. 9, art. 11].

12. Aucuns frais ne peuvent être réclamés d'un consommateur, à moins que le contrat n'en mentionne de façon précise le montant. [1978, c. 9, art. 12].

13. Est interdite la stipulation qui impose au consommateur, dans le cas d'inexécution de son obligation, le paiement de frais autres que l'intérêt couru.

Le présent article ne s'applique pas à un contrat de crédit. [1978, c. 9, art. 13; 1980, c. 11, art. 105].

14. Les articles 105 à 110 s'appliquent, compte tenu des adaptations nécessaires, à une clause résolutoire ou à une autre convention de même effet en faveur du commerçant de même qu'à un contrat qui comporte une clause de déchéance du bénéfice du terme, qu'il s'agisse ou non d'un contrat de crédit. [1978, c. 9, art. 14].

15. Les articles 133 à 149 s'appliquent, compte tenu des adaptations nécessaires, à un contrat, qu'il s'agisse ou non d'un contrat de crédit, par lequel le transfert de la propriété d'un bien vendu par un commerçant à un consommateur est différé jusqu'à l'exécution, par ce dernier, de son obligation, en tout ou en partie. [1978, c. 9, art. 15].

16. L'obligation principale du commerçant consiste dans la livraison du bien ou la prestation du service prévus dans le contrat.

Dans un contrat à exécution successive, le commerçant est considéré comme exécutant son obligation principale lorsqu'il commence à accomplir cette obligation conformément au contrat. [1978, c. 9, art. 16].

17. Malgré l'article 1019 du Code civil du Bas Canada, en cas de doute ou d'ambiguïté, le contrat doit être interprété en faveur du consommateur. [1978, c. 9, art. 17].

18. Lorsqu'un commerçant insère dans un contrat ou un document une mention dont la présente loi ou un règlement exige la présence dans un autre contrat ou un autre document, il est lié par cette mention et le consommateur peut s'en prévaloir. [1978, c. 9, art. 18].

19. Une clause d'un contrat assujettissant celui-ci, en tout ou en partie, à une loi autre qu'une loi du Parlement du Canada ou de la Législature du Québec est interdite. [1978, c. 9, art. 19].

20. Un contrat à distance est un contrat conclu entre un commerçant et un consommateur qui ne sont en présence l'un de l'autre ni lors de l'offre, qui s'adresse à un ou plusieurs consommateurs, ni lors de l'acceptation, à la condition que l'offre n'ait pas été sollicitée par un consommateur déterminé. [1978, c. 9, art. 20].

21. Le contrat à distance est considéré comme conclu à l'adresse du consommateur. [1978, c. 9, art. 21].

22. Sous réserve de l'article 309, le commerçant qui sollicite la conclusion d'un contrat à distance ou qui conclut un tel contrat ne peut demander un paiement partiel ou total au consommateur ou lui offrir de percevoir un tel paiement avant d'exécuter son obligation principale. [1978, c. 9, art. 22; 1987, c. 90, art. 1].

22.1. Une élection de domicile en vue de l'exécution d'un acte juridique ou de l'exercice des droits qui en découlent est inopposable au consommateur, sauf si elle est faite dans un acte notarié. [1992, c. 57, art. 671].

CHAPITRE II
RÈGLES DE FORMATION DES
CONTRATS POUR LESQUELS LE TITRE I
EXIGE UN ÉCRIT

23. Le présent chapitre s'applique au contrat qui, en vertu de l'article 58, 80, du premier alinéa de l'article 150.4, de l'article 158, 190, 199 ou 208 doit être constaté par écrit.

Le présent chapitre ne s'applique pas à un acte notarié. [1978, c. 9, art. 23; 1991, c. 24, art. 2].

24. Une offre, promesse ou entente préalable à un contrat qui doit être constaté par écrit n'engage pas le consommateur tant qu'elle n'est pas consignée dans un contrat formé conformément au présent titre. [1978, c. 9, art. 24].

25. Le contrat doit être clairement et lisiblement rédigé au moins en double. [1978, c. 9, art. 25].

26. Le contrat et les documents qui s'y rattachent doivent être rédigés en français. Ils peuvent être rédigés dans une autre langue si telle est la volonté expresse des parties. S'ils sont rédigés en français et dans une autre langue, au cas de divergence entre les deux textes, l'interprétation la plus favorable au consommateur prévaut. [1978, c. 9, art. 26].

27. Sous réserve de l'article 29, le commerçant doit signer et remettre au consommateur le contrat écrit dûment rempli et lui permettre de prendre connaissance de ses termes et de sa portée avant d'y apposer sa signature. [1978, c. 9, art. 27].

28. Sous réserve de l'article 29, la signature des parties doit être apposée sur la dernière page de chacun des doubles du contrat, à la suite de toutes les stipulations. [1978, c. 9, art. 28].

29. Les articles 27 et 28 ne s'appliquent pas à un contrat de crédit variable conclu pour l'utilisation de ce qui est communément appelé carte de crédit. Dans le cas d'un tel contrat, l'émission de la carte tient lieu de signature du commerçant et l'utilisation de la carte par le consommateur tient lieu de signature du consommateur. [1978, c. 9, art. 29].

30. Le contrat est formé lorsque les parties l'ont signé. [1978, c. 9, art. 30].

31. La signature apposée au contrat par le représentant du commerçant lie ce dernier. [1978, c. 9, art. 31].

32. Le commerçant doit remettre un double du contrat au consommateur après la signature. [1978, c. 9, art. 32].

33. Le consommateur n'est tenu à l'exécution de ses obligations qu'à compter du moment où il est en possession d'un double du contrat. [1978, c. 9, art. 33].

CHAPITRE III
DISPOSITIONS RELATIVES À CERTAINS
CONTRATS

SECTION 1
GARANTIES

34. La présente section s'applique au contrat de vente ou de louage de biens ou de services ainsi qu'au contrat mixte de vente et de louage. [1978, c. 9, art. 34].

35. Une garantie prévue par la présente loi n'a pas pour effet d'empêcher le commerçant ou le manufacturier d'offrir une garantie plus avantageuse pour le consommateur. [1978, c. 9, art. 35].

36. Dans le cas d'un bien qui fait l'objet d'un contrat, le commerçant qui transfère la propriété du bien à un consommateur doit libérer ce bien de tout droit

appartenant à un tiers, ou déclarer ce droit lors de la vente. Il est tenu de purger le bien de toute sûreté, même déclarée, à moins que le consommateur n'ait assumé la dette ainsi garantie. [1978, c. 9, art. 36].

37. Un bien qui fait l'objet d'un contrat doit être tel qu'il puisse servir à l'usage auquel il est normalement destiné. [1978, c. 9, art. 37].

38. Un bien qui fait l'objet d'un contrat doit être tel qu'il puisse servir à un usage normal pendant une durée raisonnable, eu égard à son prix, aux dispositions du contrat et aux conditions d'utilisation du bien. [1978, c. 9, art. 38].

39. Si un bien qui fait l'objet d'un contrat est de nature à nécessiter un travail d'entretien, les pièces de rechange et les services de réparation doivent être disponibles pendant une durée raisonnable après la formation du contrat.

Le commerçant ou le manufacturier peut se dégager de cette obligation en avertissant le consommateur par écrit, avant la formation du contrat, qu'il ne fournit pas de pièce de rechange ou de service de réparation. [1978, c. 9, art. 39].

40. Un bien ou un service fourni doit être conforme à la description qui en est faite dans le contrat. [1978, c. 9, art. 40].

41. Un bien ou un service fourni doit être conforme à une déclaration ou à un message publicitaire faits à son sujet par le commerçant ou le manufacturier. Une déclaration ou un message publicitaire lie ce commerçant ou ce manufacturier. [1978, c. 9, art. 41].

42. Une déclaration écrite ou verbale faite par le représentant d'un commer-

çant ou d'un manufacturier à propos d'un bien ou d'un service lie ce commerçant ou ce manufacturier. [1978, c. 9, art. 42].

43. Une garantie relative à un bien ou à un service, mentionnée dans une déclaration ou un message publicitaire d'un commerçant ou d'un manufacturier, lie ce commerçant ou ce manufacturier. Il en est de même d'une garantie écrite du commerçant ou du manufacturier non reproduite dans le contrat. [1978, c. 9, art. 43].

44. Dans une garantie conventionnelle, il est interdit de faire une exclusion si les matières exclues ne sont pas clairement indiquées dans des clauses distinctes et successives. [1978, c. 9, art. 44].

45. Un écrit qui constate une garantie doit être rédigé clairement et indiquer:

a) le nom et l'adresse de la personne qui accorde la garantie;

b) la description du bien ou du service qui fait l'objet de la garantie;

c) le fait que la garantie puisse ou non être cédée;

d) les obligations de la personne qui accorde la garantie en cas de défectuosité du bien ou de mauvaise exécution du service sur lequel porte la garantie;

e) la façon de procéder que doit suivre le consommateur pour obtenir l'exécution de la garantie, en plus d'indiquer qui est autorisé à l'exécuter; et

f) la durée de validité de la garantie. [1978, c. 9, art. 45].

46. La durée de validité d'une garantie mentionnée dans un contrat, un écrit ou un message publicitaire d'un commer-

çant ou d'un manufacturier doit être déterminée de façon précise. [1978, c. 9, art. 46].

47. Lorsque la garantie conventionnelle du manufacturier n'est valide que si le bien ou le service est fourni par un commerçant agréé par le manufacturier, un autre commerçant qui fournit un tel bien ou un tel service sans être agréé par le manufacturier doit, avant de fournir le bien ou le service au consommateur, avertir par écrit ce dernier que la garantie du manufacturier n'est pas valide. À défaut d'un tel avis, le commerçant est tenu d'assumer cette garantie à ses frais. [1978, c. 9, art. 47].

48. Aucuns frais ne peuvent être exigés par le commerçant ou le manufacturier à l'occasion de l'exécution d'une garantie conventionnelle à moins que l'écrit qui constate la garantie ne le stipule et n'en détermine le montant de façon précise. [1978, c. 9, art. 48].

49. Le commerçant ou le manufacturier assume les frais réels de transport ou d'expédition engagés à l'occasion de l'exécution d'une garantie conventionnelle, à moins qu'il n'en soit autrement stipulé dans l'écrit qui constate la garantie. [1978, c. 9, art. 49].

50. La durée de validité d'une garantie prévue par la présente loi ou d'une garantie conventionnelle est prolongée d'un délai égal au temps pendant lequel le commerçant ou le manufacturier a eu le bien ou une partie du bien en sa possession aux fins d'exécution de la garantie ou à la suite d'un rappel du bien ou d'une partie du bien par le manufacturier. [1978, c. 9, art. 50].

51. Le fait, pour le commerçant ou le manufacturier, de nommer un tiers pour l'exécution d'une garantie prévue par la présente loi ou d'une garantie conventionnelle ne les libère pas de leur obligation de garantie envers le consommateur. [1978, c. 9, art. 51].

52. Le commerçant ou le manufacturier ne peut faire dépendre la validité d'une garantie conventionnelle de l'usage, par le consommateur, d'un produit d'une marque de commerce déterminée que si au moins une des trois conditions suivantes est remplie:

a) le produit lui est fourni gratuitement;

b) le bien garanti ne peut fonctionner normalement sans l'usage de ce produit;

c) la garantie conventionnelle fait l'objet d'un contrat distinct à titre onéreux. [1978, c. 9, art. 52].

53. Le consommateur qui a contracté avec un commerçant a le droit d'exercer directement contre le commerçant ou contre le manufacturier un recours fondé sur un vice caché du bien qui a fait l'objet du contrat, sauf si le consommateur pouvait déceler ce vice par un examen ordinaire.

Il en est ainsi pour le défaut d'indications nécessaires à la protection de l'utilisateur contre un risque ou un danger dont il ne pouvait lui-même se rendre compte.

Ni le commerçant, ni le manufacturier ne peuvent alléguer le fait qu'ils ignoraient ce vice ou ce défaut.

Le recours contre le manufacturier peut être exercé par un consommateur acquéreur subséquent du bien. [1978, c. 9, art. 53].

54. Le consommateur qui a contracté avec un commerçant a le droit d'exercer directement contre le commerçant ou contre le manufacturier un recours fondé sur une obligation résultant de l'article 37, 38 ou 39.

Un recours contre le manufacturier fondé sur une obligation résultant de l'article 37 ou 38 peut être exercé par un consommateur acquéreur subséquent du bien. [1978, c. 9, art. 54].

SECTION II
CONTRATS CONCLUS PAR UN
COMMERÇANT ITINÉRANT

55. Un commerçant itinérant est un commerçant qui, en personne ou par représentant, ailleurs qu'à son adresse:

a) sollicite un consommateur déterminé en vue de conclure un contrat; ou

b) conclut un contrat avec un consommateur. [1978, c. 9, art. 55].

56. Les articles 58 à 65 s'appliquent au contrat de vente ou de louage de biens ou de services ainsi qu'au contrat mixte de vente et de louage conclus par un commerçant itinérant, à l'exception, toutefois des contrats prévus par règlement. [1978, c. 9, art. 56; 1998, c. 6, art. 1].

57. Sous réserve de ce qui est prévu par règlement, ne constitue pas un contrat conclu par un commerçant itinérant, le contrat conclu à l'adresse du consommateur à la demande expresse de ce dernier, à la condition que ce contrat n'ait pas été sollicité ailleurs qu'à l'adresse du commerçant. [1978, c. 9, art. 57].

58. Le contrat doit être constaté par écrit et indiquer:

a) le numéro de permis du commerçant itinérant;

b) le nom, l'adresse, le numéro de téléphone ainsi que, le cas échéant, l'adresse électronique et le numéro de télécopieur de chaque établissement du commerçant itinérant au Québec et de chaque représentant du commerçant itinérant qui a signé le contrat;

*b.*1) le nom, l'adresse et le numéro de téléphone du consommateur ainsi que, le cas échéant, son adresse électronique et son numéro de télécopieur;

c) la date de la formation du contrat et l'adresse où il est signé;

d) la description de chaque bien faisant l'objet du contrat, y compris, le cas échéant, sa quantité et l'année du modèle ou une autre marque distinctive, de même que la durée de chaque service prévu par le contrat;

e) le prix comptant de chaque bien ou service;

f) le montant de chacun des droits exigibles en vertu d'une loi fédérale ou provinciale;

g) le total des sommes que le consommateur doit débourser en vertu du contrat;

*g.*1) le cas échéant, les modalités de paiement; dans le cas d'un contrat de crédit, ces modalités sont indiquées de la façon prévue à l'annexe 3, 5 ou 7;

*g.*2) la fréquence et la date de chaque livraison et de chaque prestation d'un service, de même que la date prévue pour la dernière livraison ou prestation;

*g.*3) le cas échéant, la description de chaque bien reçu en échange ou en

1540

acompte et de sa quantité ainsi que le prix convenu pour chaque bien;

h) la faculté accordée au consommateur de résoudre le contrat à sa seule discrétion dans les dix jours qui suivent celui où chacune des parties est en possession d'un double du contrat;

i) toute autre mention prescrite par règlement.

Le commerçant doit annexer au double du contrat qu'il remet au consommateur un Énoncé des droits de résolution du consommateur et un formulaire de résolution conformes au modèle de l'annexe 1. [1978, c. 9, art. 58; 1998, c. 6, art. 2].

59. Le contrat conclu entre un commerçant itinérant et un consommateur peut être résolu à la discrétion de ce dernier dans les dix jours qui suivent celui où chacune des parties est en possession d'un double du contrat.

Ce délai est toutefois porté à un an à compter de la date de la formation du contrat dans l'un ou l'autre des cas suivants:

a) le commerçant n'est pas titulaire du permis exigé par la présente loi lors de la formation du contrat;

b) le cautionnement fourni par le commerçant n'est pas valide ou conforme à celui qui est exigé par la présente loi lors de la formation du contrat;

c) le contrat ne respecte pas l'une des règles de formation prévues par les articles 25 à 28 ou ne comporte pas l'une des indications prévues par l'article 58;

d) un Énoncé des droits de résolution du consommateur et un formulaire

de résolution conformes au modèle de l'annexe 1 ne sont pas annexés au contrat lors de sa formation;

e) le commerçant ne livre pas le bien ou ne fournit pas le service dans les 30 jours qui suivent la date indiquée au contrat ou la date ultérieure convenue avec le consommateur pour la livraison du bien ou la prestation du service, sauf lorsque le consommateur accepte hors délai cette livraison ou cette prestation. [1978, c. 9, art. 59; 1998, c. 6, art. 3].

60. Le commerçant itinérant ne peut percevoir de paiement partiel ou total du consommateur avant l'expiration du délai de résolution prévu à l'article 59 tant que le consommateur n'a pas reçu le bien qui fait l'objet du contrat. [1978, c. 9, art. 60].

61. Le consommateur se prévaut de la faculté de résolution:

a) par la remise du bien au commerçant itinérant ou à son représentant;

b) en retournant au commerçant itinérant ou à son représentant le formulaire prévu à l'article 58; ou

c) par un autre avis écrit à cet effet au commerçant itinérant ou à son représentant. [1978, c. 9, art. 61; 1998, c. 6, art. 4].

62. Le contrat est résolu de plein droit à compter de la remise du bien ou de l'envoi du formulaire ou de l'avis.

Un contrat de crédit conclu par le consommateur, même avec un tiers commerçant, à l'occasion ou en considération d'un contrat conclu avec un commerçant itinérant, forme un tout avec ce contrat et est, de même, résolu de plein droit dès lors qu'il résulte d'une

offre, d'une représentation ou d'une autre forme d'intervention du commerçant itinérant. [1978, c. 9, art. 62; 1998, c. 6, art. 5].

63. Dans les quinze jours qui suivent la résolution, les parties doivent se restituer ce qu'elles ont reçu l'une de l'autre.

Si le commerçant itinérant ne peut restituer au consommateur le bien reçu en paiement, en échange ou en acompte, il doit lui remettre le plus élevé de la valeur du bien ou de son prix indiqué au contrat.

Le commerçant itinérant assume les frais de restitution. [1978, c. 9, art. 63; 1998, c. 6, art. 6].

64. Le commerçant itinérant assume les risques de perte ou de détérioration, même par cas fortuit:

a) du bien qui fait l'objet du contrat jusqu'à l'expiration du délai prévu à l'article 63;

b) du bien reçu en paiement, en échange ou en acompte, jusqu'à sa restitution. [1978, c. 9, art. 64; 1998, c. 6, art. 7].

65. Le consommateur ne peut résoudre le contrat si, par suite d'un fait ou d'une faute dont il est responsable, il ne peut restituer au commerçant itinérant le bien dans l'état où il l'a reçu. [1978, c. 9, art. 65].

SECTION III
CONTRATS DE CRÉDIT

66. La présente section vise tous les contrats de crédit, notamment:

a) le contrat de prêt d'argent;

b) le contrat de crédit variable;

c) le contrat assorti d'un crédit. [1978, c. 9, art. 66].

§ 1.-*Dispositions générales*

67. Aux fins de la présente section, on entend par:

a) «obligation totale»: la somme du capital net et des frais de crédit;

b) «période»: un espace de temps d'au plus trente-cinq jours;

c) «versement comptant»: une somme d'argent, la valeur d'un effet de commerce payable à demande, ou la valeur convenue d'un bien, donnés en acompte lors du contrat. [1978, c. 9, art. 67].

68. Le capital net est:

a) dans le cas d'un contrat de prêt d'argent, la somme effectivement reçue par le consommateur ou versée ou créditée pour son compte par le commerçant;

b) dans le cas d'un contrat assorti d'un crédit ou d'un contrat de crédit variable, la somme pour laquelle le crédit est effectivement consenti.

Toute composante des frais de crédit est exclue de ces sommes. [1978, c. 9, art. 68].

69. On entend par «frais de crédit» la somme que le consommateur doit payer en vertu du contrat, en plus:

a) du capital net, dans le cas d'un contrat de prêt d'argent ou d'un contrat de crédit variable;

b) du capital net et du versement comptant dans le cas d'un contrat assorti d'un crédit. [1978, c. 9, art. 69].

70. Les frais de crédit doivent être déterminés en incluant leurs composantes dont, notamment:

a) la somme réclamée à titre d'intérêt;

b) la prime d'une assurance souscrite, à l'exception de la prime d'assurance-automobile;

c) la ristourne;

d) les frais d'administration, de courtage, d'expertise, d'acte ainsi que les frais engagés pour l'obtention d'un rapport de solvabilité;

e) les frais d'adhésion ou de renouvellement;

f) la commission;

g) la valeur du rabais ou de l'escompte auquel le consommateur a droit s'il paye comptant;

h) les droits exigibles en vertu d'une loi fédérale ou provinciale, imposés en raison du crédit. [1978, c. 9, art. 70].

71. Le commerçant doit mentionner les frais de crédit en termes de dollars et de cents et indiquer qu'ils se rapportent:

a) à toute la durée du contrat dans le cas d'un contrat de prêt d'argent ou d'un contrat assorti d'un crédit; ou

b) à la période faisant l'objet de l'état de compte dans le cas d'un contrat de crédit variable. [1978, c. 9, art. 71].

72. Le taux de crédit est l'expression des frais de crédit sous la forme d'un pourcentage annuel. Il doit être calculé et divulgué de la manière prescrite par règlement.

Pour le calcul du taux de crédit dans le cas d'un contrat de crédit variable, on ne tient pas compte des composantes suivantes des frais de crédit:

a) les frais d'adhésion ou de renouvellement; et

b) la valeur du rabais ou de l'escompte auquel le consommateur a droit s'il paye comptant. [1978, c. 9, art. 72].

73. Un contrat de prêt d'argent et un contrat assorti d'un crédit peuvent être résolus sans frais ni pénalité, à la discrétion du consommateur, dans les deux jours qui suivent celui où chacune des parties est en possession d'un double du contrat. [1978, c. 9, art. 73].

74. Dans le cas d'un contrat de prêt d'argent, le consommateur se prévaut de la faculté de résolution:

a) par la remise du capital net au commerçant ou à son représentant, s'il l'a reçu au moment où chacune des parties est entrée en possession d'un double du contrat;

b) dans les autres cas, soit par la remise du capital net, soit par l'envoi d'un avis écrit à cet effet au commerçant ou à son représentant. [1978, c. 9, art. 74].

75. Dans le cas d'un contrat assorti d'un crédit, le consommateur se prévaut de la faculté de résolution:

a) par la remise du bien au commerçant ou à son représentant, s'il a reçu livraison du bien au moment où chacune des parties est entrée en possession d'un double du contrat;

b) dans les autres cas, soit par la remise du bien, soit par l'envoi d'un avis écrit à cet effet au commerçant ou à son représentant. [1978, c. 9, art. 75].

76. Le contrat est résolu de plein droit à compter de la remise du bien ou du capital net ou à compter de l'envoi de l'avis au commerçant ou à son représentant. [1978, c. 9, art. 76].

77. Lorsqu'un contrat est résolu en vertu de l'article 73, les parties doivent, dans les plus brefs délais, se remettre ce qu'elles ont reçu l'une de l'autre. Le commerçant assume les frais de restitution. [1978, c. 9, art. 77].

78. Le commerçant assume les risques de perte ou de détérioration, même par cas fortuit, du bien qui fait l'objet du contrat jusqu'à l'expiration du délai prévu à l'article 73. [1978, c. 9, art. 78].

79. Le consommateur ne peut résoudre le contrat si, par suite d'un fait ou d'une faute dont il est responsable, il ne peut restituer au commerçant le bien dans l'état où il l'a reçu. [1978, c. 9, art. 79].

80. Un contrat de crédit, à l'exception d'un prêt d'argent payable à demande, doit être constaté par écrit. [1978, c. 9, art. 80].

81. Un contrat de crédit, à l'exception d'un contrat de crédit variable, ne doit indiquer qu'un seul taux de crédit. [1978, c. 9, art. 81].

82. *(Abrogé).* [1987, c. 90, art. 2].

83. Le commerçant ne peut exiger sur une somme due par le consommateur des frais de crédit calculés suivant un taux de crédit plus élevé que le moindre des deux taux suivants: celui calculé conformément à la présente loi ou celui qui est mentionné au contrat. [1978, c. 9, art. 83].

84. Le contrat doit prévoir un seul paiement différé par période. [1978, c. 9, art. 84].

85. Malgré les dispositions de l'article 84, la date du premier paiement que doit faire le consommateur peut être fixée à volonté mais, si elle est fixée à plus de trente-cinq jours après celle de la formation du contrat, les frais de crédit ne courent pas entre la date du contrat et le début de la période pour laquelle ce paiement est prévu. [1978, c. 9, art. 85].

86. Si l'obligation principale du commerçant est exécutée plus de sept jours après la formation du contrat, les frais de crédit ne peuvent courir, et le commerçant ne peut exiger du consommateur aucun paiement, avant la date de cette exécution. [1978, c. 9, art. 86].

87. Sauf pour le contrat de crédit variable, les paiements différés doivent être égaux, à l'exception du dernier qui peut être moindre. [1978, c. 9, art. 87].

88. Est exempté de l'application des articles 84, 85 et 87, le contrat auquel est partie un consommateur qui tire son revenu principal d'une activité qu'il exerce pendant au plus huit mois par année, à la condition que le contrat contienne la mention suivante, conforme aux exigences de la présente loi et signée à part par le consommateur:

«*(inscrire ici le nom du consommateur et l'activité qui constitue sa principale source de revenu)* déclare que son revenu principal est saisonnier.»

Il en est de même pour le contrat passé entre un commerçant et un consommateur, portant sur un bien nécessaire à l'exercice du métier, de l'art ou de la profession du consommateur, à la condition que le contrat contienne la mention suivante, conforme aux exigences de la présente loi et signé à part par le consommateur:

«*(inscrire ici le nom et l'activité principale du consommateur)* déclare que le bien faisant l'objet du contrat est nécessaire à l'exercice de son métier, de son art ou de sa profession.»

Le commerçant a le droit d'agir sur la foi d'une déclaration ainsi remplie, sauf s'il sait qu'elle est fausse. [1978, c. 9, art. 88].

89. Aux conditions prescrites par règlement, est exempté de l'application des articles 84, 85 et 87, le contrat de prêt d'argent:

a) en vertu duquel l'obligation totale du consommateur est remboursable en totalité à une seule date déterminée;

b) payable à demande;

c) dont la date d'échéance est indéterminée; ou

d) dont le montant des paiements est indéterminé. [1978, c. 9, art. 89].

90. Malgré le deuxième alinéa de l'article 16, dans le cas d'un contrat de prêt d'argent, les frais de crédit ne peuvent être exigés du consommateur que sur la partie du capital net qu'il a reçue du commerçant et sur celle qui a été versée ou créditée pour son compte par le commerçant. [1978, c. 9, art. 90].

91. Les frais de crédit doivent être calculés selon la méthode de type actuariel prescrite par règlement. [1978, c. 9, art. 91].

92. Les frais de crédit, qu'ils soient imposés à titre de pénalité, de frais de retard, de frais d'atermoiement, ou à un autre titre doivent être calculés de la manière prévue à l'article 91, à l'exception des composantes mentionnées aux paragraphes *a* et *b* du deuxième alinéa

de l'article 72 dans le cas d'un contrat de crédit variable. [1978, c. 9, art. 92].

93. Le consommateur peut payer en tout ou en partie son obligation avant échéance.

Le solde dû est égal en tout temps à la somme du solde du capital net et des frais de crédit calculés conformément à l'article 91. [1978, c. 9, art. 93].

94. Le commerçant doit, selon les modalités de temps et de forme prescrites par règlement, faire parvenir au consommateur un état de compte indiquant les renseignements prescrits par règlement. [1978, c. 9, art. 94].

95. Le consommateur qui constate une erreur de facturation dans l'état de compte que lui fournit un commerçant avec qui il a conclu un contrat de crédit, peut adresser à ce dernier un écrit dans lequel il l'informe:

a) de son identité;

b) de l'erreur constatée et de la somme en question, s'il y a lieu; et

c) des motifs qu'il a de croire qu'il y a erreur. [1978, c. 9, art. 95].

96. Le commerçant qui reçoit d'un consommateur l'écrit prévu à l'article 95, doit, dans les soixante jours qui suivent la date d'envoi de cet écrit, informer le consommateur, par écrit:

a) de la correction de l'erreur de facturation, y compris la correction des frais de crédit erronément facturés; ou

b) de son refus de corriger l'état de compte en expliquant au consommateur les motifs pour lesquels il n'a pas donné suite à sa demande de correction; dans ce cas, le commerçant doit, sans frais,

fournir au consommateur qui en fait la demande, copie de la preuve documentaire à l'appui de son refus. [1978, c. 9, art. 96].

97. Le commerçant qui contrevient à l'article 96 perd le droit de réclamer du consommateur la somme mentionnée par ce dernier aux termes du paragraphe *b* de l'article 95 ainsi que les frais de crédit qui s'y appliquent. [1978, c. 9, art. 97].

98. Si les parties à un contrat de crédit désirent modifier certaines dispositions du contrat et si le taux ou les frais de crédit s'en trouvent augmentés, elles doivent conclure un nouveau contrat contenant:

　a) l'identification du contrat original;

　b) la somme exigée du consommateur pour acquitter avant échéance son obligation en vertu du contrat original;

　c) le capital net ainsi que les frais et le taux de crédit; et

　d) le montant de l'obligation totale du consommateur et les modalités de paiement. [1978, c. 9, art. 98].

99. Dans le cas d'un contrat de crédit résultant de la consolidation de dettes dues au même commerçant, les mentions requises aux paragraphes *a* et *b* de l'article 98 doivent être faites séparément pour chacun des contrats originaux. [1978, c. 9, art. 99].

100. Sont exemptés de l'application de l'article 98:

　a) aux conditions prescrites par règlement, le contrat de prêt d'argent dont la date d'échéance est indéterminée, ou dont le montant des paiements est indéterminé; et

　b) la correction d'une erreur de transcription apportée d'un commun accord au contrat par les parties. [1978, c. 9, art. 100].

100.1. Aux conditions prescrites par règlement, sont exemptés de l'application des articles 71, 81, 83, 87 et 98 et, selon la nature du contrat, de l'application de l'article 115, 134 ou 150, le contrat de prêt d'argent et le contrat assorti d'un crédit qui prévoient que le taux de crédit est susceptible de varier. [1984, c. 27, art. 84].

101. Le commerçant doit, lorsque le consommateur acquitte la totalité de son obligation, lui remettre une quittance et lui rendre tout objet ou document reçu en reconnaissance ou en garantie de cette obligation. [1978, c. 9, art. 101].

102. Un effet de commerce, souscrit en reconnaissance de paiements différés à l'occasion d'un contrat, forme un tout avec ce contrat et ne peut être cédé séparément, pas plus que le contrat, par le commerçant ou un cessionnaire subséquent. [1978, c. 9, art. 102].

103. Le cessionnaire d'une créance d'un commerçant qui est partie à un contrat ne peut avoir plus de droits que ce commerçant et il est conjointement et solidairement responsable avec le commerçant de l'exécution des obligations de ce dernier jusqu'à concurrence du montant de la créance au moment où elle lui est cédée ou, s'il le cède à son tour, jusqu'à concurrence du paiement qu'il a reçu. [1978, c. 9, art. 103].

1- Déchéance du bénéfice du terme

104. Dans un contrat, une stipulation ayant pour effet d'obliger le consommateur en défaut à payer en tout ou en

partie le solde de son obligation avant échéance, constitue une clause de déchéance du bénéfice du terme. [1978, c. 9, art. 104].

105. Le commerçant qui se prévaut d'une telle clause doit en informer le consommateur au moyen d'un avis écrit rédigé selon la formule prévue à l'annexe 2. Le commerçant doit joindre à cet avis un état de compte indiquant les renseignements prescrits par règlement. [1978, c. 9, art. 105].

106. La déchéance du bénéfice du terme ne prend effet qu'à l'expiration d'un délai de trente jours après réception de l'avis et de l'état de compte prévus à l'article 105. [1978, c. 9, art. 106].

107. Si le consommateur ne remédie pas au fait qu'il est en défaut dans le délai prévu à l'article 106, le solde de son obligation devient exigible à moins que, sur requête du consommateur, le tribunal ne modifie les modalités de paiement selon les conditions qu'il juge raisonnables ou n'autorise le consommateur à remettre le bien au commerçant. [1978, c. 9, art. 107].

108. La requête doit être signifiée avant l'expiration du délai prévu à l'article 106. [1978, c. 9, art. 108].

109. La requête doit être instruite et jugée d'urgence en tenant compte notamment des éléments suivants:

a) le total des sommes que le consommateur doit débourser en vertu du contrat;

b) les sommes déjà payées;

c) la valeur du bien au moment où le consommateur est devenu en défaut;

d) le solde dû au commerçant;

e) la capacité de payer du consommateur; et

f) la raison pour laquelle le consommateur est en défaut. [1978, c. 9, art. 109].

110. La remise du bien au commerçant autorisée en vertu de l'article 107 éteint l'obligation contractuelle du consommateur et le commerçant n'est pas tenu de remettre le montant des paiements qu'il a reçus. [1978, c. 9, art. 110].

2- Assurances

111. Un commerçant ne peut refuser de conclure un contrat de crédit avec un consommateur pour le motif que ce dernier ne souscrit pas, par son entremise, une police d'assurance individuelle ou n'adhère pas, par son entremise, à une police d'assurance collective. [1978, c. 9, art. 111].

112. Si la souscription d'une assurance est une condition à la formation d'un contrat de crédit, le consommateur peut remplir cette condition au moyen d'une assurance qu'il détient déjà.

Le commerçant doit informer le consommateur de ce droit de la manière prescrite par règlement. [1978, c. 9, art. 112].

113. Le commerçant qui souscrit un contrat d'assurance collective sur la vie ou la santé d'un consommateur à l'occasion d'un contrat de crédit doit, conformément aux dispositions de la *Loi sur les assurances* et aux règlements adoptés en application de cette loi, remettre au consommateur un formulaire d'adhésion ou une attestation d'assurance. [1978, c. 9, art. 113].

114. Pour une autre assurance sous-crite à l'occasion d'un contrat de crédit, le commerçant doit fournir au consommateur, dans un délai de trente jours, une attestation d'assurance ainsi qu'une copie de la proposition d'assurance. [1978, c. 9, art. 114].

§ 2.-Contrats de prêt d'argent

115. Le contrat de prêt d'argent doit reproduire, en plus des mentions prescrites par règlement, les mentions prévues à l'annexe 3. [1978, c. 9, art. 115].

116. Le consommateur qui a utilisé le capital net d'un contrat de prêt d'argent pour payer en totalité ou en partie l'achat ou le louage d'un bien ou d'un service, peut, si le prêteur d'argent et le commerçant vendeur ou locateur collaborent régulièrement en vue de l'octroi de prêts d'argent à des consommateurs, opposer au prêteur d'argent les moyens de défense qu'il peut faire valoir à l'encontre du commerçant vendeur ou locateur. [1978, c. 9, art. 116].

117. Lorsqu'il y a contestation judiciaire entre le consommateur et le commerçant vendeur ou locateur, le tribunal peut, sur requête du consommateur, ordonner la suspension du remboursement du prêt jusqu'au jugement final.

Lors du jugement final, le tribunal indique quelle est la partie qui doit payer les frais de crédit courus pendant la suspension du remboursement du prêt. [1978, c. 9, art. 117].

§ 3.-Contrats de crédit variable

118. Le contrat de crédit variable est le contrat par lequel un crédit est consenti d'avance par un commerçant à un consommateur qui peut s'en prévaloir de temps à autre, en tout ou en partie, selon les modalités du contrat.

Le contrat de crédit variable comprend notamment le contrat conclu pour l'utilisation de ce qui est communément appelé carte de crédit, compte de crédit, compte budgétaire, crédit rotatif, marge de crédit, ouverture de crédit et tout autre contrat de même nature. [1978, c. 9, art. 118].

119. Aux fins de l'article 118, sont considérées comme des frais de crédit les pénalités imposées en cas de non-paiement à l'échéance. [1978, c. 9, art. 119].

120. Nul ne peut émettre une carte de crédit pour un consommateur ni lui en faire parvenir une si le consommateur ne l'a pas sollicitée par écrit. [1978, c. 9, art. 120].

121. L'article 120 ne s'applique pas au renouvellement ou au remplacement, aux mêmes conditions, d'une carte de crédit que le consommateur a sollicitée ou utilisée.

Nul ne peut, cependant, renouveler ou remplacer une carte de crédit lorsque le consommateur a avisé par écrit l'émetteur de la carte de son intention d'annuler cette carte. [1978, c. 9, art. 121].

122. Nul ne peut émettre plus d'une carte de crédit portant le même numéro, sauf à la demande écrite du consommateur partie au contrat de crédit variable. [1978, c. 9, art. 122].

123. En cas de perte ou de vol d'une carte de crédit, le consommateur ne peut être tenu responsable d'une dette découlant de l'usage de cette carte par un tiers après que l'émetteur a été avisé de la perte ou du vol par téléphone,

télégraphe, avis écrit ou tout autre moyen. [1978, c. 9, art. 123].

124. Même en l'absence d'un tel avis, la responsabilité du consommateur dont la carte de crédit a été perdue ou volée est limitée à la somme de 50$. [1978, c. 9, art. 124].

125. Le contrat de crédit variable doit reproduire, en plus des mentions prescrites par règlement, les mentions prévues à l'annexe 4. [1978, c. 9, art. 125].

126. À la fin de chaque période, le commerçant, s'il a une créance à l'égard d'un consommateur, doit lui fournir un état de compte, posté au moins vingt et un jours avant la date à laquelle le créancier peut exiger des frais de crédit si le consommateur n'acquitte pas la totalité de son obligation; dans le cas d'une avance en argent, ces frais peuvent courir à compter de la date de cette avance jusqu'à la date du paiement.

L'état de compte doit mentionner:

a) la date de la fin de la période;

b) le solde du compte à la fin de la période précédente en spécifiant la partie de ce solde que représentent les avances en argent consenties;

c) la date, la description et la valeur de chaque transaction portée au débit du compte au cours de la période, sauf si le commerçant annexe à l'état de compte une copie des pièces justificatives;

d) la date et le montant de chaque paiement effectué ou de chaque somme créditée au cours de la période;

e) les frais de crédit exigés pendant la période;

f) le solde du compte à la fin de la période;

g) le paiement minimum requis pour cette période; et

h) le délai pendant lequel le consommateur peut acquitter son obligation sans être tenu de payer des frais de crédit sauf sur les avances en argent.

Le consommateur peut exiger du commerçant qu'il lui fasse parvenir sans frais une copie des pièces justificatives de chacune des transactions portées au débit de son compte au cours de la période. [1978, c. 9, art. 126].

127. Tant que le consommateur n'a pas reçu à son adresse un état de compte, le commerçant ne peut exiger de frais de crédit sur le solde impayé, sauf sur les avances en argent. [1978, c. 9, art. 127].

128. Lorsque le commerçant a indiqué au consommateur la somme jusqu'à concurrence de laquelle un crédit variable lui est consenti, il ne peut augmenter cette somme sauf à la demande expresse du consommateur. [1978, c. 9, art. 128].

129. Malgré l'article 98, le commerçant peut modifier le contrat de crédit variable pour augmenter la somme exigible à titre de frais d'adhésion ou de renouvellement ou le taux de crédit.

Le commerçant doit, selon les modalités de temps prescrites par règlement, expédier au consommateur un avis contenant exclusivement les clauses modifiées, anciennes et nouvelles, et la date de l'entrée en vigueur de l'augmentation.

La modification unilatérale d'un contrat de crédit variable non conforme au

présent article est inopposable au consommateur. [1978, c. 9, art. 129].

130. Le contrat de crédit variable ne peut comporter de clause par laquelle le transfert de propriété du bien vendu par un commerçant à un consommateur est différé jusqu'à l'exécution, par ce dernier, de son obligation, en tout ou en partie. [1978, c. 9, art. 130].

§ 4.-*Contrats assortis d'un crédit*

131. La présente sous-section s'applique à la vente à tempérament et aux autres contrats assortis d'un crédit. [1978, c. 9, art. 131].

1- Vente à tempérament

132. La vente à tempérament est un contrat assorti d'un crédit par lequel un commerçant, lorsqu'il vend un bien à un consommateur, se réserve la propriété du bien jusqu'à l'exécution, par ce dernier, de son obligation, en tout ou en partie. [1978, c. 9, art. 132; 1998, c. 5, art. 22].

133. Le commerçant assume les risques de perte ou de détérioration par cas fortuit tant que la propriété n'a pas été transférée au consommateur. [1978, c. 9, art. 133].

134. Le contrat doit reproduire, en plus des mentions prescrites par règlement, les mentions prévues à l'annexe 5. [1978, c. 9, art. 134].

135. La vente à tempérament qui ne respecte pas les exigences prescrites dans la section III du présent chapitre est une vente à terme et transfère au consommateur la propriété du bien vendu. [1978, c. 9, art. 135].

136. Est interdite une stipulation qui:

a) vise à empêcher le consommateur de déplacer le bien à l'intérieur du Québec sans la permission du commerçant; ou

b) permet au commerçant de reprendre possession du bien sans le consentement exprès du consommateur ou du tribunal. [1978, c. 9, art. 136].

137. Le solde dû par le consommateur devient exigible lorsque le bien est vendu par autorité de justice ou que le consommateur, sans le consentement du commerçant, le cède à un tiers. [1978, c. 9, art. 137].

138. À défaut par le consommateur d'exécuter son obligation suivant les modalités du contrat, le commerçant peut:

a) soit exiger le paiement immédiat des versements échus;

b) soit exiger, de la manière prévue aux articles 105 et suivants, le paiement immédiat du solde de la dette si le contrat contient une clause de déchéance du bénéfice du terme;

c) soit reprendre possession du bien vendu de la manière prévue aux articles 139 et suivants. [1978, c. 9, art. 138].

139. Avant d'exercer le droit qui lui est conféré par le paragraphe *c* de l'article 138, le commerçant doit expédier au consommateur un avis écrit rédigé selon la formule prévue à l'annexe 6. [1978, c. 9, art. 139].

140. Le consommateur peut remédier au fait qu'il est en défaut ou remettre le bien au commerçant dans les trente jours qui suivent la réception de l'avis prévu à l'article 139.

Le droit de reprise ne peut être exercé qu'à l'expiration d'un délai de trente jours après réception de cet avis par le consommateur. [1978, c. 9, art. 140].

141. Si, à la suite de cet avis, il y a remise volontaire ou reprise forcée du bien, l'obligation contractuelle du consommateur est éteinte et le commerçant n'est pas tenu de remettre le montant des paiements qu'il a déjà reçus. [1978, c. 9, art. 141].

142. Si, au moment où le consommateur devient en défaut, celui-ci a acquitté au moins la moitié de la somme de l'obligation totale et du versement comptant, le commerçant ne peut exercer le droit de reprise à moins d'obtenir la permission du tribunal. [1978, c. 9, art. 142].

143. Cette permission est demandée par une requête signifiée au consommateur, laquelle doit être instruite et jugée d'urgence.

Le tribunal dispose de cette requête en tenant compte des éléments mentionnés à l'article 109. [1978, c. 9, art. 143].

144. S'il rejette la requête, le tribunal permet au consommateur de conserver le bien et il peut modifier les modalités de paiement du solde selon les conditions qu'il juge raisonnables. [1978, c. 9, art. 144].

145. Le consommateur qui conserve le bien conformément à l'article 144 assume, à compter du jugement, les risques de perte ou de détérioration, même par cas fortuit. [1978, c. 9, art. 145].

146. Le commerçant qui a opté pour le recours prévu au paragraphe *b* de l'article 138 peut, après l'expiration du délai de trente jours, se prévaloir du recours prévu au paragraphe *c* du même article.

Le commerçant qui a opté pour le recours prévu au paragraphe *c* de l'article 138 peut, après l'expiration du délai de trente jours, se prévaloir du recours prévu au paragraphe *b* du même article.

Le consommateur peut alors, à son choix, avant l'expiration d'un délai de trente jours après réception d'un nouvel avis, soit remédier au défaut, soit remettre le bien.

Si, à la suite du nouvel avis, il y a remise volontaire ou reprise forcée du bien, l'obligation contractuelle du consommateur est éteinte et le commerçant n'est pas tenu de remettre le montant des paiements qu'il a déjà reçus. [1978, c. 9, art. 146].

147. La vente à tempérament ne peut être assortie d'un crédit variable. [1978, c. 9, art. 147].

148. Le contrat de vente à tempérament ne doit se rapporter qu'à des biens vendus le même jour. [1978, c. 9, art. 148].

149. L'application de l'article 98 ou de l'article 99 à un contrat de vente à tempérament n'a pas pour effet de priver le consommateur d'un droit qui lui est accordé par les articles 132 à 148. [1978, c. 9, art. 149].

2- Autres contrats assortis d'un crédit

150. Le contrat assorti d'un crédit, autre que le contrat de vente à tempérament, doit reproduire, en plus des mentions prescrites par règlement, les mentions prévues à l'annexe 7. [1978, c. 9, art. 150].

SECTION III.1
LOUAGE À LONG TERME DE BIENS

150.1. La présente section s'applique au contrat de louage à long terme de biens. [1991, c. 24, art. 3].

150.2. Pour l'application de la présente loi, est à long terme le contrat de louage de biens qui prévoit une période de location de quatre mois ou plus.

Le contrat qui prévoit une période de location de moins de quatre mois est réputé à long terme lorsque, par l'effet d'une clause de renouvellement, de reconduction ou d'une autre convention de même effet, cette période peut être portée à quatre mois ou plus. [1991, c. 24, art. 3].

150.3. La période de location commence au moment où le bien est mis à la disposition du consommateur. [1991, c. 24, art. 3].

§ 1.-*Dispositions générales*

150.4. Le contrat qui comporte une option conventionnelle d'achat du bien loué et le contrat de louage à valeur résiduelle garantie visé à la sous-section 2 doivent être constatés par écrit.

Tout autre contrat de louage à long terme, s'il est constaté par écrit, doit respecter les règles de formation prescrites au chapitre II du présent titre tout comme s'il s'agissait d'un contrat qui doit être constaté par écrit. [1991, c. 24, art. 3].

150.5. Le contrat qui comporte une option conventionnelle d'achat doit indiquer le montant que le consommateur doit payer pour acquérir le bien ou la manière de le calculer, ainsi que les autres conditions d'exercice de cette option s'il en est. [1991, c. 24, art. 3].

150.6. Le loyer doit être payable avant l'expiration de la période de location, à l'exception d'une somme due en vertu de l'obligation de garantie que prévoit un contrat de louage à valeur résiduelle garantie et des frais relatifs au degré d'utilisation du bien, s'il en est d'exigibles.

Des frais relatifs au degré d'utilisation du bien ne peuvent être exigés que si le bien est muni d'un dispositif permettant de mesurer en heures ou en kilomètres son degré d'utilisation et que si le taux à l'heure ou au kilomètre est précisé au contrat. [1991, c. 24, art. 3].

150.7. Le loyer payable pendant la période de location doit être réparti en versements périodiques. Tous les versements doivent être égaux, sauf le dernier qui peut être moindre. Les dates d'échéance des versements doivent être fixées de telle sorte qu'elles se situent au début de parties sensiblement égales, d'au plus trente-cinq jours, de la période de location.

Le commerçant ne peut exiger du consommateur qu'il paie par anticipation plus de deux versements périodiques et il ne peut les percevoir qu'avant le début de la période de location. [1991, c. 24, art. 3].

150.8. Est exempté de l'application de l'article 150.7, le contrat conclu avec un consommateur visé à l'article 88 ou portant sur un bien visé à l'article 88, aux conditions prévues à cet article. [1991, c. 24, art. 3].

150.9. Est interdite, dans un contrat de louage à long terme, une convention:

a) qui oblige le consommateur à rendre le bien dans un état meilleur que celui qui résulte d'une usure normale;

b) qui vise à préciser ce qu'est l'usure normale;

c) visée aux paragraphes *a* ou *b* de l'article 136. [1991, c. 24, art. 3].

150.10. Le commerçant assume les risques de perte ou de détérioration du bien par cas fortuit; toutefois, le commerçant n'est pas tenu d'assumer ces risques pendant que le consommateur détient le bien sans droit ou, le cas échéant, après qu'il a transféré la propriété du bien au consommateur. [1991, c. 24, art. 3].

150.11. Toute garantie conventionnelle accordée au consommateur propriétaire d'un bien bénéficie au consom- mateur partie à un contrat de louage à long terme d'un tel bien tout comme s'il en était propriétaire.

De même, toute garantie conventionnelle disponible à l'option d'un consommateur propriétaire d'un bien doit être disponible, aux mêmes conditions, à l'option du consommateur partie à un contrat de louage à long terme d'un tel bien et, si ce consommateur acquiert telle garantie, il en bénéficie tout comme s'il était propriétaire du bien. [1991, c. 24, art. 3].

150.12. L'article 101 relatif à la quittance et à la remise d'objets ou de documents, les articles 102 et 103 relatifs aux droits et obligations d'un cessionnaire et les articles 111 à 114 relatifs aux assurances s'appliquent, compte tenu des adaptations nécessaires, au contrat de louage à long terme. [1991, c. 24, art. 3].

150.13. Si le consommateur n'exécute pas son obligation suivant les modalités du contrat, le commerçant peut:

a) soit exiger le paiement immédiat de ce qui est échu;

b) soit exiger, de la manière prévue aux articles 105 et suivants, le paiement immédiat de ce qui est échu et des versements périodiques non échus si le contrat contient une clause de déchéance du bénéfice du terme ou une autre convention de même effet. Toutefois, l'avis que le commerçant doit expédier en vertu de l'article 105 doit être rédigé selon la formule prévue à l'annexe 7.1;

c) soit reprendre possession du bien loué de la manière prévue aux articles 150.14, 150.15 et, le cas échéant, 150.32. [1991, c. 24, art. 3].

150.14. Avant d'exercer le droit de reprise du bien loué, le commerçant doit expédier au consommateur un avis écrit rédigé selon la formule prévue à l'annexe 7.2.

Le consommateur peut remédier au fait qu'il est en défaut ou remettre le bien au commerçant dans les trente jours qui suivent la réception de l'avis prévu au premier alinéa, et le droit de reprise ne peut être exercé qu'à l'expiration de ce délai. [1991, c. 24, art. 3].

150.15. Si, à la suite de l'avis de reprise de possession, il y a remise volontaire ou reprise forcée du bien, le contrat est résilié de plein droit à compter de cette remise ou de cette reprise.

Le commerçant n'est alors pas tenu de remettre le montant des paiements échus déjà perçus, et il ne peut réclamer que les seuls dommages-intérêts réels qui soient une suite directe et immédiate de la résiliation du contrat.

Le commerçant a l'obligation de minimiser ses dommages. [1991, c. 24, art. 3].

150.16. Le commerçant qui a opté pour le recours prévu au paragraphe *b* de l'article 150.13 peut, après l'expiration du délai de trente jours, se prévaloir du recours prévu au paragraphe *c* du même article.

Le commerçant qui a opté pour le recours prévu au paragraphe *c* de l'article 150.13 peut, après l'expiration du délai de trente jours, se prévaloir du recours prévu au paragraphe *b* du même article. [1991, c. 24, art. 3].

150.17. Le consommateur peut, pendant la période de location et à sa discrétion, remettre le bien au commerçant. Le contrat est résilié de plein droit à compter de la remise du bien, avec les mêmes conséquences qu'entraîne la résiliation visée à l'article 150.15. [1991, c. 24, art. 3].

§ 2.-*Contrats de louage à valeur résiduelle garantie*

150.18. Le contrat de louage à valeur résiduelle garantie est un contrat de louage à long terme d'un bien en vertu duquel le consommateur garantit au commerçant que, une fois expirée la période de location, ce dernier obtiendra au moins une certaine valeur de l'aliénation du bien.

Pour l'application de la présente section, on appelle «valeur résiduelle» la valeur que le consommateur partie à un tel contrat garantit. [1991, c. 24, art. 3].

150.19. La valeur résiduelle doit être établie par une estimation raisonnable de la part du commerçant de la valeur au gros qu'aura le bien à la fin de la période de location. [1991, c. 24, art. 3].

150.20. La valeur résiduelle doit être indiquée au contrat et y être exprimée en termes de dollars et de cents. [1991, c. 24, art. 3].

150.21. L'obligation de garantie du consommateur quant à la valeur résiduelle se limite au moindre des montants suivants:

a) l'excédent de la valeur résiduelle sur la valeur obtenue de l'aliénation du bien par le commerçant;

b) 20 pour cent de la valeur résiduelle. [1991, c. 24, art. 3].

150.22. Le contrat doit reproduire, en plus des mentions prescrites par règlement, les mentions prévues à l'annexe 7.3. [1991, c. 24, art. 3].

150.23. Le contrat peut être résolu sans frais ni pénalité, à la discrétion du consommateur, de la manière prévue aux articles 75 à 77 et à la condition prévue à l'article 79, dans les deux jours qui suivent celui où chacune des parties est en possession d'un double du contrat. [1991, c. 24, art. 3].

150.24. L'obligation nette s'entend de la valeur totale du bien, soit la somme de la valeur au détail du bien et des frais de préparation, de livraison, d'installation et autres, moins l'acompte.

L'acompte comprend la valeur convenue d'un bien cédé au commerçant en contrepartie de la location, le premier versement périodique et toute somme reçue par le commerçant avant le début de la période de location, y compris la valeur d'un effet de commerce payable à demande et tout versement périodique payé par anticipation, s'il en est.

L'obligation à tempérament s'entend de la somme de la valeur résiduelle et des versements périodiques autres que ceux compris dans l'acompte. [1991, c. 24, art. 3].

150.25. L'excédent de l'obligation à tempérament sur l'obligation nette constitue les frais de crédit implicites. Le commerçant doit mentionner ces derniers en termes de dollars et de cents et indiquer qu'ils se rapportent à toute la période de location. [1991, c. 24, art. 3].

150.26. Le taux de crédit implicite est l'expression des frais de crédit implicites sous la forme d'un pourcentage annuel. Il doit être calculé et divulgué de la manière prescrite par règlement.

Le contrat ne doit divulguer qu'un seul taux de crédit implicite. [1991, c. 24, art. 3].

150.27. Les articles 83 et 91 s'appliquent au calcul des frais de crédit implicites en remplaçant lorsqu'elles s'y trouvent, les expressions «frais de crédit» et «taux de crédit» respectivement par celles de «frais de crédit implicites» et «taux de crédit implicite». [1991, c. 24, art. 3].

150.28. Les articles 94 à 97 relatifs aux états de compte s'appliquent au contrat de louage à valeur résiduelle garantie en remplaçant, lorsqu'elle s'y trouve, l'expression «frais de crédit» par celle de «frais de crédit implicites». [1991, c. 24, art. 3].

150.29. Le consommateur partie à un contrat de louage à valeur résiduelle garantie peut, en tout temps pendant la période de location, acquérir le bien qui en fait l'objet sur paiement du solde de son obligation à tempérament moins les frais de crédit implicites non gagnés au moment de l'acquisition. [1991, c. 24, art. 3].

150.30. Sauf dans les cas et aux conditions prévus par règlement, le commerçant ne peut, tant que la valeur résiduelle du bien est garantie par le consommateur, aliéner le bien à un acquéreur potentiel qui en offre un prix inférieur à cette valeur résiduelle sans d'abord offrir le bien au consommateur en lui expédiant un avis écrit rédigé selon la formule prévue à l'annexe 7.4.

Le consommateur peut, dans les cinq jours de la réception de l'avis, acquérir le bien en payant comptant un prix égal à celui offert par l'acquéreur potentiel.

Plutôt que d'acquérir le bien, le consommateur peut, dans le même délai, présenter un tiers qui convient de payer comptant pour ce bien un prix au moins égal à celui offert par l'acquéreur potentiel. [1991, c. 24, art. 3].

150.31. Le consommateur est libéré de son obligation de garantie dans l'un ou l'autre des cas suivants:

a) lorsque la valeur résiduelle du bien n'est pas précisée au contrat conformément à l'article 150.20;

b) lorsque le commerçant aliène le bien en violation de l'article 150.30 ou qu'il refuse de vendre le bien au tiers présenté conformément au troisième alinéa de cet article;

c) lorsque l'aliénation du bien n'est pas faite à titre onéreux;

d) lorsque l'aliénation du bien n'a pas lieu dans un délai raisonnable de la remise du bien au commerçant à la fin de la période de location;

e) lorsque le commerçant, après remise du bien à la fin de la période de location, l'utilise ou en permet l'utilisation par un tiers autrement que pour les fins de son aliénation à titre onéreux. [1991, c. 24, art. 3].

150.32. Le commerçant ne peut exercer le droit de reprise prévu aux articles 150.13 à 150.16 à moins d'obtenir la permission du tribunal si, au moment où le consommateur devient en défaut, celui-ci a acquitté au moins la moitié de la somme de son obligation à tempérament et de l'acompte.

Lorsque le commerçant s'adresse au tribunal à cette fin, les articles 143 à 145 s'appliquent. [1991, c. 24, art. 3].

SECTION IV
CONTRATS RELATIFS AUX
AUTOMOBILES ET AUX
MOTOCYCLETTES

§ 1.-*Dispositions générales*

151. Dans le cas d'une réparation qui relève d'une garantie prévue par la présente section ou d'une garantie conventionnelle:

a) le commerçant ou le manufacturier assume les frais raisonnables de remorquage ou de dépannage de l'automobile, que le remorquage ou le dépannage soit effectué par le commerçant, le manufacturier ou un tiers;

b) le commerçant ou le manufacturier effectue la réparation de l'automobile et en assume les frais ou permet au consommateur de faire effectuer la réparation par un tiers et en assume les frais. [1978, c. 9, art. 151].

152. Un commerçant ou un manufacturier répond de l'exécution d'une garantie prévue par la présente section ou d'une garantie conventionnelle à l'égard d'un consommateur acquéreur subséquent de l'automobile. [1978, c. 9, art. 152].

153. La garantie prévue par la présente section comprend les pièces et la main-d'oeuvre. [1978, c. 9, art. 153].

154. Le paragraphe *b* de l'article 151 et les articles 152 et 153 s'appliquent, compte tenu des adaptations nécessaires, à une motocyclette adaptée au transport sur les chemins publics. [1978, c. 9, art. 154].

§ 2.-*Contrats de vente ou de louage à long terme d'automobiles d'occasion et de motocyclettes d'occasion*

155. Le commerçant doit apposer une étiquette sur chaque automobile d'occasion qu'il offre en vente ou en location à long terme.

L'étiquette doit être placée de façon qu'elle puisse être lue en entier de l'extérieur de l'automobile. [1978, c. 9, art. 155; 1991, c. 24, art. 5].

156. L'étiquette doit divulguer:

a) si l'automobile d'occasion est offerte en vente, son prix de vente, et, si elle est offerte en location à long terme, sa valeur au détail;

b) le nombre de milles ou de kilomètres indiqué à l'odomètre et le nombre de milles ou de kilomètres effectivement parcourus par l'automobile s'il est différent de celui indiqué à l'odomètre;

c) l'année de fabrication attribuée au modèle par le manufacturier, le numéro de série, la marque, le modèle ainsi que la cylindrée du moteur;

d) le cas échéant, le fait que l'automobile a été utilisée comme taxi, automobile d'école de conduite, automobile de police, ambulance, automobile de location, automobile pour la clientèle ou démonstrateur, ainsi que l'identité de tout commerce ou de tout organisme public qui a été propriétaire ou qui a loué à long terme l'automobile;

e) le cas échéant, toute réparation effectuée sur l'automobile d'occasion depuis que le commerçant est en possession de l'automobile;

f) la catégorie prévue à l'article 160;

g) les caractéristiques de la garantie offerte par le commerçant;

h) le fait qu'un certificat de vérification mécanique délivré en vertu du Code de la sécurité routière (chapitre C-24.2) sera remis au consommateur lors de la signature du contrat;

i) le fait que le commerçant doit, à la demande du consommateur, lui fournir le nom et le numéro de téléphone du dernier propriétaire autre que le commerçant.

Pour l'application des paragraphes *b* et *d* du présent article, le commerçant peut s'appuyer sur une déclaration écrite du dernier propriétaire sauf s'il a des motifs raisonnables de croire qu'elle est fausse. [1978, c. 9, art. 156; 1986, c. 91, art. 665; 1987, c. 90, art. 3; 1991, c. 24, art. 6].

157. L'étiquette doit être annexée au contrat ou, s'il s'agit d'un contrat de louage à long terme qui n'est pas constaté par écrit, être remise au consommateur lors de la conclusion du contrat.

Tout ce qui est divulgué sur l'étiquette fait partie intégrante du contrat, à l'exception du prix auquel l'automobile est offerte et des caractéristiques de la garantie, qui peuvent être modifiés. [1978, c. 9, art. 157; 1991, c. 24, art. 7].

158. Le contrat de vente doit être constaté par écrit et indiquer:

a) le numéro de la licence délivrée au commerçant en vertu du Code de la sécurité routière (chapitre C-24.2);

b) le lieu et la date du contrat;

c) le nom et l'adresse du consommateur et ceux du commerçant;

d) le prix de l'automobile;

e) les droits exigibles en vertu d'une loi fédérale ou provinciale;

f) le total des sommes que le consommateur doit débourser en vertu du contrat; et

g) les caractéristiques de la garantie. [1978, c. 9, art. 158; 1980, c. 11, art. 106; 1986, c. 91, art. 666; 1991, c. 24, art. 8].

159. La vente ou la location à long terme d'une automobile d'occasion comporte une garantie de bon fonctionnement de l'automobile:

a) durant six mois ou 10 000 kilomètres, selon le premier terme atteint, si l'automobile est de la catégorie A;

b) durant trois mois ou 5 000 kilomètres, selon le premier terme atteint, si l'automobile est de la catégorie B;

c) durant un mois ou 1 700 kilomètres, selon le premier terme atteint, si l'automobile est de la catégorie C. [1978, c. 9, art. 159; 1991, c. 24, art. 9].

160. Pour l'application de l'article 159, les automobiles d'occasion sont réparties selon les catégories suivantes:

a) une automobile est de la catégorie A lorsqu'au plus deux ans se sont écoulés depuis la date de la mise sur le marché, par le manufacturier, de ses automobiles du même modèle et de la même année de fabrication jusqu'à la date de la vente ou de la location à long terme visée audit article, pourvu que l'automobile n'ait pas parcouru plus de 40 000 kilomètres;

b) une automobile est de la catégorie B lorsqu'elle n'est pas visée dans le paragraphe *a* et qu'au plus trois ans se sont écoulés depuis la date de la mise sur le marché, par le manufacturier, de ses automobiles du même modèle et de la même année de fabrication jusqu'à la date de la vente ou de la location à long terme visée audit article, pourvu que l'automobile n'ait pas parcouru plus de 60 000 kilomètres;

c) une automobile est de la catégorie C lorsqu'elle n'est pas visée dans les paragraphes *a* ou *b* et qu'au plus cinq ans se sont écoulés depuis la date de la mise sur le marché, par le manufacturier, de ses automobiles du même modèle et de la même année de fabrication jusqu'à la date de la vente ou de la location à long terme visée audit article, pourvu que l'automobile n'ait pas parcouru plus de 80 000 kilomètres;

d) une automobile est de la catégorie D lorsqu'elle n'est visée dans aucun des paragraphes *a*, *b* ou *c*. [1978, c. 9, art. 160; 1991, c. 24, art. 10].

161. La garantie prévue par l'article 159 ne comprend pas:

a) le service normal d'entretien et le remplacement de pièces en résultant;

b) un article de garniture intérieure ou de décoration extérieure;

c) un dommage qui résulte d'un usage abusif par le consommateur après la livraison de l'automobile; et

d) tout accessoire prévu par règlement. [1978, c. 9, art. 161].

162. Lorsque le commerçant offre en vente ou en location à long terme une automobile de la catégorie A, B ou C, il peut indiquer sur l'étiquette les défectuosités de l'automobile avec une évaluation du coût de leur réparation. Le commerçant est lié par l'évaluation et garantit que la réparation peut être effectuée pour le prix mentionné dans l'évaluation.

Dans ce cas, le commerçant n'est pas assujetti à l'obligation de garantie pour les défectuosités mentionnées sur l'étiquette. [1978, c. 9, art. 162; 1991, c. 24, art. 11].

163. La garantie prend effet au moment de la livraison de l'automobile d'occasion. [1978, c. 9, art. 163].

164. Les articles 155 à 158 et 161 à 163 s'appliquent, compte tenu des adaptations nécessaires, à la vente ou à la location à long terme d'une motocyclette d'occasion adaptée au transport sur les chemins publics.

La vente ou la location à long terme d'une motocyclette d'occasion adaptée au transport sur les chemins publics comporte une garantie de bon fonctionnement de la motocyclette et de ses accessoires;

a) durant deux mois, si la motocyclette est de la catégorie A;

b) durant un mois, si la motocyclette est de la catégorie B.

Les motocyclettes d'occasion adaptées au transport sur les chemins publics sont réparties selon les catégories suivantes:

a) une motocyclette est de la catégorie A lorsqu'au plus deux ans se sont écoulés depuis la date de la mise sur le marché par le manufacturier de ses motocyclettes du même modèle et de la

même année de fabrication jusqu'à la date de la vente ou de la location à long terme visée au présent article;

b) une motocyclette est de la catégorie B lorsque plus de deux ans, mais au plus trois ans, se sont écoulés depuis la date de la mise sur le marché, par le manufacturier, de ses motocyclettes du même modèle et de la même année de fabrication jusqu'à la date de la vente ou de la location à long terme visée au présent article;

c) une motocyclette est de la catégorie C lorsqu'elle n'est visée ni dans le paragraphe *a* ni dans le paragraphe *b.* [1978, c. 9, art. 164; 1991, c. 24, art. 12].

165. Une personne qui, à titre onéreux, agit comme intermédiaire entre consommateurs dans la vente d'automobile d'occasion ou de motocyclettes d'occasion adaptées au transport sur les chemins publics est assujettie aux obligations qui incombent au commerçant en vertu de la présente section. [1978, c. 9, art. 165].

166. Les articles 155 à 165 ne s'appliquent pas à une automobile neuve qui a fait l'objet d'un contrat de location comportant une clause d'option d'achat dont le locataire décide de se prévaloir, ou comportant le droit d'acquisition prévu à l'article 150.29 ou 150.30 que le consommateur décide d'exercer. [1978, c. 9, art. 166; 1991, c. 24, art. 13].

§ 3.-*Réparation d'automobile et de motocyclette*

167. Aux fins de la présente sous-section, on entend par:

a) «commerçant»: une personne qui effectue une réparation moyennant rémunération;

b) «réparation»: un travail effectué sur une automobile, à l'exception d'un travail prévu par règlement. [1978, c. 9, art. 167].

168. Avant d'effectuer une réparation, le commerçant doit fournir une évaluation écrite au consommateur. Le commerçant ne peut se libérer de cette obligation sans une renonciation écrite en entier par le consommateur et signée par ce dernier.

L'évaluation n'est pas requise lorsque la réparation doit être effectuée sans frais pour le consommateur.

Un commerçant ne peut exiger de frais pour faire une évaluation à moins d'en avoir fait connaître le montant au consommateur avant de faire l'évaluation. [1978, c. 9, art. 168].

169. S'il faut, pour fournir une évaluation, démonter en tout ou en partie une automobile ou une partie d'une automobile, la somme mentionnée en vertu de l'article 168 doit comprendre le coût de remontage au cas où le consommateur décide de ne pas faire effectuer la réparation et ceux de la main-d'oeuvre et d'un élément requis pour remplacer un objet non récupérable ou non réutilisable détruit lors du démontage. [1978, c. 9, art. 169].

170. L'évaluation doit indiquer:

a) le nom et l'adresse du consommateur et ceux du commerçant;

b) la marque, le modèle et le numéro d'immatriculation de l'automobile;

c) la nature et le prix total de la réparation à effectuer;

d) la pièce à poser, en précisant s'il s'agit d'une pièce neuve, usagée, réusinée ou remise à neuf; et

e) la date et la durée de validité de cette évaluation. [1978, c. 9, art. 170].

171. L'évaluation acceptée par le consommateur lie également le commerçant. Aucuns frais supplémentaires ne peuvent être exigés du consommateur pour la réparation prévue dans l'évaluation. [1978, c. 9, art. 171].

172. Le commerçant ne peut effectuer une réparation non prévue dans l'évaluation acceptée avant d'avoir obtenu l'autorisation expresse du consommateur.

Dans le cas où le commerçant obtient une autorisation orale, il doit la consigner dans l'évaluation en indiquant la date, l'heure, le nom de la personne qui l'a donnée et, le cas échéant, le numéro de téléphone composé. [1978, c. 9, art. 172].

173. Lorsqu'il a effectué une réparation, le commerçant doit remettre au consommateur une facture indiquant:

a) le nom et l'adresse du consommateur et ceux du commerçant;

b) la marque, le modèle et le numéro d'immatriculation de l'automobile;

c) la date de la livraison de l'automobile au consommateur et le nombre de milles ou de kilomètres indiqués à l'odomètre de l'automobile à cette date;

d) la réparation effectuée;

e) la pièce posée en précisant s'il s'agit d'une pièce neuve, usagée, réusinée ou remise à neuf et son prix;

f) le nombre d'heures de main-d'oeuvre facturé, le tarif horaire et le coût total de la main-d'oeuvre;

g) les droits exigibles en vertu d'une loi fédérale ou provinciale;

h) le total des sommes que le consommateur doit débourser pour cette réparation; et

i) les caractéristiques de la garantie. [1978, c. 9, art. 173; 1980, c. 11, art. 107; 1987, c. 90, art. 4].

174. Lorsqu'une réparation est faite par un sous-traitant, le commerçant a les mêmes obligations que s'il l'avait lui-même effectuée. [1978, c. 9, art. 174].

175. Le commerçant doit, si le consommateur l'exige au moment où il demande de faire la réparation, remettre à ce dernier la pièce qui a été remplacée et ce, au moment où le consommateur prend livraison de son automobile sauf:

a) si la réparation est faite sans frais pour le consommateur;

b) si la pièce est échangée contre une pièce réusinée ou remise à neuf; ou

c) si la pièce remplacée fait l'objet d'un contrat de garantie en vertu duquel le commerçant doit remettre cette pièce au manufacturier ou au distributeur. [1978, c. 9, art. 175].

176. Une réparation est garantie pour trois mois ou 5 000 kilomètres, selon le premier terme atteint. La garantie prend effet au moment de la livraison de l'automobile. [1978, c. 9, art. 176].

177. La garantie prévue à l'article 176 ne couvre pas un dommage qui résulte d'un usage abusif par le consommateur après la réparation. [1978, c. 9, art. 177].

178. L'acceptation de l'évaluation ou le paiement du consommateur n'est pas préjudiciable à son recours contre le commerçant en raison d'une absence d'autorisation préalable de la réparation, d'une malfaçon ou d'un prix qui excède,

selon le cas, le prix indiqué dans l'évaluation ou la somme du prix indiqué dans l'évaluation et du prix convenu lors de la modification autorisée. [1978, c. 9, art. 178].

179. Malgré l'article 441 du Code civil du Bas Canada, le commerçant ne peut retenir l'automobile du consommateur:

a) si le commerçant a omis de fournir une évaluation au consommateur avant d'effectuer la réparation; ou

b) si le prix total de la réparation est supérieur au prix indiqué dans l'évaluation, à la condition que le consommateur paie le prix indiqué dans l'évaluation; ou

c) si le prix total de la réparation est supérieur à la somme du prix indiqué dans l'évaluation et du prix convenu lors de la modification autorisée à la condition que le consommateur paie un prix égal à cette somme. [1978, c. 9, art. 179].

180. Un commerçant qui effectue la réparation d'automobiles doit, conformément aux exigences prescrites par règlement, afficher dans un endroit bien en vue de son établissement une pancarte informant les consommateurs des principales dispositions prévues dans la présente sous-section. [1978, c. 9, art. 180].

181. Les articles 167 à 175 et 177 à 180 s'appliquent, compte tenu des adaptations nécessaires, à la réparation d'une motocyclette adaptée au transport sur les chemins publics.

Une réparation d'une motocyclette adaptée au transport sur les chemins publics est garantie pour un mois. La garantie prend effet au moment de la livraison de la motocyclette. [1978, c. 9, art. 181].

SECTION V
RÉPARATION D'APPAREIL DOMESTIQUE

182. Aux fins de la présente section, on entend par:

a) «appareil domestique»: une cuisinière, un réfrigérateur, un congélateur, un lave-vaisselle, une laveuse, une sécheuse, ou un téléviseur;

b) «commerçant»: une personne qui effectue une réparation moyennant rémunération;

c) «réparation»: un travail effectué sur un appareil domestique, à l'exception d'un travail prévu par règlement. [1978, c. 9, art. 182].

183. Avant d'effectuer une réparation, le commerçant doit fournir une évaluation écrite au consommateur. Le commerçant ne peut se libérer de cette obligation sans une renonciation écrite en entier par le consommateur et signée par ce dernier.

L'évaluation n'est pas requise lorsque la réparation doit être effectuée sans frais pour le consommateur.

Un commerçant ne peut exiger de frais pour faire une évaluation à moins d'en avoir fait connaître le montant au consommateur avant de faire l'évaluation. [1978, c. 9, art. 183].

184. L'évaluation doit indiquer:

a) le nom et l'adresse du consommateur et ceux du commerçant;

b) la description de l'appareil domestique;

c) la nature et le prix total de la réparation à effectuer;

d) la date et la durée de validité de l'évaluation. [1978, c. 9, art. 184].

185. Lorsqu'il a effectué la réparation, le commerçant doit remettre au consommateur une facture indiquant:

a) le nom et l'adresse du consommateur et ceux du commerçant;

b) la description de l'appareil domestique;

c) la réparation effectuée;

d) la pièce posée en précisant s'il s'agit d'une pièce neuve, usagée, réusinée ou remise à neuf et son prix;

e) le nombre d'heures de main-d'oeuvre facturé, le tarif horaire et le coût total de la main-d'oeuvre;

f) les droits exigibles en vertu d'une loi fédérale ou provinciale;

g) le total des sommes que le consommateur doit débourser pour cette réparation; et

h) les caractéristiques de la garantie. [1978, c. 9, art. 185; 1980, c. 11, art. 108; 1987, c. 90, art. 5].

186. Une réparation est garantie pour trois mois. La garantie comprend les pièces et la main-d'oeuvre et prend effet au moment de la livraison de l'appareil domestique. [1978, c. 9, art. 186].

187. Les articles 171, 172, 174, 175, 177, 178 et 179 s'appliquent, compte tenu des adaptations nécessaires, à la réparation d'appareil domestique. [1978, c. 9, art. 187].

SECTION VI
LOUAGE DE SERVICES À EXÉCUTION SUCCESSIVE

§ 1.-Disposition générale

188. Pour les fins de la présente section, est considérée comme commer-çant une personne qui offre ou fournit un service prévu à l'article 189 à l'exception:

a) d'une commission scolaire et d'un établissement d'enseignement qui est sous son autorité;

b) d'un collège d'enseignement général et professionnel;

c) d'une université;

d) d'une faculté, école ou institut d'une université qui est géré par une corporation distincte de celle qui administre cette université;

e) d'un établissement d'enseignement régi par la *Loi sur l'enseignement privé* (1992, chapitre 68), pour les contrats de services éducatifs qui y sont assujettis;

f) *(paragraphe abrogé)*;

f.1) d'une institution dont le régime d'enseignement est l'objet d'une entente internationale au sens de la *Loi sur le ministère des Relations internationales,* (chapitre M-21.1), pour l'enseignement subventionné qu'elle dispense;

g) d'un ministère du gouvernement et d'une école administrée par le gouvernement ou un de ses ministères;

g.1) du Conservatoire de musique et d'art dramatique du Québec institué en vertu de la *Loi sur le Conservatoire de musique et d'art dramatique du Québec* (1994, c. 2);

h) d'une municipalité;

i) d'une personne membre d'une corporation professionnelle régie par le Code des professions (chapitre C-26);

j) d'une personne et d'une catégorie de personnes qui exercent une activité prévue à l'article 189 sans exiger ou recevoir de rémunération, directement ou indirectement; et

k) d'une personne et d'une catégorie de personnes prévues par règlement. [1978, c. 9, art. 188; 1988, c. 84, art. 700; 1989, c. 17, art. 12, 1992, c. 68, art. 151; 1994, c. 2, art. 78; 1994, c. 15, art. 33; 1996, c. 2, art. 791; 1996, c. 21, art. 70; 1997, c. 96, art. 193].

§ 2.-*Contrats principaux*

189. À l'exception du contrat conclu par un commerçant qui opère un studio de santé, la présente sous-section s'applique au contrat de louage de services à exécution successive ayant pour objet:

a) de procurer un enseignement, un entraînement ou une assistance aux fins de développer, de maintenir ou d'améliorer la santé, l'apparence, l'habileté, les qualités, les connaissances ou les facultés intellectuelles, physiques ou morales d'une personne;

b) d'aider une personne à établir, maintenir ou développer des relations personnelles ou sociales; ou

c) d'accorder à une personne le droit d'utiliser un bien pour atteindre l'une des fins prévues aux paragraphes *a* ou *b*. [1978, c. 9, art. 189].

190. Le contrat doit être constaté par écrit et indiquer:

a) le nom et l'adresse du consommateur et ceux du commerçant;

b) le lieu et la date du contrat;

c) la description de l'objet du contrat et la date à laquelle le commerçant doit commencer à exécuter son obligation;

d) la durée du contrat et l'adresse où il doit être exécuté;

e) le nombre d'heures, de jours ou de semaines sur lesquels sont répartis les services ainsi que le taux horaire, le taux à la journée ou le taux à la semaine, selon le cas;

f) le total des sommes que le consommateur doit débourser en vertu du contrat;

g) les modalités de paiement; et

h) toute autre mention prescrite par règlement.

Le commerçant doit annexer au double du contrat qu'il remet au consommateur une formule conforme à l'annexe 8. [1978, c. 9, art. 190; 1992, c. 63, art. 152].

191. Le taux horaire, le taux à la journée ou le taux à la semaine doit être le même pour toute la durée du contrat. [1978, c. 9, art. 191].

192. Le commerçant ne peut percevoir de paiement du consommateur avant de commencer à exécuter son obligation.

Le commerçant ne peut percevoir le paiement de l'obligation du consommateur en moins de deux versements sensiblement égaux. Les dates d'échéance des versements doivent être fixées de telle sorte qu'elles se situent approximativement au début de parties sensiblement égales de la durée du contrat. [1978, c. 9, art. 192].

193. Le consommateur peut, à tout moment et à sa discrétion, résilier le contrat au moyen de la formule prévue à l'article 190 ou d'un autre avis écrit à cet effet au commerçant. Le contrat est résilié de plein droit à compter de l'envoi de la

formule ou de l'avis. [1978, c. 9, art. 193].

194. Si le consommateur résilie le contrat avant que le commerçant n'ait commencé à exécuter son obligation principale, la résiliation s'effectue sans frais ni pénalité pour le consommateur. [1978, c. 9, art. 194].

195. Si le consommateur résilie le contrat après que le commerçant ait commencé à exécuter son obligation principale, les seules sommes que le commerçant peut exiger de lui sont:

a) le prix des services qui lui ont été fournis, calculé au taux horaire, au taux à la journée ou au taux à la semaine stipulé dans le contrat, et

b) à titre de pénalité, la moins élevée des sommes suivantes: 50$ ou une somme représentant au plus 10 pour cent du prix des services qui ne lui ont pas été fournis. [1978, c. 9, art. 195].

196. Dans les dix jours qui suivent la résiliation du contrat, le commerçant doit restituer au consommateur la somme d'argent qu'il doit à ce dernier. [1978, c. 9, art. 196].

§ 3.-*Studios de santé*

197. La présente sous-section s'applique aux contrats de louage de services à exécution successive conclus entre un consommateur et un commerçant qui opère un studio de santé. [1978, c. 9, art. 197].

198. Aux fins de la présente sous-section, on entend par «studio de santé» un établissement qui fournit des biens ou des services destinés à aider une personne à améliorer sa condition physique par un changement dans son poids, le contrôle de son poids, un traitement,

une diète ou de l'exercice. [1978, c. 9, art. 198].

199. Le contrat doit être constaté par écrit et indiquer:

a) le numéro de permis du commerçant;

b) le nom et l'adresse du consommateur et ceux du commerçant;

c) le lieu et la date du contrat;

d) la description de l'objet du contrat et la date à laquelle le commerçant doit commencer à exécuter son obligation;

e) la durée du contrat et l'adresse où il doit être exécuté;

f) le total des sommes que le consommateur doit débourser en vertu du contrat;

g) les modalités de paiement; et

h) toute autre mention prescrite par règlement.

Le commerçant doit annexer au double du contrat qu'il remet au consommateur une formule conforme à l'annexe 9. [1978, c. 9, art. 199].

200. La durée du contrat ne peut excéder un an. [1978, c. 9, art. 200].

201. Le commerçant ne peut percevoir aucun paiement du consommateur avant de commencer à exécuter son obligation.

Le commerçant ne peut percevoir le paiement de l'obligation du consommateur en moins de deux versements sensiblement égaux. Les dates d'échéance des versements doivent être fixées de telle sorte qu'elles se situent approximativement au début de parties sensiblement égales de la durée du contrat. [1978, c. 9, art. 201].

202. Le consommateur peut, à sa discrétion, résilier le contrat sans frais ni pénalité avant que le commerçant ne commence à exécuter son obligation principale. [1978, c. 9, art. 202].

203. Le consommateur peut également, à sa discrétion, résilier le contrat dans un délai égal à un dixième de la durée prévue du contrat, à compter du moment où le commerçant commence à exécuter son obligation principale. Dans ce cas, le commerçant ne peut exiger du consommateur le paiement d'une somme supérieure à un dixième du prix total prévu au contrat. [1978, c. 9, art. 203].

204. Le consommateur peut résilier le contrat au moyen de la formule prévue à l'article 199 ou d'un autre avis écrit à cet effet au commerçant. Le contrat est résilié de plein droit à compter de l'envoi de la formule ou de l'avis. [1978, c. 9, art. 204].

205. Dans les dix jours qui suivent la résiliation du contrat, le commerçant doit restituer au consommateur la somme d'argent qu'il doit à ce dernier. [1978, c. 9, art. 205].

§ 4.-*Contrats accessoires*

206. Le commerçant ne peut soumettre la conclusion ou l'exécution du contrat principal à la conclusion d'un autre contrat entre lui et le consommateur. [1978, c. 9, art. 206].

207. Lorsque, à l'occasion de la conclusion ou de l'exécution du contrat principal, le consommateur conclut avec le commerçant un contrat de louage de biens ou de services qui ne serait pas autrement visé par la présente section, ce contrat est soumis, compte tenu des adaptations nécessaires, aux articles 190 à 196 ou 197 à 205, selon le cas. [1978, c. 9, art. 207].

208. Lorsque, à l'occasion de la conclusion ou de l'exécution du contrat principal, le commerçant vend un bien au consommateur, il doit lui remettre un contrat écrit indiquant:

a) le nom et l'adresse du consommateur et ceux du commerçant;

b) le lieu et la date du contrat;

c) la description de l'objet du contrat, y compris, le cas échéant, l'année du modèle ou autre marque distinctive;

d) le prix comptant de chaque bien;

e) les droits exigibles en vertu d'une loi fédérale ou provinciale;

f) le total des sommes que le consommateur doit débourser en vertu du contrat; et

g) toute autre mention prescrite par règlement.

Le commerçant doit annexer au double du contrat qu'il remet au consommateur une formule conforme à l'annexe 10. [1978, c. 9, art. 208; 1980, c. 11, art. 109].

209. Le consommateur peut, à sa discrétion, résoudre le contrat visé à l'article 208 dans les dix jours qui suivent celui de la livraison du bien, soit celui où le commerçant commence à exécuter son obligation en vertu du contrat principal, selon l'échéance du plus long terme. [1978, c. 9, art. 209].

210. Le consommateur se prévaut de la faculté de résolution:

a) par la remise du bien au commerçant;

b) en retournant au commerçant la formule prévue à l'article 208, ou

c) au moyen d'un autre avis écrit à cet effet au commerçant.

Le contrat est résolu de plein droit à compter de la remise du bien ou de l'envoi de la formule ou de l'avis. [1978, c. 9, art. 210].

211. Dans les dix jours qui suivent la résolution, les parties doivent se restituer ce qu'elles ont reçu l'une de l'autre.

Le commerçant assume les frais de restitution.

Le commerçant assume les risques de perte ou de détérioration, même par cas fortuit, du bien qui fait l'objet du contrat jusqu'à l'échéance du plus long terme prévu à l'article 209. [1978, c. 9, art. 211].

212. Lorsque le consommateur résilie un contrat principal, il peut également, même après l'expiration du délai prévu à l'article 209, résoudre un contrat visé à l'article 208 en remettant le bien au commerçant dans les dix jours qui suivent la résiliation du premier contrat.

Le consommateur ne peut cependant résoudre le contrat visé à l'article 208 s'il a été en possession du bien pendant une période de deux mois, ou une période équivalente à un tiers de la durée prévue du contrat principal, selon la plus courte des deux périodes. [1978, c. 9, art. 212].

213. Malgré les articles 209 et 212, le consommateur ne peut résoudre le contrat visé à l'article 208 si, par suite d'un fait ou d'une faute dont il est responsable, il ne peut remettre le bien au commerçant dans l'état où il l'a reçu. [1978, c. 9, art. 213].

214. Les articles 208 à 213 ne s'appliquent pas au contrat dans lequel le montant total de l'obligation du consommateur n'excède pas 100$. [1978, c. 9, art. 214].

TITRE II
PRATIQUES DE COMMERCE

215. Constitue une pratique interdite aux fins du présent titre une pratique visée par les articles 219 à 251 ou, lorsqu'il s'agit de la vente, de la location ou de la construction d'un immeuble, une pratique visée aux articles 219 à 222, 224 à 230, 232, 235, 236 et 238 à 243. [1978, c. 9, art. 215; 1985, c. 34, art. 272].

216. Aux fins du présent titre, une représentation comprend une affirmation, un comportement ou une omission. [1978, c. 9, art. 216].

217. La commission d'une pratique interdite n'est pas subordonnée à la conclusion d'un contrat. [1978, c. 9, art. 217].

218. Pour déterminer si une représentation constitue une pratique interdite, il faut tenir compte de l'impression générale qu'elle donne et, s'il y a lieu, du sens littéral des termes qui y sont employés. [1978, c. 9, art. 218].

219. Aucun commerçant, manufacturier ou publicitaire ne peut, par quelque moyen que ce soit, faire une représentation fausse ou trompeuse à un consommateur. [1978, c. 9, art. 219].

220. Aucun commerçant, manufacturier ou publicitaire ne peut faussement, par quelque moyen que ce soit:

a) attribuer à un bien ou à un service un avantage particulier;

b) prétendre qu'un avantage pécuniaire résultera de l'acquisition ou de l'utilisation d'un bien ou d'un service;

c) prétendre que l'acquisition ou l'utilisation d'un bien ou d'un service confère ou assure un droit, un recours ou une obligation. [1978, c. 9, art. 220].

221. Aucun commerçant, manufacturier ou publicitaire ne peut faussement, par quelque moyen que ce soit:

a) prétendre qu'un bien ou un service comporte une pièce, une composante ou un ingrédient particulier;

b) attribuer à un bien une dimension, un poids, une mesure ou un volume;

c) prétendre qu'un bien ou un service répond à une norme déterminée;

d) indiquer la catégorie, le type, le modèle ou l'année de fabrication d'un bien;

e) prétendre qu'un bien est neuf, remis à neuf ou utilisé à un degré déterminé;

f) prétendre qu'un bien a des antécédents particuliers ou a eu une utilisation particulière;

g) attribuer à un bien ou à un service une certaine caractéristique de rendement. [1978, c. 9, art. 221].

222. Aucun commerçant, manufacturier ou publicitaire ne peut faussement, par quelque moyen que ce soit:

a) invoquer une circonstance déterminée pour offrir un bien ou un service;

b) déprécier un bien ou un service offert par un autre;

c) prétendre qu'un bien ou un service a été fourni;

d) prétendre qu'un bien a un mode de fabrication déterminé;

e) prétendre qu'un bien ou un service est nécessaire pour changer une pièce ou effectuer une réparation;

f) prétendre qu'un bien ou un service est d'une origine géographique déterminée;

g) indiquer la quantité d'un bien ou d'un service dont il dispose. [1978, c. 9, art. 222].

223. Un commerçant doit indiquer clairement et lisiblement sur chaque bien offert en vente dans son établissement ou, dans le cas d'un bien emballé, sur son emballage, le prix de vente de ce bien, sous réserve de ce qui est prévu par règlement. [1978, c. 9, art. 223].

224. Aucun commerçant, manufacturier ou publicitaire ne peut, par quelque moyen que ce soit:

a) accorder, dans un message publicitaire, moins d'importance au prix d'un ensemble de biens ou de services, qu'au prix de l'un des biens ou des services composant cet ensemble;

b) sous réserve des articles 244 à 247, divulguer, dans un message publicitaire, le montant des paiements périodiques à faire pour l'acquisition d'un bien ou l'obtention d'un service sans divulguer également le prix total du bien ou du service ni le faire ressortir d'une façon plus évidente;

c) exiger pour un bien ou un service un prix supérieur à celui qui est annoncé. [1978, c. 9, art. 224].

225. Aucun commerçant, manufacturier ou publicitaire ne peut faussement, par quelque moyen que ce soit:

a) invoquer une réduction de prix;

b) indiquer le prix courant ou un autre prix de référence pour un bien ou un service;

c) laisser croire que le prix d'un bien ou d'un service est avantageux. [1978, c. 9, art. 225].

226. Aucun commerçant ou manufacturier ne peut refuser d'exécuter la garantie qu'il accorde sous prétexte que le document qui la constate ne lui est pas parvenu ou n'a pas été validé. [1978, c. 9, art. 226].

227. Aucun commerçant, manufacturier ou publicitaire ne peut, par quelque moyen que ce soit, faire une fausse représentation concernant l'existence, la portée ou la durée d'une garantie. [1978, c. 9, art. 227].

227.1. Nul ne peut, par quelque moyen que ce soit, faire une représentation fausse ou trompeuse concernant l'existence, l'imputation, le montant ou le taux des droits exigibles en vertu d'une loi fédérale ou provinciale. [1997, c. 85, art. 369].

228. Aucun commerçant, manufacturier ou publicitaire ne peut, dans une représentation qu'il fait à un consommateur, passer sous silence un fait important. [1978, c. 9, art. 228].

229. Aucun commerçant, manufacturier ou publicitaire ne peut, par quelque moyen que ce soit, à l'occasion de la sollicitation ou de la conclusion d'un contrat, faire une fausse représentation concernant la rentabilité ou un autre aspect d'une occasion d'affaires offerte à un consommateur. [1978, c. 9, art. 229].

230. Aucun commerçant, manufacturier ou publicitaire ne peut, par quelque moyen que ce soit:

a) exiger quelque somme que ce soit pour un bien ou un service qu'il a fait parvenir ou rendu à un consommateur sans que ce dernier ne l'ait demandé;

b) prétexter un motif pour solliciter la vente d'un bien ou la location d'un service. [1978, c. 9, art. 230; 1991, c. 24, art. 14].

231. Aucun commerçant, manufacturier ou publicitaire ne peut, par quelque moyen que ce soit, faire de la publicité concernant un bien ou un service qu'il possède en quantité insuffisante pour répondre à la demande du public, à moins de mentionner dans son message publicitaire qu'il ne dispose que d'une quantité limitée du bien ou du service et d'indiquer cette quantité.

Ne commet pas d'infraction au présent article le commerçant, le manufacturier ou le publicitaire qui établit à la satisfaction du tribunal qu'il avait des motifs raisonnables de croire être en mesure de répondre à la demande du public, ou qui a offert au consommateur, au même prix, un autre bien de même nature et d'un prix coûtant égal ou supérieur. [1978, c. 9, art. 231].

232. Aucun commerçant, manufacturier ou publicitaire ne peut, par quelque moyen que ce soit, accorder dans un message publicitaire, plus d'importance à la prime qu'au bien ou au service offert.

On entend par «prime» un bien, un service, un rabais ou un autre avantage offert ou remis à l'occasion de la vente d'un bien ou du louage d'un service et qui peut être attribué ou est susceptible d'être obtenu, immédiatement ou d'une manière différée, chez le commerçant, le manufacturier ou le publicitaire, soit à titre gratuit soit à des conditions présentées explicitement ou implicitement comme avantageuses. [1978, c. 9, art. 232].

233. Aucun commerçant, manufacturier ou publicitaire ne peut, à l'occasion d'un concours ou d'un tirage, offrir soit un cadeau ou un prix, soit un article à rabais, sans en divulguer clairement toutes les conditions et modalités d'obtention. [1978, c. 9, art. 233].

234. Nul ne peut refuser de conclure une entente avec un commerçant ou mettre fin à une entente qui le lie à un commerçant en raison du fait que ce commerçant accorde un rabais à un consommateur qui le paie en argent comptant ou par effet de commerce. [1978, c. 9, art. 234].

235. Aucune personne ne peut, directement ou indirectement, dans un contrat passé avec un consommateur, subordonner l'octroi d'un rabais, d'un paiement ou d'un autre avantage, à la conclusion d'un contrat de même nature entre, d'une part, cette personne ou ce consommateur et, d'autre part, une autre personne. [1978, c. 9, art. 235].

236. Est visé notamment à l'article 235, le contrat communément appelé vente par référence, à paliers multiples, à système pyramidal, par réactions en chaîne ou autre mode similaire de vente. [1978, c. 9, art. 236].

237. Nul ne peut:

a) altérer l'odomètre d'une automobile de façon à lui faire indiquer incorrectement la distance parcourue par celle-ci;

b) réparer l'odomètre d'une automobile sans le régler de façon à ce qu'il affiche la même distance que celle qui apparaissait avant que ne soient effectués les travaux;

c) remplacer l'odomètre d'une automobile sans régler le nouvel odomètre de façon à ce qu'il affiche la même distance que celle qui apparaissait sur l'odomètre remplacé. [1978, c. 9, art. 237; 1987, c. 90, art. 6].

238. Aucun commerçant, manufacturier ou publicitaire ne peut faussement, par quelque moyen que ce soit:

a) prétendre qu'il est agréé, recommandé, parrainé, approuvé par un tiers, ou affilié ou associé à ce dernier;

b) prétendre qu'un tiers recommande, approuve, agrée ou parraine un bien ou un service;

c) déclarer comme sien un statut ou une identité. [1978, c. 9, art. 238].

239. Aucun commerçant, manufacturier ou publicitaire ne peut, par quelque moyen que ce soit:

a) déformer le sens d'une information, d'une opinion ou d'un témoignage;

b) s'appuyer sur une donnée ou une analyse présentée faussement comme scientifique. [1978, c. 9, art. 239].

240. À moins d'une disposition contraire prévue par la présente loi ou un règlement, nul ne peut invoquer le fait

qu'il est titulaire d'un permis ou qu'il a fourni un cautionnement exigé par la présente loi ou un règlement, ou qu'il est le représentant d'une personne qui est titulaire d'un permis ou qui a fourni un cautionnement exigé par la présente loi ou un règlement pour prétendre que sa compétence, sa solvabilité, sa conduite ou ses opérations sont reconnues ou approuvés. [1978, c. 9, art. 240; 1980, c. 11, art. 110].

241. À moins d'une disposition contraire prévue par la présente loi ou un règlement, nul ne peut alléguer dans un message publicitaire le fait qu'il est titulaire d'un permis ou qu'il a fourni un cautionnement exigé par la présente loi ou un règlement, ou qu'il est le représentant d'une personne qui est titulaire d'un permis ou qui a fourni un cautionnement exigé par la présente loi ou un règlement. [1978, c. 9, art. 241; 1980, c. 11, art. 111].

242. Aucun commerçant ne peut, dans un message publicitaire, omettre son identité et sa qualité de commerçant. [1978, c. 9, art. 242].

243. Aucun commerçant ou manufacturier ne peut, dans un message publicitaire concernant un bien ou un service offert aux consommateurs, indiquer comme adresse une case postale sans mentionner au moins son adresse. [1978, c. 9, art. 243].

244. Nul ne peut, dans un message publicitaire concernant un bien ou un service, informer le consommateur sur le crédit qu'on lui offre, sauf pour mentionner la disponibilité du crédit de la manière prescrite par règlement. [1978, c. 9, art. 244].

245. Nul ne peut, à l'occasion d'un message publicitaire concernant le crédit,

inciter le consommateur à se procurer un bien ou un service au moyen du crédit ou illustrer un bien ou un service. [1978, c. 9, art. 245].

245.1. Nul ne peut faire parvenir à un consommateur qui n'en a pas fait la demande par écrit une offre de crédit, un certificat de prêt ou un autre écrit qui, par la signature du consommateur, devient un contrat de crédit. [1987, c. 90, art. 7].

246. Nul ne peut, à l'occasion d'un message publicitaire concernant le crédit, divulguer un taux relatif au crédit, à moins de divulguer également le taux de crédit calculé conformément à la présente loi et de faire ressortir ce dernier d'une façon aussi évidente. [1978, c. 9, art. 246; 1991, c. 24, art. 15].

247. Nul ne peut faire de la publicité concernant les modalités du crédit, à l'exception du taux de crédit, à moins que le message publicitaire ne contienne les mentions prescrites par règlement. [1978, c. 9, art. 247].

247.1. Nul ne peut faire de la publicité concernant les modalités du louage à long terme de biens, à moins que le message publicitaire n'indique de façon expresse qu'il s'agit d'une offre de location à long terme et ne contienne les mentions prescrites par règlement, présentées de la manière qui y est prévue. [1991, c. 24, art. 16].

248. Sous réserve de ce qui est prévu par règlement, nul ne peut faire de la publicité à but commercial destinée à des personnes de moins de treize ans. [1978, c. 9, art. 248].

249. Pour déterminer si un message publicitaire est ou non destiné à des personnes de moins de treize ans, on doit

tenir compte du contexte de sa présentation et notamment:

    a) de la nature et de la destination du bien annoncé;

    b) de la manière de présenter ce message publicitaire;

    c) du moment ou de l'endroit où il apparaît.

Le fait qu'un tel message publicitaire soit contenu dans un imprimé destiné à des personnes de treize ans et plus ou destiné à la fois à des personnes de moins de treize ans et à des personnes de treize ans et plus ou qu'il soit diffusé lors d'une période d'écoute destinée à des personnes de treize ans et plus ou destinées à la fois à des personnes de moins de treize ans et à des personnes de treize ans et plus ne fait pas présumer qu'il n'est pas destiné à des personnes de moins de treize ans. [1978, c. 9, art. 249].

250. Nul ne peut faire de la publicité indiquant qu'un commerçant échange ou accepte en paiement un chèque ou un autre ordre de paiement émis par le gouvernement du Québec, par celui du Canada ou par une municipalité. [1978, c. 9, art. 250; 1996, c. 2, art. 791].

251. Nul ne peut exiger de frais d'un consommateur pour l'échange ou l'encaissement d'un chèque ou d'un autre ordre de paiement émis par le gouvernement du Québec, par celui du Canada ou par une municipalité. [1978, c. 9, art. 251; 1996, c. 2, art. 791].

252. Aux fins des articles 231, 246, 247, 247.1, 248 et 250, on entend par «faire de la publicité» le fait de préparer, d'utiliser, de distribuer, de faire distribuer, de publier ou de faire publier, de diffuser ou

de faire diffuser un message publicitaire. [1978, c. 9, art. 252; 1991, c. 24, art. 17].

253. Lorsqu'un commerçant, un manufacturier ou un publicitaire se livre en cas de vente, de location ou de construction d'un immeuble à une pratique interdite ou, dans les autres cas, à une pratique interdite visée aux paragraphes *a* et *b* de l'article 220, *a, b, c, d, e* et *g* de l'article 221, *d, e* et *f* de l'article 222, *c* de l'article 224, *a* et *b* de l'article 225 et aux articles 227, 228, 229, 237 et 239, il y a présomption que, si le consommateur avait eu connaissance de cette pratique, il n'aurait pas contracté ou n'aurait pas donné un prix si élevé. [1978, c. 9, art. 253; 1985, c. 34, art. 273].

TITRE III
COMPTES EN FIDUCIE

254. Le commerçant qui reçoit une somme d'argent d'un consommateur avant la conclusion d'un contrat doit placer cette somme dans un compte en fiducie jusqu'à ce qu'il la rembourse au consommateur sur réclamation de ce dernier, ou jusqu'à la conclusion du contrat. [1978, c. 9, art. 254].

255. Le commerçant qui perçoit une somme d'argent d'un consommateur en vertu du contrat visé par l'article 56 doit placer cette somme dans un compte en fiducie jusqu'à l'expiration du délai prévu par l'article 59 ou jusqu'à la résolution du contrat en vertu de cet article. [1978, c. 9, art. 255].

256. Lorsqu'un commerçant reçoit une somme d'argent d'un consommateur par suite d'un contrat en vertu duquel l'obligation principale du commerçant doit être exécutée plus de deux mois après la conclusion de ce contrat, il doit la placer dans un compte en fiducie

jusqu'à l'exécution de son obligation principale. [1978, c. 9, art. 256].

257. Le commerçant doit, à tout moment, n'avoir qu'un seul compte en fiducie dans une banque à charte, une caisse d'épargne et de crédit, une compagnie de fidéicommis ou une autre institution autorisée par la *Loi sur l'assurance-dépôts* (chapitre A-26) à recevoir des dépôts, pour y garder les sommes d'argent visées aux articles 254 à 256.

Dès l'ouverture du compte, il doit informer le président de l'endroit où ce compte en fiducie est tenu ainsi que du numéro de ce compte. [1978, c. 9, art. 257; 1987, c. 95, art. 402].

258. Le commerçant doit effectuer dans ses livres ou registres les inscriptions comptables appropriées au sujet des sommes qu'il reçoit d'un consommateur et qu'il doit placer en fiducie en vertu des articles 254 à 256.

Le commerçant doit, sur demande du consommateur, lui rendre compte d'une somme qu'il en a reçue. [1978, c. 9, art. 258].

259. L'intérêt sur les sommes versées dans un compte en fiducie tenu en vertu du présent titre appartient au commerçant. [1978, c. 9, art. 259].

260. Lorsque le commerçant est une corporation, un administrateur est conjointement et solidairement responsable avec la corporation des sommes qui doivent être placées dans un compte en fiducie conformément aux articles 254 à 256, à moins qu'il ne fasse la preuve de sa bonne foi. [1978, c. 9, art. 260].

TITRE III.1
AGENTS D'INFORMATION

260.1.-260.4. (*Abrogés*). [1993, c. 17, art. 112].

TITRE III.2
ADMINISTRATION DES SOMMES PERÇUES EN MATIÈRE DE GARANTIE SUPPLÉMENTAIRE

260.5. Le présent titre s'applique au commerçant obligé de détenir un permis en vertu du paragraphe *d* de l'article 321. [1988, c. 45, art. 2].

260.6. Aux fins du paragraphe *d* de l'article 321 et du présent titre, on entend par «contrat de garantie supplémentaire» un contrat en vertu duquel un commerçant s'engage envers un consommateur à assumer directement ou indirectement, en tout ou en partie, le coût de la réparation ou du remplacement d'un bien ou d'une partie d'un bien advenant leur défectuosité ou leur mauvais fonctionnement, et ce autrement que par l'effet d'une garantie conventionnelle de base accordée gratuitement à tout consommateur qui achète ou qui fait réparer ce bien. [1988, c. 45, art. 2].

260.7. Le commerçant doit maintenir en tout temps, dans un compte en fidéicommis distinct désigné «compte de réserves», des réserves suffisantes destinées à garantir les obligations découlant des contrats de garantie supplémentaire qu'il conclut. [1988, c. 45, art. 2].

260.8. À cette fin, le commerçant doit sans délai déposer dans ce compte de réserves une portion au moins égale à 50% de toute somme qu'il reçoit en contrepartie d'un contrat de garantie supplémentaire. [1988, c. 45, art. 2].

260.9. Le compte de réserves doit en tout temps demeurer ouvert au Québec auprès d'une société de fiducie qui a souscrit un engagement à assumer, quant aux sommes qui lui sont confiées

par le commerçant, les devoirs, les obligations et les responsabilités que la présente loi lui impose.

Dès l'ouverture du compte, le commerçant doit informer le président du numéro du compte ainsi que de l'endroit où il est tenu et lui transmettre l'engagement souscrit par la société de fiducie.

L'engagement doit être conforme au modèle prévu à l'Annexe 11. [1988, c. 45, art. 2].

260.10. Le commerçant doit fournir au président un état de ses opérations aux moments et de la façon prescrits par règlement. [1988, c. 45, art. 2].

260.11. Le compte de réserves ne peut être utilisé que pour l'une des fins suivantes:

a) acquitter une réclamation née d'un contrat de garantie supplémentaire pour lequel une somme a été déposée dans ce compte conformément à l'article 260.8;

b) rembourser les sommes dues à un consommateur par suite de la résolution ou de l'annulation d'un contrat de garantie supplémentaire pour lequel une somme a été déposée dans ce compte conformément à l'article 260.8.

Le commerçant peut se réserver le choix des placements à effectuer avec les sommes contenues dans le compte de réserves. Dans ce cas, ces sommes ne peuvent faire l'objet de placements que par la société de fiducie et que dans des catégories de placements déterminées par règlement. [1988, c. 45, art. 2].

260.12. La société de fiducie auprès de qui un compte de réserves a été ouvert ne doit permettre l'utilisation dudit compte que pour l'une des fins énumérées à l'article 260.11 et sur présentation de pièces justificatives. [1988, c. 45, art. 2].

260.13. Le commerçant doit maintenir une comptabilité distincte de toutes les opérations affectant le compte de réserves dans laquelle doit apparaître de façon détaillée l'utilisation des fonds.

Il doit en outre tenir à jour un registre des consommateurs ayant conclu avec lui un contrat de garantie supplémentaire, avec indication de la date de conclusion du contrat et de sa date d'échéance, du prix du contrat, du montant déposé en fidéicommis ainsi que du montant utilisé ou retiré. [1988, c. 45, art. 2].

260.14. Les sommes qui sont perçues par un commerçant et qui doivent être déposées en fidéicommis dans le compte de réserves en vertu de l'article 260.8 sont, tant qu'elles n'ont pas été utilisées pour acquitter une réclamation née d'un contrat de garantie supplémentaire ou pour rembourser les sommes dues à un consommateur par suite de la résolution ou de l'annulation d'un contrat de garantie supplémentaire ou tant que la valeur résiduelle des contrats n'a pas été remboursée aux consommateurs, réputées détenues en fiducie pour les consommateurs par le commerçant et un montant égal au total des sommes ainsi réputées détenues en fiducie doit être considéré comme formant un fonds séparé ne faisant pas partie des biens du commerçant, que ce montant ait été ou non conservé distinct et séparé des propres fonds du commerçant ou de la masse de ses biens.

La valeur résiduelle des contrats doit être calculée à la date d'une ordon-

nance de mise en liquidation du commerçant ou à la date de la cession ou d'une prise de possession de ses biens ou à la date d'une ordonnance de séquestre rendue contre lui, ou à la date que fixera un administrateur provisoire nommé en vertu de l'article 260.16, suivant les normes et méthodes actuarielles reconnues. [1988, c. 45, art. 2].

260.15. Le compte de réserves est incessible et insaisissable. [1988, c. 45, art. 2].

260.16. Le président peut nommer un administrateur provisoire pour administrer temporairement, continuer ou terminer les affaires en cours d'un commerçant dans l'un ou l'autre des cas suivants:

a) lorsque le commerçant exerce ses activités sans permis;

b) lorsque le commerçant ne remplit plus l'une des conditions prescrites par la présente loi ou par règlement pour l'obtention d'un permis;

c) lorsque le permis du commerçant est annulé ou suspendu par le président ou que ce dernier en refuse le renouvellement;

d) lorsque le président a des motifs raisonnables de croire que, durant le cours d'un permis, le commerçant ne s'est pas conformé à une obligation prescrite par les articles 260.7 à 260.13;

e) lorsque le président estime que les droits des consommateurs pourraient être en péril sans cette mesure. [1988, c. 45, art. 2].

260.17. Le président doit donner au commerçant l'occasion de présenter

ses observations avant de nommer un administrateur provisoire.

Toutefois, lorsque l'urgence de la situation l'exige, le président peut d'abord nommer l'administrateur provisoire, à la condition de donner au commerçant l'occasion de présenter ses observations dans un délai d'au moins 10 jours. [1988, c. 45, art. 2; 1997, c. 43, art. 461].

260.18. (*Abrogé*). [1997, c. 43, art. 462].

260.19. La décision de nommer un administrateur provisoire doit être motivée et le président doit la notifier par écrit au commerçant. [1988, c. 45, art. 2].

260.20. L'administrateur provisoire possède les pouvoirs nécessaires à l'exécution du mandat que lui confie le président.

Il peut notamment, d'office, sous réserve des restrictions contenues dans le mandat:

a) prendre possession de tous les fonds détenus en fidéicommis ou autrement par le commerçant ou pour lui;

b) engager ces fonds pour la réalisation du mandat confié par le président et conclure les contrats nécessaires à cette fin;

c) déterminer le nombre et l'identité des détenteurs de contrats de garantie supplémentaire;

d) transporter ou céder des contrats de garantie supplémentaire ou en disposer autrement;

e) fixer la valeur résiduelle des contrats de garantie supplémentaire à la date qu'il détermine et déterminer une

méthode de distribution des fonds, le cas échéant;

f) transiger sur toute réclamation faite par un consommateur contre le commerçant en exécution d'un contrat de garantie supplémentaire;

g) ester en justice pour les fins de l'exécution de son mandat.

L'administrateur provisoire ne peut être poursuivi en justice en raison d'actes accomplis de bonne foi dans l'exercice de ses fonctions. [1988, c. 45, art. 2].

260.21. Lorsqu'un administrateur provisoire est nommé, toute personne en possession de documents, dossiers, livres, données informatisées, programmes d'ordinateurs ou autres effets relatifs aux affaires du commerçant doit, sur demande, les remettre à l'administrateur provisoire et lui donner accès à tous lieux, appareils ou ordinateurs qu'il peut requérir. [1988, c. 45, art. 2].

260.22. Après avoir reçu un avis à cet effet de l'administrateur provisoire nommé pour un commerçant, aucun dépositaire de fonds pour ce commerçant ne peut effectuer de retrait ou de paiement à même ces fonds, sauf avec l'autorisation écrite de l'administrateur provisoire. Ces fonds doivent, sur demande, être mis en possession de l'administrateur provisoire suivant ses directives. [1988, c. 45, art. 2].

260.23. Les frais d'administration et les honoraires de l'administrateur provisoire incombent au commerçant et deviennent payables dès leur approbation par le président. À défaut par le commerçant d'en acquitter le compte dans les 30 jours de sa présentation, ils sont paya-

bles, par préséance sur toute créance, à même le cautionnement exigé du commerçant s'il en est et, en cas d'absence ou d'insuffisance, ils sont payables à même le compte de réserves et les sommes ainsi prélevées affectent alors au prorata la créance de chaque consommateur. En tel cas, chacun des consommateurs est subrogé dans les droits de l'administrateur provisoire contre le commerçant pour un montant égal à l'affectation de sa créance. [1988, c. 45, art. 2].

260.24. Les frais engagés pour l'application des dispositions du présent titre sont à la charge des commerçants titulaires d'un permis.

Le gouvernement détermine chaque année le quantum de ces frais, lesquels sont réclamés et perçus des commerçants suivant les critères de répartition et selon les modalités prévus par règlement. [1988, c. 45, art. 2].

TITRE IV
PREUVE, PROCÉDURE
ET SANCTIONS

CHAPITRE I
PREUVE ET PROCÉDURE

261. On ne peut déroger à la présente loi par une convention particulière. [1978, c. 9, art. 261].

262. À moins qu'il n'en soit prévu autrement dans la présente loi, le consommateur ne peut renoncer à un droit que lui confère la présente loi. [1978, c. 9, art. 262].

263. Malgré l'article 1234 du Code civil du Bas Canada, le consommateur peut, s'il exerce un droit prévu par la présente loi ou s'il veut prouver que la présente loi n'a pas été respectée, administrer

une preuve testimoniale, même pour contredire ou changer les termes d'un écrit. [1978, c. 9, art. 263].

264. Un document, certifié conforme à l'original par le président ou une personne habilitée en vertu de la présente loi à faire enquête, est admissible en preuve et a la même force probante que l'original. [1978, c. 9, art. 264; 1995, c. 38, art. 1].

265. Est authentique le procès-verbal d'une séance de l'Office certifié conforme par le président. Il en est de même d'un document ou d'une copie qui émane de l'Office ou fait partie de ses archives, lorsqu'il est signé par le président ou le vice-président. [1978, c. 9, art. 265; 1995, c. 38, art. 2].

266. Le procureur général ou le président est dispensé de l'obligation de fournir caution pour obtenir une injonction en vertu de la présente loi. [1978, c. 9, art. 266].

267. Lorsqu'une injonction émise en vertu de la présente loi n'est pas respectée, une requête pour outrage au tribunal peut être présentée devant le tribunal du lieu où l'outrage a été commis. [1978, c. 9, art. 267].

268. Un avis donné par un commerçant en vertu de la présente loi doit être rédigé dans la langue du contrat à l'occasion duquel il est donné. [1978, c. 9, art. 268].

269. Dans la computation d'un délai prévu par une loi ou un règlement dont l'Office doit surveiller l'application:

a) le jour qui marque le point de départ n'est pas compté, mais celui de l'échéance l'est;

b) les jours fériés sont comptés mais, lorsque le dernier jour est férié, le délai est prorogé au premier jour non férié suivant;

c) le samedi est assimilé à un jour férié de même que le 2 janvier et le 26 décembre. [1978, c. 9, art. 269].

270. Les dispositions de la présente loi s'ajoutent à toute disposition d'une autre loi qui accorde un droit ou un recours au consommateur. [1978, c. 9, art. 270].

CHAPITRE II
RECOURS CIVILS

271. Si l'une des règles de formation prévues par les articles 25 à 28 n'a pas été respectée, ou si un contrat ne respecte pas une exigence de forme prescrite par la présente loi ou un règlement, le consommateur peut demander la nullité du contrat.

Dans le cas d'un contrat de crédit, lorsqu'une modalité de paiement ou encore le calcul ou une indication des frais de crédit ou du taux de crédit n'est pas conforme à la présente loi ou à un règlement, le consommateur peut demander, à son choix, soit la nullité du contrat, soit la suppression des frais de crédit et la restitution de la partie des frais de crédit déjà payée.

Le tribunal accueille la demande du consommateur sauf si le commerçant démontre que le consommateur n'a subi aucun préjudice du fait qu'une des règles ou des exigences susmentionnées n'a pas été respectée. [1978, c. 9, art. 271].

272. Si le commerçant ou le manufacturier manque à une obligation que lui impose la présente loi, un règlement ou un engagement volontaire souscrit en

vertu de l'article 314 ou dont l'application a été étendue par un décret pris en vertu de l'article 315.1, le consommateur, sous réserve des autres recours prévus par la présente loi, peut demander, selon le cas:

a) l'exécution de l'obligation;

b) l'autorisation de la faire exécuter aux frais du commerçant ou du manufacturier;

c) la réduction de son obligation;

d) la résiliation du contrat;

e) la résolution du contrat; ou

f) la nullité du contrat,

sans préjudice de sa demande en dommages-intérêts dans tous les cas. Il peut également demander des dommages-intérêts exemplaires. [1978, c. 9, art. 272; 1992, c. 58, art. 1].

273. Sous réserve de ce qui est prévu aux articles 274 et 275, une action fondée sur la présente loi se prescrit par trois ans à compter de la formation du contrat. [1978, c. 9, art. 273].

274. Une action fondée sur l'article 37, 38 ou 53 se prescrit par un an à compter de la naissance de la cause d'action. [1978, c. 9, art. 274].

275. Une action fondée sur une garantie prévue à l'article 159, au deuxième alinéa de l'article 164, à l'article 176, au deuxième alinéa de l'article 181 ou à l'article 186 se prescrit par trois mois à compter de la découverte de la défectuosité. [1978, c. 9, art. 275].

276. Le consommateur peut invoquer en défense ou dans une demande reconventionnelle un moyen prévu par la présente loi qui tend à repousser une action ou à faire valoir un droit contre le commerçant même si le délai pour s'en prévaloir par action directe est expiré. [1978, c. 9, art. 276].

CHAPITRE III
DISPOSITIONS PÉNALES

277. Est coupable d'une infraction la personne qui:

a) contrevient à la présente loi ou à un règlement;

b) donne une fausse information au ministre, au président ou à toute personne habilitée à faire enquête en vertu de la présente loi;

c) entrave l'application de la présente loi ou d'un règlement;

d) ne se conforme pas à un engagement volontaire souscrit en vertu de l'article 314 ou dont l'application a été étendue par un décret pris en vertu de l'article 315.1;

e) n'obtempère pas à une décision du président;

f) soumise à une ordonnance du tribunal en vertu de l'article 288, omet ou refuse de se conformer à cette ordonnance. [1978, c. 9, art. 277; 1992, c. 58, art. 2].

278. Une personne déclarée coupable d'une infraction constituant une pratique interdite ou d'une infraction prévue à l'un des paragraphes *b, c, d, e* ou *f* de l'article 277 est passible:

a) dans le cas d'une personne autre qu'une corporation, d'une amende de 600$ à 15 000$;

b) dans le cas d'une corporation, d'une amende de 2 000$ à 100 000$.

En cas de récidive, le contrevenant est passible d'une amende dont le minimum et le maximum sont deux fois plus élevés que ceux prévus à l'un des paragraphes *a* ou *b*, selon le cas. [1978, c. 9, art. 278; 1990, c. 4, art. 703; 1992, c. 58, art. 3].

279. Une personne déclarée coupable d'une infraction autre qu'une infraction visée à l'article 278 est passible:

a) dans le cas d'une personne autre qu'une corporation, d'une amende de 300$ à 6 000$;

b) dans le cas d'une corporation, d'une amende de 1 000$ à 40 000$.

En cas de récidive, le contrevenant est passible d'une amende dont le minimum et le maximum sont deux fois plus élevés que ceux prévus à l'un des paragraphes *a* ou *b*, selon le cas. [1978, c. 9, art. 279; 1990, c. 4, art. 704; 1992, c. 58, art. 4].

280. Dans la détermination du montant de l'amende, le tribunal tient compte notamment:

a) d'abord du préjudice économique causé par l'infraction à un consommateur ou à plusieurs consommateurs;

b) puis, des avantages et des revenus que la personne qui a commis l'infraction a retirés de la commission de l'infraction. [1978, c. 9, art. 280].

281. (*Abrogé*). [1990, c. 4, art. 705].

282. Lorsqu'une corporation commet une infraction à la présente loi ou à un règlement, un administrateur ou un représentant de cette corporation qui avait connaissance de l'infraction est réputé être partie à l'infraction et est passible de la peine prévue aux articles

278 ou 279 pour une personne autre qu'une corporation, à moins qu'il n'établisse à la satisfaction du tribunal qu'il n'a pas acquiescé à la commission de cette infraction. [1978, c. 9, art. 282].

283. Une personne qui accomplit ou omet d'accomplir quelque chose en vue d'aider une personne à commettre une infraction à la présente loi ou à un règlement, ou qui conseille, encourage ou incite une personne à commettre une infraction, commet elle-même l'infraction et est passible de la même peine. [1978, c. 9, art. 283].

284. (*Abrogé*). [1992, c. 61, art. 476].

285. (*Abrogé*). [1992, c. 61, art. 477].

286. (*Abrogé*). [1990, c. 4, art. 708].

287. Une poursuite pénale ne peut être maintenue si le prévenu démontre qu'il a fait preuve de diligence raisonnable en prenant toutes les précautions nécessaires pour s'assurer du respect de la présente loi ou d'un règlement.

Une poursuite pénale intentée contre un commerçant ou un publicitaire en vertu du titre II ne peut être maintenue s'il est établi que l'infraction alléguée n'a été commise que parce que le prévenu avait des motifs raisonnables de se fier à une information provenant, selon le cas, du manufacturier ou du commerçant. [1978, c. 9, art. 287].

288. Un juge peut, sur demande du poursuivant, ordonner qu'une personne déclarée coupable d'une infraction prévue à l'article 278 diffuse, selon les modalités que le tribunal juge propres à en assurer la communication rapide et adéquate aux consommateurs, les conclusions du jugement rendu contre lui ainsi que les corrections, les explica-

tions, les avertissements et les autres renseignements que le tribunal juge nécessaires pour rétablir les faits concernant un bien ou un service ou une publicité faite à propos d'un bien ou d'un service et ayant pu induire les consommateurs en erreur.

Un préavis de la demande d'ordonnance doit être donné par le poursuivant à la personne que l'ordonnance pourrait obliger à diffuser certains faits, sauf s'ils sont en présence du juge. [1978, c. 9, art. 288; 1992, c. 61, art. 478].

289. Lorsqu'une personne est déclarée coupable d'une infraction prévue à l'article 278, le tribunal peut demander à l'Office un rapport écrit sur les activités économiques et commerciales du contrevenant, afin de lui permettre de prononcer la sentence. [1978, c. 9, art. 289; 1990, c. 4, art. 709].

290. Si une personne commet des infractions répétées à la présente loi ou aux règlements, le procureur général, après lui avoir intenté des poursuites pénales, peut requérir de la Cour supérieure un bref d'injonction interlocutoire enjoignant à cette personne, à ses administrateurs, représentants ou employés de cesser la commission des infractions reprochées jusqu'au prononcé du jugement final à être rendu au pénal.

Après prononcé de ce jugement, la Cour supérieure rend elle-même son jugement final sur la demande d'injonction. [1978, c. 9, art. 290].

290.1. Une poursuite pénale pour une infraction à une disposition de la présente loi se prescrit par deux ans à compter de la date de la perpétration de l'infraction. [1992, c. 61, art. 479].

TITRE V
ADMINISTRATION

CHAPITRE I
OFFICE DE LA PROTECTION DU CONSOMMATEUR

SECTION I
CONSTITUTION ET ADMINISTRATION DE L'OFFICE

291. Un organisme est constitué sous le nom de «Office de la protection du consommateur». [1978, c. 9, art. 291].

292. L'Office est chargé de protéger le consommateur et à cette fin:

a) de surveiller l'application de la présente loi et de toute autre loi en vertu de laquelle une telle surveillance lui incombe;

b) de recevoir les plaintes des consommateurs;

c) d'éduquer et de renseigner la population sur ce qui a trait à la protection du consommateur;

d) de faire des études concernant la protection du consommateur et, s'il y a lieu, de transmettre ses recommandations au ministre;

e) de promouvoir et de subventionner la création et le développement de services ou d'organismes destinés à protéger le consommateur, et de coopérer avec ces services ou organismes;

f) de sensibiliser les commerçants, les manufacturiers et les publicitaires aux besoins et aux demandes des consommateurs;

g) de promouvoir les intérêts des consommateurs devant un organisme gouvernemental dont les activités affectent le consommateur;

h) d'évaluer un bien ou un service offert au consommateur;

i) de coopérer avec les divers ministères et organismes gouvernementaux du Québec en matière de protection du consommateur et de coordonner le travail accompli dans ce but par ces ministères et organismes;

j) de créer, par règlement, des conseils consultatifs régionaux de la protection du consommateur pour les régions qu'il fixe, déterminer leur composition, leurs fonctions, devoirs et pouvoirs, les modalités d'administration de leurs affaires et prévoir les émoluments de leurs membres. [1978, c. 9, art. 292].

293. L'Office a son siège social à l'endroit déterminé par le gouvernement; un avis de la situation ou d'un changement du siège social est publié dans la *Gazette officielle du Québec.*

L'Office peut tenir ses séances à tout endroit au Québec. [1978, c. 9, art. 293].

294. L'Office est composé d'au plus neuf membres, dont un président, nommés par le gouvernement.

Les membres de l'Office doivent être des personnes qui, en raison de leurs activités, sont susceptibles de contribuer d'une façon particulière à la solution des problèmes des consommateurs. [1978, c. 9, art. 294; 1988, c. 45, art. 3; 1995, c. 38, art. 3].

295. Le président est nommé pour un mandat d'au plus cinq ans. Les autres personnes choisies comme membres de l'Office sont nommées pour un mandat d'au plus trois ans. [1978, c. 9, art. 295; 1988, c. 45, art. 4; 1995, c. 38, art. 4].

296. Chacun des membres de l'Office, y compris le président, demeure en fonction à l'expiration de son mandat jusqu'à ce qu'il ait été remplacé ou nommé de nouveau. [1978, c. 9, art. 296; 1988, c. 45, art. 4; 1995, c. 38, art. 5].

297. Si un membre de l'Office autre que le président ne termine pas son mandat, le gouvernement nomme un remplaçant pour le reste du mandat. [1978, c. 9, art. 297; 1988, c. 45, art. 4; 1995, c. 38, art. 6].

298. Le gouvernement fixe les honoraires, les allocations ou le traitement des membres de l'Office. Le président est assujetti à la *Loi sur le régime de retraite des employés du gouvernement et des organismes publics* (chapitre R-10). [1978, c. 9, art. 298; 1988, c. 45, art. 4; 1995, c. 38, art. 7].

299. Les autres fonctionnaires et employés de l'Office sont nommés et rémunérés suivant la *Loi sur la fonction publique* (chapitre F-3.1.1).

Le président exerce à cet égard les pouvoirs que ladite loi attribue à un dirigeant d'organisme. [1978, c. 9, art. 299; 1978, c. 15, art. 133, 140; 1983, c. 5, art. 161].

300. Le président exerce ses fonctions à temps complet. [1978, c. 9, art. 300; 1988, c. 45, art. 4; 1995, c. 38, art. 8].

301. Le président préside les réunions de l'Office. Il assume l'administration de l'Office. [1978, c. 9, art. 301].

302. L'Office désigne annuellement l'un de ses membres pour remplacer provisoirement le président en cas d'absence ou d'incapacité d'agir de celui-ci, jusqu'à

ce que le gouvernement ait nommé un remplaçant au président pour toute la durée de son absence ou de son incapacité. Si ce remplaçant n'est pas déjà membre de l'Office, la composition de l'Office peut alors, pour la durée de l'intérim, être d'au plus dix membres. [1978, c. 9, art. 302; 1988, c. 45, art. 5; 1995, c. 38, art. 9].

303. L'Office doit chaque année, remettre au ministre un rapport de ses activités de l'année financière précédente. Le ministre dépose ce rapport devant l'Assemblée nationale. Si elle n'est pas en session, le dépôt se fait dans les trente jours qui suivent l'ouverture de la session suivante ou de la reprise des travaux. [1978, c. 9, art. 303].

304. L'Office peut faire des règlements pour sa régie interne.

Ces règlements et ceux adoptés en vertu du paragraphe *j* de l'article 292 entrent en vigueur après leur approbation par le gouvernement lors de leur publication dans la *Gazette officielle du Québec* ou à toute autre date qui y est indiquée. [1978, c. 9, art. 304].

SECTION II
POUVOIRS DU PRÉSIDENT

305. Le président peut enquêter sur toute question relative à une loi ou à un règlement dont l'Office doit surveiller l'application. Il est investi à cette fin des pouvoirs et immunités accordés aux commissaires nommés en vertu de la *Loi sur les commissions d'enquête* (chapitre C-37), sauf du pouvoir d'imposer une peine d'emprisonnement.

Le président peut autoriser généralement ou spécialement une personne à enquêter sur une question relative à une loi ou à un règlement dont l'Office doit surveiller l'application. Une personne ainsi autorisée est investie des immunités accordées aux commissaires nommés en vertu de la *Loi sur les commissions d'enquête* (chapitre C-37). Cette personne doit, sur demande, produire un certificat signé par le président, attestant sa qualité. [1978, c. 9, art. 305; 1992, c. 61, art. 480].

306. Le président peut, dans l'exercice de ses fonctions, pénétrer, à toute heure raisonnable, dans l'établissement d'un commerçant, d'un manufacturier ou d'un publicitaire et en faire l'inspection, notamment faire l'examen des registres, livres, comptes, pièces justificatives et autres documents et celui des biens mis en vente ou vendus et le prélèvement d'échantillons aux fins d'expertise.

Sur demande, le président doit s'identifier et exhiber un certificat attestant sa qualité. [1978, c. 9, art. 306; 1986, c. 95, art. 261].

306.1. Le président peut, à l'occasion d'une enquête ou d'une inspection, exiger toute information relative à l'application d'une loi ou d'un règlement dont l'Office doit surveiller l'application.

Tout livre, registre ou autre document qui a fait l'objet d'un examen par le président ou qui a été produit devant lui peut être copié ou photographié et toute copie ou photocopie de ce livre, registre ou document certifié par le président comme étant une copie ou une photographie de l'original, est admissible en preuve et a la même force probante que l'original. [1986, c. 95, art. 261].

306.2. Le président peut exiger d'un commerçant un rapport sur ses activités

et sur tout ce qui a trait à son compte de réserves et à tous comptes en fiducie aux époques et en la manière que le président détermine. [1988, c. 45, art. 6].

307. Il est interdit d'entraver, de quelque façon que ce soit, l'action du président ou d'une personne autorisée par lui, dans l'exercice de ses fonctions, de le tromper par réticence ou fausse déclaration, de refuser de lui fournir un renseignement ou un document qu'il a le droit d'obtenir en vertu d'une loi ou d'un règlement dont l'Office doit surveiller l'application. [1978, c. 9, art. 307].

308. Le président peut exempter de l'application des articles 254 à 257 un commerçant qui lui transmet un cautionnement dont la forme, les modalités et le montant sont prescrits par règlement.

Le président peut refuser l'exemption pour un motif prévu à l'article 325, 326 ou 327, compte tenu des adaptations nécessaires. [1978, c. 9, art. 308; 1980, c. 11, art. 113].

309. Le président doit exempter de l'application de l'article 22 le commerçant qui lui transmet un cautionnement dont la forme, les modalités et le montant sont prescrits par règlement.

Le président peut refuser l'exemption pour un motif prévu à l'article 325, 326 ou 327, compte tenu des adaptations nécessaires. [1978, c. 9, art. 309].

310. Lorsque le président a une raison de croire que des sommes qui doivent être gardées en fiducie conformément aux articles 254, 255 et 256 peuvent être dilapidées, il peut demander une injonction ordonnant à la personne qui a le dépôt, le contrôle ou la garde de ces sommes au Québec de les garder en fiducie pour la période et aux conditions

déterminées par le tribunal. [1978, c. 9, art. 310].

311. Le président peut exiger qu'un commerçant, un manufacturier ou un publicitaire lui communique le contenu de la publicité qu'il utilise. [1978, c. 9, art. 311].

312. Le président peut exiger d'un commerçant, un manufacturier ou un publicitaire qu'il démontre la véracité d'un message publicitaire. [1978, c. 9, art. 312].

313. Le président peut exiger qu'un commerçant qui conclut des contrats de crédit visés par la présente loi lui communique les renseignements relatifs aux taux de crédit que le commerçant exige des consommateurs et aux critères qui servent à l'établissement de ces taux.

Le président peut rendre publics ces renseignements. [1978, c. 9, art. 313].

314. Le président peut accepter d'une personne un engagement volontaire ayant pour objet de régir les relations entre un commerçant ou un groupe de commerçants et les consommateurs, notamment pour déterminer l'information qui sera donnée aux consommateurs, la qualité des biens et des services qui leur seront fournis, des modèles de contrats, des modes de règlement des litiges ou des règles de conduite.

Le président peut aussi, lorsqu'il croit qu'une personne a enfreint ou enfreint une loi ou un règlement dont l'Office doit surveiller l'application, accepter de cette personne un engagement volontaire de respecter cette loi ou ce règlement. [1978, c. 9, art. 314; 1992, c. 58, art. 5].

315. Le président détermine les modalités de l'engagement volontaire, lesquelles peuvent notamment prévoir:

a) la publication ou la diffusion du contenu de l'engagement volontaire;

b) l'indemnisation des consommateurs;

c) le remboursement des frais d'enquête et des autres frais;

d) l'obligation de fournir un cautionnement ou une autre forme de garantie en vue de l'indemnisation des consommateurs. [1978, c. 9, art. 315].

315.1. Le gouvernement peut par décret étendre, avec ou sans modification, l'application d'un engagement volontaire souscrit en vertu de l'article 314 à tous les commerçants d'un même secteur d'activités, pour une partie ou pour l'ensemble du territoire du Québec. [1992, c. 58, art. 6].

316. Lorsqu'une personne s'est livrée ou se livre à une pratique interdite visée par le titre II, le président peut demander au tribunal une injonction ordonnant à cette personne de ne plus se livrer à cette pratique. [1978, c. 9, art. 316].

317. Le tribunal peut, de plus, ordonner à la personne qui fait l'objet d'une injonction permanente:

a) de rembourser les frais d'enquête engagés par le requérant;

b) de publier et de diffuser, de la manière et aux conditions que le tribunal juge propres à en assurer une communication rapide et adéquate aux consommateurs, les conclusions du jugement rendu contre elle ainsi que les corrections, les explications, les avertissements et les autres renseignements que le tribunal juge nécessaires pour rétablir la vérité concernant un bien ou un service ou une publicité faite à leur propos et ayant induit ou ayant pu induire les consommateurs en erreur. [1978, c. 9, art. 317].

318. Le président peut, de plein droit, intervenir à tout moment avant jugement dans une instance relative à une loi ou à un règlement dont l'Office doit surveiller l'application. [1978, c. 9, art. 318].

319. Le président peut autoriser généralement ou spécialement une personne à exercer les pouvoirs qui lui sont conférés par les articles 306, 306.1, 314 et 315. [1978, c. 9, art. 319; 1986, c. 95, art. 262].

320. Le président peut autoriser un membre du personnel de l'Office à exercer tous les pouvoirs qu'une loi ou un règlement dont l'Office doit surveiller l'application accorde au président. [1978, c. 9, art. 320; 1988, c. 45, art. 7; 1995, c. 38, art. 10].

CHAPITRE II
PERMIS

321. Sous réserve des exceptions prévues par règlement, doit être titulaire d'un permis:

a) le commerçant itinérant, à l'exception de celui qui conclut un contrat visé à l'article 57;

b) le commerçant qui conclut des contrats de prêt d'argent régis par la présente loi;

c) le commerçant qui opère un studio de santé;

d) le commerçant qui offre ou qui conclut un contrat de garantie supplémentaire relatif à une automobile ou à une motocyclette adaptée au transport sur les chemins publics ou relatif à un autre bien ou à une autre catégorie de biens déterminés par règlement, à l'exception d'une corporation autorisée à agir au Québec à titre d'assureur et titulaire d'un permis délivré par l'Inspecteur général des institutions financières. [1978, c. 9, art. 321; 1984, c. 47, art. 128; 1988, c. 45, art. 8].

322. Lorsqu'un commerçant n'est pas titulaire du permis exigé par la présente loi ou, le cas échéant, de la licence exigée par le Code de la sécurité routière (1986, chapitre 91), le consommateur peut demander la nullité du contrat.

S'il s'agit d'un contrat de prêt d'argent, le consommateur peut demander plutôt, à son choix, la suppression des frais de crédit et la restitution de la partie des frais de crédit déjà payée. [1978, c. 9, art. 322; 1986, c. 91, art. 667].

323. Une personne qui désire un permis doit transmettre sa demande au président dans la forme prescrite par règlement, accompagnée des documents prévus par règlement.

Cette demande doit, dans les cas prévus par règlement, être accompagnée d'un cautionnement, au montant et selon la forme qui y sont prescrits. [1978, c. 9, art. 323].

323.1. *(Abrogé)*. [1988, c. 45, art. 8].

324. Lorsque plusieurs commerçants itinérants font commerce de biens ou de services d'un même commerçant ou d'un même manufacturier, celui-ci peut demander en leurs lieu et place un permis de commerçant itinérant.

En pareil cas, les commerçants itinérants qui font commerce des biens ou des services du demandeur sont, pour les fins de la présente loi, réputés être ses représentants dans l'exercice de ce commerce. [1978, c. 9, art. 324].

325. Le président peut refuser de délivrer un permis si:

a) le demandeur n'est pas en mesure, en raison de sa situation financière, d'assumer les obligations qui découlent de son commerce;

b) à son avis, il existe des motifs raisonnables de croire que ce refus est nécessaire pour assurer, dans l'intérêt public, l'exercice honnête et compétent des activités commerciales visées par le présent chapitre;

c) le nom ou la raison sociale de la société ou corporation qui demande le permis est identique à celui d'une autre société ou corporation qui détient un permis, ou lui ressemble tellement qu'il puisse être confondu avec cette dernière; ou

d) le demandeur ne satisfait pas à une exigence prescrite par la présente loi ou par règlement. [1978, c. 9, art. 325; 1986, c. 95, art. 263].

326. Si le demandeur est une corporation ou une société, le président peut exiger de chacun des administrateurs ou associés qu'il satisfasse aux exigences que la présente loi ou un règlement impose à une personne qui demande un permis. [1978, c. 9, art. 326].

327. Le président peut refuser de délivrer un permis à un demandeur qui, au cours des trois années antérieures à sa demande, a été déclaré coupable:

a) soit d'une infraction à une loi ou à un règlement dont l'Office doit surveiller l'application et pour laquelle il n'a pas obtenu le pardon;

b) soit d'un acte criminel punissable par voie de mise en accusation seulement, ayant un lien avec l'emploi de commerçant et pour lequel il n'a pas obtenu le pardon. [1978, c. 9, art. 327; 1986, c. 95, art. 264].

328. Le président peut suspendre ou annuler le permis d'un titulaire qui, au cours de la durée du permis, est déclaré coupable:

a) soit d'une infraction à une loi ou à un règlement dont l'Office doit surveiller l'application,

b) soit d'un acte criminel punissable par voie de mise en accusation seulement et ayant un lien avec l'emploi de commerçant. [1978, c. 9, art. 328; 1986, c. 95, art. 265].

329. Le président peut suspendre ou annuler le permis d'un titulaire qui, au cours de la durée du permis:

a) cesse de satisfaire aux exigences que la présente loi ou les règlements prescrivent pour la délivrance d'un permis;

b) n'est pas en mesure, en raison de sa situation financière, d'assumer les obligations qui découlent de son commerce;

c) ne peut assurer, dans l'intérêt public, l'exercice honnête et compétent de ses activités commerciales;

d) ne se conforme pas à une obligation prescrite par les articles 260.7 à 260.13. [1978, c. 9, art. 329; 1984, c. 47, art. 130; 1986, c. 95, art. 266; 1988, c. 45, art. 9].

330. Un titulaire de permis doit posséder un établissement au Québec.

Cet établissement doit être situé dans un immeuble ou une partie d'immeuble dans lequel le titulaire fait des affaires. [1978, c. 9, art. 330].

331. Un titulaire de permis doit aviser le président, dans un délai de quinze jours, dans le cas de changement:

a) d'adresse;

b) de nom ou de raison sociale;

c) d'administrateur, dans le cas d'une corporation; ou

d) d'associé, dans le cas d'une société. [1978, c. 9, art. 331].

332. Le président peut refuser de délivrer et peut suspendre ou annuler un permis en raison du fait qu'un demandeur ou un titulaire a fait une fausse déclaration ou a dénaturé un fait important lors de la demande de permis. [1978, c. 9, art. 332].

333. Le président doit, avant de refuser de délivrer un permis à une personne ou avant de suspendre ou d'annuler le permis qu'il lui a délivré, notifier par écrit à cette personne le préavis prescrit par l'article 5 de la *Loi sur la justice administrative* (1996, chapitre 54) et lui accorder un délai d'au moins 10 jours pour présenter ses observations. [1978, c. 9, art. 333; 1997, c. 43, art. 463].

334. La décision de refuser de délivrer un permis comme celle de le suspendre ou de l'annuler doit être motivée. Le président doit notifier par écrit sa décision à la personne concernée. [1978, c. 9, art. 334].

335. Un permis est valide pour deux ans. Il est renouvelé aux conditions

prescrites par la présente loi et par règlement.

Le président peut toutefois délivrer un permis pour une période moindre s'il juge que l'intérêt du public est en jeu ou pour une raison d'ordre administratif. [1978, c. 9, art. 335].

336. Si le titulaire d'un permis fait faillite, le syndic de faillite qui continue le commerce du titulaire le fait en vertu des mêmes permis et cautionnement. En pareil cas, il est soumis à toutes les obligations imposées à ce titulaire par la présente loi et par règlement. [1978, c. 9, art. 336].

337. Un droit que confère un permis ne peut être transféré, sauf en cas de décès du titulaire du permis. Dans ce cas, le président peut autoriser le transfert sur paiement des droits exigibles et aux conditions prescrites par la présente loi et par règlement. [1978, c. 9, art. 337].

338. Selon les modalités prescrites par règlement, le cautionnement sert d'abord à l'indemnisation du consommateur qui possède une créance contre celui qui a fourni le cautionnement, ou son représentant, et ensuite au paiement de l'amende qui leur est imposée. [1978, c. 9, art. 338].

338.1.-338.9. (*Abrogés*). [1988, c. 45, art. 8].

CHAPITRE III
RECOURS DEVANT LE TRIBUNAL
ADMINISTRATIF DU QUÉBEC

339. Une personne dont le président a rejeté la demande de permis ou dont le président a suspendu ou annulé le permis, ainsi qu'un commerçant pour lequel un administrateur provisoire a été nom-mé, peuvent contester la décision du président devant le Tribunal administratif du Québec dans les 30 jours de sa notification . [1978, c. 9, art. 339; 1984, c. 47, art. 132; 1988, c. 21, art. 66; 1997, c. 43, art. 465].

340. Dans l'exercice de son pouvoir de suspendre l'exécution de la décision contestée, le Tribunal doit tenir compte principalement de l'intérêt des consommateurs.[1978, c. 9, art. 340; 1988, c. 21, art. 66; 1997, c. 43, art. 466].

341. Le Tribunal ne peut, lorsqu'il apprécie les faits ou le droit, substituer son appréciation de l'intérêt public ou de l'intérêt du public à celle que le président en avait faite, en vertu des articles 325, 329 ou 335, pour prendre sa décision. [1978, c. 9, art. 341; 1988, c. 21, art. 66; 1997, c. 43, art. 466].

342.-349. (*Remplacés*). [1978, c. 9, art. 342-349; 1997, c. 43, art. 466].

CHAPITRE IV
RÈGLEMENTS

350. Le gouvernement peut faire des règlements pour:

a) déterminer le contenu et la présentation matérielle ainsi que les modalités de distribution ou de remise d'un contrat, état de compte ou autre document visé par une loi ou un règlement dont l'Office doit surveiller l'application;

b) établir un modèle pour un contrat ou un autre document visé par une loi ou un règlement dont l'Office doit surveiller l'application;

c) établir des normes concernant les instructions relatives à l'entretien ou à l'utilisation d'un bien, l'emballage, l'étiquetage ou la présentation d'un bien

ainsi que la divulgation du prix d'un bien ou d'un service;

d) établir des normes de qualité, de sécurité et de garantie pour un bien ou un service;

e) déterminer les règles concernant les modalités de calcul et de divulgation des conditions de paiement, du taux de crédit et des frais de crédit ou du taux de crédit implicite et des frais de crédit implicites dans un contrat, un tableau d'exemples ou un autre document ou dans un message publicitaire;

f) identifier les contrats qui, malgré l'article 57, constituent des contrats conclus par un vendeur itinérant;

g) déterminer les conditions du renouvellement ou de l'extension de crédit ou celles du crédit résultant de la consolidation de dettes;

h) déterminer le contenu, la présentation matérielle et la position d'une pancarte requise par la présente loi;

i) identifier les accessoires d'une automobile d'occasion ou d'une motocyclette d'occasion qui ne sont pas couverts par la garantie établie dans la présente loi;

j) déterminer les travaux qui ne constituent pas des réparations au sens de la présente loi;

k) établir des normes relatives au contenu et à la présentation matérielle d'un message publicitaire;

l) déterminer les cas où un cautionnement peut être exigé, la forme, les modalités et le montant d'un cautionnement ainsi que la façon dont on doit disposer d'un cautionnement soit en cas d'annulation ou de confiscation soit en vue de l'indemnisation d'un consommateur ou de l'exécution d'un jugement en matière pénale;

m) (paragraphe abrogé);

n) déterminer les qualités requises d'une personne qui demande un permis ou, dans le cas prévu par l'article 337, un transfert de permis, les exigences qu'elle doit remplir, les renseignements et les documents qu'elle doit fournir et les droits qu'elle doit verser;

o) établir les normes, conditions et modalités de la réception et de la conservation des sommes déposées en fiducie;

p) établir des règles relatives à la tenue des registres, comptes, livres et dossiers des commerçants dans la mesure où la protection du consommateur est en question;

q) exempter, aux conditions qu'il détermine, un message publicitaire de l'application de l'article 248;

r) exempter, en totalité ou en partie, de l'application de la présente loi, une catégorie de personnes, de biens, de services ou de contrats qu'il détermine et fixer des conditions à cette exemption;

s) pour déterminer les droits exigibles de celui qui demande à un agent d'information copie de son dossier de crédit;

t) déterminer, pour les fins du paragraphe *d* de l'article 321, les autres biens ou les autres catégories de biens pour lesquels un commerçant ne peut offrir ou conclure un contrat de garantie supplémentaire sans détenir un permis;

u) établir, pour les commerçants obligés de détenir un permis en vertu du

paragraphe *d* de l'article 321, des normes relatives à la constitution, à la conservation et à l'utilisation des réserves qu'ils doivent maintenir ainsi que des réserves additionnelles qu'il jugera bon de prescrire et déterminer les moments où ces commerçants doivent fournir au président un état de leurs opérations ainsi que la forme et la teneur de cet état;

v) déterminer les critères de répartition suivant lesquels les frais visés par l'article 260.24 doivent être assumés par les commerçants auxquels ils sont chargés en vertu de cet article et établir les modalités de réclamation, de paiement et de perception de ces frais;

w) déterminer les catégories de placements que peut choisir un commerçant en vertu de l'article 260.11.

x) déterminer les droits que doit verser une personne qui demande une exemption en vertu de l'article 308 ou 309. [1978, c. 9, art. 350; 1980, c. 11, art. 114; 1984, c. 47, art. 133; 1987, c. 90, art. 8; 1988, c. 45, art. 10, 11, 12; 1990, c. 4, art. 710; 1991, c. 24, art. 18].

351. Un projet de règlement ne peut être adopté que moyennant un préavis de trente jours publié dans la *Gazette officielle du Québec*. Ce préavis doit en reproduire le texte.

Un règlement entre en vigueur le jour de la publication à la *Gazette officielle du Québec* d'un avis indiquant qu'il a été adopté par le gouvernement ou, en cas de modification par ce dernier, de la publication de son texte définitif ou à une date ultérieure fixée dans l'avis ou dans le texte définitif. [1978, c. 9, art. 351; 1980, c. 11, art. 115].

TITRE VI
DISPOSITIONS TRANSITOIRES
ET DIVERSES

352. Le ministre est chargé de l'application de la présente loi. [1978, c. 9, art. 352].

353. *(Omis)*. [1978, c. 9, art. 353].

354. Dans une loi ou une proclamation ainsi que dans un arrêté en conseil, un contrat ou tout autre document, un renvoi à la *Loi sur la protection du consommateur* (chapitre P-40) remplacée par la présente loi est censé être un renvoi à la présente loi ou à la disposition équivalente de la présente loi. [1978, c. 9, art. 354].

355. *(Omis)*. [1978, c. 9, art. 355].

356. Un permis émis en vertu de la *Loi sur la protection du consommateur* remplacée par la présente loi demeure en vigueur jusqu'à la date où il expirerait en vertu de la loi ainsi remplacée; il est alors renouvelé conformément à la présente loi. [1978, c. 9, art. 356].

357. Un règlement adopté par le gouvernement en vertu de la *Loi sur la protection du consommateur* demeure en vigueur, dans la mesure où il est conforme aux dispositions de la présente loi, jusqu'à ce qu'il ait été abrogé ou qu'il ait été modifié ou remplacé par un règlement adopté en vertu de la présente loi. [1978, c. 9, art. 357].

358. Les poursuites intentées en vertu de la *Loi sur la protection du consommateur* suivent leurs cours; il en est de même des infractions commises et des prescriptions commencées lesquelles sont respectivement poursuivies et

achevées sous les dispositions de ladite loi. [1978, c. 9, art. 358].

359. *(Omis).* [1978, c. 9, art. 359].

360. *(Omis).* [1978, c. 9, art. 360].

361. *(Omis).* [1978, c. 9, art. 361].

362. Les crédits affectés à l'application de la *Loi sur la protection du consommateur* sont transférés pour permettre l'application de la présente loi.

Les crédits supplémentaires affectés à l'application de la présente loi pour l'exercice financier 1978/1979 ainsi que les crédits pour l'exercice financier 1979/1980 sont puisés à même le fonds consolidé du revenu.

Pour les exercices financiers suivants, les crédits sont puisés à même les deniers accordés annuellement par la Législature. [1978, c. 9, art. 362].

363. La présente loi entre en vigueur à la date fixée par proclamation du gouvernement, à l'exception des dispositions exclues par cette proclamation, lesquelles entreront en vigueur à une date ultérieure qui sera fixée par proclamation du gouvernement. [1978, c. 9, art. 363].

364. *(Cet article a cessé d'avoir effet le 17 avril 1987).* [1982, c. 21, art. 1].

Les dispositions de la présente loi indiquées comme non en vigueur (trame grise) entreront en vigueur à la date ou aux dates fixées par décret du gouvernement (1978, c. 9, art. 363; 1994, c. 2, art. 99).

ANNEXE 1

ÉNONCÉ DES DROITS DE RÉSOLUTION DU CONSOMMATEUR

(*Loi sur la protection du consommateur*, article 58)

Vous pouvez résoudre ce contrat, pour n'importe quelle raison, pendant une période de 10 jours après la réception du double du contrat et des documents qui doivent y être annexés.

Si vous ne recevez pas le bien ou le service au cours des 30 jours qui suivent une date indiquée dans le contrat, vous avez 1 an pour résoudre le contrat. Toutefois, vous perdez ce droit de résolution si vous acceptez la livraison après cette période de 30 jours. Le délai d'exercice du droit de résolution peut aussi être porté à 1 an pour d'autres raisons, notamment pour absence de permis, pour absence ou pour déficience de cautionnement, pour absence de livraison ou pour non-conformité du contrat. Pour de plus amples renseignements, communiquez avec un conseiller juridique ou l'Office de la protection du consommateur.

Lorsque le contrat est résolu, le commerçant itinérant doit vous rembourser toutes les sommes que vous lui avez versées et vous restituer tout bien qu'il a reçu en paiement, en échange ou en acompte ; s'il ne peut restituer ce bien, le commerçant itinérant doit remettre une somme correspondant au prix de ce bien indiqué au contrat ou, à défaut, la valeur de ce bien dans les 15 jours de la résolution. Dans le même délai, vous devez remettre au commerçant itinérant le bien que vous avez reçu du commerçant.

Pour résoudre le contrat, il suffit soit de remettre au commerçant itinérant ou à son représentant le bien que vous avez reçu, soit de lui retourner le formulaire proposé ci-dessous ou de lui envoyer un autre avis écrit à cet effet. Le formulaire ou l'avis doit être adressé au commerçant itinérant ou à son représentant, à l'adresse ci-dessous indiquée sur le formulaire ou à une autre adresse du commerçant itinérant ou du représentant indiquée dans le contrat. L'avis doit être remis en personne ou être donné par tout autre moyen permettant au consommateur de prouver son envoi : par courrier recommandé, par courrier électronique, par télécopieur ou par un service de messagerie.

FORMULAIRE DE RÉSOLUTION (partie détachable de l'annexe)

À COMPLÉTER PAR LE COMMERÇANT

À: _____
(nom du commerçant itinérant ou du représentant)

_____

_____
(adresse du commerçant itinérant ou de son représentant)

Numéro de téléphone du commerçant itinérant ou du représentant: (......) _ _ _
Numéro de télécopieur du commerçant itinérant ou du représentant: (......)_ _ _
Adresse électronique du commerçant itinérant ou du représentant: _ _ _ _ _ _

À COMPLÉTER PAR LE CONSOMMATEUR

DATE: _____ (date d'envoi du formulaire)

En vertu de l'article 59 de la Loi sur la protection du consommateur, j'annule le
contrat n° _ _ _ _ _ _ _ _ _ _ _ _ _ _ _ _ _ _ (numéro du contrat, s'il est indiqué)

conclu le _ _ _ _ _ _ _ _ _ _ _ _ _ _ _ _ _ (date de la formation du contrat)

à: _____
(adresse où le consommateur a signé le contrat)

_____ (nom du consommateur)

Numéro de téléphone du consommateur: (......) _ _ _ _ _ _ _ _ _ _ _ _ _ _
Numéro de télécopieur du consommateur: (......) _ _ _ _ _ _ _ _ _ _ _ _ _ _
Adresse électronique du consommateur: _ _ _ _ _ _ _ _ _ _ _ _ _ _ _ _ _ _

_____
(adresse du consommateur)

_____
(signature du consommateur)

[1978, c. 9, annexe 1; 1998, c. 6, art. 8].

ANNEXE 2

AVIS DE DÉCHÉANCE DU BÉNÉFICE DU TERME

(LOI SUR LA PROTECTION DU CONSOMMATEUR, ART. 105)

Date: _____
(date de l'envoi ou de la remise de l'avis)

_____
(nom du commerçant)

_____   _____
(numéro de téléphone
du commerçant)

_____
(adresse du commerçant)

ci-après appelé le commerçant donne avis à:

_____
(nom du consommateur)

_____

_____
(adresse du consommateur)

ci-après appelé le consommateur

qu'il est en défaut d'exécuter son obligation suivant le contrat (N°) *(numéro du contrat s'il est indiqué))* intervenu entre eux à *(lieu de la formation du contrat)* le *(date de la formation du contrat)*

et que le(s) paiement(s) suivant(s) est (sont) échu(s):

$_____ , le _____
(montant du paiement)   *(date d'échéance du paiement)*

$_____ , le _____
(montant du paiement)   *(date d'échéance du paiement)*

pour un total de $ *(somme due)* à date.

En conséquence, si le consommateur ne remédie pas à son défaut en payant la somme due dans les trente jours qui suivent la réception du présent avis, le solde de son obligation, au montant de $....................., deviendra exigible à ce moment.

Le consommateur peut cependant, par requête, s'adresser au tribunal pour faire modifier les modalités de paiement ou, s'il s'agit d'un contrat de vente assorti d'un crédit, pour être autorisé à remettre au commerçant le(s) bien(s) vendu(s).

Cette requête doit être signifiée et produite au greffe dans un délai de trente jours après réception du présent avis par le consommateur.

Le consommateur aura avantage à consulter son contrat et, au besoin, à communiquer avec l'Office de la protection du consommateur.

_____
(nom du commerçant)

_____
(signature du commerçant)

[1978, c. 9, annexe 2].

ANNEXE 3

CONTRAT DE PRÊT D'ARGENT

(LOI SUR LA PROTECTION DU CONSOMMATEUR, ART. 115)

Date: _____

(date de la formation du contrat)

Lieu: _____

*(lieu de la formation du contrat, s'il est formé en présence
du commerçant et du consommateur)*

_____

(nom du commerçant)

_____

_____

(adresse du commerçant)

_____

(numéro de permis du commerçant)

_____

(nom du consommateur)

_____

_____

(adresse du consommateur)

1. Capital net $ _____

2. Intérêt $ _____

3. Prime de l'assurance souscrite –
    décrire $ _____

4. Autres composantes $ _____

5. Total des frais de crédit pour toute
    la durée du prêt $ _____

6. Obligation totale du consommateur $ _____

7. Taux de crédit   _____%

L'obligation totale du consommateur est payable à *(adresse)* en *(nombre)* paiements différés de $ .... le .... jour de chaque mois consécutif à compter du *(date d'échéance du premier paiement)* et un dernier paiement de $ .... le ....

Le consommateur donne au commerçant, en reconnaissance ou en garantie de son obligation, l'objet ou le document suivant:

\-
(description)

Le commerçant exécute son obligation principale lors de la formation du présent contrat ❏ *(oui)* ou, le *(date de l'exécution de l'obligation principale du commerçant)*

\-
(signature du commerçant)

\-
(signature du consommateur)

[1978, c. 9, annexe 3].

ANNEXE 4

CONTRAT DE CRÉDIT VARIABLE

(LOI SUR LA PROTECTION DU CONSOMMATEUR, ART. 125)

Date: _____
(date de la formation du contrat)

Lieu: _____
*(lieu de la formation du contrat, s'il est formé en présence
du commerçant et du consommateur)*

_____
(nom du commerçant)

_____
(adresse du commerçant)

_____
(nom du consommateur)

_____
(adresse du consommateur)

1. Montant jusqu'à concurrence
   duquel le crédit est consenti
   (si ce montant est limité) $ _____

2. Frais d'adhésion ou de
   renouvellement $ _____

3. Durée de chaque période pour
   laquelle un état de compte est fourni _____

4. Paiement minimum requis pour
   chaque période $ _____

5. Délai pendant lequel le consommateur
   peut acquitter son obligation sans
   être obligé de payer des frais de crédit _____

6. Taux de crédit annuel   _____ %

Tableau d'exemples des frais de crédit

[1978, c. 9, annexe 4].

ANNEXE 5

CONTRAT DE VENTE À TEMPÉRAMENT

(LOI SUR LA PROTECTION DU CONSOMMATEUR, ART. 134)

Date: _____
(date de la formation du contrat)

Lieu: _____
(lieu de la formation du contrat, s'il est formé en présence du commerçant et du consommateur)

_____
(nom du commerçant)

_____

_____
(adresse du commerçant)

_____
(nom du consommateur)

_____

_____
(adresse du consommateur)

Description de l'objet du contrat:

1. *a)* Prix comptant $_ _ _ _ _ _

   b) Frais d'installation, de livraison
          et autres $_ _ _ _ _ _

2. *a)* Prix comptant total $ _ _ _ _ _ _

   b) Versement comptant $ _ _ _ _ _ _

3. *a)* Solde – Capital net $ _ _ _ _ _ _

   b) Intérêt $_ _ _ _ _ _

   c) Prime de l'assurance souscrite
          – *décrire* $_ _ _ _ _ _

   d) Autres composantes $_ _ _ _ _ _

4. Total des frais de crédit pour toute
   la durée du contrat $ _ _ _ _ _ _

5. Obligation totale du consommateur $ _ _ _ _ _ _

   Taux de crédit   _ _ _ _ _ %

L'obligation totale du consommateur est payable à *(adresse)* en *(nombre)* paiements différés de $ .... le...................... jour de chaque mois consécutif à compter du *(date d'échéance du premier paiement)* et un dernier paiement de $ .... le ....

Le consommateur donne au commerçant, en reconnaissance ou en garantie de son obligation, l'objet ou le document suivant:

(description)

Le commerçant livre le(s) bien(s) faisant l'objet du présent contrat lors de la formation du contrat ❏ *(oui)* ou, le *(date de livraison du bien)*

Le commerçant demeure propriétaire du(des) bien(s) vendu(s) et le transfert du droit de propriété n'a pas lieu lors de la formation du contrat mais aura lieu seulement *(époque et modalités du transfert)*

(signature du commerçant)

(signature du consommateur)

[1978, c. 9, annexe 5].

ANNEXE 6

AVIS DE REPRISE DE POSSESSION

(LOI SUR LA PROTECTION DU CONSOMMATEUR, ART. 139)

Date: _____
(date de l'envoi ou de la remise de l'avis)

_____
(nom du commerçant)

_____   _____
(numéro de téléphone du commerçant)

_____
(adresse du commerçant)

ci-après appelé le commerçant, donne avis à:

_____
(nom du consommateur)

_____

_____
(adresse du consommateur)

ci-après appelé le consommateur,

qu'il est en défaut d'exécuter son obligation suivant le contrat (N° *(numéro du contrat s'il est indiqué)*) intervenu entre eux à *(lieu de la formation du contrat)* le *(date de la formation du contrat)* et que le(s) paiement(s) suivant(s) est(sont) échu(s):

$_____ , le _____
(montant du paiement)   *(date d'échéance du paiement)*

$_____ , le _____
(montant du paiement)   *(date d'échéance du paiement)*

pour un total de $ (somme due) à date.

Le consommateur peut, dans les 30 jours suivant la réception du présent avis:

a) soit remédier au défaut en payant la somme due à date;

b) soit remettre le bien au commerçant.

Si le consommateur n'a pas remédié au défaut ou n'a pas remis le bien au commerçant à *(adresse)* dans les 30 jours qui suivent la réception du présent avis, le commerçant exercera son droit de reprise en faisant saisir le(s) bien(s) aux frais du consommateur.

Si le consommateur a déjà payé au moins la moitié de la somme de l'obligation totale et du versement comptant, le commerçant ne pourra cependant exercer son droit de reprise qu'après avoir obtenu l'autorisation du tribunal.

Au cas de remise volontaire ou de paiement forcé du bien à la suite du présent avis, l'obligation contractuelle du consommateur est éteinte, et le commerçant n'est pas tenu de remettre le montant des paiements qu'il a déjà reçus.

Le consommateur aura avantage à consulter son contrat, et, au besoin, à communiquer avec l'Office de la protection du consommateur.

(nom du commerçant)

(signature du commerçant)

_____

[1978, c. 9, annexe 6].

ANNEXE 7

CONTRAT ASSORTI D'UN CRÉDIT

(LOI SUR LA PROTECTION DU CONSOMMATEUR, ART. 150)

Date: _
(date de la formation du contrat)

Lieu: _
*(lieu de la formation du contrat, s'il est formé en présence
du commerçant et du consommateur)*

_ _
(nom du commerçant)

_ _
(adresse du commerçant)

_ _
(nom du consommateur)

_ _
(adresse du consommateur)

Description de l'objet du contrat:

1. *a)* Prix comptant $_ _ _ _ _ _

   b) Frais d'installation, de livraison
        et autres $_ _ _ _ _ _

2. *a)* Prix comptant total $ _ _ _ _ _ _

   b) Versement comptant $ _ _ _ _ _ _

3. *a)* Solde – Capital net $ _ _ _ _ _ _

   b) Intérêt $_ _ _ _ _ _

   c) Prime de l'assurance souscrite
        – *décrire* $_ _ _ _ _ _

   d) Autres composantes $_ _ _ _ _ _

4. Total des frais de crédit pour toute
    la durée du contrat $ _ _ _ _ _ _

5. Obligation totale du consommateur $ _ _ _ _ _ _

       Taux de crédit   _ _ _ _ _ %

L'obligation totale du consommateur est payable à *(adresse)* en *(nombre)* paiements différés de $ .... le .... jour de chaque mois consécutif à compter du *(date d'échéance du premier paiement)* et un dernier paiement de $ .... le......................

Le consommateur donne au commerçant, en reconnaissance ou en garantie de son obligation l'objet ou le document suivant:

(description)

Le commerçant livre le(s) bien(s) faisant l'objet du présent contrat lors de la formation du contrat ❏ *(oui)* ou, le *(date de livraison du bien)*

(signature du commerçant)

(signature du consommateur)

_____

[1978, c. 9, annexe 7].

ANNEXE 7.1

AVIS DE DÉCHÉANCE DU BÉNÉFICE DU TERME EN MATIÈRE DE LOCATION À LONG TERME

(LOI SUR LA PROTECTION DU CONSOMMATEUR, ART. 150.13)

Date: _____
(date de l'envoi ou de la remise de l'avis)

_____
(nom du commerçant)

_____   _____
                                        (numéro de téléphone du
                                        commerçant)

_____
(adresse du commerçant)

ci-après appelé le commerçant, donne avis à

_____
(nom du consommateur)

_____

_____
(adresse du consommateur)

ci-après appelé le consommateur,

qu'il est en défaut d'exécuter son obligation suivant le contrat (N° *(numéro du contrat s'il est indiqué))* intervenu entre eux à *(lieu de la conclusion du contrat)* le *(date de la conclusion du contrat)* et que le(s) paiement(s) suivant(s) est(sont) échu(s):

$_____ , le _____
(montant du paiement)   *(date d'échéance du paiement)*

$_____ , le _____
(montant du paiement)   *(date d'échéance du paiement)*

pour un total de $ (somme due) à date.

En conséquence, si le consommateur ne remédie pas à son défaut en payant la somme due dans les trente jours qui suivent la réception du présent avis, le montant total des paiements échus et des paiements périodiques non encore échus, soit la somme de $......................., deviendra exigible à ce moment.

Le consommateur peut cependant, par requête, s'adresser au tribunal pour faire modifier les modalités de paiement ou pour être autorisé à remettre au commerçant le bien loué. Dans ce dernier cas, la remise du bien autorisée par le tribunal entraîne

l'extinction de l'obligation et le commerçant n'est pas tenu de remettre le montant des paiements qu'il a reçus.

Cette requête doit être signifiée et produite au greffe dans un délai de trente jours après réception du présent avis par le consommateur.

Par ailleurs, le consommateur peut aussi, sans l'autorisation du tribunal, remettre le bien au commerçant et ainsi résilier son contrat. Dans un tel cas, le commerçant n'est pas tenu de remettre le montant des paiements échus qu'il a déjà perçus et il ne peut réclamer que les seuls dommages-intérêts réels qui soient une suite directe et immédiate de cette résiliation.

Le consommateur aura avantage à consulter son contrat et, au besoin, à communiquer avec l'Office de la protection du consommateur.

　　　　　　　_ _ _ _ _ _ _ _ _ _ _ _ _ _ _ _ _ _ _
　　　　　　　(nom du commerçant)

　　　　　　　_ _ _ _ _ _ _ _ _ _ _ _ _ _ _ _ _ _ _
　　　　　　　(signature du commerçant)

[1991, c. 24, art. 9].

ANNEXE 7.2

AVIS DE REPRISE DE POSSESSION EN MATIÈRE DE LOCATION À LONG TERME

(LOI SUR LA PROTECTION DU CONSOMMATEUR, ART. 150.14)

Date: _____
(date de l'envoi ou de la remise de l'avis)

_____
(nom du commerçant)

_____   _____
(numéro de téléphone du commerçant)

_____
(adresse du commerçant)

ci-après appelé le commerçant, donne avis à

_____
(nom du consommateur)

_____

_____
(adresse du consommateur)

ci-après appelé le consommateur,

qu'il est en défaut d'exécuter son obligation suivant le contrat (N° *(numéro du contrat s'il est indiqué))* intervenu entre eux à *(lieu de la conclusion du contrat)* le *(date de la conclusion du contrat)* et que le(s) paiement(s) suivant(s) est(sont) échu(s):

$_____ , le _____
(montant du paiement)   *(date d'échéance du paiement)*

$_____ , le _____
(montant du paiement)   *(date d'échéance du paiement)*

pour un total de $ (somme due) à date.

Le consommateur peut, dans les 30 jours suivant la réception du présent avis:

a) soit remédier au défaut en payant la somme due à date;

b) soit remettre le bien au commerçant.

Si le consommateur n'a pas remédié au défaut ou n'a pas remis le bien au commerçant à *(adresse)* dans les 30 jours qui suivent la réception du présent avis,

le commerçant exercera son droit de reprise en faisant saisir le(s) bien(s) aux frais du consommateur.

Toutefois, si le consommateur partie à un contrat de louage à valeur résiduelle garantie a déjà payé au moins la moitié de son obligation maximale, le commerçant ne pourra exercer son droit de reprise qu'après avoir obtenu la permission du tribunal (article 150.32).

Au cas de remise volontaire ou de reprise forcée du bien à la suite du présent avis, le contrat est résilié. Le commerçant n'est alors pas tenu de remettre le montant des paiements échus qu'il a déjà perçus et il ne peut réclamer que les seuls dommages-intérêts réels qui soient une suite directe et immédiate de cette résiliation (article 150.15).

Le consommateur aura avantage à consulter son contrat, et, au besoin, à communiquer avec l'Office de la protection du consommateur.

_____
(nom du commerçant)

_____
(signature du commerçant)

[1991, c. 24, art. 19].

ANNEXE 7.3

CONTRAT DE LOUAGE À VALEUR RÉSIDUELLE GARANTIE PAR
LE CONSOMMATEUR

(LOI SUR LA PROTECTION DU CONSOMMATEUR, ART. 150.22)

Date: _____
(date de la formation du contrat)

Lieu: _____
*(lieu de la formation du contrat, s'il est formé en présence
du commerçant et du consommateur)*

_____
(nom du commerçant)

_____
(adresse du commerçant)

_____
(nom du consommateur)

_____
(adresse du consommateur)

Description de l'objet du contrat: _____

_____
(marque, modèle, numéro de série, année)

1. Valeur totale du bien

   a)   Prix de détail   _____ $

   b)   Frais de préparation, de livraison
   et d'installation   _____ $

   c)   Autres *(préciser)*   _____ $

           Total   _____ $

2. Acompte
   (autre que les taxes applicables)

   a)   Montant alloué pour le bien cédé
   en contrepartie de la location   _____ $

   b)   Premier versement périodique   _____ $

c) Versement(s) périodique(s) payé(s)
par anticipation, autre(s) que b)
(préciser le(s)quel(s)) _____ $

d) Autre somme reçue avant le début
de la période de location, y compris
la valeur d'un effet de commerce
payable à demande _____ $

Total _____ $

3. Montant de l'obligation nette (1 – 2) _____ $

4. Paiements périodiques

a) (i) *(versement périodique)* × *(nombre)* = _____ $

(ii) Dernier versement périodique _____ $
(s'il est moindre de i)

(iii) Total des versements périodiques
(i + ii) _____ $

b) (i) *(versement périodique)* + *(taxes)* = *(paiement
périodique)*

(ii) *(paiement périodique)* × *(nombre)* = _____ $

(iii) *(dernier versement périodique)* + *(taxes)* = _____ $

(iv) Total des paiements périodiques
(ii + iii) _____ $

5. Montant de l'obligation à tempérament

a) Total des versements périodiques
moins ceux compris dans l'acompte
(4 *a*) iii – 2 *b* et 2 *c*) _____ $

b) Valeur résiduelle du bien _____ $
*(valeur au gros à la fin de la
période de location)*

Total _____ $

6. Frais et taux de crédit implicites

a) Frais de crédit implicites (5 – 3) _____ $

b) Période de location _____ mois

c) Taux de crédit implicite annuel _____ %

7. OBLIGATION MAXIMALE DU CONSOMMATEUR
*(ne comprend pas les taxes applicables et les frais
relatifs au degré d'utilisation du bien)* (2 + 5) _____ $

L'obligation du consommateur est payable à *(adresse)*.

Les sommes à acquitter pendant la période de location sont payables en *(nombre)* paiements périodiques de *(montant)* à effectuer le .... de chaque *(période)* consécutif à compter du *(date de la livraison du bien)* et un dernier paiement de *(montant)* $ le *(date)*

Quant à la valeur résiduelle, le consommateur devra l'acquitter s'il se porte acquéreur du bien pendant la période de location. Si le consommateur n'exerce pas ce choix, il garantit au commerçant qu'il obtiendra de l'aliénation à titre onéreux du bien dans un délai raisonnable de sa remise une valeur au moins égale à la valeur résiduelle et, qu'à défaut par le commerçant d'obtenir au moins telle valeur le consommateur assumera la différence jusqu'à concurrence de 20% de la valeur résiduelle.

Le consommateur donne au commerçant en reconnaissance ou en garantie de son obligation l'objet ou le document suivant:

(description)

Le commerçant livre le(s) bien(s) faisant l'objet du présent contrat lors de la formation du contrat ❑ *(oui)* ou, le *(date de la livraison du bien)*

(signature du commerçant)

(signature du consommateur)

_____

[1991, c. 24, art. 19].

ANNEXE 7.4

AVIS DE DROIT DE PRÉEMPTION

(LOI SUR LA PROTECTION DU CONSOMMATEUR, ART. 150.30)

Date: _____
(date de l'envoi ou de la remise de l'avis)

_____
(nom du commerçant)

_____
*(numéro de téléphone du com-
merçant)*

_____
(adresse du commerçant)

ci-après appelé le commerçant, donne avis à

_____
(nom du consommateur)

_____
(adresse du consommateur)

ci-après appelé le consommateur,

1- que le commerçant a reçu de *(nom et adresse)* (ci-après appelé l'acquéreur potentiel) une offre d'acquisition du bien faisant l'objet du contrat de louage à valeur résiduelle garantie (N° *(numéro du contrat s'il est indiqué)*) intervenu entre le commerçant et le consommateur à *(lieu de la formation du contrat)* le *(date de la formation du contrat)* et que cette offre d'acquisition est pour un montant de *(montant)*$, ce montant étant inférieur à la valeur résiduelle indiquée au contrat, soit *(montant)*$;

2- que le consommateur peut, dans les 5 jours qui suivent la réception du présent avis:

   a) soit acquérir le bien en payant comptant un prix égal à celui offert par l'acquéreur potentiel;

   b) soit présenter un tiers qui convient de payer comptant pour ce bien un prix au moins égal à celui offert par l'acquéreur potentiel.

Dans ce dernier cas, si le commerçant n'accepte pas de vendre le bien au tiers présenté par le consommateur, ce dernier est libéré de son obligation de garantie de la valeur résiduelle.

À défaut par le consommateur d'acquérir le bien ou de présenter un tiers dans les 5 jours qui suivent la réception du présent avis, le commerçant vendra le bien à l'acquéreur potentiel au prix proposé par celui-ci et indiqué au paragraphe 1.

Le consommateur aura avantage à consulter son contrat, et, au besoin, à communiquer avec l'Office de la protection du consommateur.

_____
(nom du commerçant)

_____
(signature du commerçant)

[1991, c. 24, art. 19].

ANNEXE 8

FORMULE DE RÉSILIATION

(LOI SUR LA PROTECTION DU CONSOMMATEUR, ART. 190)

À:_____

(nom du commerçant)

- -

- -

(adresse du commerçant)

Date: _____

(date d'envoi de la formule)

En vertu de l'article 193 de la Loi sur la protection du consommateur, je résilie le contrat (Nº *(numéro du contrat s'il est indiqué)*) conclu le *(date de la conclusion du contrat)* à *(lieu de la conclusion du contrat)*

- -

(nom du consommateur)

- -

(signature du consommateur)

- -

(adresse du consommateur)

[1978, c. 9, annexe 8].

ANNEXE 9

FORMULE DE RÉSILIATION

(LOI SUR LA PROTECTION DU CONSOMMATEUR, ART. 199)

À: _____
(nom du commerçant)

_____

_____
(adresse du commerçant)

Date: _____
(date d'envoi de la formule)

En vertu de l'article 204 de la Loi sur la protection du consommateur, je résilie le contrat (Nº *(numéro du contrat s'il est indiqué)*) conclu le *(date de la conclusion du contrat)* à *(lieu de la conclusion du contrat)*

_____
(nom du consommateur)

_____
(signature du consommateur)

_____
(adresse du consommateur)

[1978, c. 9, annexe 9].

ANNEXE 10

FORMULE DE RÉSOLUTION
(LOI SUR LA PROTECTION DU CONSOMMATEUR, ART. 208)

À:_____
(nom du commerçant)

_____

_____
(adresse du commerçant)

Date: _____
(date d'envoi de la formule)

En vertu de l'article 209 de la Loi sur la protection du consommateur, je résilie le contrat (N° *(numéro du contrat s'il est indiqué)*) conclu le *(date de la conclusion du contrat)* à *(lieu de la conclusion du contrat)*

_____
(nom du consommateur)

_____
(signature du consommateur)

_____
(adresse du consommateur)

[1978, c. 9, annexe 10].

ANNEXE 11

ENGAGEMENT DE LA SOCIÉTÉ DE FIDUCIE
(LOI SUR LA PROTECTION DU CONSOMMATEUR, ART. 260.9)

NOUS SOUSSIGNÉS, ... nous engageons à assumer les devoirs, les obligations et les responsabilités que la Loi sur la protection du consommateur impose à une société de fiducie quant aux sommes déposées dans un compte de réserves en vertu de cette loi par, ...commerçant.

Engagement signé à _____

le_____

par _____
(personne dûment autorisée)

[1988, c. 45, art. 13].

Loi sur la publicité légale des entreprises individuelles, des sociétés et des personnes morales, L.R.Q., c. P-45

CHAPITRE I
CHAMP D'APPLICATION ET INTERPRÉTATION

1. La présente loi s'applique à toute personne ou société à qui l'obligation d'immatriculation s'impose ainsi qu'à celle dont l'immatriculation n'est pas radiée.

Elle s'applique également à la personne ou au groupement qui s'immatricule volontairement, jusqu'à la radiation de son immatriculation. [1993, c. 48, art. 1].

2. Est assujettie à l'obligation d'immatriculation:

1º la personne physique qui exploite une entreprise individuelle au Québec, qu'elle soit ou non à caractère commercial, sous un nom ne comprenant pas son nom de famille et son prénom;

2º la société en nom collectif ou la société en commandite qui est constituée au Québec;

3º la société qui n'est pas constituée au Québec, si elle y exerce une activité, incluant l'exploitation d'une entreprise, ou y possède un droit réel immobilier autre qu'une priorité ou une hypothèque;

4º la personne morale de droit privé qui est constituée au Québec;

5º la personne morale de droit privé qui n'est pas constituée au Québec, si elle y a son domicile, y exerce une activité, incluant l'exploitation d'une entreprise ou y possède un droit réel immobilier autre qu'une priorité ou une hypothèque;

6º la personne morale visée au paragraphe 4º ou 5º qui est issue d'une fusion, autre qu'une fusion simplifiée, ou d'une scission, lorsque cette opération est prévue par la loi. [1993, c. 48, art. 2].

3. Le seul fait qu'une personne physique utilise un pseudonyme pour l'exercice d'une activité culturelle, qu'elle soit à caractère artistique, littéraire ou autre, ne constitue pas un nom d'emprunt aux fins de l'application du paragraphe 1º de l'article 2. [1993, c. 48, art. 3].

4. L'assujetti qui n'a ni domicile ni établissement au Québec doit désigner un fondé de pouvoir qui y réside, à moins qu'il n'en soit dispensé par règlement.

Le fondé de pouvoir représente l'assujetti aux fins de l'application de la présente loi et toute procédure exercée contre l'assujetti en vertu d'une loi peut, même après la radiation de son immatriculation, être signifiée au fondé de pouvoir. [1993, c. 48, art. 4; 1995, c. 56, art. 1].

5. La personne qui, à titre d'administrateur du bien d'autrui, est chargée d'administrer l'ensemble des biens d'un assujetti a les droits et obligations que la présente loi confère à l'assujetti. [1993, c. 48, art. 5].

6. Aux fins de l'application de l'article 2, la personne ou la société qui possède une adresse au Québec ou qui, par elle-même ou par l'entremise de son représentant agissant en vertu d'un mandat général, possède un établissement ou un casier postal au Québec, y dispose d'une ligne téléphonique ou y accomplit un acte dans le but d'en tirer un profit, est présumée exercer une activité ou exploiter une entreprise au Québec. [1993, c. 48, art. 6].

7. Dans le cas d'une poursuite pénale, les présomptions établies à l'article 6 s'appliquent en l'absence de toute preuve contraire. [1993, c. 48, art. 7].

CHAPITRE II
IMMATRICULATION

8. L'immatriculation d'une personne physique, d'une société, d'un groupement ou d'une personne morale s'effectue, par l'inspecteur général des institutions financières, sur présentation de sa déclaration d'immatriculation ou, dans le cas d'une personne morale constituée au Québec en vertu de la loi applicable à son espèce, sur dépôt de son acte constitutif au registre des entreprises individuelles, des sociétés et des personnes morales. [1993, c. 48, art. 8; 1997, c. 89, art. 1].

9. La déclaration d'immatriculation est présentée à l'inspecteur général au plus tard soixante jours après la date à laquelle l'obligation d'immatriculation s'impose.

L'acte constitutif et, le cas échéant, les documents visés par la loi sont déposés au registre par l'inspecteur général lorsqu'il constitue une personne morale ou lorsqu'il reçoit d'une autre autorité l'acte constitutif d'une personne morale qu'elle a constituée. [1993, c. 48, art. 9; 1997, c. 89, art. 2].

10. La déclaration d'immatriculation de l'assujetti contient:

1º son nom et, s'il a déjà été immatriculé, son matricule;

2º tout autre nom qu'il utilise au Québec dans l'exercice de son activité, l'exploitation de son entreprise ou aux fins de la possession d'un droit réel immobilier autre qu'une priorité ou une hypothèque, s'il y a lieu;

3º une mention à l'effet qu'il est une personne physique qui exploite une entreprise ou, le cas échéant, la forme juridique qu'il emprunte en précisant la loi en vertu de laquelle il est constitué;

4º son domicile.

Elle contient en outre, le cas échéant:

1º le domicile qu'il élit aux fins de l'application de la présente loi avec mention du nom du destinataire;

2º le nom et le domicile de chaque administrateur avec mention de la fonction qu'il occupe;

3º le nom et le domicile du président, du secrétaire et du principal dirigeant, lorsqu'ils ne sont pas membres du conseil d'administration, avec mention des fonctions qu'ils occupent;

4º le nom et l'adresse de son fondé de pouvoir;

5º le nom, l'adresse et la qualité de la personne visée à l'article 5;

6º l'adresse des établissements qu'il possède au Québec en précisant celle du principal, le nom qui les désigne et les deux principaux secteurs d'activités qui y sont exercés;

7º par ordre d'importance, les deux principaux secteurs dans lesquels il exerce son activité ou exploite son entreprise;

8º le nombre de salariés dont le lieu de travail est situé au Québec, selon la tranche correspondante déterminée par l'inspecteur général;

9º la date à laquelle il prévoit cesser d'exister. [1993, c. 48, art. 10].

11. La déclaration d'une société contient de plus, le cas échéant:

1º le nom et le domicile de chaque associé avec mention qu'aucune autre personne ne fait partie de la société en distinguant, dans le cas d'une société en commandite, les commandités des commanditaires connus lors de la conclusion du contrat et en précisant celui qui fournit le plus grand apport;

2º l'objet poursuivi par la société;

3º une mention indiquant que la responsabilité de certains ou de l'ensemble de ses associés est limitée, lorsque la société n'est pas constituée au Québec. [1993, c. 48, art. 11].

12. La déclaration d'une personne morale contient de plus, le cas échéant:

1º le nom de l'État où elle a été constituée et la date de sa constitution;

2º le nom de l'État où la fusion ou la scission dont elle est issue s'est réalisée, la date de cette fusion ou scission ainsi que le nom, le domicile et la matricule de toute personne morale partie à cette fusion ou scission;

3º la date de sa continuation ou autre transformation;

4º le nom et le domicile des trois actionnaires qui détiennent le plus de voix, par ordre d'importance, avec mention de celui qui en détient la majorité absolue. [1993, c. 48, art. 12].

13. L'assujetti ne peut déclarer ni utiliser au Québec un nom qui:

1º n'est pas conforme aux dispositions de la *Charte de la langue française* (L.R.Q., chapitre C-11);

2º comprend une expression que la loi ou les règlements réservent à autrui ou dont ils lui interdisent l'usage;

3º comprend une expression qui évoque une idée immorale, obscène ou scandaleuse;

4º indique incorrectement sa forme juridique ou omet de l'indiquer lorsque la loi le requiert, en tenant compte notamment des normes relatives à la composition des noms déterminées par règlement;

5º laisse faussement croire qu'il est un groupement sans but lucratif;

6º laisse faussement croire qu'il est une autorité publique mentionnée au règlement ou qu'il est lié à celle-ci;

7º laisse faussement croire qu'il est lié à une autre personne, à une autre société ou à un autre groupement, notamment dans les cas et en tenant compte des critères déterminés par règlement;

8° prête à confusion avec un nom utilisé par une autre personne, une autre société ou un autre groupement au Québec, en tenant compte notamment des critères déterminés par règlement;

9° est de toute autre manière de nature à induire les tiers en erreur.

L'assujetti dont le nom est dans une langue autre que le français doit déclarer la version française du nom qu'il utilise au Québec dans l'exercice de son activité, l'exploitation de son entreprise ou aux fins de la possession d'un droit réel immobilier autre qu'une priorité ou une hypothèque.

Le deuxième alinéa ne s'applique pas à la personne physique qui s'immatricule volontairement et qui, à cette fin, ne déclare que ses nom de famille et prénom. [1993, c. 48, art. 13].

14. L'assujetti n'acquiert aucun droit sur un nom du seul fait de son inscription au registre ou du dépôt qui y est fait d'un document qui le contient. [1993, c. 48, art. 14].

15. La déclaration d'immatriculation est dressée sur la formule fournie à cette fin ou autorisée par l'inspecteur général, suivant les normes déterminées par règlement. Tout document annexé à une formule doit être dressé sur un support de même[s] nature, qualité et format et doit respecter les mêmes normes. [1993, c. 48, art. 15].

16. Sauf dans la mesure prévue par la loi, l'acte constitutif déposé au registre est dressé, quant à la nature, à la qualité et au format du support utilisé et quant à la disposition et à la forme du texte qui y est contenu, suivant les normes déterminées par règlement.

Si l'original de l'acte constitutif n'est pas disponible, l'inspecteur général peut en accepter une copie certifiée conforme par une personne autorisée. [1993, c. 48, art. 16].

17. La déclaration d'immatriculation doit:

1° être signée par l'assujetti ou une personne autorisée;

2° être dressée en double exemplaire;

3° être accompagnée des droits prescrits par règlement. [1993, c. 48, art. 17; 1997, c. 89, art. 3].

18. L'inspecteur général refuse d'immatriculer l'assujetti lorsque sa déclaration d'immatriculation:

1° ne contient pas une information visée à l'un des articles 10 à 12, si elle est exigible;

2° contient un nom qui n'est pas conforme aux dispositions de l'un des paragraphes 1° à 6° du premier alinéa ou du deuxième alinéa de l'article 13;

3° n'est pas conforme aux dispositions de l'article 15 ou 17.

Il doit également refuser d'immatriculer l'assujetti qui est déjà immatriculé ou dont l'immatriculation a été radiée d'office. [1993, c. 48, art. 18; 1997, c. 89, art. 4].

19. L'inspecteur général refuse d'immatriculer la personne morale constituée au Québec en vertu de la loi particulière applicable à son espèce lorsque son acte constitutif:

1° contient un nom qui n'est pas conforme aux dispositions de l'un des

paragraphes 1º à 6º du premier alinéa ou du deuxième alinéa de l'article 13;

2º n'est pas conforme aux dispositions de l'article 16.

Il doit également refuser d'immatriculer la personne morale qui est déjà immatriculée ou dont l'immatriculation a été radiée d'office. [1993, c. 48, art. 19].

20. L'inspecteur général, lorsqu'il refuse d'immatriculer un assujetti en vertu de l'article 18 ou 19, informe celui-ci des motifs de son refus. [1993, c. 48, art. 20; 1997, c. 89, art. 5].

21. L'inspecteur général immatricule l'assujetti dont la déclaration d'immatriculation ou l'acte constitutif est conforme aux dispositions de la présente loi en inscrivant au registre les informations le concernant visées au premier alinéa de l'article 10 et en lui attribuant un matricule.

Il appose le matricule et la date de l'immatriculation sur chaque exemplaire de la déclaration d'immatriculation ou, le cas échéant, sur l'acte constitutif. [1993, c. 48, art. 21; 1997, c. 89, art. 6].

22. L'inspecteur général remet à l'assujetti qu'il a immatriculé sur présentation de sa déclaration d'immatriculation un exemplaire de sa déclaration et dépose le second exemplaire au registre. [1993, c. 48, art. 22; 1997, c. 89, art. 7].

23. L'inspecteur général transmet à l'assujetti qu'il a immatriculé sur dépôt au registre de son acte constitutif une déclaration initiale qui est dressée en simple exemplaire suivant la forme et la teneur prévue[s] pour la déclaration d'immatriculation et sur laquelle sont transcrites les informations visées au premier alinéa de l'article 10, le matricule qui a été attribué à l'assujetti et la date de son immatriculation.

La déclaration doit être complétée et signée par l'assujetti ou une personne autorisée qui doit la produire à l'inspecteur général, dans les soixante jours de la date de son immatriculation. Lorsque la déclaration est produite après ce délai, elle doit, de plus, être accompagnée des droits prescrits par règlement. [1993, c. 48, art. 23].

24. L'inspecteur général refuse de déposer au registre la déclaration initiale lorsqu'elle:

1º ne contient pas une information visée à l'un des articles 10 à 12, si elle est exigible;

2º contient un nom qui n'est pas conforme aux dispositions de l'un des paragraphes 1º à 6º du premier alinéa ou du deuxième alinéa de l'article 13;

3º n'est pas conforme aux dispositions de l'article 15;

4º n'est pas signée par l'assujetti ou une personne autorisée;

5º n'est pas accompagnée des droits prescrits par règlement, s'ils sont exigibles.

L'inspecteur général informe l'assujetti des motifs de son refus. [1993, c. 48, art. 24].

25. L'inspecteur général dépose au registre la déclaration initiale qui est conforme aux dispositions de la présente loi, lorsqu'elle lui est présentée. [1993, c. 48, art. 25].

CHAPITRE III
MISE À JOUR DES INFORMATIONS

SECTION I
MISE À JOUR ANNUELLE

26. L'assujetti doit mettre à jour les informations contenues dans sa déclaration d'immatriculation ou sa déclaration initiale en produisant à l'inspecteur général une déclaration annuelle, durant la période déterminée par règlement. [1993, c. 48, art. 26].

27. L'assujetti qui a présenté une déclaration d'immatriculation ou une déclaration initiale durant la période déterminée pour produire une déclaration annuelle est exempté de cette obligation pour l'année en cours.

La personne morale issue d'une fusion simplifiée qui a présenté une déclaration modificative à la suite de cette fusion, durant la période déterminée pour produire une déclaration annuelle, est également exemptée de cette obligation pour l'année en cours. [1993, c. 48, art. 27].

28. L'assujetti qui a produit, durant la période déterminée pour produire une déclaration annuelle, un document contenant les mêmes informations que celles visées dans la déclaration annuelle et dont un exemplaire, un extrait ou une transcription est déposé au registre en vertu de l'article 71, 72 ou 73, est exempté de l'obligation de produire une déclaration annuelle pour l'année en cours. [1993, c. 48, art. 28].

29. Avant le début de la période déterminée pour produire une déclaration annuelle, l'inspecteur général expédie un avis à l'assujetti immatriculé qui a omis de présenter sa déclaration annuelle pour l'année précédente.

L'avis indique que son immatriculation sera radiée s'il ne remédie pas à son défaut et s'il omet de déposer sa déclaration annuelle pour l'année en cours.

Un exemplaire de cet avis est déposé au registre. [1993, c. 48, art. 29].

30. La déclaration annuelle est dressée en simple exemplaire suivant la forme et la teneur prévue[s] pour la déclaration d'immatriculation.

Lorsque la déclaration est produite après la période déterminée, elle doit, de plus, être accompagnée des droits supplémentaires prescrits par règlement. [1993, c. 48, art. 30].

31. L'inspecteur général refuse de déposer au registre la déclaration annuelle lorsqu'elle:

1º ne contient pas une information visée à l'un des articles 10 à 12, si elle est exigible;

2º contient un nom qui n'est pas conforme aux dispositions de l'un des paragraphes 1º à 6º du premier alinéa ou du deuxième alinéa de l'article 13;

3º n'est pas conforme aux dispositions de l'article 15;

4º n'est pas signée par l'assujetti ou une personne autorisée;

5º n'est pas accompagnée des droits prescrits par règlement et, s'ils sont exigibles, des droits supplémentaires prescrits par règlement.

Il refuse aussi de déposer au registre le document visé à l'article 28 lorsqu'il n'est pas conforme aux dispositions des paragraphes 1º, 2º, 3º et 5º du premier alinéa.

L'inspecteur général informe l'assujetti des motifs de son refus. [1993, c. 48, art. 31].

32. L'inspecteur général dépose au registre la déclaration annuelle qui est conforme aux dispositions de la présente loi, lorsqu'elle lui est présentée ou, le cas échéant, le document visé à l'article 28. [1993, c. 48, art. 32].

SECTION II
MISE À JOUR COURANTE

33. Lorsque l'assujetti constate que sa déclaration est incomplète ou qu'elle contient une information inexacte, il doit la corriger en produisant une déclaration modificative.

L'assujetti qui est une société est exempté de l'obligation de produire une telle déclaration modificative lorsque sa déclaration a été rectifiée par un acte de régularisation conformément à l'article 2191 du Code civil du Québec. [1993, c. 48, art. 33].

34. L'assujetti doit aussi produire une déclaration modificative pour mettre à jour les informations suivantes:

1° son nom;

2° tout autre nom qu'il utilise au Québec dans l'exercice de son activité, l'exploitation de son entreprise ou aux fins de la possession d'un droit réel immobilier autre qu'une priorité ou une hypothèque, s'il y a lieu;

3° la mention à l'effet qu'il est une personne physique qui exploite une entreprise ou, le cas échéant, la forme juridique qu'il emprunte en précisant la loi en vertu de laquelle il est constitué;

4° son domicile;

5° le domicile qu'il élit aux fins de l'application de la présente loi en précisant le nom du destinataire;

6° le nom et le domicile de chaque administrateur en mentionnant la fonction qu'il occupe;

7° le nom et le domicile du président, du secrétaire et du principal dirigeant, lorsqu'ils ne sont pas membres du conseil d'administration, en précisant les fonctions qu'ils occupent;

8° le nom et l'adresse de son fondé de pouvoir;

9° le nom, l'adresse et la qualité de la personne visée à l'article 5;

10° l'adresse des établissements qu'il possède au Québec en précisant celle du principal;

11° la date à laquelle il prévoit cesser d'exister;

12° le nom et le domicile de chaque associé avec mention qu'aucune autre personne ne fait partie de la société en distinguant, dans le cas d'une société en commandite, les commandités des commanditaires connus lors de la conclusion du contrat;

13° l'objet poursuivi par la société;

14° la date de sa continuation ou autre transformation. [1993, c. 48, art. 34].

35. La personne morale issue d'une fusion simplifiée au sens de l'article 123.129 ou 123.130 de la *Loi sur les compagnies* (L.R.Q., chapitre C-38) doit produire une déclaration modificative de la déclaration d'immatriculation ou de la déclaration initiale de l'assujetti dont elle conserve le matricule. Cette déclaration contient, outre les informations qui font

l'objet d'un changement, celles visées au paragraphe 2° de l'article 12. [1993, c. 48, art. 35].

36. La personne visée à l'article 5 doit déclarer ses nom, adresse et qualité en produisant une déclaration qui modifie les informations concernant l'assujetti dont elle administre l'ensemble des biens. [1993, c. 48, art. 36].

37. La personne morale immatriculée qui a décidé de se liquider ou de demander sa liquidation, ou de se dissoudre ou de demander sa dissolution, doit produire une déclaration qui fait mention de ce fait.

La personne morale est exemptée de produire une telle déclaration lorsque l'avis prévu à l'article 9 ou 25.1 de la *Loi sur la liquidation des compagnies* (L.R.Q., chapitre L-4) a été produit. [1993, c. 48, art. 37].

38. L'assujetti doit, sur demande de l'inspecteur général, mettre à jour l'information le concernant contenue au registre, en produisant une déclaration modificative.

La demande, qui est déposée au registre, indique que l'immatriculation de l'assujetti sera radiée si l'information demandée n'est pas produite dans les soixante jours de la date du dépôt de la demande au registre. [1993, c. 48, art. 38].

39. La personne morale immatriculée sur dépôt de son acte constitutif au registre est exemptée de l'obligation de produire une déclaration modificative lorsque le changement doit être effectué, en vertu de la loi particulière applicable à son espèce, par un document modifiant son acte constitutif.

Les dispositions de l'article 16 s'appliquent au document modifiant l'acte constitutif de la personne morale immatriculée.

L'inspecteur général dépose le document qui modifie l'acte constitutif de la personne morale immatriculée au registre. [1993, c. 48, art. 39].

40. L'assujetti qui a produit un document contenant une information qui donne lieu à une déclaration modificative et dont un exemplaire, un extrait ou une transcription est déposé au registre en vertu de l'article 71, 72 ou 73, est exempté de l'obligation de produire une telle déclaration. [1993, c. 48, art. 40].

41. La déclaration modificative est dressée en double exemplaire sur la formule fournie à cette fin ou autorisée par l'inspecteur général, suivant les normes déterminées par règlement. Elle doit être signée par l'assujetti ou une personne autorisée et indiquer son matricule ainsi que le changement intervenu.

La déclaration doit être présentée à l'inspecteur général, dès que le changement survient. [1993, c. 48, art. 41].

42. L'inspecteur général refuse de déposer au registre la déclaration modificative lorsqu'elle:

1° ne contient pas une information visée à l'un des articles 10 à 12, si elle est exigible;

2° contient un nom qui n'est pas conforme aux dispositions de l'un des paragraphes 1° à 6° du premier alinéa ou du deuxième alinéa de l'article 13;

3° n'est pas conforme aux dispositions de l'article 41.

L'inspecteur général informe l'assujetti des motifs de son refus. [1993, c. 48, art. 42].

43. L'inspecteur général dépose au registre un exemplaire de la déclaration modificative qui est conforme aux dispositions de la présente loi, lorsqu'elle lui est présentée, et remet le second exemplaire à l'assujetti.

L'inspecteur général dépose également au registre les avis prévus aux articles 306, 358 et 359 du Code civil du Québec. [1993, c. 48, art. 43].

CHAPITRE IV
RADIATION

SECTION I
RADIATION SUR DEMANDE

44. L'immatriculation d'une personne décédée doit être radiée sur présentation d'une déclaration de radiation par le liquidateur de la succession, à moins que l'activité ayant donné lieu à l'immatriculation ne soit continuée au bénéfice de la succession et que la déclaration modificative visée à l'article 36 n'ait été produite.

La déclaration doit être présentée au plus tard six mois après le décès. [1993, c. 48, art. 44].

45. Lorsque l'obligation d'immatriculation ne s'impose plus, l'assujetti doit sans délai produire une déclaration de radiation, sauf s'il est sujet à une radiation d'office.

La déclaration est présentée par les derniers administrateurs, les associés, le fondé de pouvoir ou la personne visée à l'article 5, lorsque l'assujetti a cessé d'exister. [1993, c. 48, art. 45].

46. La personne ou le groupement qui s'est immatriculé volontairement, peut en tout temps présenter une déclaration de radiation. [1993, c. 48, art. 46].

47. La déclaration de radiation est dressée en double exemplaire sur la formule fournie à cette fin ou autorisée par l'inspecteur général, suivant les normes déterminées par règlement. Elle doit être signée par le déposant et indiquer le matricule de l'assujetti. [1993, c. 48, art. 47].

48. L'inspecteur général refuse de déposer au registre la déclaration de radiation lorsqu'elle n'est pas conforme aux dispositions de l'article 47.

L'inspecteur général informe l'assujetti des motifs de son refus. [1993, c. 48, art. 48].

49. L'inspecteur général dépose au registre un exemplaire de la déclaration de radiation qui est conforme aux dispositions de la présente loi, lorsqu'elle lui est présentée, et remet le second exemplaire à l'assujetti dont l'immatriculation a été radiée. [1993, c. 48, art. 49].

SECTION II
RADIATION D'OFFICE

50. L'inspecteur général peut radier d'office l'immatriculation de l'assujetti qui est en défaut de déposer deux déclarations annuelles consécutives ou qui ne se conforme pas à une demande qui lui a été faite en vertu de l'article 38, en déposant un arrêté à cet effet au registre. Il transmet une copie de cet arrêté à l'assujetti.

La radiation de l'immatriculation d'une personne morale constituée au Québec emporte sa dissolution. [1993, c. 48, art. 50].

51. L'inspecteur général radie d'office l'immatriculation de toute personne mo-

rale fusionnée ou scindée, visée dans la déclaration produite par la personne morale issue de la fusion ou de la scission, en inscrivant une mention à cet effet au registre. [1993, c. 48, art. 51].

52. L'inspecteur général radie d'office l'immatriculation d'une société ou d'une personne morale lorsque la date à laquelle elle doit cesser d'exister est atteinte, en inscrivant une mention à cet effet au registre. [1993, c. 48, art. 52].

53. L'inspecteur général radie d'office l'immatriculation de la personne morale dissoute sur dépôt de l'acte de dissolution ou d'un avis à cet effet au registre. Il radie également l'immatriculation de la société ou de la personne morale qui a fait l'objet d'une liquidation en déposant, selon le cas, l'avis de clôture ou l'avis de liquidation au registre. [1993, c. 48, art. 53].

SECTION III
RÉVOCATION DE LA RADIATION

54. L'inspecteur général peut, sur demande et aux conditions qu'il détermine, révoquer la radiation d'office qu'il a effectuée en vertu de l'article 50.

La demande de révocation doit être accompagnée des droits prescrits par règlement. [1993, c. 48, art. 54].

55. L'inspecteur général révoque la radiation de l'immatriculation de la personne morale constituée au Québec qui a repris son existence en vertu de la loi particulière applicable à son espèce. [1993, c. 48, art. 55].

56. L'inspecteur général révoque la radiation d'immatriculation d'un assujetti en déposant un arrêté à cet effet au registre. Il transmet une copie de cet arrêté à l'assujetti.

La révocation de la radiation de l'immatriculation d'une personne morale constituée au Québec a pour effet de lui faire reprendre son existence à la date du dépôt de l'arrêté. [1993, c. 48, art. 56].

57. Sous réserve des droits acquis par une personne ou par un groupement, l'immatriculation d'un assujetti est réputée n'avoir jamais été radiée et la personne morale constituée au Québec est réputée n'avoir jamais été dissoute. [1993, c. 48, art. 57].

CHAPITRE V
REGISTRE

SECTION I
CONSTITUTION

58. Il est institué un registre des entreprises individuelles, des sociétés et des personnes morales. [1993, c. 48, art. 58].

59. Le registre a pour objet de recevoir les informations relatives aux assujettis et de les rendre publiques.

Il a aussi pour objet de constater l'existence de personnes morales du Québec dont la constitution prend effet, en vertu des lois particulières applicables à leur espèce, à compter de la date de leur immatriculation au registre. [1993, c. 48, art. 59].

60. Le registre est composé de l'ensemble des informations qui y sont inscrites ainsi que des documents qui y sont déposés et, relativement à chaque personne, société ou groupement immatriculé ou qui l'a déjà été, d'un index des documents, d'un état des informations et d'un index des noms. [1993, c. 48, art. 60].

61. Il appartient à l'assujetti de vérifier la légalité et l'exactitude du contenu des déclarations qu'il produit. [1993, c. 48, art. 61].

62. Les informations relatives à chaque assujetti font preuve de leur contenu en faveur des tiers de bonne foi à compter de la date où elles sont inscrites à l'état des informations. Les tiers peuvent contredire les informations contenues dans une déclaration par tous les moyens.

Ces informations sont les suivantes:

1° le nom de l'assujetti;

2° tout autre nom qu'il utilise au Québec;

3° la mention à l'effet qu'il est une personne physique qui exploite une entreprise ou, le cas échéant, la forme juridique qu'il emprunte en précisant la loi en vertu de laquelle il est constitué;

4° son domicile;

5° le domicile qu'il élit aux fins de l'application de la présente loi avec mention du nom du destinataire;

6° le nom et le domicile de chaque administrateur avec mention de la fonction qu'il occupe;

7° le nom et le domicile du président, du secrétaire et du principal dirigeant, lorsqu'ils ne sont pas membres du conseil d'administration, avec mention des fonctions qu'ils occupent;

8° le nom et l'adresse de son fondé de pouvoir;

9° le nom, l'adresse et la qualité de la personne visée à l'article 5;

10° l'adresse des établissements qu'il possède au Québec en précisant celle du principal;

11° la date à laquelle il prévoit cesser d'exister;

12° le nom et le domicile de chaque associé avec mention qu'aucune autre personne ne fait partie de la société en distinguant, dans le cas d'une société en commandite, les commandités des commanditaires connus lors de la conclusion du contrat;

13° l'objet poursuivi par la société;

14° le nom de l'État où il a été constitué et la date de sa constitution;

15° le nom de l'État où la fusion ou la scission dont la personne morale est issue s'est réalisée, la date de cette fusion ou scission ainsi que le nom, le domicile et le matricule de toute personne morale partie à cette modification;

16° la date de sa continuation ou de toute autre transformation.

L'assujetti dont l'immatriculation a été radiée d'office ne peut mettre en question les informations visées au premier alinéa et contenues à l'état des informations. [1993, c. 48, art. 62].

63. L'inspecteur général est chargé de tenir le registre, de le garder et d'en assurer la publicité.

L'inspecteur général peut reproduire tout ou partie du registre en autant d'exemplaires qu'il le juge nécessaire aux fins de sa conservation ou de sa consultation. [1993, c. 48, art. 63].

64. L'inspecteur général tient le registre sur les supports d'information qu'il détermine. [1993, c. 48, art. 64].

65. L'index des documents déposés, l'état des informations et l'index des

noms sont préparés par l'inspecteur général selon tout procédé qu'il juge adéquat. Ils doivent être régulièrement mis à jour à partir des documents déposés et être datés.

L'index des documents regroupe les documents par catégories, permet de reconstituer l'ordre chronologique de leur dépôt et contient une mention permettant de les retrouver.

L'état des informations est établi suivant les éléments prescrits par règlement.

L'index des noms contient le nom qu'un assujetti a déjà déclaré n'apparaissant plus à l'état des informations et celui qui permet de l'identifier. [1993, c. 48, art. 65].

SECTION II
ADMINISTRATION

66. Lorsque l'inspecteur général dépose un document au registre, il doit y apposer la date du dépôt, l'inscrire à l'index des documents et en transcrire le contenu à l'état des informations ou y inscrire la mention appropriée.

Ce dépôt opère mise à jour des informations contenues au registre. [1993, c. 48, art. 66].

67. Lorsque l'inspecteur général ne peut, dès le dépôt d'un document, faire la mise à jour corrélative à l'état des informations et, le cas échéant, à l'index des noms, il doit y inscrire une mention à l'effet qu'un document a été déposé et que son contenu n'a pas encore été transcrit.

Lorsque l'inspecteur général reçoit une demande en vertu de l'article 83, 84 ou 85, il doit inscrire à l'état des informa-

tions une mention à cet effet. [1993, c. 48, art. 67].

68. L'inspecteur général peut, d'office ou sur demande, corriger un index des documents, un état des informations ou un index des noms qui comporte une erreur.

Il peut de plus rectifier, à l'état des informations, une adresse qui s'avère incomplète ou qui contient une erreur d'écriture ou un code postal inexact. [1993, c. 48, art. 68].

69. L'inspecteur général peut, d'office ou sur demande, corriger un document qu'il a dressé s'il est incomplet ou s'il comporte une erreur d'écriture ou quelque autre erreur matérielle.

L'inspecteur général peut, pour les mêmes motifs, corriger un document dressé par une autre autorité, à la demande de cette dernière.

Lorsque la correction est substantielle, il l'effectue en déposant au registre un avis à cet effet dont il remet un exemplaire à l'assujetti.

La correction rétroagit à la date du dépôt du document qui en fait l'objet. [1993, c. 48, art. 69].

70. L'inspecteur général peut d'office annuler une inscription ou le dépôt d'une déclaration au registre lorsque la présentation de la déclaration qui y a donné lieu a été faite sans droit. [1993, c. 48, art. 70].

71. Lorsqu'une personne morale immatriculée doit produire à l'inspecteur général, en vertu d'une autre loi qu'il administre, un document qui contient les mêmes informations que celles qui font l'objet d'une déclaration annuelle ou

d'une déclaration modificative, l'inspecteur peut en déposer un exemplaire au registre après en avoir informé la personne morale concernée.

Lorsque le document contient en outre des informations qui ne sont pas requises pour les fins du registre, l'inspecteur général n'en dépose que l'extrait ou la transcription appropriée. [1993, c. 48, art. 71].

72. L'inspecteur général peut conclure une entente avec un ministère ou un organisme du gouvernement pour permettre le dépôt au registre d'un document qui a été produit par un assujetti auprès de ce ministère ou organisme en vertu d'une autre loi et qui contient les mêmes informations qu'une déclaration annuelle ou modificative.

Ce ministère ou cet organisme est autorisé à conclure une telle entente et à transférer à l'inspecteur général pour dépôt au registre le document visé au premier alinéa.

Lorsque le document contient en outre des informations qui ne sont pas requises pour les fins du registre, le ministère ou l'organisme n'en transfère à l'inspecteur général que l'extrait ou la transcription appropriée.

Le ministère ou l'organisme doit informer l'assujetti avant de transférer un document, un extrait ou une transcription qui comporte des informations le concernant.

Le document, l'extrait ou la transcription doit respecter les normes déterminées par l'entente quant à la nature, à la qualité et au format du support utilisé. [1993, c. 48, art. 72].

73. L'inspecteur général peut, conformément à la loi, conclure une entente, ayant le même objet que celle visée à l'article 72, avec un ministère ou un organisme du gouvernement du Canada, d'une province du Canada ou d'un autre État ou avec une organisation internationale. [1993, c. 48, art. 73].

73.1. L'inspecteur général peut conclure des ententes écrites pour déléguer à un ministère ou à un organisme du gouvernement le pouvoir d'immatriculer une personne physique, une société, un groupement ou une personne morale. Cette délégation peut notamment porter sur l'exercice des attributions visées aux articles 74, 78 et 80.

Le délégataire exerce, aux conditions et selon les limites convenues dans l'entente, tout ou partie des pouvoirs de l'inspecteur général.

Tout ministère ou organisme du gouvernement est habilité à conclure une telle entente avec l'inspecteur général. [1997, c. 89. art. 8].

74. Toute personne peut consulter le registre.

La consultation se fait aux bureaux de l'inspecteur général aux heures d'ouverture.

La consultation est gratuite lorsqu'elle porte sur l'index des documents, sur l'état des informations ou sur l'index des noms. Elle est sujette aux droits prescrits par règlement lorsqu'elle porte sur les documents déposés. [1993, c. 48, art. 74; 1997, c. 89. art. 9].

75. La consultation du registre peut aussi se faire aux heures d'ouverture par un moyen de télécommunication autorisé par l'inspecteur général. Elle

est sujette aux droits prescrits par règlement.

L'inspecteur général peut, aux conditions qu'il établit et avec l'approbation du ministre, nommer des personnes autorisées à rendre accessible le registre par un moyen de télécommunication et déterminer le montant et le mode de leur rémunération. [1993, c. 48, art. 75].

76. L'inspecteur général peut, à la demande d'une personne et sur paiement des droits prescrits par règlement, transmettre les documents qu'il délivre en les déposant dans des casiers qu'il rend accessibles dans ses bureaux. [1993, c. 48, art. 76].

77. L'inspecteur général peut fournir à toute personne qui en fait la demande, sur paiement des frais qu'il détermine avec l'approbation du gouvernement, un regroupement d'informations contenues aux états des informations.

Les nom et adresse d'une personne physique ne peuvent toutefois faire partie d'un regroupement ni lui servir de base, sauf lorsque le regroupement est demandé par un ministère ou un organisme du gouvernement aux fins prévues aux paragraphes 1º à 3º du second alinéa de l'article 59 de la *Loi sur l'accès aux documents des organismes publics et sur la protection des renseignements personnels* (L.R.Q., chapitre A-2.1). [1993, c. 48, art. 77; 1994, c. 14, art. 33].

78. L'inspecteur général doit délivrer gratuitement à toute personne qui lui en fait la demande une copie ou un extrait d'un index des documents, d'un état des informations ou d'un index des noms. [1993, c. 48, art. 78; 1997, c. 89. art. 10].

79. Sur paiement des droits prescrits par règlement, l'inspecteur général doit

délivrer à toute personne qui lui en fait la demande une copie ou un extrait d'un document déposé au registre. [1993, c. 48, art. 79].

80. L'inspecteur général doit aussi, sur demande et sur paiement des droits prescrits par règlement, certifier conforme la copie ou l'extrait qu'il délivre. [1993, c. 48, art. 80; 1997, c. 89, art. 11].

81. L'inspecteur général doit, sur demande et sur paiement des droits prescrits par règlement, attester qu'une personne, une société ou un groupement est ou n'est pas:

    1º immatriculé;

    2º en défaut de déposer une déclaration annuelle;

    3º en défaut de se conformer à une demande qui lui a été faite en vertu de l'article 38;

    4º en voie de dissolution;

    5º radié. [1993, c. 48, art. 81].

82. Les informations relatives à chaque assujetti sont opposables aux tiers à compter de la date où elles sont inscrites à l'état des informations. Les tiers peuvent contredire les informations contenues dans une déclaration par tous les moyens.

Ces informations sont les suivantes:

    1º le nom de l'assujetti et, s'il a déjà été immatriculé, son matricule;

    2º tout autre nom qu'il utilise au Québec;

    3º la mention à l'effet qu'il est une personne physique qui exploite une entreprise ou, le cas échéant, la forme juridique qu'il emprunte en précisant la loi en vertu de laquelle il est constitué;

4º son domicile;

5º le domicile qu'il élit aux fins de l'application de la présente loi avec mention du nom du destinataire;

6º le nom et le domicile de chaque administrateur en mentionnant la fonction qu'il occupe;

7º le nom et le domicile du président, du secrétaire et du principal dirigeant, lorsqu'ils ne sont pas membres du conseil d'administration, avec mention des fonctions qu'ils occupent;

8º le nom et l'adresse de son fondé de pouvoir;

9º le nom, l'adresse et la qualité de la personne visée à l'article 5;

10º l'adresse du principal établissement qu'il possède au Québec;

11º le nom et le domicile de chaque associé avec mention qu'aucune autre personne ne fait partie de la société en distinguant, dans le cas d'une société en commandite, les commandités des commanditaires connus lors de la conclusion du contrat;

12º l'objet poursuivi par la société;

13º le nom de l'État où il a été constitué en personne morale et la date de sa constitution;

14º le nom de l'État où la fusion ou la scission dont la personne morale est issue s'est réalisée, la date de cette fusion ou scission ainsi que le nom, le domicile et le matricule de toute personne morale partie à cette modification;

15º la date de sa continuation ou de toute autre transformation.

Seules les informations visées au deuxième alinéa font l'objet de la déclaration de société et de la déclaration modificative, aux fins de l'application de l'article 2195 du Code civil du Québec. [1993, c. 48, art. 82].

CHAPITRE VI
RECOURS

SECTION I
RECOURS ADMINISTRATIFS

83. Un intéressé peut, sur paiement des droits prescrits par règlement, demander à l'inspecteur général d'ordonner à un assujetti de changer le nom qu'il utilise aux fins de l'exercice de ses activités, autre que celui sous lequel il a été constitué, ou de cesser d'utiliser tout nom, s'il n'est pas conforme à la loi ou aux règlements.

Le premier alinéa ne s'applique pas à la personne physique qui s'immatricule volontairement et qui, à cette fin, ne déclare que ses nom de famille et prénom. [1993, c. 48, art. 83].

84. Un intéressé peut, sur paiement des droits prescrits par règlement, demander à l'inspecteur général d'annuler une inscription ou le dépôt d'une déclaration au registre lorsque la présentation de la déclaration qui y a donné lieu a été faite sans droit. [1993, c. 48, art. 84].

85. Un intéressé autre que l'assujetti peut, sur paiement des droits prescrits par règlement, demander à l'inspecteur général de rectifier ou de supprimer une information inexacte qui apparaît au registre. [1993, c. 48, art. 85].

86. L'inspecteur général doit, avant de rendre une décision, permettre à toutes les parties intéressées de présenter leurs observations. [1993, c. 48, art. 86].

87. La décision de l'inspecteur général doit être écrite, motivée, signée et être déposée au registre. Un exemplaire de la décision est transmis sans délai à chacune des parties.

Elle est exécutoire à l'expiration du délai d'appel prévu à l'article 91. [1993, c. 48, art. 87].

88. À l'expiration du délai d'appel, l'inspecteur général dépose l'ordonnance rendue en vertu de l'article 83 au greffe de la Cour supérieure du district du domicile de l'assujetti, de celui de l'adresse de son principal établissement au Québec ou de celle de son fondé de pouvoir.

Le dépôt de l'ordonnance lui confère alors la même force et le même effet que s'il s'agissait d'un jugement de la Cour supérieure. [1993, c. 48, art. 88].

89. L'inspecteur général peut déléguer à un membre de son personnel les pouvoirs qui lui sont conférés par la présente section. [1993, c. 48, art. 89].

SECTION II
RECOURS JUDICIAIRES

90. Il peut être interjeté appel d'une décision de l'inspecteur général prise en vertu de l'article 70 ou de la section I.

Il peut également être interjeté appel du refus de l'inspecteur général d'immatriculer un assujetti ou de déposer au registre un document, au motif que le nom qu'il déclare n'est pas conforme aux dispositions de l'un des paragraphes 1° à 6° du premier alinéa ou du deuxième alinéa de l'article 13.

L'appel ne suspend pas l'exécution de la décision prise en vertu de l'article 18, 19, 24, 31, 42 ou 48. [1993, c. 48, art. 90; 1997, c. 89, art. 12].

91. L'appel est formé par le dépôt, au greffe de la Cour du Québec du district du domicile de l'assujetti, de celui de l'adresse de son principal établissement au Québec ou de celle de son fondé de pouvoir, d'une requête signifiée aux parties ainsi qu'à l'inspecteur général dans les soixante jours suivant la décision.

La Cour peut toutefois permettre à une partie d'interjeter appel après l'expiration du délai prévu par le premier alinéa, lorsque les circonstances le justifient. [1993, c. 48, art. 91; 1997, c. 89, art. 13].

92. Dès la signification de la requête, l'inspecteur général transmet le dossier relatif à la décision qui fait l'objet de l'appel au greffe de la Cour du Québec.

Dans le cas où l'appel porte sur une décision prise en vertu de la section I, l'inspecteur général dépose un avis de la signification de la requête au registre. [1993, c. 48, art. 92].

93. L'appel est entendu et jugé d'urgence. [1993, c. 48, art. 93].

94. Sous réserve de toute preuve additionnelle qu'elle peut exiger, la Cour du Québec rend son jugement sur le dossier qui lui est transmis après avoir permis aux parties de faire valoir leur point de vue.

La Cour peut, de la manière prévue à l'article 47 du Code de procédure civile (L.R.Q., chapitre C-25), adopter les règles de pratique jugées nécessaires à l'application de la présente section.

Ces règles sont soumises à l'approbation du gouvernement. [1993, c. 48, art. 94].

95. La Cour du Québec peut confirmer ou infirmer la décision qui fait l'objet de l'appel et décider toute mesure qu'elle juge utile. Le jugement doit être écrit, motivé et signé par le juge qui l'a rendu.

Le jugement est final et sans appel. [1993, c. 48, art. 95].

96. Le greffier transmet une copie certifiée conforme du jugement à chacune des parties ainsi qu'à l'inspecteur général.

L'inspecteur général apporte, s'il y a lieu, les modifications nécessaires au registre et y inscrit une mention à l'effet que le jugement a été rendu. [1993, c. 48, art. 96; 1997, c. 89, art. 14].

CHAPITRE VII
DISPOSITIONS RÉGLEMENTAIRES

97. Le gouvernement peut, par règlement, déterminer:

1° les normes relatives à la composition des noms pour l'application du paragraphe 4° du premier alinéa de l'article 13;

2° les autorités publiques visées au paragraphe 6° du premier alinéa de l'article 13;

3° les cas où le nom d'un assujetti laisse croire qu'il est lié à une autre personne, à une autre société ou à un autre groupement;

4° les critères dont il faut tenir compte pour l'application des paragraphes 7° et 8° du premier alinéa de l'article 13;

5° les normes quant à la nature, à la qualité et au format du support utilisé pour les documents déposés au registre

et quant à la disposition et à la forme du texte qui y est contenu;

6° la période de dépôt des déclarations annuelles;

7° les éléments que doit contenir l'état des informations.

Le gouvernement peut aussi, par règlement et dans des circonstances particulières, dispenser, à l'égard d'une province du Canada et à condition qu'il y ait réciprocité avec celle-ci, certains assujettis de l'obligation de désigner un fondé de pouvoir prévue à l'article 4. Ce règlement peut notamment être pris pour donner suite à une entente intergouvernementale. [1993, c. 48, art. 97; 1995, c. 56, art. 2].

98. Le gouvernement peut, par règlement, prescrire les droits à payer pour:

1° l'immatriculation des assujettis ainsi que pour le dépôt de documents au registre, autre que celui d'un acte constitutif, d'une déclaration modificative ou d'une déclaration de radiation;

2° la production de la déclaration initiale après le délai prescrit;

3° la révocation de la radiation effectuée d'office;

4° la consultation, la manutention et l'expédition des documents déposés au registre;

5° la consultation du registre ou l'envoi de documents qui y sont déposés, par un moyen de télécommunication;

6° la délivrance de copies ou d'extraits d'un document déposé au registre et pour leur certification;

7° la délivrance d'attestations;

8º la location d'un casier dans les bureaux de l'inspecteur général;

9º une demande visée à l'un des articles 83 à 85.

Le gouvernement peut aussi, par règlement, prescrire les droits supplémentaires à payer pour le dépôt, après la période prescrite, d'une déclaration annuelle. [1993, c. 48, art. 98].

99. Le gouvernement peut, dans l'exercice de son pouvoir de réglementation, établir des catégories selon:

1º la qualité des assujettis visés à l'article 2;

2º l'état ou la forme juridique qu'ils empruntent;

3º les activités qu'ils exercent ou les entreprises qu'ils exploitent;

4º la nature du document déposé ou du support utilisé pour un document déposé. [1993, c. 48, art. 99].

CHAPITRE VIII
SANCTION CIVILE ET DISPOSITIONS PÉNALES

SECTION I
SANCTION CIVILE

100. L'instruction d'une demande présentée par un assujetti non immatriculé, devant un tribunal ou un organisme exerçant des fonctions judiciaires ou quasi judiciaires, peut être suspendue jusqu'à ce que cet assujetti s'immatricule, lorsqu'un intéressé le requiert avant l'audition.

Toutefois, cette suspension ne peut être accordée si la demande présentée par une personne physique ne concerne pas l'activité en raison de laquelle elle est assujettie. [1993, c. 48, art. 100].

SECTION II
DISPOSITIONS PÉNALES

101. Commet une infraction, l'assujetti ou la personne visée à l'article 5 qui fait défaut de présenter:

1º la déclaration d'immatriculation visée à l'article 9;

2º la déclaration initiale visée à l'article 23, dans le délai qui y est prévu;

3º la déclaration annuelle visée à l'article 26, à moins qu'il n'en soit exempté en vertu de l'article 27 ou 28;

4º la déclaration modificative visée aux articles 34, 35, 37 et 38, à moins qu'il n'en soit exempté en vertu de l'article 39 ou 40. [1993, c. 48, art. 101].

102. Commet une infraction, l'assujetti ou la personne visée à l'article 5 qui présente une déclaration visée aux articles 9, 23, 26, 33, 34, 35, 37 et 38 qu'il sait être fausse, incomplète ou trompeuse. [1993, c. 48, art. 102].

103. Commet une infraction la personne visée à l'article 5 qui:

1º fait défaut de produire la déclaration modificative visée à l'article 36;

2º présente en vertu de cet article une déclaration modificative qu'elle sait fausse, incomplète ou trompeuse. [1993, c. 48, art. 103].

104. Commet une infraction le liquidateur de la succession de l'assujetti qui:

1º fait défaut de présenter, dans le délai prévu, la déclaration de radiation visée à l'article 44, à moins qu'il n'en soit exempté en vertu de cette disposition;

2º présente, en vertu de cet article, une déclaration de radiation qu'il sait fausse, incomplète ou trompeuse. [1993, c. 48, art. 104].

105. Commet une infraction, une personne visée à l'article 45 qui:

1° fait défaut de présenter la déclaration de radiation qui est prévue à cet article;

2° présente, en vertu de cet article, une déclaration de radiation qu'elle sait fausse, incomplète ou trompeuse. [1993, c. 48, art. 105].

106. Commet une infraction, l'assujetti ou la personne visée à l'article 5 qui déclare ou utilise un nom interdit en vertu des paragraphes 1° à 6° du premier alinéa et du deuxième alinéa de l'article 13. [1993, c. 48, art. 106].

107. La personne qui commet une infraction visée à l'un des articles 101 à 106 est passible d'une amende d'au moins 200$ et d'au plus 2 000$.

En cas de récidive, les amendes sont portées au double. [1993, c. 48, art. 107].

108. Le juge qui impose une amende à la personne déclarée coupable d'une infraction visée à l'un des articles 101 à 105 peut, en plus, lui ordonner de présenter la déclaration qu'elle aurait dû produire. [1993, c. 48, art. 108].

109. Tout administrateur, dirigeant ou fondé de pouvoir d'un assujetti qui a ordonné, autorisé ou conseillé la perpétration d'une infraction visée à l'un des articles 101, 102 ou 106, ou qui y a consenti ou autrement participé, commet une infraction et est passible d'une amende d'au moins 200$ et d'au plus 2 000$.

En cas de récidive, les amendes sont portées au double. [1993, c. 48, art. 109].

110. Aux fins des poursuites intentées en vertu du Code de procédure pénale (L.R.Q., chapitre C-25.1) pour sanctionner les infractions prévues par la présente section, tout renseignement concernant une personne morale assujettie, que l'inspecteur général certifie lui provenir de l'autorité qui a constitué cette personne morale, est présumé exact en l'absence de toute preuve contraire. [1993, c. 48, art. 110].

CHAPITRE IX
DISPOSITIONS MODIFICATIVES

111.-516. (*Omis*). [1993, c. 48, art. 111-516].

CHAPITRE X
DISPOSITIONS TRANSITOIRES ET FINALES

517. L'inspecteur général conserve et tient ouverts à l'examen du public les registres et les archives à caractère public tenus par lui en vertu d'une loi visée à l'annexe I ou d'une loi d'intérêt privé, avant le 1er janvier 1994.

Sur paiement des droits prescrits par règlement, il peut délivrer, à toute personne qui en fait la demande, des copies ou extraits des documents conservés et des attestations relatives à ces objets.

Une copie ou un extrait certifié conforme d'un document conservé est authentique et fait preuve de son enregistrement, le cas échéant.

L'article 123.30, le paragraphe 2° de l'article 123.31 et l'article 123.32 de la *Loi sur les compagnies* tels qu'ils se lisaient le 31 décembre 1993 continuent de s'appliquer aux documents enregistrés par l'inspecteur général, en vertu de la partie IA de cette loi, dans les registres

visés au premier alinéa. [1993, c. 48, art. 517].

518. Les greffiers de la Cour supérieure conservent les registres des documents enregistrés par eux en vertu d'une loi visée à l'annexe I et les tiennent gratuitement ouverts à l'inspection du public, durant les heures d'ouverture, jusqu'à ce que le ministre de la Justice en décide autrement.

Sur demande, ils peuvent délivrer copie de toute déclaration qui y est contenue et ils perçoivent, pour ce faire, le droit fixé par le gouvernement conformément à l'article 224 de la *Loi sur les tribunaux judiciaires* (L.R.Q., chapitre T-16). [1993, c. 48, art. 518].

519. La déclaration d'immatriculation d'une personne physique visée au paragraphe 1º de l'article 2 et exploitant une entreprise le 31 décembre 1993 doit être présentée à l'inspecteur général pour dépôt au plus tard le 1er juillet 1994.

La déclaration d'immatriculation d'une société visée aux paragraphes 2º et 3º de l'article 2 et existant le 31 décembre 1993 doit être présentée à l'inspecteur général pour dépôt au plus tard le 1er janvier 1995. [1993, c. 48, art. 519].

520. La déclaration d'immatriculation d'une personne morale visée à l'article 2 et existant le 31 décembre 1993 doit être présentée à l'inspecteur général pour dépôt au plus tard le 1er janvier 1995. [1993, c. 48, art. 520].

521. Un assujetti est dispensé de présenter la déclaration visée à l'article 520 lorsqu'il présente au plus tard le 1er janvier 1995 à l'inspecteur général, conformément à la loi, un autre document contenant au moins son nom et l'adresse de son domicile, pour dépôt au registre. Ce dépôt opère immatriculation.

Cet assujetti doit toutefois, dans les soixante jours de ce dépôt, mettre à jour les informations qui le concernent en transmettant à l'inspecteur général pour dépôt au registre une déclaration comprenant les informations visées aux articles 10 à 12, accompagnée du paiement des droits déterminés par règlement en vertu de l'article 526. À défaut par l'assujetti de déposer cette déclaration, l'inspecteur général peut en radier d'office l'immatriculation par le dépôt d'un arrêté à cet effet au registre. [1993, c. 48, art. 521].

522. Les articles 93.36 et 93.102 de la *Loi sur les assurances* ainsi que les articles 32, 123.35 et 123.81 de la *Loi sur les compagnies* tels qu'ils se lisaient le 31 décembre 1993 continuent de s'appliquer aux personnes morales visées à l'article 520 jusqu'au 1er janvier 1995. [1993, c. 48, art. 522].

523. Les dispositions du chapitre II de la présente loi s'appliquent à une déclaration d'immatriculation présentée en vertu de l'article 519 ou 520.

La déclaration d'immatriculation d'une personne physique visée au paragraphe 1º de l'article 2 et exploitant une entreprise le 31 décembre 1993 ou celle d'une société visée au paragraphe 2º de l'article 2 et existant le 31 décembre 1993 qui contient un nom comprenant l'expression «enregistré», «et compagnie», une abréviation de ces expressions ou tout autre mot ou phrase indiquant une pluralité de membres ou qu'une ou plusieurs personnes se servent du nom d'une autre personne conformément à l'article 1834b du Code

civil du Bas Canada ou à l'article 10 de la *Loi sur les déclarations des compagnies et sociétés* est réputée ne pas contrevenir au paragraphe 4° de l'article 13. [1993, c. 48, art. 523].

524. La déclaration d'immatriculation visée aux articles 519 et 520 doit être accompagnée des droits prescrits par règlement. [1993, c. 48, art. 524].

525. L'assujetti ou la personne visée à l'article 5 qui fait défaut de présenter une déclaration conformément à l'article 519 ou 520 commet une infraction et est passible de l'amende prévue à l'article 107 ou 109. [1993, c. 48, art. 525].

526. Le gouvernement peut, par règlement, prescrire les droits à payer en vertu de l'un des articles 517, 521, 524, 532 ou 534. Les droits peuvent varier selon:

1° les catégories d'assujettis visés à l'article 2;

2° la qualité de ces assujettis;

3° l'état ou la forme juridique qu'ils empruntent;

4° les activités qu'ils exercent ou les entreprises qu'ils exploitent;

5° la nature du document déposé ou du support utilisé pour un document déposé. [1993, c. 48, art. 526].

527. L'inspecteur général peut dissoudre une personne morale constituée en vertu des lois du Québec avant le 1er juillet 1994 qui n'a pas déposé sa déclaration d'immatriculation dans le délai prévu à l'article 520 en publiant un avis à cet effet à la *Gazette officielle du Québec*. À compter de la publication de cet avis, la personne morale qui n'a pas remédié à son défaut est dissoute.

La publication de cet avis doit être précédée de la publication à la *Gazette officielle du Québec*, au moins soixante jours auparavant, d'un préavis de dissolution. [1993, c. 48, art. 527].

528. Les procédures de dissolution entreprises en vertu des articles 93.114 à 93.117 de la *Loi sur les assurances*, en vertu des articles 321 à 327 de la *Loi sur les caisses d'épargne et de crédit*, en vertu des articles 26 et 27 de la *Loi sur les compagnies*, en vertu des articles 186 à 190 de la *Loi sur les coopératives* ou en vertu des articles 6 à 15 de la *Loi concernant les renseignements sur les compagnies*, avant le 1er janvier 1994, sont continuées en vertu de ces dispositions telles qu'elles existaient avant cette date.

Les articles 93.114 à 93.117 de la *Loi sur les assurances*, les articles 321 à 327 de la *Loi sur les caisses d'épargne et de crédit*, les articles 26 et 27 de la *Loi sur les compagnies*, les articles 186 à 190 de la *Loi sur les coopératives* et la *Loi concernant les renseignements sur les compagnies* tels qu'ils se lisaient le 31 décembre 1993 continuent de s'appliquer aux personnes morales visées à l'article 520 jusqu'au 1er janvier 1995.

Toutefois, lorsqu'une personne morale s'immatricule au registre avant la publication de l'avis de dissolution à la *Gazette officielle du Québec*, la radiation de cette immatriculation conformément à l'un des articles 50 à 53 de la présente loi remplace cette publication. [1993, c. 48, art. 528].

529. La personne morale dissoute en vertu de l'article 528 peut reprendre son existence, si elle se conforme à la section III du chapitre IV de la présente loi,

compte tenu des adaptations nécessaires. [1993, c. 48, art. 529].

530. Une personne morale dissoute en vertu de l'un des articles 527 ou 528 est réputée conserver son existence afin de terminer toute procédure judiciaire. [1993, c. 48, art. 530].

531. Les procédures de dissolution ou de liquidation entreprises en vertu des articles 93.199 à 93.209, 93.269 à 93.273 et 391 à 405 de la *Loi sur les assurances*, en vertu des articles 309 à 320 de la *Loi sur les caisses d'épargne et de crédit*, en vertu des articles 28 et 28.1 de la *Loi sur les compagnies*, en vertu des articles 181 à 185 de la *Loi sur les coopératives* ou en vertu de la *Loi sur la liquidation des compagnies*, avant le 1er janvier 1994 sont continuées en vertu de ces dispositions telles que modifiées par la présente loi, si la personne morale s'immatricule conformément à cette dernière. Dans le cas contraire, elles sont continuées en vertu des dispositions de ces lois telles qu'elles existaient avant le 31 décembre 1993.

Les articles 93.199 à 93.209, 93.269 à 93.273 et 391 à 405 de la *Loi sur les assurances*, les articles 309 à 320 de la *Loi sur les caisses d'épargne et de crédit*, les articles 28 et 28.1 de la *Loi sur les compagnies*, les articles 181 à 185 de la *Loi sur les coopératives* et les articles 9, 17, 18, 19 et 32 de la *Loi sur la liquidation des compagnies* tels qu'ils se lisaient le 31 décembre 1993 continuent de s'appliquer aux personnes morales visées à l'article 520 jusqu'au 1er janvier 1995. [1993, c. 48, art. 531].

532. Le rapport détaillé mentionné à l'article 4 de la *Loi concernant les renseignements sur les compagnies* relatif à toute année antérieure à celle de l'en-trée en vigueur du présent article qui n'est pas produit le 1er janvier 1994 demeure exigible. Les droits applicables à ce rapport sont prescrits par règlement. [1993, c. 48, art. 532].

533. L'inspecteur général peut, en déposant un arrêté à cet effet au registre, radier d'office l'immatriculation de la corporation immatriculée qui n'a pas produit un rapport prévu à l'article 532. [1993, c. 48, art. 533].

534. Malgré tout délai prévu par la loi au moment de la dissolution, l'inspecteur général peut, sur demande, aux conditions qu'il détermine et sur paiement des droits prescrits par règlement, faire reprendre l'existence d'une corporation dissoute avant le 1er janvier 1994 en vertu des articles 26 et 27 de la *Loi sur les compagnies* ou en vertu de la *Loi concernant les renseignements sur les compagnies*, en déposant au registre un arrêté à cet effet.

Il en est de même d'une corporation dissoute par la publication d'un avis de dissolution visée à l'un des articles 527 ou 528.

Le dépôt de l'arrêté opère immatriculation de la corporation. Celle-ci reprend son existence à compter de la date de ce dépôt.

Sous réserve des droits acquis par toute personne, la corporation est réputée n'avoir jamais été dissoute. [1993, c. 48, art. 534].

535. Les certificats de reprise d'existence, délivrés en vertu de la *Loi concernant les renseignements sur les compagnies* (L.R.Q., chapitre R-22), aux corporations dissoutes avant le 10 mai 1975 et qui, le 9 mai 1978, n'avaient

pas demandé leur reprise d'existence, sont déclarés valides.

Le présent article n'affecte pas un jugement rendu avant le 13 mai 1993 et fondé sur l'illégalité des certificats de reprise d'existence visés au premier alinéa ni une cause pendante à cette date et dans laquelle est déjà soulevée, à cette date, l'illégalité des certificats de reprise d'existence visés au premier alinéa. [1993, c. 48, art. 535].

536. Toute personne morale constituée par l'adoption d'une loi d'intérêt privé ou en vertu d'une telle loi, est exemptée de l'obligation de publicité légale prévue par cette loi concernant une information visée aux articles 10 à 12 de la *Loi sur la publicité légale des entreprises individuelles, des sociétés et des personnes morales*, lorsqu'elle produit une déclaration conformément à cette dernière. [1993, c. 48, art. 536].

537. Les sommes requises pour l'application de la présente loi au cours de l'exercice financier 1993-1994 sont prises, dans la mesure que détermine le gouvernement, sur le fonds consolidé du revenu. [1993, c. 48, art. 537].

538. L'inspecteur général des institutions financières est chargé de l'administration de la présente loi. [1993, c. 48, art. 538].

539. Le gouvernement désigne le ministre responsable de l'application de la présente loi. [1993, c. 48, art. 539].

540. (*Omis*). [1993, c. 48, art. 540].

ANNEXE I
(articles 517 et 518)

Loi sur les assurances (L.R.Q., c. A-32)

Loi sur les caisses d'entraide économique (L.R.Q., c. C-3)

Loi sur les caisses d'épargne et de crédit (L.R.Q., c. C-4)

Loi sur les caisses d'épargne et de crédit (L.R.Q., c. C-4.1)

Loi sur les cercles agricoles (L.R.Q., c. C-9)

Loi sur les cités et villes (L.R.Q., c. C-19)

Loi sur les clubs de chasse et de pêche (L.R.Q., c. C-22)

Loi sur les clubs de récréation (L.R.Q., c. C-23)

Code municipal du Québec (L.R.Q., c. C-27.1)

Loi sur les compagnies (L.R.Q., c. C-38)

Loi sur les compagnies de cimetière (L.R.Q., c. C-40)

Loi sur les compagnies de fidéicommis (L.R.Q., c. C-41)

Loi sur les compagnies de flottage (L.R.Q., c. C-42)

Loi sur les compagnies de gaz, d'eau et d'électricité (L.R.Q., c. C-44)

Loi sur les compagnies de télégraphe et de téléphone (L.R.Q., c. C-45)

Loi sur les compagnies étrangères (L.R.Q., c. C-46)

Loi sur les compagnies minières (L.R.Q., c. C-47)

Loi sur la constitution de certaines Églises (L.R.Q., c. C-63)

Loi sur les coopératives (L.R.Q., c. C-67.2)

Loi sur les corporations de cimetières catholiques romains (L.R.Q., c. C-69)

Loi sur les corporations de fonds de sécurité (L.R.Q., c. C-69.1)

Loi sur les corporations religieuses (L.R.Q., c. C-71)

Loi sur les déclarations des compagnies et sociétés (L.R.Q., c. D-1)

Loi sur les évêques catholiques romains (L.R.Q., c. E-17)

Loi sur les fabriques (L.R.Q., c. F-1)

Loi sur l'inspecteur général des institutions financières (L.R.Q., I-11.1)

Loi sur la liquidation des compagnies (L.R.Q., c. L-4)

Loi sur la mainmorte (L.R.Q., c. M-1)

Loi sur les pouvoirs spéciaux des corporations (L.R.Q., c. P-16)

Loi concernant les renseignements sur les compagnies (L.R.Q., c. R-22)

Loi sur les sociétés agricoles et laitières (L.R.Q., c. S-23)

Loi sur les sociétés d'agriculture (L.R.Q., c. S-25)

Loi sur les sociétés d'horticulture (L.R.Q., c. S-27)

Loi sur les sociétés de fabrication de beurre et de fromage (L.R.Q., c. S-29)

Loi sur les sociétés de fiducie et les sociétés d'épargne (L.R.Q., c. S-29.01)

Loi sur les sociétés de prêts et de placements (L.R.Q., c. S-30)

Loi sur les sociétés nationales de bienfaisance (L.R.Q., c. S-31)

Loi sur les sociétés préventives de cruauté envers les animaux (L.R.Q., c. S-32)

Loi sur les syndicats coopératifs (L.R.Q., c. S-38)

Loi sur les syndicats d'élevage (L.R.Q., c. S-39)

Loi sur les syndicats professionnels (L.R.Q., c. S-40)

Loi sur la Régie du logement,
L.R.Q., c. R-8.1*

TITRE I
LA RÉGIE DU LOGEMENT

CHAPITRE I
APPLICATION

1. Le présent titre s'applique à un logement visé dans les articles 1650 à 1650.2 du Code civil du Bas Canada qui est loué, offert en location ou devenu vacant après une location. [1979, c. 48, art. 1].

2. Le présent titre s'applique également, en faisant les adaptations requises, à un terrain destiné à l'installation d'une maison mobile qui est loué, offert en location ou devenu vacant après une location. [1979, c. 48, art. 2].

3. La présente loi lie le gouvernement, ses ministères, ses organismes et mandataires. [1979, c. 48, art. 3].

CHAPITRE II
CONSTITUTION ET FONCTIONS DE LA RÉGIE

4. Un organisme, ci-après appelé «la Régie», est institué sous le nom de «Régie du logement». [1979, c. 48, art. 4].

5. La Régie exerce la juridiction qui lui est conférée par la présente loi et décide des demandes qui lui sont soumises.

Elle est en outre chargée:

1° de renseigner les locateurs et les locataires sur leurs droits et obligations résultant du bail d'un logement et sur toute matière visée dans la présente loi;

2° de favoriser la conciliation entre locateurs et locataires;

3° de faire des études et d'établir des statistiques sur la situation du logement;

---

* L'article 424 de la *Loi sur l'application de la réforme du Code civil*, L.Q. 1992, c. 57, prévoit ce qui suit:

«**424.** Dans les lois et leurs textes d'application, tout renvoi à une disposition de l'ancien code est un renvoi à la disposition correspondante du nouveau code. En particulier:
1° tout renvoi à l'article 981*o* du Code civil du Bas Canada [art. 1339 C.c.] est un renvoi à la disposition équivalente concernant les placements présumés sûrs du Code civil du Québec;
2° tout renvoi aux articles 1203 à 1245 du Code civil du Bas Canada [art. 2803 à 2874 C.c.] est un renvoi à la disposition correspondante du livre De la preuve du Code civil du Québec;
3° tout renvoi aux articles 1650 à 1665.6 du Code civil du Bas Canada [art. 1892 à 2000 C.c.] est un renvoi à la disposition correspondante des règles particulières au bail d'un logement du livre Des obligations du Code civil du Québec.»

4º de publier périodiquement un recueil de décisions rendues par les régisseurs. [1979, c. 48, art. 5].

SECTION I
NOMINATION DES RÉGISSEURS

6. La Régie est composée de régisseurs nommés par le gouvernement qui en détermine le nombre.

Aux endroits où il l'estime nécessaire en raison de l'éloignement et où le nombre de demandes ne lui paraît pas justifier la nomination d'un régisseur à temps plein, le gouvernement peut nommer un régisseur à temps partiel. [1979, c. 48, art. 6; 1981, c. 32, art. 1; 1997, c. 43, art. 602].

SECTION II
RECRUTEMENT ET SÉLECTION
DES RÉGISSEURS

7. Seule peut être nommée régisseur de la Régie, la personne qui possède une expérience pertinente de dix ans à l'exercice des fonctions de la Régie. [1979, c. 48, art. 7; 1997, c. 43, art. 603].

7.1. Les régisseurs sont choisis parmi les personnes déclarées aptes suivant la procédure de recrutement et de sélection établie par règlement du gouvernement. Un tel règlement peut, notamment:

1º déterminer la publicité qui doit être faite pour procéder au recrutement, ainsi que les éléments qu'elle doit contenir;

2º déterminer la procédure à suivre pour se porter candidat;

3º autoriser la formation de comités de sélection chargés d'évaluer l'aptitude des candidats et de fournir un avis sur eux;

4º fixer la composition des comités et le mode de nomination de leurs membres en assurant la représentation du public et du milieu juridique ou encore de l'un d'entre eux;

5º déterminer les critères de sélection dont le comité tient compte;

6º déterminer les renseignements que le comité peut requérir d'un candidat et les consultations qu'il peut effectuer. [1997, c. 43, art. 603].

7.2. Le nom des personnes déclarées aptes est consigné dans un registre au ministère du Conseil exécutif.

La déclaration d'aptitude est valide pour une période de 18 mois ou pour toute autre période fixée par règlement du gouvernement. [1997, c. 43, art. 603].

7.3. Les membres d'un comité de sélection ne sont pas rémunérés, sauf dans les cas, aux conditions et dans la mesure que peut déterminer le gouvernement.

Ils ont cependant droit au remboursement des dépenses faites dans l'exercice de leurs fonctions, aux conditions et dans la mesure que détermine le gouvernement. [1997, c. 43, art. 603].

SECTION III
DURÉE ET RENOUVELLEMENT
D'UN MANDAT

7.4. La durée du mandat d'un régisseur est de 5 ans, sous réserve des exceptions qui suivent. [1997, c. 43, art. 603].

7.5. Le gouvernement peut prévoir un mandat d'une durée fixe moindre, indiquée dans l'acte de nomination, lorsque le candidat en fait la demande pour des motifs sérieux ou lorsque des circons-

tances particulières indiquées dans l'acte de nomination l'exigent. [1997, c. 43, art. 603].

7.6. Le mandat d'un régisseur est renouvelé pour 5 ans:

1º à moins qu'un avis contraire ne soit notifié au régisseur au moins 3 mois avant l'expiration de son mandat par l'agent habilité à cette fin par le gouvernement;

2º à moins que le régisseur ne demande qu'il en soit autrement et notifie sa décision au ministre au plus tard 3 mois avant l'expiration du mandat.

Une dérogation à la durée du mandat ne peut valoir que pour une durée fixe de moins de 5 ans déterminée par l'acte de renouvellement et, hormis le cas où le régisseur en fait la demande pour des motifs sérieux, que lorsque des circonstances particulières indiquées dans l'acte de renouvellement l'exigent. [1997, c. 43, art. 603].

7.7. Le renouvellement d'un mandat est examiné suivant la procédure établie par règlement du gouvernement. Un tel règlement peut, notamment:

1º autoriser la formation de comités;

2º fixer la composition des comités et le mode de nomination de leurs membres;

3º déterminer les critères dont le comité tient compte;

4º déterminer les renseignements que le comité peut requérir du membre et les consultations qu'il peut effectuer. [1997, c. 43, art. 603].

7.8. Les membres d'un comité d'examen ne sont pas rémunérés, sauf dans les cas, aux conditions et dans la mesure que peut déterminer le gouvernement.

Ils ont cependant droit au remboursement des dépenses faites dans l'exercice de leurs fonctions, aux conditions et dans la mesure que détermine le gouvernement. [1997, c. 43, art. 603].

SECTION IV
FIN PRÉMATURÉE DE MANDAT
ET SUSPENSION

7.9. Le mandat d'un régisseur ne peut prendre fin avant terme que par son admission à la retraite ou sa démission, ou s'il est destitué ou autrement démis de ses fonctions dans les conditions visées à la présente section. [1997, c. 43, art. 603].

7.10. Pour démissionner, le régisseur doit donner au ministre un préavis écrit dans un délai raisonnable et en transmettre copie au président de la Régie. [1997, c. 43, art. 603].

7.11. Le gouvernement peut destituer un régisseur lorsque le Conseil de la justice administrative, institué par la *Loi sur la justice administrative*, le recommande, après enquête tenue à la suite d'une plainte portée en application de l'article 8.2 de la présente loi.

Il peut pareillement suspendre le régisseur avec ou sans rémunération pour la période que le Conseil recommande. [1997, c. 43, art. 603].

7.12. En outre, le gouvernement peut démettre un régisseur pour une incapacité permanente qui, de l'avis du gouvernement, l'empêche de remplir de manière satisfaisante les devoirs de sa charge; l'incapacité permanente est établie par le Conseil de la justice admi-

nistrative, après enquête faite sur demande du ministre ou du président de la Régie.

Le Conseil agit conformément aux dispositions des articles 193 à 197 de la *Loi sur la justice administrative* (1996, chapitre 54), compte tenu des adaptations nécessaires; toutefois, la formation du comité d'enquête obéit aux règles prévues par l'article 8.4. [1997, c. 43, art. 603].

SECTION V
AUTRE DISPOSITION RELATIVE À LA CESSATION DE FONCTIONS

7.13. Tout régisseur peut, à la fin de son mandat, avec l'autorisation du président de la Régie et pour la période que celui-ci détermine, continuer à exercer ses fonctions pour terminer les affaires qu'il a déjà commencé à entendre et sur lesquelles il n'a pas encore statué; il est alors, pendant la période nécessaire, un régisseur en surnombre.

Le premier alinéa ne s'applique pas au régisseur destitué ou autrement démis de ses fonctions. [1997, c. 43, art. 603].

SECTION VI
RÉMUNÉRATION ET AUTRES CONDITIONS DE TRAVAIL

7.14. Le gouvernement détermine par règlement:

1° le mode, les normes et barèmes de la rémunération des régisseurs;

2° les conditions et la mesure dans lesquelles les dépenses faites par un régisseur dans l'exercice de ses fonctions lui sont remboursées.

Il peut pareillement déterminer d'autres conditions de travail pour tous les régisseurs ou pour certains d'entre eux,

y compris leurs avantages sociaux autres que le régime de retraite.

Les dispositions réglementaires peuvent varier selon qu'il s'agit d'un régisseur à temps plein ou à temps partiel ou selon que le régisseur occupe une charge administrative au sein de la Régie.

Les règlements entrent en vigueur le quinzième jour qui suit la date de leur publication à la *Gazette officielle du Québec* ou à une date ultérieure qui y est indiquée. [1997, c. 43, art. 603].

7.15. Le gouvernement fixe, conformément au règlement, la rémunération, les avantages sociaux et les autres conditions de travail des régisseurs. [1997, c. 43, art. 603].

7.16. La rémunération d'un régisseur ne peut être réduite une fois fixée.

Néanmoins, la cessation d'exercice d'une charge administrative au sein de la Régie entraîne la suppression de la rémunération additionnelle afférente à cette charge. [1997, c. 43, art. 603].

7.17. Le régime de retraite des régisseurs à temps plein est déterminé en application de la *Loi sur le régime de retraite des employés du gouvernement et des organismes publics* (chapitre R-10). [1997, c. 43, art. 603].

7.18. Le fonctionnaire nommé régisseur de la Régie cesse d'être assujetti à la *Loi sur la fonction publique* (L.R.Q., c. F-3.1.1) pour tout ce qui concerne sa fonction de régisseur; il est, pour la durée de son mandat et dans le but d'accomplir les devoirs de sa fonction, en congé sans solde total. [1997, c. 43, art. 603].

SECTION VII
DÉONTOLOGIE

8. Le gouvernement peut déterminer, par règlement, un code de déontologie applicable aux régisseurs. [1979, c. 48, art. 8].

8.1. Le Code de déontologie énonce les règles de conduite et les devoirs des régisseurs envers le public, les parties, leurs témoins et les personnes qui les représentent; il indique, notamment, les comportements dérogatoires à l'honneur, à la dignité ou à l'intégrité des régisseurs. Il peut en outre déterminer les activités ou situations incompatibles avec la charge qu'ils occupent, leurs obligations concernant la révélation de leurs intérêts ainsi que les fonctions qu'ils peuvent exercer à titre gratuit.

Ce Code de déontologie peut prévoir des règles particulières pour les régisseurs à temps partiel. [1997, c. 43, art. 605].

8.2. Toute personne peut porter plainte au Conseil de la justice administrative contre un régisseur de la Régie, pour un manquement au Code de déontologie, à un devoir imposé par la présente loi ou aux prescriptions relatives aux conflits d'intérêts ou aux fonctions incompatibles. [1997, c. 43, art. 605].

8.3. La plainte doit être écrite et exposer sommairement les motifs sur lesquels elle s'appuie.

Elle est transmise au siège du Conseil. [1997, c. 43, art. 605].

8.4. Le Conseil, lorsqu'il procède à l'examen d'une plainte formulée contre un régisseur, agit conformément aux dispositions des articles 184 à 192 de la *Loi sur la justice administrative*, compte tenu des adaptations nécessaires.

Toutefois, lorsque, en application de l'article 186 de cette loi, le Conseil constitue un comité d'enquête, celui-ci est formé d'un régisseur choisi par le Conseil à partir d'une liste établie par le président de la Régie après consultation de l'assemblée des régisseurs et de deux autres membres choisis parmi les membres du Conseil dont l'un n'exerce pas une profession juridique et n'est pas membre du Tribunal administratif du Québec. Le régisseur ou, en cas d'empêchement, un autre régisseur choisi de la même manière, participe également aux délibérations du Conseil pour l'application de l'article 192 de cette loi. [1997, c. 43, art. 605].

9. (*Remplacé*). [1997, c. 43, art. 606].

SECTION VIII
MANDAT ADMINISTRATIF

9.1. Le gouvernement désigne, parmi les régisseurs de la Régie, un président et deux vice-présidents. [1997, c. 43, art. 606].

9.2. Le président et les vice-présidents doivent exercer leurs fonctions à temps plein. [1997, c. 43, art. 606].

9.3. Le mandat administratif du président ou d'un vice-président est d'une durée fixe déterminée par l'acte de désignation ou de renouvellement. [1997, c. 43, art. 606].

9.4. Le mandat administratif du président ou d'un vice-président ne peut prendre fin avant terme que si le régisseur renonce à cette charge administrative, si son mandat de régisseur prend fin prématurément ou n'est pas renouvelé, ou s'il est révoqué ou autrement démis de sa charge administrative

dans les conditions visées à la présente section. [1997, c. 43, art. 606].

9.5. Le gouvernement peut révoquer le président ou un vice-président de sa charge administrative lorsque le Conseil de la justice administrative le recommande, après enquête faite sur demande du ministre pour un manquement ne concernant que l'exercice de ses attributions administratives.

Le Conseil agit conformément aux dispositions des articles 193 à 197 de la *Loi sur la justice administrative*, compte tenu des adaptations nécessaires; toutefois, la formation du comité d'enquête obéit aux règles prévues par l'article 8.4. [1997, c. 43, art. 606].

SECTION IX
DEVOIRS ET POUVOIRS DES
RÉGISSEURS

9.6. Avant d'entrer en fonction, le régisseur prête serment en affirmant solennellement ce qui suit: «Je (...) jure que j'exercerai et accomplirai impartialement et honnêtement, au meilleur de ma capacité et de mes connaissances, les pouvoirs et les devoirs de ma charge.».

Cette obligation est exécutée devant le président de la Régie. Ce dernier doit prêter serment devant un juge de la Cour du Québec.

L'écrit constatant le serment est transmis au ministre de la Justice. [1997, c. 43, art. 606].

9.7. Un régisseur ne peut, sous peine de déchéance de sa charge, avoir un intérêt direct ou indirect dans une entreprise susceptible de mettre en conflit son intérêt personnel et les devoirs de sa fonction, sauf si un tel intérêt lui échoit par succession ou donation, pourvu qu'il y renonce ou en dispose avec toute la diligence possible.

Outre le respect des prescriptions relatives aux conflits d'intérêts ainsi que des règles de conduite et des devoirs imposés par le Code de déontologie pris en application de la présente loi, un régisseur ne peut poursuivre une activité ou se placer dans une situation incompatibles, au sens de ce code, avec l'exercice de ses fonctions. [1997, c. 43, art. 606].

9.8. La Régie et ses régisseurs sont investis des pouvoirs et immunités d'un commissaire nommé en vertu de la *Loi sur les commissions d'enquête* (L.R.Q., c. C-37), sauf du pouvoir d'imposer une peine d'emprisonnement.

Ils ne peuvent être poursuivis en justice en raison d'un acte accompli de bonne foi dans l'exercice de leurs fonctions. [1997, c. 43, art. 606].

SECTION X
FONCTIONNEMENT, DIRECTION ET
ADMINISTRATION DE LA RÉGIE

10. Outre les attributions qui peuvent lui être dévolues par ailleurs, le président est chargé de l'administration et de la direction générale de la Régie.

Il a notamment pour fonctions:

1° de favoriser la participation des régisseurs à l'élaboration d'orientations générales de la Régie en vue de maintenir un niveau élevé de qualité et de cohérence des décisions;

2° de coordonner et de répartir le travail des régisseurs qui, à cet égard, doivent se soumettre à ses ordres et directives;

3° de veiller au respect de la déontologie;

4º de promouvoir le perfectionnement des régisseurs quant à l'exercice de leurs fonctions;

5º de donner au ministre désigné son avis sur toute question que celui-ci soumet, d'analyser les effets de l'application de la présente loi et de faire au ministre les recommandations qu'il juge utiles.

Le vice-président désigné à cette fin par le président peut exercer les fonctions visées au paragraphe 2º. [1979, c. 48, art. 10; 1997, c. 43, art. 607].

10.1. Le président doit édicter un code de déontologie applicable aux conciliateurs et veiller à son application.

Ce code entre en vigueur le quinzième jour qui suit la date de sa publication à la *Gazette officielle du Québec* ou à une date ultérieure qui y est indiquée. [1997, c. 43, art. 607].

10.2. Le président ou le vice-président qu'il désigne détermine quels régisseurs sont appelés à siéger à l'une ou l'autre des séances. [1997, c. 43, art. 607].

11. Le président ou le vice-président qu'il désigne à cette fin surveille et dirige le personnel de la Régie. [1979, c. 48, art. 11].

12. Au cas d'absence ou d'incapacité d'agir du président, il est remplacé par le vice-président désigné à cette fin par le gouvernement aux conditions fixées par ce dernier et, au cas d'absence ou d'incapacité d'agir du vice-président désigné, par l'autre vice-président. [1979, c. 48, art. 12].

13. Les régisseurs à temps plein doivent s'occuper exclusivement du travail de la Régie et des devoirs de leurs fonctions. [1979, c. 48, art. 13; 1997, c. 43, art. 608].

14.-17. (*Abrogés*). [1997, c. 43, art. 609].

18. Aucun recours extraordinaire prévu par les articles 834 à 850 du Code de procédure civile ne peut être exercé ni aucune injonction accordée contre la Régie ou les régisseurs agissant en leur qualité officielle.

Un juge de la Cour d'appel peut, sur requête, annuler sommairement un bref, une ordonnance ou une injonction délivrés ou accordés à l'encontre du présent article. [1979, c. 48, art. 18].

19. Les greffiers, les inspecteurs, les conciliateurs et les autres membres du personnel de la Régie sont nommés et rémunérés suivant la *Loi sur la fonction publique* (chapitre F-3.1.1). [1979, c. 48, art. 19; 1983, c. 55, art. 161].

20. Les membres du personnel de la Régie ne peuvent être poursuivis en justice en raison d'un acte officiel accompli de bonne foi dans l'exercice de leurs fonctions. [1979, c. 48, art. 20; 1997, c. 43, art. 610].

21. Le personnel de la Régie doit prêter son assistance pour la rédaction d'une demande à une personne qui la requiert. [1979, c. 48, art. 21].

22. La Régie a son siège social à l'endroit déterminé par le gouvernement; un avis de la situation ou de tout changement du siège social est publié à la *Gazette officielle du Québec*.

La Régie a des bureaux et des greffes aux endroits qu'elle détermine. [1979, c. 48, art. 22].

23. La Régie peut tenir ses séances à tout endroit, même un jour férié aux heures déterminées par le président. [1979, c. 48, art. 23].

24. L'exercice financier de la Régie se termine le 31 mars de chaque année. [1979, c. 48, art. 24].

25. La Régie transmet au ministre désigné, au plus tard le 30 juin de chaque année, un rapport de ses activités pour l'exercice financier précédent.

Ce rapport est, dans les trente jours de sa réception, déposé devant l'Assemblée nationale si elle est en session; si elle n'est pas en session, il est déposé dans les trente jours de l'ouverture de la session suivante ou de la reprise des travaux, selon le cas. [1979, c. 48, art. 25].

26. La Régie fournit au ministre désigné tout renseignement et tout rapport que celui-ci requiert sur ses activités. [1979, c. 48, art. 26].

27. Les livres et les comptes de la Régie sont vérifiés chaque année par le vérificateur général et, en outre, chaque fois que le décrète le gouvernement. [1979, c. 48, art. 27].

CHAPITRE III
JURIDICTION DE LA RÉGIE

SECTION I
DISPOSITIONS GÉNÉRALES

28. La Régie connaît en première instance, à l'exclusion de tout tribunal, de toute demande:

1° relative au bail d'un logement lorsque la somme demandée ou la valeur de la chose réclamée ou de l'intérêt du demandeur dans l'objet de la demande ne dépasse pas le montant de la compétence de la Cour du Québec;

2° relative à une matière visée dans les articles 1658 à 1659.7, 1660 à 1660.3, 1660.5 et 1662 à 1662.10 du Code civil du Bas Canada;

3° relative à une matière visée à la section II, sauf aux articles 54.5, 54.6, 54.7 et 54.11 à 54.14.

Toutefois, la Régie n'est pas compétente pour entendre une demande visée aux articles 645 et 656 du Code de procédure civile (chapitre C-25). [1979, c. 48, art. 28; 1987, c. 63, art. 11; 1987, c. 77, art. 1; 1988, c. 21, art. 66].

29. Un régisseur entend et décide seul des demandes qui relèvent de la juridiction de la Régie.

Toutefois, le président ou le vice-président qu'il désigne à cette fin peut porter le nombre de régisseurs jusqu'à cinq; il désigne alors, parmi les juges ou les avocats, le régisseur qui préside l'audition. [1979, c. 48, art. 29].

30. Lorsqu'un régisseur entend et décide seul d'une demande, il doit être choisi parmi les juges ou les avocats. [1979, c. 48, art. 30].

30.1. Un membre du personnel de la Régie peut être nommé greffier spécial par le ministre désigné, avec l'assentiment du président de la Régie et pour un terme précisé à l'acte de nomination. [1981, c. 32, art. 2; 1982, c. 58, art. 68; 1986, c. 95, art. 293].

30.2. Le greffier spécial peut décider de:

1° toute demande ayant pour seul objet le recouvrement du loyer ou la résiliation du bail pour le motif que le locataire est en retard de plus de trois semaines dans le paiement du loyer, ou à la fois le recouvrement du loyer et la

résiliation du bail pour ce motif, si au temps fixé pour l'audition, il y a absence de l'une des parties bien qu'elle ait été dûment avisée;

2º l'autorisation de déposer le loyer en vertu de l'article 1656 du Code civil du Bas Canada;

3º toute demande ayant pour objet la fixation du loyer ou la modification de la durée ou d'une condition du bail en vertu de l'article 1658.6 du Code civil du Bas Canada.

À cette fin, le greffier spécial est réputé régisseur et a tous les pouvoirs, devoirs et immunités de ce dernier, sauf le pouvoir d'imposer l'emprisonnement. [1981, c. 32, art. 2; 1982, c. 58, art. 69].

30.3. Dans les cas prévus par le paragraphe 2º de l'article 30.2, la décision du greffier spécial peut être révisée par un régisseur à la demande du locataire.

La demande doit être produite à la Régie dans les dix jours de la date de la décision du greffier spécial. [1981, c. 32, art. 2].

30.4. Le greffier spécial peut déférer au régisseur toute affaire qui lui est soumise s'il estime que l'intérêt de la justice le requiert. [1981, c. 32, art. 2].

31. Si les parties y consentent, la Régie peut charger un conciliateur de les rencontrer et de tenter d'effectuer une entente. [1979, c. 48, art. 31].

SECTION II
DISPOSITIONS PARTICULIÈRES À LA
CONSERVATION DES LOGEMENTS

§ 1.-Démolition d'un logement

32. La présente sous-section s'applique à l'égard de tout logement situé ailleurs que sur un territoire municipal local où est en vigueur un règlement adopté en vertu de l'article 412.2 de la *Loi sur les cités et villes* (chapitre C-19), de l'article 496 du Code municipal (chapitre C-27.1) ou du paragraphe 18º de l'article 524 de la Charte de la Ville de Montréal. [1979, c. 48, art. 32; 1996, c. 2, art. 852].

33. Le locateur peut évincer le locataire pour démolir un logement.

Il doit lui donner un avis d'éviction:

1º de six mois avant l'expiration du bail s'il est à durée fixe de plus de six mois;

2º de six mois avant la date à laquelle il entend évincer le locataire si le bail est à durée indéterminée; et

3º d'un mois avant l'expiration du bail s'il est à durée fixe de six mois ou moins.

L'avis doit indiquer le motif et la date de l'éviction. [1979, c. 48, art. 33].

34. Le locataire peut, dans le mois de la réception de l'avis, demander à la Régie de se prononcer sur l'opportunité de démolir, à défaut de quoi il est réputé avoir consenti à quitter les lieux à la date indiquée.

La demande d'un locataire bénéficie à tous les locataires qui ont reçu un avis d'éviction. [1979, c. 48, art. 34].

35. La Régie autorise le locateur à évincer le locataire et à démolir le logement si elle est convaincue de l'opportunité de la démolition compte tenu de l'intérêt public et de l'intérêt des parties.

Avant de se prononcer sur la demande, la Régie considère l'état du logement, le préjudice causé aux loca-

taires, les besoins de logements dans les environs, la possibilité de relogement des locataires, les conséquences sur la qualité de vie, la trame urbaine et l'unité architecturale du voisinage, le coût de la restauration, l'utilisation projetée du terrain et tout autre critère pertinent.

Toutefois, la Régie ne peut autoriser la démolition d'un immeuble dont la démolition est interdite par un règlement municipal adopté en vertu du paragraphe 5° de l'article 412 de la *Loi sur les cités et villes* ou en vertu du paragraphe *l* de l'article 493 du Code municipal (chapitre C-27.1). [1979, c. 48, art. 35].

36. Une personne qui désire conserver à un logement son caractère locatif peut, lors de l'audition d'une demande, intervenir pour demander un délai afin d'entreprendre ou poursuivre des démarches en vue d'acquérir l'immeuble dans lequel est situé le logement. [1979, c. 48, art. 36].

37. Si la Régie estime que les circonstances le justifient, elle reporte le prononcé de sa décision et accorde à l'intervenant un délai d'au plus deux mois à compter de la fin de l'audition pour permettre aux négociations d'aboutir. La Régie ne peut reporter le prononcé de sa décision pour ce motif qu'une fois. [1979, c. 48, art. 37].

38. Lorsque la Régie autorise la démolition d'un logement, elle peut imposer les conditions qu'elle estime justes et raisonnables, pourvu que ces conditions ne soient pas incompatibles avec les règlements municipaux. Elle peut notamment déterminer les conditions de relogement d'un locataire. [1979, c. 48, art. 38].

39. Le locateur doit payer au locataire évincé une indemnité de trois mois de loyer et ses frais de déménagement. Si les dommages que le locataire subit s'élèvent à une somme supérieure, il peut s'adresser à la Régie pour en faire fixer le montant.

L'indemnité est payable à l'expiration du bail et les frais de déménagement, sur présentation des pièces justificatives. [1979, c. 48, art. 39].

40. La démolition doit être entreprise et terminée dans le délai fixé par la décision de la Régie. [1979, c. 48, art. 40].

41. La Régie peut, pour un motif raisonnable, modifier le délai fixé pour entreprendre ou terminer les travaux, pourvu que la demande soit faite avant l'expiration de ce délai. [1979, c. 48, art. 41].

42. Si les travaux de démolition ne sont pas entrepris dans le délai fixé par la Régie pour les terminer, l'autorisation de démolir est sans effet. Si, à cette date, le locataire continue d'occuper le logement, le bail est prolongé de plein droit et le locateur peut, dans le mois, s'adresser à la Régie pour faire fixer le loyer. [1979, c. 48, art. 42].

43. Si les travaux ne sont pas terminés dans le délai fixé, toute personne intéressée peut s'adresser à la Régie pour obtenir une ordonnance enjoignant le contrevenant de les terminer dans le délai que fixe la Régie. [1979, c. 48, art. 43].

44. Si la Régie autorise la démolition, un locataire ne peut être forcé de quitter son logement ni avant l'expiration du bail ni avant l'expiration d'un délai de trois mois à compter de l'autorisation. [1979, c. 48, art. 44].

§ 2.-L'aliénation d'un immeuble situé dans un ensemble immobilier

45. Dans la présente sous-section, on entend par «ensemble immobilier» plusieurs immeubles situés à proximité les uns des autres et comprenant ensemble plus de douze logements, si ces immeubles sont administrés de façon commune par une même personne ou des personnes liées au sens de la *Loi sur les impôts* (chapitre I-3) et si certains d'entre eux ont en commun un accessoire, une dépendance ou, à l'exclusion d'un mur mitoyen, une partie de la charpente. [1979, c. 48, art. 45].

46. Nul ne peut, sans l'autorisation de la Régie, ni aliéner un immeuble situé dans un ensemble immobilier ni conférer sur cet immeuble un droit d'occupation, d'usage ou autre droit semblable, à moins qu'il ne s'agisse d'un contrat de louage.

Ne constitue pas une aliénation, la vente forcée, l'expropriation, la prise en paiement ou la reprise de possession de l'immeuble à la suite d'une convention exécutée de bonne foi.

Tout intéressé, dont la Régie, peut s'adresser à la Cour supérieure pour faire constater la nullité d'une convention faite à l'encontre du présent article. [1979, c. 48, art. 46; 1992, c. 57, art. 684].

47. Aucune autorisation n'est requise s'il s'agit:

1º d'aliéner l'ensemble immobilier par un seul contrat en faveur d'une seule personne;

2º d'aliéner un terrain vacant lorsque celui-ci n'a aucun accessoire ou dépendance en commun avec les autres immeubles de l'ensemble immobilier;

3º d'aliéner une fraction située dans un immeuble sur lequel est enregistrée une déclaration de copropriété en application des articles 441*b* à 442*p* du Code civil du Bas Canada. [1979, c. 48, art. 47].

48. L'autorisation de la Régie peut être demandée par le propriétaire ou par la personne qui, sous condition d'obtenir l'autorisation d'aliéner l'ensemble immobilier par parties, consent une promesse d'achat de tout ou partie de l'ensemble.

L'autorisation de la Régie peut également être demandée par la personne qui, sous condition d'obtenir cette autorisation, consent une promesse d'achat d'une partie d'un ensemble immobilier. [1979, c. 48, art. 48].

49. Avant d'accorder son autorisation, la Régie doit considérer l'effet qu'aurait l'aliénation sur les locataires, le nombre de locataires qui pourraient être évincés à la suite de cette aliénation, l'individualisation des services, accessoires et dépendances du logement ou de l'immeuble, l'état du logement, les conditions de financement, le fait que cet immeuble a été construit ou restauré dans le cadre d'un programme gouvernemental et tout autre critère prescrit par règlement. [1979, c. 48, art. 49].

50. Lorsque la Régie accorde l'autorisation d'aliéner, elle peut imposer les conditions qu'elle estime justes et raisonnables. Elle peut notamment déterminer des conditions pour la protection du locataire ou de l'acquéreur de l'immeuble. [1979, c. 48, art. 50].

§ 3.-*Conversion d'un immeuble locatif en copropriété divise*

51. Ne peut être converti en copropriété divise sans l'autorisation de la Régie un immeuble comportant, ou ayant comporté au cours des dix années précédant la demande d'autorisation, au moins un logement.

La conversion est interdite si l'immeuble est la propriété d'une coopérative d'habitation, d'un organisme sans but lucratif ou d'une société municipale d'habitation et s'il a été construit, acquis, restauré ou rénové dans le cadre d'un programme gouvernemental d'aide à l'habitation.

Elle est interdite sur le territoire de la Communauté urbaine de Montréal, sauf dérogation accordée en application de l'article 54.12 par résolution du conseil de la municipalité sur le territoire de laquelle est situé l'immeuble. À l'extérieur du territoire de la Communauté, elle peut être restreinte ou soumise à certaines conditions, par règlement adopté en application de l'article 54.13. Le présent alinéa ne s'applique pas à l'immeuble dont tous les logements sont occupés par des propriétaires indivis. [1979, c. 48, art. 51; 1987, c. 77, art. 2; 1996, c. 2, art. 853].

52. Le propriétaire d'un immeuble qui projette de le convertir en copropriété divise doit, avant d'entreprendre des démarches en ce sens auprès de la municipalité ou de la Régie et avant de faire visiter le logement à un acquéreur éventuel ou d'y faire effectuer des relevés, expertises ou autres activités préparatoires à la conversion, donner à chacun de ses locataires un avis de cette intention conforme au modèle de l'annexe I et en transmettre copie à la Régie.

Un préavis de 24 heures doit être donné au locataire avant ces visites ou activités. [1979, c. 48, art. 52; 1987, c. 77, art. 2].

53. À compter de l'avis d'intention et jusqu'à ce que l'assemblée des copropriétaires soit majoritairement formée de propriétaires occupants, les seuls travaux qui peuvent être effectués sans l'autorisation de la Régie sont les travaux d'entretien et les réparations urgentes et nécessaires à la conservation de l'immeuble, ainsi que les travaux effectués dans un logement occupé par un copropriétaire.

La Régie, lorsqu'elle est appelée à donner son autorisation, considère l'utilité immédiate des travaux pour le locataire. Si elle les autorise, elle peut imposer les conditions qu'elle estime justes et raisonnables et, si l'évacuation temporaire du locataire est nécessaire, elle fixe une indemnité payable par le locateur à la date d'évacuation. [1979, c. 48, art. 53; 1987, c. 77, art. 2].

54. À compter de l'avis d'intention, le droit à la reprise de possession d'un logement ne peut plus être exercé à l'encontre du locataire, sauf si ce dernier est cessionnaire du bail et que la cession a eu lieu après l'envoi de l'avis, ou s'il est devenu locataire après que l'autorisation de convertir ait été accordée par la Régie. [1979, c. 48, art. 54; 1987, c. 77, art. 2].

54.1. La demande d'autorisation de convertir un immeuble en copropriété divise doit être produite à la Régie par le propriétaire dans les six mois de l'avis d'intention ou, le cas échéant, de la résolution du conseil de la municipalité accordant une dérogation ou une autorisation ou du certificat de la mu-

nicipalité attestant que le projet de conversion est conforme au règlement municipal, selon la plus tardive de ces dates. Elle doit être accompagnée de la résolution ou du certificat, s'il y a lieu. [1987, c. 77, art. 2].

54.2. La Régie doit refuser l'autorisation de convertir:

1° lorsque l'immeuble a déjà fait l'objet de travaux en vue de le préparer à la conversion et d'évincer un locataire;

2° lorsqu'un logement a déjà fait l'objet d'une reprise de possession illégale ou faite en vue de convertir l'immeuble en copropriété divise;

3° lorsque, dans les cinq années précédant sa demande, le propriétaire a été déclaré coupable d'une infraction à l'article 112.1 envers un locataire d'un des logements de l'immeuble et pour laquelle il n'a pas obtenu le pardon.

Dans ces cas, une nouvelle demande ne peut être produite qu'après un délai de trois ans du refus.

La Régie ne peut refuser l'autorisation pour le motif que l'avis d'intention comporte un vice de forme ou n'a pas été donné au locataire, si le propriétaire démontre que le locataire n'en a subi aucun préjudice. [1987, c. 77, art. 2].

54.3. La décision de la Régie autorisant la conversion de l'immeuble doit identifier les locataires à l'encontre desquels la reprise de possession ne peut être exercée. [1987, c. 77, art. 2].

54.4. La déclaration de copropriété ne peut être enregistrée que si l'autorisation de la Régie y est annexée.

Si la déclaration de copropriété n'est pas enregistrée dans l'année de l'auto-

risation, cette dernière est sans effet. La Régie peut, pour un motif raisonnable, prolonger ce délai pourvu que la demande lui soit adressée avant l'expiration de ce délai. [1987, c. 77, art. 2].

54.5. L'interdiction de reprendre possession d'un logement, de même que celle de faire des travaux cessent si le propriétaire avise par écrit le locataire qu'il n'a plus l'intention de convertir l'immeuble, si aucune demande n'est produite à la Régie dans le délai requis ou si la déclaration de copropriété n'est pas enregistrée dans le délai prévu à la loi ou fixé par la Régie. [1987, c. 77, art. 2].

54.6. Le propriétaire doit, avant la première vente de chaque logement de l'immeuble, remettre à l'acquéreur éventuel un rapport d'expert ainsi qu'une circulaire d'information.

Le rapport d'expert contient:

1° l'état d'usure des composantes communes de l'immeuble et leur conformité aux normes de solidité, de salubrité ou de sécurité;

2° l'indication des réparations majeures susceptibles d'être nécessaires dans un délai de cinq ans et l'estimation du coût de ces réparations;

3° l'identification des systèmes mécaniques communs à plus d'un logement;

4° l'indication, si elle est connue, du degré d'insonorisation et d'isolation du logement ainsi que de l'immeuble;

5° l'évaluation générale de la conformité de l'immeuble aux normes de sécurité et de protection contre l'incendie.

La circulaire d'information contient:

1º le nom du propriétaire et de toute personne qui a préparé les principaux documents relatifs à l'implantation et à l'administration du projet de conversion;

2º un plan d'ensemble du projet;

3º s'il y a lieu, les droits d'emphytéose et les droits de propriété superficiaire;

4º les informations relatives à la gérance de l'immeuble, notamment un budget prévisionnel et un état des baux consentis par le propriétaire sur les parties exclusives ou communes de l'immeuble.

Le budget prévisionnel doit être établi par une personne qualifiée sur la base d'une année complète d'occupation de l'immeuble. Il indique, pour chaque fraction, les charges annuelles à payer y compris, le cas échéant, la contribution au fonds de prévoyance. Il doit être accompagné du bilan et de l'état des revenus et dépenses les plus récents et d'un document fournissant les derniers renseignements pertinents aux dettes et créances.

Doivent être annexés à la circulaire d'information une copie de l'autorisation de la Régie et un résumé de la déclaration de copropriété ou, à défaut, du projet de déclaration. [1987, c. 77, art. 2].

54.7. La première vente du logement ne peut être conclue avec une personne autre que le locataire avant qu'il n'ait été offert au locataire aux mêmes prix et conditions que ceux convenus avec cette autre personne. L'offre de vente doit être conforme au modèle de l'annexe II et être accompagnée du rapport d'expert ainsi que de la circulaire d'information.

Le locataire doit, dans le mois de la réception de l'offre de vente, faire savoir par écrit au propriétaire s'il accepte ou non l'offre; sinon il est réputé l'avoir refusée.

Si l'acte de vente n'est pas passé dans les deux mois de l'acceptation de l'offre ou d'un délai plus long convenu par les parties, le propriétaire peut vendre le logement sans avoir à l'offrir de nouveau au locataire, sauf si le défaut de passer l'acte résulte d'un motif hors du contrôle du locataire. [1987, c. 77, art. 2]

54.8. Le locataire peut, si la vente est conclue en violation de son droit de préemption, s'adresser à la Cour supérieure dans l'année de la connaissance de celle-ci pour en demander l'annulation. [1987, c. 77, art. 2].

54.9. Tout intéressé, y compris la Régie, peut s'adresser à la Cour supérieure pour faire radier l'enregistrement de la déclaration de copropriété fait sans que la Régie n'ait autorisé la conversion et faire annuler toute convention subséquente à cet enregistrement. [1987, c. 77, art. 2].

54.10. Le locataire peut recouvrer les dommages-intérêts résultant de son départ définitif du logement par suite d'une reprise de possession illégale ou faite en vue de convertir l'immeuble en copropriété divise ou par suite de travaux effectués en vue de préparer l'immeuble à la conversion et d'évincer le locataire, que ce dernier ait consenti ou non à quitter le logement.

Le locataire peut également demander des dommages punitifs. [1987, c. 77, art. 2].

54.11. L'acheteur d'une fraction dans un immeuble locatif converti en copropriété divise peut, dans les trois ans de la signature du contrat de vente, réclamer du vendeur la réduction de ses obligations si le rapport d'expert, la circulaire d'information ou le contrat de vente contiennent des informations fausses, trompeuses ou incomplètes sur un élément substantiel, ou si le vendeur n'a pas remis à l'acheteur le rapport d'expert ou la circulaire d'information. Le tribunal rejette la demande si le vendeur démontre que l'acheteur n'en a subi aucun préjudice. [1987, c. 77, art. 2].

54.12. Le conseil d'une municipalité dont le territoire est compris dans celui de la Communauté urbaine de Montréal et qui a un comité consultatif d'urbanisme constitué en vertu de la *Loi sur l'aménagement et l'urbanisme* (chapitre A-19.1), de même que le conseil de la Ville de Montréal peuvent, par règlement, déterminer:

1º des secteurs ou des catégories d'immeubles, ou une combinaison des deux, pour lesquels une dérogation à l'interdiction de convertir un immeuble en copropriété divise peut être accordée;

2º la procédure de demande de dérogation et les frais exigibles pour l'étude de la demande. [1987, c. 77, art. 2; 1996, c. 2, art. 854].

54.13. Afin de satisfaire aux besoins de logements locatifs de la population, le conseil d'une municipalité locale dont le territoire n'est pas compris dans celui de la Communauté urbaine de Montréal peut, par règlement:

1º déterminer des secteurs ou des catégories d'immeubles, ou une combi-

naison des deux, où la conversion en copropriété divise est interdite;

2º soumettre la conversion à des conditions qui peuvent varier selon les secteurs, les catégories d'immeubles ou la combinaison des deux. Dans le cas de la Ville de Québec, de même que dans celui d'une municipalité qui a un comité consultatif d'urbanisme constitué en vertu de la *Loi sur l'aménagement et l'urbanisme* (chapitre A-19.1), le règlement peut prévoir que la conversion est soumise à l'autorisation du conseil;

3º déterminer la procédure de demande et de délivrance d'un certificat attestant que le projet de conversion est conforme au règlement et la procédure de demande d'autorisation du conseil, ainsi que les frais exigibles pour la délivrance du certificat et pour l'étude de la demande.

Le certificat est délivré, sur paiement des frais, par le fonctionnaire responsable de la délivrance des permis et certificats en matière d'urbanisme. [1987, c. 77, art. 2; 1996, c. 2, art. 855].

54.14. Le conseil d'une municipalité sur le territoire de laquelle est en vigueur soit un règlement sur les dérogations à l'interdiction de convertir un immeuble en copropriété divise, soit un règlement prévoyant que la conversion est soumise à l'autorisation du conseil, accorde la dérogation ou l'autori-sation, selon le cas, s'il est convaincu de son opportunité, compte tenu notamment:

1º du taux d'inoccupation des logements locatifs;

2º de la disponibilité de logements comparables;

3º des besoins en logement de certaines catégories de personnes;

4º des caractéristiques physiques de l'immeuble;

5º du fait que l'immeuble a été construit, acquis, restauré ou rénové dans le cadre d'un programme municipal d'aide à l'habitation.

Le conseil de la Ville de Montréal peut, par règlement, déléguer à un comité, formé à cette fin d'au moins cinq membres du conseil qu'il désigne, le pouvoir d'accorder des dérogations à l'interdiction de convertir un immeuble en copropriété divise.

Le greffier ou le secrétaire-trésorier de la municipalité doit, au moins un mois avant la tenue de la séance où le conseil ou le comité doit statuer sur la demande de dérogation ou d'autorisation, faire publier, aux frais du demandeur, un avis conformément à la loi qui régit la municipalité. L'avis indique la date, l'heure et le lieu de la séance du conseil ou du comité et la nature de la demande; il désigne l'immeuble par la voie de circulation et le numéro d'immeuble ou, à défaut, par le numéro cadastral et mentionne que tout intéressé peut se faire entendre par le conseil ou le comité relativement à cette demande.

Dans les municipalités autres que le cas des villes de Montréal et Québec, le conseil rend sa décision après avoir reçu l'avis du comité consultatif d'urbanisme.

Une copie de la résolution par laquelle le conseil rend sa décision doit être transmise au demandeur.

Pour l'application de la présente sous-section, la décision du comité tient lieu de résolution du conseil. [1987, c. 77, art. 2; 1996, c. 2, art. 856].

§ 4.-*Intervention de la Régie*

55. Si une personne contrevient ou est sur le point de contrevenir à la présente section, ou agit ou est sur le point d'agir à l'encontre d'une décision rendue en vertu de la présente section, la Régie peut, d'office ou à la demande d'un intéressé, émettre une ordonnance enjoignant à cette personne de se conformer à la décision ou de cesser ou de ne pas entreprendre ses opérations et, le cas échéant, de remettre les lieux en état. [1979, c. 48, art. 55].

CHAPITRE IV
PROCÉDURE DEVANT LA RÉGIE

SECTION I
PREUVE ET PROCÉDURE

56. Une partie qui produit une demande doit en signifier une copie à l'autre partie dans le délai et en la manière prévue par les règlements de procédure. [1979, c. 48, art. 56].

57. Plusieurs demandes entre les mêmes parties, dans lesquelles les questions en litige sont en substance les mêmes, ou dont les matières pourraient être convenablement réunies en une seule, peuvent être jointes par ordre de la Régie, aux conditions qu'elle fixe.

La Régie peut en outre ordonner que plusieurs demandes portées devant elle, qu'elles soient mues ou non entre les mêmes parties soient instruites en même temps et jugées sur la même preuve, ou que la preuve faite dans l'une serve dans l'autre, ou que l'une soit instruite et jugée la première, les autres étant suspendues jusque-là. [1979, c. 48, art. 57].

58. Lorsque la Cour supérieure et la Régie sont saisies d'actions et de demandes ayant le même fondement juridique ou soulevant les mêmes points de droit et de faits, la Régie doit suspendre l'instruction de la demande portée devant elle jusqu'au jugement de la Cour supérieure passé en force de chose jugée si une partie le demande et qu'aucun préjudice sérieux ne puisse en résulter pour la partie adverse. [1979, c. 48, art. 58].

59. La Régie peut, pour un motif raisonnable et aux conditions appropriées, prolonger un délai ou relever une partie des conséquences de son défaut de le respecter, si l'autre partie n'en subit aucun préjudice grave. [1979, c. 48, art. 59].

60. Avant de rendre une décision, la Régie permet aux parties intéressées de se faire entendre et doit, à cette fin, leur donner un avis d'enquête et d'audition en la manière prévue par les règlements de procédure. [1979, c. 48, art. 60].

61. La Régie, si possible, fixe l'audition à une heure et à une date où les parties et leurs témoins peuvent être présents sans trop d'inconvénients pour leurs occupations ordinaires. [1979, c. 48, art. 61].

62. La partie qui désire produire un témoin peut l'assigner au moyen d'un bref de subpoena émis par la Régie et signifié dans le délai et en la manière prévue par les règlements de procédure. [1979, c. 48, art. 62; 1981, c. 32, art. 3].

63. Au temps fixé pour l'enquête et l'audition, le régisseur appelle la cause, constate la présence ou l'absence des parties et procède à l'enquête et à l'audition.

Le régisseur instruit sommairement les parties des règles de preuve et chaque partie expose ses prétentions et présente ses témoins.

Le régisseur apporte à chacun un secours équitable et impartial de façon à faire apparaître le droit et à en assurer la sanction. [1979, c. 48, art. 63].

64. Un régisseur peut être récusé:

1° s'il est parent ou allié de l'une des parties, jusqu'au degré de cousin germain inclusivement;

2° s'il est lui-même partie à une demande portant sur une question pareille à celle dont il s'agit dans la cause;

3° s'il a donné conseil sur le différend, ou s'il en a précédemment connu comme arbitre ou comme conciliateur;

4° s'il a agi comme mandataire pour l'une des parties, ou s'il a exprimé son avis extrajudiciairement;

5° s'il a déjà fourni des services professionnels à l'une des parties;

6° s'il est directement intéressé dans un litige mû devant un tribunal où l'une des parties sera appelée à siéger comme juge;

7° s'il y a inimitié capitale entre lui et l'une des parties ou s'il a formulé des menaces à l'égard d'une partie depuis l'instance ou dans les six mois précédant la récusation proposée;

8° s'il est tuteur, curateur ou conseiller, successible ou donataire de l'une des parties;

9° s'il est membre d'un groupement ou corporation, ou s'il est syndic ou protecteur d'un ordre ou communauté, partie au litige;

10° s'il a un intérêt à favoriser l'une des parties;

11° s'il est parent ou allié de l'avocat, du représentant ou de l'avocat-conseil ou de l'associé de l'un ou de l'autre soit en ligne directe, soit en ligne collatérale jusqu'au deuxième degré. [1979, c. 48, art. 64; 1992, c. 57, art. 685].

65. Le régisseur est inhabile si lui ou son conjoint sont intéressés dans la demande. [1979, c. 48, art. 65].

66. S'il existe un motif pour lequel un régisseur peut être récusé, il est tenu de le déclarer par écrit sans délai.

Il en est de même pour une partie qui connaît un motif de récusation d'un régisseur. [1979, c. 48, art. 66].

67. Si une partie dûment avisée ne se présente pas ou refuse de se faire entendre, le régisseur peut néanmoins procéder à l'instruction de l'affaire et rendre une décision. [1979, c. 48, art. 67].

68. Le régisseur peut visiter les lieux ou ordonner une expertise ou une inspection, par une personne qualifiée qu'il désigne, pour l'examen et l'appréciation des faits relatifs au litige. Sauf si le régisseur intervient en vertu de l'article 55, une visite du logement ne peut alors avoir lieu avant neuf heures et après vingt et une heures.

Un inspecteur doit s'identifier avant de procéder à une inspection.

La procédure applicable à une expertise est celle que détermine le régisseur. [1979, c. 48, art. 68].

69. Le locataire ou le locateur est tenu de donner accès au logement ou à l'immeuble à un régisseur, à un expert ou à un inspecteur de la Régie qui agit en vertu de l'article 68. [1979, c. 48, art. 69].

70. Dès que la Régie est saisie d'une demande visée dans la section II du chapitre III, elle doit faire afficher, sur l'immeuble visé dans la demande, un avis facilement visible pour les passants. De plus, elle peut faire publier un avis public de la demande, en la manière prévue par les règlements de procédure.

Tout avis visé dans le premier alinéa doit indiquer que toute personne peut faire des représentations écrites sur la demande dans les dix jours de la publication de l'avis public ou, à défaut, dans les dix jours qui suivent l'affichage de l'avis sur l'immeuble concerné.

La Régie peut, si elle l'estime opportun, tenir une audition publique où elle peut entendre toute personne qui a fait des représentations.

Lors d'une telle audition, le régisseur peut limiter la durée d'une intervention ou, s'il est d'avis qu'elle n'est pas pertinente, la refuser. [1979, c. 48, art. 70].

71. Le régisseur ou la personne désignée à cette fin par le président doit dresser un procès-verbal de l'audition.

Ce procès-verbal, signé par son auteur, est réputé faire preuve de son contenu. [1979, c. 48, art. 71].

72. Une personne physique peut être représentée par son conjoint ou par un avocat.

Si une telle personne ne peut se présenter elle-même pour cause de maladie, d'éloignement ou toute autre cause jugée suffisante par un régisseur, elle peut aussi être représentée par un parent ou un allié ou, à défaut de parent ou d'allié sur le territoire de la municipalité locale, par un ami.

Une corporation peut être représentée par un officier, un administrateur, un employé à son seul service, ou par un avocat. [1979, c. 48, art. 72; 1996, c. 2, art. 857].

73. Malgré la *Charte des droits et libertés de la personne* (chapitre C-12), un avocat ne peut agir si la demande a pour seul objet le recouvrement d'une créance qui n'excède pas la compétence de la Cour du Québec en matière de recouvrement des petites créances, exigible d'un débiteur résidant au Québec par une personne en son nom et pour son compte personnel ou par un tuteur ou un curateur en sa qualité officielle. [1979, c. 48, art. 73; 1981, c. 32, art. 4; 1988, c. 21, art. 66].

74. Si une partie est représentée par un mandataire autre que son conjoint ou un avocat, ce mandataire doit fournir à la Régie un mandat écrit, signé par la personne qu'il représente et indiquant, dans le cas d'une personne physique, les causes qui empêchent la partie d'agir elle-même. Ce mandat doit être gratuit. [1979, c. 48, art. 74; 1981, c. 32, art. 5].

75. Sous réserve des articles 76 et 77, les articles 1203 à 1245 du Code civil du Bas Canada s'appliquent à la preuve faite devant la Régie. [1979, c. 48, art. 75].

76. Peut se prouver par la production d'une copie qui en tient lieu si le régisseur est satisfait de sa véracité:

1º un acte juridique constaté dans un écrit; ou

2º le contenu d'un écrit autre qu'authentique.

Toutefois, la preuve peut être faite par tout moyen lorsqu'une partie établit que, de bonne foi, elle ne peut produire l'original de l'écrit, non plus que toute copie qui en tient lieu. [1979, c. 48, art. 76].

77. Une partie peut administrer une preuve testimoniale:

1º même pour contredire ou changer les termes d'un écrit, lorsqu'elle veut prouver que la présente loi n'a pas été respectée;

2º si elle veut prouver que le loyer effectivement payé n'est pas celui qui apparaît au bail;

3º si elle veut interpréter ou compléter un écrit. [1979, c. 48, art. 77].

78. Un régisseur peut décider qu'un rapport d'inspection fait sous la signature d'un inspecteur de la Régie, d'un inspecteur municipal ou d'un inspecteur nommé en vertu de la *Loi sur la santé et la sécurité du travail* (chapitre S-2.1), de la *Loi sur la qualité de l'environnement* (chapitre Q-2), de la *Loi sur la Société d'habitation du Québec* (chapitre S-8), de la *Loi sur les installations de tuyauterie* (chapitre I-12.1), ou de la *Loi sur les installations électriques* (chapitre I-13.01) tient lieu du témoignage de cet inspecteur.

Toutefois, une partie peut requérir la présence de l'inspecteur à l'audition, mais si la Régie estime que la production du rapport eût été suffisante, elle peut condamner cette partie au paiement des frais dont elle fixe le montant. [1979, c. 48, art. 78; 1975, c. 53, art. 132; 1979, c. 63, art. 333].

79. Toute décision de la Régie doit être motivée et transmise aux parties en cause, en la manière prévue par les règlements de procédure.

La copie d'une décision, certifiée conforme par le régisseur qui a entendu l'affaire ou par la personne autorisée à cette fin par le président, a la même valeur que l'original. [1979, c. 48, art. 79].

79.1. Lors de la décision, le régisseur peut adjuger sur les frais prévus par règlement. [1981, c. 32, art. 6; 1982, c. 58, art. 70].

80. Lorsque plus d'un régisseur a entendu une affaire, la décision est prise à la majorité des régisseurs ayant entendu cette affaire; lorsque les opinions se partagent également sur une question, celle-ci est tranchée par le régisseur qui a présidé l'audition. [1979, c. 48, art. 80].

81. En cas de cessation de fonction, de retraite, de maladie, d'incapacité ou de décès d'un régisseur, le président ou le vice-président désigné en vertu de l'article 10 peut ordonner qu'une demande dont ce régisseur est saisi soit continuée et terminée par un autre régisseur ou remise au rôle pour être entendue de nouveau.

Si la cause avait été prise en délibéré, elle est confiée à un autre régis-

seur ou remise au rôle conformément au premier alinéa, à moins que le président ou le vice-président désigné, en cas de retraite ou de cessation des fonctions du régisseur saisi, ne demande à ce dernier de rendre une décision dans les quatre-vingt-dix jours. À l'expiration de ce délai, le président ou le vice-président désigné procède conformément au premier alinéa. [1979, c. 48, art. 81].

82. Sauf si l'exécution provisoire est ordonnée, une décision est exécutoire à l'expiration du délai pour permission d'appeler, ou, selon le cas, du délai de révision. Une décision visée dans la section II du chapitre III est exécutoire dès qu'elle est rendue.

Dans le cas d'une décision relative à une demande ayant pour seul objet le recouvrement d'une créance visée dans l'article 73, la décision est exécutoire à l'expiration d'un délai de 20 jours de sa date, sauf si le régisseur en a ordonné autrement. [1979, c. 48, art. 82; 1981, c. 32, art. 7; 1995, c. 39, art. 20; 1996, c. 5, art. 63].

82.1 Le régisseur peut, s'il le juge à propos, ordonner l'exécution provisoire, nonobstant la révision ou l'appel, de la totalité ou d'une partie de la décision, s'il s'agit:

1º de réparations majeures;

2º d'expulsion des lieux, lorsque le bail est expiré, résilié ou annulé;

3º d'un cas d'urgence exceptionnelle. [1981, c. 32, art. 7].

83. Une décision de la Régie peut être exécutée comme s'il s'agissait d'un jugement de la Cour du Québec si elle est enregistrée au greffe de la Cour du lieu

où est situé le logement. [1979, c. 48, art. 83; 1982, c. 32, art. 121; 1988, c. 21, art. 66].

84. L'exécution forcée d'une décision relative à une demande ayant pour seul objet une créance visée dans l'article 73 se fait suivant les articles 993 et 994 du Code de procédure civile (chapitre C-25). [1979, c. 48, art. 84].

85. À une assemblée convoquée par le président, les régisseurs peuvent, à la majorité, adopter les règlements de procédure jugés nécessaires.

Sous réserve du paragraphe 5º de l'article 108, les régisseurs peuvent aussi, par règlement, déterminer la forme ou la teneur des avis autres que celui prévu par l'article 1658.1 du Code civil du Bas Canada, des demandes ou des formules nécessaires à l'application de la présente loi et des articles 1650 à 1665.6 du Code civil du Bas Canada et en rendre l'utilisation obligatoire. Un tel règlement doit être approuvé par le ministre désigné avant sa publication.

Ces règlements entrent en vigueur à compter de leur publication à la *Gazette officielle du Québec* ou à une date ultérieure qui y est fixée. [1979, c. 48, art. 85].

86. En l'absence de dispositions applicables à un cas particulier, un régisseur peut y suppléer par toute procédure non incompatible avec la présente loi ou les règlements de procédure. [1979, c. 48, art. 86].

87. Dans la computation d'un délai prévu par la présente loi ou par les articles 1650 à 1665.6 du Code civil du Bas Canada:

1º le jour qui marque le point de départ n'est pas compté mais celui de l'échéance l'est;

2º les jours fériés sont comptés mais, lorsque le dernier jour est férié, le délai est prorogé au premier jour non férié suivant;

3º le samedi est assimilé à un jour férié de même que le 2 janvier et le 26 décembre. [1979, c. 48, art. 87].

SECTION II
PROCÉDURES PARTICULIÈRES

88. Le régisseur qui l'a rendue peut rectifier une décision entachée d'erreur d'écriture ou de calcul, ou de quelque autre erreur matérielle ou qui, par suite d'une inadvertance manifeste, accorde plus qu'il n'était demandé ou omet de prononcer sur une partie de la demande.

Il peut le faire, d'office ou à la demande d'une partie, tant que la décision n'a pas été inscrite en appel ou en révision ou tant que l'exécution n'a pas été commencée.

La demande de rectification suspend l'exécution de la décision et interrompt le délai d'appel ou de révision jusqu'à ce que les parties aient été avisées de la décision. [1979, c. 48, art. 88; 1984, c. 47, art. 138].

89. Si une décision a été rendue contre une partie qui a été empêchée de se présenter ou de fournir une preuve, par surprise, fraude ou autre cause jugée suffisante, cette partie peut en demander la rétractation.

Une partie peut également demander la rétractation d'une décision lorsque la Régie a omis de statuer sur une

partie de la demande ou s'est prononcée au-delà de la demande.

La demande de rétractation doit être faite par écrit dans les dix jours de la connaissance de la décision ou, selon le cas, du moment où cesse l'empêchement.

La demande de rétractation suspend l'exécution de la décision et interrompt le délai d'appel ou de révision jusqu'à ce que les parties aient été avisées de la décision. [1979, c. 48, art. 89; 1984, c. 47, art. 139].

90. La Régie peut réviser une décision portant sur une demande dont le seul objet est la fixation ou la révision de loyer, si la demande lui en est faite par une partie dans le mois de la date de cette décision.

La révision a lieu suivant la procédure prévue par la section I. Le président de la Régie ou le vice-président qu'il désigne à cette fin détermine le nombre de régisseurs qui entendent la demande; ce nombre doit être supérieur au nombre de régisseurs ou de greffiers spéciaux ayant entendu la demande de fixation ou de révision de loyer.

Sauf si l'exécution provisoire est ordonnée, la demande de révision suspend l'exécution de la décision. Toutefois, la Régie peut, sur requête, soit ordonner l'exécution provisoire lorsqu'elle ne l'a pas été, soit la défendre ou la suspendre lorsqu'elle a été ordonnée. [1979, c. 48, art. 90; 1981, c. 32, art. 8; 1982, c. 58, art. 71].

90.1. La décision sur la demande de révision est exécutoire à l'expiration d'un délai de dix jours de sa date à moins que l'exécution immédiate n'en soit ordonnée. [1981, c. 32, art. 9].

CHAPITRE V
APPEL

91. Les décisions de la Régie du logement peuvent faire l'objet d'un appel sur permission d'un juge de la Cour du Québec, lorsque la question en jeu en est une qui devrait être soumise à la Cour du Québec.

Toutefois, il n'y a pas d'appel des décisions de la Régie portant sur une demande:

1º dont le seul objet est la fixation ou la révision d'un loyer;

2º dont le seul objet est le recouvrement d'une créance visée dans l'article 73;

3º visée dans la section II du chapitre III, sauf celles visées dans les articles 39 et 54.10;

4º d'autorisation de déposer le loyer faite par requête en vertu des articles 1907 et 1908 du Code civil du Québec. [1979, c. 48, art. 91; 1981, c. 32, art. 10; 1987, c. 77, art. 3; 1988, c. 21, art. 66; 1996, c. 5, art. 64].

92. La demande pour permission d'appeler doit être faite au greffe de la Cour du Québec du lieu où est situé le logement et elle est présentée par requête accompagnée d'une copie de la décision et des pièces de la contestation, si elles ne sont pas reproduites dans la décision.

La requête accompagnée d'un avis de présentation doit être signifiée à la partie adverse et produite au greffe de la Cour dans les 30 jours de la date de la décision. Elle doit préciser les conclusions recherchées et le requérant doit y énoncer sommairement les moyens qu'il prévoit utiliser.

Si la demande est accordée, le jugement qui autorise l'appel tient lieu de l'inscription en appel. Le greffier de la Cour du Québec transmet sans délai copie de ce jugement à la Régie ainsi qu'aux parties et à leur procureur.

De la même manière et dans les mêmes délais, l'intimé peut former un appel ou un appel incident. [1979, c. 48, art. 92; 1985, c. 30, art. 83; 1988, c. 21, art. 66; 1996, c. 5, art. 65].

93. Ce délai est de rigueur et emporte déchéance.

Toutefois, si une partie décède avant l'expiration de ce temps et sans avoir appelé, le délai pour permission d'appeler ne court contre ses représentants légaux que du jour où la décision leur est signifiée, ce qui peut être fait conformément à la disposition de l'article 133 du Code de procédure civile (chapitre C-25).

Le délai pour permission d'appeler ne court contre la partie condamnée par défaut que de l'expiration du temps pendant lequel elle pouvait demander la rétractation de la décision. [1979, c. 48, art. 93; 1981, c. 32, art. 11; 1996, c. 5, art. 66].

94. Sauf si l'exécution provisoire est ordonnée, l'appel suspend l'exécution de la décision.

La demande pour permission d'appeler ne suspend pas l'exécution. Toutefois, lorsque la décision de la Régie entraîne l'expulsion du locataire ou des occupants, par requête, il peut être demandé à un juge de la Cour du Québec de suspendre cette exécution si le requérant démontre qu'il lui en résul-

terait un préjudice grave et qu'il a produit une demande pour permission d'appeler.

L'exécution provisoire de la totalité ou d'une partie de la décision peut, sur requête, être ordonnée par un juge de la Cour du Québec lorsqu'elle ne l'a pas été par la décision frappée d'appel. Elle peut, de la même manière, être défendue ou suspendue lorsqu'elle a été ordonnée. [1979, c. 48, art. 94; 1981, c. 32, art. 12; 1988, c. 21, art. 66; 1996, c. 5, art. 67].

95. (*Abrogé*). [1996, c. 5, art. 68].

96. Lorsque plus d'une partie interjette appel d'une même décision, tous les appels sont réunis. [1979, c. 48, art. 96].

97. Le tribunal peut, d'office ou sur demande, réunir plusieurs appels si les questions en litige sont en substance les mêmes. [1979, c. 48, art. 97].

98. Le tribunal n'entend que la preuve et les représentations relatives aux questions qui ont été autorisées par la permission d'appeler et les articles 60 à 69, 75 à 78, 86, 88 et 89 s'appliquent, en faisant les adaptations requises, à un appel entendu suivant le présent chapitre. [1979, c. 48, art. 98; 1996, c. 5, art. 69].

99. Le tribunal peut tenir ses séances même un jour férié, aux heures déterminées par le juge en chef. [1979, c. 48, art. 99].

100. Le tribunal, à la demande d'une partie, ou le greffier, du consentement des parties, peuvent reporter l'audition à une date ultérieure. [1979, c. 48, art. 100].

101. Le tribunal peut confirmer, modifier ou infirmer la décision qui fait l'objet de l'appel et rendre le jugement qui aurait dû être rendu. [1979, c. 48, art. 101].

102. Le jugement est sans appel; il doit être écrit, motivé, signé par le juge qui l'a rendu et signifié aux parties en la manière prévue par les règles de pratique. [1979, c. 48, art. 102].

103. Le jugement est exécutoire à l'expiration des dix jours qui suivent la date de signification, sauf si le tribunal en ordonne autrement. [1979, c. 48, art. 103].

104. Lorsque la Cour supérieure et la Cour du Québec sont saisies d'action et d'appel ayant le même fondement juridique ou soulevant les mêmes points de droit et de fait, la Cour du Québec doit suspendre l'instruction de l'appel porté devant elle jusqu'au jugement de la Cour supérieure, passé en force de chose jugée, si une partie le demande et qu'aucun préjudice sérieux ne puisse en résulter pour la partie adverse. [1979, c. 48, art. 104; 1988, c. 21, art. 66].

105. Le livre IV du Code de procédure civile s'applique, en faisant les adaptations requises, au présent chapitre. [1979, c. 48, art. 105].

106. En rejetant un appel qu'il juge dilatoire ou abusif, le tribunal peut, d'office ou à la demande d'une partie, condamner l'appelant à des dommages-intérêts. [1979, c. 48, art. 106].

107. La Cour du Québec peut, en la manière prévue par la *Loi sur les tribunaux judiciaires* (chapitre T-16), adopter les règles de pratique jugées nécessaires à la bonne exécution du présent chapitre et notamment permet-tre l'application d'une procédure incidente prévue par le titre IV du livre II de ce code. [1979, c. 48, art. 107; 1988, c. 21, art. 66, 131].

CHAPITRE VI
RÉGLEMENTATION

108. Le gouvernement peut, par règlement:

1° établir, pour les catégories de logements ou d'immeubles qu'il indique, des exigences minimales concernant l'entretien, la sécurité, la salubrité ou l'habitabilité d'un logement ou d'un immeuble comportant un logement;

2° préciser, pour l'application de l'article 1913 du Code civil du Québec, certains cas où un logement est impropre à l'habitation;

3° pour l'application des articles 1952 et 1953 du Code civil du Québec, établir pour les catégories de personnes, de baux, de logements ou de terrains destinés à l'installation d'une maison mobile qu'il détermine, les critères de fixation ou de révision du loyer et leurs règles de mise en application;

4° prescrire, le cas échéant, les droits ou frais exigibles pour tout acte posé par la Régie ou par une partie à l'occasion d'une demande ou d'une procédure, ainsi que les droits ou frais afférents à l'administration de la loi, établir les normes, les conditions et les modalités applicables à la réception, à la conservation et au remboursement de ces droits ou frais, exempter certaines catégories de personnes du paiement de ces droits ou frais et déterminer, s'il y a lieu, le montant maximum qu'une partie peut être tenue de payer en vertu

de l'article 79.1 pour la totalité ou pour l'un ou l'autre de ces actes;

5º imposer l'inclusion de mentions obligatoires dans le bail, l'écrit ou l'avis visé dans les articles 1895 et 1896 du Code civil du Québec et, dans le cas du bail ou de l'écrit visé au premier alinéa de l'article 1895 du Code civil du Québec, prescrire l'utilisation obligatoire du formulaire de bail de la Régie du logement ou de l'écrit produit par la Régie et en fixer le prix de vente;

6º sous réserve de l'article 85, prescrire ce qui doit être prescrit par règlement en vertu de la présente loi et des articles 1892 à 2000 du Code civil du Québec.

Ces règlements entrent en vigueur à compter de leur publication à la *Gazette officielle du Québec* ou à une date ultérieure qui y est fixée. [1979, c. 48, art. 108; 1981, c. 32, art. 13; 1995, c. 61, art. 1].

TITRE II
DISPOSITIONS MODIFIANT LE CODE CIVIL DU BAS CANADA

109. *(Omis).* [1979, c. 48, art. 109].

110. *(Omis).* [1979, c. 48, art. 110].

111. *(Omis).* [1979, c. 48, art. 111].

TITRE III
DISPOSITIONS PÉNALES

112. Quiconque refuse de se conformer à une ordonnance de la Régie autre que celle prévue par les articles 1656.2 et 1656.6 du Code civil du Bas Canada commet un outrage au tribunal.

Toutefois, si le contrevenant refuse de se conformer à une ordonnance pré-vue par l'article 55 ou par l'article 1656.3 du Code civil du Bas Canada, l'amende est d'au moins 5 000$ et d'au plus 25 000$. [1979, c. 48, art. 112; 1992, c. 61, art. 514].

112.1. Quiconque, en vue de convertir un immeuble locatif en copropriété divise ou d'évincer un locataire de son logement, use de harcèlement envers celui-ci de manière à restreindre son droit à la jouissance paisible du logement commet une infraction et est passible d'une amende d'au moins 5 800$ et d'au plus 28 975$. [1987, c. 77, art. 4; 1991, c. 33, art. 116; 1992, c. 61, art. 515].

113. Quiconque contrevient à l'article 69 et aux articles 1654, 1654.1, 1659.6 et 1665 à 1665.6 du Code civil du Bas Canada commet une infraction et est passible d'une amende d'au moins 125$ et d'au plus 1 225$ s'il s'agit d'une personne autre qu'une corporation et d'au moins 250$ et d'au plus 2 450$ s'il s'agit d'une corporation. [1979, c. 48, art. 113; 1990, c. 4, art. 761; 1991, c. 33, art. 117].

114. Quiconque fait une déclaration qu'il sait être fausse dans une formule ou un écrit dont l'usage est obligatoire en vertu de la présente loi ou des articles 1650 à 1665.6 du Code civil du Bas Canada commet une infraction et est passible d'une amende d'au moins 250$ et d'au plus 2 450$. [1979, c. 48, art. 114; 1990, c. 4, art. 761; 1991, c. 33, art. 118].

115. Si une corporation commet une infraction visée dans les articles 113 ou 114, un officier, un administrateur, un employé ou un agent de cette corporation qui a prescrit ou autorisé l'accomplissement de l'infraction ou qui y a

consenti ou acquiescé est réputé être partie à l'infraction et est passible d'une amende n'excédant pas l'amende prévue par ces articles. [1979, c. 48, art. 115].

116. *(Abrogé).* [1992, c. 61, art. 516].

117. *(Abrogé).* [1990, c. 4, art. 762].

TITRE IV
DISPOSITIONS DIVERSES,
TRANSITOIRES ET FINALES

118. *(Modification intégrée au c. C-25, art. 34).* [1979, c. 48, art. 118].

119. *(Modification intégrée au c. C-25, art. 954).* [1979, c. 48, art. 119].

120. *(Modification intégrée au c. C-19, art. 412.1-412.26).* [1979, c. 48, art. 120].

121. *(Modification intégrée au c. C-19, art. 413).* [1979, c. 48, art. 121].

122. *(Modification intégrée au c. C-27.1, art. 494).* [1979, c. 48, art. 122].

123. *(Modification intégrée au c. C-27.1, art. 495-519).* [1979, c. 48, art. 123].

124. *(Omis).* [1979, c. 48, art. 124].

125. *(Modification intégrée au c. S-8, art. 86).* [1979, c. 48, art. 125].

126. *(Modification intégrée au c. S-8, art. 94.1-94.2).* [1979, c. 48, art. 126].

127. *(Modification intégrée au c. B-1, art. 128).* [1979, c. 48, art. 127].

128. *(Modification intégrée au c. R-10, art. 2).* [1979, c. 48, art. 128].

129. *(Omis).* [1979, c. 48, art. 129].

130. *(Inopérant, 1979, c. 48, art. 137).* [1979, c. 48, art. 130].

131. *(Inopérant, 1979, c. 48, art. 137).* [1979, c. 48, art. 131].

132. La cessation de l'effet des articles 16 à 16*k* de la *Loi prolongeant et modifiant la Loi pour favoriser la conciliation entre locataires et propriétaires* (1975, c. 84) n'a pas pour conséquence de faire disparaître les droits acquis en vertu de ces articles ni de valider rétroactivement les actes déclarés nuls ou illégaux par ces articles.

Les recours et les poursuites pénales relatifs à l'application de ces articles qui ont été exercés ou qui sont en délibéré devant un tribunal, un administrateur ou la Commission des loyers sont continués, instruits et jugés suivant ces articles, lorsque le recours ou la poursuite pénale est basé sur un de ces articles ou qu'il concerne l'application de la *Loi pour favoriser la conciliation entre locataires et propriétaires* (chapitre C-50) à un local visé dans ces articles.

La prescription d'un tel recours ou d'une telle poursuite pénale qui n'a pas été exercé le 31 décembre 1979 continue de courir après cette date. Tant que cette prescription n'est pas acquise, ce recours ou cette poursuite pénale peuvent être exercés, instruits et jugés suivant les articles mentionnés au premier alinéa. [1979, c. 48, art. 132].

133. Dans le cas d'un bail se terminant après le 30 juin 1980, le loyer fixé par un administrateur ou par la Commission des loyers en vertu des articles 53 ou 54 de la *Loi pour favoriser la conciliation*

entre locataires et propriétaires est maintenu jusqu'à la fin de ce bail, à moins que l'une des parties ne s'adresse à la Régie pour obtenir une nouvelle fixation de loyer.

La demande doit être faite au moins trois mois avant l'expiration de chaque période de douze mois depuis la date où la dernière fixation a pris effet. [1979, c. 48, art. 133].

134. Les demandes pendantes devant des commissaires ou un administrateur des loyers, le 1er octobre 1980, sont continuées et décidées selon la *Loi pour favoriser la conciliation entre locataires et propriétaires.* [1979, c. 48, art. 134].

135. Les causes pendantes devant la Cour provinciale le 1er octobre 1980, sont continuées devant cette cour. [1979, c. 48, art. 135].

136. Un avis d'augmentation de loyer, de modification d'une condition du bail, de non-renouvellement du bail ou de reprise de possession donné avant le 1er octobre 1980 est valable malgré la présente loi.

Si les délais accordés au locataire par la *Loi pour favoriser la conciliation entre locataires et propriétaires* pour répondre à un avis visé dans le premier alinéa ne sont pas expirés et si le locataire n'a pas déjà répondu à cet avis, les dispositions de la présente loi s'appliquent.

Dans le cas d'un bail à durée fixe de plus de six mois se terminant le ou avant le 30 septembre 1980, l'avis prévu par l'article 33 ou les articles 1659.1 ou 1660.1 du Code civil du Bas Canada est valable s'il est donné trois mois avant la fin du bail. [1979, c. 48, art. 136].

136.1.-136.2. *(Abrogés).* [1987, c. 77, art. 6].

137. *(Omis).* [1979, c. 48, art. 137].

138. La Régie du logement succède à la Commission des loyers et, à cette fin, elle assume ses pouvoirs et ses devoirs.

Dans une loi, une proclamation, un arrêté en conseil ou un autre document, l'expression «Commission des loyers» désigne la Régie. [1979, c. 48, art. 138].

139. Les règles de pratique de la Commission des loyers sont, jusqu'à ce qu'elles soient remplacées, les règlements de procédure de la Régie dans la mesure où elles sont compatibles avec la présente loi. [1979, c. 48, art. 139].

140. Les commissaires à temps complet et rémunérés sur une base annuelle deviennent, sans autre formalité et dès le 1er juillet 1980, régisseurs pour une période d'un an. [1979, c. 48, art. 140].

141. Le personnel de la Commission des loyers devient, sans autre formalité, le personnel de la Régie. [1979, c. 48, art. 141].

142. Les sommes requises pour l'application de la présente loi sont prises, pour les exercices financiers 1979-1980 et 1980-1981, à même le fonds consolidé du revenu et, pour les années subséquentes, à même les sommes accordées annuellement à cette fin par la Législature. [1979, c. 48, art. 142].

143. Les commissaires et les administrateurs nommés en vertu de la *Loi pour favoriser la conciliation entre locataires et propriétaires* peuvent entendre et décider des demandes pendantes devant la Commission des loyers et demeurent

en fonction jusqu'à ce qu'elles soient entendues et décidées. [1979, c. 48, art. 143].

144. Le gouvernement désigne un ministre qui est chargé de l'application du titre I et de l'article 136.2. [1979, c. 48, art. 144; 1981, c. 32, art. 15].

145. *(Omis)*. [1979, c. 48, art. 145].

146. *(Omis)*. [1979, c. 48, art. 146].

147. *(Cet article a cessé d'avoir effet le 17 avril 1987)*. [1982, c. 21, art. 1].

L'article 78 de la présente loi sera modifié lors de l'entrée en vigueur de l'article 279 du chapitre 34 des lois de 1985, à la date fixée par décret du gouvernement.
L'article 78 de la présente loi sera modifié lors de l'entrée en vigueur des dispositions pertinentes du chapitre 36 des lois de 1998 à la date fixée par le gouvernement.
Les articles 31.1 et 31.2 seront ajoutés à la présente loi lors de l'entrée en vigueur des dispositions pertinentes du chapitre 36 des lois de 1998 à la date ou aux dates fixées par le gouvernement.

ANNEXE I

AVIS D'INTENTION DE CONVERTIR UN IMMEUBLE LOCATIF EN COPROPRIÉTÉ DIVISE

(LOI SUR LA RÉGIE DU LOGEMENT, ARTICLE 52)

(date)

(nom du locataire)

(adresse du locataire)

À titre de propriétaire de l'immeuble situé au _ _ _ _ _ _ _ _ _ _ _ _ _ _ _ _ _ _

(adresse de l'immeuble)

et dans lequel vous êtes locataire d'un logement, je vous avise de mon intention de convertir cet immeuble en copropriété divise et de demander à la Régie du logement l'autorisation requise pour procéder à sa conversion.

_____
(signature du propriétaire)

(nom du locateur, s'il est différent)

(adresse du locateur)

MENTIONS OBLIGATOIRES

À compter du moment où l'avis d'intention est donné:

- le locataire a droit au maintien dans les lieux et ne peut être évincé de son logement par voie de reprise de possession, sauf s'il est cessionnaire du bail et que la cession a eu lieu après l'envoi de l'avis ou s'il devient locataire après que la Régie du logement ait autorisé le propriétaire de l'immeuble à procéder à la conversion;

- le locateur doit obtenir l'autorisation de la Régie pour effectuer des travaux autres que des travaux d'entretien ou des réparations urgentes et nécessaires à la conservation de l'immeuble. Si la Régie autorise l'exécution de travaux nécessitant l'évacuation temporaire du locataire, elle fixe le montant de l'indemnité que le propriétaire devra payer au locataire pour le dédommager des dépenses raisonnables que le locataire devra assumer en raison de cette évacuation;

- l'interdiction de reprendre possession d'un logement, de même que celle de faire des travaux, cessent si le propriétaire avise par écrit le locataire qu'il n'a plus

l'intention de convertir l'immeuble, si aucune demande n'est produite à la Régie dans le délai requis ou si la déclaration de copropriété n'est pas enregistrée dans le délai prévu à la loi ou fixé par la Régie;

- un avis de 24 heures doit être donné au locataire s'il est nécessaire de faire effectuer dans le logement des relevés, expertises ou d'autres types d'activités préparatoires à la conversion ou de le faire visiter à un acquéreur éventuel.

Une déclaration de copropriété divise ne peut être enregistrée sur un immeuble locatif sans que la Régie du logement n'ait préalablement autorisé le propriétaire à procéder à la conversion. L'autorisation de la Régie contiendra le nom des locataires à l'encontre desquels la reprise de possession ne peut plus être exercée ni par le locateur, ni par le nouvel acquéreur du logement.

Avant de vendre un logement pour la première fois à une personne autre que le locataire, le propriétaire devra l'offrir au locataire aux mêmes prix et conditions que ceux convenus avec cette autre personne. La formule que doit utiliser le propriétaire pour faire son offre est prévue par la loi.

Le locataire qui désire plus d'informations pourra, au besoin, communiquer avec la Régie du logement. [1987, c. 77, art. 7].

ANNEXE II*

OFFRE DE VENTE

(LOI SUR LA RÉGIE DU LOGEMENT, ARTICLE 54.7)

_____
(nom du locataire)

_____
(adresse du locataire)

À titre de locataire bénéficiant d'un droit de priorité d'achat à l'égard du logement suivant _____

_____

je vous offre d'acheter ce logement aux mêmes prix et conditions que ceux convenus avec _____

(nom du tiers promettant-acquéreur)

_____

(adresse)

que je me propose d'accepter en cas de refus de votre part.

Le prix est de _____ et les conditions sont

_____

_____

_____

Vous disposez d'un délai d'un mois, à compter de la réception de la présente offre, pour me faire connaître par écrit votre décision d'acheter ou non le logement. L'absence de réponse de votre part sera considérée comme un refus d'acheter.

En conformité avec la *Loi sur la Régie du logement* (L.R.Q., chapitre R-8.1) et le Code civil du Québec, vous trouverez ci-joint:

❏ un rapport d'expert

❏ une circulaire d'information

Si vous acceptez l'offre qui vous est faite, vous aurez deux mois à compter de cette acceptation pour passer l'acte de vente, à moins que vous ne conveniez avec moi d'un délai plus long.

_____
(signature du propriétaire)

- - - - - - - - - - - - - - - - - - - -
(date)

- - - - - - - - - - - - - - - - - - - -

- - - - - - - - - - - - - - - - - - - -
(adresse du propriétaire)

MENTIONS OBLIGATOIRES

- Ni le propriétaire actuel, ni le nouvel acquéreur ne peuvent reprendre possession d'un logement dont le locataire est identifié dans l'autorisation de la Régie du logement comme étant l'un de ceux à l'encontre desquels une reprise de possession ne peut être exercée.

- Le locataire qui désire plus d'informations pourra, au besoin, communiquer avec la Régie du logement. [1987, c. 77, art. 7; 1992, c. 57, art. 686].